JN284977

古代九州と東アジア I

小田富士雄著

同成社

第Ⅰ巻の発刊にあたって

　歳月の過ぎゆくのははやいもので、さきに私の著作集を発刊してから20年が経過してしまった。この間、折々に著作集の発刊を考えてはいたものの、福岡大学での講義や研究、県市など行政機関が主管する文化財の指定・調査・整備・公開への関与などにかかわっているうちに定年を迎え、さらに古稀・喜寿を通過して来年にははやくも80歳の傘寿をむかえることになった。さすがに愕然として、この節目に研究生活の一区切り（晩節）をつけておかねば……という切実な思いは日に日に募ってきて、この20年間に公表してきた論考類を整理してみると、かなりの量に達していた。そこでこれらを大別して1弥生時代・2古墳時代・3古代の3部立てとし、さらに研究史や研究紀行を加えて4研究史・紀行文とする4部構成に仕上げた。とくに1～3部に収めた論考はいずれも単発の論文であるため、テーマによっては内容的に重複するところもあり、それらを完全に払拭することはできなかった。そこでかなり重複するものについては取捨して1つを選び、さらには2～3の論文を集めて内容を選択して1論文に仕上げるなどの操作を経て全2巻にまとめることとした。

　この間、古くからの縁故を頼って同成社の山脇洋亮会長や佐藤涼子社長のアドバイスも受けて、量の多さと原本の版組などを考慮し、Ｂ5判の本文横組を採用することとなった。かくして第Ⅰ巻は序説・第1部弥生時代・第2部古墳時代で構成した。

　改めて収録論考を通覧してみると、前任地：北九州市立考古博物館時代と後任地：福岡大学人文学部歴史学科時代を通じて、居住地九州と国内各地・近隣の外国（韓国・中国・北朝鮮）に出かけて資料調査にかかわり、また当該地の研究者達との研究交流などの上に成り立ったことに想い至った。そこで自然に私の頭に浮かんだ著書名が『古代九州と東アジア』であった。山脇会長に相談したところ、内容からしてもふさわしい書名であるとたちどころにご同意いただいた。

　また今回第Ⅰ巻を発刊するにあたって序文を親交あった方にお願いしようと考えたが、私の師匠筋の方々はすでに鬼籍に入ってしまった。そこで、私の調査や職場でこれまで40年以上にわたって、いまも親密な交誼が続いている後学の武末純一・土生田純之両君に依頼した。肩の凝らない自由な文章で叱咤激励してもらい、以って私自身の逆修供養になればと思い立ったのであった。両君ともいまや弥生時代・古墳時代研究の第一線で活躍されているのを喜んでのことでもあったが、両君とも巻頭序文を固辞されて巻末への寄稿となった。結局、巻頭言は佐藤社長の要望を呑まされて私自身にかえってきた次第である。

　ともあれ、多少の紆余曲折を経ながら、宿願の第Ⅰ巻を世に出すことができたことを喜び、あわせて関係各位のご高配に感謝申しあげたい。

　　　2012年8月盛夏

　　　　　　　　　　　　　　　　　　　　　　　　　　　　　　　　　　　　小田富士雄

目　次

第Ⅰ巻の発刊にあたって

序　説　弥生・古墳時代の九州 …………………………………………………………………… 3

第1部　弥生時代

第1章　稲作の開始と遠賀川式土器 ……………………………………………………………… 16
第2章　北部九州の弥生建築 ……………………………………………………………………… 23
第3章　弥生文化と日韓交渉 ……………………………………………………………………… 34
第4章　北部九州の墓制 …………………………………………………………………………… 38
第5章　弥生時代墳丘墓の出現——佐賀県・吉野ヶ里墳丘墓をめぐって—— ……………… 46
第6章　奴国の首都須玖岡本遺跡 ………………………………………………………………… 66
第7章　吉野ヶ里遺跡の源流と弥生社会 ………………………………………………………… 74
第8章　北部九州の首長墓とクニグニ ………………………………………………………… 117
第9章　北九州沿海地域の弥生青銅武器——中期前半墳墓の性格をめぐって—— ……… 123
第10章　「一鋳式銅剣」覚書 …………………………………………………………………… 131
第11章　国産銅戈の出現——新出の細形銅戈鋳型をめぐって—— ………………………… 142
第12章　漢式銅鏃覚書 …………………………………………………………………………… 147
第13章　銅鐸の出現 ……………………………………………………………………………… 153
第14章　宇木汲田出土環頭銅舌考 ……………………………………………………………… 161
第15章　日韓の出土五銖銭 ……………………………………………………………………… 168
第16章　沖縄の「弥生時代」と外来遺物 ……………………………………………………… 175

第2部　古墳時代

第1章　古墳伝播の道 …………………………………………………………………………… 188
第2章　古墳文化期における日韓交渉——倭と百済・伽耶・新羅—— …………………… 201
第3章　韓国の前方後円形墳——研究史的展望と課題—— ………………………………… 218
第4章　百済古墳文化と北部九州——とくに横穴式石室について—— …………………… 238
第5章　5世紀代北部九州の古墳文化——とくに横穴式石室の導入とその背景—— …… 246

第 6 章　古墳時代の海上交通──対外交渉を中心に── ……………………………………271
第 7 章　筑前国志麻（嶋）郡の古墳文化──福岡市元岡所在古墳群の歴史的評価── ………273
第 8 章　古代の沖ノ島祭祀と宗像 ……………………………………………………………313
第 9 章　韓国竹幕洞祭祀遺跡と古代祭祀──とくに倭系祭祀遺物について── ……………326
第 10 章　八女古墳群における石人──その変遷と葬祭儀礼とのかかわり── ………………347
第 11 章　筑紫君磐井の乱と火（肥）君 …………………………………………………………362
第 12 章　「豊国」の装飾古墳 ……………………………………………………………………377
第 13 章　五郎山古墳の装飾壁画 ………………………………………………………………392
第 14 章　装飾古墳にみる大陸系画題 …………………………………………………………407
第 15 章　埴輪と装飾古墳にみる古代船 ………………………………………………………419
第 16 章　須恵器文化の形成と日韓交渉・総説編──西日本初期須恵器の成立をめぐって──
　　　　　……………………………………………………………………………………………421
第 17 章　対馬・矢立山古墳群の歴史的位置──史跡整備のために── ………………………509
第 18 章　東十郎古墳群の終焉と骨蔵器型須恵器 ………………………………………………521
第 19 章　百済武寧王陵文物をめぐる東アジア世界 ……………………………………………532
第 20 章　武寧王陵誌石と王室喪葬儀礼 …………………………………………………………548
第 21 章　武寧王陵鏡・綿貫観音山鏡との出会い ………………………………………………553
第 22 章　参考・重要遺跡解説 …………………………………………………………………558

　参考文献　591

　初出一覧　617

　小田富士雄先生の弥生学（武末純一）　621

　小田富士雄先生の古墳時代研究と私（土生田純之）　625

　あとがき　627

第Ⅱ巻の目次

第Ⅱ巻の発刊にあたって

第3部　古代

序　説　　太宰府史跡の成立
第1章　　百済熊津・泗沘期の都城制と倭——とくに倭京〜大宰府との関係について——
第2章　　水城と大宰府都城
第3章　　古代九州の朝鮮式山城新考——とくに都城制型山城の設定をめぐって——
第4章　　日本の朝鮮式山城の調査と成果
第5章　　熊本県・鞠智城跡をめぐる諸問題
第6章　　鞠智城創設考
第7章　　西海道国府遺跡の考古学調査
第8章　　小郡市・上岩田遺跡の構成と歴史的位置
第9章　　中津市・長者原遺跡の性格——豊前・下毛郡衙正倉群をめぐって——
第10章　　筑紫・観世音寺創建年代考
第11章　　都城制と「大寺」
第12章　　考古学からみた武蔵寺の創建——塔原廃寺・般若寺・武蔵寺をめぐって——
第13章　　肥前の奈良時代寺院跡
第14章　　九州の古代瓦窯とその系譜——西日本の瓦窯研究再考——
第15章　　西海道国分寺の建立と屋瓦
第16章　　古瓦からみた井上廃寺建立の諸問題
第17章　　豊前の古代瓦の諸問題
第18章　　老司式軒瓦の再検討
第19章　　九州の瓦塔
第20章　　九州古代経塚考——近年の調査成果から——
第21章　　九州における経塚と佐賀県・築山瓦経塚の発見
第22章　　豊前の経塚
第23章　　杵築市・東光寺経塚の調査成果と特色
第24章　　北部九州の霊山
第25章　　古代中国陶磁の流れと日中交渉
第26章　　豊前・足立山発掘の古鏡——とくに湖州鏡について——
第27章　　高麗青磁起源考——黄海南海円山里窯跡の成果から——

第4部　研究史・紀行文

第1章　　中山平次郎の弥生文化研究
第2章　　日本考古学50年の足跡・九州
第3章　　1992年9月平壌考古訪問——北朝鮮考古初探紀行——

参考文献
初出一覧
小田富士雄先生の歴史考古学（坂詰秀一）
あとがき

古代九州と東アジアⅠ

序説　弥生・古墳時代の九州

1　歴史の舞台・九州

九州の風土と歴史性

　次に筑紫嶋を生みき。此の嶋も赤、身一つに面四つ有り。面毎に名有り。故、筑紫国は白日別と謂ひ、豊国は豊日別と謂ひ、肥国は建日向日豊久士比泥別と謂ひ、熊曾国は建日別と謂ふ。次に伊伎島を生みき。赤の名は天比登都柱と謂ふ。次に津嶋を生みき。赤の名は天之狭手依比売と謂ふ。

　これは『古事記』上巻の国生み神話のなかの一節である。九州は「筑紫嶋」といわれ、北部（筑紫国）・東部（豊国）・中部（肥国）・南部（熊襲国）という四地域区分観が示されている。このような地理観は、5～6世紀の間に形成されたヤマト政権側の認識であり、九国成立以前の政治的区分でもあった。

　地理上における九州島は、太平洋・日本海・東シナ海に囲まれ、北は壱岐・対馬を飛び石に朝鮮半島に、また南は薩南・琉球列島を経て台湾に至る。さらに東は瀬戸内海を通って山陽・四国北部から近畿に到達する。このような地理的環境におかれていたことが、北は大陸文化と、南は南方文化と、東は畿内・瀬戸内文化と接触する機会に恵まれて、はやくから文化複合の様相を形成しやすい状況にあった。従来陽気剛放な海洋的気質を代弁する"九州男児"といわれるような性格も、このような風土に育まれた成果であろう。さらに九州島内の地形・地質が一様でないところも加わって、人々の生活形態とそれらに根ざして形成される文化にも地域性が生じてくることになる。

　地形・地質からみた九州島は、西南日本内帯に続く北部の筑紫山系と、同じく外帯に続く南部山系が、中央部に噴出した阿蘇・九重などの多くの火山群によって陸続きになったところであるといわれている。すなわち北部の筑紫山系地域、中部の火山密集地域、南部山系地域に大別される。これら三地域の境界は北部と中部を分ける松山―伊万里構造線、中部と南部を分ける臼杵―八代構造線に求められている。とくに後者は九州を歴史上からみた人文社会の相違を大きく南北に分けるほどの存在となっている。

　北部社会は平野に恵まれた内陸部と、リアス式地形が発達した沿岸部のもとに農耕と水産が展開した。南部社会は高峻な山岳地形が発達して平野に乏しく、また火山活動によるシラス（火山砂）台地が発達して生産活動では北部に劣り、停滞的様相が目立つ地域となった。この南北にみる際立った風土的相違は、原始時代の狩猟・漁労・食料採集が中心といわれている採集経済段階では、まだ

さして差違がみられない——というよりはむしろ南部優位の文化的特性を示している。

しかし大陸系の水田稲作に代表される農耕文化が到来して、生産経済段階に転換しはじめ、やがて地縁的結合を発展させて政治社会が結成されてくると、歴史の主要舞台は北部主導に傾いてくる。あいついで大陸からもたらされる先進文化も、北部の玄界灘沿海地域がその窓口としての地位を急速に確立してきた。東アジア社会と不可離の関係でクニの形成から統一国家形成への歴史を歩むなかで、列島内における北部九州の地位は、大陸との接点として内外から重視されるようになってくるのも当然の成りゆきであったのである。

九州における近年の考古学的調査の成果はめざましいものがあり、多くの新知見をもたらしている。南部九州社会では、縄文時代早期の生活文化に発揮された豊かな創造性が、当時の列島文化を代表する先進的役割を果しており、いち早い定住生活が実証されている（鹿児島市加栗山遺跡、霧島市上野原遺跡）。また北部九州社会では、大陸文化との交流を通じて水田稲作、金属器文化を受容して、いち早く弥生文化への転換をもたらし、さらに他地域に先駆けて政治的社会を形成するに至った。

中国史書と北部九州のクニグニ

3世紀のわが国の状況を伝えた中国の史書『魏志』東夷伝・倭人の条（通称『魏志』倭人伝）に、「クニ（国）」といわれる政治地域が成立していて、これらのクニグニには王・官・副官などが存在し、計29国が邪馬台国の女王卑弥呼の統治下にあったことを伝えている。これらの国々の所在地については、江戸時代以来諸説があるが、今日までに定説化しているのは、「対馬」(対馬島)、「一支」(壱岐島)、「末盧」(佐賀県唐津市付近)、「伊都」(福岡県前原市〔現糸島市〕付近)、「奴」(福岡市と春日市付近)の5カ国である。なかでも伊都、奴両国では朝鮮系および中国系（漢代）舶載品を保有したいわゆる"王墓"の存在が知られている。

つぎに中国と倭の交渉記録を年次を追ってあげると、以下のとおりである。
(1) 倭人は帯方の東南大海の中にあり、山島に依りて国邑を為す。旧百余国。漢の時朝見する者有り。今、使訳通ずる所三十国（『魏志』）。
(2) 建武中元二(57)年、倭の奴国、奉貢朝賀す。使人自ら大夫を称す。倭国の極南界なり。光武、賜うに印綬を以ってす（『後漢書』）。
(3) 安帝の永初元(107)年、倭の国王帥升等、生口百六十人を献じ、請見を願う（『後漢書』）。
(4) 其の国、本亦男子を以って王と為し、住まること七、八十年。倭国乱れ、相攻伐すること歴年、乃ち共に一女子を立てて王と為す。名づけて卑弥呼と曰う（『魏志』）。

これらの記述から、北部九州における国の形成から邪馬台国女王卑弥呼の登場に至る概要をうかがうことができる。

西紀57年、奴国の入貢に際して下賜された「印綬」は、天明4(1784)年福岡市志賀島で発見された「漢委奴国王」金印である。現在太宰府天満宮所蔵の『翰苑』倭国の条に「中元之際、紫綬之栄」とあり、中国の印制に照して「金印紫綬」に特定できる。

つづく107年の入貢は、倭国連合の盟主王帥升によるものであるが、西嶋定生は伊都国王に比定

表1　北部九州における弥生時代中〜後期の有力者およびその集団墓

	末盧国	伊都国	奴国	早良域	嘉穂域	筑紫野域	朝倉域	佐賀域
前期末	↑	板付田端 ↓		吉武高木 ↕ 吉武大石 ↕ 樋渡				
中期 初頭・前半・中ごろ・後半	宇木汲田 ↕ 桜馬場	三雲 井原	須玖岡本		鎌田原 ↕ 立岩	隈・西小田 第2・3地点 第13地点	峯	吉野ヶ里 ↕ 二塚山
後期 前半・中ごろ・後半	↓	↕ 平原						↓

して、これが倭人社会を統括する公的王権「倭国王」の初見とした（西嶋 1994・1999）。しかし山尾幸久は同じく史料を検討して239年以前にはまだ実在しないと反論する（山尾 2003）。両史料が示す50年の経過は、北部九州における国々の連合体制の進展を示している。

かつて藤間生大は伊都国王主導のもと、北部九州6地域——末盧・伊都・奴・不弥・対馬・一支——による共同体分業論を提唱した（藤間 1970）。その具体的内容に石器生産・青銅武器型祭器・鉄器の生産・海運・情報・交易などの対外的運輸等の業務をあげている。そしてこれらは個別に存在するのではなく、相互作用のもとに成り立っていて、そのことが6地域を結びつける大きな力を発揮することになったというのである。現段階では国の比定や時期設定と業務とのかかわりなどに修正を要するものの、数カ国以上におよぶ北部九州の国々で構成された連合国体制、すなわち"初期筑紫連合国"時代を想定することができよう。

やがて「漢霊帝光和中」（178〜183年、『梁書』）の「倭国乱」を経て登場した女王卑弥呼のもとに、北部九州諸国をも包括する邪馬台国連合国体制時代へと移行していった。そのなかにあって伊都国の地位は対外交渉の基地として重視され、「一大率」（いちだいそつ）という役職を置いて対応させ、魏の使者も伊都国までは確実に到来した。

また伊都国、奴国比定地からは18世紀以来特定の甕棺墓や周溝墓から多くの漢鏡が発見されている。伊都国では三雲で前漢鏡30数面（1号甕棺）と22面以上（2号甕棺）、井原で後漢鏡21面、平原で後漢鏡35面・仿製大型内行花文鏡5面が、奴国では須玖岡本で前漢鏡30数面が集中副葬されていた（須玖型）。これらの被葬者は群集墓とは隔絶した専有墓域や低墳丘を形成した伊都国・奴国の王者であり、その墳墓が王墓に比定されることに異論はない。これら中期後半から後期に至る王墓のほかに、それ以前の中期初頭〜前半頃の宇木汲田（唐津市）や吉武高木（福岡市）などでは、群集墓中のいくつかの甕棺に漢以前の朝鮮式青銅武器・多鈕細文鏡などが1〜2個程度副葬されている状況が知られてきた（宇木型）。また桜馬場（唐津市）では後期初頭から前半頃の甕棺に後漢鏡と巴形銅器・有鉤銅釧などの日本産青銅器が副葬されていた。須玖型に後続する集中副葬タイプであるが、その内容には大きな変化がみられる（桜馬場型）。上述したこの3つのタイプははやく杉原荘介によって設定された王墓形成に至る段階的特徴である。北部九州のクニ設定地域の遺跡をこの分類に照合させてみるとつぎのようになる（杉原編 1977）。

宇木型――宇木汲田、板付田端、吉武高木、鎌田原、吉野ヶ里
　　須玖型――須玖岡本、三雲
　　桜馬場型――桜馬場、井原、平原

　さらに須玖型の両国王墓からはガラス製璧が伴出しているが、これは中国皇帝が国王の地位を承認した人に下賜するものであるから、これは東アジア世界における国際的承認を得たことを意味している。では中国側が国王と認める基準はどのあたりにおかれていたのであろうか。『魏志』韓伝に「大国万余家、小国数千家」とあり、これを『魏志』倭人伝に徴してみると、対馬千余戸、一支三千許家、末盧四千余戸、伊都万余戸（『魏略』で修正）、奴国二万余戸、不弥国千余家となり、大国に相当するのは奴国と伊都国だけであり、ともにガラス製璧が発見されていることが注意される。中国側の基準は1万戸以上の戸口を有する大国の首長に国王の地位を承認したのではあるまいか。奴国と伊都国は青銅器の所有においても突出した存在であった。そして宇木型の在り方は須玖型の時期にあっても、樋渡（福岡市）、立岩（飯塚市）などで継承されていて、中・小クラスの支配層では宇木型が主流をなしていた。それらの中間支配層は樋渡や須玖岡本でみられるような低墳丘墓のなかに集中埋葬され、一般の群集墓とは区別されている。『魏志』倭人伝は3世紀の倭人社会では王・大人・下戸・奴婢などの身分が形成されていたことを伝えているが、北部九州ではすでに王墓の出現した弥生時代中期後半（前1世紀後半）までさかのぼるであろうことが示唆されてくる。すなわち、

　　［墳　　墓］王墓―墳丘墓――群集墓―（無墓？）
　　　　　　　　｜　　｜　　　　｜　　　　｜
　　［中国史書］王　―大人層――　下戸　――奴婢

のように対比することができるであろう。大人層はムラ（村・邑）の首長クラスにあたり、彼らの合議によって王が出現すると考えれば王族やそれに準ずるクラスにあててもよいであろう。

　2世紀末に女王卑弥呼が登場して以後、北部九州の諸国もその組織下に属し、29国からなる邪馬台国連合体制が成立した。この段階でも対外交渉の門戸としての伊都国の職分は継承され、それを管理する一大率が派遣されて常駐した。伊都国は3世紀になっても「世々王有るも皆女王国に統属す」（『魏志』倭人伝）と記されているように、三雲―井原―平原とこの時期まで王墓の継続がみられる。奴国の王墓や他の国々の首長墓では、威信具として青銅器を副葬する風は衰退し、共同体社会の祭祀が首長層の重要な職分となったが、弥生時代の終焉までには祭器としての青銅武器も銅鐸も姿を消していった。

2　西海道の古墳文化と豪族

畿内型古墳の伝播

　考古学界で弥生墳丘墓が注目されているのは、弥生終末期近くの個人墓が、周溝の有無によって周溝墓・台状墓などの区別はあるが、ともに低墳丘を有する墳丘墓（区画墓）であるという共通認識による。北部九州では特定階層の集団墓として古墳時代前半期にかけて下位の階層に広がりをみせている。一方、同時期には関東に至るまで前方後円（方）形墳丘墓が出現した。北部九州でも津

古生掛古墳（福岡県小郡市）、赤坂古墳（佐賀県鳥栖市）、山崎八ヶ尻古墳（北九州市小倉南区）、下原古墳（大分県安岐町〔現国東市〕）などかなり広域にわたって数えられる。在地系土器のほか畿内系の庄内式土器から次の布留式土器段階までみられる。このことは定型化以前の墳形とされるこれら墳丘墓の下限は、古墳時代の最古段階に位置づけられる定型化した前方後円墳段階まで継承されていたことを示している。すなわち3世紀後半代には古墳時代社会が開始されている点では異論ないであろう。

北部九州に登場した定型化した最古段階の前方後円（方）墳には、那珂八幡古墳（福岡市博多区）、原口古墳（福岡県筑紫野市）、石塚山古墳（福岡県苅田町）、赤塚古墳（大分県宇佐市）などがあげられる。「畿内型古墳」の名称で定型化以前と隔絶されるのは、巨大にして規画的設計のもとに築造された前方後円（方）型外形を有すること、内部構造に長大な竪穴式石室や割竹形木棺を有すること、副葬品に魏代の三角縁神獣鏡を含み、さらに多量副葬指向がみられることなどの特徴が数えられるからである。とくに鏡鑑には畿内の副葬鏡とも同范関係にある場合が少なからずみられ、その背景には、ヤマト王権を盟主とする連合政権に参画した新しい国家体制の成立段階に入ったことが考えられる。

北部九州に点的に現われた前方後円墳は、4世紀後半になるとそれらの間を埋めるように面的な広がりをみせてくる。畿内型古墳の拡充期である。仿製三角縁神獣鏡の同范品と碧玉製腕飾品（石釧・車輪石・鍬形石）の配布によって裏付けされる。碧玉製品は弥生時代に流行した南島産貝輪を祖型とするもので、ヤマト政権関与のもとに北陸地方の工房で製作され、配布された。

この時期の代表的な古墳として一貴山銚子塚古墳（福岡県二丈町〔現糸島市〕）、豊前坊古墳（福岡県遠賀町）、沖出古墳（福岡県稲築町〔現嘉麻市〕）、免ヶ平古墳（大分県宇佐市）、七ツ森B号古墳（大分県竹田市）、谷口古墳（佐賀県唐津市）、向野田古墳（熊本県宇土市）、西都原13号・35号・46号・72号・81号・100号・173号古墳（宮崎県西都市）、鳥越古墳（鹿児島県阿久根市）などが数えられるように、ほぼ九州全域に分布する。内部構造は竪穴式石室・粘土槨・長持形石棺・割竹形石棺など多彩である。さらに5世紀を迎える頃には各地の代表首長墓のみならず、それ以下のクラスにまで及んでいった。

西海道の地域性と豪族
3世紀の『魏志』倭人伝に初見した北部九州の国々は4～5世紀頃まで大きな変動もなく継承されて、のちの郡単位にちかい政治地域を領有する豪族に生長していった。多くは畿内型古墳の主人公たちであり、ヤマト政権のもとで地方官としての県主の地位に封ぜられていった。記紀その他の史料には九州各地の県・県主がみられる。ここにみられる九州の古代豪族は、政治的・文化的観点からつぎのような3つの地域に大別することができる。
　(1)　瀬戸内海から玄界灘に至る北部九州沿海地域（豊・筑紫・肥沿海地域）
　(2)　有明海・八代海をめぐる中部九州地域（環内海・肥地域）
　(3)　南九州"異民族"地域（熊襲・隼人地域）
第(1)地域は、ヤマト政権にとっては対朝鮮・中国ルートと九州支配の拠点地域として重要で

表2 記紀その他にみえる九州の県・県主

国	県・県主	古事記	日本書紀 景行紀	日本書紀 仲哀紀	日本書紀 神功紀	日本書紀 応神紀	日本書紀 雄略紀	日本書紀 顕宗紀	風土記	正税帳	万葉集	比定地
筑前	儺		○									那珂郡
	伊親		○						○			怡土郡
	崗（＝埦舸）		○	○					○			遠賀郡
筑後	八女（＝上妻）	○							(○)			八女郡
	水沼	○							(○)			三潴郡
	山門			○								山門郡
肥前	末羅（松浦）	○		○							○	松浦郡
	嶺					○						三根郡
	佐嘉								○			佐嘉郡
	高来	○										高来郡
肥後	八代	○										八代郡
	闇宗								○			阿蘇郡
	熊（球磨）	○							(○)			球磨郡
豊前	長峡	○										京都郡
	上膳								○			上毛郡
豊後	直入	○										直入郡
日向	諸県	○			○							諸県郡
	子湯	○										児湯郡
大隅	曾									○		囎唹郡
	加士伎									○		桑原郡
薩摩	会									○		頴娃郡
壱岐	壱伎						○					壱岐郡
対馬	対馬下県	○							○			下県郡

り、対馬・壱岐の県主や宗形氏・安曇氏・海部族などが対外交渉にかかわる海上交通を担当した。沿海部の海部はこの地域の県主層に管掌され、はやくから当地の海産物を大王家に貢納する職務が課された。また豊国直・宇佐君・碩田君など豊前・豊後地域の豪族もはやくからヤマト政権のもとに属していた。さらに玄界灘のただ中に浮ぶ沖ノ島祭祀も、宗形（像）氏を司祭者として、ヤマト政権の主管する大陸渡航の無事と戦勝を祈願する国家祭祀として4世紀後半に始まっている。

　第(2)地域は、筑後・肥前・肥後の内陸河川流域に展開する広い平野を擁する九州最大の穀倉地帯を背景に、5世紀以降九州型古墳文化を発達させた。筑紫君・肥君・阿蘇君など6世紀以降の九州を代表する豪族を育成した地域である。

　第(3)地域は、ヤマト政権の非支配的様相をながく保持していた日向南部・大隅・薩摩などの南部九州である。大隅の曾・加士伎、薩摩の会（衣）などの県がある。(1)・(2)地域と異なる農耕不適な生産環境と、それに起因する生活方式の相違は、社会体制までも強く規制することとなり、このことが異民族史観をも形成してヤマト政権の支配浸透に大きな障害となった。

　『日本書紀』景行天皇12年条に九州巡幸説話がみえる。まず海路菟狭（豊前宇佐郡）に至り、長峡県（豊前京都郡）―碩田国（豊後大分郡）―速見邑（同上速見郡）―来田見邑（同上直入郡）―柏峡大野（同上大野郡）―日向国のコースが記されている（碩田―速見は逆が正しい）。つぎに同18年条には日向を発し、夷守（日向西諸県郡）―石瀬川（同上）―熊県（肥後球磨郡）―（海路）

―葦北（同上葦北郡）の小島―火国（同上八代郡）―高来県（肥前南高来郡）―（海路）―玉杵名邑（肥後玉名郡）―阿蘇国（同上阿蘇郡）―御木（筑後三池郡）―八女県（同上八女郡）―的邑（同上浮羽郡）のコースが記されている。現在のJR線にあてはめれば、宇佐駅から日豊本線で南下して宮崎駅に到り、吉都線で小林・人吉を経て九州を西に横断して八代に到る。八代海を渡って島原半島に到り、再び有明海を渡って玉名郡に到る。阿蘇に立寄り、鹿児島本線か山間の道を北上して三池・八女・浮羽郡など筑後域を巡幸したことになる。これは律令時代の官道とも重なるところが多く、日向や球磨郡に到っているところは上述した畿内型古墳拡充圏とも関連していて興味ぶかい。

九州型古墳文化の形成

　前期古墳の首長は、それ以前から継承されている司祭者的性格を脱して、政治支配者的性格を強めた存在であった。特に4世紀後半から始まったヤマト（倭）政権の朝鮮半島への軍事介入のもと、北部九州の豪族たちも動員されて半島に派兵されることとなった。4世紀末から5世紀初頭にかけて、倭軍が百済・伽耶を援助して高句麗と交戦をくりかえしたことは、有名な好太王碑文に記されている。その結果倭軍は大敗して後退を余儀なくされた。一方このような交渉を通じて大陸系の新しい文物や技術が到来する契機となり、各方面での人と物の往来は頻繁になってきた。"技術革新の世紀"という5世紀を代表する形容詞が生まれる所以である。

　新来の大陸文化をいち早く受けいれたのは、列島のなかで最も大陸に近く位置する北部九州であった。4世紀末にさかのぼって墓制上では横穴式石室の伝来がある。最古の横口構造の事例は谷口古墳（佐賀県唐津市）である。後円部には主軸に並行する2基の割石積竪穴式石室があり、ともに長持形石棺を収めている。1986年の整備事業によって前方部に開口する横口構造と羨道両壁石積が明らかにされた。つづく5世紀初頭には老司古墳（福岡市南区）でも竪穴式石室の前方部側小口壁に階段を設けて室内に入る原初的な竪穴系横口式石室がみられた。前方部から横口部まで約9mの墓道を設け、石室内には追葬の痕跡が認められた。また同時期の鋤崎古墳（福岡市西区）では後円部中央に前方部に開口する横穴式石室を置き、小さな羨道部の外に小前庭部を設けて、この部分に墳頂から竪坑式墓道を掘りこんでいる。石室内には奥壁沿いに箱式石棺、両側壁沿いに木棺と埴質棺を置いた、いわゆる「コ」字状配置がみられる。5世紀後半ごろには横穴式石室は東伝して近畿に達し、6世紀以降全国的に広がって古墳時代後期の代表的墓制となっていった。

　横穴式石室の祖型が朝鮮半島に求められる点では異論はない。平壌市の楽浪区域には漢代楽浪郡時代の古墳が多く、後漢時代後半に塼築の横穴式墓室が流行した。平壌駅構内発見の永和9年銘（353・東晋年号）塼築墳は、墓室上半部には板石を使用している。またほぼ同時期の南井里119号墳は完全な割石積横穴式石室である。さらに安岳3号墳（黄海北道安岳郡）は多室構造の横穴式石室で豊富な彩色壁画と永和13（357）年の墨書紀年銘がある。313年高句麗の南征によって楽浪郡が滅亡した後にも、楽浪遺民と称される中国系の住民や亡命官僚たちの自治区として存続した。上述した古墳は亡命官僚たちの墓である。かくして4世紀中ごろに朝鮮三国の横穴式石室の上限が求められる。4世紀後半には高句麗、ついで百済に採用されて流行するようになった。一方、このころから高句麗の南進が始まり、百済の要請をうけたヤマト（倭）政権も武力介入して、平壌付近ま

で進撃したが、404年大敗して後退するに至った。これらの戦闘に参加した北部九州の豪族たちが横穴式石室の知識や技術者を導入する契機をつくったことであろう。

　新墓制が導入された時期と前後して、半島産陶質土器や製作工人の渡来があった。この新来の焼物は窖窯を採用して1100度以上の還元焔焼成で生産された青灰色硬質土器であり、須恵器と称されている。これまで最古の須恵器窯跡は大阪府南郊の泉北丘陵一帯に分布する陶邑窯跡群とされ、崇神紀7年8月条にみえる「茅渟県陶邑」の地に比定された。当初はここで生産された製品が各地に配布されたとする一元的配布論が唱導された。ところが1980年頃から北部九州でも陶邑窯と同じころの初期須恵器窯が福岡県下で発見されてきた。

　　小隈窯跡群　　　　朝倉郡筑前町（旧夜須町）下高場字小隈
　　八並窯跡群　　　　朝倉郡筑前町（旧夜須町）筑前三並字鳥巣
　　山隈窯跡群　　　　朝倉郡筑前町（旧三輪町）山隈字城山
　　隈・西小田窯跡群　筑紫野市隈・西小田10地点・8地点
　　居屋敷窯跡群　　　京都郡みやこ町（旧豊津町）居屋敷
　　新開窯跡　　　　　福岡市西区今宿・新開

　これらの窯跡で生産された初期須恵器は、陶邑窯とも異なる伽耶系陶質土器の系譜を引き、南は筑後川周辺や八女市、西は佐賀平野東部域、北は福岡市博多湾周辺まで流通したようである。現在近畿・瀬戸内・北部九州で生産された初期須恵器は、西日本各地に渡来した伽耶系工人たちによって始められ、製品の相違は、故地である伽耶の地域性を反映しているのであろう。

　農業関係では鉄製農具で鎌や鋤にみる直刃形から曲刃形への変化、馬鍬や鋳造斧頭（鍬）の出現など、朝鮮半島から導入された農具の改革がみられる。また灌漑技術の開発を示す事例として神功皇后紀に記された「裂田溝（さくたのうなで）」伝説がある。福岡県那珂川町から福岡市を通り博多湾に注ぐ「儺（な）の河」（那珂川）上流から灌漑用水路を引いて、この地域一帯の水田開発を行ったというもので、いまに「裂田水路」の名を残し、隣接して裂田神社がある。神の力を借りて「迹驚岡（とどろきのおか）」（安徳台）東側をふさぐ「大磐」（地峡部）を「蹴み裂き」（開削させ）、水路を完成、ここにいまに至る安徳台の南側30町歩、北側約100町歩の乾田化が達成された。おそらく新技術を導入したこの地域の大豪族と支配下の中・小首長たちの協力によってすすめられた灌漑事業伝承であろう。

　九州型古墳文化を代表するものに石人石馬と装飾古墳がある。これらは6世紀に下って最盛期を迎えるが、始まりは5世紀前半にさかのぼる。石人石馬と総称される石製遺物は、阿蘇系凝灰岩を使用して実物大かそれ以上の大きさにつくって墳丘上に立てた表飾品である。つぎの3種に大別される。

　　人物──武装石人・平装石人・裸形石人
　　動物──馬・猪・鶏・水鳥
　　器財──短甲・盾・靫・刀・蓋・翳・坩・腰掛・小家形棺

　5世紀代の石神山・石人山（福岡県）・臼塚・下山（大分県）・清原（熊本県）などの古墳では、後円部前面に円彫武人像一体や短甲1～2個を立て、あるいは短甲・刀・腰掛などを古墳の近くに配置している。すなわち古墳の被葬者を守衛する意図をこめた武人・武具・武器を配置したのであ

る。6世紀前半代の岩戸山古墳（福岡県八女市）は筑紫君磐井の墓とされ、墳丘の段築上に扁平彫平装石人（靫負人）や器財の石製品を多数立て並べていて、その内容と使用法は明らかに形象埴輪と同じである。それらを石製品にかえて造作したところに独創性を認めるべきであろうか。その後石製品樹立の風は急速に衰退していった。

　装飾古墳も石人石馬と同じころに出現するが、こちらは石棺の内外や石室壁面を彫刻・線刻・彩色で飾る風習で、7世紀代の終末期にまで流行した。筑後・肥後地域の家形石棺や、石室内四周に立てめぐらした石障に幾何学的図形（円文・三角文・直弧文など）や武器図（盾・靫など）を彫刻し彩色するなどして、石棺・石室に呪術的意味をこめた荘厳な雰囲気をただよわせ、被葬者の除魔鎮魂を意図した葬送儀礼である。これに先立って近畿周辺や中国地方で、石棺の表面に直弧文・円文・連続三角文・鏡鑑文・家屋文などを彫刻する風があり、同様な祈りの思想が見てとれる。九州の装飾古墳はこれらの系譜を引きながら発展させる方向に独自性を発揮したものであった。5世紀代には石人山・浦山（福岡県）・鴨籠古墳（熊本県）などの石棺系、長砂連・千金甲1号・井寺古墳（熊本県）などの石障系が流行し、特に後者では赤・青・緑・黄・白などの彩色が加えられて華麗にして荘厳な地下宮殿の世界を現出したような感がある。6世紀前半ごろから壁面に彩色する壁画系、石室壁面や横穴墓の内外壁面に彫刻・線刻する横穴系に移行してゆき、九州のほぼ全域に広がっていった。画題も器財や人物・動物などが主流となり、この段階の古墳壁画が本州に東伝してゆく。

　一方、5世紀代には第(3)地域（南九州）にも県制が及んでいることは上述したところである。大隅半島側では飯盛山（鹿児島県志布志市）・唐仁大塚（同上東串良町）・横瀬大塚（同上大崎町）などの前方後円墳など注目すべきものがあり、唐仁大塚では竪穴式石室内に長持形石棺を収め、短甲が発見されて、ヤマト政権との親近性がうかがわれる。律令時代に曽於郡の郡司であった曽乃公は、曽県主に任じられた曽君一族の後裔であり、『国造本紀』には曰佐（通訳）として仁徳朝にヤマト政権下に組みいれられた伝承をとどめている。また日向諸県君牛諸井の女髪長媛が応神13年に召し出されて、やがて仁徳の妃となった伝承が応神紀に記されている。日向・大隅地方には5世紀代の前方後円墳も多く、このころヤマト政権との強いかかわりができていたことを実証している。

磐井の乱とその後

　6世紀前半代の"磐井の反乱"は九州とヤマト政権の関係を大きく転換させる契機となった重要な歴史的事件であった。『日本書紀』によれば、継体天皇21（527）年6月、さきに新羅に併せられた朝鮮半島南部の地奪回の命を受けた近江毛野臣が6万の兵を率いて西下した。これを察知した新羅は、日頃から反ヤマト政権的言動をしている筑紫国造磐井に賄賂を贈り、官軍の渡海を阻止してくれるよう依頼した。磐井は火（肥）、豊地方にまで勢力をのばし、また海路をもおさえて半島諸国からヤマト政権に贈る貢物を積んだ船を自領に引き入れた。そして官軍の渡海を妨げて戦いを宣言した。継体大王は物部大連麁鹿火を大将軍に任命して征討にあたらせた。両者の戦闘は1年余に及び、翌22年1月11日筑紫の御井郡（福岡県久留米市付近）で最後の決戦となったが、磐井は敗北し斬殺されて乱は終結した。同年12月、磐井の子、葛子は反逆罪に連坐することを恐れて、

糟屋屯倉を献上して罪を免れたという。磐井の乱では九州の第(1)・第(2)地域にわたって反乱軍が動員されていて、後世の史家から大化前代における地方豪族の最大にして最後の反乱と評されたのも首肯されるところである。

一方、『筑後国風土記』逸文には、今日定説となっている磐井の墓、岩戸山古墳についての詳しい記述がのこされている。それによると、磐井は「独り自ら豊前国上膳県に遁れ、南の山の峻しき嶺の曲に終てぬ。是に官軍、追い尋ぎて蹤を失ひき」という結末であった。現在の豊前市求菩提山中あたりであろう。

岩戸山古墳は全長132m(周濠・周堤を加えると176m)の前方後円墳で、北部九州最大の規模となる。墳丘や周堤に続く東北の方形「別区」からは多くの石製表飾品が発見された。特に別区では形象埴輪とともに発見されて、ある種の祭儀を示す配置がなされていたと推測される。現在墳丘と別区から発見された石製品は100点ちかい数である。

筑紫君磐井を代表とする筑紫連合政権ともいうべき政治連合が存在したであろうことは、継体紀からも推察できる。現在歴史学界ではヤマト政権と無関係の独立政権であったとは考えていない。筑紫君は、すでに5世紀代にヤマト政権に所属する部族同盟関係を形成していたとされる。それはヤマトの大王と地方の諸王との関係にあり、筑紫君はヤマト政権との間に一定の身分秩序を構成しながらも、在地においては九州北部・中部の諸豪族を結集した盟主的支配者であった。ヤマト政権に対して相対的自立性を持った地方政権であったと評価される所以である。しかしワカタケル大王(雄略)以後、ヤマト政権が専制的性格を強めてゆく歴史的背景を考えると、継体紀にみえる磐井の不満表明は、筑紫連合政権に所属する九州の諸王たちの共感を代弁したものであった。そしてたび重なる朝鮮半島への出兵は、前線基地として多大の負担を強いられてきた諸豪族や民衆たちの磐井への支持にもつながったと思われる。

磐井政権を構成する要素は単一ではないが、肥後に本拠を置く雄族、火(肥)君との関係は重要である。欽明紀17(556)年正月条に「筑紫の火の君(百済本紀に云はく、筑紫の君の児、火の中の君の弟といへり)」とあり、筑紫君と火(肥)君の間に通婚関係があったことがこの複姓から知られる。婚姻政策を通じての氏族結合も政権を支える重要な要素であった。乱後のヤマト王権の九州進出に際して、肥君が率先してその先兵としての役割を果している経緯から推して、磐井の乱の戦闘末期に、肥君は磐井方から離脱して官軍方に投じたのではないか。そしてこのことが磐井方敗北の要因になったのではないかという憶説すらあるが如何であろうか。

また磐井が朝鮮諸国からヤマト政権への入貢船を自領に引き入れたという継体紀の記事は、玄界灘沿海部に磐井が保有する港湾があったことを示唆している。このことは博多湾周辺にヤマト政権の出先港湾と、磐井政権の港湾が存在していて、半島諸国からすれば列島に二つの国がある印象を与えていたことになる。列島の統一政権の確立をめざすヤマト政権にとっては、港湾の一本化が切望される状況にあったのである。乱後の処理として葛子が糟屋郡の所有地(おそらく港湾地であろう)を屯倉として献上して、父磐井の罪に連坐することを免れたというのは、一見きわめて寛大な措置のようにみえるが、ヤマト政権にとっては最ものぞんでいたものを手中に収めたことで目的は十分達せられたのである。近年旧糟屋郡に属する古賀市鹿部の田渕遺跡で大型建物跡が発見された

が、古代の海岸線復原作業でこの地が港湾に適した入江であったことも判明して、ここに糟屋屯倉を比定することが現実化してきたことは、重要な考古学上の成果である。

岩戸山古墳を含む八女丘陵上には、この後も大型の前方後円墳が築造されている。筑紫君宗家は大きな打撃を蒙ったようには思えないといわれるように、勢力削減もさして行われることなく筑紫君は温存されたかにみえる。しかしその筑紫君もやがて国造軍を編成して半島に派遣されて彼の地で活躍し、武勇を馳せる士があったことなどが欽明紀に伝えられている。筑紫君が編成できる軍事力を温存させて、半島での戦闘にふりむけさせることもヤマト政権では計算ずみのことであった。

表3 軍事的部民の分布一覧

【物部とその関係部民の分布】

国	郡	郷	史料	出典
豊前	上三毛	塔	塔勝岐彌戸口物部首古志売	大宝2年豊前国上三毛郡塔里戸籍
	仲津	丁	物部首猪手売等	大宝2年豊前国仲津郡丁里戸籍
	企救		筑紫聞物部大斧手	雄略18年8月紀
豊後	直入		直入物部神	景行12年10月紀
筑前	嶋	川辺	戸主物部牧夫	大宝2年筑前国嶋郡川辺里戸籍
	鞍手	(二田)	(二田物部)	『旧事紀(天神本紀)』
		(十市)	(十市物部)	『旧事紀(天神本紀)』
筑後	御井	弓削	弓削物部公	『太宰管内志』所引「高隆寺縁起」
		〃	物部名神	天慶7年「筑後国神名帳」
		〃	高良社五姓氏人物部	『太宰管内志』所引「高隆寺縁起」
	生葉	物部		『和名抄』
	三瀦	鳥養	物部阿遅古連公水間君等祖	『旧事紀(天孫本紀)』
	山門	〃	礒上物部神	天慶7年「筑後国神名帳」
	〃		物部田中神	天慶7年「筑後国神名帳」
	三毛	(十市)	(十市物部)	『旧事紀(天神本紀)』
肥前	基肄	物部	(物部金弓連)	『旧事紀(国造本紀)』
	三根	鳥栖	物部若宮部・物部經津主神	『肥前国風土記』三根郡物部郷条
	養父		物部阿遅古連公水間君等祖	『旧事紀(天孫本紀)』
肥後	合志	鳥取	同	『旧事紀(天孫本紀)』

【大伴部の分布】

国	郡	郷	人名	出典
豊前	上毛		膳大伴部	大宝2年戸籍
筑後	上妻		大伴部博麻	持統4年9月紀
肥前	小城	大伴		『和名抄』
肥後	菊池	(子)養	大伴部鳥上	東大寺出土木簡
			大伴部稲依	東大寺出土木簡
	益城	伴	大伴君熊凝	『万葉集』巻5
	葦北			『和名抄』

(板楠1991に加筆)

磐井政権は、彼の自覚の有無とはかかわりなく、客観的には古代国家形成の方向のもとにあったとみられる。屯倉制、部民制を列島中に拡大して中央集権国家体制の形成をすすめていたヤマト政権にとって、磐井政権を容認することはできないことであった。磐井の乱は当然起こるべくして起こった歴史の流れであったのである。一方、磐井側にとっては父祖以来築いてきた支配権力の維持すべき自衛戦争的な性格のものであった。かくしてこの反乱を克服することで、ヤマト政権は古代国家形成への重要なハードルを乗りこえたのである。

乱後の安閑紀2(535)年5月、「筑紫の穂波屯倉・鎌屯倉・豊国の膽碕屯倉・桑原屯倉・肝等屯倉・大抜屯倉・我鹿屯倉・火国の春日部屯倉」を設置した。筑紫の2屯倉は福岡県嘉穂郡に、豊国の5屯倉は北九州市・京都郡・築上郡に、火国の屯倉は熊本市に比定されている。これらヤマト政権の直轄地の設定は、北部九州の直接支配の強化をはかるものであった。

さらに乱後の九州進出で注目されるのは軍事的部民の設置である。『古事記』によれば磐井の乱

征討に派遣されたのは「物部荒甲の大連、大伴金村の連二人」であった。両氏の九州における関係部民の分布を調べてみると、物部関係では磐井の勢力圏であった筑紫・豊・火に及ぶが特に筑後に多い。大伴部は筑紫・豊・火に分布するものの密度は低い。両氏による乱鎮圧の功労に対して、乱後の部民設置が認められたのであろう。また肥後・豊後には靫負部が存在していて（敏達紀12年条、『豊後国風土記』）、大伴氏との関係が密接である。

　ヤマト政権は朝鮮半島情勢の緊迫化に伴って、軍兵・軍馬などを送る最前線基地として、九州支配を強力かつ迅速に進める必要があった。屯倉制支配の進展、また肥後地方に顕著にみられる日下部、壬生部、建部、久米部などの軍事的部民の設置などもこのような政策に基づくものであった。

　筑紫連合政権の崩壊は、九州古墳文化にも大きな転換をもたらした。反逆者磐井の文化と目された石人石馬樹立の風も盛行から禁圧への現象をもたらし、これに代わるように地下の石室に彩色壁画の盛行をうながし、横穴式石室に複室形成をもたらした。地上で禁圧された石造文化は地下に再生して石室を飾り、死者を守衛する壁画となって九州型古墳文化を華やかにした。

第1部　弥生時代

第1章　稲作の開始と遠賀川式土器

1　遠賀川式土器の発見とその位置づけ──研究史的回顧──

　1917（大正6）年、中山平次郎博士は自身の精力的な調査成果に基づいて、当時の考古学会に認識されていた先史時代（石器時代＝縄文時代）と原史時代（古墳時代）の間（「中間期間」）に石器と金属器を並用する一時期（金石併用時代）の存在することを認定すべき画期的論文を発表した（中山平 1917a）。すなわち今日の弥生時代設定につながる重要な指摘であった。さらにこの時代が稲作文化を伴うこともひきつづいて証明されるにいたった。同年福岡県八女市岩崎遺跡で炭化米が発見された（中山平 1920）ところから、「弥生式に関係ある古代民族は一部学者の唱道せらるゝ如き未だ農業を知らざりしものとは認定し難い。（中略）少くとも彼等の或るものは既に確に農業を営み作物として稲を有して居たといはねばならぬ」と述べている（中山平 1923b）。その後、山内清男氏によって宮城県の石器時代末期ごろの土器底面に印せられた稲籾圧痕が紹介され、稲作農耕の存在が指摘されたことは学史上著名である（山内 1925）。

　一方、遠賀川式土器の発見は1931（昭和6）年9月20日のことであった。発見者名和羊一郎氏の日誌（名和 1940）によれば、遠賀郡水巻町伊佐座で遠賀川に投網を打つ光景につられて川縁に至り、「丈餘の蘆の茂った中に迷ひ込みA地點に高杯・丸底土器及石庖丁の露出せる包含層を発見した」のが最初であり、さらに10月12日「立屋敷八劒神社より川原に行きしに、大小二つの池をめぐり、約三百米に互る遺跡であることを遂に明かに知り得た」という。同年秋の九州考古学会例会で名和氏の発表があって以来、中山平次郎（1932a/1932b/1932c/1933）、田中幸夫（1932a/1932b）、山本博（1932）氏らの遺跡踏査と報告・論考が発表された。なかでも中山氏は立屋敷遺跡で発見された土器の多くが「有紋弥生式土器」である点に注目し、従来の福岡・糸島地域に多く発見されていた青銅武器や漢鏡を伴う甕棺をも含む無文で「簡素単調なる興味に乏しき土器」と対比して、北部九州の弥生土器を二系統に分類する説を提唱した。そして後者を第一系、新発見の前者を第二系と呼ぶことにした。第一系が今日の須玖式に、第二系が遠賀川式にあたることは論を要さないであろう。さらに両者の関係については第一系土器の「分布頗る広汎且つ濃密なるに依れば、両系弥生式使用者が相互の間に交渉を発起する以前に於いて、既に第一系使用者が著しく繁延し居たりしを察すべく、此の方面より観察するも、第一系を以て第二系に先つものと考定せざるを得ず」としている。徹底した表面調査法に裏打ちされた中山氏の持論ではあるが、その後展開されてきた幾多の発掘調査の成果から、中山氏の編年観は逆転することとなるのである。

立屋敷遺跡発見土器の検討は、ほぼ時を同じくして東京考古学会を中心に、方法論的に、また近畿地方の遺跡検討からすすめられた。森本六爾氏は中山氏が主張する弥生土器の存続年代を石器時代・金石併用時代・古墳時代にわたり、その間に顕著な型式学的相違がないとする説（中山平1917b）について、「弥生式土器に於て、型式学上何等の区別なく一様である事は、遺物組合せの相違が必ずしも時代の相違を示す根拠とはならないことを表す」と指摘して、その三時代説に反対した（森本1930a）。また小林行雄氏は兵庫県安満遺跡出土のB類土器と分類された一群の土器の特徴が西日本の諸遺跡に分布し、北九州の第二系土器にたどりつくことを論証した（小林1932）。つづく兵庫県吉田遺跡では第二系土器と共通の特徴を有する土器群が単一文化相を形成していた。もはや第二系土器は北九州だけに限られた分布を示すものではないので、これを「遠賀川式土器」と呼ぶことが提唱された（直良・小林1932）。そしてこの土器は、「先づ北九州に第一歩を印して、稀にはその古い形のままで播磨（吉田）にまで文化を伝へたが東漸しては安満B類土器となり、南漸しては肥後重弧文土器となって、いづれも其間に若干の文化変相を生じた」とする現在の学会認識の基礎が据えられたことは重要である。

1939（昭和14）年、森本・小林氏の主導で東京考古学会の総力をあげた『弥生式土器聚成図録』図版・地名表・解説が完成した。このなかで北九州地方第一様式に遠賀川式土器を位置づけ、遠賀川流域の立屋敷・城ノ越・下大隈・立岩や、高槻（北九州市）・藤崎（福岡市）、詫田（佐賀県）などの遺跡があげられている。本集成図の刊行によって遠賀川式土器が伊勢湾地方にまで東漸し、各地の第一様式を構成している事実が明らかにされた。

遠賀川式土器の重要性が高まるにつれて、最初の発見地立屋敷遺跡の本格的な発掘調査が期待されるなかで、東京考古学会の杉原荘介氏を代表に、九州考古学会総動員参加のもと1940（昭和15）年8月に実施された（杉原荘1943）。

立屋敷遺跡は遠賀川の右岸寄りの遺物堆積層であるが、「遺物の散布地として第二義的遺跡であり、而もその一小部分でしかないので」遺跡はその南につづく伊佐座の新池東岸に遺跡層を認定した。発掘は散布地（立屋敷）に第1～第4発掘区、遺跡層（伊佐座）に第5発掘地を設けて行われた。散布地では各時期土器が、遺跡層では無遺物層をはさんで上層（水巻町層）と下層（伊佐座層）の二遺物層が確認された。結局調査成果として第1類（立屋敷式）・第2類（伊佐座式）・第3類（水巻町式）の三種の土器を認定した。第2・第3類土器は後期土器である。立屋敷式土器については、「この直前に編年せられるものは、弥生式土器に関する限り、北九州に於て未だ適当なる資料が発見されてゐない」こと。この直後に編年されるものとして下伊田式土器（田川市下伊田遺跡）と高槻式土器（北九州市八幡東区高槻遺跡）が仮定できること。壺形土器に関して「前者は立屋敷式土器の退化として、後者は立屋敷式土器の発展」と解釈されることをあげている。さらにこの両者の分布は下伊田式土器がこの地方に多く、高槻式土器はより東方に求められるので、「立屋敷式土器の最も妥当な直後の土器型式は下伊田式土器と云ふことが出来る」とする編年案が出された。また東方とのかかわりについても、「立屋敷式土器には北九州に於ても東部に分布を有し、瀬戸内西部が重要なる区域として問題にされ、より東方に延びて、唐古式土器や西志賀式土器も總べて同じ系列に入る」のでこの系列を木葉文系列と称すること。「下伊田式土器は筑前・筑後に分布を有し、

高槻式土器の分布との関係が問題になると思われる。高槻式土器は阿方式土器・瓜破式土器と同系列」に入るので、この系列を隆起文系列と称することが提唱された。ここに遠賀川式土器の細分・編年・東方への系譜観などの進展がみられることとなった。しかし一方では、発掘地が遠賀川の川床であったところからその層序になお疑問が持たれた。さらに立屋敷式・下伊田式両土器の編年序列についても、同一遺跡における層序的検証がなされていない点に問題がのこった。これらの不安要素は太平洋戦争後の発掘調査による検証を待たねばならなかった。

　立屋敷遺跡の調査と前後しながら、さらに上流域の飯塚市立岩周辺遺跡を中心に、弥生前・中期の土器・石器・金属器などから文化相や土器編年の問題を提起したのは森貞次郎氏である（森貞1942）。当時まだ遺物包含層における層位関係が明らかでなかったので、「土器そのものの観察及び他形式土器との共伴関係」から編年的検討を行い、東菰田式―下伊田式（東菰田式後期）―立屋敷式の序列を提示した。東菰田式の壺形土器は、「口縁部が比較的発達せず、頸部が上すぼみで、肩部の接合部に見る段状部の顕著な」特徴を有しており、福岡市藤崎、飯塚市東菰田遺跡の土器をあてている。現在の弥生土器編年では板付Ⅰ式に相当するものであった。つづいて「東菰田式後期に移行すると共に、立屋敷を派生する」であろうと考えた。東菰田遺跡では東菰田式後期を、また飯塚・嘉穂・田川などの遠賀川上流域の遺跡では東菰田式後期が立屋敷式を伴うことに拠っている。「壺形土器の肩上の段状部の特徴が著しく、頸部がやや伸びるが、口縁部、胴部は一般に依然とし

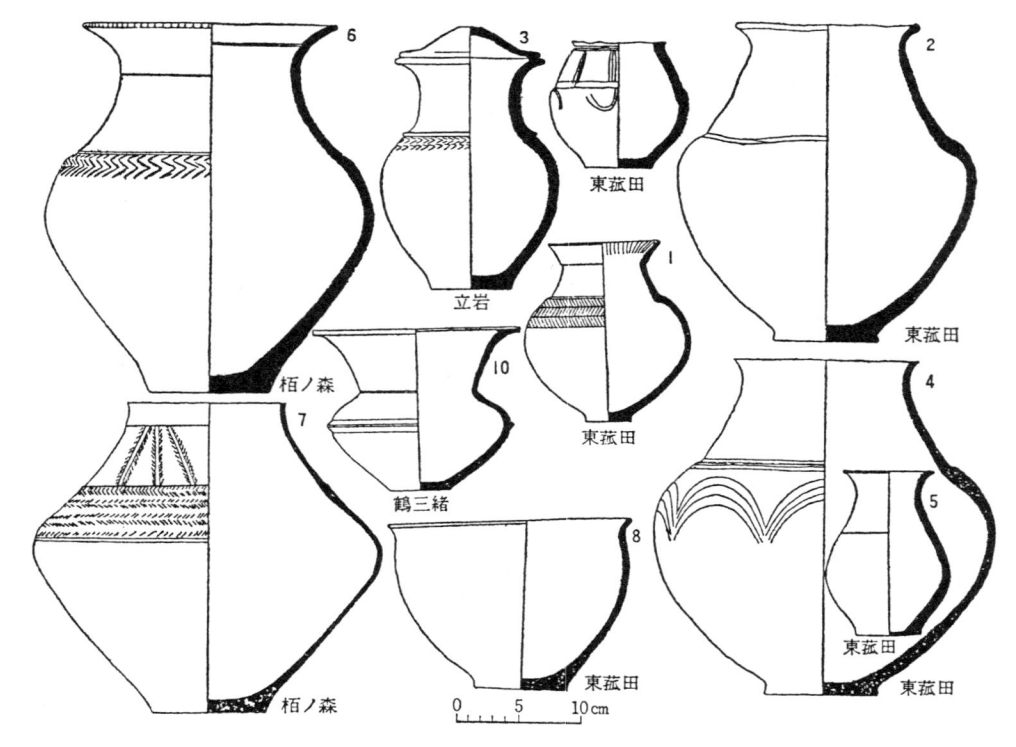

図1　壺形弥生土器
1. 文様は辰砂にて描く　2. 東菰田式　3. 4. 5. 下伊田式　6. 7. 下伊田式に於ける壺型の二つの系統を示す
8. 下伊田式鉢形　10. 須玖式小形壺　2の左は下伊田式の広口小形壺で4. 7と同様口縁部は欠損している（森貞1983）

て特殊な発達を見ない。(中略) 文様は、羽状文最も多く重弧文、鋸歯文等を主とし、或は之等の複合文様が肩部を中心に頸部器胴部にまで及ぶ」特徴をみせている。森氏はこの「東菰田式後期を便宜上、下伊田式と仮称」した。立屋敷式土器は、「胴部の極度に張った、口縁部のやや開いた、此の器形は既に発達の一極点に達したものであり、整美豊富な幾何学的文様よりするも東菰田式に後出するもの」であろうとされている。その分布図は下伊田式より狭く、遠賀川流域を中心としているが、「立屋敷式の原形を保つ期間よりも下伊田式と共伴する期間が長く、而も文様に於ては比較的早く変化して下伊田式に吸収せられ、その胴の張った壺形のみが以後久しくその伝統を残す」のであろうと考えた。下伊田式よりややおくれて出現し、並行する状態を考えたように思われる。

　森氏の前期土器編年は杉原氏の二小期に対して最古期の東菰田式期を設定したこと。立屋敷式を下伊田式に移行するなかで派生したものとし、また分布圏も下伊田式より狭いことを指摘した。両氏の編年観はその序列においても微妙な相違をみせながら、その後の北九州の弥生土器編年にまで継承されてゆくこととなった。

　一方、1943 (昭和 18) 年奈良県田原本町の唐古遺跡の調査成果が公刊された (末永ほか 1943) ことは、現行の弥生土器第 1～第 5 様式編年の基礎が据えられた点で重要であるが、そのなかで小林行雄氏はこれまでの近畿地方の諸遺跡出土土器研究を総括して、遠賀川系土器を第 1 様式として最古段階に位置づけた。これは弥生土器の様式論による編年研究の到達点を示すものであり、太平洋戦争終結段階までの弥生土器研究を総括する研究史的意義を有すると言っても過言ではあるまい。

2　遺跡学の展開と弥生文化始源の探究

　1950 (昭和 25) 年 4 月福岡県粕屋郡新宮町の立花貝塚が森貞次郎氏によって調査され、下層に遠賀川式、上層に須玖式、その間に「中間型」とされた両形式土器並存層の三者が確認された。これによって両形式土器の先後関係は決定的となった。同月末に開催された九州考古学会での森氏の発表を、最前列で聴講していた中山平次郎氏が事実関係の確認質疑をした光景がきわめて印象的であった。さらに同年夏には新宮町夜臼遺跡の竪穴調査で「弥生式土器として、最も遡る型式の土器と共に条痕ある縄文式土器の要素をもつ土器片を発見した」(森貞 1961)。今日では常識となった縄文時代晩期末に位置づけられている夜臼式土器の発見と、弥生前期最古段階の板付Ⅰ式土器の共存を示すものであった。また同年福岡市板付遺跡でも両者の共存が実証された。翌年から日本考古学協会の弥生式土器文化総合研究特別委員会の事業にとり入れられて本格的な発掘調査が行われた。なかでも板付遺跡は 1954 年まで継続調査されて夜臼式・板付Ⅰ式両土器の型式認定と共伴関係が確定し、石器においても縄文系と大陸系磨製石器の共伴が明らかにされた。また炭化米や籾痕のある土器の発見、環濠集落の出現など、日本の稲作開始期の文化様相を解明する上で画期的な成果をあげた (森貞・岡崎 1961)。

　これらの成果をとり入れて 1955 (昭和 30) 年に発刊された『日本考古学講座』で新たな弥生土器の型式分類・編年観が示された (杉原荘 1955、森貞 1955)。森貞次郎氏は北九州の前期を「甕

に見られる細かい変化の約束を目安として」第一式から第三式まで三期に分類した。その内容は1942年に発表された編年案（森貞 1942）を継承発展させたものであった。また杉原荘介氏は1943年に発表された編年案（杉原荘 1943）に加えて最古段階に板付式土器を設定した。そして森氏の編年案について「立花遺跡の調査の所見から、立屋敷土器に見る文様の盛行は北九州東半の特殊事情であるとして、別に北九州Ⅱ式土器を立てる意向のようである。それに関しては、ある程度は事実であるが、立屋敷式土器の系統を有する土器は、さらに本州にまで延びているから、それを北九州において型式論的に処理しておいた方が、九州と本州を関係づけて論ずる際に都合がよいのではないか」と言及している。また前期に注意すべきこととして、「鉄器は当初から存在した可能性があるが、青銅器は必ずしもそうではない」と指摘している。森氏の第二式は杉原氏の下伊田式に、森氏の第三式は杉原氏の立屋敷式に相当するようである。ただし森氏は両型式の並存状況をも想定されている。その後北九州各地の調査所見からは、立屋敷系土器は遠賀川流域から周防灘、響灘沿海地方に濃密な分布を示し、山口県下関市綾羅木郷遺跡（下関教育委員会 1981）などでは中期初頭にまで継承されてゆく。このような状況からみると、一概に立屋敷式土器段階を下伊田式土器段階に先行させるのは必ずしも適当でないと思われる（小田 1973）。むしろ器形・文様においてさらに発展した高槻式土器の存在が注目されてくるであろう。しかし板付遺跡の報告（森貞・岡崎 1961）のなかには「板付Ⅰ式土器は、堆積の状態から見て、明らかに板付Ⅱ式土器の下位において発見されている。しかも両者の間に、型式の推移から見て、立屋敷式土器を位置させることが合理的であり、すでに板付Ⅱ式土器の古型式のものには、立屋敷式土器の面影を見ることができるのである」という記述がみられて、杉原氏の編年観に同調している。結局森氏の編年観は立屋敷式と下伊田式を並存関係におき、地域によって両者が共存あるいは先後関係をもって現れる場合があるという説におちつくのであろうと推察される。その後1966（昭和41）年に発表された論考（森貞 1966）では、前期の土器を初頭（板付Ⅰ式）・中ごろ（板付Ⅱ式）・後半の三期に区分する。ここでは「立屋敷・下伊田を板付Ⅱにふくめ、高槻形式を中心とする新しい様式を高槻式とする」註解が示されたことで、さきの推察が森氏の最終見解であったことが確認される。そして前期土器を「地域による様式差はまだあまり大きくなく、地域的にも北九州型と瀬戸内型に大別される程度であり、瀬戸内がわでは前期の末ごろとくに様式的変化が見られる」と要約された。すなわち前期中ごろ以降、遠賀川流域を目安として以西を北九州型、以東を瀬戸内型と表現したものであった。

　1950年代以降の新しい研究動向は、第1には板付遺跡をはじめとする北九州の諸遺跡で、夜臼式土器と板付式土器の共伴関係が確かめられたことによって、弥生文化の始源を縄文晩期にまでさかのぼって追求しようとする方向である。第2には大陸系磨製石器・縄文晩期土器（とくに丹塗磨研壺）・支石墓などの朝鮮半島との関係が考えられる文化要素の認定から、日韓交渉研究を通じて弥生文化の始源を追求する方向である。第3には低湿地への発掘調査の進展によって、初期稲作水田跡が検出され、木製農具の発見ともあわせて初期農耕技術を解明する方向である。

　以上の問題にかかわるものとして、1960・61（昭和35・36）年に実施された日本考古学協会西北九州総合調査特別委員会による長崎県原山遺跡、山ノ寺遺跡の調査（日本考古学協会西北九州総合調査特別委員会 1960）、1965・66（昭和40・41）年の九州大学とフランスの合同調査、および1984

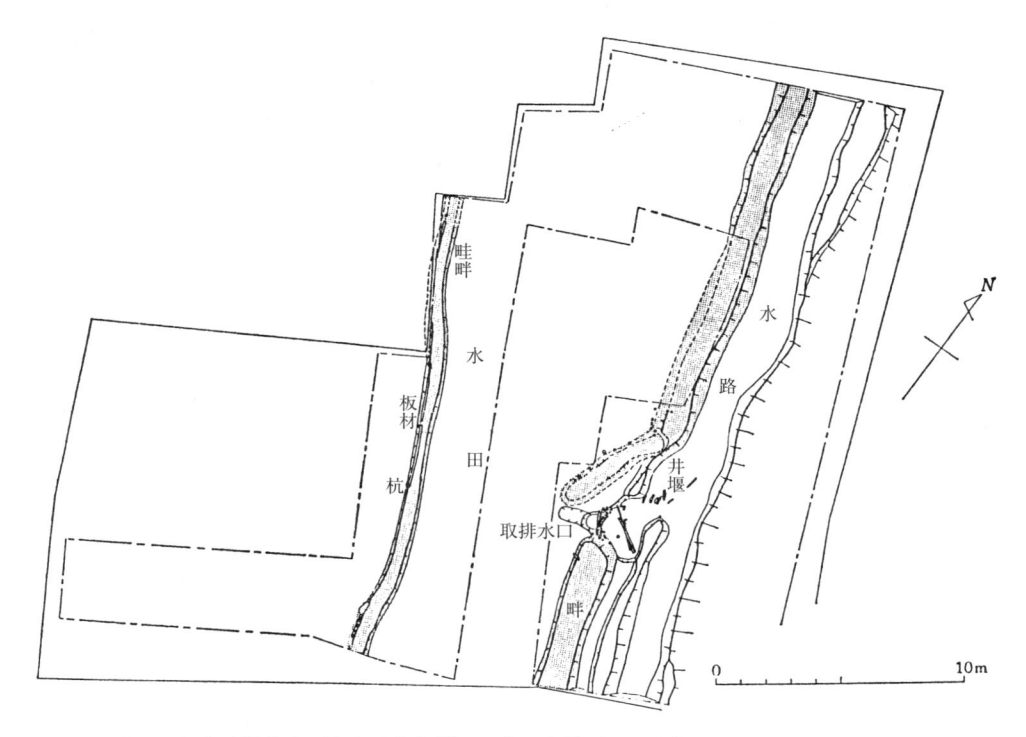

図2 縄文晩期終末（夜臼式文化期）の水田遺構（G-7a区）（福岡市教育委員会 1976）

（昭和59）年の九州大学による佐賀県宇木汲田貝塚（小田・賀川ほか 1982、田崎 1986、横山・藤尾 1986）の調査、1977・78（昭和52・53）年の福岡市教育委員会による板付遺跡縄文晩期水田跡の調査（山崎ほか 1979）、1981（昭和56）年の唐津市教育委員会による佐賀県菜畑遺跡の調査（中島直ほか1982）と福岡県教育委員会による曲り田遺跡の調査（橋口ほか 1983～85）、1992（平成4）年の福岡市教育委員会による那珂遺跡の調査（吉留 1994）、1992・93（平成4・5）年の粕屋町教育委員会による福岡県江辻遺跡の調査（新宅 1994、小田 1993b）などの成果は重要である。

　第1については縄文晩期後半から終末にかけての山ノ寺式─夜臼式土器の細分・文化相の検討などを通じて、弥生早期の設定が提案されているが未だ考古学界全体の賛同は得られていない。第2については韓国忠清南道扶余郡松菊里遺跡の調査成果（姜仁求ほか 1979、小田 1986d）や慶尚南道蔚州郡檢丹里遺跡の環濠集落出現（鄭澄元・安在晧 1990、七田・小田 1994）などによって、遺物・遺跡の両面から弥生文化の祖型が具体的にたどられるようになった。なかでも夜臼式土器文化期の江辻遺跡では松菊里型竪穴住居群が、中央の広場に掘立柱倉庫や大型建物を設けて環状にめぐる配置を示していたことは、板付遺跡の空白を補完して、集落の全体像を如実に浮びあがらせている。第3については板付遺跡や菜畑遺跡で縄文晩期の水田が発見された。前者は集落の在る微高地に隣接する低地に河川から水路を引いて導水し、後者は海浜砂丘の後半湿地を排水して水田経営することとなる。前者は平野部における、後者は沿海部における水田稲作の形態である。畦畔や井堰を伴う高度な農業技術が、水田稲作の始源期から導入されている実態を示していておどろかされたのである。

遠賀川式土器の発見に始まる弥生文化の研究は多くの先学たちの努力によって、縄文文化や朝鮮半島の無文土器文化ともふかくかかわりながら、稲作文化の始源にまで研究が発展するにいたった。本章は、遠賀川式土器の研究の歩みをたどることに主眼をおきながら、水田稲作開始期研究にいたる現状を概観した次第である。遠賀川式土器を再認識するために役立てば幸いである。

第2章　北部九州の弥生建築

　縄文晩期の日本列島に、水田稲作文化に代表される弥生文化の原型が最初に到来したのは北部九州であったことは今日常識になっている。それは中国や朝鮮半島にもっとも近い地理的位置から当然のなりゆきであった。新来の文化期にみられる新しい文物として、大陸系磨製石器、金属器、無文系土器、新しい墓制（石棺・木棺・支石墓）などが数えられる。これらは材質的にも地中に保存されやすいので、はやくから考古学の研究対象として取り上げられてきた。これに対して、弥生建築遺構は竪穴住居、倉庫・井戸などの地下に掘りこまれた部分は発掘されているものの、その地上構築部分については木材・茅・藁などで構成されたために、低湿地や焼失状態などの特殊条件にあった場合にのみ遺存するという情況であった。したがって奈良県唐古・鍵遺跡の場合に代表されるような弥生土器の表面に描かれた建築絵画や、古墳時代の考古資料（銅鏡・家形埴輪など）、国の内外に遺存する民居や宗教関係建築資料などに依拠して復原研究が試みられてきた。そしてこの方面の研究ではその多くを建築史研究者にたよってきたところである。しかし北部九州では建築絵画を有する土器はなく、後世の考古資料や民居・宗教関係建築資料にも恵まれていないために、他地域に比べてこの方面の研究は立ちおくれているといわざるをえない。ところが近年の緊急調査の急増によって各種建築遺構の発見があいつぎ、また建築材の遺存例にも恵まれつつあり、新しい研究段階に入ってきた。

1　初期環濠集落と建物の景観

板付遺跡の調査と成果
　弥生時代初頭における集落景観のそれ以前との大きな相違は、住居群を濠で囲んで居住区の内外を明確に区分していることがあげられる。福岡市板付遺跡は弥生時代初頭の環濠集落として全国的にも著名な遺跡である。福岡平野東部の御笠川左岸、標高11〜12ｍの低台地上に営まれている。その東西両側の低地に水田が開かれていて、1976（昭和51）年わが国最古の農村集落として国史跡の指定をうけ、さらに1989（平成元）年度から文化庁がおこしている全国的な史跡整備事業である「ふるさと歴史の広場」に採択されて現在整備がすすめられている。1950（昭和25）年に弥生土器と縄文系（夜臼式）土器の発見に端を発し、翌年から日本考古学協会の調査が始まり、福岡市教育委員会に継承されて今日にいたっている。この間、これまでの楕円形環濠に加えて、1989（平成元）年にはこの外側にさらに大型の環濠がめぐることが確認されて、内外二重からなる環濠集落であることが知られるにいたった。内濠は断面Ｖ字形をなし幅1〜5ｍ、深さ1〜2.5ｍであるが、

24　第1部　弥生時代

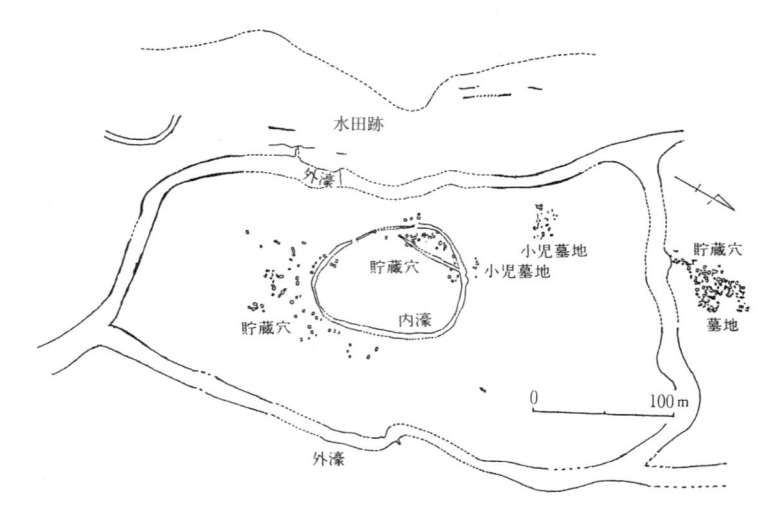

図1　板付遺跡の前期遺構図

　台地上は当時より1m以上の削平が考えられるので、復原される形成当時の内濠の幅は4～6m、深さ2.5～3mで、その外側には土塁がめぐらされていたようである。
　内濠の規模は南北110m、東西80mを楕円形プランに囲み、その内側西寄りに南北の直線溝（弦状溝・長さ54m）が設けられ、南端に幅5mの通路を作る。また内濠区域への出入口にも南側に幅4mの陸橋を設けている。
　外濠はまだ完全なプランは追跡されていないが、内濠集落の占地する段丘面の南と北を切断し、東と西は段丘下の周縁にめぐらして、その西側に展開する初期水田への用排水路としての機能をも果たしている。外濠の規模は南北約370m、東西約170mの不整長楕円形プランが考えられ、濠の復原幅約10m、深さ約3mで、その囲濠内面積は約6.3haと算出されている。また内濠陸橋部を南に延長した外濠には堰が構築され、その上部には架橋されていたかと思われる部材が発見されている。
　つぎに環濠内における弥生前期の構造物についてみると、住居跡の発見は皆無であるが台地上が削平された際に湮滅したと考えられる。内濠区域の弦状溝で区分された西側には40基前後の貯蔵竪穴が集中しているのに対して、東側には若干の貯蔵穴を除いて他に遺構が見当たらない点から考えて、弦状溝によって貯蔵倉庫域と住居域に区分されていたであろうと推察される。また貯蔵穴は内濠外南に57基以上、外濠外北に106基以上が集中しているので、生産物などを主とする余剰財産は共同管理下におくことを基本としていたと思われる。内濠内弦状溝西の倉庫群は種子籾など農耕集落の年間生命を左右するような最重要財産が集中管理された施設であったかと思われる。住居域に散在する貯蔵穴は日常生活に付随する倉庫機能が考えられよう。
　さらに前期の墓地が外濠の内外に営まれている。外濠内では内濠外のすぐ北に小児用甕棺7基、その北西約40mにおなじく小児用墓25基（木棺・土壙・甕棺）が発見されている。1910年代に発見された板付田端の甕棺6基（銅剣4・銅矛3副葬）は内濠南端の東にあたる。外濠のすぐ北には計57基の木棺・土壙・甕棺があった。

環濠の登場は居住区・貯蔵倉庫区など機能別に区画してムラの共同体意識を明確にするとともに、獣害なども考慮した外敵に対する防禦機能を果たしていた。さらに内濠区域に住む集団と外濠区に住む集団の間にムラの生活で、中心的役割を果たすのちの首長家族クラスとそれ以外の集団の格差を考えるか、あるいは人口増による外濠域への析出を考えるかなどの問題もあるが、結論には達していない。一方このような板付遺跡の集落構成は弥生文化の出現期に、すでにかなり高度な水準に到達していた農耕技術と集団社会構成が導入されていたことをうかがわせるものがある。また吉野ヶ里遺跡で注目された内外両濠で区画された集団構成や、外濠の外に設定された高床倉庫群などの原型もこの段階に発足していることも注目すべきである。

江辻遺跡の集落構成

1992〜93年に明らかにされた福岡県粕屋町江辻遺跡（第2地点）では北側に水田が想定される多々良川沿いの微高地約7500 m^2（75×100 m）を発掘調査し、その南半部に竪穴住居跡11軒と掘立柱建物7棟、北端部に東西に曲走する幅約6 mの大溝（自然流路か）などが発見された。出土する土器は縄文晩期終末段階の夜臼式土器であるから板付遺跡の開始期よりさらにさかのぼることになる。住居跡はいずれも円形（やや楕円形ぎみもある）プランで発掘区南半部にほぼ環状にちかい配置をとり、その中央広場に掘立柱建物が在る。住居跡（平均径約4.5 m）はいずれも中央に楕円状大形土坑があり、その長軸上の両側に柱穴各一個を配置する共通点をもち、韓国・忠清南道松菊里遺跡を標識とする「松菊里型住居」に属する。住居様式や遺物において、西日本の初期弥生文化と松菊里遺跡に共通するところ少なくなく、なかでも江辻タイプ住居跡（李健茂氏分類 II-B①型）は韓国慶尚南道地域に多く分布するところから、この方面に原郷を求められるであろう。

江辻遺跡の発見は最古段階農耕集落を構成する一単元分の全貌を明らかにした重要な成果であった。しかも突帯文土器単純文化期に限定されている点でも貴重である。しかしその中でも住居跡別

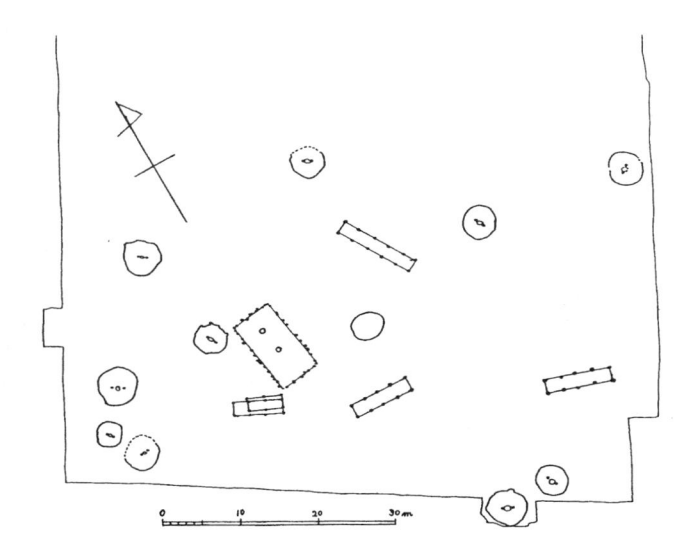

図2　福岡県粕屋町江辻遺跡縄文晩期遺構配置図（粕屋町教育委員会資料より作成）

26 第1部 弥生時代

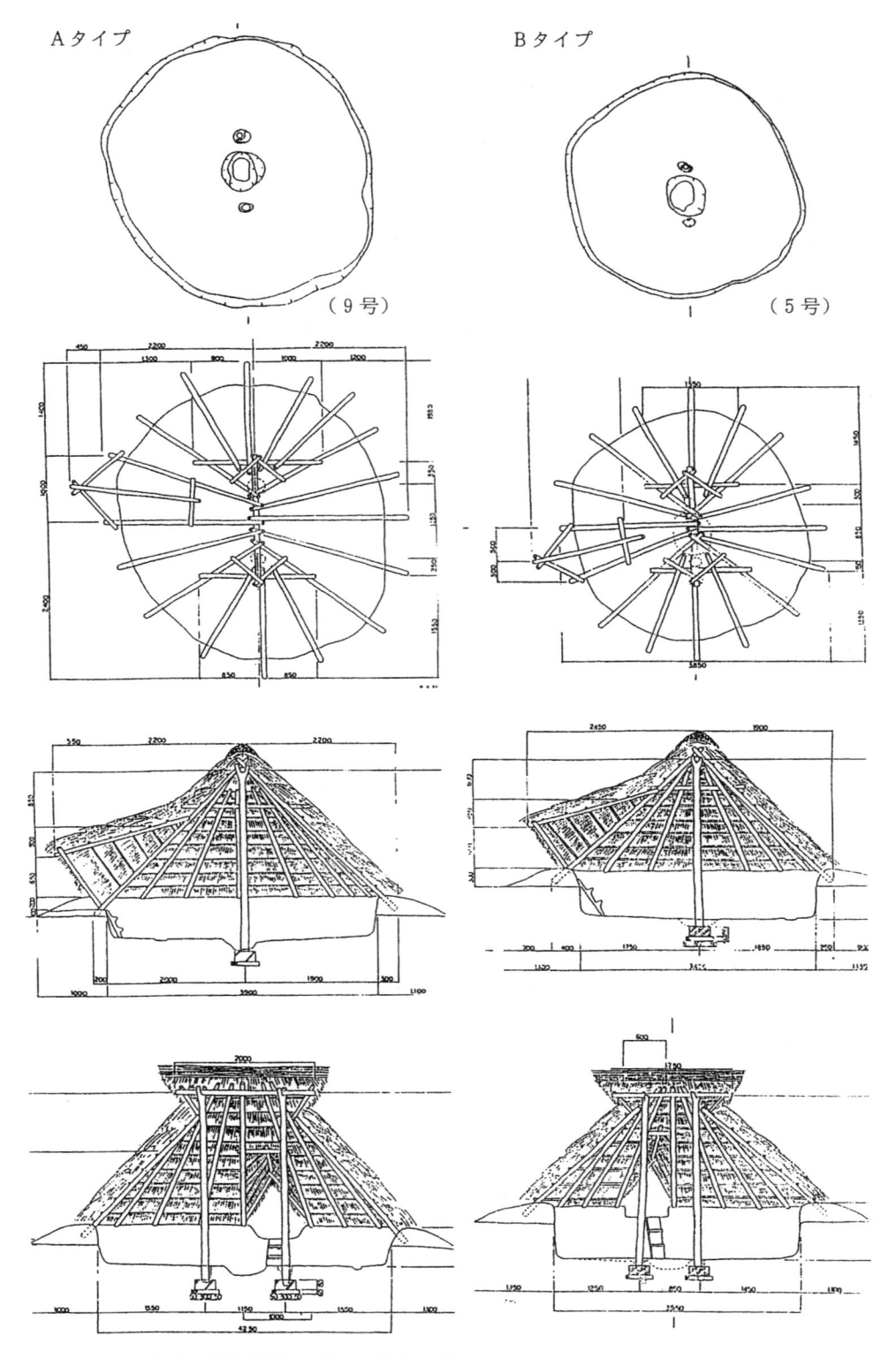

Aタイプ　　　　　　　　　　　Bタイプ

（9号）　　　　　　　　　　（5号）

図3　江辻遺跡竪穴住居（松菊里型）復原2案（福岡市教育委員会 1993）

の土器群の比較や、重複する掘立柱建物の存在から厳密には二小期に分けられることが予想される。このような中央広場を設けた環状配置集落は縄文時代の集落景観にも認められ、それらを継承していると考えることもできる。また環状集落の内側には長倉形式の掘立柱建物5棟と大型掘立柱1棟が配される。前者はいずれも梁行1間であるが、桁行では3間・4間・5間のもの各1棟、2間のもの2棟で構成されている。ただし2間と3間の各1棟は重複している。このような梁間1間の長倉形式掘立柱建物は、近年縄文時代でも知られているが、とくに北部九州では弥生文化の渡来とかかわる出現の契機も十分考えられ、収穫物などを共同管理する倉庫などが考えられる。とくに注目されるのは広場の中央を占める大型建物である。総数40余の柱穴で囲まれた範囲は5.5×10mの長方形プランをなし、南北方位の主軸線上に棟持柱と思われる2個の大形柱穴が設けられて切妻屋根構造の建物が考えられる。しかし建物四周の柱穴の状況は、梁行・桁行の柱がのちの整然と対向する構造ではない。特に四隅は3個の柱で構成される特徴がみられる。ムラの集会場あるいは祭祀などの宗教的儀式にかかわる建物であったかと思われる。

　このように江辻遺跡における集落構成は、縄文時代の景観をも基本的に継承しながら、新来の半島系農耕文化の要素を受容した過渡的景観を示すものであった。さらに板付遺跡における内濠域の住居想定区の空白を埋めるうえにも貴重な資料を提供することとなった。

囲郭集落の諸相
　このほか縄文最終末期には1992年に調査された福岡市那珂遺跡で、土塁の内外両側に同心円状に二重環濠をめぐらした遺構も発見されている。のちに弥生時代の東海地方などに顕著な、また北部九州でも甘木市〔現朝倉市〕平塚川添遺跡で注目されたような多重環濠集落の原型がすでに出現していたことも注意される。

　環濠集落の淵源はとおく紀元前4500年前、仰韶文化期の陝西省姜寨遺跡や半坡遺跡にまでさかのぼる。そして最近では韓国でも松菊里遺跡・徳川里遺跡・検丹里遺跡などの環濠集落が発見されて北部九州への伝来ルートも明らかになってきた。

　北部九州ではクニの形成が始まる中期段階以降、環濠のもつ防禦的機能が次第に主流を占めるようになる。一方、環濠を有さない集落でも、小郡市一ノ口遺跡にみるような柵列で囲まれた場合が知られるようになった。さらに後期にクニの統合活動とあわせて社会的緊張の高まるなかでは、吉野ヶ里遺跡にみるような物見やぐらも構えられるようになった。また福岡県西ノ迫遺跡や大分県白岩遺跡などの山寨的軍事施設（山頂型高地性集落）にも環濠がともなっている。これらの日本的展開を示す防禦的集落は「囲郭集落」の名称で包括される場合もある。農耕集落とともに出発した囲郭集落は、クニの形成・発展と不可分に結びついてムラの階層分化をも促進しながら、やがて古墳時代の豪族居館へと継承されていった。

2 弥生建築の諸相

集落内を構成する建物には竪穴住居・貯蔵穴・掘立柱建物・井戸・物見やぐらなどの遺構が知られている。

「松菊里型」住居

最古の農村集落と認定された江辻遺跡の円形竪穴住居は中央の大型土坑に接近して2個の主柱穴が設けられた「松菊里型」住居という特殊な形態であるが、これを棟持柱と考える点では異論ないところである。そして棟木から竪穴外部の地表にむけて放射状に架する斜材（扠首(さす)）によって支えられる葺降し屋根の上屋構造が復原されている。さらに棟の両側に煙出しを設けるもの（Aタイプ）と、そうでないもの（Bタイプ）の2案が示された。また一般の竪穴住居では中央土坑は炉跡と考えられ、実際に壁面が焼けていたり炭灰などが発見される場合も少なくない。しかし「松菊里型」住居の中央土坑にはその痕跡がほとんど確認されず、また2主柱穴が中央土坑に接近する点や、石器やその未製品が発見される場合が多い点から作業用土坑とする考え方が有力である。その後北部九州では中期前半にかけて、2主柱穴は浅くかつ小さくなり、主柱穴は方形配置の4主柱穴や円形配置の5～12主柱穴へと展開してゆき、中央土坑も炉の機能を示すものがみられるようになる。

方形住居

一方、方形プラン住居は中、後期と次第に数を増やしていくが、このタイプのものは縄文時代から継承される一方、韓国松菊里遺跡への系譜がたどられるものもある。福岡市諸岡遺跡では中央土坑部に江辻タイプの構造を有しながら長方形プラン4主柱穴のものがみられるなどは、その好例である（李健茂氏分類 II-A②型）。

主柱穴プランが方形ないし長方形を呈する住居の上屋構造については、関野克氏が登呂遺跡の住居復原で試みた柱の上に梁をわたし、その上に束(つか)を立てて棟木を支える方式がその後各地の復原住居でも流行した。関野氏の復原の拠所となったのは江戸時代の「鉄山秘書」にみえる砂鉄製錬用の

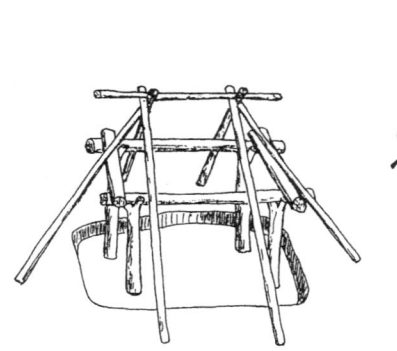

図4 竪穴住居の構造
（太田 1959）

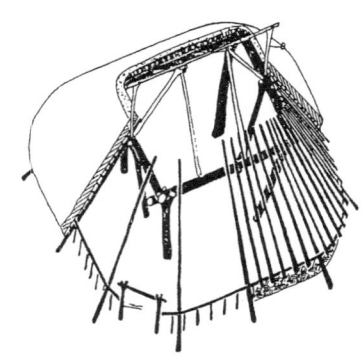

図5 タタラ（高殿）構造復原図
（太田 1959）

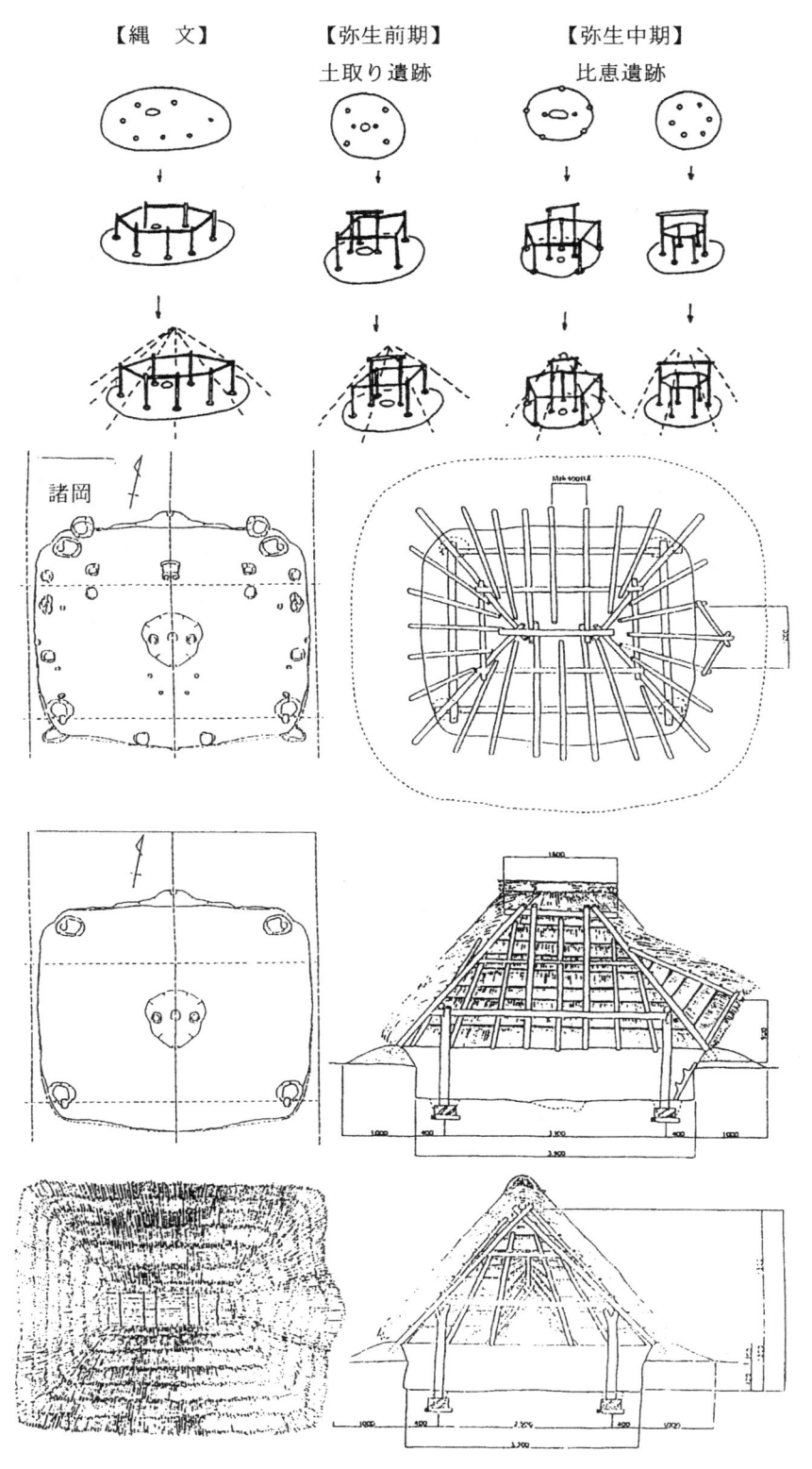

【縄　文】　　【弥生前期】　　【弥生中期】
　　　　　　　土取り遺跡　　　比恵遺跡

図6　板付遺跡復原案（福岡市教育委員会 1993）

円形住居（中期）　　　方形住居（後期）

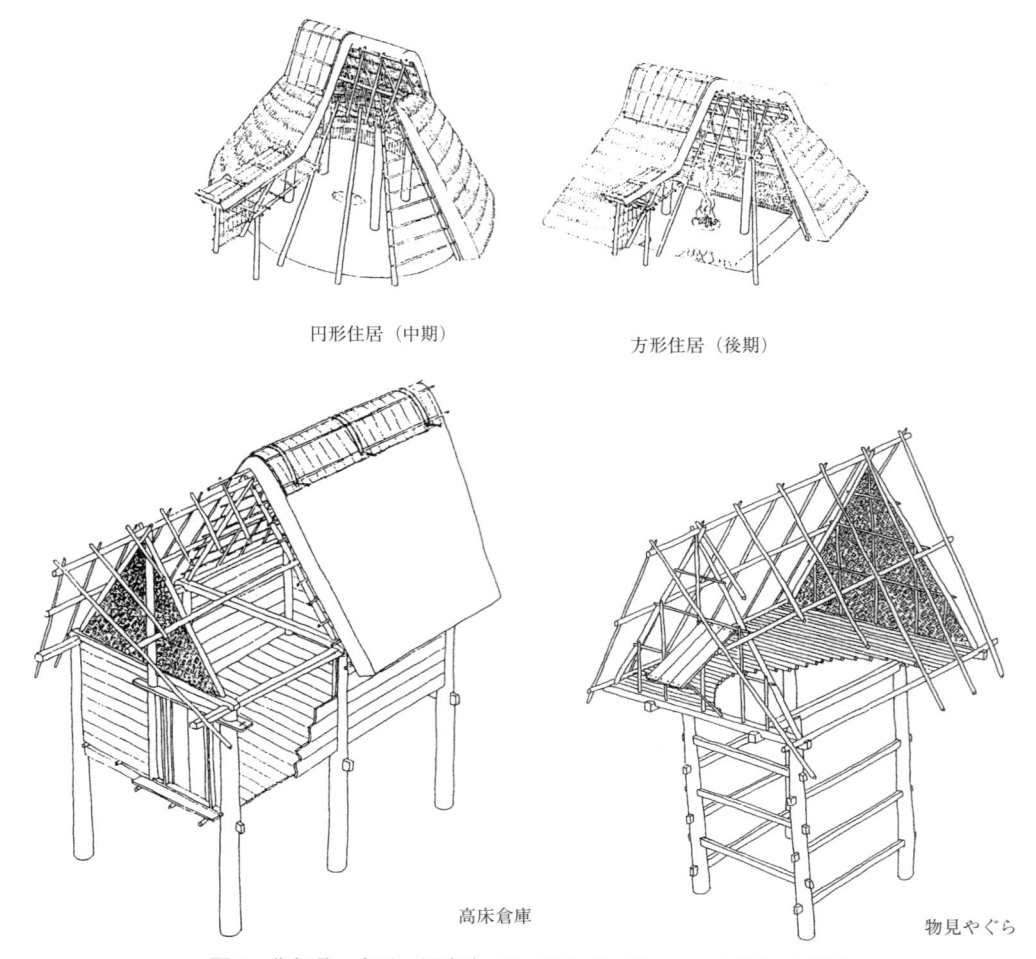

高床倉庫　　　物見やぐら

図7　佐賀県・吉野ヶ里遺跡（朝日新聞西部本社 1989、宮本長二郎作図）

「高殿(たたら)」建築と竪穴住居にのこる主柱穴が近似している点にあった。しかしこのような大陸系建築技法の採用については建築史学方面での批判も少なくない。すなわち民俗資料として現存する農家小屋や、樺太アイヌの家の小屋組構造におけるサス組立屋根を参考にして、これらが竪穴住居の伝統を伝えている可能性が大きいと考える立場である。太田博太郎氏は農家と「タタラ」を比較して、「桁の上に二組の三本のサスを載せたところは同形であるが、農家は柱のところで垂直の壁を設け『タタラ』はこれから外方に垂木(たるき)をわたしているところ」と、「井桁の上にタタラでは二本のツカを立てて、棟木の先を支えている点」の二点において違うことを指摘している。そして竪穴住居の構造ではサスによって棟木が支えられている復原図を示している。最近、宮本長二郎氏によって示された吉野ケ里遺跡の円形および方形住居の復原図も同じ立場が示されている。

貯蔵穴

前〜中期の集落で竪穴住居としばしば並置されているのが貯蔵穴である。地下1.5〜2mの深さ

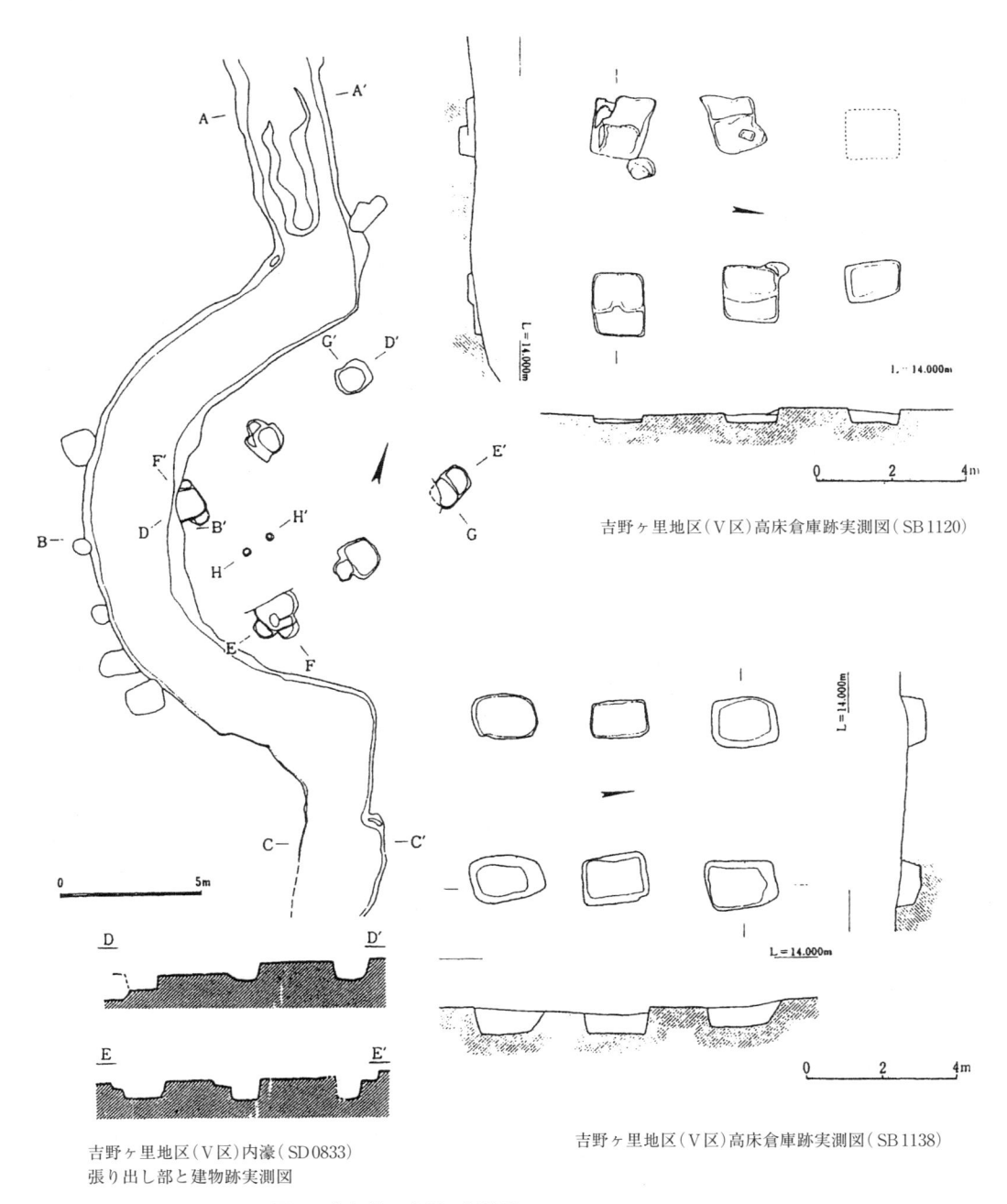

吉野ヶ里地区（Ⅴ区）高床倉庫跡実測図（SB1120）

吉野ヶ里地区（Ⅴ区）内濠（SD0833）
張り出し部と建物跡実測図

吉野ヶ里地区（Ⅴ区）高床倉庫跡実測図（SB1138）

図8　佐賀県・吉野ヶ里遺跡（佳賀県教育委員会編 1990）

において、床面は円形や方形プランを呈するが、上方にすぼまっていき、上端では径1m以下のものまである。炭化米やその他の炭化種子などが発見されるところから食料の地下倉と考えられるが、容器や農具・石器などを収めた納屋のケース、また石器などの製作工房のケースなども知られている。その淵源は華北地方にまでたどられ、またその断面形から「袋状ピット」の呼称もある。出入りするには当然梯子を必要とするが、その上屋構造については床面の柱穴などからいくつかの

32　第1部　弥生時代

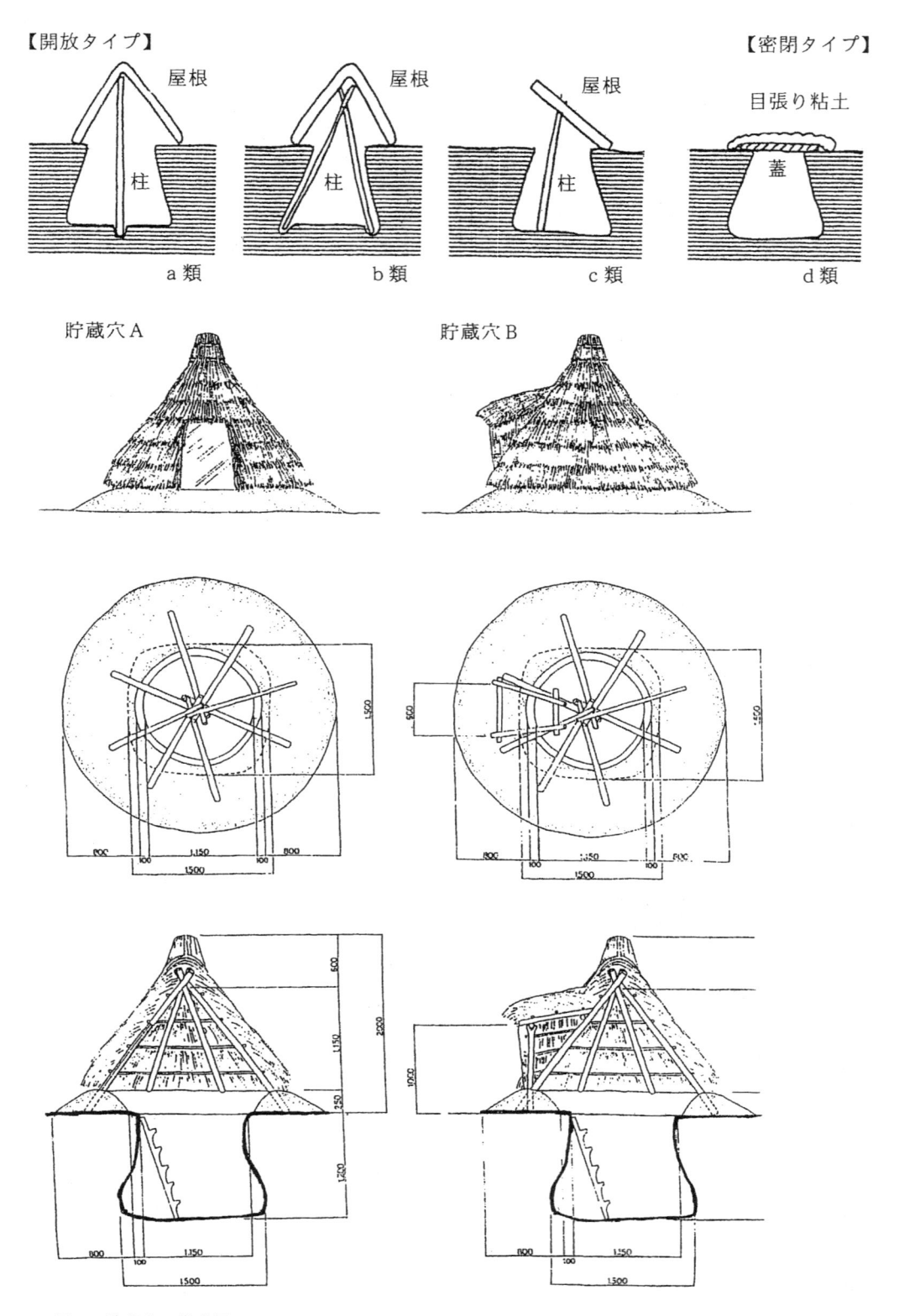

【開放タイプ】　　　　　　　　　　　　　　　　　　　　【密閉タイプ】

屋根　　　　　屋根　　　　屋根　　　　目張り粘土
柱　　　　　　柱　　　　　柱　　　　　蓋

a類　　　　　b類　　　　c類　　　　d類

貯蔵穴A　　　　　　　貯蔵穴B

図9　貯蔵穴の模式図（『板付遺跡復原案』資料、『板付弥生ムラだより』第20号、福岡市教育委員会　1993）

屋蓋構造が考えられる。また2～3枚の板材を並べ被せた事例もある。集落における在り方に、板付遺跡のように貯蔵穴ばかりの群集区域を設けた場合、行橋市下稗田遺跡や京都郡犀川町〔現みやこ町〕小学校校庭遺跡のように竪穴住居と混在する場合がある。前者は集落内構成全戸による共同管理体制が、また後者は各戸単位に3～10個未満程度の所属体制が考えられる。さらに両者を並用した場合もある。しかし倉庫としての貯蔵穴は、北部九州では中期末まででほぼ解消して、中期から次第に増加してくる高床倉庫に移行していった。

掘立柱建物

　掘立柱建物は必ずしも弥生時代に始まったものではなく、近年では縄文時代にも倉庫かと考えられる1間×1間以上プランや、集会場か祭場などを考えうる大型建物なども報告されている。しかし掘立柱建物が数量的にもめだってくるのは、やはり弥生時代中期以降に卓越する現象であることは否定できない。一方、掘立柱構造のものにも平地式のものと高床式のものがあり、その認定にあたっては考古学者よりも建築史家の検討に待つべきである。また総柱形式と外柱形式に二大別されるが、総じて前者は高床形式が考えられる。しかし後者については柱径と深さ、各柱間の距離、建物形態などによって高床式か平地式かの判別がなされる点で、一層建築史家の出番に頼らねばならない。最近では福岡市吉武高木遺跡の中期大型掘立柱建物の復原や、その性格についての論議などその好例であろう。また最近は後期後半～終末の低地性集落調査例の増加によって、立柱状態で発見され、あるいは建築部材の発見と検討が加えられるようになって、建築技術の新知見もにわかに増加してきた。福岡市雀居遺跡や甘木市〔現朝倉市〕平塚川添遺跡の発見はこの方面での多くの新資料を提供している。北部九州の掘立柱建物には倉庫、集会場、祭場、住居、工房、物見やぐらなどの種別があるが、それらの認定にあたっては上述したごとく建築史的知識を援用して慎重に決定することが必要となるのである。

第3章　弥生文化と日韓交渉

1　弥生文化の成立と日韓交渉

　西日本における弥生文化時代の到来は、それまでの採集経済段階（縄文時代）から、水田稲作技術と金属器の伝来に代表される生産経済段階への転換をもたらした画期的な出来事であった。その時期は紀元前4世紀代にさかのぼり、西日本の縄文晩期後半にあたる。北部九州の初現期の水田には菜畑遺跡に代表される海浜砂丘の後背湿地を利用するタイプと、板付遺跡に代表される平野部の河川流域を利用するタイプがあり、ともに畦畔で区画されるかなり高度な段階の技術を示していた。一方、韓国ではこのころの水田遺構はまだ発見されていないが、炭化米や籾痕土器が出土した無文土器時代中期の松菊里遺跡および検丹里集落遺跡の立地が低丘陵類型であり、また、この時期から低地性類型もみられるところから、すでに稲作は始まっていたと思われる。これに関連して集落規模の拡大がなされ、環濠集落（検丹里遺跡）の出現、丹塗磨研土器・有茎式石剣・三角形石庖丁・抉入石斧・柳葉形有茎式石鏃などの出現が注目されている。これらの諸要素はいずれも弥生文化形成期の西日本に受容されたが、墓制にあっても箱式石棺・木棺土壙・支石墓などが伝来した。さらに農耕具においても西日本では水田遺構の調査とあわせて豊富な木製農具の種類が発見された。韓国では木製農具は未発見であるが、石製収穫具（半月形石庖丁）の多量にくらべて石製耕作具（鋤・鍬）が少ないところから、やはり骨角製や木製の耕作具が多く使用されたであろうと推定されている。韓国においても将来低湿地遺跡の調査がすすめば、石製以外の農耕具の発見が期待されるところで、初期農耕具の交渉研究は将来の大きな課題である。

　初期農耕に伴う食料を直接物語る植物遺体の検出作業も両国でかなりすすめられている。韓半島では禾穀類（イネ・オオムギ・コムギ・アワ・キビ・ヒエ・モロコシ）・豆類（ダイズ・アズキ・リョクトウ）・ソバ・モモ・ドングリ・クリ・ヤマブドウが発見され、西日本でも上述の禾穀類が縄文晩期から弥生前期にかけて発見されていて、この方面でも両国の密接な農耕文化の交渉を示している。

　弥生文化時代において、稲作農耕とならぶもう一つの重要な要素は金属器の到来である。縄文晩期終末から弥生前期初頭にかけて鉄製（曲り田・今川・斎藤山遺跡）、青銅製（今川遺跡）の工具・武器が登場した。このうち青銅製の鑿・鏃は遼寧式銅剣の茎部をとり入れて再加工したもので、すでに韓国に先例がある。しかしこの波及はひきつづいて青銅器の流入が認められないところからみて、自然波及的現象にすぎず、西日本への本格的波及は弥生前期末まで待たねばならなかった。

2 韓国青銅器文化の画期とその年代

韓半島における青銅器文化の出現は前700年ごろまでさかのぼり、基本的に遼寧青銅器文化の伝統をひいている（第Ⅰ期）。スキート・シベリア系のカラスク文化や内蒙古地方の綏遠(すいえん)青銅器文化の影響をうけた北方系文化の系譜も一緒に出ているが、遼寧式銅剣・青銅刀子・銅泡（釦）・扇形銅斧・多鈕鏡などがこの系列に属する。この出現期の青銅器文化は研究者によってさらに2期以上の細分も試みられている。

つづく韓国青銅器文化の定着は韓国式銅剣（Ⅰ式細形銅剣）の成立に代表される（第Ⅱ期）。遼寧式銅剣の伝統を継承しながらも新しく創出された韓国式銅剣文化の内容には多鈕粗文鏡・防牌形銅器・剣把形銅器・ラッパ形銅器・小銅鐸などの青銅儀器類、扇形銅斧・銅鑿などの工具類、粘土帯土器・黒色長頸壺などの土器類、天河石製飾玉・碧玉製管玉などの装身具類などがある。武器類では韓国式銅剣（Ⅰ式）があるが、細形の矛や戈はまだ登場していない。

さらに韓国式銅剣の発展期（Ⅱ式細形銅剣）を迎えると、Ⅱ期の青銅儀器からつづいて、新たな北方系要素の流入によって八珠鈴・双頭鈴・竿頭鈴などの銅鈴類が加わり、多鈕細文鏡が現われた（第Ⅲ期）。また戦国系文化の系譜をひく銅矛・銅戈・銅鉇や有肩銅斧などが製作されるが、韓国式青銅器文化の完成期といわれるにふさわしい独自のものとなっている。この時期の後半に北部では戦国系鉄器が流入しはじめ、つづいて鉄器文化は韓半島全域に展開してゆく。

その後、平壌を中心とする楽浪地域周辺で漢文化の影響をうけた土着官人層の墓に漢式遺物が副葬されるようになる（第Ⅳ期）。前漢鏡・青銅車馬具・青銅容器・鉄器（武器・工具）・漢式土器（楽浪土器）・貨幣（五銖銭）などがあげられる。鉄器の需要増加の反面、青銅器は衰退しはじめる。慶尚道地域では前漢鏡に由来する小型鏡や大型鏡などの韓鏡が製作された。

つづく王莽〜後漢時代には方格規矩四神鏡や貨幣（貨泉・貨布・大泉五十）などが発見されている（第Ⅴ期）。青銅武器は最終段階を迎えて銅剣ではⅡ式細形銅剣の退化形態・深樋式（変形細形）銅剣・多樋式銅剣などが現われ、剣把頭飾・有孔十字形金具・双頭管状銅器・牛角形銅器などは対馬にまで及んでいる。一方、北部九州産の中広形・広形の銅矛・銅戈や小形仿製鏡が韓国南部地域に及んでいて、弥生後期前半との並行関係が明らかにされたことも重要である。

以上のような韓半島における青銅器文化の画期とその年代について、第Ⅰ期は遼寧青銅器文化との対比から紀元前7〜4世紀に比定され、古朝鮮時代にあてられている。第Ⅱ期は銅矛・銅戈などの戦国系要素が移入する前の段階で、戦国時代中期である前4世紀代に併行するものと思われる。第Ⅲ期の成立は戦国時代燕（昭王代＝311〜292 B.C.）の勢力が遼東地方に進出した歴史的背景に上限を求めることができ、この時期の後半に戦国系の鋳造鉄斧が登場して南に波及することからみて衛満朝鮮の成立（190 B.C.）とつづく古朝鮮王準の南遷（174 B.C.）などの王朝交代の時点と連結できるものと思われる。第Ⅳ期は前漢武帝の4郡設置（108 B.C.）、第Ⅴ期は王莽（8 A.D.）〜後漢（23 A.D.）王朝成立をそれぞれ画期としているであろうことは上述した。

3　西日本の青銅器文化の発達

　このような韓半島における青銅器文化の推移は、弥生文化の成立以来たえずその影響を蒙っている西日本地域にあっても直接あるいは間接に影響を受けている。さきに述べた弥生文化出現期にみられた鉄器・青銅器の渡来は紀元前4世紀代よりさかのぼらない点から考えて、韓半島第Ⅰ期後半の文化要素に加えて、中国戦国期に由来する鉄文化の自然派及現象であったとみられる。青銅器文化の本格的受容は弥生前期末以降に求められる。その墳墓における内容と在り方から、韓半島と対照してつぎの3期が設定できる。

　第1期（前期末～中期前半）　全長30cm前後の青銅細形武器（剣・矛・戈）・多鈕細文鏡などが伝来した。この後半期に韓国小銅鐸を模倣した鐸形土製品が存在するところからみて、小銅鐸も伝来していたであろう。韓半島第Ⅲ期文化に対照され、韓国式銅剣（細形銅剣）Ⅰ・Ⅱ式に加えて、さらに身幅の大きな中細形古段階（a類）銅剣（吉武高木117号甕棺）も登場している。この時期の後半には北部九州で細形武器（剣・矛・戈）の仿製品製作が開始されていることが、近年のあいつぐ鋳型の発見とその共伴弥生土器から明らかになった。また韓国後期無文土器系土器も青銅器の伝来とともに西日本に到来しているが、それに対応するごとく韓国南部においても金海貝塚・勒島遺跡・莱城遺跡に代表されるような北部九州系の前期末～中期前半様式土器が発見されている。なかでも勒島遺跡では韓国産の弥生土器系土器まで抽出することができ、日韓交渉の実態をうかがい知ることができる。なお北部九州系の弥生土器は次期まで継続するが発見例はきわめて少ない（勒島遺跡・金海池内洞遺跡）。

　第2期（中期中頃～終末）　細形武器はひきつづいて副葬されているが、中国前漢代の銅鏡・中国式銅剣・車馬具・貨幣（半両銭・五銖銭）・ガラス璧・鉄製武器などの中国系遺物の登場が注目される。須玖岡本（奴国王墓）・三雲南小路（伊都国王墓）などでは特定の甕棺墓に30面余の前漢鏡が集中所有されていて、その内容から中国洛陽焼溝漢墓の第2期（前漢中期およびそのやや後）に相当し、宣帝～元帝時代（74～33B.C.）のものを主体としていて、おそくとも紀元1世紀前半より下らない年代が考えられる。韓半島第Ⅳ期文化に対照されることとなる。なお鉄製品には中国系・韓国系輸入品のほか、鉄戈に代表されるように西日本の製品もみられ、鉄器文化の比重が大きくなってきている。

　第3期（後期初頭～前半）　第2期の集中所有型は継続されているものの、中国鏡の内容は王莽～後漢前半代のものと交代し、韓国系青銅武器は姿を消す。北部九州産青銅武器は第2期から副葬されはじめていたが、この時期には呪具的意味をもつ青銅器（有鉤銅釧・巴形銅器）が加わっている。中国における王朝交代を背景とするもので韓半島第Ⅴ期文化に対照することができる。『後漢書』にみえる57年の奴国入貢と金印授与（「漢委奴国王」金印）、つづく107年の倭国王等入貢などの記事が照合される時期であり、さきに韓半島第Ⅴ期のところで述べたような日韓の青銅遺物の交流があったことがあわせて注目されるであろう。対馬・壱岐・北部九州では楽浪土器や瓦質土器の流入がみられ、韓国の原三国時代前半期文化の到来していることがうかがわれる。

4　高塚古墳出現の問題

　紀元1〜3世紀に比定されている韓国の原三国時代は西日本の弥生時代中期後半から古墳時代初期に相当する。韓半島では三国時代成立前夜であり、日本では大和連合政権成立にいたる重要な時期である。そして双方とも墳丘墓から大型高塚古墳の出現にいたる過程を究明する方向に研究の視点がむけられている点では共通した動向をたどっているといえよう。西日本では前方後円墳・前方後方墳・円墳・方墳の四基本形態が規模のちがいとともに、身分秩序を象徴する政治的墓制として成立するにいたった。韓国南部においても墓域・墓区・厚葬の三共通要素を手がかりとして高塚古墳の先行墓制の分析が試みられているが、細部においては日韓両国の特異性も次第に明らかになりつつあり、将来への課題として今後の研究が期待される現状である。

5　韓半島から北部九州への渡来人の問題

　上述してきたような弥生時代の日韓文物交流を通じて逸してならないのは、その背後にある人の交流に関する問題である。この分野については近年著しい進展をみせている形質人類学の成果が注目されるところである。北部九州の弥生人が西北九州や南九州の人々と異なり、「長身―高顔」の特徴を有するところから渡来説が唱導されてからすでに久しいが、当時は韓半島における人骨資料に恵まれなかったところから、有力な仮説とされながらもまだ定説とされるにはいたらなかった。しかし1960年代以降、黄石里・朝島・礼安里・勒島遺跡の調査によって人骨資料が蓄積されて半島南部からの渡来説を肯定できる結果が得られてきた。すなわち、北部九州にあっては在来の縄文人と渡来人との混血の結果、新しい形質を生じたと考えられるにいたったことが裏づけられたのである。さらに今後は両国で地域性の問題にまで及ぼされてゆけば、文物交流の視点ともあわせて新しい展望が期待できることとなろう。

第4章　北部九州の墓制

1　はじめに

　弥生時代の西日本で流行した墓制には土壙墓・石棺墓・石槨墓・土器棺墓・木棺墓などがある。そのほとんどは当時の地表下に設けられたものである。地表に若干の盛土や標石などがあった場合も考えられるが、2000年以上を経過するうちにほとんど失われてしまっている。今日まで地表に標識をのこしているものに支石墓と墳丘墓がある。なかでも後者は径（一辺）10数メートル前後の不整円形（方形・長方形）で高さ2～3m前後のものになると、その墳丘中に上述の諸棺が複数収められていて、当然地表以上の位置に埋納されることとなる。

　また弥生時代前期は先行する縄文文化を基層にもち、新来の大陸系文化を受容したところであったから、当然墓制の上にも縄文時代の遺制が継承されていてもよい。このような視点で問題になるのは土壙墓と土器棺墓である。このように弥生文化の形成期から定着期に及ぶ弥生前期の墓制は多様である。以下一部中期初頭まで及ぼしながら、種別に概観しておこう。

2　土壙墓

　地下に竪穴を掘って死者を埋葬する葬法は自然発生的なもので、縄文時代にさかのぼって多くの事例がある。その多くは屈葬姿勢をとっており、人体を収容する最少面積を掘穿したものであったから、その平面形は不整円形か楕円形を呈している。これが弥生時代まで継承された事例は各地にみられるが、西北九州地域には縄文時代終末期に新たに水稲農耕文化が渡来するようになると、葬法にも伸展葬導入の影響によるその中間的移行形態とみられる屈肢葬（両腕を曲げて胸や腹の上に置き、膝をゆるく曲げて仰臥した葬法）の姿勢をとる例が多い。

　最初に水稲農耕文化が到来した西北九州地方では、縄文晩期終末ごろにさかのぼって支石墓が登場するが、その下部構造には土壙墓が採用されている場合が少なくない。佐賀県佐賀市久保泉町丸山遺跡（東中川 1986）では縄文晩期を主体として弥生前期に及ぶ支石墓118基が調査されているが、壺棺6基・粗製箱式石棺1基のほかはすべて土壙墓であった。その多くは石蓋を伴う隅丸長方形プランで、平均すると長さ130～150 cm、幅70～100 cm、深さ60～80 cmである。また土壙内に2～11個の敷石をもつものが25基ある。この遺跡の土壙墓の特徴は、伸展葬法で収容するにはやや短く、長さに対して幅広く深い点である。成人であれば屈葬または屈肢葬が考えられる。副葬

品には供献・副葬された小型壺・深鉢・浅鉢・甕・高杯などがある。供献用土器は土壙墓の蓋石上に置かれている。

また玄界灘周縁の海浜地域や島々では、砂丘部が埋葬場所として利用されている場合が多いが、このようなところでは土壙の形態を明確にすることはむずかしい。五島列島（宇久島松原、中通島浜郷）（小田1970c、宮崎1983）、長崎県佐世保市宮の本（久村ほか1980）、長崎市深堀（内藤ほか1967）、佐賀県呼子町〔現唐津市〕大友（東中川・藤田ほか1981）、福岡県志摩町〔現糸島市〕新町（橋口ほか1988）、前原町〔現糸島市〕長野宮の前（岡部ほか1989）、福岡市藤崎（浜石ほか1981）、行橋市長井（定村・小田1965）、山口県豊北町〔現下関市〕土井ヶ浜（金関丈・坪井・金関恕1961、山口県教育委員会1981、豊北町教育委員会1983〜1986、山

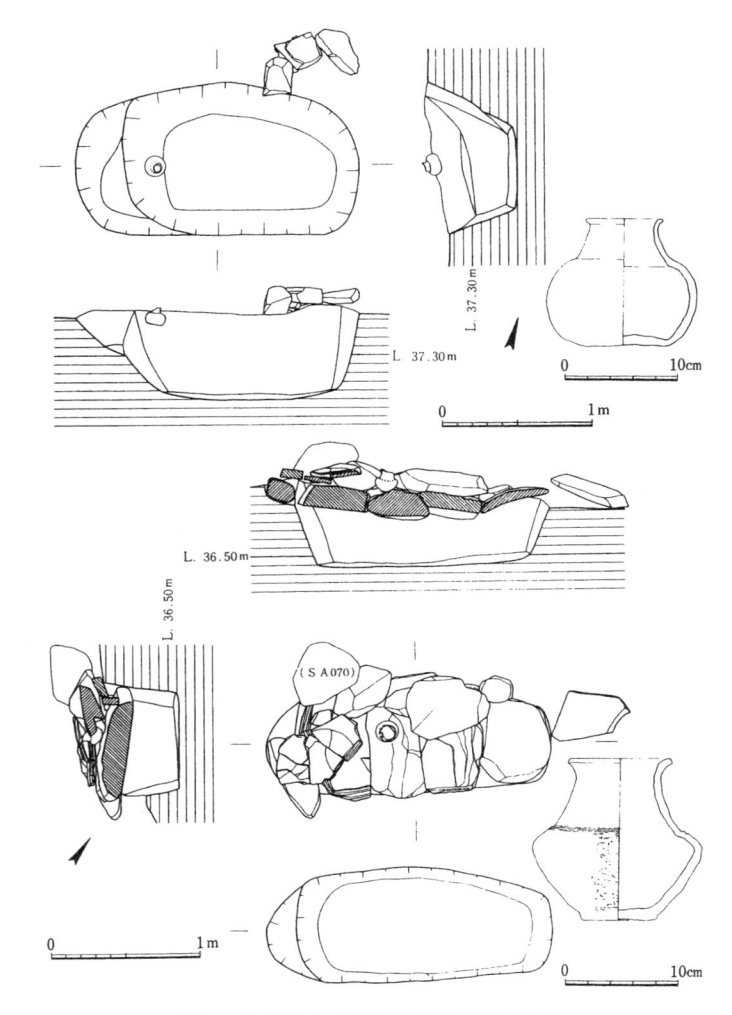

図1　佐賀県丸山遺跡土壙墓と副葬小壺
（上：SA085支石墓、下：SA067支石墓）（東中川ほか1986）

口県教育委員会1989）、島根県鹿島町〔現松江市〕古浦など多くの遺跡がある。これらの遺跡では埋葬人骨の保存が良好であるところから、人類学方面の好フィールドとなり注目すべき成果があげられている。人骨にみる葬法には屈葬・屈肢葬・伸展葬が混在している。集団墓にあっては頭部や足部に石塊を配するもの（土井ヶ浜）や、頭位を揃えて並列埋葬するもの（大友）などがある。また地上から直接土壙を掘りこむ場合（一段掘）のほか、まず長方形の広い墓壙を設けてその中央に土壙を掘りこむ場合（二段掘）もある。さらに床面の一部に小穴を設けるものや「足元掘りこみ」などの特殊土壙もみられる（藤田等1987）。総じて土壙プランは円形・楕円形から長楕円形（隅丸長方形）へと移行してゆく。蓋は石蓋のほか無蓋のものも少なくないが、無蓋とされるものも炭化材が検出される場合があり（福岡県小郡市北牟田）、当初からすべて無蓋であったわけではない。また特殊な例として土器蓋土壙墓もある（熊本県岱明町〔現玉名市〕中道、福岡県甘木市〔現朝倉市〕馬田）。

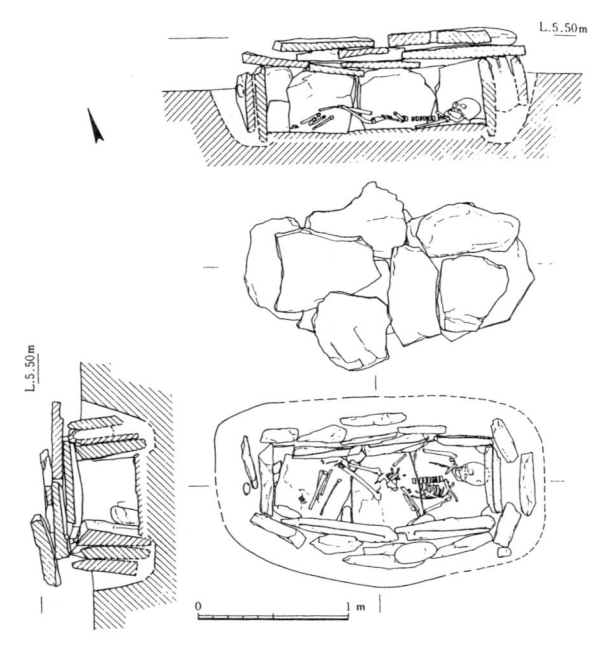

図 2 石棺墓 佐賀県大友遺跡 38 号墓（東中川・藤田 1981）

副葬品を有する例は一般に少ないが、海浜地域では近海や南海産の貝製装身具などがみられ、内陸部では縄文晩期以来小型壺などの土器を供献・副葬する風が継承されている。韓国に近い北部九州では韓国系の磨製石剣・磨製石鏃などが副葬されている場合（佐賀県鳥栖市田代、福岡県宗像市久原）もある。

3　石棺・石槨墓

石棺は箱式石棺の名称もあるように、4 枚以上の板石を立てて箱形プランをつくり、蓋石でおおう葬棺である。東北アジアで流行した伸展葬用の箱式石棺は長辺に 4 枚前後の壁石を立てるものであるが、縄文晩期にこの葬法を受容した西北九州では方形と長方形プランの二者があり、一般に石材の組合せ方はやや粗製である。長崎県鹿町町〔現佐世保市〕大野台 C 地区（小田 1974a、正林ほか 1983）では方形石棺は一辺長・深さとも 50 cm 前後、長方形石棺は長さ 69～96 cm・幅 40～50 cm・深さ 43～62 cm で、ともに成人を収容するには屈葬と屈肢葬ならば可能であるが伸展葬は不可能であり、上述した土壙墓の場合と同様な結果が得られる。副葬品の在り方や種類についても同様である。このような石棺墓は縄文晩期から弥生前期にかけて西北九州で支石墓と組合っている場合が多く、大陸系墓制として上部構造（支石墓）とあわせて伝来したものであったが、石棺墓の形態においては、在来の埋葬姿勢の遵守と移行情況にあわせた変容形態を生みだしたものといえよう。長崎県宇久町〔現佐世保市〕松原（小田 1970c、宮崎ほか 1983）、長崎市深堀（内藤ほか 1967）、佐世保市宮の本（久村ほか 1980）、鹿町町〔現佐世保市〕大野台（小田 1974a、正林ほか 1983）、佐々町狸山（森貞 1969）、北有馬村〔現南島原市〕原山（森・岡崎 1960）、佐賀県呼子町〔現唐澤市〕大友（東中川・藤田ほか 1981）、福岡市藤崎（浜石ほか 1981）などは著名な遺跡である。またこれらの石棺墓には棺床に複数の敷石を伴う場合も少なくないが、これも外来系の一特徴であろう。

一方、韓国で石槨墓と称されるものに見合うのは、礫を積んで四壁を構成する石室状のものである。福岡県前原町〔現糸島市〕石ヶ崎（原田 1952）・同長野宮の前 39 号墓（岡部ほか 1989）など土壙墓の上半部壁面を石積みして囲むものがある。これらは支石墓の下部構造をなすところから韓国墓制の影響かとも考えられる。

4　土器棺墓

　壺・甕・鉢などの土器を葬棺に利用する風は、西日本では縄文時代後〜晩期にさかのぼって行われている。本来日常用器であった土器を転用するところから始まり、やがて弥生中期の北部九州では大型の専用葬棺（須玖式甕棺）が盛行するにいたった。西日本の土器棺墓は長崎県鹿町町〔現佐世保市〕大野台・北有馬村〔現南島原市〕原山（森貞・岡崎 1960）、佐賀県大和町〔現佐賀市〕礫石（田平ほか 1989）・佐賀市丸山（東中川ほか 1986）・中原町〔現みやき市〕香田（高瀬・堤ほか 1981）、福岡県志摩町〔現糸島市〕新町（橋口ほか 1987/1988）・前原町〔現糸島市〕志登（文化財保護委員会 1956）・同町長野宮の前（岡部ほか 1989）などの遺跡では縄文晩期終末（夜臼式）から弥生前期前半（板付Ⅰ式）の甕棺や丹塗壺棺

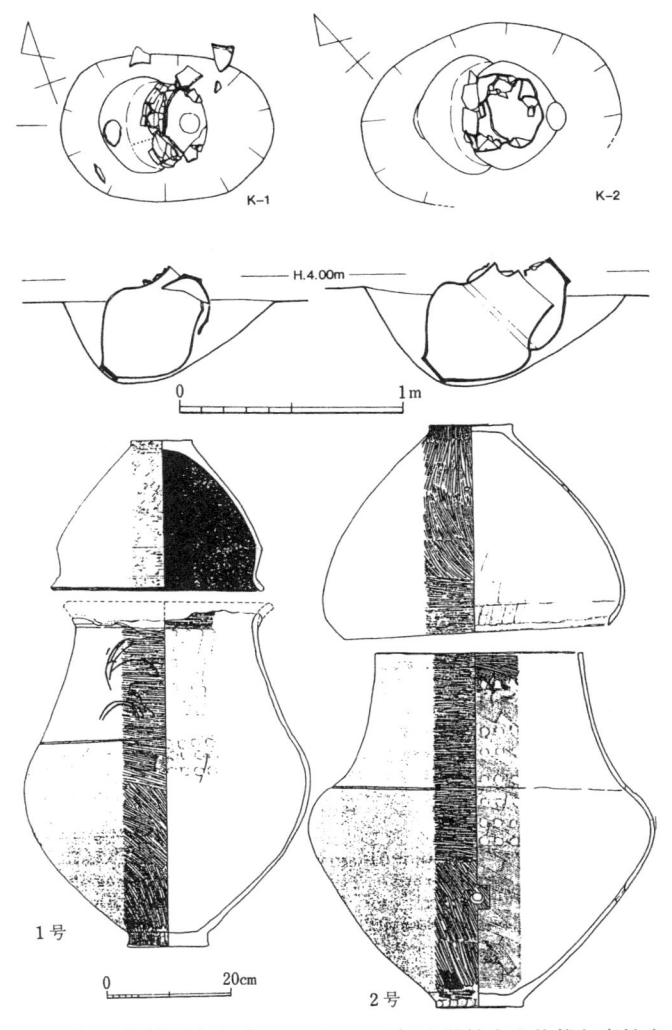

図3　福岡県新町遺跡（Ⅱ-05トレンチ）土器棺出土状態と壺棺実測図（志摩町教育委員会 1988）

が盛行している。葬棺に使用されたこれらの土器は高さ50〜60 cmの長胴形態のもので、単棺のほかに2個の甕や壺をそれぞれ合口にした場合、さらに壺棺に甕や鉢の蓋を被せた場合もみられる。そしてその多くは支石墓の下部構造を構成している。しかし朝鮮半島において支石墓の下部構造に土器棺を採用する例はないので、日本的変容ということができよう。その後、前期後半（板付Ⅱ式）から中期初頭（城ノ越式）にかけて壺棺や甕棺が採用されているが、日常用土器を転用している場合がほとんどである。西は長崎県宇久町〔現佐世保市〕松原・有川町〔現新上五島町〕浜郷など五島列島から佐賀・福岡・大分・熊本県下に広がっている。小形の壺・鉢などが副葬される程度で特筆すべきほどの副葬品に恵まれないのが普通である。また土器棺の容量からみて成人をそのまま収容することはむずかしく、再葬しなければならない。そのためか人骨が遺存した場合の統計では乳幼児や小児の場合が最も多い。

　前期末ごろになると、高さ1m近い本格的な葬棺用甕が登場する。口縁上面を水平にし、外側

に刻目文をめぐらす場合もあるが、中期様式（須玖式）への過渡的な土器形式である。これと同形式の甕棺は 1834～35 年韓国慶尚南道金海市会峴里（梶本杜 1957）で発見されているところから北部九州の研究者間では「金海式甕棺」の名称が流布している。この時期の甕棺が注目される所以は、玄界灘沿海の北部九州地域にはじめて朝鮮半島から細形青銅武器（剣・矛・戈）・多鈕細文鏡・銅釧などの青銅器がもたらされて、これらが墳墓に副葬されるようになるからである。西日本青銅器文化の第1期（前期末～中期前半）の始まりを画する時期である。

5　木棺墓

　土壙墓のなかに木棺土壙墓といわれているものがある。箱形組合形式を示す木棺四壁板の厚み部分が、置きかわった土を鑑別することによってその存在と構造を確認することができる。箱形木棺の構造には大別して、小口板を墓壙床面より深く埋め立て、これを支えにして長側板を外側に立てるもの（Ⅰ型）、床板の上に四壁板を組立てるもの（Ⅱ型）、墓壙の四隅を切り込んで長側板を立てて固定するもの（Ⅲ型）などの分類がなされている（福永 1987）。なかでも北部九州ではⅠ型が多く、また四壁板の組合せにも、長側板が小口板を挟みこむもの、小口板が長側板を挟みこむもの、四壁板が井桁状をなすもの、四壁隅に前二者のような突出がなく箱形となるものなどの別があったことが、墓壙床面の掘込み痕跡からうかがわれる。

　木棺墓は縄文時代の墓制にはこれまでみられないので、弥生文化と密接に関係する外来墓制であることは疑いない。弥生農耕文化の原型が伝来した縄文晩期終末ごろの北部九州では、支石墓などの下部構造に採用された報告が近年増加しつつあり、その原郷も朝鮮半島に求められるであろうことが推察できる。最近報道されたところでは、山口県下関市御堂遺跡で縄文晩期前半の組合木棺痕跡9基（小口板が長側板を挟みこむ形式）が発見されたという。現在知りえた最古例となろう。

　棺材が遺存しない場合には木棺の存在を確定するのは容易ではないが、佐賀県丸山遺跡（東中川ほか 1986）や福岡県新町遺跡（橋口ほか 1987/1988）では墓壙床面に埋葬人骨を囲う配石がみられるものが少なくない。木棺を据えるための配石かとも考えられている。また福岡県長野宮の前 39 号支石墓（岡部ほか 1989）では墓壙内の壙底に 123×109 cm の木棺状二次墓壙が検出され、そのなかに晩期終末（夜臼式）の合口壺棺があったとされている。木槨壺棺墓というべきものとなろう。弥生前期には福岡県筑紫野市道場山遺跡（川述ほか 1978）や福岡県春日市伯

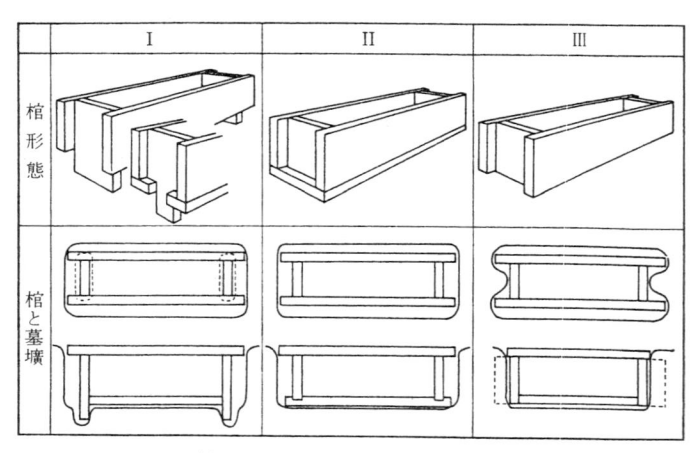

図4　箱形組合式木棺の形態分類（福永 1987）

玄社遺跡（松岡・亀井 1968）などの木棺墓が著名である。墓壙床面の痕跡からⅠ型・Ⅱ型の存在が考えられている。北部九州では中期以降甕棺墓の盛行へと移行してゆき、木棺墓は近畿や中国地方で主座を占めてゆくのである。

6 地上標識の諸相

　これまで述べてきた壙・棺墓はいずれも地下に営まれたものであった。しかし当時地上になんらかの標識を設けて墳墓の存在を顕示した場合もみられた。朝鮮半島の無文土器文化期に盛行した支石墓のごときはその好例であろう。このような地上標識の設営行為も弥生文化のなかにみられる新しい属性であった。いまそれらを支石墓・標石墓・墳丘墓に分けて概要を記しておこう。

支石墓

　朝鮮半島の支石墓は一般に卓子式・蓋石式・碁盤式に大別されているが（沈奉謹 1979）、西日本で発見されているのは後二者である。とくに西北九州では両者が混在していて、伝来当時である縄文晩期終末ごろの様子がうかがわれる。これを支石を伴わない蓋石式のなかで、埋葬主体上を積石塚風に礫でおおって撑石をのせた「大鳳洞型」から碁盤型（「谷安里型」）へ変化する過程で伝来したとする考え方もあるが（甲元 1973/1978）、その場合両者の年代観を前4世紀以前まで引き上げないと、現行の縄文晩期終末の年代観に応じられないこととなろう。長崎・佐賀・福岡県下では縄文晩期に上記2種の支石墓が登場したが、その下部構造には長崎県下では石棺が、佐賀・福岡県下では土壙墓（木棺墓を含む）・土器棺墓が主流を占めていて、地域的選択の存在をうかがうことができる（岩崎 1987）。弥生前期以降はさらに熊本・山口県下にまで広がるが支石墓としてはその終末期の情況を示すものであり、下部構造は甕棺墓に移行している。1899（明治32）年福岡県春日市須玖岡本で30面余の前漢鏡を副葬していた甕棺墓は、前1世紀代の奴国王墓として著名であるが（小田 1987）、その上部に据えられていた立石と平置大石を支石墓の変容とみるか、後述する標石の一形態とみるかは意見の分れるところである。また出現期の支石墓は基本的に一時期数基程度の「血縁紐帯のきわめて強い単一家族墓」（佐賀県礫石遺跡）や、「その複合体に当たる親族集団」（佐賀県丸山遺跡）で構成されていたことが想定されていることも注意されるところである（田平 1990）。

標石墓

　地下に諸種の壙・棺墓を埋設し、その上方地表に墳墓の存在を示すべく手ごろの石を据えた場合を称している。上述した支石墓が東アジアの巨石文化に系譜がたどられるのに対して、標石墓は支石墓にヒントを得たかと思われるものもあるが、規模においてはるかに及ばず、また偶発的恣意的要素が強い。
　福岡市吉武高木遺跡117号甕棺墓（前期末）では長方形墓壙上面のほぼ中央に約100×80 cmの花崗岩平石が据えられていた（福岡市教育委員会 1986）（図7）。また福岡県筑紫野市隈・西小田

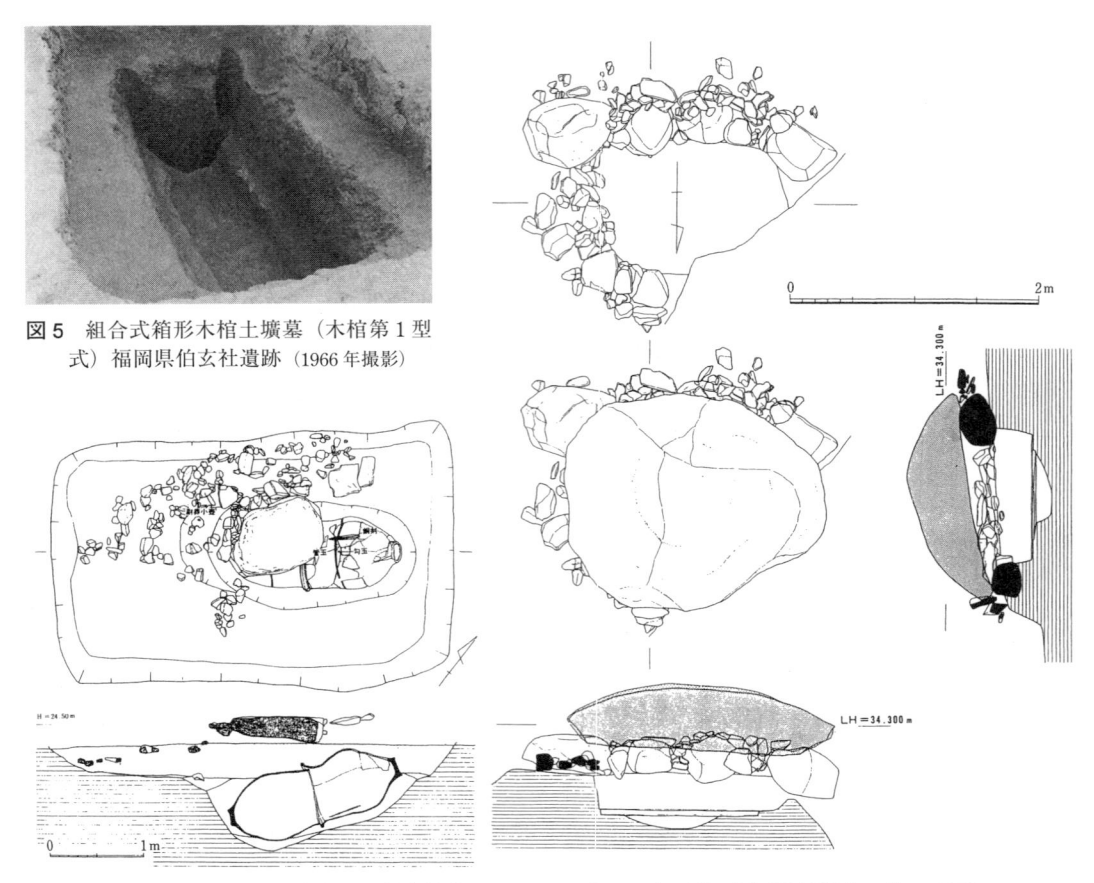

図5 組合式箱形木棺土壙墓（木棺第1型式）福岡県伯玄社遺跡（1966年撮影）

図7 標石墓 福岡市吉武高木117号甕棺墓
（福岡市教育委員会 1986）

図6 支石墓 福岡県長野宮ノ前39号墓
（岡部ほか 1989）

地区甕棺墓群（中期）では墓壙上面の中央に径（または一辺）約20cmほどの一石が置かれている状況がいくつもみられた（1989年実見）。

墳丘墓

地下に埋葬遺構を設けた場合、遺構の容積分土砂の処理法としてごく自然に行われるのは、遺構上部に盛りあげる方法であり、これが墳丘墓の自然発生段階の姿であろう。しかし意図的にある種の規模・形態を備えてくると、それは単なる墳墓の所在を示す標識としての域をこえてくる。すなわち一般の集団構成員の群集墓と区別された、ある種の有力家族墓としての性格を示してくることになる。

1985年、福岡県朝倉郡夜須町〔現筑前町〕の峯遺跡では、墳丘が完存していないので正確さは期しがたいが、約18×13m、高さ1m弱の長方形墳丘の周囲に幅約3m、深さ1.5mの周溝がめぐり、墳丘内に7基以上の土壙墓が整然と並んでいた。うち3基には弥生前期前半（板付Ⅰ～Ⅱ式）の有文壺各1個が副葬されていた（小田 1991c）。現在知られているわが国最古の方形周溝低墳丘墓である。

また 1916（大正 5）年福岡市博多区板付田端遺跡でも計 6 組の甕棺（前期末～中期初頭）が発見されたが、その墳墓地は「元来二畝余の広さに於て田地面より一丈余の高さを保ちたる円墳状隆起として存せしが如」き低丘陵地であったと報告されている（中山平 1917c）。報文にやや不明確さはあるが墳丘墓の可能性が考えられるところである。このような墳丘墓の系譜については、華北の戦国時代の墳丘墓に淵源するものであろうと考えられる（小田 1991c）。

第5章　弥生時代墳丘墓の出現
――佐賀県・吉野ヶ里墳丘墓をめぐって――

1　はじめに――研究史的課題――

　近年古墳の発生をめぐって、弥生時代後期から古墳時代初期にかけての墳丘墓の調査成果は著しい進展を示している。十数年前までは巨大な前方後円（方）墳が古墳時代になって突如として出現すると説明せざるをえない状況であったが、現在では弥生墳丘墓からの発展で考えられるようになり、今昔を対比してみるとき隔世の感がある。

　しかしながら北部九州にあっては、はやくから弥生中期以降の墳墓のなかで、小規模な封土を有して小形円墳のような外観を呈するものがいくつか注意されていた。これらの墳墓は群集する共同墓地内にあって、高さ1〜2m、径5〜6mの封土を有し、内部構造は甕棺や箱式石棺である。また時に青銅や鉄製の武器・後漢鏡・玉類などを少量副葬する場合もみられる（小田 1967）。これらの小墳丘墓の評価をめぐって、のちの壮大な高塚古墳につながってゆくと考える原始古墳説（プロト）（鏡山 1953）と、古墳時代の古墳は畿内で成立した定型が伝播して出現するものであるから、単なる弥生墓制の一局部的現象以上のものでないと考える前古墳説（プレ）（樋口隆 1955）があった。

　両説が発表された1950年代以降、最近までの古墳発生問題に関する動向は、弥生墳丘墓に起源を求めてはいるものの、定型化した前方後円墳の出現には外形規模・内部構造・副葬品の検討から飛躍的画期を認める点でほぼ定見を得ようとしている（近藤義 1986、白石 1987、都出 1989）。さきのプレ古墳説はその意味では首肯できる。一方プロト古墳説で指摘されたのは、①無墳丘ながら地域的に他の群墓と隔離されたもの、②群集墓域にあって小規模墳丘を持つもの、③群集墓域から隔離され相当な墳丘を持つものという区分を設けた上で、とくに③の墳丘墓に注目して、これが近畿系の巨大古墳伝播後も「九州の伝統的な古式古墳」として継続していることなどであった。そのうち①・②は有力な特定個人およびその近親者集団の析出過程を示すものであり、③はその発展段階に位置づけられる点で、両説の視点に若干の相違があったことがうかがわれる。すなわち、プレ古墳説は古墳時代の定型化した巨大古墳の直接的系譜を、北九州の弥生墳丘墓に求める是非を問題にしている点で、否定的にならざるをえなかったのであり、プロト古墳説は弥生時代における墳丘出現の意味と、古墳時代にまで継承された事例について取り上げたのであった。

　今日では弥生時代の墳丘墓例はかなりの数にのぼっており、また弥生土器をはじめとする遺物の編年観も一段と精緻さを加えていて、1950年代に提起されたプロト古墳説にみる論点も再検討すべき段階を迎えているといえよう。とくに北部九州における弥生時代の墳丘墓問題は、佐賀県・吉

野ヶ里遺跡の墳丘墓出現によって新しい研究段階に入ってきた。すなわち、弥生墳丘墓の発生をめぐって、新たに東アジア的視野から検討することの必要性が浮上するにいたった。このような問題意識のもとに、本章では北部九州における発生期の墳丘墓を取り上げて将来への布石としたい。

2　発生期の弥生墳丘墓——弥生前〜中期——

筆者はさきに中国の史書にみえる北部九州の国々、とりわけ比定地の確定している奴国・伊都国・末盧国とその周辺地域の王墓形成にかかわる墳墓遺跡についてまとめるところがあった（小田 1987）。そして第Ⅰ期（前期末〜中期前半）、第Ⅱ期（中期中ごろ〜後半）、第Ⅲ期（後期初頭〜前半）の展開過程を設定して、各時期における内容や類型の検討を行った。これらのなかで墳丘の存在についても注意したところであるが、本章の主旨にそって改めて墳丘墓ならびにその可能性あるものを取り上げておこう。

第Ⅰ期の墳墓ではまず板付田端遺跡（福岡市博多区）がある。破壊後に遺跡を踏査した中山平次郎氏は、「元来二畝餘の廣さに於て田地面より一丈餘の高さを保ちたる圓墳状隆起として存せしが如」き低丘陵地であったという（中山平 1917c）。甕棺の埋没地は6箇所でそのうち3箇所から細形銅剣4口・細形銅矛3口が発見されたという。この内容から墳丘墓かとも思われるが断定するには中山氏の記述になお不明確さがある。

1985年に調査された峯遺跡（福岡県朝倉郡夜須町〔現筑前市〕）では「墳丘の二辺が破壊され正確な規模は不明だが、約18×13m、高さ1m弱の長方形墳丘に幅約3m、深さ1.5mの周溝がめぐり、墳丘内には7基以上の土壙墓が整然と並んでいる」というもので（柳田 1986b）、うち3基は1964年に調査され、それぞれ1個ずつの板付Ⅰ〜Ⅱ式有文壺が副葬されていた（当時は沼尻遺跡として報告。福岡県立朝倉高校史学部 1969）。また周溝は重複している甕棺（中期前半）より明らかに古いといわれている。詳細は調査報告書の発刊を待ちたい。ともかく、峯遺跡の調査で前期前半にさかのぼる長方形区画墓の存在が明らかになった点は注目されるところである。

第Ⅱ期の墳墓では、須玖岡本遺跡D地点（福岡県春日市）がある。明治32（1899）年大石下の合口甕棺が発掘され、33〜35面もの前漢鏡をはじめ、銅剣・銅矛・銅戈計8口以上、ガラスの璧・勾玉・管玉などが発見された（小田 1987）。遺跡の状況は、まず地上に平らに据えられた大石とこれに接する立石があった。「大石は長十一尺、幅六尺、厚一尺内外を有し、小石は高四尺、幅四尺五寸、厚一尺五寸前後何れも花崗岩質のものである」（島田貞 1930a）。さらに「大石下には一般の地面より七八寸餘り一尺にも近かるべき高さを有した土の隆起があって、これに支へられて横石（大石）は平く其上に乗って居たといふ。（中略）其石下に地面上一尺に近き程の土壇状のものがあったのであるから、石の上面は地上二尺許りの高さにあり、隨て物を其上に置くに頗る手頃の高さであったといふ」（中山平 1922b）ことであるから、低墳丘上に支石墓状の巨石標識を形成する特定個人墓である。この墳丘墓が舶載宝器を集中所有する奴国の王墓（「須玖型」）であることはすでに今日定説となっている。王墓からややはなれた周辺には甕棺の群集墓があり、そのなかには青銅武器1口程度を副葬するものもいくつか存在するので、「宇木型」といわれる分散所有型も同時存在

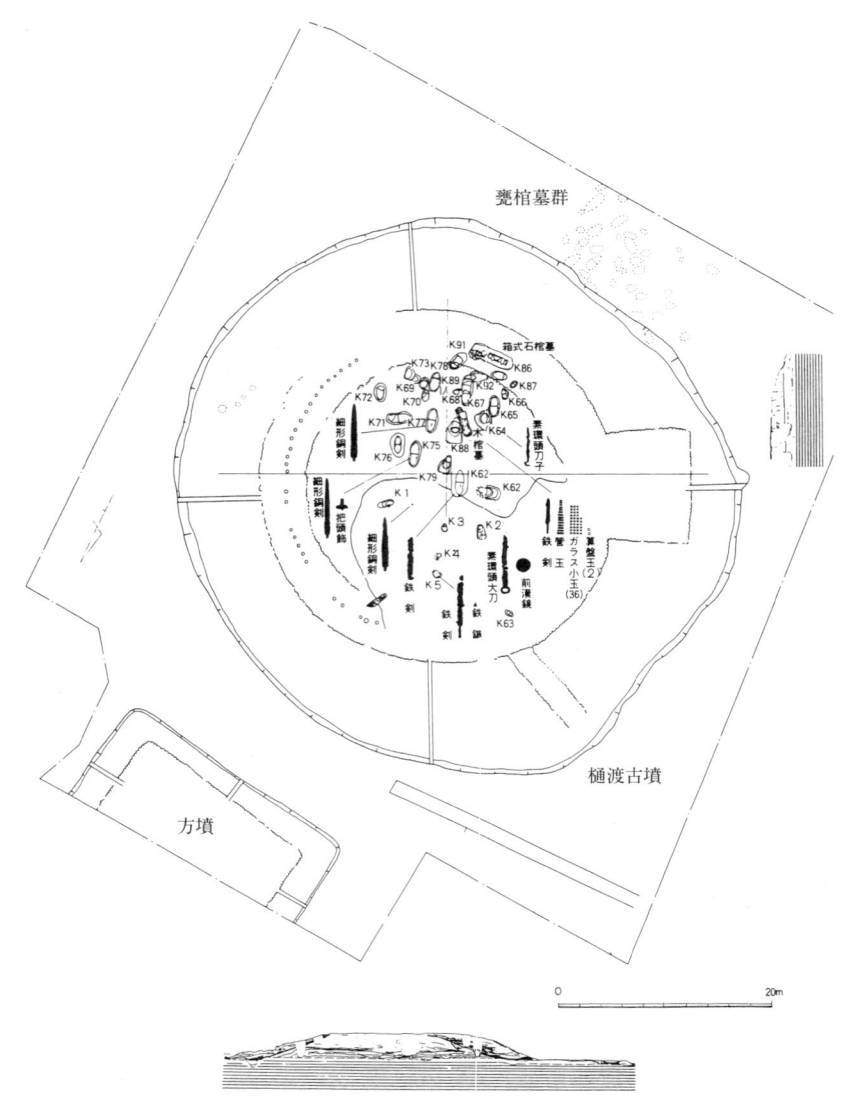

図1 吉武樋渡墳丘墓の甕棺墓と副葬品の分布（福岡市立歴史資料館編 1986）

していたことがうかがわれる。

「須玖型」にはいるもう一つの墳墓に、伊都国の王墓に比定されている三雲遺跡（福岡県糸島郡前原町〔現糸島市〕）がある（柳田・小池ほか 1985）。1号甕棺の発掘は文政5（1822）年、その北に隣接する2号甕棺の発掘は1974〜75年である。前者からは前漢鏡31面以上・銅剣・銅矛・銅戈計4口、ガラス璧8個・ガラスの勾玉3・管玉60以上、金銅四葉座金具8個が発見された。また後者からは前漢鏡22面以上、ガラス垂飾1、勾玉13（硬玉1・ガラス12）が発見されている。この甕棺の周辺には他の墳墓がみあたらない上に、東西約32m、南北約22mの2辺が直線的な溝で区画されているところから、調査者はこのような長方形墓域をもった墳丘墓を想定している（小田 1987）。その規模や形態については即断できないにしても、須玖岡本遺跡の場合と同じように、群

表1　樋渡遺跡出土遺物一覧

種類		時期	副葬遺物	
甕棺墓	5号	須玖式		鉄剣1・鉄鏃1
	61号	須玖式		鉄剣1
	62号	立岩式	前漢鏡（重圏文星雲鏡）1	素環頭大刀1
	64号	立岩式		素環頭刀子1
	75号	須玖式	細形（II）剣1・十字形把頭飾1	
	77号	須玖式	細形（I）剣1・鍔金具1	
木棺墓	1号	（後期）		鉄剣1・管玉14・ガラス小玉36・水晶ソロバン玉2
単独		（中期後半）	細形（II）剣1	

集墓域とややはなれた一定の独占墓域と墳丘墓を形成していたことは認められるであろう。

1983年度に調査された樋渡遺跡（福岡市西区飯盛・吉武）では5世紀代の帆立貝式前方後円墳に包みこまれた弥生時代中期中頃（須玖式）から後半（立岩式）にかけての墳丘墓が発見された。古墳築造の際に弥生墳丘墓を再利用しているために詳細は明らかにされていない。「甕棺をつつむ墳丘は、北側が破壊されているのではっきりしないが、東西で23〜24 m、南北24〜25 m、高さ2.0〜2.5 mを測り、やや南北に長い円形となろうか。ただ溝などで区画された形跡は見当たらなかった」ということであるが、墳形については再利用の際に削られた可能性も考えられよう。さらにその築成状況についての調査者の観察結果はつぎのようである。

　　黒色土の弥生中期前半の生活面の上に、基盤土のブロックを含む灰褐色の土壌が積み上げられ、その上に暗黄褐色の土が緩やかに盛り上げられていた。さらにその上に10 cm程の黒色バンド層が土饅頭におおう。この層より上は、いわゆる黄褐色土と黒色粘土とを交互につき固めたような層序をしており、葺石が上にのる。黒色バンド層の上と下では全く土の積み方が異なる。甕棺墓の墓壙は黒色バンド層の下から認められ、甕棺を埋める前に既に盛り土で墓地造成がなされたことを示している（常松ほか1986、下村1986）。

墳丘墓から発見された内部主体は甕棺25基以上、箱式石棺墓、木棺墓各1基で、そのうちの数基から前漢鏡・青銅武器・鉄製武器などの一棺一口的な副葬状態がみられた。すなわち二時期以上にわたり「宇木型」所有を継承する有力家族墓であるが、墳丘墓の形態をとる点で「須玖型」とも通ずるところがある。さきに筆者はこれに「樋渡型」の名称を与えている（小田1987）。

1989年に一躍脚光をあびた吉野ヶ里墳丘墓（佐賀県神埼郡神埼町〔現神埼市〕）は、全面発掘をされていないので全貌は不明であるが、調査された5基の甕棺は中期前半（汲田式）から中頃（須玖式）である。したがって第I〜II期に位置づけられるものである。「墳丘墓の規模は南北40 m、東西約26 mと考えられ、南北に長い長方形に近い平面形になるものと推定される。この周囲には墳丘を画すると考えられる溝状の土壙もいくつか検出されている。墳丘は黒色土を高さ約1.2 m盛った上に、版築状に盛土しており、現在高さ約2.5 mの墳丘が遺存している。この墳丘墓は昭和29・30年に開墾されたが、関係者の証言によれば、墳丘の高さは4.5 m程度のものだったことが推測される」（高島・七田ほか1989）。

図2　墳丘墓全景（東上方より）（読売新聞西部本社提供）

図3　有柄銅剣・ガラス管玉出土状態（読売新聞西部本社提供）

また白色粘土を使用した「版築状」盛土は、樋渡墳丘墓の場合よりはるかにすすんだ技術を示していて、新たな大陸系の「版築」技術にヒントがあるのではないかと考えたくなるほどである。副葬品は4基の甕棺から発見されたが、「有柄銅剣（ガラス製管玉約70個を伴出）や細形銅剣3本（うち1個は青銅製把頭飾を伴出）を検出した。また、開墾当時には銅剣・銅矛類約10本、小形の漢式鏡1面、管玉多数が出土したらしい」（高島・七田ほか　1989）。開墾によって失われた甕棺や副葬品が、現存する甕棺より上位に在ったことは確実であり、また遺物の内容からみて中期中頃（須玖式）よりさかのぼらず、下限は中期後半（立岩式）にまで及ぶことが考えられる。以上のような墳丘墓の構造・副葬品の内容と所有方式などから、樋渡墳丘墓と共通するところが多いと考えられるが、さらに築造技術と規模において発展的な位置を占めるものといえよう。

　さらにこの墳丘墓で注目されるのは、南北1 kmにも及ぶ「環濠集落の外濠が巡る最も北端（外濠の内側）に位置し、また、外濠から墳丘墓に向かう墓道らしい溝状遺構が検出され、底から木材とともに中期の祭祀用土器群が発見された」ことである（高島・七田ほか　1989）。

　吉野ヶ里墳丘墓がマスコミに報道されて以来、東と西に各3条、南と北に各1条の条溝（周溝）がめぐるところから、「長方八角形墳」あるいは「亀甲型墳」などと報道され、調査者側からもこれを肯定するような発言があり、またコメントを求められる研究者側からもこれに乗るような発言がなされて、本墳丘墓の実態を一層不可解な方向に導いた。そして、八角形プランや西側から入り墳丘の南に達する墓道が道教的思考で説明され、折から佐賀県で企画されていた徐福伝承シンポジウムともかかわって、さらに特殊な性格づけに拍車をかけることとなった。マスコミがらみで進展する調査のおそろしさを我々は連日見せられたわけで、三者三様の責任が痛感されるのである。

　この墳丘墓が発掘するまで認識されなかった前提には、中世城跡の伝承が付加されていたことにある。まして厳密には周溝でなく8箇所の条溝という異例な存在であり、さらに最後までこれら条溝が表面からの平面観察にとどまり発掘されなかったことに、良心的な研究者ならば不用意な発言はできなかったはずである。すでに調査者側からもこれら条溝は弥生墳丘墓の周溝と断定できないという声も聞いていたものの、マスコミの攻勢のもとに完全に圧殺されていた。最悪の場合、これ

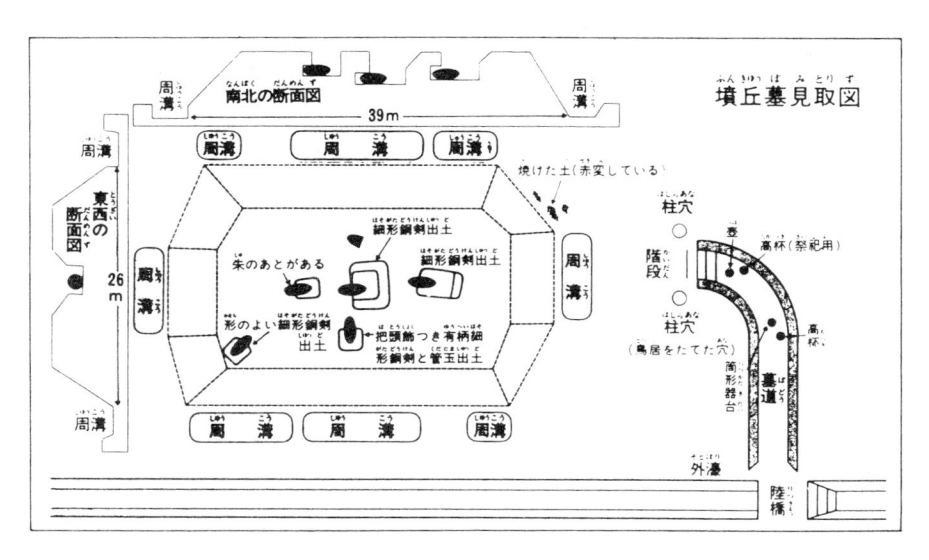

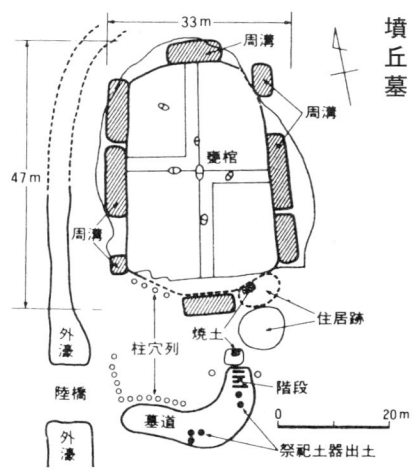

図4 吉野ヶ里墳丘墓概要図
（上：読売新聞社 1989、下：七田 1989）

ら条溝が中世城跡にかかわる遺構であることまで配慮した発言が必要であったわけである。また八角形墳という前例のない発生期墳丘墓についても当然疑問を呈するべきであったと思われるが、すべてマスコミ主導のもとに実証を伴わないままに進行してしまった。このような状況下では1989年5月に一応調査を中断して冷却期間を設けるまで冷静な検証の機運を望むことはできなかったのである。

　吉野ヶ里墳丘墓の規模が営造当初から設定されたものであったのか、あるいは2～3世代にわたる甕棺の存在から考えて、各世代小墳丘墓の集合体の最終的修形の姿であるのかという疑問は、調査進行中の段階から筆者の抱いていたところであった。当時（1989年3月）調査関係者に質したが、当時は前者とみた方がよいという答えであった。しかしその後再開された土層調査段階では「地山を一部整形したあとに黒色土を高さ0.5～1.2m盛り上げ、その上に直径7～8mの小山をたくさん築き、小山間を埋めて整地している。さらに、その上に再び小山群を築く工程の繰り返しで、墳丘墓の高まりを増している」（読売新聞1989年7月9日「墳丘墓は重層構造」）というような事実

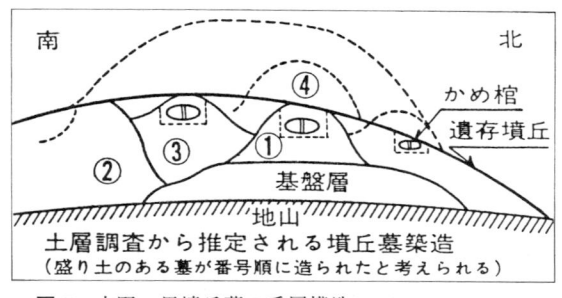

図5 吉野ヶ里墳丘墓の重層構造 （佐賀新聞 1989.6.17）

が知られるようになった。また筆者も6月に現地で墳丘の切断調査の状況を見学する機会を得た。墳丘の中央を南北に切断するトレンチにかかる汲田式甕棺と須玖式甕棺をそれぞれつつんで、白色粘土と黒色土を交互に重ねて並列する二つの墳丘形成の状態がみられた。結局これまで報道されてきた大規模墳丘の姿は、最終的修形によるものと考えるべきであろうという見通しが得られたのである。筆者が調査中から抱いていたこのような場合を考える立場は、後述するように朝鮮半島における実例があったからである。しかしこのように結果が変っても群集墓から隔絶された区域が、当初から有力家族層の特定累代墓地として選ばれていた点は重視されねばならないし、そこに営造された中期前半から中頃の個々の墳丘墓の規模は、奴国王墓に比定されている須玖岡本墳丘墓とさして変らないものとなるであろう。そして最終段階で弥生中期最大の長方形墳丘墓（筆者は八角形墳説はとらない）に修形されたとすれば、「樋渡型」墳丘墓と共通する点はあるものの、形成から完了までの経緯を考えるとき、「吉野ヶ里型」墳丘墓という一類型を設ける私見に変りはない。すなわち王個人墓である「須玖型」墳丘墓に対して、「吉野ヶ里型」墳丘墓は王クラスとその近親者を含む王族墓の性格を示すものといえよう。そして吉野ヶ里王族墓の性格については、その拠っている大環濠（外濠）集落や後期に比定されている内濠集落の構造などとあわせて一段と明確にされるところである（小田 1989c）。

3 東アジアの初期墳丘墓——中国・朝鮮——

中国における墳丘墓の出現については、すでに30余年前に関野雄氏の論考がある（関野雄 1956）。すなわち、かの雄大な秦の始皇帝陵（驪山陵）が出現するまでに、中国の墳丘墓がどのような発達をとげてきたのであろうかという問題を提起するところから始まるが、当時はまだ先秦時代の有丘墳で学術的に発掘されたものがほとんどなかったので、「乏しい文献の中から、それらしいものを選び出すという方法」によって、「有丘墳の造られたことが、まず確かだと推定される」、斉・魯・趙・秦・楚の5国があげられた。このうち斉の「四王の墓」（山東省臨淄県）は「方基圓頂にして東西に直列す」るという。また趙の都城跡（河北省邯鄲県）の南城外に3基の古墳があり、「一は径約五〇米の圓墳で、他の二は方約二〇米と三〇米の方墳」であるという。さらに伝楚王の墓（安徽省寿県）は小高い丘をなし、「周囲約三〇〇米、高さ二一六米ほど」で、1931年に盗掘された。「木槨らしい太い角材が重り合っているのを廻って、合計8個の木棺が置かれていたという。発掘遺物は数百点にのぼり、そのなかの銅器に「楚王」の文字があるという。楚は前241年にこの地に遷都し、前223年秦に滅ぼされるまでこの地に拠っていたので、古墳の年代もこの間に限定され、「楚は戦國の末ごろ、確かに有丘墳を築いていたのである」。

以上5国の古墳は、「楚のいくつかを除くと、他は発掘はおろか、踏査さえもほとんどされてい

ない」が、「少なくとも現在のところでは、特別の反證がない限り、かなりの確度をもって」先秦時代の有丘墳と認めざるをえないとされている。

つぎに有丘墳の有無が不明な国として、燕・晋・韓・魏・東周・呉・越の7国があげられている。以上の結果から、「殷の墓には墳丘がなく、戦国の墓の一部には、明らかにそれが認められるのである。従って、中國で

図6　秦始皇帝陵（1979年1月撮影）

墳丘が現れたのは、まず西周以後、戰國以前ということになるであろう」と指摘されたが、さらにつづいて墳丘出現の時期を限定する作業をすすめて、①文献史料では西周・春秋時代には墳丘の存在を示すものがないこと、②戦国時代になると「墳墓」や「丘墓」などの語が現れることなどから、「時間に多少の餘裕をもたせて、墳丘出現の時期を、戦国の初めごろと考える方が當っているかも知れない」と結論された。

その後10年を経て同じ問題を取り上げたのは町田章氏である（町田 1967）。まず墓上に基壇を築いて建物が構築されたと思われる殷墓に注目する。1953年に調査された大司空村墓（河南省安陽市）では墓壙上に3基の建築遺構が発掘されて、版築（夯土）基壇上に礎石（柱礎用的卵石）を据えていた状態が知られた（馬得志ほか 1955）。実測図によると墓壙平面（点線範囲）と夯土平面（実線範囲）が一致しているところから両者の関係は明白である。礎石の配置から遺址2では3間×2間、その北にあたる遺址3では2間×1間の建物であったことがうかがわれる。同様な構造はその後1976年に発掘された安陽殷墟5号墓（中国社会科学院 1977）でも報告されている。ついで1959年に調査された安徽省屯渓市の西周代有丘墓（安徽省文化局 1959）があげられている。その営造法は平地上に玉石（鵝卵石）を敷き、その上に被葬者や副葬品をおき、円墳状に白色封土を盛る。径33.1 m、高さ1.75 mの規模である。しかしこの墳墓を町田氏は中国における初現的墳墓ではなく、「西周文化の影響を受けた辺境民族の所産」とする。その理由として、南方より黄河流域の先進地域に有丘墓が及んだとするには、その中間地域に同時代の墳丘墓がないことを指摘して、むしろ墳丘の径に対する高さが低い点に着目する。そしてこれを一種の土壇とみなし、「殷以来の墓上施設が南遷したものとする方が妥当なように思える」としている（町田 1967）。それはその後揚子江流域に多く分布することが知られるようなった土墩墓の系列に属するもので、西周後期から春秋時代に流行したという（飯島 1987）。土墩墓営造の背景にはこの地域が多湿地形であるところから、地下に墓壙を掘らずに有丘墓を営造する風が生じたという説明がある（王仲珠氏、1989年4月20日、朝日新聞社主催「国際シンポジウム・古代日本の国際化」における発言）。

町田氏は、春秋時代まで確実な墳丘墓は発掘されていないが、つづく「戦国時代初期になると、墳墓はすでに完成した姿で存在しており、少なくとも春秋時代の終わりには出現していると考えられる」とされ、その背景を春秋時代に進行した旧来の宗族制を破って、「有力貴族が独自の族墓をもつ傾向があらわれてくる」現象に求められた（町田 1967）。

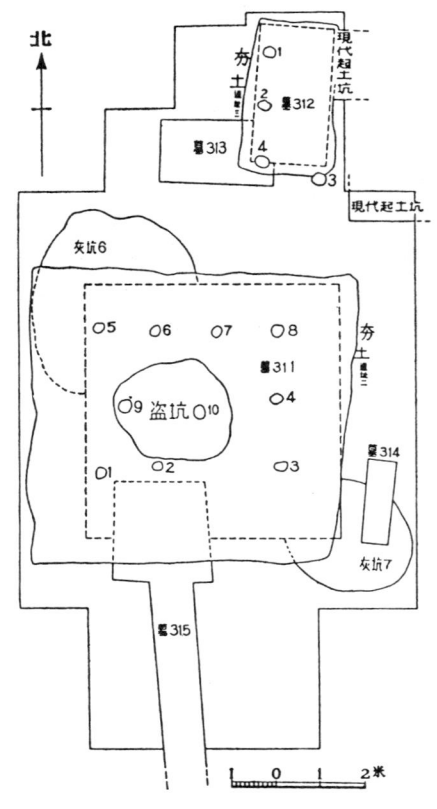

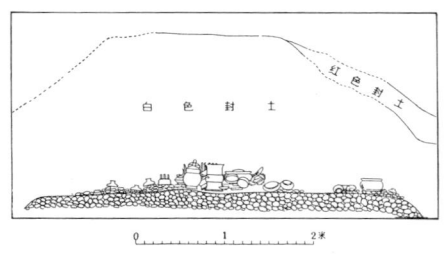

図7 中国の初期有丘墓
上：河南省安陽・大司空村墓（『考古学報』1955-9）
下：安徽省屯渓・西周墓（『考古学報』1959-4）

　以上、関野、町田両氏の説をまとめると、中国における墳丘墓の出現は春秋時代後半から戦国時代初期の中原地方にしぼられてくるようである。
　1981年に発表された楊寛氏の中国墳丘墓の発生とその展開を概観した研究（揚寛 1981）は、皇帝陵を中心にとりあげられたものであるが、最近までの考古学的調査の成果をも加えられている点で多くの示唆に富んでいる。揚氏は中原地方における墳丘墓の出現を「春秋末期、すなわち孔子が生存していた頃のことである」として、孔子が父母を合葬したとき、自身が各地を巡歴するために父母の墓を見失わないよう便宜的に、高さ4尺の墳丘を築いたこと（『礼記』）や、発掘例として春秋末期（前5世紀中葉）とされる河南省固始県の侯古堆1号墓が直径55m、高さ7mの墳丘墓であることをあげている。この墳丘墓は版築技術によって構築されているが、上層は紅褐色粘土、下層は黄褐色粘土から成り、版築層の厚さは約40〜50cmであるという。
　つづく戦国時代になると墳丘墓が普及するようになる。この時期の墳丘墓の発掘例については、はやく町田氏によって安徽省淮南市・趙家孤堆、湖北省江陵県・望山および沙塚、河北省易県・燕下都などの調査概要が紹介されている（町田 1967）。趙家孤堆1号墓では高さ4m、直径24m、望山・沙塚では高さ2〜2.8m、直径15〜18mの墳丘があるという。なかでも燕下都における調査は比較的詳細である（河北省文化局 1965）。その東城内北西隅にあたる虚粮冢墓区では北から南に、それぞれ東西に並ぶ4・3・3基がある。ボーリング探査によって各々の墳丘の築成状況が明らかにされたところでは、版築（夯土・厚さ10〜18cm）下に紅焼土、黒灰土、木炭などの層序がみられる。墳丘の形態は方形または長方形を呈し高さ2〜15mである。町田氏は平面規模によって3種に区分している。すなわち第1類6基・70〜61×71〜54m、第2類4基・46〜36×40〜36m、第3類3基・36〜29×29〜20mとされ、「版築の広がりでみるかぎり、正方形のものは少なく、ほとんどが南北にいくらか長い長方形の墳丘を築いている」ことを指摘する（町田 1967）。
　虚粮冢墓区に南接する九女台墓区にも計10基（第14〜23号）の方形墳があるが、その第16号墓が発掘されている（河北省文化局 1965）。外形は南北長38.5m、東西長32m、高さ約7.6mで、

表2 "虚粮冢"墓区墓葬観察登記表

(単位：m)

墓号	封土						夯層厚	探査結果
	地面以上	地面以下(封土四周)						
	南北×東西×高	東	西	南	北	厚		
1	50×45×7.5	7	2	8	7	2	0.15	従封土頂中央探査、0～15是夯打花土、未下探
2	4.5×9×3	18	12	18	9	2	0.15	従封土南側中部探査、0～8是夯打花土、同深発見青灰底、下是白膠泥上
3	40×38×9.5	10	12	10	12	2	0.15	従封土北側距地面高4.4m処探査、0～4.9夯土、4.9～6.9紅焼土、6.9～10夯土、10～10.6紅焼土、因堅硬未下探
4	55×55×11.4	0	5	0	6	2	0.13～1.18	従封土北側距地面高6m処探査、0～8.6夯土、以下堅硬未探
5	18×20×2	0	0	4	7	2	不明	従封土頂中央探査、0～5夯土、5～7"淤土"、7～8夯打花土、8～9.3紅焼土、甚堅、以下見水
6	18×15×3.6	7	5	6	7	1.8	0.18	従封土頂中央探査、9.5以上夯打花土、9.5～10.2紅焼土、10.2～10.6黒灰土、10.6～11黒炭、下見水
7	52×48×9.5	8	7	7	5	2	0.13	従封土頂中央向下9全是夯土、因堅硬未下探
8	18×18×7	6	14	5	15	1.5	0.1～0.13	従封土北側中部探査、0～2夯土、2～3淤土、3～3.05木炭、下仍有零細木炭、4.6発見松香、紅漆
9	22×22×5	7	7	8	6	1.8	0.17	従頂中央向下10.5是夯打花土、下面"淤土"与夯土相間、14.2発見青灰泥
10	45×48×11	7	7	18	7	2	0.12～0.15	従封土北側距地面高2.6m処探査、0～0.6夯土、0.6～1紅焼土、1～2淤土、乱夯土、2～2.1白灰、下為花土、9.4処因土質軟未下探
11	30×30×6	4	4	7	8	1.6	不明	従封土頂中央探査、0～15夯打花土、下有"淤土"、15.4見紅漆
12	15×15×3.5	7	7	7	7	2	不明	従封土頂中央探査、0～8.5夯打花土、下有"淤土"、10現板灰、漆皮、顔色鮮明、10.8到底
13	54×51×15	10	7	7	7	2	0.13～0.17	由于封土高大、未探査

(『考古学報』1965-1)

(1) 上表は中国現行の簡易化漢字を日本の現行漢字に改めた。
(2) また、一部用語を日本語に改めているので、以下に原典との対照を示しておく。ただし土層名などは本表の性質上改めていない。
　勘察→観察、鉆探→探査、零星→零細、発現→発見

封土は全部版築されていてその一層の厚さは8～20cmである。現在封土の地表下ではさらに北に2.5m、南に16m、東に15.5m、西に5mの版築が張り出していて、本来の墳丘規模がさらに大きいものであったことを示している。頂上から5m下方で墓口に達するが、墓室は長方形竪穴形式で、南北10.4m、東西7.7m、墓底までの深さ7.7mである。墓室の四壁上部は版築してさらに焼き固めている。墓室はかって盗掘されていたが、残っていた陶器類の特徴から戦国時代早期に比定されている。

　以上のような燕国の旧都における墳丘墓の調査成果は、以後の中国をはじめ東アジアの墳丘墓の

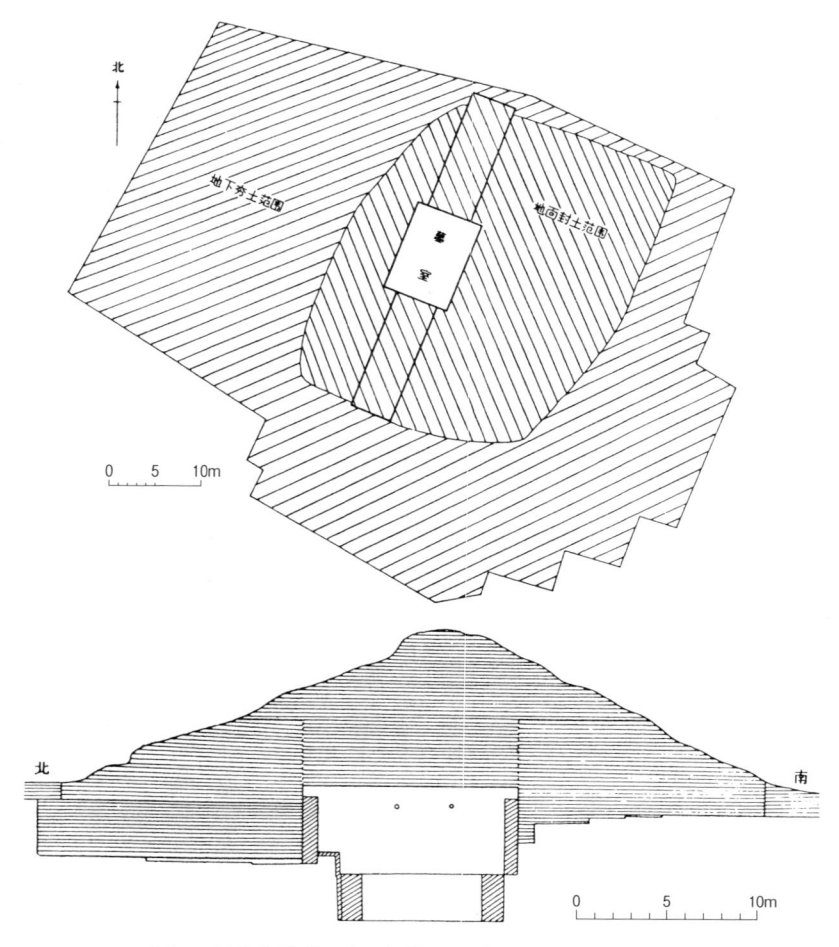

図8 河北省易県・燕下都第16号墓(『考古学報』1965-2)

原点を知る上に貴重な成果をもたらしたものとして注目されるところである。
　ところで、このような中国における墳丘墓の起源については大別して外来説と内在説がある。前者については関野雄氏が北方諸国のkurganに求めようとする説を提起されている(関野雄 1956)。すなわち「戰國の初めごろは、北方ではMinusinsK-Kurgan文化の中期に當たり、南siberiaの曠野には巨大なKurganが累々として築かれた。これらのKurganは地下壙式で墳丘を伴う點、中國の有丘墳と軌を一にするが、多く周圍に矩形の石籠を廻らし、處々に立石を配置した點が異なっている」。このKurgan文化は紀元前1千年紀のほぼ全般に栄え、4時期に編年されているが、「戰國初期に相當する第二期は、あたかもその最盛期であった。この時期のKurganには、高さ十米に及ぶものがあり、周圍の立石も高さ四〜五米、重さ三五噸に達するものがある」ところから、「中國における墳丘の起源を、それと關聯させて考えることはできないであろうか」というものであり、とくにこの時期には中国と北方民族、なかでも匈奴との交渉が盛んになってきたことをあげている。そして「中國では古く春秋以前から、都城の周圍に土壁を廻らし、宮殿建築は『臺榭』といって、土壇の上に築かれていた」ことをあげて「中國の人々は、墳丘を造りはじめる前から、土を盛上げ

るような技術には、すでに充分な經驗を持っていた」から、「Kurganの影響が北方から及んできたとき、中國側では技術的にそれを發展させる用意があったばかりか、支配層には自己を權威づける有效な方策として、その採用を歡迎する傾向があったらしい」といわれる。

これに対して町田章氏はKurgan起源説は推測の域を出ないとして内在説をとる（町田 1987）。そして、「戦国時代の墳丘が円墳でもなく、前方後円墳でもなく、長方形もしくは方形台状につくられていることは、起源が墓上建築の基壇にあることを示唆するものといえよう。と同時に墳墓と規を一にして盛行する台榭建築の巨大化は、墓葬に対しても少なからぬ影響を与えているにちがいない。このような現象は、天地に対する信仰形態を墓に導入することによって起こったのであろう。すなわち、郊祀、杜稷、封禅など天地を祀る際に壇・土台とを結びつけていることは、神に対する信仰形態を被葬者に及ぼし、これによって被葬者を神格化し、その生前における偉大さと権力を強調する手段としたものであろう」と説明されている。

両説ともに台榭建築の存在をとりあげられた点では共通するところがあるが、前者ではそれに墳丘築成技術の拠り所を求め、後者ではそれに長方形や方形の墳丘形態の拠り所を求め、さらに葬・祭思想の交流を重ねようとしているところに両者の相違がみられる。また揚寛氏も戦国時代における墳丘墓の普及を当時の社会変革に求める内在説に立つが、4つの主要因をあげている（揚寛 1981）。

(1)「奴隷主貴族の没落によって、宗族単位の埋葬制度が形成されてきた」。
(2)「地主階級や大商人層が出現したのにともない、旧来の宗族共有財産の相続制は、しだいに家族私有財産の相続制へと移行し、家族という観念がさらに強固となった」。
(3)「集権的君主体制が成立し、新しい爵位に基づく身分制度が確立したことによって、墳墓の等級制度がしだいに形成されて行った」。「墳丘の高低・大小は墓主の身分の高低と密接な関係がある」。
(4) 墳墓造築にあたり、「掘り出された大量の土は埋めもどすことができず、適当に積み上げられて高大な墳丘となった」。しかしこれは (1)〜(3) にくらべて「むしろ第二義的なものであろう」。

また揚氏は当時の史料にも春秋以前には「墓」と称しているが、戦国時代になると「丘墓」・「墳墓」・「冢墓」の用語が墓の通称となっているところから、「高い封土を持つ墳墓の当時における普遍化を意味する」ものと指摘している。

中国東北地区は高句麗族の故地である。彼等の墳墓で最初に支配的位置を占めたのは積石塚であった。なかでも初期の中心であった桓仁県・輯安県を含む鴨緑江流域に多く、平安北道・慈江道、中国吉林省・遼寧省の南部などに分布している。積石塚は「川原石・塊石・整形した石・板石など」で築かれ、方形（長方形）プランをなす墳丘基底部の一辺約5m・高さ約2m程度の「規模が小さい貧弱な墓」から、一辺30〜60m・高さ20〜30mにもなる「大墓」まであり、朝鮮民主主義人民共和国側では、このような「墳墓の大きさが、被葬者の貧富と階級的差異によって各々異なっていた」と説明されている（社会科学院1982）。積石塚を営造するにはまず墓地を整え、つぎに石で方形または長方形の台（墓台）をつくる。竪穴式積石塚では長方形の埋葬施設（槨）1〜2つ設け、

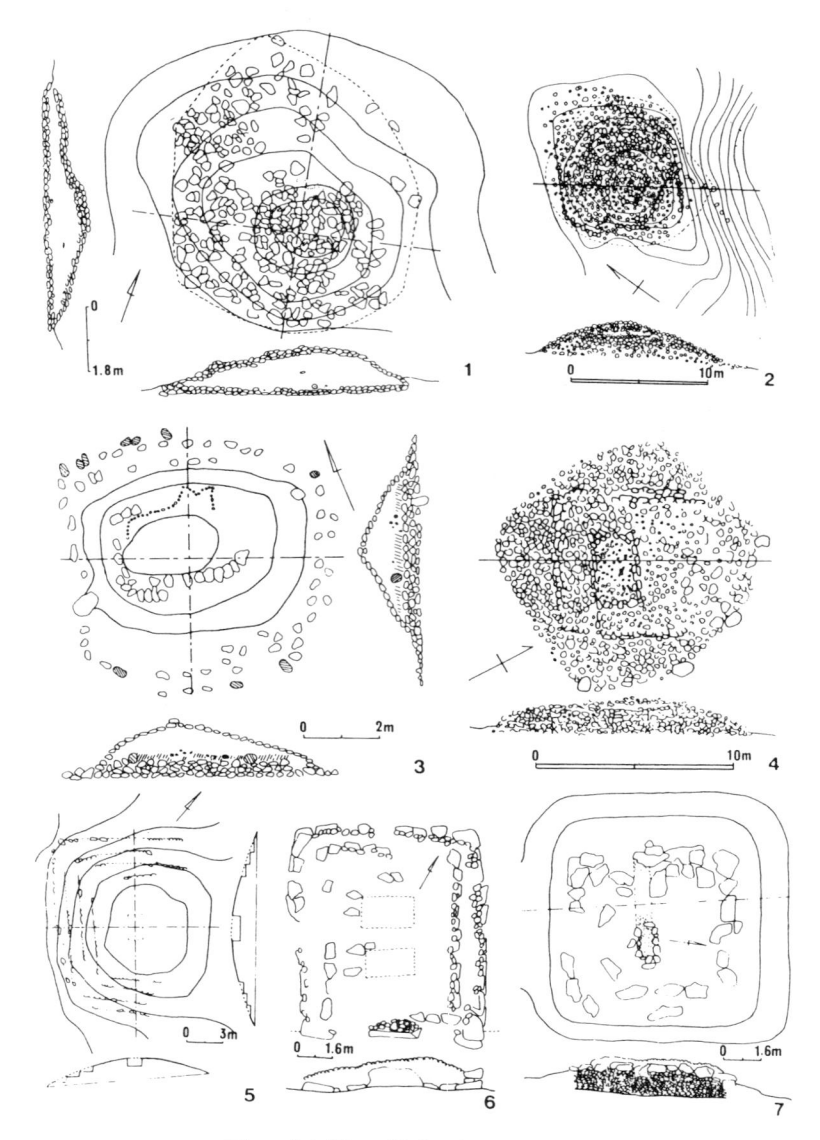

図 9　高句麗の石槨積石塚 (田村 1982)
1. 深貴里 92 号墳　2. 深貴里 78 号墳　3. 深貴里 75 号墳　4. 豊清里 33 号墳
5. 西海里 II-3 号墳　6. 魯南里南坡洞 33 号墳　7. 同 100 号墳

被葬者と副葬品を収めたのち、上を石で覆うて完成した。墳丘を築くには大別して二つの方法がある。一つは石で方台形に築くものであり、他の一つは方台形墳丘の四面を階段式に築くもの(基壇)である。「墳丘の基壇数は三～五段が普通であるが、大墓の場合は七段以上である」。前者は無基壇積石塚、後者は基壇積石塚と称されるが、前者は「塊石や川原石だけで築く場合が多く」、後者はこれに加えて「截石または整形した石で基壇周囲を積む場合が多い」。しかし両者の先後関係については必ずしも明言できない現状である。鴨緑江支流である禿魯江流域の魯南里・深貴里等の積石塚を含む墳墓群の上限は西暦前 3 世紀と推定されているが、「もっとも早期のもので、川原石で造った無基壇積石塚の一部は、国家形成以前の時期に属する」といわれる (社会科学院 1982)。またこ

図10 崗上墓実測図（朝・中合同考古学発掘隊 1986）

れらに先行する石墓として「紀元前千年紀前半」に比定される旅大地方の崗上墓・楼上墓・臥竜泉墓等が注目される（朝・中合同考古学発掘隊 1986）。崗上墓の場合は「墳丘は黒色土が混ざった砂利で、その中心部が約1.5 mの高さに積まれていた。この墳丘を取り除いていくと、一隅が現れ、隅丸の長方形の墓域が確認された。おおよそ東西の長さ2.8 m、南北の長さ20 mの範囲を占める墓域には、下部に黄土が混ざった砂利を敷いていた。この大きな墓域は、大小の護石によって東側、中間、西側の、大きさの異なる三つの区域に分けられ、さらに小さな列石によって小区域に分けられている。区域と墓壙の配置に一定の秩序があることは明白である。東側の墓域は、東西の長さ19 m、南北の長さ20 mで二つの隅が丸い方形である。その中央に直径7〜8 mの円形の護石を造り、その円の中央の位置にこの墓の墓壙のうち最大の板石床墓（第7号墓）があり、それを中心に8本の列石が放射状にのびて（2本は列石が明瞭ではなかった）、円形の護石をこえてこの墓域の縁に達し、さらに8本の列石が円形の護石からやはり放射状にのびてこの墓域の縁に達していた。このように大きな板石床墓を中心にして、8〜16本の列石で20余りの小さな区域に区切られており、ここに16基の小さな墓壙がある」。また中間と西側の墓域は東側よりはるかに小さく、つづいて追加されたものかもしれない。全体として第7号墓壙を中心として、他のすべての墓壙とのあいだに「一定の区別と一定の秩序の存在がうかがわれる」とする調査者の指摘は首肯するに足りよう。朝鮮側ではこのような在り方に対して中心に奴隷主を、その周囲に奴隷を殉葬したという見解を示している（社会科学院 1965）。出土遺物は青銅器・石器・骨器・装飾品（銅製・石製・骨貝製）・土

器などが各墓壙に分散所有されており、うち青銅器(剣・矛・鏃)を所有するものは9基を数える。崗上墓の年代は遼寧式銅剣の型式などから紀元前8～6世紀に推定されている。崗上墓より保存状態の劣る楼上墓、臥竜泉墓も基本的にはあい似た形態のもので、近い年代が考えられている。

　以上、高句麗積石塚の淵源を旅大地方の方形群集墓にまでたどりうることとなった。一方、高句麗積石塚の構造と分類については中国、朝鮮の研究者によって諸説が提出されているが、太平洋戦争後の成果に依拠して、戦前の日本人学者による漢文化との接触契機説は否定され、「積石塚が方台形をとるのは、中国の墓制の影響ではなく、高句麗本来のあり方であるとし、ただ石槨積石塚から石室積石塚への転換を漢墓の影響としている」のである（田村晃 1982）。田村晃一氏も指摘しているように、積石塚の年代を決定する資料は発見遺物であるが、現段階では資料（とくに土器）がきわめて少なく、かつ不明確な点が多い（田村晃 1982）。鴨緑江中流域で紀元前3世紀頃には方形台状の積石塚が営造されていた事実はあるものの、何故方形台状に定着したのか、また中国戦国時代墳丘墓との交渉の有無はどうか、など未だ決定しがたい課題をかかえているといわざるを得ない。

　また中国側研究者である方起東氏の最近の所見では（方起東 1985）、初期積石塚（無基壇型式）から前漢代五銖銭や王莽代貨泉が多いので、「その年代は大体西暦紀元前後、あるいは高句麗の建国（紀元前37年）前後である」としている。そして高句麗人たちは「大きな山や渓谷が多くて平野のない山地に生活して」いたことが、傾斜地に石材を用いて造墓する大前提をなしたことを提言し、集安一体の積石塚は「最初から大体長方形または方形に近いものが多いという見方が有力だ」という。しかし中国の貨幣を有する積石塚の年代をもって、それ以外の積石塚を含むすべての年代観をカバーすることはいかがなものであろうか。

　高句麗に起源する積石塚は百済前期（漢城時代・260年ごろ～475年）の古墳が分布するソウル市東郊の漢江下流域（城東区）に石村洞古墳群を、また京畿道楊平郡西宗面に汶湖里古墳をのこしている。基壇式方形積石塚でともに西紀3世紀代以降である（金基雄 1976）。また墳丘墓（封土墳）で内部主体に長方形竪穴式土壙を設けるものもある。

　1969年に忠清南道瑞山郡大山面明智里に所在する15基の封土墳のうち3基が調査された（金永培・韓炳三 1969）。1号墳の封土は8×7m、高さ0.4m。2号墳は10×8m、高さ0.4m。3号墳は若干の盛り上がりがある程度であった。いずれも本来の形態は著しく変形を蒙り、楕円形を呈している。内部主体は長方形土壙墓であった。遺物は鉄製環頭大刀・鉄斧・鉄鍬・鉄鎌・鉄鋌・土器などで、被葬者のクラスの低さを示している。3世紀前後の原三国文化期に比定されよう。

　1969年に調査されたソウル特別市城東区可楽洞1号墳および2号墳の調査は注目すべき成果をあげている（尹世英 1974）。まず1号墳は、「墳形は方台形だが、はなはだしく削られた基底部の各辺は一定しておらず、現存する長辺は約14mであり、高さは1.89mであった」。表土の「下は、大きさ23×15cm程度の割石、人頭大の河原石が封土全面をおおっていた。この葺石を除去するとまた黒褐色粘土層が約30cmつづき、この層の下には厚さ60cm程度の石灰まじりの堅くしまった赤褐色粘土層があらわれた。この石灰まじりの赤褐色粘土層がおわって約110cm下にたいそうあかるい黄色粘土層が約70cmつづき、そのいちばん底からかすがい1点と長辺の長さが15cm程度の河原石が4個露出した。この河原石がおかれていた4地点を図面にうつすと、1.23×0.48m

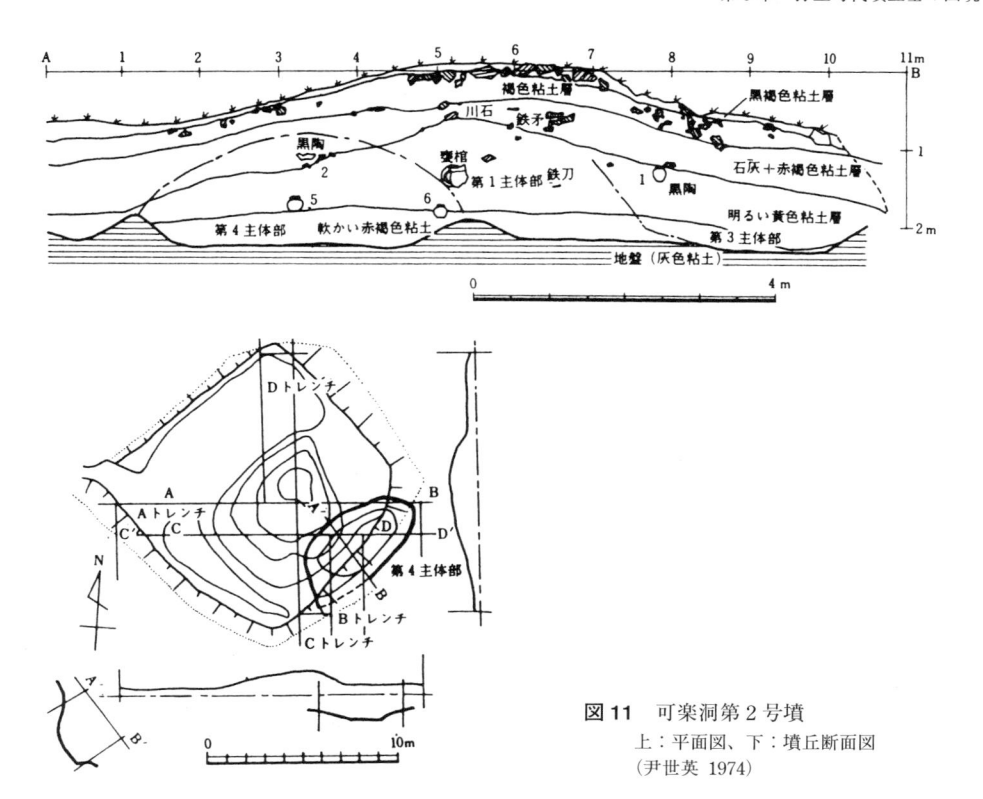

図 11 可楽洞第 2 号墳
上：平面図、下：墳丘断面図
(尹世英 1974)

の長方形を呈しており、木棺を安置した土壙の床面と推定して墳丘の調査をしめくくった」。

つぎに 2 号墳は、「外観上は円形を呈していたが、平板測量によれば方形をなしており、基底部の各辺は 12×15 m、高さは約 2.20 m であった。墳丘の構造は、頂上部を中心とみなすならば、内部主体を構築したあとに、明るい黄色粘土を約 70 cm ほど覆う。その上に石灰と粘土を混合した灰褐色粘土層が約 30 cm、さらにその上に約 50 cm の厚さの褐色粘土層があらわれた。この層の上部には径 30 cm、厚さ 20 cm 内外の割石や河原石が封土全面に敷かれ、葺石層となっている。そして、この葺石をふたたび、約 15 cm ほどの黒褐色粘土で覆っており、封土の表面には芝がしげっていた。とくに、各粘土層の境界には、横に約 1 m おきに、長さ 10 cm 内外の河原石をおいているのが断面でみられた。また、石灰と粘土を混合して覆ったのは浸水を防ぐための措置と考えられ、葺石は封土を堅固にし、流土を防止するためのものとみられる。この古墳の墳丘は、築造された 3 個の古墳の墳丘を、ふたたび一つの大きな墳丘でおおったという、特異な構造形式のものである」。

この内容は佐賀県・吉野ヶ里墳丘墓を考える上にも多くの示唆を与えてくれるであろう。すなわち近接して営造された 3 基の墳丘墓（第 2～4 主体）を最終的に甕棺墓を主体とする大きな長方台形墳丘に修形したものである。いま報告によって各主体と副葬品を整理すれば次のようになる。

第 1 主体　単式甕棺　　　　　　　　　　　黒陶短頸壺 2
第 2 主体　土壙　　　　　　　　　　　　　小鉄刀 1・鉸具 1・陶質壺 1
第 3 主体　土壙　　　　　　　　　　　　　陶質短頸壺 1
第 4 主体　木棺土壙（かすがい 6）　　　　陶質複合口縁壺 1・陶質短頸壺 1

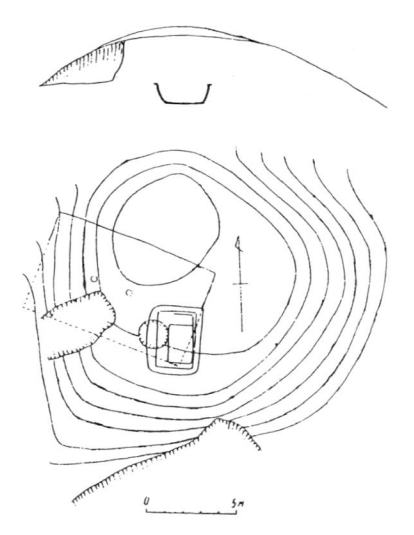

図12　台城里第4号墳　外形実測図
（朝鮮民主主義人民共和国科学院考古学・民俗学研究所 1956）

　調査者は当時築造年代を2～3世紀初めに推定されたが、現段階では3世紀後半をさかのぼらない原三国文化期の終末頃に比定すべきであろう。これら百済地域の墳丘墓は、いずれも西日本の弥生墳丘墓の年代より後出する位置にあるが、今後西日本と同時かさかのぼる事例の発見が期待されるところである。

　一方、西日本の弥生前～中期に近い頃の伽耶地方の支石墓社会のなかに、大邱市大鳳洞支石墓（藤田亮 1937）にみるような有力家族集団墓の成立がみられることは注目される。すなわち「下部構造に1～4基の石棺や竪穴式石室を一組とする支石墓が数百メートルの間隔で南北に一列に並んでいる。そうして多くは石棺を積石で囲んだ矩形にちかい墓域を形成している」もので（小田 1978a）、副葬品に磨製石剣・磨製石鏃・平底無文土器（丹塗磨研土器もある）などがあり、現段階では弥生前期前半を下らない頃とみられる。本遺跡の年代観については今日修正を要するものの、三上次男氏がこの時期の大邱地方について述べられたつぎのような考察は注目されるであろう（三上 1961）。

　「五、六あるいはそれ以上の支配家族の共同支配にゆだねられていたらしい。すなわち、これら支配家族は、結合して支配家族共同体ともいうべきものを構成し、これらの地域の統治に当たっていたのであろう。したがって支配者としての伝統的あるいは形式的権威は、一人あるいは一家族にはなく、形式的には少なくとも支配家族共同体にあった」。そしてその代表的支配家族のうちから一人の統制者が現れて、その終末期には「一個の統制者的支配家族と、一、二の代表的支配家族、それと残りの平支配家族によって構成され」るようになっていたであろうとされる。

　このような三上氏の推論はまた西日本の弥生前～中期のムラからクニへの発展を考える上にも参考されるところが多いであろう。

　最後に漢代楽浪郡治の所在した、平壌市の西に接する平安南道江西郡台城里古墳群にふれておこう。ここには後漢代の各種文物を副葬した方台形墳丘墓がのこされている。1957年朝鮮側で発掘調査が行われたが、支石墓・石棺墓・土壙墓・甕棺墓・木槨墓・石室墓・塼室墓などからなる。そのうち後漢末ごろと思われる第4号土壙墓の場合は東西20m、南北17m、高さ4.5mの方台形墳丘墓である。墳頂下3.2mで木炭粉末を混えた土層に達し、やがて墓壙の輪郭があらわれた。その規模は長さ3.9m、幅2.9mの長方形土壙である。副葬品には土器・銅鏡・銀製指輪・簪・青銅帯鉤などがある。2棺の痕跡があるところから男女2人の合葬が考えられている。副葬品は豊富とはいえず、下級土着官人クラスであろうか。

　以上、中国戦国時代に普及した墳丘墓に端を発し、高句麗の積石塚や朝鮮半島の3世紀代までに比定される区画墓・墳丘墓などの概略を追跡してみた。とくに西日本の弥生中期ごろまでにみられる墳丘墓を念頭において探索してみたが、旧三韓地域では年代的に西日本の墳丘墓以前に比定でき

る確実な例を指摘しえない現状のようである。百済地方における墳丘墓にしても直接的には三国時代文化形成期、すなわち日本側の弥生後期から古墳時代への古墳発生期とのかかわりが深いものと思われる。むしろ西日本における弥生文化の登場から普及の段階は、戦国～漢時代文化の幾度かにわたる波及、倭人の楽浪方面への通交などの歴史的背景に直接的契機を考えるべきであろうか。

4 弥生墳丘墓の系譜

　弥生時代の方形周溝墓や墳丘墓に「方形区画墓」の名称を提唱した石野博信氏は、縄文時代の墓地の多くは明確な区画をもたないこと、弥生時代の「普遍的な墓である方形周溝墓」には本来低い盛土がある、「つまり方形周溝墓は低墳丘の方形墳であり、方形台状墓とも本質的には異なるところがない」ことなどをその拠り所としている（石野 1983）。そして「弥生前期末に近畿に周溝をもつ方墳が成立し、中期には関東にまで波及した、と言える」とも述べている。これまで研究史的経緯からは周溝墓と墳丘墓は区別してあつかわれてきた。しかし周溝墓にも本来低墳丘があったことが認識されてきた現段階では、両者に本質的差違はないと考えられるので、石野氏のような提言も共感が持たれるところである。したがって墳丘墓の出現という視点からは両者とも対象となるのであるが、九州地方で周溝墓が普及してくるのは弥生時代も終末期頃以降である。このような状況のなかで、前期前半に位置づけられている福岡県・峯遺跡の周溝墓の存在は日本最古の位置を占めることとなって注目されるところであるが、九州で確実に継続してゆく過程はみられない。石野氏はこれを前期末に近畿に成立した周溝墓の原型として位置づけようとしている。そして北部九州の墳丘墓は「多くの人々の墓制としてではなく、王など特定階層の人々の墓制として継続した」が、「近畿では、墳丘墓が普遍的な墓として定着し、そのなかに特定階層者の大型墓をつつみこむことになった」と両地域の相違を指摘している（石野 1989）。近畿地方で吉野ヶ里墳丘墓と対比される弥生時代中期の大型墳丘墓に、近年調査された大阪市平野区・加美墳丘墓がある（永島ほか 1985）。規模は墳丘裾部で南北約 26 m、東西約 15 m（墳頂部で南北約 22 m、東西約 11 m）、周囲に幅 6～10 m の溝がめぐり、深さは 1 m 前後である。盛土の高さ約 2 m で、「封土の中の盛り土は全体に均一ではなく、部分部分によって土質は異なるのである。砂礫をひじょうによく含む層、水分を多く含んだベタベタの粘土の層、きめの細かい粘性の強い粘土の層などと様々で」ある。周溝内からは畿内第三～第四様式の壺・甕・鉢・高坏・器台など 81 点、木製の高坏・盤・四脚容器・鋤・鍬・砥石、扁平石斧、石庖丁が出土した。埋葬主体は 23 基の組合式木棺で、2 m 前後のものと、1 m 以下のものの 2 種がある。中央よりやや東北寄りの大型棺（中央木棺）を中心に、長軸が直交あるいは平行して配置されている。木棺はすべて高野槙製で、大型棺にはすべて人骨が残っており、「頭位は北向きあるいは東向きに限られる。そして、これらの多くは足を軽く折り曲げた仰臥伸展姿勢で埋葬されており、頭部から胸部にかけて赤色顔料が塗布されていた」。また副葬品は「もっとも外（北）側の木棺からは、頭部左耳付近に、耳あるいは頭髪に飾られていたと思われるガラス製の勾玉 1 点・小玉 2 点が、そのすぐ南の木棺からは、頭部右耳付近でガラス玉 1 点と右上腕骨部から環状の銅釧が 1 点、さらにその西南の木棺でも、右上腕骨部より環状の銅釧が 1 点検出された。ただし、中央

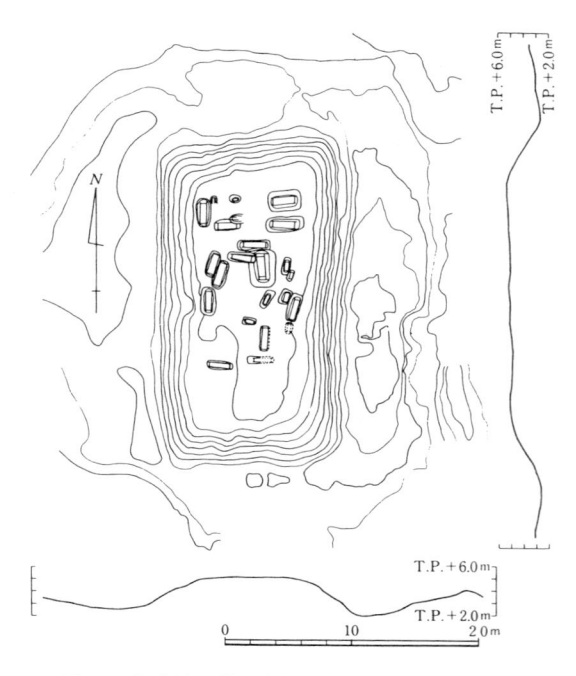

図 13 加美墳丘墓と木棺配置図（永島・田中 1985）

木棺からは遺物はなにも出土しなかった」。

以上で北部九州の吉野ヶ里や樋渡の墳丘墓とほぼ同時期の、畿内における大型墳丘墓の様子を知ることができた。

西日本における墳丘墓の出現が縄文時代から継承されず、突如として出現した背景には自生的要因より外来的要因が考えられよう。すでに方形周溝墓については澤田大多郎氏によって中国山西省候馬市郊外の喬村で発掘された戦国時代の方形周溝墓が注意されている（澤田 1980）。すなわち「その形態は、いずれも副葬品を有する主人の長方形の深い土壙を中心に、周囲に一辺10～13m、深さ1～2mの溝をめぐらし、その中に奴隷を殉葬したものである」。しかし1980年段階では朝鮮半島には類例はなく、また北九州や瀬戸内地方の周溝墓は、いずれも弥生後期以降のものしか知られていなかったので、「北九州や瀬戸内地方からも、その数は非常に少ないであろうが、より古式な方形周溝墓が発見される可能性を有しているといえる」として結論を保留されたのであるが、近年発見された前期前半代の福岡県・峯遺跡周溝墳丘墓はこのような考え方に有利な支証となろう。そして中期に出現した大型墳丘墓についても、中期以前の段階で朝鮮半島、とくに旧三韓地域では確実な類例は報告されていない。この点、周溝墓とあい似た状況といえよう。

ところで倭人世界のことを記した最古の中国の書に『山海経』がある。すなわち、

　蓋国は鉅に在り、燕の南、倭の北、倭は燕に属す。

とあり、また、『漢書』地理志にも以下のように記されている。

　楽浪海中に倭人あり、分れて百餘國を為し、歳時を以て來りて献見すと言う。

一方、王充の『論衡』にもつぎのような一節がある。

　周の時、天下太平にして、倭人来りて暢草を献ず（異虚篇第18）。

　成王の時、越常雉を献じ、倭人暢を貢ず（恢國篇第58）。

これらの記録によって杉本憲司氏は「中国側にはいる、倭人に関する情報に、朝鮮半島を通じたものと、直接、東シナ海をわたって、呉越地方に伝えられたものがあったことを示し、当然、この二つのルートは両国間の文化交流の主道であった」と指摘する（杉本憲 1985）。一般に史料的価値は『漢書』をのぞいて信拠性に欠けるといわれているが、西日本地方で明刀銭の発見が伝えられていること（伝・広島県三原・伝佐賀県唐津市・沖縄県城嶽）などを参考すれば、戦国時代にさかのぼる交流の可能性を示す徴証になるかもしれない。弥生初期における墳丘墓の登場はまだ断定す

るにはいたらないものの、将来に探究すべき方向性を見出したといえよう。
　つぎに中期に出現する大型墳丘墓は、北部九州ではⅠ期後半からⅡ期に相当することはすでに述べたところであるが（小田 1987/1989c）、Ⅰ期には朝鮮系青銅武器を副葬する漢以前の文化相を示しており、Ⅱ期には朝鮮半島における漢の楽浪郡設置（西紀前108年）前後の歴史的背景のもとに、前漢代文物が登場し、奴国や伊都国の王墓では副葬品の主体をなすにいたった。北部九州の国々は直接楽浪郡に、さらには漢都洛陽にまで渡航して漢文化を輸入したことは著明な史実である。当時の楽浪郡治周辺や漢都には戦国時代に完成した方形・長方形墳丘墓が流行していた。このような歴史的背景を考えるとき、弥生中期の大型墳丘墓は、前期以来の内的発展とするよりは、さらに新しい漢代墳丘墓の導入によるとすることの妥当性が考えられるのである。吉野ヶ里墳丘墓にみるような原始的な版築技法もこの時期に新しく導入されたものであったと思われる。旧三韓地域にみられる墳丘墓は、現段階ではむしろ西日本の中期墳丘墓より後出することが明らかになった。しかしながら吉野ヶ里墳丘墓にみる累代墓の最終的修形タイプは、ソウル市の可楽洞墳丘墓に対照できる好例を見出したことは重要である。朝鮮半島における墳丘墓は3世紀前後から楽浪文化の拡散現象として受容されていったとみられる。一方、高句麗初期の積石墓は崗上墓などまで淵源がたどられるとすれば、中原の墳丘墓出現よりさかのぼることになるので、関野雄氏がかって予想された Kurgan との交渉問題は、むしろ高句麗積石塚の淵源とのかかわりに転ずる方がよいのではと思うのであるが、いかがであろうか。弥生時代における墳丘墓の出現に関する問題は、吉野ヶ里墳丘墓の出現によってようやく解明の端緒を得たかに思われるが、まだ探究すべき内容はあまりにも多い。本章もまたそのための一石となれば幸いである。

補記　北朝鮮・平安南道殷栗郡雲城里第9号墳
　成稿後に気付いた朝鮮半島の初期鉄器時代墳丘墓を追加しておく。丘陵頂部に在る2基の墳墓のうち東側のものである。「墳丘は方台形でその一辺の長さは18 m、高さは2.5 mである」。墳頂下2.4 mで中央よりやや東寄りに南北方向の長方形墓壙（3.35×1.6 m・深さ1.7 m）が発見された。なかには木槨（2.8×1.2 m・深さ50 cm）があり、その北側に幅50 cmをおいて東西方向に仕切られ、北側は副槨、南側は主槨となる。主槨に収められていた棺の痕跡がある。副葬品は「棺内からは被葬者の腰の右側部分で細形銅剣1点、十字形剣把頭1点、碧玉製の管玉1点、長い鉄刀1点、3つの環が連結した青銅環1点、蓋弓帽1点、胸の部分から玉23点、腕の部分から砥石1点が出た。棺外では床の東側隅で鉄斧1点、青銅車軸頭2点、蓋弓帽9点が出た。副槨からは花盆形鉢と球形胴の壺1対と、青銅車軸頭2点が出た」。以上のように報文は簡単であるが、出土遺物の内容から推して、漢式青銅遺物や漢式土器が主体をなしているところから、西紀前後に比定できる。北部九州の弥生時代中期に相当するから、楽浪系文化の影響を考えている吉野ヶ里墳丘墓の形成時より下らないことが知られる点で重要である。
　文献　『考古学資料集』第4集、202〜203頁、1974年（報文訳は武末純一氏に拠る）。

第6章　奴国の首都須玖岡本遺跡

1　須玖岡本遺跡の発見——明治32年の王墓発見とその遺物——

　明治21（1888）年2月刊の『東京人類学会雑誌』に須玖村熊野神社蔵銅矛鋳型について拓影をそえた紹介が、須玖岡本遺跡が学会に公表された初見である（淡厓 1888）。報文中に青柳種信の編による『筑前国続風土記拾遺』那珂郡須玖村の条を引き、つぎのようにその由来を紹介している。

　　　熊野権現社岡本ニ在リ岡本新村等ノ産神ナリ岡本近辺ニバンジャクヂント云地ヨリ天明ノ頃百姓幸作ト云者畑ヲ穿チシガ銅矛一本掘出セリ長二尺余其側ニ皇后峯ト云山ニテ寛政ノ頃百姓和作ト云者矛ヲ鋳ル型ノ石ヲ掘出セリ矛ハ熊野社ニ蔵シ置シガ近年盗人取テ失セタリ此皇后峰ハ神功皇后ノ古跡ノ由村老云ヒ伝フレドモ詳カナルコトヲ知ル者ナシイカナル時ニ斯ルモノヽ爰ニ埋レシカ

　その後、明治32（1899）年須玖岡本で一甕棺墓から多数の漢鏡が発掘されたという情報が中央学界にも聞え、八木奨三郎氏は明治39年（八木 1906）や同43年（八木 1910）の著書の中で自身の遺跡踏査の見聞についてふれている。なかでも後著のなかで、

　　　須玖村より発見せし分は、筑後糟屋郡鹿部（前）の銅剣類と同一の出土合と見て不可なることとなし。但し大甕は悉く細片となりしが上に、其の破片多く散逸して旧形を知る可からざるも、大さ及び作炳等は、鹿部と大差なければ或は同一なりしならんか。但し内部の朱は今回の分尤も多くあり。且つ其の朱中には白珠・管玉の如き類を加へ、又鏡鑑の類を数面交へ有りしにより、其の関係と年代を知るには好都合なりし。

と述べている。つづいて明治44年には古谷清氏による須玖岡本遺跡の踏査行が報告された（古谷 1911）。すなわち、

　　　銅剣の発掘せられる場所は、字岡本なる吉村源次郎氏の邸宅内なり。こゝよりは鏡及玉類並に瓶と共に、銅剣の発掘せられたりと称せらるゝところにして、……田間よりは稍々高き平地なり。……銅剣の出たりと称する地は、元と畑の一左端なりしが傍に家屋を建つる必要上、今は其の右方に移したるものにして、こゝに移すに当り、新に煉瓦を以て、長方槨を築き、長一丈五尺、幅四尺五寸、厚九寸の大石を以て、之れを蓋せり。……今蓋石となれる此の大石は、もと左方にありて、瓶、銅剣の類は其の下に安置せられたるものと云ふ。而して現場に移す以前、其の大石の下に、これ等の古物の埋没せることを、土地の人々は知り居りたるものにして、現時煉瓦槨内に移されたる後は、暫くく密閉して何人も顧ざりしが、先年八木氏（八木奨三郎）の西下の折、

第6章 奴国の首都須玖岡本遺跡　67

椁の一部を破壊して、取出して後、遺物は四方に散じたりと云へり。余輩の此地に至りたる節、纔かに煉瓦椁中を隈なく求めて、鏡鑑の細片数個と、朱塗瓶の残片数個、朱塊灰の塊の如きもの少許を獲たるに過ぎざりき。唯土地の人にして、こゝより発掘せる銅剣の折れを、所有せしものありしにより、之れを購求せり。かゝる次第にして、余輩採集の遺物のみにては、未だ何とも此遺蹟の性質を明らかならしむること能はざるも、こゝ発見の遺物の一部は、東京大学及二條公爵銅駝坊陳列館の有に属するあり。

とのべて、自身の収集した内行花文清白銘鏡を含む前漢鏡片3個と、二條家蔵の夔鳳文鏡の拓影を紹介している。さらに古谷氏が現地で購入したという銅剣片（「六寸余断片」）の断面図2種を示しているが、一は細形銅剣、他の一は多樋式銅剣と判断される。この古谷氏の報告によって、この遺跡が甕棺墓の上に扁平大石を置いた状態であったこと、出土品にはそれぞれ数種の漢鏡と銅剣があったことなどが知られるにいたった。これらの成果を承けて大正5（1916）年から高橋健自氏の「銅鉾銅剣考」

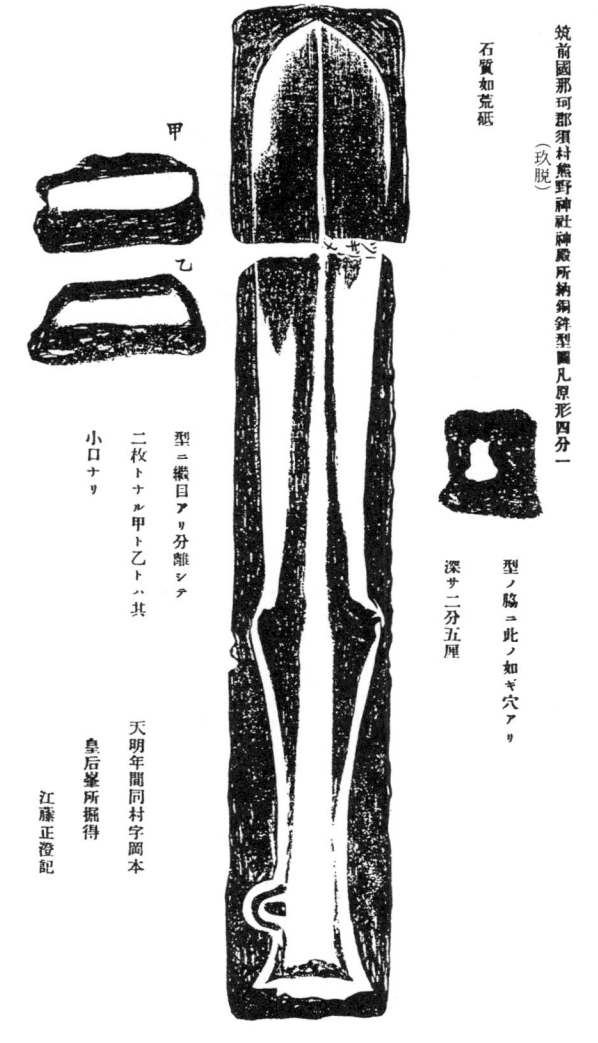

図1　明治21年『東京人類学雑誌』に紹介された銅矛鋳型拓影

（高橋健1916）が公表連載されはじめ、須玖岡本遺跡の明治32年発掘品についても整理・紹介された。そして大正14（1925）年段階までに狭鋒銅矛4口以上、細形銅剣1口、異形（多樋式）銅剣1口、狭鋒銅戈1口、漢鏡11面以上、ガラス壁残片、鹿角（ガラスの誤り）管玉などを数えている（高橋健1925）。中国の漢鏡を多く出土した遺跡として天明年間（1781〜87）発見の福岡県前原市〔現糸島市〕井原遺跡、文政5（1822）年発見の前原市〔現糸島市〕三雲遺跡があり、これとならんで注目される存在となった。一方、わが国の遺跡から出土した中国鏡の内容と年代について検討をすすめていた富岡謙蔵氏によって大正7（1918）年、この3遺跡の鏡鑑は10種に分類され、須玖、三雲両遺跡のものは前漢時代、井原遺跡のものは王莽時代前後であること。ただし須玖遺跡出土の夔鳳鏡は後漢より下るものでないことなどを考定する画期的成果が発表された。富岡氏の年代観は大局において今日まで支持されるところである。

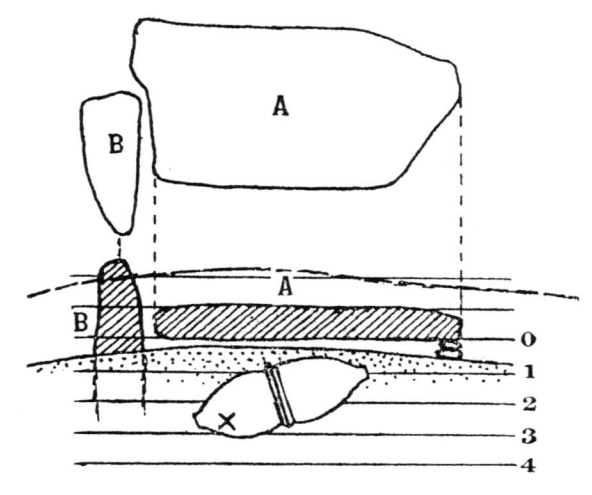

図2 須玖岡本D地点 大石と墳墓の復原（梅原末治氏による）

明治32年に発掘された甕棺墓上の大石の状況については大正6（1917）年梅原末治氏の調査があり（富岡 1920）、さらに大正11（1922）年以降発表された中山平次郎氏の詳細な追跡調査（中山平 1922a/b）に拠らねばならない。

遺跡の状況は平たく据えられた大石（横石）と、それに接して立てられた小石（立石）からなり、「大石は長十一尺、幅六尺、厚一尺内外を有し、小石は高四尺、幅四尺五寸、厚一尺五寸前後何れも花崗岩質のものである」（島田貞 1930b）。また中山氏によればつぎのようである（中山平 1922b）。

　大石下には一般の地面より七八寸余り一尺にも近かるべき高さを有した土の隆起があつて、これに支へられて横石は平く其上に乗つて居たといふ。……其石下に地面上一尺に近き程の土壇状のものがあつたのであるから、石の上面は地上二尺許りの高さにあり、随て物を其上に置くに頗る手頃の高さであつたといふ。

すなわちこの墳墓は高塚状（低墳丘墓状）を呈し、支石墓状の巨石標識をもった特定墓域を形成していたことがうかがわれる。また内部の発掘状況についても中山氏の詳細な聞きとりがなされている。合口甕棺は大石下「深さ三尺余」にあり、「甕外より最初に剣其他を出した」が、甕内からも銅矛が発見された。大甕は周囲を粘土で巻き、甕内からは多量の朱が発見され、「鏡は頗る多く発見され、その或るものは三寸許りの厚さに重つた儘出た」という。

中山氏はさらに須玖岡本遺跡の大石類似遺構の有無を他遺跡にたずねる調査を展開し、福岡県小郡市（旧三井郡小郡村）大板井に類似の立石や大きな平石があり神聖視されている事実をつきとめられた（中山平 1923a）。ここでは両石がかなり離れているところから、須玖岡本における立石が大石に寄りかかっていたという旧観も、明治32年以前にすでに人工的に立石が動かされた結果であろうと推測している。1992年夏、九州大学によって大板井遺跡が調査されたが、立石は中期後半（立岩期）甕棺を破壊して立てられていることが知られた。

須玖大石下の甕棺から出土した遺物についても中山氏の追跡調査が続けられ、鏡片については鏡背文の復原図作成を試みて最終的に17種33〜35面を考定している（中山平 1927/1928b/1971）。さらに上述した中山氏にいたる諸氏の報告論考を総括して明治32年発掘大石下甕棺（D地点）出土鏡鑑の検討を行った梅原末治氏はつぎのような種類と面数に整理した。今日多くの人々はこれに従っている。①夔鳳鏡1、②重圏四乳葉文鏡2、③方格四乳葉文鏡1、④重圏精白鏡2、⑤重圏清白鏡3、⑥内行花文清白鏡4（〜5）、⑦重圏日光鏡3、⑧内行花文星雲鏡5（〜6）の計21（〜23）面。このほか破片から形式推定可能なもの、および大きさの推定可能なものとして、①清白鏡系遺品4面以上、②内行花文縁鏡数片、③蟠螭内行花文鏡破片、④一種の草葉文鏡破片がある。かくして最

終的には「細片を除いて形の復原の可能な類の通計は30面以内」と推定されている。その年代については すでに富岡謙蔵氏が論証されたようにほとんどが前漢時代に属するものであるが、ただ 1 面虁鳳鏡のみが後漢後半代をさかのぼるものでないところから富岡氏以来注目を引いており、1950 年代以降の日本考古学界では別地点発見品の混入と解釈して大石下甕棺の一括遺物から除外して考えるのが大勢となった。しかし梅原氏は終生これを一括遺物とみる考えを固持し、「須玖遺跡の実年代は如何に早くとも本虁鳳鏡の示す 2 世紀の後半を遡り得ず、寧ろ 3 世紀の前半に上限を置く可きことにもなろう」（梅原 1959）という年代観を唱導して譲らなかった。しかしその後の日中両国における鏡鑑研究の進展と、三雲、井原につづく漢鏡出土遺跡の増加などからしても虁鳳鏡を混入とみる考え方は妥当であろう。杉原荘介氏は須玖や三雲にみられる漢鏡の大量集中副葬の在り方に対して「須玖型」の名称を提唱してこれを弥生社会における王墓の成立と指摘された（杉原荘1977）。

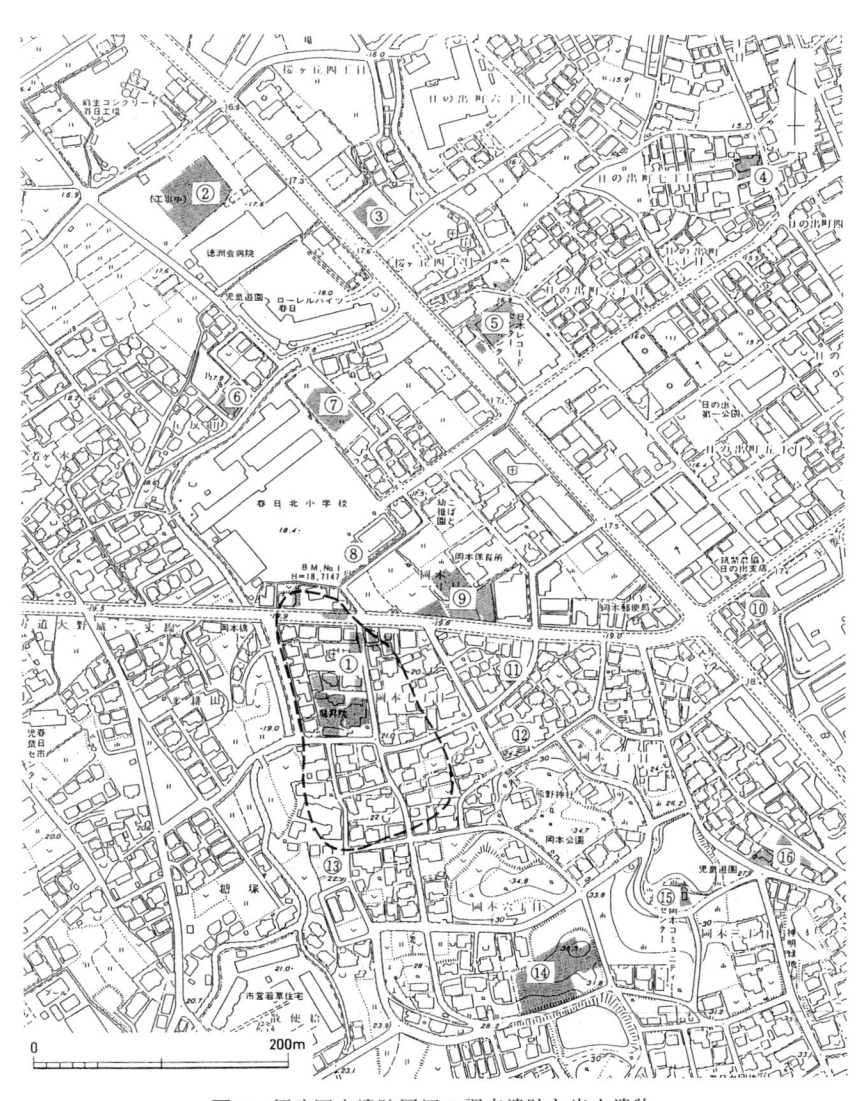

図 3 　須玖岡本遺跡周辺の調査遺跡と出土遺物

表1 須玖岡本遺跡周辺の出土遺物

地点	遺跡名	主な遺構と遺跡の性格	主な出土遺物	時期
1	須玖岡本	首長層の墳墓	王墓を中心とした墳墓群からガラス璧や舶載鏡をはじめ銅剣、銅矛、銅戈、ガラス勾玉、管玉など多量の副葬品が出土	中～後期
2	須玖唐梨	掘立柱建物跡、墳墓	青銅器鋳型、中子が出土	後期
3	須玖五反田2次	掘立柱建物跡、溝、土壙	ガラス勾玉鋳型が出土	後期
4	黒田	掘立柱建物跡、溝（青銅器工房跡？）	鋳型、中子、銅滓など青銅器生産に関係した多数の遺物が出土	後期
5	須玖永田	掘立柱建物跡、溝（青銅器工房跡）	鋳型、中子、銅滓、取瓶など多数の青銅器生産に関係した遺物が出土	後期
6	須玖五反田1次	竪穴住居跡、掘立柱建物跡、墳墓（ガラス工房跡）	ガラス勾玉鋳型、ガラス坩堝、勾玉の未製品、砥石などガラス製品の製作に関連した多数の遺物が出土	中～後期
7	須玖永田B地点	墳墓、掘立柱建物跡	青銅器鋳型が出土	中～後期
8	須玖坂本2次	溝、掘立柱建物跡	青銅器鋳型、中子、貨泉が出土	中～後期
9	須玖坂本1・3～5次	掘立柱建物跡、溝（青銅器工房跡）	鋳型、中子、銅滓、取瓶など多数の青銅器生産に関係した遺物が出土	中～後期
10	須玖尾花町	掘立柱建物跡、竪穴住居跡、溝、水田、堤遺構	鋳型、中子、取瓶など青銅器生産に関係した多数の遺物が出土	中～後期
11	須玖岡本5次	竪穴住居跡（青銅器工房跡？）	青銅器鋳型、中子が多数出土	中～後期
12	須玖岡本10次	甕棺墓		中期
13	須玖岡本11次	溝	青銅器鋳型が出土	中～後期
14	岡本	墳墓、竪穴住居跡	完全な形の小銅鐸の鋳型が出土	中期
15	バンジャク	竪穴住居跡	青銅器鋳型が出土	中～後期
16	岡本野添	竪穴住居跡、墳墓		中期

註）地点番号は図3中の数字と同じ。（春日市教育委員会編 1994）

すなわち弥生時代中期後半における須玖岡本は奴国の、三雲は伊都国の王墓と認定されたのである。また岡崎敬氏は中国洛陽市焼溝の漢墓群から発見された豊富な漢鏡の研究成果（中国科学院考古研究所編 1959）を援用して、その第2期（前漢中期およびそのやや後）に相当するので宣帝（前74～49）・元帝（前49～33）時代に出現したものを主体としながら、第1期（武帝時代）の鏡（草葉文鏡・星雲文鏡）を含んでいるものの、下限は流雲文縁方格規矩四神鏡を伴わないところから、上限を宣帝時代に、下限を金印がもたらされた後漢の光武帝の中元2（57）年以前におくことを考定された（岡崎 1977）。

以上が、明治32年発掘の須玖岡本王墓の発見から現在の年代比定にいたった経緯の概要である。

2 須玖岡本遺跡群と奴国

須玖岡本遺跡群が注目を集めるようになった嚆矢は、明治32（1899）年の須玖岡本王墓の発見である。以来昭和時代前半期まで中山平次郎・森本六爾・京都大学らによる副葬遺物の研究や墳墓の発掘調査などが行われた。太平洋戦争後、とくに1960年ごろから須玖岡本遺跡周辺の春日丘陵には宅地造成工事が急速に増加し、九州大学・福岡県教育委員会・春日市教育委員会などによる緊

急発掘調査があいつぎ、墳墓・集落・生産関係に大別できるような多くの遺跡が知られて、ようやく奴国中心地域の実態が明らかにされはじめた。

　まず墳墓関係では春日丘陵の中央を占めて約30面におよぶ前漢鏡を集中副葬していた須玖岡本甕棺墓がある。低墳丘上に大石を据えた特定個人墓を形成していて、今日では中期後半の奴国王墓に比定する点ではほぼ定説化している。また春日丘陵とその周辺には、中期前半以降甕棺墓を主体とする群集墓が数百メートルの間隔で分布し、一遺跡を構成する甕棺墓の数は200基から数百基におよぶほどに盛行した。しかし青銅器などが発見されたのは王墓を含む須玖岡本遺跡や、その南方の宮の下遺跡などに特定される。しかし後期中ごろをすぎると甕棺墓は急速に衰退して、土壙墓・石棺墓などが目につく。1990年王墓の北西隣接地に発見された墳丘墓はすでに地表部分は削平され

図4　139　梅原末治氏による須玖岡本出土鏡の復元
①方格四乳葉文鏡　②重圏四乳葉文鏡　③・④内行花文星雲鏡　⑤・⑥重圏精白鏡

ていたものの、版築状技術で造成された長方形墳で約30基の甕棺墓が包蔵されていたと推定されていて、王墓と並行する時期であることが知られた。王墓と墳丘墓と甕棺群集墓の三者が同一時期に並存していた事実は重要な意味をもっている。すなわち紀元前後の奴国社会では王と王族と庶民の身分が成立していたことを証するものであろう。『魏志』倭人伝は3世紀の倭人社会に王─大人─下戸─奴婢の身分が存在したことを伝えているが、その上位三者の先駆的形態が中期後半にまでさかのぼって認められることを考古学的に証する特記すべき成果であろう。吉野ヶ里遺跡をはじめとする北部九州の墳丘墓には、大陸系青銅器を1～2個程度副葬したいくつかの棺墓が包蔵される分散所有型が一般の傾向であり、首長とその親族からなる特定有力者集団墓の性格を示している。奴国の場合には王墓が親族集団墓から独立して営まれていること。墳丘墓の被葬者はほとんど副葬品を有せず、王墓に集積された集中所有型であることなどの特徴が指摘できる。同様なことは伊都国の三雲王墓の場合にも予想される。奴・伊都両国が王権の強化段階において群を抜く存在であったことを示すものであろう。

　つぎに近年の須玖岡本遺跡群の調査でめざましい成果をあげているのは生産関係遺跡の分野である。現在までに確認されているのは青銅器生産と鉄器生産とガラス玉生産の部門である。春日丘陵周辺における青銅武器鋳型が出土することは、はやくから知られていた。しかし遺跡における出土状況が明らかになってきたのは1970年代以降のことで、まず砥石に転用された例が知られた。つづいて1985年の須玖永田遺跡の調査以来、製作工房遺跡の発見に恵まれるようになった。現在、須玖岡本王墓を中心とする半径約1km内の周辺地域に生産関係遺跡が分布することが知られるまでになった。

　遺跡群のなかでもっともはやく生産部門にかかわったのは春日丘陵の中央から南方に位置する赤井手、仁王手、大谷遺跡などであり、その開始期は中期後半～末ごろにさかのぼるようである。赤井手、仁王手遺跡では不定形鉄素材を二次加工する小鍛冶工房、大谷遺跡では細形銅剣・中細形銅矛・小銅鐸などの生産が行われている。大谷遺跡発見の石製鋳型には朝鮮半島のものと近似した滑石片岩が使用されていて、その技術的系譜を示している。また銅矛鋳型は飯塚市立岩遺跡第10号甕棺墓（中期後半）出土の中細形銅矛と一致する事実が確かめられていて、時期を特定する上でも注目される。

　須玖岡本遺跡周辺における青銅器生産が最盛期をむかえたのは後期後半～終末期であり、工房群は丘陵の北側低地に移動してゆく。須玖永田・須玖坂本両遺跡はその規模と内容において代表的な遺跡であろう。前者では溝で区画された掘立柱建物遺構、後者では径10mほどの環状溝遺構が複数配置されている。鋳型から知られる生産品は剣・矛・戈・鏃・鐸・鏡・釧・鋤先など多種にわたり、生産用具では鞴羽口・取瓶・中子などが、さらに銅滓も発見されている。なかでも広形銅矛の生産が主流をなし、後期の邪馬台国連合体制下における国々の祭祀に重要な役割を果した銅矛生産の大部分が奴国の工房で分担され、北部九州を中心に北は対馬から韓国金海地方、東は四国方面にまで流通している。その生産機構は青銅素材の集積管理とともに奴国直営下におかれて官営工房的性格を発揮していたであろう。

　また近時にわかに注目を集めているガラス生産でも須玖五反田遺跡に代表される成果がある。竪

穴工房やその周辺から発見されている真土製勾玉鋳型・坩堝・玉砥石・勾玉未製品・ガラス片などの発見によって、ようやくその製作技術について実証的検討が加えられる段階に入った研究的意義は大きい。ガラス生産においても開始時には青銅器生産とともに拠点的集落内で行われたが、やがて量産的拡大にともなって工房の分離が行われていったと推察される。その背景には奴国王権の成立と発展があったことは否定しえないところである。

集落の調査成果も生産関係遺跡の調査と不可分にすすめられてきた。春日丘陵が小さな谷によって分断されて形成された樹枝状小丘陵上に、中期ごろから集落が営まれるようになった。谷部や周辺低地には水田が展開したであろう。丘陵の南に位置する赤井手・大南・大谷などの集落遺跡は中期後半には開始されて後期に及び、竪穴住居跡も50軒から100軒以上が発見されている。春日丘陵東方の駿河遺跡では竪穴住居とそれをこえる数の掘立柱建物が発見されて平地住居の存在が注目されている。

3世紀代の『魏志』倭人伝には奴国の人口2万余戸とみえるが、当時万余戸を数えた国々は伊都国万余戸、投馬国5万余戸、邪馬台国7万余戸で、その他は4千戸から千余戸であった。『魏志』韓伝には「大國萬餘家、小國數千家」とあるが、奴国、伊都国は大国のクラスである。両国に王墓が存在し、ともに中国の両漢時代王朝とかかわりをもっていたこととも照合されて興味深い。

『後漢書』倭伝は57年（建武中元2年）奴国が入貢し、光武帝が印綬を下賜したことを記している。福岡市志賀島から発見された「漢委奴國王」金印がそれであることは周知のとおりである。1世紀代に北部九州に奴国を盟主とした数カ国以上からなる筑紫連合政権が成立していたであろうと考えられている。その後、半世紀を経た107年（永初元年）には倭国王帥升を代表とする中国への入貢があった。これを伊都国王に比定する考え方が有力であり、2世紀代には盟主国は奴国から伊都国に移ったであろう。そのなかで奴国は生産体制の主導権をとり、テクノポリス的地位を築いて都市的機能を行使するまでに成長して、伊都国とならぶ北部九州の代表的存在であった。

須玖岡本遺跡群は、発生期の国の実態を伝えるわが国の重要な遺跡である。弥生時代における、奴国の栄光を顕彰し整備して後世に伝えたいという要望は、研究者のみならず北部九州の人々の久しい念願でもあった。昨今のあいつぐ造成工事はこの由緒ある遺跡群をも湮滅の危機に直面させる事態を招いている。行政当局も遺跡群の保存と整備に取り組みはじめ、また地域住民の方々からも市民運動の波が大きくなりつつある近況は力強いかぎりであり、すでに将来にむけて実現の歩みが始まっている。

第7章　吉野ヶ里遺跡の源流と弥生社会

1　はじめに

　吉野ヶ里遺跡が、にわかに脚光をあびて登場したのは、1989年2月のことであった。
　この遺跡は、工業団地造成用地として佐賀県が1986（昭和61）年から発掘調査をはじめていたが、3年目の89年3月でいちおう終了する予定の最終段階に入ってからの、突発事態であった。
　その火付け役を果たしたのは、佐原眞氏であった。"日本最大の弥生時代の環濠集落と墳丘墓出現"というビッグニュースが、まず朝日新聞で報道され、続いて各新聞・テレビがつぎつぎに取り上げ、邪馬台国時代とも重ねることで、世の関心を集めた。
　このブームは、短時日の間に、どんどんふくれあがっていき、報道各社は連日、現地に詰めて刻々の変化を報道し、発掘調査事務所も占拠されたかの観を呈するにいたった。それとあわせて、一般の考古学ファンも続々と押し寄せた。
　3月7日、佐賀県教育委員会は、県文化財審議会専門部会史跡部会を招集した。その席上で、甕棺列埋葬区の一部を含む、2ヶ所程度の墳墓保存区を設けて、他はすべて記録保存にとどめ、従来どおりの工業団地計画をすすめる方針が、文化庁と合意できている旨の説明があった。
　この時点では、まだ、環濠集落などは考慮されていなかった。筆者らは、遺跡の保存は発掘調査の結果によって最終的に決定されるべきであって、すでに、調査以前から判明している一部の遺構のみが保存対象として決定されるという、方法の不当性について反論したが、再考しようという返事は得られなかった。
　一方、地元有志による保存運動が、いちはやく開始されるとともに、連日のように報道されるマスコミ攻勢で、吉野ヶ里遺跡に対する全国的関心は高まる一方となった。そのためついに、香月佐賀県知事は、遺跡保存方針を打ち出すこととなった。その後、なお多くの紆余曲折を経て、1992（平成4）年10月、国営公園54 haとその周辺63 haの県営公園をあわせて117 haの「吉野ヶ里歴史公園」が成立した。
　この間に行われた、吉野ヶ里遺跡に関する各種のシンポジウム行事や出版物は枚挙にいとまがないほどで、これほど、国民的関心を巻き起こした発掘調査はかつてなかったであろう。このことが、一方では、短時日の間に国指定史跡として保存されるにいたった、大きな原動力になったことは否定できない。
　しかし、性急すぎたことも事実である。調査成果は未消化のままに積みあげられ、観光優先の遺

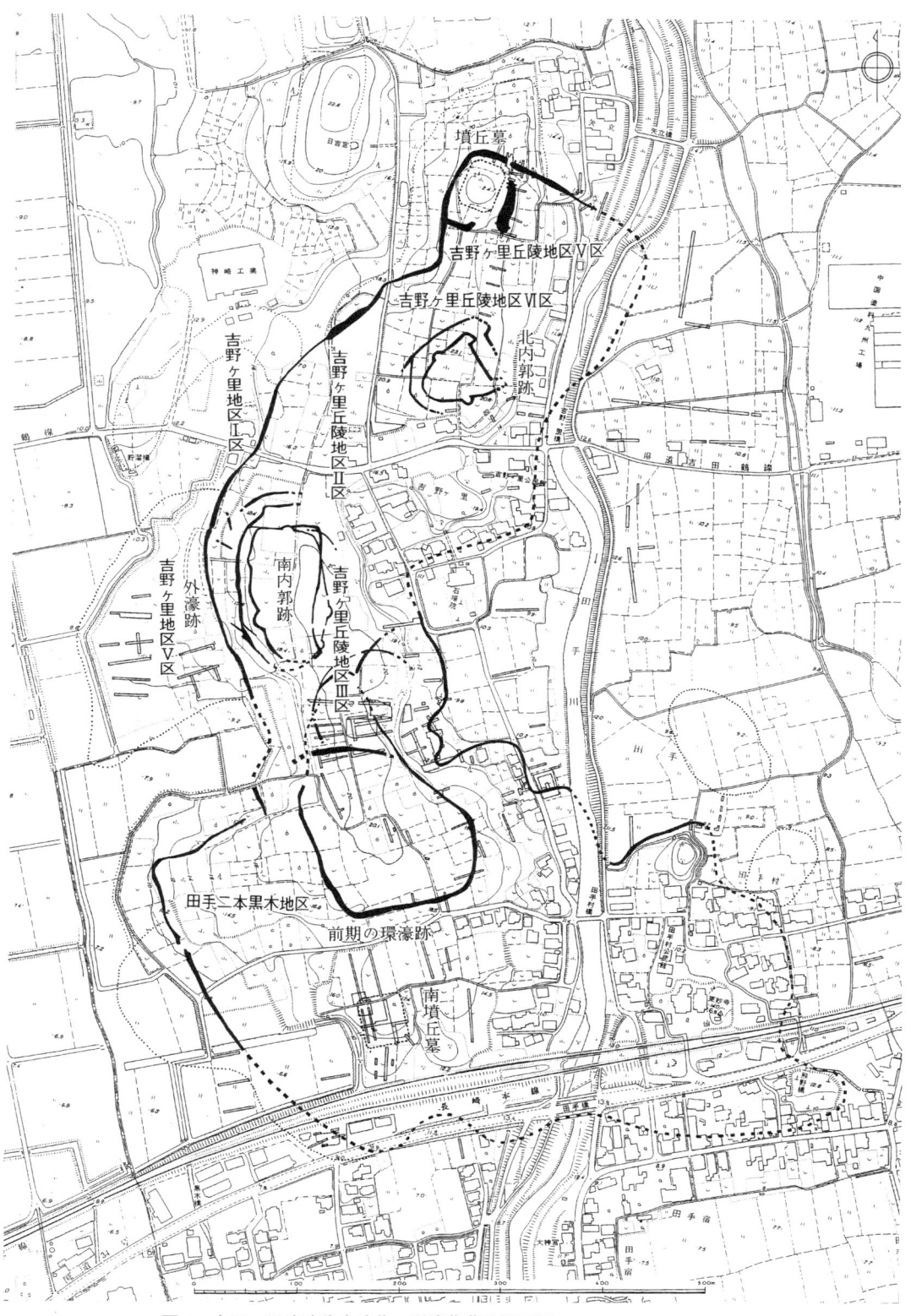

第 7 章　吉野ヶ里遺跡の源流と弥生社会　75

図 1　吉野ヶ里遺跡弥生時代の環濠集落跡概要図（佐賀県教育委員会 1994）

構整備と復元ができあがってしまった。果たしてこのままでよいのか……という研究者の声はいまなお足踏みしている。

　学問的に修正し、前進させるためには、まず判断の基礎となる学術報告書の一日もはやい公刊が望まれる。このように、まだ成果が未消化のなかで、吉野ヶ里遺跡に対する考古学的評価をすることは、筆者として、躊躇するところ少なくない。膨大な情報量を包蔵するこの遺跡について、論究に遺漏なきを期するのは未だ時機尚早であろう。

　そこで、環濠集落、青銅器生産、弥生墳丘墓の三問題を選んで、最近までの研究成果に拠りながら、この遺跡の占める位置を検討して、責を果たすこととしたい。

2　環濠集落研究の展開

(1) 環濠集落の源流を探る

九州に大環濠集落発見の波紋

　吉野ヶ里遺跡を一躍有名にしたのは、これまでの常識をこえる大環濠集落の発見であった。

　これまで九州の環濠集落は、1万 m² 以下で、7000 m² くらいが最大といわれていた。これに対して近畿では、奈良県唐古・鍵遺跡の 25 万（～30 万）m² を筆頭として、大規模なものが多い。吉野ヶ里環濠集落の出現は、一挙に唐古・鍵遺跡と同規模の環濠集落の存在を実証したことでも画期的であった。

　一方、このことはただちに、『後漢書』倭伝に伝える「倭国大乱」が近畿から九州に及ぶものであったという論から、吉野ヶ里遺跡が邪馬台国の所在地であるという論にいたるまで急浮上するなどの、短絡した"マスコミ産願望論"に迎合する論議が先行することにもなった。

　その背景に、近年、急上昇してきた環濠集落＝社会的緊張＝倭国大乱、という思考図式がはたらいたことは否定できないが、その反面、なんらの囲郭の証跡すら確認されない集落遺跡が存在する事例への説明を欠いていたことも事実である。

　その後も、吉野ヶ里遺跡で最近まで継続されている環濠の追跡調査では、南限が JR 長崎本線を越えてさらに南に及び、全体規模は南北 2 km、東西 0.2～0.7 km に達するまでになっている。全国的にみても最大規模といえるほどになった。しかし大環濠の規模が喧伝されるほど、その内部の集落構成の実態は解明されていないことも事実であり、今後に残されている課題は少なくない。

環濠集落研究のはじまり（比恵遺跡）

　九州での弥生環溝（濠）集落の調査研究は、1938（昭和13）年の福岡市博多区・比恵遺跡にはじまる。

　比恵遺跡は、旧国鉄博多駅の南 2 km の微高地にあり、採土工事中に発見された。当時、工事の進展にあわせて、環溝と竪穴住居跡の関係を観察した鏡山猛氏は、環溝と竪穴住居跡から出土する土器が、弥生時代中期であることを確認した。そして鏡山氏は、当時、地理学の分野で使われてい

た、畿内についての先行論文から「環溝集落」の名称を採用した（鏡山 1972）。

比恵遺跡の第 1 号環溝は、住居跡群を囲む形で調査することができたが、図 2 のように、平面形はほぼ正方形をしていた。正確にいえば、各辺の長さには違いがあり（30～36 m）、溝幅は上縁で 3 m、底幅 1 m 弱、深さ約 1 m であった。環溝の内部には竪穴 5、井戸 2、円形土坑（土壙）数箇所、柱穴群（平地住居か高床住居）が確認された。

また、この第 1 号環溝の西辺に接して、二つの環溝（第 2 号、第 3 号）が確認されている。鏡山氏の推定復元にしたがえば、第 2 号環溝は一辺約 70 m、第 3 号環溝は一辺約 40 m の方形で、大小二つの環溝が、東辺の溝で重なっていた。

第 2 号環溝では、「溝は二段になって、上縁の最広部の幅 6 m に達する。狭い所で 4.5 m ないし 5 m 程度の所もある。深さは 2 m に達し」ている。また、「環溝の東南隅内側には溝縁に沿って柱穴が並んでいる。東南隅に近い一つの柱穴から面取りの柱痕がわかった。（中略）これ等の柱穴群は竪穴の状態を示さず、そのある物は環溝内縁

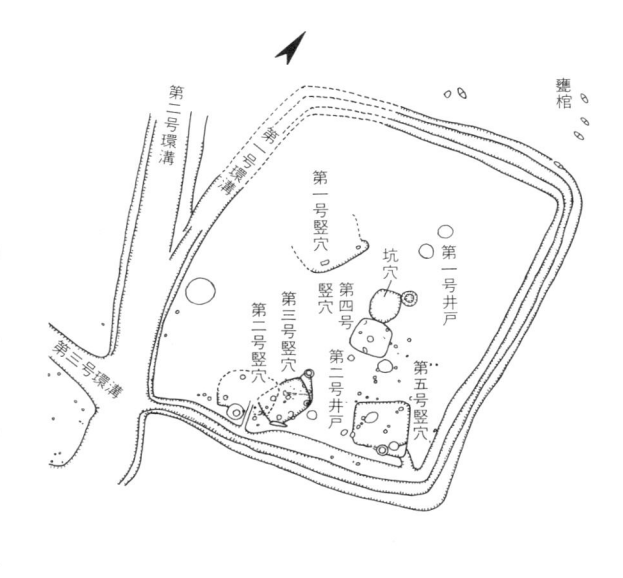

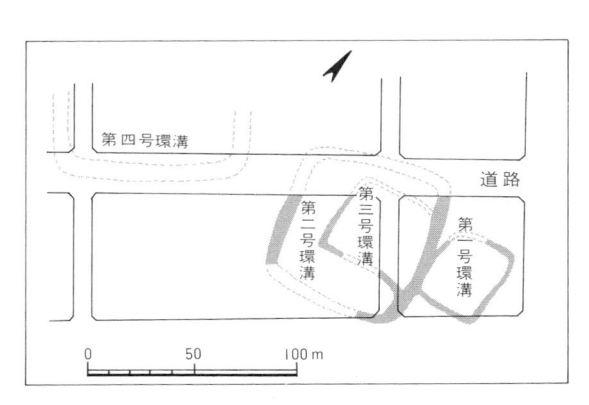

図 2 比恵遺跡第 1 号環溝住居跡
上：遺構配置図、下：環溝分布図

の柵の根部かとも考えられるが、これより離れたものは平地住居かとも思われる」と述べている。

第 2 号環溝内の竪穴住居では、円形住居（復元径 9 m）1、方形住居（一辺 6 m）3 が認められた。その円形住居を切って第 3 号環溝が走っているので、両者の先後関係（新旧）は、第 3 号環溝が新しい。第 3 号環溝は第 2 号環溝に包まれ、溝の「広さは 2.5 m ないし 1.3 m、深さは 1.5 m 程度で、二段掘りでなく断面は逆梯形の形を呈する」。第 3 号環溝の内域については、記録しえなかったとされる。

丘陵上の環溝と住居跡

弥生時代の環溝集落研究の端緒を開いた鏡山氏は、さらに、1956 年から 59 年（昭和 31～34）にかけて、再び、環溝住居跡に関する論考を発表した（鏡山 1972）。

とりあつかった実例は、関東・東海・北九州にわたる 18 遺跡で、前・中・後期の各時代に分け

られている。そして立地において、
(1)「低地遺跡——水田と変わらない比高」
(2)「平地遺跡——水田より高い比高」
(3)「独立した小丘陵上にある」もの（「高地性の弥生住居」）
の三者を類別している。

なかでも、小野忠凞氏が唱導した高地性集落に相当する(3)に注目して、鏡山氏も、山口県の岡ノ山・天王・岡原の三遺跡について、「地形利用」と「住居集団の大きさ」に類似性のあることを指摘している。

すなわち「住居占地が、平野にのぞんだ丘陵の頂にあって、連なる丘陵の尾根を溝あるいは土堤をもって区切るのであり、かつ一例では住居地の麓を囲む溝がU字形にめぐっているにすぎない。いずれも完全な環溝でないけれども、自然の地形を利用すれば、このような溝、堤は部分的なものでもこと足りるかも知れない」と述べている。今日一般的にいわれる「条溝」である。

さらにこの条溝集落が、福岡県朝倉郡夜須町〔現筑前町〕の篠隈・下高場両遺跡の場合には、「水田面から2〜3mであって、防衛的な性格はよほど少ない。その位置は、付近の水田耕作地を管理する上に何等の障害になることもない。また飲用水等は台地の裾を流れる小川を利用すればよいし、周囲の状況は全く他の平地の環溝住居址の例と異なった点をみない。ここに現れる特徴は、やはり住居地を耕地から区劃する高台地であり、隣接住居地からの区劃、隔離と考える方が適当であろう」としている。

戸別環溝から集落環溝まで

太平洋戦争前の比恵遺跡にはじまった鏡山氏の環溝集落の調査研究は、1950年代に、いちおうの完結をみた。しかしその段階でも、まだ、環溝集落の調査例は少なかった。しかも完掘された事例はさらに少ない状況であった。

そうしたなかから、「環溝の広さはほぼ1ha、約一町程度をもって限度とする」こと、「最大級の環溝または類似遺跡を含めて、小は単独家屋から、大は一つの集落にいたるまでの間に、いずれの大きさにも偏在することなく、大小の環溝住居が弥生期に存在した」ことなどをあげ、さらに「環溝住居は大小に応じて集落の構成要素として二つのタイプ」があることをあげている。すなわち、「第一類　独立の集落が一環溝（ないしは類似遺跡）によって代表されるもの。第二類　大小の環溝によって一集落が構成されるもの」である。前者の例として大分県安国寺〔現国東市〕遺跡、後者の例として福岡市比恵遺跡をあげている。

さらに「ただ一つの例」とことわりながら、第三類として、福岡県甘木市〔現朝倉市〕上原遺跡をあげている。これは第一類、第二類が「共同敷地として、環溝内あるいは条溝によって限られる一つの地域を持つ」のに対して、第三類は、「各戸の専有であり、その整然たる規格配列によって一つの集団を形成する」と述べている。

また集落と水田の関係についても言及し、第一類は「耕田は居住地のまわりに近接する」が、第二類は「耕田は居住地のまわりに遠くはなれる」こととなり、低湿地開拓期においては、第二類の

集落が生まれる傾向があること。第一類は、集落規模も大きく、第二類の分散した各共同体の大きさに比べて「集約的な団村的特徴」を持つことなどを指摘している。

以上が、1950年代までに到達した鏡山氏の環溝住居跡論の要旨である。

当時、まだ考古学のほうから論じられることのほとんどなかった段階での、鏡山氏の研究は、今日盛況をみるにいたった、環濠集落研究の先駆的業績として評価されている。

この内容を通じて、研究の初期には、今日からみると、小規模な環濠集落が対象になっている。集落を構成する単位集団は、環濠で区画されたものを一単位とするが、比恵遺跡の場合のように、四つ以上の単位が集合して共同体的な生産単位集団を形成し、その単位集団で、耕地や灌漑施設の共同管理、さらには集落の近くに共同墓地を営む、などのことが行われたと考えられる。

最古の環濠農村（板付遺跡）

環濠集落の研究が大きく進展するようになったのは、太平洋戦争後のことである。1951（昭和26）年から4年間にわたって、日本考古学協会によって調査された福岡市博多区板付遺跡は、わが国最古の農村集落として、1976（昭和51）年に国の史跡指定をうけ、1989（平成元）年から、文化庁がすすめている史跡整備事業「ふるさと歴史の広場」に採択され、整備がすすんでいる。

板付遺跡は、福岡平野東部の御笠川左岸、標高11〜12mの低台地上にあり、その東西両側の低地には水田が開かれている。1978（昭和53）年、弥生土器と縄文系土器（夜臼式）が共伴する時期の環濠集落として注目を集めた。

その後も福岡市教育委員会によって調査が継続され、従来の環濠の外に、さらに大型環濠がめぐっている事実が知られるまでになった。

内濠の断面はV字形をなし、幅1〜5m、深さ1〜2.5mであるが、弥生時代の地表より1m以上の削平が考えられるので、本来の内濠の幅は4〜6m、深さ、2.5〜3mで、その外側には土塁がめぐらされていたようである。

内濠で囲まれた範囲は、南北110m、東西80mの楕円形である。遺構平面図でみるように、内濠内の西寄りの隅には、南北方向の直線溝（弦状溝）を掘って東側と分割し、南端に幅5mの出入り口をつくっている。さらにその南側に幅4mの陸橋部を設けて、外濠区域へと接続している。

外濠は、まだ完全には追跡されていないが、南と北で段丘面を横断しており、東と西は段丘下の周縁に沿って掘りめぐらされ、その西側に広がる初期水田への取水・排水路としての機能も果たしていたと考えられる。

外濠の範囲は、南北約370m、東西約170mの不整長楕円形と予想され、濠の復元幅は約10m、深さ3mである。外濠が囲んでいる面積は、約6.3haと算出されている。

内濠の陸橋部から南の延長線上にある外濠には、堰が構築され、その上には架橋されていたかと思われる部材が発見されている。

居住域・貯蔵域・墳墓域（板付遺跡）

環濠内にある、弥生前期の構造物をみると、竪穴住居跡などは、後世の削平によって残されてい

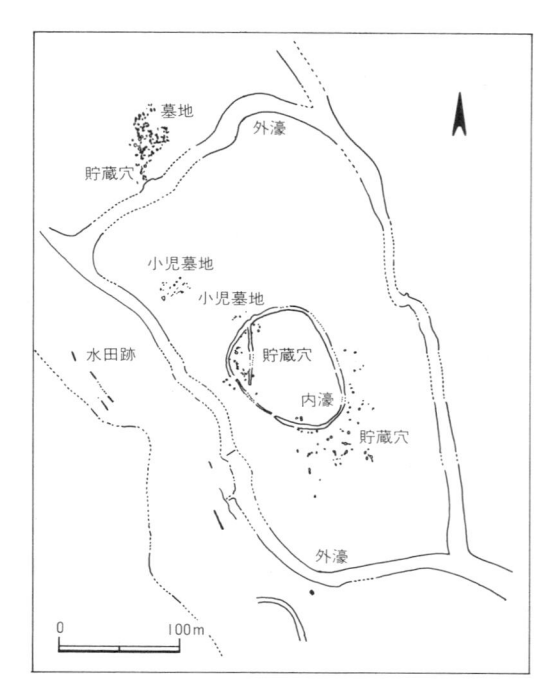

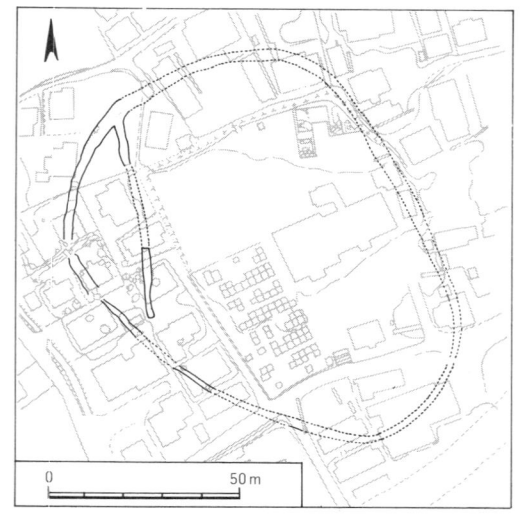

図3 板付遺跡
左：前期遺構図、右：内濠跡

図4 東からみた板付遺跡の内濠

ないが、内濠の西側隅を弦状溝で仕切った区域に、40基前後の貯蔵竪穴が集中している。一方の東側区域には若干の竪穴があるにすぎない。おそらく弦状溝によって西側は貯蔵庫域、東側は住居域に区分されていたと考えられ、西側区域の貯蔵庫群では、種子籾など、農耕生活を左右するような最重要財産が集中管理されていたのであろう。

また濠の外側に、内濠の南や外濠の北でも貯蔵穴の集中するところがあり、生産物などを主とする余剰財産は共同管理されたであろうし、住居域に散在する貯蔵穴は、個々の日常生活にかかわる倉庫機能が考えられる。

墓地は外濠の内外に営まれている。内濠外のすぐ北に小児甕棺7基、その北西約40mに小児墓25基（木棺・土壙・甕棺）が発見された。1910年代に、板付田端で甕棺6基（銅剣4・銅矛3を分散型副葬）が発見されたが、これは内濠南端の外側東にあたっている。また、外濠のすぐ北には、57基の木棺・土壙・甕棺が発見されている。

というように、墳墓は居住域とその隣接地域に営まれていて、このような環濠集落や墳墓にみる機能別的な在り方は、中期の吉野ヶ里遺跡にも踏襲されている。

弥生文化出現期の多重環濠（那珂遺跡）

1992（平成4）年、板付遺跡の西、約1.5kmの那珂遺跡では、並行する二重環濠の一部が発掘され、その下部で夜臼式土器が発見された。この二重環濠は、那珂台地の南西端にある。南北に5mの間隔をおいて、東西に並行して走る環濠で、北の外環濠は、検出した長さ25m、幅4～5m、深さ1.5～1.8mでV字形断面。南の内環濠は、検出した長さ38m、幅1.5～2m、深さ0.6～1mで断面は逆台形である。

二つの環濠間には、土塁を構築していたと考えられるが、この環濠は、縄文最終末期にあたるので、板付遺跡よりさらにさかのぼる多重環濠であり、弥生文化出現期当初から導入されていたことを示している。環濠を、円形と仮定して復元すると、その内径は140m前後と推定された。

図5　江辻遺跡の出土状況（手前の円形住居跡が松菊里型）

図6　江辻遺跡の全容

縄文の伝統に新文化を受容（江辻遺跡）

1992～93（平成4～5）年に調査された福岡県粕屋郡粕屋町江辻（第2地点）遺跡は、多々良川沿いの微高地に営まれた縄文晩期終末（夜臼式）の集落で、その北側には水田が想定される。竪穴住居11軒・掘立柱建物7棟からなり、北端部には曲線を描いて走る幅6mの大溝（自然流路か）が発見された。

竪穴住居跡は、いずれも円形で、11軒の住居跡は、ほぼ環状（リング状）に配置され、その中央広場に掘立柱建物がある。住居跡（平均径4.5m）には、いずれも中央に楕円状の大形土坑があり、その両側に柱穴が一個ずつあるという共通点があって、のちに述べる韓国・忠清南道扶余郡松菊里遺跡を標識とする「松菊里型住居」に属している。

この江辻タイプのものは、松菊里型住居の諸類型のなかでも、韓国慶尚南道地域に多く分布しているから、原郷をこの方面に求めることができそうである。

しかし、集落の構成が、中央広場を設けてそのまわりに住居を配置するのは、縄文時代の集落景観にも認められるから、縄文文化の伝統を継承していると考えることもできる。

また環状集落の内側には、梁間一間の長倉形式の掘立柱建物6棟と大型掘立柱建物1棟が配されている。これらの建物跡には重複がみられるうえ、住居跡から出た土器群の比較からも、厳密には集落の存続時期には、前後の二小期（二つの時期）のあることがわかる。

長倉形式の建物は、近年縄文時代でも存在することが知られているが、北部九州では弥生文化の渡来とともに出現した建物とも考えられ、収穫物などを共同で管理した倉庫と思われる。なかでも注目されるのは、広場の中央を占める大型建物である。柱穴の総数は40余個もあり、囲まれた範囲は、5.5×10mの長方形で、その内部の南北方向主軸線上に、棟持柱にあたる2個の大形柱穴が設けられており、切妻屋根構造の建物が考えられる。

　しかし、柱穴の配列は、のちの掘立柱建物跡の平面のように、梁行・桁行が、整然と対向する構成になっていない。とくに四隅などは、3個の寄柱で構成されるなどの特徴がみられる。

　これは、縄文時代から受け継いだ、ムラの集会場や祭祀などの、共同行事に使われる建物のような性格が考えられ、それらを継承した構造物かと思われる。

　このように、江辻遺跡にみられる集落構成は、縄文時代の景観を基本的に継承しながら、新来の朝鮮半島系農耕文化の要素を受容した、過渡的景観を示していることが実証されたものとして、その意義はきわめて大きい。

　さらに、板付遺跡には削平されて残らなかったが、そこの内濠域に想定される住居景観の復元にも、江辻遺跡の住居群は重要な手がかりを与えている。

中国大陸に環濠集落の源

　弥生文化の伝来と不可分の関係で、開幕と同時に登場する環濠集落の原郷も、当然大陸に求められる。

　中国では紀元前4500年頃、新石器時代の仰韶（ヤンシャオ）文化期に属する陝西省西安市半坡（ハンポ）遺跡で、竪穴住

図7　中国・姜寨遺跡遺構配置図

居や貯蔵竪穴などの居住域に、環濠を伴うことが知られ、その規模は、南北約200m、東西約120mの楕円形と考えられた。

またその東方にある、ほぼ同時期の、臨潼県、姜寨（ジャンジアイ）遺跡では、中央の広場を環状にとりまいて、住居・貯蔵穴・家畜囲場・甕棺・陶器窯などが集まる居住区は、A～Eの5群がある。これらを囲む周溝（上幅1.2m、下幅0.68m、深さ1.02m）は、直径150mの範囲に、ほぼ円形の居住区を区画していたと推測される。

南側の周溝は、南西を流れる臨河に通じていると思われ、また東側の周溝は、西側の居住区と東側の墓地を区画して、2ヶ所の通路を開いている。さらに北側周溝の一部には張出し部があり、ここには、見張所かと思われる竪穴住居があることも注意をひく。

以上のような、中国先史時代の環濠集落は、わが国の弥生時代環濠集落より2000年以上も古いので、環濠集落そのものの、根源をたどるうえではさしつかえはないものの、伝来の道筋に、もっと直接的な関係を求めようという点では、朝鮮半島の無文土器文化期の集落遺跡が注目されてくる。

韓国南部に環濠集落の祖型（検丹里遺跡）

朝鮮半島での、環濠集落の出現は久しく待望されていたが、1990年、韓国慶尚南道蔚州郡検丹里（コムタンニ）遺跡の調査で、一重環濠集落が発見された。

検丹里遺跡は、丘陵上の稜線を中心に、平地からの比高23～33m地点にある。

環濠の範囲は、長径118.8m、短径70m、内部の面積5974m²で、濠の断面はV字形が主となり、一部U字形である。深さ0.2～1.5m、幅0.5～2.0mで、当時の表土の多くは流失していると考えられる。また環濠内に流れ込んで埋まった土層の観察から、環濠の内側には、土塁が築かれていた

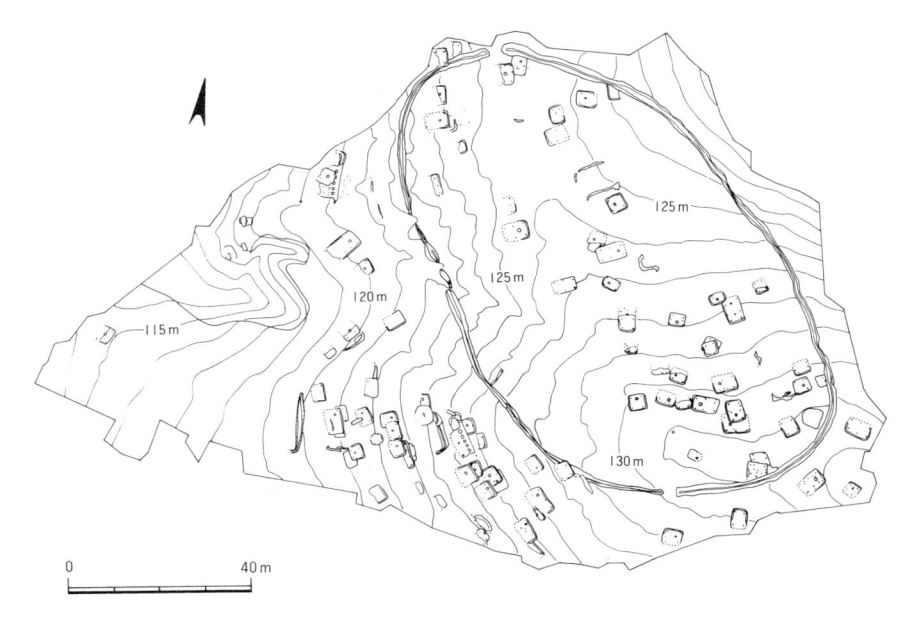

図8　検丹里遺跡平面図（釜山大学校博物館作成）

と考えられている。

環濠上の出入り口は、北西と南東の、稜線上の2ヶ所に陸橋部があり、その幅は前者で2.8m、後者で3.0mである。

住居跡は、環濠の内外に広がっており、無文土器時代のものが主体で、住居跡93棟のうち環濠内に37棟が分布しているが、調査者は、「2棟が互いに、近接または重複している例を、1棟として数え、土塁と重複していると考えられる住居跡を除くと、21棟になる」と、計算している。

環濠外では、南西側斜面の海抜111～120mの間に住居跡があって、2～5重に重複密集している。住居の平面は、四柱式方形と六柱式長方形に大別されるが、松菊里型の円形住居跡1軒もある。

この検丹里遺跡の時期は、環濠と住居跡の重複関係からみて、環濠集落を中心に、その前後の3時期があるが、出土遺物の形態的特徴や、一緒に出土する遺物からみると、さして大きな時期差はないと考えられ、調査者は、無文土器文化の内容が松菊里類型文化へと移り変わる過渡的段階にあり、一部に水稲農耕が存在する可能性を仮定しながら、主体は畑作農耕であったとしている。

ここに、西日本の縄文晩期に相当する時期にあって、韓国南部に、北部九州の環濠集落の祖型となりうる遺跡が、ようやく発見されたことは、きわめて注目される。

稲作環濠集落の祖型（松菊里遺跡）

ついで1992年には、忠清南道扶余郡松菊里集落跡でも、木柵や環濠の存在が確認された。

松菊里遺跡は、標高40mほどの丘陵上にあって、南と東に川が流れ、周辺に水田可耕地が展開する。1975年以来の調査で19棟の竪穴住居跡が発掘された。その内訳は、円形（径3.4～5.3m）11軒、長方形（3.5×2.4m～2.8×5.5m）5～6軒、不整形2～3軒である。

円形住居は、中央に長径1m内外の楕円形の穴を設け、その両側に一対の柱穴を据え、周壁沿いに小支柱を配したもので、「松菊里型住居」の名称の起こりとなった。

松菊里遺跡には、西日本の弥生時代初期にみられる、大陸系磨製石器の種類はほとんど出揃っていて、稲作に伴う炭化米（すべてジャポニカ種）395gも発見された。また、貯蔵穴や箱式石棺墓・甕棺墓などの、墳墓も発見されている。本遺跡の年代は、紀元前5～4世紀初め頃と考えられている。

1992～93年の調査で、住居跡群の外側に、ほぼ等高線に沿って、南北に延びる木柵が発掘された。確認された総延長は、430mに及んでいる。木柵は、「柵穴の間隔が180cmで、柵穴は大・小二種類に区分され、大型の穴は方形で幅150cm、深さ110cm、小形の穴は円形と方形があり、幅80cm、深さ50cm内外である」。

また丘陵西側の谷地形（57地区西側）で、小柱穴群が確認されたが、その軸方向は一定

図9　松菊里遺跡の柵列穴出土状況

しないので、逆茂木かと推定される。

さらにその南側（55地区）からは、木柵を破壊して、丘陵中央を南に延びる溝状遺構（断面Ｕ字形・深さ１ｍ前後）が発掘されたが、環濠になるかどうかは未確認である。

以上、最近の韓国無文土器時代の、水田稲作開始期における、代表的な囲郭集落の調査例を紹介した。

いずれも、わが国の縄文時代晩期に相当する、環濠集落と木柵集落の例であり、住居の形態・遺物の内容などともあわせて、北部九州の縄文晩期後半から弥生時代初頭に出現する、稲作農耕集落の直接的祖型を、韓国南部に求めうることが、ほぼ確定できるようになった。

注目される木柵集落（地蔵田Ｂ遺跡）

弥生時代前期の木柵集落では、東北地方の秋田県秋田市地蔵田Ｂ遺跡が、最北の囲郭集落として注目される。

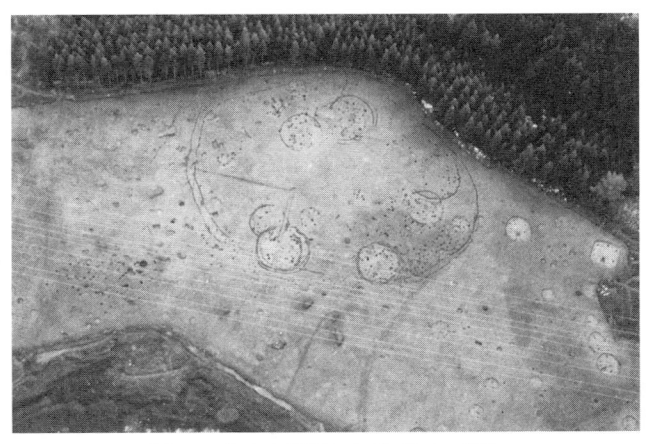

図10　北から撮影した地蔵田Ｂ遺跡

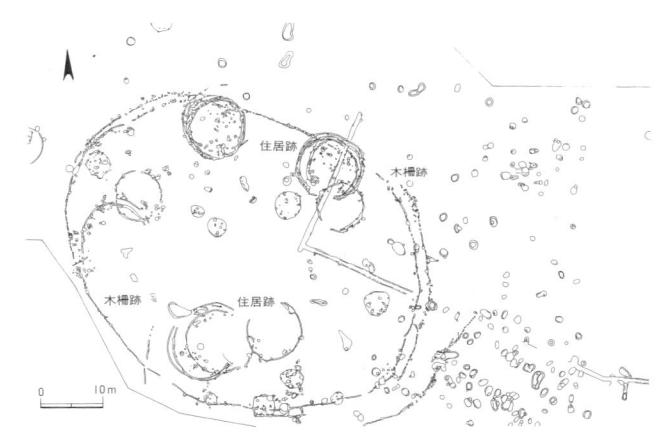

図11　地蔵田Ｂ遺跡遺構配置図

一時期、３～４軒を円形周溝（径８～13ｍ）で囲む住居跡で構成され、各住居は数回建て替えられている。これらを囲んで、二重の木柵が楕円形にめぐり、内側で61×47ｍ、外側で64×50ｍの規模となる。木柵の途切れる個所が数ヶ所あり、出入り口かと思われるが、はっきりしない。

なお、木柵集落については北九州でも、1989年調査された福岡県小郡市一ノ口遺跡（Ｉ地点）がある。弥生前期後半～中期前半の木柵集落が、ほぼ全貌を知りうるはやい時期の好例である。松菊里遺跡の出現した今日、比較研究するにはまたとない遺跡であったが、関係方面の理解が得られないままに、私どもの保存要望も容れられずに湮滅させたことは、将来に大きな禍根を残した。

(2) 環濠集落の新たな課題

西の大環濠集落、吉野ヶ里遺跡の変遷

吉野ヶ里遺跡に集落が出現したのは、弥生前期初頭（前４世紀以前）にさかのぼる。前期後半（前

2世紀)までには、南丘陵の中央部から南端にかけて、少数の竪穴住居、貯蔵穴、さらに住居の周囲に墳墓を営む農業経営の小単位で、集落が構成された。やがて南部に、環濠を有する約3haの拠点集落が出現してくる。

このような小集落が点在する状況は、中期初頭〜前半(前1世紀以前)まで継承されるが、集落内の住居数は増え、新たな集落も形成されるようになった。やがて南部の環濠集落は機能を失うが、南丘陵の中央部に移って拠点集落は存在しつづけており、丘陵の南と北に墳丘墓が、また尾根筋に沿って、甕棺墓の長大な列状埋葬が出現した。

中期中〜後半(前1世紀〜1世紀前半)になると、南北両地区を連ねる大環濠(外濠)が成立した。また、倉もこれまでの貯蔵穴にかわって、高床倉庫が出現する。

外濠内を南北に分ける東西の条濠はこの時期まで存在し、外濠で囲まれた範囲は約40ha弱と推定されている。

このような吉野ヶ里遺跡の出現期から発展期にいたる推移状況を、これまでもっとも大規模であるといわれていた、近畿地方を代表する奈良県田原本町唐古・鍵遺跡の推移と対比してみよう。

東の大環濠集落、唐古・鍵遺跡の変遷

奈良盆地の中央部で、初瀬川と寺川に挟まれた沖積地にあるこの遺跡は、吉野ヶ里遺跡とは対照的な低地性の遺跡である。

最近までの調査で、まず前期に出現したムラは、北・西・南の3地区に分かれて住みはじめた。その当初にはまだ環濠はなかったが、前期末頃から濠を形成したようである。

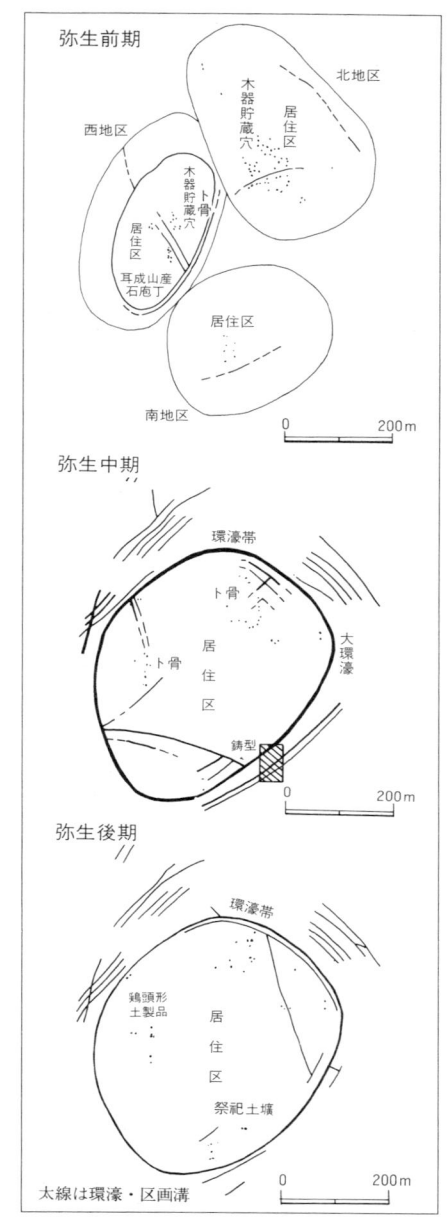

図12 唐古・鍵集落の変遷概要図

各グループでは木製農具や石庖丁の生産、ドングリの貯蔵、木棺墓の造営など、生産から消費までの活動を行っていたことが知られている。しかし、中期初め頃には環濠が埋まり、三つのムラを囲む大環濠が出現してくる。

内側の環濠は、径約400mぐらいで、濠の幅は8mほどもあり、さらに外側に3〜5条くらいの環濠が認められ、とくに北側で多条化傾向がある。その濠幅は、5〜8m前後で、それも、5mくらいの間隔をおきながら囲んでいる。

内部には、さらに区画するような溝や井戸、柱穴群が発見され、南端部では銅鐸の鋳造も行われ

ていた。

中期のムラは「一つに大きくまとまりながらも、西と北ぐらいの二つが中心になって発展していった」と思われる。続く後期も、中期の大環濠を踏襲しているが、中期末頃に、環濠を埋めるような砂層の堆積が各所に現れていて、このころ、ムラを覆うような洪水があったと考えられる。

後期には、このような濠を再掘削しているが、その規模は、中期のものよりやや小さく、浅くなっている。やがて、後期の終末頃にはこの濠も埋まりはじめ、古墳時代に入ると、3つくらいの小さなムラにもどってしまうというのが、唐古・鍵ムラの変遷の大要である。

最盛期の大環濠内部の広さは、25万〜30万 m^2 であったといわれる。

クニの形成期に大環濠

このように、唐古・鍵遺跡の推移をたどってくると、吉野ヶ里遺跡の場合と、似かよったケースであることに気づかれるであろう。

近畿においても九州においても、弥生時代の全時期を通じて展開した、拠点集落というもののあい似た規模と推移の歴史をたどることができよう。ただし、大環濠の形成時期においては、唐古・鍵遺跡のほうが吉野ヶ里遺跡にやや先行するようである。

さらに弥生時代中期は、地域単位のクニの形成期であったことを考えれば、大環濠の形成が、国の形成と不可分の関係にあったことが推察される。

のちに述べるような、吉野ヶ里遺跡や福岡市吉武大石遺跡の甕棺墓で、頭骨を欠く埋葬者や石鏃・石剣先片などがみられるのも、この時期にはじまる。国の形成過程につきものの争いと、環濠の拡大整備・防御機能の最重視が、以後の環濠集落の性格を規定していくこととなった。

しかし出現期の環濠集落には、中期以降にみられるほどの危機感は、まだ、なかったであろう。すなわち、共同体居住区域の設定、部外者や外獣などの侵入に対する防衛、といった機能が、まだかなりの意味を持っていたであろうと考えている。

ムラ（村）からクニ（国）へ、さらに後期には国の統合へとすすんでいく、弥生社会の歴史的発展のなかで、大型環濠集落は国の拠点集落として、ますます政治的・軍事的性格を顕現化していくこととなった。

「環濠集落」観を大幅修正

かつて環濠集落の研究では、九州型・関東型・近畿型などの類型が設定されていた。

九州型は本章冒頭にも述べたように、まず規模が小さいこと。第二に住居跡がきわめて少なく、貯蔵穴が多いこと。すなわち、貯蔵区域が住居群（ムラ）とは別になっていることである。

関東型は、神奈川県横浜市大塚遺跡に代表されるような、台地上で楕円形状の環濠内（長径200m、短径130m）の、約2万 m^2 域に、約90軒の竪穴住居群と高床倉庫2棟がある。

弥生時代中期であるが、関東では、時期的な細分の結果、同時存在は30軒ほどで、収穫物は共同管理されている。また集落内に井戸はなく、谷間の湧き水を利用したらしい。集落の南約100mの同一台地上に方形周溝墓群があり、この集落に付属する墓地である。

図13 弥生時代中期の唐古・鍵遺跡の大環濠の一部
（図12南東部の鋳型が発掘された付近）

図14 関東型の代表格である大塚遺跡

近畿型は、まず大規模で10万m²以上ある。墓地は、大阪府の和泉市池上遺跡や高槻市安満遺跡のように、環濠外にあるのが普通のようである。環濠内の住居調査はあまりすすんでいないが、唐古・鍵遺跡などでは、柱穴跡が多いところから、平地式また高床式の可能性が推察されている。

以上のような類型設定も、吉野ヶ里遺跡の出現以降、北部九州各地で発見されてきた環濠集落の調査成果によって、大幅に修正すべき点は少なくない。

まず規模においては、近畿をもしのぐような大型集落の存在が、現実のものとなった。つぎに住居と貯蔵穴別置説も、後世の削平によって住居跡が湮滅して、貯蔵穴だけが地下深くに営まれたために残された場合が少なくない、と考えられるようになったことが、あらためて指摘される。

ただし、貯蔵穴群だけを別置する場合が、ないわけではない。板付遺跡の、内濠内に設けられた貯蔵穴域は、その好例である。この場合には、共同管理を必要とするような内容物を収納する性格が考えられるのであり、吉野ヶ里遺跡の外濠の西外側に設けられた、大型の高床倉庫群にまで継承されていたと考えられる。

「倭人伝」邪馬台国への短絡的照合

後期を迎えた吉野ヶ里環濠集落は、その内容がさらに複雑となる。

後期前半代（1世紀代）には、外濠域中央部に、南北約150m、東西約70mの内濠に囲まれた区域（二重濠の可能性もある）が設定されて、外濠内の拠点が南部から中央部に移動した。

内濠の張出し部には、物見櫓が、またその傍らには通路が設けられ、さらに特別区画の竪穴住居（のちに掘立柱建物になる）が設けられた。

掘立柱倉庫群は、外濠の西側に集中した区画を設けている。一部の人たちは、ただちにこれらの構造物を、『魏志』倭人伝に、邪馬台国の女王卑弥呼の居処についての「宮室・楼観・城柵、厳かに設け、常に人あり、兵を持して守衛す」、また「租賦を収む邸閣あり」などの記載にあてはめた。

マスコミは吉野ヶ里遺跡が、あたかも卑弥呼の居処であるかのような、騒然たるムードを高潮させ、それに同調するような論者も現れた。すなわち物見櫓は「楼観」に、特別区画の竪穴住居は、「宮室」に、内濠は「城柵」に、外濠西側の倉庫群は「邸閣」にあてはめられる、という具合であ

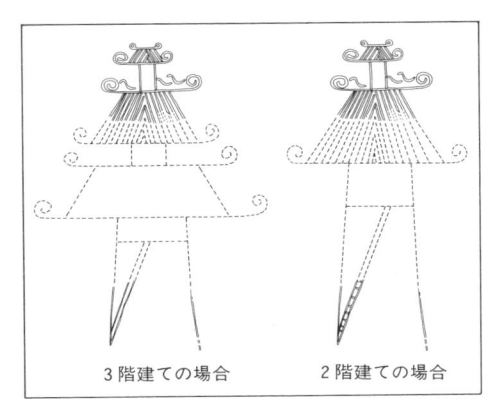

図16　図15の土器片をつなぎ合わせた推定復元図

図15　楼閣が描かれた土器片（唐古・鍵遺跡出土）

る。しかし、考古学的にも史料学的にも、なんらの検証もなされずに、今日にいたっているのである。

　例えば「邸閣」の内容一つにしても、中国史料の使用例に照らして、厳正な検討を行った日野開三郎氏のすぐれた論考すら、顧みられていないのは遺憾なことである（日野開 1984）。

「吉野ヶ里国」の形態整備

　後期後半〜終末期には、内濠が東西約90mと拡張され、前期よりも一段と長方形に近い平面形をとる。また北墳丘墓の南に、二重の内濠で区画された逆台形（馬蹄形）区域が現れる。

　これによって、調査団では中央部の内濠区を「南内郭」、北部の内濠区を「北内郭」とし、北内郭の北側に新たに検出された掘立柱建物群を「北群倉」、中央部外濠西側の倉庫群を「南群倉」と命名した。

　南内郭では、郭内と内濠の北側に、住居が営まれている。また、外濠は継続するものの、かなり機能を喪失してきており、その終焉は、外濠出土の庄内式土器（弥生終末期）が示している。

　北内郭では、南側に出入り口を、濠の張出し部には物見櫓を設け、郭内には3×3間（約12.5m四方）の大型掘立柱建物がある。

　この大型建物について、建築学の方面から、巨大な柱痕（径約40cmが4ヶ所、径約50cmが2ヶ所遺存）によって、平面正方形の「周囲の柱の間に束柱を配した総柱形式の楼風の高床式建物跡」と認定され、弥生時代最大級の、二重三層の、壮大な楼観風建物の復元図が示された。

　これは、1992年5月に公表された、唐古・鍵遺跡の弥生土器片に描かれている、楼閣絵画を再現したかと思われる復元である。

　しかし唐古・鍵遺跡の楼閣絵画は、その実在性をめぐって、建築史学や考古学の方面から、賛否

図17　原の辻遺跡の全景

両論あるなかでの、肯定的立場を、いちはやく表明された復元案であるところに問題が残る。

吉野ヶ里遺跡の後期（1〜3世紀）になると、南北両内郭と見張所を伴う防衛的性格、そして埋葬終了後の墳丘墓になお継続している祭祀などがみられる。これらは、2世紀末の「倭国大乱」を経過して、邪馬台国連合体制成立時の社会における、仮称「吉野ヶ里国」の統治方式の実態をうかがううえに、重要な手がかりを秘めているようである。

依然として、クニグニの緊張状況が持続していたであろうことは、瀬戸内方面における高地性集落の盛行によって広く知られているが、この時期の北部九州でも、近年環濠を伴う本格的な山頂型の高地性集落が、福岡県杷木町〔現朝倉市〕西ノ迫遺跡、大分県玖珠町白岩遺跡などで発掘されるにいたった。

一国規模の拠点集落出現（原の辻遺跡）

北部九州における、後期の拠点的環濠集落の多くは、吉野ヶ里遺跡のように、全貌を完掘できるような恵まれた状況にはない。とくに、奴国や伊都国の故地にあたる春日市須玖岡本や前原市〔現糸島市〕三雲周辺では、宅地化がすすんでいて、もはや、全貌を再現することは望めないであろう。

このことが、いっそう吉野ヶ里集落を、弥生時代最大の集落との印象を深めさせ、さらには邪馬台国のイメージをも、短絡的に重ねてゆく方向で、加速される結果となった。

しかし、後述するように、吉野ヶ里周辺の地域に『魏志』倭人伝に記される、人口7万余戸（邪馬台国）を求めるのは、とうてい無理であり、奴国の2万余戸、伊都国の1万余戸にも満たないであろうことは、大方の人々が認めるところである。

1993（平成5）年、3千余戸の一支国に比定されている長崎県壱岐郡芦辺町〔現壱岐市〕および石田町原の辻遺跡で、環濠集落が発見された。

南北に延びる低丘陵の裾を、三重に囲む楕円形環濠の規模は、内濠域で南北約850m、東西約350mで、外濠域までの面積は約25haである。吉野ヶ里環濠集落の、ほぼ3分の2に匹敵する。

周囲には、壱岐島最大の水田地帯が展開し、環濠は防御と水田のための用排水路の機能を果たしていたと思われる。内濠と中濠の間隔は、5mで、土塁を築成していたと推測され、また中濠と外濠の間には、水田・高床倉庫群・柵列など施設が確認されていて、さらにこれからの本格調査の成果が期待される。

『魏志』倭人伝に記された。特定できる一国の拠点集落の規模が初めて明らかにされた意義は大きいであろう。

拠点的環濠集落の多様性を実証（平塚川添遺跡）

1993年には、福岡県甘木市〔現朝倉市〕平塚川添遺跡でも、七重にも及ぶ多重環濠集落の全貌を、ほぼうかがうに足る調査成果が公表された。

遺跡は、小石原川水系の伏流水が、湧水となって微高地に沿って南流する、二又川と天神川に挟まれた微高地に位置するが、本来は、小石原川の氾濫原となる低湿地である。

集落の形成時期は、出土土器の調査から、弥生中期までさかのぼるが、多重環濠が、本格的に構

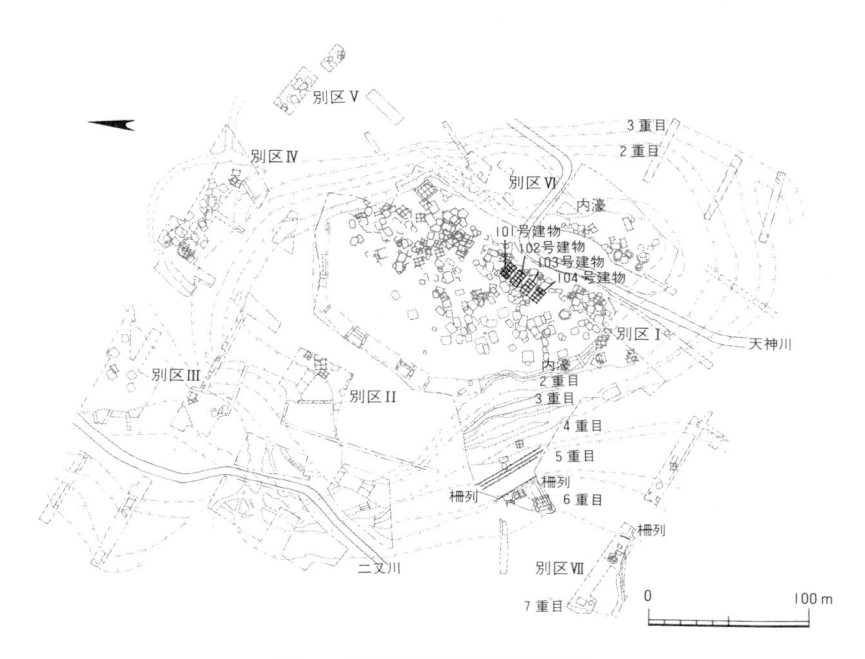

図18　平塚川添遺跡遺構配置図

図19　平塚川添遺跡(南から撮影)。左下部分が6重の濠。右手道路沿いに楼閣、4棟の高殿跡。

えられ、存続した時期は、後期中頃から終末である。

　中央の集落を、完全に囲む環濠は三重で、その内側は、約 2 ha の広さである。さらに西側には、四重の濠がめぐっているが、その走る方向は自然流路を一部利用・改変するなどの複雑な様相をみせているが、環濠を含めた遺跡の広さは、約 15 ha に及んでいる。

　内濠に囲まれた中央集落の外側には、濠や支濠で区画された、小単位の集落 7 ヶ所（別区 I～Ⅶ）が確認され、また、五重目の濠の内外と六重目の濠の外側には、環濠に並行して走る 5 条の柵列がみられる。

　内濠域の中央集落には、後期に属する竪穴住居跡約 100 軒・掘立柱建物 70 棟前後・井戸 2 基・墳墓 14 基（甕棺・石棺）がある。

　とくに、後期終末では、環濠内の中央に並列する 2×4 間の総柱大型建物 4 棟（101～104 号）があり、計画的に中央部に配置されて、同時期の竪穴住居群が、これをとりまいているところから、中心的な「高殿」的建物に復元された。

　また、北東隅部にある大型掘立柱建物は、2×3 間（約 694×831 cm）の規模で、その四面に半間（約 135 cm）の「回廊？」をめぐらした「楼閣」的建物に復元されて、"首長の居館"のような性格が考えられている。

　一方、内濠の外周に分散配置された、別区の小集落（I～Ⅶ）には、竪穴住居や掘立柱建物などがあり、倉庫区画や、木製品・管玉などの未製品からうかがうと、集落全体に属する工人集団の、居住・作業区画などが考えられる。

　しかし、同時期の奴国の中枢部に設定された青銅器やガラスなどの、大規模生産区域に比べれば、その格差は大きなものがある。

　原の辻遺跡や平塚川添遺跡の発見によって、従来、九州地方にはないと考えられてきた多重環濠集落の存在が明らかになった。

　また、吉野ヶ里遺跡のような低丘陵上にあるものと対照的な、低湿地にある平塚川添遺跡、さらには両者の中間的位置を占める原の辻遺跡など、邪馬台国連合体制下の国々の、環濠を有する拠点集落の立地・景観は多様であったことを実証することとなった。

特定有力集団の発生と展開

　環濠集落の研究史上に、先駆的位置を占める鏡山猛氏の福岡市比恵遺跡研究は、弥生中期の、小単位集団を基調とする環溝集落にかかわるものであり、環溝の平面は方形になっていた。

　吉野ヶ里遺跡では後期になると、外濠内に長方形状の環濠をめぐらした南内郭が出現している。このことは、外濠内の住民たちが、身分差のない小集団をつくっていた段階から、単位集団間に格差が生じ、おそらく区画内に、吉野ヶ里集落の指導的位置に選ばれた特定有力集団の居住区が設定されたことを示している。

　これより先立つ例として、このような単位集団間の格差が、一つの不整方形の環溝内に居住する中心集団と、それ以外の複数の集団、というあり方で示される佐賀県基山町千塔山（せんどやま）遺跡（後期後半）でも注意されている。

第7章　吉野ヶ里遺跡の源流と弥生社会　93

　また一方、北部九州で、中期後半になると共同基地からとび出して、独立した王墓や王族墓が成立する現象に対応させて、方形環溝（濠）集落の出現は、この現象が、この時期までさかのぼる可能性を考えるとともに、つぎの古墳時代に現れる首長層居館の、先駆的な位置づけをする論もある。

　比恵遺跡の方形環溝住居は、工事に伴う発見の観察記録であったから、以上のような観点からは、重要な遺跡であるが、不十分さは免れえない。

　円形・楕円形の環濠内に、複数集団が集住する形態は、すでに中国新石器時代にはじまり、朝鮮半島を経由して縄文終末期の北部九州に到達した。これが基本となって、弥生時代の環濠集落が展開していったことは、異論のないところである。さらに確実には、吉野ヶ里では後期になると、外濠域のなかに南内郭とよばれる長方形の環溝（濠）居住区が出現した。

　そこで、特定有力集団が、その居住域を示す長方形区画を導入した背景は、どのように考えるべきかという問題が提示されてくる。

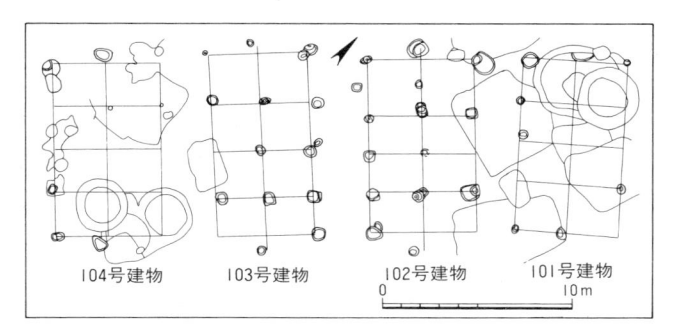

図20　立ち並ぶ高殿実測図（平塚川添遺跡）

図21　復元された高殿（宮本長二郎氏原図）

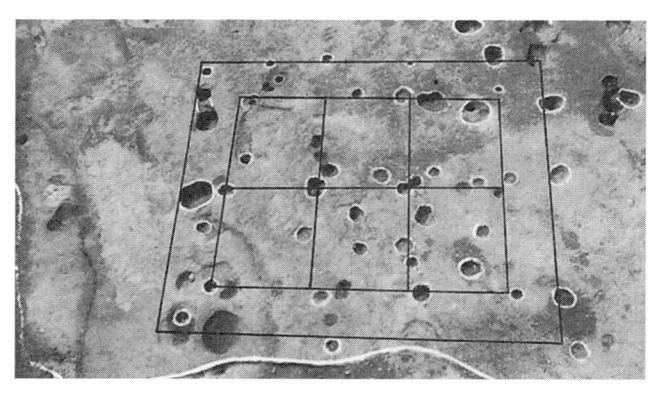

図22　「楼閣」的建物の発掘状況

中国の古代城郭都市

　後述するように特定有力集団の弥生墳丘墓は、平面が方形（長方形）になっているが、その源流は華北の戦国時代・漢代の貴族墓にたどりつく。このことは、さらに当時の中国の都市の形態にも注意をむけることとなる。

　中国の古代都市は、民居の集住する周囲に方形の城壁をめぐらし、その外は田園である。敵襲の場合この城壁が防御線となる。一般に、黄河周辺の平野に住む民族は、「小高い丘を中心に城塞

構え、其中には王宮・宗廟など立てられて神聖なる場所である。人民はその麓に散居するが、一旦有事の日には皆この城塞に立篭る」。そして、この集団が次第に発展して商工業が起こり、民居も密集してくると、その外周に郭または郛、と称する塀をめぐらすようになる。夯打法（こうだほう）で築かれた土壁をめぐらす初現的城塞遺跡は、竜山（ロンシャン）文化期にまでさかのぼり（河南省登封市王城崗（ワンチョンガン）遺跡）、さらに発展した「内城外郭式」は春秋期に登場し、つぎの戦国期にかけて各国の城郭都市に採用された。

漢文化を誇示する首長たち

　伝来期の初期弥生文化は、紀元前4世紀頃であれば、戦国期文化の要素を継承しており、やがて中期（前2～1世紀）を迎えると、前漢王朝が設置した楽浪郡を介して、漢代文化の影響をこうむるようになった。

　出現期の環濠集落の構成は、形状こそ異なるが、防御機能からみれば、まさに、中国の古代都市の発想と共通するところがある。彼らが、特定有力集団の居住区を、方形（長方形）に区画したことは、彼らの墳丘墓においても、区画には長方形を、その築造法には夯打法を採用したこととあわせて、漢王朝との通交によって得られた新たな情報の導入によるところであったと思われる。

　各地の特定有力集団は、この新しい居住域の表現法を採用することによって、社会的優位性を顕示しようとしたのであろう。

　吉野ヶ里遺跡においても、外濠（外郭）の掘りなおしには、中期以来の楕円形を踏襲しているが、首長層を含む有力者集団は、その居住地に、新たな長方形環溝で区画された特定居住区（内城）を設定したとみることができる。

　そうであれば、「吉野ヶ里国」の拠点集落としての、中心的城郭に相当する「邑城（ゆうじょう）国」の名称を与えてもよいかと思われる。おそらく、漢王朝に入貢して、王相当の待遇をうけた奴国や伊都国、さらには邪馬台国なども、その拠点集落は、これと似た構成であったかと推考される。

　北部九州における、このような国々の景観は、『魏志』倭人伝にみる女王卑弥呼の居処の記述にも反映されることになったのであろう。

　このようにみてくると、中国古代城郭都市の日本的変容として系譜をたどることができ、弥生後期の方形（長方形）居住区の出現や、拠点的環濠集落にみる二重構成の流れが、理解しやすくなるのではあるまいか。

拠点集落の中枢、大型建物

　以上と関連して、近年、拠点集落には大型建物がつきもののようになってきている。

　現在、もっとも古くさかのぼるのは、福岡市吉武高木遺跡で、中期初頭（前2世紀）に比定される（その後の検討で、現在では中期後半以降に訂正されている）。

　吉武高木遺跡の大型建物は、梁行4間（9.6m）、桁行5間（12.6m）の身舎（もや）（母屋）の外回りに、露台をめぐらした「高殿」建築の復元が、若林弘子氏によって示されている。

　若林氏の復元には、中国雲南省の少数民族の社会に現存する高床式建築の調査から得られた、民

族建築学や、雲南省石寨山跡出土の銅製家屋、奈良県佐味田宝塚古墳出土の家屋文鏡などの、考古学資料の研究成果によるところが大きい。

その後、後期（2〜3世紀）の遺跡では、前述した甘木市〔現朝倉市〕平塚川添遺跡の、2間×3間の母屋の4周に「回廊？」をめぐらした「楼閣」的建物（宮本長二郎氏復元）、福岡市雀居遺跡の梁行4間（8.6m）・桁行6間（12.3m）で、中心に棟持柱を有する建物などがつぎつぎに発見された。

そして、最新の発見として、前述したように吉野ヶ里遺跡北内郭の大型建物が、弥生時代最大級の楼観風建物として示された（宮本長二郎氏復元）。

これらの建物の復元案については、建築学の方面から、必ずしも一致をみている現段階ではないが、集落内の景観からして、集落の中枢機能を構成する重要な位置を占めるものとする点では、異論ないようである。すなわち首長の居館、あるいは行政庁、祭殿、集会所などの公共の施設とみるなど、諸説がある。

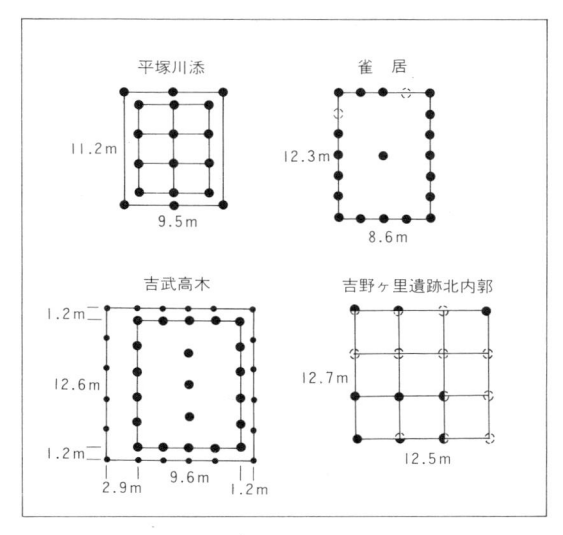

図23 弥生時代各遺跡の大型建物跡の比較

図24 吉武高木遺跡の高殿復元図

大型建物に漢代の制度を反映

吉野ヶ里遺跡・北内郭の大型建物は、物見櫓を付設した、二重の馬蹄形（逆台形）環濠で囲まれているところから、きわめて重要な区画であることは、衆目の一致するところである。筆者は、北墳丘墓の南近くに位置すること、墳丘墓の祭祀が後期までひき続いて行われていることなどをあわせ考えて、中国の戦国〜漢時代にみられる、陵寝制度に似た機能が適用できないであろうかと推察している。

陵寝制度というのは、中国では帝王陵の近くに「寝」を造営する風があったことに由来する制度で、前漢時代には君主の宗廟を陵の傍らに建て、先王の「寝」すなわち、亡き君主の霊魂が日常生活を送る所をこれと結合させるにいたった。

ここは祖先祭や宗族の儀式を行う所であるほか、政治上の重要な儀式を行い、決定した命令を布告する所でもあった。したがって、首長の居館ではないが、行政庁や祭殿としての機能が考えられる。やがて古墳時代に下ると、首長の権威が共同体社会から大きく卓越していくなかで、居館とも

なりうる方向性を持っていたのである。

やがて畿内型古墳（定型化した前方後円墳）が出現する古墳時代前期には、方形（長方形）環濠をめぐらした「豪族居館」が、共同体構成員の集住区域の外に登場した。大分県日田市小迫辻原遺跡は、この時期の注目すべき遺跡である。吉野ヶ里遺跡の環濠集落は、それ以前に終焉をとげているが、両者の推移を究明することも、今後の重要な課題であろう。

3　鋳型からみた青銅武器の国産化

(1) 新展開をみせたあいつぐ鋳型発見

北部九州への青銅器流入

北部九州に青銅器が本格的に流入しはじめたのは、弥生時代前期末頃、すなわち、紀元前2世紀後半からであったと考えられている。

まず墳墓の副葬品として、銅剣・銅矛・銅戈などの青銅武器、多鈕細文鏡、銅釧などの朝鮮半島製品が現れた。なかでも、青銅武器に対する西日本での関心は高かったようで、弥生時代を通じて、青銅武器は、まず墳墓の副葬品として登場し、やがて国産化がすすむとともに大型化していき、近畿を中心に展開する銅鐸と並んで、祭祀品として二大別されるような分布圏を形成していった。

そのため、青銅武器の型式分類と編年の研究もはやくから先学たちによって行われている。この章では、それらの研究史を叙述する余裕はないので、現在の考古学界に定着している、細形・中細形・中広形・広形（銅剣は平形）の四大型式にしたがって以下の記述をすすめることとする。

青銅武器が細形から広形へと大型化していく過程では、まず長さを加えることからはじまり、続いて身幅を広げる方向で大型化していった。通説にしたがえば、細形銅剣は朝鮮半島で創作され、中細形以後は西日本で祭祀用儀器として変化発展したもの、と考えられている。そのため、その鋳型の発見ともあわせて、中細形以降では西日本で生産、すなわち青銅武器の国産化がはじまると考えられていた。そしてその時期は、弥生中期後半と推定された。

細形銅剣の鋳型発見

中細形式以前の青銅武器の鋳型のうち、細形銅剣の鋳型は、1947（昭和22）年に福岡市志賀島勝馬で発見されていたが、10年後の1958（昭和33）年、森貞次郎氏が出土地の試掘調査を行うまで忘れ去られていた。

森氏はこの鋳型から想定される銅剣タイプにもっとも近いものとして、福岡県春日市春日原キャンプ出土の細形銅剣（全長37.2 cm）をあげたが、それは剣身幅が鋳型よりやや大きい。むしろ鋳型の剣形と

図25 細形銅剣Ⅰ式鋳型
（志賀島出土）

表1　北部九州・近畿地方発見青銅武器鋳型編年表

西暦	北部九州					近畿	
	土器編年		銅剣	銅矛	銅戈	剣・矛・戈鋳型	土器編年
B.C.100	（初頭）	城ノ越式	↑	↑	↑	Ⅱ様式	（前半）
	（前半）	須玖Ⅰ式	●細形（志賀島・物座・吉野ヶ里） ●中細形a（姉・吉野ヶ里）	●細形（物座・姉・吉野ヶ里）	●細形（本村南）	●中細形a剣（田能）	Ⅲ様式	（中頃）
	（中頃）						
0	（後半）	須玖Ⅱ式	●細形（大谷・本行）	●中細形（大谷） ●中広形（安永田）		●大阪湾型戈（東奈良・瓜生堂）	Ⅳ様式	（後半）
	（末）							（末）
100 A.D.	後期（前半）	高三瀦式			●中細形（久保長崎）		Ⅴ様式	（後期前半）

（矢印は製作年代がさかのぼる可能性を示す）

ほぼ一致するかやや小さく、また剣方の上下節帯位置もほぼ適合するものとしては、春日市須玖岡本遺跡出土といわれる京都大学蔵品のほうが適当であろう。

　しかしこの志賀島銅剣鋳型が学会に紹介された当時、中央学会では、まだ細形銅剣は朝鮮半島からの渡来品であるとする従来の考え方が根強い状況下にあったので、志賀島銅剣鋳型と渡来品とを区別するために、中細形銅剣の名称を与えようという発想が示されたのであった。しかも一般に、青銅器の国産は弥生後期にはじまる、と説かれてきた通説のために、試掘時に鋳型に伴って中期前半の土器が出土したが、鋳型の時期をさかのぼらせるだけの説得力を発揮しえなかった。

　続いて1966（昭和41）年には、兵庫県尼崎市田能遺跡でも、当時細形銅剣かといわれた鋳型片が発見された。現在では中細形に分類されている。しかも畿内第Ⅱ～Ⅲ（中期前半～中頃）様式の弥生土器を共伴したから、鋳型の実用時期は中期前半にまでさかのぼるであろうと指摘された。

「中細形」銅剣を生んだ背景

　このような発見を通じて、細形銅剣のなかに、舶載品と仿製品の二者が存在するであろうことが予測されるようになり、両者の識別がその後の大きな課題となってきた。

　三木文雄氏は、これらの鋳型から復元される銅剣の遺品との関係について検討し、志賀島鋳型製品を第一次仿製品（細身銅剣）、田能鋳型製品を第二次仿製品（大型細身銅剣）と命名した。前者は現名称の細形銅剣に、後者は中細形銅剣にあたる。しかしその時期については、前者を中期後半以前にはさかのぼらず、後者は中期後半から後期にかかる時期とみなした。鋳型は、より古い時期の土器群のなかに流入したのであろうという不自然な解釈から脱することができなかった。

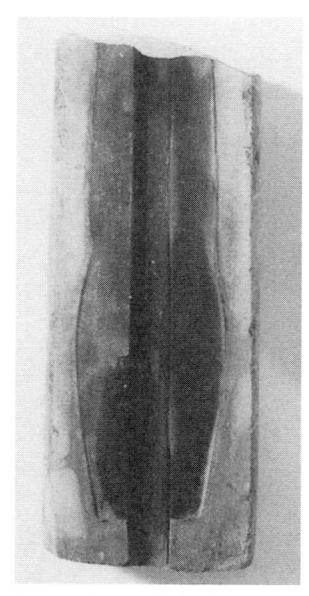

図26 中細形銅剣鋳型（姉遺跡出土）

あいつぐ鋳型発見

その後1978（昭和53）年には、福岡県春日市大谷遺跡で、細形銅剣、中細形・中広形銅矛、小銅鐸などの鋳型が、1980（昭和55）年には佐賀県鳥栖市安永田遺跡で、中細形・中広形銅矛、邪視文銅鐸の鋳型が発見されて、いずれも中期中頃よりさかのぼらないという結果が得られた。

さらに1983（昭和58）年になると、佐賀県神埼郡千代田町〔現神埼市〕姉貝塚で、中細形の銅矛・銅剣の鋳型が、翌年には佐賀県佐賀郡大和町〔現佐賀市〕惣座遺跡で同一鋳型に細形の銅矛と銅剣を彫った小破片が発見された。前者では、かなりの数の弥生中期初頭〜前半の土器を共伴し、後者では、1個の土器片（中期前半か）を伴っていた。1989年には佐賀市鍋島本村南遺跡で細形銅戈の鋳型が発見された。ここでも中期初頭〜前半の弥生土器が共伴した。

北部九州でのこのようなあいつぐ青銅武器鋳型の発見と、それに伴う弥生土器との関係が解明されるにつれ、中期初頭〜前半には細形武器の国産が開始されていることが明らかになってきた。このことは、これまでなんとなく膠着状態になっていた国産青銅武器の開始問題に、突破口を見出す時期の到来を告げている。筆者は、これら新出の鋳型資料によってこの問題を検討した結果、つぎのような結論に到達した。

通説よりはやまった国産開始期

細形銅剣は中期前半に国産が開始され、まもなく中細形銅剣の生産もはじまった。鋳型の発見時に共伴した土器は、中期前半（須玖Ⅰ式）土器が主体で、中期初頭（城ノ越式）土器もみられるが、現段階ではあえて国産化を中期初頭までのぼらせうる確証はない。城ノ越式土器だけの共伴例が確認されるまでは留保せざるをえない。

つぎに細形銅矛も中期前半まで国産開始期をさかのぼらせることができる。中細形銅矛については、飯塚市立岩遺跡の10号甕棺（須玖Ⅱ式）出土品（全長50.3 cm）と春日市大谷遺跡出土鋳型が一致するので、中期後半頃には生産を開始していたことは確実である。また、中広形銅矛についても、鳥栖市安永田遺跡の鋳型から中期後半〜末頃にははじまっていたと思われる。

細形銅戈についても、佐賀市鍋島本村南遺跡で中期前半に開始されていることが証明された。銅戈には樋の先端が左右平行したままに終わるもの（Ⅰ式）と先端が左右合致するもの（Ⅱ式）があるが、ここで実証されたものは後者であり、形態・法量などの点で韓国全羅南道霊岩郡犢川里出土と伝える鋳型ときわめて近いことが知られた。なお筆者の青銅武器の分類案を図27〜29に示したので参考されたい。

以上のような成果をふまえて吉野ヶ里遺跡で発見された武器の鋳型を検討してみよう。

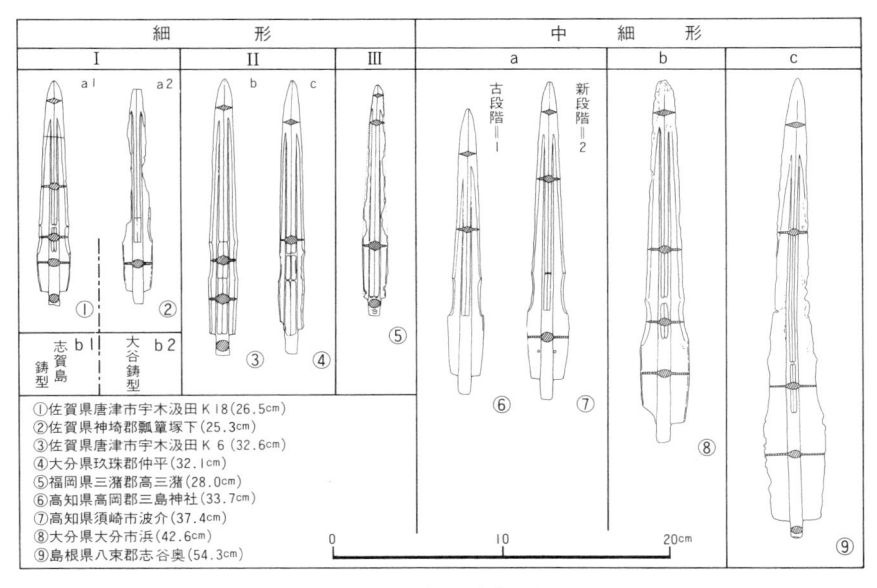

図 27　銅剣の形式分類

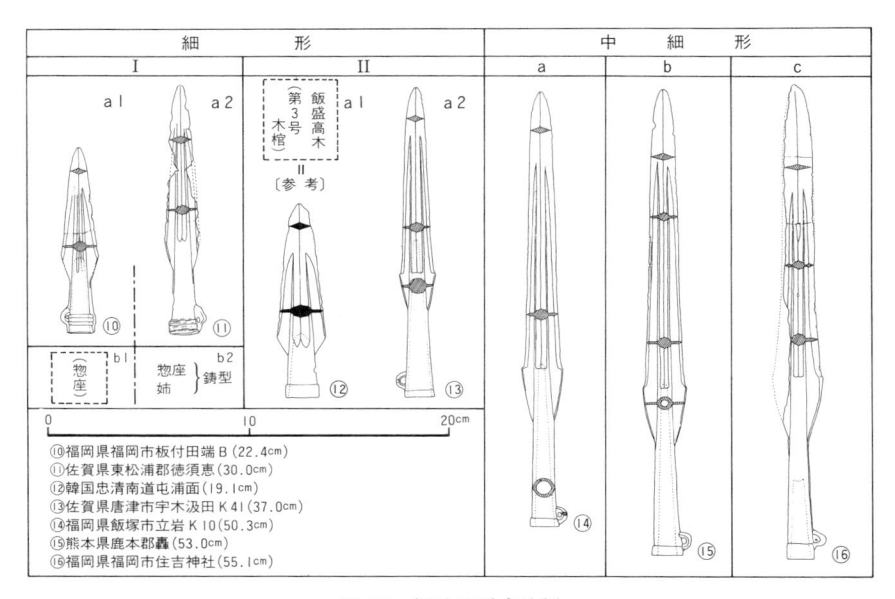

①佐賀県唐津市宇木汲田 K18 (26.5cm)
②佐賀県神埼郡瓢簞塚下 (25.3cm)
③佐賀県唐津市宇木汲田 K6 (32.6cm)
④大分県玖珠郡仲平 (32.1cm)
⑤福岡県三瀦郡高三瀦 (28.0cm)
⑥高知県高岡郡三島神社 (33.7cm)
⑦高知県須崎市波介 (37.4cm)
⑧大分県大分市浜 (42.6cm)
⑨島根県八束郡志谷奥 (54.3cm)

図 28　銅矛の形式分類

⑩福岡県福岡市板付田端 B (22.4cm)
⑪佐賀県東松浦郡徳須恵 (30.0cm)
⑫韓国忠清南道屯浦面 (19.1cm)
⑬佐賀県唐津市宇木汲田 K41 (37.0cm)
⑭福岡県飯塚市立岩 K10 (50.3cm)
⑮熊本県鹿本郡轟 (53.0cm)
⑯福岡県福岡市住吉神社 (55.1cm)

(2) 吉野ヶ里遺跡と青銅武器生産

吉野ヶ里遺跡の青銅器鋳型

　吉野ヶ里遺跡の環濠その他から発見された鋳型には、細形および中細形銅剣、細形銅矛、巴形銅器、不明青銅器などがある。

　このうち、田手一本黒木地区出土の銅矛鋳型片は、木柄を挿入する袋部に三条の凸線状節帯がめぐる細形Ⅰ式である。このほか細形銅矛には袋部に幅広い帯状節帯がめぐるⅡ式があるが、こちら

細   形
I	II

図29　銅戈の形式分類

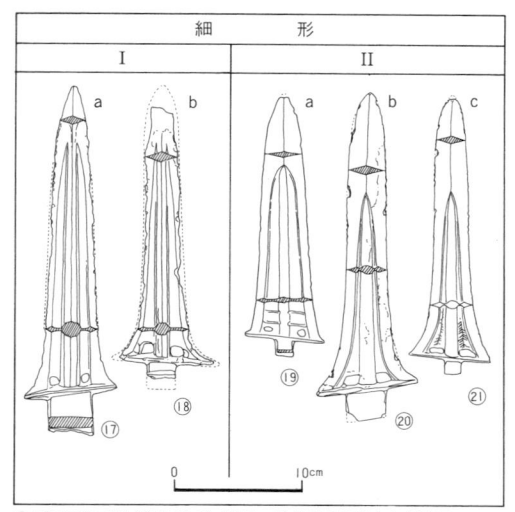

⑰福岡県粕屋郡〔現古賀市〕鹿部（27.9cm）
⑱福岡県春日市須玖岡本（21.6cm）
⑲佐賀県唐津市宇木汲田K17（20.5cm）
⑳佐賀県三養基郡〔現みやき市〕白壁（26.1cm）
㉑福岡県太宰府市丸山（22.0cm）

図30　銅戈Ⅱ式鋳型
（本村南遺跡出土）

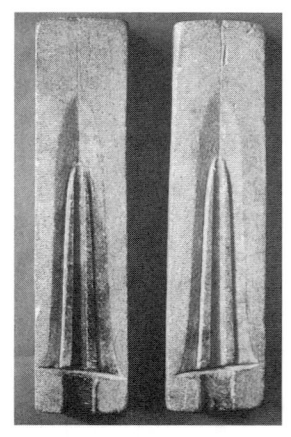

図31　銅戈鋳型（伝韓国全羅南道霊岩郡犢川里出土）

の鋳型は出土していない。北部九州では、Ⅰ・Ⅱ式とも前期末の甕棺墓に副葬され、中期後半にまで及んでいる。

　Ⅰ式銅矛が出土したとき、一部の研究者では、マスコミに同調して「前期末」と報道されたが、調査者に質したところ、前期末の弥生土器は共伴しておらず、やはり中期前半以上にのぼらせうる確証は得られていなかった。この鋳型は表裏両面に彫られているが、二つの矛形は天地逆になっているので同時に2本を製作できるものではない。

　つぎに田手二本黒木地区の土坑出土の鋳型片は、四面を利用して細形銅剣2ヶ所、中細形銅剣1ヶ所、細形銅矛（Ⅰ式）1ヶ所を彫り込んでいる。いずれも同一方向をとる剣・矛の末端部である。やはり中期前半の土器群を共伴している。

　このように、吉野ヶ里遺跡では細形や中細形青銅武器の生産が中期前半に行われているが、さらに後続する形式の生産までは行われなかったようである。

　これまで北部九州各地で発見された中期段階での青銅武器鋳型の分布は、福岡・佐賀両県下で点々と発見されていて、とくに特定の遺跡に集中していたような状況ではない。後期に奴国の中心部であった春日市須玖岡本周辺に集中して大量に生産された状況までにはまだ達していない段階であったことがうかがわれる。

把頭飾付き有柄銅剣は朝鮮半島製

　また青銅武器は、北墳丘墓の甕棺から計8本の銅剣を出土している。この内訳は、細形7本（うち1本は把頭飾付き有柄銅剣）・中細形1本である。

　把頭飾付き有柄銅剣は、一般に一鋳式（いっちゅうしき）銅剣とも称されている。これまで、佐賀県唐津市柏崎、福岡県前原市三雲、山口県大津郡油谷町向津具の三遺跡から各1例出土したことが知られている。なかでも吉野ヶ里出土品は、形態・法量ともに山口県向津具例ときわめてよく似ているが同笵品ではない。

　吉野ヶ里出土品をめぐっては、発見当時から朝鮮半島製とみるか、国産品とみるか議論が分かれた。国産説の論拠の最大の拠り所は、まだ朝鮮半島に出土例が報告されていないという点にあった。

筆者は、1992（平成4）年秋、朝鮮民主主義人民共和国の平壌市とその周辺を訪問する機会を得たとき、社会科学院考古学研究所をたずね、かねて希望していた最近の楽浪古墳地域の調査成果について知ることができた。その際、はからずも一鋳式銅剣一本を実見することができた。

これは唐津市柏崎出土品ときわめてよく似た触角式有柄銅剣であった。筆者の予想していた一鋳式銅剣の半島製説は実証され、当時日本側にも広く紹介されたところである。

もう一つの問題は、北墳丘墓の1057号甕棺（中期後半）出土の中細形銅剣である。発見当時、祭祀性のつよい中細形銅剣が中期の墳墓から発見されたのは初めてである、ということでおおいに報道関係をにぎわした。

当時筆者は、報道機関や佐賀県文化課から

図32　一鋳式銅剣（1. 吉野ヶ里遺跡出土、2. 向津具遺跡出土、3. 楽浪遺跡出土）

の問い合わせを受けたので、後述するような実例をあげて初例でないことを述べたのであるが、両者とも容れるところとならず、墳墓に副葬された初見ということになった。すでに用意された筋書きは訂正したくないという姿勢がみえて、その強引さにあきれるとともに、報道された影響の大きさを思うと慄然たる思いを禁じえなかった。

同時期に国産化した細形と中細形

これより先、筆者は、福岡市吉武高木遺跡出土の青銅武器類を検討する機会があった。なかでもその117号甕棺（前期末～中期初頭）出土の銅剣（全長35.4 cm）は、細形として登録されているが、剝方以下の身葉部（元部）の最大幅（5.0 cm）が、一般の細形銅剣より約1 cm近くも広くなっている。したがって剣身全体にわたって幅広い大型品となる。

これを佐賀県姉貝塚出土の中細形銅剣鋳型と重ねてみると、鋳型のほうでは元部の最大幅が3 mmほど大きく、浅い剝方の位置はやや低いが、そのほかでは身幅などはやや小さめ気味となる。吉武高木の製品は研ぎ

図33　中細形銅剣（吉武高木遺跡117号甕棺出土）

仕上げされているので、鋳型段階では明らかに姉の鋳型より太身となる。したがって、この117号棺の銅剣は中細形といわねばならない。

ここにいたって、中期初頭までに細形と中細形はほぼ同時に到来していたであろうという結果が得られることとなった。従来日本のなかで、細形からおくれて中細形へという前後関係で展開する

図34 吉武高木遺跡3号木棺墓の出土状況

図35 多鈕細文鏡（吉武高木遺跡3号木棺墓出土）

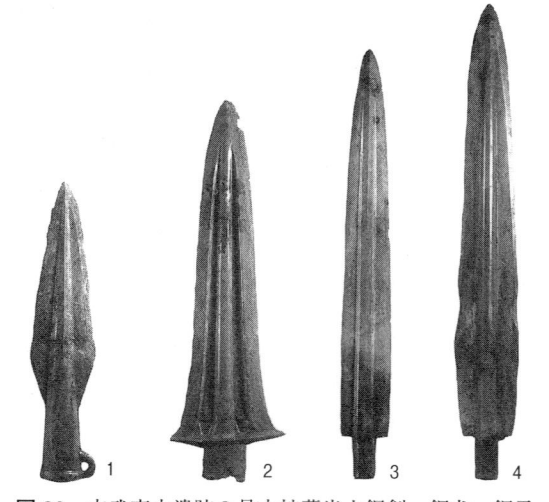

図36 吉武高木遺跡3号木棺墓出土銅剣・銅戈・銅矛
1. 細形銅矛Ⅱ式、2. 細川銅戈Ⅰ式、3. 細形銅剣Ⅲ式、4. 細形銅剣Ⅰ式

と考えてきた図式は、改めねばならないことになる。

　また、細形と中細形の鋳型がともに中期初〜前半の弥生土器と共伴することの意味は、両者ともほぼ同時に国産化がはじまったことを示しており、それは両者の銅剣が中期初頭までに西日本に到来していたことによって無理なく説明できるからである。

　すなわち、青銅武器は中期初頭までに細形の剣・矛・戈と中細形剣が渡来しており、ともに中期前半には国産が開始されていたのである。

鉄剣形銅剣もさかのぼる

　吉武高木遺跡3号木棺墓（中期初頭）からは、多鈕細文鏡・細形銅剣2本・細形銅戈1本・細形銅矛1本が共伴している。このうち銅剣は、先の117号甕棺墓の中細形剣の原形かと思われるようなものと、身に刳方のない、いわゆる鉄剣形に似たものである。

　筆者の分類では、前者はⅠ式銅剣、後者はⅢ式銅剣である。Ⅰ式とⅡ式の区分は、刃部の研ぎ出しが刳方までで、それ以下に及ばないものをⅠ式、研ぎ出しが末端まで及んでいるものをⅡ式としている。かつて先学の編年研究では、Ⅱ式は中期でも中頃以降に登場し、Ⅲ式は変形タイプとしてあつかわれていた。古武高木3号木棺墓ではⅠ式とⅢ式の細形銅剣、Ⅰ式（a類）細形銅戈、さらに初見となったⅡ式（a1類）細形銅矛が共伴した事実が確認された意義は大きい。

　一方、Ⅲ式銅剣がさかのぼるであろうことは、韓国慶尚南道金海市会峴里（ヘヨンニ）の3号甕棺出土例から予想されていた。1934〜35（昭和9〜10）年の調査で知られたこの甕棺は、北部九州の前期末様式であり、細形銅剣2本・銅

鍦・碧玉管玉が共伴した。銅剣はⅡ式（b類）とⅢ式であるが、後者は鋳型からとり出したままのもので研ぎにかける以前の状態であった。筆者はこれを原Ⅲ式とよんでいる。先学の編年観で感じていた会峴里甕棺墓の原Ⅲ式銅剣の位置づけに生ずる矛盾も、吉武高木3号木棺墓の発見によって解消できることとなった。

国産開始、前期前半説は将来の課題

吉野ヶ里遺跡出土の青銅器鋳造の開始期にかかわる資料は鋳型のほかに、鞴の羽口・坩堝・錫片・青銅片・青銅の鉱滓などがある。

鞴の羽口や坩堝については、1991（平成3）年10月の新聞報道時には、前期前半と報道されて日本最古の青銅器工房として喧伝された。前期前半の大量の土器片とともに発見されたということであるから、報道に誤りなければ、たしかに青銅器の国産開始期にとって通説をさらにさかのぼる重要な新知見となるのであるが、これまでの報告書では、これらの内容についてほとんどふれられていない。さらに詳しい整理結果を待って検討することにしたい。

4 弥生時代における吉野ヶ里墳丘墓の位置

(1) 王墓形成への道

吉野ヶ里墳丘墓がもたらした新たな課題

吉野ヶ里外環濠内の北端部に位置している墳丘墓の発見は、大きな話題をよんだ。調査以前からその存在は知られていたが、櫓のような中世城郭関係の施設であろうという認識であった。やがて、この盛土状遺構の一部を試掘して甕棺が発見され、弥生時代の墳丘墓であることが確認された。しかしこの墳丘をめぐる8個の条溝をめぐって、当初は、八角形墳丘墓説が発表されるなど混乱を招いたが、これも中世城郭として再利用された際の条溝であることが確定して鎮静化した。

この墳丘墓は、南北約46m、東西約27mの規模を持つ長方形で、現在高2.5mほどであるが、すでに1954～55（昭和29～30）年の大規模開墾で削平され、本来は4.5m以上の高さであったと推定されている。

このような墳丘墓の出現が大陸に起源するものであろうことは、調査時からいわれていたことであるが、筆者も中国・朝鮮半島の墳丘墓問題を取り上げて、華北─朝鮮─日本の系譜をたどる作業を発表している（本書第1部第5章参照）。

一方、日本の弥生時代墳丘墓に関する研究を顧みると、これまで"突如として出現する"と考えられてきた巨大な前方後円墳の成立過程は、弥生時代終末期の墳丘墓から発展的な系譜をたどりうることを、先学たちが明確にしてきた。

弥生時代中期前半にさかのぼる吉野ヶ里墳丘墓の出現は、その規模と形態、さらに築成技法などの点から、わが国における墳丘墓の出現とその系譜をめぐるもう一つの新たな問題を提起することとなった。

弥生時代最古の墳丘墓

最古の墳丘墓は、弥生時代前期にまでさかのぼって北部九州に出現した。

福岡県朝倉郡夜須町〔現筑前町〕東小田・峯遺跡で、2基の墳丘墓が発見されている。そのうち1号墳丘墓は、1964（昭和39）、1986（昭和61）両年に調査されて、ほぼその全体像が知られた。それによると、1号墳丘墓は、周溝（V字形断面、最大幅3.3 m）をめぐらした長方形プランの墳丘墓で、周溝を含む墓域の規模は東西22.3 m、南北15 m以上となる。墳丘部における盛土は確認できず、地山整形による周溝外側からの比高差0.9 mの墳丘を形成している。

図37 東小田・峯遺跡の墳丘墓

墳丘内には東西方向をむいた土壙墓8基が発掘され、うち3基には前期前半の有文壺がおのおの1個副葬されており、また攪乱土中からも2個の壺が発見されている。現存する墳丘墓の半壊された状況から推定すると、本来は十数基程度の土壙墓が存在したであろうと考えられている。その配置状況や副葬品の内容から、等質的墓相の域を出ない段階の特定家族墓であろう。

分散所有の有力家族墓・「宇木型」

前期末になると、大陸系、なかでも朝鮮半島系の青銅器が墳墓の副葬品として加わってきた。とくに北部九州社会では、これらの副葬品が社会の階層性の形成をみるうえで重要な資料となってくる。

中期前半頃になると、有力集団墓には、剣・矛・戈などの青銅武器、多鈕細文鏡、銅釧など朝鮮半島系の青銅器に加えて、国産の玉類（勾玉・管玉）、石製武器（剣・戈・鏃）などが副葬されている。それらは、特定集団墓のなかの10基程度の土壙墓（組合箱形木棺・割竹形木棺を含む）や甕棺墓に副葬されている。

杉原荘介氏は、このような状況を「副葬品は朝鮮製の宝器類を主体とし、共同墓地内においても、少数の甕棺に副葬品が集中することなく、かなりの甕棺にそれが分散しているような状態の墓制」と説明し、佐賀県唐津市宇木汲田遺跡を指標として「宇木型甕棺墓」を設定した。

ここでは一棺に1〜2個の武器その他が等質的に分散所有されている有力家族墓の出現をみることができる。

1916年（大正5）に、福岡市博多区板付田端遺跡の甕棺群から、細形銅剣4・細形銅矛3が発見された。そのあとにこの遺跡を調査した中山平次郎氏は、甕棺が埋没していたのは6ヶ所で、うち3ヶ所から青銅武器が発見されたこと、甕棺包蔵地は旧社地で、「元来二畝余の広さにおいて、田地面より一丈余の高さを保ちたる円墳状降起として存せしがごとく」であったと記している。副葬品の残り方は、まさに「宇木型」に属し、しかも墳丘墓であった可能性もうかがわせて注目される。同地で採集された甕棺を含む弥生土器は、中山氏の紹介するところでは前期末から中期前半のもの

であった。

飯盛遺跡群の三墳墓

1983～85（昭和58～60）年度、福岡市西区飯盛地区から大量の弥生時代墳墓群が発見され、そのなかに青銅器その他の副葬品を伴うものがある。この墳墓群のうち、早良平野の中央を貫流する、室見川左岸の段丘上に近接する三墳墓群が調査された。南から北に吉武高木、吉武大石、樋渡の各墳墓群である。

(A) 吉武高木遺跡（1984年度調査）では、弥生時代前期末から後期初頭にかけて、総数480基の甕棺墓が発掘された。調査地点は、扇状地縁辺部で、前期末（金海式）～中期初頭（城ノ越式）の甕棺墓34基・木棺墓4基が発見された。副葬品には細形青銅武器・多鈕細文鏡・玉類などがあった。墓域はさらに北側に約20mほど広がるらしい。

(B) 吉武大石遺跡（1985年度調査）では、前期末から中期後半（立岩式）にかけて甕棺墓約200基・木棺墓6基・土壙墓13基が発見され、前期末～中期前半（汲田式）の棺墓には、細形青銅武器・石製武器などが副葬されていた。

図38 宇木汲田遺跡の甕棺墓出土状況

図39 吉武高木遺跡の木棺墓全景

(C) 樋渡遺跡（1983年度調査）では、前方後円墳の後円部墳丘下に、弥生時代中期中頃（須玖式）～中期後半（立岩式）の甕棺墓27基以上、木棺墓1基・箱式石棺墓1基を包蔵する墳丘墓が確認された。副葬品には前漢鏡・細形銅剣とその装具・鉄製武器・玉類などがある。

以上3遺跡の出土遺物とその所有状況をまとめてみると次頁の表2のようになる。

集中所有への過渡的墳墓・「吉武高木型」

これら3遺跡の副葬品の内容と所有形態は基本的には「宇木型」に属するものであるが、また2、3の注意すべき点もみられる。

まず吉武高木遺跡の3号木棺墓にみられるような青銅器の複数所有墓の出現である。被葬者は、細形青銅武器3口・多鈕細文鏡1面を左右に配し、勾玉・管玉を身につけていた。しかも長方形プランの墓壙上には、花崗岩の割石を並べ葺いて標石としている。このほかにも木棺、甕棺各2基の墓壙上に標石が残されていた。これは、特定集団墓のなかでも、「宇木型」の形態をこえた、特定有力者の墓（首長墓）の出現段階と位置づけられよう。

発見当時、"日本最古の王墓"と喧伝されたが、後述する須玖岡本（奴国）や三雲（伊都国）の

表2 飯盛遺跡群の出土遺物

〔吉武高木遺跡〕

甕棺墓	100号	金海式	細形（Ⅰ）剣1	
	109号	〃		碧玉管玉10
	110号	〃	円環型銅釧2	ヒスイ勾玉・碧玉管玉24
	111号	〃		碧玉管玉92
	115号	金海式（城ノ越式）	細形（Ⅰ）剣1	
	116号	〃	細形（Ⅰ）剣1	
	117号	金海式	細形（Ⅰ）剣1	ヒスイ勾玉1・碧玉管玉42・ガラス小玉1
	125号	〃		有茎磨製石鏃1
木棺墓	1号	（城ノ越）	細形（Ⅰ）剣1	碧玉管玉20
	2号	〃	細形（Ⅱ）剣1	ヒスイ勾玉1・碧玉管玉135
	3号	〃	多鈕細文鏡1・細形（Ⅲ）剣1・細形（Ⅰ）矛1・細形（Ⅱb）戈1	ヒスイ勾玉1・碧玉管玉95
	4号	〃	細形（Ⅱ）剣1	

〔吉武大石遺跡〕

甕棺墓	1号	金海式	細形戈先片1	
	10号	〃		扁平磨製石鏃1
	45号	〃	細形（Ⅰ）剣1・細形（Ⅰ）矛1（木柄片）	
	51号	〃	細形（Ⅰ）剣1	碧玉管玉11
	53号	汲田式	細形（Ⅱa）戈1	磨製石剣先片4
	60号	金海式		〃 1
	67号	〃	細形（Ⅱ）矛1	
	70号	〃	細形戈片1（研ぎわけ）	
	71号	〃	青銅器片（把頭飾？）1	
	81号	〃		磨製石剣先片1
	140号	〃	細形（Ⅰ）剣1	
木棺墓	1号	（城ノ越）	細形（Ⅱ）剣1・細形（Ⅰa）戈1	
	5号		細形（Ⅱ）剣1（木鞘）	

〔樋渡遺跡〕

甕棺墓	5号	須玖式		鉄剣1・鉄鏃1
	61号	〃		鉄剣1
	62号	立岩式	前漢鏡（重圏文星雲鏡）1	素環頭大刀1
	64号	〃		素環頭刀子1
	75号	須玖式	細形（Ⅱ）剣1・十字形把頭飾1	
	77号	〃	細形（Ⅰ）剣1・鍔金具1	
木棺墓	1号	（後期）		鉄剣1・管玉14・ガラス小玉36・水晶ソロバン玉2
単独		（中期後半）	細形（Ⅱ）剣1	

「王墓」と対比してみるとき、群集墓のなかに営まれ、外観や副葬品の質量においてもいまだ比肩すべくもない。

とはいえ、「王墓」形成過程のなかでとらえると、「宇木型」よりさらにすすんだ「王墓」の前段階に位置づけられるもので、「吉武高木型」が設定されるところである。

つぎに吉武大石遺跡の青銅器副葬墓は、吉武高木遺跡と同時期であるが鏡鑑はなく、玉類も極端に少ない。また4基の甕棺墓から石剣切先や石鏃が出土していて、戦闘によって死傷した"戦死者"

の墓と考えられること、吉武高木の特定有力者集団の支配下にある階層集団であることなどが指摘された。

分散所有の特定有力集団墓・「樋渡型」

樋渡遺跡の副葬品を有する棺墓は、前述の2遺跡に続くもので、中国（前漢）鏡・細形銅剣と鉄製武器の出現が注目される。とくにこの遺跡が注目されるのは30基ちかい棺墓を包蔵する墳丘墓である点にある。墳丘墓についての調査所見はつぎのようである。

図40　樋渡遺跡の墳丘墓

　　土層観察の結果、黒色土の弥生時代中期前半の生活面の上に、基盤土のブロックを含む灰褐色の土壌が積み上げられ、その上に暗黄褐色の土が緩やかに盛り上げられていた。さらにその上に10cm程の黒色バンド層が土饅頭形におおう。この層より上は、いわゆる黄褐色粘土と黒土粘土とを交互につき固めたような層序をしており、葺石が上にのる。黒色バンド層の上と下では全く土の積み方が異なる。甕棺墓の墓壙は黒色バンド層の下から認められ、甕棺を埋める前にすでに盛り土で墓地造成がなされていたことを示している。黒色バンド層の上からは赤色顔料のはいった土師器が出土しており、樋渡古墳は弥生墳丘を再利用して造営されたものと考えられる。（中略）甕棺墓をつつむ墳丘は、北側が破壊されているのではっきりしないが、東西で23〜24m、南北24〜25m、高さ2.0〜2.5mを測り、やや南北に長い円形となろうか。ただ溝などで区画された形跡は見当たらなかった。

　樋渡遺跡の墳丘墓は、まず版築状に盛土した墳丘をつくったのちに墓壙を掘り込んでいること、甕棺墓は大形棺が中心部に並び、埋置方向は、北から18〜20度西に主軸をとるか、それに直交する方向をとっていること。さらに、大形棺は切り合いなく配列されていることなど、吉野ヶ里墳丘墓と類似している。ただ、調査中に実見した印象では、黄褐色粘土と黒色粘土の互層堆積状況は、吉野ヶ里墳丘墓ほどの堅固な築成状況ではない。また包蔵されている棺墓の時期幅は、吉野ヶ里の中期の前半〜後半に対して、樋渡は中期後半〜後期と、吉野ヶ里よりやや新しい。

　また、墳丘墓の北に約90基、南に約50基の甕棺群があるが、前者は中期後半から、後者は中期前半から造墓活動がはじまっている。しかし、両者とも副葬品を有しない墳墓群であるところから、この墳丘墓が特定有力集団であったことは明らかである。このような特定集団墳丘墓に対して「樋渡型」を設定しておこう。

木槨墓を発見した鎌田原遺跡

　1991（平成3）年、福岡県嘉穂郡嘉穂町〔現嘉麻市〕鎌田原（かまたばる）遺跡で、周溝をめぐらしていたと思われる中期の墳丘区画墓が調査された。遺跡の北と南の2ヶ所から幅約1〜2m、深さ50cmの墓域を画する弧状溝が検出され、コーナーの深い部分が削平されてなお残存したものであった。墓域

108　第1部　弥生時代

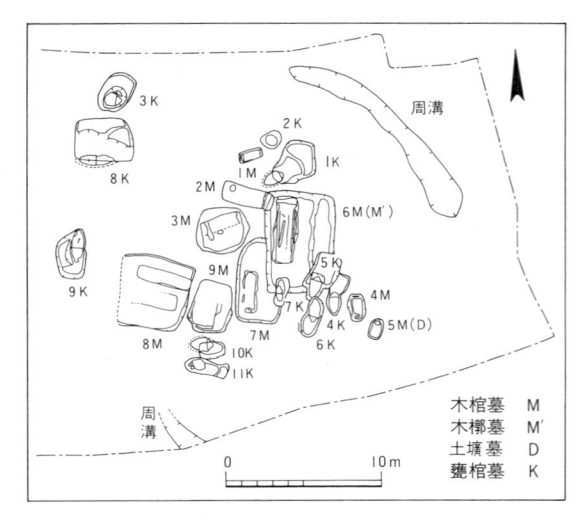

図41　鎌田原遺跡遺構配置図

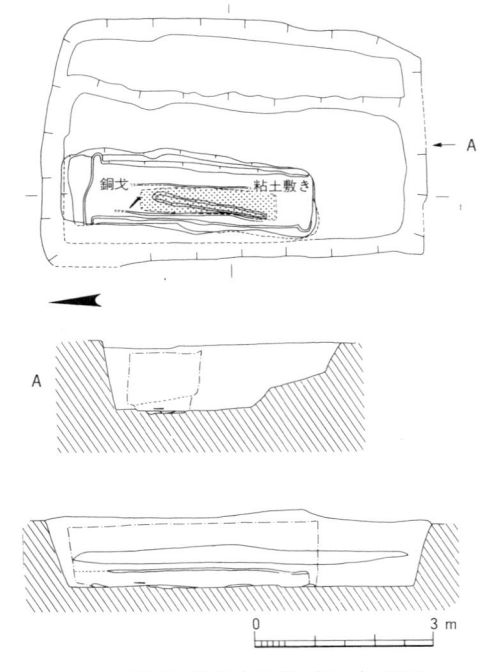

図42　鎌田原遺跡木槨墓（6M'）実測図

の規模は、内法で23～25mと推定され、南の周溝部内側から墓域内の墳丘築成時の赤褐色粘質土と暗褐色粘質土の互層が確認がされた。

　墳丘墓の平面形式は、周溝によって隅丸方形か楕円形であったと考えられるが、造墓の前半段階でまず地山整形したのちに盛土している。墳丘墓内には、木棺墓（木槨墓を含む）8基・土壙墓1基・甕棺墓11基が包蔵され、いずれも盛土下の地山に掘り込まれていた。その時期は中期前半にはじまり、中期末頃に及ぶ。また細形銅戈・石製武器片・玉類などの副葬品を有するが、分散所有型（「宇木型」）に属する点で、先の「樋渡型」と共通するところであるが、墳丘墓に周溝をめぐらした点と、上限が中期前半にさかのぼる点で少し異なっている。

　本遺跡のもっとも注目すべきは木槨墓の発見である。当初は普通の2倍ちかい大きさの木棺かと思われたが、最終段階になって中央部に「床面を5cmほど掘り込み、全体に灰白色粘土を敷く」棺底が検出されて、木棺と木槨からなる二重構造であることが確かめられた。この木槨墓の墓壙上には、中期中頃の甕棺2基が重複しているので、木槨墓は中期中頃以前であり、また木槨内に新段階タイプの細形銅戈が副葬されているので、中期中頃ちかい時期であろうと推定される。

　この頃から楽浪系漢式文化が流入しはじめる趨勢を考慮するとき、その初頭の波がいちはやく遠賀川上流のこの地にまで及んで、木槨墓を出現させたと考えられるのである。さらに近年注目されている青銅武器や石剣の切先・石鏃などの棺内発見例から、被葬者は戦闘による死傷説が喧伝されているが、この木槨墓の埋土中からも石剣切先が発見されていることは注目すべきであろう。

（2）王墓の出現

二つの特定有力個人墓

　弥生時代中期中頃から後半になると、まず副葬品の内容に変化がみられる。この時期の墳墓については、先に福岡市樋渡遺跡にみられたように、青銅武器のほか中国（前漢）鏡・鉄製武器が現れる。中国前漢王朝の成立、朝鮮半島での楽浪郡の設置などの歴史的背景によるものである。

　この段階でもっとも顕著な現象は、中国史書に記された国の成立と「王墓」の出現である。すなわち奴国王墓（福岡県春日市須玖岡本）と伊都国王墓（福岡県前原市〔現糸島市〕三雲南小路）に代表される特定有力個人墓が成立した。

集中所有の特定有力個人墓・「須玖型」

　須玖岡本遺跡は、1899（明治32）年、土地所有者が家屋建設の妨げになるところから、大石を移動したところ、多くの前漢鏡そのほかの遺物を内蔵する甕棺が発見された。1929（昭和4）年には、京都大学考古学研究室が、この地を調査した。その遺跡の状態については、大正時代に行われた中山平次郎・梅原末治両氏の追跡調査と復元案によらねばならない。遺跡の外観は、平たく据えられた大石とこれに接する立石からなり、ともに花崗岩であった。中山氏は、つぎのように記している。

　　大石下には一般の地面より七八寸余り一尺にも近かるべき高さを有した土の隆起があって、これに支へられて横石（大石）は平くその上に乗っていたという。横石の厚さは（中略）概略一尺程あって、さらにその石下に地面上一尺近き程の土壇状のものがあったのであるから、石の上面は地上二尺ばかりの高さにあり、したがって物をその上に置くにすこぶる手頃の高さであった。

　すなわち低墳丘墓上に支石墓状の大石を据えた構造の、特定墓域を有する個人墓を形成していたことがうかがわれる。

　合口甕棺が「大石下中央辺の地下（当時発掘したる深さ三尺余）」から発見され、その内部に多量の朱と遺物があった。なかでも「鏡はすこぶる多く発見され、そのあるものは三寸ばかりの厚さに重なったまま出たという」。さらに甕棺の内外から銅剣や銅矛が発見された。

　出土遺物は、梅原末治氏の検討されたところ、夔鳳鏡1・重圏四乳葉文鏡2・方格四乳葉文鏡1・重圏精白鏡3・内行花文清白鏡4〜5・重圏日光鏡3・内行花文星雲鏡5〜6、さらに「破片から形式をほぼ推し得る可能性のあるもの、並びに大きさの推定出来得るもの」として清白鏡系遺品4以上・内行花文縁鏡数片・蟠螭内行花文鏡片・一種の草葉文鏡

図43　須玖岡本遺跡王墓の大石

片をあげ、「細片を除いて形の復原の可能な類の通計は三十面以内」となる。

このうち現在では、夔鳳鏡のみは後漢代後半以降に比定されるので、他地点からの混入品と考えられて除外されている。したがってすべて前漢代に比定される鏡鑑となる。また共伴の青銅武器に多樋式銅剣1・銅剣破片3・中細銅矛5・中細銅戈1があり、漢代ガラス璧片2・ガラス勾玉1・ガラス管玉12などがある。

杉原荘介氏は、このような状況を「従来の朝鮮製の宝器類に加えて、新たに前漢時代の中国製の宝器類を副葬し、その共同墓地内において、あるいは共同墓地群内において、きわめて少数の、ほとんど一基にかぎられた如き厚葬の墓制」と説明し、須玖岡本遺跡を指標とする「須玖型甕棺墓」を設定した。

図44 三雲遺跡の甕棺出土状況

図45 ガラス璧（三雲遺跡出土）

図46 金銅四葉座金具（三雲遺跡出土）

50面以上の前漢鏡を持つ三雲遺跡

このタイプに含まれるもう一つの典型例は、三雲遺跡である。

1822（文政5）年、一甕棺から「古鏡大小三十五面」・「銅矛大小二口」・「勾玉一管玉一」・ガラス璧などが発見された。その後1974〜75（昭和49〜50）年に、福岡県教育委員会の発掘調査によって文政5年発掘の甕棺（1号）墓壙を確認し、さらにその北口に隣接する甕棺（2号）を発見した。両者の副葬品はつぎのとおりである。

　1号棺——有柄中細形銅剣（一鋳式）1・中細形銅戈1・朱入小壺1〔以上棺外〕、細形銅矛1・中細形銅矛1・重圏彩画鏡1・四乳雷文鏡1・重圏雷文精白鏡1・重圏精白鏡2・連弧文銘帯鏡26以上・ガラス璧8・ガラス勾玉3・ガラス管玉60以上・金銅四葉座金具2個分

　2号棺——星雲文鏡1・連弧文昭明鏡4・重圏昭明鏡1・連弧文日光鏡16以上・ガラス垂飾1・硬玉勾玉1・ガラス勾玉12

両棺の副葬品のうち、もっとも多くを占めているのは中国製前漢鏡であるが、1号棺から計31面以上、2号棺から計22面以上の前漢鏡が発見されており、両棺の合計保有量は50面をこえる。

この1、2号棺墓を中心にして東西約32m、南北約22m以上の長方形区画を囲む溝が検出されているから、このような墓域をもつ墳丘墓であろうと推定されている。

須玖岡本、三雲の両墓は、ともに甕棺群集墓域からやや離れたところに一定の独占的墓域を保有する、特定個人墓を形成していること、大量の中国鏡を集中所有していること、などの共通点がある。さらにガラス璧、金銅四葉座金具などは、前漢王朝から楽浪郡を通じて王クラスに下賜された装具であろうと論証されている。「須玖型甕棺墓」は中国王朝からも国際的に承認された"王墓"であったということになろう。

中間的所有の特定有力集団墓・「立岩型」

一方、この時期に「須玖型」に続いてランクづけされる墳丘墓として、前述した福岡市樋渡遺跡がある。特定集団の墳丘墓として「樋渡型」を設定しておいたが、さらにこれともやや異なる様相を示す福岡県飯塚市立岩遺跡の場合も注意される。

1963～65（昭和38～40）年に中期後半を主体とする43基の甕棺墓群が調査された。そのうち副葬品を有するものはつぎの9基である。

　2号　鉄鏃1・扁平磨製石鏃2（小児用）
　4号　碧玉管玉2（小児用）
　10号　前漢鏡6・中細銅矛1・鉄剣1・砥石2（成人用）
　28号　前漢鏡1・素環頭刀子1・ガラス管玉553・ガラス丸玉1・ガラス璧玉1・塞杆状ガラス器5（成人女性？）
　34号　前漢鏡1・鉄戈1・鉄剣1・棺外粘土中にガラス管玉30～40封入（成人男性）
　35号　前漢鏡1・鉄矛1・鉄剣1・管玉
　36号　鉄矛1・鉄刀子1・鉄鉇1（熟年男性）
　39号　前漢鏡1・鉄剣1（熟年男性）
　41号　鉄剣1・ガラス管玉4（成人用）

この墳墓群は、石蓋単甕棺が多く、合口棺は小児棺にみられるくらいにすぎない点が、奴国や伊都国地域と異なる特色である。分散所有型を基本的に踏襲しながら、一部にやや集中所有的傾向を示す10号甕棺のような被葬者がみられる点で、「吉武高木型」の延長線上に位置づけられる。また28号甕棺にみられる大量のガラス管玉は、その良好な出土状況から、頭部に装着された状態が復元されて女性被葬者ではないかと考えられる。

しかし、ここではまだ個人墓としての占有墓域を形成するにはいたらず、首長墓をも含む特定有力集団墓の域を出ていない。また、同時期の「樋渡型」にみるような、外観に墳丘墓を構成した様子もみられない。両者を地域相の相違と認識することも可能であるが、これを「立岩型」と称しておこう。

二つの大国・奴国と伊都国

中期後半での新しい動向は、須玖岡本と三雲の場合にみられる、独占墓域と墳丘や巨石などの地上標識をもち、前漢時代中国鏡を多量に副葬した特定有力者個人墓の出現である。

他に類例をみないこの両墓については前述したように、奴国と伊都国の王墓に比定されたもので

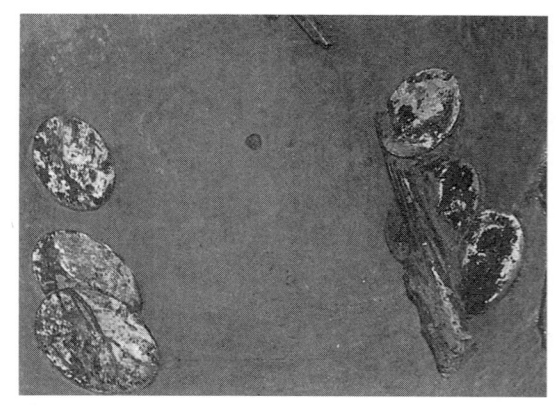

図47 前漢鏡が6面出土した立岩遺跡10号甕棺

図48 6面の前漢鏡のうちの2面（立岩遺跡10号甕棺出土）

あるが、その後においてもこの両国は、北部九州の他の国々をこえた存在であったようである。

3世紀の日本を紹介した『魏志』倭人伝には北部九州の国々や邪馬台国の人口についてつぎのように記している。

　　対馬国…千余戸
　　一大（支）国…三千許家
　　末盧国…四千余戸
　　伊都国…千（万）余戸
　　奴　国…二万余戸　不弥国……千余家
　　投馬国…五万余戸　邪馬台国…七万余戸

ここで『魏志』韓伝に「大国万余家、小国数千家」とある記載を適用すれば、伊都国（『魏略』の「戸万余」にしたがう）・奴国・投馬国・邪馬台国は大国、その他は小国にランクされていたことになる。中国王朝から「王」に格付けされる奴国、伊都国の基準は、このあたりにあったのであろうかと推測される。この時期に中国王朝に承認された奴国と伊都国は、当時の列島の国々のなかでも最高クラスに位置づけられる存在であった。

首長国クラスの樋渡と立岩

　樋渡、立岩などの首長国は、これらに続く存在であったことは説明を要しないであろう。前者は、吉武高木のあとに続くもので、この時期以後は隣接する奴国の領域に併呑されるにいたったかもしれない。また後者は、立岩墳墓群の出現以後不弥国に比定する説がいちだんと有力になっている。先に掲げた副葬鏡についてみると、10号墓の6面、39号墓の1面は奴国・伊都国王墓と同じ大型鏡、28号墓の1面は中型鏡、34号墓の1面は小型鏡である。一方、樋渡62号墓の1面は中型鏡である。中国鏡の質と量、共伴する鉄器・ガラス（バリウムを含む中国系材料）などにおいて、立岩は樋渡より上位にランクされるであろう。

　おそらく内陸部にあった立岩は、北部九州に広く分布する立岩系石庖丁の生産と流通によって富を蓄積し、奴国を通じて中国鏡などを入手したであろうと推察される。このように、中期後半頃の北部九州の国々には、少なくとも三ランク以上の格差を生ずる状況にいたっていたことが知られる。

奴国墳丘墓の発見

1990（平成2）年、奴国王墓の北西隣接地で弥生時代中期後半の墳丘墓が確認された。

そこは宅地であるために、甕棺墓が露出するほどに削平されていたが、発掘調査時に甕棺墓や土壙墓がすべて盛土に掘り込まれていたこと、露出した甕棺の埋置レベルが現在の地表よりかなり高いこと、調査区の南に墓域を画する幅約4mの溝が検出されたことなどから、墳丘墓と断定するにいたった。

その規模は、25×18m前後で、現地表から1.5〜2mばかり高かったと考えられる。残存する墳丘の基底部には、版築状の築成土層がみられた。

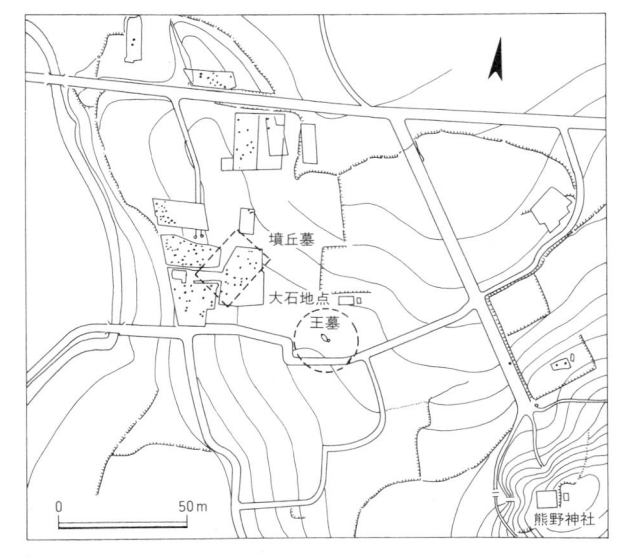

図49 須玖岡本遺跡の王墓と墳丘墓

調査によって、甕棺墓18基、土壙墓2基が確認され、うち甕棺墓10基を完掘して、鉄剣、鉄矛各1口を得た。この墳丘墓内には、すでになくなったり、未検出のものを考慮すれば、甕棺の総数は30基以上が存在したのではないかと推定されている。さらに、墳丘墓と王墓は近接して同時期に営まれ、密接な関係にあったと考えられる。同時期の樋渡や吉野ヶ里の墳丘墓と対比してみるとき、後二者では副葬品を所有する棺墓が多い点で大きな差異がみられる。しかし樋渡や吉野ヶ里には、須玖岡本や三雲のような王墓は形成されていない。

樋渡や吉野ヶ里では、一部に首長相当者かと思われる棺墓を含みながらも、基本的には分散所在型を大きく逸脱していない段階であったことが知られる。これに対して須玖岡本では、首長（王）墓が単独で形成され、その隣接地に同時期の親族（王族）たちの墓（墳丘墓）が並存するということが明らかにされた。

明確に区別された奴国の王墓と王族墓

王墓と王族墓は、明確に区別されている。しかも王族墓はほとんど副葬品を所有せず、王墓に集積されている点で集中所有型の典型とされるゆえんであろう。王墓の出現は王族墓段階よりもさらに一歩すすんだ王権の強化段階を示すものといえよう。

須玖岡本では、王墓と王族墓とその周辺に多い群集墓の三者が認定できる。『魏志』倭人伝は、3世紀の社会には王―大人―下戸―奴婢の四階層が存在したことを伝えている。王は大人層の合議によって推戴されるという考え方にしたがえば、大人層は王の親族集団にあてられる。須玖岡本での王墓―王族墓―群集墓という階層墓の存在は、倭人伝にみられる王―大人―下戸の身分序列の原初形態が、紀元前1世紀にさかのぼって形成されていたことを示す重要な考古学的証左として注目されるところである。

(3) 吉野ヶ里墳丘墓の成果と課題

北部九州での集団墓の地域別発展

　以上、北部九州における弥生時代中期段階までの、代表的な特定有力者およびその集団墓の形成から王墓の出現にいたる過程をうかがうことができた。

　そこで地形的にも一つの国を形成したと思われる代表的な地域を選んで、対照しながら整理してみると表3のようになる。『魏志』倭人伝に現れた国のうち、所在域の確定しているもの以外は現在の地域名で表記した。

　総じて、前期末から中期前半までは、基本的には「宇木型」の段階にあったが、地域によっては、中期初頭に「吉武高木型」のような、さらに一歩突出した有力者群の墳墓が形成されたり、前半でも大型の吉野ヶ里墳丘墓が出現したりしている。

吉野ヶ里墳丘墓の特徴

　吉野ヶ里墳丘墓の規模は、前述したように、南北約46m、東西27m以上の長方形で、復元高4.5m以上となる中期段階最大の墳丘墓である。その築成にあたっては「黒色土を高さ1、2m盛った上に幾層にもさまざまの土をつき堅めた版築様の技法」が導入されている。その築成状況は、発掘中に筆者の観察したところでは、中期後半の樋渡墳丘墓の場合と比較してもはるかに堅緻で入念な盛土工法である。厳密な中国式版築には及ばないが、夯土技法としては遜色ないものといえよう。

　さらに、この吉野ヶ里墳丘墓の西側と北側は、外濠によってL字形に限られ、南側に外濠と連結する溝状遺構が墳丘墓の正面に及んでいて墓道かとも推定され、中期の祭祀用土器が発見された。

表3　弥生時代北部九州の特定有力者およびその集団墓

		末盧国	伊都国	奴国	早良域	嘉穂域	筑紫野域	朝倉域	佐賀域
前期末		↑		板付田端	↑				
中期	初頭	宇木汲田		↓	吉武高木 吉武大石	鎌田原	隅・西小田 第2・3地点	平塚栗山	吉野ヶ里
	前半								
	中頃								
	後半	↓	三雲	須玖岡本	樋渡	立岩	第13地点	峯	二塚山 ↓
後期	前半	桜馬場	井原	↑					
	中頃								
	後半		平原						

(矢印は遺跡の上限または下限の時期幅を示す)

一方東側に発見された南北50m、最大幅13mほどの大溝には、中期後半から後期前半の祭祀用土器を含む大量の土器群が発見されていて、南側では中期前半から続いた葬祭行為が、東側では後期前半まで継続して、なお祖霊祭祀が行われていたことを示している。

墳丘内の調査された埋葬主体は、14基の甕棺墓であるが、調査以前の墳丘削平によって失われた甕棺まで加えれば20基以上包蔵されていたことは確実であろう。1954（昭和29）年の墳丘削平時に前漢鏡1・青銅武器3（銅剣1・銅矛2？）・管玉多数が発見されたとの証言に加えて、今回の発掘調査によって銅剣8・把頭飾銅剣2・ガラス管玉約80の副葬品が発見されたが、その所有状況は8基の甕棺に分散所有されていた。

すなわち所有状況は、中期前半では「宇木型」、中期後半では「樋渡型」に相当することになるが、当初から大型の墳丘墓を形成し、その築成技法においては樋渡墳丘墓よりすぐれ、副葬品の所有内容でも、質的に「樋渡型」をやや凌駕するところがある。なかでも中期中頃の成人棺から、把頭飾付き有柄銅剣（「一鋳式銅剣」かとされるもの）1本とガラス管玉約80個が共伴していて、墳丘墓中の他棺より優位に立つ被葬者であったと考えられる。

この「一鋳式銅剣」は、前述したように朝鮮半島製とみられる。またガラス管玉は、中国漢代のガラスにのみ確かめられているバリウム系ガラスであるが、この類似品が韓国扶余の合松里遺跡（8個）、鳳安里（1個）、唐津の素素里（2個）などで発見されている。

おそらくこの棺の被葬者は、吉野ヶ里集団の首長に相当するようなクラスの人であったと思われる。以上の諸特徴から筆者は「吉野ヶ里型」墳丘墓として一類型を提唱してきた。

王墓に未到達の吉野ヶ里墳丘墓

また中期後半には、中国系文物を集中所有する「須玖型」王墓が設定されている。

この須玖岡本や三雲の王墓と吉野ヶ里墳丘墓とを対比してみるとき、両王墓は前述したように中国王朝から王として承認をうけたと認められる副葬品を有し、王（および王妃）個人の墳墓（墳丘墓）を形成している。とくに須玖岡本遺跡では、王墓の近くに王族墓に比定される30基程度の甕棺墓を内蔵する墳丘墓が存在して、明らかに王墓と王族墓が区別され、王族墓にはほとんど副葬品がみられない。

ところが吉野ヶ里墳丘墓は、分散所有型（「宇木型」）を継承しながら、そのなかに首長かと思われる有力個人墓をも含んでいるという在り方である。すなわち、王相当クラスと王族相当クラスがいまだ「須玖型」にまで到達していない。いわば、王と王族が完全に分化する状況にまでは到達していない段階であったことを示すものであろう。

このように、弥生中期の国といっても、国政にたずさわる王相当クラスの実態には、王権の発展段階において、特定有力者集団内での格差には各種の様相があったことが知られた。その頂点を占めたのは奴国、伊都国であったことは先に述べたが、このような格差を生ずるにいたった要因には、農業生産に恵まれた領域であること。交通（物資流通）の要地であることなどの条件によるところが大きいであろうが、さらに大陸交渉上の地理的位置に恵まれた奴国、伊都国の優位性が両国の王権形成をもっとも進展させることとなったのである。

図50　韓国・徳川里遺跡の全景

明らかになってきた大陸系要素

　吉野ヶ里墳丘墓の出現に、大陸系要素の導入をみようという考え方は大方の賛同を得ている。例えば、弥生時代前期前半にさかのぼる福岡県夜須町〔現筑前町〕峯遺跡は、中国戦国時代の方形・長方形墳丘墓にまでその源流がたどられるものであり、それが朝鮮半島を南下してきた状況を示すものであろうと考えられた。そして中期中頃以降には、朝鮮半島での漢の楽浪郡設置（紀元前108年）前後から、前漢王朝と奴国、伊都国など、北部九州の国々との交渉を通じて中国系文物が伝来するようになり、楽浪周辺に流行した漢代墳丘墓もひき続いて導入されたであろうと考えられた。

　朝鮮半島から北部九州にいたる墳丘墓の系譜を考えるとき、戦国期相当の弥生前期墳丘墓については、韓国域での好例に恵まれず推論の域にとどまっていたが、1993（平成5）年に調査された慶尚南道昌原郡徳川里遺跡の成果は、その欠を補ってあまりある貴重なものとなった。

　この徳川里遺跡は、支石墓6基・石棺（槨）墓12基・石蓋土壙墓5基その他からなる青銅器時代の墳墓群である。なかでも支石墓3基（1、2、5号）は、2～3段掘墓壙内に竪穴式石室を構え、地表には高さ40～50cmの盛土をかぶせた上に上石を据えている。そのうち5号墓は、盛土上面から墓壙を掘る。また1号墓は、支石墓の外郭をめぐって現在長南北56.2m、東西17.5mのL字状石築が発見された。石築に沿って、その前面には幅1.5mの板石敷面が設けられている。

　このように、特定有力者個人の墓域が明確に設定された墳丘支石墓が、西日本の弥生時代初期をさかのぼる頃に出現していたことは、日韓両地域の首長墓の生成と発展を考える上で注目すべき内容を提起するところである。

　吉野ヶ里遺跡では、北墳丘墓に続いて外環濠の南端寄りに版築様盛土（南北48m・東西45m以上）が検出された。北墳丘墓の土層とよく似ていて、中から弥生中期前半までさかのぼる土器片が検出された。上部は削平されているが、北墳丘墓とほぼ同時期に築造された南墳丘墓とされている。外環濠域の南北両端に設営された近似する二つの墳丘墓の存在は、吉野ヶ里集落の構成に二つ以上の有力集団があり、両者の合議によって運営されていたことが予察されないでもないが、この点については、さらに今後も継続される調査成果を待って検討したい。

第8章　北部九州の首長墓とクニグニ

　3世紀代中国の史書『魏志』倭人伝には、当時の北部九州に「クニ（国）」を称する複数の政治領域が存在したことを記している。すなわち対馬国・一支国・末盧国・伊都国・奴国などは現在までに所在地が確定している。さらに『後漢書』倭伝には西紀57（建武中元2）年に奴国が朝貢したこと、つづく107（永初元）年にも「倭国王帥升等」が入貢したことを伝えている。ともに紀年が明記され、『後漢紀』にも記載されていて確定できる史実である。これらの記事から弥生時代後期に比定される北部九州の動向がうかがわれる。

　一方、北部九州では18世紀後半にさかのぼって弥生時代の首長墓にかかわる発見があった。1784（天明4）年志賀島（福岡市）で「漢委奴國王」金印が発見された。1780年代（天明年間）には井原鑓溝（前原市〔現糸島市〕）の甕棺から後漢鏡20面余・巴形銅器3・刀剣類などが発見された。1822（文政5）年には三雲の甕棺から前漢鏡30面余・青銅武器・玉類・ガラス璧などが発見された。1899（明治32）年には須玖岡本（春日市）の大石下甕棺から前漢鏡30面余・青銅武器・玉類・ガラス璧などが発見された。今日、井原（後期前半）・三雲（中期後半）が伊都国王墓、須玖岡本（中期後半）が奴国王墓に比定されることは周知の事実となっている。また志賀島出土の金印が西紀57年に後漢王朝から下賜された記録に照合できることも疑いないところである。

　その後、1944（昭和19）年には末盧国に比定されている唐津市域で桜馬場の甕棺から後漢鏡2面・有鉤銅釧26・巴形銅器3が発見された。1963〜65（昭和38〜40）年には一部で不弥国に比定される遠賀川上流域の立岩遺跡（飯塚市）で前漢鏡6面・銅矛1・鉄剣1を副葬した甕棺（10号）が発見された。1965（昭和40）年には平原遺跡（前原市〔現糸島市〕）で方形周溝墓（割竹形木棺）が調査され、後漢鏡35面・仿製鏡4面（のち1面追加された）などが発見された。1974〜75（昭和49〜50）年には三雲遺跡の再調査によって文政5年発見の王墓を再発掘し、さらに隣接する甕棺（2号）でも前漢鏡20面余の保有が知られた。1983（昭和58）年には樋渡遺跡（福岡市西区）で甕棺群・木棺墓を含む墳丘墓から前漢鏡1面・青銅製や鉄製の武器類が発見された。1984〜85（昭和59〜60）年には吉武高木（福岡市西区）で多鈕細文鏡1面・青銅武器類を保有する木棺群が発見された。1988〜89（昭和63〜平成元）年には吉野ヶ里（佐賀県神埼町〔現神埼市〕）の墳丘墓で甕棺群が調査され、青銅武器群・ガラス管玉70余個が発見された。1990（平成2）年には須玖岡本で墳丘墓が発見され、甕棺群・土壙墓群が調査された。

　以上、北部九州における最近までの首長墓あるいは有力者とその家族層と思われる墳墓の発見がつづいた状況の概要をたどってみた。これらの事例を通じて1963年杉原荘介氏は北部九州の王墓形成にかかわる以下の3つのタイプを設定された（杉原荘 1963）。

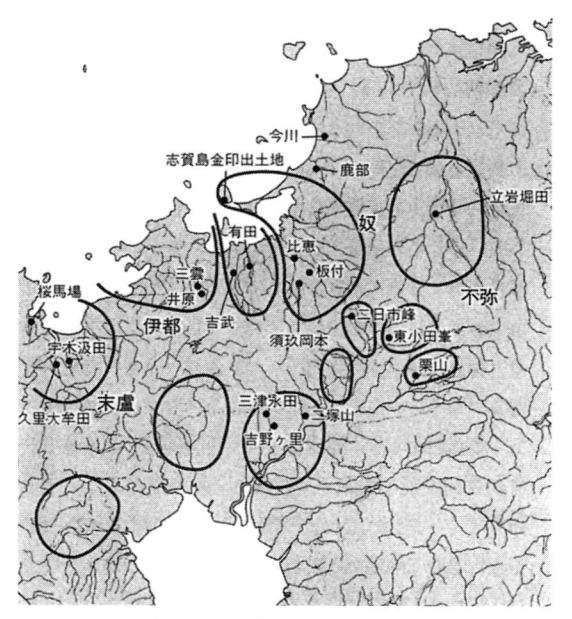

図1 弥生時代中期の北部九州社会概念図

（A）宇木型甕棺墓　「副葬品は朝鮮製の宝器類を主体とし、共同墓地内においても、少数の甕棺に副葬品が集中することなく、かなりの甕棺にそれが分散しているような状態の墓制」……宇木汲田遺跡・板付田端遺跡

（B）須玖型甕棺墓　「従来の朝鮮製の宝器類に加えて、新たに前漢時代の中国製の宝器類を副葬し、その共同墓地内において、あるいは共同墓地群内において、きわめて少数の、ほとんど一基にかぎられた如き厚葬の墓制」……須玖岡本遺跡・三雲遺跡

（C）桜馬場型甕棺墓　「すでに朝鮮半島製の武器を中心とした青銅器が見られないし、中国製の銅鏡は認められるとしても、それは後漢時代の前半のものに姿を変えている。さらに、そこへ初めて巴形銅器と有鉤銅釧などの日本製の青銅器が加わっている」……桜馬場遺跡・井原遺跡

　（A）は中期前半、（B）は中期後半、（C）は後期前半に位置づけられた。王墓形成過程を考える上でこの3タイプの設定は研究史上画期的な意義を有するもので、今日なお大綱において容認しうるであろう。その歴史的背景は、（A）は前漢文化伝播以前の韓文化流入段階の複数有力家長クラスによる分散所有型の在り方を示しており、（B）は楽浪郡設置（B.C.108）前後の前漢文化流入に始まる北九州の一部のクニグニとの政治的交渉段階の、特定有力者（王クラス）による集中所有型の在り方を示している。さらに（C）は基本的に（B）の在り方を継承しているが、中国における前漢から後漢への王朝交代による文物の変化と、武器以外の国産青銅器の登場を示している。ただし杉原氏は国産青銅器の出現を（C）段階すなわち後期前半代からと考え、（C）型の設定にはこれを重視されたのであった。しかし、その後の青銅器鋳型の新発見や日韓両地域における青銅器研究の進展によって、今日では（A）段階から青銅武器の国産が開始されていることが明らかになったので訂正しなければならない。また（A）段階の上限についても前期末（福岡市板付田端遺跡）までさかのぼる。

　以上の3タイプが設定されてみると、（A）から（B）へ、すなわち宇木汲田遺跡から須玖岡本王墓に至る間が十分に埋められたわけでもない。その後の北部九州各地の群集墓における青銅器や鉄器の所有状況をみると、中期を通じて（A）型の在り方を基本的に継承していることが知られてきた。しかしその中で複数の金属器やその他の輸入品を所有するやや突出した棺墓が存在する事実が知られている。すなわち立岩遺跡10号甕棺（前漢鏡6面・銅矛1・鉄剣1・鉄鉇1）・吉武高木3号木棺（多鈕細文鏡1面・銅剣2・銅矛1・銅戈1・玉類）などがこれにあたる。前者は中期後半、後者は中期初頭である。なかでも後者は中期初頭にあって宇木型よりさらに優位にランクされるも

のであり、**吉武高木型**が設定されよう。これによって（B）型との間の隔差は埋められてくる。そして吉武高木型は中期後半まで継承されている。立岩 10 号棺や峯 10 号棺（前漢鏡 2 面・鉄剣 1・璧加工有孔円板 2 など：朝倉郡夜須町〔現筑前町〕）などはその好例であろう。

　一方、墳丘墓の形成についても吉野ヶ里でにわかに世の関心を高めるに至ったが、はやく須玖岡本王墓でも「大石下には一般の地面より七八寸餘り一尺にも近かるべき高さを有した土の隆起があって、これに支へられて横石は平く其上に乗って居た」という中山平次郎氏の聞き取りが残されている（中山平 1922b）。また三雲王墓の 1974〜75 年調査では王と王妃と思われる 2 基の甕棺墓を中心に東西幅 32 m の両側を溝で区画し、南北幅の区画溝は今年度までの調査で 31 m 以上の長方形墓域を有する墳丘墓が想定されている。すなわち王墓は一般群集墓を抜け出して独立した墳丘を有する個人墓を形成していた。しかし当時の墳丘墓には 10 基以上の棺墓を集めたもう 1 つのタイプがあった。樋渡遺跡（福岡市西区）は東西 23〜24 m・南北 24〜25 m・高さ 2〜2.5 m の長方形に近い墳丘で、甕棺 25 以上・箱式石棺 1・木棺土壙 1 で、うち甕棺 6・木棺 1 から前漢鏡 1 面・銅剣 2・鉄剣 2・素環頭大刀 1・素環頭刀子 1・鉄鏃 1 などが発見された。甕棺は中期後半から末頃の 2 時期以上にわたり、副葬品の所有形態は 1 棺 1 口的な宇木型に属する。吉野ヶ里墳丘墓は南北 40 m・東西 30 m・現存高 2.5 m（復元高 4.5 m）の長方形墳で、中期前半から中頃の甕棺 8 基中 5 基に銅剣各 1 口が副葬されていた。うち 1 基は把頭飾付有柄銅剣（一鋳式）1・ガラス管玉 75 を所有してやや他を抜く存在である。これまで墳丘が削平される過程で漢式鏡 1 面や青銅武器類を所有した甕棺もあったらしく、下限は中期後半〜末にまで及んでいたと思われる。本墳丘墓も副葬品の基本的な在り方は宇木型に属するが、中にやや群を抜く甕棺があった点では立岩遺跡の在り方と通ずるところがある。1990 年須玖岡本王墓の北西隣接地区に発見された墳丘墓は、南北 25 m・東西 18 m の長方形プランの基底部が確認され、甕棺 18・土壙墓 2 を含む王墓と同時期（中期後半）の墳墓であった。うち 2 基から鉄剣 1・鉄矛 1 が発見された。墳丘墓の西から北側にかけての丘陵裾部には同時期の甕棺群集墓が展開しているが、本墳丘墓内に含まれていた本来の甕棺は 30 基を下らないであろうと推定されている。

　上述したように、墳丘墓には王墓とそれ以下にランクされる特定集団墓の二者が存在したことが明らかになった。なかでも須玖岡本における中期後半時点にあって王墓―特定集団墓―一般群集墓の三者が並存している事実は重要である。『魏志』倭人伝にみえる 3 世紀の倭人社会には王―大人―下戸―奴婢のランクがあったことを伝えている。そして倭人伝の 4 階層の上位 3 ランクが墳墓にみる 3 ランクに対応することとなる。すなわち倭人伝に記すところの身分秩序は西紀前後の弥生中期後半にまでさかのぼって奴国、おそらくは伊都国においても成立していたであろうことが推測されてくる。しかも両国の王墓では漢王朝が王と認めた証としてガラス璧や棺が下賜されている（三雲遺跡出土の四葉座金具は棺にとりつけられた飾金具にあたるとされる）。弥生中期後半における奴国・伊都国王墓で 30 面以上の前漢鏡が集中所有されていたこととあわせ考えると、両国の前漢王朝への朝貢は記録を逸したものと考えるべきであろう。『後漢書』にみえる西紀 57 年の奴国入貢はそれに続くものであり、倭の奴国王に封ぜられたことを参考にすれば、前漢代にさかのぼって奴国王、伊都国王に封ぜられたことをうかがわせるであろう。

かくして弥生中期後半の北九州社会は、奴国・伊都国を頂点として、樋渡・立岩・吉野ヶ里などの首長クラスがそれに次ぐ政治的領域を形成していたと思われる。そしてこれらの特定集団墓は、奴国や伊都国のような特定個人墓（王墓）を生み出すには至らなかったが、樋渡や吉野ヶ里のような墳丘墓を形成する場合と、立岩のような外見上では宇木汲田段階と同じような群集状態を示し、副葬品の有無によってはじめて優劣のランクがわかる場合がある。理論上からは外観上からも一般群集墓と区別しうる墳丘墓の方を上位に位置付けるべきかもしれないが、特定甕棺に収納されている漢鏡の数量などまで問題にするときは必ずしもそ

表1　北九州諸国の官と人口

国名	大官	副官	人口
対馬	卑狗	卑奴母離	1000余戸
一支	卑狗	卑奴母離	3000許家
末盧	——	——	4000余戸
伊都	爾支	泄謨觚 柄渠觚	1000余戸 （万？）
奴	兕馬觚	卑奴母離	20000余戸
不弥	多模	卑奴母離	1000余戸

う単純な判断もいたしかねる。地域単位でみられる共同体社会と首長層の相互規制の強弱度などの地域隔差——その基本は生産力の大小に起因する経済隔差に拠るか——に原因するところが考慮されるであろう。寺澤薫氏は須玖岡本遺跡についてD地点（王墓）のほかに「鏡と青銅武器を副葬するランク、青銅武器のみを副葬するランク、副葬品をもたないランク、そして須玖岡本とは別の丘陵に埋葬された副葬品をまったくもたないランクの無数の墓といった、つごう五つのランクが明瞭にみられ、その階級分化の進度は近畿をはるかに凌駕している」と言及している。しかし、寺澤氏の鏡・武器を所有するランクと武器のみを所有するランクは、ともに同一墳丘墓に共存し、また墳丘墓を形成しない群集墓にあっても両者がみられる場合があって、副葬品の若干の相違が厳密に階級差を反映しているとまで言い切れるものかどうか、現時点では断定してしまうにはなお躊躇せざるをえない。

　以上のような検討を通じて、北部九州のクニグニにもいくつかのランクがあり、大人層の合議によって国政が動かされた階段——吉野ヶ里・樋渡・立岩——、さらにその上に君臨する王が析出された段階が設定できた。

　ところで最上位にランクされた奴国・伊都国は、中国王朝に入貢して王として格付けされたのであるから、他のクニグニとは区別されていたことは明らかである。中国側が王と認定した根拠、すなわち国際的にも王に格付けされた基準はどのようなものであったのであろうか。このような問題を考える上で参考されるのは『魏志』韓伝にみえる「大國萬餘家、小國數千家」の記載である。これを当時の倭国のクニグニに応用してみると、人口1万戸以上の大国に相当するのは伊都国・奴国・投馬国・邪馬台国であり、数千戸以下の小国に相当するのは対馬国・一大（支）国・末盧国・不弥国などである。中国王朝が北部九州のクニグニで王と認めた証として、下賜された璧や大量の漢鏡を保有していたのは奴国王墓と伊都国王墓のみである。中国王朝が王国と認めたのは大国に相当するクニであり、その首長を王として承認したことが知られるのである。自余のクニグニの首長たちが王を自称したとしても、それは国際的に承認された「国王」とは同一視しえないところであろう（ついでにふれるならば北部九州で7万余戸を擁する邪馬台国に比定しうる地域が存在するであろうか）。

表2　北部九州の有力集団墓・王墓関係発掘年表

和暦	西暦	内容
天明4・2・23	1784	福岡市東区志賀島（筑前国那珂郡志賀島叶崎）で「漢委奴國王」金印発見。
天明年間	1781～88	福岡県前原市〔現糸島市〕井原（筑前国怡土郡井原村鑓溝）の1甕棺から「古鏡数十」（21面）・「鎧の板の如きもの」・「刀剣の類」・巴形銅器3を発見。
文政5・2・2	1822	福岡県前原市〔現糸島市〕三雲（筑前国怡土郡三雲村）の1甕棺から「古鏡大小三十五面」・「銅矛大小二口」・「勾玉一管玉一」・璧を発見。
明治32・8・？	1899	福岡県春日市須玖岡本の大石下の一甕棺から前漢鏡33（35）・銅剣1・同破片3・銅矛5・銅戈1・璧片2・管玉12・勾玉1を発見。
大正5・8	1916	福岡市博多区板付田端の甕棺（3ヶ所）から銅剣3・銅矛3を発見。（共伴関係不明）
昭和4・9・7～14	1929	京都大学、福岡県春日市須玖岡本遺跡発掘。B地点1号甕棺から銅剣1を発見。
昭和5	1930	佐賀県唐津市宇木汲田の甕棺から銅剣2・銅矛2・勾玉2・管玉22を発見。（棺数・共伴関係不明）
昭和19・11・14	1944	佐賀県唐津市桜馬場4丁目の1甕棺から後漢鏡2・有鉤銅釧26・巴形銅器3・鉄刀片1・小玉1を発掘。
昭和32・1	1957	東亜考古学会、唐津市宇木汲田遺跡発掘。甕棺群から銅剣5・銅矛2・銅戈1・多鈕細文鏡1・銅釧5・勾玉7・管玉189・小玉2を発見。
昭和37・10・1～16	1962	九州大学、春日市須玖岡本遺跡発掘。甕棺群から銅戈1（13号）・銅剣1（15号）・小玉38（14号）、3号土壙墓から銅剣3以上・勾玉1・鉄刀1を発見。
昭和38・6・1～40・4・4	1963～65	福岡県飯塚市立岩遺跡発掘。甕棺群から前漢鏡10・銅矛1・鉄剣4・鉄矛1・鉄戈1・鉇2・刀子2・鏃3（鉄1・石2）・管玉600(+)・丸玉1・棗玉1・塞杆1・貝輪14・砥石2を発見。
昭和40・2・4	1965	原田大六氏ら福岡県前原市〔現糸島市〕有田・平原遺跡発掘。方形周溝（1号）墓から後漢鏡35・仿製鏡4・素環頭大刀1・刀子1・銅環1・玉類1036(+)を発見。
昭和40・11～41・12	1965～66	九州大学、フランス合同調査による唐津市宇木汲田遺跡発掘。甕棺群から銅剣2・銅矛1・銅戈1・銅釧35・勾玉3・管玉195・小玉48(+)・石鏃7（打製4・磨製3）を発見。
昭和49～50	1974～75	福岡県前原市〔現糸島市〕三雲遺跡発掘。文政五年発掘甕棺（1号）とりのこしの鏡・璧の破片・玉類若干、金銅四葉座金具8のほか、新たに2号甕棺から前漢鏡22(+)・ガラス垂飾1・勾玉13を発見。
昭和50・2～51・7	1975～76	佐賀県三養基郡上峰村〔現みやき町〕～神埼郡東脊振村〔現吉野ヶ里町〕二塚山遺跡発掘。甕棺群・土壙墓群から前漢鏡2・後漢鏡2・韓鏡1・鉄剣1・素環刀1・鉄矛1・勾玉1・管玉221(+)・小玉3573・貝輪12を発見。
昭和58	1983	福岡市西区飯盛地区樋渡遺跡発掘。甕棺群・木棺墓から前漢鏡1・銅剣3・把頭飾1・鍔1・鉄剣3・素環頭大刀1・素環頭刀子1・鉄鏃1・管玉14・小玉36・ソロバン玉2を発見。
昭和59・7～60・3	1984～85	福岡市西区飯盛地区吉武高木遺跡発掘。甕棺群・木棺群から銅剣9・銅矛1・銅戈1・多鈕細文鏡1・銅釧2・勾玉4・管玉418・小玉1・磨製石鏃1を発見。
昭和60～61・3	1985～86	福岡市西区飯盛地区吉武大石遺跡を発掘。甕棺群・木棺群から銅剣5・銅矛2・銅戈4・管玉11・石剣先6・石鏃（磨製）1を発見。
昭和60・12～61	1985～86	福岡県朝倉郡夜須町〔現筑前町〕東小田・峯遺跡発掘。10号甕棺から前漢鏡2・ガラス有孔円板（璧加工）2・鉄剣1・鉄鐸1を発見。
昭和63・2～平成1・5	1988～89	佐賀県神埼郡神埼町〔現神埼市〕吉野ヶ里遺跡で墳丘墓調査。甕棺8基発掘・有柄銅剣1・細形銅剣4・ガラス管玉75・青銅把頭飾1など発見。
平成2・5～12	1990	福岡県春日市須玖岡本遺跡発掘。版築構造の長方形墳丘墓を確認。甕棺18・土壙墓2のうち甕棺10を発掘し、鉄剣・鉄矛各1を発見。
平成8・2～3	1996	福岡県嘉穂郡嘉穂町〔現嘉麻市〕馬見・鎌田原遺跡で隅丸長方形墳丘墓発掘。木槨墓1・木棺墓7・土壙墓1・甕棺11と銅鏡3・銅剣先1・石剣先・石鏃・玉類多数を発見。
平成10・8・28～11・3・19	1998～99	福岡県前原市〔現糸島市〕有田・平原遺跡発掘。方形周溝墓2基（2・5号）、円形周溝墓2基（3・4号）、立柱遺構3を発見。
平成11・12・1～12・3・27	1999～2000	福岡県春日市原町3丁目立石遺跡発掘。甕棺4・土壙墓24・立柱遺構4など発見。うち立柱遺構より戦国式系銅剣片・後期前半～中頃弥生土器発見。

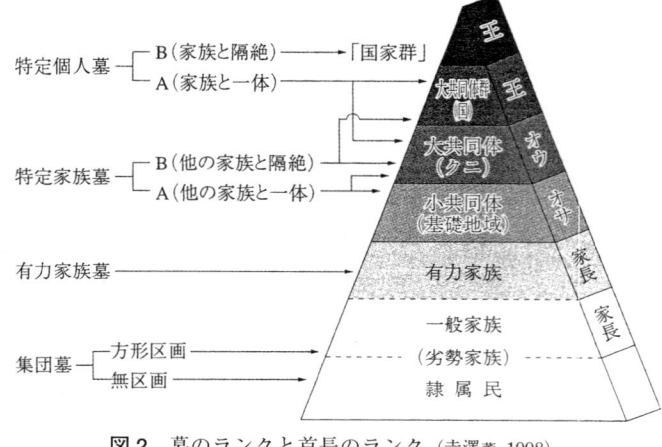

```
特定個人墓 ─┬─ B（家族と隔絶） ──→「国家群」
           └─ A（家族と一体）
特定家族墓 ─┬─ B（他の家族と隔絶）
           └─ A（他の家族と一体）
有力家族墓 ──────────────────→
集団墓 ─┬─ 方形区画 ─────────→
        └─ 無区画
```

（ピラミッド図：王／首長／大共同体（クニ）／小共同体（基礎地域）／有力家族／一般家族（劣勢家族）／隷属民；右側に オウ／次オウ／家長／家長）

図2 墓のランクと首長のランク（寺澤薫 1998）

西紀57年に入貢した奴国の記事からさらに50年を経た107年、「倭國王帥升等」が後漢王朝に入貢した（『後漢書』）。西嶋定生氏は関係史料を再検討され、『後漢書』の記載が原典にちかいものと判定して、最初の倭国王を称した帥升は伊都国王であることに言及された（西嶋 1999）。伊都国王墓は後期前半の井原王墓、後期末頃の平原王墓と継続して"世々王有り"と記された『魏志』倭人伝の記載とも矛盾しない。井原・平原両王墓から発見された後漢鏡だけでも50面を超えており、このような考古学上の資料からも「倭国王帥升」が伊都国王に比定されるであろうことは、筆者も指摘しておいた。さらに筆者は1世紀代における奴国を盟主とする、また2世紀代における伊都国を盟主とする対馬国から奴国（さらには不弥国を含む）に至る"初期筑紫連合政権"を構想した。おそらく外交を担当した盟主国が奴国から伊都国に移動したのは1世紀後半ではなかったかと推察した。そしてこの連合国群はやがて2世紀末の"倭国大乱"後に成立した女王卑弥呼をいただく邪馬台国連合政権に包括されるようになったと考える。奴国・伊都国はさらに4世紀以降の古墳時代ヤマト政権下まで儺県（なのあがた）・伊覩県（いとのあがた）として継承されたのである。

参考編年史料……奴国から邪馬台国へ
(1) 楽浪海中に、倭人有り。分れて百余国と為る。歳時を以て来り献見すという。（『漢書』地理志）
(2) 建武中元二（五七）年、倭の奴国、奉貢朝賀す。使人自ら大夫と称す。倭国の極南界なり。光武、賜うに印綬を以す。（『後漢書』倭伝）

    建武中元二年正月辛未、初めて北郊を立て、后土を祀る。東夷の倭の奴国王、遣使奉献す。（『後漢書』光武帝紀）

    建武中元二年正月辛未、初めて北郊を起て、后土を祀る。丁丑、倭の奴国王、遣使奉献す。（袁宏『後漢紀』光武皇帝紀）
(3) 安帝、永初元（一〇七）年、倭国王帥升等、生口百六十人を献じ、請見を願う。（『後漢書』倭伝）

    安帝、永初元年冬十月、倭国、遣使奉献す。（『後漢書』安帝紀）

    安帝、永初元年十月、倭国、遣使奉献す。（袁宏『後漢紀』孝安皇帝紀）
(4) 其の国、本亦た男子を以て王と為す。住まること七、八十年、倭国乱れ、相攻伐すること歴年、乃ち共に一女子を立てて王と為す。名づけて卑弥呼と曰う。鬼道に事え、能く衆を惑わす。年已に長大なるも夫婿無し。男弟有りて佐けて国を治む。王と為りて自り以来、見ること有る者少し。婢千人を以て自らに侍らしむ。（『魏志』倭人伝）

第9章 北九州沿海地域の弥生青銅武器
―中期前半墳墓の性格をめぐって―

1 はじめに

　福岡県宗像市田熊石畑遺跡の土壙墓群6基から計15本の青銅武器が2008年6月に発見されてマスコミを騒がせている。筆者も7月1日に現地を訪ねた。一土壙墓の副葬数は1本から最多5本まで知られた。毎度のことながら弥生時代の国があったのではないか、また王墓と認定できるのかなどの質問がなかば肯定してほしい期待も見えかくれしながら届けられてくる。同じような質問は1984年に福岡市吉武高木遺跡でも発せられていたことを想起する。計11本の青銅武器が中期初頭の土壙墓から発見され、1本から最多4本まで副葬された。なかでも第3号木棺土壙墓では多鈕鏡1・武器4（剣2・矛1・戈1）・玉類が副葬されていた。マスコミはこれを王墓に比定したい意向であったが、私は否定した。それに対して再度なされた質問は、王墓と認定されるためには何本以上の武器が必要なのかというものであった。このように武器形青銅器が1例でも発見されると、それはただちにそこに国があり、代表者としての有力首長墓（複数例ともなると王墓）であるという評価がマスコミ世界での通念となっているらしい。そしてこのような説明に安易に肩入れする研究者が喜ばれて、マスコミ界の"御用学者"が生まれるという構図が定着しつつあることも憂慮すべき現状である。

　我々が学問的立場で注目すべきは、田熊石畑や吉武高木のような青銅武器所有の在り方が弥生社会のなかでいかに位置づけられ、階級社会の形成がどのように動いていたかという問題である。研究史的にはすでに1960年代にさかのぼって一定の見通しが出されているのであるが、研究史を疎かにする最近の風潮のなかでは再度研究史上の到達点を確認するとともに、その後の発見例によって従来の解釈を見なおし、進展させる時期にきていると思われる。本章を起こした所以である。

2 宝器所有甕棺墓の類型地設定

　弥生時代中期における北部九州の墳墓にみられる青銅器の所有状況の推移と内容に注目して、首長の成長・国の形成過程について言及したのは1963年の杉原荘介氏の論考（杉原荘 1963）である。すなわち前期から中期へと推移してゆくなかで共同墓地の経営はますます盛行するようになり、なかでも甕棺を主体とする共同墓地に「宝器」を副葬することが始められた。その内容と在り方で、中期においては以下の二つのタイプが設定された。

宇木型甕棺墓

佐賀県唐津市宇木汲田遺跡を標識とする中期前半の事例である。1928（昭和3）年発見の銅剣1の2例、銅矛1の2例である。1957（昭和32）年東亜考古学会発掘（唐津湾周辺遺跡調査委員会編 1982）の多鈕細文鏡1・銅剣1の1例、銅矛1・硬玉勾玉1の1例、銅剣1の3例、銅矛1・碧玉管玉1の1例、銅矛1の1例、銅戈1の1例、銅釧3・硬玉勾玉ほか碧玉管玉多数の1例、硬玉丁字頭勾玉1の1例、硬玉変形勾玉1の1例の11組がある。「約80㎡の中で、53個の甕棺を発見し、そのうち11個から13個が宝器的な副葬品をもっていた」こととなり、「青銅製品はすべて朝鮮製である」。武器類はいずれも細形の剣・矛・戈である。かくして「副葬品は朝鮮製の宝器類を主体とし、共同墓地内においても、小数の甕棺に副葬品が集中することなく、かなりの甕棺にそれが分散しているような状態の墓制」（杉原荘 1963、81～82頁）タイプについて宇木型や分散所有型という名称が与えられることとなった。古くから知られている福岡市板付田端遺跡の銅剣3・銅矛3（現東京国立博物館所蔵）も6ヶ所から発掘されたと伝えられて、この宇木型であろうと指摘されている。

須玖型甕棺墓

福岡県春日市須玖岡本D地点で1899（明治32）年大石下発掘の甕棺例である。東京国立博物館に現存する甕棺片などの観察も加えて中期中頃～後半の事例とみられる。副葬品について中山平次郎氏の鏡片復原研究では33～35面の鏡鑑が計上された（中山平 1928a/1929）が、その後梅原末治氏の再検討では清白鏡系4以上・内行花文鏡系数片・蟠螭内行花文鏡片・草葉文鏡片をあげて復原可能な鏡30面以内を計上している（梅原 1930）。なお現段階で夔鳳鏡1面のみが後漢末期に比定されているので、他地点からの混入と考えられている。共伴青銅利器に多樋式銅剣1・銅剣破片3・中細銅矛5・中細銅戈1があり、このほかに漢代のガラス璧片2・ガラス勾玉1・ガラス管玉12などがある。以上の副葬品の内容から、杉原氏は「従来の朝鮮製の宝器類に加えて、新たに前漢時代の中国製の宝器類を副葬し、その共同墓地内において、あるいは共同墓地群内において、きわめて少数の、ほとんど一基にかぎられた如き厚葬の墓制」（杉原荘 1963、83頁）と規定してこれに須玖型甕棺墓の類型を設定した。この類型にあてられるものに三雲甕棺墓がある。福岡県前原市〔現糸島市〕三雲宇南小路で1822（文政5）年に一甕棺から「古鏡大小三十五面」・「銅矛大小二口」・「勾玉一・管玉一」・璧が発見された（青柳・鹿島 1976）。その後1974～75年の福岡県教育委員会の発掘調査によってその甕棺土壙（1号）を確認し、新たにその北に隣接して鏡鑑類多数を副葬した甕棺（2号）を発見した（柳田・小池ほか 1985）。この2甕棺から発見された副葬品の内容・員数を整理してみると以下のようになる。

　1号甕棺〔棺外〕有柄中細銅剣1・中細銅戈1・朱入小壺1
　　　　　　〔棺内〕中国鏡31以上（重圏彩画鏡1・四乳雷文鏡1・精白鏡系3・内行花文鏡系26以上）・ガラス璧8・ガラス勾玉3・ガラス管玉60以上・金銅四葉座金具8・細形銅矛1・中細銅矛1
　2号甕棺　中国鏡22以上（昭明鏡系5・日光鏡系16以上）・ガラス垂飾1・勾玉13（硬玉1・ガ

ラス 12)

　このように須玖岡本や三雲南小路の甕棺にみられるような副葬品の在り方について、須玖型あるいは集中所有型の名称が与えられた。さらに須玖岡本甕棺墓は若干の小墳丘状盛土の上に大石を据えて、群集墓と区別された単独墳墓を形成し、また三雲甕棺墓は方形周溝によって区画された2甕棺からなる独占墓域を形成した。先行する宇木型からさらに発展した王墓出現段階が想定され、中国史書の「東夷伝」にみえる「奴国」王墓（須玖岡本）、「伊都国」王墓（三雲南小路）に比定されることは今日定説化している（小田 1987）。

　かくして中期初頭〜前半期（宇木型甕棺墓）から中期中頃〜後半期（須玖型甕棺墓）への推移のなかに有力家長・首長墓から王墓出現に至る北部九州の社会的動向の推移を読むことができる。

3　中期前半における有力者墳墓の諸相

　1960年代に提起された杉原荘介氏による北九州における、有力者を含む特定集団墓から王墓の出現に至る墳墓類型の設定をふりかえってみた。宇木型から須玖型への推移は今日からみても首肯しうるものである。しかしその一方では両者における量的格差の大きさから、その間を埋めるべき事例の存在も予想された。

　1983（昭和58）年から85年にかけて、福岡市西区の早良平野の中央を貫流して博多湾に注ぐ室見川左岸の段丘上にあたる飯盛地区の吉武高木、吉武大石らの弥生時代墳墓群が調査された（横山邦編 1997）。ここでは両遺跡で各々200基を超える甕棺群と少数の土壙墓（木棺墓）・石棺墓が発見された。このうち吉武高木遺跡を構成する3群の墓地の北側端の一群（前期末〜中期前半）では、甕棺34・木棺墓4から表1に示すような副葬品の所有状態が知られた。また吉武大石遺跡でも前期末（金海式）〜中期初頭（城ノ越式）の甕棺墓203・木棺墓8・土壙墓11があり、表1に示すような副葬品の所有状況がみられた。副葬品の数量は高木遺跡とほぼ同数ながら玉類が少なく、磨製石鏃や石剣の切先などがあって、やや異なる様相がみられた。総じて一棺に1本程度の青銅武器が副葬される状況は、まさに宇木型にみられる分散所有型に属するところである。

　これらのなかで注意をひくのは、城ノ越式小形壺の棺外副葬を伴う木棺墓4基には組合式木棺と割竹型木棺の二者があるなか、3号組合式木棺墓に多鈕細文鏡1・細形銅剣2・細形銅矛1・細形銅戈1、玉類が副葬されていたことである。これは調査当時から「早良王墓」の名称のもとにマスコミで取り上げられていたところである。この木棺墓は埋納された長方形墓壙を埋め戻したのち、この墓壙上面を覆うように花崗岩礫が配されていた。この状態は第4号木棺墓でもみられ、また吉武第117号甕棺上にも1m×0.7mの花崗岩礫が載せられていて、これらの礫および礫群は標石と位置づけられた。後続する須玖岡本甕棺王墓に据えられた大石もこの系譜上にあることは容易に察せられるであろう。

　副葬品の在り方において、宇木汲田遺跡の第12号甕棺で細形銅剣1・多鈕細文鏡1が発見されている。この例と高木第3号木棺墓例を比較してみると、まず両者ともに群集墓のなかの1基として存在する点では共通している。しかしそのなかにあって、高木遺跡の場合は地表に標石を据えて

表1 飯盛遺跡群出土遺物一覧（前期末〜中期前半）

〔吉武高木遺跡〕

甕棺墓	100号	金海式	細形（I）剣1	
	109号	〃		碧玉管玉10
	110号	〃	円環型銅釧2	ヒスイ勾玉・碧玉管玉24
	111号	〃		碧玉管玉92
	115号	金海式（城ノ越式）	細形（I）剣1	
	116号	〃	細形（I）剣1	
	117号	金海式	細形（I）剣1	ヒスイ勾玉1・碧玉管玉42・ガラス小玉
	125号	〃		有茎磨製石鏃1
木棺墓	1号	（城ノ越）	細形（I）剣1	碧玉管玉20
	2号	〃	細形（II）剣1	ヒスイ勾玉1・碧玉管玉135
	3号	〃	多鈕細文鏡1・細形（III）剣1・細形（I）矛1・細形（IIb）戈1	ヒスイ勾玉1・碧玉管玉95
	4号	〃	細形（II）剣1	

〔吉武大石遺跡〕

甕棺墓	1号	金海式	細形戈先片1	
	10号	〃		扁平磨製石鏃1
	45号	〃	細形（I）剣1・細形（I）矛1（木柄片）	
	51号	〃	細形（I）剣1	碧玉管玉11
	53号	汲田式	細形（IIa）戈1	磨製石剣先片4
	60号	金海式		〃 1
	67号	〃	細形（II）矛1	
	70号	〃	細形戈片1（研ぎわけ）	
	71号	〃	青銅器片（把頭飾？）1	
	81号	〃		磨製石剣先片1
	140号	〃	細形（I）剣1	
木棺墓	1号	（城ノ越）	細形（II）剣1・細形（Ia）戈1	
	5号		細形（II）剣1（木鞘）	

（小田1987）

　群集するなかでの特定墳墓としての自己顕示表現が芽生えている点で宇木汲田遺跡との違いを明確にしている。宇木型墳墓の類型は福岡市板付田端の前期末甕棺墓（金海式）段階に始まり中期前半（汲田式）を通じてみられた基本類型であった。そこには特定有力家族墓とその家長の如き存在が想定された。吉武高木遺跡ではさらに有力度を加えた特定首長墓の出現が考えられる段階を想定すべきであろう。前者は唐津域（のちの末盧国）であり、後者は福岡西部域（のちの奴国域かその隣接域）である。前者は中期前半、後者は中期初頭に位置づけられる。宇木型の出現は前期末の朝鮮系金属器流入とともに始まり、その類型はつづく須玖型類型出現期の底辺まで継承されていた。福岡域（奴国とその隣接域）では階級社会への進展度が唐津域より若干早かったのであろうか。

　特定クラスの墳墓を群集墓のなかに営む場合、そのリーダー格個人の存在を地上で顕示するために標石を採用した吉武高木遺跡のなかで、第4号木棺では青銅武器4本に加えて多鈕細文鏡1面を保有していた点でも、宇木汲田第12号甕棺（銅剣1・多鈕鏡1）を凌いでいるが、このような特定クラスの地上顕示の方法としてさらに墳丘墓を構成する場合があった。佐賀県吉野ヶ里墳丘墓（七田・小田1994、七田・森田1994）はその好例であり、また須玖型並行期まで降る吉武樋渡墳丘墓

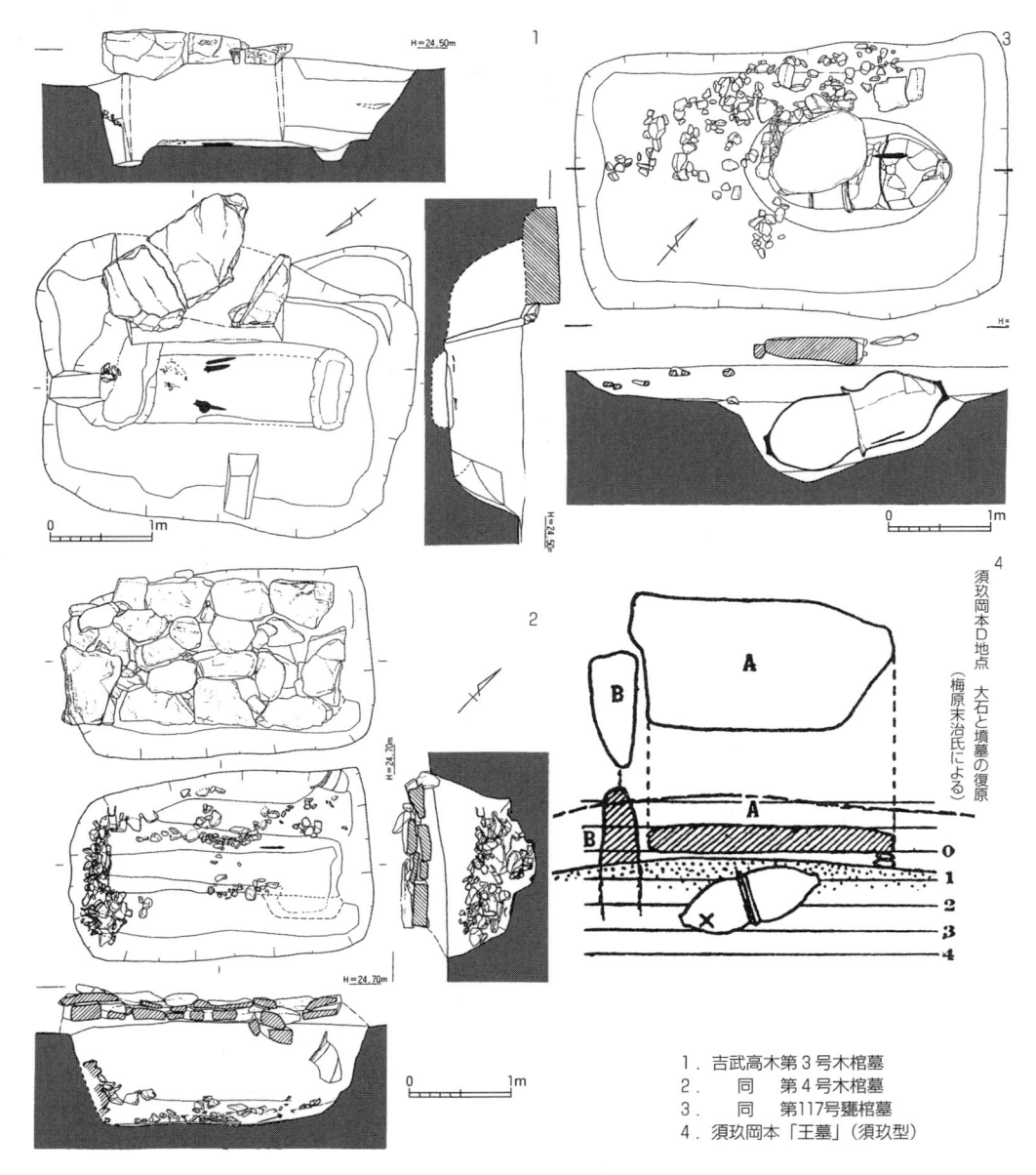

1. 吉武高木第3号木棺墓
2. 同　　第4号木棺墓
3. 同　　第117号甕棺墓
4. 須玖岡本「王墓」（須玖型）

図1　標石を有する弥生時代中期墳墓

（横山編 1997）がある。前者では 40 m×26 m の長方形プラン、復原高 4.5 m で数基以上の甕棺が内蔵されている。後者は 25 m×27 m の長方形プランの墳丘墓が前方後円墳と重複し、甕棺墓 25 以上・石棺墓 1・木棺墓 1 が内蔵されていた（小田 1987、786 頁）。これらには特定首長とその集団の墳墓という評価がなされている。

「宇木型」からの発展段階に位置づけられる「須玖型」の代表である須玖岡本墳墓（奴国王墓）では、中国前漢代の銅鏡約 30 面を集中所有する甕棺墓で低墳丘を形成し、その上に大石の標石を据えた。まさに「宇木型」段階における標石と低墳丘をともに備えた究極の集約形態といえるもの

であった。

　かくして、「須玖型」の出現に到達する過程で、分散所有型を基本とする「宇木型」段階が北部九州各地に設定されるが、その中には副葬品の単品所有という共通性格に加えて、吉武高木の第4号木棺墓にみられる複数所有のものも現れている。筆者は旧稿で前者に「宇木汲田タイプ」、後者に「吉武高木タイプ」の名称を提起して、「須玖型」への移行が前者から後者への発展過程が見こまれることを指摘しておいた（小田 1987、790頁）。とくに「吉武高木タイプ」では視覚的顕示の外観が加わり、その方式も標石表示（吉武高木）から長方形低墳丘墓（吉野ヶ里）までがみられた。そして後者にあってはさらに小形から大形へと発展して、「須玖型」段階では、伊都国王夫妻の王墓と目される三雲墳丘墓（32m×22mの長方形区画墓）を形成した（柳田・小池 1985）。「須玖型」と目される王墓は、それ以前の「宇木型」集団墓と異なり、群集墓から抜け出した単独の墓域と視覚的外観を呈するに至った。これこそが弥生時代北部九州を代表する「クニ」（国）の王墓の条件といっても過言ではないであろう。「宇木型」段階はそれへの形成過程である。「ムラ」（邑・村）の統合過程にあたり、『漢書』にいうところの「分爲百餘國」に照合できるであろう。朝鮮半島との交渉が日常茶飯事の如き状態にあった北部九州沿海地域では、社会の進展についてもその影響は日本列島のなかでもいちはやく流入したであろうとされ、「ムラ」から「クニ」への進展は顕著であったといわれている。したがって中期初頭から前半期（城ノ越式〜汲田式甕棺段階）の分散所有型遺跡についても、巷間「クニ」だ「王」だといわれるのは考古学的に厳密な意味では適当でないことは論をまたない。この時期の首長が仮に「王」を称したとすれば、列島社会内での自称であったとすべきであろう。当時朝貢した中国王朝から国王と認められた証として璧が下賜され、死亡時には棺を下賜されたとする説（町田 1988）に従うと、須玖岡本墓（奴国王）と三雲墓（伊都国王夫妻）にはガラス璧が、また後者には葬棺に付されたとされる金銅四葉座金具が副葬されていた事実は無視できない。中国史書にも両国王は朝貢使を送っているからである。現在璧を出土する首長墓はこの二遺跡以外に知られていない。さらに『魏志』韓伝にみえる「大國萬餘家、小國數千家」の記載を援用するとき、『魏志』倭人伝にみえる大国相当は伊都国（万余戸）・奴国（2万余戸）・投馬国（5万余戸）・邪馬台国（7万余戸）で、他は千余戸〜4千余戸の小国から邑国にあたる。北九州で奴国と伊都国の王墓からのみガラス璧が発見されている事実は、大国相当国の王だけに璧を下賜したことを推察させるであろう。ここに国際的にも認められた国と王の格付け基準が求められたであろうことも推察されてくるのである。

　以上のように推考していくと、「宇木型」と「須玖型」の進展にみる国際的位置づけも明らかになってくる。

4　おわりに——田熊石畑遺跡の位置づけ——

　このたび宗像市の田熊石畑遺跡で発見された弥生時代土壙墓群における青銅武器群の在り方は上述してきたところを参照すれば、それが分散所有型に属することは明確であるが、弥生土器の副葬がみられないので、その編年的位置づけについては青銅武器の形式分類に拠らねばならない。調査

域の南西隅にあたり計 9 基の土壙墓中の 6 基から計 15 本の青銅武器が発見された。もっとも墳墓の広がりは南や西の隣接宅地域にまで及ぶであろうから、群集墓の全貌をうかがう調査は不可である。現在までに知られている青銅武器の在り方は、

　　第 1 号墓　銅剣 4（細形 1・中細形 3）・
　　　　　　　銅戈 1（細形）
　　第 2 号墓　銅剣 1（細形）・銅矛 2（細
　　　　　　　形）・銅戈 1（細形）
　　第 3 号墓　銅剣 1（細形）人骨再葬
　　第 4 号墓　銅剣 1（細形）・銅矛 1（細
　　　　　　　形）・銅戈 1（細形）
　　第 6 号墓　銅剣 1（中細形）
　　第 7 号墓　銅剣 1（細形）

となり「宇木型」段階である。しかし第 1 号墓（割竹形木棺）に 5 本、第 2 号墓（同前）に 4 本、第 4 号墓（同前）に 3 本の青銅武器が所有されている点では、「吉武高木型」の在り方を凌駕するところである。さらに第 1 号墓銅剣 4 本のうち 3 本も中細形が含まれている点も注意される。これまで細形剣の鋳型は中期前半の古段階、中細形剣の鋳型は新段階に位置づけられてきた（小田 1985f）。青銅武器が細形のみで構成される吉武高木遺跡が中期初頭に位置づけられるのに対して、本遺跡が細形と中細形の組合せで構成されている点から中期前半代に位置づけられることが推考されてくる。青銅武器が複数所有される「吉武高木型」の在り方ではあるが、それが 3 基（第 1・2・4 号墓）もみられる点で、青銅武器を容易に取り扱う位置にあったことが考えられる。元来玄界灘に臨むこの地域は、海人活動の盛んな歴史を持つところで、海路によって対朝鮮と交渉し、国内的にも西日本の沿海地域との交流を果たした役割は大きい。青銅武器の運搬や文化交渉にもかかわったであろう有力首長とその集団が存在したことを示すものであろうか。本遺跡の出現によって、北九州沿海地域の有力集団がさらに東方にまで分布を広げることとなり、宗像域でもこれまでの筑・肥沿海地域と同じような「ムラ」から「クニ」への動向が確認できたのである。そして中細形武器が増加してゆく傾向から、山陰や瀬戸内西部域との交渉にもかかわったであろう視座で、今後研究領域を広げてゆく手がかりをも提供していると思考される。今後近接地に集落跡の存在も注意されているのでさらなる研究が展開されてゆくことを期待している。最後に、これまで知られている北九州地域の確定している「クニ」と有力地域の集団墓を対照した表を示して理解に資することとする（表 2）。

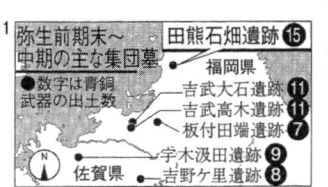

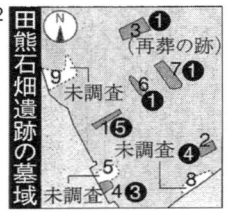

図 2　田熊石畑遺跡（西日本新聞社提供）
1. 北九州沿海地域の集団墓分布図［本章関係］（2008.7.1 一部改変）
2. 田熊石畑墳墓域略図（2008.7.15）
3. 第 1 号土壙墓青銅武器出土状態（2008.6.21）

表2 弥生時代中～後期の有力者およびその集団

		末盧国	伊都国	奴国	早良域	嘉穂域	筑紫野域	朝倉域	佐賀域	宗像域
前期末		↑		板付田端	↑					束ヶ浦
中期	初頭前半	宇木汲田		↓	吉武高木 吉武大石					田熊石畑
	中ごろ			↑			隈・西小田 第2・3地点		↑ 吉野ヶ里	
	後半	↓	三雲	須玖岡本	樋渡	立岩	第13地点	峯	二塚山 ↓	
後期	前半	桜馬場	井原	↓					↓	
	中ごろ 後半		（平原）							

註
(1) この副葬品の種類・数量は杉原荘介（1963）所掲段階（1963年）の杉原氏論考のまま引用した。最終的には唐津湾周辺遺跡調査委員会編（1982）に拠られたい。
(2) 中山平次郎氏の報文（中山 1917c）では「甕の埋没したる個所数は六ヶ所許なる由」で銅利器が発見されたのは「其中三ヶ所のもの」と明記されているので、一甕棺に副葬されていた銅利器は1本から2～3本の場合があったことになる。杉原氏の推考は拡大解釈している。中山氏が紹介した甕棺図は前期末（金海式）と中期前半代（須玖Ⅰ式）にあたる。

第10章 「一鋳式銅剣」覚書

1 はじめに

　弥生時代の西日本には多くの大陸系青銅器が渡来した。そのなかで量的にもっとも多いのは武器形青銅器と汎称される銅剣・銅矛・銅戈の類である。弥生時代前期末に北部九州に渡来した細形青銅武器は、さして時間をおかずして国産が開始された（佐賀県教育委員会 1992b）。そして細形→中細形→中広形と次第に長さと幅を加えてゆく方向に変遷して中期を経過していった。一方朝鮮半島にあっても銅矛では中細形の古段階まで生産されていたことを指摘した（佐賀県教育委員会 1992b）。おそらく銅剣・銅戈においても同様であろうかと推測される。

　このような状況のなかで注目されるのは、近時「一鋳式銅剣」の呼称でにわかに世の関心を集めた特異な銅剣である。すなわち、剣把とそれに付属する装飾具まですべて装着した状態を一度に鋳造したものをさしている。佐賀県吉野ヶ里遺跡の北墳丘墓から発見されたこの銅剣は、その後吉野ヶ里シンポジウムで国産か朝鮮半島産かの争点で話題になった。佐賀県側出席者はこの類の銅剣が半島側に未発見であることを国産説の大きな拠り所としていた。しかし日本側研究者のなかにも渡来品とみる考え方は少なくなかった。また山口県向津具(むかつく)遺跡からは、はやく吉野ヶ里墳丘墓出土品と近似した一鋳式銅剣が発見されている。

　本章はこの問題に関して、近時筆者が朝鮮半島の資料調査にもかかわる過程で折にふれて得た知見を披瀝して参考に供するとともに筆者自身の備忘録ともしたい。題して覚書とする所以である。

2 吉野ヶ里・向津具・茶戸里（図1～3-4・図6・図7）

　佐賀県神埼郡〔現神埼市〕吉野ヶ里遺跡はいまや"国民的遺跡"といわれるほどの知名度を誇っている。遺跡を囲む大環濠内の北端に位置する墳丘墓中央やや西寄り、SJ1002号甕棺（中期中頃）から79個体分のガラス管玉と共伴した銅剣1口がある。把頭飾りまで一鋳形成の完形品であるが、剣身中ほどで土圧のため折損している。出土状態は甕棺の主軸と直交するような置きかたであった。銅剣について報告書（佐賀県教育委員会 1992b）では、つぎのように説明している。

> 切先から13.2 cmの部分で2折しているが、完形品である。切先部は錆があまり認められないが、他は、B面（出土時の下面、上面をA面とする、以下同様）の柄部以外は錆化が進んでいる。錆がない部分では暗緑色の研磨面が認められるなど、遺存状態は良好である。

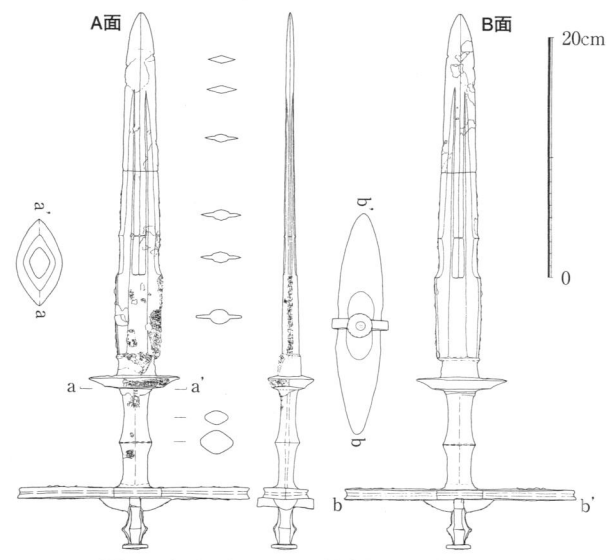

図1 吉野ヶ里 SJ1002 号甕棺出土有柄銅剣
(佐賀県教育委員会 1992a)

　この銅剣は、剣身と鎺鍔、柄、把頭(把盤部)、把頭飾の部分からなっており、全長 44.3 cm で、剣身長が鎺を含めて 30.4 cm、鍔から把頭飾までが 13.9 cm となっている。剣身はやや先細りとなっており、刃部の研ぎ出しは剣方下端部までである。幅は剣方先端部で 3.33 cm、葉部で 3.4 cm、厚さは樋の先端部分で 0.60 cm、剣方先端部で 0.98 cm、葉部先端で 0.12 cm である。葉部には研ぎを施していない。鍔は長さ 7.23 cm、幅 3.67 cm、厚さ 1.16 cm、柄は長さ 8.3 cm、最大幅 0.26 cm、最大厚 0.20 cm、把頭は長さ 17.37 cm、幅 3.62 cm、最大厚 0.88 cm である。総重量 858 g である。

　把頭飾は長さ 4.4 cm、幅は 5.7 cm×4.5 cm の、いわゆる十字形のもので、方柱の先端に円盤が載った形態である。同じ ST1001 墳丘墓の SJ1007 甕棺墓から細形銅剣とともに出土した青銅製把頭飾と同形態である。

　特に A 面の関から柄部にかけて絹片の付着が認められ、この絹片の上には鞘と考えられる木質も遺存していた。

　剣身部分の背の中心線と柄部の中心線との間に、約 2 mm のズレが生じており、また鍔の部分を境に剣身が B 面側へ屈曲している。屈曲の度合いは、切先先端で柄部の中心線の延長から B 面側へ 1.2 cm となっている。また、盤状の把頭と鍔は捩れが認められる。これらのことは、この銅剣が一つの鋳型を用いた一つの鋳造工程によって製作されたものではないことを示しているものと考えられる。把頭飾方柱部の四方からの切り込みは石型ではできないものと考えられ、石型によって鋳出された剣身部分を、柄から把頭飾の部分までの真土型に固定して溶解した青銅を流し込み、剣身と柄部を一体のものとして鋳造された可能性が考えられる(365・368 頁)。

　一見、完全装具された全長 44.3 cm の一鋳式銅剣であるが、報告書は剣身と柄部の中軸線が一致しないうえに、剣身が B 面側に傾いていることなどをあげて、別途鋳造された剣身部を柄部の鋳型に固定して鋳造し、一体化した可能性を提言している。この点についてはさらに学際的な検討も援用して確実な結論が必要である。

　吉野ヶ里と近似した有柄銅剣は、山口県大津郡〔現長門市〕油谷町向津具で山麓斜面から単独出土している。全長 44.0 cm とほとんど吉野ヶ里例と一致する法量である。かつて筆者はつぎのように解説したことがある。

三雲の例と同じく、本品も剣身と剣柄が同時に鋳造されている。これは鐔や柄尻に結紐形の飾り具までそろえてある点で完全装備の例である。剣身は普通の細形銅剣の制をとっているが、節のある柄に結紐状器をつけたところは中国東北周辺から朝鮮に発見されるものと軌を一にしている。しばしば剣柄や結紐状器が剣身と離れて発見されているが、本品の価値はすべてを装着した鋳造品であるから、それらの部分品の用途が明らかにできる重要な資料となる点にある（杉原荘・大塚 1964、178頁）。

　上記解説中にも述べたように、一般に鐔や剣柄や結紐状把頭飾が装着状態で発見されることはほとんどみられず、なかでも剣柄と結紐状器の間をつなぐ舟形盤状器はほとんど発見されていない。今日では木製などの材質であったために腐朽して失われてしまったと考えられるにいたったが、久しく結紐状器と剣柄とのかかわり方は不詳であった。この方面への関心が大きく喚起されたのは、1928年に東亜考古学会が調査した中国旅順市牧羊土城跡付近の古墓（聖周墓）出土の銅剣とその装着具によってであった（東亜考古学会 1931）（図3、1〜3）。すなわち遼寧系銅剣・銅製剣柄（「柄状器」）・結紐状銅器（「枕状器」）の形状と使用法が問題にされて、当時におけるそれぞれ中国・朝鮮・日本の発見例が集成された。聖周墓発見の剣柄資料は舟形箱状の「盤部」と有節管状剣柄が一鋳されている。また「枕状器」とされた器具については、

　　マンドリンを二個接続したるが如き、又中央の括れた枕の如き形状を具へた銀黒色の金属体を囲んで青銅の枠状のものを作り、枠の下底に二個所の留金を架して金属体の下脱を防護してゐる。（中略）又枠の両側の金属体の括部に当る部分に各一円孔が穿たれ、而して各円孔の下端は横に突起を作り出して前記の柄状器の盤部の切込に嵌入し得るやうになってゐる。なほ枠の下底両端に各垂直の小突起を作り出して盤部への嵌入に適合せしめてゐる（55〜56頁）。

と説明されていて、すでに把頭飾としての装着法が復原されている。さらに朝鮮・日本の結紐状器を集成して石製・銅製の別があること、「枕状器」と用途上密接な関係あることなどを指摘した。つづいてその用途についてはこれが剣の柄頭であること。日鮮の発見例では細形銅剣に伴うものの剣柄が伴出していないことについては、「木製又は節間の近い竹筒などが用ゐられた」と推定されることなどを指摘して、「要するに結紐状器は石製なると銅製なるとを問はず、中空である柄部の首端に嵌置されて剣身を引き締めてその離脱を防止する為の紐掛の用に供したものと見たい」（60

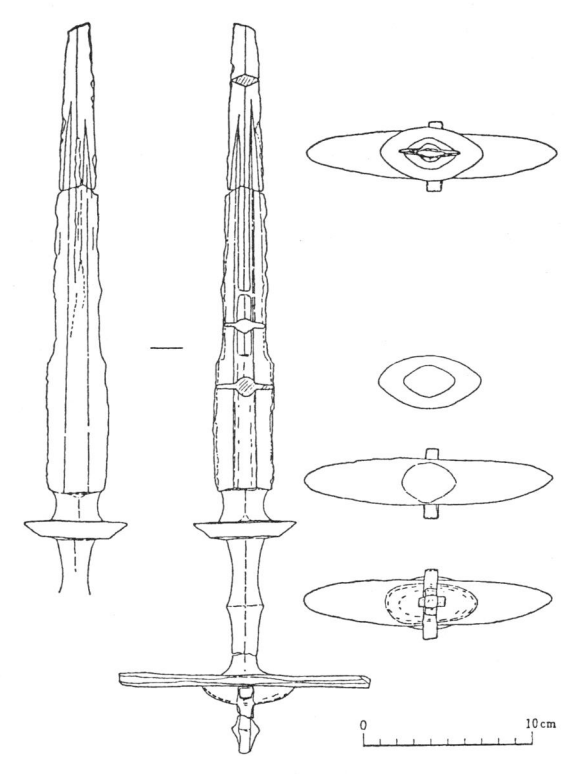

図2　向津具出土有柄銅剣（小野 1985）

頁）と結論していることが改めて注意される。同報告書の結論において「周末漢初に於ける南満洲は朝鮮並に我内地の金属文化の発足地であって」、朝鮮半島を経て日本列島にまで青銅器文化の及んだとする大勢を述べ、対馬佐護白岳・長門富任（下関市梶栗浜）・長門向津具ほかの青銅器写真図版を紹介されている。しかしこれら個々についての解説がなされてなかったのは惜しまれる。

　向津具銅剣については、柄部下端と結紐状把頭飾の間に扁平舟形盤状器に挟まれている状態はその後もさして取り上げられることはなかった。吉野ヶ里例にしろ、向津具例にしろ、装具のすべてを一鋳式で表現しているので、本来装具の各部分をとりつけた実例の出現が久しく渇望されていた。1988年韓国慶尚南道義昌郡東面茶戸里1号墳の調査で、割竹形木棺を内蔵する土壙墓で、棺下の土壙床面中央に長方形土壙を設け、その中に銅剣・木製合子・ガラス玉・板状鉄斧などを収納した竹籠が発見された（李健茂ほか 1989）。この1号墳からは前漢代の星雲文鏡や五銖銭が発見されていて、紀元前1世紀後半代に比定されている。竹籠収納品のうち剣柄装具一式を装着した漆鞘銅剣2本と剣把盤部1個が参考になる。漆鞘銅剣2本はほぼ同じ形態のものであるから、保存状態のよい1本（図3-4）についてみると、「全長61.1 cm、鞘長47.2 cm、鞘口長径11.7 cm、盤部の長さ17 cm、剣把頭飾の長さ6.6 cm、銅剣の長さ約33.5 cm（X線写真で計測したので、多少の誤差がある）」である。剣柄部についてはつぎのようである。

　　剣把は、鐔部・握部・盤部・把頭飾から構成されており、鐔部と握部は一本の木を削ってつくったものである。握部は黒漆を塗った木心で、中央に太い節があり、横断面が杏仁形である。頂部には盤部と組み合わせるための長方形の突起がでている。鐔部には青銅鐔金具が嵌入されている（中略）。盤部の中央には握部の先端が挿入される長方形の孔がある。その左右には、把頭飾を紐で縛るのに使われる4個の小さな孔が穿たれている。剣把頭飾は銅製で、平面十字形の粟粒文のものとして、内面には中央に突起があり、片側に糸のような物質が一部ついていた（李健茂ほか 1989、15頁）。

　木心黒漆塗舟形盤部の両端には三角形盤状金具が嵌入されているが、もう1本の銅剣に装着された盤部は木製生地のままで、両端金具も使用されていない。また単独の盤部品は木心黒漆塗りで両端に金具が嵌入されていて、さきの漆鞘銅剣の盤部と形態・法量など近似する。金具の長さ3.7 cm、幅2.5 cmである。

　茶戸里1号墳の漆鞘銅剣によって、吉野ヶ里や向津具出土品にみる一鋳式装具の実態を知ることができた。また各部分の装着法についても明らかにすることができた。

　そこで改めて吉野ヶ里と向津具の両例について盤部を比較してみると、吉野ヶ里は側面をくぼませた凹線をめぐらし、平面輪郭の中央部左右に浅い刳りこみ部を設けているなど、茶戸里例の両端金具を嵌入した盤部の特徴をよく写していることが知られる。これに対して向津具例はやや簡略化の傾向がみられることは否定できない。あるいは向津具例は木製生地のままのものを表現したのかもしれない。ここにいたって想起されるのは、かつて対馬豊玉町佐保唐崎の箱式石棺から出土した相似金具2個である（対馬遺跡調査委員会 1969）（図3-5、6）。同様の例は韓国慶尚北道大邱市晩村洞遺跡や坪里洞遺跡などでも知られている（小田・韓炳三編 1985）。当時報告書では鞘先金具として報告したが、結紐状把頭飾（図3-7）が共存することや、この石棺がはやく蓋石をとられて一

第10章 「一鋳式銅剣」覚書　135

1. 銅剣
2. 枕状器
3. 剣柄

5・6. 盤部先嵌入金具
7. 結紐状把頭飾

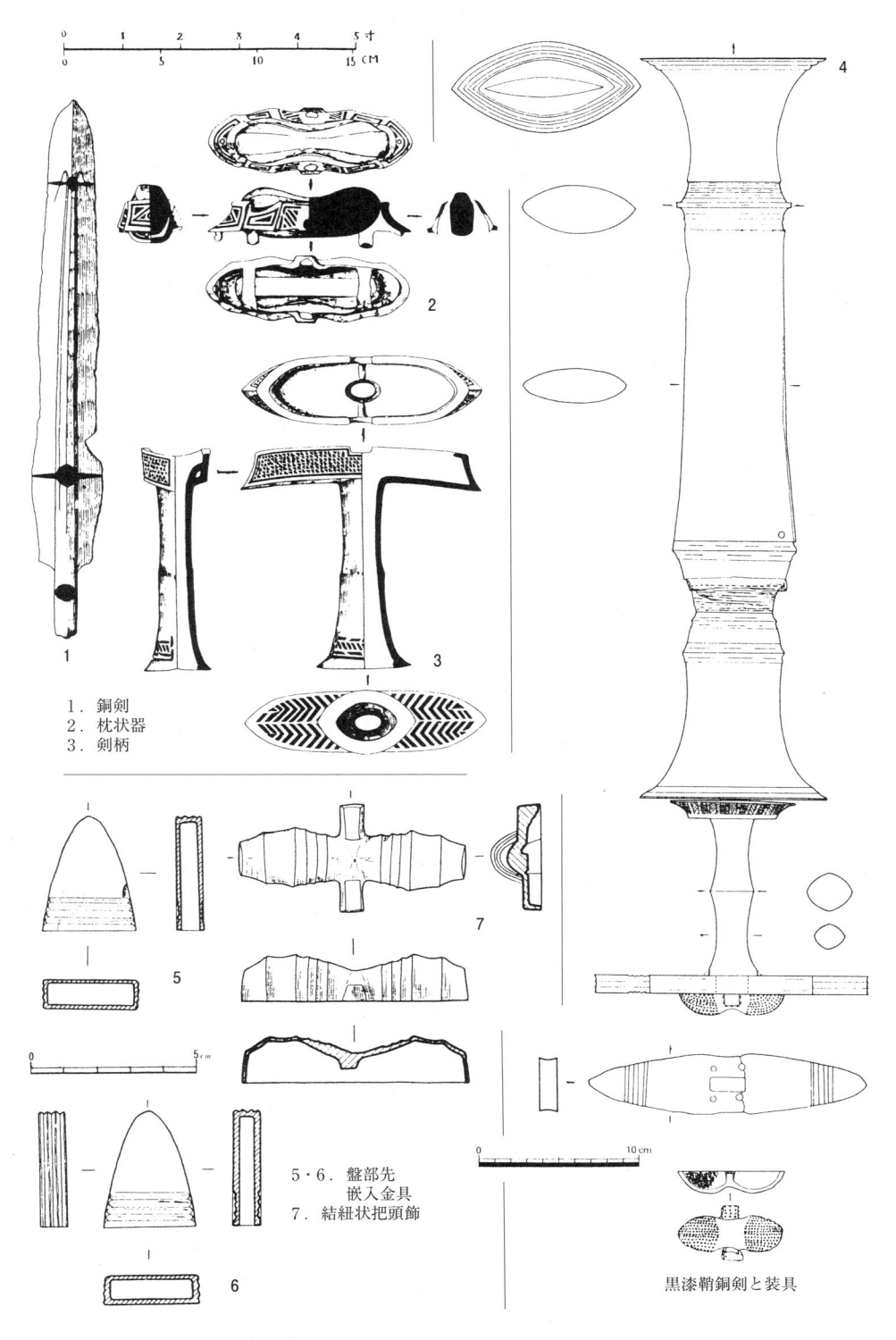

黒漆鞘銅剣と装具

図3　銅製剣装具（1〜3. 中国聖周墓　4. 韓国茶戸里　5〜7. 対馬唐崎）

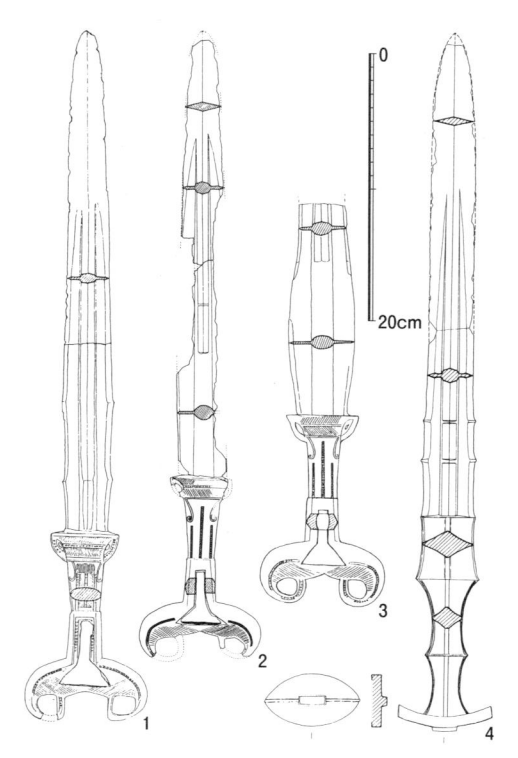

figure 4 有柄式銅剣（三雲・柏崎）
1・4. 中細形銅剣　2. 細形銅剣　3. 遼寧式銅剣
(1. 大英博物館蔵品　2. 佐賀県柏崎貝塚　3. 慶応義塾大学蔵品　4. 福岡県三雲遺跡)

部盗掘されて、銅剣または鉄剣などがすでに持ち去られた可能性があることなどを考慮すれば、木製剣柄の装具とみられることは確実であろう。この一対の金具は、茶戸里1号墳の漆鞘銅剣装具の知られた今日では、木心盤部の両端嵌入金具と訂正しなければならない。

3　三雲南小路（図4-4）

　福岡市聖福寺蔵、京都国立博物館常陳中のこの銅剣は、文政5（1822）年福岡県前原市〔現糸島市〕三雲・南小路の甕棺墓から出土したものである。この出土状況については同年初秋に著した青柳種信の記述（青柳1930）によって、甕棺外に剣鋒を上にして立てて埋められていたという。その後1974〜75年度の福岡県教育委員会の発掘調査によって、その甕棺（1号）墓壙を確認し、新しく副葬品の発見も加えて、本来前漢鏡31面以上・ガラス製璧8・金銅四葉座金具などの中国系遺物その他が集中埋納されていたことが知られた。弥生時代中期後半の伊都国王墓に比定されている（柳田ほか1985）。この全長51.5 cmの一鋳式銅剣について筆者はかつてつぎのように解説したことがある。

　　漆黒色の美しい光沢を放つ精良銅を用いた見事な作品である。剣身と剣柄を同時に鋳造した点で一般の細形銅剣と異なるものとなった。身と柄の間に鐔に相当するものの造作が省略されているが、柄の中央には節状の造り出しがあり、また柄尻には飾金具を表現したかにみえる扁平な張り出しがみられる。中国東北部から朝鮮にかけて剣身・剣柄・飾金具など数器をくみ合わせて一具の完全な剣となるものの実例がこれまでにもかなり報告されているが、わが国では中国の戦国式銅剣の制をうけたものとして珍しい例である（杉原荘・大塚編ほか1964、177頁）。

　改めて現段階でこの剣身の形成をみると、上述した吉野ヶ里、向津具の剣身は、身の刳り方下端までしか刃部の研ぎ出しが及ばない古式タイプであるのに対して、三雲の剣身は身の末端まで研ぎ出しが及ぶ新式タイプであり、身幅も刳り方の節帯はつくるものの通じて同じであり、剣身としてはやや退化形態に属する（小田1985f）。さらに樋の末端から剣峰までの長さは通常の細形剣より延びており、欠損した切先まで復原した全長は53 cmほどとなり、剣身部長は37 cm前後となる。剣身分類からは中細形古式に比定されるであろう。銅矛などでは中細形古式段階まで日韓双方で製作されているので（小田1985f）、本銅剣を中細形式というだけで国産品と決定する説にはにわか

に賛意を表し難い。また上述した筆者の解説文末尾の戦国式銅剣の制をうけた云々の所見は、現段階では不適切であり削除したい。

4 柏崎・楽浪（図4-2・図6・図7）

佐賀県唐津市鏡・柏崎（旧東松浦郡鏡村大字柏崎字石蔵）発見の一鋳式銅剣（図4-2）もはやくから知られた著名なものである。高橋健自氏は「和田千吉氏の聞書によれば、遺跡は粗製組合式石棺ありてその中より出でたりといふ」と述べているが（高橋健1925）、森本六爾氏が発見者に面会して質したところでは「細形銅剣一口・有袋銅鉾二口・勾玉二個が合口甕棺内部より発見された」（森本六1930b）ものという。また和田千吉氏をたずねて「同遺跡に対しては全然未踏査であり、従来の聞書といはるゝものも何等自分の関知する処でない事を明言された」ことを記している（高橋健1925）。また「本例に於ては三雲のものとは形態を異にし、シベリアのエニセイ河附近より発見されるものに似た所謂『触角式』柄をなし、其の点特別の興味を持たれてゐるものである」と指摘している（高橋健1925）。

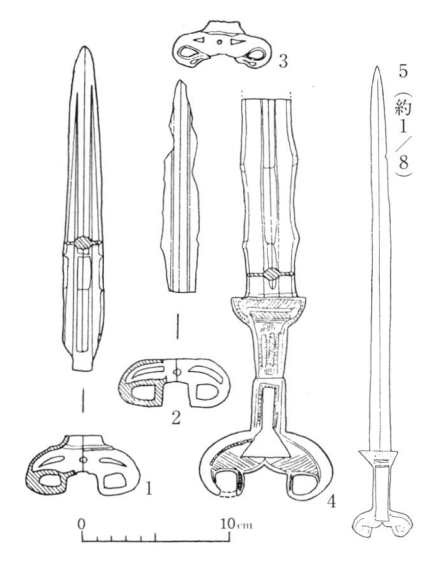

図5　触角式銅剣参考品
1. 対馬タカマツノダン　2. 対馬サカドウ　3. 伝北朝鮮平壌府内　4. 出土地不祥（ユーモルフォポールスコレクション）　5. 中国西岔溝（鉄製）

全長46.5cmのこの剣について、筆者はかつてつぎのような解説を加えたことがある。

　　剣身はいわゆる細形銅剣のふつうの形態をとるが、剣柄は双環をなし綾杉文を刻み出した臘と連珠文、条線文をくみあわせた装飾を刻む剣柄からなる。柄頭は外に張り出して双環をつくっている。触角式なる名称でよばれてきたこの種の銅剣は、漢以前の中国東北周辺に流行した綏遠式青銅剣などのスキタイ系文物に系譜をたどることができる。北方系文化の要素は朝鮮にも及び、さらにわが国対馬の弥生時代遺跡までたどることができる。双環柄頭は対馬の三根サカドウ、同タカマツノダンに出土例があり、本例の如きも乏しいながらその流入経路を知ることができるのである（杉原荘・大塚編1964、177頁）。

以上のうち対馬の2例（対馬遺跡調査会1963）（図5-1、2）は触角式把頭のみであり、ともに細形銅剣を共伴する箱式石棺からの出土例である。その後類品は北朝鮮平壌府内出土と伝えるもの（榧本亀1936）（図5-3）がはやくに報告されていたことを知った。これらは把頭と剣身を別鋳して木柄などに装着されていたと考えられる例である。

その後、秋山進午氏は中国東北地方の初期金属器文化についての論考のなかで、柏崎例を含む触角式銅剣についてもふれられている（秋山1969）。秋山氏は当時までに判明していた触角式銅剣を集成しているが、剣柄についてY字形透孔を設けて近似した文様を施すものに大英博物館蔵品（図4-1）・慶応義塾大学蔵品（図4-3）・ユーモルフォポールスコレクション（図5-4）がある。なかでも慶応義塾大学蔵品はきわめて近似していて同笵の可能性が大きい。また剣身についてみると、慶

三雲南小路▶

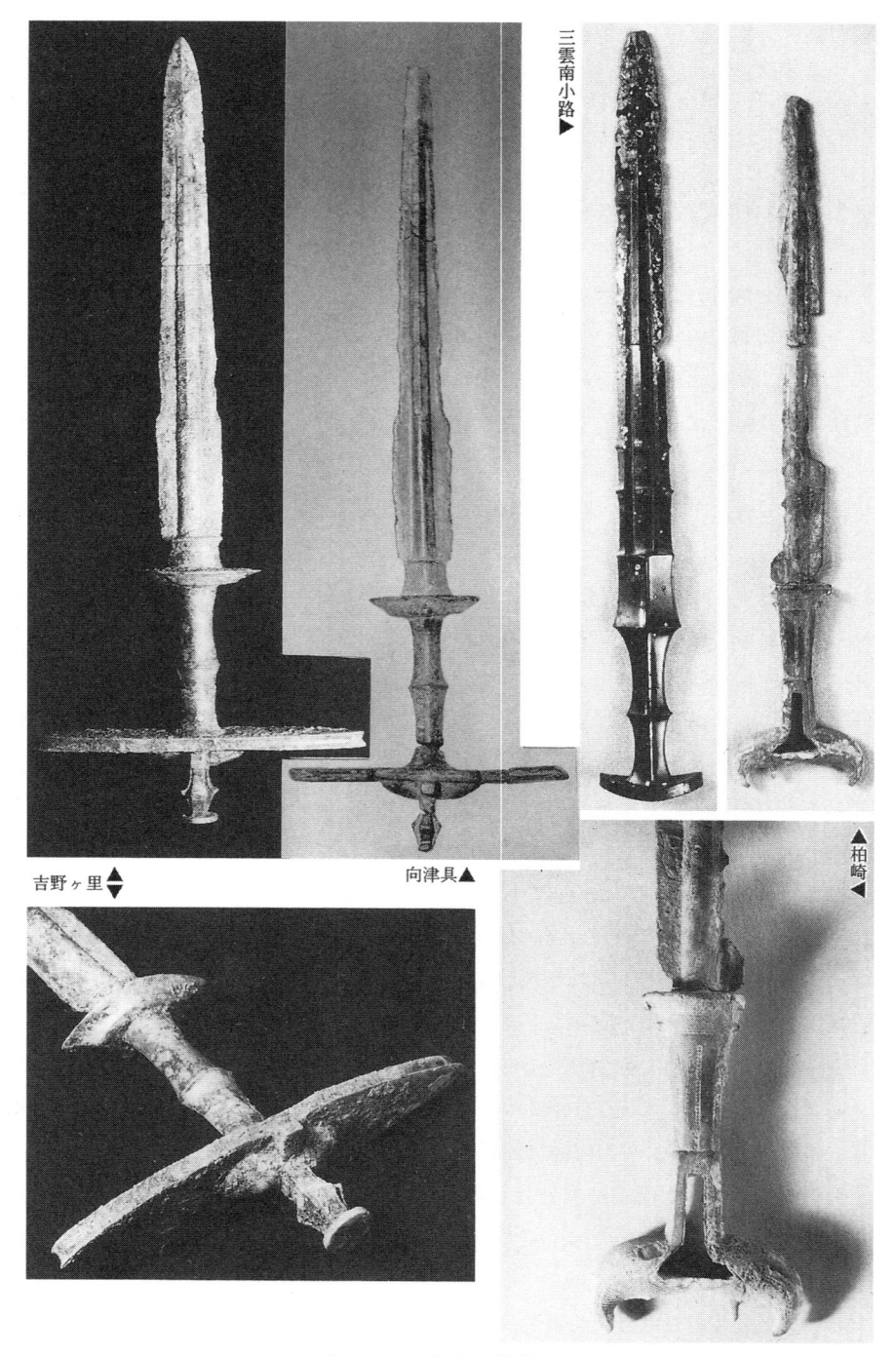

吉野ヶ里▲　向津具▲　　　　　　　　　　▲柏崎

図6　日本発見一鋳式銅剣

第10章 「一鋳式銅剣」覚書　139

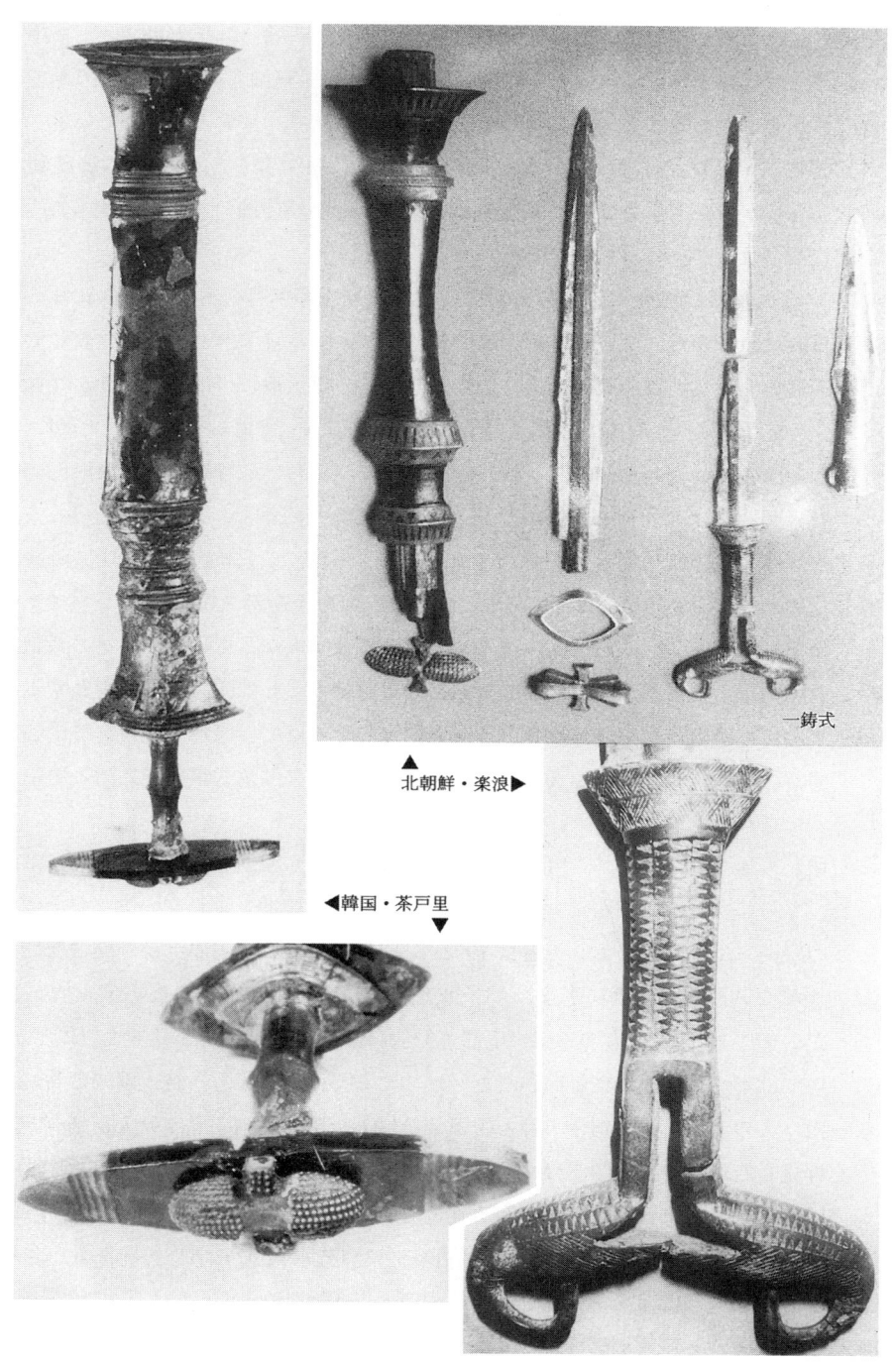

一鋳式

▲北朝鮮・楽浪▶

◀韓国・茶戸里▼

図7　朝鮮半島発見の銅剣および装具

応義塾大学蔵品は遼寧式、柏崎例は細形銅剣古式、大英博物館蔵品とユーモルフォポールスコレクションは中細形古式に比定される。また伝北朝鮮平壌府内出土品（図5-3）は把頭飾のみであるが、触角部の長首鳥が背中合わせに嘴を向い合わせた写実的な作品で、目も表現されている。秋山氏はこれら触角式銅剣が「内蒙古高原に拡がるオルドス式剣に沿源すること」、またこの剣制の朝鮮方面への橋渡し的存在が中国遼寧省の西岔溝遺跡であり、そのなかの触角式鉄剣（図5-5）が注目されることなどにも言及している（秋山 1969）。

　1970年韓国の金元龍氏は触角式銅剣を鳥形アンテナ式銅剣の名称のもとに、ヨーロッパから東アジアにわたる広域視野から、この剣把頭の起源問題について注目すべき論考を発表している（金元龍 1970）。氏はまず大英博物館蔵品の紹介に始まり、その出土地については剣身が「典型的細形銅剣である以上、やはり韓国か日本での出土品とみるのが正しい」であろうとする。つづいて韓国・日本・中国（西岔溝例）の資料を紹介し、転じてヨーロッパにおける青銅剣把の発展変化をたどって、はじめアンテナ式剣は西紀前9～8世紀にドイツで起り、東伝して「南露に広がって、スキタイ遺物中にアキナケス式短剣の把として採用されている」、そして「南露、シベリアの遊牧民地帯に入って動物形にとってかわられるようになった」「この動物美術がスキタイによってウラル東方に広げられ、華北・オルドス・そして一歩進んでわが国にまで広がっている」とその系譜をたどっている。そして秋山氏のオルドス式剣に発して西岔溝を中継地として韓国に現れたとする見解を支持している。また伝平壌府内出土品にみられる写実的水鳥をあげて、原形を維持して受容されたことを指摘している。このような考察を通じて、韓国や日本出土の触角式銅剣の系譜と中継各地の状況などが明らかにされた意義は大きい。

　ところで冒頭にも述べたように、吉野ヶ里シンポジウムのなかの話題の一つに一鋳式銅剣の国籍問題があった。さらに吉野ヶ里例が剣身と剣柄の主軸線が正確には一致しないことをあげて一鋳式とすることへの疑問も出されている。筆者は1992年9月14日から一週間ばかり朝日新聞西部本社のセスナ機で平壌を訪問する機会に恵まれた。筆者の見学希望の一つに楽浪古墳や青銅器関係のテーマがあった。9月16日、筆者の希望に応じて社会科学院考古研究所を見学することができた。楽浪遺物については李淳鎮研究士に説明いただいた。ここではからずも一鋳式銅剣の新例に遭遇することになった。このとき短鋒式銅矛・鐔と把頭飾を伴った細形銅剣・黒漆鞘入銅剣（茶戸里例に似る）などを拝見したが、筆者の関心は一鋳式銅剣に集中した（図7右）。これら青銅器は9月18日付朝日新聞でも「吉野ヶ里と同様式の銅剣」の見出しをつけて紹介され、筆者も帰国後、『朝鮮時報』に寄稿しておいた（小田 1993a）。総じて柏崎例に似た触角式Y字形透孔をもつ剣柄であるが、表面に鋳出された文様には異同がある（図7右下）。剣身は柏崎例と同じく細形銅剣古式に属する。李氏の説明によると個人木槨墓から発見されたという。つぎに吉野ヶ里例で問題にされた、剣身と剣柄の中軸線にわずかながらズレがあって一致しないという点がある。これについて注意してみると、柏崎例をはじめさきにあげた一鋳式の触角式銅剣には、いずれもごくわずかではあるが不一致の事実を認めることができる。新出の楽浪例についても例外ではない。ともあれ、朝鮮半島で発見された一鋳式銅剣の初例であることは、半島に発見例がないことを理由に主張された国産説は崩れ去ることになったのである。

5　おわりに

　わが国で発見されている一鋳式銅剣についてこれまでの研究成果を研究史的に整理しながら、現段階の到達点を示した。わが国では吉野ヶ里、向津具、三雲南小路、柏崎の4例にとどまるが、中国や朝鮮半島にまで、さらに必要に応じては、ヨーロッパにまで視野を広げることによって解明がはかられるべきものであることを痛感させられた。また発掘調査の盛行にしたがって剣装具に示されたような、新資料の発見によって解明される点も少なくない。今後とも新出例の多くはのぞめない資料であるが、このような銅剣の持つ社会史的意味などについては将来に残された課題である。筆者は幸いにもわが国の該資料について調査する機会に恵まれ、折にふれて関連文献にも接してきた。ここに一応の整理を試みて備忘の用に役立てることとしたい。本章に登載した付図は筆者実測のもののほか巻末参考文献から採択した。記して謝意を表する。

第11章　国産銅戈の出現
──新出の細形銅戈鋳型をめぐって──

1　はじめに──青銅武器の国産開始期問題──

　筆者は1985年、この数年間にあいついで福岡、佐賀県下で発見された青銅武器鋳型に中細形型式、さらに細形型式にまでさかのぼるものがあるところから、国産開始時期についての再検討を行なった（小田 1985f）。とくにこれら資料は廃棄された状態で発見されることが多く、共伴する弥生土器が知られていることも少なくないので、時期判定に関しても有力な支証が得られたのであった。その結果は表1のように要約することができた。

　すなわち銅剣、銅矛については確実には中期前半までさかのぼらせることができ、さらに初頭にまでさかのぼらせうる可能性を示唆していた。しかし、この段階では銅戈については、中細形の鋳型は佐賀県・礫木遺跡出土品などが知られていたものの、時期については特定すべき支証に恵まれておらず、中期後半以上にさかのぼりうる確証は得られていなかった。

　しかしながら細形銅戈のなかには幅広い樋の双孔直上に斜格子文帯を有する薄手のものがあり（筆者の細形Ⅱaタイプとするもの）、これが韓国の出土例にもみられないところから、国産品とみる立場もあった。その場合は中期初頭くらいまでさかのぼることになるので、銅剣、銅矛の国産開始期と同時期までさかのぼり、剣・矛・戈三者とも同時に国産が始まったということになるのである。このような問題点をのこしながら現在にいたっていたところに、1989年佐賀市鍋島本村南遺跡で細形銅戈鋳型発見の報がもたらされて、上述の課題解決のうえに重要な手がかりを与えてくれることとなった。

2　銅戈鋳型の観察と時期

　1990年3月、佐賀市教育委員会の好意により問題の鋳型を実測することができた。この石笵は銅戈の上半部にあたる部分で先端部を欠いている。石材は姉や惣座の石笵に似た白色のアプライト質で、現存長9.8cm、幅8.5〜7.6cm、厚さ3.3cmである。本来直方体状に仕上げられていたものであるが、下面はややふくらみをもち、両側角は面取りされている。上面に刻まれた戈の形態は現存する下端幅4.4cm、上端幅3.4cmで、中央に下端幅8.5mm、上端で4mmまでせばまる横断面半円形の柱背が通り、その左右に下端で幅9mmの樋が設けられ、上端で終点に近い柱背に接近していて、この戈が樋の先端が合致するタイプ（細形Ⅱb型式）であることを示している。横断面に

表1 銅戈鋳型の種類と時期

形式 時期		銅　　　剣			中細形	銅　　　矛			中細形	中広形	銅　戈
		細　　形				細　　形					細形
		Ⅰ		Ⅱ	Ⅲ		Ⅰ		Ⅱ			Ⅰ
		a1・b1	a2・b2	b		a1・(b1)	a2・b2	a1・b2			a
中期	城ノ越											
	須玖Ⅰ	｜	｜			a	｜					
	須玖Ⅱ					b				a b		A
後期	原の辻					c				c		B
鋳型例		志賀島	大谷		姉・田能	(惣座)	惣座・姉		大谷	安永田		
関係資料		須玖岡本B	瓢箪塚下	飯盛高木	飯盛高木	板付田端	徳須恵	飯盛高木	立岩10号		鹿部 飯盛高木	

みる厚さは現存笵面の中ほどで復原して、柱背部で8mm、樋部で2mmほどとなる。また戈形の表面全体から、その外側2mm幅くらいまで黒色に加熱された状況がみられ、断面にも厚さ2〜3mm幅までその痕跡が及んでいる。また表面には十数ヶ所に上下、左右方向の大小のヒビ割れ状キズがみられる。加熱によるものであろうか。

　この鋳型が出土した土坑（SK345）からは中期初頭〜前半の弥生土器（城ノ越〜須玖Ⅰ式）が出土していて、その時期を推定することができる。また近くの土坑からは朝鮮無文土器系の甕・高杯・牛角状把手や細形銅剣（Ⅰ式）、石製把頭飾などが出土していて（佐賀市教育委員会 1990）、県内の小城町〔現小城市〕土生遺跡や千代田町〔現神埼市〕姉遺跡などと近い様相を呈している。中期前半より下ることはないと考えられ、また初頭よりさかのぼらないと思われる。これによってはじめて細形銅戈の生産も銅剣、銅矛の開始期と同時期に開始されていたことの確証が得られることとなった。

3　国産開始期銅戈の系譜

　細形銅戈の祖型は韓国にあり、ソウル市崇実大学校博物館に蔵されている霊岩出土と伝えられる

細	形
Ⅰ	Ⅱ
a　b	a　b　c

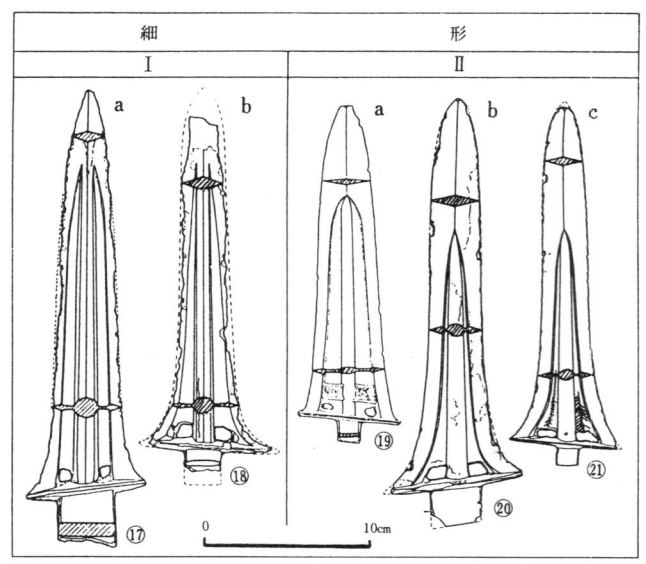

⑰福岡県粕屋郡〔現古賀市〕鹿部(27.9cm)
⑱福岡県春日市須玖岡本(21.6cm)
⑲佐賀県唐津市宇木汲田K17(20.5cm)
⑳佐賀県三養基郡〔現みやき町〕白壁(26.1cm)
㉑福岡県太宰府市丸山(22.0cm)

図1　銅戈の形式分類

図2　佐賀市本村南遺跡出土銅戈鋳型(佐賀市文化財資料室蔵)

一括石笵のなかに銅戈石笵がある（林炳泰 1987、小田・韓炳三編 1991）。これら一括石笵は 1960 年に故金良善教授が入手されたもので、全羅南道霊岩郡鶴山面犢川里出土と伝えられる。近年国指定となった。

　石笵は赤褐色を呈する片麻岩質で 35.8×8.8 cm、厚さ 3.7 cm の長方体完形品である。表裏両面にそれぞれ銅戈と銅剣が彫刻され、いずれも同一方向（茎方向）から注銅するようになっている。銅戈の笵型は全長 28.8 cm、関部幅 7.9 cm、茎幅 2.9 cm を測る。関部に近いところの柱背幅 1.3 cm、樋幅 8 mm で、先端から 5.6 cm のところで両側の樋の先端が合致する。各部の厚さを復原すれば、身の中ほどで柱背部は 1.2 cm のほぼ球形となり、樋部で 4 mm、茎部は湯口まで 2.9 cm の同一幅でつづき、厚さ 7 mm となる。わが国で発見される細形銅戈には大別して樋の先端が合致しないもの（Ⅰ式）と合致するもの（Ⅱ式）の二種があり、さらにそれぞれ厚手で茎部が大きいもの（Ⅰa、Ⅱb）と薄手で茎部が小さいもの（Ⅰb、Ⅱc）に分けられるが（図1参照）、霊岩鋳型はⅡ式 b 類に属するものである。いま新出の本村南鋳型と対照してみると両者きわめて近似したものであることが知られる。両者の比較対照にあたっては、原寸大の実測図を作成して各部を検討しなければならない。その結果、両者ほとんど近似した法量であることが確認できたが、本村南鋳型は柱背において霊岩鋳型より 2 mm ほど幅がせまくなり、横断面にお

いても厚みがやや薄くなるが、身幅においてはほとんど一致する。樋の合致点から先端までの長さは約1.5 cmほど短くなる。すなわち本村南タイプの銅戈は、霊岩タイプの銅戈にきわめて近いものであることが形態・法量の両面から実証されたわけである。

　わが国でこれまで発見されている青銅武器鋳型は片面ばかりであるが、近年福岡市東区八田出土と伝えられる中細形銅戈鋳型が明治大学考古学博物館の保有するところとなり、これがかつて福岡市立歴史資料館保有の同所出土と伝える鋳型と一対をなすものであろうということが知られて、珍しく双面范がそろうこととなった（下條1977/1989、岩永 1989、近藤喬1989）。ともに先端を欠損しているが、福岡市歴范の戈形現存長27.9 cm、明大范の戈形現存長29.8 cmで、復原全長32 cmほどとなる。樋の両端が合致する点で細形Ⅱ式の系統であるが、樋内に綾杉文が刻まれ、茎部が小さいなどの特徴からC類に属することが知られる。

　新出の本村南鋳型はこれまで知られていた中細形銅戈に先立ち、細形銅戈Ⅱb型式から国産が開始されていたことを立証した。しかもその祖型が韓国全羅南道霊岩の銅戈鋳型に求められることも明らかになった。さらに共伴した弥生土器から中期初頭〜前半代に比定

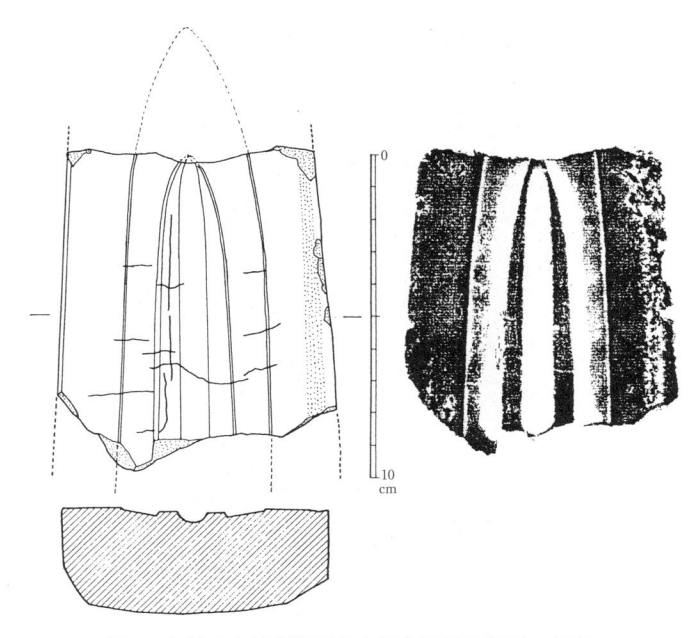

図3　佐賀市本村南遺跡出土銅戈鋳型実測図・拓影

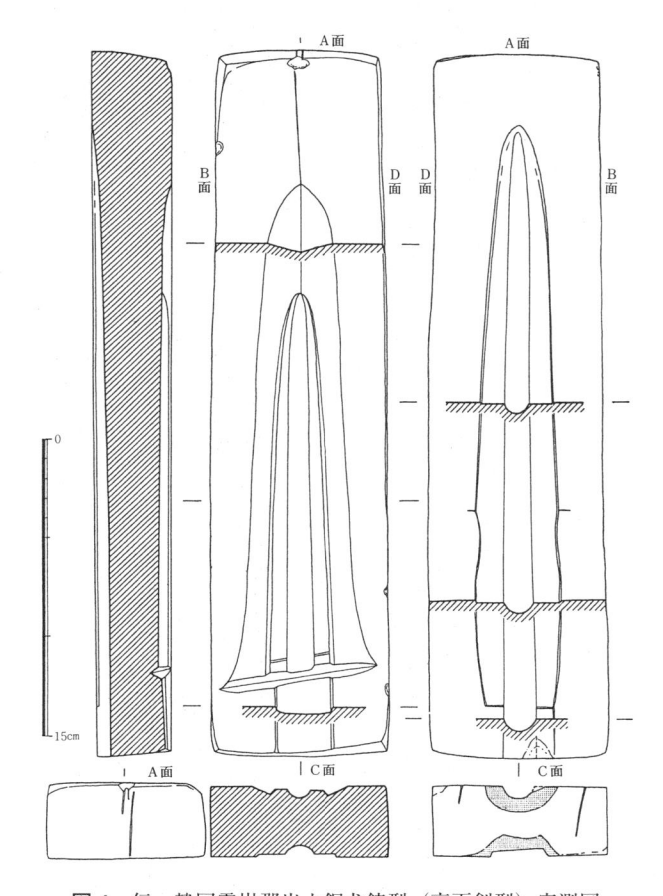

図4　伝・韓国霊岩郡出土銅戈鋳型（裏面剣型）実測図

図5　伝・韓国霊岩郡出土銅戈鋳型（ソウル市崇実大学校博物館蔵）

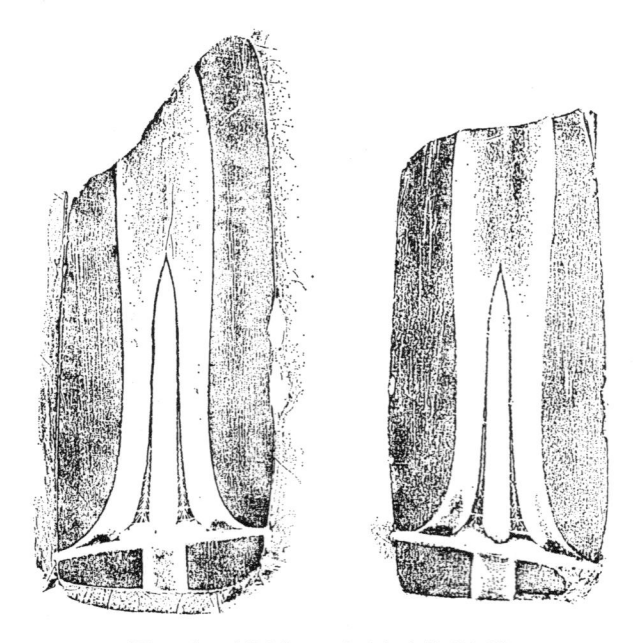

図6　伝・福岡市八田出土銅戈鋳型拓影
（左：明治大学考古学博物館蔵、右：福岡市立歴史資料館蔵）

することができたことによって、銅戈もまた銅剣、銅矛と同時期に開始されていたことをはじめて確実にできた意義は大きい。

4　まとめ

　北部九州における細形型式青銅武器の国産開始期には、福岡県下で銅剣が、佐賀県下で銅剣・銅矛・銅戈が生産されている事実が知られるにいたった。しかし、その発見状況からみて特定の遺跡でだけ生産されたのではなかった。初期国産段階ではいくつかの遺跡で生産されていて、また武器の三者鋳型が同一遺跡でそろっているところはない。すなわち福岡県から佐賀県にわたる地域のなかの集落で小規模生産が始められたのが実情であったことを示している。この段階における青銅武器は墳墓の副葬品として近隣地域の需要に応じていたと思われる。しかし中細段階から中広段階へと推移してゆくにつれて、副葬品から共同体の祭器としての性格を次第に顕現してゆき、福岡県側とくに奴国中心部に工房が集中してゆく傾向を示すようになる。鋳造事業の組織化、集中管理化へと移行してゆくこととなったのである。その背景には後期の"マツリ社会"への移行があったこととのかかわりをみることができよう。青銅武器の国産開始期はそれに先立つ中期の王墓形成期における権威具に供されたものであったのである。

第12章　漢式銅鏃覚書

1　はじめに

　現在発掘調査がすすめられている長崎県壱岐島の原の辻遺跡は、多重環濠をめぐらした弥生時代"一支国"の中心首都に比定されるところとして有名になっている。『魏志』倭人伝にみえる「南北に市糴(してき)」したことを実証する北部九州系と韓国南部系の遺物出土量はおどろくほどの質量を示している。1996年には環濠外北西部に弥生時代中期の船着場遺構が発見された。そしてその構築にあたっては敷粗朶工法によって突堤を築き、盛土して礫で表面を覆うという大陸輸入の最新技術に拠っていたことが明らかになった（長崎県教育委員会 1998、西 1998、後藤惠 1998）。さらにここと旧河道を結ぶ水路等の調査では漢代「五銖」銅銭が発見され、同じく弥生時代中期に韓国西南部の沿海ルートを経てもたらされたことが推測された（杉原敦 1998、小田 1998b）。1998年12月には中期前半の土坑から漢式銅鏃「三翼鏃」が発見された。さきの五銖銭発見地に近いところである。銅鏃は下半分を欠損しているが、現存長28.5mm、最大幅12mm、重さ3.5gで、鏃身は一辺約1cmの三角形をなし、茎部は欠失している。内部は空洞の鋳銅製である（田川 1999）。

2　日本発見の漢式銅鏃

　わが国における漢式三翼鏃の初見は、兵庫県芦屋市山手中学校裏の会下山遺跡出土品である。1950年代に調査された弥生時代後期の山頂式高地性集落として有名である。漢式三翼鏃は山腹の山手中学校敷地内の土砂崩れで発見されたもので、所属遺構などは不明である。報告書（芦屋市教育委員会 1964）ではつぎのように述べられている。

　　この漢式三角鏃は長さ4.4cm、最大幅1.1mmで円形の径2mm・長さ7mmの茎に円錐状の刃がつき、これに三方に翼のついたもので、国内では未だその確実な出土例を聞かず、中国・朝鮮などからはその出土が報ぜられている、殷代以来の骨鏃の発展形式を示す三角鏃である。このような珍貴な舶載遺物が、表面採取とはいいながら、採取されるところに、会下山遺跡の特性が見出され、周辺他遺跡との差違を示している（205頁）。

　その後1973〜74年ごろ、福岡市早良区梅林6丁目のクエゾノ遺跡で漢式銅鏃7点が一括発見された。紹介されたのは20年近く経過した後のことであったから、すでに4点は行方不明となっていた（吉留・茂 1992）。県道49号線の南側丘陵上の、宅地造成に伴う地盤の掘削現場で発見され

た。採集者の記憶では基盤層に切り込んだ落ちこみが認められ、「その断面がおおよそ方形をなし、床面はほぼ平坦」で、「床面付近が鮮やかな赤色を呈していた」という。「銅鏃はその床面付近に露出していたものであり、合計7点を一括採集した」。

さらに銅鏃についてはつぎのように述べている。

> 7点の銅鏃は断面三角形のもの（A類）4点と、断面菱形のもの（B類）3点があり、A類はさらに小型のもの（A1類）2点、やや長身のもの（A2類）1点、小型で鏃身に透かしをもつもの（A3類）1点に分けられた。A類は何れも比較的保存状態が良く、特にA1、A3類は表面に光沢をもつものであった。それに対してB類は腐蝕が激しく、ボロボロという感じを受けた。このうち現存するのはA1類1点、A2類1点、B類1点である。

つぎに現存する3点について法量をまとめておく。

A1類（1）　現存長 3.2 cm、幅 1.0 cm、高さ 0.9 cm、重さ 7.92 g
A2類（2）　現存長 4.3 cm、幅 1.05 cm、高さ 0.9 cm、重さ 12.42 g
B類　（3）　現存長 6.2 cm、幅 0.85〜0.9 cm、厚さ 0.65 cm、重さ 2.44 g

このうち（1）については断面ほぼ正三角形で、基部中に径約 0.6 cm の鉄軸（茎部）が突出していてその断面は円形である。（2）も断面ほぼ正三角形で茎部も一体の青銅製であり、篏被部は身部の各稜部を削り落して断面六角形をなす。（3）は表面の風化が著しく断面は菱形で、篏被部・茎部それぞれ段を設けて区別されている。発見時の様子から土壙墓の副葬品としての可能性が大きいように思われる。

1989〜90年、沖縄県具志川市〔現うるま市〕宇堅貝塚の発掘調査で漢式三翼鏃が発見されている（大城 1990）。沖縄本島中部東海岸に突出した勝連半島基部に位置している。弥生土器は南九州の入来式土器・山ノ口式土器などで、在地系土器と共伴する。中国系遺物では後漢鏡片（方格規矩鏡か）も注目される。銅鏃についての報告はつぎのようである。

> 本貝塚の資料は会下山のものと異なり、刃の形態は断面が正三角形の三角錐を呈する。各面に 1.9×1.7 cm のくぼみが認められ、先端は鋭利に尖っている。又、茎の部分は鉄製で錆の付着がある。法量は長さ 3.9 cm、幅 1.4 cm で重量は 8 g を計る。

南九州系弥生土器から推定される時期は弥生時代中期であり、中頃以前にさかのぼる可能性も考えられる。鉄が付着しているので鉄製茎が用いられていたことが知られる。また読谷村中川原貝塚では穿上横文五銖銭とともに三翼鏃1点があり有茎式である（大阪府立弥生文化博物館 1994）。

このほか筆者未見であるが、福岡県朝倉郡夜須町〔現筑前町〕内採集と伝えるものがある（柳田 1986a）。

3　中国・朝鮮の漢式銅鏃

わが国ではまだ発見例の少ない漢式三翼式の銅鏃であるが、中国の戦国・漢代においては欠かせない武器の一つであった。断面三角形鏃はすでに殷代後期の骨鏃にまでさかのぼる。青銅鏃も殷代からみられるものの、のちの三翼鏃の原型になるものに、陝県上村嶺1747号墓（春秋前期）出土

原の辻遺跡
(bは推定復原形)

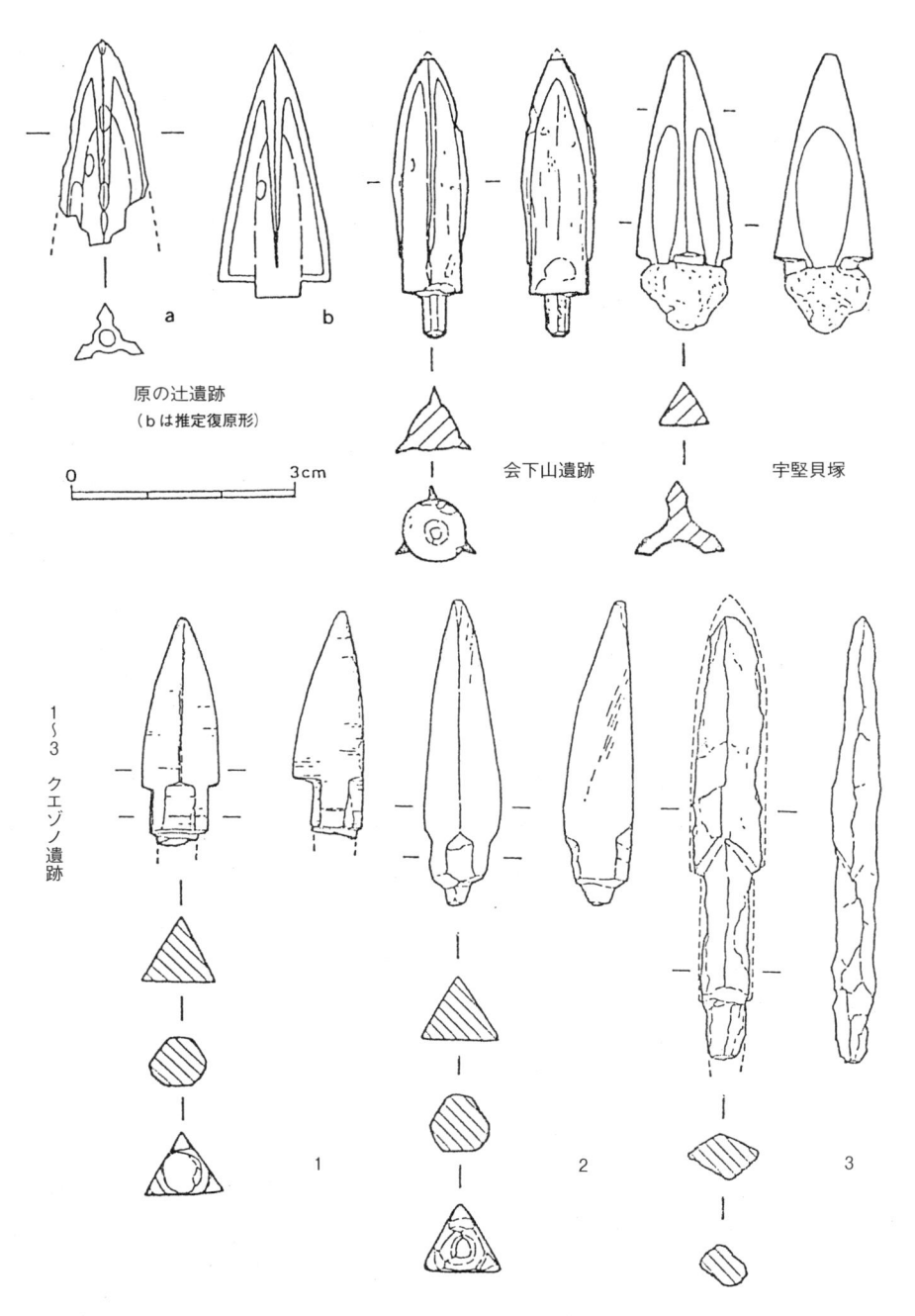

会下山遺跡

宇堅貝塚

1〜3 クエゾノ遺跡

図1 日本発見の漢式銅鏃

の三鎌鏃がある（林 1972）。伝統的な挈矢の鏃と同様な中国風で、従来の2枚の鎌を3枚にしただけである。つづく春秋時代後期前半には洛陽中州路2737号墓例がある。身の長い三鎌鏃である。漢代の三角錐鏃・三翼鏃に近似したものは戦国時代後期に現れている。成都羊子山172号墓には両者が伴出していてその好例である（林 1972）。鉄茎らしき茎が残存し、弩桟のそばから出土している。すでにはやく戦国時代の弓矢についてふれられた駒井和愛氏は、銅鏃について二翼式・三翼式・

三角錐式の3種をあげ、二翼式（縶矢）がもっとも古くから行われていること。二翼式がもっとも多く、ついで三翼式、三角錐式はもっとも少ないこと。つづく漢代には三角錐式が大多数で三翼式がこれに次ぎ、二翼式は極減することなどを指摘されている（駒井 1974a）。さらに朝鮮半島で楽浪遺跡出土の漢代文物のうち銅鏃について、双翼鏃・三翼鏃・三角錐鏃・四角錐鏃の4種があること。楽浪土城の調査では双翼鏃は皆無で他の三種が多く、なかでも三角錐鏃が最多であったことなどを述べている（駒井 1974b）。そして三翼鏃については、以下のように述べている。

> 三翼鏃とは中空円錐体の軸の三方に翼状の突起を出したものあるいはその硬化形式で楽浪出土品はその柄部が鉄製であることが注意される。この種の三翼式銅鏃が分布している範囲はかなりひろく朝鮮各地のほか満州・蒙古・甘粛・河南からシベリア・南ロシア・中欧・南欧に及び、さらにエジプトなどにも達していることは顕著な事柄であって、かつて鳥居博士はこれをスキート鏃と称し、その起源をスキタイ文化に求むべきことを論ぜられたことがある。それはともかくとして楽浪のみならず、戦国時代から漢代にかけての永い間中国を中心とする東亜地帯に盛行した三翼銅鏃がもと西方または北方の民族のそれの系統をひいていることを認めるには誰人も躊躇しないであろうと思われる。かの後漢の劉熙の『釈名』釈兵の条に矢の根について、
>
> 又謂之鏑、鏑敵也、言可以禦敵也、斉人謂之鏃、鏃族也、言其所中皆族滅也、関西曰釭、釭銃也、言有交刃也。
>
> と解いていることに拠ると、漢代にあって現今の陝西、甘粛などに相当する地方において族を特に釭とよんだことが知られるのである。同じく『釈名』の釈車の条に「釭空也、其中空也」といっていることを参照すると、関西地方で釭と呼ばれていた矢の根が中空であったことが推想され、かの三翼族の円錐状の軸が空になっているのを説いているかのごとく見える。

また三角錐鏃や四角錐鏃については、その柄が銅製・鉄製の2種があり、後者の方が多いという。さらに歴史的名称についてもつぎのように考証されている。

> 後漢の楊雄の『方言』第九に箭鏃について述べ、
>
> 凡箭鏃胡合嬴者、四鐮或曰拘腸、三鐮者謂之羊頭。
>
> と記している。この「胡合嬴者」「四鐮」「三鐮」とはいかなることを言い表わしたものであろうか。晋の郭璞はこれに注して「胡鏑在於喉下、嬴辺也」「鐮陵也」といっている。胡については『周礼』考工記に戈戟の制を記して、うちに「戈広二寸、内倍之、胡三之、援四之」といい、鄭注に「胡其子」と見えていることが、最も参考に値するのである。この記事を現存する遺品と合わせかんがうると、胡とは「援」や「内」に対しやや直角をなして下向し、柄に接着すべき部分であることが知られるので矢の根の胡もまた柄に連接すべき下向している個処を指したものと認めることができるであろう。ちなみに嬴とは恐らく刃部の辺端をいったものと思われる。しからば箭鏃にして胡が嬴と合するものとは、特に翼状に突き出ている刃部を有さずして、胡と刃部とが合一しているものという意味になるのであって、その四鐮すなわち四稜、または三鐮すなわち三稜をなすものとは、あたかも四角錐状あるいは三角錐状を呈する鏃であろうと解することが極めて穏当のようにおもわれるのである。

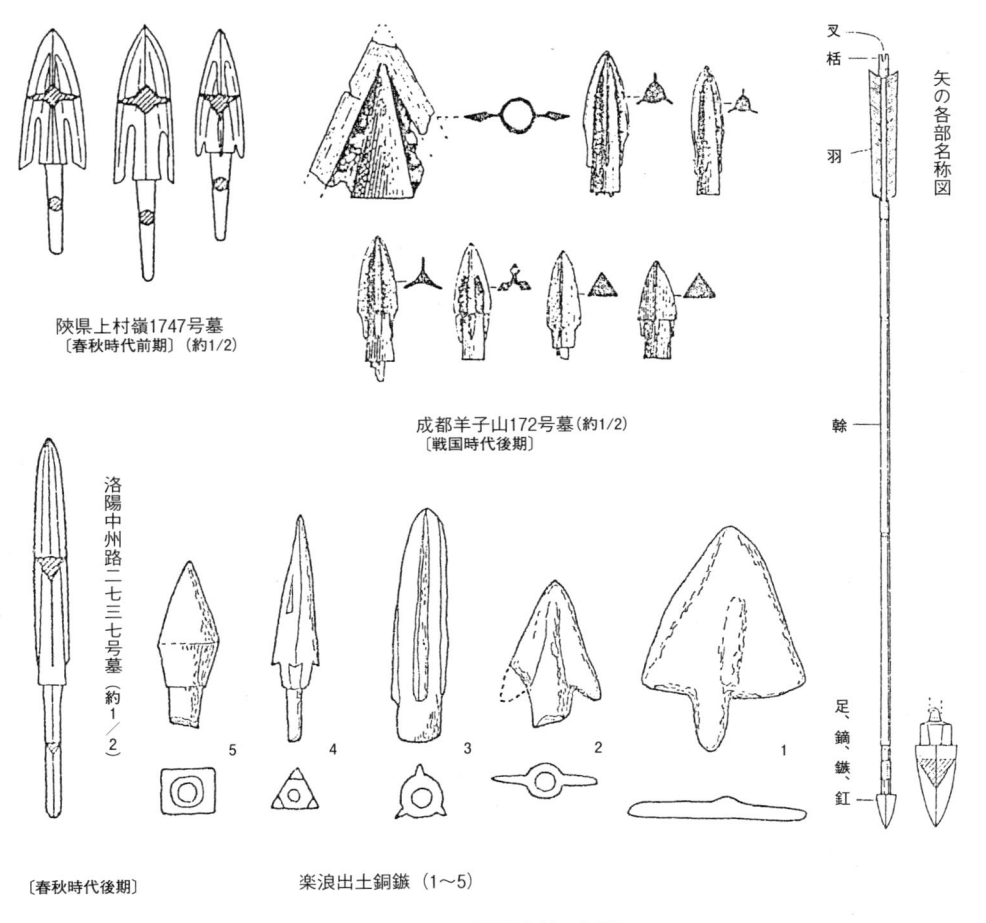

図2　中国・朝鮮発見の銅鏃

かくして四角錐鏃は「拘腸」、三角錐鏃は「羊頭」と呼ばれていたと思われる。さらに「拘腸」については、魏の張揖の『博雅』釈器の鏃の条に鉤腸・羊頭の名がみえることを引いて、本来は「鉤腸」であったであろうと指摘している。

また林巳奈夫氏は、さきに駒井氏が引いた『釈名』にみえる矢の部分名称について図示して、具体的に示されている（林　1976）。

4　おわりに

以上おおまかに概観したところから、戦国時代後期に出現し漢代に継承された三翼鏃・三角錐鏃の概要を知ることができた。中国系文物の朝鮮半島への流入は戦国時代ごろからはじまっているが、漢代に入っては前漢武帝の楽浪郡以下四郡の設置（元封3年＝108 B.C.）前後から倭への流入も目立つようになり、なかでも昭帝の元鳳6（75 B.C.）年に楽浪・臨屯・玄菟郡を併合して大楽浪郡が設けられてから倭との交渉が格段と頻繁になった（小田　1990a）。楽浪郡設置前後は弥生時代中期

前半から中頃にあたり、大楽浪郡時代は弥生時代中期中頃から後半にあたり、奴国王墓(須玖岡本)や伊都国王墓(三雲)はこの時期にあたる。原の辻遺跡例は中期前半代で漢文化伝来初期のころに比定され、さきに発見された漢代五銖銭とあい近いころの伝播であったかと思われる。クエゾノ遺跡例は時期不詳ながら、一括発見で鉄製茎がのこされているところからも矢の一括副葬土壙墓の可能性があり、その場合は中期の可能性も考えられる。会下山遺跡例は弥生時代後期の集落かそれにかかわる祭祀に使用されたことが考えられる。中期ごろまでに流入して伝世したかと思われる。宇堅貝塚例は中期相当期で、必ずしも九州ルートからの流入とのみは限定できない。中国大陸ルートも考えられるであろう。漢代銅鏃の伝来は、今のところきわめて少ない状況であり、その用途についても本来の用途を継承したとのみはいいきれない。楽浪系文化の伝播現象と理解しておいてよいであろう。将来のための備忘録としておきたい。

第13章　銅鐸の出現

1　青銅武器・銅鐸分布圏説の修正

　和辻哲郎が1920（大正9）年刊の『日本古代文化』のなかで、近畿を中心とする銅鐸分布圏と、北部九州を中心とする銅剣・銅矛分布圏があたかも対立しているかのような図式を提示して以来、北部九州と銅鐸は無縁のものとする考え方が広く定着していった。以来40年を経た1960年になって、福岡県春日市大南（おおみなみ）で後期前半頃の弥生土器を伴う突線帯文小銅鐸が発見されたことは、学界にも大きな衝撃を与えた。やがてこの小銅鐸をめぐって近畿系新段階銅鐸の模倣説、国産銅鐸の祖型説などが提示された。さらに1977年になって大分県宇佐市別府（びゅう）で、終末期の弥生土器を伴って住居跡のなかに廃棄された状態の朝鮮式小銅鐸が発見された（小田・真野　1977）。以来1989年まで連年のように小銅鐸や石製鋳型が発見されて、現在では北部九州における発見例は12遺跡を数えるにいたっている（表1）。一方、銅鐸を模したといわれる鐸形土製品も1978年以来佐賀・福岡両県下で十数例が発見されるにいたり、なかには中期前半代にまでさかのぼるものや、朝鮮式小銅鐸の特徴を写したと思われるものまである。このような情況をふまえて、国産銅鐸の出現をめぐって近畿説と九州説の論議は急速に白熱化してきた。

　また、これまで銅鐸分布圏外にあった山口県でも1976年、阿武郡阿東町〔現山口市〕宮ケ久保遺跡で中期の溝遺構から木剣・木戈・木鐸などの発見があり、1985年には島根県簸川郡斐川町〔現出雲市〕荒神谷遺跡で最古・古段階銅鐸と中細・中広形銅矛の一括埋納状態が明らかになるなど、青銅器の二大分布圏説も半世紀余を経過して

表1　九州発見銅鐸および鋳型一覧（発見年次順）

	発見年	出　土　地	形　　態	材質・寸法
1	1960	福岡県春日市小倉・大南	突線帯文銅鐸	高10.1cm
2	1977	大分県宇佐市別府	朝鮮式小銅鐸	高11.8cm
3	1978	福岡県春日市大谷	無文鋳型片	片麻岩、推高20cm
4	1979	〃　春日市須玖岡本	無文鋳型	片麻岩、高5.9cm
5	1980	佐賀県鳥栖市柚比町安永田	横帯文鋳型片	白雲母アプライト、推高20cm
6	1981	大分県大分市横尾・多武尾	無文小銅鐸片	推高6cm
7	1982	福岡県福岡市博多区席田・赤穂ノ浦	横帯文鋳型片	砂岩、推高20cm
8	1983	〃　糸島郡前原町〔現糸島市〕浦志	無文小銅鐸　銅舌	高 6.55cm　長 5.4cm
9	1985	佐賀県唐津市宇木汲田	銅舌	長10.5cm
10	1986	福岡県福岡市西区今宿・五郎江	無文小銅鐸	高13.5cm
11	1986	〃　嘉穂郡嘉穂町〔現嘉麻市〕原田	有文小銅鐸　銅舌片	高 5.5cm　現存長 3cm
12	1989	〃　福岡市博多区板付	無文小銅鐸　銅舌	高 7.6cm　長 5.2cm

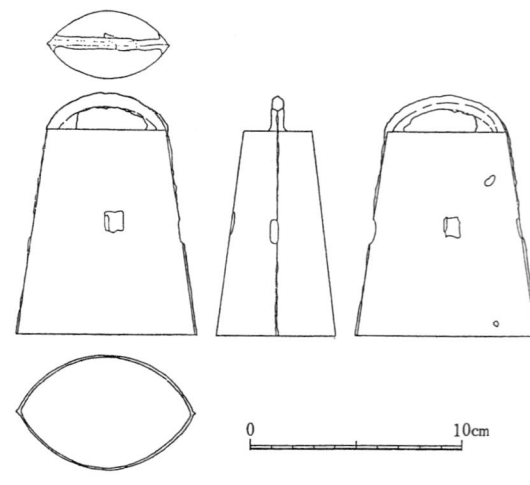

図1 大分県別府発見小銅鐸復原図（小田 1981）

2 出現期の小銅鐸

　北部九州における小銅鐸および鐸形土製品（土製鐸）のうち、朝鮮式小銅鐸の特徴を有するものや中期前半までさかのぼる鐸形土製品の存在が注目されてくる。まず現在まで日本国内で発見されている朝鮮式小銅鐸は大分県別府遺跡出土例（小田・真野 1977）（図1）だけである。この小銅鐸は廃棄時に故意におしつぶされて扁平になっていたが、復原された当初の形態・法量は韓国慶尚北道月城郡入室里遺跡出土の第1号小銅鐸ときわめて近似したものとなった（小田 1981a）。しかしその廃棄された時期が弥生時代終末期であったところに、九州地方に輸入された時期について新たな問題が提起されることとなった。この問題を解決するためには朝鮮半島における小銅鐸の型式と共伴遺物の組合せの検討、その時期区分、さらにそれを承けて、西日本に半島系文物が輸入される時期を決定する作業が必要である。

　筆者はかつて朝鮮半島の小銅鐸を槐亭洞タイプ（大田直轄市）と入室里タイプに大別した（小田 1977a）。前者は古式の朝鮮式細形銅剣（尹武炳II式〔尹武炳 1972〕・森貞次郎BI式〔森 1968b〕）・多鈕粗文鏡・無文土器（尹武炳　鉢形土器B類）などを伴い青銅車馬具・鉄製利器を欠く。後者は新式の細形銅剣（尹III式・森BII式）・多鈕細文鏡に加えて青銅車馬具・鉄製利器が伴う点で、明らかに前者より後出する。これらを総合した結果、前者は前3世紀代に、後者は前2世紀後半代から後1世紀前半頃までの年代観がひき出されたのであった。このような結果をふまえた上で、北部九州に入室里型小銅鐸が伝来した時期を考定するならば、弥生時代前期後半から中期後半頃までに相当する。さらに北部九州への本格的な朝鮮青銅器文化の伝来は弥生時代前期末に始まる。そして墳墓に副葬される青銅器の内容は弥生時代終末期まで4期に区分することができる（小田 1986e）。その第1期は前期末から中期前半までが相当する。細形青銅武器（剣・矛・戈）・多鈕細文鏡・円環型銅釧・鉇など、いずれも朝鮮半島系青銅器文化で構成されていて、第2期（中期中頃～終末）以降にみられるような中国系遺物（前漢鏡・車馬具・貨幣〔半両銭・五銖銭〕・ガラス製璧・鉄製武器など）は含まれていない。したがって小銅鐸の伝来する下限が第2期にまで及ぶものであるかどうかが検討されなければならない。いずれにせよ、別府小銅鐸が弥生終末期の遺跡から発見されたことは、少なくとも伝来以後1世紀以上もの伝世期間があったことを認めねばならない。このような朝鮮系青銅器の伝世については、漁隠洞遺跡（慶尚北道永川郡琴湖面）出土の2種の韓式小銅鏡が佐賀県三養基郡二塚山遺跡の後期初頭甕棺から、また大分県竹田市石井入口遺跡の後期終末住居跡から各1面ずつ発見されている事例がある（小田 1982d）。

1981年には大分市多武尾で小銅鐸の発見があった（図2）。この場合も住居区域に近い溝に弥生土器とともに廃棄されており、その時期は後期終末頃であった（小田1982a）。小銅鐸は破砕されていて現存するのは全体の3分の1程度であったが、復原総高5.5～6cmほどの現在まで知られている小銅鐸中の最小形品に属する。鐸の上面（舞）中央には楕円形（1×0.8cm）の一孔があり、鐸身部には通常の国産銅鐸にみるような型持孔や裾部内面の凸帯などもない。鈕は菱環鈕に近いものであったと推定され、鐸身のふくらみも大きく、無文である。朝鮮式小銅鐸に通ずる特徴をそなえた国産品であることでは異論ないであろう。

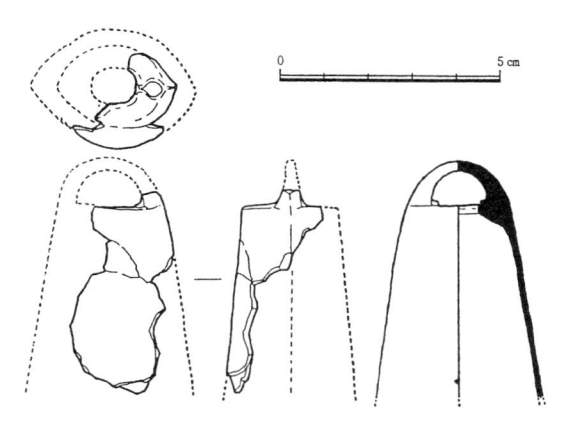

図2　大分県多武尾発見小銅鐸実測図（小田 1982a）

1986年には福岡県嘉穂郡嘉穂町〔現嘉麻市〕原田遺跡で銅舌を伴った小銅鐸の発見があった（福島 1987/1991）。この発見遺構は木棺（第15号墓）の墓壙内であった（図3）。墳墓に関係する小銅鐸の発見はこれが唯一の例である。墓壙は東西2.34m、南北2.63（+）mのほぼ隅丸長方形で、その東寄りに墓壙壁に平行してさらに二段目の墓壙（2.4以上×0.8m）を設け、その中に木棺土壙（1.72×0.46m）を配置する。小銅鐸は最初の広い墓壙内のほぼ中央付近で、床面から7～8cmほど上位

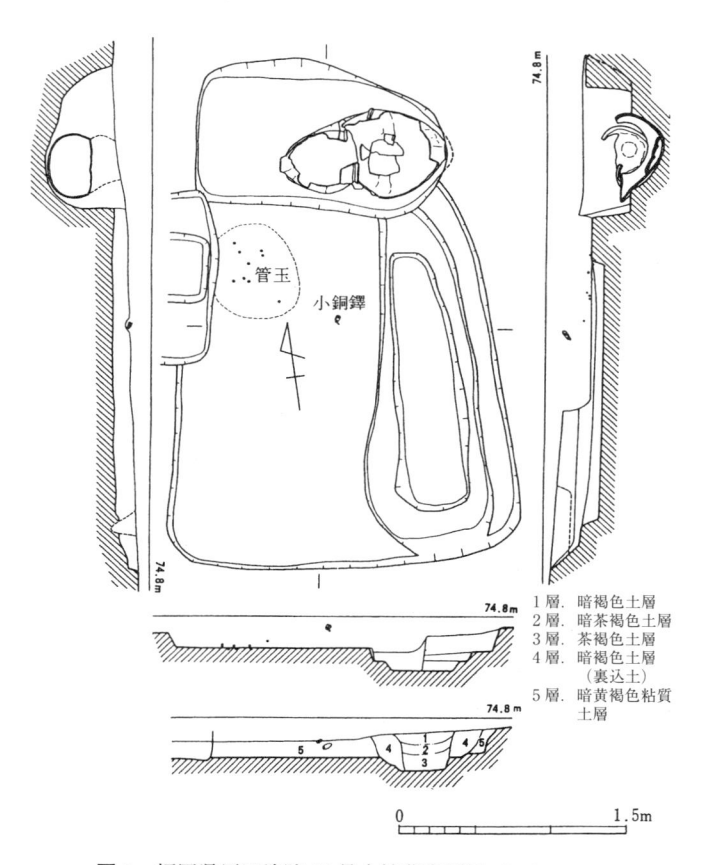

図3　福岡県原田遺跡15号木棺墓実測図（福島 1987）

にあった。「鈕は南を裾は北を向き、床面にほぼ水平状態で埋置されていた。舌は、鈕の直下に接するように存在しており、鐸身の長軸方向とは直交して置かれていた」（福島 1987/1991）という。その西北側には碧玉製管玉20個（長さ0.5～1cm・径2.5～4mm）が集中して発見された。床面から小銅鐸出土レベルの間に散出しているところから、両者は共伴関係にあると指摘されている。その時期については、墓壙の北側にこれを切って中期中頃の土器棺墓（壺と甕の合棺）が存在すると

ころから、それ以前に比定されるので中期前半代とされている。調査者は小銅鐸・管玉群を棺外副葬品としているが、これらの出土位置とレベルから考えると、木棺土壙を墓壙の東端に片寄せていることともあわせて、むしろ墓壙上面あたりでの墳墓祭祀に供された遺品であったとすべきではあるまいか。

　小銅鐸は総高 5.5 cm、身高 4.3 cm、底径 3.2×2.7 cm で身のふくらみは大きく、菱環鈕形で古式の特徴をそなえている。身の裾部両面に幅 1 cm ばかりの斜格子文帯がめぐり、この部分はやや厚くつくられている。舞の中央に 2 孔、鐸身両面計 5 ヶ所に不定形孔があり、鋳造時の鋳回りの中断によって生じたものと型持孔の両者がある。銅舌は現存長 3 cm で上半を欠損しているが、二面型合せによる製作で、基底部径 6 mm を測る。本小銅鐸の特徴は鐸身裾部に斜格子文帯を加えた点にある。中期前半という年代ともあわせて、朝鮮式小銅鐸から国産小銅鐸の誕生を示すものとする考え方（国産銅鐸九州発生説）、また弥生時代前期に出現年代を求める近畿地方国産銅鐸の模倣品説の両説がある。

　以上の 3 例の小銅鐸から、中期前半より下らない頃に北部九州で小銅鐸の製作が始められたことが知られ、朝鮮式小銅鐸もその頃までに伝来していたと考えられる公算はきわめて大きい。別府小銅鐸は中期前半までに伝来していたと考えてさしつかえないことが推察されるにいたった。また多武尾小銅鐸も別府小銅鐸と同じように弥生時代終末期の集落関係遺跡に廃されていたことは、両者あい似た使用目的に供されたことをうかがい知ることができるとともに、その製作年代の上限も中期前半までさかのぼりうる可能性を有しており、その祖型が朝鮮式小銅鐸に求められることも明らかになったといえるであろう。

3　出現期の小銅鐸鋳型・鐸型土製品（土製鐸）

　小銅鐸の発見もさることながら、その鋳型の出土は銅鐸の製作が鋳型発見地点の近くで行われたことを確実にすることとなる。

　1978 年福岡県春日市大谷遺跡で、住居跡に伴って細形銅剣 2、中細銅矛 1、中広銅矛 1、中広銅戈 1、小銅鐸 1 の計 6 個の鋳型破片が発見された（佐土原 1979）。この材質については細形剣・中細矛・銅鐸は片麻岩、中広矛・中広戈は砂岩と発表された。銅鐸と中細矛の鋳型は同一住居跡から発見され、共伴する弥生土器片は中期後半から末頃に比定されている。銅鐸鋳型は裾部近くの端部分であるが、国産銅鐸に一般的にみられる鰭の表現はなく、推定高も 20 cm 内外といわれ、石材も朝鮮半島の青銅利器鋳型に似た片麻岩（滑石）を使用するなどから、朝鮮式小銅鐸の形態が推測されている。半島発見の小銅鐸には高さ 9.4 cm から 14 cm までのものがみられるが、さらに伝・平壌発見の完形石笵では総高 19 cm を測り、国産の最古段階（菱環鈕式）や古段階（外縁付鈕式）の銅鐸に近い大きさにまで発達していたことがうかがわれる（小田 1977a）。このことは近年韓国国立慶州博物館の所蔵となった伝・大邱市西区坪里洞出土と伝える環頭銅舌（長さ 20.7 cm）の存在からもさらに確実性を加えることとなり（国立慶州博物館 1987）（図 4）、ひいては 1983 年に佐賀県唐津市宇木汲田遺跡で発見された中期中頃に比定されている環頭銅舌（長さ 10.5 cm）も朝鮮

式銅鐸に伴う可能性が否定できなくなったことへとつながってゆくのである（小田 1991a）。大谷鋳型の復原形が朝鮮式銅鐸の大型品に近いものとなることは、日韓両国の銅鐸をめぐる交渉を考える上で重要なことであろう。その後この鋳型は以上にとどまらず、その裾部に接合する下端の破片が追発見され、その部分には国産銅鐸にみられるような連続鋸歯文の線刻と、さらに帯状突起がめぐっていて、両者の接点を示している。

1979 年には同じく春日市の須玖岡本遺跡で片麻岩製の小銅鐸鋳型完形品（図 5）が単独出土した（小田 1991a）。近くには中期の墳墓・溝・住居跡などがある。鋳型面での高さ 5.9 cm の無文小銅鐸で、鰭の造出もない朝鮮系小銅鐸の範疇に属するものである。年代比定については決定的ではないが、調査者は中期中頃以前の焼土群や中期中頃の住居跡との関係に注目して、中期後半以前と推定している。

一方、銅鐸を土製品に写したものとされている鐸形土製品の発見も、1978 年以来佐賀・福岡両県下であいついで発見されており、すでに 20 例に及ぼうとしている（小田 1986b）。なかでも佐賀平野東部の佐賀市・神埼郡・三養基郡地域に集中し、福岡県では朝倉郡・春日市・北九州市と散発的である。遺跡の種類は住居跡・井戸・貝塚・土器包含層など生活遺跡にかかわる点が注目される。時期は中期（初〜）前半に始まり後期

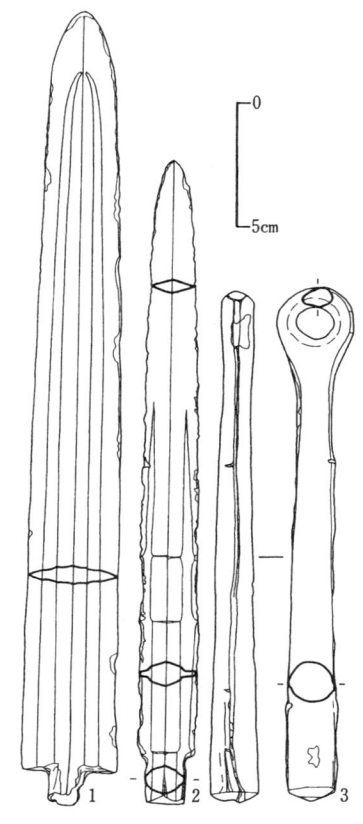

図 4　伝・坪里洞出土青銅器
1・2.銅剣、3.銅舌（国立慶州博物館 1987）

中頃に及んでいる。それらのうち、銅鐸の出現期とかかわるのは中期中頃以前の資料である。

1982 年から 83 年にかけて佐賀県神埼郡千代田町〔現神埼市〕詫田西分遺跡では鐸形土製品 4・舌形土製品（土製舌）1 が発見されている（小田 1986b）。いずれも完形品ではないが復原高 6〜7 cm ほどのもので、発見遺構は井戸・貝層中・土坑内などに廃棄された状態であった。共伴土器その他から中期前半から中頃に比定されている。これらの鐸形土製品は両身の正面中央と両側面に各 1 個の円孔を有するものと、身の正面左右にあい対する 2 孔を配するものがあり、また鐸の上面（舞）に前者で鈕に直交する 2 孔、後者で中央に 1 孔を設けている。このような形態的特徴から明らかに朝鮮式小銅鐸の系譜をひいていることがうかがわれるであろう。さらに頭部を欠いているものの、左右方向の貫通孔を有する土製舌が発見されたことは、これらの鐸形土製品が本来の楽器としての機能を発揮して使用されていたことを示すものである。また 1985 年に福岡県北九州市小倉南区北方・北九州大学構内で発見された完形品は、総高 9.2 cm と上述した詫田西分遺跡の諸例よりやや大きく、裾部平面形は円形をなし、舞に 1 孔をつくる（中村修 1985：ただし報文に記された土製鐸の高さは 1 cm 短いので本文中では訂正した数値を記している）。写実性においては詫田西分例より劣るものの、多武尾小銅鐸とあい似た形状である。中期中頃以前の包含層に相当するといわれる。

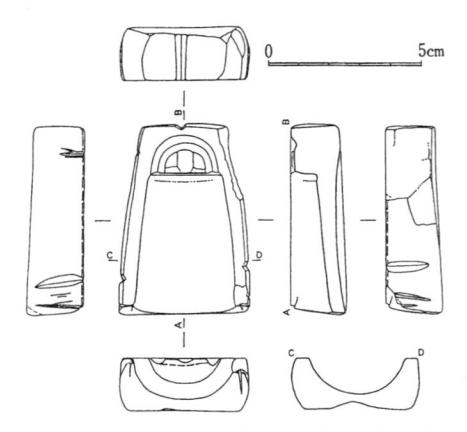

図5 福岡県須玖岡本発見小銅鐸石笵実測図
(丸山・平田 1980)

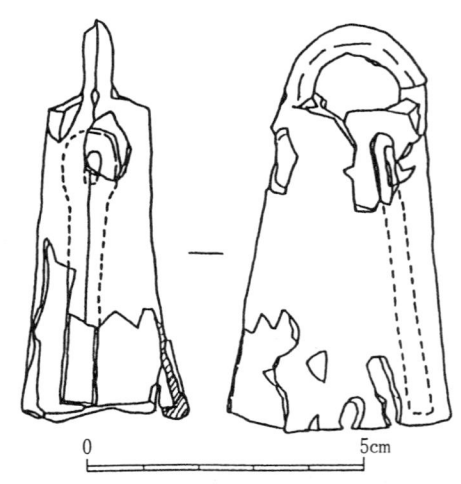

図6 福岡市板付発見銅舌内蔵小銅鐸実測図
(1989年現地説明会資料)

このような諸例からみて、北部九州地域では中期前半頃に朝鮮系小銅鐸が伝来し、ただちにその仿製品がつくられたが、さらに土製仿製品も製作されて両者が行われていたことが知られる。なお詫田貝塚では平行刻線を加えた卜骨や鳥形木製品なども発見されていて、日韓文化交渉の視点からも一層の注意がうながされている。

北部九州ではその後も後期中頃まで鐸形土製品が使用されている。福岡県朝倉郡夜須町〔現筑前町〕琴の宮遺跡（後期中頃）では丹塗土製舌を共伴している。また佐賀県下では鈕を省略したり、さらには鐸身を五角形にするなどの変形をとげてゆくが、そのなかでも神埼郡〔現神埼市〕川寄吉原例は、鐸身に武器を手にした司祭者かと思われる人物の刻画がみられるところから、当時のマツリの実態を推察する手がかりとして研究者の注目を喚起したところである。

4 国産銅鐸の出現

中期前半代には北部九州に朝鮮式小銅鐸が伝来し、それを承けて国産小銅鐸・鐸形土製品が住居やムラのマツリに供されていたことが知られた。そしてこれらの使用は後期の終末にまで及んでついには廃棄されるにいたった。しかも無文小銅鐸で銅舌を伴った福岡県浦志銅鐸、福岡市板付銅鐸（図6）などの発見は、後期にいたるまで楽器的機能を保有していたことを示している。

一方、銅鐸の製作を示す鋳型の発見も中期後半までさかのぼり、福岡県大谷、同須玖岡本の石笵は朝鮮式小銅鐸の模倣から始まるものであったことを示していた。しかし大谷鐸笵の裾部鋸歯文や、さらに前半代にさかのぼる福岡県原田鐸の裾部格子文帯の付設などから、国産銅鐸九州発生説も浮上してくるにいたった。加えて佐賀県鳥栖市安永田鐸笵や福岡市博多区赤穂ノ浦鐸笵など、中期後半にさかのぼる古段階（外縁付鈕・横帯文）銅鐸石笵の発見は一層その傾向を助長するにいたった。しかし近畿発生説論者たちは、古段階銅鐸を近畿第Ⅱ様式土器（流水文）と対応させて中期初〜前半代に、それよりさかのぼる最古段階（菱環鈕）銅鐸を前期末頃に比定する研究史上の所見に拠っているので、北部九州における古段階銅鐸石笵の発見も、近畿系銅鐸の模倣亜流現象として処理されることになる。いま九州以東における銅鐸鋳型の発見は表2のようである。

すなわち共伴土器にみる鋳型の上限は畿内第Ⅱ様式までであるが、なかでも1982年に発見され

表2　九州以東で出土した銅鐸鋳型一覧

出　土　地	出　土　年	型式・文様	材　質	備　考
兵庫県姫路市名古山	1959	扁平鈕 四区袈裟襷文？	凝灰質砂岩	破片1 Ⅳ土器
〃　赤穂市上高野	1916	扁平鈕 六区袈裟襷文？	〃	鈕部破片1 推定高約80 cm
〃　姫路市今宿丁田	1980	扁平鈕 四区袈裟襷文？	玄武岩？砂岩？	破片1 Ⅳ土器
〃　神戸市兵庫区楠・荒田町	1978	？	花崗岩質砂岩	破片1 疑問あり
大阪府茨木市東奈良	1973〜75	外縁付鈕 流水文5 袈裟襷文1 扁平鈕1	凝灰質砂岩	完形1（高43.5 cm） 破片13 Ⅲ土器以降
〃　東大阪市弥生町鬼虎川	1981	外縁付鈕 袈裟襷文	和泉砂岩	破片2（接合） Ⅱ〜Ⅳ土器
奈良県橿原市一町新沢	1928以前	？	粘土	
〃　磯城郡田原本町唐古	1977	扁平鈕 流水文 ？	凝灰質砂岩 粘土	破片1 完形1（高40 cm） Ⅳ〜Ⅴ前半土器
京都府向日市鶏冠井町石橋	1982	外縁付鈕？ （菱環鈕？）	砂質頁岩？ （粘板岩？）	破片1 Ⅱ〜Ⅲ土器
福井県坂井郡三国町〔現坂井市〕 加戸下屋敷	1985	？（未成品）	凝灰質砂岩	完形1（高21 cm） Ⅲ土器以降

た京都府向日市鶏冠井遺跡の石范は鈕部分を欠く鐸上端部であって、畿内第Ⅱ〜Ⅲ様式の土器と伴出している。この鋳型はその後の復原研究によって身高14.4〜16.2 cm、鈕高3.6 cmの「鰭のほとんどない菱環鈕銅鐸のものである」こと、畿内第Ⅱ様式段階に砥石に転用されたのち本鋳型が廃棄されていることから、鋳型として使用された時期は畿内第Ⅰ様式新段階までさかのぼりうることなどが論及されている（山中 1985）。現在までこの最古段階銅鐸が九州では発見されておらず、山陰と近畿周辺に分布している事実は九州発生説論者にとって最大の弱点であろう。一方、古段階の福田型銅鐸について、安永田、赤穂ノ浦石范の発見とあわせて、現在知られているすべての福田型銅鐸を九州で製作されて中国地方に運ばれたとする説が提起されているが、現段階ではまだ定説とするには問題がのこされる（春成 1989）。

　ところで銅鐸の製作についてみる場合、逸してならないのは原料の問題である。銅鐸の化学分析についてはすでに1920年代にさかのぼって梅原末治氏の提言がある（梅原 1911a/1911b/1925b）。すなわち『周禮』「考工記」の鐘鼎の斉における銅と錫の比率が梅原分類の古式鐸とする第一・二類銅鐸と近似し、また戦国〜漢代の貨幣や銅器の分析値とも近似するところから、これらの中国産銅器類を原料にしたとする舶載青銅器鋳つぶし説を提起し、また一方では銅鐸の成分に金銀が含まれていないところから自然銅を使用した可能性ありとする国内産原料（自然銅）説も提起している。この両説とも半世紀を経た今日再び争点となっていることは奇しき因縁ともいうべきであろうか。また梅原説では第一類銅鐸（現行の菱環鈕式・外縁付鈕式を含む）の分布が「畿内を中心として、越前・但馬の方面に分布し、また一方備中・讃岐・伊勢に及んで居る」ところから、近畿地方の古式銅鐸は九州を経由せず、朝鮮半島東岸から直接山陰・北陸沿岸に流入して出現するにいたったとする点はいまなお捨てがたい構想であろう。

　近畿を中心とする銅鐸の系譜は《聞く銅鐸》から《見る銅鐸》へと大型化への道をたどり、クニ

のマツリとしての性格を顕現してゆくのに対して、北部九州の銅鐸およびそれを写した鐸形土製品は、朝鮮式小銅鐸の系譜をひくものと、古・中段階銅鐸を模倣したものがあったが、ともに住居やムラの祭祀以上には出ることがなく、クニのマツリとしての性格は矛や戈などの武器型祭器によって示されてゆくのである。

第14章　宇木汲田出土環頭銅舌考

1　宇木汲田遺跡の銅舌（図1）

　佐賀県唐津市宇木汲田遺跡は、はやくから弥生時代中期を中心とする甕棺墓群があり、多鈕細文鏡や剣・矛・戈など青銅武器が発見されるところから著名である（唐津湾周辺遺跡調査委員会 1982）。また甕棺にみる青銅器の所有方式が、漢以前の朝鮮系青銅器で構成されていて、特定集団墓の複数棺に分散的に副葬されているところから、故杉原荘介氏によって中期前半代の分散所有型の典型として「宇木型」の名称が提起された（杉原荘 1977）。

　1983年11月から翌年2月にかけて唐津市教育委員会では上述の甕棺群と道路をはさんで西側の水田を発掘した（A地区）。そしてそのN48-49トレンチの1号土壙から青銅製舌が発見されたのである。この地点は集落跡の周辺部であろうと考えられているところで、3.5×5mのトレンチのなかから4基の土坑と11個の柱穴が検出された。銅舌が発見された1号土坑はトレンチ南端にあり、「東西2.35m、南北1.55m以上、深さ0.2mの北西側にやや張り出した浅い土壙である」。舌は「土壙のほぼ中央に孔を上にして斜めに立った状態であった。土壙の床面より5cm程浮いており頭部は4b層にかかる」。また「4b層からは中期初頭〜中葉の土器が出土しており、他のトレンチでの結果も総合すれば4b層は中期中葉須玖式の包含層である」（中島直 1985）。

　つぎに銅舌については、「全長10.5cm、上端幅1.35cm、中程幅1.1cm、下端幅1.45cm、上端厚0.5cm、中程厚0.95cm、下端厚1.15cmを測る。上端に0.6×0.2cmの縦長楕円形の孔を有する。孔は上面で1.45×0.7cmの不整な楕円形を呈する。平面形は上端部がやや丸味を有し、中程が細くなった棒状を呈する。側面形は上端が薄く下端に向い、

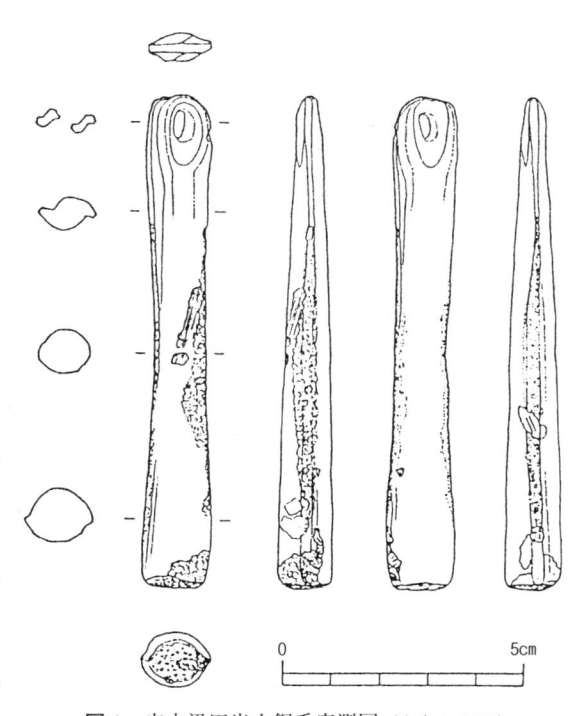

図1　宇木汲田出土銅舌実測図（中島直 1985）

しだいに太い。断面形では上端は扁平で両端にコウバリを残し、中程では円形に近くバリを残さない。下端では円形に近く太いがわずかにバリを残している。下端面は鋳上りそのままで多数のバリが残る。上端で鋳型が左右に1～2 mmずれていたと考えられ、孔は主に上面で一方に偏し、斜めに穿孔されている。また上半部左側面は型ズレがコウバリ状に残っている。青銅製で表面は灰緑色を呈し、キズを受けた部分には赤銅色の地金が光る。使用の痕跡と考えられる摩耗の跡が孔上端と体部中程両側面に残る。孔上端の摩耗はなめらかであるが、孔の大きさを楕円形に上端に向かって大きく拡げたと考える。体部側面の摩耗は特に激しく、型ズレによるコウバリや側面の稜線をつぶしている。摩耗は鎬打痕によるもので側面で特に強く一部表・裏面に及ぶ。体部中程では身幅を減少させ、断面形を正円形に近く変形させている」（中島直 1985）。

以上の調査結果から、①時期は弥生時代中期前半であり、②舌は環頭青銅製で全長10.5 cmを測り、朝鮮系小銅鐸の大きさをこえる銅鐸の存在が考えられるにいたった。調査者は「材質と大きさの点で小銅鐸の舌とは異なり、本格的銅鐸の舌と考えられる」（中島直 1985）と指摘した。また蛍光X線分析の結果では「鉛の含有量がごくわずかな銅・錫を主原料とする」（中島直 1985）という。

2　わが国における銅鐸と銅舌（図2・3）

わが国発見の銅舌で、銅鐸と伴出した例はきわめて少ない。2、3の参考例を拾いだしておこう。

鳥取県（伯耆）東伯郡泊村〔現湯梨浜町〕小浜・池ノ谷（倉光 1933a/1933b）
昭和8（1933）年1月、古段階（外縁付鈕）流水文銅鐸（総高42.5 cm）のなかに2個の銅舌が入れられた状態で発見された。報告者によれば舌の一つは完形で長さ13.9 cm（「4寸6分」）、他の一つは上端が欠けているが現存長9.1 cm（「3寸」）である。さらに完形品については「先端部（太い方）の周囲が少しく角がとれて圓味を帯びてゐる。是は、其の姿相からいふと他の物との衝撃によるらしい。同時に孔の上部の面が心持ち凹部をなし、且つ其の面に僅に圓味を見せてゐることが注意を喚ぶ。此の圓味は同じ孔の他の内面と對比して見ることに依って、確認せられて可いやうに思ふ。(中略) 確に鐸の内部にぶらさげられ、其の下端は鐸の内面と觸撃せしめられたであらうと考へられる」（倉光 1933b）という観察結果が記されている。本銅鐸は兵庫県神戸市桜ヶ丘1号鐸、滋賀県守山市新庄町（旧野洲郡新庄村）1号鐸（大坪正義旧蔵）（梅原 1933）と同笵である（佐原・春成 1982）。

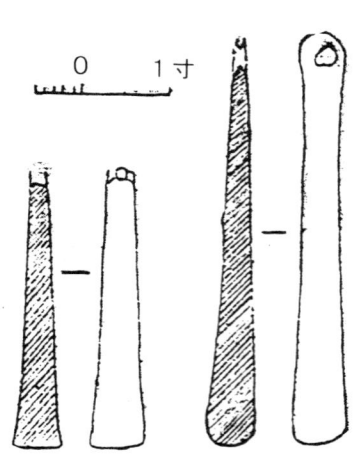

図2　鳥取県・泊出土銅舌実測図
（倉光 1933b）

和歌山県（紀伊）有田市（旧有田郡箕島町）山地（梅原 1983/1985）
明治22～23（1889～90）年発見された銅鐸（外縁付鈕？横帯文？）（佐原・春成 1982）の「内部に土に混じて中指大の青

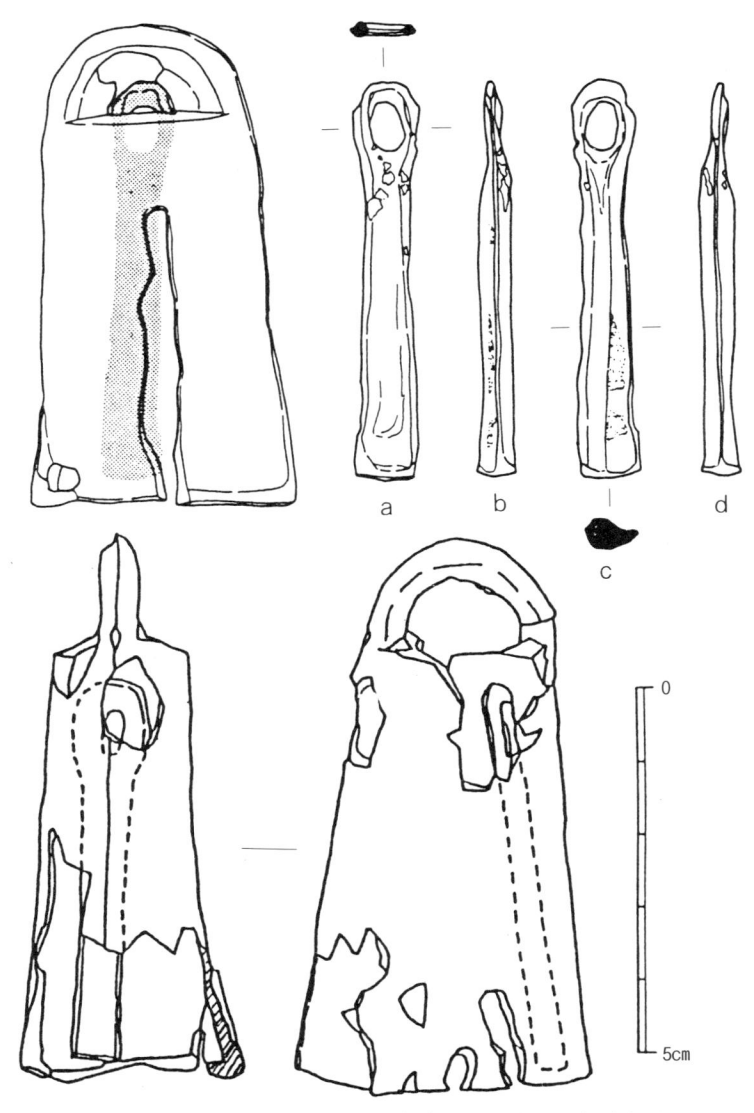

図 3　浦志 A 地点（上）・板付（下）出土小銅鐸・銅舌実測図
（常松 1984、調査整備委員会資料）

銅製の棒があったとの事である。果して然らばこれは舌であろうか。実物がないので固より究め得ない」（梅原 1985）とされたが、その後「環頭銅舌」であったことが知られた（梅原 1985）。また大正 5（1916）年この銅鐸出土地のすぐ下段で大阪湾型銅戈 6 口が発見された（梅原 1983）。

兵庫県三原郡西淡町〔現南あわじ市〕松帆・慶野・中ノ御堂（日光寺蔵）（梅原1985）

貞享 3 年（1686）発見されたと伝える 8 口のうちの一つが現存する。外縁付鈕 4 区袈裟襷文鐸（総高 22.5 cm）である。環頭銅舌 1 個が現存する。全長 11.8 cm。

福岡県糸島郡前原町〔現糸島市〕浦志A地点（常松 1985）

昭和58（1983）年溝状遺構から銅舌を内蔵する無文小銅鐸が発見された。溝内発見の土器には弥生時代中期から古墳時代に及んでいて、小銅鐸の時期を特定するにいたらなかった。遺構は「弥生後期終末のある時、増水による河川の氾濫によって、周辺の土砂粒と共に遺物が押し流され、その後暫くは上部の粘質土層が、渇のような泥（ぬかるみ）を呈し、その間に新しい段階の遺物が混入したと思われる」（15頁）。小銅鐸（総高6.55 cm）、銅舌ともに舶載品にくらべて材質は粗悪であるが、遺存状態は良好である。舌は「全長5.40 cmで、穿孔部の最大幅が0.90 cm、くびれ部の幅が0.65 cm、下端部の最大幅が0.85 cm」（18頁）の環頭銅舌である。発見時には小銅鐸内に内蔵されており、鐸身長5.35 cmのなかに舌端が露出せぬよう収められていたので、環頭頂は鐸身の舞孔の上まで突出していた。この状態が使用状態でないことはいうまでもない。おそらく舌端は鐸身より5 mm以上突出していたであろう。

福岡市博多区板付

平成元（1989）年6月、板付環濠集落の内濠の北西約20 mの外に位置する後期前半の堅穴住居跡から、銅舌を内蔵する無文小銅鐸が発見された。小銅鐸の埋納は住居跡埋没後掘られた土坑内に鐸身の側面を上にして、ほぼ水平に埋納されたもので、坑底は住居跡の床面より20 cmほど高い。小銅鐸は総高7.6 cm。内蔵された舌は、長さ5.2 cm、厚さ4 mmの環頭銅舌で、孔面を上にして埋没時の鐸身上面にくっついた状況であった。舌の下端は鐸身の外に出ていない。両者の長さを勘考すれば、本来舌の下端が鐸身の下面より突出しない懸垂法も可能であるが、鐸身の裾部断面形が内側に突出しているところからみて、舌の下端は鐸身の外まで垂下していたと考えるのが自然であり、埋納時に垂下したまま舌を鐸身内におしこんだものと思われる。

以上、銅鐸内に環頭銅舌が収められた状態で埋納された実例をみたが、朝鮮式小銅鐸の系譜を強く継承した九州の小銅鐸（総高6.5～7.6 cm）では総長5.2～5.4 cmの環頭銅舌が伴っている。また近畿周辺の古段階（外縁付鈕）銅鐸（総高22.5～42.5 cm）に伴出した銅舌は、いずれも環頭銅舌で全長10 cm以上である。また鐸身の下端または下端近くの内面突帯と銅舌が発音時に接触するのであるが、これと接触する銅舌の部分は中程より以下から下端近い部分であることは、これまでの諸例からうかがうことができよう。

3　朝鮮式銅鐸における大型鐸（図4・5）

わが国の銅鐸が、朝鮮半島で流行した小銅鐸を祖型の有力候補としていることは広く認められているところである。朝鮮半島出土の小銅鐸ははやく故榧本杜人氏によって集成され（榧本 1980a）、筆者もその後の発見例を加えて検討したことがある（小田 1983e）。銅鐸の総高は9.28 cm（平安南道・上里）から14 cm（平安南道・「夫租薉君」墓）まである。このうち上里遺跡では銅鐸3口（総高①9.28、②10.25、③9.45 cm）と鉄舌2個がある。「今残存している鉄舌1個によってみると、

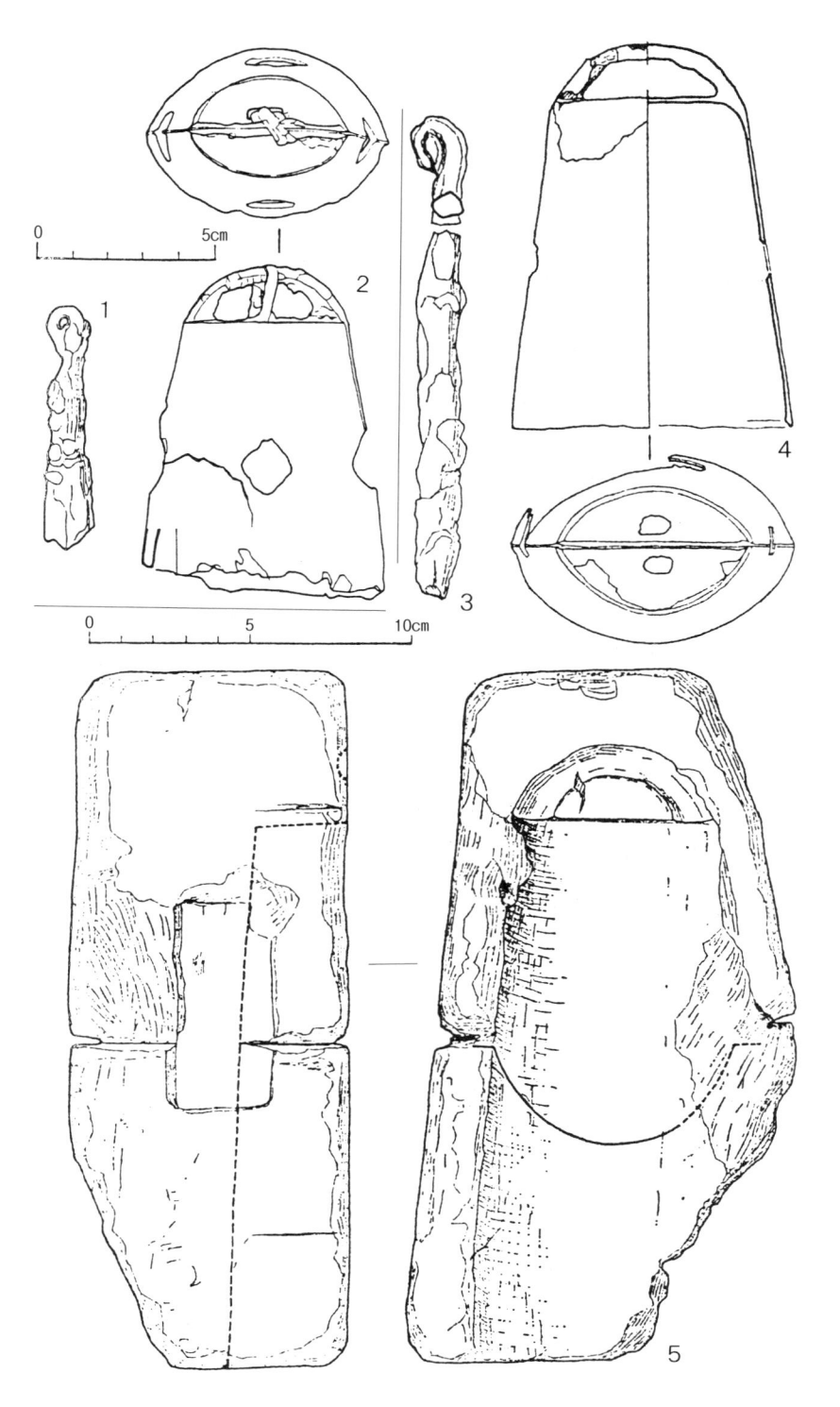

第 14 章　宇木汲田出土環頭銅舌考　165

図 4　朝鮮出土小銅鐸・銅舌・石笵実測図
1・2. 上里、3・4. 梧野里、5. 伝平壌（榧本杜 1980a/1980b）

夫は殆んど半を欠いて現在 7.4 cm、上は細くして鉤し、下に太くなって現在の欠損部で径 1.38〜1.45 cm ある」(榧本杜 1980b)。銅鐸と遊離していてその所属は不明であるが、「懸垂の状は第 3 号鐸によると鈕に針金をかけて二筋とし、而して夫を孔に通して鐸内に挿入している。これに鉄舌の鉤部をかけて懸垂した」(榧本杜 1980b) ことを示すもので注目される。また梧野里古墳 (平安南道平壌市) では銅鐸 4 口、鉄舌 2 個がある。鉄舌の 1 個は上端を欠くが現存長 11.5 cm ほどである。自余の例については本章でさしあたって必要ではないので省略する。

以上はいずれも朝鮮式小銅鐸といわれているものであるが、昭和 3 (1928) 年 3 月、当時の朝鮮総督府博物館に購入された平壌付近出土と伝える銅鐸鎔范は、これまでの通例をこえた大型品が存在したことを伝える点で注目される (榧本杜 1980a、梅原・藤田 1947)。すなわち、「上部に半鐶形に近い鈕があり、身は下方が次第に開いて下縁の一直線をした我が銅鐸に外形の似た銅馬鐸の鋳范であって、この種の遺品の實例は上来一再ならず図示したものに属する。この范は同形合せ范の一半のみの存するもので、滑石を以て作り、両側に合印を刻し、それが内部にまで達してゐるのは、同時に雄范の范持を挿入したことを思はしめる。下半に歓損はあるが、その長さ 21.2 糎、厚さ 8.6 糎、范の鐸は高さ 17.0 糎 (常松 1984)、下部の長径 9.4 糎である」(梅原・藤田 1947)。

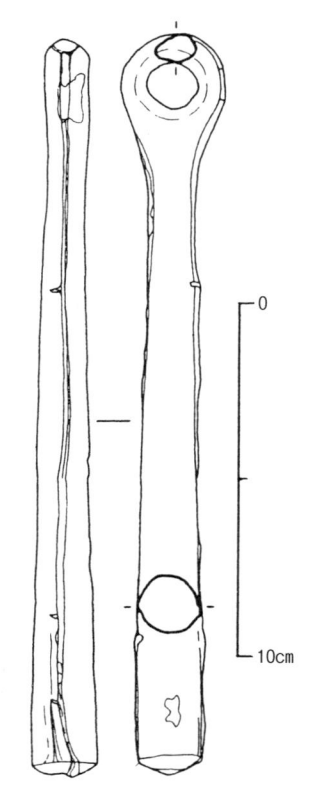

図 5　伝・大邱市坪里洞出土銅舌実測図 (国立慶州博物館 1987)

この伝平壌付近出土鎔范の出現によって総高 20 cm に近い銅鐸が製作されていたことが知られるにいたったが、またこの大きさはわが国古段階鐸の大きさに匹敵するものである点でも注目されるところである。

つづいて 1987 年春、韓国国立慶州博物館で、同館に寄贈された李養璿氏収集文化財展が開催された。偶々訪韓中の筆者はこの文化財展を観覧する機会に恵まれたが、なかに大型の環頭銅舌 1 個があって著しく興味を引いた。その後李氏の収集品の学術的資料集が刊行されて詳細な内容が知られるにいたった (国立慶州博物館 1987)。出土地は伝大邱市西区坪里洞で、多樋式銅剣 1 口、細形銅剣 (新式) 1 口と共伴したとされるもので、銅剣の形態や銅鐸の大型化などから初期鉄器時代の末期に比定されている。環頭銅舌は全長 20.7 cm で、鋳造時のコウバリが左右にみられるが、ほぼ円形断面をなす舌の下端より 3 分の 1 ほどのあたりにはコウバリが摩耗していて、このあたりが鐸身と接触していたことをうかがわせる。この銅舌の出現によって、西日本の弥生時代中期相当期に少くとも高さ 20 cm 以上の銅鐸が韓国に存在していたことが知られる。

4 まとめ

　これまでわが国における銅鐸と環頭銅舌の共伴例には近畿周辺にみられる古段階（外縁付鈕式）銅鐸と、北部九州にみられる無文小銅鐸の二者があることが知られた。前者は中期初め（畿内第Ⅱ様式土器）までさかのぼらせる説（佐原 1979）を上限とし、共伴する銅舌は全長 10 cm 以上であった。後者は後期前半以降の例であり、銅舌の全長は 5 cm 強であった。また後者については銅鐸誕生以前の試作品と、銅鐸の模倣品の 2 種に分類する考え方（佐原 1983）、また近畿と関係なく、北部九州のなかで朝鮮式小銅鐸から模倣した小銅鐸や土製品を製作して使用した世界があったとする考え方（小田 1981b/1986b）がある。北部九州出土の鐸形土製品・土製舌は佐賀県詫田西分（神埼郡千代田町〔現神埼市〕）の出土例が中期前半代にまでさかのぼる（小田 1986b）。このような状況のなかで発見された宇木汲田遺跡の環頭銅舌が、全長 10 cm 強であり、時期も中期前半以前に属していたことから、調査者をして「材質と大きさの点で小銅鐸の舌とは異なり、本格的銅鐸の舌と考えられる」（中島 1985）と考えさせるにいたった。なお、本例については、「奈良国立文化財研究所（沢田正昭氏）にお願いした蛍光 X 線分析によると、鉛の含有量がごくわずかな銅・錫を主原料とする青銅製品であることが判明している」（中島 1985、注 13 による）。一方、筆者はさきにも述べたように、朝鮮半島において総高約 20 cm に及ぶ大型鐸の鋳型が発見されているところからただちに同意できかねるものがあった。とくに地理的にも近い北部九州では、朝鮮式小銅鐸の流入やそれを模倣した鐸形土製品の流行があったことも考慮されねばならなかったからである。つづいて韓国大邱市坪里洞出土と伝える大型環頭銅舌の出現は、宇木汲田の銅舌を本格的な国産銅鐸用とのみ考えることの危険性を示すものとされよう。朝鮮式銅鐸のなかにも大・小 2 種があることが明らかになった現在、朝鮮式銅鐸に所属する立場も浮上してきたことを指摘しておきたい。

第 15 章　日韓の出土五銖銭

1　はじめに

　1982 年、筆者は山口県宇部市沖ノ山遺跡で出土した甕形土器に内蔵されていた多くの漢代銅銭を紹介した（小田 1982e）。元文 5（1740）年の発見以来伝世されたもので、破片もかなり現存しているところから当初の正確な数量は知りえないが、筆者の調査時点では半両銭（四銖銭）20 枚・赤側五銖銭 59 枚・穿上横文五銖銭 22 枚・不明五銖銭 15 枚、破片 19 片と報告しておいた。半両銭・赤側五銖銭は前漢武帝代より下らないころの鋳造銭であり、穿上横文五銖銭は前漢宣帝の神爵年間（61～58 B.C.）鋳造銭であるから、沖ノ山出土の銅銭内蔵甕の年代は西紀前 1 世紀中葉を上限とすることとなり、西日本の弥生時代中期後半に相当する。

　これまでわが国の弥生遺跡から王莽代の貨銭が発見された例は近畿・中国・九州にわたっていて、弥生時代後期に相当することも周知のところであるが（岡崎 1982）、沖ノ山遺跡における前漢代五銖銭の発見は、わが国における確実な弥生時代五銖銭発見の嚆矢となった。その後折にふれて五銖銭の発見例に注意を払っていたところ、最近までにいくつかの事例に接することができた。本章では沖ノ山例以後の管見に入った日韓地域の出土五銖銭について紹介すると共に、一部弥生時代以降の出土資料についてもあわせて記し、筆者の備忘録としておきたい。

2　福岡県北九州市守恒遺跡の五銖銭

　北九州市小倉南・北区を貫流する紫川の中流域にあたり、小倉南区守恒の西面するゆるやかな丘陵斜面に位置する集落遺跡である。1982 年の調査で五銖銭が出土したのは、第 1 地点谷部の水溜め遺構最下部である。東側は地山整形して谷部への落ちこみ斜面を形成し、底部は浅い皿状をなすが、西側は落ちこみは認められず谷部に移行する。出土遺物は多くの弥生土器、石器 5 点（石庖丁 2・砥石片 3）、木製品（鍬 5・杯 1・梯子 3・建築部材等）があるが、時期を判断すべき弥生土器は約 80 点で甕・壺・鉢・高杯・器台など弥生時代中期後半～末頃（須玖 II 式）でまとめられる（栗山 1986）。

　五銖銭は折り重なるような状況で出土した木製品の最下部に発見された。五銖銭について以下に報告書を引用しておく。「外径 2.5 cm、方孔一辺長は横 9.5 mm、縦 9.0 mm、外縁厚 1 mm で、表面右上方に厚く、左下方に薄くなっている。特に左下方では欠損状に幅 1.5 mm にわたって外縁が

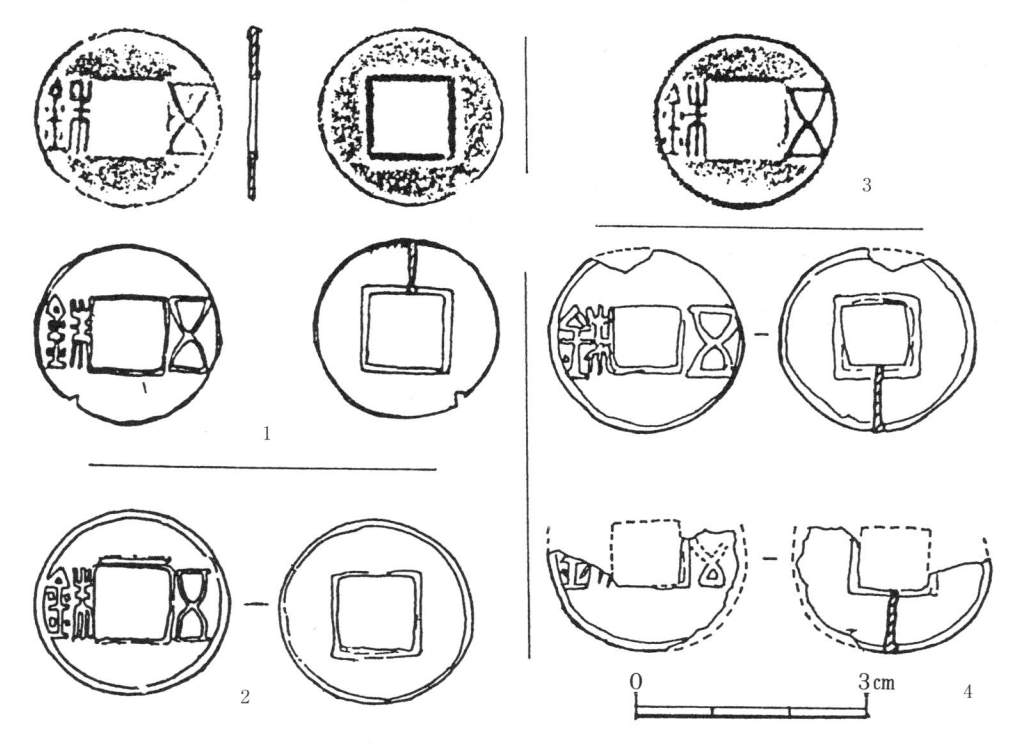

図1 出土五銖銭拓影・実測図
1. 守恒（北九州市） 2. 鴨田（滋賀県） 3. 北原貝塚（沖縄県） 4. 保多地2号墳（熊本県）

とぎれている。また上方端部が裏面方向に曲がる歪がみられる。表裏ともに緑青色の錆が広がるが、表面の文字は比較的鮮明である。裏面は文字がなく、方孔4辺に1.0〜1.5 mm の縁どりがある。重量は2.58 g、弥生時代中期の土器を伴う層から出土していることから、明らかに前漢代の銭貨であることは間違いない」（栗山 1986、44頁）。さらにこの五銖銭は『洛陽焼溝漢墓』（中国科学院考古研究所洛陽区考古発掘隊 1959）に照らして、5型式分類中のI型式の無特徴銭（前2世紀前半〜前1世紀後半）に比定されている（86〜87頁）。

3 近畿地方の五銖銭

1991年3月下旬、長浜市教育委員会の丸山雄二氏から突然電話をもらった。同市内の弥生遺跡で五銖銭が出土したという朗報であった。以下、発表用資料（長浜市教育委員会 1991）によって要点を摘記しておく。

遺跡：滋賀県長浜市大戌亥町字東堂前225-1　鴨田遺跡
出土遺構：姉川の扇状台地上に位置する自然流路・溝状遺構
出土遺物：弥生土器（後期）〜土師器（古墳時代初頭の布留式土器）・五銖銭・木器（田下駄）
　　　　　など
時期：遺物はすべて自然流路から出土し、布留式以降の遺物は出土していないので、古墳時代

初頭には埋まったと考えられる。

丸山氏によれば五銖銭は3月4日に発見されたといわれ、3月23日九州歴史資料館に持参されて実見することができた。問題は遺跡への搬入時期であるが、「過去の調査では同一と考えられる沼沢地・自然流路から弥生時代中期の土器が出土していることから、早くて弥生時代中期の終わり頃（第Ⅳ様式の後半）、遅くても古墳時代初頭には搬入していると考えられる」（長浜市教育委員会 1991）ということである。ここに沖ノ山遺跡につづいて確実に弥生時代に搬入された漢代五銖銭の出土例が追加された。しかも本例がいまのところ日本列島における東限を画することとなった。

五銖銭は穿上横文銭で、表面はかなり擦れている。資料によれば直径2.535〜2.565 cm、重量2.740 gである。

このほか管見に入ったものでは、兵庫県出石郡出石町〔現豊岡市〕田多地丘陵の弥生時代墳墓から「中国後漢代」の五銖銭が発見されたとの報道がある（神戸新聞 1989年7月13日夕刊）。「直径2.6 cmで銅製。中央には正方形の穴が開いている」というが実物未見のため詳細は不明である。

また兵庫県洲本市宇山・宇山牧場1号墳より五銖銭が発見されている（州本市淡路文化史料館 1987）。「州本市宇山古墳から出土したと伝えられる五銖銭2枚と一緒に小形の素文鏡がでている。いずれも古墳時代に属しうる不確かなもの……」（52頁）と解説されている。写真でみると無特徴銭のようである。また寺澤薫氏作成の一覧表（寺澤薫 1985）によれば五銖銭5、弥生時代後期〜古墳時代前期、共伴品に小形仿製鏡1・銅の棒5とある。

このほか丸山雄二氏からの私信によれば、不確かな話として大阪市森の宮遺跡そばの玉造稲荷神社境内で、太平洋戦争以前に貯水槽を掘った際に、貝殻や土器と共に貨泉2・半両銭1・五銖銭2が出土したという。『河内どんこう』No.21（1985）収録の「古代河内の遺構と遺物」（座談会）のなかで述べられているということであるが、まだ同誌を見る機会に恵まれない。

4　九州・沖縄地方の五銖銭

北九州市守恒遺跡の五銖銭のほかに九州・沖縄地方で五銖銭の出土例がある。

熊本県玉名市保多地第2号古墳から五銖銭2枚が出土していることは、さきに沖ノ山遺跡銅銭報告の補記に記しておいたところである（小田 1982e）。松本健郎氏の御世話で1985年2月に調査する機会を得た。眺望のよい小丘陵上に位置する古墳群4基のうちの1基である。「花崗岩の自然石を長四角形に並べて外郭をつくり、全長3.40 m、最大幅1.40 m。中ほどに仕切りをとって、前室と後室との2室に分け、入口を南にとった横穴式巨石墳である」（玉名市教育委員会 1974、14頁）。現在腰石より上部は失われているが復原して保存されている。副葬品には「13個の金鐶と、メノウの勾玉、碧玉の管玉をはじめとして鉄鏃、鉄斧、轡部品、やりがんな、刀片等の鉄製品多数と、五銖銭2個が主としてこの奥屍床上より発見されている」（14頁）。2枚の五銖銭のうち1枚は一部欠損しているが、径2.55 cm、中央に0.9 cm弱の方孔を設けたいわゆる無特徴銭。もう1枚は上半部欠失し文字なども磨耗著しいが、径2.5 cm強で「五」字の下半が通常のものよりやや小さく漢代のものにみない。他に鉄銭、「常平通宝」、破片（宋銭？）の3枚がある。なお現存する土器には

須恵器の有蓋椀2・椀2・中世の糸切ある皿2（土師器・瓦器）がある。須恵器は7世紀後半の特徴をもつもので、中世と2時期あることが知られる。銭貨5枚とも一括であれば五銖銭2枚は中世まで降さざるをえないが、別であれば7世紀後半の古墳と直結することになろう。

図2 保多地2号墳出土土器

古墳から漢代貨幣が出土したとの報は、沖ノ山出土銭の報に触発されて宮崎市古城の曽井古墳出土例が報じられた（宮崎日日新聞 1982年4月30日）。大正8（1919）年発見と伝え、宮崎県総合博物館に保管されている。半両銭・五銖銭・貨泉がある。

沖縄県でも沖縄本島の西方500km余にある久米島の北原貝塚で五銖銭・開元通宝が出土しているが、両者の関係には不明な点が多い（宮崎・高宮 1983、沖縄考古学会 1978）。また1991年には読谷村教育委員会による中川原貝塚の発掘調査で穿上横文五銖銭が発見されたと聞いている。沖縄編年の後期土器相当期であれば九州の弥生土器との並行関係が注意されてくる。調査者の検討に期待したい。

5　韓国新発見の五銖銭

朝鮮半島における漢代五銖銭の出土遺跡では、黄海南道雲城里（土壙墓）、黄海北道黒橋里、同青竜里、済州道建入洞山地港などが知られていた（小田 1982e）。1988年国立中央博物館の調査によって慶尚南道義昌郡東面茶戸里遺跡の第1号古墳から漢代五銖銭3枚が発見された（李健茂・李栄勲ほか 1989・1990）。竪穴式墓壙には割竹形木棺が収められ、漆鞘の銅剣・剣把、銅矛、鉄矛、木柄付農工鉄製品、漆器類、ガラス玉類、小銅鐸、帯鉤など豊富な副葬品が良好な保存状態で発見され、注目を集めた。なかでも星雲文鏡や五銖銭の伴出によって紀元前1世紀後半に比定されている。わが国では弥生時代中期にあたり、福岡県須玖岡本の奴国王墓や三雲南小路の伊都国王墓などとほぼ並行関係にある副葬品の内容を示している。五銖銭は棺直下の竹籠の中から3枚発見された。その種類・法量は、

　①穿上横文五銖銭　　径2.5 cm　穿幅0.96 cm　重さ2.9 g
　②四角決文五銖銭　　径2.5 cm　穿幅1.3 cm　　重さ3.25 g
　③無特徴銭　　　　　径2.5 cm　穿幅0.93 cm　重さ3.8 g

である。そのうち①は洛陽焼溝漢墓の第Ⅱ型に属し、②は①より書体がやや大きいことが指摘されている。

また1977年全羅南道麗川郡三山面西島里の巨文島の海辺で住民が砂を採集中に多くの五銖銭を発見し、現在国立光州博物館に保管されている（池 1990）。最初申告されたときは980枚となっていたが現蔵は336枚であるという。五銖銭は3種に分けられている。

北九州市守恒遺跡

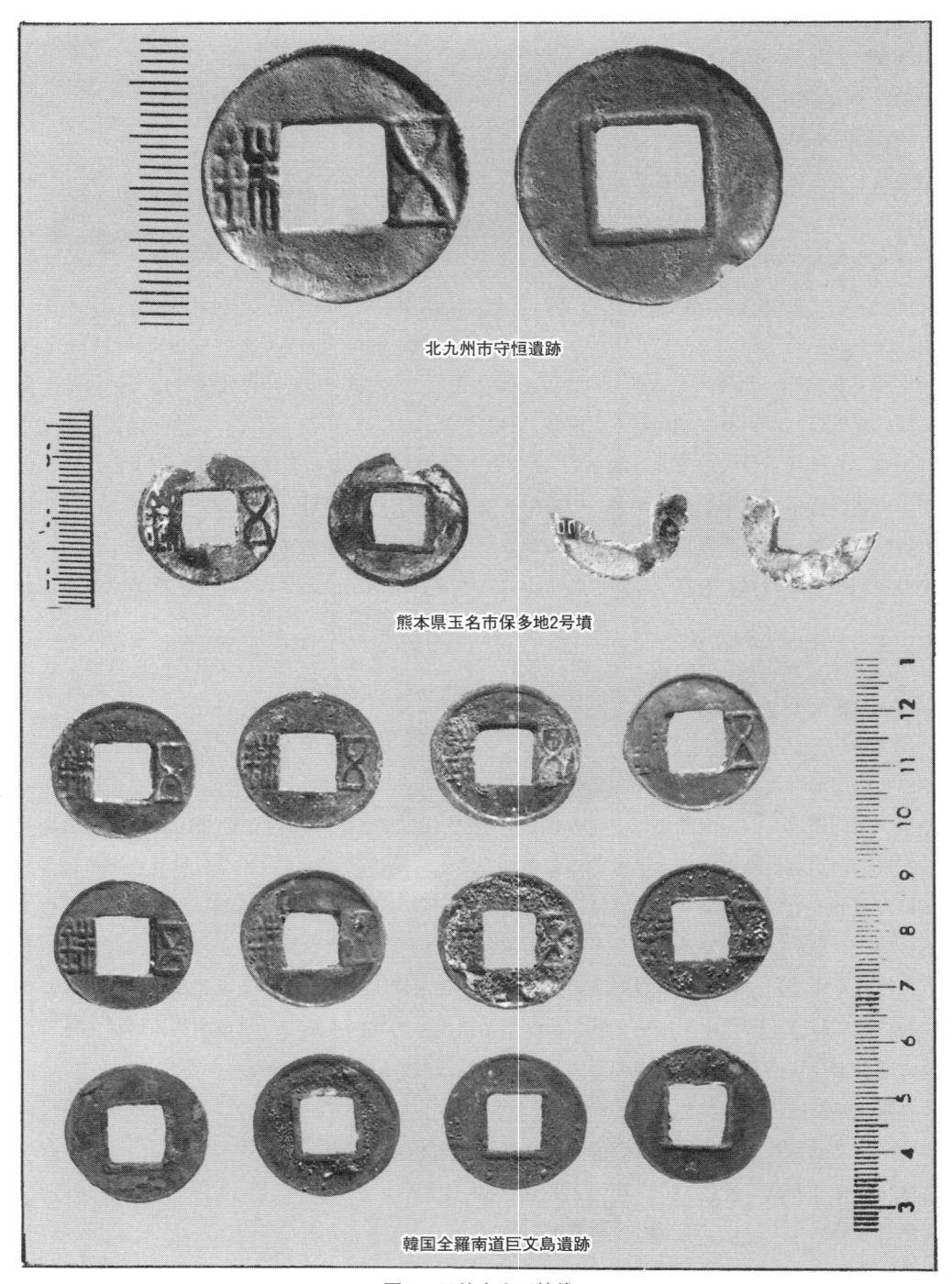

熊本県玉名市保多地2号墳

韓国全羅南道巨文島遺跡

図3　日韓出土五銖銭

①穿上横文五銖銭　74枚
　　直径 2.66〜2.48 cm　厚さ 0.22〜0.13 cm　重さ 2.48〜4.36 g
②穿下半星文銭　52枚
　　直径 2.69〜1.96 cm　厚さ 0.23〜0.13 cm　重さ 2.89〜4.28 g
③無特徴銭　106枚
　　直径 2.71〜2.52 cm　厚さ 0.19〜0.11 cm　重さ 2.18〜3.34 g

　報告者は銭文の特徴を比較検討した上で、洛陽焼溝漢墓におけるII型式が主流をなし、一部にI型式およびIII型式がみられるとしている。II型式は前漢代の宣帝（73 B.C.）から元帝（〜33 B.C.）のあたりに、III型は後漢光武帝の建武16（40 A.D.）年から流通が始まり墓葬における下限は王莽銭とともに後漢中葉に及ぶとされている（中国科学院考古研究所洛陽区考古発掘隊 1959）。
　1973年慶尚南道馬山市外洞の城山貝塚（西南区Cトレンチ）から五銖銭1枚が発見されている（文化公報部文化財管理局 1976、小田・武末 1983）。出土位置は貝層の最下層に該当するところで少量の青灰色硬質土器と多くの赤褐色軟質土器が出土している。五銖銭はII型式に属し、遺跡の年代はほぼ紀元前1世紀後半代に比定されている。

6　おわりに

　山口県沖ノ山遺跡における五銖銭の調査報告以後管見に入ったわが国発見の五銖銭は、弥生時代遺跡で北九州（守恒）・沖縄（中川原）・近畿（鴨田）と広がりをみせるにいたった。また古墳出土例では沖縄県・熊本県・宮崎県・兵庫県・大阪府などに及んでいることが知られた。古墳出土例には王莽銭と伴出し、あるいは後漢代に相当するものがある。漢代中国貨幣はさらに降って中世の宋・明代埋蔵銭のなかに含まれている場合も少なくないので、古墳出土例も特殊視する必要はないかもしれない。
　韓国の遺跡から出土する中国貨幣は前漢代から王莽・後漢代に及び、発見遺跡も南海岸地域一帯に集中している。その流入時期は前1世紀から後1世紀にわたっているところから、楽浪郡など漢四郡が設置されて漢文化が拡散された時期である歴史的背景のもとに、海路を通じて韓国南海岸地域への楽浪文化の流入が考えられている。同様な動向はわが国にあっても、漢代文化が流入した弥生時代中〜後期の西日本に考えられるところである。そしてとくに弥生時代相当期の遺跡で発見される五銖銭にあっては、遺跡の年代を考定してゆく上でかなり拠り所となる有効性を有している点でも注目される内容を含んでいる。今後ともわが国における漢代貨幣の発見は増加するであろうが、まずその出土遺跡の検討がなによりも重要であることにはかわらないであろう。

補記
　本文を稿了した翌年（1992年）、久しぶりに沖縄県を訪ねる機会に恵まれたので、読谷村教育委員会を訪ねて五銖銭とその共伴資料について実見することができた。穿上横文五銖銭と同一層中から発見された土器群には、南九州弥生時代中期土器の系譜をひく甕形土器などが含まれていて、九州との並行関係がたどられること

図4　久米島ウルル貝塚採集五銖銭
(拓影・実大、写真約3.2倍＝金城亀信氏提供)

は重要である。筆者の訪問時には報告書作成準備がすすめられていたので、詳細はそれに期待したい。
　つぎに金城亀信氏のもとで整理中の久米島ウルル貝塚発見の五銖銭を実見することができた。1991年5月キビ畑から採集されたものである。その後詳細は金城亀信氏らによって紹介されているが (金城・久手 1992、上村 1992b)、径2.56 cm、重量3.1 gで赤側五銖銭に属する。本資料で注意されるのは、表面の方孔上方に「苑」かと判読される文字が陰刻されていることである。同様な刻字を有するものは、さきにあげた久米島の北原貝塚や具志川村の清水貝塚発見 (盛本 1989) の五銖銭にもみられる。前者では唐代の開元通宝 (西紀621年初鋳) 13枚も出土している点などを考慮して7世紀以降の搬入が考えられている。現在そのルートについては遣唐使船の航路が南島路をとるようになった第7次から第11次 (704〜761 A.D.) とのかかわりが浮上しつつあるようである。このほか首里城 (那覇市) や今帰仁城 (今帰・仁村) などグスク時代の遺跡からも五銖銭の発見が報じられているので、中世にまでひきつづいて搬入されたようである。また最近の情報によれば久米島の大原貝塚からも弥生時代相当期の五銖銭が発見されたと聞いている。沖縄県における五銖銭の発見は将来もっと増加するやに予想される。

第16章　沖縄の「弥生時代」と外来遺物

1　はじめに

　筆者がはじめて沖縄県を訪ねる機会に恵まれたのは1977年6月、伊江島のナガラ原西貝塚調査の際であった。これよりはやく1963年に貝塚から弥生時代中期の須玖式系土器（山ノ口式土器）が発見され、友寄・高宮両氏によって報告されたことで九州の弥生時代研究者たちの関心を呼ぶこととなった（友寄・高宮 1968）。筆者にこの貝塚見学の機会をつくってくれたのは沖縄県教育委員会の安里嗣淳氏であり、沖縄県初訪問の筆者のために沖縄県の北から南までひととおり巡回する配慮をいただいたことは、この島の風土を理解するうえでその後おおいに役立っている。なかでも読谷村立歴史民俗資料館では初めての弥生時代前期土器に接することができた。さらに1982年12月には再度沖縄県教育委員会から招かれる機会を得て、その後急増している弥生土器資料を実見することができた。とくに注意を引いたのは具志川市宇堅貝塚出土の山ノ口式土器・免田式土器に加えて板状鉄斧の発見であった。また離島最後の日に沖縄国際大学に高宮廣衞教授を訪ねて、その後かかわりをもつことになる糸満市真

図1　沖縄諸島の弥生時代併行期主要遺跡分布図
（大阪府立弥生文化博物館 1994に加筆）

表1 沖縄先史時代呼称の3案

(A)	(B)	(C)
縄文時代	縄文時代	縄文時代
うるま時代	続縄文	弥生
	うるま時代	うるま時代（▼続弥生▲）
城時代	城時代	城時代

(高宮 1992)

表2 九州と沖縄対照編年試案

	北九州	南九州		沖縄	後期
前期	板付Ⅰ 板付Ⅱa 〃 b 〃 c	高橋Ⅰ 高橋Ⅱ	Ⅰ Ⅱ	真栄里 木綿原	Ⅰ
中期	城ノ越 須玖Ⅰ 須玖Ⅱ	高橋Ⅲ 入来 山ノ口	Ⅲ Ⅳ Ⅴ	阿良 具志原 宇堅1	Ⅱ
後期	原ノ辻上層（高三猪）下大隈 西新	松木園 中津野	Ⅵ Ⅶ Ⅷ	宇堅2	Ⅲ

(小田 1983b)　河口氏編年　高宮氏編年

表3 沖縄諸島の暫定編年

本土		暫定編年	土器形式	沖縄諸島発見の九州系土器	その他の年代資料	現行編年
縄文時代	晩期	Ⅴ	（中略）室川上層式土器 宇佐浜式土器 仲原式土器		宇佐浜式は黒川式並行とみられる	中期
弥生時代	前期	後期Ⅰ	真栄里式土器	板付Ⅱ式 亀ノ甲類似土器		後期
	中期	Ⅱ	具志原式土器	山ノ口式土器		
	後期	Ⅲ	アカジャンガー式土器	免田式土器	アカジャンガー式は中津野式並行とみられる	
古墳時代〜平安時代		Ⅳ	フェンサ下層式土器		類須恵器	

註）「フェンサ下層式は城時代初期」とする見解もある。

(高宮 1986)

栄里貝塚の弥生系土器群を拝見したのであった。短期間であったがその土器群のなかに刷毛目調整を施した九州系弥生前期甕形土器の底部片を発見した。まだ多くの未見土器に心をのこしながら離島せざるをえなかった。しかし真栄里貝塚遺物との再会は高宮教授や安里嗣淳氏のご配慮によって、はやくも翌83年2月に実現した。当時弥生時代以降に対比される沖縄暫定編年後期を提唱しておられた高宮教授のご要望に拠るところが大きかった。かくして一日、沖縄国際大学の考古学研究室で真栄里貝塚出土の土器・石器について通覧することができた。この時の所見を九州の弥生土器との対比という観点から、近刊予定の真栄里貝塚報告書用に執筆を求められて同年6月に送稿した。

ところが諸般の事情で報告書の刊行がかなりおくれることとなり、高宮教授は筆者の原稿が眠らされることを心配されて、『南島考古』第9号に発表の労をとられたのであった（小田 1984a）。さらに1997年8月糸満市では高宮教授指導のもとに真栄里貝塚の立地する丘陵南直下の低地で水田跡の探索調査を実施した。この機会に糸満市教育委員会から招かれ、高宮教授の研究室で、すでにできあがっていた真栄里貝塚の土器図面とその実物について、大城剛・松川章両氏とともに最終検討を行った。かくして1999年3月、久しく期待されていた土器資料の刊行をみるにいたった次第である（高宮・大城・松川 1999）。1982～83年に筆者が選び出した土器は（高宮 1978）の第49図17、石器は（高宮ほか 1985）の第3図7・8と第5図1の3点であった。

上述したように筆者にとっては偶然の重なりとも思われる沖縄島の弥生土器とのかかわりから、高宮教授の積年のご努力で完成をみようとしている後期土器編年と九州とのかかわりを、近年発見を加えつつある大陸系遺物——とくに金属器——その他に注意を喚起しながら私見を述べて、高宮教授の後期編年に付加できる文化内容が提示できればと思い一文を草する次第である。

2 沖縄弥生時代文化の認定をめぐって

1978年、高宮教授は沖縄諸島の新石器時代の編年について前期（Ⅰ～Ⅴ期）・後期（Ⅰ～Ⅳ期）の大別・細別案を示された（高宮・大城・松川 1999）。前期は縄文時代に、後期は弥生時代以降に対比する土器形式を示している。後期に関してはⅡ期に具志原式土器（山ノ口式土器並行）、Ⅲ期にアカジャンガー式土器（成川式土器並行）、Ⅳ期にフェンサ下層式土器（類須恵器並行）を挙げたが、Ⅰ期については土器形式不明としながら板付Ⅱ式・亀ノ甲類似土器並行の時期観を示された。その後1983年に真栄里貝塚出土資料を実見する機会を得た筆者も、河口貞徳や高宮教授の編年案と対比させた北九州・南九州・沖縄の弥生時代編年案を組んだことがあった（表2）（小田 1985e）。同年発表された高宮教授の修正案は既発表の後期暫定編年を弥生時代（Ⅰ～Ⅲ期）・古墳時代～平安時代（Ⅳ期）に大別され、Ⅰ期は真栄里式土器を加えて前期に、Ⅱ期は中期に、Ⅲ期は後期に明確に位置づけられた（高宮 1983）。さらに「九州の（縄文）晩期土器の南漸変容形とみられる資料」が阿波連浦貝塚（渡嘉敷島）ほか数遺跡で発見されて、「この土器の有する特徴から九州の土器が南島において変容したことを示す確実な資料である」こと。真栄里貝塚発見の板付Ⅱ式相当の甕形土器について「土器そのものは全般的に著しく変容していて……（中略）……このように土器が変容しているということは、何か重要な事実を内包しているように思われる。つまり、弥生時代土器文化の需要を示唆するものではなかろうかと受取れるのである。もし、弥生式土器文化の定着が確認された場合、沖縄のいわゆる後期土器文化は12世紀前後まで存続するわけだから、この時代を弥生と続弥生に区分せねばならない」こと。具志原貝塚のような後Ⅱ期の尖底土器の祖型が不明であり、これが明らかになれば後期文化の性格もより明確になるであろうことなどを提言されている。1986年に発表された沖縄の弥生文化を通覧された論考（高宮 1986）では、上述の1983年暫定編年が踏襲されているが（表3）、後期遺跡の弥生時代以降との対比に関してつぎの3案を示された。

①続縄文時代　　②弥生時代—続弥生時代　　③本土と異なる南島独自の文化

そして①については「弥生時代の資料が増加しつつある現在、可能性としては最も少ない」ので、実際としては②か③におちついてゆくであろうと結んでいる。

1991年高宮教授は沖縄考古学会（7月28日）で後期の時代名称として新たに「うるま時代」という琉球の異称名を提唱された（高宮 1992）。すなわち「うるま時代」とは「縄文文化以後に展開する、続縄文や弥生文化あるいは古墳文化とも異なる琉球独自の文化」を意味するもので、「続縄文」や「弥生」の可能性について検討の要があるため「現時点を無理なく説明でき、かつ将来の修正にもスムーズに対応できる概念」として時代呼称の3案（A・B・C）を提唱されたのであった（表1）。この3案は「伸縮自在の可変的な概念であって、将来、いわゆる『後期』の性格がはっきりした段階で固定化すればよい」とされた。現段階で弥生文化が定着しているか否か確定できないところは、後Ⅰ・Ⅱ・Ⅲ期を弥生時代前・中・後期に対応させつつもそれらを包括する弥生時代を設定することへの不安を解消しえないところに由来していることが察せられる。しかしこの新提案の「うるま時代」なる時代用語は、沖縄以外の研究者たちにはなじみにくいところであり、またこれまで「貝塚時代後期」の時代用語に親しんできた人達にとってもただちに受けいれて流通しているようでもない。いましばらくこの時代の文化内容については検討を続けてゆかねばならないかと推察される。

3 沖縄後期時代における外来遺物

弥生時代並行期に相当する後Ⅰ・Ⅱ・Ⅲ期の土器文化の様相については、上述したように各時期の標準形式も設定されるまでに研究がすすめられている。北部九州における弥生時代各時期の年代研究にあたっては、大陸系遺物、とくに金属製遺物によって暦年代を導入する方法が援用されてきた（小田 1984f）。このような視点を沖縄後期時代に導入してみるとどうなるであろうか。さいわい近年までの調査成果をみると、北部九州ほど多くの資料はないが検討すべき資料はある。

まずもっともはやく報告されたのは1923年那覇市城岳貝塚から発見された明刀銭（全長12.3cm）である。遺跡は那覇高校南の琉球石灰岩の小丘頂部（標高35m）にある。発見状況を聴取された橋本増吉氏によれば地表下約1尺のところで発見され、石鏃数点・石製玉10数点が伴出したという（橋本 1928）。その後昭和初期にかけて小牧実繁氏によって本貝塚の数地点で試掘調査が行われている（小牧 1927）。八幡一郎氏の明刀銭は後世の混入とは考えられず、本貝塚の実年代を知る重要な資料であるとの指摘（八幡 1950）を承けて、高宮教授はその時期比定を検討された（高宮 1982）。その結果これまで大山式土器の時期（縄文時代後期後半）とされていたが、「暫定編年の前Ⅴ期（縄文晩期ごろで、下限は弥生時代にズレ込むものとみられる）に比定すべきか」とされた。明刀銭は中国戦国時代燕国の銅貨で、遼東から北朝鮮大同江域にかけて鉄製の工具・武器と伴出して流通している（小田 1985e）。城岳貝塚発見の明刀銭の搬入ルートについて岡崎敬氏は「燕の領土、あるいは遼東半島のような所から船出して、舟は沖縄にとどまったのかもしれない」（岡崎 1984）と推測された。筆者も弥生時代における墳丘墓の出現をめぐって戦国（燕）時代にまでさかのぼる墳丘墓からの系譜を考えた（小田 1991c）。また『山海経』にみえる「倭は燕に属す」の

記事や、『論衡』にみえる周代に倭人が暢草を献じた記事なども戦国時代にさかのぼる交流を示唆するものであろう。

　1990年から翌年にかけて読谷村中川原貝塚の発掘調査が実施され、貝塚時代の後期前半（弥生時代相当期）を主体とした地区から漢代五銖銭、青銅鏃、細形銅剣茎片、鉄斧、ガラス丸玉、各1点が発見された（仲宗 1992）。搬入土器には鹿児島県の高橋Ⅱ式・入来式・山ノ口式などが認定されている。前期後半から中期後半に及んでいて沖縄暫定編年の後Ⅰ〜Ⅱ期にあたることが知られる。漢代五銖銭はこれまでにも久米島具志川村大原第二貝塚で10枚、同村清水貝塚で1枚が発見されている（上村 1992a、盛本 1994）。前者は前漢武帝の元狩5（前118）年初鋳につづく赤側五銖銭、後者と中川原貝塚出土例は穿上横文五銖銭（前61〜58年鋳造）である。これまで日本列島で発見された弥生時代遺跡発見の漢代五銖銭を列挙してみるとつぎのようである（小田 1982e/1992/1998b、杉原敦 1998）。

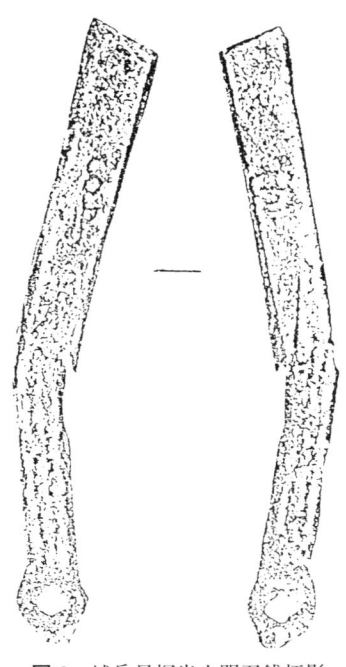

図2　城岳貝塚出土明刀銭拓影
（全長 12.3 cm）

　　原の辻遺跡　　（長崎県壱岐郡〔現壱岐市〕芦辺町）　1
　　守恒遺跡　　　（福岡県北九州市小倉南区）　1
　　沖ノ山遺跡　　（山口県宇部市）　96＋
　　田多地遺跡　　（兵庫県出石郡出石町〔現豊岡市〕）　1
　　鴨田遺跡　　　（滋賀県長浜市）　1

96枚以上の五銖銭を出土した沖ノ山例は半両銭20枚とともに甕形土器に内蔵されていたもので、五銖銭も赤側銭と穿上横文銭の二種を含む。原の辻、守恒遺跡とともに弥生時代中期後半の包含層である。田多地例は弥生墳墓から出土したと伝える以外は不詳である。鴨田例は弥生時代後期〜土師器（布留式土器）の自然流路中である。これら諸例の搬入時期は弥生時代中期後半より下らない時期であり、沖縄県の発見例も同時期に比定してよいと思われる。

　なお中川原貝塚では漢式三翼鏃1点が伴出していることも注目される。これについては後述することとする。さらに「指先大の青銅製品」で細形銅剣の茎とみられるものがあり、二次加工して工具などをつくる原料として搬入したことも考えられる。また鉄斧についても沖縄県で具志川市宇堅貝塚についで2例目であり、「弥生時代に属する蓋然性が高い」とされる。

　上述の宇堅貝塚（金武ほか 1980、大城 1990）は沖縄本島の中部東海岸に突き出た勝連半島の基部に位置している。1979年の調査で上述の鉄斧が、1989〜90年の調査で漢式三翼鏃・後漢鏡片が発見された。1979年の調査は金武湾に突出した岩山の付け根に形成された砂丘（B地区）と、その奥北側の砂丘（A地区）の2ヶ所を中心に発掘された。A地区は採砂によって中心部が破壊され、現存した遺物包含層（第Ⅱ層）は約10〜20 cmであった。B地区は防潮林であるため買上げて保存された。地表から1.5 m下に10〜30 cmの遺物包含層（第Ⅲ層）がある。ここでは貝塚は2つのマウンドを形成し、その間隔は約1 mである。両地区で発見された土器は大別して3種に分類され

表4 宇堅貝塚地区別土器集計表

出土地	種類	蓋	台付土器	重弧文	凸帯文	口縁部	尖底	平底	丸底	胴部	計
A地区	弥生土器	0	0	0	0	0	0	1	0	0	1
	弥生系土器	0	0	0	0	10	0	1	1	35	47
	沖縄後期土器	0	0	0	0	23	1	0	0	129	153
B地区	弥生土器	1	2	1	29	5	0	3	0	210	248
	弥生系土器	0	0	0	0	11	0	0	0	42	53
	沖縄後期土器	0	0	0	0	70	8	1	0	790	869

図3 宇堅貝塚出土弥生土器・弥生系土器(1982年12月撮影)

ている。すなわち九州方面から搬入された弥生時代、沖縄産と非沖縄産の胎土で器形・文様が弥生的な弥生系土器、沖縄後期土器である。報告書には次のような土器の集計整理結果を示している（表4）。

全体の約18％を占める弥生土器は「台付土器・蓋形土器・壺形土器・甕形土器・鉢形土器などがあり器種が豊富である。なお、形式のわかる土器として、山ノ口式土器と兎田式土器があり」、九州の土器編年に照して中期後半から後期前半代に比定される。また沖縄後期土器については、その「底部はほとんど尖底で、明瞭なくびれ平底は検出されていない」ので、「弥生中期相当の時期にはくびれ平底はほとんどなく、その後くびれ平底に変わっていった」と推察されている。そして煮沸用（甕・鉢）、貯蔵用（壺）、食物盛付用（台付土器・小形鉢）、蓋形土器、小形壺など「生活に必要な器はほとんど土器を使っていたようで、弥生の土器文化がかなり浸透したようである」という重要な指摘がある。以上の発掘のなかで最も注目されるのはB地区の成果であった。すなわち「幅5.6mの小さなshell moundが2つ確認された」が、これまで「このような多くの弥生土器・鉄斧・砥石・ガラス小玉など弥生時代の遺物がセットで検出されたことはなく、沖縄における本格的な弥生遺跡として注目される」ものであった。調査では15〜17グリッドを第1 shell mound、18〜19グリッドを第2 shell moundとして検出された遺物を整理して次のような結果が得られている（表5）。

調査者は山ノ口式土器が圧倒的に第1に集中して第2にも若干（15片）認められるが、両者接近していて若干の混入を認めて本来第1の遺物であったと考えた。また重弧文ある兎田式土器は第2の18・19から発見された破片が接合されたものである。つぎに注目される鉄斧1個については以下のように記述されている。

（前略）B地区第Ⅲ層最下部、地表面から170 cmの深さから検出された。未攪乱の遺物包含層の最下部からの検出で、共伴遺物が弥生土器であることから推して弥生時代の鉄斧と考える。最大長12.9 cm、最大幅3.6 cm、最大厚1.2 cmの板状鉄斧である。X線透視撮影の平面写真で見ると、刃部の右側がかなり損耗しており、これは縦斧としての使用による損耗ではなかろうか。断面写真で見ると、刃部の保存が良く、両刃の鉄斧であることが理解できる。

表5 shell mound別出土一覧表

shell mound / 出土遺物	第1 shell mound				第2 shell mound		
グリッド	15	16	17	計	18	19	計
山ノ口式土器	21	63	100	184	9	6	15
兔田式土器	0	0	0	0	0	1	1
台付土器	0	0	0	0	2	0	2
蓋形土器	0	0	0	0	1	0	1
赤色土粒混入弥生土器	1	0	1	2	28	10	38
弥生系土器(浜屋原式)	0	復元1	0	1	0	0	0
〃 (器形)	2	3	1	6	0	1	1
〃 (波状文)	0	0	0	0	5	5	10
沖縄後期土器(口径復元土器)	0	2	0	2	3	0	3
鉄斧	0	1	0	1	0	0	0
砥石	0	1	0	1	0	0	0
ガラス小玉	0	0	0	0	0	4	4

　弥生時代の鉄斧は、全国的に見ても、袋状鉄斧は多く検出されているが、この種の板状鉄斧は少なく、2、3の報告を見るのみである。しかも保存状態が悪く、福岡県日上遺跡出土の板状鉄斧は保存状況のよい例であろう（下略）。

　筆者は1982年12月この鉄斧を実査する機会に恵まれた（図4）。斧頭部は本来さらに長かったと思われる部分を一文字に打割した痕跡をとどめている。沖縄における弥生時代中期相当の鉄斧は、本例と上述した読谷村中川原貝塚例が知られている。九州と沖縄を結ぶ奄美諸島における弥生時代の鉄器出土例についてはサウチ遺跡（大島郡笠利町〔現奄美市〕）の後期層（？）から鉄器破片・鞴羽口片・鉄滓片が出土しているくらいである（河口・出口ほか 1978、上村 1996）。また南九州では王子遺跡（鹿屋市王子町）で中期後半（山ノ口式土器）層中から鉄滓と椀形状鉄滓（鍛錬鍛冶滓）が発見されて注目された（出口・立神ほか 1985）。南九州で弥生時代中期に、奄美諸島で弥生時代後期に鉄素材を搬入した小鍛冶生産が行われた見通しが得られるものの、これらは特殊例に属し、大勢は古墳時代後期以降に広がったようである。山ノ口式土器が搬入された弥生時代中期に沖縄まで2例の鉄斧が伝来したであろうと推察されるが、沖縄での鉄器生産は弥生文化期のなかでは定着するにはいたらなかったのであろう。

　つぎに弥生土器、鉄斧とともに搬入されたと思われるガラス小玉4個についても、九州産の可能性が考えられるが報告を引用しておこう。

　「B地区第Ⅲ層から検出されたもので、いずれも直径約3〜6 mmの丸玉で青色を呈している。直

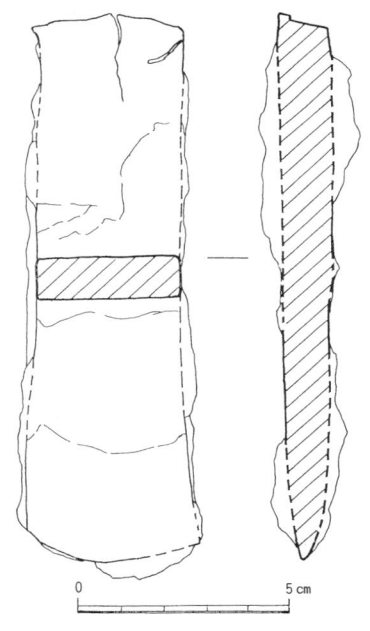

図4　宇堅貝塚出土板状鉄斧
（1982年12月実測）

182　第1部　弥生時代

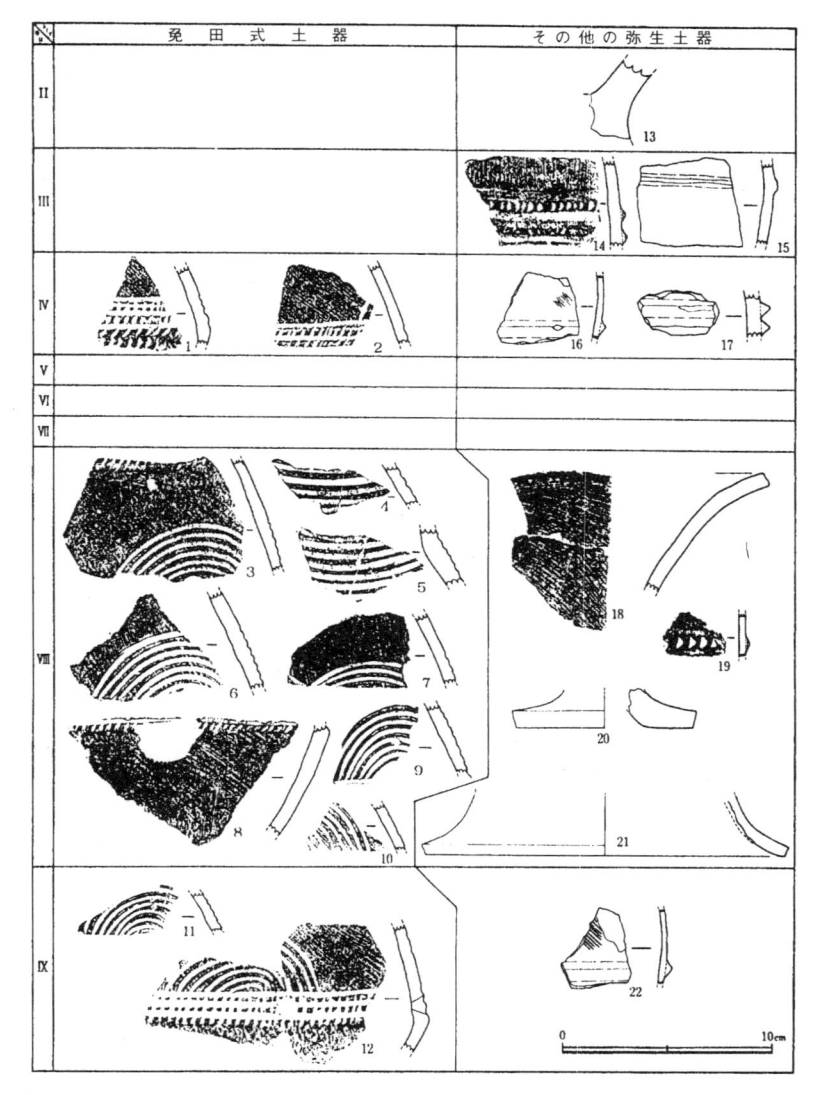

	免田式土器	その他の弥生土器
Ⅱ		13
Ⅲ		14　15
Ⅳ	1　2	16　17
Ⅴ		
Ⅵ		
Ⅶ		
Ⅷ	3　5　6　7　8　9　10	18　19　20　21
Ⅸ	11　12	22

図5　具志原貝塚出土弥生土器（安里・岸本ほか1985）

径1〜2mmの小孔があり、糸を通したものであろう。4、7は直径6mm（小孔径2mm）の偏平の小玉、5は直径5mm（小孔径1.5mm）の丸玉である。6は直径3mm（小孔径1mm）の小玉であるが孔が貫通していない。この種のガラスの小玉は沖縄において勝連城跡、仲宗根貝塚などグスク時代の遺跡からは検出されているが、弥生時代の遺跡からは初めてである」。

本資料は弥生時代後期相当資料であるが、上述した読谷村中川原貝塚でも丸玉1点が、さらに伊江島具志原貝塚（安里・岸本ほか1985）（1984〜85年調査）からも青色小玉1点が発見されている。

伴出土器から前者は中期後半に、後者は後期前半に比定されるであろう。また後者は12枚の弥生相当期層のうちⅨ層から出土したものである。本遺跡からは宇堅貝塚につづいて免田式土器が比較的まとまって発見されて弥生時代後期前半に比定される（図5）。

1989〜90年の宇堅貝塚の調査でも注目すべき搬入遺物が発見された。調査者によれば、「土器は、在地系の土器と共に南九州の弥生土器（入来式土器・山ノ口式土器がある。……（中略）……地元産の土器は、第Ⅲ層・第Ⅳ層から無文尖底土器が出土する。稀にヘラ描きの曲線文や山形文を施した土器や胴部に粘土紐を貼り付くる資料がある」。整理中のため搬入土器などの詳細については知りえないが、以下の搬入金属製遺物が注目される。

(1) 後漢鏡片　3点（図6-1〜3）

1は方格規矩鏡片で、「陽起鋸歯文と低い波長の複線波紋が認められ、その間を細い圏線で区画

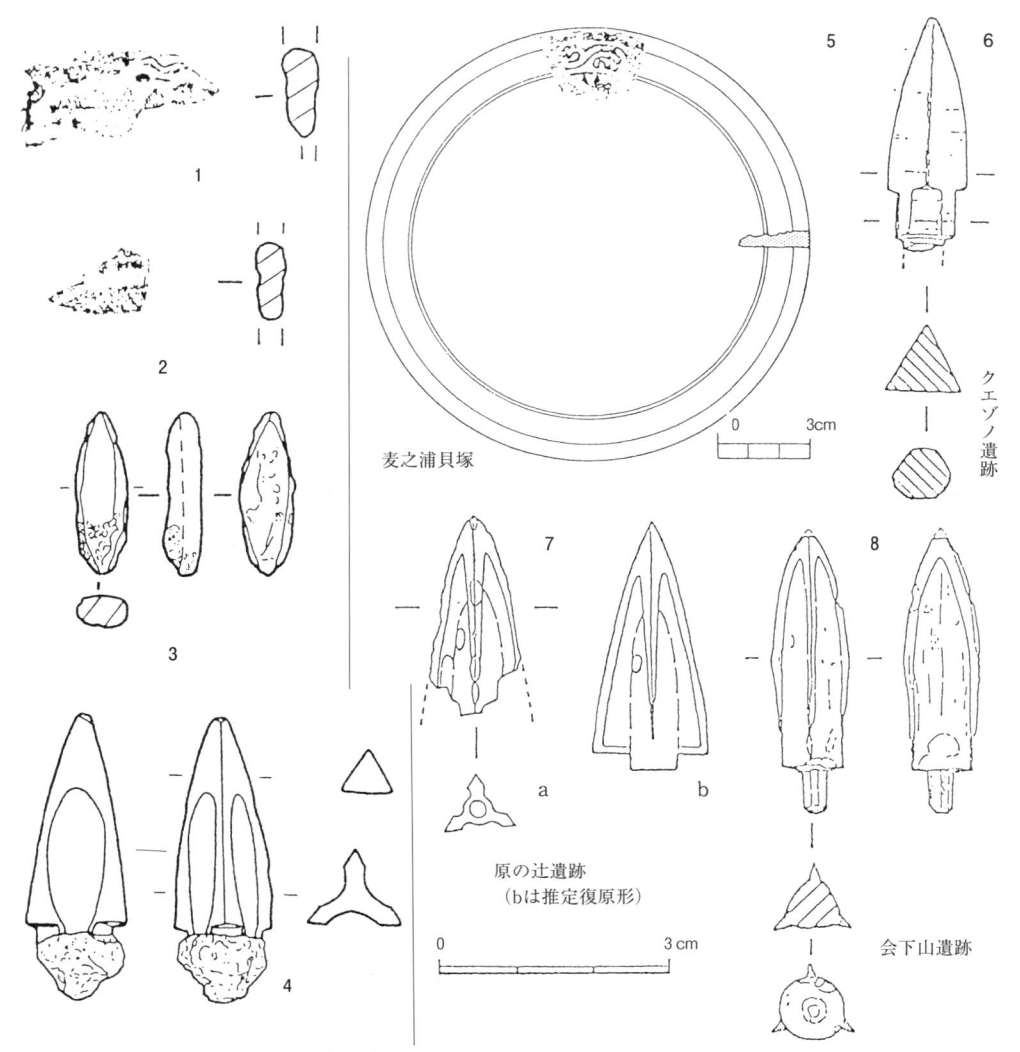

図6 宇堅貝塚出土青銅製品（1〜4）と参考資料（5〜8）（金武ほか 1980、大城 1990、中島・牛之浜ほか 1987、小田 2000b）

する。又、鋸歯文帯から内側にかけては1段低くなっており、外区から内区に移行する箇所であろう。現存する法量は 2.8×1.1 cm で厚さ 3 mm で重量は 1 g を計る」。

2 は「内区の部分に相当すると思われる。器面の状況は荒れて模様等は不鮮明だが、斜行櫛歯文が4条確認できる。現存する法量は 1.5×1.0 cm で厚さ 3 mm で重量は 1 g を測る」。

3 は「1・2のような文様がみられない棒状の破片だが、断面は偏平を呈する。器面は荒れて不鮮明である。現存する法量は 2.2×0.6 cm で厚さ 4 mm で重量は 2 g を計る」。

(2) 漢式三翼鏃1点（図6-4）

調査者は兵庫県芦屋市会下山遺跡の出土例をあげて比較し、会下山例が「断面の形状が円形で三方に翼を付けるタイプである」のに対して、「刃の形態は断面が正三角形の三角錐を呈する。各面に 1.9×0.7 cm のくぼみが認められ、先端は鋭利に尖っている」と解説されている。「茎の部分は

鉄製で錆の付着がある。法量は長さ 3.9 cm、幅 1.4 cm で重量は 8 g を計る」。

　南九州以南で弥生時代の青銅器はほとんど発見例に接しないだけに、漢代の銅鏡や銅鏃の発見はきわめて注目される事実である。方格規矩鏡は 1983 年に鹿児島県川内市〔現薩摩川内市〕麦之浦貝塚から破片 1 点が発見されている（中島・牛之浜ほか 1987）（図 6-5）。報告書の記載をつぎに掲載しておく。

　「11―J 区の第Ⅱ層中から出土した青銅製の外区だけの鏡片である。直径が 14.4 cm、外縁部の厚みが 49 mm を測る。腐食が進んではいるが部分的には、漆黒色を残している。文様的には、流雲文を外側に廻らし、内側には、鋸歯文が廻っている。内区が不明ではあるが、外区の文様から流雲文縁方格規矩鏡であることが判明した。本遺跡からは、これに共伴する時代の遺物が出土していないため、古墳時代の遺物に伴う伝世品ではないかと思われる」(221 頁)。

　北部九州における流雲文縁方格規矩鏡の出現は弥生時代後期前半であるから、南九州に搬入される時期もこれよりさかのぼることはないであろう。麦之浦貝塚例が当地で伝世したのであればその搬入時期も弥生時代後期〜終末頃と推定される。むしろ宇堅貝塚例が知られたことによってその可能性はきわめて大きくなったといえるし、また沖縄への搬入ルートに南九州経由説も浮上してくるであろう。

　つぎに漢式銅鏃については、現在兵庫県芦屋市会下山遺跡のほか、福岡市早良区クエゾノ遺跡（7点）、長崎県壱岐郡芦辺町〔現壱岐市〕原の辻遺跡（1 点）が知られている（小田 2000b）。前者は土壙墓の副葬の可能性があり、後者は中期前半の土坑に廃棄されていた。北部九州の発見例は前漢代楽浪郡との交渉のなかで搬入されたものであり、会下山例はさらにそれが伝世したものである。沖縄の中川原貝塚例や宇堅貝塚例も中（〜後期）に搬入されたものであった。

　また中川原貝塚で発見された細形銅剣茎片についてもふれておこう。南九州における青銅武器の発見は、鹿児島県曽於郡有明町〔現志布志市〕野井倉下原出土の中広銅矛 1 口と、種子島西之表市松畠・吉良家伝世の中広銅矛 1 口・銅剣 1 口が知られている（九州歴史資料館 1980）。中川原貝塚出土の細形銅剣茎片は二次使用の原材として搬入されたと思われるが、これから製作されるであろう製品としては丸ノミまたは鏃などが考えられる。このような二次使用の仕方は韓国や北部九州でもはやくから実例があり、鉄器についても同様である（小田 1990d）。

　以上これまで述べてきた中国（燕・前漢）銅貨・漢式銅鏃・漢鏡（後漢）・鉄斧・ガラス玉・銅剣茎片などはまとめて大陸系文物ともいわれるものであるが、これらの搬入年代の推定は共伴する九州系弥生土器からほぼ弥生時代中期〜後期前半代に比定されている。ただ銅貨に関しては城岳貝塚出土の明刀銭だけは弥生時代前期相当期以前（縄文時代晩期相当期にまでさかのぼる可能性）に比定されていて、あるいは漢式銅鏃まで含めて大陸からの直接搬入の可能性が考えられる。中期以降の大勢は入来式土器・山ノ口式土器の出土例が増加しつつあるところからみて南九州、とくに鹿児島県域との交渉が主流であったが、後期には免田式土器と交代してゆくところから熊本県域まで視野に入れた交渉が指摘される。このような推移のなかで高宮教授の暫定編年案で空白となっていた弥生時代前期相当期の遺跡として注目されたのが、沖縄本島南端に近い糸満市真栄里貝塚の存在であった。沖縄における弥生前期土器は読谷村木綿原遺跡において表面採集された壺形土器の上半

部破片 2 点が知られていた（小田 1984a、当真・上原ほか 1978）。その後本章冒頭にも述べたように、筆者は 1982～83 年に高宮教授のご要望によって

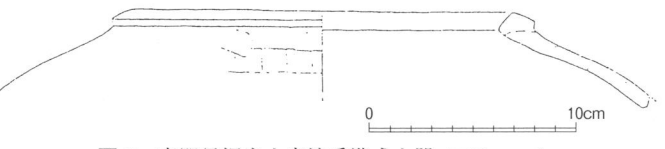

図 7　嘉門貝塚出土楽浪系漢式土器（下地 1999）

糸満市真栄里貝塚の土器を中心に検討する機会を与えられ、木綿原例よりさかのぼるかと思われる九州系前期（板付Ⅱ式相当）の甕形土器底部片を見出すことができた。これはいわゆる「くびれ平底」で内外面に刷毛目調整痕を明瞭にのこした明褐色の搬入土器かと思われるもので、これと同様なものは土器全部についてみても見出すことはできなかった。さらに弥生文化と農耕文化の視点から石器について検討してゆく必要に思い至り、検討して磨製蛤刃石斧・扁平片刃石斧・柱状（抉入？）石斧の 3 点を抽出した。これらの経緯については旧稿（小田 1984a）に述べておいたが、その後土器・石器についても高宮教授らによる報告（高宮ほか 1993/1999）が公表されて全容が知られるようになったので参照せられたい。以上の成果を加えて 1985 年高宮教授によって沖縄諸島への弥生文化の波及問題が総括的に論じられた（高宮 1985）。当時の到達点として「弥生文化の定着を実証するには未だ幾多の制約があり、何よりも決定資料を確保する必要がある。弥生文化最大の特色である水田農耕についても、今のところ状況証拠だけで、水田址とか炭化米あるいは農具といった有力な資料は得られていない。また、金属器の問題やそのほか集落・住居・墓制・社会・習俗等々の問題についても検討すべき点が多々残されている」と指摘されたところは、現在まで基本的には進展はみられていない。

　弥生土器の搬入に関連して近時の注目される発見は、浦添市嘉門貝塚における楽浪系土器の搬入である（下地 1999）。弥生時代前～中期相当期の鹿児島県産の搬入土器（板付Ⅱ式・入来式・山ノ口式）、在地産弥生系土器などが共伴している。該当土器は口縁部破片で、「口縁部の縦断面形は方形状に肥厚する。口径は 20.8 cm を測る。口縁部の形は口縁から肩部へ『ハ』の字に開く、一見、無頸の壺を連想させるような形である。しかし、土器の形は、現時点では甕としておきたい。胎土は滑石・石英・黒ウンモ・土塊を含む。器面には横位と縦方向のヘラ状の調整痕がみられる」。

　さらに沖縄県内の類例資料として宜野湾市大久保原遺跡、読谷村中川原貝塚、同真志喜荒地原第一遺跡から計 7 点が出土しているという。筆者は実見の機を得ないが、カラー写真とあわせ見るかぎりでは楽浪系漢式土器の特徴を示しているようである。方形状肥厚口縁で特徴づけられる楽浪系漢式土器は、北部九州の玄界灘沿岸地域や壱岐島原の辻遺跡（武末 1995）で出土例が知られていて、弥生時代中期後半から後期にかけて搬入されている事実が参考される。楽浪文化の流入現象として五銖銭・漢式銅鏃などとあわせて理解されている。沖縄に搬入されたルートとして朝鮮半島からの直接搬入と九州経由の両者が考えられる。

4　おわりに

　これまで沖縄の弥生時代並行期の外来遺物についてその内容を検討してきた。沖縄における弥生

文化の受容問題については、高宮教授が構想する新石器時代の土器編年の一環として精力的に追求してきたテーマである。教授の要望にふれて筆者も九州の立場からこの問題にかかわる機会を与えられることとなった。これまで九州系弥生土器や石器について検討したが、在地産弥生系土器や磨製石器から、先行する暫定編年中期（縄文時代晩期相当期）系の土器や石器の特徴も継承しながら、弥生土器を搬入して在地弥生系土器や磨製石器を生産しているところに、沖縄の「弥生時代」を設定してよいのではないかと推測してきた。しかしさきに高宮教授も指摘されているように現時点では水田跡や木製農具・住居跡その他まだ不明な点が多いことも事実である。今回は搬入弥生土器や石器をしばらくおき、中国系や朝鮮半島系の搬入遺物についてとりあげてみた。弥生時代前期段階までには中国戦国時代（燕）の貨幣・中期段階以降では中国前漢代の貨幣・銅鏃、さらに鉄斧、ガラス玉、細形銅剣茎片、楽浪系土器などの搬入が明らかになってきた。前者は中国からの搬入が可能であり、後者は朝鮮半島から直接の場合も皆無とはいえないが、大勢は南九州を介しての搬入が考えられる。とくに後者の場合、西日本各地に搬出されている南海産ゴホウラ・イモガイ製の貝輪（木下 1996）の見かえり品として、発見例の増加しつつある九州系弥生土器の搬入が注目される。おそらくこれらの土器には稲籾が収納されて搬送されたであろうというのが大方の推察である。しかし沖縄における水田稲作の存在は未だ不明であり、定着のみならず受容すら疑わしい現状である。あるいは一部で陸稲などの受容も考えられなくもないが、やはり明確な支証は得られていない。本章でとりあげた青銅器・鉄器・ガラス玉などの搬入も、それらが特定有力者の専有品として墳墓などに副葬された様子もうかがえない。祭祀か実用に供せられたことは考えられるが、貝塚に廃棄されている状態で発見されていて、九州の場合のようにこれらを模倣した生産活動の痕跡などもうかがえない。これらの状況を重ねてゆくと、弥生文化は定着しなかったとする結論へと導いてゆくことにもなるが、さきにも述べたように、在地産の弥生系土器や石器が出現することを重視するならば、縄文文化系の文化内容をかなり継承しながらも新しい変化がみられるようになった点は見おとせないであろう。本章であつかった外来遺物の搬入時期は、九州の動向と同時期に連動していることがうかがわれた。両者の交渉はかなり密接であった背景が考えあわされ、このような在り方が沖縄の弥生時代の実態であったと認識してよいであろう。北部九州と同じようなすべて弥生文化の内容を具備している必要もないのではあるまいか。むしろそのような実態に"南島的弥生世界"、すなわち「弥生時代」が存在したと考えたいのであるが。

第 2 部　古墳時代

第1章　古墳伝播の道

1　吉野ヶ里と弥生墳丘墓

吉野ヶ里墳丘墓の発見

　1989年初めに一躍マスコミの脚光を浴びて登場した佐賀県吉野ヶ里遺跡は、わが国最大の大環濠集落、そのなかにあって内濠で囲まれた特設居住区、環濠外の高床倉庫群、環濠域北端の墳丘墓などが次々に公表されたことによって、それらが『魏志』倭人伝に記された一国の中核集落、王の宮室、邸閣、王（王族）墓に比定された。このことが倭人伝の邪馬台国像と意識の有無をとわず重ねあわされることとなり、今日なお衰えをみせないブームを保っている。しかしながら、このような安易な各遺構の比定は学問的に無条件に受け入れられないことはいうまでもなく、さらに一般大衆までも信用させてしまった点は遺憾である。これら各遺構は弥生時代の中期から後期の推移の全時期や一時期にあたるものであって、すべてを倭人伝にいう3世紀の同時点でとらえうる状況とはいえず、またその性格の未だ吟味されていない内容も含まれているからである。そのうち本章でとりあげる墳丘墓は大環濠集落内の北端近くにあって、外見では南北約40m、東西約30m、高さ約2.5mの楕円形を呈している。地権者の話を総合すると、本来はもう2mくらい高かったらしいが削平したという。この墳丘墓は弥生時代中期初頭の竪穴住居を埋めて整地し、その上に幾層もの土層を突きかためて重ねていく技法によって築造されている様子が明らかにされた。さらに墳丘の切断調査による壁面観察では、盛土する際に数個の小円丘状の盛土を築き、それらの間を埋めるように整地していき、さらにその上に同様な築成工法をくりかえして墳丘を高くしていって最終的な墳丘墓の形態ができあがっていることが知られた。一種の原初的な版築技法ともいうべき方法で、中国でいう夯土技法に包括されるものであろう。外来の新しい土木工法として注目されたところである。墳丘内に確認されている葬墓はすべて甕棺墓

表1　墳丘墓内甕棺墓一覧表

番号	時代	赤色顔料	黒塗り	出土遺物	備考	
1002甕棺	中期中頃（新）	有	有	把頭飾付有柄銅剣 ガラス製管玉		成人棺
1003甕棺	中期中頃	―	有	不明	未調査	成人棺
1004甕棺	中期中頃	有	有	無（破壊？）		成人棺
1005甕棺	中期中頃	有	有	細形銅剣		成人棺
1006甕棺	中期中頃（新）	有	有	細形銅剣	人骨の一部（歯）	成人棺
1007甕棺	中期中頃	無	有	細形銅剣 青銅製十字形把頭飾	人骨の一部	成人棺
1008甕棺	中期	―	―	不明	未調査	成人棺
1009甕棺	中期中頃	有	有	細形銅剣		成人棺

で、中期前半から中ごろに及ぶ8基の成人用甕棺が発掘され、そのうち5基から銅剣各1口が発見されている。さらにその1基ではガラス製管玉約75個があわせて副葬されていた。またすでに削平された段階にも漢式鏡1面や銅剣・銅矛などを副葬した甕棺があったようであるから、墳丘墓の下限は中期後半にまで及んでいたと推察される。墳丘墓の東側には祭祀に使用された土器を逐次収容したと思われる南北に長大な土坑があり、長期にわたって墳墓祭祀が行われたことをうかがわせる。

初現期の弥生墳丘墓

このような中期前半にまでさかのぼって造営され、しかも新しい夯土工法を採用した吉野ヶ里墳丘墓の出現は、弥生時代の墳丘墓についてさらに新しい問題を提起することとなった。一つは従来行われている弥生時代後期に現われる前方後円（方）型墳丘墓から、次の古墳時代に盛行する定型化した前方後円（方）墳への展開をたどる研究である。これまで弥生時代の墳丘墓研究はほとんどこのような視点からすすめられてきた、いわゆる定型化以前の前方後円（方）墳研究といっても過言ではない。そしてこの分野においても両時代の不連続をつなぎ、弥生時代からの内的発展をもたどりうる一定の成果をおさめている現状である。

もう一つの問題は吉野ヶ里墳丘墓の出現によって、中期前半以前に北部九州に墳丘墓が造営されていたことを明確にした点である。これによって弥生墳丘墓の初現時期はどこまでさかのぼりうるのか、またその系譜はどのようにたどられるのかという課題が提起されるにいたった。

現在知られている最古の墳丘墓は福岡県朝倉郡夜須町〔現筑前町〕東小田・峯遺跡の1号墳丘墓である。1964、1986両年にわたって調査されたこの墳丘墓は周溝をめぐらした長方形プランで、周溝（断面V字型・最大幅3.3m）を含む墓域の規模は東西22.3m、南北15m以上である。墳丘部の盛土は確認されず、地山整形による周溝外側からの高さは90cmの墳丘を形成している。墳丘内には東西方向に2列に配される土壙墓8基があり、うち3基に前期前半の有文壺各々1個が副葬されていた。墳丘墓の現状が半壊しているところから推して本来は十数基程度の土壙墓が存在したであろうと考えられ、その配列状態、副葬品の内容からみて、等質的状況をさして出ない段階の特定集団墓の出現と位置づけることができよう。峯墳丘墓の発見は日本列島における最古の墳丘墓がまず北部九州に出現している事実を明確にした。

その後、前期末に青銅武器（剣・矛・戈）・多鈕細文鏡などの朝鮮系青銅器が本格的に流入するようになり、特定集団のなかのいくつかの棺墓に1〜2個程度の青銅器が分散所有されている状況がみられる。しかし峯遺跡でみられたような墳丘墓としての在り方が明確に継承され、発展していく状況はたどられない。むしろ前期後半の墳丘墓は近畿地方に出現して中期にまで継承され、墳丘墓の採用は拡がっていった。そして墳丘墓埋葬者のクラスは首長や特定集団にとどまらず、さらに下位にまで及んでいった点が北部九州とは対照的である。

弥生中期の墳丘墓

北部九州でさらに墳丘墓が明確に認定できるのは中期前半である。吉野ヶ里墳丘墓はさきに紹介したように、この時期の最大規模を有する代表的存在であるが、1991年に発見された同時期の福

岡県嘉穂町〔現嘉麻市〕馬見・鎌田原遺跡も注目すべき内容の墳丘墓である。一辺（径）約23〜25mの隅丸方形（楕円形）状周溝をめぐらした墳丘墓内に、箱形木棺墓8基・土壙墓2基・甕棺墓11基の総数21基がある。中期前半から後半におよび、うち木棺5基・甕棺2基から銅戈3・銅剣先1・石鏃6・石剣片3・石戈片1・勾玉7・管玉175などが発見され、その在り方は分散所有型である。なかでもほぼ中央を占める6号木棺墓は大型土壙内でさらに木槨（3.4×0.9 m）に収められるという注目すべきものであった。

　中期後半になると30面前後の中国前漢代の銅鏡を特定甕棺墓に集中副葬した須玖岡本遺跡（福岡県春日市）と三雲遺跡（福岡県前原市〔現糸島市〕）に代表される奴国と伊都国の王墓が出現する。ともに墳丘墓であったらしく、前者はその上に大石を標石として据えていたが、両者ともに19世紀代の発掘であるために正確な内容は不詳である。以上のことから西暦前1世紀代のなかで北部九州の墳丘墓には青銅器の分散所有型から集中所有型への歴史的発展があったことがうかがわれる。これはいいかえれば首長とその親族を包容する墳丘墓から一国の首長（王）の墳丘墓の出現への推移である。また副葬品の内容にも朝鮮系青銅器から中国（前漢）系青銅器への推移がみられる。『後漢書』倭伝には西紀57（建武中元2）年、奴国が奉貢朝賀して光武帝から印綬を賜ったという有名な記事がある。この印が1784年に福岡市志賀島で発見された「漢委奴國王」金印であることも今日周知のとおりである。須玖岡本や三雲の王墓はそれに先立つ前漢王朝のころから入貢していたことを示している。そして少なくとも1世紀代には奴国王を代表とする北部九州連合社会、すなわち筑紫連合政権が誕生していたとみられる。西紀前後にまたがる弥生時代中期の北部九州には中国側から「国」といわれたいくつかの政治的統合地域があったが、その首長墓には親族を含む吉野ヶ里、鎌田原、樋渡（福岡市西区飯盛）などのタイプと、首長個人墓を成立させた須玖岡本、三雲などのタイプがあった。後者を王墓とすれば前者は王を含む王族墓である。1990年、須玖岡本王墓の北西隣接区で長方形プラン（25×18 m）の墳丘墓が発見された。甕棺墓18基・土壙墓2基を含む王墓と同時期の墳丘墓であった。地上部は削平されていたが本来は30基以上の甕棺墓が包蔵されていたであろうといわれているが、ほとんど副葬品は発見されていない。これが王墓を析出した王族墓にあたるであろうことは論を要しないが、吉野ヶ里タイプと異なる点は、王と王族が墳墓を異にしていること、王族墓はほとんど副葬品を所有しないことである。いいかえれば王墓の出現とともに副葬品も分散所有型から集中所有型に移行していることである。つまり、弥生時代中期の墳丘墓には王族墓段階にとどまるところと、王墓と王族墓が分離した段階にすすんだところがあったということである。王権の強化という視点からみれば、後者の段階がより王権の集中化においてすすんでいることはいうまでもない。弥生時代中期の国と王といいながらその内容は一様でなかったことを示している。

筑紫連合政権の推移

　須玖岡本遺跡における2つの墳丘墓と、その周辺に分布する推定300基ほどもあろうかといわれる甕棺群集墓の存在は、奴国の社会構成を考える上にも重要な拠り所を与えてくれる。すなわち西紀前後の奴国では王と王族と庶民のクラスが成立していたことを教えてくれた。『魏志』倭人伝は

3世紀の倭人社会では王─大人─下戸─奴婢の身分格差が存在したことを記しているが、須玖岡本遺跡における3種の墳墓の在り方は、少なくとも奴婢をのぞく上位3者の先駆的段階がこの時期に淵源していることを考古学的に実証しえた重要な成果であると評価できよう。同様な在り方は伊都国においても三雲遺跡を通じて類推できるが、このような身分制のいちはやい達成が、奴国連合体制を形成しえた要因の一つであることは否定できない。その後2世紀を迎えて、筑紫連合政権の主導国は奴国から伊都国に推移したと思われる。『後漢書』に伝えられる西紀107（永初元）年生口160人を献じて入貢した倭国王帥升は伊都国王であったと考えられる。伊都国王墓は三雲遺跡ののち、後期に入っても井原王墓、平原王墓と継続してともに多くの後漢鏡を保有していて、これを凌駕する地域がないこともその証となろう。3世紀の邪馬台国連合時代になっても伊都国には、世々王ありと記され、また諸国を検察した一大率もここに駐在したと記されている。また奴国の人口2万余戸、伊都国万余戸とあり、これは邪馬台国の7万余戸、狗奴国の5万余戸をのぞけばその他の国々は4000戸から1000戸である。『魏志』韓伝に「大國萬餘家・小國數千家」とあるのを参照すれば、奴・伊都両国はまさに大国であり、筑紫連合政権を代表するにふさわしい存在であったことを首肯させるであろう。

前・中期墳丘墓の系譜

　弥生時代前期初頭近くまでさかのぼって北部九州に出現した墳丘墓は、縄文時代からはたどれない墓制である。当然弥生文化の原郷である大陸に求める視点が必要になってくる。中国で墳丘墓が出現するのは戦国時代にさかのぼる。1960年代には河北省易県に多い燕国下都の方（長方）形墳の調査が行われ、版築技法による墳丘造成の様子も明らかにされた。巨大な秦の始皇帝陵（陝西省臨潼県）は戦国時代帝王陵の完成された姿であり、その方形墳の形態は以後両漢時代王陵の基本形として定着していった。華北の戦国系文化は西紀前4～3世紀頃の朝鮮半島に流入し、青銅器・初期鉄器文化のなかにその要素をたどることができる。西日本の弥生文化出現期はまさにこの時期に相当し、出土状態などに明確さを欠くものの、明刀銭などの出土例があることにも注意を喚起すべき必要があろう。中国の文献にも「倭は燕に属す」（『山海経』）とか、周のときに「倭人来りて暢草を献ず」（『論衡』）などの記述がある。その史料的価値についてはこれまで信憑性に欠けると一蹴されてきたが、改めて見なおしてみることも必要であろう。弥生文化の出現後、まもなく登場した墳丘墓の背景には、戦国系文化と朝鮮系文化の影響が考えられるのではあるまいか。

　その後、北部九州では確たる墳丘墓の継承される様子はみられないが、やがて中期前半段階で吉野ヶ里墳丘墓が現れる。上述の大陸側墳丘墓の経緯からみて長方形墳の可能性は大きいであろうし、他に比類ない夯土法による墳丘の築成技術にもその系譜がたどられるであろう。また鎌田原墳丘墓にみられる木槨と木棺の二重構造の採用も戦国～漢時代墓制との関係は否定できない。弥生時代中期後半の須玖岡本や三雲の王墓が、中国前漢王朝との交渉を物語る文物を集中所有していることは上述したが、その背景には西紀前2世紀末（前108年）に朝鮮半島に設置された漢の四郡、とりわけ楽浪郡を通じての文物輸入があったこともいまや周知のことである。したがってそれ以前から朝鮮半島に及んでいた漢文化の流れを含めて中期前半以降の墳丘墓の性格を考えるべきであろう。楽

浪郡周辺の墓制には外形・内容ともに漢式の特徴が多少となく採用されたものをみることができる。吉野ヶ里墳丘墓出土の一鋳式銅剣（1002号甕棺）や絹織物が楽浪古墳出土資料に系統を求めうることなども有力な証となる。

古墳の出現

　従来弥生墳丘墓が注目されてきたのは、弥生時代後期終末近くに個人墓が現われ、しかも巨大化現象がみられる点であった。それらは周溝の有無によって周溝墓、台状墓などの名称の別はあるが、今日ではともに元来は低墳丘を有する墳丘墓（区画墓）である点で共通認識に到達している。近畿周辺では弥生時代中期段階で墳丘墓は一般的墓制としてかなりの普及度を示しているが、北部九州では特定階層の集団墓にとどまり、終末期から次の古墳時代前半期にかけてより下位の階層に広がりをみせるようになった。終末期には東は関東にいたるまで前方後円（方）形墳丘墓が出現するにいたった点では北部九州も例外ではない。しかし、これらはいわゆる定型化以前の前方後円（方）形墳丘墓である。生掛古墳（福岡県小郡市津古）、赤坂古墳（佐賀県鳥栖市永吉町）、西一本杉古墳（佐賀県神埼郡東脊振村〔現吉野ヶ里町〕）、山崎八ヶ尻古墳（福岡県北九州市小倉南区長野）、下原古墳（大分県東国東郡安岐町〔現国東市〕）など、かなり広域にわたって数えあげることができる。これらの古墳から在地系土器のほか畿内系庄内式土器や一部には、つぎの布留式古墳段階相当の土器までを含む場合がある。このことは古墳時代社会の到来とみられる定型化した前方後円（方）墳以前から到来直後にかけても畿内周辺とのかかわりが過少でなかったことを示している。定型化した前方後円墳の到来時期はおそくとも布留式土器の出現までに比定することができる。那珂八幡古墳（福岡市博多区）、原口古墳（福岡県筑紫野市武蔵）、石塚山古墳（福岡県京都郡苅田町富久町）、赤塚古墳（大分県宇佐市高森）などがその最古段階のものであり、筆者が畿内型古墳の名称を付したものである。定型化した古墳として以前と隔絶した特色を数えているところは、巨大にして規画的設計のもとに築造された前方後円（方）型外形を有すること、内部構造に長大な竪穴式石室や木棺を有すること、副葬品に魏代の三角縁神獣鏡が含まれ、さらに多量副葬指向もみられることなどである。そしてこれらの鏡鑑には畿内の古墳副葬鏡とも同笵関係にある場合も少なくない。畿内型古墳出現の背景には、畿内大和王権を盟主とする連合政権に参画した新しい国家体制の成立があったことを考えねばならない。

2　畿内型古墳の伝播

出現期の畿内型古墳

　北部九州に登場した定型化した前方後円墳は、その墳丘規模において、内部構造、副葬遺物において定型化以前の古墳とは隔絶したものであったことは、研究者の等しく認識するところである。しかし、北部九州の畿内型古墳は、墳丘規模においては近畿や吉備のように全長200m前後に達するような巨大化はみられない。三角縁神獣鏡の同笵鏡を分有している筑前・豊前地域の前方後円墳でみても50〜100m余である。むしろ内部構造や副葬遺物とあわせみることによって畿内型古

墳の特徴が指摘できよう。

石塚山古墳は周防灘にのぞむ丘陵先端に位置する全長110mの先端撥形に開く前方後円墳である。1796（寛政8）年に石室内が発掘され、「鏡十一面古剣一振」を発見したと記録されている。1987年再調査されたが、竪穴式石室は完全に破壊されていた。石室は墳丘主軸線上にあり、全長5m以上、最大幅1.4mである。現存する遺物は三角縁神獣鏡7面・獣帯鏡片1のほか素環頭大刀・小札革綴冑・鉄鏃・鉄斧・玉類などである。赤塚古墳は駅館川の右岸台地上に位置する全長57.5mの前方後円墳で、周濠と周堤をめぐらして総長77.5mとなる。1921年に発掘され、墳丘主軸線上にある箱式石棺内から三角縁神獣鏡4面・三角縁龍虎鏡1面のほか鉄刀片・玉類の発見があった。原口古墳は水田に囲まれた丘陵上に位置する全長80mの前方後円墳である。1932年に発掘され、三角縁神獣鏡3面のほか鉄刀・鉄斧・玉類などが発見されている。石室材などの発見はないようであるから、粘土槨構造であったかと思われる。

同笵鏡とその分有関係

以上3古墳は最古段階の畿内型古墳に数えられている著名な古墳であるが、内部構造は一様でなく、また原口古墳などは定型化以前の墳形に属するなどの説もある。共通して中国製三角縁神獣鏡を3面から7面まで所有している。故小林行雄氏によって三角縁神獣鏡の同笵鏡分有関係から倭政権による配布と、それによって大和連合政権への参加の証とされる論説が発表されてから久しい。現在では76種230面以上の舶載三角縁神獣鏡の同笵鏡が知られている。以上3古墳の間には同笵鏡の分有関係があるが、また近畿の古墳とも分有関係において親密であった。いま九州発見の舶載三角縁神獣鏡と他地域との同笵鏡の分有関係を示したものが表2である。さらには中部、関東にまで及ぶものがあるところからみても、一部にいわれるような各地豪族間の交流によって分布を広げたとするには無理があろう。ほとんどの鏡式が近畿に集約される傾向が認められ、なかでも京都府椿井大塚山古墳の存在が注目されるなどの傾向に照してみるとき、近畿に鏡保有の中心があり、各鏡式を近畿にとどめおきながら西に東に配布したとする小林説は大綱において認められるであろう。表2にみるごとく舶載三角縁神獣鏡の同笵鏡を分有する古墳は現在ではかなり増加しており、また伝世なども考慮しなければならないが、出現期のみならず5世紀初めごろまで含めて表示してある。さらには福岡県沖ノ島祭祀遺跡も加えてある点を注意されたい。現在では定型化した前方後円墳だけでなく、前段階に出現した定型化以前の形態を踏襲したものや、福岡市藤崎6号方形周溝墓からも発見されている。これらの例をもって定型化以前の段階に配布時期をくりあげ、さらには藤崎周溝墓を過大評価する説もあるが、定型化以前の形態が石塚山古墳以前だけに限定はできず、定型化段階まで並行していてもさしつかえないものであろうし、複数の鏡の配布をうけた首長から低墳丘墓クラスの縁者や配下の人々に再配分する場合も考えられるであろう。要は三角縁神獣鏡を所有する古墳の共通性から引き出しうる大勢論で判断すべきことであって、例外的事例が少数存在しても、それらは支障とはならないであろう。

表2 九州発見舶載三角縁神獣鏡の同笵鏡の分有関係（小林 1975 に追加）

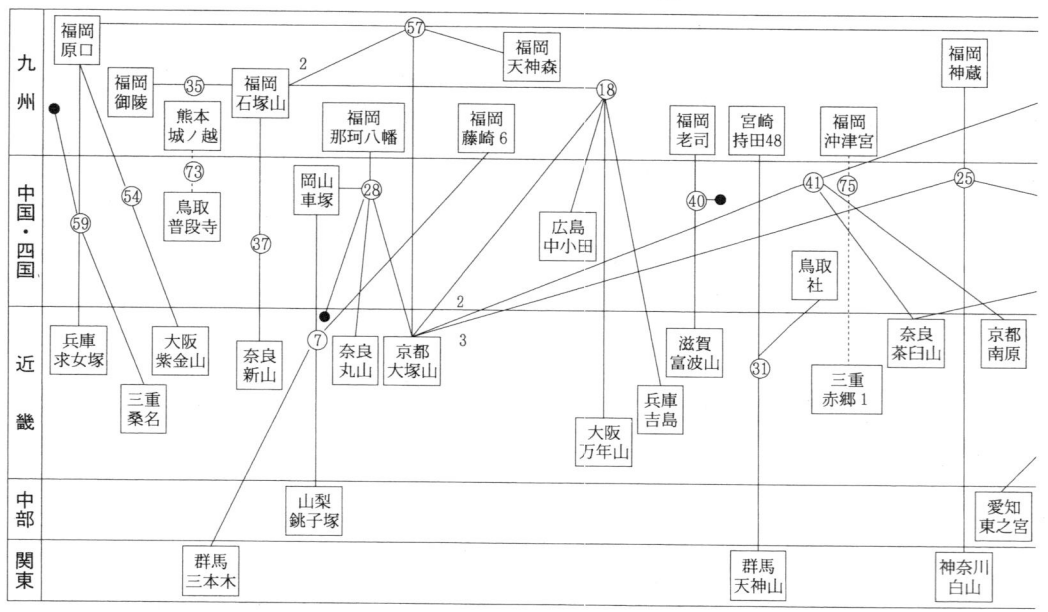

表3 九州発見仿製三角縁神獣鏡の同笵鏡の分有関係

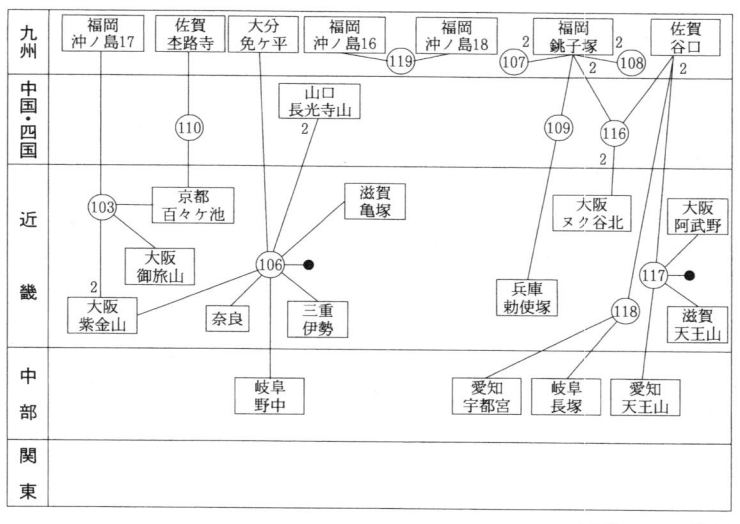

（小林 1975 に追加）

拡充期の畿内型古墳

出現期の畿内型古墳が、舶載三角縁神獣鏡を通じて大和政権との関係をたどることができたのに対して、4世紀後半代の畿内型古墳では仿製三角縁神獣鏡と碧玉製腕飾（石釧・車輪石・鍬形石）によって同様な関係を検証することができる。後者は弥生時代の西日本に流行した南島産のイモガイやゴホウラなどの貝輪を玉製品に写したもので、大和政権の関与のもとに北陸地方などで製作され配布されたものと考えられている。この時期の代表的な古墳として免ヶ平古墳（大分県宇佐市）、一貴山銚子塚古墳（福岡県糸島郡二丈町〔現糸島市〕）、谷口古墳（佐賀県東松浦郡浜玉町〔現唐津市〕）、向野田古墳（熊本県宇土市）、七ッ森Ｂ号墳（大分県竹田市）、西都原13号墳（宮崎県西都市）、鳥越古墳（鹿児島県阿久根市）などがあげられる。前方後円墳の外形をとり、内部構造は竪穴式石室・長持形石棺・割竹形石棺・粘土槨など多彩である。また仿製鏡や碧玉製腕飾を有する古墳は以上のような各地域を代表する首長墓のみにとどまらず、それ以下のクラスにまで及び、畿内型古墳の分布は九州全域

に拡充されていく傾向をみることができる。いま仿製三角縁神獣鏡にみる同笵鏡の分有関係についてみても、表3に示すように鏡保有の中心が近畿にある点は出現期の場合と変らない。この段階での倭政権は朝鮮三国の抗争に介入しはじめている。そのためにも九州の豪族たちとの連係を深めていくことが必要であり、朝鮮半島に介入することによって先進地の文化や技術、さらに鉄資源の獲得を渇望する点では大和政権も九州の豪族たちも同じであった。このような共通の利害関係に立って行動するかぎりでは同族意識を高揚させ、畿内型古墳文化を拡充する効果を果たすことにもなったのである。玄界灘のただ中に浮かぶ沖ノ島祭祀も地元豪族宗像氏を直接司祭者として、倭政権の主宰する大陸渡航を祈願するための国家祭祀としてこの時期に始まっている。

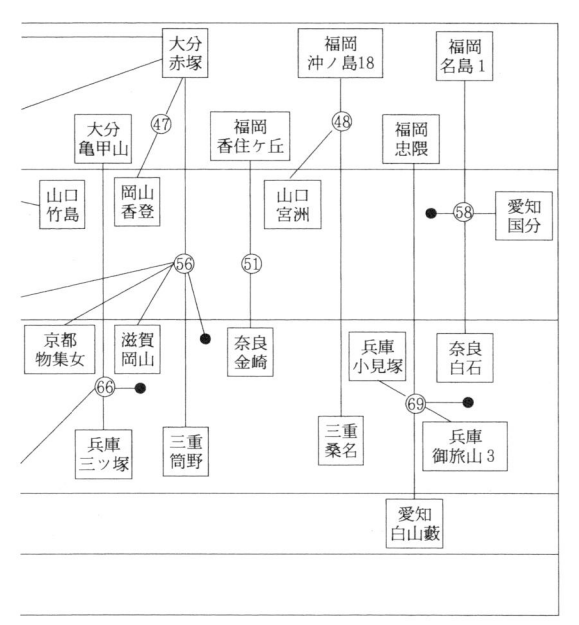

（○内数字は小林分類の鏡式番号）

九州の豪族と地域性

　3世紀の『魏志』倭人伝に記されている北部九州の国々は4～5世紀まで大きな変動もなく継承されて、のちの郡単位クラスの政治領域を領有する豪族に成長した。多くは彼等が畿内型古墳の主人公であり、大和政権のもとで地方官としての県主(あがたぬし)の地位に封ぜられていった。記紀その他の文献には九州各地の県・県主の存在がみえており、これらを整理すると、九州の古代豪族には次のような3つの地域別類型がみられる。

　（1）大和政権の勢力が強く扶植された地域
　（2）九州在地の豪族層が根強く成長した地域
　（3）大和政権から久しく異民族視された地域

　第1地域は瀬戸内海から玄界灘に面した北部九州沿海部である。大和政権にとって大陸ルートと九州支配の拠点地域として重要であり、対馬・壱岐の県主や宗形（像）氏・阿曇氏・海部族など対外交渉にかかわる海上交通を担当した。したがってこの沿海部に分布する海部との関係もふかく、この地域の県主層に管掌されて集団を形成した。そして海産物を大和王家に貢納する職業を課せられていた。また豊国直・宇佐君・碩田君(おおきた)など豊前・豊後地域の豪族もはやくから大和政権のもとに属していた。

　第2地域は有明海や八代海にのぞむ中部九州である。筑後・肥前・肥後の内陸河川流域に展開する広い平野を擁する九州最大の穀倉地帯を背景に、5世紀以降九州型古墳文化を発達させた。筑紫君・肥君・阿蘇君など6世紀以降の九州を代表する在地豪族を育成した。

第3地域は熊襲・隼人の名称で異民族視されて、大和政権の非支配地として最後まで残された日向南部・大隅・薩摩などの南部九州である。大隅の曽・加士伎・薩摩の会（衣）などの県がある。北部・中部九州と異なる農耕不適な生産環境と、それに起因する生活方式の相違が、大和政権の支配貫徹に大きな障害となった。
　なお『古事記』国生み神話のなかに、九州を筑紫・豊・肥・熊曽の四地域に区別する地理観が示されているが、筑紫・豊は第1地域に、肥は第2地域に、熊曽は第3地域に照合させることができる。

景行紀の九州巡幸コース

　『日本書紀』景行天皇12年の条に九州巡幸伝説がみえる。まず海路菟狭（豊前宇佐郡）に到り、長峡県（豊前京都郡）―碩田国（豊後大分郡）―速見邑（同速見郡）―来田見邑（同直入郡）―柏峡大野（同大野郡）―日向国のコースが記されているが、碩田―速見は逆が正しい。つぎに同18年の条には日向を出発して夷守（日向西諸県郡）―石瀬川（同前）―熊県（肥後球磨郡）―（海路）―葦北（同葦北郡）の小島―火国（同八代郡）―高來県（肥前南高来郡）―玉杵名邑（肥後玉名郡）―阿蘇国（同阿蘇郡）―筑紫後国御木（筑後三池郡）―八女県（同八女郡）―的邑（同浮羽郡）のコースが記されている。これを現在の九州鉄道にあてはめてみると、宇佐駅から日豊本線で南下して宮崎駅に到り、吉都線で小林・人吉を経て九州を東西に横断して八代に到る。八代海を経て島原半島に到り、ふたたび有明海を渡って玉名郡に到る。阿蘇に立ち寄り、鹿児島本線ルートか山間の道を北上して三池・八女・浮羽郡など筑後を巡幸したことになる。これは律令時代の官道とも重なるようであるが、各ルートを南行して日向や球磨郡に達するところは畿内型古墳拡充圏とも関連していて興味ぶかい。現在、畿内型古墳の南限は東は大隅志布志湾周辺、西は薩摩川内川流域に達していることが知られている。景行紀の南巡ルートの大要は、4世紀後半から5世紀前半ごろまでさかのぼりうる畿内型古墳伝播の道を示しているといっても過言ではなかろう。

3　九州型古墳文化の形成期

時期区分法とその画期

　古墳時代の区分法には前・中・後期三区分法と、前・後期二区分法がある。前者はまず最大規模の前方後円墳が造られた応神・仁徳両陵を中期と規定し、『宋書』倭国伝にあらわれる倭の五王時代（4世紀後半～5世紀末）をこれにあてるところから出発して、それ以前の4世紀代を前期、それ以後7世紀末までを後期とする。後者は三区分法の中期までを前期としている。それらの区分法はいずれももっとも研究史的にも中心的存在である近畿地方の古墳文化を拠所として組立てられたものであった。現行の二区分法は1959年刊の『世界考古学大系』（第3巻・小林行雄編）で提起され、1966年刊の『日本の考古学』（Ⅳ巻・近藤義郎・藤沢長治編）で補訂普及をみるにいたった。そして前期古墳の被葬者は司祭者的性格を脱して支配者的地位を占めるにいたった共同体の首長、後期古墳の被葬者は共同体を国家統治機構のなかに吸収していく過程で上層部の豪族・官人層にまでひろげられたものと指摘している。また後期古墳文化には横穴式石室・須恵器・馬具の普及・金

銅工芸の国産化などをキー・ワードとされるように、大陸文化のつよい影響を認めている。

　しかしながらこのような現行の二期区分法は、政治史的観点や遺跡・遺物の現象面における近畿地方とその周辺には適切であるかも知れないが、九州地方の古墳文化は横穴式石室の出現が4世紀末にさかのぼり、須恵器の生産も5世紀前半には開始されている。大陸文化の影響は近畿地方より一足はやく始まっている。大陸にもっとも近い地理的位置を占めている点で当然のことであろうが、この画期を無視しては九州地方古墳文化の特色は消されてしまうのである。したがって二期区分法は中央史観に同調したとの誹りも免れえないであろう。その意味では従来「倭の五王の世紀」、「技術革新の世紀」と称されてきた5世紀代を重視する画期史観を復活させることによって、地方の画期も生かすことができると考えられる。すなわち九州の古墳時代には三期区分法を適用するのが妥当であり、その中期こそ以後に展開する九州型古墳文化の形成期として重要な時期なのである。

横穴式石室の採用

　わが国の古墳文化のなかで5世紀後半ごろから普及しはじめた新来の墓制は横穴式石室である。大陸に起源するこの墓制が、まず地理的にもっとも近い北部九州沿海地域に登場したのは当然の成り行きであった。現在最古の横口構造が確かめられているのは佐賀県東松浦郡浜玉町〔現唐津市〕谷口古墳である。全長約90mの前方後円墳で、後円部には東と西に並行する2つの石室がある。1908年に発掘され、ともに割石積竪穴式石室内に組合式長持形石棺を収めていた。両者から発見された遺物には銅鏡7（うち4面は三角縁神獣鏡）・碧玉製石釧11のほか勾玉・管玉・小玉・鉄剣・鉄刀・鉄鏃などがある。内容からみて4世紀末より下らない拡充期の畿内型古墳として久しく疑われなかった。ところが1986年から始まった保存整備事業に伴って西石室の南側を発掘した結果、前方部に向って開口する横口構造と羨道壁石積の存在が明らかになった。東石室もおそらく同じ構造と思われる。すなわち従来の竪穴式石室の小口壁を開いて横口をとりつけた竪穴系横口式石室となるのである。この発見によってわが国における横穴式石室の採用は4世紀末ごろまでさかのぼる事実が確認されることとなった。さらに5世紀初頭の福岡市南区老司古墳（前方後円墳・全長約90m）でも前方部から長さ9mの墓道を付設した竪穴式石室の小口壁に階段を設けて室内に入るという原初的な竪穴系横口石室がみられた。

　横穴式石室は5世紀初頭に位置づけられる福岡市西区鋤崎古墳が最古型式である。これは全長62mの前方後円墳で後円部中央に設けられた竪坑式墓壙内に前方部に開口する横穴式石室を構えている。石室は長方形プラン（長さ3.6×幅2.6m）の扁平割石積（高さ約2m）で、前方に小さな羨道部（長さ70×幅50cm）がつく。その外側に一枚の板石を立てて閉塞し、墓壙壁との間に小前庭部ができるが、ここに墳丘上から竪坑式墓道を掘りこんでいる。室内には奥壁ぞいに組合箱式石棺、左壁ぞいに木棺、右壁ぞいに埴質棺を置いて、いわゆる「コ」字状配置がみられる。鋤崎古墳の系譜は5世紀前半の丸隈山古墳（福岡市西区周船寺）や横田下古墳（佐賀県東松浦郡浜玉町〔現唐津市〕）などに発展して定着し、一方5世紀後半ごろには横穴式石室の東伝は近畿地方にまで及んでいる。

横穴式石室の源流

　横穴式石室の祖型が大陸に求められる点では異論はない。北朝鮮平壌市の楽浪区域には漢代楽浪郡時代の古墳が多く、なかでも後漢時代後半には塼築の横穴式墓室が流行した。1932年、平壌駅構内発見の塼築墳は永和9年（353年・東晋年号）の紀年銘を有し、塼室の上半部には板石を使用していた。またこれとほぼ同時期とみられる南井里119号墳は完全なる割石積の横穴式石室であった。さらに1949年に発掘された黄海北道安岳郡安岳3号墳は隅三角持送天井（抹角藻井）、石柱付き多室構造の横穴式石室で永和13年（357年・東晋年号）の紀年銘がある。313年、高句麗の南征によって楽浪郡が滅亡してからも、楽浪遺民と称される中国系住民や亡命中国系官僚たちの一種の自治的区域として旧楽浪区域は存続していたとみられる。紀年銘を有するこれらの横穴式封土墳は亡命官僚の墓であった。また上述した諸例にみられるように4世紀中ごろに楽浪地域の塼室墳の下限と、朝鮮三国の横穴式石室墳の上限を推察することができる。朝鮮三国では4世紀後半ごろに高句麗ついで百済に採用されて流行するようになった。またこのころから高句麗勢力の南進が始まり、これと対抗した百済の要請を受けて倭政権も武力介入することになり、有名な広開土王碑文にも記されているように、倭軍は平壌付近まで進撃したが、5世紀初め（404年）大敗を喫して後退するにいたった。これらの出兵を通じて、楽浪・帯方2郡の故地を踏んだ北部九州の豪族たちが横穴式石室の知識を得たであろうことは、容易に推察されるところである。

須恵器生産の開始

　新しい墓制の採用と前後して朝鮮半島から学んだ生産活動を代表するものに須恵器がある。この新来の焼物は1100度以上の還元焔焼成によって生産された青灰色硬質土器である。窯の形状は山腹斜面に沿ったトンネル構造の登り窯である。わが国における須恵器生産は6世紀以降全国的に拡がっていくが、最古段階の須恵器は大阪府南郊の泉北丘陵一帯に分布する一大窯跡群のなかに発見された。『日本書紀』崇神天皇7年8月条にみえる「茅渟縣陶邑（ちぬのあがたすえむら）」の地に比定されるところから陶邑窯跡群の名称で知られるようになった。なかでも最古段階の窯跡として高蔵73号窯（TK73型式）が有名で、5世紀前半代に比定されている。そしてわが国における須恵器生産は、朝鮮半島南部の伽耶地方の陶質土器を直接的祖型として、まず陶邑窯跡群で開始され製品が各地に配布されたとする一元的配布論が唱導された。このような発想の背景には5世紀前半代の窯跡が他地域で発見されていなかったこと、陶邑窯系の初期須恵器が関東から九州にまで流通していることなどがあったからで、当然のことながら倭政権の勢力伸長と重ねあわせた方向性が打ち出されていた。ところが1980年前後から北部九州の古墳に伽耶系陶質土器の副葬されている事実が注目されるようになり、それらのなかに福岡県朝倉郡小隈（こぐま）窯跡の製品と照合できる須恵器が存在することも知られてきた。現在このような初期須恵器の窯跡として福岡県内に所在するつぎの6遺跡を数えることができる。

　　小隈窯跡群　　　　朝倉郡夜須町〔現筑前町〕下高場字小隈
　　八並窯跡群　　　　朝倉郡夜須町〔現筑前町〕三並字鳥巣
　　山隈窯跡群　　　　朝倉郡三輪町〔現筑前町〕山隈字城山
　　隈西小田窯跡群　　筑紫野市隈西小田10地点・8地点

居屋敷窯跡　　　京都郡豊津町〔現みやこ町〕居屋敷
新開窯跡　　　　福岡市西区今宿・新開

　このうち朝倉郡内のものは近接しているので朝倉窯跡群と総称されている。これらの窯跡群で生産された初期須恵器は陶邑窯跡群の製品とも異なる特徴を示している。このうち小隈窯跡群の製品は理化学的手法による産地同定分析の成果なども援用して、南は福岡県南部の筑後川周辺や八女郡・八女市域、西は佐賀県の佐賀平野東部地域、北は福岡市博多湾周辺の一部に流通していたことが確かめられている。一方これらの地域には陶邑窯製品がみられることも事実であり、鹿児島県にまで及んでいる。また近畿地方にあっても近年陶邑周辺では一須賀窯、吹田窯、大庭寺窯などの別系統須恵器窯の存在が知られてきて、陶邑窯と同時期かやや先立って開始された可能性も論じられている。わが国の古代末期まで命脈をたどりうる須恵器生産の開始は、西日本各地に渡来した伽耶系技術者たちによって始められた多元的開始説が妥当であろう。初期須恵器にみる窯跡ごとの異なる特徴は、渡来工人の故地である伽耶の地域性を反映している公算が大きいと思われる。伽耶地域の今後における調査研究の進展に注意を向けながら解決をはかる必要があろう。

石人石馬と装飾古墳

　九州の後期古墳文化を特徴づけるものに、いわゆる石人石馬と装飾古墳の問題がある。これらの文化は6世紀代に下って最盛期を迎えるが、その始まりは5世紀前半までさかのぼる。石人石馬と総称される石製遺物は、阿蘇系凝灰岩を使用して実物大かそれ以上の大きさにつくって古墳上に立てた表飾遺物である。石製品の内容はつぎの3種に大別される。

　①人物─武装石人・平装石人・裸形石人　　②動物─馬・猪・鶏・水鳥　　③器財─短甲・
　盾・靫・刀・蓋・翳・坩・腰掛・小家形棺

　5世紀代の石神山・石人山（福岡県）・臼塚・下山（大分県）・清原（熊本県）などの古墳では後円部前面に円彫武人像1体や短甲1～2個を立て、あるいは短甲・刀・腰掛などを古墳の近くに配置している。すなわち古墳の主人公を守衛する意味をこめた武人・武具・武器を樹立していた。熊本県では6世紀に下っても5世紀の在り方を踏襲しているが、筑紫国造磐井の墓とされる岩戸山古墳では墳丘の段築面に平装石人や器財石製品を立て並べていて、形象埴輪は使用されていないが、多くの石製品の内容と使用法は明らかに形象埴輪の内容や使用法と同じである。その原型は近畿の古墳に盛行した形象埴輪に求められ、それらを石製品にかえて実大に造作したところに九州の人々の独創性が認められる。

　石人石馬とほぼ時を同じくして現れたのは、石棺の内外や石室内壁面を彫刻や彩色によって飾る風である。古墳壁画とか装飾古墳と称されて7世紀代にまで流行した九州型古墳文化を代表するものの一つである。九州の装飾古墳で最古に位置づけられるのは初期の武装石人を有する福岡県石人山古墳である。横口式家形石棺の屋根形部分を2段に分け、上段に同心円文、下段に直弧文を並列して浮彫した石棺系装飾である。これに先立つ近畿周辺や中国地方には割竹形・舟形・長持形・家形石棺などに直弧文・円文・連続三角文・鏡鑑文・家屋文などを彫刻する風があった。これらの装飾は死者に対する除魔鎮魂のための呪術的意義を期待する祈りの芸術であり、この思想は以後華や

表4　石製表飾遺物発見古墳一覧

県	古墳名	所在地		石製品	墳形	内部構造
福岡	1 石神山	筑後	三池郡高田町上楠田	武装石人1	前方後円	舟形石棺3
	2 石人山	筑後	八女郡広川町一条	武装石人1・他	前方後円	横穴式石室　横口家形石棺(装飾)
	3 岩戸山	筑後	八女市長峰・吉田	武装石人・裸体石人・馬・鶏・水鳥・猪・靫・盾・刀・坩・蓋・翳	前方後円	不明
	4 童男山古墳群	筑後	八女市山内・北童男	裸形跪坐石人・子負女性石人	円	横穴式石室
	5 豊福古墳群	筑後	八女市豊福	武装石人1	前方後円・円	不明
	6 稲荷山	筑後	大牟田市稲荷山（弥平山）	短甲1	不明	不明
熊本	7 三の宮神社	肥後	荒尾市平井手・三ノ宮神社	武装石人1	前方後円	不明
	8 清原古墳群	肥後	玉名郡菊水町〔現和水町〕江田・清原	短甲1・腰掛1・刀・小家形棺1	前方後円・円	横口家形石棺、他
	9 チブサン	肥後	山鹿市城・西福寺	人物1	前方後円	横穴式石室(装飾)
	10 臼塚	肥後	山鹿市石	武装石人1	円	横穴式石室(装飾)
	11 フタツカサン	肥後	菊池市木柑子	人物1・蓋2	前方後円	横穴式石室
	12 富ノ尾古墳群	肥後	熊本市池田町富ノ尾	人物1	前方後円・円	横穴式石室(装飾)
	13 木柑子高塚	肥後	菊池市木柑子	人物4	前方後円	不明
	14 石之室	肥後	下益城郡城南町〔現熊本市〕塚原	蓋の柄?1	円	横口家形石棺(装飾)
	15 姫ノ城古墳	肥後	八代郡竜北町〔現氷川町〕大野・北川	盾5・蓋6・靫2	円	不明
	16 天堤	肥後	八代郡竜北町〔現氷川町〕野津・下北山王	蓋1	前方後円	不明
	17 袈裟尾高塚	肥後	菊池市袈裟尾	靫1(石室材に転用)	円	横穴式石室(装飾)
	18 北原1号墳	肥後	下益城郡城南町〔現熊本市〕塚原	盾(廃棄)	円	横口式石棺
大分	19 臼塚	豊後	臼杵市熊崎・臼杵神社	短甲1	前方後円	舟形石棺2
	20 下山	豊後	臼杵市下山	短甲2	前方後円	家形石棺1
佐賀	21 西原	肥前	佐賀市久保泉・西原	盾1・蓋の柄?1	前方後円	家形石棺(装飾)
鳥取	22 石馬ヶ谷	伯耆	西伯郡淀江町〔現米子市〕福岡	馬1・人物1	前方後円	不明

かに展開する壁画の推移を通じても変りない基本的なものであった。

　石棺系装飾にやや遅れて出現した石障系装飾は、横穴式石室の四壁や室内を区分して縦横に立てられた障壁に彫刻や彩色を施したもので、熊本県下に初期の例が多い。長砂連古墳（天草郡大矢野町〔現上天草市〕）、千金甲1号墳（熊本市小島町）、井寺古墳（上益城郡嘉島町〔現熊本市〕）などでは上述した幾何学文に加えて盾や靫などの武器形器財図が登場し、赤・青・緑・黄・白・黒などの彩色が並用されて華麗な地下宮殿を思わせる荘厳な世界をつくり出している。装飾古墳は6世紀以後彩色や線刻技法を駆使した壁画系・横穴系へと展開してゆき画題も人物・動物・器財を主題とする生活自由画や供養図の方向に変っていく。その転機をなしたのは6世紀30年ごろを境とする磐井の乱であった。以後石人石馬の石製表飾物は中絶するが、古墳壁画の画題にとり入れられて地下の世界を華やかにする装飾古墳の隆盛をもたらしたのは皮肉な現象というべきであろうか。

　5世紀という時期は後続する九州型古墳文化の隆盛期を準備した時代であったといえよう。本章で取り上げた横穴式石室、須恵器生産、石人石馬、装飾古墳などは九州型古墳文化を構成している重要な文化要素である。それらの形成期においては前時期から継続している畿内型古墳文化を基層としながら、新来の大陸系文化をも導入して両者を結合させる方向で九州型古墳文化を創造しようと模索を重ねた過渡的段階であったと評価することができよう。

第2章　古墳文化期における日韓交渉
―― 倭と百済・伽耶・新羅 ――

1　はじめに

　東アジア地図をひもといてみると、大陸と日本列島をつなぐ架け橋のような朝鮮半島の形状に気づくであろう。列島に人類が渡来してより各時代にわたる大陸文化の伝来によって列島の文化は進展してきた。その本格的受容は弥生文化を形成する稲作農耕と金属器の登場に始まる。西暦前1世紀代には原始的な国が西日本各地に形成され、やがて3世紀後半ごろには倭連合政権が成立して古墳時代を迎えた。
　同じころ朝鮮半島でも北に高句麗や南に馬韓52国を併せた百済、辰韓12国を併せた新羅、弁韓12国からなる伽耶諸国が成立して三国鼎立時代に入った。なかでも半島の南端に位置する伽耶地域は弥生時代以来、一衣帯水の関係にあった北部九州とは相互交流の窓口であった。そして4世紀代に高句麗の南征に端を発して百済・伽耶・新羅との抗争が始まり、これに倭政権も軍事介入し、以後7世紀まで軍事的また文化的交流が続けられた。以下百済・伽耶・新羅と倭との間に展開された文化交流の様子を、最近の考古学的成果を中心にたどってみる。

2　百済との交流

　奈良県天理市の石上神宮に所蔵されている七支刀は、倭・百済王権の交渉を証する最古の金石文資料として著名である。その冒頭に記された「泰和4年」は東晋の太和4（369）年にあたる。同年高句麗との交戦に際して、倭の援助をとりつけた百済が戦勝を記念して、さらに372年東晋への入貢を果たして国際的地位を確立した背景のもとに、百済から倭に贈られた歴史的意義の深い遺品である。「七支刀」の名称は、その金象嵌銘に拠っているが、早くから『日本書紀』神功皇后52年条に、百済より「七枝刀一口」が献上された、とみえる記事に照合されるものとされてきた。そこから日朝韓の研究者間で百済献上説、百済下賜説、東晋下賜説、後世模作説などの諸説が出されたが、近年ようやく上述したような百済・倭通交（贈答）説に落ち着きつつある。七支刀の存在は、4世紀後半代の東アジアに南朝（東晋）―百済―倭ラインと、北朝―高句麗―新羅ラインの対立図式が成立していた歴史的背景を物語る貴重な支証である。
　ところで七支刀にみる象嵌技術は、これが4世紀代の百済における製作であれば、わが国の古墳時代象嵌資料の系譜を考える上でも重要である。わが国で発見されている刀剣象嵌資料には、大別

図1 象嵌環頭柄飾（南原月山里古墳出土・表と裏）

図2 初期の横穴式石室（福岡市鋤崎古墳）

して刀剣身系と刀装具系がある。前者では背や関近くに銘文を刻み、動物文（鳥・魚・馬・龍）や花文を入れる。後者では頭柄（環頭・円頭・頭椎）・鍔などにS字文、C字文、唐草文や連続亀甲文内に鳥文・花文を入れる。

5世紀後半とされる高霊郡池山洞32号墳（慶尚北道）出土の環頭には唐草文がみられ、伽耶に求められなくもなかったが、1991年天安郡花城里A1号木棺墓（忠清南道）からS字連続文環頭大刀が発見され、この地域では4世紀後半代に中国南朝系青磁を出土した墳墓なども知られており、さきの七支刀とあわせてまず百済地域に4世紀にさかのぼって南朝系の象嵌技術が伝来していたであろうことが推測される。さらに6世紀代に流行する亀甲文系の環頭柄飾も南原郡月山里古墳（全羅北道）で発見されており（図1）、わが国の同系品の祖型とみられる。また銘文大刀では、昌寧郡校洞11号墳（慶尚南道）の円頭大刀や朝鮮半島出土と伝える単龍文環頭大刀（東京国立博物館蔵）がある。後者は前半を欠失するが16文字からなる吉祥句で、書風が埼玉県稲荷山古墳出土の辛亥銘鉄剣と近似する点が注目されている。

4世紀にはじまる高句麗・新羅と百済・倭の抗争について、4世紀末から5世紀初めにかけての状況が広開土王碑文にくわしく伝えられている。百済・倭連合軍は新羅領に侵攻し、さらには帯方郡地域にまで長征しているが、結果的には大敗を喫して後退した（404年）。倭王権の朝鮮半島への出兵は、鉄資源と先進的な技術・文化の獲得を目的とするものであった。

西日本の古墳文化期を大きく二分するのは、墓制における横穴式石室の登場である。福岡・佐賀県下の玄界灘沿海地域には、5世紀前半にさかのぼって横穴式石室が採用されて、早くから注目されているが、近年では佐賀県東松浦郡浜玉町〔現唐津市〕の谷口古墳で、竪穴式石室の小口壁に横口構造と前庭部が設けられている事実が確認された。これによって、横穴式石室の採用開始時期が4世紀末ごろまでさかのぼることとなった。すなわち、わが国の横穴式石室は、在来の竪穴式石室に横口構造を取り入れた竪穴系横口石室タイプから出発したことが知られるのである。そして5世紀代に入ると本格的な横穴式石室が現れ、さらには横口式家形石棺なども考案されてわが国の墓制に広く定着してゆくことになった。

このような横穴式石室の源流が、朝鮮半島に求められることは研究者の間でも異論のないところである。楽浪郡治の所在した平壌地域には、漢以来の穹窿天井塼築構造の中国式墳墓が多く残っている。

その後4世紀初頭（313年）楽浪郡が滅亡して高句麗の支配下に入ると、平壌駅構内墓のような塼室構造であるが、天井部は板石持送り構造のものが現れる。ここでは塼に永和9（353）年の東晋年号が記されており、塼石混用横穴式古墳出現の時期が4世紀中頃にあることを示している。さらに安岳3号墳（黄海北道安岳郡）では、永和13（357）年の墓誌を記した亡命漢人冬寿の墓である横穴式石室壁画墓の存在が知られている。本格的な横穴式石室古墳は、平壌から黄海北道にいたる地域で出現したと考えられるが、一方ソウル市東郊の漢江流域でも可楽洞、芳荑（ほうい（バンイ））洞など、古式の横穴式石室構造を示す古墳群がある。4世紀末にわが国に横穴式石室の知識が導入された背景には、上述した広開土王碑に伝えられている倭軍の帯方界への侵攻などが契機をなしていると思われる。

475年高句麗の長寿王（ゆうしん）は3万の軍兵を率いて南征し、百済の王都漢城（ソウル市付近）を陥落させた。百済は王都を熊津（忠清南道公州市）に移し、538年泗沘（忠清南道扶余邑）に再遷するまで60余年間をここで過した。なかでも6世紀前半の武寧王と次の聖王（聖明王）の代は百済文化の黄金時代と評価されている。

1971年に発掘された武寧王陵の調査成果は、日韓交渉研究上にも重要な葬年時（王＝523年、王妃＝526年）が明らかな古墳と、遺物研究上の基準資料としての拠りどころを提供されたことで、両国研究者の注目を集めた。王の副葬鏡である獣文縁獣帯鏡と同型鏡をなすものが滋賀県野洲市山上山古墳（2面）、群馬県高崎市綿貫観音山古墳（1面）の3面ある。これらの同型鏡は百済が中国から輸入したのち日本に再輸出したものと考えられている。

また王妃の棺側に発見された青銅火熨斗は、1991年大阪府柏原市高井田山古墳の発見品と形態、法量ともきわめて近似している。この古墳は、百済系の特徴をもつ古式タイプの横穴式石室で5世紀末頃のものといわれ、この地域に居住した渡来系氏族との関係が考えられている。さらに佐賀県唐津市島田塚古墳や熊本県不知火町〔現宇城市〕国越古墳から発見された銅鋺も6世紀前半頃の日本では類品のないもので、武寧王陵の出土品を参照して百済方面からの将来品の可能性は大きい。武寧王は発見された誌石に「百済斯麻王」とあり日韓の史籍にみえる「斯摩」（『三国史記』）、「斯摩王」（『百済新撰』）、「嶋王」（『日本書紀』）とあい通じている。『日本書紀』雄略天皇5年条には、蓋鹵王（こうろ）が妊娠した王婦を日本に送る途中、筑築の各羅島（佐賀県鎮西町〔現唐津市〕加唐島にあてる）で王子を生んだので嶋君と名づけて本国に送ったが、これが武寧王であると記されている。

全羅南・北道にも日本との交渉を示す遺跡や遺物がある。全南潭陽郡斎月里古墳から変形六獣鏡と珠文鏡が、また全南海南郡造山古墳からは変形珠文鏡が発見されている（図3）。ともに6世紀前半より下らない倭鏡系統である。また1986年全北益山郡笠店里古墳から発見された金銅製の帽や沓、鉄製鐙などは6世紀初めごろのものと思われるが、熊本県和水町江田船山古墳の出土品との近似が注意されている（図4）。熊津時代以降、全南海岸地域は対倭の窓口であり、後述する前方後円墳も所在するなど倭済交渉上の関係が深い地域であることが考えあわされる。

図3　全南斎月里古墳出土の日本系銅鏡（左：珠文鏡、右：変形六獣鏡）

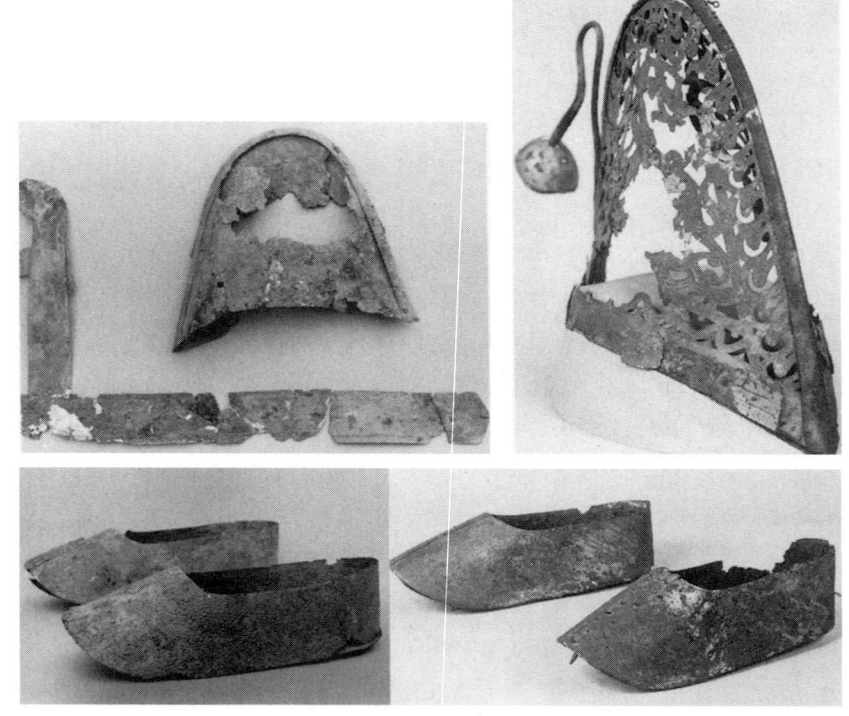

図4　金銅製の冠帽と沓
（上左と下左：全羅北道笠店里古墳出土、上右と下右：熊本県江田船山古墳）

　なお1992年、黄海にのぞむ全北辺山半島の最先端の高台に位置する竹幕洞祭祀遺跡が調査され、滑石製の短甲・有孔円板・剣形品・勾玉・鞘入刀子・鏡などわが国の5世紀代祭祀遺物と対照される遺品のほか鏡・鉄鐸・馬具・土馬・中国産青磁などの発見があった。福岡県宗像市沖ノ島祭祀遺跡との近似性が指摘されており、5、6世紀における海上交通をめぐる両国の共通の海に関する祭祀を示すものとして注目されている。また陶質土器では、全南霊岩郡万樹里2号墳から樽形𤭯が発見されており、大阪府陶邑窯跡で生産されていた同類品の原郷を考えるうえで参考にされよう。このほか福岡・佐賀・奈良県下の古墳で百済系の瓶形土器や三足土器が発見されているものの、輸入

土器では量的にも伽耶系土器にははるかに及ばない。

聖王（聖明王）は『日本書紀』欽明天皇 13（552）年にわが国にはじめて仏教を公伝した王として記録されて有名である。しかし、現在では別史料によって公伝年時は戊午（538）年とするのが定説化している。やがて崇峻天皇元（588）年百済から僧侶や造寺工・瓦工・画工などの技術者が派遣され、推古天皇 4（596）年には奈良県飛鳥の地にわが国最初の仏教伽藍である飛鳥寺が完成するが、その屋瓦には泗沘時代前期の特徴が如実に示されている。

3 伽耶との交流

朝鮮半島の東南を占める伽耶地域は、慶尚南・北道を貫流する洛東江の中・下流域を総称し、カヤ・カラと称する国々が群立していた。『日本書紀』には伽耶諸国に関する記事が多く、「任那」の総称が用いられている。

3世紀の『魏書』には弁韓、弁辰の名称がみえ、12 国から成っていた。そのうちの弁辰狗邪国（倭人伝の狗邪韓国）は、洛東江河口の西、慶尚北道金海市周辺にあり、日韓交渉上の韓国側窓口にあたる。1991 年に調査された良洞里遺跡では、200 基を超える墳墓群があるが、その 162 号墓から 10 面、55 号墓から 1 面の銅鏡が、90 号墓から銅矛 2 口が、200 号墓から銅矛 1 口が発見されている。これらの遺品には、北部九州の弥生時代後期遺跡に多い小銅鏡や広形・中広形銅矛と同系品が認められ、金海—対馬・壱岐—北部九州の交流ルートが、倭人伝の「船に乗りて南北に市糴す」（対馬国）という記事とともに現実のものとなった。

弥生時代における伽耶地域からの文物伝来は、とくに西日本地域に顕著であったが、一方では良洞里遺跡のみならず、北部九州系文物が伽耶地域に輸出される現象も注意されている。弥生土器では中期初頭・前半の様式（城ノ越・須玖Ⅰ式）が釜山市・金海市・三千浦市（勒島）などの遺跡で、また中広形・広形の銅矛・銅戈や小銅鏡が金海市周辺・大邱市・咸安郡（伝）などで発見されている。金海から釜山、梁山などにいたる地域は鉄鉱地帯であったから、倭人も鉄を入手すべく出かけていたという有名な弁辰伝の記事が思いあわされる。鉄資源の開発がその後の新羅や伽耶の国力発展と不可欠の因果関係をもっている。

3世紀後半ごろ原三国（三韓）時代から三国時代へと移行する。馬韓、辰韓はそれぞれ百済、新羅の統一国家を形成したが、伽耶地域では小国家の群立状態のままで終始した。なかでも狗邪国の後身である金官国は伽耶南部の有力国であった。1990 年から発掘調査がすすめられている金海市大成洞古墳群は、3～5 世紀の金官国の歴代王墓を含む王族墓群で、これまで文献史料から不明なことの多い金官国の歴史研究に多くの新資料を提供したが、さらに日本の古墳文化や日韓交渉史の研究にも関係深い注目すべき成果があげられた。王墓級の大形土壙木槨墳が 3 世紀後半に出現して 5 世紀前半に及んでおり、その源流は楽浪漢墓に求められるであろう。これらのなかでわが国の古墳出土品と関連する遺物が発見されていて、その内容と推定年代（調査団による）は次のようである。

    1 号墳　　筒形銅器 8　　　　　　　　　　　　5 世紀前半
    2 号墳　　筒形銅器 2・巴形銅器 1　　　　　　4 世紀後半

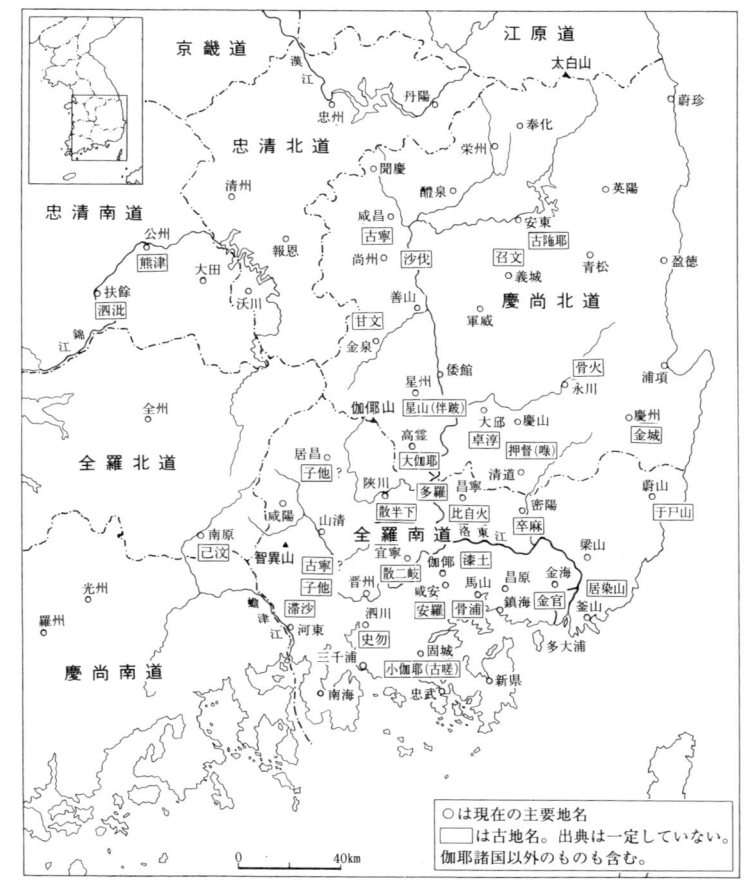

図5　伽耶諸国位置図（東・田中 1989）

表1　有力伽耶諸国名の対照表

現在比定地	①『三国史記』地理志	『三国遺事』五伽耶		④『日本書紀』神功紀49年	⑤『梁職貢図』百済使	地域区分	
		②『駕洛国記』	③『本朝史略』				
慶南・金海	金官国	(大)駕洛国	金官	南加羅	前羅(?)	Ⓐ	洛東江河口地域
慶南・咸安	阿那加耶	阿羅伽耶	阿羅	安羅		Ⓑ	洛東江南岸地域 南海沿岸地域
慶南・固城		小伽耶					
慶南・陜川				多羅	多羅		
慶北・高霊	大加耶国	大伽耶		加羅	叛波(?)	Ⓒ	洛東江西岸地域
慶北・星州		星山伽耶	星山(碧珍伽耶)				
慶北・咸昌	古寧加耶国	古寧伽耶	古寧				
慶南・昌寧			非火	比自㶱			
慶北・大邱				卓淳	卓(?)	Ⓓ	洛東江東岸地域
慶北・慶山	押梁(督)小国			喙国			
全北・南原					上己文	Ⓔ	蟾津江流域
その他	沙伐国 甘文小国など			忱彌多禮など	下枕羅 斯羅など		

（東京国立博物館 1992）

図6　日韓の甲冑　蒙古鉢型冑（1：奈良県五条猫塚古墳、2：釜山市福泉洞古墳）と短甲（3：咸陽上柏里古墳、4：福泉洞古墳）

図7　金海大成洞古墳発掘風景

図8　金海大成洞古墳出土巴形銅器

図9　金海大成洞古墳出土鏃形石製品

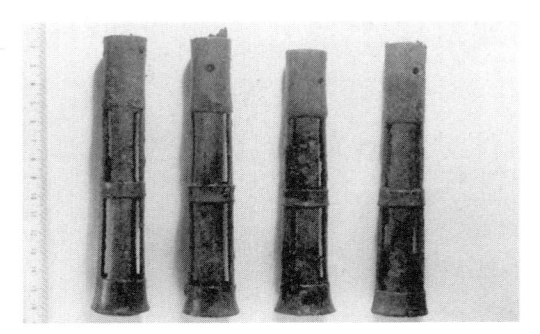

図10　金海大成洞古墳出土筒形銅器

11号墳	筒形銅器1	5世紀前半
13号墳	巴形銅器6・鍬形石製品14・異形石製品1	4世紀前半
15号墳	筒形銅器1	4世紀前半
18号墳	筒形銅器2・紡錘車形石製品1	4世紀前半
23号墳	巴形銅器片1	4世紀後半
39号墳	筒形銅器2	4世紀後半

このうち石製品は碧玉製とされているものの、正確には緑色凝灰岩質である（ただし異形石製品は蝋石製）。槍の石突に使用された筒形銅器は、これまで金海・釜山・咸安で発見されており計40点以上に達している。調査団では従来の日本製説を再考すべき必要を提唱している。また1991年の福泉洞古墳群調査でさらに10点が追加されている。

一方大成洞古墳群で発見された甲冑・馬冑の資料は、その上限年代をも大きく書きかえることとなった。馬具については、従来福泉洞古墳群（釜山市東萊区）の5世紀初頭例が最古とされてきたが、4世紀後半までさかのぼり（3・39号墳）、鉄製甲冑についても竪矧細板革綴式の冑（10号墳）や短甲が4世紀前半に出現するなど、このころ騎馬術が伝来して戦士団が存在したことと、この地域で製作されたことなどが指摘されている。また北方系銅鍑（29号墳）とあわせて、このような蒙古鉢形冑も北方に系譜を求めて甲冑の源流も北方に求めようとされている。なお短甲における鋲留技法の出現も4世紀後半までひき上げられることになった（39号墳）。

これらの発見によってわが国の5世紀代に盛行する甲冑の源流も、従来の自生説から伽耶起源説に大きく修正させられることとなったのは注目すべき成果であった。高句麗の南征に端を発して、369年には百済・倭と高句麗の戦闘が開始され、広開土王碑文によれば400年高句麗は倭軍を急追して任那加羅の従抜城を帰服させたという。これが金官伽耶にあたる可能性は大きい。

このような4世紀代に始まる高句麗との抗争が、伽耶地域における武具・馬具などの急速な発達をもたらし、さらに倭の軍備にも大きな影響を与えるにいたった。近時わが国の古墳からも発見されて注目されている数少ない馬冑（和歌山県大谷古墳・埼玉県将軍山古墳）も高句

図11 鉄製馬冑（上：和歌山県大谷古墳、下：慶南玉田古墳群）

図12 馬冑出土状況（福泉洞古墳10号）

麗壁画古墳（鎧馬塚）に描かれていて系譜を知りうるが、福泉洞古墳群（居柒山国に比定）や玉田古墳群（慶尚南道陜川郡、多羅国に比定）・咸安（慶尚南道咸安郡、阿羅伽耶国に比定）からも馬甲とともに発見されており、半島に派遣された倭軍氏族たちによって将来された可能性はきわめて大きい。また関連するものに旗竿などに使用された蛇行状鉄器があり、わが国では6世紀中頃以降の古墳にみられるが、やはり新羅・伽耶とのかかわりの深いものである。このようなわが国における5、6世紀代の古墳副葬品に甲冑・武器・馬具が卓越する現象の背景には、倭政権が半島における三国および伽耶の度重なる戦闘に介入していた歴史があったのである。

　一方、大成洞古墳群にみられる日本系遺物について、調査団では倭の有力集団が金官国から鉄の持続的供給を受けるために献上したものとされるが、上述のような4世紀代の歴史的事情からみて地方勢力とするよりも、倭政権を背景とする相互贈答品としての性格が考えられるであろう。また4世紀前半代に比定された日本系石製遺物などについても日本側古墳遺物の年代観と対照してなお検討の余地が残されている。

　伽耶地域の古墳文化のなかで近年著しい進展を示しているのは、土器研究の分野である。まず土師器関係では山陰系二重口縁壺（金海市水佳里貝塚）、布留系高杯（馬山市縣洞（けんどう）（ヒョンドン）第8号土壙墓）などの搬入品に加えて、釜山・金海・馬山地域で府院洞遺跡や福泉洞、礼安里・縣洞などの古墳群から布留式系の器台・甕・高杯などの韓国産赤焼土器の出土例が増加している。4世紀後半代から5世紀前半ごろに及び、調整技法などは韓国化している。陶質土器の研究ではすでに1960年代に、洛東江を境に高杯の脚部透孔にみる直列式（洛東江西岸型）と交列式（洛東江東岸型）の分布圏の存在が指摘されていた。これはその後5世紀以降顕著になる伽耶式と新羅式の相違として認識されるにいたった。その後福泉洞、礼安里、七山洞、大成洞・縣洞などあいつぐ釜山・金海・昌原地域の古墳群調査によって4世紀代、さらには一部3世紀代にまでさかのぼる陶質土器の実態が明らかになってきている。日本統治時代には新羅古墳調査が先行していたところから、新羅土器の名称で包括されてきた慶尚南道地域の土器も、ようやく伽耶土器が分離認定されるようになった。それとともに4世紀代までは、両者の明確な区分が認められるほどでなかったこと、言いかえれば、新羅土器の成立は伽耶土器から遅れて成立したと考えられるようになってきた。このことはもともと3世紀の中国史書にも慶尚南・北道地域は弁辰地域として一括されているように、同一基盤の文化圏であったことを示しているであろう。さらに伽耶各地の陶質土器にもやや異なる地域性の存在することが明らかにされつつあり、高霊タイプ、泗川・固城タイプなどが設定されている。

　これらの成果は当然わが国の須恵器研究にも影響を及ぼしてくる。西日本地域には弥生時代後期から漢代楽浪地域の瓦質土器（楽浪系漢式土器）、その影響下に伽耶地域で生産された瓦質の金海式土器（韓式土器）などが流入していたが、やがて3世紀後半ごろには陶質土器が伝来した。大阪市加美遺跡（方形周溝墓）出土の縄蓆文壺はその最古例である。わが国の須恵器生産が伽耶系陶質土器工人たちの渡来によって開始されたことは、今日ほぼ定説となりつつある。5世紀前半代に比定されている大阪府陶邑窯跡群で最古形式の須恵器（TK73号窯）が生産されたこと、この窯跡群の製品が列島各地に流通していることなどから、かつてはその一元配布論が唱導され、その影響下に定型化した須恵器段階から各地で生産が開始されたと言われていた。

図 13　日韓古墳出土の伽耶式陶質土器
（上左：大阪府野中古墳、下左：対馬恵比須山古墳、右は上下とも伽耶の土器）

図 14　最古の陶質土器
（大阪市加美方形周溝墓）

図 15　陶邑産須恵器高杯
（慶尚南道陝川郡鳳渓里 20 号墳出土）

　しかしその後陶邑周辺でも陶邑窯系とも異なる特徴をもった一須賀2号窯・吹田32号窯、大庭寺窯などが発見され、また北部九州でも甘木市〔現朝倉市〕周辺の朝倉窯跡群（小隈窯・山隈窯・八波窯）、隈西小田窯跡群（筑紫野市）、居屋敷窯跡（福岡県豊津町〔現みやこ町〕）、四国の宮山窯跡群（香川県豊中町〔現三豊市〕）、和歌山県楠見遺跡出土須恵器など、いくつかの地域で5世紀前半代の生産窯跡や将来発見が予想される窯跡の存在などがあげられる。これらの遺跡で発見される定型化以前の初期須恵器は、いずれも伽耶土器に祖型を求められる特徴を示しているが、それぞれ異なる個性を発揮しているので、伽耶地域における地域性の認定研究がさらに進展するのとあわせて、それぞれの原郷が明らかになる日も近い将来に期待されるところである。

表2 九州の陶質土器・初期須恵器編年

A.D.	移入須恵器		弥生時代	須恵器による分類		各種移入土器・須恵器		A.D.
50	陶邑系須恵器	土伽耶器		後期	A	瓦質土器	漢式土器 / 金海式軟陶	50
								250
			古墳時代	前期	B	瓦質土器 陶質土器	金海式軟陶 / 金海式軟陶 伽耶土器	
400		I—1・2		中期	A	伽耶系須恵器	小隈窯 山隈窯	400
				I期				450
		I—3〜5			B	定型化した須恵器	新開窯 神籠池窯	
500				後期 II期		同　　上	重留窯 鞍投窯	500

(小田 1984d)

　史書に伝えるところでは、532年金官国は新羅に併せられて滅亡した。これと符合するかのように、大成洞古墳群は5世紀初頭以後急速に衰退することが明らかにされた。伽耶諸国を代表するのは南部では金官国であり、北部では大伽耶国（慶尚北道高霊郡）であった。その王陵と伝える古墳を含む池山洞古墳群は、高霊邑背後の主山南走稜線上にあり、1977、78年に44・45号墳、32〜35号墳の発掘調査が行われた。44・45号両墳は、径20数m前後の円墳で、中央に2〜3の竪穴式石室（主石室）を設け、これを囲んで10〜30基の小石室、石棺からなる殉葬墓を配置していた。金官国に代わって5世紀中ごろ以降大伽耶国に伽耶の中心勢力が移動していったことを示している。

　さきに述べた高杯の特徴を通して5世紀以降新羅系が洛東江東岸地域まで進出し、西岸地域の伽耶系と対峙する分布圏を形成するにいたった背景には金官国の衰退と大伽耶国の興隆、新羅の進出などの歴史的事情を反映していたことが照合されてくる。やがてこの後期伽耶連合体制も、562年の大伽耶国滅亡によって崩壊するまで、新羅の攻勢は威力を加えていった。これは日本側史料に記された任那滅亡にあたる。また伽耶諸国を併呑するにいたる新羅勢力の浸透は、大邱達西古墳群（卓淳国）や陝川玉田古墳群（多羅国）などから発見された新羅式の出字形立飾金銅冠にもうかがい知ることができる。

4　新羅との交流

　新羅の前身は辰韓12国のうちの斯盧国であり、3世紀代には慶尚北道の慶州地方に拠る一小国であったが、4世紀中頃奈勿麻立干のときに慶尚北道一帯を領域とする王国に発展した。これより早く国家を形成した西の百済は東晋に入貢し、倭と結んでいたので、これらと対抗の必要上、華北の前秦に遣使し（377年）、高句麗に頼ることとなった。広開土王碑文には、王の永楽10（400）年5万の高句麗救援軍が倭軍を追撃して慶州に進出したことを記している。その後百済と和し（433年）、また高句麗と交戦する（450年）などの動きを示してはいるが、5世紀末頃まで高句麗の影響

212 第2部 古墳時代

図16 「乙卯年」銘銅盒（慶州市壺杅塚出土）

図17 慶州市月城路古墳群出土の日本系遺物
（上段：土師器系土器〔カ-31号墳〕、下段：石釧〔カ-29号墳〕）

下にあった。壺杅塚出土の銅盒（乙卯年＝415年銘）、瑞鳳塚出土の銀盒（延寿元年辛卯＝451年銘）、金冠塚出土の鋳銅有蓋四耳壺など高句麗系遺物が新羅古墳から発見されていることは、両者の交渉を証するものであろう。

　新羅の建国から発展に至る経済・軍事的基盤をなした要因には、鉄生産があった。1990年慶州市の北郊隍城洞で発見された製鉄遺跡は、韓国でも初めての大規模な生産遺跡であり、原三国時代に始まり5世紀代に及ぶとされている。ここでは鉄鉱石（磁鉄鉱）から銑鉄を得る製錬段階、次には鋳造斧を作り、一方では鍛造用素材を作る精錬鍛冶（大鍛冶）段階、さらに後者から鉄器を製作する鍛錬鍛冶（小鍛冶）段階と製鉄一貫体制がとられていたことが明らかにされた。新羅は斯盧国時代にさかのぼって製鉄集団を支配下におき、生産技術を高めて国力増強の原動力としていたことを実証したのである。新羅の鉄製品はわが国の古墳出土鉄器の急増現象にも影響を及ぼしている。

　近年新羅の首都慶州（金城）周辺では4世紀代にさかのぼる日本系遺物が古墳から発見されている。慶州市月城路古墳群のうちカ-29号墳では石釧が、またカ-32号墳では土師器系の小形鉢・小

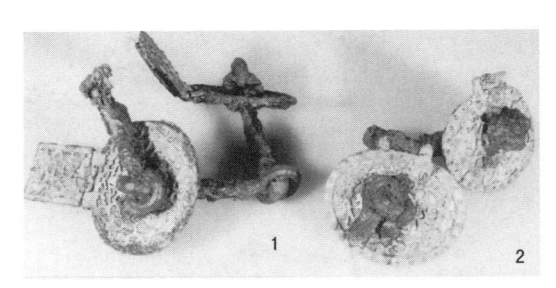

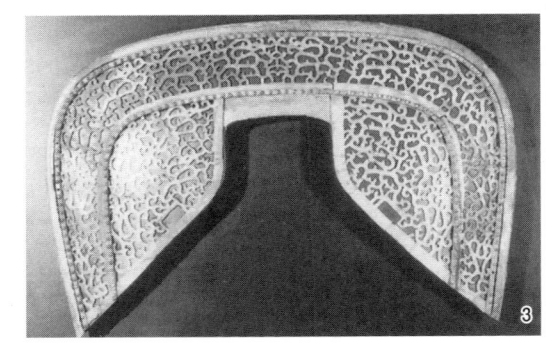

図18　金銅製鏡板付轡と鞍金具（1. 滋賀県新開古墳、2. 慶州市皇南大塚古墳、3. 大阪府誉田丸山古墳）

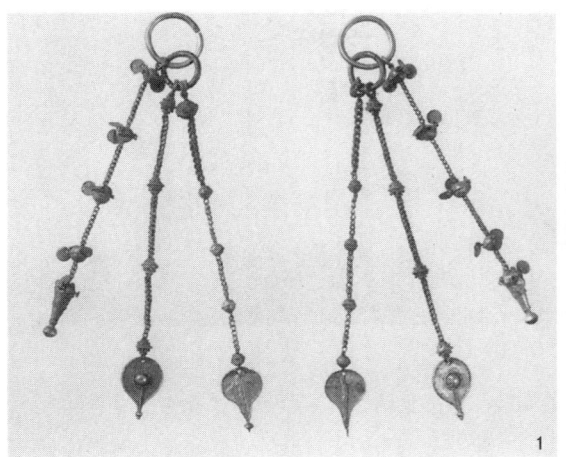

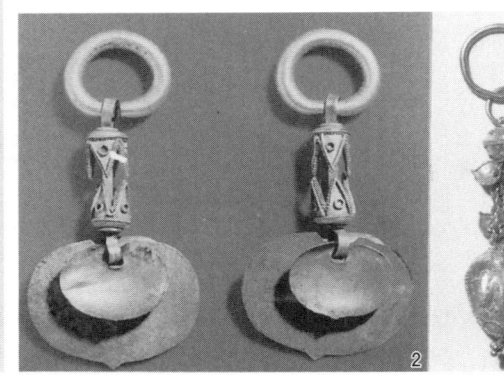

図19　金製耳飾（1.2. 熊本県江田船山古墳、3. 福岡県立山山古墳）

形器台・高杯などがある。石釧は径8.4cmの緑色凝灰岩製で、わが国では4世紀後半から末頃の古墳で発見されるものである。また土師器系土器は、小形鉢8（うち台付2）・小形器台3・高杯1が一括発見されていてわが国の布留式系土師器の系譜をひくものであり、一部に日本製品も含まれているようで4世紀中頃以前までさかのぼるであろう。

　これらの遺物を副葬していた古墳は小規模クラスに属するもので、その入手方法などについてはにわかに予想しがたい。一方、王墓クラスでは1924年に調査された金鈴塚古墳（慶州市皇南洞）から百乳鏡（珠文鏡）一面が発見されている。この古墳の年代について調査者は、上述した瑞鳳塚の銀盒を511年に比定してこれに近い6世紀代のものと考えているが、現在では1干支くりあげて451年とするところから、古墳の年代もそのあたりに比定する説もある。

　倭と新羅の関係はこれまでにも述べてきたように、倭は百済・伽耶と結んでいたので、国家外交上は非友好関係にあった。『三国史記』新羅本紀には前1世紀から5世紀代に及ぶ倭人襲来の記事が多く記されている。それらの記事を整理した結果、その襲来は夏季（4〜6月）に集中し、その場所は海辺・東辺・南辺と記されているように沿海地域が多かった。408年2月条には、倭人の軍

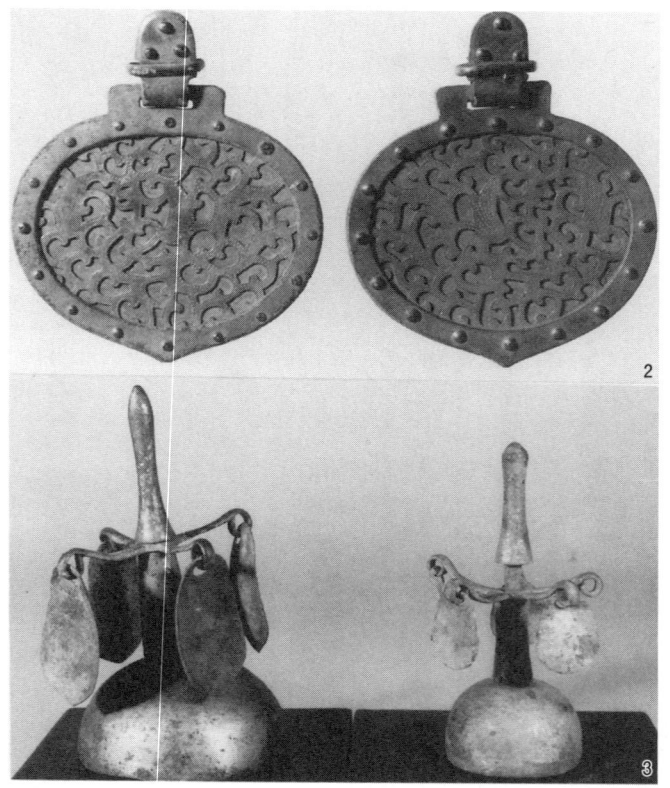

図20 沖ノ島祭祀遺跡出土の新羅系遺物
（1. 金製指輪、2. 金銅製心葉形杏葉、3. 金銅製歩揺付雲珠）

事拠点が対馬にあったことを記している。倭人の侵攻は、首都金城を襲ってときには5～10日間も包囲した場合がある。しかしその目的は新羅の領土的支配にあったのではなく、物資や人間の掠奪をめざす季節的海賊集団にすぎなかった。

　両国の公的関係をはなれて文物の交流面についてみると、5世紀後半から6世紀前半代の西日本地域の古墳からは、しばしば新羅系の金・銀・金銅製の装身具類が発見される。その内容は冠帽・垂飾付耳飾・指輪・釧・帯金具・沓など多種にわたっている。『日本書紀』のなかには新羅の代名詞として"眼炎く金銀の国"（仲哀紀）とか"財宝の国"とも記されているように、新羅の金銀製品に対する日本側からの憧憬は大きいものがあった。したがって倭政権の公的ルートとは別に、西日本の豪族たちは独自の交流ルートをもっていたようである。このほかにも馬具・鉄製工具・新羅土器なども知られていて、直接あるいは間接に入手された。とくに伽耶地域に新羅の勢力が強くなってくる6世紀代には、伽耶を介しての交流の機会は多かったであろう。

　玄界灘に浮ぶ沖ノ島は、4世紀後半以降大陸との交渉が重要性を増大する背景をうけて国家的祭祀が行われたところとして著名であるが、5世紀後半以降新羅系の金銅製馬具・金銀製の指輪・釧・鉄製工具などが奉献されている。これらは戦利品的性格のつよいものであろう。この島にはこのほか中国系や西域系の文物がもたらされていて、"海の正倉院"の代名詞を冠せられるにいたったのも周知のことである。

5　韓国の前方後円墳問題

　1983年6月、姜仁求氏は慶尚南道固城郡舞妓山古墳（旧称松鶴洞一号墳）、咸安末伊山2号墳などをあげて、韓国にも前方後円墳が存在すること、日本の前方後円墳のルーツが朝鮮半島にあることなどを提起された。これはただちに日本の考古学界でもマスコミがらみで大きな反響を呼んだ。その真偽を求めて日本側からの見学者が続々と現地を訪れた。姜氏はさらに翌年『三国時代墳丘墓研究』を刊行して外形からする候補古墳を漢江・栄山江・洛東江流域、南海岸・慶州地域にわたって19基が分布するとされた。その認定をめぐっては日本国内でも賛否両論わきおこり、決着しがたい情況となった。なかでもその当初から韓国存在説を肯定して強力に支持されていたのは森浩一氏で、1984年1月姜氏を招いて講演と近畿の研究者たちによるシンポジウムを開催した。その成果は『韓国の前方後円墳──松鶴洞1号墳問題について──』（社会思想社）として発刊された。姜氏はさらに自説を証明すべく、古墳外形の精密測量作業を実施して舞妓山と長鼓山（全羅南道海南郡）両古墳の測量調査報告書を刊行された（1987年）。

　以上のような経過を通じて韓国における前方後円墳の存在を肯定する人々は日本側研究者にも増えつつあるが、否定論や未決定論がなお存在する現状である。また現段階での候補古墳の年代については、姜氏が韓国側に日本古墳の源流を求めようとするのに対して、日本側の肯定論者たちをもってしても4世紀前半までさかのぼりうる古墳は未見である。年代決定には発掘調査による内部構造と副葬品の究明が必要であり、1991年国立光州博物館によって全羅南道咸平郡新徳古墳（全長51m余）の発掘調査が行われた。その結果は横穴式石室で金製耳飾・甲冑・武器・鉄鏃・馬具など多数の副葬品が出土し、5世紀後半から6世紀初めのものとされている。韓国南部の前方後円墳は5、6世紀に比定されるもののようであり、この時期における日韓両国の交渉は、政治的にも軍事的にも活発であった。『日本書紀』などにみえる「任那日本府」問題とも関連しやすいテーマであるだけに、その取り扱いについては一方的に独走しないよう両国研究者の十分な検討が必要であろう。

　朝鮮半島の前方後円墳の成立について姜氏は、長江流域の土墩墓と山東半島の円形墳丘墓が流入し、方形墳を基本とする漢江流域の墓制に影響を与えて形成されたものとされる。しかし、現段階ではまだ仮説の域を出るものではない。一方、北朝鮮でも1991年慈江道楚山郡雲坪里4地区6号墳で、方形祭壇と認められる石組施設が楕円形積石塚につけ加えられた構造のものが紹介された。日本側マスコミはただちに前方後円墳の源流とさわぎたてた。報告者は日本の前方後円墳と相通じていて、両地域間の文化的連係を示唆するものと言及されているが、1991年秋来日された朱栄憲氏は朝日新聞西部本社主催の討論会席上で、この新出の積石塚に対して、同タイプの古墳が日本にあるところから前方後円の名称を借用したのであって、日本の4世紀以後の定型化した前方後円墳の直接の起源とは考えておらず、むしろ弥生時代の墳丘墓とのかかわりを考慮すべきとの慎重な立場を示された。弥生時代後期の墳丘墓から前方後円形の形成をたどりつつある日本側の研究動向をも配慮した発言であったと思われる。

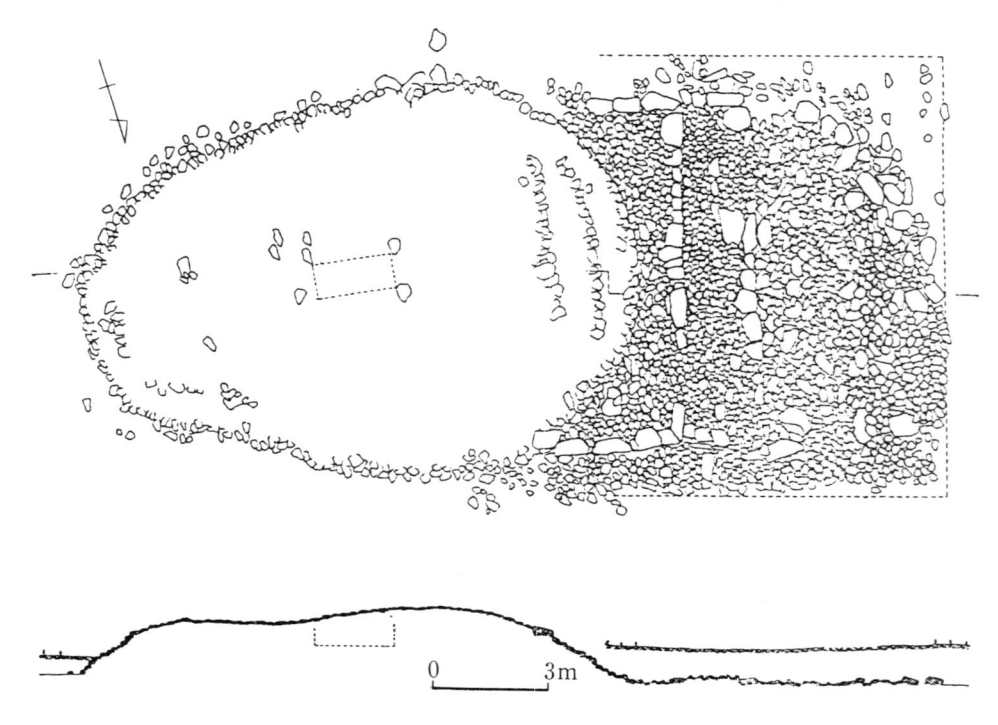

図 21　慈江道楚山郡雲坪里 4 地区第 6 号墳実測図

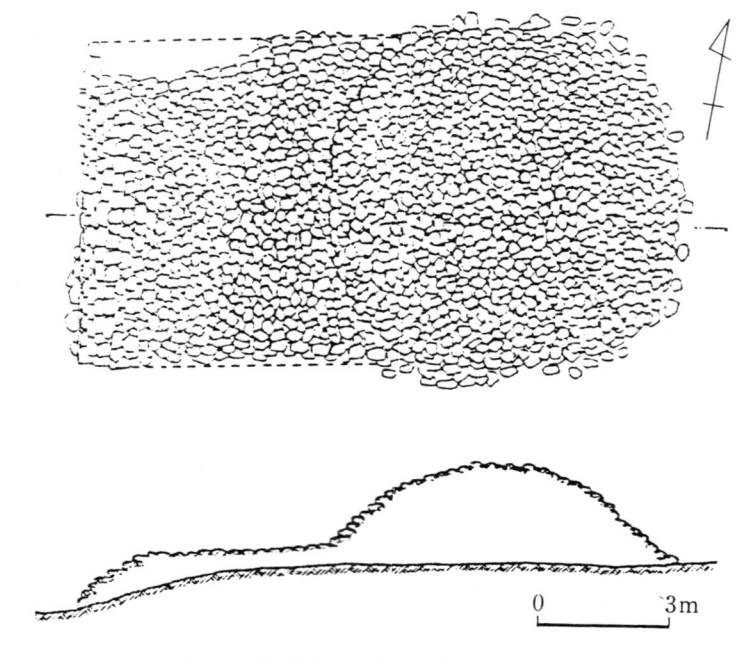

図 22　慈江道慈城洞松岩里第 88 号墳実測図

1992年9月北朝鮮訪問の機会に恵まれたので、本積石塚の調査を担当した李定男氏に面会して所見をうかがい、出土遺物についても実見することができた。墳墓の年代については後円部石室出土の小銅鐸などによって西紀前3〜2世紀頃に比定されている。また慈江道慈城洞松岩里古墳群でも前方後円形（33・88・106号）や前方後方形（56号）の積石塚が確認されていて、李氏は日本の前方後円墳となんらかの関係があるのではないかとの推測を述べられた。現段階では日本の弥生時代後期に出現する前方後円墳形墳丘墓との間に400年以上の空白がある点で肯定することは躊躇される。今後さらに朝鮮半島における連続性の問題などについて検証する作業を続ける必要があろう。
　前方後円墳の起源問題は日本国内における生成発展説にかなりの有利な資料を積み重ねつつあるものの、朝鮮半島、中国などとのかかわりをまったく考慮の外において結論づけてしまうには、まだいくつかの問題を残しているのが現状である。その意味で今後とも国外研究者の声に耳を傾けねばならないであろう。

第3章　韓国の前方後円形墳
―研究史的展望と課題―

1　問題提起と日本への影響

　韓国の前方後円形墳問題が注目を集めるに至った直接の契機は1983年6月22日の韓国嶺南大学新聞に発表された姜仁求教授の「前方後円墳発見の意義：咸安・固城地方――日本の前方後円墳の源流と関連して」という一文であった。これはすでに発刊予定の著書『三国時代墳丘墓研究』（1984年1月30日発行）の予告編ともいうべき内容であった。姜氏は日本の考古学界で定説化している日本特有とされる前方後円墳の起源を韓半島に求めることができるとの予測のもとに、慶尚南道咸安郡伽倻邑末伊山古墳群（2・4・5・16・22・28・29号）と同固城郡固城邑松鶴洞1号墳をあげて、日本の前方後円墳との比較検討から一致することを指摘した。さらにその起源については、韓半島に存在した方形墓系統に中国の円形墳丘墓の影響が加わったもので、2世紀末頃から漢江流域の支配階層に円形墳丘墓がとり入れられて急激に発展、拡大していったとしている。また年代については、末伊山古墳群の立地条件が日本の初期の前方後円墳と一致するところから4世紀頃と推定し、さらに同古墳群中での位置や築造順序から、年代の早いものは少なくとも3世紀末〜4世紀前半までさかのぼると考えた。一方、日本の前方後円墳に特徴的な三角縁神獣鏡や埴輪が全く出土しないことから、韓半島の前方後円墳は日本からの影響をうけて

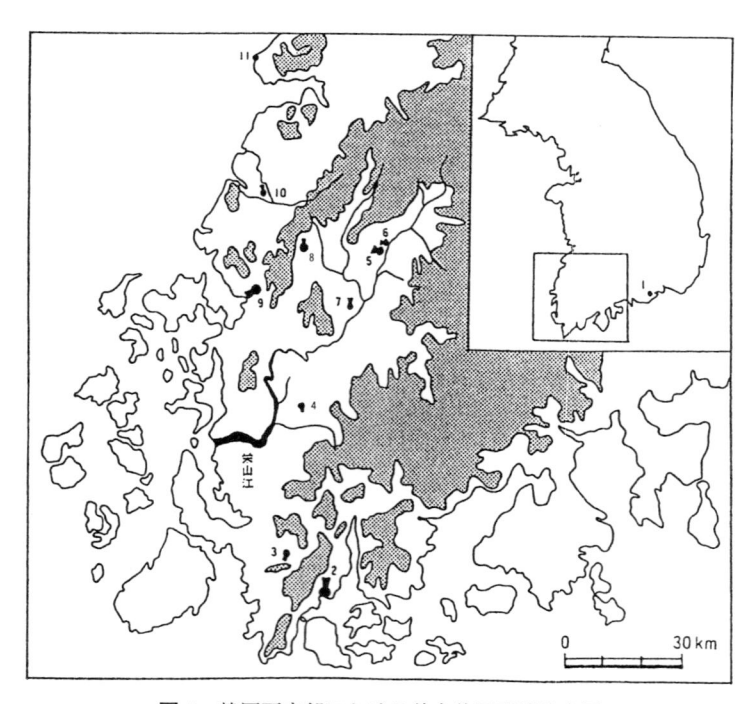

図1　韓国西南部における前方後円形墳分布図
1. 舞妓山古墳　2. 海南長鼓山古墳　3. マルムドム古墳　4. チャラボン古墳
5. 月桂洞1号墳　6. 月桂洞2号墳　7. 明花洞古墳　8. 新徳古墳
9. 咸平長鼓山古墳　10. 月渓古墳　11. 竹幕洞祭祀遺跡

いないこと。このことから前方後円墳は韓半島から日本に伝播したと主張している。

　上述のような姜氏の問題提起は、対象が日本特有とされている前方後円墳であったところから、ただちに日本側研究者の関心を集めることとなった。続々と日本人が咸安・固城を訪ね、前方後円形墳の真偽論争が日本国内で展開された。このブームは翌年にはさらに盛況となり、雑誌や新聞をにぎわした。以来10年余を経た昨今、ようやく沈静化しつつある情況までの動向を年表風にまとめたのが表1である。まだ若干の遺漏はあるものの、大勢をうかがうには支障ないであろう。

表1　韓国前方後円形墳問題研究史年表

1983年	
6・22	姜仁求「前方後円形墳発見の意義：咸安・固城地方——日本の前方後円墳の源流と関連して」(『嶺大新聞』1048号)
7・16	森浩一「韓国の前方後円墳」(『京都新聞』)
7・19〜21	姜仁求「韓国における前方後円墳発見の意義」(上・中・下)(『統一日報』)
7・31	姜仁求「咸安・固城地方における前方後円墳発見の意義——日本の前方後円墳の源流に関連して——」(『古代学研究』第100号)……『嶺南新聞』1048号の日本語訳要約(門田誠一氏による)
8・3	西谷正「朝鮮半島の『前方後円墳』」(『読売新聞』夕刊)
8・17	「韓国の前方後円墳・森教授現地で確認」(『毎日新聞』夕刊)
8・20	「これが韓国の前方後円墳(『毎日新聞』)……松鶴洞1号墳写真
8・27	「訪韓調査の森浩一同志社大教授に聞く・前方後円墳新段階を迎えた起源論」(『統一日報』)
8・30〜9・2	森浩一「韓国の前方後円墳」(1〜4)(『読売新聞』)
10・20	斎藤忠「韓国の『前方後円墳発見』断定は慎重に」(『朝日新聞』夕刊)
10・25	森浩一「前方後円墳のある固城を訪ねる」(『歴史と人物』12月号)
11・14	森浩一「韓国の前方後円墳研究の進展」(『朝日新聞』)
	森浩一「学問のススメ方——松鶴洞一号墳に関連して——」(『東京新聞』)
11・25	江坂輝弥「韓国の前方後円墳所在の真疑」(『月刊考古学ジャーナル』No.224)
1984年	
1・16	姜仁求「講演録・韓国の前方後円墳について」(『韓国の前方後円墳』1984・10・30刊に収録)
1・30	姜仁求「三国時代墳丘墓研究」(嶺南大学校出版部刊)
1・31	小田富士雄「韓国の『前方後円墳』について——姜仁求氏論文に寄せて——」(『東アジアの古代文化』38号)
2・9/10/14	姜仁求「韓国前方後円墳の真偽——日本における論議に対して」(上・中・下)
2・10	森浩一「韓国の前方後円墳——姜教授の来日によせて——」(『毎日新聞』)
9・30	「特集・松鶴洞1・2号墳をめぐって」(『月刊考古学ジャーナル』No.236) 　斎藤忠「韓国前方後円墳存在説に関連して想う」 　江坂輝弥「韓国にはたして前方後円墳が存在するであろうか」 　金基雄「韓国所在の前方後円墳真疑論」 　西谷正「韓国で発見された『前方後円墳』について」 　李進熙「わたしの見た固城松鶴洞古墳」
10・7	「韓国松鶴洞1号墳：やっぱり前方後円墳・70年前の写真公開」(『西日本新聞』)
10・9	「『前方後円墳』論争新段階へ・70年前の証拠写真(韓国松鶴洞1号墳)発見」
10・23/24	姜仁求「韓国前方後円墳追補」(上・下)(『統一日報』)
10・30	森浩一編著『韓国の前方後円墳——松鶴洞一号墳問題について』(社会思想社刊)
11・30	「学問的論争を促す・韓国の前方後円墳(森浩一編著)(『統一日報』)
12・30	森浩一「韓国の前方後円墳問題に関連して——考古学と批判文のあり方——」(『古代学研究』第101号)

1985 年	
12・29	「典型的な中期古墳に酷似・韓国に前方後円墳」(『朝日新聞』) ……全羅南道海南郡方山里長鼓山古墳 姜仁求「海南長鼓山古墳調査」(『千寛宇先生還暦記念韓国史学論叢』)

1986 年	
1・28～30	姜仁求「韓国の新しい前方後円墳──長鼓山古墳を調査して」(上・中・下)(『統一日報』)
2・19	姜仁求「韓国の前方後円墳・新たに発見の長鼓山古墳」(『毎日新聞』夕刊)
3・18	木下礼仁「見事な前方後円墳：韓国の松鶴洞一号墳、長鼓山古墳を実見して」(『統一日報』)
4・8	斎藤忠「韓国の旅：長鼓山を見る・疑問点が多い前方後円墳説」(『朝日新聞』夕刊)
5・8	猪熊兼勝「韓国の長鼓山古墳・やはり前方後円墳」(『朝日新聞』夕刊)
5・30	斎藤忠「韓国の長鼓山を前方後円墳とする説に対して──長鼓山は古墳ではない」(『月刊考古学ジャーナル』No.262) 江坂輝弥「姜仁求氏発見の前方後円墳に近似した自然独立丘見学記──朝鮮半島西南部・全羅南道方山里所在」(『月刊考古学ジャーナル』No.262)
10・21	「起源論争に新たな波紋──全南海南郡で前方後円墳また発見」(『統一日報』)
11・19/20	姜仁求「韓国の前方後円墳」(上・下)(『統一日報』) 白石太一郎「韓国の前方後円墳」(『歴博』17) 坂靖「韓国の前方後円墳の検討会から」(『古代学研究』第 111 号)

1987 年	
1・30	姜仁求「韓国의前方後円墳・舞妓山과長鼓山測量調査報告」(韓国精神文化研究院・調査研究報告書)
5・8	「克明な実測・韓国の前方後円墳：姜仁求教授の最新報告書(『統一日報』)
5・30	江坂輝弥「韓国の前方後円墳──新発見・全南三山面龍頭里の前方後円墳」(『月刊考古学ジャーナル』No.276)
8・20	姜仁求「海南『말무덤』古墳調査概報──韓国의前方後圓墳追補 (3) ──(『三佛金元龍教授停年退任記念論叢Ⅰ・考古学篇』 徐聲勲「栄山江流域甕棺墓의一考察」(『同上』)

1988 年	
	猪熊兼勝「韓国の前方後円墳の現状と問題」(『月刊韓国文化』99)

1989 年	
2・10	東潮・田中俊明編著『韓国の古代遺跡 2：百済・伽耶篇』(中央公論社刊) 李命熹・成洛俊・孫明助・申相孝・李漢周「霊光地方の古墳」(『霊岩臥牛里甕棺墓』国立光州博物館学術叢書第 16 冊)

1990 年	
	リ・ジョンナム「雲坪里高句麗古墳群第 4 地区積石塚発掘報告」(『朝鮮考古研究』1990-1)……北朝鮮刊 ※武末純一日本語訳文『古文化談叢』第 22 集 (1990) 朝鮮遺跡遺物図鑑編集委員会『朝鮮遺跡遺物図鑑』4 (高句麗編 2)……北朝鮮刊
3・27	「北朝鮮にも前方後円墳」(『西日本新聞』)

1991 年	
1・30	全浩天『前方後円墳の源流・高句麗の前方後円形積石塚』(未来社刊) 堀田啓一「朝鮮半島の前方後円墳の現状と課題」(『前方後円墳を考える』帝塚山考古学研究所刊)

1992 年	
10・15	姜仁求『자라봉古墳』(韓国精神文化研究院・三国時代遺蹟의調査研究Ⅰ) ※附篇「海南昌里(龍頭里)말무덤古墳測量調査報告」 姜仁求「韓国の前方後円墳」(『季刊考古学』10 号) 成洛俊「咸平禮徳里新徳古墳緊急収拾調査略報」(『第 35 回歴史大会論文および発表要旨』) ※岡内三眞編『韓国の前方後円墳』(1996) に日本語訳収録

1993 年	
3・15	小田富士雄「朝鮮半島に日本文化の源流を求めて（下）」（『朝鮮時報』）
6・	成洛俊「全南地方長鼓形古墳の築造企画に対して」（『歴史学研究』第 12 輯） ※大竹弘之日本語訳文『古代学研究』第 134 号（1996）
11・15	小田富士雄「古墳文化期における日韓交渉――倭と百済・伽耶・新羅」（『伽耶と古代東アジア』）（新人物往来社刊）
1994 年	
1・10	東潮「前方後円墳がなぜ韓国にも存在するのか」（『幻の加耶と古代日本』）（文春文庫）
3・20	森浩一・NHK 取材班『考古紀行・騎馬民族の道はるか・高句麗古墳がいま語るもの』（日本放送出版協会刊）
10・31	林永珍「光州月桂洞의長鼓墳 2 基」（『韓国考古学報』31） ※橋本博文日本語訳文『古文化談叢』第 34 集（1995）
11・27	「前方後円墳の起源はどちら」（『朝日新聞』夕刊）
1995 年	
2・10	李進熙「韓国の前方後円墳問題」（『東アジアの古代文化』82 号）
2・10	西谷正「韓国の前方後円墳と古代日本」（『東アジアの古代文化』（82 号） 大塚初重「韓国の『前方後円墳』について」（『歴史手帳』第 23 巻 7 号）
3・31	小田富士雄「北部九州の大型古墳と朝鮮半島の情勢」（『大型古墳の出現と謎の五世紀』三ッ城古墳シンポジウム記録集）
5・24	大塚初重「前方後円墳・韓国起源論を現地に見る」（『読売新聞』）
6・30	東潮「栄山江流域と慕韓」（『展望考古学――考古学研究会 40 周年記念論集』）
9・21	「韓国の前方後円墳・木製埴輪もそっくりさん」（『毎日新聞』夕刊）……光州市月桂洞 1 号墳
1996 年	
1・20	朴仲煥『光州明花洞古墳』（国立光州博物館学術叢書第 29 冊）
2・	岡内三眞『韓国西南部の前方後円墳と埴輪形土製品』（『早稲田大学大学院文学研究科紀要』第 41 輯（史学編）
3・	土生田純之「朝鮮半島の前方後円墳」（『専修大学人文科学年報』第 26 号）
3・29	朴仲煥『栄山江流域의前方後円形墳丘』（湖南考古学会第 4 回学術大会『湖南地域古墳의墳丘』）
5・20	岡内三眞編『韓国の前方後円形墳』（早稲田大学韓国考古学学術調査研修報告）（雄山閣刊）
10・26/27	小田富士雄「韓国の前方後円墳」（古文化研究会第 100 回例会記念シンポジウム『古墳発生期前後の社会像』）

2 研究史的展開と論評

　姜仁求氏の問題提起以来現在まで 10 数年に及ぼうとしているが、韓国の前方後円墳問題の推移を通覧してみるとき、研究史的には 3 時期に区分することができるであろう。

【第Ⅰ期＝1983～1986 年】

　姜仁求氏による問題提起にいちはやく反応を示したのは日本側の森浩一氏であった。7 月 31 日の発行の『古代学研究』100 号に門田誠一氏による『嶺南新聞』登載文の要訳が掲載された。そして 8 月 15 日と 30 日の二度にわたって姜氏の同道で咸安や固城の候補古墳を訪ねている。それらの多くはまだこれからの検討が必要であるが、固城の松鶴洞 1 号墳については、"確実な前方後円墳"との評価をくだした。そして新聞・雑誌・テレビなどで精力的に支持説を展開し、姜氏の日本招請

を企画された。

　一方、韓国における前方後円墳の存在を否定し、あるいは肯定に対する慎重さを求める考え方も少なくなかった。日本の学会ではほぼ定説化していた日本特有の墳形とする考え方もさることながら、太平洋戦争前に論議された全羅南道羅州郡潘南面の新村里6号墳と徳山里2号墳の調査結果に依拠するところ大きいものがあった。1938（昭和13）年有光教一氏の調査によって、前方後円墳の外観を呈しながらも新村里6号墳では前方形相当部に甕棺群を発見したものの、後円形部にはなんらの施設もないところから自然地形とせざるをえないとの結論に達していた（有光教一「羅州潘南面古墳の発掘調査」『昭和13年度古蹟調査報告』）。斎藤忠・江坂輝弥・李進煕・金基雄らの諸氏は否定論を、木下礼仁・猪熊兼勝氏らは肯定論を表明するなどして、その真偽論争は1986年に及んでいる。

　1984年1月16日森浩一氏の招請によって来日した姜仁求氏の「韓国の前方後円墳について」の講演が実現した。これによって姜氏の考えている最新の前方後円墳リストと、その形成・伝播論が公表された。まず分布リストでは漢江流域2基（1・2）・栄山江流域11基（3～10）・南海岸地区1基（11）・洛東江流域20基以上（12～18）・慶州地方（兄山江流域）1基（19）となる。つぎに共通した特徴的立地条件として①独立した丘陵の頂上部を占めている。②稜線の頂上部あるいは突端部を利用している、の2点をあげ、前者例として松鶴洞1号墳（南海岸地区）、後者例として栄山江下流域の古墳をあげている。つづいて墳形についてつぎの3種に分類する。

　A_1型…松鶴洞1号墳（11）。「日本の前方後円墳に一般的にみられる円墳部分の片側に、長方形の壇が付設している型」

　A_2型…末伊山4・5号墳（12）。「円墳と方墳とが近接し対立している型」

　B 型…東部洞1号墳（13）。「円墳の前方に長方形の台地が展開し、その前端は階段状になっているもの」

　つぎに主体埋葬施設については、①「埋葬主体の墳丘内での位置はすべて地平面ないしそれ以上の墳丘中に含まれ」る。②同一墳丘内に複数の埋葬主体が営まれる「多葬を原則として」いるが、異穴合葬例が多い。③「構造形式は地域によって相違があ」る。漢江流域では粘土槨と土葬、時代がさがると横穴式石室。栄山江流域では甕棺と土葬、洛東江流域では竪穴式石室（石槨）。「これは日本の前方後円墳が竪穴式石室と粘土槨に定型化されているのに比べると、大きな差異がある」とする。最後に韓国の前方後円墳の形式と伝播について、その「墳形は、韓国の漢江流域で形成され、その後南へ伝播していった」と考え、それを第1段階・土壙墓の影響段階、第2段階・円形墳丘墓流入段階、第3段階・前方後円墳形成段階に分けて説明している。

　第1段階では上述したような立地条件や主体施設などの諸特徴は「鴨緑江・大同江流域ではみられず、揚子江流域の寧鎮山脈に近い地方にある特有の土墎墓に、多くの共通点をさぐってみることができるのです。このことははやくから海路によって運ばれた土墎墓の文化が漢江や栄山江流域に流入して影響をおよぼしたことを示している」とする。第2段階では鴨緑江流域の積石塚、大同江流域の土壙墓、漢江流域の土築墓の墳丘はすべて方形であり、「このような方形墳の世界に、山東半島地域から円形墳丘墓が流入し、方形墳世界に大きな変化をおこさせる結果になった」と考え、

石村洞・可楽洞・中谷洞・芳荑洞に最古円形墳が残っているとする。第3段階では「伝統化されていた方形墳に、新しく入ってきた円形墳が結合して」前方後円墳A_1型が形成されたとする。そしてB型は「独立的に存在する円形墳に祭場が付設されて形成された」もので、「古代国家形態へ発展していく段階のもの」とする。年代問題については、以下などがあげられている。

①石村洞6・7号墳が現在最古の古墳であり、1～3世紀代に比定する。その論拠は可楽洞2号墳に比べて大同江流域により近い土壙墓を内部施設としている点である。可楽洞2号墳で黒陶2点が出土し、これと同種の黒陶を出した慶尚北道達城で共存した木材のCarbon Dating が1820±70 B.P.の値であったことである。

②慶州九政洞2区背後の山頂上古墳は4世紀前後と推定する。その論拠は近傍の古墳から古式の瓦質土器・竪矧板革綴短甲が発見されていて、この古墳とほぼ同時期と考える。

③松鶴洞1号墳は日本の前方後円墳の古式のものと近い墳形を保っていて、4世紀代に比定されると考える。

以上の姜氏の講演を承けて、1月18日には日本側研究者たちによって近畿周辺と九州の前方後円墳から、とくに松鶴洞1号墳（墳長66 m）に焦点を合わせた60 m級のものについてシンポジウムを開いた。そして松鶴洞1号墳についての築造企画論・実測図の型式学的検討などが日本の前方後円墳を基準としてすすめられた。これらの記録は上述した姜氏の講演録とあわせて翌1984年10月に森浩一氏編著の『韓国の前方後円墳——松鶴洞一号墳問題について』（社会思想社）として刊行されている。また同年1月には上述した姜氏の研究の全貌を収録した『三国時代墳丘墓研究』（嶺南大学校出版部）が刊行されて詳細が知られるにいたった。

以来日本側での高い関心は継続してゆくが、松鶴洞1号墳に集中してその真偽問題の論争が中心となっている。1985年12月には全羅南道海南郡方山里に長鼓山古墳が新たに発見されて姜氏の調査するところとなったが、1986年には斎藤忠・江坂輝弥氏らの否定説、姜仁求・木下礼仁・猪熊兼勝氏らの肯定説が新聞や雑誌上に火花を散らしながら一年を終えた。第Ⅰ期は姜氏の問題提起と、候補古墳の真偽論争の展開に終始したのであった。

【第Ⅱ期＝1986～1990年】

第Ⅰ期に日本側で展開された真偽論争の高まりを通じて共通した現状打開の方法として指摘されたのは、墳形の精密な測量図の作成と詳細な観察と検討をすすめることであった。これはむしろ慎重論をとる立場から強く要望されたところでもあった。また全羅南道の栄山江流域では、さきにあげた海南郡方山里の長鼓山古墳、同郡三山面三山里の龍頭里古墳などの発見が報じられた。日本側ではこれらに対してもひきつづいて真偽問題がとりあげられていたが、韓国側では姜仁求氏による測量調査が始まったことが第Ⅱ期を画期づける大きな成果であった。すなわち慶尚南道固城邑の松鶴洞1号墳（舞妓山古墳）と全羅南道方山里の長鼓山古墳について、25 cmコンターを採用した詳細な墳丘測量調査が実施された。その成果は1987年1月に『韓国의前方後円墳・舞妓山과長鼓山測量調査報告』として刊行された。

1990年北朝鮮では『朝鮮遺跡遺物図鑑』が刊行されていたが、その4巻（高句麗篇2）で前方後円形や前方後方形の積石塚が紹介された。すなわち慈江道楚山郡雲坪里古墳群や同道慈城洞松岩里

古墳群の写真・実測図が登載されていた。しかし当時はまだ日本側では韓国側に注目が集まっていたこともあってか、まだ話題にのぼらなかった。

【第Ⅲ期＝1991年以降】

　姜氏らの努力によって韓国側でも前方後円墳問題への関心が高まってきつつあったが、詳細な測量調査をもってしても、表面観察では二次的変形などを完全に修正できるとは限らず、真偽論争や姜氏の提起された形成と年代の問題について結論を得るためにも、最終的には発掘調査によって内部施設や遺物に基づく年代決定が要望されるにいたった。また一方では姜氏があげられた各地の候補古墳の真偽決定、さらに新しい発見例の報告などが行われている。

　第Ⅲ期を画する新しい動向は第1には発掘調査が実施されるようになったことをあげることができる。現在までに5基の古墳が発掘調査されているが、すべて全羅南道の栄山江流域とその近隣地域である。姜仁求氏による霊岩郡始終面泰潤里のチャラボン古墳、国立光州博物館による咸平郡月也面礼徳里の新徳古墳と光州市光山区明花洞の明花洞古墳、全南大学校博物館林永珍氏による光州市光山区月桂洞の月桂洞1号墳と同2号墳である。これらの発掘成果を通じて内部施設や副葬品、さらには「円筒形土器」の名称で報告されているわが国の円筒埴輪類似の古墳表飾遺物の存在まで知られた。チャラボン古墳は墳形において古式を思わせるものの、竪穴式石室はすでに破壊をうけており、土器・鉄製武器などの副葬品から5世紀代よりさかのぼるものでなかった。また新徳古墳・明花洞古墳・月桂洞1号墳・同2号墳はいずれも横穴式石室で、その石室構造や副葬品から推定される年代観はチャラボン古墳をさかのぼるものでなく、下限は6世紀中頃までの幅がみこまれるところである。光州・全南地方の前方後円形墳（「長鼓形古墳」）に関する韓国側で発表された最新の法量や部分比率値が表2・3に示されたものである。国立光州博物館による新徳古墳・明花洞古墳の発掘は、前者で百済における北部九州（佐賀県関行丸古墳）と親近性ある石室構造が知られ、後者では盾形（「防牌形」）周濠と、わが国の円筒埴輪に祖形があるかと思われる「円筒形土器」が墳裾に並べられている事実が知られた。また林永珍氏による月桂洞1・2号墳の調査でも両墳をめぐる盾形周濠、1号墳からは日本の円筒埴輪・朝顔形埴輪と関連あるかと思われる土製品、盾形木製品が発見されて、わが国の前方後円墳とそれに関係する埴輪・木製品などと比較検討することが必要となってきた。

　第2には第Ⅲ期における新しい研究動向として上述した前方後円形墳の発掘調査とならんで注目されるのは、墳丘形態に対する本格的検討が韓国側で姜仁求氏につづく若い世代の研究者たちによって始まったことである。すでにはやく1984年当時慶尚南道の松鶴洞1号墳については日本側研究者間でもその築造企画について検討されていたが（森浩 1984）、新たに成洛俊氏によって全羅南の「長鼓形墳」についての築造企画が検討された（1993年）。これは7×4区画方眼法を墳丘平面図にかぶせてゆく方法で、日本側で流行している築造企画法を導入したものであった。その結論とするところは、「全南地方の長鼓形古墳は、築造企画において円形部を基準に全長が同一の比率を持っている。これは、平面上の築造企画が同一であることを示してくれるものと理解され、当時使用された尺は百済尺か漢尺であったものと思われる」という点にあった。さらに「長鼓形古墳の遺物のうちには、未だ倭製と認定しうる物はない」ところからその「封土形態が日本の前方後円

墳の影響下に成立したものでないことを証明するものである」と提言しているが、この点についてはさらなる慎重な検討が必要になってくるであろう。全羅南道地方におけるあいつぐ前方後円形墳の発掘調査は、1996年3月29日の湖南考古学会第4回学術大会の統一テーマ「湖南地域古墳の墳丘」がとりあげられるにいたった。前方後円形墳のみならず、円形・方形の墳丘墓や近年関心を高めている長方形・長三角形の異形墳などもとりあげられている。これらのなかには周溝をめぐらしたものも少なくなく、わが国の方形周溝墓と共通するものもある。なかでも前方後円形墳に関してまとめられた朴仲煥氏の発表「栄山江流域の前方後円形墳丘」は本章にかかわるところ多く、今後の研究の方向性を示唆していると思われる点でも教えられるところが多い。

表2 光州・全南地域の「長鼓形古墳」の規模と墳丘方向 (単位:m、全体長の順)

古墳名	全長	方形部方向	円形部直径	円形部高さ	方形部先端幅	方形部高さ	連結部分幅	連結部分高さ
光州 明花洞古墳	33	西北	18	2.73	24	2.73	12	1.87
光州 月桂洞2号墳	34.5	西南	20.5	3.5	22	3	14.5	1.5
霊岩 チャラボン古墳	35.6	南	23.3	5	7.4	2.25	9	2.25
海南 龍頭里古墳	40.5	西南	23	5.1	16.7	3.3	15	3
霊光 月渓長鼓墳	41.2	西北	22.5	6	19	2.5	11	2
光州 月桂洞1号墳	45.3	西北	25.8	6.1	31.4	5.2	14.5	3.8
咸平 新徳古墳	51	北	30	5	25	4	19	3.25
咸平 長鼓山古墳	70	西南	39	8	37	7	24	4.5
海南 長鼓山古墳	77	北	44	10.1	36	9.4	31	6.25

(朴仲煥 1996)

表3 光州・全南地方「長鼓形古墳」の方形部・円形部比率

古墳名	円形部直径:方形部先端幅	円形部直径:方形部長	円形部高:方形部高
光州 明花洞古墳	1.33	0.83	1.00
光州 月桂洞2号墳	1.07	0.69	0.86
霊岩 チャラボン古墳	0.32	0.53	0.45
海南 龍頭里古墳	0.73	0.76	0.65
霊光 月渓長鼓墳	0.84	0.83	0.42
光州 月桂洞1号墳	1.22	0.76	0.85
咸平 新徳古墳	0.83	0.7	0.8
咸平 長鼓山古墳	0.95	0.79	0.88
海南 長鼓山古墳	0.82	0.75	0.93

(朴仲煥 1996)

朴氏はまず日帝時代からの研究史的整理から始めてこれまで前方後円墳として指摘されたことのある古墳リスト（表4）を示した。そして用語問題に及び、1980年代にとくに慶尚南道の松鶴洞1号墳（舞妓山古墳）をめぐって展開された日本側での真偽論争に代表されるように、韓国で前方後円形古墳の候補例の発見が増加するなかで、日本の学界で広く使用されていた「前方後円墳」の用語をそのまま使用するにいたったこと。しかし「これらの古墳の文化内容が充分に明らかにされない状況で、日本固有の古墳であることが強調されてきた"前方後円墳"という用語を使用するには慎重な検討が要求され」るべきであったことなどが指摘されている。この点についてはまったく同感であり、日本側研究者の否定論を唱える立場にあっても、無意識のうちに近畿地域を中心とする典型的な前方後円墳を比較検討の基準にして厳しい一致性を求めていなかったであろうかと反省せざ

表4 前方後円墳と指摘されたことがある古墳

古墳名	関連文献	備考
全南羅州新村里6号墳	有光教一『昭和13年度朝鮮総督府古蹟調査報告』1940年	発掘調査
全南羅州徳山里2号墳	有光教一『昭和13年度朝鮮総督府古蹟調査報告』1940年	発掘調査
慶北高霊本館洞古墳	姜仁求『三国時代墳丘墓研究』1984年 啓明大学校博物館『高霊本館洞古墳群』1995年	発掘調査
慶南咸安末伊山古墳	姜仁求『三国時代墳丘墓研究』1984年	
慶南固城松鶴洞1号墳	姜仁求『舞妓山과長鼓山──測量調査報告書』韓国精神文化研究院、1987年	実測調査
慶北慶州九政洞古墳(2号墳)	姜仁求『三国時代墳丘墓研究』1984年	
ソウル松坡芳荑洞1・2号墳	姜仁求『三国時代墳丘墓研究』1984年	発掘調査
ソウル江東石村洞6・7号墳	姜仁求『三国時代墳丘墓研究』1984年	
全南霊岩内洞里金氏山古墳	姜仁求『三国時代墳丘墓研究』1984年	
全南咸平礼徳里萬家村古墳	姜仁求『三国時代墳丘墓研究』1984年 林永珍「光州月桂洞の長鼓墳2基」『韓国考古学報』31、故三佛金元龍先生追悼輯、1994年10月	発掘調査
全南霊岩内洞里2区山頂古墳 (ソントゥルボン古墳)	姜仁求『三国時代墳丘墓研究』1984年	
全南霊岩内洞里東山古墳	姜仁求『三国時代墳丘墓研究』1984年	
全南霊岩内洞里梅花落地古墳	姜仁求『三国時代墳丘墓研究』1984年	
全南務安社倉里2区東山頂古墳	姜仁求『三国時代墳丘墓研究』1984年	
全南務安社倉里2区草堂山古墳	姜仁求『三国時代墳丘墓研究』1984年	
全南羅州伏岩里ナムドン部落造山古墳(4号墳)	姜仁求『三国時代墳丘墓研究』1984年	
全南羅州月良里1号墳	姜仁求『三国時代墳丘墓研究』1984年	
全南霊岩内洞里チョブンゴル1号墳	徐聲勲・成洛俊『霊岩内洞里쪽분골古墳』国立光州博物館学術叢書第11冊、1986年	発掘調査
全南霊岩泰潤里チャラボン古墳		
全南海南方山里長鼓山古墳		
全南海南龍頭里古墳		
全南霊光月山里月渓古墳	国立光州博物館「霊光地方の古墳」『霊岩臥牛里甕棺墓』1989年 林永珍「霊光郡의考古学遺跡2」『霊光郡文化遺跡学術調査』全南大学校博物館、1993年	実測調査
慈江道楚山郡雲坪里第4地区6号墳	全天浩『前方後円墳の源流』未来社、1993年	
慈江道慈城郡松岩里第1地区33号墳・88号墳・106号墳	全天浩『前方後円墳の源流』未来社、1993年	
全南咸平礼徳里新徳古墳	成洛俊「全南地方長鼓形古墳の築造企画に対して」『歴史学研究』12輯、薪田崔雄教授華甲記念論叢、1994年10月	発掘調査
光州ヨギドン造山古墳	林永珍「光州平洞楓巌地域の考古学遺跡」『光州平洞楓厳工団地域の文化遺跡地表調査』全南大学校博物館、1992年	
全南咸平竹岩里長鼓山古墳	成洛俊「全南地方長鼓形古墳の築造企画に対して」『歴史学研究』12輯、薪田崔雄教授華甲記念論叢、1994年10月	実測調査
光州月桂洞1・2号墳	林永珍「光州月桂洞の長鼓墳2基」『韓国考古学報』31、故三佛金元龍先生追悼輯、1994年10月	発掘調査
光州明花洞古墳	朴仲煥『光州明花洞古墳』国立光州博物館・光州広域市、1996年	発掘調査

(朴仲煥 1996)

るをえないのである。また韓国側にあっても上述したような不十分な現状を勘案して、「一部の研究者達は"長鼓墳"または"長鼓形古墳"という用語を使用してきた」。これは「こうした形態の古墳所在地で地域住民達が使用してきている"長鼓峰"、"長鼓山"、"長鼓村"などの地名からもってきた名称」であり、「側面から観察した古墳の形態が、伝統民俗楽器である長鼓と似ているというところに由来する地名であり、光州・全南地域の前方後円形古墳所在地では、そうした地名にたやすく接することができる」ことなどの解説がある。韓国側で現在までに公認されていると考えられる前方後円形墳はつぎのとおりである。

〔全羅南道〕
1. 霊光郡霊光邑月渓　　　　月渓（ウォルゲ長鼓）古墳
2. 咸平郡月也面禮德里　　　新德古墳
3. 咸平郡孫仏面竹岩里　　　長鼓山古墳
4. 光州市光山区月桂洞　　　月桂洞1号墳
5. 光州市光山区月桂洞　　　月桂洞2号墳
6. 光州市光山区明花洞　　　明花洞古墳
7. 霊岩郡始終面泰潤里　　　チャラボン古墳
8. 海南郡三山面三山里　　　龍頭里（マルムドム）古墳
9. 海南郡北日面方(昌)山里　長鼓山古墳

〔慶尚南道〕
10. 固城郡固城邑松鶴洞　　　舞妓山（松鶴洞1号）古墳

これら古墳に対する朴仲煥氏の墳丘形態の考察は、「円形部に対する方形部の発達程度を中心に検討」されている。たとえば海南郡長鼓山古墳では、「方形部頂部の幅が連絡部から方形部の先端部までほとんど同じで先端が広がっていない点」から「長さが長くて比較的発展した形態」であり、「また、方形部の斜面が急なことや、方形部の頂上が後円部頂上と同等な高さをしていることなども、日本の古墳の例を通じてみれば、中期古墳に発見される特徴」であること。一方、霊岩郡チャラボン古墳は、「方形部が円形部に比べて相対的に低くて狭く築造されてい」て、「円形部の頂上は平らで広い」うえに、発掘調査で内部施設が竪穴式石室であり、遺物とあわせて調査者姜仁求氏が4世紀に比定した考えを支持して、「これまで調査された長鼓形古墳の中で、チャラボン古墳の年代がもっともさかのぼる可能性が高い」とする。さらに海南郡龍頭里古墳、咸平郡長鼓山古墳、咸平新德古墳の円形部と方形部の高さの比較・方形部の平面形態などの比較・光州市月桂洞1号墳の「発達した方形部と防牌形（u）周溝などが、これまで確認されたどの資料よりも洗練されたもので、他の古墳に比べて遅い段階に該当する」ことなどをあげ、各部分の比率を表3で示している。そしてつぎのような長鼓形古墳の相対的発展序列を提示している。

　　霊岩チャラボン古墳→海南龍頭里古墳→海南長鼓山古墳→咸平新德古墳→霊光月渓長鼓墳→
　　咸平長鼓山古墳→光州月桂洞2号噴→光州月桂洞1号墳→光州明花洞古墳

上述のような墳丘形態の発展序列観は、日本側の前方後円墳の墳丘序列観を援用して示されたものであり、日本の前方後円墳の発展序列観をそのまま適用することへの苦言を呈しながらも、やは

りそこから完全に抜け出しえなかった矛盾点を読みとることができる。現在地表で目にふれている墳丘外観は、1千年以上の時間的経過のなかで、築造当時の墳丘形態をどこまで現存させているのかという視点が必要であろう。たとえば最古段階におかれるチャラボン古墳の方形部がはたして4世紀代に位置づけられるものであろうか。墳丘の外観から本来の正確な形態を推定してゆく方法には限界があることを認識しなければならない。最終的には内部施設・副葬遺物に拠らねばならないし、墳丘の本来の姿を確定するための発掘調査が必要であろう。チャラボン古墳の内部発掘によれば、後円部の中央に墳丘主軸に直交する竪穴式石室（長さ3.2m・幅2.2m）を設け、遺物に鉄製の武器・工具・鋌・装身具（金鐶・ガラス玉）、土器（黒色・陶質）、馬骨など百済系遺物で占められている。また現墳丘の形態には変形を受けていると見るむきもあり、日本側研究者の多くは5世紀代よりさかのぼらないとみえる。

　第3には日本側研究者からの新しい動向である。第Ⅰ期以来の前方後円墳真偽論も継続しているものの、全羅南道地域における前方後円形墳の増加と発掘調査の成果をうけて、学界の大勢は肯定論の方向に決着を迎えつつあるようにみうけられる。発掘調査によって知られた横穴式石室の構造や「円筒形土器」（円筒埴輪に相当）・盾形木製品の発見は改めて西日本の古墳の石室や表飾遺物との親近性を考えさせることとなった。すでに指摘されているようにとくに新徳古墳の横穴式石室構造は百済地域の横穴式石室からの変遷のなかに位置づけられ、西日本の横穴式石室（とくに佐賀県関行丸古墳系列）との親近性までたどられ、5世紀末以前にはさかのぼらないであろうと思われる年代観を導きだしている。また月桂洞1号墳や明花洞古墳から発見されている円筒形土器は製作技法においては百済土器と共通する叩き技法などもみられて、明らかに現地の工人による製作と認められる。しかしわが国の円筒埴輪や朝顔形埴輪との近似性がみられ、韓国側で系譜がたどれない現状ではその源流をわが国の埴輪に求める日本側研究者の大方の所見に賛成したい。さらに月桂洞1号墳の周濠から発見された石見型系の盾形木製品や笠形木製品の発見はますますその感をふかくするところである。しかしさらに一歩すすめて墳形や表飾遺物の原型を北部九州か畿内かに特定しようとするにはまだ尚早であり、韓国自生論の裏がえしとしての批判もまぬがれないであろう。

　このようななかで岡内三眞氏を中心とする早稲田大学韓国考古学学術調査研修団による韓国の前方後円形墳の記録と研究を含む総括的成果が発刊されたことは意義ぶかいものがある（1996年）。その目的は「遺構や遺物の実態を観察し記録して、まず正確な情報と資料とを両国の考古学界および歴史学界に提示することにある」。現地踏査の知見と韓国側の調査報告によって個別にまとめられた前方後円形墳の記録（「Ⅲ韓国の前方後円形墳」）、円筒形土器と埴輪形土製品の検討（「Ⅳ韓国出土の円筒形土器と埴輪形土製品」）、日本の前方後円墳との比較から個別にモデル古墳をさがす作業（「Ⅴ前方後円墳の築造モデル」）などのテーマが掲げられていて、現段階でのもっとも総括的な資料集と研究内容の労作であろう。個別古墳の年代観や日本側の築造モデル古墳の比定などについては、必ずしも研究者によって賛同を得られるものとはならないであろうが、これらを総括した岡内氏はまとめとして、「百済以外の製品と断定できる遺物は少ない」ので「この地域の社会や文化の一環として、地域首長の墓として主体的に営造された」こと。「埴輪形土製品は、形態は倭の埴輪と酷似するが、成形技法・調整技法・焼成技法とも在地の陶質土器製作技術によっている」こ

と。編年については「墳形には問題を残すが、竪穴式石槨や出土した黒色土器などからチャラボン古墳が最も古く、ついで横穴式石室や金銅冠、飾履、前方部の細長い墳形などからマルムドム、海南長鼓山、咸平長鼓山、月渓、新徳がひとまとまりになり、横穴式石室、埴輪形土製品、木製樹物、周濠を伴う前方部の開いた墳形などから月桂洞、明花洞の順に大きく分けられる」こと。その年代についてはチャラボン古墳を5世紀後半に比定し、つづく倭の墳形モデルをもつ諸古墳を6世紀前半に、さらに月桂洞や明花洞古墳へとつづいたが、「やがて6世紀後半には、泗比地方から伝わる陵山里タイプの石室をもつ円墳にとって代わられる」とする。また「古墳の平面形態は日本の古墳をモデルにしているが、造りだしや周庭帯がなく、葺石や段築がないので墳丘断面形も異な」り、「墳丘構築法は百済在地の古墳築造法を使っている」と考えられること。韓国の前方後円墳は「百済西南部の在地首長たちが、倭との交流を深めるなかで構築したもの」で、「6世紀まではまだ百済の完全な勢力下、規制のもとには置かれていなかった。百済、加耶、倭に対して等距離の関係を保とうとし、ある時は百済に、ある時は倭の勢力を利用した」と考えられることなどを指摘している。

　上述した岡内氏の結語の最後に示された百済・伽耶・倭との政治史的交渉の観点は、すでに大塚初重氏（1955年）がふれており、さらに論文として東潮氏（1955年）が、つづいて土生田純之氏（1996年）が発表している。このような観点からの論考はまだ韓国側になく、日本側に出てきたことも新しい動向としてあげられる。東氏は『日本書紀』にみえる512年の任那四県割譲の地域を末松保和氏の比定（『任那興亡史』1949年刊）に従って栄山江流域と考え、さらに『宋書』にみえる「慕韓」に推定した。さらにこの流域における5・6世紀代の倭系遺物の発見や鉄鋌・鍛冶具出土遺跡の分布から「洛東江下流域と同様、倭への鉄素材の供給地」がこの流域に求められること。5世紀中葉の近畿（大阪南部）窯跡群における「須恵器生産の第2次的展開は、全南地域から渡来した陶工による」ものであることなどから、「大和・河内の集団、筑紫の集団」などが多角的に交流したと考える。そして「栄山江流域における前方後円墳も、鉄素材の交易、やがては対外交易に従事した集団によって築造されたと推定される。つまり栄山江流域には倭系の集団が定住・定着化していた」とする。また月桂洞・明花洞両古墳出土の埴輪形土器の「祖型となる器形は、北部九州に存在」したとして、「石室構造も、関行丸古墳・番塚古墳など北部九州の石室に類して」いることをその傍証とする。

　土生田氏は上述の東氏論文に同調しながら、横穴式石室や埴輪形土器の比較検討をさらにすすめて、北部九州石室との親近性を強調し、国立扶餘博物館展示の埴輪類似資料では関東の埼玉古墳群出土須恵質埴輪壺との親近性を指摘する。一方、土生田氏論文の本意は前方後円形墳の存在を通じて、古墳時代の国家形態を提起することにあるようである。西欧で提唱された環節国家論を援用して、都出比呂志氏の提唱する「前方後円墳体制」論（「日本古代の国家形成論序説」1991年）も環節国家の段階に比定する。環節国家論であげられている「中央政府はあるが、同時に、中央からは限られた統制しか及ぼすことのできない多くの周辺行政の中心がある」という特徴によって5・6世紀の日本列島における地方豪族の「反乱」や、筑紫君磐井が新羅と結んで畿内政権に対抗した事件を理解すべきとの視点を主張する。磐井の乱などに関するこのような視点はわが国の古代史家、

たとえば井上光貞氏らによってもすでに述べられていたことが想起される。そして朝鮮半島西南部（「慕韓」地域）の前方後円形墳は、倭政権との「直接的な政治的関係の産物ではなく、在地の主体制に基づく交流活動の所産であった。そして、やがては百済領に名実共に完全に編入されるまでの、歴史の一断面であった」と結論している。

　第4には北朝鮮側における前方後円（方）形積石塚古墳からの提言である。このような積石塚の発見は第Ⅱ期段階でふれておいたが、在日史家全浩天氏によってわが国の前方後円墳の源流であるとする所説が唱導された。筆者は1991年秋に来日した朱栄憲氏にこのことについて質問する機会があったが、朱氏は同じ平面形態の古墳が日本にあるところから名称を借用しただけで、直接の起源になるとは考えていないと言われた。また1992年9月北朝鮮訪問の際に発掘担当者である李　定男氏（『朝鮮考古研究』1990-1）に面会したが、李氏は日本の前方後円墳ともなんらかの関係があるのではないかと推測されていた。しかし筆者は日本の前方後円形墳丘墓の出現する弥生時代後期より、約400年もさかのぼるとされる北朝鮮の積石塚との間の空白をこえて賛同するのは、現段階ではなお躊躇せざるをえない（小田　1993年3・15、11・15）。その後1992年10月にNHK取材班が江上波夫・森浩一氏らと現地を訪ねてテレビ放映されている。またその取材紀行も発刊されているが（森浩一・NHK取材班　1994年）、この問題についての新しい展開はみられない。

3　将来への課題

　以上、1983年姜仁求氏によって提起された韓国の前方後円形墳問題の研究史的推移を、筆者の若干の論評も加えながら通覧してきた。そのなかで気付かれるのは、日本側での真偽の認定段階で、日本における完成された段階の前方後円墳の諸特徴が備わっているかどうかを厳しく要求していたことである。そこにはわが国と寸分違わない墳丘形態を求める思想が潜在的にあったのではなかろうか。一方、すでに諸氏によっても指摘されているように、マスコミの短絡的要求ともかかわって「任那日本府」の存否問題が見えかくれすることも、両国研究者の発言に微妙な影をおとしていることは否定できない。

　姜仁求氏の問題提起の一つに、日本の前方後円墳の原型が韓国で形成されたとする所説があった。この立場は1993年に発表された成洛俊氏や崔盛洛氏らの論考にも継承されている。すなわち栄山江流域にみられる長鼓形古墳や甕棺を包蔵する古墳の形態に前方後円墳の源流を求めようとする立場である。しかし両氏の所説はまだ具体的に両国の古墳を検討して、その年代観を提示するまでには至らなかった。その後、光州月桂洞前方後円形墳や咸平郡禮徳里萬家村異形墳群の調査を行った林永珍氏は、栄山江流域には大型甕棺墓と長鼓形墳が共存し、3世紀中頃以前に後者の集団が日本に移住して前方後円墳に発展させた。そしてこの二つの集団は相互交流を結んで再び全南地域に長鼓形墳を築造するにいたったと推測する（林永珍　1994）。しかしこの所説は日本列島内で前方後円（方）形周溝墓の出現に至る経緯が無視されており、また韓国側でも長鼓形墳の形成につなげてゆく異形墳の年代観にも検討を要する点が少なくないので、今後の課題となろう。いずれにせよ栄山江流域の墳丘墓に、日本の前方後円墳の原型を求めようとする考え方がある現状は留意しておく

必要がある。

　このような両国研究者の考え方の相違は、双方それぞれ相手方地域の古墳の実態と研究状況への認識が不十分であるところに起因していると思われる。その意味では早稲田大学による現地調査に「全羅南道の周溝・周濠をもつ古墳」をとりあげているのは周到な配慮であった（岡内編 1996）。日帝時代に調査された羅州郡潘南面大安里 9 号墳（方台形墳、甕棺墓 9 基）、徳山里 3 号墳（円墳、甕棺墓 3 基）〔朝鮮総督府『大正 6 年度古蹟調査報告』1920 年、朝鮮古墳研究会『昭和 13 年度古蹟調査報告』1940 年〕は 5 世紀代に比定されるが、光復後の調査である霊岩郡始終面萬樹里 4 号墳（長円形墳、土壙墓 4 基・木棺墓 3 基・甕棺墓 2 基）〔国立光州博物館 1990〕、内洞里 1・2 号墳（長円形墳、1 号墳＝土壙墓 3 基・甕棺墓 5 基、2 号墳＝土壙墓 2 基・甕棺墓 1 基）は 3 世紀末〜4 世紀初頭とされている。

　1994 年に発見された咸平郡礼徳里萬家村古墳群は三角形に近い長台形状周溝墓群である。この遺跡は整備復原して保存されることとなり、1995 年 2 月 3 日から部分的な発掘調査が行われて、周溝の内外域から甕棺墓 5 基・土壙墓 7 基・土器窯跡 1 基が発掘され、土器・鉄器・ガラス玉など 30 余点が出土している。調査にあたって林永珍氏は周溝墓群の配置について「三角形に近い長い台形状であるが、互いに隣接する古墳どうしの溝を共有しながら、たがいちがいに配置されることで狭い空間を最大限に利用している」こと、「7 号古墳の溝が堆積土によってほとんど埋められた状態で、その溝の堆積土の上に安置された合口の甕棺が、栄山江流域の甕棺の中で最も早い段階に該当する」ので、「7 号墳をはじめとする萬家村の古墳群は、栄山江流域でこれまで知られたどんな古墳より先行する時期に属するものと考えられる」こと、「1 号墳が方形に近い平面をもっており、他の異形平面の古墳はたいそう長くて周溝が整然としえない点で、これらの異形古墳も 1 号墳のような方形に近い状態で始まり、漸次追葬がなされるにつれて墳丘が継続して拡大し、結局より以上の追加葬が必要なくなった時に、長い異形墳丘として残るようになるのではないかと考えられる」こと、などを指摘する（林永珍 1996b）。

　筆者は 1995 年 11 月 1 日、李健茂・林永珍両氏と同道して整備工事中のこの遺跡を踏査することができた。中央部東寄りに周溝の一辺を重複させた方形周溝墓 2 基（5・6 号）があり、6 号墓は周溝が全周し、後続する 5 号墓は四隅に陸橋を有するものである。萬家村古墳群より古期におかれる方形周溝墓は、1995 年に発表された忠清南道保寧市寛倉里で紀元前 1 世紀頃と推定されている 41 基がある。周溝の四隅に陸橋を設けるものや、周溝の中央に陸橋を設けるものがみられ、高麗大学校発掘調査団では韓国における方形周溝墓の初見であること、中国—韓国西部—日本の伝播ルートが立証されたこと、などを発表した（『統一日報』1995・3・14）。筆者も萬家村古墳群を訪ねた後、11 月 5 日には韓永熙・成洛俊両氏と円光大学校発掘調査団が発掘中の全羅北道益山市永登洞遺跡を訪ね、中央に陸橋を有する方形周溝墓 4 基を見学した。主体部は土壙墓であるが、1 号墓では付近から甕棺片や灰青色硬質打捺文土器が発見されている。4 世紀代以降かと判断した。(최완규「全北地域古墳의墳丘」湖南考古学会第 4 回学術大会、1996 年 3 月 26 日）。萬家村古墳群における 5 号墓・6 号墓などの方形周溝墓が寛倉里、永登洞など、韓半島西側を南下する周溝墓系列に属する所産であることは認めてよいであろう。

ところで、萬家村古墳群の発見が日本側に報じられた当初、マスコミでは前方後円墳の起源であるとする見解を先行させた。第6号墓の墳丘隅から3世紀代にさかのぼる瓦質土器が発見されたというところに拠りどころをおいたものであった（林永珍 1994）。しかしこの胴部に縄蓆文・底部に格子文叩きをもつ扁球形短頚壺の年代については4世紀に比定する説、さらに古墳と土器との同時性に疑問をはさむ説などもあって即断し難いところである。筆者の現地踏査時に伺ったところでは、調査者側でまだ墳形が確定されていない段階で、日本側報道陣に前方後円形であることの承認を求められ、もう少し待ってくれるように要望したにもかかわらず、日本側では前方後円形墳丘と報道したということであった。前方後円墳というものに異常なまでの関心を示す日本側報道のいさみ足というべきであろう。萬家村古墳群の発見から報道をめぐって日本側研究者の対応もさまざまであった。その後の対応まで通覧するとつぎの3種の対応がみられる。そしてこのことは萬家村のみならず、韓国の新発見の遺跡・遺物に対する日本人の一般的対応の現実でもあるところに自戒すべき反省感を禁じえない。すなわち、以下のような態度である。

（1）発見情報が入ると共に、さして時間をおかずにマスコミに便乗して現地を訪ね、韓国側の見解を速報的に日本側に伝達するメッセンジャーの役割を果たすことに終始する立場。

（2）上記の報道を承けて、不確実な段階にもかかわらず、日本側の事例に対する祖系ときめつけて自説を展開する立場。

（3）一定時間が経過したのちに現地や調査者を訪ねて見聞し、自身の実査を加えて批判的に受けとめる立場。

研究者としては（1）・（2）の立場より（3）の立場に立ちたいものである。

最近栄山江流域の異形墳について検討した林永珍氏によれば、まず分布については、霊岩始終面や羅州潘南面一帯の古墳群は栄山江の支流である三浦江沿いに分布していること。なかでも新燕里・沃野里・萬樹里など異形墳が多い前者は下流域に、徳山里など円形墳が多い後者は上流域に該当すること、などをあげている。つぎに墳丘構造については、平面形は「長い台形の形態」で周溝をもつ場合が多いこと。「栄山江流域の異形墳丘に付随する溝は、墳丘築造の採土が主目的でつくられ、結果的に排水と墓域区分の三重効果をもつようになったのではないかと考えられる」こと。そのために「墳丘の高さが非常に低くて、これまで残っている高さが2mをこえるものは稀」であること。内部施設は甕棺と木棺が主流をなしていること、などが指摘されている。さらに異形墳丘の発生については、「栄山江流域では咸平萬家村古墳群が、墳丘をもつ古墳の中で時期的にもっとも早い段階に属するもの」とし、墳形の変遷については、「他の地域の異形墳丘は、長い台形や台形に近い長方形をしている点で、萬家村古墳のような三角形に近い形態から長い台形を経て、長方形に近い形態に変わってゆくのではないか」という予察的所見を述べている。

このような韓国側研究者の提示資料と研究成果を通じて、「長鼓形古墳」の呼称で伝えられてきた前方後円形墳の系譜は、必ずしもすべてが日本から伝播した前方後円墳の系譜では十分に説明しつくせないところもあることを感じる。すなわち異形墳丘墓の諸形態から導き出せる長鼓形墳の在地型の系譜をたどる視点がこれまでの日本側研究者には欠如していたのではなかろうか。その意味で韓国側研究者の主張する「長鼓形古墳」の名称で認識しようとする研究姿勢は意義あることと思

われる。これまで公認されている前方後円形墳の編年的序列が大過ないものとして、たとえば最古段階に位置づけられているチャラボン古墳や松鶴洞1号墳などに長鼓形墳からの伝統を認めることはできないのであろうか。前者の異常に低くて細長い方形部や後者の方形部先端両隅部の円形仕上げなど、はたして日本の前方後円墳に厳密な築造モデルを求めるべきものであろうか。その場合には5世紀後半以降を上限としうるのであろうか。

　しかしながら、日本の前方後円墳とまったく無関係であるとする韓国側研究者の提言に賛同できるものでもない。月桂洞1・2号墳や明花洞古墳が盾形（「防牌形」）周濠をめぐらし、墳裾に埴輪土製品や盾形木製品をめぐらす在り方や、これら表飾遺物が韓国で形成過程を導きだせない点などは、これまでにも日本側研究者たちが指摘するように日本からの影響を考える方がより説得性をもっているであろう。しかしこのことは林永珍氏が説くように栄山江流域の長鼓形墳営造集団が渡日して前方後円墳に発展させ、再度帰国して栄山江流域に前方後円墳を営造したという複雑な苦しい説明を容認するものではない。このような発想は実証を伴っていないし、韓国前方後円墳起源論の立場を前提とする考え方が底流にあるとみられるところで、裏がえせば日本側でこれまで定説化していた前方後円墳日本固有説と大同小異であるといえよう。自余の前方後円墳を今後詳細に検討を加えるなかから、5世紀後半のある時期から日本の前方後円墳の影響がかぶってくることが明確になってくるのではないかと推察している。

　新しい動向にあげた東氏や土生田氏の所論にみる政治史的考察は、今後韓国側研究者からの論攷も期待されるところである。また文献史学研究者と考古学研究者の交流も必要になってくるので、この方面の展開をはかってゆくことが望まれる。

　韓国の前方後円墳問題は正確な資料を積み重ねつつあり、これまでの研究史的整理を批判的にすすめて、さらに将来への方向性を確認することができれば、本章の目的は達せられた次第である。

234　第2部　古墳時代

咸平郡新徳古墳 　　　　　　　　　　　　　　海南郡長鼓山古墳

海南郡龍頭里古墳 　　　　　　　　　　　　　光州市明花洞古墳

光州市月桂洞古墳群（左：1号墳、右：2号墳） 　　光州市月桂洞1号墳

資料1　韓国の前方後円形墳

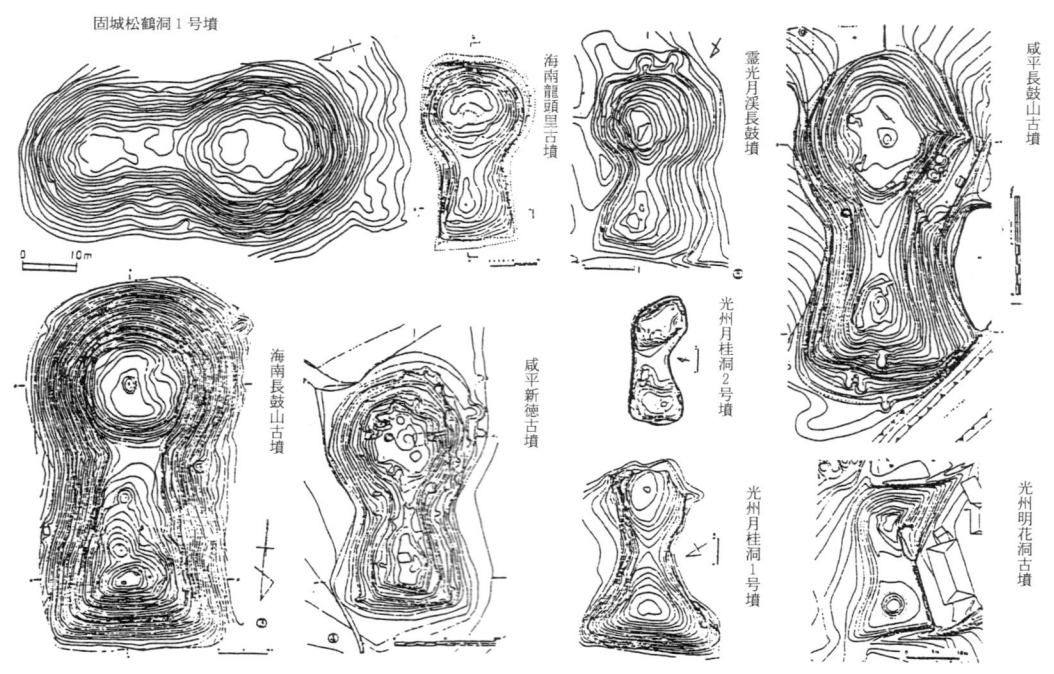

固城松鶴洞1号墳　　海南龍頭里三号墳　　霊光月渓長鼓墳　　咸平長鼓山古墳

海南長鼓山古墳　　咸平新徳古墳　　光州月桂洞2号墳　　光州月桂洞1号墳　　光州明花洞古墳

資料2　韓国の前方後円形墳平面形集成

第３章　韓国の前方後円形墳　235

資料３　霊岩郡チャラボン古墳墳丘および石室実測図

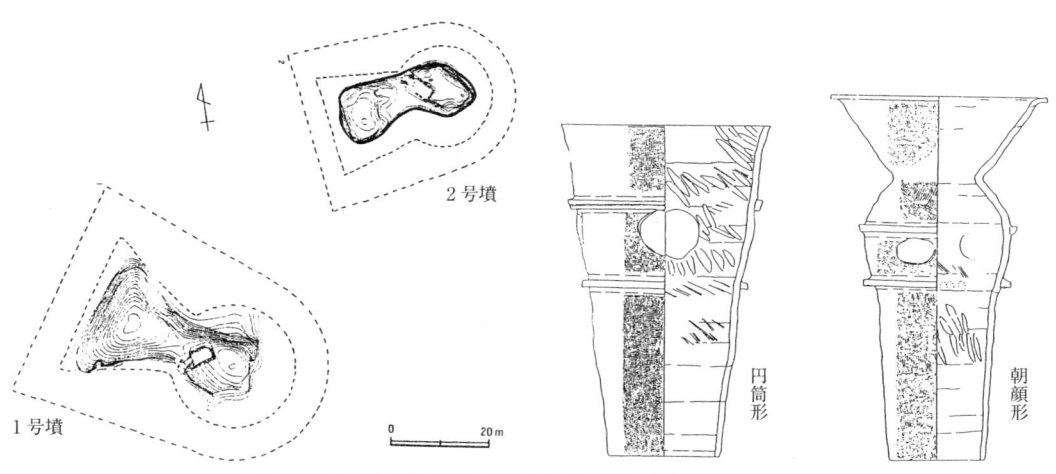

資料４　光州月桂洞古墳群の配置と円筒形土器（埴輪形土器）

左下：咸平新徳古墳
中：光州月桂洞１号墳
右：光州月桂洞２号墳

資料５　新徳古墳および月桂洞古墳群石室構造図

資料6 光州明花洞古墳平面図および石室実測図

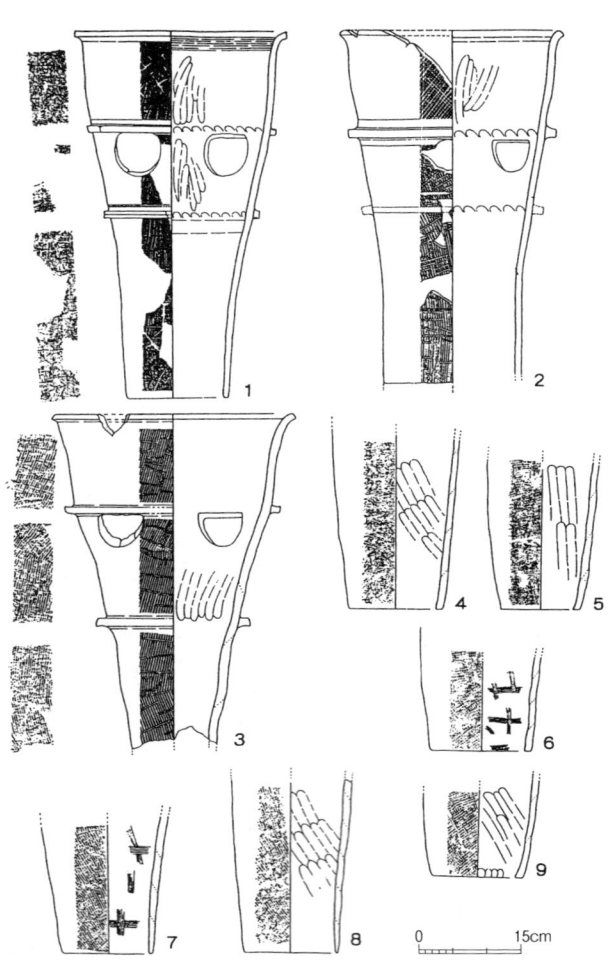

資料7 明花洞古墳出土円筒形土器

1～3. 周溝出土
4～9. 墳丘斜面出土

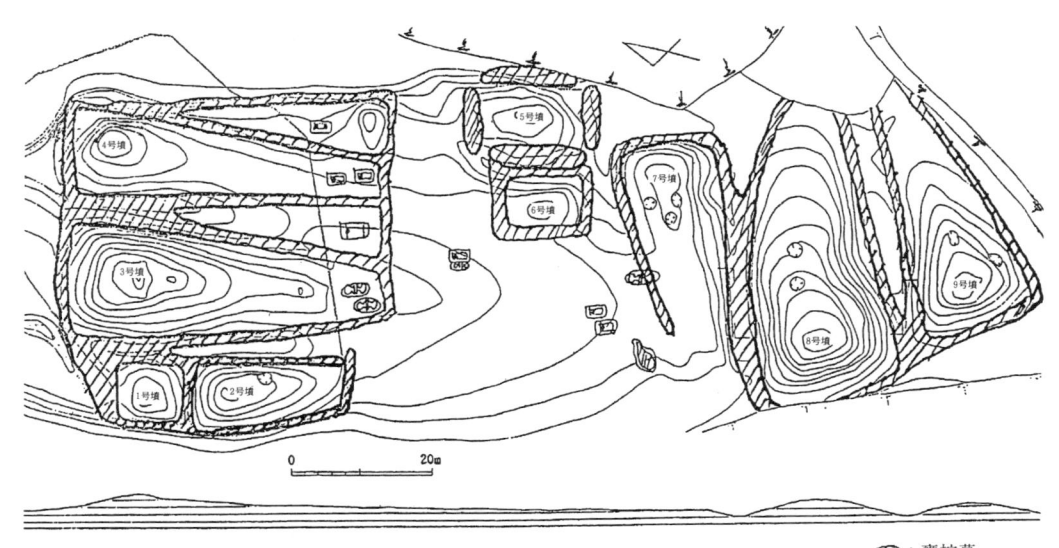

第 3 章　韓国の前方後円形墳　237

⊙：甕棺墓
▭：土壙墓

資料 8　異形墳(1)萬家村古墳測量図（遺構分布状態は模式図）

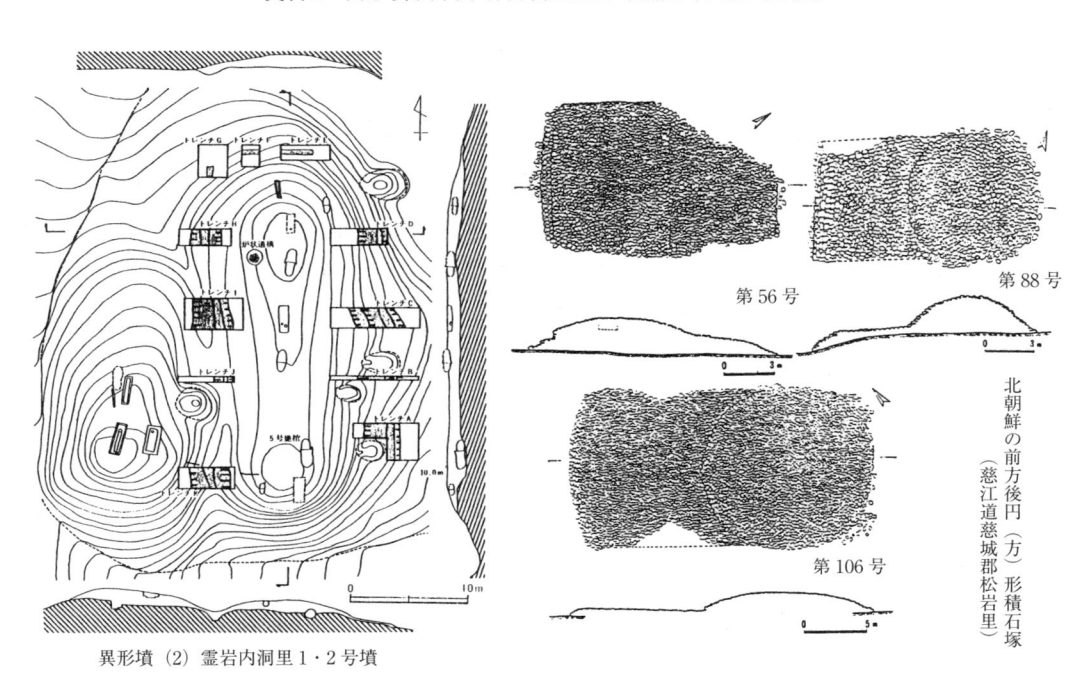

異形墳 (2) 霊岩内洞里 1・2 号墳

第 56 号
第 88 号
第 106 号

北朝鮮の前方後円（方）形積石塚（慈江道慈城郡松岩里）

資料 9　異形墳(2)および北朝鮮の積石塚

第4章　百済古墳文化と北部九州
――とくに横穴式石室について――

1　はじめに――1980年代前半までの回顧――

　1983年10月28～30日、全羅北道の圓光大学校馬韓・百済文化研究所創立10周年記念・第7回馬韓・百済文化国際学術会議「百済文化研究の総合的検討」が行われた。筆者は依頼を受けて短時間であったが「百済古墳の系譜――特に中国・日本との関係について――」（小田1984b）と題して発表するところがあった。当時知られていた百済古墳は、光復以前から知られていた公州市周辺の宋山里・校村里の古墳群であり、扶餘邑周辺の陵山里古墳群であった。前者は百済中期（熊津時代）・後者は百済後期（泗沘時代）の王室関係の古墳群である。さらに光復後の1971年に発見調査された公州・宋山里の武寧王陵で、はじめて古墳の内容が完存していて百済古墳の研究に画期的な成果をもたらしたのであった。加えて光復後の新しい成果は、漢江地域で百済前期（漢城時代）に比定される古墳が開発事業に伴って調査が始まった時期であった。当時百済土器の編年的大綱（小田1979c）をつくる必要にせまられていた筆者は、その過程で中国南朝との交渉を物語る東晋時代越州窯系青磁が前期古墳に副葬される事例に注目して4世紀代百済土器の特定作業を行った（小田1983a）。そして当時知られていた前期古墳を3期に大別した。すなわち、以下の通りである。

　　第Ⅰ期（～4世紀中頃以前）
　　　可楽洞1・2号墳、白谷里古墳（京畿道華城郡）
　　第Ⅱ期（4世紀中頃～5世紀前半）
　　　石村洞3・4号墳、石村洞破壊墳、汶湖里古墳（京畿道楊平郡）、
　　　法泉里2号墳、花城里古墳
　　第Ⅲ期（5世紀前半以後～）
　　　可楽洞3・4・5号墳、芳荑洞4・5号墳

　以上述べてきたように1980年代前半までの百済古墳研究は、公州市や扶餘邑周辺の中期・後期の王族墓と、前期の中・小クラス古墳が中心で、その事例もきわめて限られた段階での模索作業であった。その後、開発事業の増大によって文化財研究所や大学校博物館などによる発掘調査も急増してきた。1995年にまとめられた百済古墳群資料（公州大学校博物館1995）によってみると、서울・京畿地域11、忠南地域52、忠北地域4、全北地域24、全南地域29、計120の古墳群があげられている。遺跡・遺物と研究機関・研究者の増加は、活気ある地域研究の進展をもたらし、いまや隔世の感すらある現状である。これらの詳細にふれることは現在の筆者のよくするところではな

図1 可楽洞古墳群　石室細部（後壁（左）と右壁（右）の石組技法（1975年撮影））
　　　左：3号墳、中：4号墳、右：5号墳

いが、本章では横穴式石室に関する問題について旧稿以降現段階に至る私見を述べて今後に備えたい。

2　横穴式石室の導入再考

　1980年筆者は日本における横穴式石室導入期の各地の様相と、朝鮮半島にその源流を求める論考を発表した（小田 1980a）。当時わが国における最古の横穴式石室は福岡市老司古墳（前方後円墳）の後円部最古段階に構築された第3号石室であった（福岡市教育委員会 1989）。その時期は5世紀初頭に比定された。1981～83年には福岡市鋤崎古墳（前方後円墳）が調査されて（柳沢・杉山 1984）、老司古墳と同時期に比定された。前者は伝統的な竪穴式石室を主体としながら、階段式に降下して入室するタイプの竪穴系横口式石室、後者は横穴式石室構造の最古段階に位置付けられた。さらに1986年には佐賀県浜玉町〔現唐津市〕谷口古墳（前方後円墳）の保存修理事業の一環として、西石室の発掘調査が行われた。これまで竪穴式石室とされてきたが、南に開口する竪穴系横口式石室であること、また並行する東石室も同構造であることが確認されて、最古の横口構造は4世紀末ごろにさかのぼるという結果が得られた（佐賀県浜玉町教育委員会 1991）。

　日本への横穴式石室の系譜について筆者が言及した1980年当時、百済前期の王都（漢城）が在ったソウル周辺では光復以前から知られている京畿道高陽郡中谷里甲墳・乙墳、驪州郡梅竜里第2号墳・第8号墳などがあった（野守・神田 1935）。これらは盗掘されていて遺物などは不明であるが、長方形プラン・割石積・平天井・両袖式羨道構造である。中谷里は竪穴系横口式、梅竜里は平入アーチ構造に属する。その後1987～88年、梅竜里古墳群の調査が翰林大学校博物館によって行われ、竪穴系横口式石室構造に伴う百済土器群が知られたが、6世紀前半代に比定されている（崔永禧・金正基ほか 1988～89）。従来ソウル周辺の古墳は総じて漢城時代に比定する考え方があるが、光復

後に百済土器や石室構造の研究がすすんでくると、必ずしもそうとはいえない事例も現れてきた点は注意すべきであろう。故金元龍先生は新羅統一期に比定されている横穴式石室との比較検討から、漢江下流域が6世紀中頃以降新羅領になった事実をあげて、上述した古墳群をそれ以降に考えるべきであるとされた（金元龍 1974）。一方、故金基雄先生は中谷里甲・乙両号墳、梅竜里2・8号墳は漢城時代に編入している（金基雄 1976）。

　初期横穴式石室について光復後の調査例として注目されたのは、ソウル市東郊の漢江を渡って2.5kmほどの低丘陵地帯に在る石村洞および可楽洞古墳群である。なかでも石村洞4号墳は方形積石塚で中央に一辺4.8mの方形粘土槨を設けている（金元龍編 1975）。さらにその「南壁中央の上端に長さ2.30m、幅1.90mの羨道状施設を設けた特異な構造」（金元龍 1974、32頁）が付設されていたという。筆者が当時金元龍先生にうかがったところでは4世紀末頃かとされていた。またこの調査に立会った金基雄先生にうかがったところではこの羨道状遺構については疑問視されている。同様な所見は尹武炳先生からもお聞きしたことがある。この羨道状遺構についてはその後もほとんど言及されることなく今日に至っている、その年代についても近年では5世紀前半に比定されている（公州大学校博物館 1995）。以上のような情況から、筆者も百済の横穴式石室出現期について石村洞4号墳については気がかりながらも割愛してきた。

　また1975年に調査された可楽洞古墳群については、同年10月訪韓の際に調査後まだ現存していたこの古墳群の石室構造を実見することができた（蚕室地区遺蹟発掘調査団 1977）。当時の所見は報告書の石室図面や筆者の注意した石材構築技法を示す写真などと共に紹介するところがあった（小田 1980a）。石室構造に関する観察所見はそれに譲るが、結論としたところは、「4世紀中頃にさかのぼって楽浪地域で中国南朝系の塼室墳から割石室への移行がみられ、5世紀代になると漢江流域の初期百済時代古墳に継承されている」（小田 1980a）という認識であった。当時韓国側研究者の大方は、出土土器の年代観（金元龍 1974）によって上述した金元龍先生の年代観に代表されるものであったが、筆者は石室構造にみる石積技法の検討と、横穴式石室には追葬が可能な点を考慮して、出土土器のうち新羅土器については追葬遺物とみて石室使用の下限を示すと考えた。当時金元龍先生に追葬について伺ったところ、先生は大変驚かれて韓国の学会ではそのようなことは考えたこともないと言われた。あれから4半世紀以上を経た今日では、横穴式石室の調査例も急増し、土器の編年研究も詳細となり、日韓相互の研究交流も盛況で、追葬の認定作業も当然のこととして行われている。当時筆者が石積技法から5世紀代に比定したのは西日本における検討成果を適用したものであった。しかし可楽洞古墳群のような石室構造と石積技法の上限と下限・変遷過程などについては、今日なお定見は得られていない。近時の韓国側資料集（公州大学校博物館 1995）では可楽洞3号墳を5世紀前半（？）、4号墳を（？）、5号墳を4世紀とする所見が示されている。現在韓国側でも漢江南岸域の横穴式石室墳を初期百済古墳とみるか、6世紀中頃以降の新羅古墳とみるかの二つの立場があることは土生田純之氏も指摘するとおりである（土生田 2000）。初期百済古墳説に立つ李南奭氏はその論拠として①古墳自体の構造的特徴の大部分は百済の横穴式石室墳と類似する。②副葬品としての新羅土器が2～3点と僅少なことは新羅横穴式石室の副葬様相とあわない。③新羅人によって築造されたとすれば、可楽洞3号墳のような大型古墳築造にかかわる集団が

第4章　百済古墳文化と北部九州　241

図2　可楽洞古墳　左：3号石室、右：6号石室（1975年撮影）

図3　可楽洞5号古墳石室（1975年撮影）

予想されるが、そのような遺跡は確認されていないなどをあげて、可楽洞・芳荑洞石室墳は百済漢城時代の築造したが、熊津遷都（475 A.D.）で放棄され、やがて新羅が進出した段階で再使用されたとする（李南奭 2000）。

上述した李南奭氏の結論は筆者の旧稿（小田 1980a）に近いところとなるが、さらに横穴式石室の源流が4世紀中頃の楽浪地域で起った横穴式塼築墳から塼・石混築墳への移行に求める点でも同様である。筆者は「楽浪地域から漢江流域にかけての地方で4世紀後半から5世紀に成立した」（小田 1980a）と考えた。李氏は百済における横穴式石室の導入を「百済が楽浪・帯方地域を占有した近肖古王代、すなわち4世紀後半におきた」（李南奭 2000）としている。一方ここに至って再度検討を要するのは石村洞4号墳積石塚にみる、羨道状構造の問題である、上述したようにこれについては韓国側でも積極的に評価されていないが、その年代については4世紀末から5世紀前半の間で考えられるとすれば、肯定的立場に立つときは、漢江地域の最古段階の横穴式石室に位置付けられる点で注目すべき遺跡となる。西日本の最古段階横口式石室が4世紀末頃までさかのぼっている事実とも考えあわせるとき、当時の発掘関係者たちも含めて再検討することはできないものであろうか。上述した楽浪系石室墳と並んで高句麗

図4　可楽洞4号古墳石室（1975年撮影）

系積石石室墳の存在も考えられることになるからである。

ひるがえって西日本に導入された横穴式石室は、4世紀末に位置する谷口古墳のほか5世紀初め頃までに鋤崎古墳・老司古墳など玄界灘沿岸地域の代表的首長墳であった。そして大和王権との親密な関係を示す前方後円形の外形をとっている。谷口古墳は近畿系竪穴式石室の短壁側を開いて横口構造とした点で、横穴式のアイディアをまず受容したものであった。老司古墳も同系に属するが、石室の位置が低く、前方部上面から設けられた墓道が石室の天井に至ることとなった。鋤崎古墳は横穴式石室であるが、やはり石室の位置が低いので、竪坑墓道によって前庭部床面に到達させた。これらの様相から横穴式石室の知識は4世紀末頃に玄界灘沿岸地域の大首長クラスに導入されたことが知られるが、時期的にみて楽浪地域から漢江流域にかけての地域に源流を求めた筆者の所見はほぼ誤まっていないであろう。

西日本への横穴式石室導入の契機については、4世紀後半に始まる高句麗勢力の南進と、これに

対抗した百済の要請を受けた倭政権の武力援助にあったであろうことは以前に指摘しておいたが（小田 1988a）、倭軍の半島における行動は好太王碑文によって 391 年の派兵から 404 年帯方界に侵攻して敗退するまでを知ることができる。これらの出兵を通じて玄界灘沿岸地域の豪族たちが楽浪・帯方二郡の故地を踏んで、新しい技術や文化に接触し導入する機会を得たであろうと推察される。日本への導入にあたって百済初期古墳がどの程度かかわっているかという問題については、初期百済の横穴式石室古墳で 4 世紀までさかのぼりうる実例とその構造の検討にかかっている。さらに北朝鮮における楽浪地域の古墳調査の成果にも注意を払わねばならない、今後の国際交流を通じて解決をはからねばならない課題である。

3　韓国の前方後円形墳再考

姜仁求教授が 1984 年に発刊した『三国時代墳丘墓研究』で韓国に所在する前方後円墳問題が提起されてから、日韓両国研究者の異常なまでの関心が高揚されて甲論乙駁がくり返されてきた。その研究史的経緯については筆者も先年まとめたところである（小田 1996）。1999 年 10 月には忠南大学校百済研究所主催の韓日学術会議で「韓国의前方後円墳」がとりあげられた。また慶南地方唯一の前方後円形墳とされてきた固城郡松鶴洞・舞妓山（松鶴洞 1 号）古墳は、東亜大学校が現在発掘調査中であるが、7 月 21 日現地を訪ねて前方部と後円部がそれぞれ独立した円墳であり、後円部は周溝を伴っていること、両者の中間にさらに第 3 の円墳が設けられていることなどを知ることができた（東亜大学校博物館 2000）。1980 年代にこの古墳が注目された頃、筆者もはじめて現地を踏んだ時に、前方部の両端が角張らずに丸くなっていることに疑問を持ち、日本側で前方後円墳説に立つ某氏にこのことを話したところ、韓国の場合はそれでもよいのであるという不分明な返事をいただいて釈然としないまま今日に至っていた疑問もようやく氷解した次第である。舞妓山古墳が前方後円形墳から脱落したことによって、慶尚南道側で唯一つの例が消滅したことは、全羅南道の南西部に集中する 9 基の前方後円形墳と 5 世紀後半以降の倭・百済の政治史的背景を重視する論調には一層有利な追風となるであろう。

旧稿（小田 1996）では栄山江流域に集中する前方後円形墳について、日本側研究者の多くが主張するようにすべてを日本の定形化した前方後円墳を移入したとする視点で処理することへの危険性を指摘した。さらに韓国側の原三国期以来の伝統的墳丘墓からたどってくる立場も無視できないこと、それでも 5 世紀末以降には日本側の前方後円墳とそれに伴う葬送儀礼とのかかわりは否定できないことなどにも言及した。

韓国の前方後円形墳は当初外形観察からその当否が論じられ、つぎには正確な外形実測図の作成作業に発展した。しかしそれでも墳形の二次的変形などを完全に修正できるとは限らず、またその年代観や文化内容を正確に認定するには発掘調査に拠るしかないと考えられるようになった。かくして 1990 年代に入ると前方後円形墳の発掘調査が行われるようになった。現在までに内部構造の判明しているのは霊岩郡チャラボン古墳・咸平郡新徳古墳・光州市月桂洞 1・2 号古墳、光州市明花洞古墳などである。チャラボン古墳は方形に近い長方形竪穴式石室で、墳形の現況ともあわせて

244 第2部 古墳時代

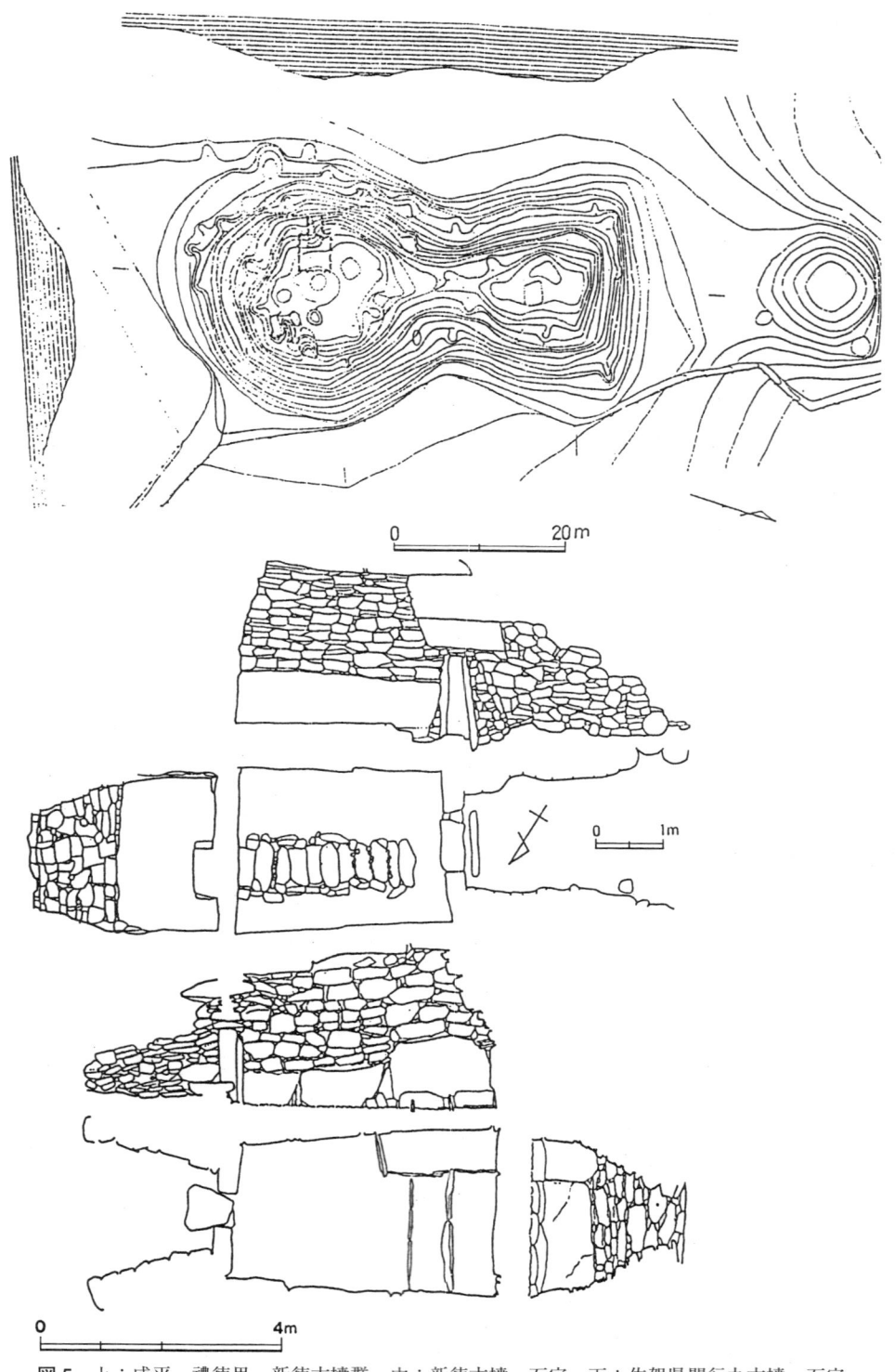

図5 上：咸平 禮徳里 新徳古墳群、中：新徳古墳 石室、下：佐賀県関行丸古墳 石室

調査者は4世紀とされ（姜仁求 1992）、韓国側では支持者もあるが、日本側では5世紀代よりさかのぼらないとみる研究者が多い。月桂洞1・2号古墳（林永珍 1995）は幅広い長方形プラン玄室の短壁側中央に羨道を開く横穴式石室である。石室の上半部はすでに崩壊しているが割石平積み、1号墳では玄室左右に各1枚の袖石を立てている。また1号墳後円部周濠内では円筒埴輪・朝顔形埴輪を模倣した「円筒形土器」が発見されている。明花洞古墳（朴仲煥 1996）の石室はほとんど全壊にちかいが、割石積みの奥壁と左壁の一部が残っていて、なかでも左壁に腰石を使用してその上に割石積みする点が注意される。また東側の後円部から前方部にかけての周濠際に円筒埴輪系の「円筒土器」が並列樹立されていたのは特筆される。新徳古墳（成洛俊 1993）の横穴式石室はすでに指摘されているように、佐賀県関行丸古墳と構造において共通する点が多い（東 1995）。石室の周壁は明花洞古墳からさらに発展した大形腰石の使用法を完成させている。林永珍氏が栄山江流域の横穴式石室墓を栄山江式・南海岸式・百済式の3区分する方法にしたがえば、栄山江式に属する（林 1996a/2000）、すなわち長方形プラン・割石造・持ち送り天井をその特徴に数えている。林氏はさらに栄山江流域で百済の影響下に築造された石室墓（百済式）は6世紀中頃以後で、栄山江式と南海岸式はそれ以前に該当することを指摘し、全南地域の土着社会が百済に編入されてゆく過程をその背景に重ねようとしている。

　また月桂洞1号墳、明花洞古墳で「円筒形土器」が樹立されていたことは、現状では韓国のなかでその形成過程をたどる資料が提示されない以上、日本側研究者が提言するように日本の円筒埴輪や朝顔形埴輪に祖型を求めざるをえない。そしてその表面にのこされた長方形格子打痕などは明らかに百済土器にみられる打痕と一致するところで、全南地域に工人によって製作されたことは論をまたない。さらに月桂洞1号墳周濠出土の盾形木製品、盾形プランの周濠などの事実を重ねてくると、5世紀後半以降6世紀中頃にいたるこれらの「前方後円形墳」が日本の「前方後円墳」の影響下に出現したと考えることはもはや否定しえないし、また木製品や「埴輪形」土器を樹立する葬送儀礼を採用した点でも日韓両地域に共通する葬祭思考方式の交流があったことも否定できない。栄山江流域の前方後円形墳（「長鼓形古墳」）出現の背後に親日的勢力の存在を考えようとする潮流は今後の方向を示唆しているであろう。さらに月桂洞1号墳の「埴輪形」土器の製作にみる倒立技法の認定から、尾張～北陸～日本海ルートを主張する論（小栗 1997）については、尾張にのみ限定するところに短絡的思考ともいえる問題があり、旧稿（小田 1997a）で「一要素だけをとりあげた特定地域論ではなく総合的に検討する必要」を指摘しておいた。

　栄山江流域の前方後円形墳に採用された横穴式石室は林永珍氏のいう栄山江式石室であった。この石室の形成過程についてはまだ究明されていない。佐賀県関行丸古墳が5世紀末頃に比定されているところを参考すれば新徳古墳タイプの石室は西紀500年前後には成立したかと推測される。ただし月桂洞1・2号墳のような小型クラスと新徳古墳のような大型クラスの石室は、その変遷過程を別々に考えた方がよいのではなかろうか。石積技法の変遷過程はまた百済土器・馬具などの副葬遺物の編年観からも保証されなければならない。その後に日韓両地域でそれぞれ検討された結果を照合した総合的検討までの作業が必要であろう。これから急がねばならない課題であろう。

第5章　5世紀代北部九州の古墳文化
──とくに横穴式石室の導入とその背景──

1　はじめに

　わが国の古墳時代（3世紀後半～7世紀末）は現在、前・中・後・終末期に大別されていて、5世紀代は中期に相当する。この時期は従来「倭の五王の世紀」とか「技術革新の世紀」と称されてきた発展期であった。前者は中国史書に記された倭の五王（讃・珍・斉・興・武）が南朝に入貢して、朝鮮半島の軍事介入に関係して軍事統帥権の国際的承認を求めたもので、倭国の東アジア外交にかかわることである。後者は前者ともかかわりながら中国や朝鮮半島から先進的な技術や学問・思想を輸入して、日本国内の飛躍的発展を志向したことである。

　日本列島における北部九州はこのような状況下の交流窓口であったから、日本国内でもいちはやく新しい文化を受容することとなる。5世紀代はその後に展開する九州型古墳文化の形成期として重要な時期であった。そのなかで古墳時代墓制史上の画期を示したのは横穴式石室の登場である。

　以下、北部九州に出現した最古段階の横穴式石室の実例を紹介し、さらに上位首長墓のほか中・小クラス有力者層古墳へと受容された展開の様子を最近の報告資料を加えて紹介する。

2　北部九州の導入期横口構造石室・石棺

　4世紀末～5世紀初めの時期、北部九州の玄界灘沿岸地域に最古段階の横穴式石室が出現し、日本の在来墓制に横口構造を採用した形態のもの（竪穴系横口式石室、横口式家形石棺）が5世紀前半代に拡充されている。

　（1）　横口式石室―鋤崎古墳（福岡市）（柳沢ほか 2002）
　（2）　竪穴系横口式石室―谷口古墳（佐賀県）（佐賀県浜玉町教育委員会 1991）・老司古墳（福岡市）（福岡市教育委員会 1989）
　（3）　横口式家形石棺―石人山古墳（福岡県）（武藤・鏡山 1937）

　上記例はいずれも所在地域を代表する大型前方後円墳で、倭政権との関係ふかい存在である。

　（1）は全長62ｍの鋤崎古墳の後円部墳丘に営造された長方形石室。墳頂から竪杭を掘った前庭部を設けて二等辺三角形状立面構造の狭く短い羨道に接続する。板石で構築された玄室の3壁面中位には各々2～3個の突起石を配置する。室内の3壁面に接して箱形石棺（1号棺）・埴質棺（2号

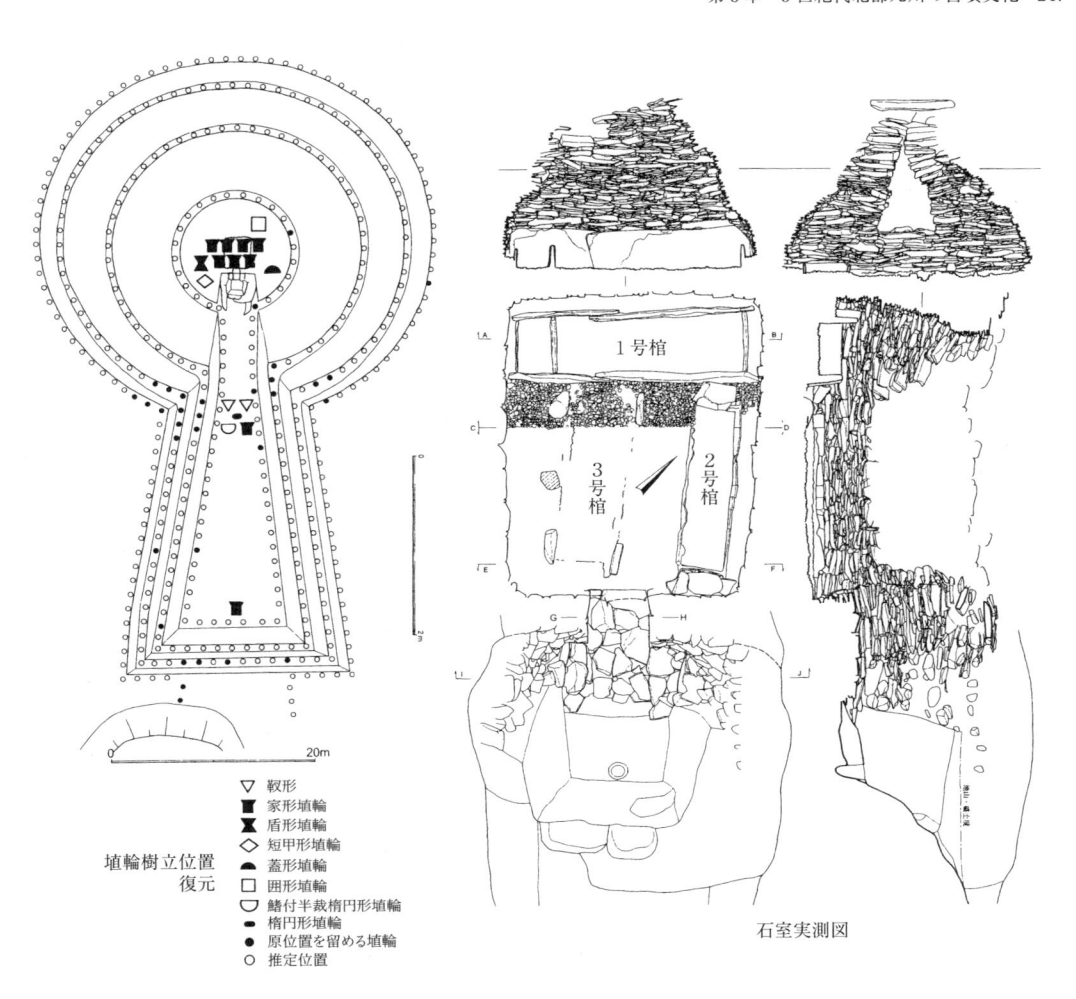

第5章　5世紀代北部九州の古墳文化　247

埴輪樹立位置
復元

▽ 靫形
家形埴輪
盾形埴輪
◇ 短甲形埴輪
蓋形埴輪
□ 囲形埴輪
鰭付半裁楕円形埴輪
楕円形埴輪
● 原位置を留める埴輪
○ 推定位置

石室実測図

出土遺物一覧

1号棺	棺　内	剣1、銅釧2、櫛1、勾玉、管玉、ガラス玉、滑石製臼玉
	副　室	四獣鏡、珠文鏡、直刀2、剣1、鉾1、蕨手刀子2、針3、刀子、鉇、その他
	突起上	素環頭大刀
2号棺	棺　内	捩文鏡
	棺　外	素環頭大刀、直刀、鉇、鉄斧、刀子、内行花文鏡
3号棺	棺　内	直刀、刀子、鉾
	棺　外	四獣鏡、長方板革綴短甲、鉄斧、鎌
羨道部		位至三公鏡（双頭龍文鏡）

図1　鋤崎古墳

棺)・箱形木棺（3号棺）が「コ」字形に配置され、追葬が行われたことを示している。またこのような3棺配置方式は、のちに熊本県下を中心に盛行する"肥後型石室"の先駆的形態をなす。板石を積み上げた左右両壁面は上方に急傾斜をなしていて、構築時から崩落の危険性を予知していたかの如く、左壁側に支柱石1個を立てているが果たして発掘調査時には左右両壁のかなり多くの部分と天井石は崩落していた。最古の横穴式石室であるが、石築工人達がその力学的構築技術に未だ習熟していなかった段階を示しているであろう。

(2)は従来の畿内系竪穴式石室の小口側壁を開いて新来の横穴式石室の横口構造を導入したもの。谷口古墳は全長77mの後円部に並列する東西2石室を配置する。現存する東石室は平面長方形、立面は両側壁が天井部で接する合掌形、床面には棺部を地下に埋める長持形石棺が収容されている。西石室も同様な構造であったと思われる。副葬品は仿製三角縁神獣鏡・石釧を主体とし、石室・遺物ともに畿内前期古墳の様相がみられる。1985年から発掘調査で両石室とも前方部側小口壁の上半部を開口する横口構造であることが知られた。

老司古墳は全長76mの後円部に3基（1～3号）、前方部1基（4号）の石室が設けられている。最古の3号石室は後円部深くに構築され、そのほぼ天井近くのレベルから前方部まで約9mの墓道が設けてある。板石積みで上半に急傾斜する左右壁面の大部分は崩落しているが、天井石などが発見されていない点から谷口古墳に似た合掌式天井であったと思われる。前方部中軸線上に設けられた墓道を直進してくると石室小口側壁の天井近いレベルに至る。内側に板石を中途まで積みあげた一階段を設けて、石室内に降り立つ構造となり、この降下式入口部には一板石が天井部に至るまでの空所を斜閉するように立てかけられていた。この石室には3体以上の被葬者が判明していて、1回以上の追葬がなされていたことが知られる。つづく1・2・4号石室は長さ2m前後の板石積竪穴式石室の小口壁側を開口して板石で閉塞する横口構造が継承されて5世紀前半代まで築造されたものであった。いずれも2～3体の被葬者が埋葬された追葬墓である。なお4号石室の奥壁には突起石が設けられている。

(3)は全長110mの石人山古墳に代表される家形石棺の棺身小口側を開口し、嵌入式石材によって閉塞する。後円部に設置され、前方部に向けて開口する石棺を囲むように板石積石室が構築される。5世紀前半から6世紀にかけて福岡県南部（筑後）から熊本県北部（肥後）にかけて流行した。石人山古墳では棺蓋を浮彫手法の円文や直弧文で飾る装飾古墳、さらに石棺前面に等身大の武装石人を樹立して被葬者を守衛する思考表現を示すなど、後続発展する"九州型古墳文化"の初期段階に位置づけられる。またこの古墳の墳丘からは近くの朝倉窯跡群から供給された伽耶系初期須恵器が発見されていて、5世紀前半代に墳丘祭祀が行われたであろうことも知られた。

熊本県江田船山古墳（菊水町教育委員会町史編纂室 2007）は韓国全北・笠店里古墳（趙由典 1989）と類似した金銅製冠帽・飾履などの副葬品を所有することで著名であるが、内部主体は横口式家形石棺を墳丘に直葬したものである。また5世紀後半の雄略大王（倭王武）朝に倭王の宮廷に出仕して「典曹人」（文官）として奉仕したことを記録した銀象嵌銘文大刀を所有していることでも有名

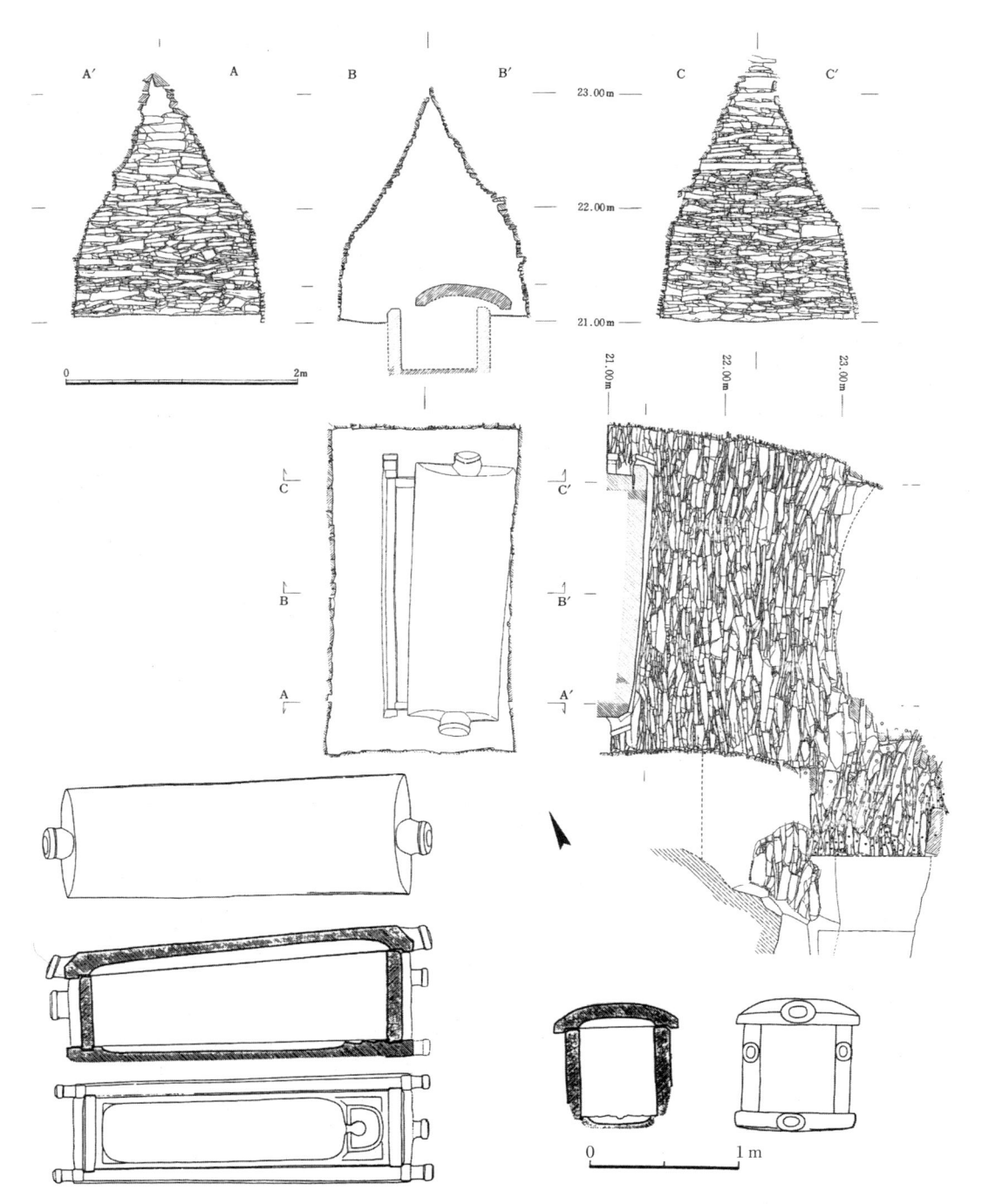

第 5 章　5 世紀代北部九州の古墳文化　249

図 2　谷口古墳　東石室と石棺

250 第2部 古墳時代

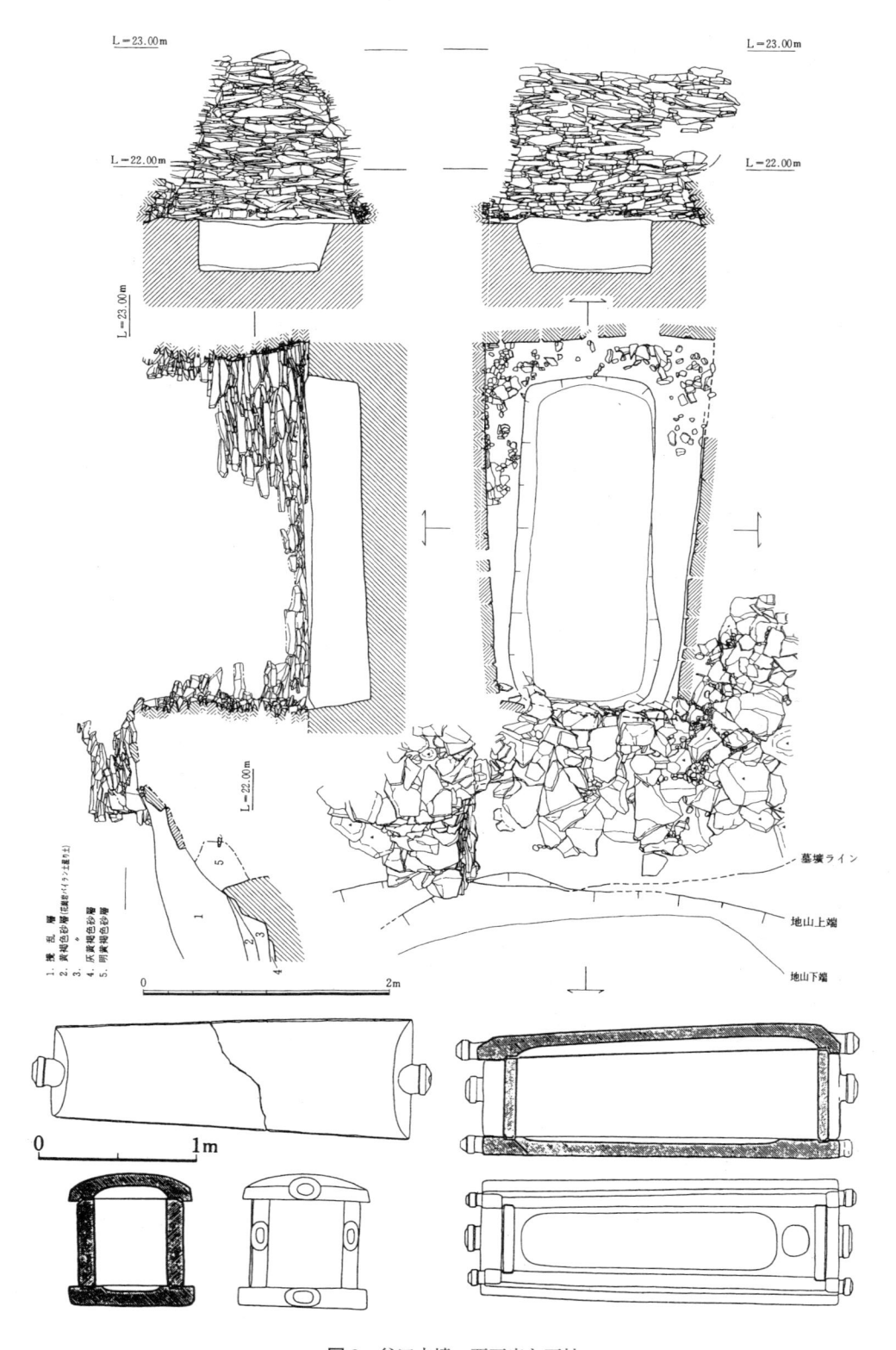

図3 谷口古墳 西石室と石棺

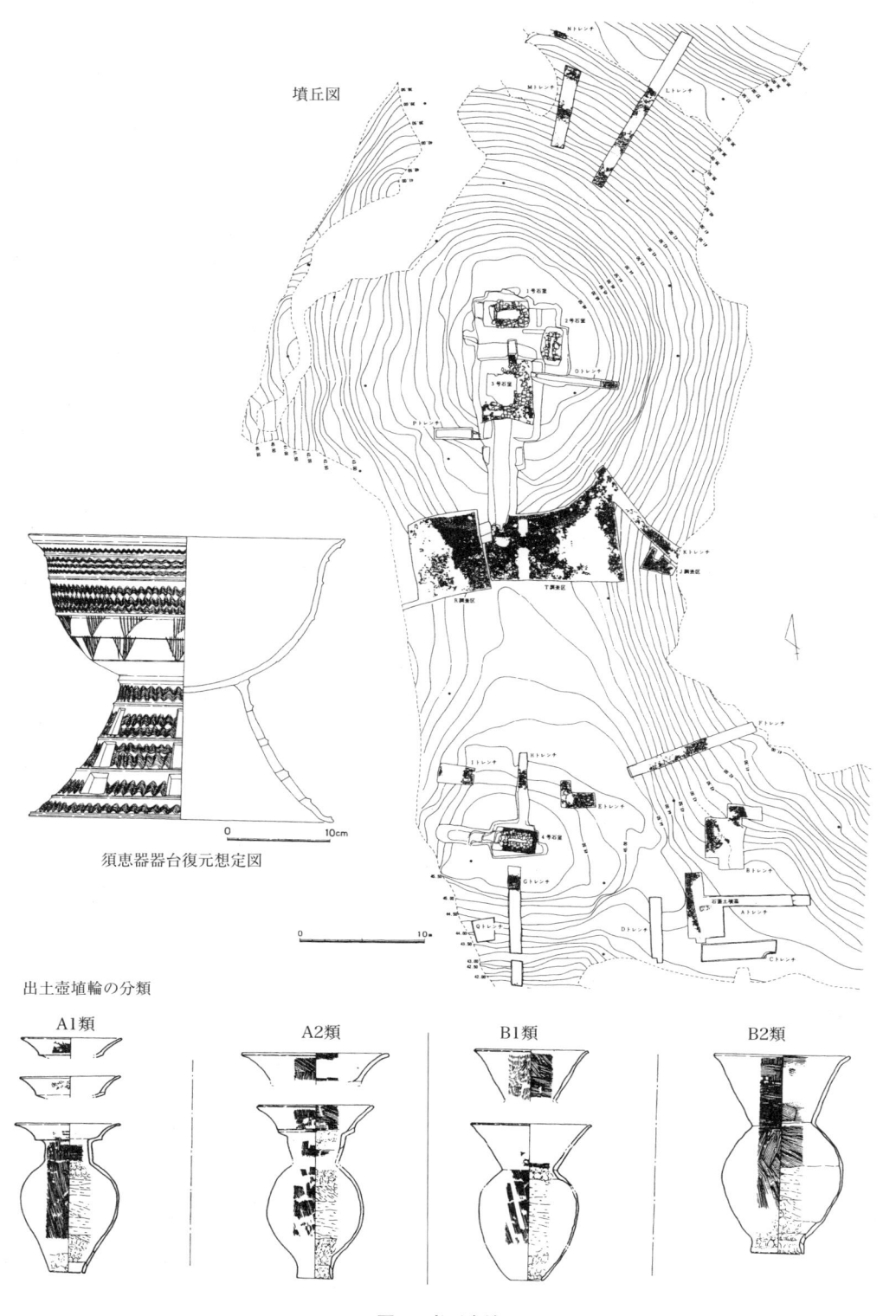

第5章 5世紀代北部九州の古墳文化 251

墳丘図

須恵器器台復元想定図

出土壺埴輪の分類

A1類　　A2類　　B1類　　B2類

図4　老司古墳

252　第2部　古墳時代

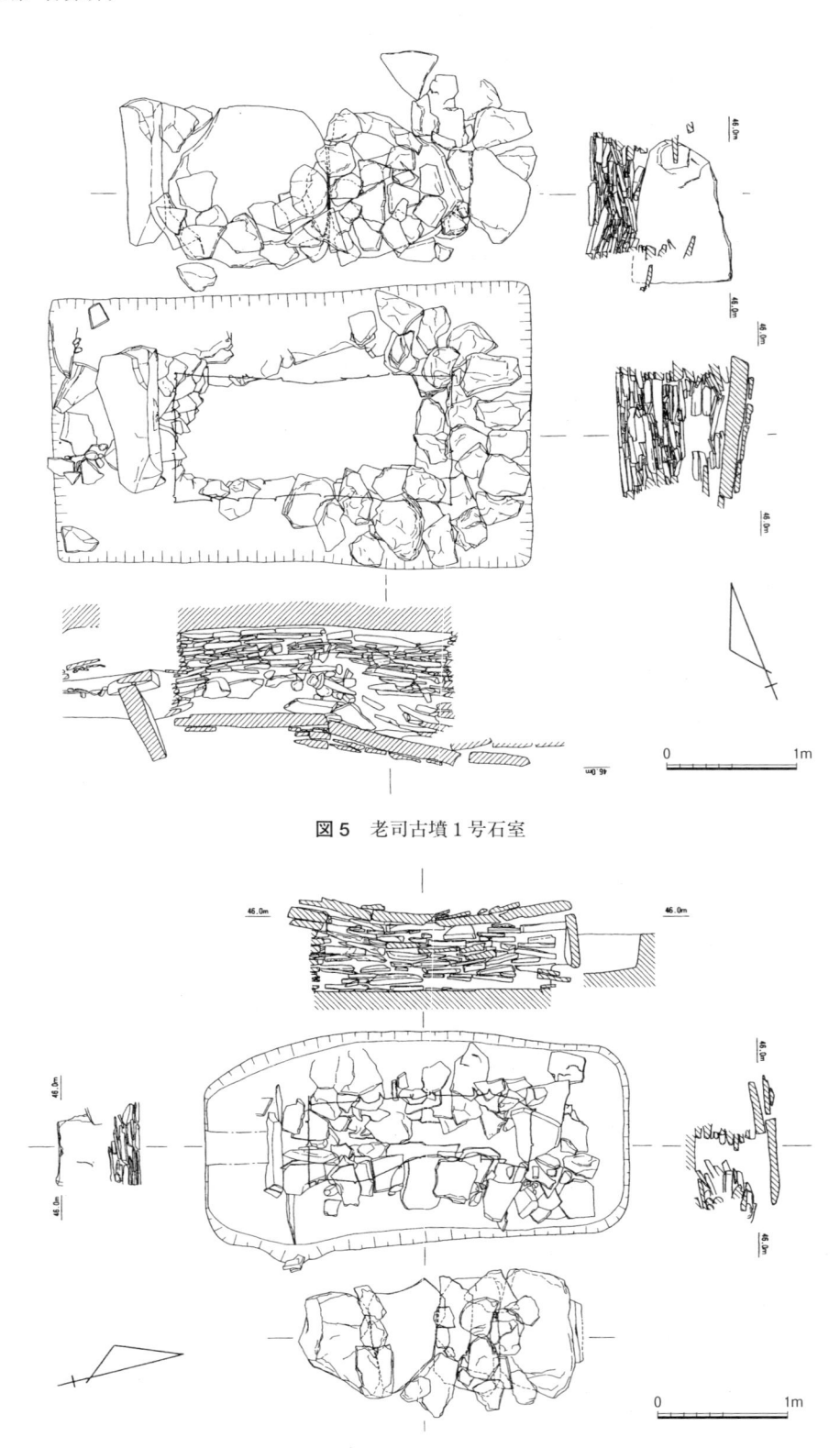

図5　老司古墳1号石室

図6　老司古墳2号石室

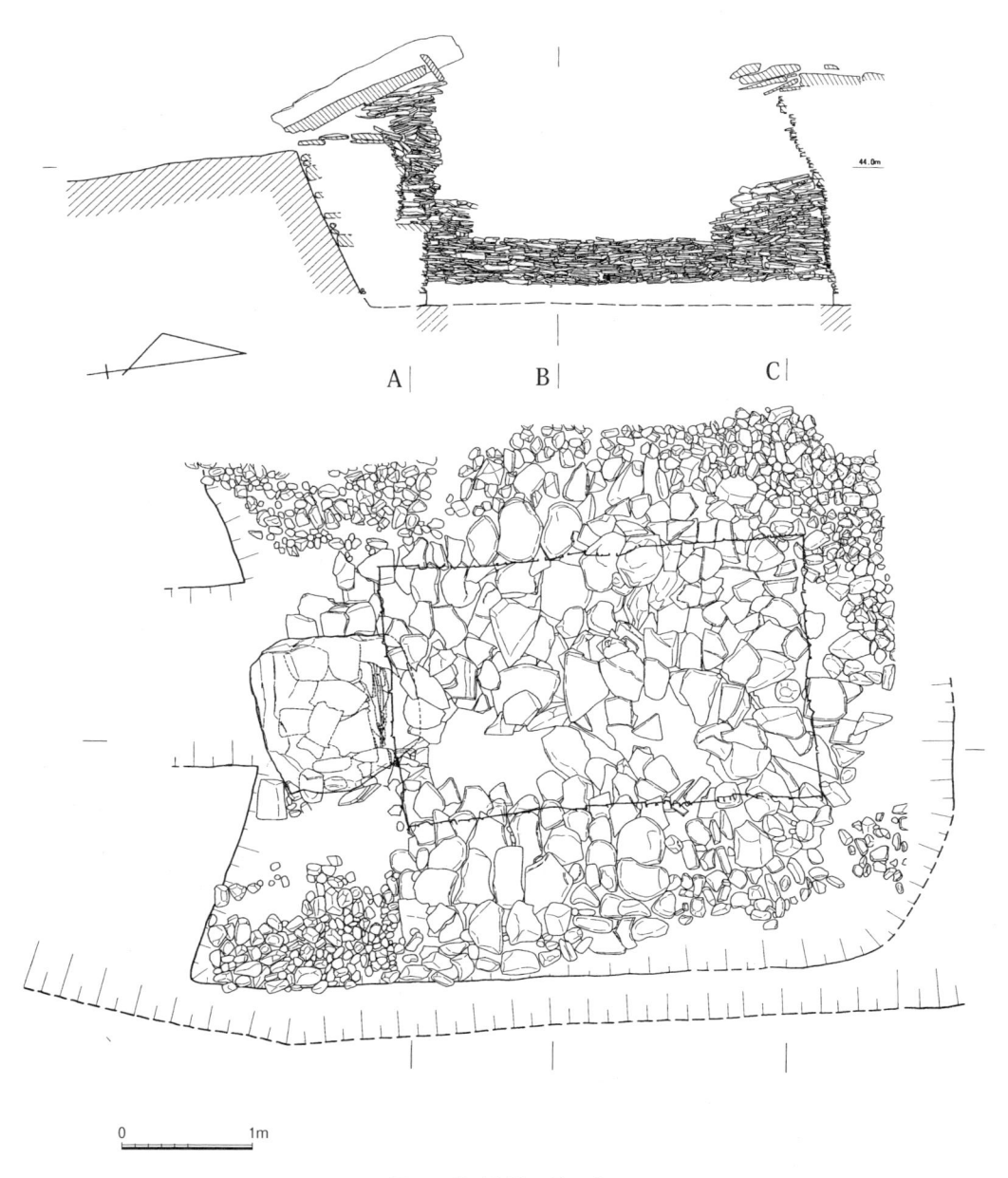

第5章 5世紀代北部九州の古墳文化 253

A　B　C

0　1m

図7　老司古墳3号石室

図 8　老司古墳 3 号石室横断面図

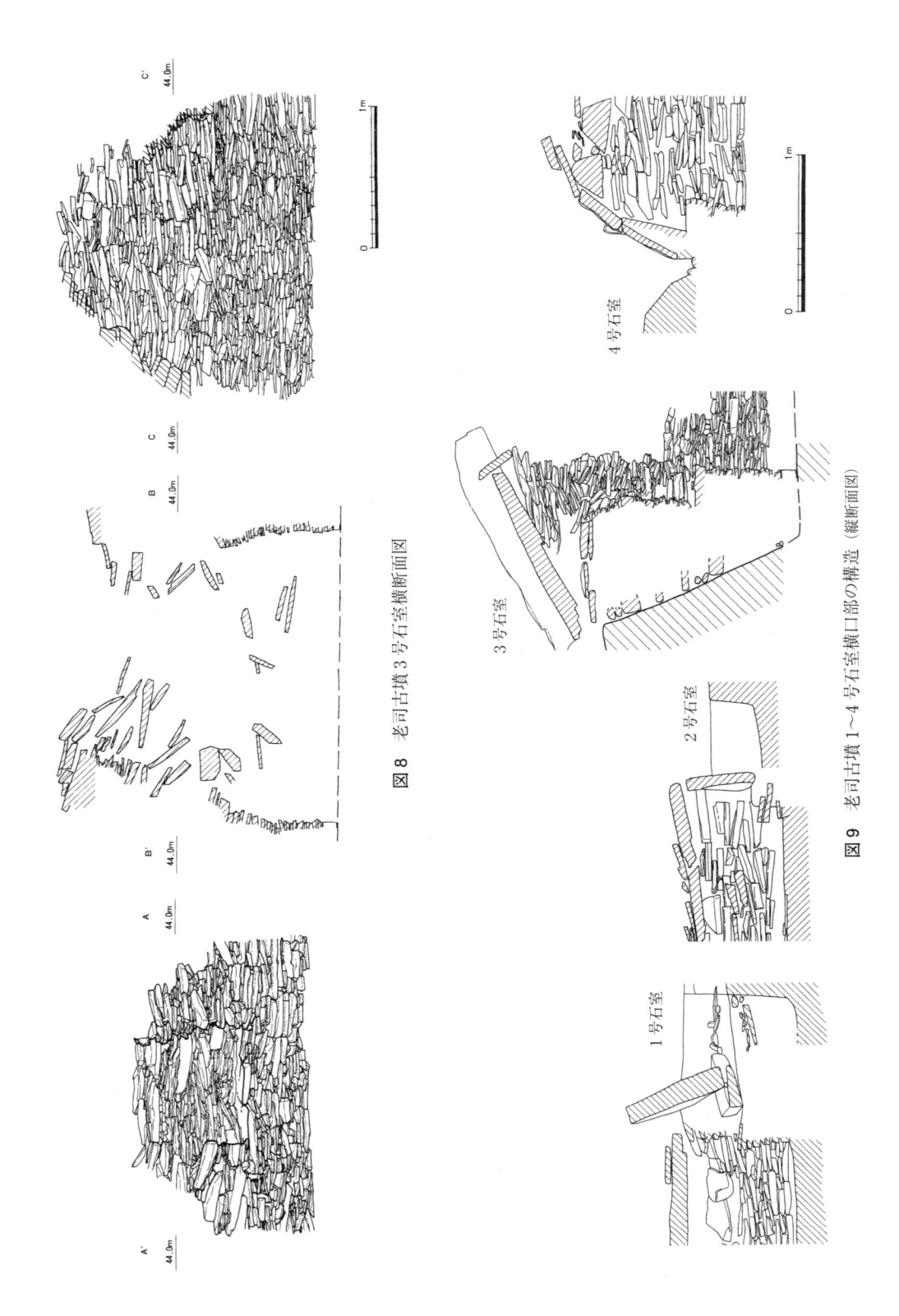

図 9　老司古墳 1〜4 号石室横口部の構造（縦断面図）

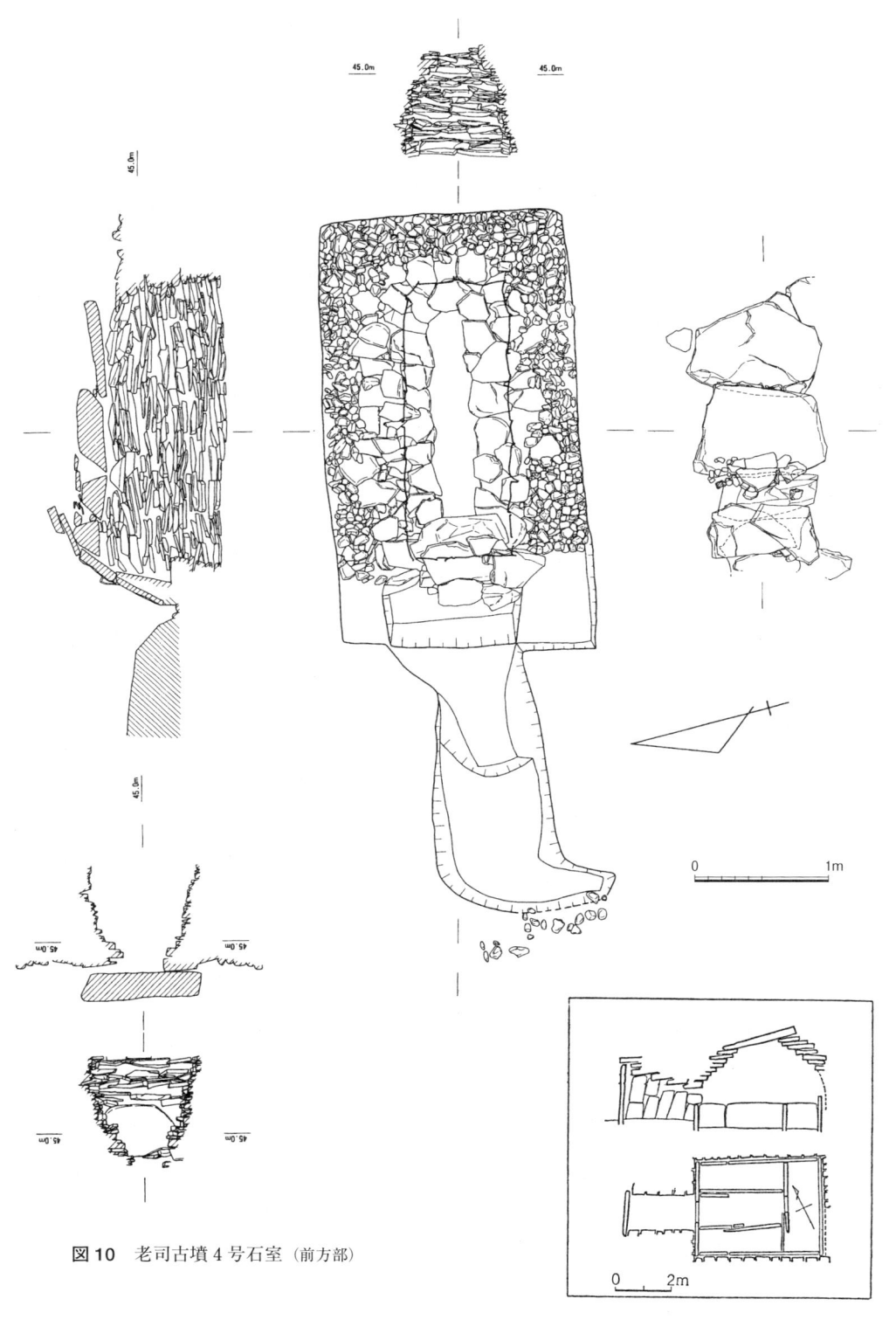

第 5 章　5 世紀代北部九州の古墳文化　255

図 10　老司古墳 4 号石室（前方部）

図 11　小坂大塚古墳の石室
4 区分割石室（肥後型石室）（梅原 1925a）

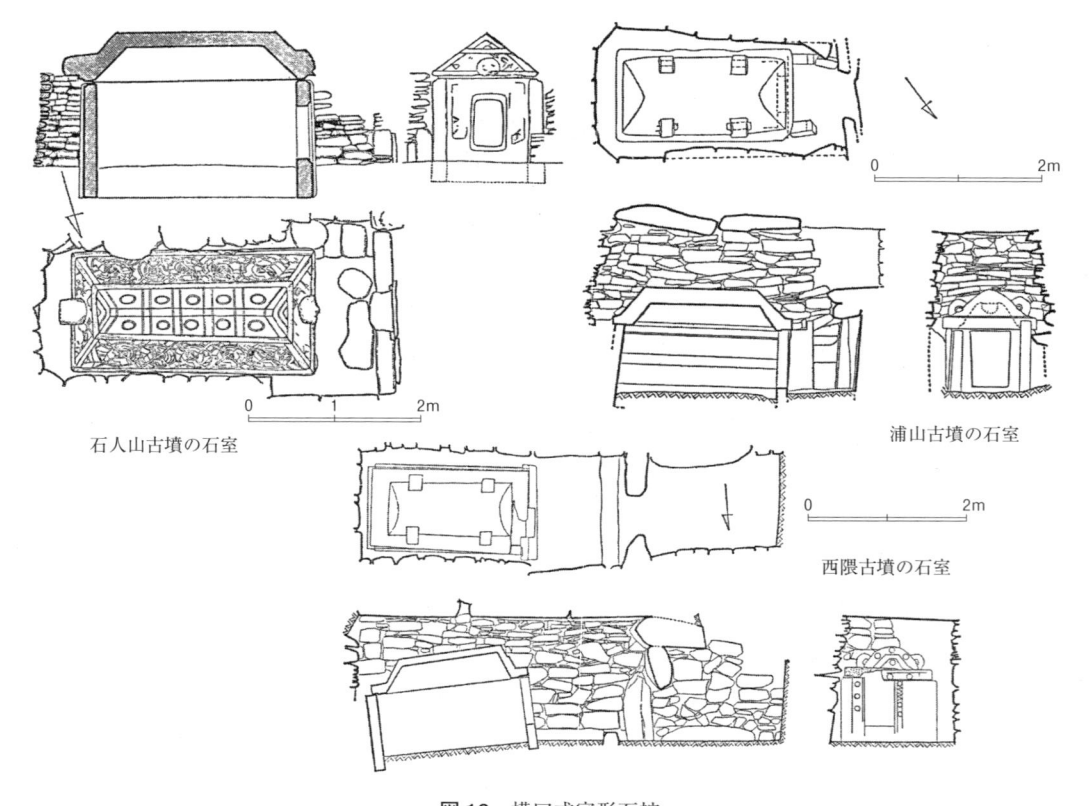

図12 横口式家形石棺
左：石人山古墳、右：浦山古墳（浜田ほか 1919）と西隈古墳（木下 1975）の石室

である。

　以上、三大別した横穴式石室導入期の内部主体の石室・石棺は大陸系の新墓制をいかに受容したかを示している。そして1・2はさらに東漸して日本列島の後期古墳文化の主要特徴となった。また3はとくに山陰地方（島根・鳥取県）に受容されて盛行する「石棺式石室」へと発展していった。

3　楽浪および漢江流域の初期横穴式古墳

　北部九州に導入された横穴式石室の源流が大陸に由来する点では異論がなく、その直接的源流が朝鮮半島に求められてきた。

　1932年に平壌駅構内で発見された永和9（353 A.D.）年の東晋年号塼を使用した塼築墳（野守・榧本 1933）は、玄室上部に塼状割石を併用した古墳であった。また同じ頃に調査された楽浪地域の南井里119号墳（榧本亀 1935）は、玄室と羨道からなる横穴式割石積石室で壁面全体に漆喰が塗られていた。両古墳ともあい近い年代に比定されていて、楽浪故地において4世紀中頃に塼築墳から横穴式石築墳へと交代していったことが推察できるであろう。両古墳を調査した榧本杜人氏は、永和9年という年代の一点が楽浪、帯方両郡の塼築墳の下限と、高句麗・百済・古新羅・伽耶の横穴式石室墳の上限を示すと指摘されたが、今日なお否定するほどのことはないであろう。

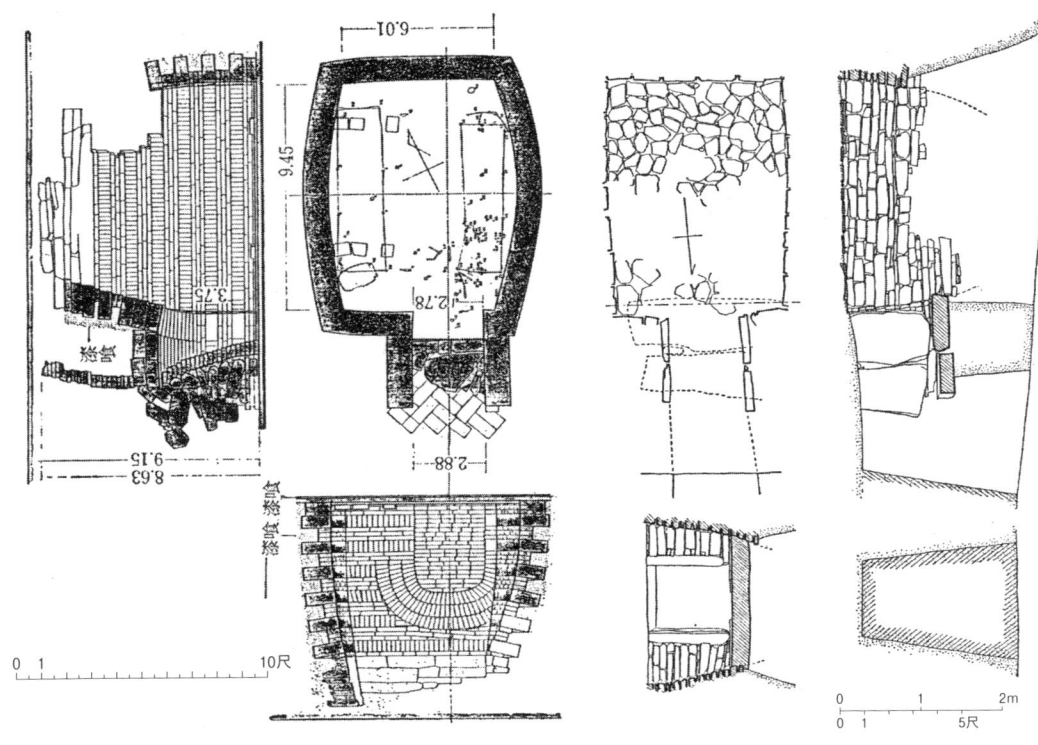

図13　楽浪地域の初期横穴式石室①
　　　「永和九年」銘塼室墳

図14　楽浪地域の初期横穴式石穴②
　　　南井里119号墳

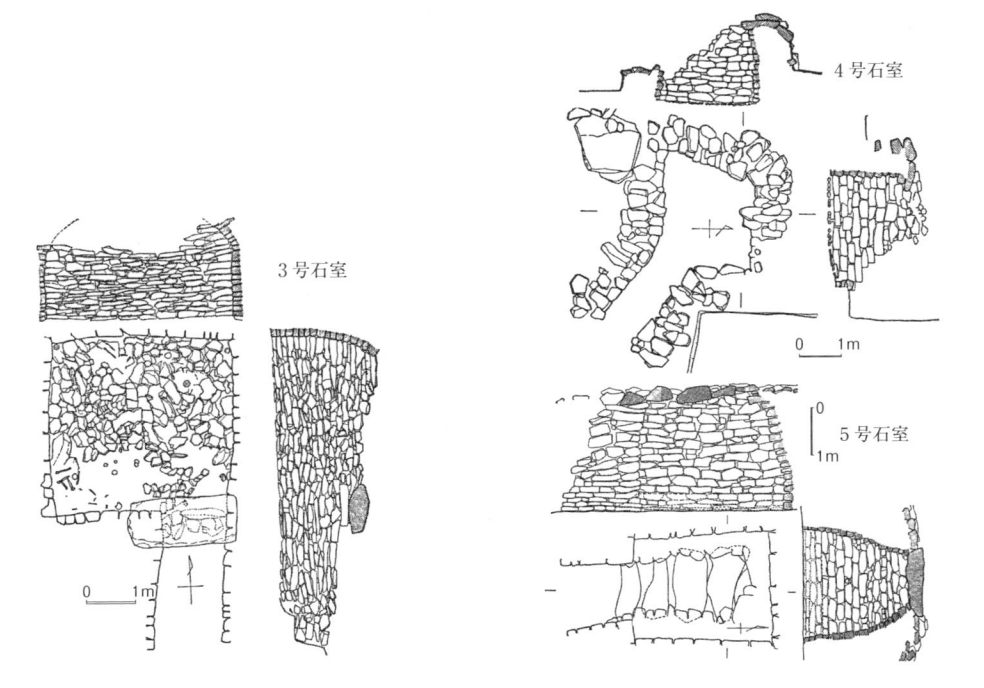

図15　漢江流域の初期横穴式石室　可楽洞古墳群石室（3・4・5号石室）

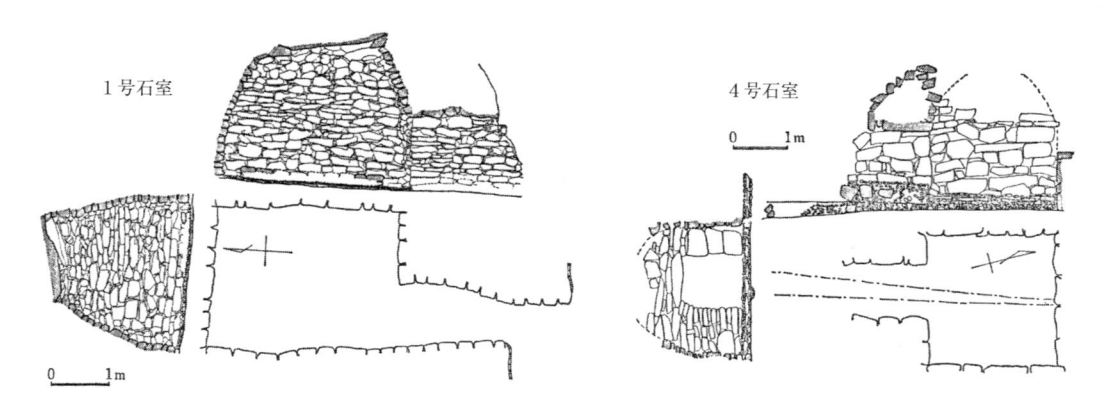

図16　芳荑洞古墳群石室（金秉模 1977）

　1975年ソウル市郊外の漢江南側で調査された直後の可楽洞古墳群（蠶室地区遺蹟発掘調査団 1975/1976）を実見検討する機会を得た。これらの実査を加えた私の当時の所見は、4世紀中頃の楽浪地域で、中国南朝系の塼築墳から石築墳へと移行し、5世紀代には漢江流域の初期百済時代の古墳に継承されたというものであった。可楽洞古墳群から発見された新羅土器に関しては追葬時の遺物と考えて、古墳使用の下限を示すものと推定した。私の石室年代の推定根拠には、当時日本の横穴式石室にみる石積技法の検討結果があった。しかし当時の韓国考古学界では追葬などのことはほとんど考えられていなかったので、自説を主張するのはかなり勇気を要することであった。近年の韓国側発刊資料集（公州大学校博物館『百済古墳資料集』1995）では可楽洞3号墳は5世紀前半（？）、4号墳は（？）、5号墳は4世紀に比定されている。韓国では漢江南岸域の横口式石室墳には初期百済時代説と、6世紀中頃以降の新羅古墳説の二者があるが、前説に立つ李南奭氏（公州大学校）は①古墳の特徴は百済の横穴式石室と類似する。②副葬新羅土器が僅少な点は新羅古墳の副葬様相に合わない。③新羅人による築造とすると、可楽洞3号墳のような大型古墳築造にかかわる集団が予想されるが、そのような遺跡は確認されていない。……などをあげて可楽洞・芳荑洞石室墳は百済漢城時代の築造で、熊津（公州市）遷都（475 A.D.）で放棄されたが、やがて新羅の進出段階で再使用されたとする（李南奭 2000、小田 1989b/2000c）。李氏の説は私の考えに近い。そして横穴式石室の出現を楽浪地域から漢江流域で4世紀後半から5世紀にかけての時期に考えた。李氏は百済における横穴式石室の導入を、百済が楽浪・帯方地域を占有した近肖古王代（4世紀後半）のこととしている。
　西日本における横穴式石室導入の契機は、4世紀後半に始まる高句麗勢力の南進と、これに対抗する百済の要請を受けた倭政権の軍事出兵の段階にさかのぼるであろう。倭軍の動向は好太王碑文によって、391年の派兵から404年に帯方界に侵攻して敗退するまでを知ることができる。玄界灘沿海地域の筑・肥の豪族達は、動員されて楽浪・帯方二郡の故地を踏んで、大陸系の新しい技術や文化に触れる機会を得たと思われる。上述した導入期の横穴式石室を採用した筑・肥沿海海域の首長墳が、内陸部の大型首長墳より一足早く大型化し、注目すべき副葬品を所有していたこととあわせて、倭政権の海外派兵に協力することでいちはやく勢力を伸張し、墓制においても先進的な役

4　5 世紀代豊前地域の横口式石室とその性格

　5 世紀代倭王権の大王は、近畿の伝応神天皇陵や伝仁徳天皇陵に代表されるように軍事政権的活動が卓越した時代であった。中国の「宋書」倭国伝に順帝の昇明 2 年（478 A.D.）倭王武（雄略大王）が遣使上表して「祖禰躬ら甲冑を擐き、山川を跋渉し、寧所に遑あらず。東は毛人を征すること五十五国、西は衆夷を服すること六十六国、渡りて海北を平ぐること九十五国、王道融泰にして、土を廓き畿を遐にす」と述べているように、日本列島の東・西にわたって国内統一事業に邁進し、対外的にも朝鮮半島の動乱に軍事介入した歴代大王の功業をやや誇張して述べている。実際に近畿の大王陵周辺の古墳だけでなく、地方の古墳からも甲冑・武器などが多く発見されていて、5 世紀代は豪族に至るまで武人的性格の卓越していたことが実証されている。

　このような傾向は北部九州においても認められる。現在整備のための墳形調査進行中の福岡県御所山古墳（国指定前方後円墳）は周湟・周堤をめぐらした全長は 140 m をこえる巨大古墳である（石山ほか 1976、長嶺ほか 2008）。石室は 1825 年に偶然発見されて埋めもどされ、1887 年坪井正五郎博士の調査があり、そのスケッチ図が公表されている。平面長方形の割石積石室の四周壁面に沿って板石（障壁）12 枚が立てめぐらされ、奥壁沿いに並行する二つの屍床が板石を立てて設定されている。5 世紀後半頃に比定され、また障壁をめぐらすところから肥後型石室の北上と考えられてきたが、5 世紀前半代の佐賀県横田下古墳（松尾 1951）で「L」字形に箱形石棺を配し、さらにそのまえに障壁を立てた屍床を加えた様子があること、現行調査で周湟中から多くの埴輪が発見されて年代観を 5 世紀中頃以前まで引き上げるよう修正されることなどから、筆者は肥後型石室とのかかわりよりも、筑・肥型からの発展を重視すべきであろうと考えている。さらに横田下古墳に先行する上述した鋤崎古墳で、棺を「コ」字形に配して肥後型石室の屍床配置の先行形態が認められることを勘考するとき、御所山古墳の石室構造は筑・肥型のうちに求められ、肥後型石室とは別系統の展開を示すこととなり、近畿の大王陵と同じように巨大古墳を顕現したのであった。のちの豊国造の前身的存在であり、倭政権の前方後円墳体制下における 5 世紀最大の豊地域の首長墳であった。

　御所山古墳の所在する旧京都郡の南に隣接する旧仲津郡との東限を画して周防灘に臨む海岸砂丘上には、南北 1.2 km 余にわたって、弥生時代から古墳時代の墳墓が分布する。そのうち古墳時代に属する墳墓は、南から北にむかって A〜E 群計 25 基の稲童古墳群がある（小田編 2005）。A 群 5 基（1〜5 号）、B 群 4 基（6〜9 号）、C 群 7 基（10〜16 号）、D 群 5 基（17〜21 号）、E 群 4 基（22〜25 号）の構成である。これらのうち発掘調査されて内部主体・遺物・時期などが判明しているのは次のとおりである。

　　前期：11〜13 号（C 群）
　　中期：8 号（B 群）・15 号（C 群）・19〜21 号（D 群）
　　後期：4 号（A 群）・22〜24 号（E 群）

260　第2部　古墳時代

御所山古墳主体部(坪井正五郎氏スケッチ)

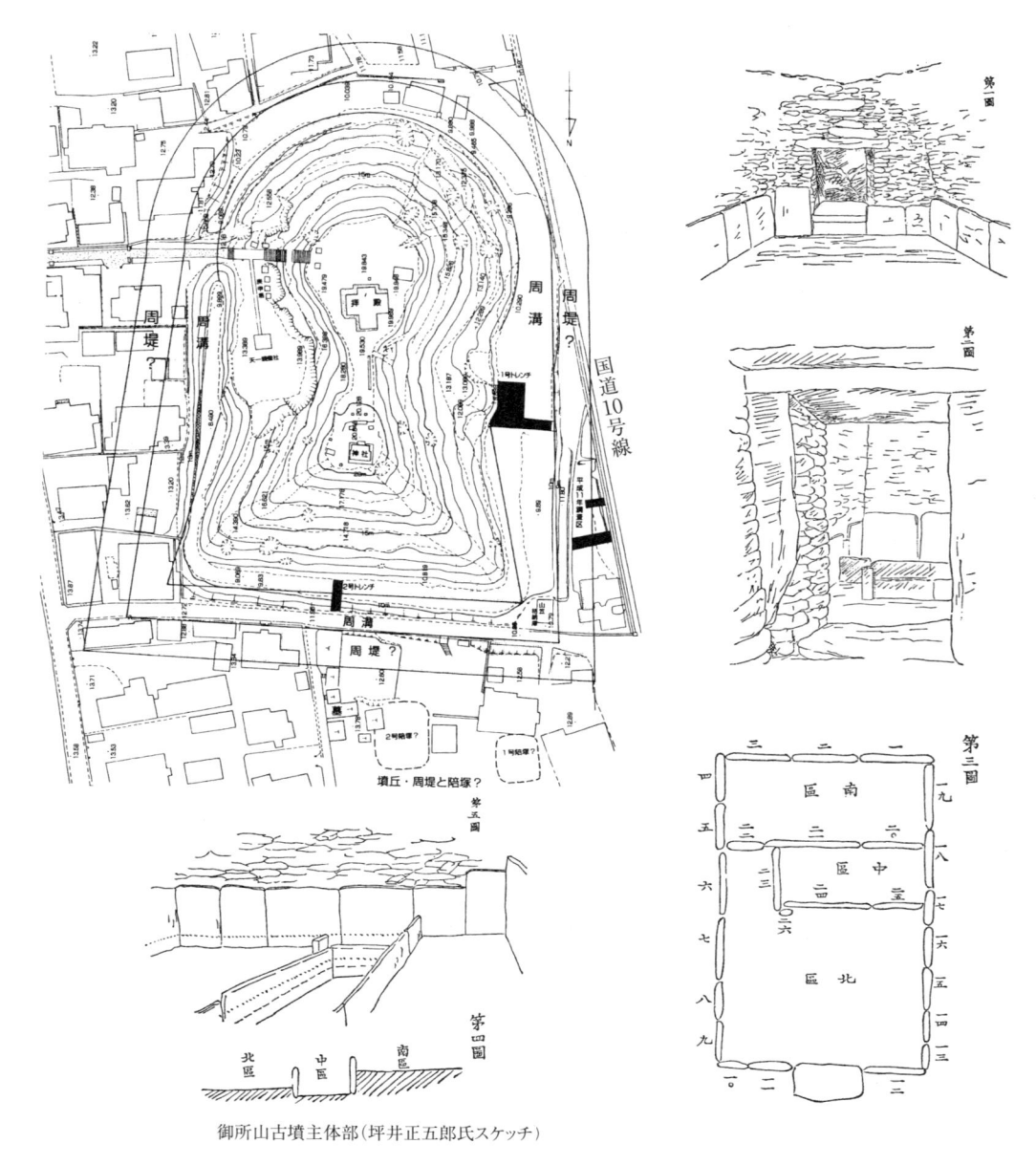

図17　御所山古墳

　これらの中には中期に前方後円墳1基(20号・D群)の存在が注目される。全長68mの前方部の短い"帆立貝式"で二重周湟がめぐる。これらを加算すると全長100m近い首長墳である。上述した御所山古墳の首長とほぼ同世代を共有した仲津郡の代表的首長墳であった。つぎに中期古墳のうち発掘調査によって明らかにされたのは次の4基である。

　　8号墳：円墳(径19m・高3.5m)　竪穴系横口式石室(長2.52m・幅1.14〜0.86m・高1.15m)
　　15号墳：円墳(径6m・高1.5m)　箱形石棺(長1.95m・幅0.48〜0.35m・高0.45m)
　　19号墳：円墳(径10.5m・高1m)　小形竪穴式石室(長2.0m・幅0.51〜0.31m・高0.4m)

第 5 章　5 世紀代北部九州の古墳文化　261

稲童古墳群の分布（2002 年現在）

箱式石棺（15号墳）

小型竪穴式石室（19号墳）

稲童古墳群一覧

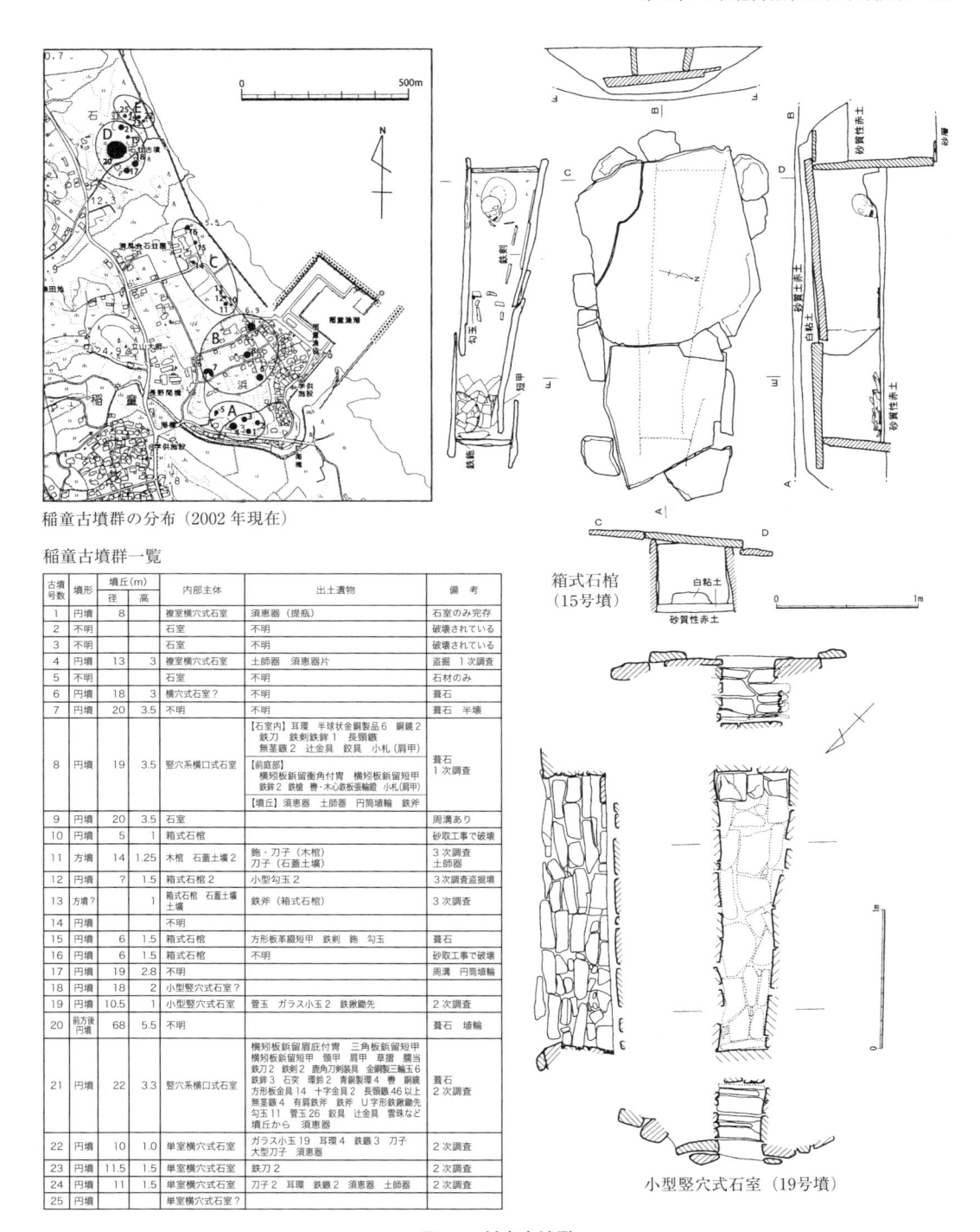

古墳番号	墳形	墳丘(m) 径	墳丘(m) 高	内部主体	出土遺物	備考
1	円墳	8		複室横穴式石室	須恵器（提瓶）	石室のみ完存
2	不明			石室	不明	破壊されている
3	不明			石室	不明	破壊されている
4	円墳	13	3	複室横穴式石室	土師器　須恵器片	盗掘　1次調査
5	不明			石室		石材のみ
6	円墳	18	3	横穴式石室？	不明	葺石
7	円墳	20	3.5	不明	不明	葺石　半壊
8	円墳	19	3.5	竪穴系横口式石室	【石室内】耳環　半球状金銅製品6　銅鏃2　鉄刀　鉄剣鉄鉾1　長頸鏃　無茎鏃2　辻金具　鉸具　小札（肩甲）【前庭部】横矧板鋲留衝角付冑　横矧板鋲留短甲　鉄鉾2　石突　弭金具・木心鉄張輪鐙　小札（肩甲）【墳丘】須恵器　土師器　円筒埴輪　鉄斧	葺石　1次調査
9	円墳	20	3.5	石室		周溝あり
10	円墳	5	1	箱式石棺		砂取工事で破壊
11	方墳	14	1.25	木棺　石蓋土壙2	鉇・刀子（木棺）刀子（石蓋土壙）	3次調査　土師器
12	円墳	?	1.5	箱式石棺2	小型勾玉2	3次調査盗掘墳
13	方墳？		1	箱式石棺　石蓋土壙　土壙	鉄斧（箱式石棺）	3次調査
14	円墳			不明		
15	円墳	6	1.5	箱式石棺	方形板革綴短甲　鉄剣　鉇　勾玉	葺石
16	円墳	6	1.5	箱式石棺	不明	砂取工事で破壊
17	円墳	19	2.8	不明		周溝　円筒埴輪
18	円墳	18	2	小型竪穴式石室？		
19	円墳	10.5	1	小型竪穴式石室	管玉　ガラス小玉2　鉄鍬鋤先	2次調査
20	前方後円墳	68	5.5	不明		葺石　埴輪
21	円墳	22	3.3	竪穴系横口式石室	横矧板鋲留眉庇付冑　三角板鋲留短甲　横矧板鋲留短甲　頸甲　肩甲　草摺　臑当　鉄刀2　鉄剣2　鹿角刀剣装具　金銅製三輪玉6　鉄鉾3　石突　弭金具　青銅製鐶4　轡　鐙金具　方形板金具14　十字金具2　長頸鏃46以上　無茎鏃　有肩鉄斧　鉄斧　U字形鉄鍬鋤先　勾玉11　管玉26　鉸具　辻金具　雲珠など　墳丘から　須恵器	葺石　2次調査
22	円墳	10	1.0	単室横穴式石室	ガラス小玉19　耳環4　鉄鏃3　刀子　大型刀子　須恵器	2次調査
23	円墳	11.5	1.5	単室横穴式石室	鉄刀2	2次調査
24	円墳	11	1.5	単室横穴式石室	刀子2　耳環　鉄鏃2　須恵器　土師器	2次調査
25	円墳			単室横穴式石室？		

図 18　稲童古墳群

21号墳：円墳（径22 m・高3.3 m）竪穴系横口式石室（長2.57 m・幅0.9～0.81 m・高0.9～0.83 m）

すなわち弥生時代以来の伝統的な箱形石棺・箱形石棺の平面形に規制された小型竪穴式石室に加えて2基の竪穴系横口式石室と多様である。伝統的墓制と新来の墓制導入という転換の時期であったことが読みとれるであろう。またその規模においても15号・19号が墳径5～10 m前後、内部主体長2 m前後の小クラスに対して、8号・21号は墳径20 m前後、内部主体長2.5 m強の中クラスにあたる。これら中期の古墳群を統御したと思われる20号墳（前方後円墳）の内部主体は不明であるが、竪穴系横口式石室が中クラスの古墳に採用されていることが注目される。筑・肥沿海地域で5世紀初めに出現したこの系統の石室が、その地域を代表する大クラス首長層に導入されていることとは対照的な特色といえよう。

つぎに注目すべきは、鉄製の甲冑・武器が登場する点である。稲童古墳群では、15号墳の方形板革綴短甲・鉄剣に始まり、盛期の中期古墳2基（8・21号）では甲冑・武器・馬具などの所有状況が突出した存在となる。

	〔甲冑〕	〔武器〕	〔馬具〕
8号墳	横矧板鋲留衝角付冑 横矧板鋲留短甲 小札（肩甲）	鉄刀・鉄剣・鉄鉾3・鉄槍 鉄鏃（無茎2・長頸）	轡・木心鉄板張輪鐙 辻金具・鉸具
21号墳	横矧板鋲留眉庇付冑 三角板鋲留短甲 横矧板鋲留短甲 肩甲・頸甲・草摺・臑当	鉄刀2・鉄剣2・鉄鉾3・石突 鉄鏃（無茎4・長頸46以上）	轡・環鈴2・青銅製環4 鉸具・辻金具・雲珠

なかでも甲冑・馬具などは朝鮮半島の伽耶地域との関連が注目され、半島との交渉を考慮せずには語れないことが指摘されている。5世紀代は「倭の五王」の世紀であり、「技術革新の世紀」でもあった。上述した倭王武の上表文でも知られるような歴史的背景のもと筑・肥地域や豊前北部の豪族たちは倭王権の派遣軍として動員され渡海する運命をたどったと推察される。

5世紀後半には倭政権においても王権が発展して機能も強化され、原初的な官司（トモ＝伴）が成立し、それを管理するもの＝トモノミヤッコ（伴造）があった。大伴氏はその代表的存在であった。半島に軍隊を派遣するときは、各地方の首長層を介して徴兵され軍隊が編成された。原初的トモで軍事と関係ふかい氏族に建部氏がある。文献史料にみえる建部に関する氏姓や地名の分布を検討した結果によれば（上田 1968）、建部公（君）・建部臣・建部首などの有姓者と建部の無姓者がある。前者は郡司クラスを中心とし、後者はその所属下にあるものといわれる。これらは在地における身分関係を表現しており、建部は一般農民、建部首は、村落の支配的地位にある者、建部臣はさらにそれら村落を支配する建部集団の管理者であろうと考えられている。また「出雲国風土記」には在地に臣―首―部のような身分関係があったことがみえるので、このようなところに建部が設定されると、在地における身分関係を変更することなく、そのままに建部臣―建部首―建部という体制に移行しえたであろうと考えられる。そして建部設定の原型は5世紀後半、倭王武（雄略大王）頃にはできていたであろうといわれている（笹山 1985/2004a）。豊前地域に建部が設定された明確

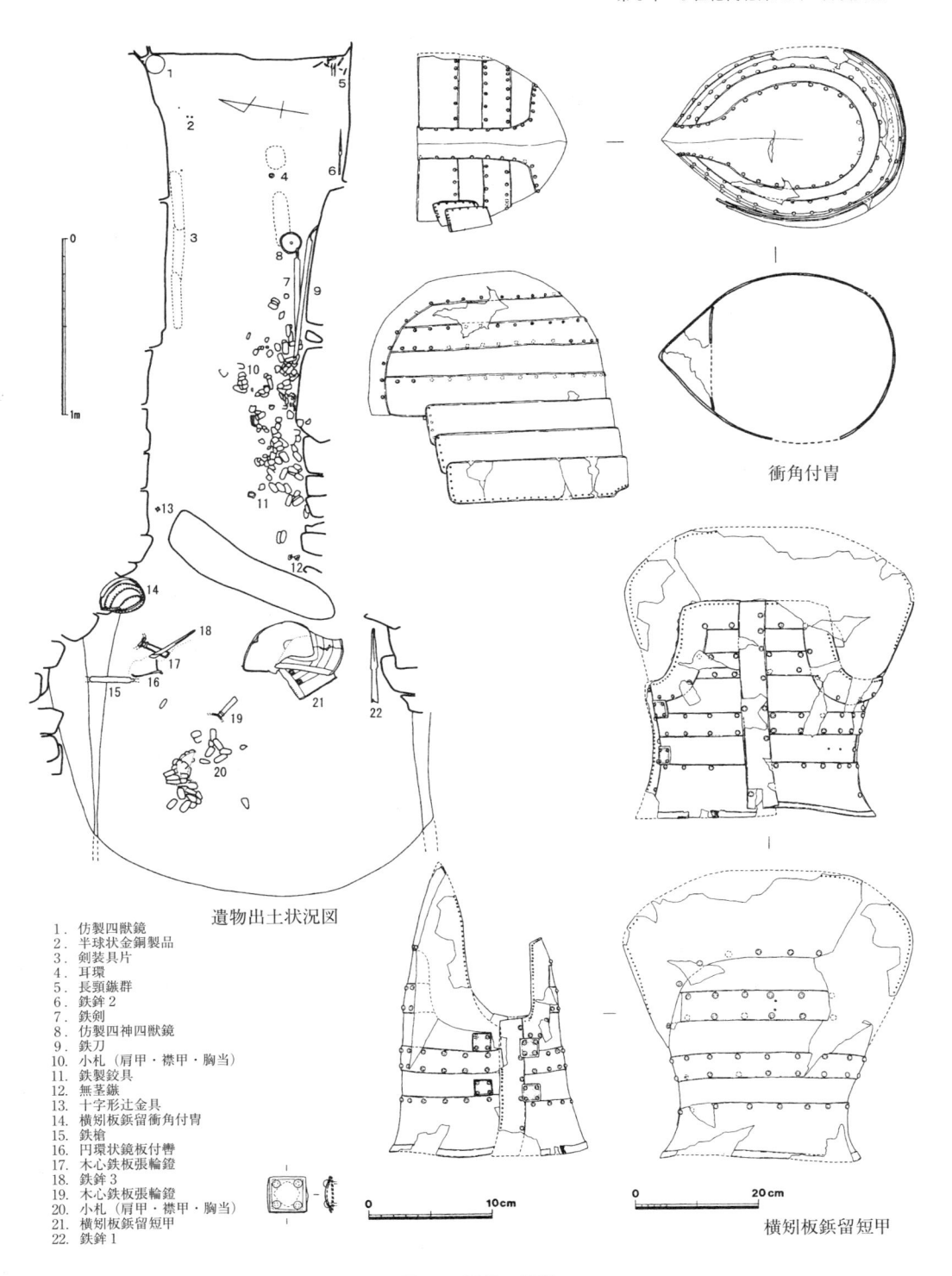

第 5 章　5 世紀代北部九州の古墳文化　263

遺物出土状況図

1. 仿製四獣鏡
2. 半球状金銅製品
3. 剣装具片
4. 耳環
5. 長頸鏃群
6. 鉄鏃 2
7. 鉄剣
8. 仿製四神四獣鏡
9. 鉄刀
10. 小札（肩甲・襟甲・胸当）
11. 鉄製鉸具
12. 無茎鏃
13. 十字形辻金具
14. 横矧板鋲留衝角付冑
15. 鉄槍
16. 円環状鏡板付轡
17. 木心鉄板張輪鐙
18. 鉄鏃 3
19. 木心鉄板張輪鐙
20. 小札（肩甲・襟甲・胸当）
21. 横矧板鋲留短甲
22. 鉄鏃 1

衝角付冑

横矧板鋲留短甲

図 19　稲童 8 号墳

264 第2部 古墳時代

遺物出土状況図

1. 長頸鏃Ⅱ群と玉類
2. 鉄鉾
3. 鉄刀1
4. 鉄剣2
5. 鉄刀2
6. 長頸鏃Ⅰ群
7. 鉄剣1
8. 横矧板鋲留眉庇付冑
9. 金銅製立飾と受鉢
10. 三角板鋲留短甲
11. 頸甲
12. 横矧板鋲留短甲
13. 無茎鏃群
14. 膊当
15. 鐙轡
16. 環鈴
17. 環状辻金具・雲珠と爪形金具
18. 仿製方格規矩鏡
19. 鉄斧と鉄鍬鋤先

復元された21号墳の武人像

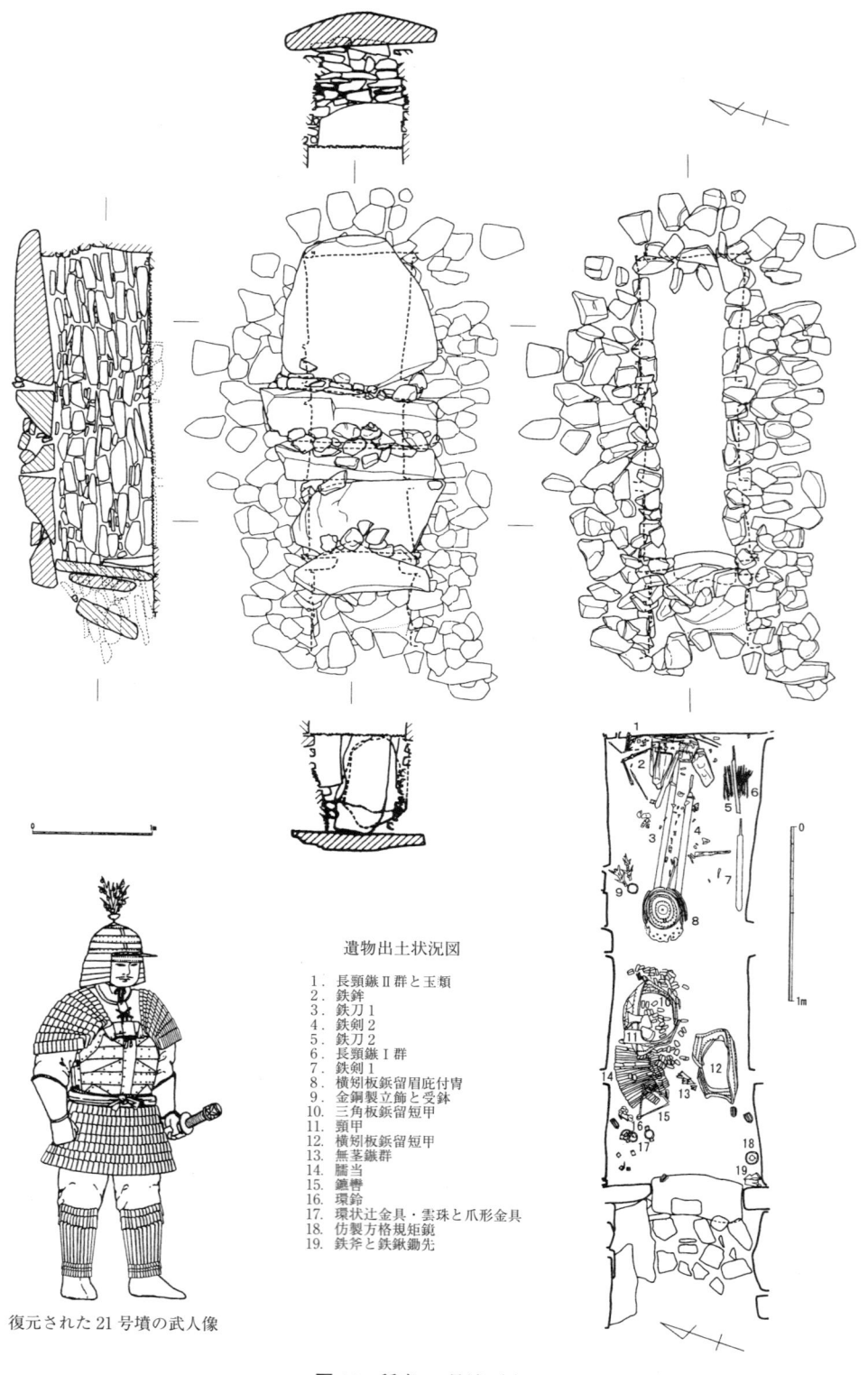

図20 稲童21号墳(1)

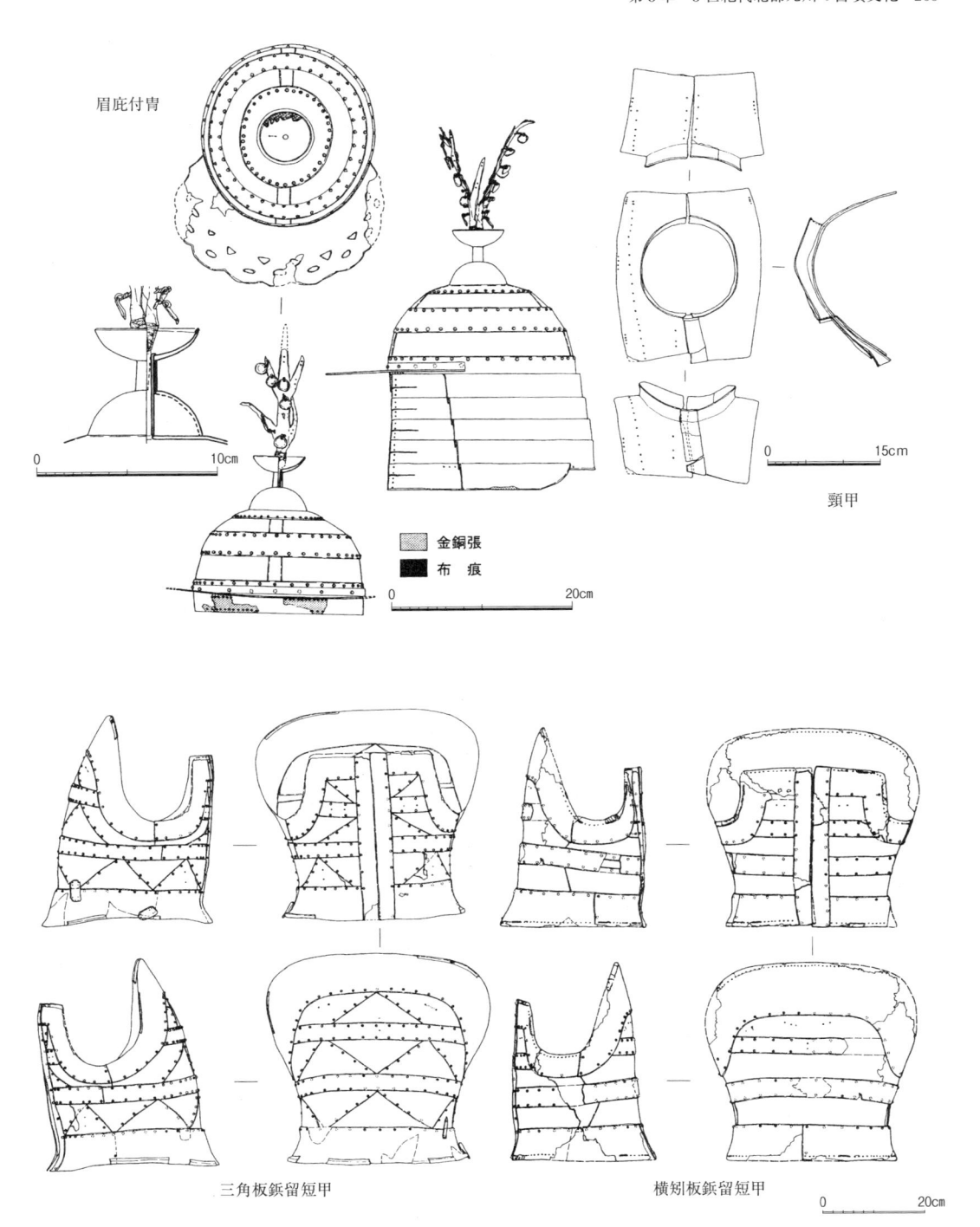

第 5 章　5 世紀代北部九州の古墳文化　265

眉庇付冑

金銅張
布　痕

頸甲

三角板鋲留短甲　　　　　横矧板鋲留短甲

図 21　稲童 21 号墳 (2)

な史料はないが、702年仲津郡丁里戸籍（正倉院文書）には建部姓の女性がみえる。当地域に建部が設定されていた可能性を求める一支証となるであろうか。

一方、上述したような稲童古墳群中期の様相は、20号主墳（前方後円墳）を代表者とする軍事的性格のきわめて強い集団であることでは異論ないところである。そこで上述した文献史学の成果と対照してみるとき、

　　　　建部臣――建部首――建部
　　　稲童20号墳―8・21号墳

のように対応させることができるであろう。上述したように中クラス（8・21号墳）・小クラス（15・19号墳）の間には明らかに格差があるところをみれば、小クラスのなかの有力家長層に建部相当の身分を比定してもよいかも知れない。かくして稲童古墳群の5世紀段階においては、20号墳被葬者に統率された軍事集団を構成し、大伴氏に所属して渡海し、半島における戦闘にも参加したことであろう。

　5世紀末から6世紀にかけての豊前北部では、稲童古墳群の南方、やや内陸部に所在するセスドノ古墳（佐田1984）も石室構造上注目を引く存在である。田川地方は位登前方後円墳（青木庄1934、小方・長谷川1982）（全長81m）につぐ大型円墳である。墳丘の周囲は削平されているが、復元径37m、高さ5mで外周に幅5mの周湟がめぐっている。その外側にはさらに周堤（基底部幅15m、上部幅8m）をもつ総直径76〜78mの大型円墳となる。石室は平面長方形、両袖形式の横穴式石室で、天井は3枚の石を並べている。なかでも壁面の構成はこれまで類例のみられない特異なものである。奥壁2枚、左右両壁各々3枚の大石を垂直に立て、その空隙は割石を積重ねて埋める。なかでも両側壁中央の大石は天井に達して直接天井石を受けている。埋葬人骨は5体を数えるためか副葬品も多い。金銅冠片・垂飾付耳飾などが当地域を代表する首長の地位をうかがわせる。なかでも横矧板鋲留短甲1・鉄刀6・鉄剣1・鉄鏃約150・馬具など武人的性格を示す副葬品が主体を占めている点で、中期古墳の特色を伝えている。さらに有蓋双耳付陶質坩は総高8cm余の小形品で伽耶系陶質土器である。

　ところでこの特異な石室構造の類例は韓国慶北の達西面（飛山洞）古墳群（小泉ほか1931）のなかに見出すことができる。1931年に調査された古墳群中の第37号墳第1石室と第55号墳石室である。ともに竪穴系横口式石室の構造を示し前者からは金銅冠・垂飾付耳飾、後者からは金銅冠・冠帽・垂飾付耳飾・金銅履・金銅環頭大刀・馬具（金銅透彫鞍橋・金銅杏葉ほか）・有蓋銅鋺など伽耶諸国の一国王クラスに比定される内容の副葬品を所有している。当時報告書は「5世紀乃至六世紀に属するもの」と推定された慶州金冠塚（浜田・梅原1922/1924）の年代観と近いことに言及している。セスドノ古墳の年代とも近く、また伽耶系陶質坩の所有も伽耶地域と無関係でない一支証となるであろうか。

5　おわりに

　以上、4世紀末には始まる横穴式石室の北部九州への導入をめぐる朝鮮半島との交渉、さらに5

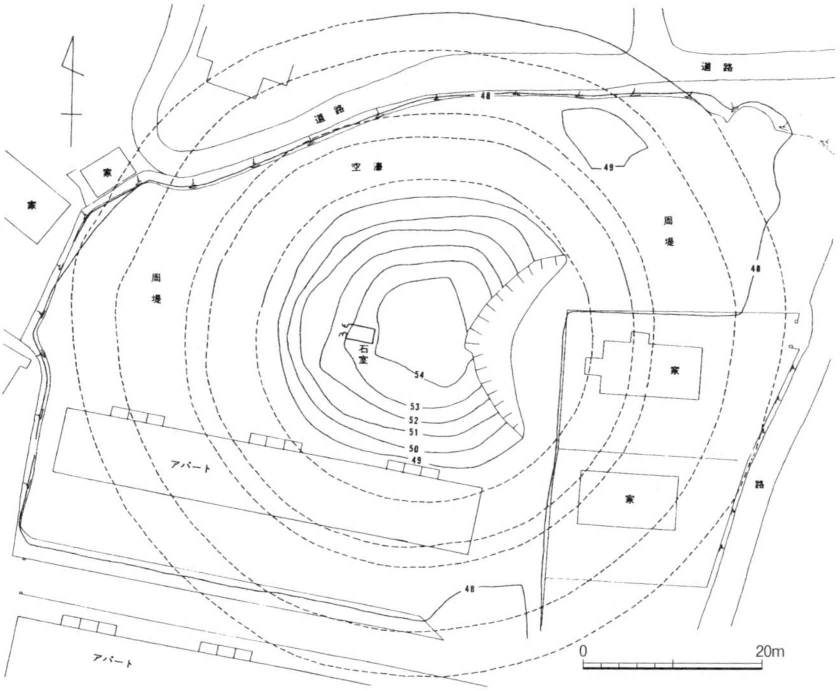

第5章　5世紀代北部九州の古墳文化　267

墳丘測量図

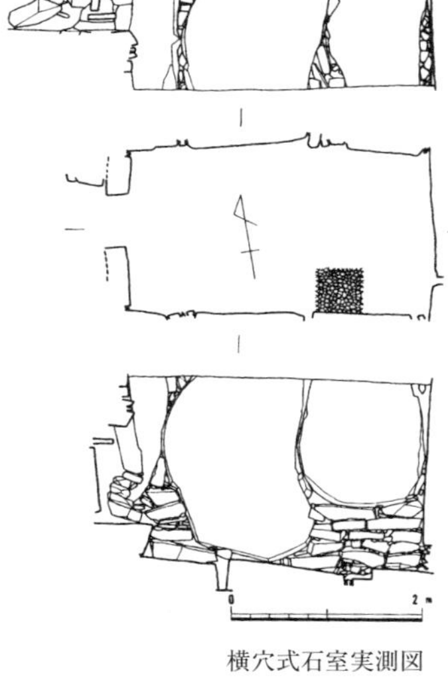

横穴式石室実測図

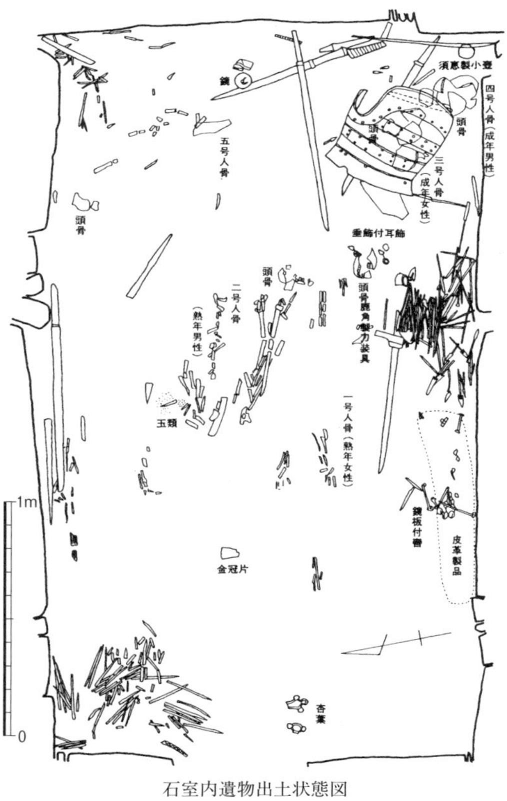

石室内遺物出土状態図

図22　セスドノ古墳

268　第2部　古墳時代

出土遺物一覧

石室内出土遺物		石室外出土遺物	
金冠片	1	鉄製品	若干
珠文鏡	1	弥生土器	若干
垂飾付耳飾	1付	土師器	若干
鉄地銅張耳環	1付	円筒埴輪	若干
硬玉製勾玉	1	出土人骨	
ガラス丸玉	約390	1. 熟年女性	
琥珀丸玉	2	2. 熟年男性	
琥珀棗玉	10	3. 成年女性	
滑石製臼玉	256	4. 成年男性	
滑石製有孔円板	1	5. 小児骨	
櫛	9		
大刀	6		
剣	1		
短刀	5		
鉄矛	2		
石突	4		
鉄鏃	約150		
短刀	1		
刀子	5		
鏡板付轡	1		
鈴付杏葉	1		
辻金具	4		
帯金具	若干2		
鉸具	2		
皮革痕			
漆膜			
須恵器（小壺）	1		

第37号墳第1石室

第55号墳石室

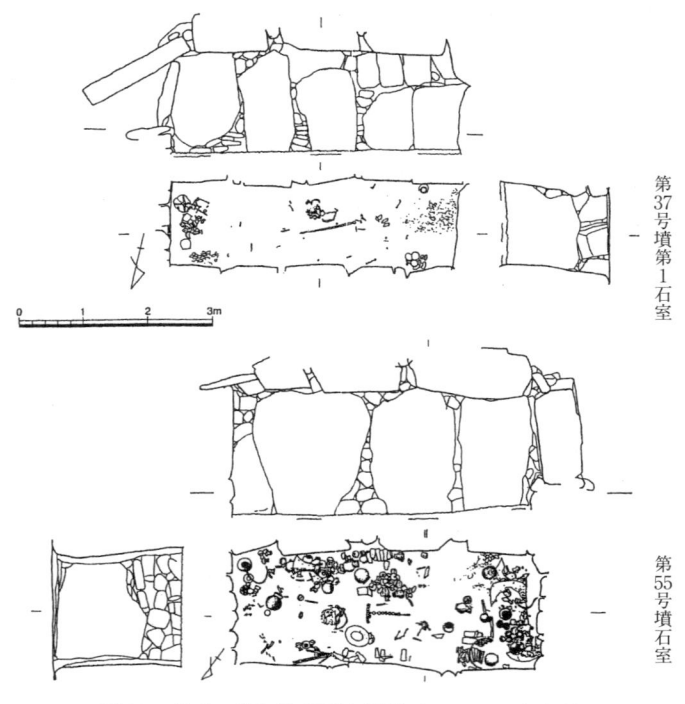

図23　参考：韓国達西面古墳群（現・飛山洞古墳群）

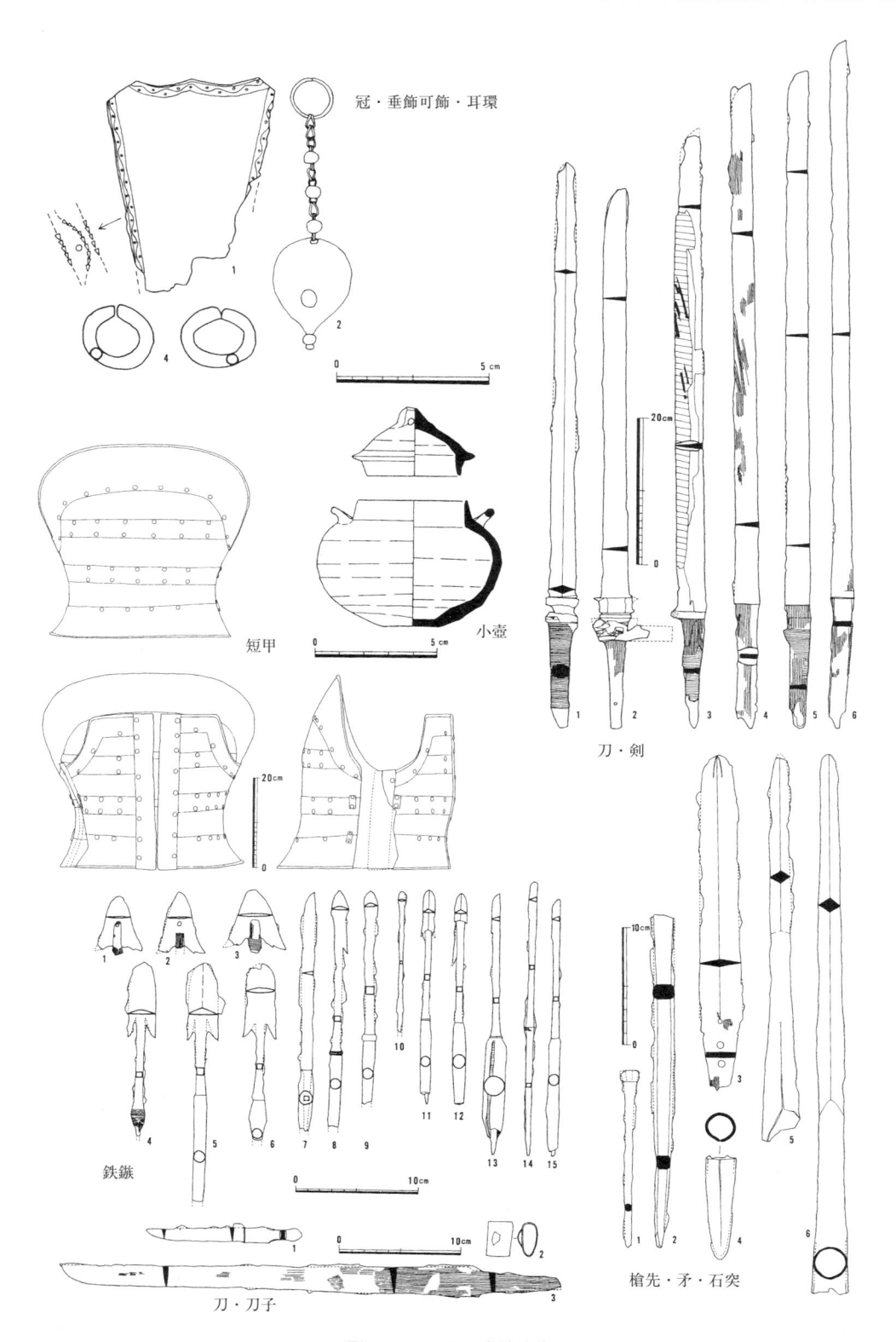

第 5 章　5 世紀代北部九州の古墳文化　269

冠・垂飾可飾・耳環

短甲

小壺

刀・剣

鉄鏃

刀・刀子

槍先・矛・石突

図 24　セスドノ古墳遺物

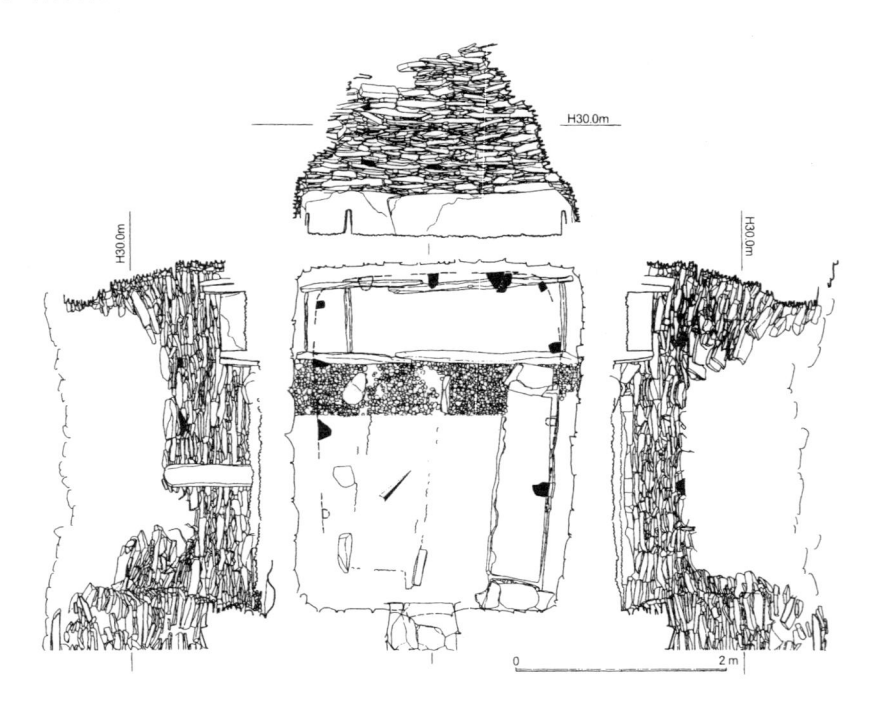

図25　鋤崎古墳　玄室内突起石配置状況（黒塗石材）

世紀代の首長墳にみられる武人的特色と、その統層下にある中・小クラス有力者層との軍事的構成問題について紹介して筆者の考察の現到達点について述べるところがあった。

　最後に近時見学した忠南燕岐郡松院里古墳群（韓国考古環境研究所 2007）についての予察的私見にふれておこう。2008 年 4 月、金武重氏の御好意によって池山洞古墳群の調査見学につづいて 4 月 19 日調査中の現地を見学することができた。なかでも KMO83 号石室は平面方形のやや胴張りを有する割石積石室で羨道を片方寄せにした構造で、本章でも述べた漢江南岸域の可楽洞 3 号墳を想起させる初期横穴式石室であった。調査中の予察段階であるが 5 世紀初～前半頃かという教示を得た。さらに筆者の関心をひいたのは、この古墳群のなかで竪穴式石室の壁面に突起石を有するものが 2 例見られたことである。北部九州の横穴式石室では福岡市の鋤崎古墳と老司古墳 4 号石室にみられるものが最古段階例で、5 世紀初頭から前半と考えられていることは本章で述べておいた。韓国では 1998 年から翌 2 月にかけて慶尚大学校博物館によって調査された慶南宜寧郡雲谷里 1 号墳（趙榮濟ほか 2000）で、胴張りある横穴式石室で奥壁に突起石を有することが知られた。調査者は 6 世紀後半の築造とされ、その系譜を九州とくに熊本県地域に求められた。当時韓国内に報告例がなかったことに拠るところが大きいが、私は今後韓国でも出現するのではないかと思い、この考えにただちに賛同することが躊躇された。このような経過があった私にとって、松院里古墳群における成果は積年の予想が立証された大きな喜びであり、今後古墳群の最終結果が発表されることを鶴首して待つ次第である。これらの要素も横穴式石室の北部九州導入期に、その属性として伝播してきたであろうと予測しているところである。横穴式石室の導入とその受容形態の問題については、まだ今後の研究の進展に期待されるところが大きい。後学諸氏の検討を待ちたい。

第6章　古墳時代の海上交通
―対外交渉を中心に―

　3世紀代に成立した邪馬台国連合政権の女王卑弥呼は中国魏王朝に、あとを継いだ壹与も西晋王朝に貢献した（西暦266年）。かように政権による国際交流はすでに弥生時代にさかのぼって開始されていた。古墳時代をむかえて西日本の豪族たちとの連合によって成立した倭政権は、4世紀後半から百済の要請をうけて軍事的援助を行い、半島における高句麗や新羅との度重なる抗争に介入してゆくこととなった。有名な広開土王碑には391年の派兵から404年帯方郡に侵入して敗退するまでの倭軍の軍事行動が記されている。このような背景には大型軍船を建造し、軍需物資の徴発、派遣豪族・軍兵の動員を行って渡海運搬しなければならない。『日本書紀』などにみえる大化以前の派遣氏族には、吉備・物部・河内・紀・大伴・的・葛城・上毛野・倭・河辺・阿倍・佐伯・巨勢・平群・穂積・津守・蘇我・膳・吉士の諸氏、さらに九州では筑紫安致臣・筑紫火君・火葦北国造らがある。またその船舶運搬ルートは書紀によれば、難波と筑紫を拠点としており、倭の軍事関係記事は雄略・継体・欽明期、すなわち5世紀後半から6世紀中頃の時期にもっとも集中している。その原因は百済の劣勢と新羅の強勢、伽耶（任那）諸国の滅亡という緊張状態に発している。またこのような渡海に際しては海上のパイロット役としての西海に活躍する海人族の協力が不可欠の前提となる。「海北道中」の重要な位置を占める玄界灘の沖ノ島祭祀も半島派兵と密接なかかわりがあり、国家祭祀の性格をもつことによって司祭者宗像氏の地位も昇格していった。

　一方、5世紀代は「倭の五王」の外交時代でもあった。歴代の倭国王たちが高句麗・百済に伍して中国南朝に入貢し、爵号を要求している。中国を軸とする東アジア世界のなかで、倭国の国際的地位の公認を求め、半島における百済・新羅・伽耶に対する軍事統帥権の承認を要求するものであった。讃・珍・済・興・武の五王は中国側の記録と、記紀の大王系譜によって応神（または仁徳）に始まり雄略に及ぶとされている。いつ収束するとも知れぬ半島抗争に、倭国主導の大義名分を東アジアの宗主国に認めさせようとする倭政権の外交政策であり、国内的には連合諸王たちに対する権威づけでもあった。また南朝との通交によって中国の先進的な文化・技術を直接摂取することができた意義はきわめて大きい。

　4～5世紀の半島や中国との交渉は、倭政権の公的な軍事・外交にとどまらず、ひろく西日本地域に新しい文化を舶載して画期をもたらしている。古墳文化に現れた諸現象のなかでまず注目されるのは4世紀末にさかのぼる横穴式石室の導入である。玄界灘にのぞむ筑・肥沿岸地域に登場した横穴式石室は半島の平壌からソウルにいたる地域のものに直接的系譜を求めることができ、4世紀後半にこの方面で接触の機会をもった歴史的交渉が考えられるであろう。つづく5世紀前半には須恵器の源流となった陶質土器の伝来があげられる。近年の韓国考古学の進展によって陶質土器の編年

表1 『日本書紀』にみえる航海ルート一覧

天皇	年・月	目的	航路
神武	甲寅・10	東征	日向→吉備→難波津→熊野→橿原
垂仁	元・是歳	都怒我阿羅斯等	意富加羅国→出雲→越国筍飯浦
〃	3・3	天日槍、来朝	新羅→播磨国→近江国→但馬国
景行	12・9	筑紫行幸	□→周芳国→沙麼→日向国→吉備→難波
〃	40・是歳		駿河→陸奥国→伊勢国・尾津
仲哀	2・3	熊襲征伐	紀国・徳勒津宮→豊浦津(山口)→筑紫
神功	前紀	新羅征討	橿日宮→新羅
〃	元・2		新羅→淡路嶋→住吉→紀伊水門
応神	9・4	大和へ帰国	筑紫→紀水門→大和
〃	22・4	兄媛、発船	大津(=難波津)→□
仁徳	30・9	紀国行幸	皇后を難波で待つ
〃	62・5	遠江から材木運搬	遠江→難波津
允恭	42・	新羅王、貢品	□→対馬→筑紫→難波津
継体	24・是歳	毛野臣、半島より帰国	□→対馬→難波津→近江
欽明	16・2	百済、援軍要請の使	□→難波津
〃	31・7	高麗使歓迎の使	難波津→近江の北の山→相楽館
推古	11・2	当摩皇子、新羅征伐討	難波津→播磨
〃	16・4	大唐使人、来朝	□→筑紫→難波津→京
舒明	4・10	犬上三田耜、帰国	□→難波津
皇極	元・正	高麗使来朝	□→難波津
〃	元・5	百済使来朝	□→難波津
〃	2・6		□→難波津
斉明	5・7	遣呉唐使	難波・三津浦→筑紫・大津浦→拓州
〃	6・正	高麗使、来朝	□→筑紫→難波館
〃	7・8	天皇の喪	娜大津→難波
天武	4・4	新羅王子、来朝	□→難波→□
〃	4・9	耽羅王、来朝	□→難波
〃	7・是歳	新羅使、来朝	□→筑紫→京

(中村 1987)

研究がすすみ、西日本に将来された伽耶系陶質土器を直接的祖系として西日本各地で須恵器生産が開始されるにいたった。大阪府・陶邑窯系須恵器は九州南部にまで流通しているが、北部九州でも福岡県旧朝倉郡域で伽耶色のつよい須恵器生産窯の存在が知られている。また5～6世紀前半には各地の古墳から半島系遺物が発見されている。以下、その主なるものをあげる。

装身具——冠帽・垂飾付耳飾・指輪・釧・帯金具・沓

工具・武器・武具——鋳造鉄斧・環頭大刀・甲冑・鉄鋌

馬具——鞍金具・鐙・轡・杏葉・雲珠・馬鐸・馬鈴

なかでも装身具や馬具の金銀製品に示されるような新羅・伽耶系遺物は西日本の古墳に広く分布しており、倭政権だけでなく西日本の豪族たちも独自の交流ルートをもっていたことがうかがわれる。当時の倭人社会では「眼炎く金銀の国」・「財宝の国」という新羅の国の代名詞を生むほどにこれら舶来品が珍重されたのであった。したがって半島系渡来氏族がもたらす文化と技術も倭政権で登用された。漢氏や秦氏はその代表である。また半島の動乱をのがれて西日本に移住する人々もおり、各地の開発に貢献した功績は大きい。

6～7世紀の半島情勢は百済の衰退と新羅の強盛が次第に明確さを加え、562年に加羅諸国が完全に新羅の領有するところとなって百済・倭と新羅の対立関係は決定的となった。さきに筑紫君磐井の乱を平定した倭政権は九州征圧を果し、536年那の津口に官家を設けて近畿周辺や九州の屯倉の穀をここに集めて、のちの大宰府設置の淵源ともなったが、百済援助のための渡海軍事基地としての性格をもつものであった。翌年には大伴狭手彦が軍兵を率いて百済救援にむかった。以後663年白村江の決戦で唐・新羅の連合軍に敗れて半島から閉め出されるまで、幾度もの渡海がくりかえされて海上交通は軍事色の強いものとなった。この間の倭・新羅・唐をめぐる国際外交はめまぐるしく、かつ複雑であった。そのなかで遣隋使・遣唐使が派遣され、新羅からも倭への遣使があり、入唐僧の帰朝に際しては新羅送使に送られてくるなど倭～新羅～唐の海上ルートが保証されていた。

第7章　筑前国志麻（嶋）郡の古墳文化
―福岡市元岡所在古墳群の歴史的評価―

1　はじめに

　1997年6月15日、九州考古学会主催によるシンポジウム「筑紫肥君の謎をさぐる―正倉院文書と福岡市元岡の古墳をめぐって―」が福岡市・都久志会館で開催された。前年来、福岡市教育委員会によってすすめられている福岡市西区元岡地区の九州大学移転予定地所在古墳群の歴史的評価について、市教委側で発表された評価が過少にすぎ、ひいてはそれらの保存問題についても記録保存でよしとした発表に対して、1996年11月九州考古学会ではその不当を指摘して、正倉院文書にのこる筑前国嶋郡大領肥君猪手の家族を含む川辺里戸籍とのかかわりにも留意して、古墳群保存の要望書を市教委や九州大学に提出した。以来マスコミ関係の注目をも喚起してきた。今回のシンポジウムはその後の市教委による発掘調査の成果を加えて学問的立場から改めてその評価を世に問い、関係方面に再考を求める意図のもとに企画されたものであったから、まず午前中には基調講演として市教委担当者による調査報告、考古学からの古墳群評価問題、文献史学からの川辺里の比定問題が組まれた。すなわち、以下のとおりである。
　　山崎純男「福岡市元岡所在遺跡群の調査」
　　小田富士雄「考古学からみた志麻郡の首長層」
　　丸山雍成「筑前国嶋郡川辺里の比定地をめぐる問題」
　つづいて午後には和田晴吾（「終末期首長墳の諸相」）、八木充（「古代史からみた筑紫肥君と川辺里」）両氏のコメントをうけて以上5氏による討論が行われた。
　筆者は考古学の立場から志麻郡の古墳時代についての基調報告を行ったが、時間的に30分では必要内容について十分意をつくすことはできず、かなり省略の止むなきにいたった。そこで改めて筆者の用意していた内容についてまとめるとともに、シンポジウム当日提起された問題についても必要に応じてとり入れた所見を公表し、あわせてその重要性を再度喚起すべく本章を草する次第である。

2　旧志麻郡の構成

　東に博多湾、西に唐津湾を分ける位置を占めて玄界灘に突き出た糸島半島は、近世以前までは南の怡土郡に対して志麻郡を称する独立区域を構成していた。この南北両郡の境界をなす幅1kmほ

どの東西方向低地帯（糸島低地帯）が形成されている。低地帯のほぼ中央にあたる前原市〔現糸島市〕志登の付近まで北流してきた二つの河川のうち、瑞梅寺川は東流して今津湾に、雷山川は西流して加布里湾に注ぐ。現在福岡と唐津を結ぶJR筑肥線はこの低地帯の南縁に沿って走っている。東西の両湾をつなぐ糸島低地帯は古くは海峡をなしていたと考えられ、「糸島水道」の名称が与えられてきた。この名称は故長沼賢海氏によって提唱された。すなわち、「志摩郡と怡土郡とは、上世に於ては、海を境として接してゐたことは明白である。今此の海を糸島水道と名づけよう」（長沼 1951）。

また長沼氏によれば寛仁3（1019）年刀伊の侵入の径路（『朝野群載』寛仁3・4・16大宰府解状）は糸島水道を西から東に抜けて残島（能古島）に到着し、博多・箱崎を襲って再び水道を西行して呼子あたりまで退却したという。

また貝原篤信の『筑前国続風土記』は志麻郡の地勢について以下のように述べている。

「此郡を志麻と名付し事、昔は今津のまへ、夷魔山の後の入海西へ通り、桑原元岡の前より前原にいたり、此間皆海にして、西北の諸村諸山海中にありし故、志麻とは名つけられし。（中略）百年以前、入海やうやく田と成て島に在し西北の諸村、今は皆陸地につらなれり。近年迄東西のはしは猶斥残りしか、是又近年すでに新田となれり」（『福岡県史料』続第四輯・504頁）。

さらに『太宰管内志』には、「貝原翁云・志摩郡泊村と油比の間は、昔は東ノ方より潮入レを、元和四年由比村に新田出来てより、潮来らず、古此所泊村にも唐船箸しと伝へたり」と記されている。

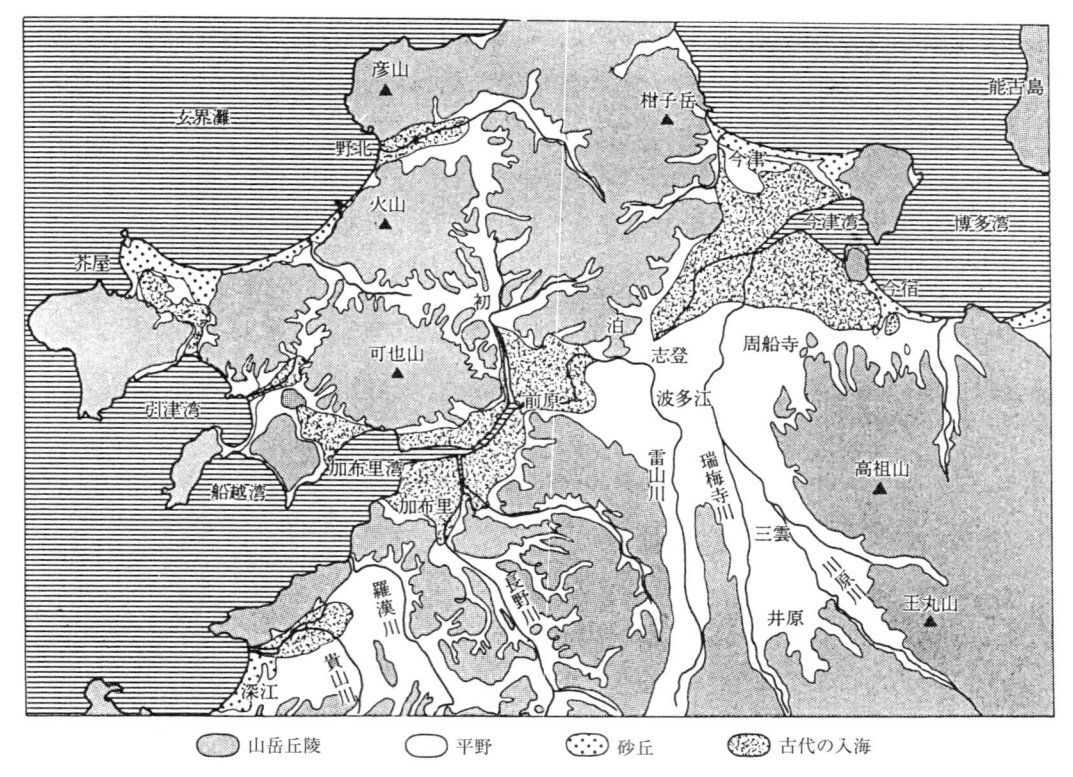

図1 糸島地方の地形略図（約1/100,000）（前原市教育委員会編 1992）

近世のはやい時期にはこの水道部は新田として利用される状況になっていたことがうかがわれる。

さかのぼって『魏志』倭人伝のころの倭に関する記録として、『翰苑』の内容が注目される。すなわち長沼賢海氏は、「邪屆伊都傍連斯馬」について「邪屆」を志賀、「斯馬」を志摩にあて、「傍連」をソヒテツラナルと読み、「志賀・怡土は志摩にそい連る」と解すべきとされる（長沼 1951）。しかしこの読みについては「邪に伊都に屆り、傍ら斯馬に連なる」（湯浅 1983）とか、「邪は伊都に屆り、傍、斯馬に連なる」（竹内 1977）と読まれている。いずれにせよ「斯馬」は伊都（怡土）の傍らにあって連なっているということでは一致している。長沼氏の読みは両者が水道を介して長くあい対しているという認識に基づいている。ともかく伊都と近接している点で「斯馬」を志麻に比定することは無理ないようであり、さすれば志麻について記された最古の記録ということになろう。

ところで近時、従来「糸島水道」と称されてきたこの低地帯は、縄文時代の海面変動の分析や地質・貝化石の分布調査などから検討が加えられて、「縄文時代以後では加布里と今津の両方向から大きく潟状の内海が入り込んでいたものの、泊〜志登間では南北に陸地としてつながっていた可能性が高いことがわかってきた（前原市教育委員会 1992）。

古代の志麻郡は上述したように泊〜志登間の陸橋状に連繋していたとしても、大勢は東と西から海水が深く入りこんだ内海によってほぼ独立した島に近い地勢をなしていたことがうかがわれる。大宝2（702）年戸籍に「嶋郡」の用字が採用されているところにも、このような認識があったことをうかがわせる。志麻郡は山林の多い地形である。いくつもの山塊が集まり、それらの間を流れる河川の流域に狭い水田可耕低地が分布する状況からみて、およそ稲作生産にのみ依拠することはできない。

10世紀代の『和名類聚抄』によれば、志麻郡の行政区は7郷から成っている。すなわち、韓良（加良）・久米・登志（度之）・明敷（安加之支）・鶏永・川邊・志麻である。

一方、延喜5（905）年の大宰府観世音寺資財帳によれば、同寺の焼塩山2所のうち1所は志麻郡加夜郷にあったことが知られる。すなわち、

　　志麻郡加夜郷・蠅野林壹處
　　　　　四至　従寺焼塩所東方南端、下高毛伏據境西土境
　　　　　　　　二濱一院所北方東端澤西北二澤當境
　　右檢延暦九年以來帳以大寶三年十月廿日
　　官所納自比下二行半一不可寫流記无載
　　件山加以延暦八年以往帳无載所　　　事不
　　輒除仍養老四年國師幷郡司記　　　　　（『平安遺文』194号）

とあって、この焼塩山は大宝3（703）年に施入されたものであった。8世紀代には加夜郷を加えた8郷で構成されていて、10世紀ころまでに他郷に統廃合されたのであろう。

志麻7郷の現地比定については近世以来地誌・歴史書などに発表されている。いまそれらについて詳細をたどるのは本章の主旨でないので、丸山雍成氏によって整理された一覧表を引用しておこう（表1）。

現在の行政区では東側の今津・西浦・元岡地域は福岡市西区に、雷山川北側の泊・新田地域は前原市〔現糸島市〕に、その他は志摩町〔現糸島市〕に編入されている。したがって古代の志麻郡七

表1 志摩郡七郷の比定一覧

出典＼郷名	『筑前国続風土記拾遺』（幕末期、？年）『福岡県地理全誌』（1880年）『筑前志』（1903年）	『筑前要鑑』（1810年以降）	『志摩郡七郷考』（1838年）	『大日本地名辞書』（1901年）	『糸島郡誌』（1927年）
韓良	唐泊村の辺	唐泊・小田/宮浦・西浦等	北崎（大歳神社）	小田村	唐泊・小田・宮浦・西浦・小呂・玄海
久米	野北村の技郷に久米あり	岐志・芥屋・西貝塚・新町等	岐志・芥屋・西貝塚・新町・福浦（住吉神社）	小富士村＜船越など＞	久米・吉田・井田原・稲留・小金丸・東貝塚
登志	今津の辺	今津・浜崎・大原等	今津・浜崎・大原（登志神社）	今津村	今津・浜崎・大原
明敷	津和崎村の赤岸、泊村の曳敷か	桜井・草場・桑原・野北等ほか	桜井・草場・桑原・野北（熊野神社）	桜井村・野北村	野北村（礪石崎）
鶏永	芥屋村か	可也山麓四方の諸村	小金丸・東貝塚・御床・辺田・大石・師吉・初・稲留（熊野神社）	芥屋村の辺	芥屋・岐志・新町・西貝塚
川辺	桜井村の川上の地	馬場・元岡・泊・津和崎・油比等	馬場・松隈・元岡・泊・津和崎の辺（熊野神社）	元岡村など	桜井・馬場・松隈・津和崎・油比・泊・元岡
志麻	馬場村の北、桜井村境の山野は志摩野	久家・船越	久家・船越・香月（伊都岐神社）	今の可也村	久家・船越・香月・寺山

〔註〕カッコ（ ）内の神社名は郷社と比定されたもの（1997・6・15 シンポジウム丸山氏発表資料より）

郷はこれら旧二市一町をあわせて考えねばならない。7郷の比定については上述した文献史料によるもののほか、歴史地理学や考古学の立場からの研究も行われている。いまそれらの成果に拠りながら、論をすすめる必要上、筆者の案の概要を示しておこう。

韓良郷——福岡市西区に属する西浦から草場に至る地域と妙見山から柑子岳に至る山岳地域で北から東は玄界灘にのぞんでいる。

久米郷——志摩町の北端を占め、北・東・南は山岳で囲まれ、中央平地を流れる桜井川は西行して玄界灘に注ぐ。桜井・野北・久米などの地区を含む。

登志郷——福岡市西区の今津・長浜・浜崎などの海浜地域。

明敷郷——久米郷の南に接し、火山を中心にその東麓から南麓にかけての志摩町吉田・井田原・稲留・大塚・小金丸地区を含み、西側は北から西にのびる弓形砂丘が玄界灘にのぞんでいる。

鶏永郷——志摩町の西端に突出した芥屋・波止・福浦・岐志・新町・西貝塚などの地域・北と南は玄界灘と引津湾にのぞみ外洋性に適した地域である。

志麻郷——北は明敷郷、西は鶏永郷に接して可也山を中心に、山麓の志摩町師吉・稲葉・大石・小富士・御床地区と、西南にのびて引津湾と船越湾を画する寺山・久家・船越地区を含む。東麓を流れる初川は西行して加布里湾に注ぎ、郷の東と南を画している。

加夜郷蠅野林については「可也山の西南麓に位置し船越湾に面する現在の小富士村か、『可也の海』に面する松原、新町、山崎の聚落を指したのではあるまいか」（井上辰 1967）とする井上辰雄氏の説があるが、さきにあげた史料の蠅野林の四至や志麻郷の地勢などを勘案すれば、可也山麓地

図 2　旧志麻郡域の地勢と主要古墳分布図
（シンポジウム実行委員会作成）

域と低地を介して別区をなす西南方の寺山から香月にいたる独立丘陵地域も考えられる。いずれにせよ加夜郷はのちに志麻郷に統合されたとみられる。

　川邊郷──上述のように6郷を比定してくると、のこる地域が川辺郷に比定されることとなる。西は初川を限り、南から東は糸島低地帯の北縁で、北は大原川付近で限られる。福岡市西区山手・大阪・元岡・前原市〔現糸島市〕大塚・泊・油比・志摩町馬場・津和崎などの地域が含まれることとなる。

　以上のように比定してくると、志麻郡における中心地域は初川流域の井田原〜津和崎周辺の平地部で、明敷・志麻・川辺3郷交会地域である。おそらくのちの郡衙所在の比定地としても最適の候補地となるのであろう。

　また郡の等級（大・上・中・下・小郡）からみると、7郷（里）構成では下郡であるが、加夜郷（里）を加えると中郡となる。

　最後に志麻郡家の所在地についてふれておこう。郡家の比定地については日野尚志氏は是松茂男

氏の近世初期文書の検討から糸島市志摩町馬場（旧志摩郡馬場村）に川辺郷を比定した論証（井上 1967）を承けて、ここに比定している。すなわち初川の上流域で半島のほぼ中央に位置して古来交通の要衝を占めていること。初川流域条里を延長すると馬場集落を東西に走る道路を通るので、これを群家の中心として方六町の郡家域が想定されることなどを提言している（日野 1972）。また青木和夫氏は志麻郡も川辺郷も「もとは一つづきの大きな集落で、強引に五十戸ずつわけたために、郷名（里名）が別になったにすぎない」ので、「猪手の家がそのまま『豪族居宅型』の郡家となったとすることができる。志麻・川辺両郷の所在は、やはり初付近から東南にかけてひろがる平地以外にはなさそうである」（青木 1990、150頁）として日野氏の比定より広い地域のなかで求めようとしている。

　筆者も旧町役場のある初付近が周辺との交通関係の要衝であり、東方の馬場方面から西流してきた初川がこのあたりで屈曲し南行して低丘陵と低地の交錯する地形をつくり出している状況からみて、井田原・初・師吉・津和崎などの範囲内に求めるのが妥当であろうと考える。ここは北は明敷、西は志麻、東は川辺の3郷交会する地域である。まだ考古学的調査で郡衙に比定できるような遺構の発見には恵まれていない現状である。青木氏のいうような「豪族居宅型」とするには尚早であり、日野氏のいうような方6町域を設定する決定的証拠も薄弱であると思われる。

3　志麻郡の古墳時代首長墓

　今回のシンポジウムで意図された志麻郡域の首長墓問題には二つの論点がある。その1は4世紀から6世紀に至る郡域で発見されている前方後円墳の分布と地域首長墓の変遷を探る作業であり、その2は7世紀後半以降の古墳時代終末期古墳に肥君猪手一族にかかわる古墳群に比定できるものがあるのか、もしあればその古墳群はどのような内容のものであろうかということであろう。

　古墳時代の政治的首長墓として最初に地域ごとに登場するのは前方後円（方）墳である。各地における首長墓の編年観についてはさきに公刊された前方後円墳研究会（代表近藤義郎）の作業による『前方後円墳集成・九州編』（1992年刊）で示された古墳編年表が基礎をなしているようである。この集成作業では、編年基準として示された畿内における1期から10期に及ぶ前方後円墳の出現

表2　近畿における古墳築造の段階と画期

時代	時期	小期	段階	画期	主要な古墳の動向
古墳時代	前期	1・2	第1	第1	前方後円（方）墳の出現
		3・4	第2	第2	前方後円（方）墳の急増
	中期	5〜8	第3	第3	前方後円墳の築造規制開始・前方後方墳の衰退
	後期	9・10	第4	第4	大型古墳群の衰退・中小前方後円墳の増加・古式群集墳の出現
		11	第5	第5	前方後円墳の段階的消滅開始・新式群集墳の激増
				第6	前方後円墳の消滅・新式群集墳の衰退・終末式群集墳の出現

（和田晴吾氏による）

第 7 章　筑前国志麻（嶋）郡の古墳文化　279

表3　糸島地方の主要首長墓の編年

九州大学移転用地内古墳群

段階	地域	志　摩			糸　島				
		初川流域とその周辺	泊地域	元岡地区			伊　都		
第1段階	1期	権現/36							
	2期	稲葉1号/45 稲葉2号/20	御道具山/65		徳正寺山/52	本林崎/25	井原1号/・42 高祖東谷1号/36	山ノ鼻1号/50	
第2段階	3期		泊大塚/75	金屎古墳/33		端山/78		若八幡宮/48	
	4期	長須隈/30 開1号/90		元岡池ノ浦/60	一貫山銚子塚/103	築山/60		鋤崎/62	
第3段階	5期			シオヨケ古墳/60				丸隈山/85	
	6期	泊城崎/32		無名古墳/20〜30	釜塚/56	孤塚/33			
	7期				立野/50	先山/? 高上大塚/?			
第4段階	8期			ミネ古墳/50〜60	17号/30 16号/25 13号/43 11号/40 3号/35	日明古墳群	銭瓶塚/50	兜塚/35	
	9期				東二塚/45	ヲレ塚/42	飯氏二塚/55	今宿大塚/64	
第5段階	10期			石ケ原古墳/56 石ケ元古墳群	長石二塚/50	横枕/40		下谷/?	
飛鳥									

0
100m

（シンポジウム実行委員会作成資料による）

から消滅に至る区分に拠って全国的共通編年を示しているところに特色がある。編年作業にあたっては川西宏幸氏の円筒埴輪編年（川西 1978）と田辺昭三氏の須恵器編年（田辺 1981）を基本にしながら、さらにほかの要素も加えて試みたとされている。今回のシンポジウムにあたって実行委員会によって作成された資料は、上記の作業を承け、さらに和田晴吾氏が近畿について設けた段階設定（和田 1994）をとり入れて作成した柳沢一男氏の筑前地域の主要首長墓編年表（柳沢 1995）である。ただし、柳沢氏の編年図では段階と小期区分の対応に若干の差異が示されている。

　旧志麻郡の首長墓は初川流域とその周辺に展開する権現古墳系列と、泊地域の御道具山古墳系列に大別されている。いま両地域の首長墓の概要を編年表にしたがってみておこう。

初川流域とその周辺
(1) 権現古墳（糸島市志摩町大字津和崎）

　柳沢氏によると、比高7mの低丘陵上にあり、前方部東南むき「墳長36m、後円径24m・高2.5m・前方長12m・高0.6m」、内部主体は箱式石棺であったらしく、副葬品に中国製画像鏡があったという（近藤編 1992）。一方志摩町教育委員会の調査によると、「径約20mの円墳で、頂部にある祠の改築時に小型の箱式石棺より仿製変形画像鏡・刀剣・鉄鏃を出土（志摩町教育委員会 1985）（2頁）したとされる。さらにこの墳形については「前方後円墳の可能性も指摘されている」（志摩町教育委員会 1985）（4頁）と註されていて墳形と鏡についての認定は分かれている。これはこの古墳の時期判定をも決定するところであるが、銅鏡については良質の神仙を配した画像鏡で舶載品と思われる。前方後円墳の形状に拠るべきであろうが、1期の首長墓と認定するにはやや無理があるように思われる。銅鏡（前原市教育委員会 1992）は前原市〔現糸島市〕立伊都歴史資料館蔵（図3）。

(2) 稲葉古墳群（糸島市志摩町大字師吉）

　可也山の東側丘陵（標高20m）に位置し、宅地開発に伴って調査されたが、大規模な果樹園造成が行われているため、すでに多くの遺跡が未確認のままに湮滅しているといわれる。現存するのは前方後円墳1基（1号）・前方後方墳1基（2号）・円墳（3基）の計5基がある。発掘調査されたのは1・2・3号の3基である。水田からの比高18mの丘陵上に分布し、1号墳は最高所にあたる。南西に前方部をとり、前端部と後円部の一部を削除されているが、復原「墳長40m＋α、後円部径22〜24m、前方部長16〜19m、くびれ部幅10〜12m、前方幅16m以上、後円部高さ4m以上、段築は後円部2段以上、

図3　神獣画像鏡
（糸島市志摩町津和崎・権現古墳、糸島市教育委員会提供）

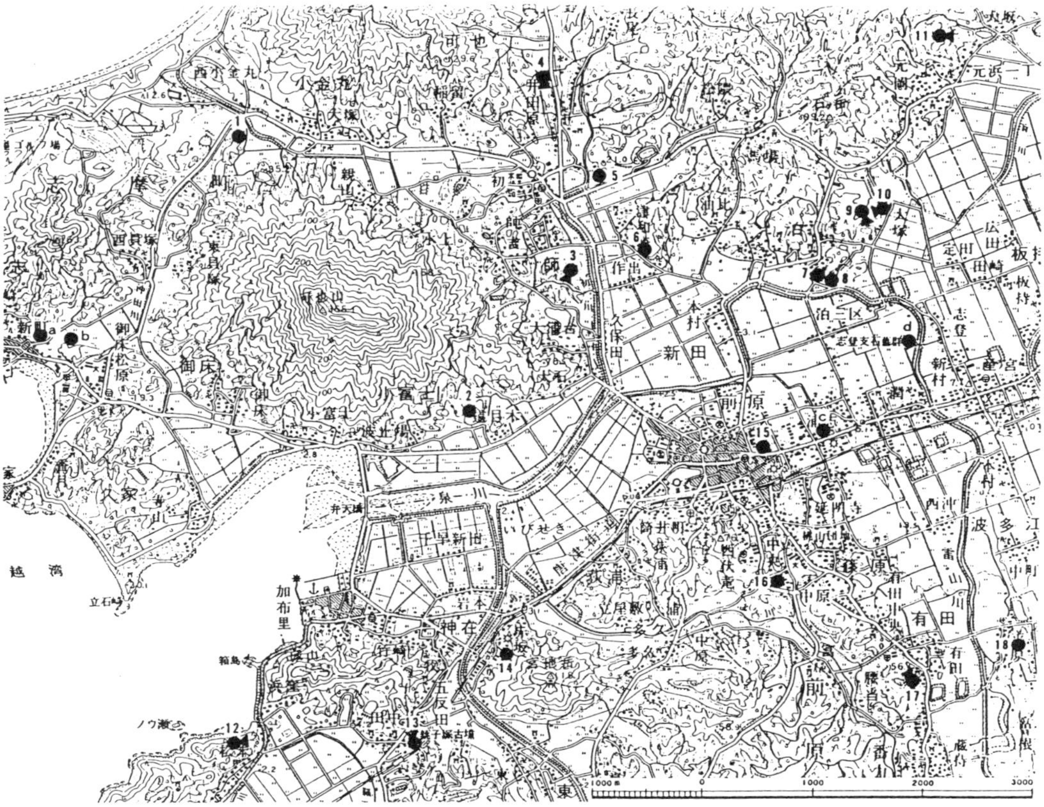

1. 熊添遺跡　2. 荒牟田古墳群　3. 稲葉古墳群　4. 開古墳　5. 四反田古墳群　6. 権現古墳　7. 大日山古墳　8. 城崎古墳　9. 御道具山古墳　10. 泊大塚古墳　11. 池の浦古墳　12. 立野古墳　13. 銚子塚古墳　14. 釜塚古墳　15. 向原遺跡　16. 伏龍遺跡　17. 有田1号古墳　18. 平原遺跡　a. 新町遺跡　b. 御床松原遺跡　c. 浦志遺跡　d. 志登支石墓群

図4　初川流域とその周辺地域の古墳分布（志摩町教育委員会 1985）

前方部は不明」（志摩町教育委員会 1985、13頁）と復原されている。前方部は狭長で前端部が撥形に開く古段階の外形特徴を示している。内部主体は主軸方向に並行する竪穴式石室が後円部（長さ3.5m以上・幅2m以上）と前方部（長さ2.2m・幅1m）に各1基があるが、いずれも大破している。2号墳は北東に前方部をとる前方後方墳で後方部は内部主体の半分を含めて後半部が削除されている。後方部の北と南で周溝が確認され、幅1.8〜2m、深さ0.2mである。墳丘は全長20m前後、後方部は幅13m前後、長さはそれより長く長方形となる。前方部は長さ7m以上で、前端幅8mほどの撥形となり、周溝は前方部前面までめぐらない古式の様相を呈する。内部主体は後方部に主軸と斜交する。また前方部には主軸に並行する箱式石棺がある。遺物は1号墳で刀子・U字形鉄器（刀子の一種か）が、2号墳で鉄斧・鋤先が発見されている。これら鉄製品はいずれも内部主体周辺の発見である。また2号墳の墳丘から布留式古段階の甕、山陰系複合口縁壺などの土師器が発見されている。

　3号墳（志摩町教育委員会 1982）は径10.8m、高さ1m程度の小円墳で、石棺系小竪穴式石室を内部主体とする。墳丘裾から土師器杯2点が発見され、5世紀中〜後半に比定されている。

(3)　開1号墳（旧志摩町大字井田原字開）（岡部・河村 1994）

図 5　稲葉古墳群分布図（志摩町教育委員会 1985）

旧志摩町役場から県道を800 m ほど北上した西側低台地上にあり、前方部南むきの墳長 90 m の大型前方後円墳である。後円部径 53 m、くびれ部幅 20 m、前方部長 43 m、幅 53 m の規模をもち、糸島地域では一貫山銚子塚古墳（全長 103 m）につぐ大きさである。現状についてみると、「墳丘はその銚子塚古墳に似て前方部が低く伸び、端部はさほど開かない古式の様相を呈する。墳丘は、その立地から地山の削り出しによる造形を基調として築造された可能性が高いと考える。墳丘斜面には葺石が積まれていたらしく、墳裾各所に花崗岩や砂岩の塊石の錯乱を見ることができる。段築の詳細は不明である。造成の際に、後円部墳頂から板石積みの石室が発見されたという。現在でも付近に玄武岩の板石や花崗岩の割り石が散見され、その名残を留めるが、主体部構造や現在の遺存状況等の詳細については明らかでない」（岡部・河村 1994、68頁）。

採集遺物には福岡市博物館収蔵の銅鏡と埴輪片がある。銅鏡は復原径 13.7 cm の四葉座鈕内行八花文鏡で舶載後漢鏡の伝世品である。埴輪は高い凸帯をめぐらす円筒形のほか、朝顔形・形象などの一部も認められている。古式の特徴を示す円筒埴輪から 4 世紀後半～5 世紀初頭の年代観が示されている。本古墳の内部構造について柳田康雄氏は 5 世紀初頭より下らない竪穴式石室を想定しており、「糸島では少なくとも 5 世紀初頭には竪穴系横口式石室は導入されていない」（柳田 1982a、16頁）と推定している。

泊地域

(1) 御道具山古墳（前原市〔現糸島市〕大字泊字大塚）（近藤編 1992、柳田 1982a）

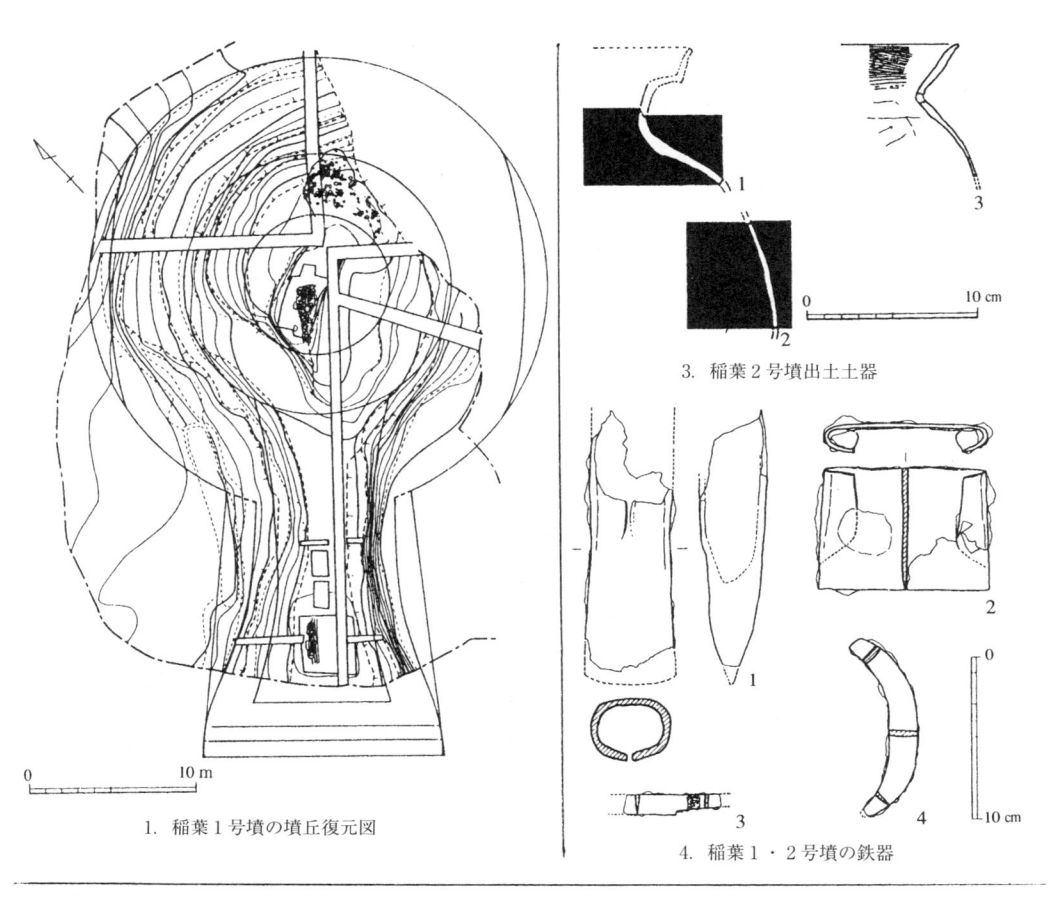

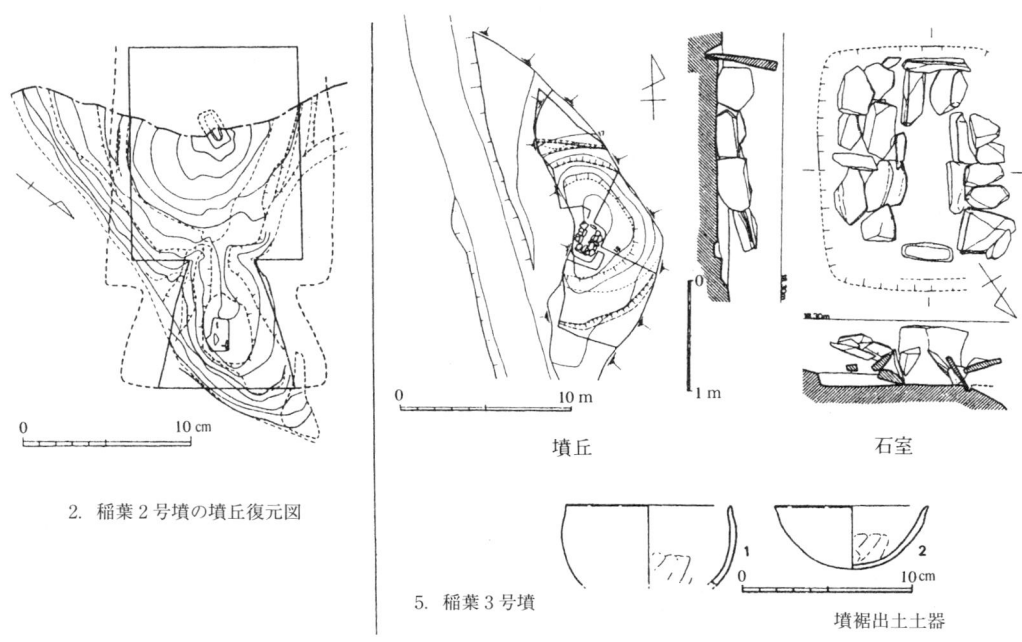

第 7 章　筑前国志麻（嶋）郡の古墳文化　283

1. 稲葉 1 号墳の墳丘復元図

2. 稲葉 2 号墳の墳丘復元図

3. 稲葉 2 号墳出土土器

4. 稲葉 1・2 号墳の鉄器

5. 稲葉 3 号墳

墳丘　　石室

墳裾出土土器

図 6　稲葉 1・2・3 号墳と出土遺物（志摩町教育委員会 1985 ほか）

左：開古墳周辺の地形
右：開古墳出土遺物
 1. 内行八花文鏡
 2〜10. 埴輪

図7　開1号墳と出土遺物
（岡部・河村 1994）

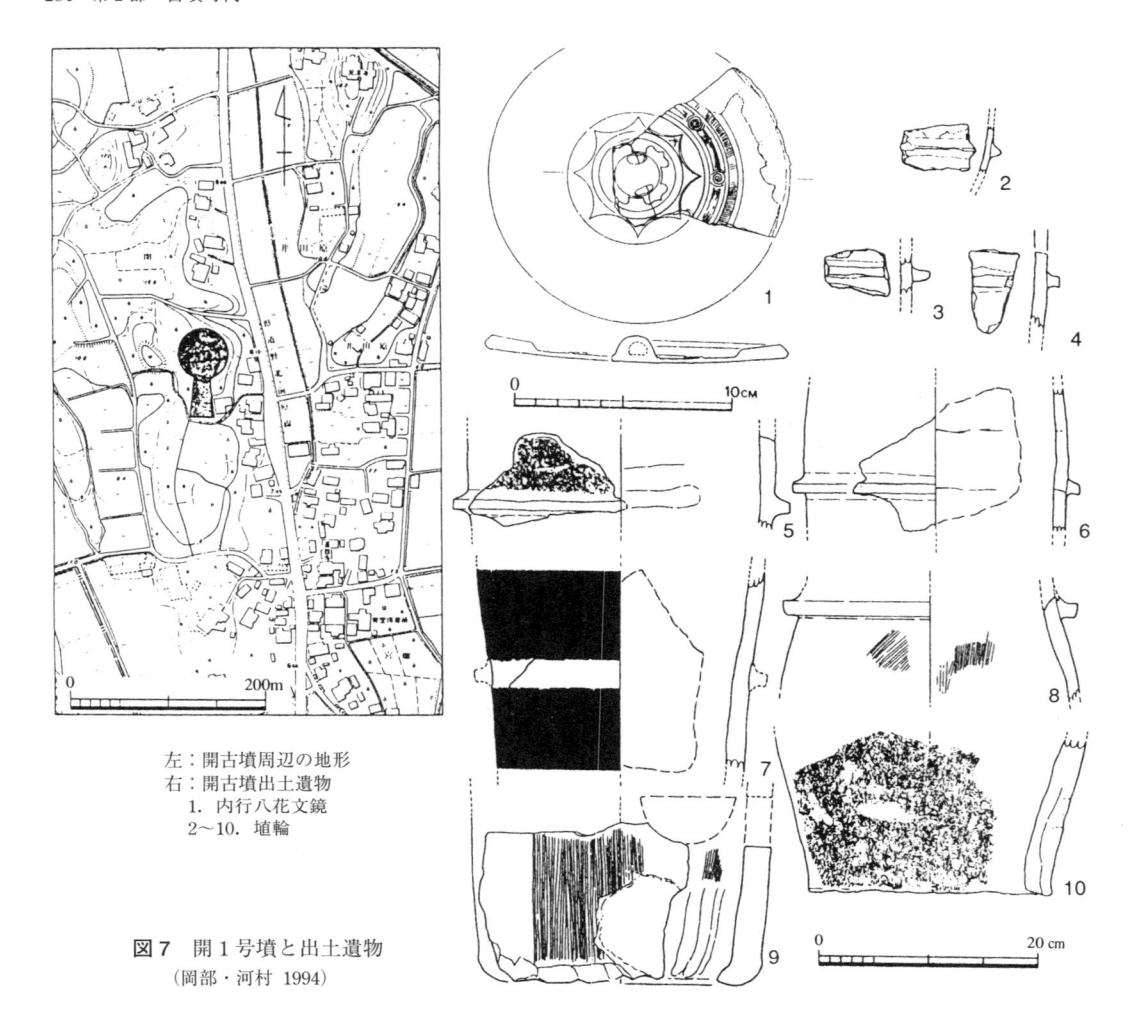

　眼下に糸島低地帯と西方に曲流する雷山川をのぞむ比高13mの丘陵上にある。前方部南むきの前方部2段・後円部3段の築成である。復原される墳長65m・後円部径40m・高さ5.2m、前方部長26m・くびれ部幅19m・前端幅25m・高さ4.5mで狭長な前方部の前端にむけて大きく撥形に広がる最古段階の原形をよくのこしている。前原市教育委員会の調査によって周濠と墳丘上の葺石の存在が確認されている。
(2)　泊大塚古墳（前原市〔現糸島市〕大字泊字大塚）（近藤編 1992）
　御道具山古墳に接近して、その東方比高11mの丘陵端にある。西むきの前方部は削平され、後円部3段築成かと推定される。推定全長75m・後円部径45m・高さ8m、円筒埴輪から開1号墳よりやや先行するかと推測されている。
　以上、両地域の首長墓は第1〜第2期に出現し、第4期（〜第5期初頭）にいたる発展の状況をみることができた。第4期に築造された開1号墳（全長90m）・泊大塚古墳（全長75m）は北部九州の最大規模クラス首長墳で、4世紀後半から5世紀初頭頃に玄界灘沿海地域に出現する。いわゆる巨大古墳と定期的にも同じ推移をたどっていることは、ヤマト政権の対朝鮮出兵などの歴史的

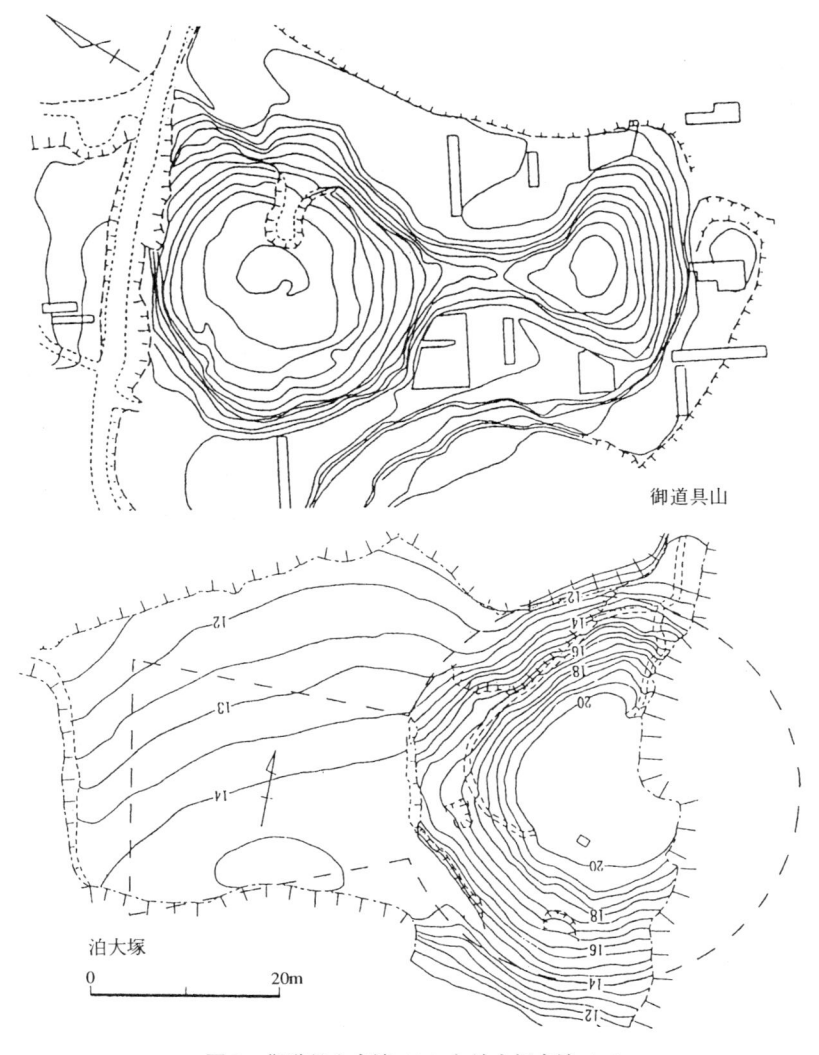

図 8　御道具山古墳 (上) と泊大塚古墳 (下)
（近藤編 1992）

背景をうけて、北部九州沿海地域の諸豪族が急速に成長したことと深くかかわっていることは否定できないであろう。

　さらに泊地域より東の糸島低地帯北縁部から今津に至る丘陵上は、現在福岡市西区元岡地区に属し、今回九州大学移転対象地になっているところである。この地区では従来前方後円墳1基が知られていたが、今回の分布調査によって計5（〜6）基の前方後円墳の存在が知られてきた。福岡市教育委員会によって公表された資料によれば、外形調査のみのものと内部構造や副葬品まで判明しているものがある。以下その概要をまとめておこう。

(3) 金屎古墳

　B地区。全長33m、後円部径14m、前方部長10m、幅14m、内部主体は粘土槨（5×3m）・割竹形木棺で棺床全面にベンガラが敷かれ、頭部付近に朱を撒く。被葬者の頭部両側に仿製鏡2面（径

11.5 cm と 13.3 cm）を副葬。築造年代 4 世紀。

(4) 石ヶ原古墳

B 地区。全長 56 m、後円部径 38 m、前方部長 20 m、くびれ部幅 14 m、前端幅 27 m。後円部 2 段築成、前方部削り出し 1 段築成。横穴式石室で壁面は最下段（腰石）を残すまでに破壊され、須恵器・鉄製品若干発見。

(5) シオヨケ（塩除？）古墳

A 地区。全長 60 m、葺石あり、詳細不明（5 世紀代か）。

(6) 元岡池ノ浦古墳（岡部・河村 1994）

C 地区。以前から知られていて、今津湾を見おろす標高 62 m の丘陵上にある。全長 61 m、後円部径 34 m、幅 17 m 以上、葺石も確認されている。円筒形、朝顔形埴輪が採集されており、高さ 1.5 cm の凸帯をとりつけた古式の特徴を示している。開 1 号墳や鋤崎古墳などの近隣の古墳資料よりもやや先行する時期に位置付けられ、4 世紀代にまでさかのぼると推測されている。

図 9　元岡池ノ浦古墳と採集遺物
上：元岡池ノ浦古墳周辺の地形、下：採集遺物（埴輪）（岡部・河村 1994）

(7) ミネ（峰？）古墳

G 地区。全長 50～60 m。従来円墳として登録されていた。詳細不明。

(8) 無名（広瀬？）古墳

G 地区。全長 20～30 m 以上。詳細不明。前方後円墳ではないとの説もある。

以上 6 基について実行委員会では糸島地方の首長墓編年表のなかに組みいれてその段階比定を試みている（表3）。このなかで 3 期においた金屎古墳については、2 面の仿製鏡があり、筆者の実見したところでは、細隆線による変形の S 字状や唐草状の文様からなる銅鏡で、従来の発見例では 5 世紀初頭～前半期の古墳の副葬品にみられる。石ヶ原古墳は筆者も現地で見学したが、出土須恵器から 6 世紀中頃を下ることはないであろうと考えられる。ミネ古墳と無名古墳については、外見上十分な年代比定の徴証を欠く段階であるが、7～8 期のあたりに比定してシオヨケ古墳と石ヶ原古

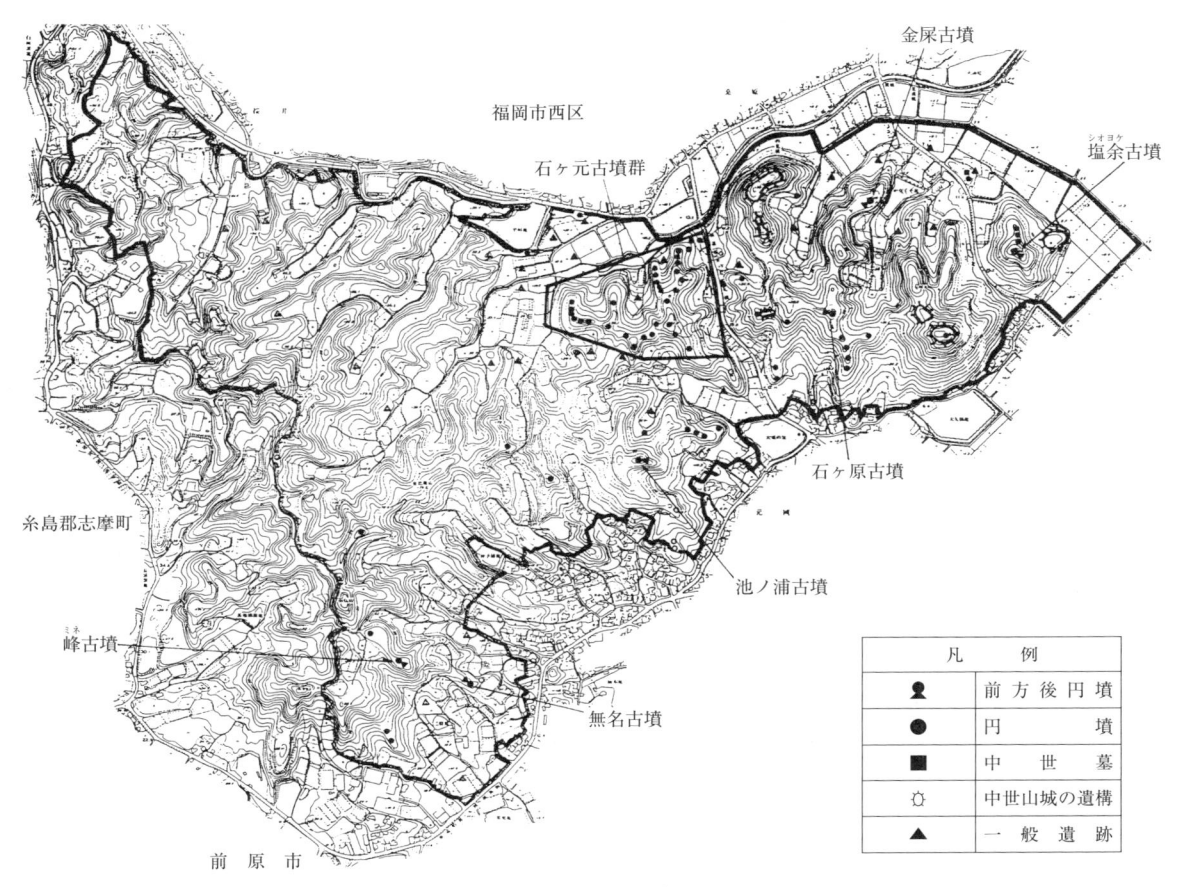

第7章 筑前国志麻（嶋）郡の古墳文化　287

図10 九州大学統合移転用地内埋蔵文化財分布図（福岡市教育委員会資料による）

墳の空白を埋めようとする意向のようである。しかし一方では5世紀後半代には空白になる地域が多いとの一般論から、この両古墳も5世紀前半までおし上げるべきとの論調もある。決定するには両古墳の発掘を伴う検討を待たねばならないが、隣接する伊都（怡土）地域に9期まで連続する編年案が認められるところを参考すれば、一般論を適用して5世紀後半を空白にして、首長権断絶論を主張することの危険性を考慮せざるをえないのである。いましばらく実行委員会案に従っておきたい。このような元岡地区とさきの泊地区の首長墳の分布と地勢をみるとき、律令時代に

表4 旧志麻郡の首長墓の編年試案

区分	段階	期	初川流域周辺	元岡・泊地区
前期	I	1	稲葉2号 20	御道具山 65
		2	稲葉1号 45	
	II	3	↓	元岡池ノ浦 60
中期		4	開1号 90	泊大塚 70
	III	5		金屎 32
		6		シオヨケ 60
		7		ミネ 50〜60
		8		（無名 20〜30）
後期	IV	9		石ヶ原 56
終末期		10		（石ヶ元古墳群）
		11		

400 A.D.
500 A.D.
600 A.D.
700 A.D.

（1997年8月現在）

川辺郷を構成した点をも考慮して、両者を一地区としてとりあつかうのが妥当であろうと考えられるにいたった。そうであれば、旧志摩郡の首長墓グループは初川流域周辺と元岡・泊地区に二大別してあつかうことが可能である。いずれにせよ石ヶ原古墳は旧志麻郡における最後の前方後円墳とみることができ、その後に後述する石ヶ元古墳群をおくことができるのである。以上の所論をまとめてみると表4のように整理できる。前期の古墳が小地域ごとに多いのは全国的傾向であり、また5世紀後半から6世紀前半で前方後円墳が消滅するのも地域的にみて特殊な現象ではないし、また5世紀前半代までに前方後円墳が巨大化し、以後小型化する傾向も特異な現象ではない。ヤマト政権の前方後円墳体制の後退と新しい社会体制による統制方式の浸透という歴史的背景に従って説明がつくところである。とくに北部九州では6世紀前半代の筑紫君磐井の乱（527～528 A.D.）の結果として、ヤマト政権の屯倉制支配と部民制の制定による北部九州の直接支配体制の浸透と拡充、朝鮮出兵のための軍事基地化政策は、旧志麻郡域をも含む玄界灘沿海地域に大きくのしかかってくるのである。このことはつづいて現れる元岡地区の石ヶ元古墳群の検討を通してもうかがわれることになる。

4 大領肥君猪手とその周辺

志麻郡が古代史学上注目を集めているのは、正倉院文書にみえる大宝2（702）年の「筑前國嶋郡川邊里戸籍」の存在である。これは15の断簡からなり、大領「戸主追正八位上勲十等肥君猪手」とその大家族形態が知られる点ではやくから研究者の関心を引いていた。1937年北山茂夫氏は断簡の内容を克明に検討して整理復原に成功し、大領家が124人にもおよぶ大家族から構成されていたことを明らかにした。北山氏が整理された家族形態の内容はつぎのようであった（北山 1948）。

Ⅰ．戸主
Ⅱ．戸主の配偶者および直系親属
　　a．妻妾、b．戸主の直系尊属（庶母）、c．戸主の直系卑属（男、女、婦、孫）
Ⅲ．戸主の傍系親属
　　d．弟ならびにその配偶者、e．妹およびその男女、f．甥（従子）とその家族（母、弟妹）、
　　g．従父兄弟とその家族
Ⅳ．寄口
Ⅴ．奴婢
　　w．戸主奴婢　10口、x．戸主母（庶母）　奴婢　8口、y．戸主私奴婢　18口、
　　z．（所属不明）奴1口

北山氏の研究は当時としては抜群のものであった。しかし接続する古代家族の研究が本格的にすすめられるようになるのは太平洋戦争後を待たねばならなかった。なかでも川辺里戸籍について分析された門脇禎二の業績（門脇 1960）は今日も参考されるところが多い。門脇氏は養老5（721）年の下総国葛飾郡大嶋郷の家族構成の検討を通じて、家父長制的世帯共同体の以下の三類型を抽出している。

第7章 筑前国志麻(嶋)郡の古墳文化　289

表5　家父長制的世帯共同体の三類型（門脇禎二氏による）

(註) ┌─────┐ は房戸。
　　 カッコ内の数字は年齢。

① A型（孔王部佐留の郷戸）

郷戸主の血縁親族ばかりで構成されているもの。その内容は郷戸主の家族と、従父兄の家族の各グループの房戸からなり、寄口や奴婢はいない。郷戸主の四等親にも及ぶ範囲の血縁関係は、その結合紐帯に重要な意味をもっていることを示している。郷戸主や房戸主は成年に達して子供までもつ弟や姉妹をその世帯に包括している。

② B型（郷戸主孔王部三田次、孔王部三村の戸）

郷戸主と房戸主が伯父または従子という血縁関係で結合しているもの。その他の諸特徴はA類型とまったく同じ。なお同一世代の兄弟姉妹が母の家族に属していたという母系制の遺制によって夫婦別居制の盛行が考えられるとする。

③ C型（孔王部比都自の戸）

戸主との兄弟関係によって結合しているもの。同一世代の男系血縁親族による結合という点ではA類型と共通するが、その血縁関係が狭い点で異なる。

以上のような古代家族構成の三類型を認定したうえで、川辺里の構成について整理したところ、以下のような結果を得た。

　家父長制的世帯共同体
　　A型　2、B型　1、C型　4、A・C型未分化なもの　1、A・B・C型未分化なもの　1（肥君猪手）
　単婚家族的形態　12、
　不明　3、

単婚家族的形態のもの（ほとんどが寄口の世帯を含む）が家父長制的世帯共同体の数より多いことが知られた。そして「このことは、B型の家父長制的世帯共同体がほとんど消滅し、ごく少数のA型のほかは、家父長制的世帯共同体はC型が多く、それだけこの里の内部に家

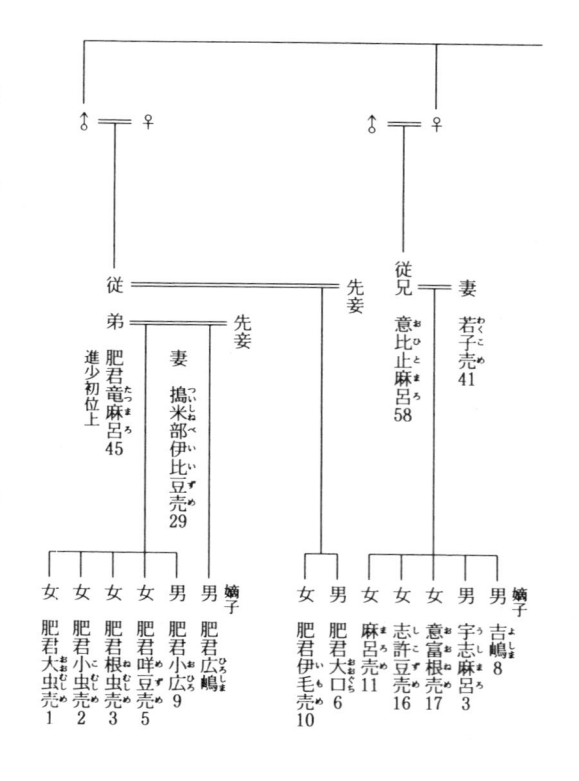

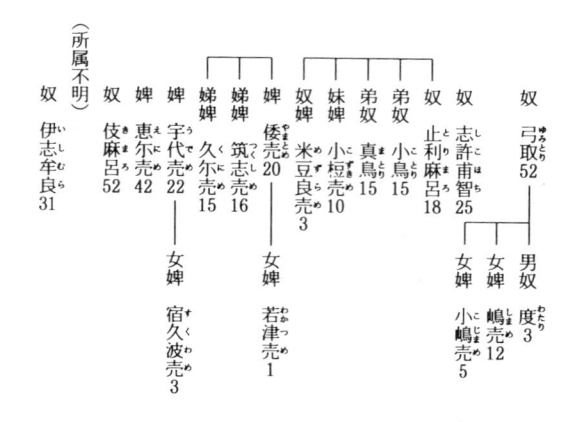

第 7 章　筑前国志麻（嶋）郡の古墳文化　291

表6　肥君猪手の家族構成（井手正子氏による）（青木和 1990）

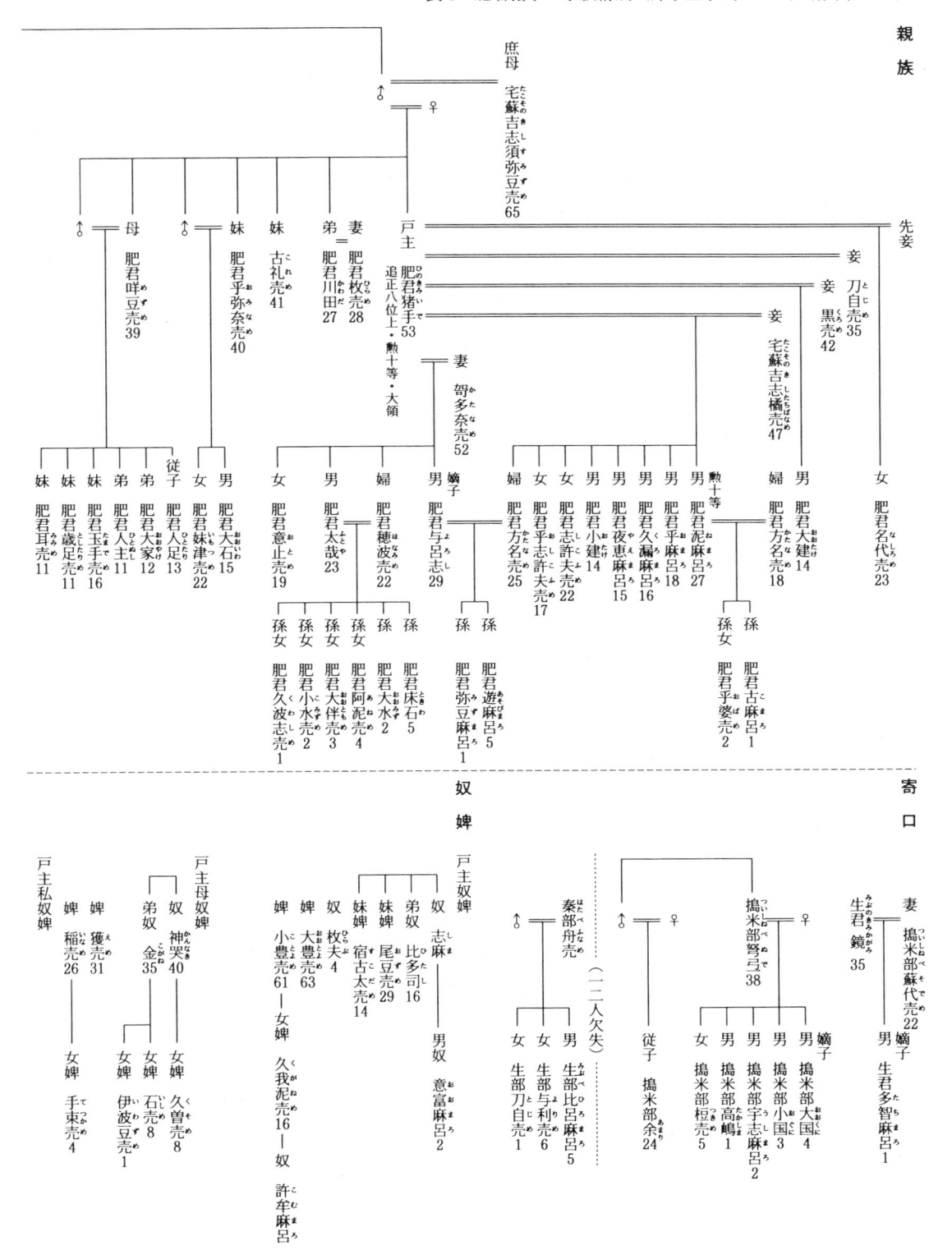

親族

庶母　宅蘇吉志須弥豆売 65

戸主　肥君猪手 53　追正八位上・勲十等・大領
妻＝肥君枚売 28
弟　肥君川田 27
妹　古礼売 41
妹　肥君平弥奈売 40
母　肥君咩豆売 39

先妾
妾　刀自売 35
妾　黒売 42
宅蘇吉志橘売 47

妻　智多奈売 52

女　肥君名代売 23

［肥君咩豆売 39 の子］
妹 肥君耳売 11
妹 肥君歳足売 11
妹 肥君玉手売 16
弟 肥君人主 11
弟 肥君大家 12
従子 肥君人足 13
女 肥君妹津売 22
男 肥君大石 15

［戸主と智多奈売の子］
女 肥君意止売 19
男 肥君太哉 23
婦 肥君穂波売 22
男（嫡子）肥君与呂志 29

孫女 肥君久波志売 1
孫女 肥君阿泥売 3
孫女 肥君大伴売 4
孫 肥君小水売 2
孫 肥君大水売 2
孫 肥君床石 5
孫 肥君遊麻呂 5
孫 肥君弥豆麻呂 1

［戸主と橘売の子］
婦 肥君方名売 25
女 肥君許夫売 17
女 肥君漏恵麻呂 22
男 肥君小建 14
男 肥君夜麻呂 15
男 肥君久麻呂 16
男 肥君平麻呂 18
男 肥君泥麻呂 27

勲十等
婦 肥君方名売 18
男 肥君大建 14

孫 肥君古麻呂 1
孫 肥君平婆売 2

奴婢　　　　　　　　　　　　　　　　　寄口

戸主私奴婢　稲売 26
婢 獲売 31
婢 奴 金 35
弟 奴 神哭 40
戸主母奴婢
女婢 手束売 4
女婢 石売 8
女婢 伊波豆売 1
女婢 久曽売 8

婢 小豊売 61 —女婢 久我泥売 16 —奴 許牟麻呂
妹婢 大豊売 63
妹婢 尾古太売 14
弟 奴 宿豆司 16
奴 枚夫 4
奴 比多売 29
戸主奴婢
奴 志多麻　男奴 意富麻呂 2

秦部舟売
女 生部刀自売 1
女 生部与利売 6
男 生部比呂麻呂 5
（二人欠失）
従子 搗米部余 24

搗米部弩弓 38
女 搗米部桓売 5
男 搗米部高嶋 1
男 搗米部宇志麻呂 2
男 搗米部小国 3
男 搗米部大国 4
嫡子 搗米部蘇代売 22
妻 搗米部蘇代売 22
男 生君多智麻呂 1
生君鏡 35

父長制的諸関係が発達してきていることとかかわるものと思われる。つまりB型の家父長制的世帯共同体がほとんど消滅したことは、単婚家族的形態のいちじるしい増加と関連するわけで、夫婦別居制は、すでにこの地域では急速に消えつつある」(門脇 1960、108頁)ことが指摘され、わが国における「単婚家族成立の端緒的形態」(門脇 1960、110頁)を川辺里の単婚家族に認めようとしている。さらに川辺里の単婚家族ではその周辺に寄口を集積しながら自立化してゆくものが増加しつつあったことも注意される。

　以上のような川辺里の家族形態の頂点に位置づけられるのが124名の戸口を擁していた大領肥君猪手である。門脇氏はその血縁家族員の構成内容を、「A型とC型の形態を併せ待つ大規模な家父長制的世帯共同体」と規定し、「当時のわが国においては特例的なものではなく」、「ただその規模が大きく、また隷属的家族員も他の例より一段と多いということだけが注意される」ところであって、「肥君猪手の家族は、川辺里ではもっとも古い家族形態を留めているといえる」(門脇 1960、115頁)と指摘している。このことは当然のことながら猪手をはじめ家族員の生活形態や思想面などの社会的対応の方面にも規制を及ぼすこととなったであろう。

　一方、肥君猪手の戸は三つの家族グループからなっている。さらに戸の隷属的家族員として26名の寄口と37名の奴婢を保有している。寄口のうち存在形態のわかる14名は異姓であり、家族グループを構成するものがある。猪手の戸の寄口となった事情について北山茂夫氏は、生君鏡の妻搗米部蘇代売が、また搗米部弩弓が、猪手の従父弟肥君竜麻呂の妻搗米部伊比豆売と同姓または血族的関係の縁故によるところであろうと指摘している(北山 1948)。また猪手の戸におけるこのような異姓寄口の在り方について、門脇氏は各小世帯が自立化しようとする家父長制的世帯共同体の解体傾向に対して、それを制約してゆこうとする家父長制的規制にもとづいて、彼等を一般家族員として遇しなかったものであり、「その制約を、近しい血縁世帯に対してではなく、まず異姓寄口というかたちで遠い血縁者または非血縁者をとり込みはじめたもの」であること。そしてこのような方式が「川辺里における諸家父長制的世帯共同体の解体の傾向に乗じて肥君猪手が労働力を集積するやり方の一つ」(門脇 1960、118頁)であることなどの分析的説明をしている。

　つぎに奴婢についてみると、川辺里で猪手の戸以外で奴婢を所有する戸は3戸あるが、いずれも1〜2名である。猪手の戸の37名は突出した存在である。その内容は戸主奴婢10名・戸主母奴婢8名・戸主私奴婢18名・所属不明1名である。戸主私奴婢は猪手の私有奴婢、戸主奴婢は戸令によって分割相続を禁じられている奴婢(「氏賤」)、すなわち嫡子が相続する氏の世襲財産とされている。戸主母奴婢は庶母の宅蘇須弥豆売に仕える奴婢である。なお宅蘇家は嶋郡に近い那珂郡田来郷比定説(北山 1948)、タコソと読み怡土郡託社郷比定説(青木 1990)がある。戸主私奴婢の発生因について門脇氏は「共有奴婢が少数ずつ私有化されたか、世帯をもたず個別的に寄口となっているようなもので、よるべき郷戸がなかったものが奴婢化した場合などしか考えられない」(門脇 1960、119頁)とされる。

　以上のような労働力を保有する肥君猪手の戸の農業経営についてみると、13町6段120歩の口分田を受けている。さらに大領として6町の郡司職田を持ちえたはずであるから、これを加えた受田額は合計19町6段120歩となる。一方、37名の奴婢のうち成年者は男女各7名であるところか

ら、北山氏は猪手の戸の農業経営は家族員を生産労働から切り離すほどには至っていなかったであろうと指摘する（竹内 1977）。しかも川辺里は地勢からみて狭郷であるから、当時の慣習として職田などは他郡で設定されたことが考えられる。門脇氏は「日常の経営規模は、この戸に含まれる各世帯グループないしその二・三が併合した程度のもの」で、個々の経営は猪手の家父長権で結びつけられており、このような経営はまだ「共同体諸関係を敵対的に破壊しはじめる段階にはたち至っていなかった」（門脇 1960、121 頁）であろうとしている。

さらに肥君猪手自身についても「肥君」という九州の伝統的首長のカバネをもち、嶋（志麻）郡大領という官人身分に敍されていること、また複数の妻妾をもつ彼の婚姻形態などが注意される。肥君は元来肥後八代郡肥伊郷（熊本県八代市宮原町付近。八代郡竜北町〔現氷川町〕所在野津古墳群は肥君宗家の奥津城に比定されている）付近を本拠とする豪族であるが（井上辰 1967）、欽明紀17 年（556）正月条に百済王子恵の帰国を護送派遣された筑紫君に注して「百済本記に云わく、筑紫君の児、火中君の弟なりという」とある。継体紀 21～22（527～528）年条にみえる筑紫君磐井の乱の敗退後、筑紫君は肥君と婚姻関係を結び、肥君一族が交替して国造になったのであろうという所見では諸説の一致をみるようである（上田 1959）。また井上辰雄氏も「筑紫君を母方とする火中君の弟が筑紫君の称をうけて複姓化し、国造を継承した事を示すものであろう。そしてやがて筑紫国嶋郡大領肥君猪手にみるような肥君一族を中心とする統属関係に変化していくものであろう」（井上 1967、466 頁）と言及している。さらに嶋郡におけるこのような統属関係の変化について、門脇氏はさらに具体的にその過程を川辺里の戸籍から推定している。すなわち川辺里の部姓戸に物部氏および中臣氏関係が多いことから、川辺里は大化前代には肥君一族は物部氏の統轄下に入り、「倭政権の貢納支配は、物部氏を通して肥君一族に命じられた。ところが、その後物部氏の衰退によって、その遺制は同祖の中臣氏にうけつがれたもの」（門脇 1960、132 頁）で、さらに磐井の乱後北部九州への屯倉の設置や那津官家の稲穀集積など対朝鮮半島軍事基地としての整備が急がれた動向のなかで、「乱後の処置に関連して、猪手の先祖も、筑紫君から肥君への統属関係を—ひいてはカバネも—変えられたのではないだろうか」（門脇 1960、133 頁）と推察している。

つぎに猪手の家族についてみると、妻妾 5 人を有し、その子は 8 男 4 女、孫は 5 男 5 女である。加えて彼の弟妹たちも同籍する大家族構成であった。庶母と第 1 妾は宅蘇吉志の姓をもつ渡来系氏族の出自であり、官僚的豪族である。庶母と猪手は 12 歳しか違わないので戸主母とは考え難く、猪手の実母はすでに死亡していたとみる門脇氏の所見が妥当であろう。妻と第 2・3 妾には姓がみえないが、これについて青木和夫氏は「中国から戸籍の制度を輸入したとき、結婚して姓氏をかえない習慣もそのままとりいれたためである。もっとも古代の日本では、中世以後よりも女性の地位は高かったので、中国の習慣もしぜんとはいりこめたのだろう」（青木 1990、140 頁）として本来氏姓がなかったとされる。また門脇氏は庶母も第 1 妾も渡来系官僚的氏族であるところから、猪手との婚姻は地域有力首長間の婚姻であると考え、無姓の妻䧺多奈売が「奴婢と同様に無姓であったとは到底考えられない」（門脇 1960、123 頁）ので、猪手の実母も第 1 妾と同様宅蘇吉志が姓であったと推定し、同じく無姓の第 2・3 妾も第 1 妾と同じ宅蘇吉志の出自であったから記載を省略したとみている。そして妻と 3 人の妾は年齢からみて姉妹ではないかと考え、その「姉妹関係は母・庶

民と妻・三人の妾か、母・庶母・妻と三人の妾かである」から、猪手の家は父子二代にわたって宅蘇吉志の有力戸と婚姻したことになる。猪手の嫡妻と三妾を姉妹とみる点では北山茂夫も同所見である（北山 1948）。門脇氏は以上のような分析を通じて、猪手の婚姻形態はその「子供や従父兄弟のそれと比べて、いちじるしく古い形態を留めてい」るもので、猪手の「父子二代にわたる婚姻形態は、まさに対偶婚といわれるものにほかならない」（門脇 1960、123 頁）として、猪手の家族構成の古さは上述した経営形態のみならず、婚姻形態にもあらわれていることを指摘している。

　大宝 2（702）年の戸籍にみえる大領肥君猪手は追正八位上勲十等で年齢 53 歳である。その後『続日本紀』和銅 2（709）年 6 月乙巳（21 日）条には嶋郡少領従七位上中臣部加比が中臣志斐連の姓を賜った記事がみられる。このとき猪手が生存していれば 60 歳である。天平 6（734）年 4 月には 70 歳以上のもの新たに郡司に銓擬することを禁じている（『続日本紀』）ので、和銅 2 年時点では猪手はまだ大領在任中であった公算はきわめて大きいであろう。さらに下って承和 8（841）年正月 16 日の筑前国牒（『平安遺文』第 1 巻 67 号）には、志麻郡大領肥公五百麿に付してその前年に観世音寺から借用していた煎釜を返送させたことを伝えている。本章はじめに述べた志麻郡加夜郷の焼塩山の記載（延喜 5 年観世音寺資財帳）につづけて、「熬塩鉄釜壱口　口径五尺六寸　厚四寸　口辺朽損」とあり、国牒にみえる煎釜がこれにあたるものと考えられる。この国牒によって、このころまで肥公（君）は志麻郡司大領職を世襲していたらしいこと。肥君家は農業経営のほか塩生産の経営にも進出していたことを知りうる。肥の君の塩生産が地方交易圏の形成を背景として成立したもので国家や大社寺と結びついて行われていた視点が井上辰雄氏によって論及されている（井上辰 1967）。

5　石ヶ元古墳群の調査成果——中間所見——

　九州大学移転用地に予定されている福岡市西区元岡地区は糸島低地帯の北縁に沿い、東は旧今津湾にのぞむ山丘地域である。その北側は大原川が北東流して長浜海岸に至り、大原川を介してその北側に字桑原集落がのぞまれる。上述したようにこの地区は旧川辺郷の東半部を形成している。石ヶ元古墳群は山丘の北側を占め、東側の金屎古墳・石ヶ原古墳・南側の池ノ浦古墳とは谷を介して独立丘陵を構成している。1997 年 6 月 6 日、シンポジウムを前にして本古墳群の調査成果を見学すべく、市教育委員会調査担当者の案内のもとに 1 日現地を訪ね、さらに 8 日には福岡市埋蔵文化財センターに保存処理のため搬入されている出土資料の一部を見学することができた。すでに石室内の発掘調査を終了したものが多く、その多くが天井や壁面上半部の石材を欠いたものが多く、またまったくすべての石材を持ち去られて床面だけを辛うじてのこすものなどがある。また少数ながら幸いにも内部が良好に保存されて副葬品や被葬者（人骨）の収容状況がよくわかるものなどがあり発掘調査が継続中である。調査対象地区は東西 460 m×南北 260 m ほどの範囲で、南限寄りに東西方向の尾根線が走り、北むきに下る派生尾根と谷地形が交互に並列する山丘地勢である。福岡市教委調査団が作成した分布図によれば、当初 34 基であったが、母岩の高まりなどが誤認されたもの 3 基（16・24・26 号）をのぞいて円墳 31 基が確認されている。現地を踏査によって地形を勘考した結果以下の I〜VI 支群に分けてみることが可能である。ただし見学当日の筆者の印象であるか

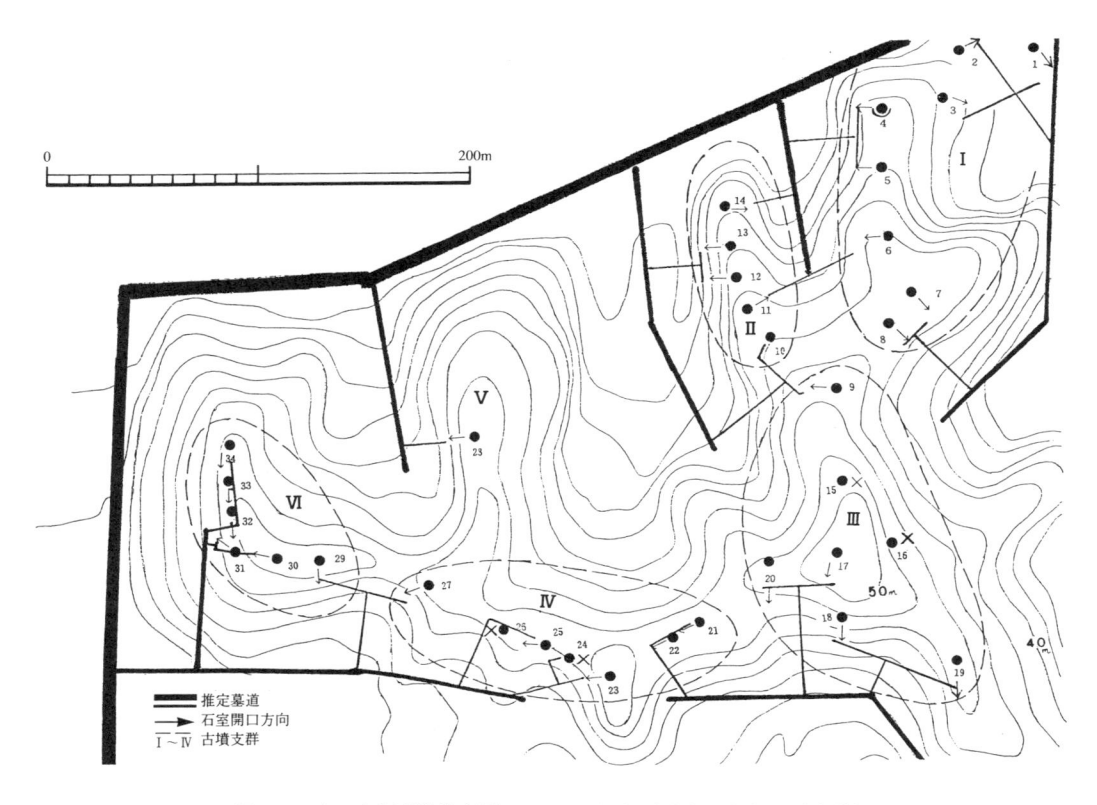

図11 石ヶ元古墳群分布図（福岡市教育委員会資料に支群分けを加筆）

ら、調査団による調査の最終段階では若干の変更も予想されるが、現段階で大勢を把握することはできるであろう。

　　支群Ⅰ　　1～8号墳…………計8基
　　　　Ⅱ　　10～14号墳…………計5基
　　　　Ⅲ　　9・15・17～20号墳 …計6基
　　　　Ⅳ　　21～23・25・27号墳…計5基
　　　　Ⅴ　　28号墳………………計1基
　　　　Ⅵ　　29～34号墳…………計6基

　見学当日大部分は発掘完了しており、一部が発掘作業中であったから、石室構造の大要は把握することができた。調査団では現段階で四類に大別する案を示している。いまこれに従い、仮にA～C類としておこう。

　A　類——規模において大・小型がある。長方形単室の正面中央に室長と同じか1.5倍程度の長さの羨道がつく形式。6・7・14号墳などは室長3.5～4mの大型石室になるが石材はほとんど持去られている。壁面の石積みは腰石を据えて上方に次第に逓減してゆく通常の方式であるが、石積みの目地には斜め積みや一部に重箱積みの技法がみられることが目につく。さらに、羨道が玄室正面にとりつくところには通常両袖石を立てているが、ここでは袖石を省略していきなり2～3段積み

表7　石ヶ元古墳群の支群と石室形式

支群	石室類型			
	A類	B類	C類	その他
Ⅰ	4・6・7		3・8	1・2・5
Ⅱ	12・14	11・13		10（未掘）
Ⅲ	9・20			15・17・18・19
Ⅳ		22・25	21	23・27
Ⅴ	28			
Ⅵ	29	30・31・32・33・34		

の羨道壁面が接続する方法がとられるところに特色がある。この方式は志麻郡域の中・小群集墳には多くみられる技法のようである。また長い羨道の床面玄室寄りにはやや間隔をあけて二つの並行する框石が配されていて、遺物の出土状況なども勘考しなければならないが、前室的な使用法が考えられる。筆者はこのような羨道と使用法は、これまでにも多く報告されていて、玄室長以上の長い羨道をつける石室構造のものには、築造時から予定されていたものと考えている。

B　類——3×1m規模の長方形平面の正面に短い外開きの羨門部がつく形式。いわゆる竪穴系横口式石室である。

C　類——2.5〜3m四方の方形プランか2.5×2mのやや長方形ちかいプランに短い羨道がつく小型石室である。本古墳群でしばしばみられる奥壁腰石を2枚並列する技法は、ここでは3枚並列するものがみられる。21号墳はいわゆる羽子板形（只字形）プランの好例である。

その他——大破していて石室形式なども認定できないもの。

つぎに支群構成単位でみて気付くことは、支群Ⅰに6・7号にような径20mの最大墳丘と大型石室（A類）をもつものがあることである。なかでも4号墳は地形上高位になる南半分に周湟を設けている。また上述の石室類型でみると表7のようである。

Ⅳ群以外各群にA類がみられるが、本古墳群の東〜北部に位置するⅠ・Ⅱ・Ⅲ群にA類が多く、なかでもⅠ群に大型墳丘（大型石室）がまとまっている。B類はⅡ・Ⅳ・Ⅵ群にみられるが、なかでもⅥ群に集中する。すなわち東〜北部にA類が卓越するのに対して、B類は西部に卓越する傾向を読みとることができる。C類は北部九州の群小古墳で最も普遍的にみられるタイプであるが、ここではⅠ群2例・Ⅳ群1例がある。Ⅲ群に多いその他（形式不詳）にも該当例が予想されるが、本古墳群では主流とはなりえなかったようである。これまでB・C類は北部九州では6世紀中頃すぎまで継続するが、以降では衰退するようである。本古墳群ではその後も継承されていたことが読みとられる。また羨道の長いA類の大型石室はそのプランには終末期の巨石構築石室とも通ずるところがあり、各支群のなかでもⅠ群のものが群を抜いている。終末期古墳段階で宗家的位置の支群を求めるならば、Ⅰ群こそがあげられるべきであろう。つづいてはⅡ・Ⅲ群が注意される。すなわち階層的位置づけをするとなれば、A類石室の卓越する東〜北部に大・中クラスの家父長および家族墓を、小型石室のA・B類石室が卓越する西部は小クラスの有力家族墓を想定することができるであろう。

出土遺物は調査中のことで未だ整理や検討がほとんどすすんでいないのは当然であるが、現段階でみても注目すべきものが認められる。出土品の概要については市教育委員会調査団作成の一覧表

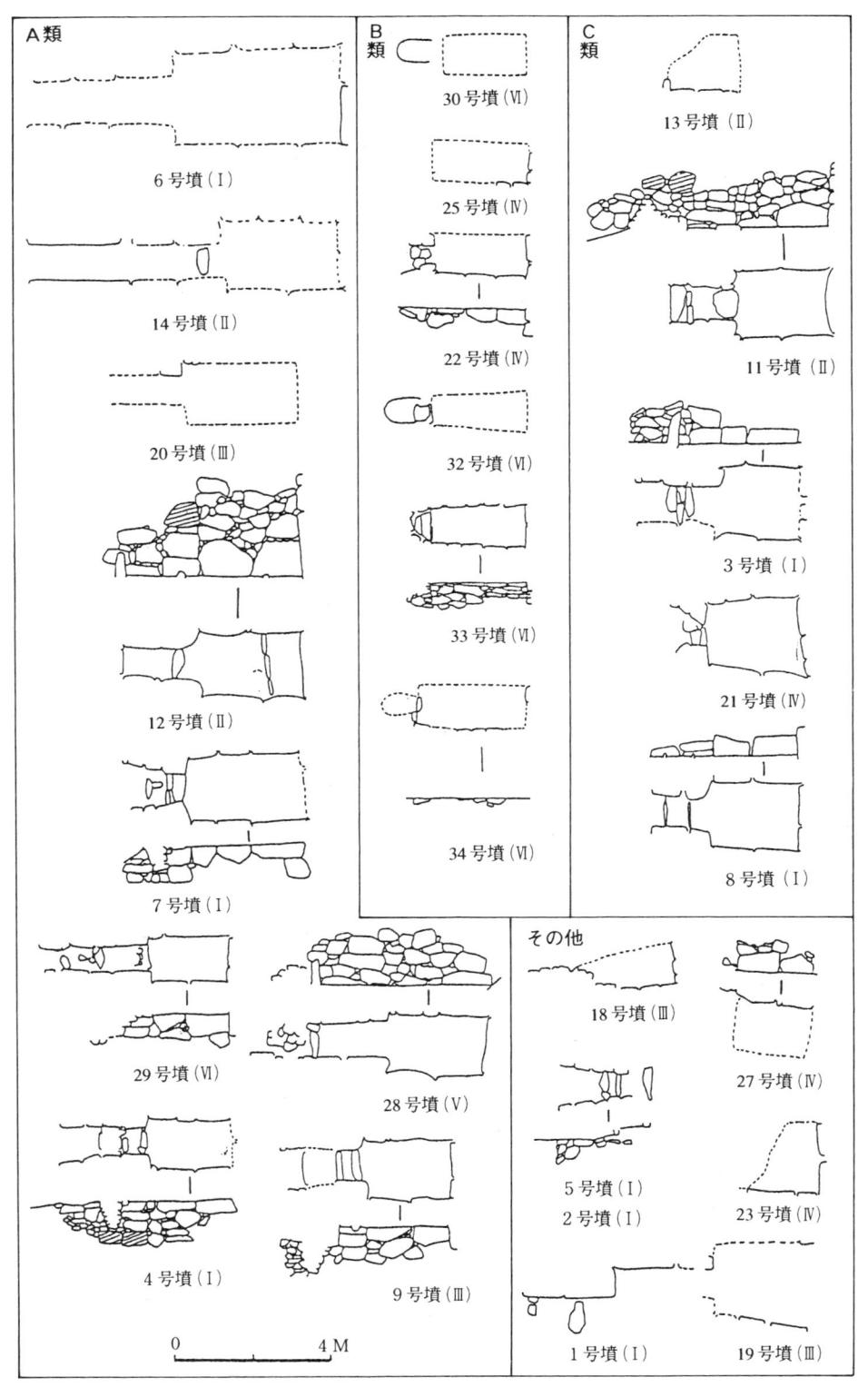

図12 石ヶ元古墳群横穴式石室分類略図（福岡市教育委員会資料による。（ ）内は所属支群番号）

表8　石ヶ元古墳群内部構造・遺物一覧

	墳形	内部主体	状況	出土遺物
1号	円墳	横穴式石室	半壊	須恵器、杏葉1、装身具
2号	円墳	横穴式石室	石材なし、床面砂利敷	
3号	円墳	横穴式石室		須恵器、金環、鉄鏃
4号	円墳	横穴式石室	石室良好、追葬あり	須恵器
5号	円墳	横穴式石室	石室全壊	須恵器、鉄刀、青磁
6号	円墳	横穴式石室	石室半壊	須恵器、鉄器、馬鈴2
7号	円墳	横穴式石室	石室半壊	須恵器、土師器、金環、鉄鏃、馬具、ガラス玉
8号	円墳	横穴式石室	石室内完存	鉄刀4、環頭1、馬具1式、装身具、鉄矛1
9号	円墳	横穴式石室	石室半壊	須恵器、小玉、金環
10号	円墳		未調査	
11号	円墳	横穴式石室	石室内完存、追葬あり	須恵器、土師器、鉄刀2、刀子1、鉄鏃、馬具、(人骨8体)、スラッグ
12号	円墳	横穴式石室	石室内完存、追葬あり	須恵器、土師器、鉄刀5、刀子1、鉄斧1、鉄鏃、轡1、雲珠1、辻金具2、銅鈴、弓金具、金環4、小玉2、(人骨)
13号	円墳	横穴式石室	石室床面のみ	
14号	円墳	横穴式石室	全壊	須恵器、土師器、金環、鉄鏃
15号	円墳		未調査	
16号			×	
17号	円墳		未調査	
18号	円墳	横穴式石室	石室半壊	須恵器
19号	円墳	横穴式石室	石室半壊、床面のみ	管玉、ガラス小玉
20号	円墳	横穴式石室	床面のみ	須恵器、土師器、馬鐸1、鉄刀、玉類、青白磁
21号	円墳	横穴式石室	石室半壊	須恵器、染付
22号	円墳	横穴式石室	石室半壊	須恵器、弥生土器片
23号	円墳	横穴式石室	石室半壊	須恵器散布
24号			×	
25号	円墳	横穴式石室	床面のみ	須恵器
26号			×	
27号	円墳	横穴式石室	石室半壊	須恵器、鉄刀1(折曲げる)、鉄鏃
28号	円墳	横穴式石室	石室内完存	須恵器、土師器、鉄斧1、人骨
29号	円墳	横穴式石室	石室半壊	須恵器、土師器、鉄刀1
30号	円墳	竪穴系横口式石室	床面敷石のみ	
31号	円墳	竪穴系横口式石室	石室未掘	
32号	円墳	竪穴系横口式石室		鉄刀
33号	円墳	竪穴系横口式石室	石室内完存	鉄刀1、鉄鏃20余

(福岡市教委作成資料に追加。1997年6月現在)

(表 8) にゆずり、ここでは筆者が実見したものから重要と思われるもののいくつかについてあげておこう。

　1 号墳　鉄地金銅張五花形杏葉 1
　6 号墳　方形鈕八角形銅鈴 2（周湟内）
　8 号墳　装身具各種玉類多数・鉄製武器（矛先・石突・単鳳文環頭大刀）・鉄製馬具一式（鞍橋・轡・輪鐙）
　11 号墳　鉄刀・辻金具
　12 号墳　鉄刀・馬具一式（轡・杏葉・雲珠・辻金具）・銅鈴
　20 号墳　鉄刀・銅製馬鐸
　28 号墳　鉄刀・有肩鉄斧・玄門部両側に遺物集積出土中
　33 号墳　鉄刀・鉄鏃 20 数点

花形杏葉（1 号墳）は九州では福岡県内で 3 例（宮若町竹原古墳・鞍手町銀冠塚古墳・朝倉市狐塚古墳）の出土例が知られており、4 例目の発見となった。形態は銀冠塚タイプであるが円形凹文は中心の 1 個をめぐって周囲に 6 個をめぐらしている。小野山節氏の分類と編年によれば第 4 期にあたり、7 世紀前半代に比定される。また花形杏葉と鏡板出土古墳の分布が群馬・栃木・千葉・静岡県の東方に多く、福岡県 3 例（本例を加えて 4 例）で中央部が欠落しているところから、「花形杏葉の馬具は関東と北部九州で製作したと考えるよりも、中央部で製作して双方にもたらされたと考える方が妥当である。関東の花形杏葉と鏡板は、北九州の出土品に、技法においても製品においても酷似しているからである」（小野山 1983、24〜24 頁）という指摘が注意される。

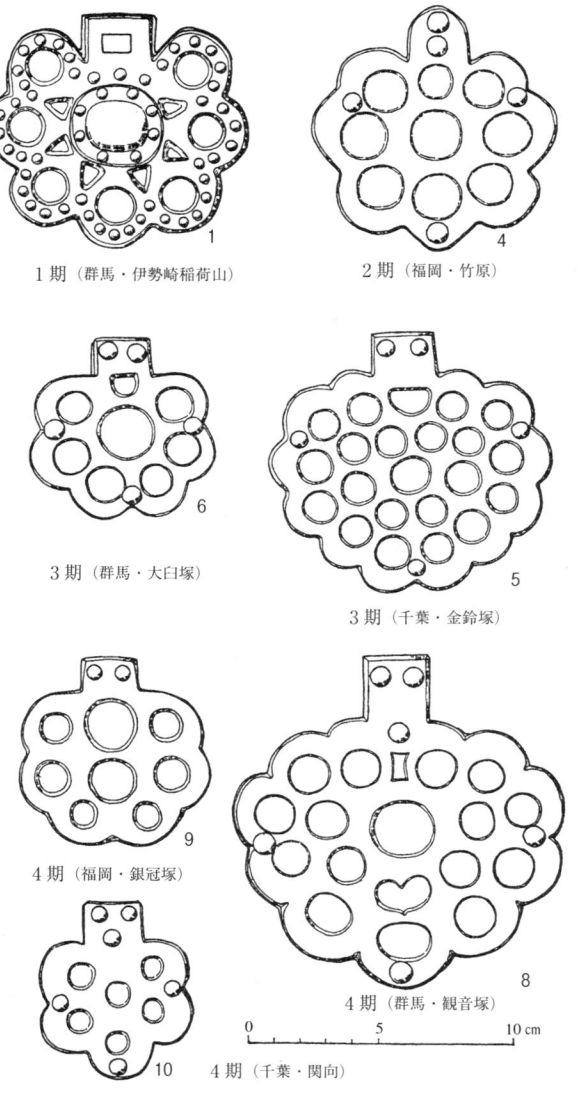

図 13　花形杏葉の種類と変遷（小野山 1983）

単鳳文環頭大刀（8 号墳）は、前原市〔現糸島市〕西堂・古賀崎古墳（前原町教育委員会 1986）の単龍文環頭の技法に近いかと思われるが、福岡市西区拾六町・高崎 2 号墳（福岡県教育委員会 1970）の単鳳文環頭よりややすぐれているように思われる。6 世紀後半代に比定されよう（図 14、図 15 参照）。

また 8・12・20 号墳で顕著な馬具についてみると、鞍橋・素環轡・輪鐙などの製作は頑丈で実用

図14 単龍文環頭（古賀崎古墳）
（旧前原市教育委員会提供）

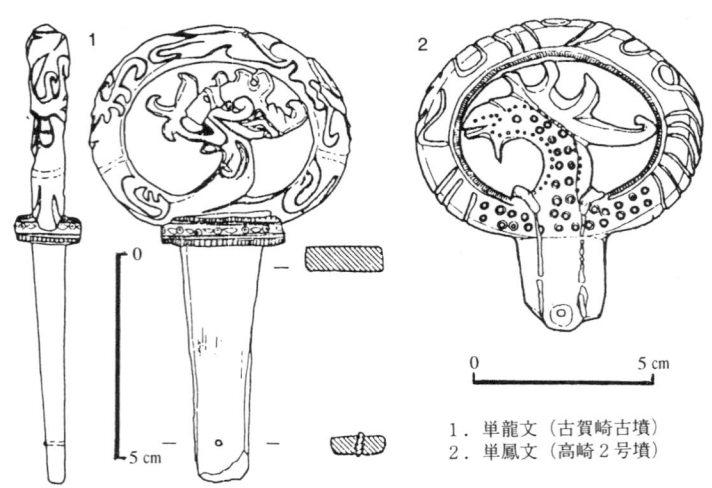

図15 環頭大刀の龍鳳文2例
1．単龍文（古賀崎古墳）
2．単鳳文（高崎2号墳）

に耐えるものであることが注意をひく。青銅製馬鐸（20号墳）は吊手を欠損しているが両面に対角線を加えた長方形文様を鋳出した優品で6世紀後半代の類品がある。輪鐙（8号墳）は踏みこみ部を二叉にして凹凸をつくりつけた製作である。武器（鉄刀・鉄鏃）の保有が卓越していることも本古墳群の特徴である。あい似た形と大きさの方形鈕八角形銅鈴は6世紀後半以降の横穴式石室古墳からしばしば発見されているが、近年の編年研究（白木原 1997）に照らしても終末期古墳の時期まで流行したタイプのものである。

　調査団の説明では8・11・12・28号墳が比較的遺物にまとまった状況がみられ、7世紀末から8世紀にかかる頃の須恵器を出土しているという。本古墳群では須恵器を副葬するものが多いので、時期比定には有難いことである。最古の須恵器では墳丘上から6世紀後半代のややさかのぼる様式のものが出土しているという。被葬者の判明するものでは8号墳で床上げして追葬を行い被葬者は6人以上を数える。11号墳では8体を数え、最終段階の被葬者は伸展葬、それ以前の人骨は井桁状に組んで整理されていたという。調査中の12号墳では4体以上の被葬者を実見することができた。一般に7世紀代に入ると造墓活動は衰退して、追葬してゆく傾向が認定されているが、これらの状況からも同様な動向が推察される。しかし実際に7世紀代のどのあたりまで造墓作業が行われたかを確定するのは、調査団の最終整理に期待したい。いずれにせよ、本古墳群が把君猪手の世代前後を含んで行われていることが知られたこと。また古墳時代後～終末期の一群集墳が各支群も含めて全貌が明らかにされる貴重な調査例となったことは重要な成果であった。

6　志麻郡の群集墳とその性格

　以上検討してきた石ヶ元古墳群は、川辺郷比定地におけるもっともまとまった7世紀代前後の最大群集墳であることが明らかになったが、旧志麻郡の他郷域ではどうであろうか。そのためには旧

志麻郡域の古墳分布調査の成果を前提とする必要がある。さきに図2に示された主要古墳分布図は志摩町〔現糸島市〕・前原市〔現糸島市〕・福岡市西区の成果を集成し要約したものである。比較的まとまった地域として火山北麓の志摩町久米周辺（久米郷）、火山南麓とその南にあたる可也山北麓の地域（明敷郷）、可也山南麓の志摩町道目木・波止場地域（志麻郷）などが注目される。しかしこれらの群集墳の発掘調査はほとんど成果をあげていない状況である。そこで古墳内部の調査が判明しているもののいくつかについて概要をまとめておこう。

久保地古墳群（糸島市志摩町大字芥屋818番地ほか）（志摩町教育委員会 1987）

志摩半島の西北端に位置し、旧鶏永郷に属する。外海にのぞむ低台地上に西に開口する2基の横穴式石室が並存している。すでに天井石は持ち去られているが、芥屋大門産の六角形柱状節理をなす玄武岩を使用して石室を構築している。1号墳は左右幅3.15m・奥行2.12mの長方形プランで、現存高1.55m。正面中央の羨道は長さ1.7m・幅0.76・高さ1.1mである。2号墳は1号墳が壁材を小口積みしているのに対して平積みしている。また1号墳では羨道両壁は平積みして袖石を立てないが、2号墳では石室正面左右に袖石を立てていたものが倒れて発見された。石室の奥行2.0m・幅1.4m・現存高0.55m、羨道は長さ0.5m・幅1.2mで、その前方は素掘りの墓道が延びている。両石室とも腰石の使用がなく、1号墳はやや明瞭さを欠くが、2号墳は明確な重箱積の技法をみせている。このような石積み技法からみても終末期に比定されるが、1号墳の方がやや先行すると思われる。両古墳の遺物はつぎのとおりである。

1号墳（図16）
 装身具 ガラス玉（1～3）・土玉（4～7）・金環（8～10）
 工　具 鉄鎌・鉄刀子
 須恵器 蓋杯・壺・坩

2号墳（図17）
 装身具 ガラス玉（11～30）・土玉（31～38）・金環（39～43）・金製垂飾付耳飾（44・45）
 工　具 鉄刀子・鉄斧・鉄釣針
 武　器 鉄剣・鉄鏃
 土師器 杯（1～3）・高杯（4）・甕（5）
 須恵器 蓋（8～14）・杯（15～21）・椀（22～24）・高杯（27・28）・平瓶（25・26）

須恵器の示す特徴は1号墳で6世紀末～7世紀前半、2号墳で7世紀前半～末頃である。なかでも2号墳では金製垂飾付耳飾1組があり、石室規模ともあわせて中・小クラスの首長層と思われ、外洋で使用したかと思われる鉄釣針の存在も注目される。「海に依拠せざるを得ない地形的条件から、この地は古くから海とかかわり、又交易をになう役割をもったであろう」（志摩町教育委員会 1987、1頁）という評価はこの古墳の有する性格をよく示している。

向畑2号古墳（糸島市志摩町大字野北字向畑2303番地）（志摩町教育委員会 1988b）

北の彦山と南の火山に挟まれ、玄界灘に注ぐ桜井川の河口丘陵上に在る。旧久米郷に属する。主

302　第2部　古墳時代

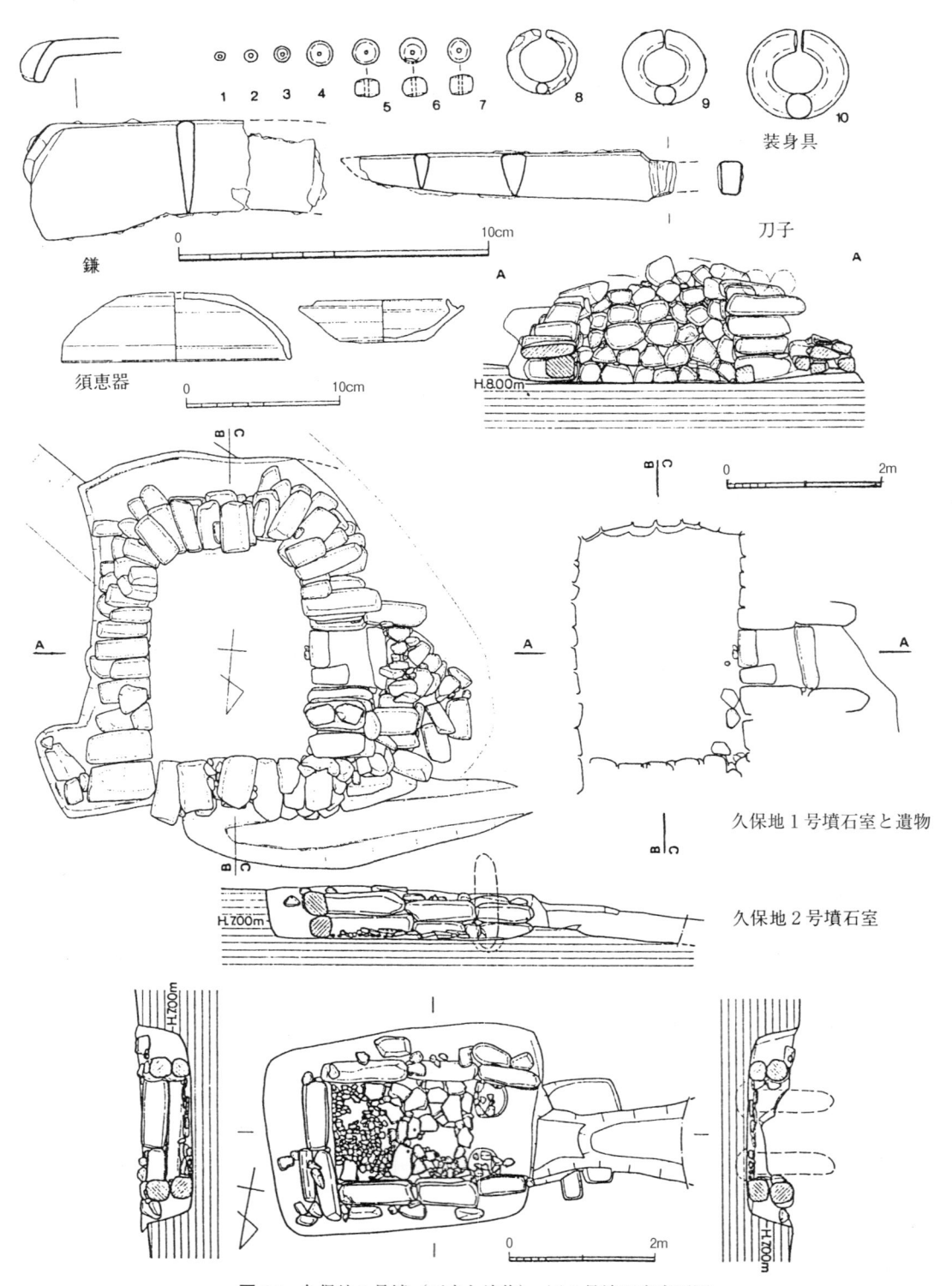

装身具

鎌　　　　　　　　　　　　　　　　　　　　　刀子

須恵器

図16　久保地1号墳（石室と遺物）・同2号墳石室実測図

久保地1号墳石室と遺物

久保地2号墳石室

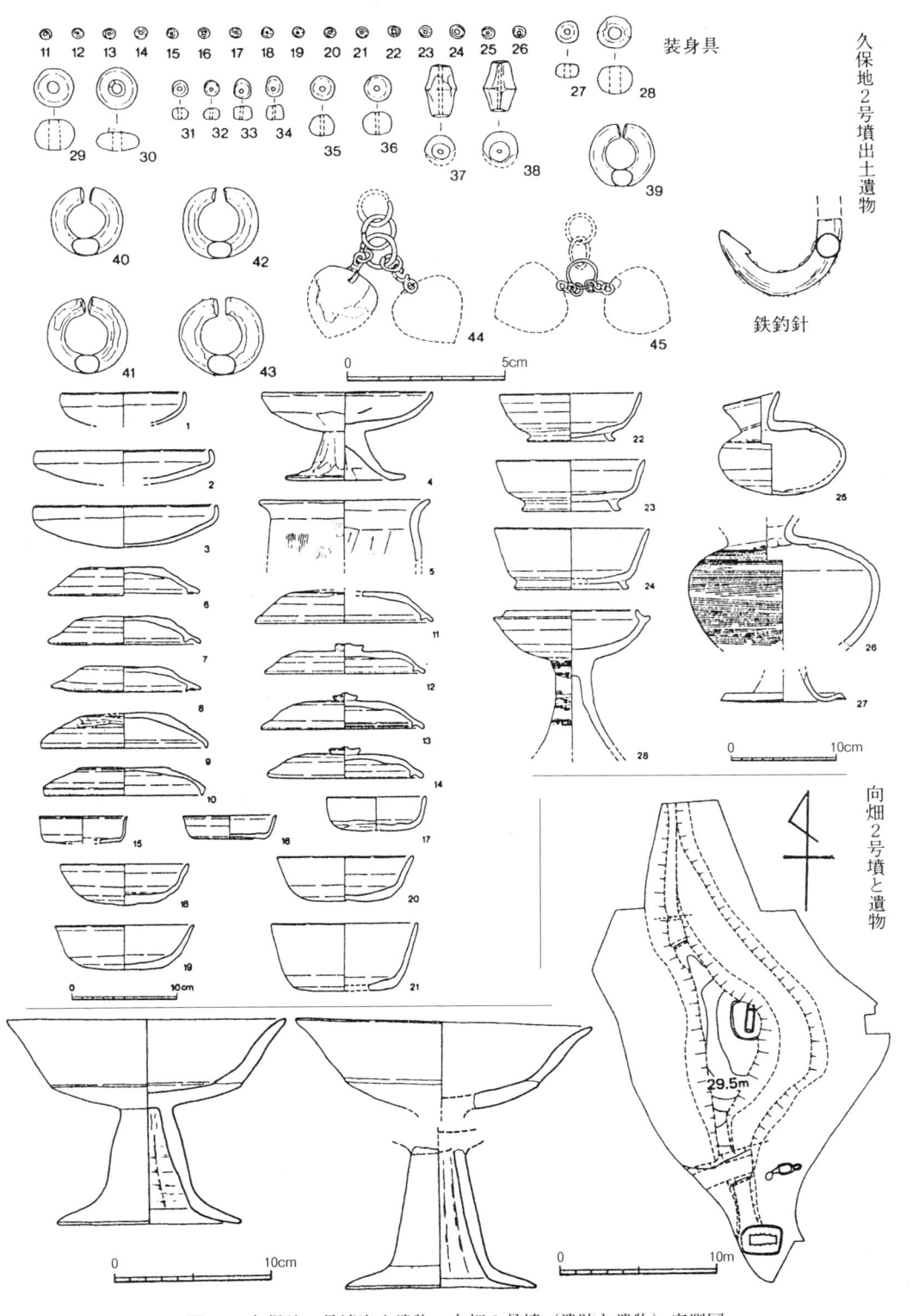

図17 久保地2号墳出土遺物・向畑2号墳(遺跡と遺物)実測図

体部の周囲が削平されているが、南北に周溝状遺構の一部がのこり、本来は径14～15mの墳丘であったと思われる（図17下）。墳丘上には小礫を葺いていたようで、主体部は南北を主軸にとる隅丸長方形の墓壙内に木棺を据えていた痕跡がある。木棺土壙の規模は長さ1.87m・幅0.39～0.5m・深さ7～8cmである。南周溝の外側発掘区南端で東西方向の竪穴式石室1基が発見された。2号墳の墳丘南裾から土師器高坏4点分が発見されている（図17下）。その特徴から5世紀前半代に比定される。本古墳は桜井川の形成する小沖積平野をのぞみ、玄界灘に面した良港を有する小地域首長層を考えることができる。

四反田古墳群（糸島市志摩町大字松隈字四反田）（志摩町教育委員会 1991/1992）

初の東方に当り、北行と東行する道路に挟まれた舌状丘陵上にある。旧川辺郷と旧明敷郷の境界あたりと思われる。計6基の円墳群で構成される（図18上）。内部主体の調査されたのは1・2・3号墳である。各古墳の規模・内部主体・遺物などについてまとめると表9のようである。

1号墳の箱式石棺は主軸を南北にとり、内法長1.75m・小口幅0.3～0.35mで長壁は各3枚の石材を立て、南と北に小口壁を挟みこんでいる。2号墳の竪穴式石室は主軸を南北にとり、南半部は破壊されている。現存長0.7m・小口幅0.45mである。調査前に地権者が保有した仿製変形神獣鏡は面径12.7cmである（図18右上）。3号墳は2つの竪穴式石室を並存し、1号主体部は長さ1.9m・小口幅0.42～0.55m・深さ0.3～0.35mである。2号主体部は1号主体部の東側にあり、長さ1.04m・小口幅0.26～0.33m・深さ0.33mである（図18下）。小児用石室と推定され、小玉・管玉などが石室内から発見された。また1号主体部の琴柱形石製品は盗掘坑から、勾玉は埋土からの発見である（図18右中・下）。

古墳群中の中核をなすのは3号墳で、4世紀末頃の小地域首長であったと思われる。他の小古墳もそれを前後する時期の家族や小首長であろう。2号墳は銅鏡から5世紀前半代に比定される。この古墳群と同時期の前方後円墳開1号墳（全長90m）がこれより南1km余の井田原に在り、おそらく両者の交渉があったとすれば、階層的には中クラスの地域首長に位置づけられる存在であったかと考えられる。

表9 四反田古墳群一覧表

古墳番号	外形(m)			内部主体	遺物
	形式	墳径	高さ		
1号墳	円墳	9.0	0.8	箱式石棺	
2号墳	円墳	9.4	1.17	竪穴式石室（半壊）	変形神獣鏡1
3号墳	円墳	22.0	1.9	竪穴式石室2 ｛1号 2号｝	滑石勾玉1・滑石琴柱形石製品1 / 滑石小玉62
4号墳	円墳	11.2	1.25		
5号墳	円墳	8.0	1.0		
6号墳	円墳	6.4	0.8		

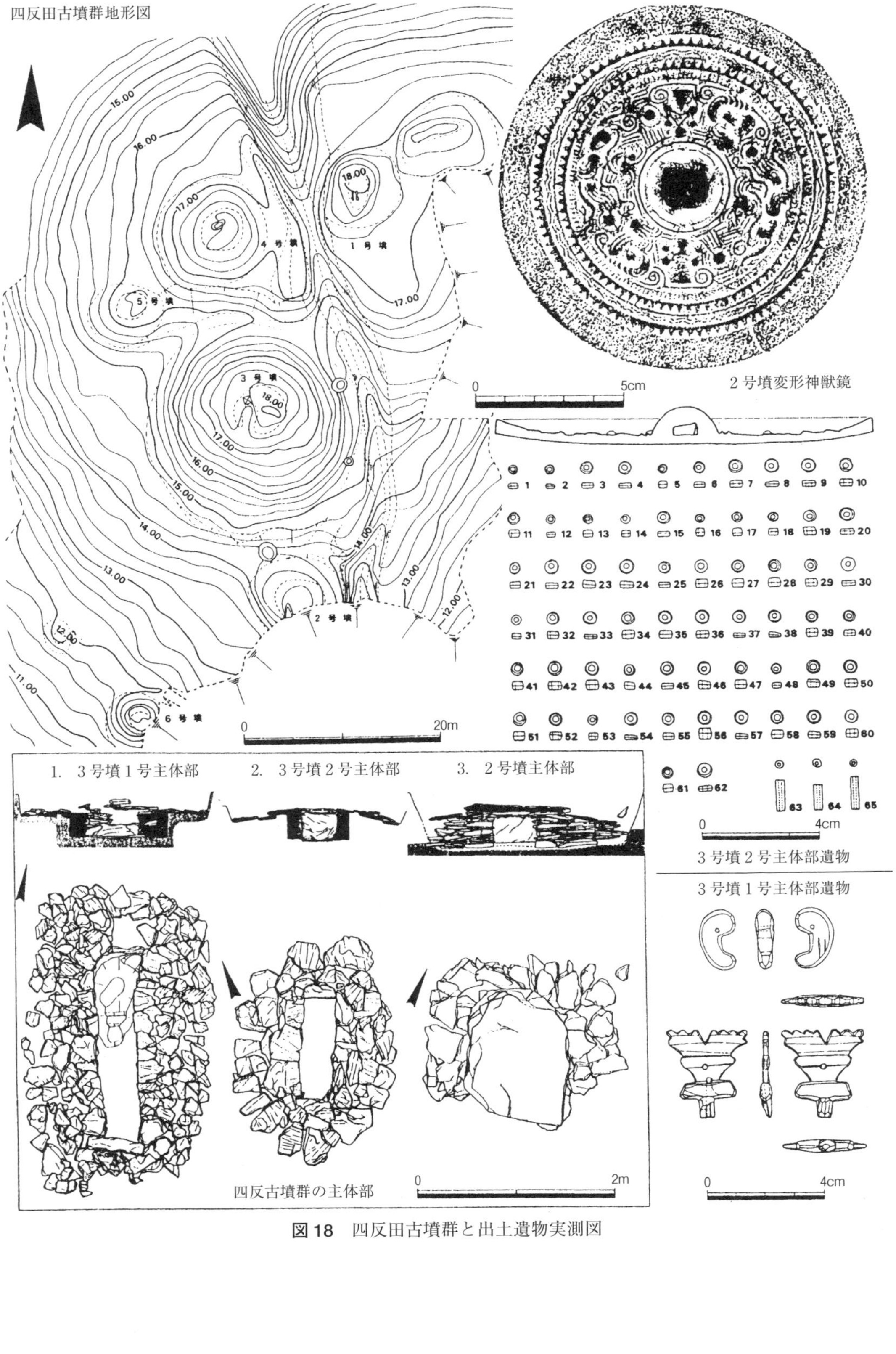
四反田古墳群地形図
15.00
16.00
17.00
18.00
4号墳
1号墳
5号墳
3号墳
2号墳
6号墳
14.00
13.00
12.00
11.00
0
20m
0
5cm
2号墳変形神獣鏡
0
4cm
3号墳2号主体部遺物
3号墳1号主体部遺物
0
4cm
1. 3号墳1号主体部
2. 3号墳2号主体部
3. 2号墳主体部
四反古墳群の主体部
0
2m

図18　四反田古墳群と出土遺物実測図

三十六第 7 号墳（糸島市志摩町大字小金丸字三十六 3358 の 1 番地）（志摩町教育委員会 1982）

　火山から南に派生した尾根上にある。旧明敷郷に属する。古墳群は採土や崖崩れなどで数度にわたり破壊をうけて石室も露出し、1970 年代から鉄刀・銅鈴・須恵器などが出土していたが、その後も崩壊がつづき 80 年代に至って完全に消滅した。花崗岩で築造された横穴式石室は東南方向に開口していた。出土遺物はつぎのとおりである（図 19）。

　　馬　具　方形鈕八角形銅鈴 1（1）・鉄地金銅張留金具 1（2）
　　武　器　鉄刀・鉄鏃（3〜12）
　　土師器　杯（1）
　　須恵器　坩蓋（2）・杯蓋（3）・提瓶（4）

　6 世紀後半頃と推定されるこれら遺物には元岡地区石ヶ元古墳群の出土品とも共通するものがあって注意をひく。銅鈴や鉄鏃の形式にみる腹挾柳葉式（3）・尖根のみ箭式片丸造り（11）などは石ヶ元古墳群にも実見したところである。須恵器などから石ヶ元古墳群の古段階並行期に比定される。

　これまで旧志麻郡の古墳分布・首長墓（前方後円墳）の変遷・元岡石ヶ元古墳群などについて検討してきた。首長墓の出現・盛行の様相は北部九州の他地域とさして変わった様子はないが、5 世紀前半代をすぎると初川流域周辺では首長墓は姿を消すが、元岡地区では 6 世紀前半代の石ヶ原古墳までたどられるのが現段階での予察である。地域首長墓の変遷を考える場合、糸島低地帯をこえて旧怡土郡まで含めての近代以降の糸島郡域まで拡大して、首長権の断絶や移動をなんら疑いもなく論ずるのが近年の傾向である。しかし律令時代の地方政治領域が郡単位で展開し、郡司に補される家系が古墳時代にさかのぼる当郡の豪族であることが一般的であることを考慮しなければならない。したがって当郡単位をこえない範囲での首長墓の変遷をまず優先して考察すべきであろうと考える。6 世紀前半代まで糸島低地帯の東半部寄りの旧川辺郷に首長墓が展開したことは、筑紫君磐井の乱あたりまで博多湾沿海地域に筑紫君の勢力が及び、大陸交渉の拠点となる港湾（のちの糟屋屯倉）を保有していた。すでに述べたように、欽明紀 17（556）年正月条にみえる筑紫君は筑紫君と肥君の婚姻関係に由来する人物であったが、両者の関係はおそらく磐井の頃には成立していたと思われる。そしてこのことが磐井の乱による筑紫君の後退にかわって肥君系が北部九州への進出をうながし、やがて嶋郡大領肥君猪手の存在にもみられるような統属関係の変化を生じたのであった。磐井の乱後に川辺郷を拠点とする肥君家にも、ヤマト政権の朝鮮半島出兵のための軍事基地化がすすむなかで、今津湾を介して博多湾に通じる軍事上・交通上の要衝としてヤマト政権の支配力が強く及ぼされたであろう。元岡石ヶ原古墳群の調査成果は、前方後円墳体制下における最後の首長墓となった石ヶ原古墳以後、大領肥君猪手が登場する 7 世紀後半代までの動向を包蔵する重要な群集墳であることを提示した。

　群集墳研究は近年の古墳研究分野でも著しい進展をみせている。旧志麻郡域でも 5 世紀前半頃までの古式群集墳は、小地域首長とその家族で構成される少数単位であり、旧郷内にいくつかの単位群が並存する在り方であることが上述したところからも明らかである。

　後期群集墳の研究は近藤義郎氏らの研究によって、従来の古墳は豪族・貴族の墓であるという通

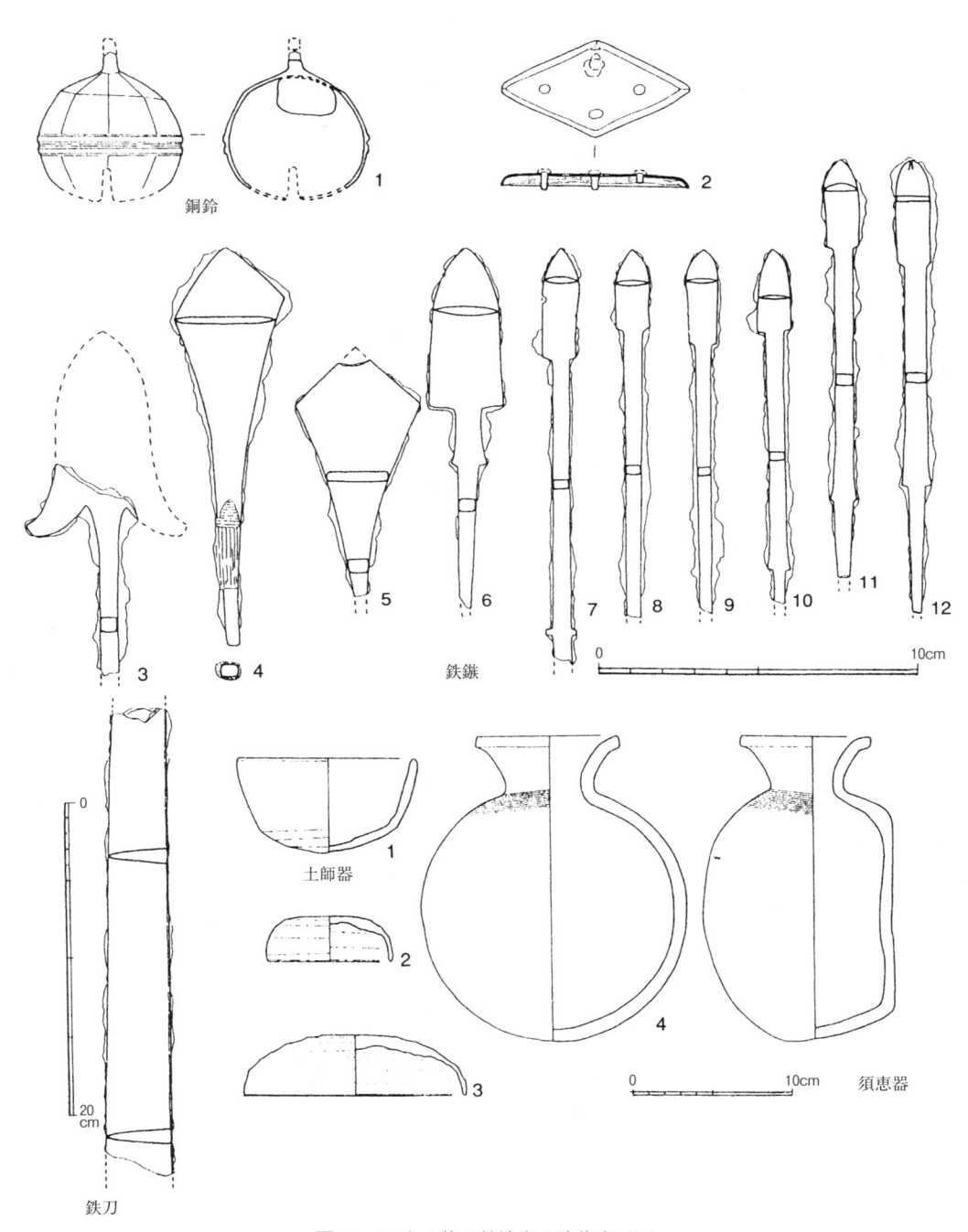

第7章 筑前国志麻（嶋）郡の古墳文化 307

銅鈴

鉄鏃

土師器

須恵器

鉄刀

図19 三十六第7号墳出土遺物実測図

表10 川辺里戸籍にみる郷戸主と家族構成一覧

戸番	郷戸主名	戸口数	寄口数	異姓 世帯(人数)	異姓 単人数	同姓 世帯(人数)	同姓 単人数	備考
③	大家部猪手	14	4	1(4)				戸主妻と寄口妻同姓
8	?（物部）	31	2			1(2)		(家父長制的世帯共同体のC型)
10	?（肥君）	35	8	1(8)				(家父長制的世帯共同体のA・C型)
⑫	葛野部 勾	22	12	2(4)	1	1(7)		
⑬	卜部首羊	5	2			1(2)		
⑭	物部麻呂	13	4	1(2)	2			
⑮	葛野部色夫	11	7	1(7)				
16	肥君猪手	124	26	3(14)				他12名は欠。従父弟妻と一世帯妻および一世帯主と同姓
⑲	肥君梨麻呂	23以上	9	1(7)		1(2)		
⑳	弓西部直酒手	8以上	3	1(3)				
㉒	建部牧夫	19	9		2	1(7)		
㉓	肥 君	10以上	1			(?)		
㉔	物 部	27	8	1(7)	1			
	合 計	342	95	12(56)	6	5(20)	0	

（戸番の○印は、単婚家族的形態）（門脇 1960）

説を破り、後期に爆発的に全国各地に存在することを、古代社会にあって共同体からの家父長家族の成長の結果であり、原始共同体の変質・解体と認識する立場を明確にした（近藤ほか 1952）。以来、後期群集墳の歴史的評価をめぐる諸説が発表されて群集墳研究は今日の隆盛をみるにいたった（喜谷 1964、甘粕 1995）。石部正志氏は後期群集墳の一般的特徴としてつぎのような諸点をあげている（石部 1980）。

① 1個所に数基ないし数十基ときには数百基の古墳が密集する。
② それらの大半が墳丘径20m未満の小円墳である。
③ 横穴式石室（あるいは横穴墓）を内部主体とする場合が多く、一墳多葬の傾向が顕著である。
④ 築造および埋葬の年代はほぼ6～7世紀代に集中する。
⑤ 副葬品の質量も貧弱であるが、それぞれ若干の鉄器、玉類、金・銀環（耳飾）・須恵器・土師器などの日常容器・時には馬具もみられ、被葬者や後継者が一定の動産を所有していたことを示している。とくに大刀・矛・弓矢など少量ながらも武器類を副葬している点が注目される。
⑥ 群集墳にはうちに首長墓を含むものと含まないものがある。古墳の規模・構造・副葬品の質量などによって、首長の性格にもいろいろな差違がある。

以上数えあげられた諸点で、後期群集墳の一般的特徴はほぼつくされているようである。上述した元岡石ヶ元古墳群の内容に照らしてみても、そのほとんどが合致していることが知られる。石ヶ元古墳群の造墓から追葬終了までの埋葬期間は6世紀後半から8世紀初めに及んでいた。ヤマト政権の前方後円墳体制が衰退した後、北部九州では直接的には磐井の乱の終結後ある時間的経過の後、築造が開始されている。後期群集墳の出現を、一個の小経営者に成長した家父長制的家族の自立という従来の共同体社会の分解を説く古典的解釈はいまなお否定する必要はないと考えている。そし

第7章　筑前国志麻（嶋）郡の古墳文化　309

て個々の古墳の営造には被葬者の家族だけで行われたのではなく、共同墓地（群集墳）を構成する同族集団の相互扶助によってその景観が形成されて、現在にまで継承されているとみることができる。石ヶ元古墳群では支群構成でみたように、第Ⅰ支群でとくに大型古墳がみられ、第Ⅵ支群では最小規模のグループが、そのほかでは中型クラスの石室規模をみることができた。大領肥君猪手の奥津城が石ヶ元古墳群中の大型クラス古墳に比定されるのか、別地点の大型円墳などに求められるのかは現段階まででは決定できない。彼の家族構成（表6参照）が示すように、その形態は郷戸主である猪手と兄弟関係によって結合する門脇禎二氏のC型類型であり、複数の単婚家族を含んだ大家族であった。しかも一方では各小世帯が自立化しようとする家父長制的世帯共同体の解体傾向を、伝統的な家父長制的規制によって制約を加えて古い家族形態を依然として留めていたことが指摘されていた。このような意識構造を背景として群集墳も営まれていたことは、川辺里における他の郷戸構成にも規模こそ突出した猪手の大家族には及ばないものの、大同小異であったことがうかがわれる（表10参照）。石ヶ元古墳群で検討された古墳の支群構成や石室ランクの三大別の認定などは郷戸主・親族世帯・有力寄口などまで被葬者の対象として考慮すべきかと私考している。

　北部九州では7世紀末～8世紀前半に郡司クラスによる仏教寺院＝氏寺の建立がみられ、一郡一ヶ寺的在り方が基本的様相であった（小田　1983d/1985c）。志麻郡は8世紀代には8郷構成からなり、寺院1ヶ寺があっても不思議ではない。しかし旧志麻郡域では初期寺院跡はおろか、古代瓦の発見もない。また火葬骨蔵器の報告例にも接しない。単に狭郷であるからという理由では説明しきれないであろう。志麻郡では仏教思想や仏教文化に対する関心がなかったか、きわめて稀薄であったのであろうか。肥君猪手家の家族構造の分析で指摘された古い形態の残存が、新しい思想・文化の受容に対して必ずしも積極的でなかった状況を生みだしたのではなかろうか。肥君猪手の墳墓が火葬墓であることの可能性を指摘する説に否定的とならざるをえない筆者の論拠である。

　ヤマト政権は磐井の乱後の対九州政策として屯倉の設置や軍事的部民の編成などを導入して直轄的支配体制を強力におしすすめた。それは朝鮮「半島経営の最終的前進基地として北九州沿岸部を安定的に確保するためには、九州豪族連合の解体と朝廷の政治的経済的支配体制を再編強化する必要（板楠　1991、219頁）があったからにほかならない。筑紫君や筑紫肥君ら九州の諸豪族が半島出兵に動員されて戦闘に参加することになったのは『日本書紀』その他に伝えられている。彼等は配下の民衆を動員して軍隊を組織し、いわゆる"国造軍"を編成して参加することとなった（直木 1968）。

　また一方ではヤマト政権は屯倉制的支配をすすめるなかで、家父長制的家族に成長してきた個別家族に対して、国家的な個別人身支配方式を強化していった。このような背景のもとに集団に与えられた身分表示として群集墳が営造されたとする視点が提示されている。その具体的内容を古墳や集落における日常的な鉄製武器の存在に求めて、武器を保有する直属軍事集団の編成を考えようとするものである。このような立場に立って甘粕健氏はつぎのように評価している。「群集墳の中には、古墳の外形はその他のものとはっきりした違いはないのに、副葬品の中に前方後円墳の副葬品に劣らぬ立派な金銅製馬具や環頭大刀を有するものが含まれている。こうした被葬者は、共同体の内部から新たに台頭した有力な家父長層の中からヤマト政権が選んだ官僚的な小首長と考えられ

る」(甘粕 1995、311頁)。

　石ヶ元古墳群における鉄地金銅張五花形杏葉(1号墳)や単鳳文環頭大刀(8号墳)の発見、さらには大刀や鏃などの武器を保有するものが少なくないこと、実用を思わせる頑丈な馬具の保有など、ヤマト政権の軍事編成の拡大に起用された人々であったことを思わせるに十分であろう。

　志麻郡の小首長たちは石ヶ元古墳群のみにとどまらず、久保地古墳群にみる金製垂飾付耳飾や、三十六第7号墳にみる銅鈴・鉄刀・鉄鏃など外洋交渉にかかわる性格や軍事的性格を示している古墳があった。外洋活動を得意とした志麻郡の人々は、6～7世紀代にヤマト政権の新しい九州支配政策を承けて活動した肥君(筑紫肥君)に従って出征したことであろうと思われる。

7 余論——元岡地区の古墳保存問題——

　以上述べてきたところから旧志麻郡の古墳文化、さらには元岡地区の古墳のもつ歴史的評価について明らかになってきたと考える。

　本章の発端となったのは冒頭にも述べたごとく、元岡地区への九州大学移転計画に伴う古墳調査と、福岡市教育委員会の遺跡に対する不十分な評価と、マスコミに示された頑なな対応にあった。すなわち福岡市教育委員会では1996(平成8)年11月14日の新聞で元岡地区の埋蔵文化財の試掘調査をほぼ完了し、古墳時代に関しては「前方後円墳6基と円墳72基」(毎日新聞)が発見されたこと。「墳丘自体が前方後円墳として非常に小さく、弱小豪族のものと推定される」(毎日新聞)こと。「遺跡東側にある今宿地区の諸遺跡と比べ、遺跡分布の密度が粗かったり、古墳に、はにわやふき石が欠けている点を挙げ、今のところ、記録保存で十分という考え」(朝日新聞)などと報じられた。一方、都出比呂志大阪大学教授(当時)の「開発にあたっては、保存対策を学会や専門家に諮って慎重に対応してもらいたい」(朝日新聞)の談話も報じられていた。これに対して九州考古学会では同年8月に委員諸氏で元岡地区の前方後円墳調査を見学し、その後の情報収集なども踏まえて、直ちに委員会を召集して、市教委の発表への対応を協議した。当時会長の任にあった筆者が代表として事にあたることとなり、以下のような保存要望書を九州考古学会の名において同年11月20日付で九州大学総長・福岡市長・福岡市教育長・新聞各社に発送した。学会関係では日本考古学協会理文対策部会の方にも郵送して採択され、同会からも福岡市に保存要望がなされた。

　九州大学総長　殿

　　　　　　　　　　　　　　　　　　　　　　　　　　　九州考古学会
　　　　　　　　　　　　　　　　　　　　　　　　　　　　　会　長　小田富士雄

　　　　　　　九州大学移転用地内古墳群の現状保存に関する要望書

　こんにち「糸島」と総称される地域は、古代から近世まで「怡土」「志摩」の二郡に分かれた地域であり、いつの時代においても常に大変重要な歴史的・地理的環境にあります。とりわけ、大宝2年(702年)の筑

前国戸籍に記載された志摩郡の大領（郡司）「肥君猪手」の戸は、古代戸籍における最大の戸として学界で広く知られております。

　過日、九州大学の移転用地としてこの地域が選ばれたとの報道に接して以来、この地域の歴史的重要性に鑑みて、私どもも強い学問的関心をもって注目してきました。そして、今夏には、いまだ試掘調査が進行中ではありましたが、本学会運営委員会による現地の見学を行い、前方後円墳6基を含む重要な古墳群を内包する遺跡群であることを確認いたしました。

　ところが、11月14日の新聞には、「今宿地域に比べて古墳の分布密度が低い」「葺石や埴輪をもたない」「墳丘が小さい」などの根拠で遺跡としての重要度は低く、記録保存にとどめるという、福岡市教育委員会の記者発表の内容が報道されていました。しかし、今宿地域は「旧怡土郡」に属するものであり、「旧志摩郡」とは別の地域単位であります。「旧志摩郡」の歴史はその地域内で研究されなければならないことはいうまでもありませんし、他地域との比較で遺跡の優劣を判定するなど全く意味のないことです。また、葺石や埴輪の有無が古墳の価値を決定するものでないことは学界の常識でありますし、古墳群の中に含まれる4世紀代の前方後円墳は、たとえ小規模でもその存在自体が貴重とされているものです。しかも、小円墳群とされた6世紀後半の「石ヶ元古墳群」から、首長層の墓に副葬される馬鐸や鍍金された馬具が出土している事実が発表から欠落しておりました。

　このように、福岡市教育委員会の発表内容は、遺跡を評価するうえで必要な情報が欠落したり、また他地域の古墳群との比較に適切さを欠くなど、ことさらに遺跡の価値の低さを印象づけるためのものであったと考えます。

　私たちは、今回の調査において、これまで首長墳としては「池ノ浦古墳」など数基が分散した状態でしか知られておらず、空白に近い状態であった「旧志摩郡」において、首長墳が4世紀代から系列的に知られたこと自体が重要であると考えます。とりわけ、6世紀後半における鍍金馬具・馬鐸の存在は、出土した円墳が首長墳であることを十分に推測させるものであり、これはこの地域に古墳時代の終わりまで首長墳が継続したことを示し、大宝2年戸籍における「肥君猪手」との連続をうかがわせるものであります。

　古墳時代の首長墳系列と『古事記』『日本書紀』に登場する豪族との対比が可能な古墳群は全国に散在しますが、いずれも学問的に高く評価され、古墳公園などのかたちで保存・整備されております。今回、九州大学移転用地で発見された古墳群は、豪族名との対比が可能であります。そればかりか、志摩郡の大領（郡司）であった「肥君猪手」の戸籍が現存しており、古墳の群構成と豪族とその一族の具体的な構成との対比が可能であるという点で、全国に例を見ないものであります。また、これまで長く学界で問題とされてきた、「肥君」を名のる筑紫（志摩郡）の豪族の具体像についても重要な情報をもたらすものと、私たちは確信しております。

　以上のようにこれら古墳群は高い学問的価値をもつものであり、本来ならば現状保存し、整備のうえ古墳公園として広く市民に公開し活用すべき価値を有するものであります。これらの点を考慮のうえ、最高学府にふさわしい高い見識を示されることを強く要望します。

（註）上記付線部分は、福岡市関係分には以下のように文章がかわっている。「遺跡のもつ高い価値を考慮され、九州大学の移転に伴う事業にあたりましては、現状保存を前提として行われることを強く要望いたします。」

　これは再びマスコミから学会対行政当局という対立図式を喧伝しながらにぎやかにとりあげられることとなった。しかし市教育委員会側の態度は頑なな答弁がくり返されるばかりであった。また福岡市文化財審議会の席上でも市教育委員会の新聞発表は学術的判断の基本が誤っていること、とくに群集墳の評価が学会における研究動向にまったく無関心であるところに起因して過小評価に陥ってしまっていることなどを指摘した。また都出氏の談話も参考されるように、市審議会の史跡

部会あたりを招集して学術面からの適切な所見を徴して参考にすべきことを提案したが、これまでそのような先例がないというような口実で動じない始末。ここに及んで市教育委員会の遺跡保存に対する姿勢が前向きでないこと、学術的評価を軽視していることなどを全く自覚していない実態が明らかにされてきた。その後世論で「遺跡と共存する大学づくりを」(西日本新聞1997年3月5日社説)望む声は高まってきていた。本年6月のシンポジウムには佐賀県や大分県の遺跡保存を望む民間団体の人々の参加もあり盛況裡に終了した。マスコミの後評も学会に対して好意的なものであった。その後6月27日九州大学は「移転予定地内で確認された前方後円墳六基のうち五基」、石ヶ元古墳群は「施工法を変更させることなどで、十七基を現状保存する」ことを新キャンパス計画専門委員会に提案した(読売新聞6月27日夕刊)。その後の情報では湮滅するのは前方後円墳では石ヶ原古墳、石ヶ元古墳群ではⅣ・Ⅵ支群あたりと聞いている。前者は最後の前方後円墳として重要な位置を占めている。石ヶ元古墳群では大・中型クラスの石室墳の大部分が地形と共に保存されることとなる。前方後円墳も1基を犠牲とすることで5基が保存できるとすれば了承せざるをえないかとも考える。またこの決定案は九州大学にとっても、学問の府としての立場を維持するうえで、苦渋の選択であったと思われる。今後は大学キャンパスと古墳群の共生と活用というさらに大きな問題が新たに加わってくるが、後世のためにも関係方面の英智を集めて有終の美をはかってほしいと願うものである。

第8章　古代の沖ノ島祭祀と宗像

1　沖ノ島古代祭祀の変遷と意義

　九州と大陸を結ぶ玄界海灘航路は、『日本書紀』に「海北道中」の名称で登場し、宗像三女神はこの海路の平安をつかさどる神としての地位が与えられた。この海上の道はすでに3世紀に帯方郡から倭に至る公路として『魏志』倭人伝に記され、またのちの遣唐使時代初期には北路として利用された。一方、私的にも先史時代以来対馬や北部九州の海人たちも自由に往来してきたところであった。なかでも4世紀後半以降、大和（倭）政権が文化的に、あるいは外交・軍事的に大陸交渉を積極的にすすめるようになると、在地豪族宗像氏が奉仕する海神の地位はますます重きを加えるに至った。倭政権が主宰する国家型祭祀の現地における実修責任者として宗像氏の地位も向上してゆくこととなった。

　玄界灘に浮ぶ孤島沖ノ島は周囲約4km、中央一ノ岳は海抜243.1mで、東北—西南方向の脊梁を介して南～東は貢岩層が海蝕崖を呈し、北～西は緩傾斜で原生林におおわれて海に没する。基盤層の上をおおう石英斑岩の南側は風化して白い絶壁をみせ、亀裂し崩落した巨岩が集積して原生林に包まれた光景は一種厳粛な雰囲気をただよわせる。

　祭祀遺跡は巨岩と不可分に設営され、谷状地形の出口近く（沖津宮付近）から高所にかけて遺物を奉献した磐座が集合した神域（磐境）を形成している。祭祀とかかわる巨岩は高所にむかって11箇所（A～M）、遺跡22ヶ所が知られた。両者の関係はつぎのとおり。

　　A号—3号、B号—4号（御金蔵）、B・C号—5号、C号—6号、D号—7・8号、E号—9号
　　F号—10・11・21号、G号—12号、H号—13号、I号（J・K号）—15・16・17・18・19・23号
　　L号—20号（＋14号）、M号—22号

　4世紀後半に始まる祭祀は、岩上祭祀→岩陰祭祀→半岩陰・半露天祭祀→露天祭祀の順に4段階の変遷を経て9世紀代に至る。巨岩崇拝の系譜をひく原始神道期から、歴史神道期の律令的祭祀に至る数少ない国家型祭祀遺跡として注目されたのである。

第Ⅰ段階：岩上祭祀……16・17・18・19・21号遺跡

　Ⅰ号巨岩は数個の岩が集まる最上段に載っていて、その周囲や岩上に16～19号が設けられている。基礎面が傾斜する19号は石塁をつくり壇上に平石を並べる。17号は独立岩塊の上に数本以上の鉄刀剣を棚状に架して21面の銅鏡を鏡面を上にして7～8重に積上げ、固定するために車輪石・

314　第2部　古墳時代

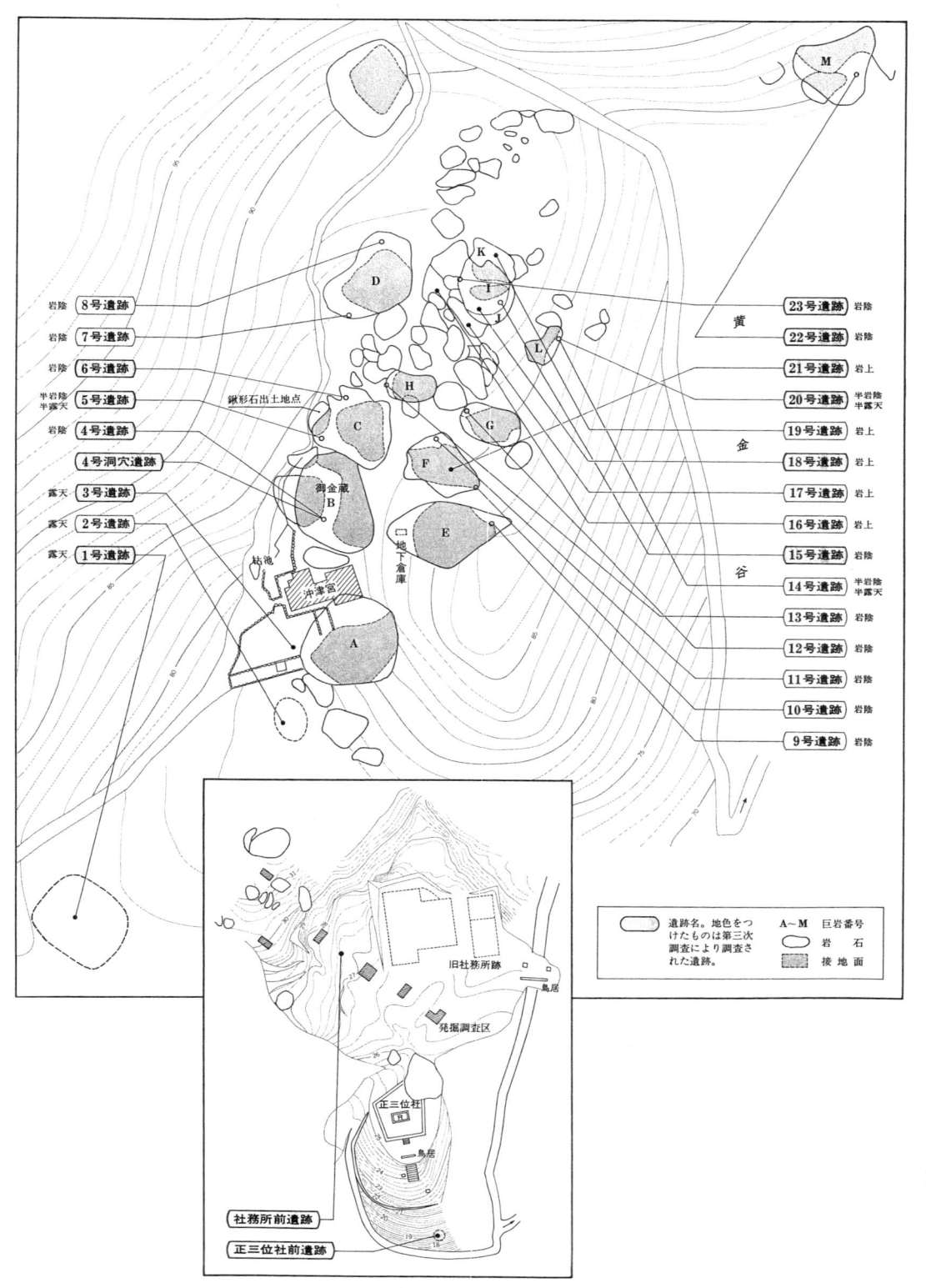

図1　沖ノ島遺跡分布図（第三次沖ノ島学術調査隊編 1979）

石釧・磯石などを嚙ませている。18号は岩上に銅鏡6面・玉類・石釧をおき、上に塊石を据えている。21号はF号巨岩上に、石材で一辺2.5mの方形壇を設け、中央に依代となる塊石を据えている。この段階の遺物は銅鏡・碧玉製腕飾・玉類・滑石製玉類・武器・工具などで構成され、4世紀後半から5世紀中頃の古墳副葬品と通じている。正三位社前遺跡は鉄鋌9枚を埋納した特殊土坑である。

第Ⅱ段階：岩陰祭祀……4・6・7・8・22号遺跡

沖ノ島祭祀のなかでもっとも多く、岩陰地表面に遺物を奉献している。傾斜地（6・22号）では石組外郭を設け、内側に土砂を敷いた祭壇状施設をつくる。その範囲は巨岩の庇前端部を出ないように配慮されている。この段階は銅鏡・金銅製装身具・武器・工具・金銅製馬具・土器・金属製雛形品・滑石製玉類などで構成される。銅鏡は激減し、新たに馬具・須恵器・雛形祭器（刀・斧・鐸・儀鏡）が登場する。また金製指輪・金銅製馬具・鋳造鉄斧など古新羅時代遺物や西域系ガラス碗などの将来品が注目をひく。5世紀後半から6世紀代（～7世紀前半）の日韓両国の古墳遺物と対比できる。

第Ⅲ段階：半岩陰半露天祭祀……5・20（＋14）号遺跡

岩陰部分が減少しその前面露天部分が多くなる両者にわたって遺物が奉献されている。この段階は武器・工具・玉類・土器・金属製雛形祭具・滑石製祭具などで構成され、とくに急増するのは土器と金属製雛形品（人形・武器形・儀鏡・琴・鐸・紡織具・櫛・容器）であり、また5号発見の金銅製龍頭（東魏時代）一対と唐三彩長頸瓶が注目される。すなわち舶載品が古新羅系から中国系に移行したこと、古墳遺物との共通性が後退して祭祀専用品の比重が大きくなったことがこの段階の特色である。いいかえれば原始神道期から歴史神道期への移行期であり、その内容から律令的祭祀の萌芽期に位置づけられ、7世紀後半代（～8世紀前半）を中心とした年代観が得られる。

第Ⅳ段階：露天祭祀……1号遺跡

巨石との関係を離れて完全な露天の緩傾斜地が選ばれる段階である。沖津宮の南西30mほどの東斜面約10m四方にわたって大量の須恵器が集積している。東南隅には大石を据え、東～南側は石を重ねた壇上構造が確認されている。おびただしい遺物量のため全体を発掘するには至らなかった。その内容は八稜鏡・銅鈴・武器・工具・容器（三彩有蓋坩・銅鋺・銅皿・須恵器・土師器）・金属製雛形祭具（儀鏡・紡織具・鐸）・滑石製祭具・滑石製形代（人形・馬形・舟形）・皇朝銭などである。もっとも多いのは各種須恵器、ついで滑石製形代である。後者は雛形品でその出現は第2段階末の金属製人形（22号）までたどられる。10個をこえる三彩坩は近畿産（奈良三彩）で、同じく海路の祭りにかかわる大飛島（岡山県）や神島（三重県）とも共通して、中央政権とのふかい関係が推察される。さらに皇朝銭「富寿神宝」（818年初鋳）の発見は、祭祀が9世紀前半にまで及ぶ律令的祭祀の確立段階であったことを示している。

沖ノ島古代祭祀の特殊性は、約600年間にわたってこの島で最高の国家型祭祀が行われたこと。

さらに古代祭祀の始まりから終りまでの歴史的流れがこの島で縮図的に集約されて実修されてきたこと。また中国や朝鮮半島系祭祀遺物がその折々に奉献されていて、祭祀品にみる国際交流的性格はまさに"海の正倉院"のキャッチフレーズが与えられるにふさわしい存在である。このことは近年明らかにされてきた韓国竹幕洞祭祀遺跡にみる百済・倭・中国系祭祀品とも対比され、祭祀考古学研究の東アジア的視点に立つ必要性、複数の異国船も関与する共通祭祀観を基調とした国際公海祭祀の成立などの問題を提起した。

2　沖ノ島祭祀と対外交渉

　宗像氏が奉仕する宗像三女神は、高天原神話にみえる天照大神と弟神素戔鳴尊が天安河原でかわした「剣珠の誓約」によって誕生した三女神であり、宗像大神と総称される（『古事記』）。本来宗像君の祭神であった三女神の性格は沖津宮に坐す神・海上の自然現象（海上の濃霧や逆巻く激しい潮流など）を擬人化した神格として指摘されているように、当初から海神として発生した。大和王権が大陸交渉とかかわるようになると、「宜しく道の中に降りまして天孫を助け奉りて、天孫に祭かれよ」とか、「今海の北の道の中に在して号けて道主貴と曰す」と記されるように、国家神として遇されるようになった。大陸交渉上の軍事・外交ルートとして玄界灘航路（「海北道中」）の往来がますます重視されてきた背景に拠っている。

　沖ノ島祭祀の開始（第Ⅰ段階）は、360年代に始まる大和政権の朝鮮半島への軍事介入に契機が求められる。当初百済王が倭との通交を望んできたので、366年に大和政権から百済に遣使してより両国の国交が開始されたとされる。369年には百済・倭の連合軍が新羅に進攻した。一方、同年9月と371年には高句麗が南下して百済に進攻した。百済はこれを破り高句麗の首都平壌城を攻撃した。このような情勢のもと、百済は泰和（＝太和・東晋年号）4（369）年銘七支刀を製作して372年9月倭王に贈った。『日本書紀』にも百済から「七枝刀一口・七子鏡一面」が贈られたことを記述している。現在石上神宮（奈良県天理市）にのこる七支刀がそれである。百済にとって倭と和親を深め、軍事援助を受けることは、高句麗の南下をおさえ、新羅をも背後から牽制する重要な意味をもつ。一方倭政権にとっても、百済を軍事援助することは、百済を介して大陸の新しい技術・文化や鉄資源を入手する見返りを期待するものであった。このような国際関係を背景として、渡海の平安と戦勝を期して宗像神の加護を求めることは、まさに重要な国家の祭祀に位置付けられる祭儀であった。その後5世紀初めに至る倭軍の動向は好太王碑文（中国吉林省集安県）にみられるとおりである。碑文は404年帯方界まで進攻した倭軍が大敗した結末を迎えるまでを記録している。

　つづく5世紀代は『倭の五王』の世紀である。讃・珍・済・興・武（雄略大王）の歴代五王が中国の南朝に入貢して半島諸国に対する軍事統帥権の承認を求め、また強力な高句麗の攻勢に対する中国王朝の牽制を期待するものであった。475年高句麗の進攻によって百済の首都漢城は陥落し、百済は熊津（公州市）に遷都した。478年に入貢した倭王武が提出した上表は、半島で不利になってきた百済・倭連合の立場を宋王朝の援助を借りて挽回をはかろうとするものであったが、所期の目的は達せられず、以後倭王権の入貢は久しく中断されてしまった。これらの対南朝外交にも宗像

神が関与し、呉から渡来した織工女を所望して許されている（応神紀）。5世紀代における宗像神は、すでに大和政権の外交にかかわる国家神としての地位を確立していた。このことを証するように第Ⅰ段階にみる奉献品の質と量は、当時の在地豪族の古墳遺物の内容を凌駕していて、沖ノ島祭祀はその始まりから大和王権主導型（畿内型）の祭祀であったことがうかがえる。

　第Ⅱ段階の祭祀は当時の対新羅交渉を反映して古新羅時代の豪華な遺物が奉献されている。金銀製の装身具（指輪・釧）、馬具（鞍・杏葉・雲珠・辻金具）・梯形袋鋳造鉄斧などである。当時の倭国側のこれら金工品に対する評価は、「眼炎之金・銀・彩色・多在其国」とか「財土」などの新羅国の代名詞からもうかがわれるように、豪族たちにとって羨望の的となった。このほかにもササン朝ペルシャ系の浮出円文切子ガラス碗（8号遺跡）がある。中国または古新羅経由で将来された西域の珍宝であった。このような奉献品にみられる国際性は、当時の東アジア世界における文化交渉の縮図をみるようで、まさに"海の正倉院"のキャッチフレーズにふさわしい。

　6世紀以降の半島情勢は上述したように新羅の強盛と伽耶の滅亡・百済の衰退に要約される。538年対高句麗、対新羅の圧力に抗しきれず泗沘（扶余邑）に再遷した。7世紀に入ると再三の高句麗攻撃に失敗した隋王朝は唐王朝と交代した（618年）。やがて倭からの第1次遣唐使が派遣されて（630年）、両国の国交が再開された。一方、新羅の対倭政策も転換されて一応は友好関係も保たれ、倭国の学問僧たちが唐から帰国する際に新羅送使に送られてくる場合があった。これらの際には唐—新羅の海上交通ルート、すなわち歴史的な「海北道中」が利用された。しかし中頃をすぎると上述したように東アジア情勢は急速に緊迫し、ついには660年に百済は滅亡し、その回復をはかった白村江の決戦で倭からの百済救援軍も大敗し（663年）、つづいて高句麗も滅亡した（668年）。やがて唐の半島後退によって新羅の半島統一が実現した（676年）。このような国際情勢の変動期にあたる第Ⅲ段階の海外からの注目すべき将来品に一対の金銅龍頭と唐三彩長頸瓶片があり、ともに中国からの将来品である。金銅製龍頭は東魏時代（534～550年）の様式を示し、旗幟類や天蓋の竿頭にとりつけられた吊下用金具である。その伝来経緯については、欽明紀23（562）年8月条に大伴狭手彦が渡海して高句麗を破り、その王宮から持帰った珍宝の中に「五色幡二竿」があり、高句麗が東魏に入貢しているところから、東魏→高句麗→倭と流伝し来った幡の竿頭にとりつけられていたものであろうとする興味深い考説がある。また唐三彩長頸瓶については河南省産かと予想され、7世紀代まで上る可能性もあるが、第7次（702年）か第8次（717年）遣唐使によってもたらされた公算が高いことが指摘されている。このように将来品の歴史的背景が推察される奉献品がみられることも興味深いところである。

　8世紀を中心とする第Ⅳ段階は上述したように、東アジアにおける国際的政情の大勢は平和外交の時代であった。日本からの遣唐使も承和5（838）年の第17次にまで及んだ。とくにこの年3月には香椎宮・宇佐宮・宗像社・阿蘇社などに度僧をおいて遣唐使往還の間平穏を祈らせたのであった（『続日本後紀』）。しかし遣唐使の廃止は沖ノ島古代祭祀を終焉させる一大転機となり、宗像神の国家神的地位は表舞台から後退するに至るが、なお10世紀中頃まで叙位昇格が行われていることは、このころ生じた新羅との国際関係の緊張や新羅海賊の横行などとかかわっていたことが考えられよう。

表1 伊勢内宮神宝の種類 (①…は文献の記載順序、1…は数量を示す)

種別		内宮		別宮(帳)			
大別	小別	儀式帳	延喜式	荒祭宮	伊雑宮	月読宮	滝原宮
紡織具	橲(タタリ)	①金銅橲 2 ⑥銀銅橲 1	①金銅多多利 2 ⑥銀銅多多利 1				
	麻笥(オケ)	③(金銅)麻笥 2 ⑦(銀銅)麻笥 1	②金銅麻笥 2 ⑥銀銅麻笥 1		②金桶 2	⑬(銀)桶 2	③銀桶 1
	加世比(カセイ)(桛)	④(金銅)加世比 2 ⑧(銀銅)加世比 2	③金銅賀世比 2 ⑦銀銅賀世比 2		③金桛 1		④銀桛 1
	鎛(ツム)	⑤(金銅)鎛 2 ⑨(銀銅)鎛 1	⑤金銅鎛 2 ⑨銀銅鎛 1				
	絡練(オカケ)				①金絡練 2	⑩木絡練 2	
	高機(タカハタ)				④金高機 1		
鏡		②御鏡 2		⑧鏡 1	⑤鏡 4	⑧鏡 9	
武具	横刀	⑫玉纏横刀 1 ⑬須加流横刀 1 ⑭雑作横刀	⑪玉纏横刀 1 ⑫須加流横刀 1 ⑬雑作横刀	①大刀 7	⑥黒作大刀 3	①金作大刀 2 ②黒作大刀 6 ③小刀 2	⑧大刀 2
	桙	⑳戈	⑲桙	③桙 1		⑦桙 4	⑩桙 2
	弓	⑩弓	⑨梓弓	④弓 2	⑦弓 3	④弓 6	⑦弓 3
	矢	⑪矢	⑩征箭 ⑩箭				
	靫	⑮比女靫 ⑯蒲靫 ⑰革靫	⑭姫靫 ⑮蒲靫 ⑯革靫	(⑤胡録 3)	(⑧胡録 3)	(⑧胡録 6)	(⑨胡録 3)
	鞆	⑱鞆	⑰鞆		⑨鞆 1		
	楯	⑲楯	⑱楯	②楯 1		⑥楯 4	⑦楯 7
楽器	鈴					⑨鈴 1	⑥鈴 2
	琴		⑳鴟尾琴 1				

註)ただし、別宮における上記以外の神財は略す (井上光 1984)

以上長期にわたる沖ノ島祭祀は、第Ⅰ・Ⅱ段階(古墳時代)と第Ⅲ・Ⅳ段階(歴史時代)に大別できる。前者は360年代に始まる倭政権の朝鮮半島への軍事介入に直接的契機が求められ、百済・伽耶と連合して高句麗や新羅と交戦する一方、中国南朝に入貢した。5世紀代には倭国の歴代5王は朝鮮半島諸国に対する軍事統帥権の承認を求める目的であった。しかし所期の目的は十分には達せられず、478年の倭王武(雄略大王)の入貢を最後に以後久しく中断された。6世紀以降の半島情勢は、新羅の強盛と伽耶の滅亡・百済の衰退へと推移してゆくなかで倭軍は新羅や高句麗との交戦をくりかえした。第2段階を特色づける古新羅系金銅製品はこのような歴史的背景のもとに将来されたのである。

後者(第Ⅲ・Ⅳ段階)は、7世紀に入って百済・倭と古新羅の対立図式がいよいよ明確になり、また中国でも隋王朝と高句麗が対立し、さらに唐王朝へと持ちこされていった。7世紀中ごろに百済・高句麗連合軍が新羅を攻めたのを契機に、新羅の要請に応じた唐は高句麗を攻撃し、さらに両連合軍は660年百済の国都泗沘城を陥落させ、こえて663年白村江の決戦で百済の滅亡は決定的となり、倭国も半島から閉め出されて、逆に進攻の脅威にさらされることとなった。

このような緊迫した国際情勢のなかで沖ノ島祭祀は第Ⅲ段階を迎え、従前の「葬・祭未分化」から「葬・祭分化」へと転換して、のちの伊勢神宮の神宝（表1参照）にも通ずる律令祭祀に移行していった。やがて東アジア世界は10世紀まで続く唐・渤海・統一新羅・倭（日本）の平和外交の時代となり、倭国の遣唐使派遣も承和5（838）年の第17次にまで及んだ。そして沖ノ島祭祀は終焉を迎えることとなる。

3　宗像氏と宗像の古墳群

現在の宗像・福津両市域は古代宗像郡に属し、この地に拠った豪族宗像氏の故地であることは周知されている。両市域とも多くの古墳群が在るが、宗像市の中枢をなす釣川の中・下流域には15基、福津市には17基の前方後円墳が知られている（表2参照）。

特定地域の首長の存在や動向を知る上で、まず注意されているのは前方後円墳の存在であるが、4世紀代の宗像地方には前半期に出現するものの小型であり、後半期になって全長60m級の東郷高塚古墳がある。隣接する遠賀郡の首長墓にややおとるものの、5世紀初めにかけて両地域とも大型化する。沖ノ島祭祀の第Ⅰ段階前半期に相当する。同様な現象は玄界灘沿海地域（福岡・佐賀県下）にもみられる。朝鮮出兵ともかかわった地域首長としての性格を示しているであろう。しかしこれ以降は遠賀・宗像（釣川流域）の大型首長墓は姿を消してしまう。かわって5世紀前半から福津市域の沿海部に大型首長墓や群集墳が展開して7世紀代の終末期古墳に至っている。はやくから"奴山・須多田古墳群"と総称され、宗像氏の奥津城とされてきた。南北7kmに及ぶ古墳群の景観は周辺環境とともによく保存されてきた。北側の勝浦から新原・奴山・生家・大石・須多田と南下してゆく古墳支群から構成されており、すでに1970年代から古墳群の整備をめざして福岡県や津屋崎町（福津市誕生以前）で古墳の測量や発掘調査が行われてきた。新たに「津屋崎古墳群」と総称され、現在58基（前方後円墳18・円墳39・方墳1）のうち40基が国指定史跡となっている（平成17＝2005年3月2日指定）。古墳群の時期的継続性と国際性を示す副葬品が重視されたことによるところで、現在福津市によって古墳公園の整備がすすめられている。いま北から南に地区別に列挙してみると、以下のようである（古墳No.は古墳分布図No.と一致する）。

【勝浦地区】
　1　勝浦高原古墳群　前方後円墳1（49m）・円墳12
　2　勝浦峯ノ畑古墳　前方後円墳1（97m）
　3　勝浦井ノ浦古墳　前方後円墳1（70m）

【新原・奴山地区】
　4　新原・奴山古墳群　前方後円墳5・円墳35・方墳1
　　前方後円墳　1号（50m）・12号（43m）・22号（75〜80m）24号（54m）・30号（54m）
　　円墳　奴山正園（32m）・20号（29m）・21号（17m）・25号（36m）
　　方墳　7号（24m）

【生家・大石地区】

320　第2部　古墳時代

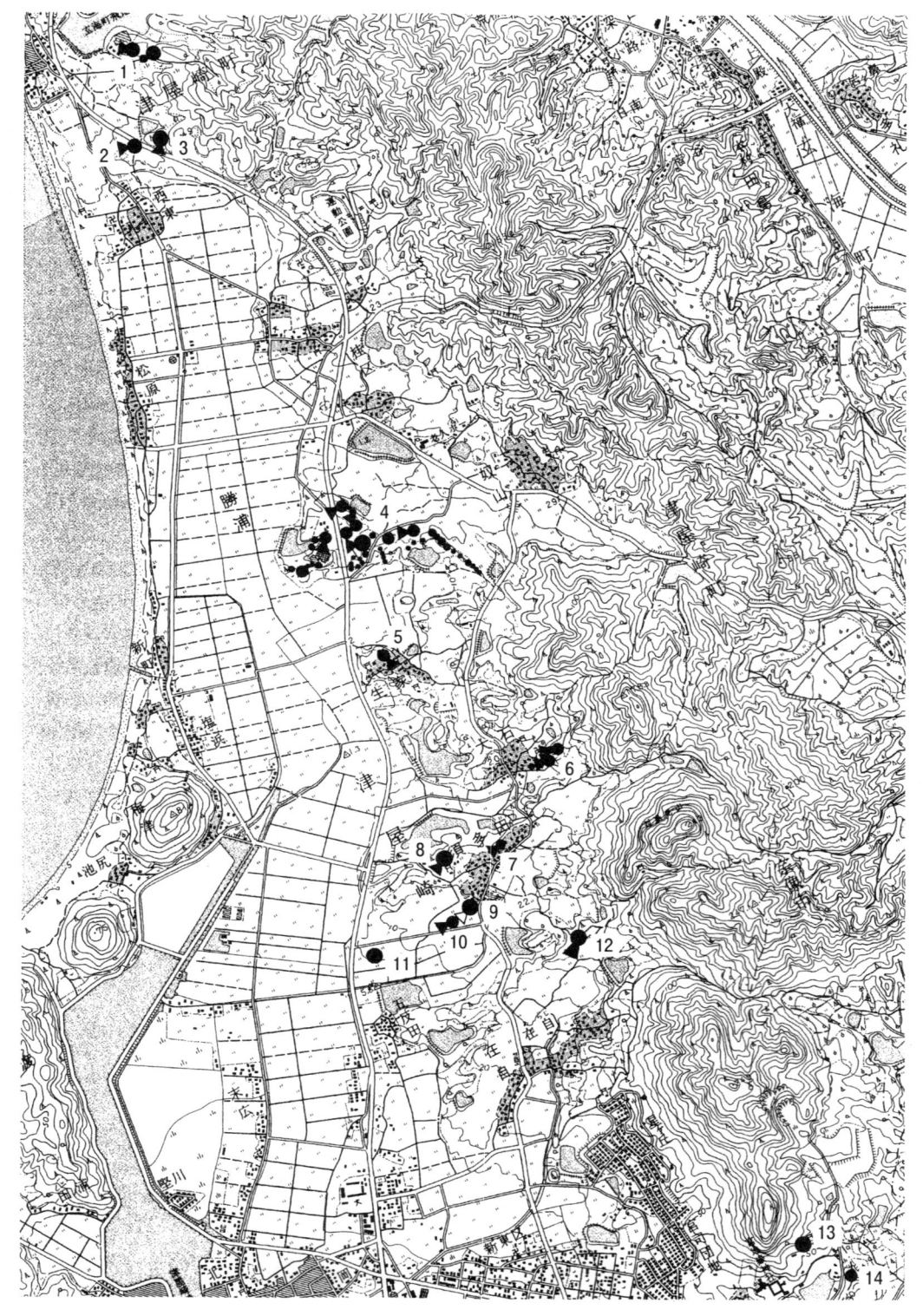

図1　津屋崎古墳群分布図（番号は319頁以下の古墳リストと一致する）（池ノ上・田上 2004）

第8章　古代の沖ノ島祭祀と宗像　321

表2　宗像の古墳編年表（白抜きは年代推定根拠の弱いもの）

西暦	墳丘段階	I. 遠賀地域	II. 釣川中流域地域		III. 釣川下流域地域	IV. 津屋崎地域				宮司・手光	V. 犬鳴川上流域地域
			左岸地域	右岸地域		勝浦	新原・奴山	生家・大石	須多田		
	2										
	3	島津丸山(56.5)	徳重本村2号(18.7)								
	4	滝1号(60)　番郷防3号(30)　磯辺1号(73.5)　磯辺2号(20)	田久山1号(30.8)　東郷高塚(64)	河東山崎(30)							
	5	地蔵(72)	田久松ヶ浦1号(50～60)								
	6		田久松ヶ浦2号(20)		上宮窯	奥天ヶ原(97)　奥天ヶ原(70)	奴山正園(32) 1号(17)　7号(24)　22号(75～80)		須多田下ノ口(下)(10)	東郷井ノ上(26)	
	7	隅城1号(34)　大城大塚(34)	スベットウ(40)　久原澤田3号(45)	城ヶ谷3号(22)　須惠ヶ浦(37)　相原E-1号(70)	塚原(39)		2号4号(54) 20号(29)　1号(50) 25号(30)		須多田ミノ塚(34)	竹原八幡塚(35)	
	8				牟田尻イラスA-04号(20)		30号(54)　12号(43)	生家大塚(73)			
	9	勝浦大塚(30)　徳重済田16号(23)		平等寺瀬戸1号(20)	牟田尻浦西11号(49)			岡ノ谷1号(55)　岡ノ谷2号(43)	須多田ニ等天神社(80)　須多田ミノ塚(60)　在自下ノ口(10-1)	手光大久4号(34)	里(20)
	10	鯔延塚(18)		相原2号(21)	池田坂B-0号(30)				須多田下ノ口(82)	宮地嶽(34)　手光坊ノ不動(25)	竹原(18)

（池ノ上・田上 2004）

5　生家大塚古墳　前方後円墳（73 m）
　6　大石岡ノ谷古墳群　前方後円墳 2〔1 号（55 m）・2 号（43 m）〕

【須多田地区】
　7　須多田上ノ口古墳（かみのくち）　前方後円墳（43 m）
　8　須多田天降天神社古墳（あまふり）　前方後円墳（80 m）（未指定）
　9　須多田下ノ口古墳　前方後円墳（82.8 m）
　10　須多田ミソ塚古墳　前方後円墳（67 m）
　11　須多田ニタ塚古墳　円墳（33.5 m）
　12　在自剣塚古墳（あらじつるぎづか）　前方後円墳（101.7 m）…最大古墳

【宮司・手光地区】
　13　宮地嶽古墳　円墳（34 m）…宗像君徳善墓か
　14　宮司井手ノ上古墳（みやじいでのかみ）　円墳（26 m）（未指定）
　〔手光波切不動古墳（てびかなみきり）　円墳（25 m）（市指定）〕

　5 世紀中頃前後に突如勝浦峯ノ畑古墳、新原・奴山 22 号墳の 80～90 m クラスの大型前方後円墳が現れる。沖ノ島第Ⅰ段階最盛期にあたり、倭政権の主催する初期国家型祭祀の直接司祭者として、また「海北道中」のパイロットとして宗像氏の地位向上の背景が推察される。以降新原・奴山地区、さらに 6 世紀をむかえると須多田地区へと南行してゆく。沖ノ島第Ⅱ段階に相当する。そして 7 世紀前半には宮司・手光地区に至り宮地嶽古墳（円墳）を営造して、終末期のわが国でも代表的な巨石横穴式石室（全長 23 m）と皇室から下賜されたであろう豪華な副葬品で注目を集めている。『日本書紀』天武天皇 2（674）年二月条に、
　　「胸形君徳善（むなかたのきみとくぜん）が女尼子娘（むすめあまこのいつらめ）を納（い）れて、高市皇子（たけちのみこ）を生しませり」
とある。徳善の女が天武天皇の後宮に入ったことで、宗像氏の中央進出の足がかりができた。宮地嶽古墳を徳善の墓に、またこの近くで発見されたガラス製舎利瓶とその金属製外容器からなる火葬墓を尼子娘の帰葬墓に比定する説もあるが、その可能性は捨てがたいであろう。また延喜神名式にみえる大和国城上郡の宗像神社三座がある。『類聚三代格』（元慶 5・10・16 官符）には城上郡登美山（奈良県桜井市外山）に鎮座し、天武の時以来高階氏（高市皇子の末裔）の氏人が奉仕したという。

　7 世紀代は沖ノ島祭祀の第Ⅲ段階にあたり、律令祭祀の萌芽期であったが、天武天皇は律令制国家の確立をめざしてやがて完成された天皇として評価されていることもあわせ考えるとき、尼子娘の入第は宗像氏の政治的地位を高め、宗像神の中央進出にも大きな契機を与えることとなった。その後遣唐使の廃止によって沖ノ島の外交にかかわる国家型祭祀は終焉したけれども、宗像神の叙位昇格はその後も継承されて優遇をうけたことには変りなかった。近時平城京跡で発見された膨大な長屋王家木簡のなかに「宗形郡大領」から貢進された付札木簡があり、その父高市皇子以来祖母の実家である宗像郡司家との経済的関係が継続されていたことがうかがわれた。

　宗像・福津両市域の古墳群を通覧してみると、沖ノ島第Ⅱ段階祭祀時期には、宗像氏宗家の古墳

群は津屋崎古墳群として展開しているが、このほかにも中・小クラスの首長墳や群集墳が急増している。たび重なる朝鮮半島への出兵に動員されたのはこれらの人々であろうが、またこのことが、宗像氏の領域でも大・中・小クラスに編成できるような階層構成を成立させる一要因となったのであろう（本章末の補記参照）。

一方、これらの古墳群から国際性を物語るような副葬品が発見されていることも上記の推察を助けるであろう。このような近畿や朝鮮半島との交流をうかがう資料として以下にいくつかの出土例をあげておこう（ただし宮地嶽古墳は省略する）。

○ 蛇行鉄器—手光古墳群南支群2号墳、大井三倉5号墳
○ 三葉環頭大刀（銀象嵌文様）—久戸9号墳
○ 金銅装頭椎大刀（渦巻文・円文飾）—勝浦水押1号墳
○ 鋸—城ヶ谷2号墳・56号墳、大井三倉2号墳・3号墳・5号墳・8号墳、新原奴山1号墳・44号墳・百田B-2号墳、クヒノ浦1号墳
○ 鉄製鍛冶具—朝町山ノ口5号墳、平等寺原6号墳、新原奴山1号墳、手光古墳群南支群2号墳
○ 三角板革綴短甲—奴山正園古墳、宮司井出ノ上古墳、久戸6号墳、上高宮古墳
○ 鋲留式短甲—勝浦井ノ浦古墳（衝角式冑）、同峯ノ畑古墳、新原奴山1号墳（衝角式冑）、神湊上野古墳
○ 鉄鋌—福間割畑1号墳（11枚）、久原瀧ヶ下遺跡3号住居跡（1枚）
○ 胡籙—田野瀬戸古墳
○ 朝鮮系土器—冨地原川原田遺跡、冨地原森遺跡、光岡六助遺跡、久原瀧ヶ下遺跡64号住居・72号住居、在自小田遺跡、相原2号古墳、奴山正園古墳
○ 須恵器三連甕—新原奴山49号古墳
○ 〃 脚付子持壺—新原奴山44号古墳
○ 〃 革袋形土器—新原奴山5号古墳

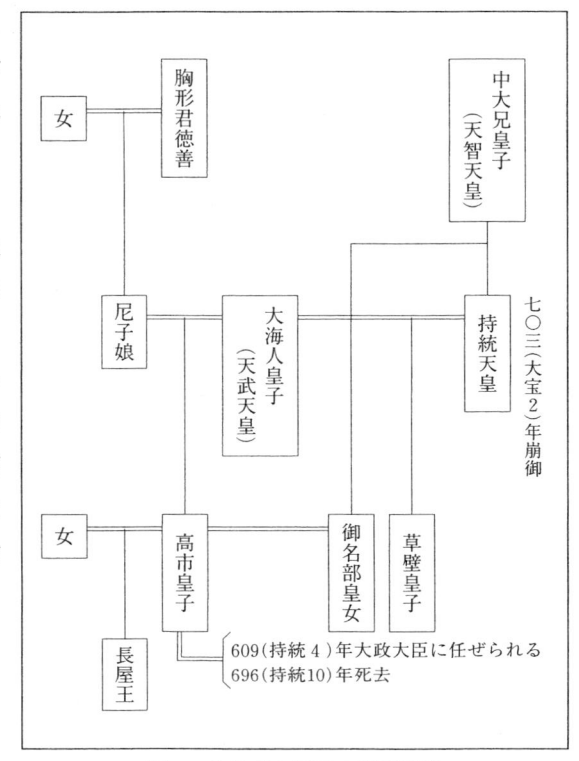

図3 宗像氏と皇室の関係系譜

宗像氏の拠った宗像地方は、玄界灘に臨む漁民の世界と農耕文化が定着した内陸平野部に拠る農民の世界から成っている。これらの経済基盤の上に古代豪族宗像氏の勢力が築かれ、海人族を統轄

表3 宗像における鉄生産・遺跡地名表

	遺跡名	所在地	遺構	時期	備考
1	浦谷古墳群	宗像市大字朝町字浦谷・給田	H群鉄滓埋納遺構	8世紀	H-4号の墓道に須恵器甕を埋納（甕内に鉄滓1点）
2	朝町百田遺跡	宗像市大字朝町字百田	A-1号墳前面	6～7世紀	前面の窪地に鉄滓が多数出土
3	〃	〃	B-2号墳面室床	〃	鉄滓1点
4	〃	〃	B群鉄滓埋納遺構	8世紀	倒立して埋められた土師器内に鉄滓
5	朝町山ノ口遺跡	宗像市大字朝町字山ノ口	5号墳主体部	6世紀	鉄鉗1・鉄鎚3
6	〃	〃	6号墳主体部	〃	鉄鉗1・鉄鎚1
7	野坂一町間遺跡	宗像市大字野坂字一町間	1号住居跡	5世紀	鍛冶炉1基
8	〃	〃	4～6号住居跡	〃	各住居跡から鉄滓出土
9	〃	〃	4号住居跡	〃	鏨1点出土
10	武丸高田遺跡	宗像市大字武丸字高田	3・4号住居跡	6世紀	鍛冶炉1基
11	清田ヶ浦古墳群	宗像郡津屋崎町〔現福津市〕大字津屋崎字清田ヶ浦	8号墳	6～7世紀	供献鉄滓32個、932.55g
12	新原奴山古墳群	宗像郡津屋崎町〔現福津市〕大字勝浦字新原	奴山1号墳	5世紀	主体部から鉄鉗1・鏨2
13	久原瀧ヶ下遺跡	宗像市大字久原字瀧ヶ下	3号住居跡	3世紀	鉄鋌
14	〃	〃	1号住居跡	5世紀	羽口

（原 1988）

して大陸航路をおさえたことによって先進地の技術・文化をも摂取しえたのであった。鉄器生産や須恵器生産に関する遺跡の知見も近年蓄積されてきた。

　鉄生産についても表3に掲げておいたように十数ヶ所に及ぶ関係遺跡が知られている。

　また鉄滓副葬古墳も発見されていて鉄生産にかかわる集団祭祀が考えられている。

　一方、須恵器生産についても宗像市須恵や稲元など、6世紀代に有数の窯業地域を形成していた。近年ようやくこれら須恵器窯跡群の調査成果も発表されつつある。沖ノ島祭祀に供された須恵器生産窯跡の発見される日もさして遠くないであろう。

4　おわりに

　沖ノ島祭祀の各段階と宗像地方古墳の正確な相関的対比は今後に托された重要課題であるが、そのためにも津屋崎古墳群の編年表（表2参照）に示されたような検討作業が必要である。また宗像地域で出土している近畿系や朝鮮系遺物の搬入とその歴史的背景をさぐる研究も等閑にはできない。さらに近年急増しつつある集落・古墳・生産遺跡なども加えた総合的検討によって、古代宗像氏のもとに形成された諸階層の社会的実態と活動を、正しく歴史的に評価する成果が得られるであろう。沖ノ島祭祀と宗像地域の研究は、特定地域研究にとどまらない広がりと国際性を備えた重要性を秘めている。

補記

　この時期の宗像釣川流域では 5 世紀の空白期を経て前方後円墳が登場する。中流域左岸地域と下流域には 40 m 台の、中流右岸地域には 30 m 前後の総じて中クラス首長墓に位置づけられる。そして 6 世紀末ころまでには 20 m 台の小クラスに推移して終末を迎える。

　これらのなかで、下流域の桜京古墳（39.2 m・彩色壁画・石屋形・国指定）は有明海沿海地域とのかかわりを示し、右岸地域の相原 E-1 号古墳（70 m）は大クラスに及んでいる。宗像宗家（胸形氏）の管内におけるこれら小地域首長層の成立と推移は、その階層構成を検討する上に有力な手がかりを与えてくれるであろう。

第9章　韓国竹幕洞祭祀遺跡と古代祭祀
──とくに倭系祭祀遺物について──

1　はじめに──竹幕洞遺跡の発見から現在まで──

　韓国における本格的な祭祀遺跡の初見となった竹幕洞遺跡は、1991年12月国立全州博物館が実施した全羅北道内西海岸地域の遺跡分布調査によって発見された。これまで韓国においても原三国時代にさかのぼる時期からの祭祀遺物は断片的に報じられてはいたものの、この遺跡のような海岸の絶壁上から広範囲にわたって祭祀遺物が分布し、その年代幅の長さともあわせて、これまでの韓国にはかつてなかった種類のものであった。発掘調査は翌年5・6月に行われて、おびただしい量の内容豊富な発掘品が収集された。筆者は同年8月博物館に韓永熙館長を訪ね、折から部屋中に遺物を広げて整理中のところを見学することができた。韓館長は筆者が沖ノ島祭祀遺跡の調査に関係していたことを知っており、さらに日本系祭祀遺物が発見されていることもあって所見を求められたのであった。とくに石製品に5世紀代日本の石製模造祭祀遺物と同一のものがあり、さらに土器についても日本系須恵器と思われるものも目について、大変な驚きと関心を禁じえなかった。帰国後、沖ノ島はじめ2、3の気付いた関連資料を郵送して照合検討してもらうよう希望しておいた。

　同年秋の第16回韓国考古学全国大会（李揆山 1992）で、また同年12月発行の『考古学誌』第四輯（韓永熙ほか 1992）でその中間報告がなされて、この方面の研究にたずさわっている日韓両国研究者の注目を集めた（椙山 1992）。1994年には国立全州博物館からこの遺跡の学術調査報告書（国立全州博物館 1994）が刊行され、翌95年10月には同博物館で特別展「海と祭祀─扶安竹幕洞祭祀遺蹟─」（国立全州博物館 1995）が開催された。その間10月27日には同館で竹幕洞祭祀遺跡の国際シンポジウムが行われた。日本からは國學院大學の椙山林継氏が日本の5世紀代祭祀遺跡と対照させた講演を行っている（椙山 1995）。筆者も同年11月初め韓永熙氏（現国立中央博物館考古部長）の同道で特別展を観覧した。1996年10月には石川県立歴史博物館開催の特別展「波涛をこえて─古代・中世の東アジア交流─」で竹幕洞遺跡の祭祀遺物が将来展示されている（石川県立歴史博物館 1996）。

　筆者の竹幕洞遺跡への関心は、この遺跡が海路祭祀にかかわること、4世紀以降今日まで民俗祭祀として継承されていること、日本（倭）系遺物が共存することなどから、筆者の関係した沖ノ島祭祀遺跡調査とも対照して並々ならぬものがある。本章ではこのような視点から竹幕洞遺跡の内容にふれてみたい。

2 竹幕洞遺跡の状況と祭祀の変遷

　遺跡は全羅北道扶安郡辺山面格浦里竹幕洞山 35-17 番地にある。西海岸に突出した辺山半島の末端で西海（黄海）にのぞんだ海抜 22 m ほどの海蝕断崖の上に露出している。その北側には海蝕洞窟（龍窟）があり、西側絶壁上には水聖堂（全北地方有形文化財第 58 号）が建てられて、その東端は遺跡の中心部に接している。水聖堂では最近まで付近の住民達によって、七山海の守護神である水聖ハルミを祀る堂祭が行われていたところで、三国時代以来祭祀が継続された神聖な場所である。

　西海岸に突出した辺山半島一帯は、百済の公州遷都以来、後続する扶餘時代まで、首都に入ってゆく海道の入口にあたる。また三国時代における対南朝、対倭などの使節船が沿岸航路によって交流するとき、物資の補給や休憩などの中間寄港地となる場所である。遺跡の在る岬は眺望にすぐれ、周辺の山々は海上航行船の恰好の標識ともなった。この海域は潮の変化が激しく、航海に際しては注意を要するところであり、海の祭祀が行われる必然的条件はそろっているといえよう。統一新羅時代以降も対中国交易活動に連動して祭祀が継続された。

図1 竹幕洞遺跡の近景（西から東を望む）

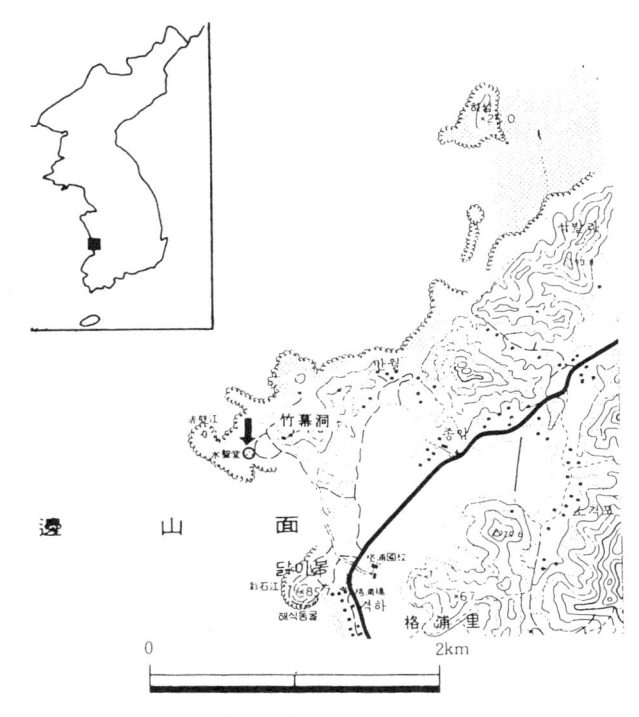

図2 竹幕洞遺跡位置図（矢印箇所）

　遺跡は水聖洞の重建や軍部隊の施設物設置でかなり破壊され、水聖堂の裏（東側）8×9 m の範囲でよく保存されている。発掘調査は水聖堂を含む東西 20 m、南北 15〜18 m について 5 m 方格区分し、東西は 1〜5、南北はカ・ナ・タの順で表示された。また土層調査の試掘溝を南北に設け、暗褐色表土層（厚さ 10〜20 cm）・暗褐色腐食土層（厚さ 20〜30 cm・遺物包含層）・赤褐色風化土層（地山層）を区分している。

328 第2部 古墳時代

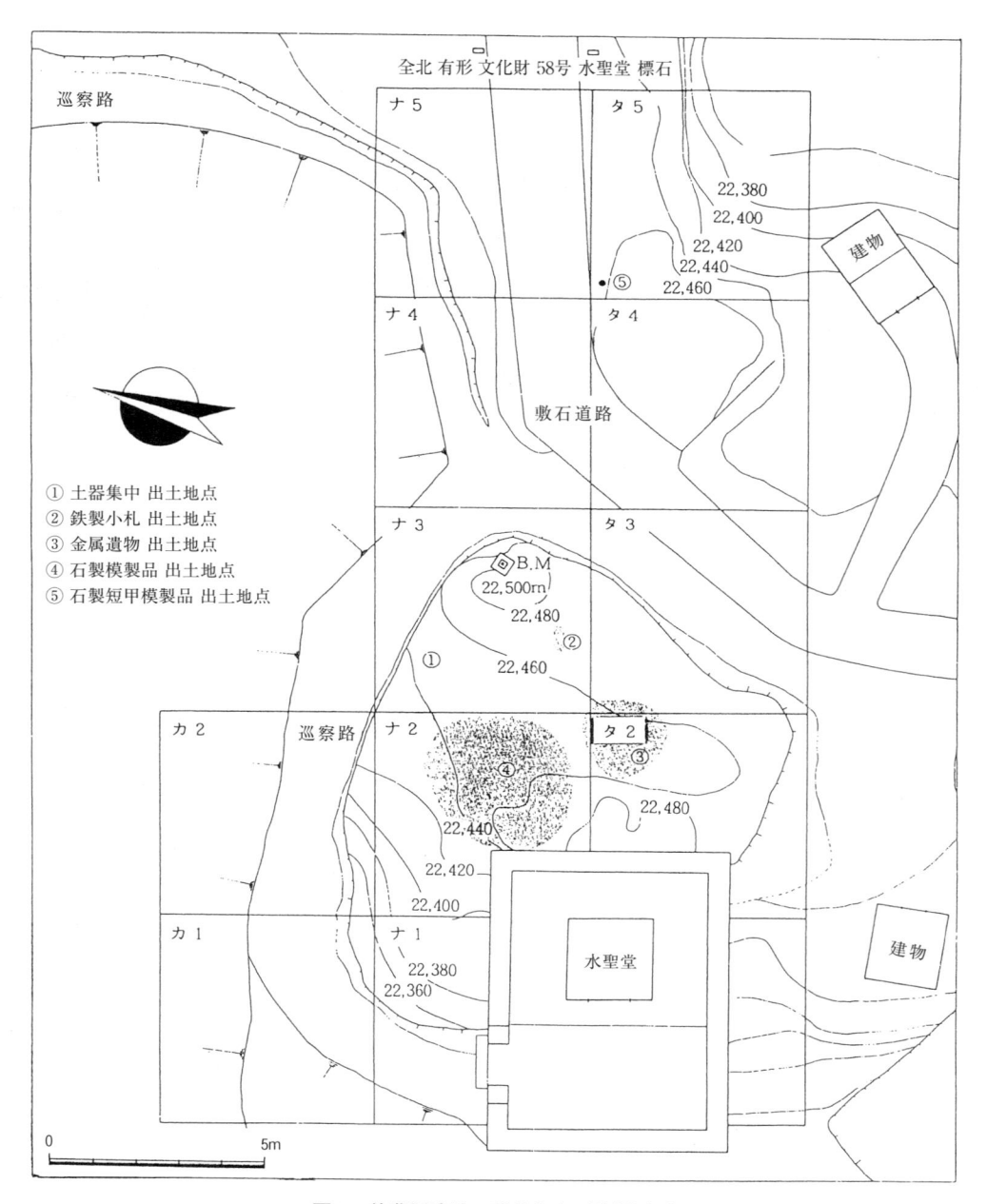

図3 竹幕洞遺跡の現状および発掘区画

 遺物の出土状態については、地上および地下に人工的施設物はなく、土器・土製および石製模造品・武器と馬具中心の金属遺物・中国産陶磁器片などが集積して出土し、日本で発見されている露天祭祀遺跡にあたると判断された。
 つぎに遺物別の出土状態について概要をみると、まず土器はカ-2区、ナ-2〜3区、タ-2〜4区の範囲に分布しているが、カ-2区、タ-4区では流れたり攪乱されていて、ナ〜タ-2〜3区で8×4mの広さで「南北を長軸として長方形の形で、甕、壺、器台、把手付盞、瓶、高杯など」が

約 20 cm の厚さで堆積していた。その時期は 4 世紀中頃から 7 世紀前半まで百済の全時期に及んでいて、その中心は 5〜6 世紀代にあることが指摘されている。金属製品はタ-2 区の東北隅部から鉄矛・鉄短剣・鉄鏃などの武器類と、鞍金具・杏葉・革金具・鉸具・鉄鈴・銅鈴などの馬具類や銅鏡などが中心土器群の大型甕の中に収納されていた。甕の底には錆が残っており、鉄矛の袋部や鉄短剣の茎部には木質痕などが認められないので、未使用の着柄されていない鉄製武器が納められていたとされている。またナ-3 区の南側では鉄製小札が 0.3×1 m の範囲に密集していた。馬具や鉄矛からみて 5 世紀後半から 6 世紀前半に比定されている。

石製模造品はナ-2 区の東寄り 3×3 m の範囲に集中的に有孔円板・刀子・鏡・勾玉・鎌・鈴などが堆積していた。またナ-3 区の南側で剣形品(「蟬形品」)が発見されている。一方、短甲や斧はナ〜タ-5 区で攪乱された状態で発見されている。石製模造品が集中的に発見されたあたりでは土器はほとんど発見されておらず、模造品はすべて懸垂用小孔があるところから、神木を立ててその枝に神への奉献物として掛けられていたと推定されている。時期は 5 世紀代であるが、一部では 6 世紀中頃以降にも製作されたと考えられている。

土製模造品には馬形品と人形品の 2 種類がある。馬形品はナ〜タ-4〜5 区から五頭分が頭部と四肢が切断されて発見された。また人形品はナ-5 区から一体分が手足を切断されて発見された。このほか中国六朝代の陶磁片がカ〜ナ-2 区から発見されたが、カ-2 区では銅鏡 1・有孔円板 1 と共伴している。

以上は三国時代の祭祀遺物の出土状況であるが、新羅統一時代以降朝鮮時代まで土器・青磁器・瓦などが発見されていて、さらに現代の祭祀まで継承されている。

つぎに具体的な祭祀の変遷について調査者は以下のように整理している(石川県立歴史博物館 1996)。

【三国時代】

第 1 段階 (4 世紀)

　この一帯に居住した土着勢力が壺類を中心祭器として使用している。

第 2 段階 (5〜6 世紀)

　竹幕洞遺跡における祭祀の中心時期がつぎの 3 形態に分けられる。

(1) 百済勢力が壺・器台・把手附盞などの多様な土器を祭器として使用した。また中国南朝との交流によって得た青磁や、土製馬などを別途の供献物とした。

(2) 伽耶やそれと関係深いと推定される勢力が壺・器台等を祭器とし、武器(鉄矛・鉄剣・鉄刀・鉄斧等)や馬具(杏葉・馬鐸・鉸具・馬鈴等)などを大甕に納めて神への別途の供献物とした。

(3) 倭やそれと関係深いと推定される勢力が壺・器台等を祭器として使用し、別途に各種の武器や装身具その他の小形石製模造品を神木に吊して神に捧げた。

このようにこの段階では多様な勢力によって様々な形態の祭祀が行われている。しかし遺跡における遺物は混在した出土状態であることが、比較検討を難しくしている。祭祀の主体と推定される諸勢力の対外関係が海を通じて結ばれ、交易活動を広げたことを示している。

図4　石製模造品

図5　三国時代の土器

図6　三国時代の銅鏡

第3段階（7世紀）

この時代の最終段階で、祭祀の規模が大幅に縮小された。壺・瓶等少量の土器だけを祭器とする祭祀が行われた。祭祀の主体となったのは祭器によってこの一帯に居住した土着勢力であろうと推定される。

【統一新羅時代】

前時代にくらべて規模を縮小して土器を中心とする祭祀が継続している。しかしこの時代の海岸活動は活発化しており、調査者は「張保皐の活動の拠点となった青海鎮と関係が深い全羅南道莞島沖合にある将島遺跡や済州道龍潭洞遺跡のように、所々で海と関連した祭祀の遺跡が確認されてい」て、その出土遺物も8～9世紀に集中しているので、竹幕洞遺跡もその海上活動の時期と符合する可能性があることを指摘している。

【高麗時代】

この時代には大楪・馬上杯・托盞・瓶等の青磁が集中的に出土して、青磁を祭器の中心とする祭祀が行われた。また土製馬に似た馬形儀器が供献されていて、馬と水神祭祀の関係が継承されていたことが知られる。さらに調査者は「竹幕洞遺跡と近い扶安鎮西里、柳川里一帯は全羅南道康津と共に高麗時代の青磁生産の中心地であって」、竹幕洞遺跡におけるこの時代の祭祀は中韓両国間の活発な青磁交易活動と関連する可能性が高いことを指摘する。

【朝鮮時代】

　この時代には若干の粉青沙器・白磁と多量の瓦が共伴していて、磁器を中心祭器とした祭祀が水聖堂のような施設内で行われたことを思わせる。現代まで行われている水城(聖)堂で村の住民や、ここを通過する船乗りが航海安全と豊漁を祈願する祭祀と大差ないものであろうと推察される。

3　5～6世紀の竹幕洞遺跡と遺物

　4世紀以降現代まで継承された竹幕洞祭祀のなかで、最盛期を迎えた5～6世紀（三国時代第2段階）の祭祀遺物の内容は、百済・伽耶・中国南朝・倭などの系譜をひく奉献品がみられるきわめて国際性に富むものであった。なかでも日本側研究者にとって注目を集めたのは石製模造品や須恵器など倭系祭祀遺物が加わっている事実である。いま報告書（国立全州博物館 1994）に示された三国時代に属する出土品を通覧すると表1～3のごとくである（国立全州博物館 1994、262～263頁）。

　出土遺物90％以上が土器で、そのほかは金属製遺物と模造品、玉製品、中国の六朝青磁などである。

　まず土器は水聖堂裏側の中心部土器群とカ－2区土器群に大別され、周辺部土器群は本来中心部土器群に含まれていたものが二次的に移動したものである。

　中心部土器群は、「各種の壺と器台・甕が中心であり、高杯・蓋杯・把手付盞など器種が多様である」が、「カ－2区土器群は祭祀を行ったのちに意図的にカ－2区に廃棄したり、ナ－2区側で祭祀を行って廃棄されたものが、後代にカ－2区の傾斜面の下に流れおちたもの」と考えられ、「器種は壺と器台が中心で、そのほかに高杯・蓋杯・瓶などがある」。出土土器は「4世紀中頃から7世紀前半まで百済の全時期を網羅している」が、「大部分が5～6世紀代の土器」である。「特に供献用器として注目される大形甕は、5世紀中・後期から6世紀前半頃」とされている。

　また武器類（鉄矛・鉄剣・鉄鏃など）、馬具類（鞍橋・杏葉・帯金具・鉸具・鈴・環など）、銅鏡などは「中心部土器群の大形甕の中に納入されて」おり、ほかにも中心部とカ－2区出土遺物も、「元来は甕の中に納入されていたものが、後代に包含層の上面が攪乱されながら周辺に散らばった」と考えられている。それらのなかで「個体数が多く、比較資料が豊富な鞍橋・杏葉・鉄矛からみて、5世紀後半から6世紀前半」に比定している。

　つぎに模造品は「神への供献用に実物を縮小・模造したもので、大きく土製と石製に分けられる」。なかでも石製模造品は表3に示したように種類も多く、「紐や他の物資で木につり下げられたもの」とみられる。その製作年代は韓国の各地遺跡で出土した同形の模造品から、「5世紀代とみられ、一部では6世紀中葉以後にも制作された」とみられる。土製模造品は「土製馬と人物模造品の2種類だけ」で、「早いものは5世紀まで上限をのぼらせ」ることができるとされる。

　このほか玉類と六朝青磁が発掘区域の一部に少量散らばっていた。六朝青磁は「確実な器形はわからないが、角張った耳と釉薬からみて六朝時代（A.D. 317～581）に製作された中国製青磁」と判断された。

表1　竹幕洞出土三国時代土器一覧

器種	土器群	中心部	カ2区	周辺部
壺	短頸壺	53	10	
	広口壺	10	7	
	広口長頸壺	9		
	直口壺	18	1	
	二重口縁壺	3		
	台付壺	1		
	瓶形壺	2		
	その他	14	3	
器台	鉢形器台	8	10	
	筒形器台	8	2	3
高杯		5	3	2
蓋杯		2	4	
把手付蓋		4		
蓋		1		
瓶	杯付瓶	2		
	その他瓶	5	2	
横瓶（チャングン）		2		
盌				1
甕		26		1
その他			2	

表2　竹幕洞出土三国時代金属製遺物一覧

種類	遺物	数量	備考
武器類	鉄鉾	26	・鉄鉾①②③④⑤⑥⑦⑧⑨⑱⑲⑳㉑は甕⑧の内部から出土 ・鉄鉾⑩⑪⑫⑬⑭⑮⑯⑰㉒㉓㉕㉖は甕③の内部から出土
	鉄鏃	6	
	鉄刀	3（?）	
	鉄剣	4	・鉄剣①②は甕③の内部から出土
	鉄刀子	1	
	鉄斧	3	
	鉄鎌	1	
甲冑類	挂甲片	20	
馬具類	鞍橋片	10	・一部は甕⑮の内部から出土
	杏葉	4	・剣菱形杏葉は甕③の内部から出土
	銅鈴	2	・銅鈴①は甕③の内部から出土
	鉄鈴	1	・甕⑲の内部から出土
	銅鐸	1	
	鉄鐸	1	
	鉸具	3	・甕③の内部から出土
	革金具	6	・甕③の内部から出土
	青銅環	4	
	鉄環	3	・甕③の内部から出土
	瓔珞形鉄器	2	
その他	銅鏡	3	・銅鏡②は甕③の内部から出土
	鉄鏡	1	
	鉄鋌	1	
	不明鉄器	1	

表3　竹幕洞出土三国時代模造遺物一覧

石製模造品									土製模造品	
有孔円板	剣（蟬）形品	鏡	勾玉	刀子	短甲	斧	鎌	鐸	馬	人形
141	34	2	7	5	1	1	1	2	8	1

　これまでの調査を通じて本遺跡が「海岸辺に位置する百済の独立した露天祭祀遺跡」であること。祭祀の対象は「漁業神、航海神、船神などの海洋神であったと推定されるが、そのなかでも特に航海神と関連がある」こと。祭祀の主体者は「土着勢力」とみられ、「海洋交渉能力」をもち、かなりの「社会・経済的な地位をもった身分階層」とみられることなどが知られた。また具体的な祭祀の様相については、初期には土器のみの露天祭祀であり、5世紀代になると石製模造品が登場し、5世紀中、後半から6世紀前半まで甕中心の大形土器に金属製遺物を納めて祭祀を行ったこと。供献容器には「壺と器台が5世紀に本格的に結合して登場し、6世紀以後には新たに高杯、瓶、横瓶のような各種の器種」が追加されていったことなどが指摘されている。

4　5～6世紀の倭系祭祀遺物

　竹幕洞遺跡における祭祀に倭系遺物が含まれていることはすでに述べておいたので、ここで改めてそれらをとりあげることとする。

　まず土器類では各種器形があるなかで、中心部土器群に顕著にみられる広口長頸壺で各種沈線文で頸部から胴部を飾り、また肩部に瘤状突起をめぐらすなど、これまで百済地域の古墳や生活遺物でもみられなかった祭祀専用土器が注目される。日本製かと考えられるのは報告書に掲載されているカ～ナ－２区発見の蓋杯・高杯・瓶（提瓶）などである。水聖堂北西のナ－２区平坦面からカ－２区傾斜面にあたるところで、中心部土器群をややはずれているものの、隣接区であるところからみてナ－２区平坦面あたりが供献された場所であろうかと思われる。蓋杯は２個あり、ともに蓋で、１は完形で口径 11.8 cm・高さ 5.5 cm（図 7-1）。これと同形・同大の２は残片で復原口径 11.8 cm。現高 4.9 cm である（図 7-2）。腰部の段から頂部が高く、国立清州博物館蔵の清州市新鳳洞Ｂ地区古墳群出土の蓋杯類と共通した特徴をみることができる。日本側の編年観に照らせば５世紀後半代に比定できよう（国立全州博物館 1994、蓋杯類１・２）。

　つぎにあげられるのはナ－２区北側平坦面発見の無蓋高杯である（図 7-3）。高さ 16.2 cm、口径 21.6 cm、底径 14.2 cm とこの類の高杯としては大型に属する。口縁下に段とその下に五歯具の波状文をめぐらす。ゆるやかに開く短脚には長三角形透孔３個が配され、脚端部に段を設けてふくらみ、末端を尖らせている。灰色硬質の陶邑系第一段階末ごろの特徴を備えている。断面は「灰白色―黒色―灰白色の色層」をなす観察が報告されている（国立全州博物館 1994、高杯類１）

　つづいてはカ－２区の傾斜面発見の提瓶があげられる（図 7-7）。報告書では「灰青色硬質の扁瓶」とされているものである。高さ 26.9 cm、胴部最大径 24.3 cm、口径 10.2 cm、扁平部径 19.8 cm と大形である。体部側面観は通常の提瓶のごとく片側球面、片側平坦面をなし、球面の中央に円板貼付け製作法がとられる。表面に木理調整がみられる（国立全州博物館 1994、瓶類１）。

　なお、筆者の遺物整理見学時に気付いて注意したものに水鳥装飾と思われる破片がある（図 7-4・5）。鳥首部と尾部と思われる破片で、これらがとりつけられた土器本体の出現を期待していたのであるが、報告書をみてもついに接合できる本体は発見されなかったようである。参考例に福岡県京都郡苅田町番塚古墳出土の水鳥装飾付甑（九州大学文学部考古学研究室 1993）の図面（図 7-6）を後送して本体の発見を期待したところであった。鳥首部破片はカ－２区が傾斜面から、尾部破片はナ－２区北側平坦面からの発見である。番塚古墳例にくらべて鳥首部が短い。ただし筆者はこれらについて倭系と速断しているわけではない。

　石製模造品については表３に示したように各種ある。141 個ともっとも多い有孔円板（図 8-1～17）は、カ－２区・ナ－２・３・５区から発見されている。最大形で径 5.5 cm、厚さ 0.7 cm、最小形で径 1.7 cm、厚み 0.3 cm まであるが平均して径 2～2.5 cm ほどのものが多い。径 2 mm ほどの穿孔一対を設けている点は共通し、穿孔法は一部に両面穿孔がみられるが、大多数は片面穿孔である。

　蝉形品の名称で報告された 34 個は、日本側でいう剣形品である（図 9-1～34）ナ－２・３区に発

334　第2部　古墳時代

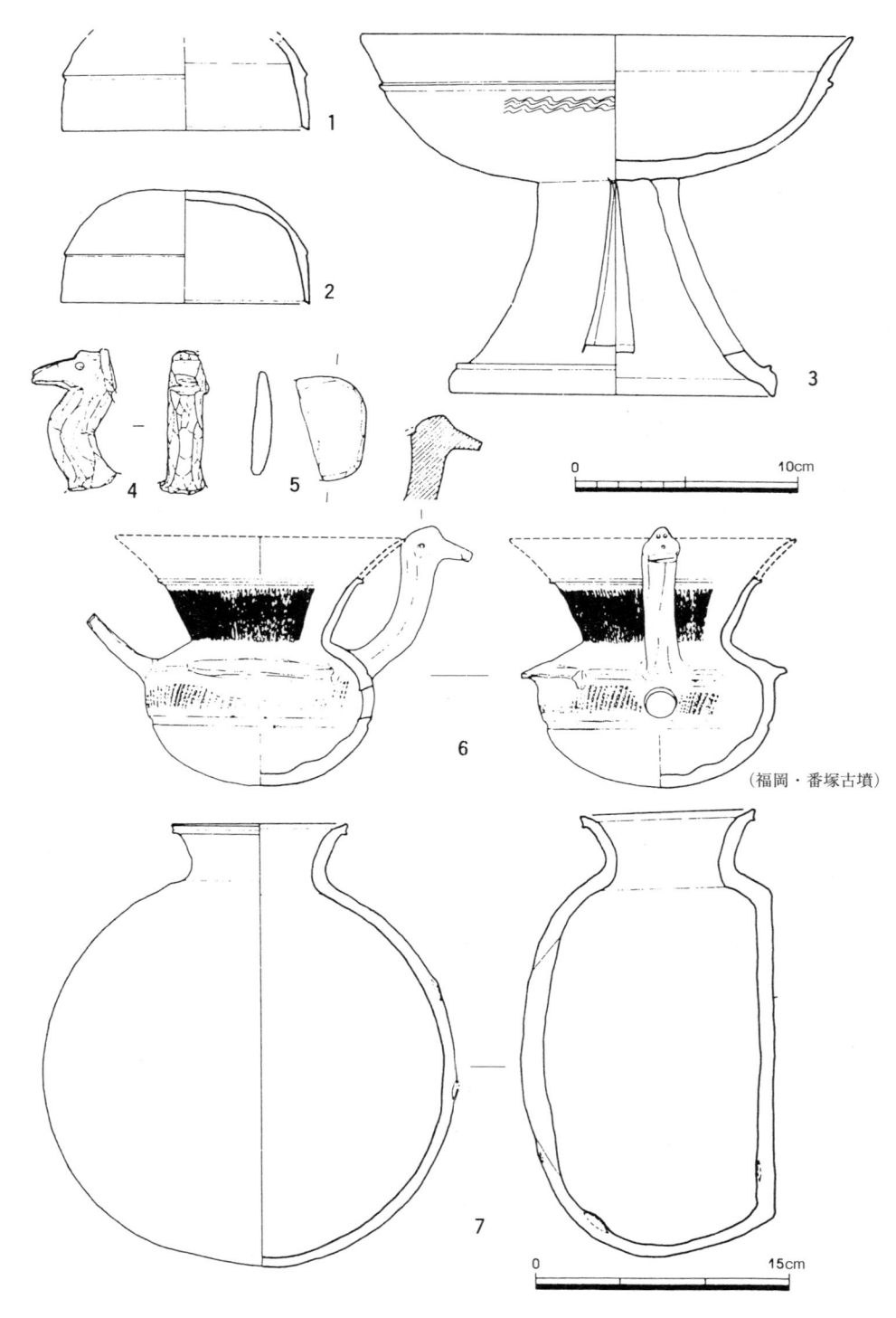

図7　倭系土器（須恵器）および参考資料

（福岡・番塚古墳）

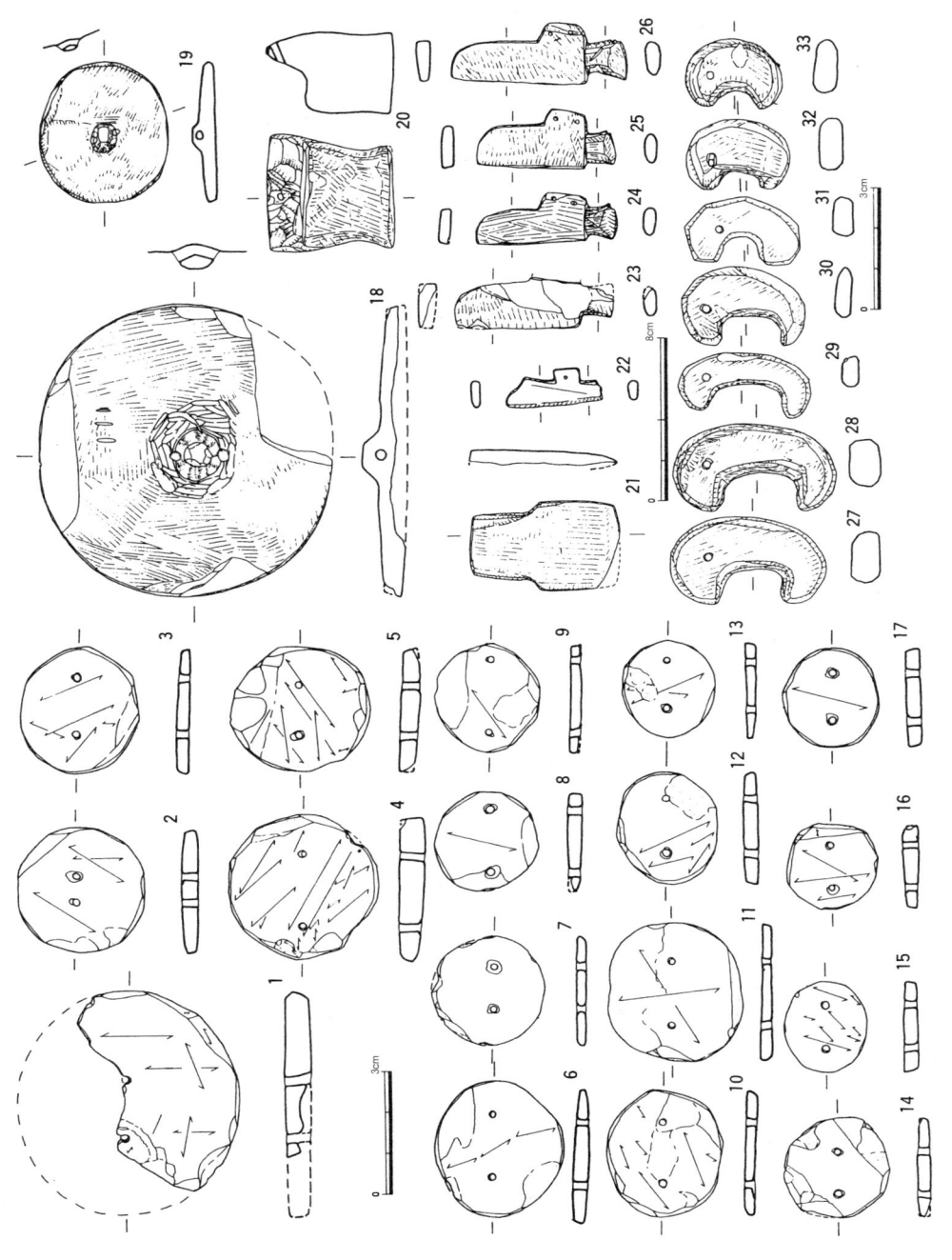

第9章　韓国竹幕洞祭祀遺跡と古代祭祀　335

図8　石製模造品(1)　1〜17. 有孔円板、18・19. 鏡、20. 短甲、21. 斧、22〜26. 刀子、27〜33. 勾玉

336　第 2 部　古墳時代

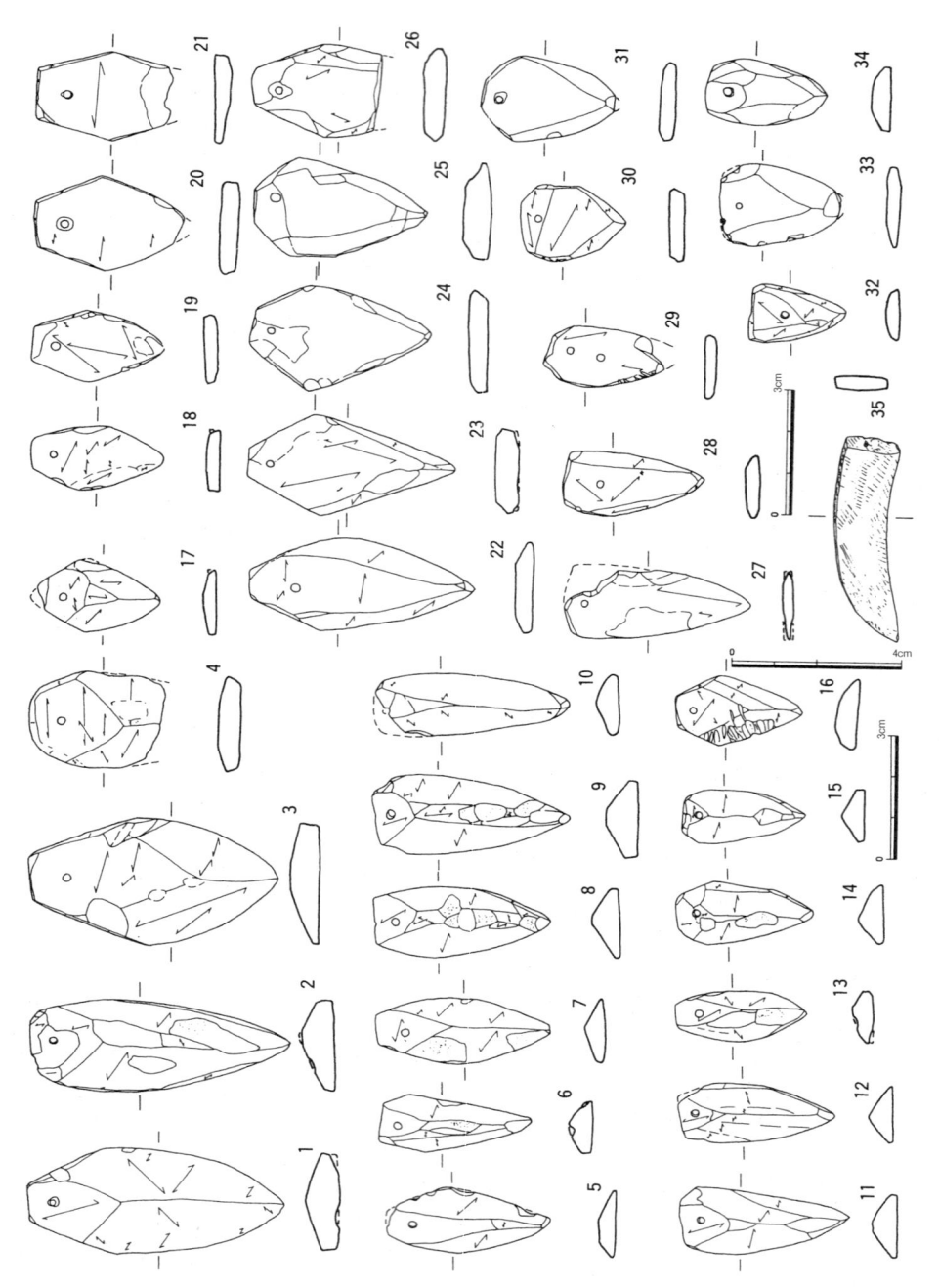

図 9　石製模造品 (2)　1～34. 剣形品、35. 鎌

見された。全長 5.9～2.3 cm、最大幅 3～1.2 cm、厚さ 0.9～0.3 cm で、平面形は五角形と長三角形の 2 種があり、ともに相当底辺寄りに一穿孔（片面・両面穿孔）がある。また片面は平坦面、片面に Y 字形稜面をつくって、剣身部横断面三角形をなすものと、両面とも平坦で横断面扁平なものの 2 種類がある。前者がより剣形品の特徴を示していることはいうまでもない。

鏡 2 個（図 8-18・19）は大形品がナ－2 区、小形品がタ－4 区から発見された。鏡面は平坦面をなし、裏面中央に鈕をあらわす瘤状突起を造出し紐孔を貫通している。大形品（18）は表面の剝離や外形の一部欠損があるが、径 14.4 cm、紐部突起高 2.3 cm、小形品（19）は完形で径 7×6.2 cm、鈕部突起 1.1 cm。

勾玉 7 個（図 8-27～33）はナ－2～3 区発見。全長 3.8～2.4 cm、幅 1.3～1 cm、厚さ 0.7～0.4 cm。両面は平坦面をなし、内外の輪郭側面はやや粗いタッチの削り痕をのこしている。

刀子 5 個（図 8-22・26）はナ－2 区発見。全長 8.45～4.5 cm、刃部長 1.55～1 cm、刃部幅 2～1.5 cm、柄部幅 1.8～1 cm、厚さ 0.8～0.5 cm。鞘に収めた状態を示し、鞘口の一方が張り出して 2 孔を穿孔（ただし 1 個のみ一孔している）。

短甲 1 個（図 8-20）はナ－5 区の攪乱層発見。高さ 6.2 cm、厚さ 4 cm。上面に段を設けて前面胸板、後面背板、両側面下半部をくびらせて短甲の形態を表現している。背板上端近くに 1 孔を穿孔する。宗像大社蔵品の実測図を後送して比較を依頼したが、宗像社例よりやや小形で、背板の上面両端が隅角をなす点などに小異がみられる。

斧 1 個（図 8-21）はナ－5 区発見。全長 7.2 cm、刃部幅 4 cm、片面剝離して残存厚 0.7 cm。有袋有肩斧である。

鎌 1 個（図 9-35）はナ－2 区発見。全長 9.9 cm、最大幅 2.5 cm、厚さ 0.7 cm。断面は扁平長方形で曲刃鎌である。基部に 1 穿孔がある。

鐸 2 個（図 11-1・2）のうち 1 はナ－2 区発見。ともに欠損して前形は不明であるが、上端をのこす一例（1）は残存長 4.7 cm、最大幅 3.7 cm、厚さ 0.9 cm、扁平な裾広がりの形態で、横断面偏六角形をなす。上端寄りに 1 穿孔を設けている。他の一例（2）は上下端とも欠損しており、残存長 3.3 cm、最大幅 3.8 cm、厚さ 0.9 cm。

以上石製模造品の材質は鐸が滑石製とされているほか、すべて片岩製と報告されている。

なお土製模造品には人形と馬形があるが、倭系遺物に特定できないのでここでは省略する。

5　海路の祭り——沖ノ島・大飛島・神島・寺家遺跡——

1980 年に亀井正道氏はわが国における海神を島や岬等で祭る遺跡について、以下のような 3 種類の性格に分けられた（亀井 1980）。

「第一は遺物の内容が傑出していて、単なる沿岸航行者や、一氏族等の祭祀を示すものとは考えられず、いわば国家的規模の背景を推測させる遺跡（畿内型）。

第二は石製模造品・土器等きわめて普遍的な遺物を出土する遺跡（在地型）。

第三は製塩集落の一隅に少量の石製模造品・土器等を出土する遺跡（製塩集落型）」。

図 10 石製模造品―日韓の石甲
左：竹幕洞（出土状況）、右：宗像大社蔵品

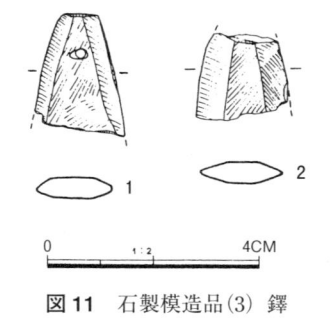

図 11 石製模造品(3) 鐸

このうち竹幕洞遺跡とのかかわりが参考されるのは第一と第二である。さきに竹幕洞遺跡における祭祀の変遷で第一段階（4世紀）が第二に、第二段階（5～6世紀）が第一にあたるであろう。ここでは本章の主題にしたがって第一（畿内型）の祭祀をあつかうこととする。その最初にあげられるのは福岡県宗像市沖ノ島（宗像神社復興期成会 1958）である。玄界灘のほぼ中ほどに浮ぶ周囲約4kmのこの島は、北部九州と朝鮮半島を結ぶ海上交通の要衝にあり、大和王権対朝鮮半島が本格的に始まった4世紀後半から、5～6世紀の「倭の五王」時代、半島三国の抗争時代を経て、律令時代に入って遣隋使、遣新羅使、さらに遣唐使の終焉に至る9世紀代まで、まさに倭政権の古代対外交渉の始終に関与した国家祭祀の島である。祭祀遺跡は島の南側中腹標高80～90mの巨岩群一帯に集中して営まれ、22ヶ所が確認されている。祭祀は巨岩と不可分の関係で設定され、その数は13個に及ぶ。祭祀の形態は巨岩上祭祀（4世紀後半～5世紀中頃）、岩陰祭祀（5世紀後半～7世紀前半）、半岩陰・半露天祭祀（7世紀後半～8世紀前半）、露天祭祀（8～9世紀）と4段階の変遷を経過する。詳細は調査報告書にゆずり、各段階における供献遺物を整理すると表4のようである。まさに国家型祭祀の評価にふさわしい内容である。とくに岩陰祭祀段階では朝鮮半島の古新羅古墳出土品と共通する金・銀製装身具や金銅製馬具、ササン朝ペルシャガラス碗、半岩陰・半露天祭祀段階では中国系東晋代の金銅製龍頭竿頭飾一対、唐三彩瓶などが搬入されていて、"海の正倉院"の呼称が与えられるにいたった。

　巨岩上祭祀段階の21号遺跡は、高さ約3mのF号巨岩（上面は8×6×5mの三角形状）の上に割石を集めて長方形祭壇（内法2.5m四方）をつくる。その中央には1.1×0.8mばかりのやや大きな石を据えている。この中央大石上の小さなくぼみ穴には滑石製臼玉3個がおちこんでいた。当初、この大石を降神の依代として榊などの神木を立てかけ、その枝に滑石製臼玉などが懸けられていた様子を推察することができる。祭壇上には銅鏡五面、玉類・武器武具・工具のほか、祭祀専用遺物として雛形鉄器（鏡・斧）・滑石製品（管玉・臼玉・有孔円板・剣形品など）・手捏土師器（坩・高杯・杯）が供献されていることが注目される。また朝鮮半島から将来されたとみられる鉄鋌4個体分の発見も注意される。5世紀前半代に比定されるこの遺跡で神の降臨する磐座が設けられて祭りが実修されたこと。古墳副葬品と共通する遺物とともに祭祀専用品が並用されていることなどが指摘される。

　露天祭祀段階の代表である1号遺跡は沖ノ島祭祀の最終段階であり、奈良～平安時代であるから、

竹幕洞祭祀の統一新羅時代にあたる。この段階の祭祀は土器が主体を占めることでは共通しているが、沖ノ島祭祀では神木に懸けたと思われる臼玉・有孔円板に加えて扁平な大形勾玉などがある。祭祀専用具としての雛形品には金属製紡織機関係品のほか、金属製・滑石製の形代類（人形・馬形・舟形）が新しく出現する。また土器にも畿内産の奈良三彩・二彩小壺のほかに沖ノ島特有の腹部に数孔を並列する有孔坩、小形透孔器台などがみられる。遺跡は東南に海を望む緩斜面で、約10ｍ四方にわたって供献品が累積している。当初祭祀終了後の祭祀品廃棄場所説をいう人もあったが、東南隅に大石を据え、傾斜部に葺石した壇状構造が確かめられているので、祭壇を設けた大形の祭場とみられる。巨岩とかかわりながら祭祀の場所を変えることもあった。巨岩を離れた露天祭祀に至っては祭場も固定化したことを示している。

　記紀に伝える宗像三女神は、元来は在地豪族宗像氏が祀る土着海神であったが、対外交渉の活発化に伴って、大和王権の支持する国家神にまで昇格し、大和王権を最高司祭者とする国家祭祀が行われたのであった。そして現地における実修にあたって、宗像氏が直接司祭の役を代行するようになったのである。

　つぎに瀬戸内海のほぼ中央に位置する岡山県笠岡市に属する**大飛島**（亀井 1980、鎌木・間壁 1964）は、全島ほとんど山をなす小島で、その北東端砂洲の基部と山が接する部分に祭祀遺跡がある。ここは山の中腹にかけて点在する巨岩の最下端にあたり、数個の巨岩を中心に形成された比較的狭い範囲である。8層から成る遺物包含層の上層は鎌倉時代に及び、6〜8層は奈良〜平安時代である。銅鏡5面（奈良時代唐式鏡2・平安時代鏡3）、皇朝銭（和同開珎〜延喜通宝）、ガラス器、金銅製鈴、奈良三彩小壺などに加えて多くの土師器・須恵器が発見されている。その出土状態について、7・8層では「三彩小壺を中心にして9枚の古銭が散布されたような状態」を示し、また6層で発見されたものと同様な小形手捏竈形土器が、「巨石のそばに、丁度石に向って並べられたような状態で出土し、そのうちの1個には、小形手捏土器がのせられて」おり、その「付近には土師器、須恵器、銅鈴、古銭、金銅製有孔の小円板、大甕が存在し、巨石に向って献供された祭祀の跡を示すもの」とされている（亀井 1980）。さらに供献された唐式鏡（唐花文六花鏡）は東大寺大仏殿出土鏡と同笵品であり、三彩有蓋小壺は身7個分・蓋13個分と量の多さで沖ノ島にも匹敵して、小形ガラス器等と共に中央政府からもたらされたものである。この島で海神祭祀が行われるにいたった理由について、亀井正道氏はつぎのように説明される。

　　付近は瀬戸内海の潮が東西から流入し、また引き始める位置に当っているので、意外に潮流の複雑なところである。加えて潮の干満に従って時には現われ、また消える長大な砂洲—しかもその先端が潮の流れにつれて動く現象は、誠に神秘的な現象としてうつり、畏怖の念をも与え、それは神慮によるものと考えられ、この島に神いますと信じられるに至ったのであろう（亀井 1980）。

　そして優品を多く供献していることから中央政府の関与を推考し、遣唐使が頻繁に派遣された時期に当ることとのかかわりを指摘している。

　三重県鳥羽市に属する**神島**（亀井 1965）は伊勢湾の入口に在る小島で、周囲4kmの大部分は海蝕崖がめぐっている。この島に鎮座する八代神社には多くの神宝が秘蔵されていて、識者の注目

表4 沖ノ島祭祀遺跡 出土品種類一覧（ただし発掘調査分のみ）

遺跡の種類		巨岩上					岩陰					半岩陰半露天		露天
	遺跡	16号	17号	18号	19号	21号	4号	6号	7号	8号	22号	5号	20号	1号
鏡鑑	方格規矩文鏡			1			(1)							
	三角縁神獣鏡			1										
	獣帯文鏡					2								
	盤龍鏡									1				
	変形きほう文鏡		1	1										
	変形方格規矩文鏡	1	7							1				
	変形内行花文鏡	1	3		1									
	変形三角縁神獣鏡	1	3	3										
	だ龍鏡		2			1								
	変形獣帯文鏡		2				(1)							
	変形画像鏡		2											
	珠文鏡						(1)		1					
	変形文鏡		1				(1)			1				
	素文鏡	1				1								
	その他（形式不明）				1	1			1					
	八稜鏡（和鏡）													1
装身具	勾玉（硬玉・碧玉・こはく）	○	○	○	○	○				○		○		
	管玉（碧玉）	○		○	○	○				○				
	なつめ玉（硬玉）			○		○								
	切子玉（水晶・ガラス）								○					
	丸玉・小玉（ガラス）	○				○		○	○	○		○		
	黄金指輪									○				
	金銅釧									○				
	銀釧									○				
	銅釧	○								○				
	鉄釧	○			○	○								
	車輪石（碧玉）		○											
	石釧（碧玉）	○	○	○										
	銅鈴													○
	帯先金具							○	○	○				
	有孔あわび具								○	○	○			
武器	鉄刀・刀装具	○	○		○	○				○		○	○	○
	鉄剣	○	○							○		○		
	鉄矛	○			○					○				
	鉄槍	○								○				
	鉄鏃	○				○				○				○
	衝角付冑					○								
	挂甲									○				
	盾									○				
工具	わらび手刀子			○		○								
	鉄刀子	○			○	○		○				○	○	○
	鉄鉇					○								
	鉄斧	○				○	○		○	○		○		
	鉄鎌					○								
	鉄針				○									

第9章　韓国竹幕洞祭祀遺跡と古代祭祀　341

遺跡の種類		巨岩上				岩　　陰					半岩陰半露天		露天
遺　　跡		16号	17号	18号	19号	21号	4号	6号	7号	8号	22号	5号	20号	1号
馬具	鞍						○		○	○				
	歩揺飾雲珠						○	○	○	○				
	辻金物						○		○	○				
	金銅製杏葉								○					
	轡						○			○				
	鈴									○				
容器	銅鋺								○					○
	銅皿・盤						(○)							○
	土師器（壺・高杯）			○	○	○		○			○	○		○
	須恵器器台						(○)	○	○			○		○
	須恵器壺・甕など						(○)		○			○	○	○
	須恵器有孔坩						(○)						○	○
	唐三彩								(○)			○		
	奈良三彩													○
	切子ガラス碗									○				
雛形祭祀品	刀子・刀（鉄）	○					○	○		○	○	○		
	斧（鉄・金銅）					○	○				○	○		
	矛（鉄）										○			
	鐸（鉄・銅）							○				○		
	儀鏡（鉄）					○					○	○		○
	琴（金銅）											○		
	紡織具（金銅）										○	○		
	横櫛（金銅）											○		
	銅容器（細頸壺・鋺）								○		○	○		○
滑石製祭祀品	子持勾玉					○	(○)			○				○
	大型扁平勾玉												○	○
	勾玉	○	○		○									
	管玉	○	○	○	○	○								
	臼玉・平玉	○		○		○	○	○	○	○	○			
	なつめ玉	○	○			○								
	小玉	○	○			○	○		○	○				
	剣形品						○	○						
	円板（有孔・無孔）						○	(○)						
	石釧	○				○								
形代	人形 金銅製										○	○		
	滑石製													○
	馬形（滑石製）													○
	舟形 銅製													○
	滑石製													○
特殊遺物	金銅製龍頭											○		
	皇朝銭（富寿神宝）													○
	鉄鋋					○		○	○					
その他	近世陶磁器						○							
	近世素焼皿						○							
	寛延通宝						○							
	宋銭										○			
	鰐口（鉄）										○			
	三叉矛（鉄）										○			

をひいてきた。その内容は古墳時代関係品・唐式鏡・和鏡・経塚関係品・陶磁器など総数百点余に及んでいる。それらの多くは神社近くの島の北端海岸から採集されたと伝えられ、銹色から土中品と伝世品の二者があったと考えられる。神宝中の古墳時代関係品には画文帯神獣鏡・二神二獣鏡・金銅製頭椎大刀装具・帯金具残欠・須恵器蓋杯等があり、「神社に近い島の北端斜面に存在した古墳」出土と伝えられているが、亀井正道氏の現地踏査によれば、「相当急斜面になって海に迫っていたものと推定され」、小古墳の存在すら不可能であること。現存する「古墳時代遺物が、一括して同一古墳から出土したということも、個々の遺物の年代観からあり得ないこと」などを指摘している（亀井 1980）。そして各時代の神宝類の検討とあわせて、「おそらく平安時代以降の奉献品が伝世され、それに特殊な遺跡の出土品や経塚関係品が加わり、ほぼ今日の神宝の全容ができ上ったもの」と推定した。結局神宝の主要部分は島内で行われた海神祭祀遺跡の出土品であり、古墳時代から奈良～平安時代を通じて貴重な品々であるところから、このルートが「中央政府の東方経営の要路として使用された」ことを指摘している（亀井 1980）。

　日本海に望んだ石川県羽咋市寺家町**寺家遺跡**（石川県埋蔵文化財センター 1988）は、気多神社にほど近い砂丘に在る。気多神社は天平宝字2（758）年以来北陸に渤海使節が来着してから、対渤海交渉の航海神として、また東北経営の前進基地の神として中央政府の尊崇をあつめた。寺家遺跡は古代気多神の祭場跡（「祭祀地区」）で、「幅約60ｍ、奥行約100ｍの馬蹄形の凹地の中にあり、凹地の頂部付近は幅4ｍの溝・低地に面する部分は幅3ｍ、高さ1ｍの土塁で区画されている。(中略) 奈良時代に入って区画が整備されるとともに、区画内で各種の祭祀が行われるようになった。塩を焼いたり神饌を調理するために用いたと思われる石組炉・灰や焼土を埋めた土坑・赤彩の鉢などと共に刀子、帯金具を埋納した土坑・幅約1ｍで一辺約10ｍ方形に巡る溝・焚火の上を山土で覆った遺構などが検出されている」（小嶋・荒木 1984）。

　その後、集落などが発見された「砂田地区」、水田を挟んだ台地上のシャコデ遺跡を加えて寺家遺跡の内容と変遷を整理したのが表5である。もって概要をうかがうことができよう。

　7世紀代には能登半島が東北経略の基地になり、遠征軍は寺家遺跡近くの潟に着岸して鹿島津から船出したであろうとされる。つづく奈良～平安時代には能登が渤海国への渡海基地となり、遺跡付近の潟を利用した港が補給基地となったが、このような大規模祭祀遺跡が形成された背景には、その立地場所の地政学的条件が指摘されている。

　以上、国家型祭祀遺跡としてランクされているわが国の祭祀遺跡と、その露天祭祀の状況・祭祀遺物の内容などの概要を通覧した。しかしその時期は三重県神島で古墳時代にさかのぼる遺物は認められるものの、遺跡の状況は不明であった。その他は奈良～平安時代に属している。福岡県沖ノ島では古墳時代から継続して8～9世紀に大規模な露天祭祀を出現させるに至る4段階の変遷と、新たな石製模造品祭祀の復活的盛況を呈するにいたったことが注意をひくところである。

6　日韓古代の祭祀交流への展望

　これまで竹幕洞祭祀遺跡について、その始終とさらに倭系祭祀遺物が供献された5～6世紀につ

表5 寺家遺跡の画期と内容

画期	小期	祭祀地区	砂田地区	シャコデ遺跡
I	1 7世紀前	竪穴状遺構、勾玉、ガラス小玉、金環	竪穴住居跡4棟、ガラス小玉、金環	竪穴住居跡6棟
I	2 7世紀後	？	？	掘立柱建物
II	1 8世紀前	土塁の築造、一辺約10mの方形溝、石組炉4基、焚火跡約10ヶ所、狻猊鏡、他	竪穴住居跡30棟、海獣葡萄鏡、奈良三彩、馬歯、他	掘立柱建物廃絶シャコデ廃寺建立
II	2 8世紀後	？	竪穴住居を掘立柱住居に建替え（約20棟）鍍金鉈尾、馬歯、他	↓
III	9世紀	土器集積遺構2ヶ所、石組炉1基、小型獣文鏡、大刀、紡錘車、他	掘立柱住居群を大型掘立柱建物（12棟）に建て替え、井戸1基、製塩炉、小鍛冶炉、瓦、馬歯	シャコデ廃寺修理
IV	1 10〜11世紀	砂に覆われる。	南半は、砂に覆われる。北半は、総柱掘立柱建物（9棟）、井戸5基、銅鈴、馬歯、他	総柱掘立建物1棟以上
IV	2 12〜14世紀前半	薄い包含層が形成されるが、実体は不明。	土塁の築造と建物群（約25棟）、井戸4基	背後丘陵に、社僧坊が造営され始める。
V	14世紀後半〜15世紀	砂丘の下となる。	建物群廃絶し、畠地となる。全域が砂丘の下となる。	社僧坊の造営が活発になる。

（石川県埋蔵文化財センター　1988）

いて詳述した。そしてその祭祀遺物にみられる国際性から国家型祭祀にランクされるにいたった。

　以上、日本における同ランクの海神祭祀遺跡の内容を紹介した。いずれも露天祭祀の形態をとる点では共通するところがあったが、日本側の露天祭祀段階はいずれも8世紀代に下るものであり、律令国家型祭祀であるところに、竹幕洞祭祀形態と単に似ているというだけで同一視しえないものがある。

　倭系祭祀遺物のうち土器については、5世紀後半〜末頃の陶邑系資料を含んでいて、その供献された時期を推察できる。ただし提瓶については現在の日本側須恵器編年では6世紀前半か中頃よりさかのぼらせることはむずかしい。2回以上の供献を考えるべきであろうか。また水鳥装飾付土器が日韓双方で使用された背景には、古墳においては葬送に際しての魂の使者の役割を担い、祭祀においては神と人間の交感を連絡する意図があった（愛知県陶磁資料館 1995、東 1985）。そこには共通の祭祀観念が働いていたことがうかがわれる。

　つぎに石製模造品については、有孔円板・剣形品を中心に各種のものを含んで一遺跡でかくも多く発見されたのは韓国における初見である。これら石製模造品が、5世紀代を中心にわが国の古墳・祭祀遺跡などで盛行したことは周知のとおりである。これらについては白石太一郎氏（白石 1985）

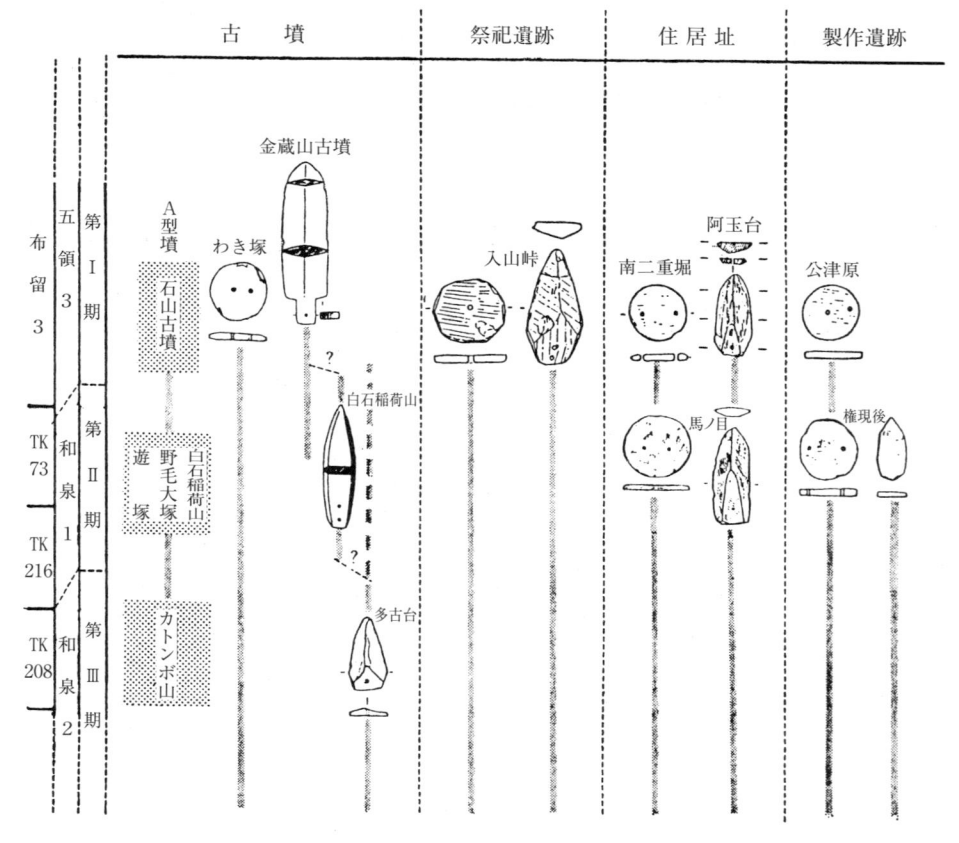

図12 石製模造品の変遷 概念図（寺澤知 1990）

や寺澤知子氏（寺澤知 1990）によって総括的な検討が行われている。白石氏は古墳に滑石製模造品が副葬・供献されるのは前期末から後期初頭の限られた時期であり、その間に模造品の組成や形態の変化によってつぎの4期区分を提言している。

　第1期（前期末）——農工具の模造品化が始まった時期。一部で剣形が出現し、勾玉・臼玉も滑石でつくられる。

　第2期（中期前半）——農工具類の模造品が形式化し、粗製勾玉が大量に供献されるようになる。酒造具・機織具も主としてこの時期につくられる。

　第3期（中期中葉～後半）——曲刃鎌の模造品出現をもって区分できる。農工具類・剣の粗製化、勾玉の扁平板状化、有孔円板（鏡模造品の粗製化とみる）の出現などがみられる。

　第4期（中期末～後期初頭）——粗製化した農工具もあるが、むしろ有孔円板・剣などが顕著になる。

　寺澤氏は白石氏の研究を承けながら土師器・須恵器の編年観を加え、また直刃鎌形模造品は第3期まで残る場合もあるので時期区分の指標には不適当であることを指摘して、つぎのような時期区分を提起した。

　「ほぼ布留3期（五領3式）を石製模造品変遷の第Ⅰ期として4世紀後半の時期にあて、須恵器

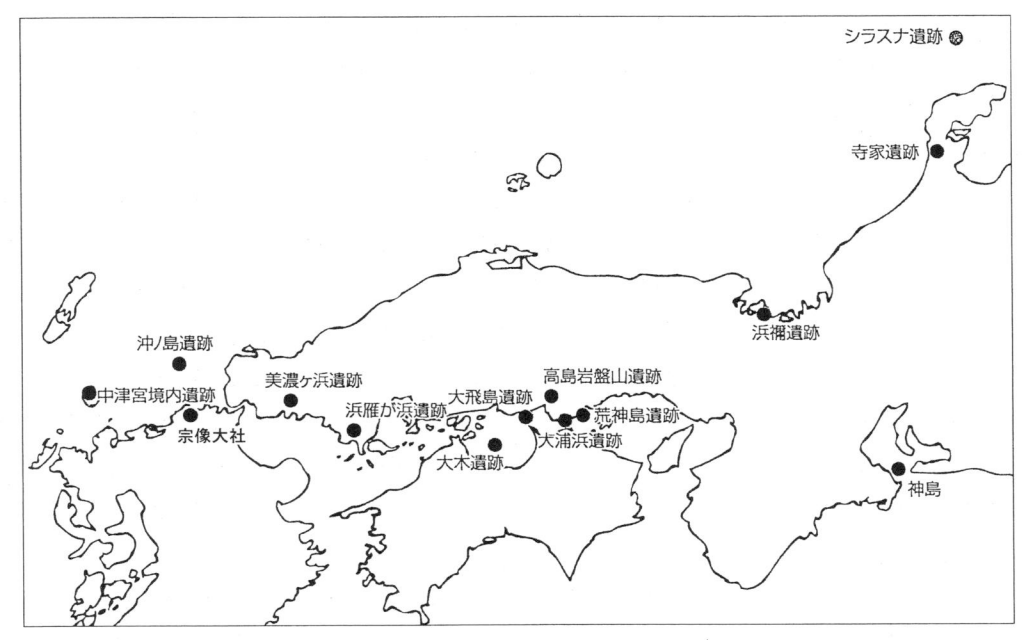

図13 西日本の主な海の祭祀遺跡

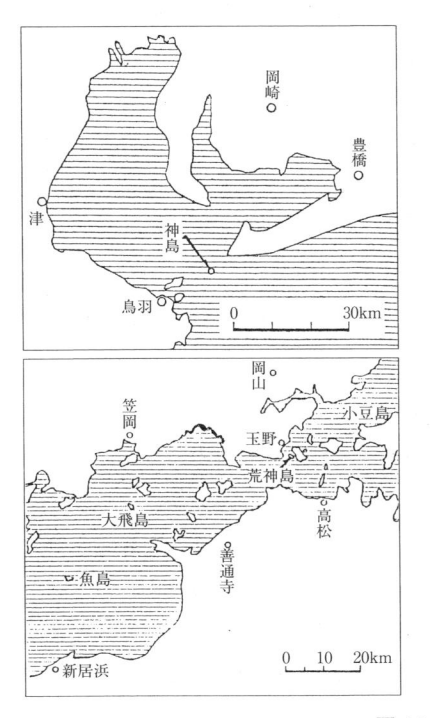

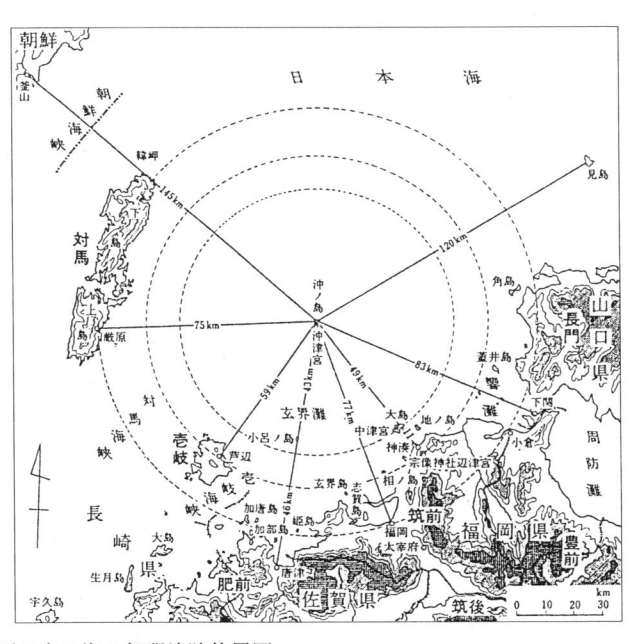

図14 西日本の海の祭祀遺跡位置図

出現前後から TK216 型式（和泉 1 式）までの 4 世紀末から 5 世紀の第 1 四半期ぐらいの時期を第Ⅱ期とし、TK216 型式から TK23 型式出現（和泉 2 式）までを第Ⅲ期とし 5 世紀中葉（第 2 四半期から第 3 四半期）頃の年代観をあたえることにする」（寺澤知 1990）。このような年代観に拠って石製模造品に関連する遺跡の並行関係を図 12 のように整理している。

　以上のようなわが国における石製模造品の研究成果を参考して竹幕洞遺跡の石製模造品の組合せや形態を検討してみると、白石氏の第三期以降、寺澤氏の第Ⅲ期以降に相当することが知られ、これは蓋杯・高杯などの年代観とも齟齬するものではないであろう。また刀子・剣・農工具類などが近畿以東にくらべて西日本側に非常に少ない分布上の事実を参考するとき、寺澤氏も指摘するように大和政権の東国経営にむけての祭祀の画一化政策として、とくに「石製模造品のなかの有孔円板や剣・勾玉などを中心とした祭祀」が始まり、大和政権が「政治の中枢にすえた新しい祭祀である天的祭祀の一つであった」ということになろう。さらに寺澤氏は西日本にこれら石製模造品が少ない現象を、「古墳時代になって天的祭祀をうけいれた畿内以東」に対して、畿内以西では「弥生時代からすでに鏡・玉・剣を使用した祭祀の原型に接していた」ことに求めている。

　5～6 世紀の竹幕洞祭祀（三国時代祭祀の第 2 段階）には本章に取り上げた倭系遺物のみならず、百済・伽耶・中国南朝系の遺物もみられることはすでに述べたところであるが、このような国際性豊かな祭祀が、当時の百済領域内で直接的にはこの地の「土着勢力」もかかわりながら容認されたところに、竹幕洞祭祀の特性をみることができる。それは当時この海域で展開した国際交流の盛況を反映した国際的公海慣行ともいうべき祭祀行為が中国・朝鮮・日本の間で共通認識されていたことを前提としなければならない。近年韓国側でも古墳の埋葬儀礼や祭祀品で注目されている土器や「小形鉄製模型農工具」・土製模造品（人形・馬形）などの事例が増加しつつある状況（申鐘煥 1996、安順天 1996）をみると、わが国の古墳や祭祀遺跡における事例と対照してみても、古代祭祀に対する深層心理の共通性がうかがわれるところである。国際的な航海神祭祀にあたってはこのような共通する祭祀観の一面が存在するところに異国の航海船が関与することを容認する素地があったと理解すべきであろう。その上に中国系、倭系の祭祀品が加わった結果が竹幕洞国際祭祀の実態であったのであり、このことは裏がえせば沖ノ島祭祀における同時期祭祀（上祭祀～岩陰祭祀段階）にみる異国製品の供献行為とも通ずるものがあることともつながるであろう。

　竹幕洞祭祀における倭系遺物に顕著な石製模造品が、材質からみて日本から将来されたとするより、現地で製作された公算が大きいとしても、その内容が近畿以東に多いものであり、倭政権が関与したとすれば、当時の沖ノ島祭祀の背景をも勘案して宗像氏が航海の任にあたり、中央からの派遣官と共に、あるいは宗像氏が代行して司祭に関与したことも推察されてくるであろう。竹幕洞祭祀遺跡の調査成果は、韓国側では古代祭祀遺跡研究の本格的出発点となった意義ぶかいものであるが、日本側にとっても沖ノ島祭祀に代表される国家型祭祀の国際性研究の視野をさらに具体的に広げる重要な契機をもたらした。このことは筆者にとっても、積年かかわってきた「海北道中」の歴史的用語に象徴される沖ノ島祭祀と対外交渉（小田 1988）の視点をさらに広げ、研究を深化させてゆく必要性を再認識させてもらったことに感謝の念を禁じえないのである。

第10章　八女古墳群における石人
──その変遷と葬祭儀礼とのかかわり──

1　八女古墳群の石人石馬調査

　磐井の墓に多くの墳墓表飾石製品としての"石人石馬"が樹立されていたことを伝える最古の記録が、8世紀に成る『筑後国風土記』逸文（秋本 1958）であることは今日著名の事実である。そしてこの古墳が八女市吉田に在る岩戸山古墳であることも1956（昭和31）年森貞次郎氏の考証（森 1956）によって確定された。岩戸山古墳をはじめ筑後・肥後方面の石製品は、明治・大正時代を迎えてから本格的な研究が始まった（小田 1985b）。その後、昭和時代後半期に至り、小林行雄氏の畿内文化に由来する人物・動物埴輪を受容した、北部九州地域における「加工しやすい阿蘇溶岩の存在」にその発生を求める指摘（小林 1950）で、その系譜観も定着した。また、この時期には筑後・肥後地域での石製品の新発見が相次ぎ、これらの趨勢を承けて1963～64（昭和38～39）年に文部省科学研究費総合研究部門「西日本とくに北部・中部九州における古墳表飾としての石人石馬類の研究」（代表・岡崎敬）が実施された。その対象地域も九州のみならず山陰・山陽・朝鮮・中国に広げる調査活動が開始された。この研究のなかで筑後地域の石製品の所在探索・実測調査や関係古墳の現状調査などは小田が分担することとなり、石神山、石人山、岩戸山古墳の石製品を実測した（小田 1985b）。折から1963年8月、筑後地域は集中豪雨に見舞われた。岩戸山古墳前方部北側最上段の封土が流失して並列する円筒埴輪列や散乱する石製品などが露出して、波多野暁三氏によって応急調査された。石製品の整理調査には小田も加わって従来の発見記録にも検討を及ぼした結果、墳丘部では形象埴輪の発見はなく、すべて東北の「別区」で発見されていること。石製品は別区と墳丘の各段に立てられていたことなどが知られた。墳丘における石製品の在り方は形象埴輪のそれと同じで、埴製品に代わる存在であることが知られた（波多野・小田 1964）。この結果は、さきの小林氏の指摘を実証するところとなった。この頃までの八女古墳群における石製品の発見は、石人山古墳の前方部に樹立当初の姿を保つ著名な武装石人1体のほかは、ほとんど岩戸山古墳発見と伝えるもので、福岡県内14ヶ所、県外5ヶ所の計19ヶ所に分散保有されていた。そして1983（昭和58）年には八女市保管の59個（残欠共）が国指定文化財となった（安藤 1983）。さらに八女市では翌84年11月開館の現岩戸山歴史資料館にそなえて県内に分散保有されているものの回収に努め、現在では残欠品ともに100点を超える石製品が収納されるに至った。

　さらに1988～89（昭和63～平成元）年、八女古墳群の東端に位置する童男山古墳群から円体裸形石人正座像、円体女性石人子負像各1体が発見された（小澤 1992）。6世紀前半の岩戸山古墳で

石製表飾品は最多の盛行期を迎え、以後急速に石製品樹立の風が衰退していったという従来の所見（矢野 1927）を変更する必要はないが、さらに童男山古墳群における石人の発見によって、6世紀中頃以降にまで石人樹立の風が存続していたことを証するに至った。このことはまた岩戸山古墳に後続して、そのすぐ東に在る乗場古墳（「奈良山古墳」）にも石人残欠があったとする記録（矢野 1927）も現実性を帯びてきた。

筆者が1963年以来、折にふれて実測してきた岩戸山古墳関係の石製品は、現在までに40数点を数えているが、それでもまだ半数にも満たない。また、慶長年間に八女市福島城の修築に際して岩戸山古墳から持ち運ばれて石垣の材料にされた石製品は少なくないといわれる。現在、岩戸山歴史資料館に陳列されている二分された石馬（旧正福寺保管）など、その好例である。その意味では、現在岩戸山古墳の石製品として収蔵されているもののすべてが確実にそうであるとする保証はないけれども、大部分は肯定されるであろう。なかでも扁平石人については6世紀代になって出現したと思われる点では、ほぼ異論ないところである。

以上のような経緯のなかで、2005年6月、鶴見山古墳前方部先端の周溝内から円体武装石人がほとんど完形状態で発見されたことは、これが岩戸山古墳に後続する時期であること。前方部の先端近くに樹立されたことが推察できることなど、正確な事実を知り得た点は重要であり、しばらく休憩状況にあった石人石馬研究に再照明を与える契機をもたらすこととなった。

2　初期の石人──石人山古墳を中心に──

石製品の出現が5世紀前半代にあることは今日定説化しているといってよい。まず豊後と筑後地域の前方後円墳にみられる。

大分県臼杵市　臼塚古墳　（87 m）	円彫短甲2	（図 1-1、2）
大分県臼杵市　下山古墳　（75 m）	円彫短甲1	
福岡県高田町　石神山古墳　（54 m）	円彫武装石人1	（図 1-3）
福岡県広川町　石人山古墳　（120 m）	円彫武装石人1	（図 1-4）

いずれも、同時期の所在地域を代表する前方後円墳である。内部主体は舟形石棺、家形石棺を複数から単数を内蔵する。なかでも石人山古墳は最古段階の横口式家形石棺で、その屋蓋に浮彫式直弧文を配するなど、筑後地域の首長墳では横口式の採用や装飾古墳の位置付けでも最古段階となる点でもっとも注目されている存在である。これらの古墳に採用された初期石製品の在り方についてみると、石神山古墳では墳頂に大・中・小の3舟形棺を配し、石人は大棺の上に立っていたという（島田 1925）。臼塚古墳でも舟形石棺2基を蔵する後円部の前面、すなわち前方部にのぞんだ左右に各1個ずつ短甲形石製品が立っていたようである。下山古墳では後円部から前方部に移った正面主軸線上に上半部を欠失した石甲形の草摺部がやや傾斜しながら樹立当初の状態をとどめている。石甲の大きさ、形状は臼塚古墳のものと酷似する。石人山古墳でも主軸線上の横口式石棺前面、前

方部に向かってやや傾斜しながら武装石人が樹立されている状況は、下山古墳の場合と同様である。

　豊後の2古墳例は同一工人の作品かとも思われるほどで、ともに草摺を伴う短甲の外観を円彫表現したものである。そして臼塚古墳では埴輪草摺破片が発見されていて、形象埴輪と共存することも注意される。つぎに筑後の2古墳例はともに甲冑を着けた武装石人である点で豊後の器財と対照的である。ともに三角板短甲に横矧板式草摺を着け、両肩部を左右に張り出した、いわゆる"奴凧形"の円彫形態を示している。このような外観はその後の武装石人の形態に継承されてゆくこととなる。また、頭に冑を被っているが、石神山例は三角板衝角付形式、石人山例は破壊と風化で不明な点が多いが、被冑していたならば眉庇付形式の公算が大きいであろう。さらに注意すべきは表面が赤色塗彩されている点である。石神山例は短甲全面と草摺では一段おきに塗られるが、石人山例は短甲全面のみで、草摺には塗彩はみられない。しかし、石人山例には短甲最上段とその左右について、表・背ともに線刻二重円文が並列されている。さらに、線刻円文は頭部の正面と側面にもみられる。このような塗彩・円文が呪術的効果を期待するものであることは、その後の装飾古墳にみられるものとも共通している。

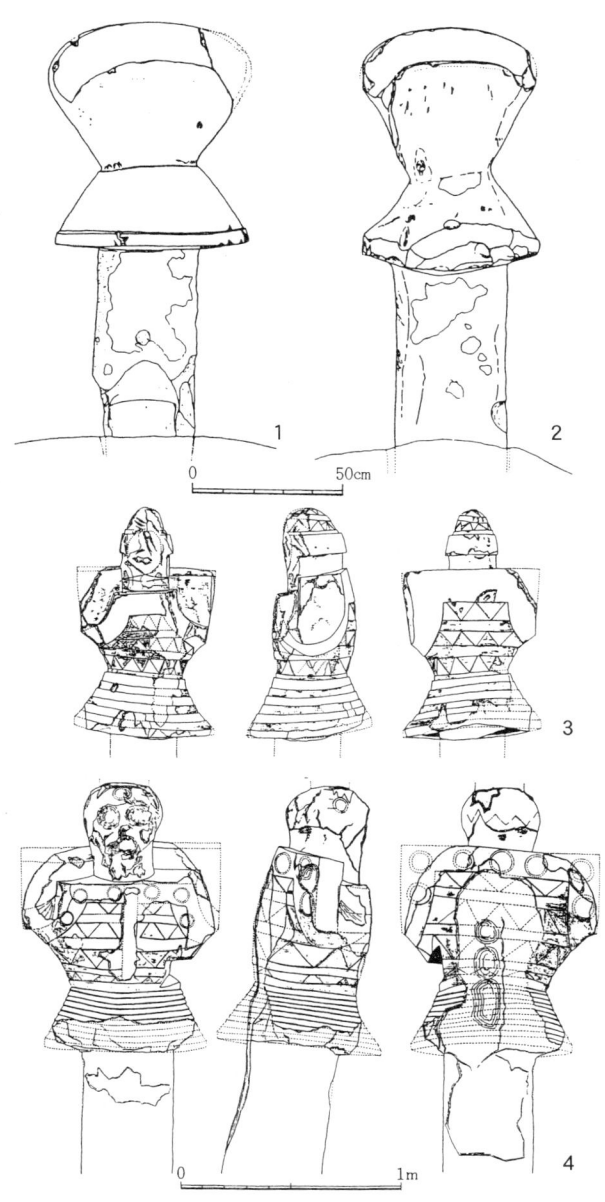

図1　初期の石製品
1・2. 臼塚古墳の石甲、3. 石神山古墳の武装石人、4. 石人山古墳の武装石人

　また、石神山と石人山両古墳の武装石人を対比して気付くことは、外観上の大きさの違いであろう。前者に比べて後者の大きいことは格別である。このことは続く6世紀代岩戸山古墳にみる円彫小形人物座像などまで視野に入れるとき、通じて人物像には大・中・小3種の存在が認定できる。石人山古墳の大形武装石人は横口式家形石棺の前面に樹立されていること。また、その写実的表現とボリュームから与えられる威圧感。それは、この石人の左腰部にみられるコ字形剥りこみに、本

来着刀されていたであろうことまで想像するとき、なおさらその威力は増大されるのである（武装石人にみる左腰部の剝りこみ加工が後世のものでないことは、実測調査の際にこの部分に塗彩の痕跡を確認できたことで明白である）。すなわち上述してきたような、これら初期の武装石人に付加される諸要素から帰納されることは、これまでも指摘してきたように（小田 1974b）被葬者を闌入者から守衛する番兵としての役を負わされたものであり、塗彩・線刻円文などが僻邪鎮魂の呪的効果を期待するものであったことは、もはや多言を要しないであろう。同様に豊後の2古墳に樹立された石甲についても、武器・武具に付加される僻邪的効果を期待する古代人の敬虔な祈りの産物であったことも明らかであろう。このような古代人の思考方式は、後続する一部の石人の在り方や装飾古墳の画題にみる幾何学的図文に継承されてゆき、葬送祭祀儀礼のなかに定着していったのである。

3　盛期の石人──岩戸山古墳を中心に──

　6世紀前半代の八女古墳群を代表する最大の古墳は岩戸山古墳であり、これが筑紫君磐井の墳墓であることにも現在では異論ないところである。そしてこの古墳からの発見品と伝えられる石製品も、岩戸山歴史資料館に収蔵されているものに加えて各地の博物館や大学資料館（室）の蔵品まで通覧すると、その数は100余個に及んでいる。そのかぎりでは、『筑後国風土記』逸文に記される墳丘上に樹立された「石人・石盾各々六十枚」という数量も、決して単なる文飾ではない現実性を帯びてきた。

　また、石製表飾品を有する古墳を通じて数量においても、種類においても最多を誇る存在であることは周知の事実である。いま、その種類についてみると、以下のとおりである。

　　〔人物〕武装石人（円彫・扁平）
　　　　　　平装石人（円彫男・女）
　　　　　　裸形石人（円彫男・女）
　　〔動物〕馬・猪・鶏・水鳥
　　〔器財〕刀・盾・靱・坩・蓋・翳

ただし岩戸山歴史資料館に収蔵されている石製品には、福島城石垣修築時に八女古墳群から集められた石製品の一部に他古墳の所蔵品も含まれているであろうことは否定できないが、石製品の個々についてそれらを特定できるほどの確証は、いまでは得られない。岩戸山古墳における出土地点が明らかなもの以外についても、伝岩戸山古墳出土品として容認するほかはないであろう。

　上述した初期の石製品に対して、6世紀代の岩戸山古墳段階で新しく出現したのは、円彫石製品に対して扁平石製品の存在であり、各種の動物・器財の出現である。扁平石製品にはいわゆる扁平石人と器財にみる盾・靱・翳がある。初期石製品の器財にみられた石甲のみのものは消滅し、甲冑類は円彫武装石人の方に吸収されている。もっとも武装石人自体は石神山・石人山両古墳段階から継承されたものである。

　まず、盾・靱・翳に関しては本来が扁平な物品であるから、他の円彫製品と同様に写実的な表現

品といってよい。これに対して扁平石人は他の円彫石人と異なった製作意図を認めなければならない。

そこで扁平石人の表現方法についてみると、片面は上半部に鏃を並列した靫を表し、他の片面には目・鼻・口を刻んだ卵形の顔面とその両側に美豆良を垂下する髪型を表現している。外側周囲から彫り込んでゆく浮彫加工法に拠っている。その両側に張り出した肩部は、石人山古墳例にみる奴凧形部分に相当する。その下半部は両側の張り出しを急角度にせばめてゆき、さらに長く裾開きとなる輪郭を踏襲している。そしてその背面にはなんらの表現もない。下半部の長い裾開き輪郭は靫の表現よりも人物の方を重視したことを示している。すなわち、円彫武装石人の奴凧形と靫の外観を一体化させた巧みな着想のもとに生み出された靫負石人の造形を簡略化したものである。したがって武装石人としては初期の石人からみれば大幅に後退していることは否定できない。このような大胆な簡略化表現の由来するところは何処にあったのであろうか。

前出の『筑後国風土記』逸文には、墳丘上に「石人・石盾各々六十枚」の記述がみられるように、多くの石人や石製器財が並べられていたようである。そしてそのことは、1963年の集中豪雨によってはからずも露出した前方部最上段の石製品出土状態（波多野・小田 1964）によっても実証されたのであった。したがってこのような靫負石人は量産体制をとらざるをえない状況下に置かれていたことになる。しかも上述したように岩戸山古墳には各種人物・器財などが樹立されていたならば、その数はかなりなものとなろう。これらが墳丘山に並列された状況は、すでに指摘したように（波多野・小田 1964）、まさに形象埴輪が並置された状況と軌を一にしている。事実、形象埴輪は現在まで墳丘から発見されたことを聞かない。

また、扁平石人のなかには奴凧形の張り出し部左右に両手を挙手する表現がみられるもの、さらには輪郭を盾形とし、一方に双挙手人物、背面に靫を彫出するもの（久留米市篠山神社蔵品）などがある。これらの石製品が墳丘に樹立されていたことも考えあわせるとき、墳丘における石製品は形象埴輪にみる葬送祭祀儀礼のための画一化された一連の祭具に転化している状況を示すものとなっていて、当然ながら同一規格品が量的に必要とされたのである。このことはまた岩戸山古墳とほぼ同じ時期に比定されている肥後地域の臼塚古墳（山鹿市石）の武装石人（高木編 1984）（図2-2）についてみると、頭部の欠失した奴凧形武装石人で、表に短甲を着装した輪郭のみを表現し、背には靫を負うている。短甲の構成表現は省略したのに対して靫の表現は写実性を比較的良く残している。円彫から扁平への過渡形式を示し、一体のみの存在である点など、初期石人の性格をなお継承していると考えられる。岩戸山古墳の墳丘における多くの石製品の在り方は、特殊な事例であることを如実に示しているであろう。

岩戸山古墳には墳丘のほかに、その東北角に設けられた「別区」があり、ここからも多くの石製品が発見されており、さらにここだけに並用された形象埴輪類がある。『筑後国風土記』逸文には以下のような記載がある。

東北の角に当りて一つの別区あり。号けて「衙頭」と曰う。衙頭とは政所なり。其の中に一石人有り。縦容（おもぶる）に地に立てり。号けて「解部（ときべ）」と曰う。前に一人有りて、裸形にして地に伏せり。号けて「偸人（ぬすびと）」と曰う。生けりし時に、猪を偸みき。仍りて罪を決められむを擬る。側に石猪四頭有り。「贓物（ぞうもつ）」と

352 第2部 古墳時代

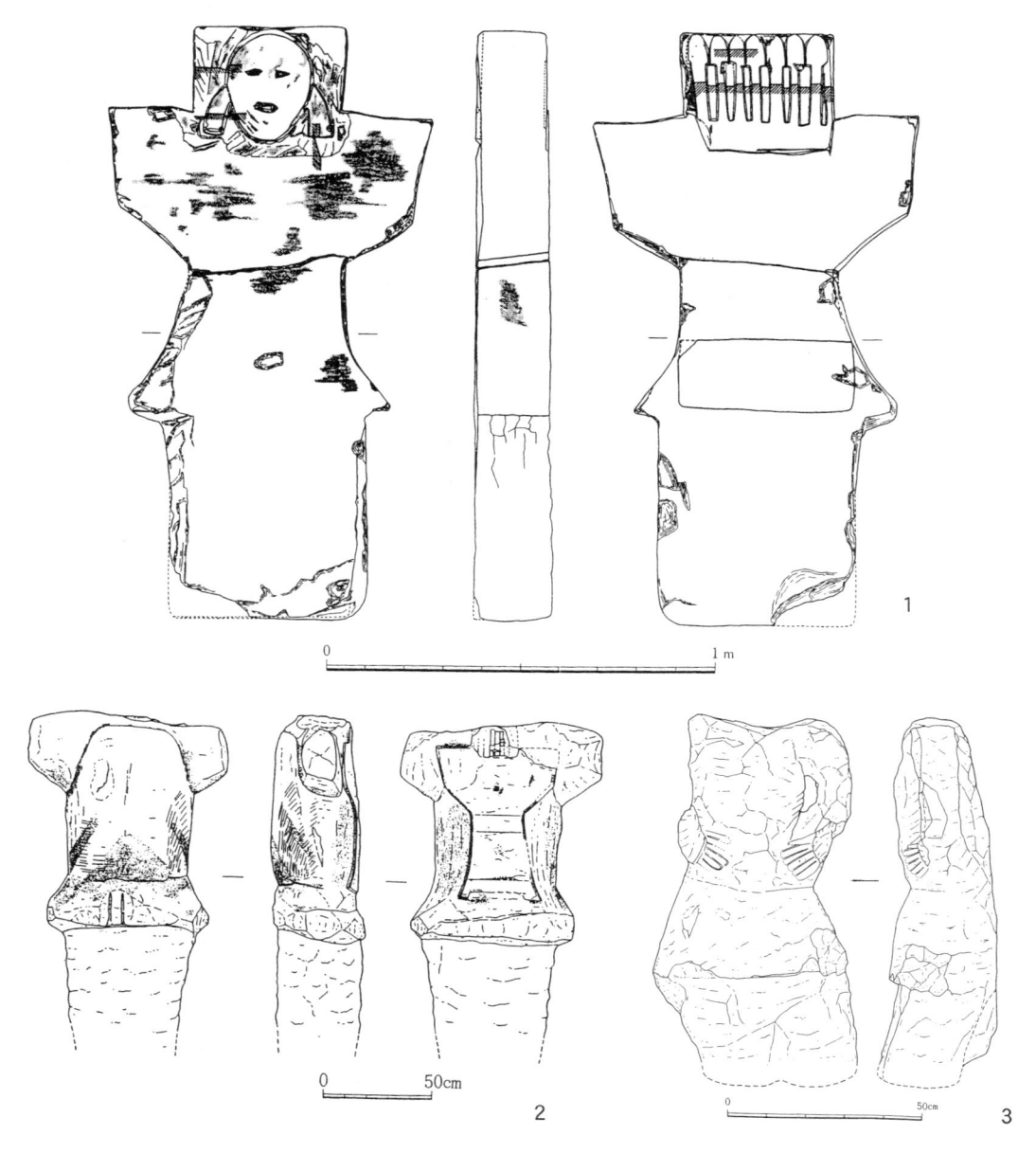

図2 6世紀の石人(1)
1. 扁平靫負石人（岩戸山古墳)、2. 円彫靫負石人（白塚古墳)、3. 円彫男性石人（フタツカサン古墳)

号く。臓物とは盗物なり。彼の処に亦石馬三疋・石殿三間・石藏二間有り。

　このような情景から、8世紀初め頃の筑後の人々の解釈をうかがうことができ、あわせて各種石人やその他の石製品が配置されていたことが知られる。したがって、現在収蔵されている石製品にも墳丘と別区の両者が存在することになる。しかし、太平洋戦争時以降は散逸し、別区も畑地として開拓されたために原状をとどめるものは無くなってしまった。現在では森貞次郎氏が丹念な聞き取り調査を加えてその発見位置を記録した以上の情報は得られない（森 1970）。位置不明のものも

第10章　八女古墳群における石人　353

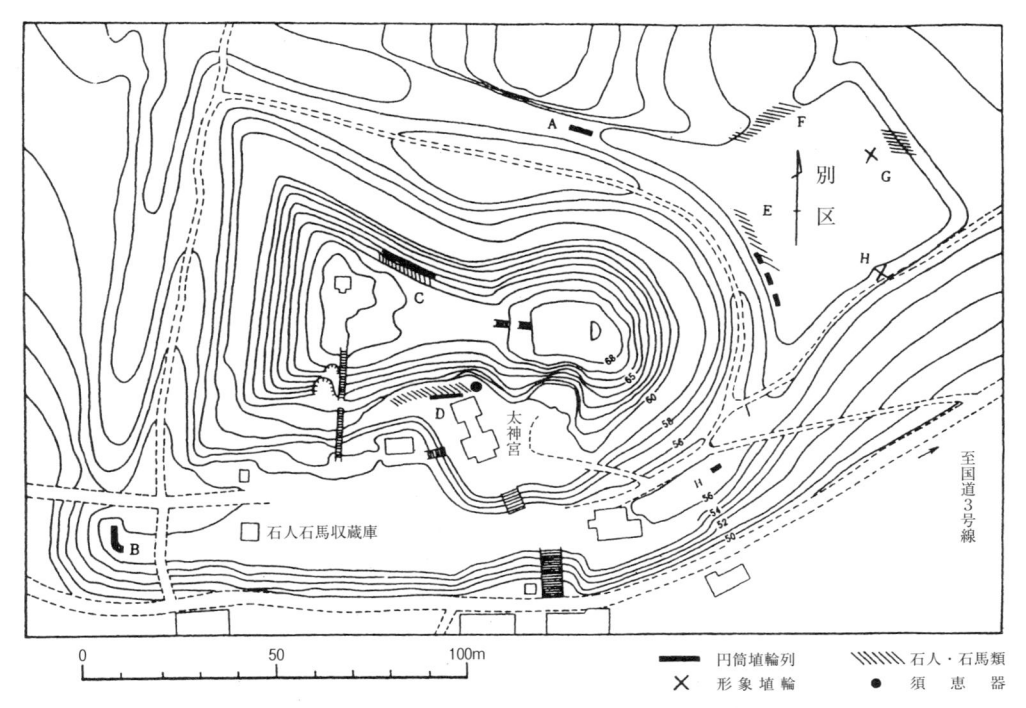

図3　岩戸山古墳における石人・埴輪・須恵器発見位置図

凡例：━━ 円筒埴輪列　╱╱╱ 石人・石馬類　× 形象埴輪　● 須恵器

表1　岩戸山古墳石人石馬一覧表（1970年段階）

No.	保管者（所在地）	種類・数量（発見地点地図参照）（備考）
1	八女市教育委員会岩戸山古墳収蔵庫（八女市吉田）	円体石人8・武装円体石人2・裸形円体石人6（男5・女1）・扁平石人3〔1は後円部頂上の前下、1はC、1はF〕・石刀1〔C〕・円体石人首3・靫3・盾（靫）3〔うち1はD〕・石刀5〔うち1はF、3はC〕・石造刀装具の三輪玉2〔うち1はF〕・石矛1・石坩2・石蓋〔C〕・扁平石刀1・石馬・石馬蹄1・（旧福島城跡の福島公園のものをふくむ）
2	九州大文学部考古学研究室	裸形円体石人1・石人残欠2・石造刀装具石刀1・石鶏頭2（いずれも別区）3・石猪1
3	長峰小学校（八女市長峰）	扁平石人頭部1・円体石人頭部1・石蓋1
4	正福寺（八女市福島）	武装円体石人頭部1・裸形円体石人1・円体石人1・扁平石人1・石鶏1・扁平水鳥1〔いずれも別区〕
5	岩崎光（筑後市長浜）	円体石人1・石刀1・裸形円体石人（手・刀子・男根をあらわす坐像）・別区
6	橋爪克巳（八女市吉田）	石盾（靫）・石馬蹄1〔いずれもD〕
7	東京大理学部人類学教室	円体石人頭部1・石靫1
8	関西大理学部本山考古資料	扁平石人頭部1・石盾〔Dの西〕
9	篠山神社（久留米市篠山）	扁平石人1
10	風浪神社（三浦郡大川町）	石盾1・扁平石人1
11	福岡教育大（宗像市）	石靫1〔D〕・石刀装具1
12	東京国立博物館	石さしば1〔別区〕（井上農夫旧蔵）
13	東京国立博物館	扁平石人1〔後円部頂上前下〕
14	陣ヶ原公園（日田市陣ヶ原）	扁平石人1
15	徳永速美（八女市吉田）	石靫（同心円文を伴う）1（宅地内小洞）
16	善正寺（八女市今福）	石坩〔伝岩戸山〕1

（森1970）

少なくないが、墳丘と方形別区発見の別が知られるものもあるので、その一覧表と位置図を援用しておこう（図3・表1参照）。

かつて筆者はこの別区に匹敵するような規模と内容をもつものは他地域の古墳にもなく、また風土記のような情景解釈を若干割引いても、磐井は律令制以前からその領域内に独自の裁判権を行使し、九州連合王国の盟主としての地位を確立する途上にあったであろうことに言及した（小田1970a）。これに対して関東地方のほぼ同時期に至る古墳の外堤上の一角や、外堤に接した造り出しに、形象埴輪を配する例と同様な埴輪祭式によって、首長霊継承を表示したものと同類であるとする見解が現れた（柳沢1987）。しかし、その後また墳丘と別区における石製品の在り方（佐田1991）や、他地域における古墳に付設された別区的事例（牛嶋1991）をとりあげる論考も現れ、結論としては岩戸山古墳と石人石馬のかかわり方、別区は各地の古墳にみる「別区状施設」とは次元の異なる機能が付され、そこに石製品の性格の変化をみた。あるいは豪族館の再現であり、マツリゴトの場所でもあるとする立場が唱導されて、かつて筆者が主張した内容はさらに敷衍補強されるところとなった。

以上のような推移もみた上で、別区に樹立された石製品についてみると『風土記』の記載にみえる情景や、発見された石製品には大形（等身大）の円彫武人（眉庇付冑や三角板短甲着装品）・力士・裸形男女立像などリアルな石人の存在が注目される。さらに動物や器財の石製品、形象埴輪（人物・馬・猪・家など）等の発見を加えるとき、すぐに想起されるのは群馬県保渡田八幡塚古墳（若狭ほか2000）の前面内堤上にみる形象埴輪配列区（A区）の状況である。円筒埴輪が並べられた長方形区画内に54体の人物・動物埴輪が「時間や空間を異にする複数の場面」（若狭2004、77頁）を構成していて、それらは以下の7グループに分けられる（図5参照）。

　①座した男が女から飲物の供献を受ける儀式の場面（Ⅰ群）
　②立位の男女を核とした儀礼の場面（Ⅵ群）
　③猪狩の場面（Ⅲ群）
　④鵜飼の場面（Ⅳ群）
　⑤水鳥の列と鷹狩の場面（Ⅱ群）
　⑥武人と力士による威儀の場面（Ⅶ群）
　⑦首長の財物である装具や武具、馬などを並べて誇示した場面（Ⅴ群）

である。これらをみると、首長の機能にかかわった儀礼やアソビや財物をとりそろえて、生前の威勢を誇るかのように見える（若狭2004、77～79頁）。

また近年発見された大阪府高槻市今城塚古墳の北側内堤張出部埴輪祭祀場でも、喪屋・殯宮・殯庭に分ち表現していると解釈されるような区分と配置を示す埴輪祭祀の状況が復元された（森田2003）。ここでは4区に分けられ、各区に家形埴輪が配されていて復元案では祭殿や喪屋に比定されている。また今城塚古墳は継体大王陵説が付加されていて、その殯宮にあてる意向のようである（図6参照）。

古墳に並列される形象埴輪群の意味については諸説あるが、今城塚古墳の祭場は殯宮儀礼を再現したものとする復元案が示されている。

保渡田八幡塚古墳の構造

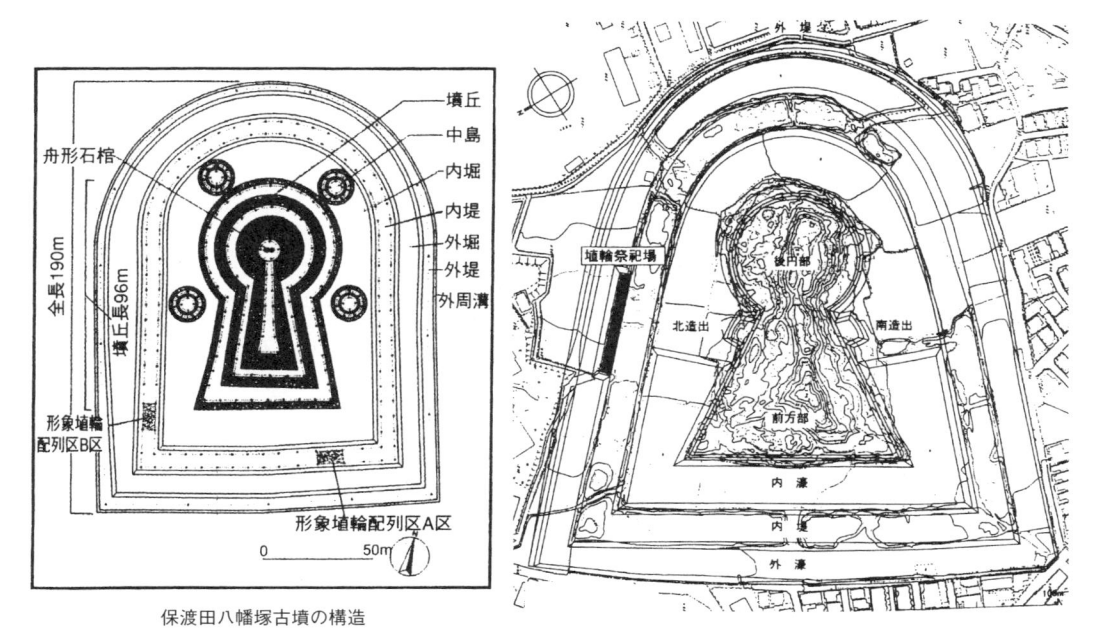

図4　保渡田八幡塚古墳および今城塚古墳の構造と祭祀場

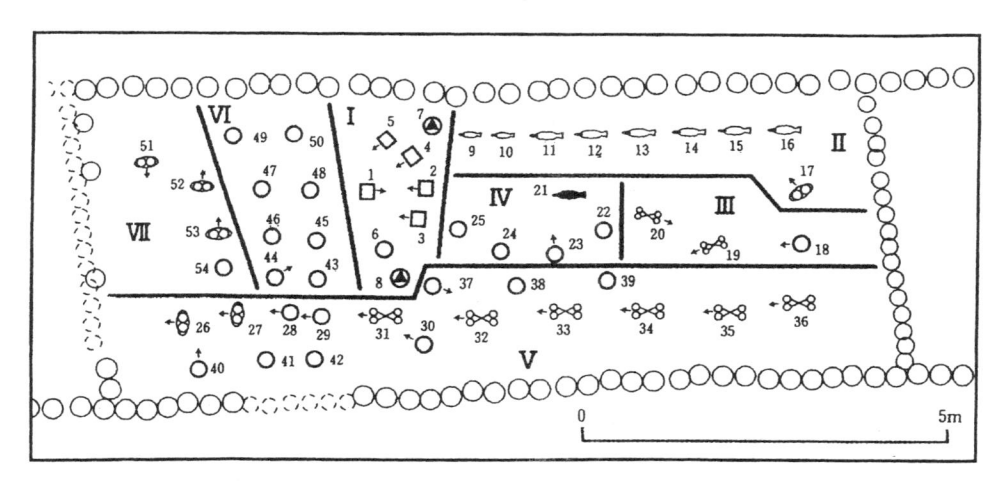

八幡塚古墳埴輪配列区A区のグルーピング
Ⅰ．椅座人物による儀礼、Ⅱ．鳥の列・鷹狩、Ⅲ．猪狩、Ⅳ．鵜飼、
Ⅴ．盛装人・武人・甲冑・馬の列による財物の顕示、Ⅵ．立位人物による儀礼、Ⅶ．力士・武人による威儀

図5　保渡田八幡塚古墳内堤A区祭場の埴輪配置区分図（若狭ほか2000）

ひるがえって岩戸山古墳の別区では、『風土記』に石馬3・石殿3・石蔵2のほか、「解部（ときべ）」・「偸人（ぬすびと）」・「贓物（ぞうもつ）」（石猪）4が記され、また森貞次郎氏の記録（森1970a）にみえる現存品に円体石人・裸形円体石人・扁平石人・石鶏・扁平水鳥・靫・靱・石刀などがあり（表1参照）、さらに加えて各種形象埴輪がある。

ここにあげられたような品目から想像されるのは、古墳の年代観ともあわせて複数の家屋を伴う点では保渡田八幡塚古墳（5世紀後半）よりも、今城塚古墳（6世紀前半）とのより親近性が感じ

356　第 2 部　古墳時代

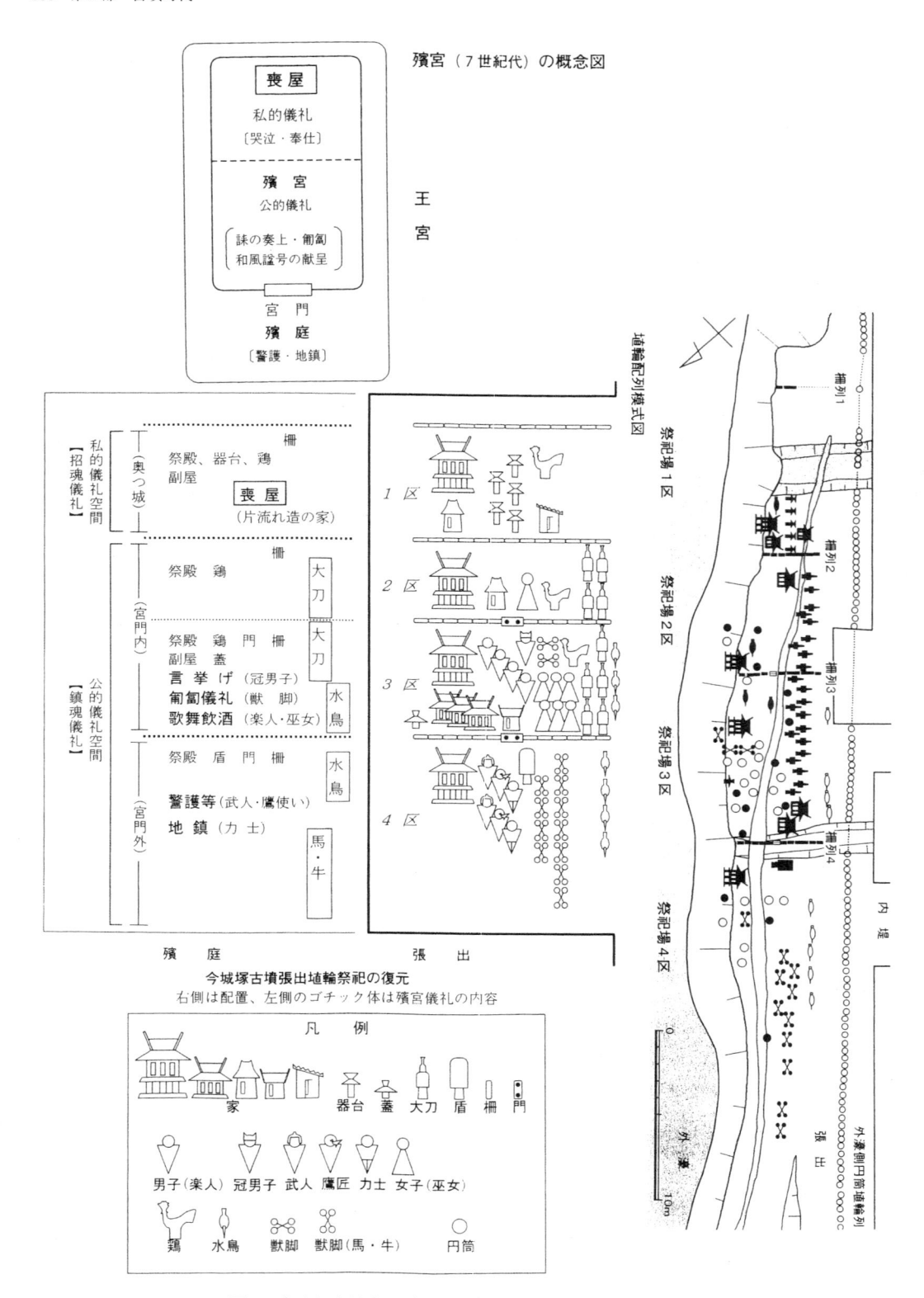

殯宮（7世紀代）の概念図

```
┌─────────────┐
│   喪屋       │
│  私的儀礼    │
│ 〔哭泣・奉仕〕│
├─────────────┤
│   殯宮       │
│  公的儀礼    │
│ 誄の奏上・葡萄│
│ 和風諡号の献呈│
└──宮門──────┘
     殯庭
  〔警護・地鎮〕
```
王宮

【招魂儀礼空間】私的儀礼
（奥つ城）　祭殿、器台、鶏　　　柵
　　　　　副屋
　　　　　喪屋（片流れ造の家）

【鎮魂儀礼空間】公的儀礼
（宮門内）
　祭殿　鶏　　　柵　　大刀
　祭殿　鶏　門　柵　　大刀
　副屋　蓋
　言挙げ（冠男子）
　葡萄儀礼（獣脚）　　　水鳥
　歌舞飲酒（楽人・巫女）

（宮門外）
　祭殿　盾　門　柵　　　水鳥
　警護等（武人・鷹使い）
　地鎮（力士）　　　　　馬・牛

殯庭　　　　　　　　　　張出

埴輪配列模式図

1 区
2 区
3 区
4 区

今城塚古墳張出埴輪祭祀の復元
右側は配置、左側のゴチック体は殯宮儀礼の内容

凡　例

家　器台　蓋　大刀　盾　柵　門
男子（楽人）　冠男子　武人　鷹匠　力士　女子（巫女）
鶏　水鳥　獣脚　獣脚（馬・牛）　円筒

祭祀場 1 区
祭祀場 2 区
祭祀場 3 区
祭祀場 4 区

埴列 1
埴列 2
埴列 3
埴列 4

内堤
外濠側前円埴輪列
張出

図 6　今城塚古墳内堤張出部形象埴輪祭祀の復元　（森田 2003）

られる。筆者は、これら形象埴輪群の種類と配置状態が、殯儀礼の様子を再現したものであろうとする立場を表明しているが（福岡大学考古学研究室編 1998、小田 2001a）、その場合前者は地方豪族、後者は畿内大王のクラスとして認識される。また、性器を露出する男女の石像についても形象埴輪に類品がある。九州地方では今城塚古墳と同時期の宮崎県新富町百足塚古墳（大阪府立近つ飛鳥博物館編2005）（前方後円・全長80m）の前方部側面に面する西側外堤上（A区）に53点の形象埴輪が集中して発見された。人物（男15・女4）・動物（馬2・鳥5・鹿1・猪1・犬1・不明1）・家屋4・器財（柵13・太鼓1・大刀1・甲冑2）が知られている。また、墳丘上に盾形4、外堤各所に盾持人形が発見された。前者は墳丘の、後者は墓域を守護する意図から樹立したものであろう。外堤上の人物男女には性器をみせるものも含まれている。

　かくして岩戸山古墳と同時期に今城塚古墳系の外堤埴輪祭祀は九州の地にも及んでいた確実な事例が知られた。別区における石製品や形象埴輪を配した内容は、これらの事例と近い構成であったであろうと推察されるが、そのなかでなお注意を引くのは、石製品と埴輪の組合せ、あるいは区分配置されたか、などであるが、今ではまったく復原の手がかりがない。埴輪の大きさをはるかに凌駕する等身大の円体石人（武人・力士・男女など）とどのような取り合わせになるのであろうかなどはもっとも関心の高いところであるが……。さらに小形石人に至っては人物埴輪と並用せんがための造成品であったのか、はたまた後続する時期の奉納品的産物であったのかなど疑問は尽きない。

　ともかく後円部側の周堤外に一辺43mもの方形別区を設けたこと自体類例がなく、石人と埴輪で構成した点もこれまた徴すべき例がない。これらのことから考えると、従来からも言及されているように、筑紫君磐井の勢威を誇示する意図のもとにその政治の場を再現付加することが行われ、さらには『風土記』に伝えられるような裁判の情景も、それに伴う国造法の先駆的統治方式の萌芽形態とみられぬでもないと考えられる。いずれにせよ、これまでの周堤上に設置された特殊区画に、いわゆる埴輪祭式を構成していた内容を超えるものが独創されていたことは確かである。

　このような別区における表飾品の在り方と対比して、再び墳丘上における石製表飾品の在り方を検討してみると、やや異なる点が指摘できる。岩戸山古墳における石製品の存在記録については上述した『風土記』の「石人・石盾各々六十枚」を最古とし、近世末期（幕末期）には矢野一貞（矢野 1927）によってはじめて墳丘の形状図や石製品の写生図22個が記録されてその実態が明らかにされた意義は大きい。その後1924（大正13）年8月、後円部南側墳丘裾部を削除して（「約四尺掘下げ」たという）現大神宮祠堂を新築した際に、「縁端より約1間の内側に」円筒埴輪4〜5個、須恵器片100余個、「石人破片二ヶ、石馬の破片と思はるるもの一ヶ」、槍身1個が発見された（島田 1925）（図7参照）。石製品は扁平靫負石人2、石馬足1であった。また矢野一貞（1927）によれば近世には後円部頂に伊勢社があり、その「前ヨリ掘出セル二枚、今社前ニ相双テ立テリ」とある一つが現収蔵庫にあるもの（図2-1）である。このほか器財と一体をなした石人には久留米市篠山神社現蔵の扁平盾形品がある。その表面に両手を挙げた人物を、背面に靫を刻んでいる。盾持ちの靫負武人を表現したのであろうか。上述したような古墳の四方角に樹立された盾持武人埴輪と通ずるものであろうか。さらに1963（昭和38）年時の前方部最上段北側における石靫・石刀などの発見状況（波多野・小田 1964）まで参考してゆくと、墳頂部前面に扁平靫負石人2体を樹立した在り

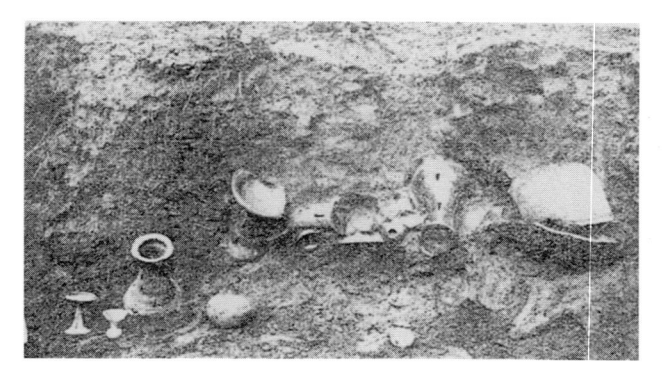

図7 岩戸山古墳の須恵器出土状況（1924年）

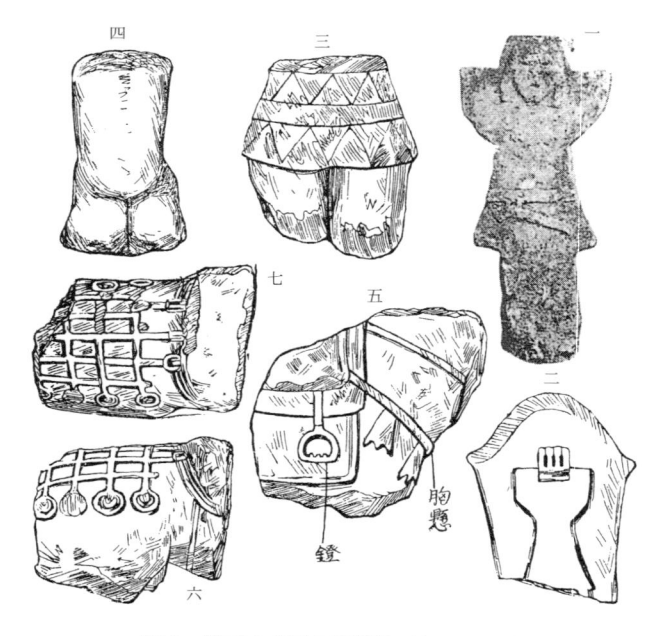

図8 岩戸山古墳の石製品（島田寅 1925）

方は、初期の石製品樹立を継承する武装石人本来の姿を想起させるであろう。そして墳丘各段に100余個の「石人・石盾」を樹立していたと伝える記録は、多数の規格的な扁平軽負石人や器財（盾・靫・刀・坩など）で墳丘上を飾る盛期の畿内や関東地方の前方後円墳と通ずる目的が想起されるのである。その壮観ぶりはまさに巨大な古墳をさらに威儀づけるものであろうし、また最盛期の筑紫君磐井の政治的権勢を誇示することを意図したものであった。しかもこの古墳は磐井自身の意志を反映して、その生存中に完成された「寿墓」であったことで一段とその意図するところは現実性を増してくるであろう。ここに至って墳丘にみる石製品と、別区にみる石製品のやや異なった意義を見出すことができよう。

4 衰退期の石人
―鶴見山古墳を中心に―

八女古墳群における石製品の樹立は、岩戸山古墳以降急速に衰退することとなったが、それでも完全に断絶したわけではなかった。

1960年代以降も童男山古墳群における石人の発見（小澤 1992）、なかでも熊本県における肥君の本拠野津古墳群（姫ノ城古墳・中ノ城古墳〔熊本大学考古学研究室編 1994、今田編 1999〕）や木柑子高塚古墳（古城・古森 2001）の石製品発見などが注目される。肥後における石製品の出現は5世紀後半代に各種器財形石製品に始まったが、6世紀に入ると県南地区の野津古墳群で姫ノ城古墳の器財（蓋6・石見型盾5・靫2）、中ノ城古墳の器財（蓋1）のほか、県北地区の菊池川中流域で石人が現れる。臼塚古墳（山鹿市）の武装石人（図2-2）、フタツカサン古墳（菊池市）の平装人物（図2-3）、木柑子高塚古墳（菊池市・七城町）の平装人物4（文人？1・女性2・仮面人物）、チブサン古墳（山鹿市）の平装石人などがあり、彫法も円彫から扁平への過渡型までみられる。時期は岩戸山古墳並行期から6世紀後半に及んでいる。この時期の菊池川流域と八女地域の積極的交渉はすでに指摘されている（蔵富士 2000）が、このような動向と連動して石人の出現も考えられ

るであろう。肥後における1古墳の石製表飾品の樹立は、その数においては岩戸山古墳に及ぶべくもないが、野津古墳群の姫ノ城古墳で石製器財が増加し、木柑子高塚古墳でも4体以上の石人が発見されるなど肥後地域の石製品樹立の風は盛期を迎えた感がある。

　これに対して八女古墳群における石製品の採用は、岩戸山古墳に100余個を集中樹立して盛期をもたらしたが、それ以後急速に衰退した経緯は、磐井の敗戦による叛逆者の遺産として、ヤマト政権に否定されるという政治的要因に拠るところが大きいこともすでに言及している（小田 1974b）。しかし当古墳群ではその後も大型前方後円墳の築造は継続している。そして石人1体程度を樹立する風も絶滅はしなかったことが知られてきた。矢野一貞は乗場古墳（奈良山古墳）にも石人残欠の存在を記し（矢野 1927）、豊福古墳群にも円彫武装石人（図9-2）が採用されていた（森本 1927/1930）。そして1988・89年には童男山古墳群から円彫子負女性石人（3号墳？・図9-4）と円彫裸形正座石人（22号墳・図9-3）が発見された（小澤 1992）。さらに2005年には鶴見山古墳（赤崎 1986、大塚 2005）で円彫武装石人（図9-1）の発見へと断続してゆく。

　童男山古墳群発見の2石人のうち、子負女性石人は主墳である童男山古墳の東南下山腹に立地する2号墳（円墳・径約22 m）と3号墳（円墳・径約22 m）の中間地点で、地下約1.5 mから発見された。裸形正座石人は主墳の東南方23 mほどの山頂にある22号墳（円墳・径約15 m）で、墳頂部東側斜面から発見された。前者はその後の調査によって、当初の発見地点は3号墳の周溝付近であろうといわれ、また樹立候補古墳は「童男山1号墳に代表される同一小群内の古墳」（小澤 1992）にとどめおくのがよいであろう。2石人はともに円彫で裸形正座石人は頭部を欠失しているが現存高約40 cm、子負石人は下半身を欠失しているが現存高65 cmほどであるから、前者は小形像、後者は大形像となる。その写実的表現から、先行する岩戸山や豊福の古墳群などから縁故を求めて運んできたのではとする推察すら出されているほどである。

　新発見の鶴見山古墳の円彫武装石人は上下ほぼ完存する貴重な例で、下部につづく円柱樹立部まで含めて総高約160 cmほどである。西向き前方部先端南寄り周溝内に発見された。調査者は前方部先端中央最下段のやや張り出したあたりにのこる穴が、本来の樹立地点ではないかとする推測を抱いているようである。本古墳の初葬年代は、須恵器などから6世紀中頃に比定されている説（赤崎 1986、大塚恵 2005）に従ってよいであろう。武装した姿は石人山古墳例を大形とすると、やや細身の中形品に属する。横刻板形式の衝角付冑と短甲を着けた石人であるが、全体が石人山古墳や岩戸山歴史資料館の蔵品とくらべてみると、全高に対する短甲の占める高さ（長さ）が大きく、横刻板9段という類例のない長胴形式（48.5 cm）である。冑の横刻板重ね状態には浮彫法がみられるものの、短甲は太目線刻手法に退化している。正面中央と左脇には上下方向刻線を加えて引合せを表現し、石甲の輪郭は浮彫で明瞭に示され、奴凧形に左右に延びる両肩部はやや長い取り合わせとなる。草摺や冑の錣（しころ）は装着表現されるものの、輪郭が彫出されただけである。全体として写実性はかなり踏襲されながら、特に短甲の表現に簡略化がすすんでおり、横板金9段という長胴表現は実物を離れた仕上がりであろう。その大きさと表現の近似性から類品を捜せば、豊福石人として登録されて現地祠堂に祀られているものがあげられる。はやく森本六爾氏によって紹介された事例である（森本 1929/1930）（図9-2参照）。下半身を欠失しているが現存長60 cm、衝角付冑を被り、

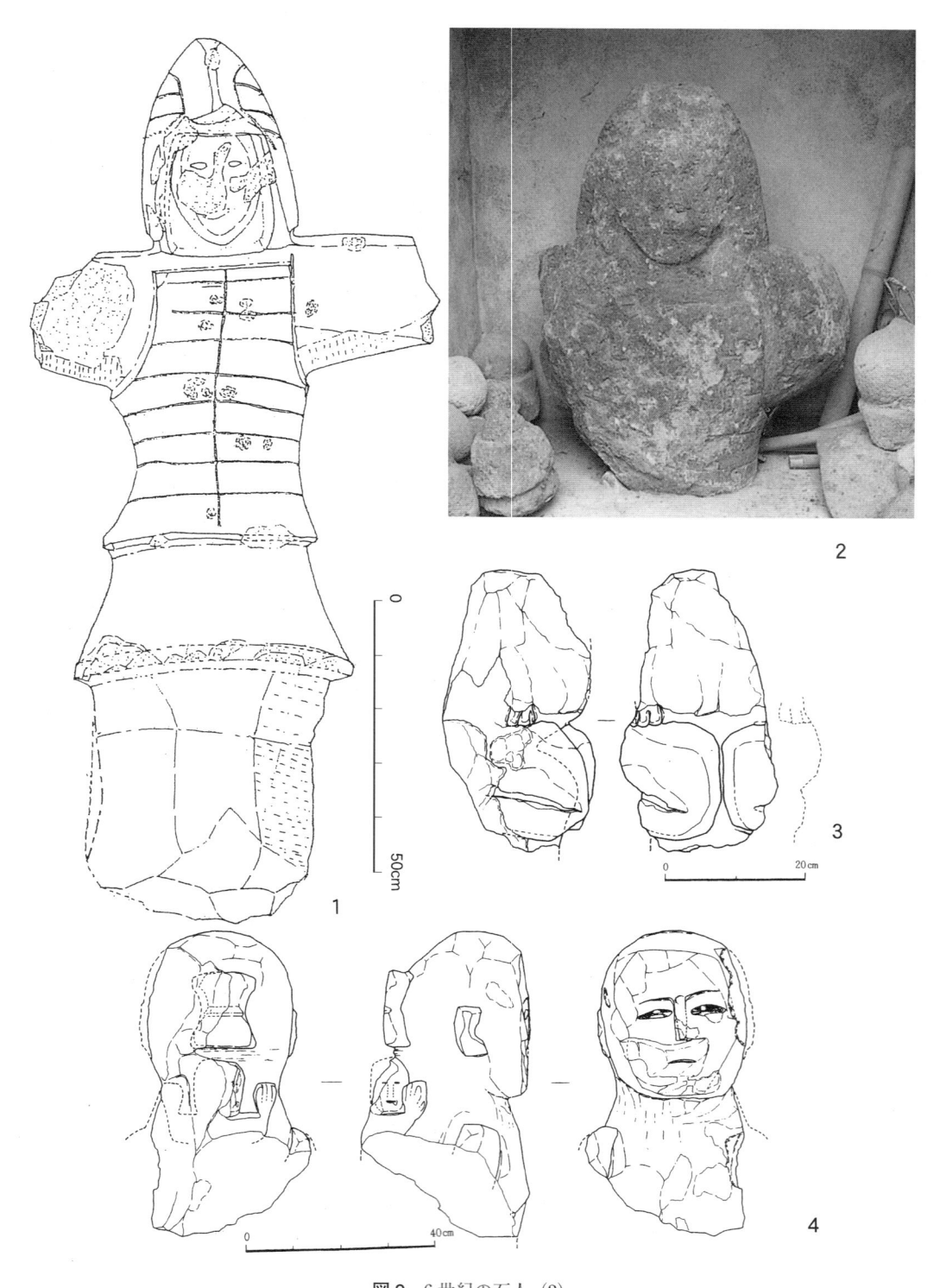

図9 6世紀の石人（2）
1. 鶴見山古墳、2. 豊福古墳群、3・4. 童男山古墳群
（八女市教育委員会 出土状態実測図より）

横矧板短甲を着けた円彫線刻表現の点でも近似する。鶴見山古墳を含む豊福古墳群のいずれかの古墳に樹立されていたものであろう。森本氏によれば、「所々に赤色塗彩の痕を留め」、また「丸彫にして、しかも板彫の如き硬直から全然別個ではあり得ない」とされる点はあい通ずるところがある。鶴見山古墳は岩戸山古墳に後続する時期の、古墳規模においても墳丘長87.5m、周溝を含めると100mを超えるもので、豊福古墳群中では善蔵塚古墳に次ぐ大型古墳である。磐井以降の筑紫君宗家を代表する被葬者が想定されるであろう。

　ところで鶴見山古墳における武装石人の在り方は、石人山古墳や岩戸山古墳で後円部の正面に1～2体が樹立された状況とは著しく異なっている。これらが主体部に眠る被葬者を直接守護する意義を負わされていたのに対して、それ以降の武装石人は墳丘裾部の前面に樹立されたことを示している。肥後のチブサン古墳でも前方部前端部に樹立されていたことが報告されている（波多 1909）。このような在り方には、古墳の外堤各所に墓域を守護する意図のもとに配置された盾持人埴輪に通ずる思想がこめられていたのではなかろうか。いいかえれば墳丘全体を守護する意義を負わされていたということになろう。

　一方、童男山古墳群で、首長墳以外の円墳斜面に樹立された裸形正座石人や子負女性石人は、肥後木柑子高塚古墳の4石人もあわせて形象埴輪と同類であろうと考えられる。墳丘や周堤に並べられる埴輪群像に、上述したように殯儀礼の再現がみられるのであれば、そのような意義の名残りをとどめるものであって、もはや殯儀礼の詳細までは忘れられていたのであろうか。6世紀後半代の古墳にみる石製人物には、5世紀以来の被葬者や古墳を守護する武装石人の系譜をひくものと、殯儀礼に参加した特殊な職能を課された人物埴輪の系譜をひくものが印象強く伝承されていたのであろう。童男山古墳群と木柑子高塚古墳の石人の内容は、後者に属する好例である。前者については、八女古墳群では鶴見山古墳や豊福祠堂の石人以降確実な例を知らないが、肥後では、菊池川流域の彩色壁画古墳や横穴墓入口の壁面彫刻にみられる挙手開脚人物像に継承されて7世紀代にまでみられるのである。

第11章　筑紫君磐井の乱と火（肥）君

1　はじめに

　6世紀前半の九州を代表する筑紫君磐井は、継体紀21（527）年ヤマト王権に叛乱を起こし、一年有余にわたって戦闘を展開したが、最終的には鎮圧された九州最大の豪族であった。以来今日に至るまで、時の権力に対して弓を引き武運つたなく敗北した郷土の英雄への判官贔屓も手伝って、北部九州の人々に語り継がれている。

　筑紫君ははやくから記紀に登場する筑・豊沿海部の氏族たちと異なり、筑後の内陸部穀倉地帯で勢力を貯えた豪族で、継体紀21年条に朝鮮半島に派遣される官軍を北部九州の地で阻止すべく叛乱を起こした「筑紫国造磐井」として突如登場する。北部九州における1年有余の戦乱の後、磐井方の敗北で終焉を迎えて、官軍は朝鮮半島へと渡海した。この継体紀の記事について古代史学会の大家と目された研究者たちは、総じて書紀編者の潤色に拠るもので、朝鮮関係と磐井の乱関係の記事は本来無関係であるとされ、磐井の乱に対する関心もほとんど喚起されなかった。両者を相関関係のもとに見なおし、現今の国内統一をめざす古代国家形成の歴史的意義付けがなされるようになったのは、1950年代になってからである（小田　1985a）。

　一方、『筑後国風土記』逸文にかなり詳細に記された磐井の墓が、岩戸山古墳（八女市吉田）であることは森貞次郎氏の考証によって特定された（森　1956）。また火君の本拠を含む肥後地方の古墳についても、近年石製表飾品の新たな発見が氷川流域の野津古墳群や菊池川流域の古墳であいついでいる。さらに宇土半島馬門産凝灰岩（阿蘇ピンク石）製石棺が瀬戸内・近畿地方の古墳に発見され、その数10余例に及び、なかには大王（天皇）陵も含まれている事実も知られてきた。これに端を発して2005年8月には、大王のひつぎ実験航海実行委員会による石棺運搬の実験航海が実施されて、宇土港・大阪港間の古代船による運搬に成功したのであった。このことは改めて5～6世紀代の九州と近畿の政治的・社会的関係、文化交渉などへの関心を高揚させるに至った。あわせて、当時の九州を代表する筑紫君や火君にかかわる近年の考古学的調査成果を加えて、再考する時期が到来しているように思われる。筆者の磐井や八女古墳群に関する調査研究は1960年代にさかのぼり、いくつかの調査報告や論考を発表した。本章ではその後活発になった諸研究も加えつつ、筆者の筑紫君関係研究の現段階を披瀝しておこう。

2 磐井政権の形成と八女古墳群

『筑後国風土記』逸文に、筑前・肥前両国堺の「山に峻しく狭き坂」に「麁猛神」ありて、往来する人々に祟りをなすところから、筑紫君・肥君らが占い、「筑紫君等が祖甕依姫」を司祭者として祭らせたところ、その害がなくなったので「筑紫の神」と称したという伝承がみえる。この地は太宰府市から小郡市に至る筑紫野市の地峡帯で式内社筑紫神社(筑紫野市原田)が比定されている。この地に所在する4〜5世紀初頭の筑紫野・小郡古墳群に筑紫君一族の発祥地を求め、筑紫神社をその守護神とする説が森貞次郎氏によって唱導されて以来(森貞1977)、この説に従う研究者は少なくない。

一方、磐井の墳墓(岩戸山古墳)を含む八女古墳群が筑紫君宗家とその一族の歴代墳墓群に比定されること。この古墳群が頭角を現してくるのは5世紀前半代の石人山古墳からであり、それは磐井の2世代前すなわち祖父のころにあたることなどでは異論のないところである(小田1970a)。森貞次郎氏によれば、筑紫君はさらに南下して久留米市域に浦山古墳や石櫃山古墳などの久留米古墳群を形成し、さらに6世紀前半の磐井のときに、その墓所が八女古墳群に移ったとする推測を述べている(森貞1977)。以上の筑紫君本拠地南遷説を成すにあたり、森氏は「久留米古墳群を、5世紀前半の筑紫君の拠点とする積極的証拠は何もない。しかし諸種の理由から、筑紫君と無関係とは考えられない」(森貞1977)とされた。そして久留米古墳群の検討から「発生源を異にした複数の墓制が、さらにそれぞれの多様性を示している」点をあげて、「筑紫平野の中枢の地にあって、系統を異にして地域色をもつ古墳文化を吸収し、総合し得る地理的位置を占めていること」(同上)や、この「氏族の包容性」によるところが大きいとされる。また「久留米古墳群の下限は石人山を含めて、磐井の1、2代前の時代」にあたる公算が大きく、その墓制のなかに「肥後的要素が強い」のは「火君との連係が強く、筑紫君の勢力は後背地の火君との連係を基礎とし、それによって肥前両筑二豊の支配力を保持していた」(同上、187頁)こと。久留米市域からさらに南奥の八女丘陵周辺に移ったのは、そこが「やや奥まった要害の地である」とともに、「肥後北部の要地である菊池川流域への主要交通路にあたっている」(同上、187頁)ことなどに言及している。以上が筑紫君宗家の南遷を説く森氏の「諸種の理由」の概要である。

しかし当時5世紀後半に比定された石人山古墳の年代は、現在では5世紀前半にまでさかのぼる認識となっている。また森氏が拠り所とされた『筑後国風土記』逸文の国堺祭祀伝承をもって、筑紫野・小郡古墳群に筑紫君一族の発祥地を求め、その後は久留米市、さらに磐井の時期までに八女市の地へと南下したとする所説をそのまま容認してよいであろうか。久留米・八女両地域に無人の境を行くがごとく一族が移動しえたであろうか。両地域における在地型古墳の発生から発展推移して6世紀代に及ぶ各地域の動向への配慮が不足しているのではないか。八女地域にあっても古墳の発生期に前方後方型周溝墓の発見、さらに環濠豪族居館(深田遺跡)の形成などの動向が明らかになってきた現状では、当地域の動向のなかから八女古墳群形成への視点も無視しえない状況になっている。また筑紫国が前後に分割されるのは7世紀末であり、5〜6世紀代には筑紫一族は両国域

にわたって居住していた状況も考えられる。したがって有力首長層集団の移住に限らず、八女古墳群筑紫集団の抬頭による首長権の移動も考えられる。さらに筑・肥両境祭祀の占いに筑紫君・肥君が立会い、筑紫君の祖巫女を司祭者とするに至る経緯からして、これを史実とするならば両氏族の連合成立以後、さらには磐井の乱以後とみることもできるので、少なくとも石人山古墳成立以降となろう。4世紀代にまでさかのぼる当地の古墳群を傍証として、筑紫君宗家発生の地に特定するところにまで言及することができるであろうか。

　6世紀前半に筑紫君磐井が乱を起こした時点での"磐井政権"の実態は、継体紀と風土記逸文にみえる墳墓の状況、岩戸山古墳と石製樹立物についての考古学的調査成果などによってうかがうことができる。

　継体紀21年6月、磐井が叛乱を起こしたときの以下の叙述がまず注目される。
① 　磐井、火・豊、二つの国に掩ひ拠りて、使修職らず。
② 　外は海路を邀へて、高麗・百済・新羅・任那等の国の年に職貢る船を誘ひ致し、
③ 　乱語し揚言して曰はく、「今こそ使者たれ、昔は吾が伴として、肩摩り肘触りつつ、共器にして同食ひき。安ぞ率爾に使となりて、余をして儞が前に白状はしめむ」

　①から磐井の勢力圏が筑紫に本拠をおきながら、火（肥）・豊地域にも及んでいたことがうかがわれる。その実態については後述する。②から朝鮮三国・任那からヤマト王権にもたらされる貢物船を、自領に引き入れて私したということが知られる。このことは磐井が玄界灘沿海（博多湾周辺）に対外交渉のための港湾を設けていたことをうかがわせる。③から磐井が若い頃にヤマト政権の宮都に出仕して、6万の官軍を率いて朝鮮出兵せんとする近江毛野臣ともかつて同僚としてともに過ごしたこと。それ故その指揮下に属して出陣することは不本意であるとする不満を述べている。

　磐井の勢威が筑紫・豊・火（肥）の地域に及んでいたという記述は、この三地域が前・後に分割される以前の九州の状態をいうもので、『古事記』国生み神話の筑紫・豊・肥・熊襲の4区分観に基づいている。九国の成立が7世紀末から8世紀初めまで待たねばならなかったことは今日常識化しており、また国造制度が磐井のころにはまだ成立していなかったことも周知のことである。ヤマト政権の支配化に属しつつも、北・中部九州域の諸豪族を糾合して地方政権的盟主となっていた磐井政権は、まさに"相対的自立性"なる表現で評価されているとおりである。その中核をなすところは、後述する火（肥）君との連携にあった。古墳にみる石製表飾品・阿蘇石製石棺・石室構造などにおける交流の様相から、"有明海連合"なる表現が流行しているが、その中核をなすのは筑紫君と火君の連携で代表される筑・肥地域をさしている。そして沿海地域のみならず、その後背にあたる内陸部まで含めて取扱われるが、豊地域についてはほとんど考慮されない状況にある。「国造本紀」（『先代旧事本紀』）には、

　　　伊吉嶋造　磐余玉穂朝、石井に従える者新羅の海辺の人を伐つ。天津水凝の後の上毛布直の造なり。

とあり、壱岐直家の祖はもと豊前上毛（上膳）布直（費直）であった継体朝磐井の乱のときに、「磐井の従者新羅海辺の人（水軍？）」を討ったとの伝承があったことがうかがわれる。一方、『筑後国風土記』逸文には乱の敗戦を知った磐井は、「独り自ら豊前国上膳の県に遁れ、南の山の峻しき嶺

の曲に終てぬ」とある。上記両史料から、豊地域の豪族も磐井連合に従っていて、おそらく乱の最終段階までに官軍側に投降して壱岐島近辺に出没する新羅人を討つ軍功を成したということであろうか。書紀に記された磐井政権が火・豊に掩い拠ったこととあわせ考えられよう。また後述するように6世紀中頃前後の豊後・朝日天神山2号墳（下山・土居ほか 2005）（大分県日田市）に凝灰岩製表飾品残欠（品目判別不可）が発見されていることも注目される。以上のような情況も勘考するとき、"有明海連合"なる用語は九州の西地域を指すにすぎず、筆者がはやくから提唱してきた"筑紫連合"政権の用語こそが豊地域まで包括した歴史的実態を表現していると考えられる。

上述したように筑紫君は6世紀前半代までに、北〜中部九州の諸豪族の盟主として筑紫連合政権を形成した。その頂点に立った磐井は八女丘陵上に最大の前方後円墳岩戸山古墳を残した。久留米・広川地域と八女地域を南北に二分する八女丘陵は東西7〜8 kmにわたって連続し、西の石人山古墳から岩戸山・乗場古墳、東端は山麓の童男山古墳群に及んでいる（小田ほか 1992）。現在八女古墳群と総称されているこの古墳群中には石人山・岩戸山・鶴見山古墳に代表される石人の存在がはやくから知られ、江戸時代には"人形原"と呼称されていた。なかでも岩戸山古墳は墳長135 m、周堤まで加えた総長は180 mに及ぶ北部九州最大の前方後円墳として著名であり、また東西に長い八女丘陵上のほぼ中央に位置して南北の眺望にも恰好の位置に在る。まさに筑紫君磐井の墓にふさわしい位置付けにある。

『筑後国風土記』逸文にみえる磐井の墓岩戸山古墳の記述はすでに周知されているところである。なかでも墳丘と東北別区の石製表飾品の種類とその在り方についての記述は、考古学・古代史研究者の注目をひき、その歴史的意義付けについても諸説が提起されてきた。筆者もまた実地調査を加えて述べるところがあった（小田 1974b）。いま風土記逸文によって石製品の在り方をうかがえば、以下のようになる。

　　墳丘上：石人と石盾と各六十枚、交陣なり行を成して四面に周匝れり。
　　別区：東北の角に当りて一つの別區あり。號けて衙頭と曰ふ。衙頭は政所なり。其の中に一の石人あり、縱容に地に立てり。号けて解部と曰ふ。前に一人あり、躶形にして地に伏せり。号けて偷人と曰ふ。生けりしとき、猪を偷みき。仍りて罪を決められむとす。側に石猪四頭あり。臓物と号く。臓物は盗みし物なり。彼の処に亦石馬三疋・石殿三間・石蔵二間あり。

墳丘上だけでも石人・石盾計120枚がとり囲んでいた。さらに後円部東北方の周堤外に方40 mをこえる別区には裁判の情景を思わせる石人・石猪の配置や、石馬・石殿・石蔵などがみられたという。これらの情況を磐井の権力構成として裁判権の保有と行使、政庁、税倉などに比定して、磐井の政治の場を表現したものとみる見方が示されてきた。また一歩をすすめて裁判の情景は、かつて磐井がヤマト政権の宮都に出仕していたときに解部の職掌にあったとの推察まですすめられる。しかし一方では著名な群馬県保渡田八幡塚古墳の外周堤上に設けられた"埴輪祭式"区画（若狭ほか 2000）と同じ性格のものにすぎないとする説（柳沢 1987）や、風土記逸文にみえる裁判の情景は「風土記編者が説明として案出した"話"であって、それを事実とみることも、民間伝承とみることもできない」と厳しく極論する説（岡田 1993）まで出されている。筆者も前者については別区と周堤上の形象埴輪区画の構造、そこに配された形象物の構成などの比較から、やはり別区の特

殊性は否定できないことを本書前章で述べておいたので詳細はそれにゆずることとする。また後者については遺跡・遺物に関するものと、文献史料に関するものがある。別区における裁判の情景（「磐井生前の司法権力の再現」）は被葬者の慰霊・鎮魂の目的には叶わないこと。別区は周堤帯の一種とみて、葬祭の場として設定されたこと。裁判の情景説は「使者の霊魂を鎮め祭る場に、穢れと同一視された"罪"を処断する光景」を再現することはありえないことなどをあげて、「風土記編者が説明として案出した"話"であって、それを事実とみることも、民間伝承とみることもできない」ので、この逸文から「磐井の権力構造などを論じるのは誤りである」と結論している。しかしこの論説には論者自身の前提的思いこみが優先されている。逸文肯定論の立場でも、司法権力を再現するのは「被葬者や後継者の権力の誇示」であるとともに、被葬者の慰霊・鎮魂を目的としていると考えている。また別区の出土品には各種形象埴輪や石製品（武器類・馬・鶏など）があり、裁判の情景以外の諸情景もみられたことがうかがわれる（小田 2007）。むしろ埴輪祭式のみならず、石製品も加えた新しい祭式が発案されていたと思われる。したがって別区における情景を裁判の再現のみと思いこんでおられるのは正確ではない。そして「偸人」についても「裸形にして地に伏」す姿は「二次的に顛倒してそのような姿になったのであろう」とされ、また官軍が磐井の墓に至り「石人の手を撃ち折り、石馬の頭を打ち堕しき」という逸文についても、現存する石製品には「明かに意図的に打ち割ったと見えるものも少なくない」ことを認めつつも、近世初頭の八女市福島城に破砕利用されたことをあげて、現存する残欠品の数を割引きして考えるべきとされる。上述したようなこれら石製品についての所見は、その前提に逸文内容の否定観を出発点とした論調に独断と偏見をみる思いである。裸形蹲踞石人は実在するし、また石製品の破砕面は風化度の著しいものと、鮮明なものは明瞭に識別できるからである。加えて史料としての逸文内容の否定的批判も、恣意的前提を脱却できていない感を免れえない。

　以上のように、岩戸山古墳に関する風土記逸文の内容は大部分を信拠してよいと考えるが、墳丘には形象埴輪に代えて百余の石製品をめぐらし、特設された別区では形象埴輪による埴輪祭式を継承するとともに、政庁・税倉・司法情景などを配して盛時の磐井政権の姿を誇示して後世に伝えるべき意図のもとに、磐井自身が生前から営造している寿墓であるところに、普通の古墳と異なる事情を注意しなければならない。すなわちその子葛子が亡き父磐井の慰霊・鎮魂の場として設営するという通常の古墳造営のパターンではなかったのである。1963 年 8 月の集中豪雨によって北側前方部墳丘の一部流失して発見された石製品（扁平石人・靫・刀）と並列する円筒埴輪などが打ち壊されて散乱する情況は、まさに風土記逸文に伝える官軍による破壊を再現するものであった（波多野・小田 1964）。近世の城郭用材採取によるものであれば、これら石製品を残しておくはずはないであろう。

　以上、別区の独創性について考古学的位置づけや、風土記逸文の内容は遺跡・遺物の調査成果と照合できる点が多いことなど、岩戸山古墳の検討を通じて磐井政権の実態にかなり迫ることができた。つづく磐井以後の筑紫君一族の墳墓は、すでにこれまでも指摘されているように 7 世紀代まで八女丘陵上に造営されている。岩戸山古墳以後、その東に乗場古墳（70 m）・善蔵塚古墳（90 m）・鶴見山古墳（87.5 m）ら大型前方後円墳がつづくところをみると、乱後の筑紫君宗家の勢力が急速

に衰えたとも思えない。しかし6世紀後半〜末に至ると釘崎2号墳（47m）・同3号墳（35m）・立山丸山古墳（55m）など中クラス以下に縮小されていき、一方で小クラスの円墳が急増して後〜終末期の群集墳盛行時代を迎えた。岩戸山古墳群以降の前方後円墳ほかの八女古墳群を通覧してみても、岩戸山古墳を凌駕するような古墳の規模、豊富な石製品・形象埴輪を有するものはない。岩戸山古墳の存在は群を抜くものであることが改めて再認識される。百余の石製品を墳丘や別区に樹立していた岩戸山古墳につづく、乗場古墳（別名奈良山古墳・『筑後国史』による）、鶴見山古墳では1〜2体の石人（鶴見山では武装石人）を墳丘裾などに立てられる程度の急凋落をたどり、古墳群東端の童男山古墳群の小円墳から発見された子負女性石人（墳丘裾）・裸形正座石人（墳丘斜面）が知られている。首長墳では5世紀以来の武装石人本来の意義を継承しているが、6世紀後半以降の小クラス円墳には子負女性像や裸形正座像など被支配庶民層が選ばれている。石製表飾品に托される意義は変化しつつも、石人樹立の風は6世紀末ごろまで継承されたのである。

3　筑紫君と火（肥）君

　筑紫連合政権の中核をなすのは筑紫君と火（肥）君であった。火君の本拠は肥後南部の八代郡肥伊郷にあたり、現在の氷川流域、竜北町から宮原町のあたり（両町は合併して氷川町となる）である。「火」が「肥伊」に改められたのは、713（和銅6）年に国郡郷名は漢字の好字2字を用いる規定に拠る。この地域には野津古墳群（姫ノ城・中の城・端ノ城・物見櫓）・大野窟古墳などの大型前方後円墳があり、火君宗家の墳墓に比定されている。

　磐井の乱後の欽明紀17（556）年正月条に百済王子恵がわが国から帰国するにあたって、中央氏族三氏が「筑紫国の舟師を率て」護送させ、別に「筑紫火君百済本紀に云はく、筑紫君の児、火中君の弟なりといふ。を遣して、勇士一千を率て、衛りて弥弖弥弖は津の名なり。に送らしむ。」とみえる。ここにみえる複姓氏族「筑紫火君」とは筑紫君と火君との間に婚姻関係があったことを示す史料として知られている。筑紫君の女子と火中君の弟との婚姻を示すもので、おそらく磐井の乱以前の成立であろう。筑紫君が筑紫連合政権の盟主の地位を築いていく上に、火君と連携を深めるための政略結婚的政策も必要とされたのであろう。ここに「火中君の弟」とあることから、このころ火君一族は三家（火兄君・火中君・火弟君）に分家していて、火中君家当主の弟が筑紫君家のもとに婚入りしたとする説がある（板楠 2003）。また近年「火中君」の「中」を地名とみる説がある。菊池川の下流域（玉名市）・中流域（山鹿市）の両者に「中」があり、比定地も両説あるが、「6、7世紀には山鹿・玉名は一体で共通する歴史地域であった可能性」があるならば、後述するように筑後南部との文化交流がみられる菊池川流域（肥後北部）に進出した火君一族に火中君家をあてることも可能であろう（山尾 1999）。

　ところで、筑紫君磐井の墓に確定した岩戸山古墳は100個をこえる石製遺物、通称"石人石馬"を林立していたことでも周知の遺跡である。火君の領域においても宗家に比定される氷川流域の古墳群（野津古墳群〔甲元・山下ほか編 1994、今田 1999〕・大野窟古墳〔今田 2007〕）、火中君の領域に比定される菊池川下・中流域（玉名・菊池・山鹿市域）の古墳群（髙木編 1984、古城・古森

表1 野津古墳群調査成果対照表（今田編 1999 に加筆）

	姫ノ城古墳	端ノ城古墳	中ノ城古墳	物見櫓古墳
墳丘長	86 m	66.8 m	102 m	62 m
石室・石棺	横穴式石室？	石棺式石室？ 横口武家形石棺？	横穴式石室 石屋形	複室の横穴式石室
円筒埴輪	V期	V期	V期	
形象埴輪	器材	人物・鶏・馬	人物・馬・器材	
須恵器 （初葬時）	MT15〜TK10 （装飾付器台・ 高杯・甕）	TK10〜TK43 （装飾付器台・装飾 付壺・器台・杯・高 杯・瓶・壺・甕）	TK10 （杯・高杯・器 台・壺・甕）	MT15 （杯・高杯・器台・鉢・ 甑・提瓶・壺・甕） 陶質土器 （有蓋把手付鉢・ 甑・杯・高杯・壺）
石製表飾品	蓋6・靫2・ 石見型盾形7		蓋1	
鉄製品	？	馬具	馬具・武具	馬具・武具
装身具	水晶切子玉	ガラス玉	ガラス玉	ガラス玉 垂飾付耳飾

2001、阿南 2002）に石製品の存在が顕著であり、岩戸山古墳後続期の八女古墳群とも並行する時期に盛行した。しかし一古墳における石製品の数においては岩戸山古墳にははるかに及ばない。ともあれ、筑紫君と火君の間には共通する墓制文化の交流があったことをうかがわせる。しかしながら磐井の乱後さして間をおかずに火君一族は筑紫や肥前方面に大和政権の尖兵氏族として進出していった。これらの情況から推して、乱に至るまで両氏の間には婚姻関係を結ぶなどの同盟政策もあったが、乱に際しては「火君は磐井に加担せず、中立を保っていたか、あるいは磐井が形成不利とみるや、最終的には朝廷側についてしまったのではないだろうか」（井上辰 1970）という指摘もあながち否定できないであろう。とすればさらに一歩すすめて火君宗家は静観していて、乱に直接参加して軍行動を起こしたのは火中君ではなかったかということも考えられてくるのである。乱後の火君の進出ぶりに注目すれば、「乱後は磐井の故地の一部の支配権を血縁関係を理由に要求し、容認させたのではあるまいか。朝廷側も対筑紫君の政策のためにも、また筑紫君にかわる朝鮮経略の九州水軍の統領としての地位を火君にあたえる意味もあって、これに同意をあたえたのではあるまいか」（井上辰 1970、114頁）という推測は首肯できるであろう。また筑紫君にあっても反逆の罪は軽く決着して、その本拠地には大きな変化も認めがたいことは、欽明紀などにみえる朝鮮出兵での戦闘における活躍ぶりともあわせて、筑紫君の軍事動員力を温存して海外派兵にふりむけたヤマト政権側のしたたかな計算も読みとることができよう。

ところで、筑紫・火両氏族の交流を物語る考古学的資料としてはやくから注目されているのは筑後・肥後両地域に分布する石製表飾遺物である。とくに本章にかかわるのは氷川流域の野津古墳群と菊池川流域の玉名・菊池・山鹿市域の古墳群である。前者について近年の調査成果を一覧表に要約してその内容をうかがうことにする（甲元・山下ほか編 1994、今田 1999）。4基の前方後円墳に代表されるこの古墳群は火（肥）君宗家の奥津城として広く知られている。調査者はこれらの成果を検討した結果、きわめて接近した時期のなかで、

　　　物見櫓古墳→姫ノ城古墳→中ノ城古墳→端ノ城古墳

の編年序列を提示された。これらの編年的流れは6世紀前半代から後半にかけてのなかに位置付けられてくる。なかでも物見櫓古墳における陶質土器・垂飾付耳飾などの朝鮮半島系遺物の出土、姫

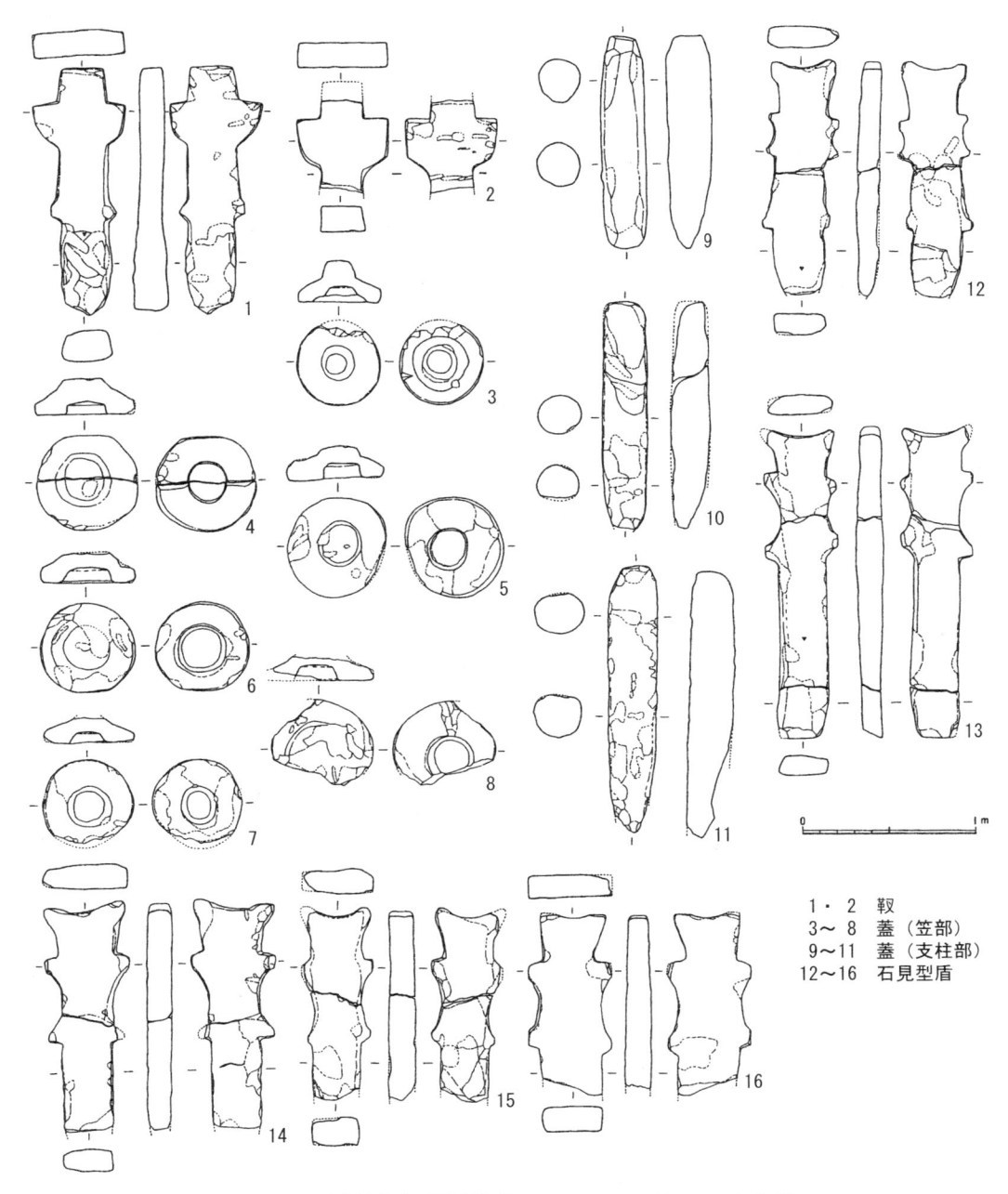

第 11 章　筑紫君磐井の乱と火（肥）君　369

図 1　姫ノ城古墳出土石製表飾品（甲元・山下ほか編 1994 より作成）

1・2　　靫
3〜8　　蓋（笠部）
9〜11　蓋（支柱部）
12〜16　石見型盾

ノ城古墳における 10 数個以上が墳丘に樹立されていた石製表飾品の発見などは、火君宗家の文化交流が朝鮮半島や筑紫君宗家ともかかわっていたことを如実に示している。とくに姫ノ城古墳にみる石製器財類の多さは、肥後地域の石製品を有する古墳中では抜群の存在であり、筑紫・岩戸山古墳には及ぶべくもないものの、まさに肥後における岩戸山古墳的存在であって、火君宗家の奥津城にふさわしいであろう。

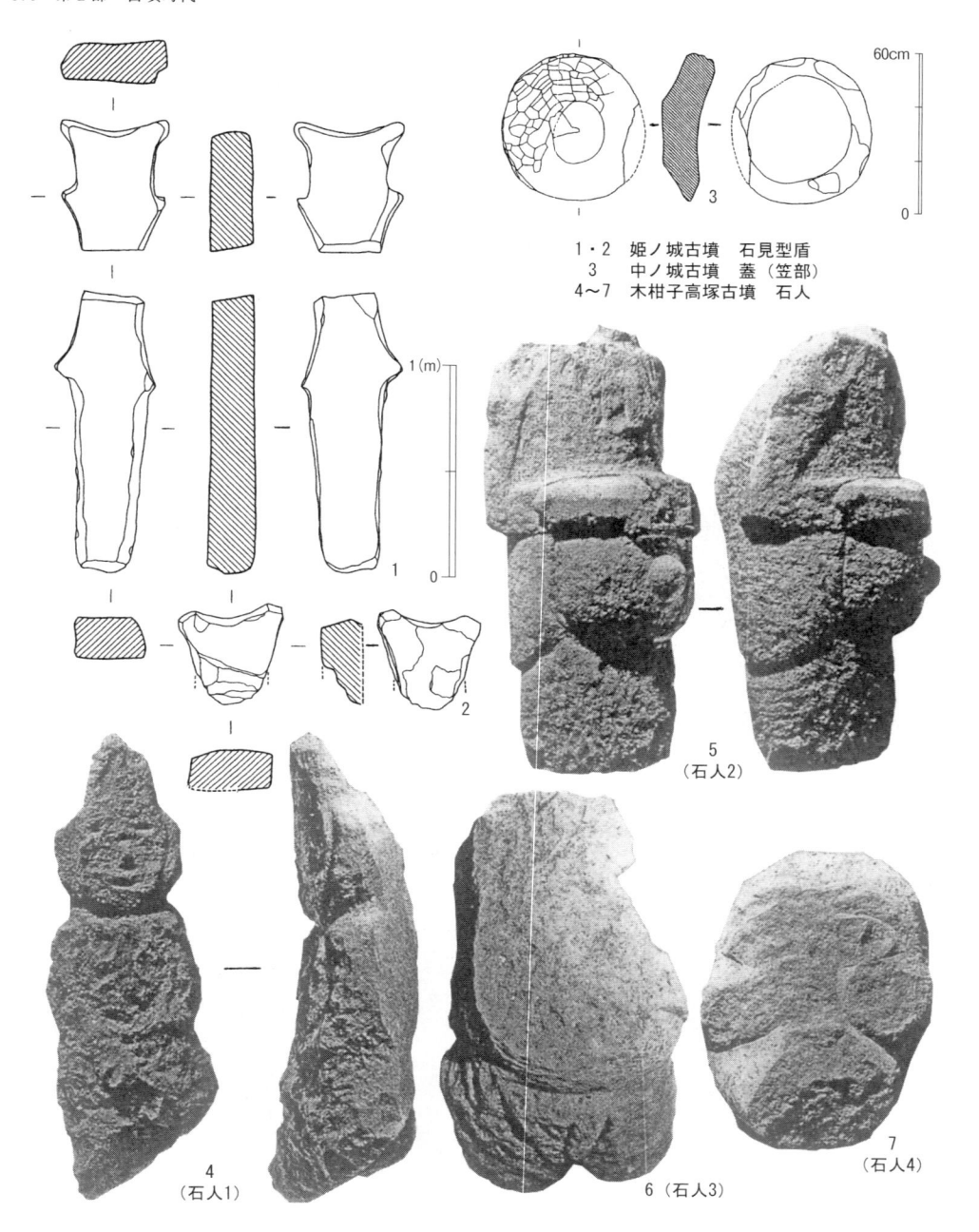

1・2　姫ノ城古墳　石見型盾
3　中ノ城古墳　蓋（笠部）
4〜7　木柑子高塚古墳　石人

4（石人1）　5（石人2）　6（石人3）　7（石人4）

図2　新発見の石製表飾品（1・2. 1997年調査、3. 1995年調査、4〜7. 1997年調査）
（今田 1999、古城・古森 2001 より作成）

　一方、火中君の領域が想定される菊池川流域では5世紀代に江田船山古墳に代表される清原台地（玉名市菊水町）に数個の石製品が出現しているが、6世紀前半以降に流行期があり、石人（武装・平装）1体・器財（靫・蓋）1〜2個という状況が古墳における平均的在り方である。このような氷川流域と菊池川流域にみられる特徴は別稿（小田 2007）でも注意をしておいたところであるが、前者では器財類、後者では石人一体が主で、一部に器財1〜2個が加わっている。なかでも木柑子

第 11 章　筑紫君磐井の乱と火（肥）君　371

石人

蓋②
（内壕出土）

主体部

羨道

遺物集中

造り出し部　遺物集中

内壕
（1号周壕）

外壕
（2号周壕）

木柑子
（フタツカサン）古墳

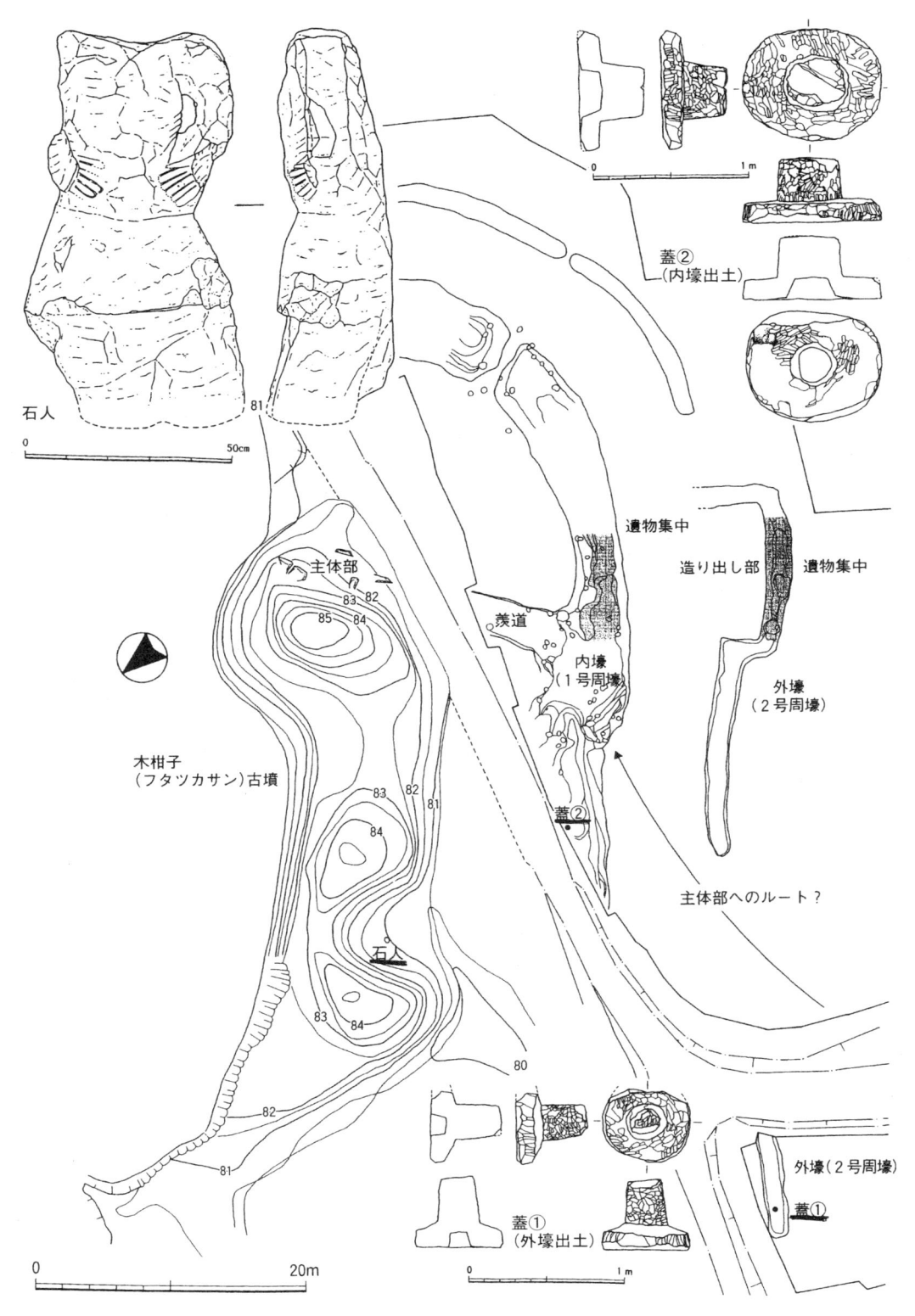

石人

蓋②

主体部へのルート？

蓋①
（外壕出土）

外壕（2号周壕）

蓋①

図3　フタツカサン古墳と石製表飾品（古城・古森 2001 より作成）

表2 肥後地域発見の石製表飾品一覧

		遺跡	所在地	遺構概要	石製品	石製装飾	形象埴輪
菊池川流域	1	三ノ宮古墳	荒尾市	前方後円墳	武装石人1	○	
	2	不明	和水町江田字清原	不明	短甲？1・家形品1・腰掛形品（朱塗）1		
	3	臼塚古墳	山鹿市	円墳 横穴式石室	武装石人（靫負）1	○	○
	4	チブサン古墳	山鹿市	前方後円墳 横穴式石室	石人1	○	
	5	フタツカサン古墳	菊池市	前方後円墳 横穴式石室	石人1・蓋2		○
	6	木柑子高塚古墳	菊池市	前方後円墳	石人4		
	7	袈裟尾高塚古墳	菊池市	円墳 横穴式石室	靫1	○	
	8	不明	菊池市七城町小野崎	不明	船形品？1		
白川・緑川流域	9	富ノ尾古墳	熊本市	前方後円墳	石人1	○	
	10	今城大塚古墳	御船町	前方後円墳 横穴式石室	石函1	○	
	11	石之室古墳	熊本市城南町	円墳 横口家形石棺	蓋（支柱）1		
	12	北原1号墳	熊本市城南町	円墳 横口家形石棺	盾1		
氷川流域	13	姫ノ城古墳	氷川町	前方後円墳	靫2・石見形盾7・蓋6（笠6・支柱2）		○
	14	中ノ城古墳	氷川町	前方後円墳 横穴式石室・石屋形	蓋（笠）1		○
	15	天堤古墳	氷川町	前方後円墳	蓋1（笠1・支柱1）		
	16	八代大塚古墳	八代市	前方後円墳	不明1（腰掛形と類似）		

註1）天草の竹島3号墳の例は、砂岩製で、その出土位置・大きさ・形状などから標石とみられるので除外した。
　2）石見型盾は従来靫とされてきたものであり、なお疑問があるが、ここでは盾説にしたがっておく。
　3）本表作成には筆者の調査所見のほか、下記書を参考にした。
　　　隈昭志『長目塚と阿蘇国造』（一の宮町史・自然と文化阿蘇選書1）1999年
　　　古城史雄・古森政次『岩瀬・木柑子遺跡』（熊本県文化財調査報告第198集）第Ⅳ章、2001年

高塚古墳では男女像4体が目につく。すなわち氷川流域では筑紫君磐井の墓（岩戸山古墳）の墳丘上に形象埴輪にかえて石製器財類を数多く林立して古墳の威容を誇った情況をつよく意識した（井上辰 1970）と思われる姫ノ城古墳と、その残映として蓋1個のみとなった後続古墳への推移がみられる（章末補記参照）。一方菊池川流域では、石人一体を墳丘に樹立する点で初現期の石人に課された被葬首長を守衛する意図を忠実に継承するものであり、この地域で後続する横穴墓群の外壁に彫刻された両手を左右に広げた開脚人物像に継承されていく。なかでも木柑子高塚古墳における4体の男女像は、筑後八女古墳群で岩戸山古墳以降の古墳に継承された石製人物（童男山古墳群）とも思想面では軌を一にするものであろう。これらの石人には埴輪祭式における殯儀礼に参加する人物埴輪と共通する意味が考えられるであろう（小田 2001a/2007）。このような両地域の相違は石室構造（複室・石屋形）・壁画系装飾さらには埴輪・須恵器の系譜などに筑後地域との交流が指摘されている菊池川流域の動向（藏冨士 2000、古城・古森 2001）もあわせ考えるとき、氷川流域に火君宗家、菊池川流域に筑紫火君家を比定することの妥当性と、筑紫君とのかかわり方の相違を読みとることができるであろう。

さらに注目しておくべきは肥後地域と近畿中央政権とのかかわりも、阿蘇石製石棺輸送を通じて5世紀代から始まっていることである。すなわち5世紀後半代には菊池川下流域産石棺が瀬戸内・近畿地方に、5世紀末から6世紀前半代には宇土半島産石棺が近畿地方に供給されている（髙木2003）。石棺の供給を通じて吉備氏や大王家を含む中央豪族とのかかわりをつくっていたことがうかがわれる。

火君の九州各地への進出は、筑紫君が敗退した後のヤマト政権の九州直接支配と朝鮮出兵に参加協力することによって、北は筑前方面、南は薩摩方面へと勢力を拡大していったが、それらの詳細はすでに述べられているので参照されたい（井上辰 1970、板楠 1991）。また一方ヤマト政権側でも九州の諸豪族に対する懐柔と監視を怠ってはいない。安閑紀2（535）年5月条に集中してみられる屯倉設置記事、「国造本紀」にみえる国造記事などが注意される。筑前二屯倉（穂波・鎌）、豊前五屯倉（䝊碕・桑原・肝等・大抜・我鹿）は遠賀上流域の太宰府方面から豊前に至る古代の豊前路上と周防灘沿海部に在って、畿内から瀬戸内を経て九州上陸の橋頭堡と博多湾周辺（のちの那の津口周辺）に至る軍事用も視野に入れた連絡路を確保した。また肥後飽田郡内に比定される春日部屯倉は、建部君一族との関係も指摘されているが、南の火君宗家や東の阿蘇君への牽制の意図も考えられる。さらに「国造本紀」にみえる肥後地方に関する国造には、火国造・阿蘇国造・葦分国造・天草国造が登記されている（『先代舊事本紀』巻10、吉川弘文館）。ここでは菊池川流域に比定できる国造名はみられない。磐井の乱にあたって筑紫君とともに戦ったのは菊池川流域の豪族（筑紫火君一族）で、火君宗家は静観していたのであろうという推理（隈 1999）もあながち無稽なこととはいえない。乱後に筑紫君・火君らはともにヤマト政権の半島出兵に動員されることとなった。欽明紀17（556）年正月条にわが国から百済王子恵が帰国するにあたり、「筑紫国の舟師」が衛り送ることとなったが、「別に筑紫火君を遣して勇士一千を率て、衛りて弥弖に送らしむ。因りて津の路の要害の地を守らし」めたという。おそらく筑紫君とともに半島出兵に協力する結果となったのであろう。また欽明紀15年12月条にも対新羅戦に従軍した筑紫国造を称する人で、敵軍騎卒勇者の乗馬鞍橋を射通し落馬させる武勇を発揮して鞍橋君の尊称を得たという記載があることも有名である。

火君の肥前や筑前への進出は、磐井の乱後にヤマト政権の積極的な九州支配政策に協力する方式ですすめられた。8～9世紀の記録にみえる筑前国嶋郡大領肥君猪手（小田 1997b）、大宰府少典筑紫火公貞直（肥前国養父郡出身）とその兄豊後国大目筑紫火君貞雄など（『続日本後紀』嘉祥元年八月壬辰条）は火君の後裔氏族である。肥後地域とヤマト政権の政治的関係は、6世紀以降の部民制の設定から一挙に開始されたといわれ、ヤマト政権の直轄民とされる御名代が多い。すなわち大伴君（益城郡）、額田部君（宇土郡）、建部公（飽田郡）、日下部・壬生（合志郡）、他田・刑部・日奉部・真髪部・家部（葦北郡）などで、火君宗家の本拠である八代郡にはなく、その北接地と南接地に集中していることが指摘されている（平野 1973）。磐井の乱による筑紫君との交代の機を逃さず、筑紫君の故地だけでなく南は隼人の地域にも進出していく成長ぶりを遂げていることは、すでに多くの論著でふれられているとおりである。

4 筑紫君の外交と「糟屋屯倉」

　筑紫君磐井が朝鮮半島と独自に交流を行っていたことはまちがいないし、玄界灘沿岸にその拠点を設けていたであろうことにも異論はない。継体紀21年6月条にみえる朝鮮諸国からの「職貢船」を磐井のもつ外港に引き入れたとする場所は特定できるであろうか。これについては継体紀22年12月条に、

　　　　筑紫君葛子、父のつみに坐りて誅せられむことを恐りて、糟屋屯倉を献りて、死罪贖はむことを求す。

とあるところから、博多湾の東方に隣接し玄界灘に臨む粕屋郡の地に磐井の所領があり、これらを屯倉として献上したのである。それによって磐井の子葛子は父に連坐して処罰されるのを免れたのである。当然反逆罪に問われると誰しもが予想するところだが、糟屋の地の献上と替えることによって贖われたということは、糟屋の献上地がヤマト政権にとっても望むところであったからにほかならないであろう。そこで想起されるのは、上述した史料（本書364頁、継体紀21年6月②）にみえる磐井が設営した外港の存在である。当時の東アジアの情勢は中国を宗主国として朝鮮半島も三国鼎立時代でありながらも、百済と新羅のせめぎ合いは高句麗・中国との交渉にも熾烈さを加えていた。磐井に百済・伽耶を支援する官軍の渡海阻止を依頼した新羅王は第23代法興王である。法興王はその名のとおり、律令制国家をめざした諸政策のもと新羅を強盛に導いた中興の英主である。いまなお崇敬され、王陵における人々の祭りが絶えない。

　磐井が保有していた糟屋の外港についてはその遺跡すら未発見であったから、積極的にふれられることもなかった。1999年古賀市鹿部田渕遺跡においてL字形に配された大型建物群が発見された（甲斐 2003/2004、小田 2003）。玄界灘に臨み、花鶴川南方の鹿部山西丘陵突端（標高8m）に位置する。この北方に広がる花鶴平野のむこうには古賀市街・新砂丘が形成されているが、往古の時代には玄界灘が湾入して遺跡西麓の近くにまで及んだ潟地形を形成していた。発見された建物群は6棟が知られている。調査者はこれらの

図4　韓国慶州郊外　第23代新羅法興王陵
（王陵祭祀の日に・1992年秋撮影）

表3　鹿部田渕遺跡大型建物群建物一覧表

建物名	建物	規模（梁×桁）	梁間（m）	桁行（m）	床面積	建物方向
1号建物	総柱	2×3	3.6 m	4.8 m	18 m^2	南北棟
2号建物	側柱	2×6	5.5 m	13.2 m	72 m^2	東西棟
3号建物	廂付側柱	3(4)×9以上	7 m	17 m以上	119 m^{2}以上	南北棟
4号建物	総柱	2×3	3.66 m	4.5 m	16.47 m^2	南北棟
5号建物	側柱	2×3	3.5 m	4.68 m	16.38 m^2	南北棟
6号建物	側柱	2×	2.8 m	—	—	南北棟

（甲斐 2004）

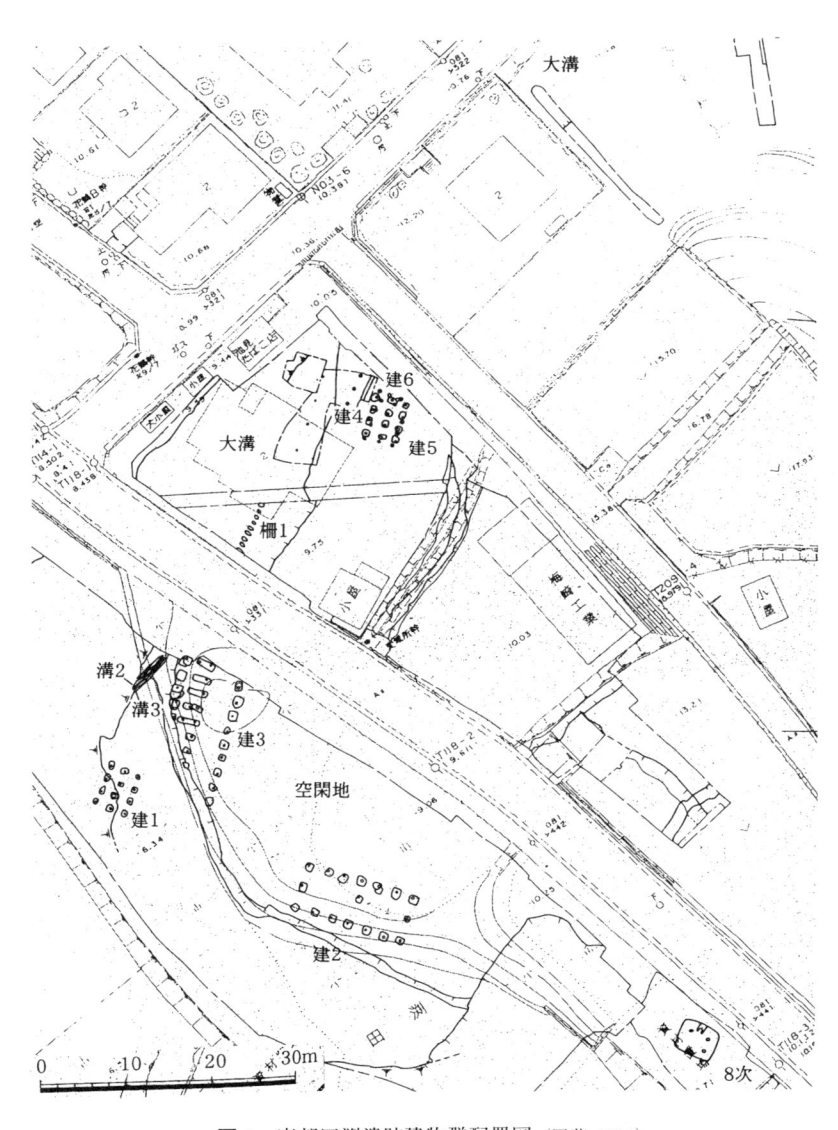

図5　鹿部田渕遺跡建物群配置図（甲斐 2004）

規模・配置情況などから官衙的大型建物とする性格を指摘する。いずれも掘立柱建物で、3号が6世紀中頃、4号が6世紀後半、6号が6世紀後半〜7世紀初頭を下限としている。須恵器などの出土遺物からは6世紀中頃までさかのぼることが推定できるので、筑紫君葛子の世代までたどることは可能であろう。6世紀代の港湾潟湖の最奥に臨んだ公的施設としての性格が考えられる情況、さらに粕屋郡内で外海に臨む「糟屋屯倉」比定地は他にない現状などからして、磐井の設営する外港比定地として最有力候補地である点では異論ないところである。さいわい行政上からも遺跡地が保存されるようになり、微力ながらも支援をした筆者としても喜びにたえない。「糟屋屯倉」の所在とその実態もようやく現実性をおびてきたところである。今後のさらなる追跡調査がのぞまれる。

　ヤマト政権にとって、日本列島における唯一の統一政権としての認識を東アジア諸国に標榜するためには、外港の一本化は年来の願望であったろうから、屯倉として収公できることはこの上ない成果であったのである。やがてヤマト政権の公的外港は博多湾口の那の津に集約されることとなるのである。そして筑紫君宗家の勢力は温存させながら、朝鮮出兵の軍事力にふりむけられていくこととなった。かくしてヤマト政権の九州支配のための確実なる第一歩が始まったのである。

　近時、継体大王の力を強大にした理由の一つに、大陸との交流に必要な水運システムを掌握したことがあげられている（田中 1998）。そのような動向のなかで磐井の所有した外港の収公、また王権の意向に協力した火君の進出、両者の物的遺産としての石棺の移動などもかかわってくるのであろう。

補記
　姫ノ城古墳で多い石見型盾については、岩戸山古墳で同形のものが1991年に発見されている。後円部の一段目と二段目テラス間の斜面で発見されていて、本来二段目テラスに樹立されていたと考えられる（大塚恵治氏教示）。その後大塚氏によって実測図（図6）とともに詳細な報告が発表された（大塚 2010）。

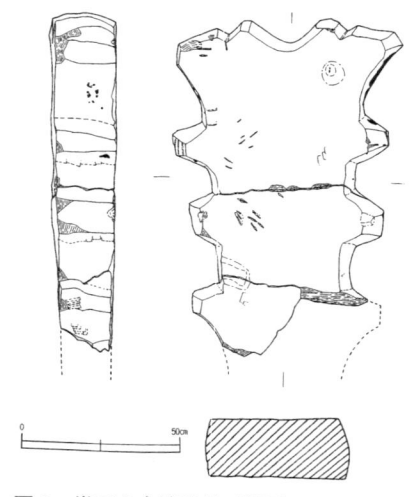

図6　岩戸山古墳発見石製盾（大塚 2010）

第12章 「豊国」の装飾古墳

1 装飾古墳の出現と展開[(1)]

　日本の古墳文化を前後の時期に二大区分する横穴式石室の導入は、まず北部九州の玄界灘沿海地域に登場した。現在最古の横口構造を受容した古墳としては佐賀県東松浦郡浜玉町〔現唐津市〕の谷口古墳がある。全長90mに及ぶ前方後円墳で、並行する二つの竪穴系横口式石室が前方部にむかって開口している。4世紀末頃のこの地域を代表する首長墓であり、扁平割石積みの石室壁面は全面塗朱されている。葬送の呪的効果が期待されたものであった。

　一方、石棺蓋に彫刻する風は、4世紀から5世紀初めにかけての近畿・北陸・山陽などの地方で、鏡・直弧文・円文・家屋文などを彫刻するところから始まっている。

　九州における装飾古墳の出現は先行する石棺装飾を継承するところから始まった。5世紀前半代に出現した福岡県八女郡広川町の石人山古墳（前方後円墳・全長110m）が最古段階に位置する。横口式家形石棺の棺蓋に円文と直弧文を浮彫りしている。さらに久留米市浦山古墳、熊本県鴨籠古墳、佐賀県西隈古墳など石棺系装飾は5世紀後半にかけて幾何学文の彫刻に加えて赤・青など彩色で塗り分けた場合もみられる。

　石棺系装飾にややおくれて5世紀後半に現れたのは石障系装飾である。熊本県を中心に福岡県筑後地方に及んでいる。横穴式石室の周壁に板石を立て、さらに石室内にも障石を立てて3～4分割して複数埋葬の構造をつくり出した。熊本県長砂連、井寺、千金甲1号、小田良、福岡県日輪寺など6世紀前半代に及んでいる。石棺系装飾の文様を継承し、同心円文、鍵手文のほかに靫・盾などの図形が加わってくる。さらに赤・青・白・緑などの彩色塗り分けがみられる。

　6世紀前半以降、横穴式石室の普及や複室構造の形成とあわせて壁画系装飾が流行するようになった。以来石室や家形石棺から変化した石屋形の壁面に彩色や線刻で文様や絵画を描くようになり、福岡・熊本両県を中心に大分・佐賀・長崎県にも及び7世紀代の終末期古墳に至っている。彩色も赤・白・黄・緑・青・黒色と豊富になり、円文・三角文・蕨手文・格子目文・放射線文などの伝統的な幾何学的呪術文様のほかに、人物・鳥獣・植物・器財・船などの自由画が描かれるようになった。被葬者の生前における自然描写も交えた生活讃歌的なものから、供養画的性格の読みとれるものなどがあり、九州型古墳文化流行の代表的存在となった。一古墳における彩色には最高5色まで使用され（福岡県桂川町王塚古墳）、6世紀中頃には壁画系装飾の荘厳華麗さが完成されていた。壁画系装飾の中心は福岡・熊本両県下にあり、周辺地域では赤・黒2色が多く、ときに緑・黄・

| 石棺系装飾 | 石障系装飾 | 壁画系装飾 |

　　石人山古墳　　　　井寺古墳　　　　　王塚古墳

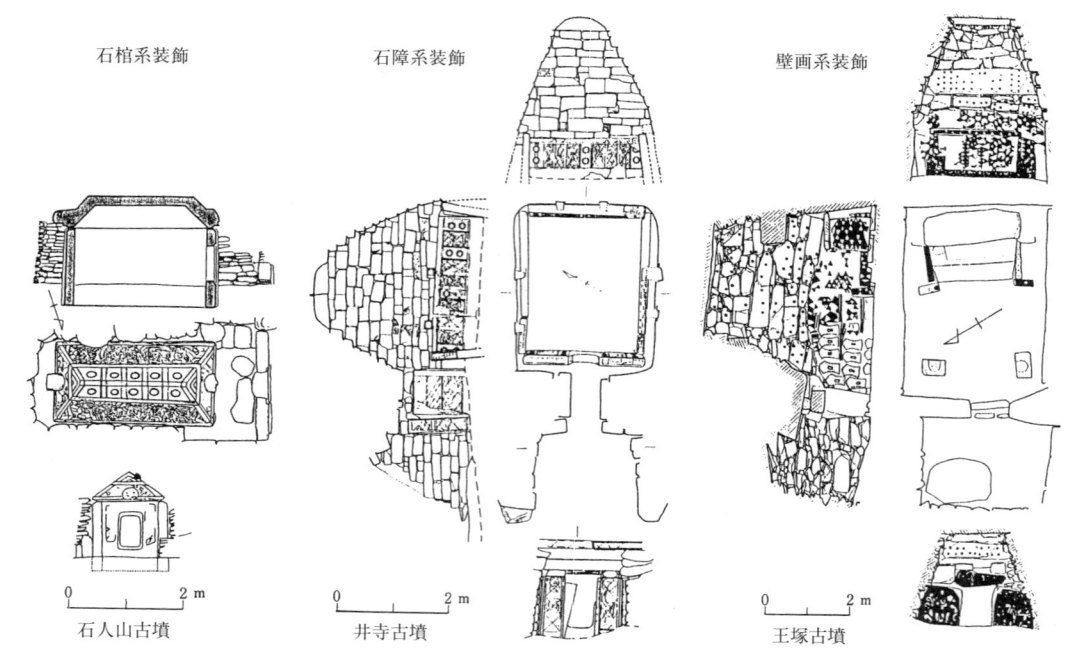

図1　装飾古墳の展開

白色などもみられるが同一古墳で3色以上の使用はなく、また線刻画の占める比率が高い。また6世紀後半以降、福岡県下には大陸系の日月星辰・四神・龍媒伝承図などをとりいれた古墳(王塚・五郎山・珍敷塚・竹原古墳)が出現したことも注意をひくところである。

　6世紀後半以降、壁画系装飾石室古墳と並行して、横穴系装飾が流行するようになった。凝灰岩や砂岩の発達した山腹や崖面を利用して横穴墓をつくる風は5世紀後半頃に出現した。九州では菊池川・球磨川・遠賀川・山国川・駅館川・大野川・大淀川・一ツ瀬流域などの熊本・福岡・大分・宮崎県下に多いが、近年佐賀県にまで分布を広げた。横穴墓の内部や羨門・外壁に彫刻・彩色などの手法で壁画系装飾に準ずる画題がえらばれ、その下限は7世紀代に及んでいる。

　以上が九州地方の装飾古墳の出現から展開の概要であるが、その始終を通じてみられるのは呪術的意義を有する幾何学的文様である。これが石室内を荘厳化する意図も加えて壁面四周から石屋形にいたるまで、全面にわたって碁盤目式に連続三角形文様で埋めつくされたのが福岡県王塚古墳の場合である。壁画系装飾以降、生活描写などの自由画的供献画題が加わってきても、幾何学的文様はのこされてゆくのである。この傾向は東北地方にみられる横穴系装飾古墳にまで踏襲されている。装飾古墳の本質は死者の霊に対する辟邪鎮魂の祈りをこめた呪術的意義にあり、その意義は終始失われることなく継承されていたといえよう。

2　「豊国」の装飾古墳

　『豊後国風土記』はその冒頭に、「豊後の国は、本、豊前の国と合せて一つの国たりき」と述べて

いる。豊前と豊後に二分されたのは7世紀末のことで、それ以前の九州地方は筑紫・豊・肥・熊曽の4地域に分けて認識されていたらしいことが『古事記』国生み神話からうかがわれる。

　旧「豊国」地域は現在の福岡県北九州市（門司区・小倉区）・京都郡・行橋市・田川郡・田川市・築上郡・豊前市、大分県の下毛郡・中津市・宇佐郡・宇佐市（以上、豊前国）、その他の大分県域（豊後国）から構成されている。これらの地域に所在する装飾古墳はつぎの21遺跡33古墳が数えられる。

　　1　百留横穴群（3基）　　　　　築上郡大平村〔現上毛町〕大字百留
　　2　穴ケ葉山古墳群（2基）　　　築上郡大平村〔現上毛町〕大字下唐原字穴ヶ葉山
　　3　山田1号墳　　　　　　　　　築上郡新吉富村〔現上毛町〕大字安雲字山田
　　4　黒部6号墳　　　　　　　　　豊前市大字松江字御腰掛
　　5　城山横穴　　　　　　　　　　中津市大字伊藤田字草場
　　6　一鬼手1号横穴　　　　　　　宇佐市大字四日市字一鬼手
　　7　加賀山横穴群（3基）　　　　宇佐市大字四日市字加賀山
　　8　貴船平横穴　　　　　　　　　宇佐市大字山下字貴船平
　　9　観音山横穴群（2基）　　　　宇佐市下元重地区観音山
　10　水雲横穴　　　　　　　　　　宇佐市院内町原口字水雲
　11　穴瀬横穴群（5基）　　　　　豊後高田市美和・上屋敷
　12　伊美鬼塚古墳　　　　　　　　国東市国見町大字伊美字中
　13　鬼ノ岩屋古墳群（2基）　　　別府市大字北石垣字塚原
　14　千代丸古墳　　　　　　　　　大分市大字宮苑字千代丸
　15　鬼塚古墳　　　　　　　　　　球珠郡球珠町大字小田
　16　鷹巣横穴（4号）　　　　　　球珠郡球珠町大字帆足字鷹巣
　17　鬼ヶ城古墳　　　　　　　　　球珠郡球珠町大字帆足字平田山
　18　上ノ原横穴　　　　　　　　　日田市北友田町
　19　法恩寺3号墳　　　　　　　　日田市刃連町字法恩寺山
　20　穴観音古墳　　　　　　　　　日田市内河野字倉園
　21　ガランドヤ古墳群（2基）　　日田市石井町大字西園

つぎに以上の装飾古墳の個別的特徴をまとめておこう。

	古　墳　名	墳形	内部構造	施文場所	施文技法	施文の内容
1	百留横穴群					
	1号横穴	—	横穴	外壁	彩色（黄・赤）	入口周辺縁どり・円文
	2号横穴	—	横穴	外壁	彩色（黄・赤）	入口周辺縁どり
	3号横穴	—	横穴	外壁	彩色（黄・赤）	入口縁どり
2	穴ヶ葉山古墳群					
	1号墳	円	横穴式石室	羨道・外壁	線刻	木葉・樹木・人物・鳥・虫・魚・旗・格子目
	3号墳	円	横穴式石室	後室	線刻	木葉

3	山田1号墳	円	横穴式石室	玄室	線刻	木葉・鳥・格子目
4	黒部6号墳	円	横穴式石室	後室	線刻	船・靫？
5	城山横穴	─	横穴		彩色（赤）	円文？　その他不明
6	一鬼手1号横穴	─	横穴		彩色（赤）	同心円文
7	加賀山横穴群					
	9号横穴	─	横穴	羨門	彩色（赤・黒）	同心円文・人物？（忍冬文？）
	10号横穴	─	横穴	羨門	彩色（赤）	円文・同心円文
	16号横穴	─	横穴	羨門	彩色（赤）	円文・同心円文
8	貴船平横穴	─		羨門	彩色（赤・黄）	六脚同心円文・同心円文
9	観音山横穴群					
	1号横穴（仮）	─	横穴	羨門・外壁	彩色（赤）	円文
	2号横穴（仮）	─	横穴	羨門・外壁	彩色（赤）	円文
10	水雲横穴	─	横穴	外壁	彩色（赤）	同心円文
11	穴瀬横穴群					
	2号横穴	─	横穴	羨門・外壁	彩色（赤）	円文
	4号横穴	─	横穴	羨門・外壁	彩色（赤）	並行縦線文・渦状文？
	5号横穴	─	横穴	羨門・外壁	彩色（赤）	同心円文
	7号横穴	─	横穴	羨門・外壁	彩色（赤）	同心円文
	16号横穴	─	横穴	羨門・外壁	彩色（赤）	円文・線繋円文
12	伊美鬼塚古墳	円	横穴式石室	玄室	線刻	人・鳥・船・樹木・木葉
13	鬼ノ岩屋古墳群					
	1号墳	円	横穴式石室	前室・袖石	彩色（赤・白・黒）	連続山形文・同心円文？
	2号墳	円	横穴式石室	玄室・屍床	彩色（黄・黒）	同心円文・双脚輪状文・植物文？
14	千代丸古墳	円	横穴式石室	石棚前面	線刻	複線連続三角文・人・動物・方形文
15	鬼塚古墳	円	横穴式石室	後室・袖石	彩色（赤・青・白）	同心円文・人物・船
16	鷹巣横穴（4号）	─	横穴	屍床仕切石	彩色（赤）	蕨手文？　三角文？　人物？
17	鬼ヶ城古墳		横穴式石室	後室袖石	線刻	群鳥・動物・木葉
18	上ノ原横穴	─	横穴		彩色（赤？）	不詳
19	法恩寺3号墳	円	横穴式石室	後室・袖石	彩色（赤）	鳥・動物・同心円文・円文・三角文・蕨手文
20	穴観音古墳	円	横穴式石室	後室・前室	彩色（赤・緑）・陰刻	人・鳥？　船・同心円文・車輪状文・連続三角文
21	ガランドヤ古墳群					
	1号墳	円	横穴式石室	後室・仕切石	彩色（赤・緑）	人物・馬・鳥・船・円文・曲線文
	2号墳	円	横穴式石室	後室	彩色（赤・緑）	騎馬人物・同心円文・複線連続山形文

　「豊国」地域の装飾古墳は横穴式石室墓と横穴墓の二種に大別される。施文技法には彩色と線刻の二種がみられて、石室墓では玄室（さらには前室）の壁面や袖石・屍床・石棚などに施文され、横穴墓では羨門や外壁に施文されている。装飾古墳の分類では壁画系と横穴系の二者が相当していて、時期も6世紀中頃以前にさかのぼるものはない。すなわち6世紀後半に「筑紫」地域から導入されて流行するようになり、7世紀に及んだことがうかがわれる。現在までに知られている九州地方の装飾古墳は339基を数える。その内訳を県別に示せばつぎのようである（1994年8月現在）。

　　福岡県　68基　　　大分県　26基　　　佐賀県　15基
　　長崎県　 8基　　　熊本県 180基　　　宮崎県　42基

また九州以外では山陽・四国5基、近畿36基、山陰・北陸62基、中部・東海4基、関東・東北153基の計260基が数えられていて、九州6県の合計数はこれをはるかにうわまわる数である。装飾古墳が九州の古墳文化を代表するといわれる所以も首肯されるところである。なかでも九州の装飾古墳の出現期から終末までを通じて中心的位置を占めていたのは福岡・熊本両県であり、「筑紫」と「肥」の地域にあたる。「豊」地域（福岡県北東部と大分県）の装飾古墳は内容からみてもさきに述べたように、6世紀後半以降に流行した点で福岡県の影響下にあり、石棺系・石障系が衰退した後にあたる。その意味で「豊」地域の装飾古墳はそれらの周辺地域を構成しているといえよう。

　『豊後国風土記』時代を考慮して上述の装飾古墳を地域区分すれば、地名表（前頁）の1から10までは豊前地域、11から12までは豊後地域に所在する。さらに旧豊前国地域は近代以降、山国川をもってそれより東域は大分県、西域は福岡県に分轄されて現在にいたっている。またその東域（5～10）では横穴墓の羨門や外壁に赤・黒・黄色などの彩色技法で描かれた円文・同心円文が主体をなすが、一部に六脚同心円文(8)や人物並列？（忍冬文とみる説あり。7—9号）がみられる点は注意をひく。これに対して西の地域（1～4）では横穴墓と横穴式石室墓が伯仲し、横穴墓では赤・黄色などの彩色技法で外壁に円文や入口周辺の縁どりを描く点で、東の地域と基本的に共通する。しかし東域にない特色は横穴式石室に線刻技法で諸種の形像図が描かれていること（2～4）。そしてこれらの石室には横穴墓よりも規模の大きな、地域を代表する首長クラスが含まれていることなどである。

　円文や同心円文を横穴墓の外壁に並列する意趣は、被葬者の奥津城への闖入者を阻止する呪術的図文であった。六脚同心円文も同義の図形であり、人物並列図も被葬者を守衛する意味をもつもので、熊本県下の装飾横穴墓の外壁に両手両足を広げた人物図が彫刻されている場合と共通の思想を想定したところであった。しかし一方ではこれを五葉の忍冬文を並列したとみる説もあり、この場合には仏教的要素を伴う一種の供養画的意趣が考えられることとなろう。これら横穴墓の装飾図文は、装飾古墳の始終を通じて描かれた辟邪鎮魂の意趣をあらわす呪術的図文であった。

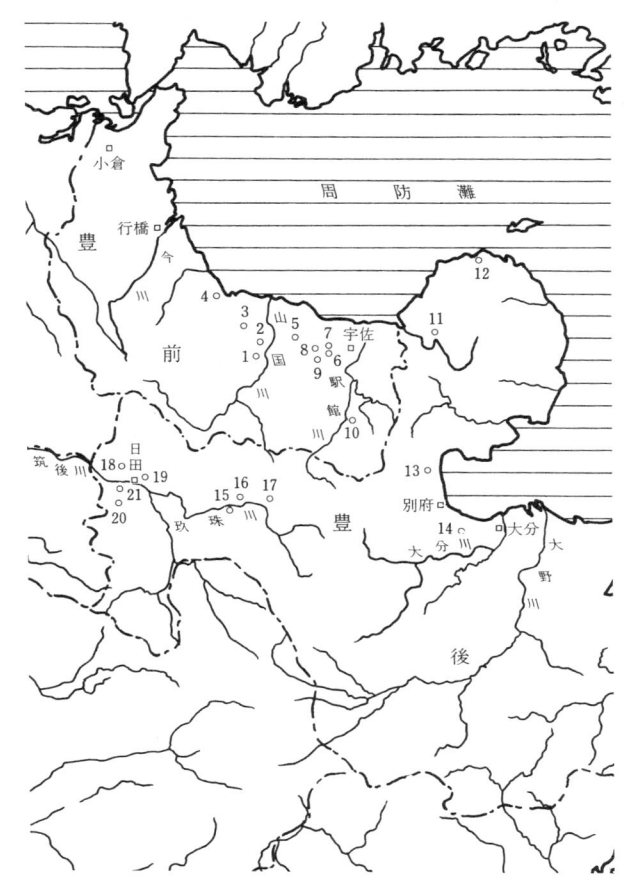

図2　「豊国」の装飾古墳分布図（番号は前頁の表と一致する）

一方、横穴式石室に描かれた装飾画は、上述した幾何学的図文を彩色技法で描いた横穴系装飾と異なり、石室内部の壁面に線刻技法によって諸種の形象図を描いている。福岡、熊本県下で盛行した彩色や線刻による壁画系装飾の系譜をひくものである。7世紀に下るかと思われる穴ヶ葉山1号墳（酒井・小田 1985）を最大として、上述の横穴墓より規模も大きく、地域首長やその一族につらなるクラスと思われる。出土遺物から6世紀末から7世紀中葉の築造と推定される。線刻画題には自由画風に人物、動物（鳥・魚・虫）・器財（船・靫?・旗・木葉）などが描かれている（小田 1986c）。黒部6号墳（酒井ほか 1979）に多出する船には大型帆船などもみられて、前面に広がる豊前海を航行する水運にかかわった被葬者の性格を示すものであろうか。また穴ヶ葉山1号墳に描かれた鳥・旗・樹木は、一体をなす樹木鳥旗図を構成して葬送にあたっての鳥杆祭儀の存在を推考したことがある。以下、参考までに旧稿（小田 1986c）を再録しておこう。

　　　鳥は祖霊を先導し、また神意を告げる存在であるとする古代以来の思考方式は、地域によっては若干の変型をとりながらも、現代まで日韓両域に伝承されており、民俗行事に継承されてきている。その原型はさかのぼれば『魏書』東夷伝の韓伝にみえる有名な蘇塗の記事にたどりつくであろう。

　　　　　又諸国各有別邑。名之為蘇塗。立大木県鈴鼓。事鬼神。諸亡逃至其中。皆不還之。好作賊。其立蘇塗之義。有似浮屠。而所行善悪有異。

　　　人工的な鳥杆にさきだって、樹木にとまる鳥の段階が想定されることは、韓国大田出土の農耕文青銅器や三国時代王墓から発見される冠などからも推察されるところである。このような系譜をひく農耕社会の鳥杆祭儀も、古墳時代には冥界に死霊をはこぶ役割を負わされるようになり、古墳壁画のなかにも舟にとまる図柄として表された。福岡県浮羽郡の珍敷塚古墳のような例がみられるようになった。穴ヶ葉山1号古墳の樹木鳥旗図は、この墓の被葬者を送る神聖な鳥杆葬儀を表わしたものであろうと考えられる（小田 1986c）。

　この地域に鳥杆祭儀の画題があらわれるにいたった歴史的背景については、また後にふれることとする。

　さらに木葉文は九州地方では「豊」地域にだけみられる図文である。広葉樹の葉文を大きく線刻するもので垂下型と上向型の2種がある。穴ヶ葉山1号墳では前者が、3号墳では後者がみられる。さらに豊後地域の球珠郡鬼ヶ城古墳（賀川 1953）(17)で垂下型、国東市伊美鬼塚古墳（賀川 1954、真野ほか 1986)(12)で上向型がみられる。鬼ヶ城古墳と穴ヶ葉山古墳群とは山国川ルートによって連絡できる。また近年線刻木葉文は瀬戸内沿海域では香川県坂出市サギノクチ1号古墳（香川県教育委員会編 1983）、日本海域では島根県松江市十王免横穴群（島根大学考古学研究会 1968）や鳥取県下の鳥取市周辺の諸古墳（野田編 1981）などで発見されている。これら四国や山陰地方でみられる木葉文は上向型が主体をなしている。斎藤忠氏は穴ヶ葉山古墳群や山陰地方のこれら木葉文について「ヤマモモ科やクワ科などに属することも考えられる」（斎藤 1973）と言及している。

　つぎに豊後地域の装飾古墳は沿海地域（11〜14）と内陸地域（15〜21）に分布している。前者は豊後高田市、国東市、別府市、大分市にあり、後者は玖珠郡、日田市にある。

　まず沿海地域では宇佐市に隣接する豊後高田市穴瀬横穴群（小田 1975a）がある。県道沿いの南

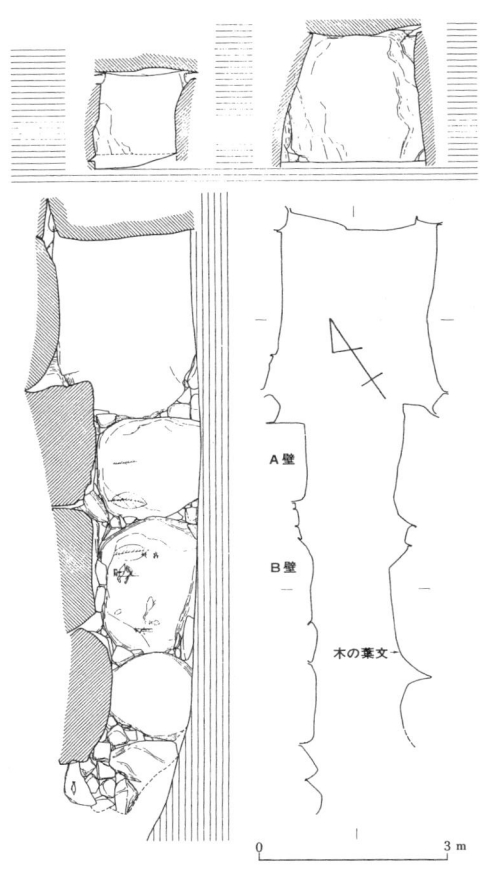

図4 穴ヶ葉山1号墳
羨道A壁の木葉
文拓影 (1/8)

図3 穴ヶ葉山1号墳石室実測図

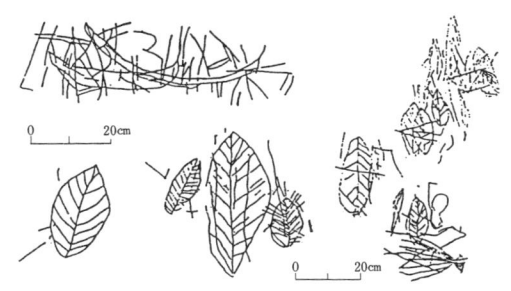

図5 香川県サギノクチ1号古墳の線刻画
(香川県教育委員会編 1983)

面した凝灰岩崖面に19基の横穴墓が並んでいる。うち東から数えて2・4・5・7・16号の5基の羨門や外壁に赤色塗料で円文・同心円文・並列縦線文などが描かれる。横穴内部は小形の隅丸長方形プラン・低い平天井の単調な構造で、羨門・外壁に円文・同心円文を主体とする彩色装飾であることなど、宇佐地域との共通性が強いが、とくに4号・5号などでは外壁の壁画面を非常に広く設定して全面に壁画を展開する手法は、宇佐地域をさらに凌駕する様相を呈している。6世紀末から7世紀に及ぶ時期が推定される。つぎに述べる伊美鬼塚古墳ともあわせて豊前地域との緊密な文化交渉が考えられるところである。

　国東半島の北端に位置する伊美鬼塚古墳（賀川 1954、真野ほか 1986）は全長8.5 mの単室横穴式石室墳である。石室規模からみてこの地域を代表する首長墓であることは論をまたない。1984年度の保存修理事業に伴う発掘調査で羨道部から遺物が発見されて築造年代が6世紀末頃であることが明らかになった。玄室の奥壁・左壁中央・右壁上方に線刻画がみられる。奥壁には上方に樹木・木葉、下方に舳艫の反りあがった群船、それに乗る人物が、左壁には重複した群船と左向きの群鳥が、右壁には対向する2羽の鶏冠を有する鳥が描かれている。奥壁の樹木は針葉樹、木葉は上向型の広葉で、さきに穴ヶ葉古墳群で述べたように、瀬戸内域や山陰域の線刻画と共通するところは注

384　第2部　古墳時代

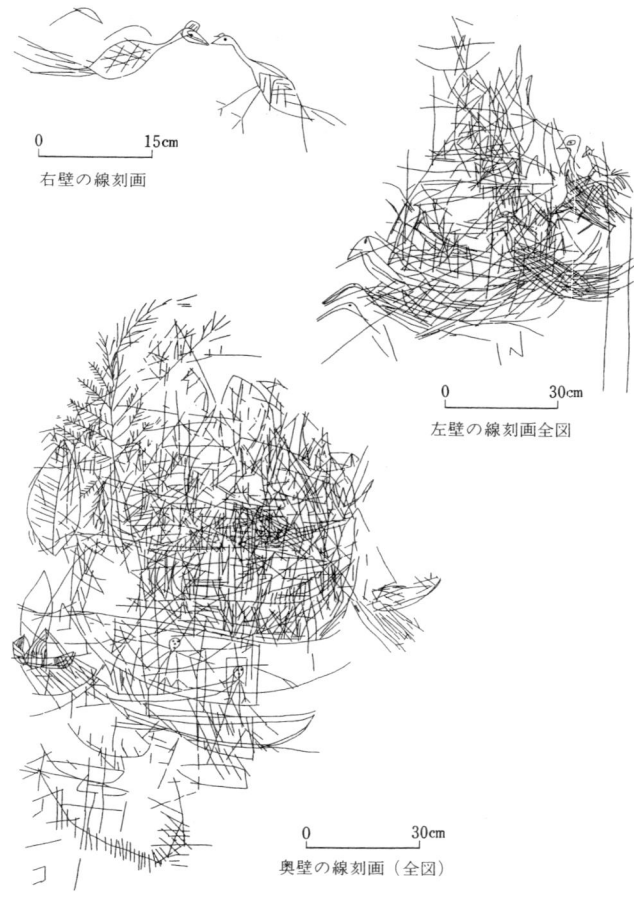

0　15cm
右壁の線刻画

0　30cm
左壁の線刻画全図

0　30cm
奥壁の線刻画（全図）

図6　伊美鬼塚古墳の線刻画（真野ほか 1986）

　別府市鬼ノ岩屋古墳群（梅原 1924、坂田・副枝 1985、坂田・宇都宮ほか 1986）は、はやくから巨石墳として知られている。東側の1号墳は全長8.8mの複室横穴式石室墳で、奥壁に接して石屋形が設けられている。石室内は全面赤色に塗られ、彩色画は前室東壁と後室に通ずる右袖石前面にみられる。前室には赤色による左右に延びる連続山形文とその左端下に弧文、その右端上に黒色曲線が、また袖石には黒色による同心円文？とその下方にS字状線を組合せた三角形状文が描かれ、文様内はいずれも黄色で埋められている。西側の2号墳は全長8mの単室横穴式石室墳で、石室内を全面赤塗りすることは1号墳と共通している。1982年に彩色画が発見されたが、その後坂田邦洋氏が赤外線写真撮影を行ってかなり内容が明らかにされた。壁画は黒色顔料によって玄室右壁前方、左壁後方、両袖石の側面、屍床正面などに描かれている。左壁に描かれた2個の同心円文は見分けやすいが、その他の壁画は唐草文様の繁雑な図柄でにわかに特定できる状況ではない。前掲の表では一応植物文？として一括表示した。双脚輪状文・蕨手状文などが認められるが、その大部分は蔓草状の線文をつらねて飾られている。その原形をなにに求むべきかはなはだ理解に苦しむ。坂田氏はこれら文様のいくつかの単元をあげて高句麗古墳壁画の四神・日月象に比定されている。それらのなかには動物や飛鳥に起源して抽象化されたかと思われるものもないではないが、それらがはたして坂田氏の主張されるように高句麗古墳壁画に逐一対比できるようなものといえるであろうか。もっと論証を重ねる必要があり、現状では牽強付会の感をまぬがれないであろう。鬼ノ岩屋古墳群は6世紀後半から末頃に比定される速見郡の代表的古墳である。
　大分市千代丸古墳（賀川 1953）は全長8.4mの単室横穴式石室で、奥壁上と左右腰石上に架けわたした石棚の前面に線刻で複線連続三角文を描き、その間に方形文・人物・動物などが加えられている。長方形箱形石室に同幅の羨道を付した終末期タイプの大形石室で、大分郡の代表的古墳である。また石棚前面に刻画された唯一の例でもある。

つぎに内陸域の装飾古墳は大分川をさかのぼって玖珠郡と連絡し、西接する日田市は筑後川を下って筑後の浮羽郡に通ずる。この九州を東西に横断するルートは弥生時代以来の文化流通ルートであり、律令時代には大宰府と豊後国府（大分市古国府）を結ぶ古代官道（豊後道）となった。さらにこの内陸域には福岡・大分両県境を形成する山国川や宇佐平野を貫流する駅館川の上流が発していて、豊前の築上郡や宇佐市の装飾古墳とも連絡するルートを形成している。

　玖珠盆地には鬼ヶ城古墳・鷹巣横穴、鬼塚古墳の三装飾古墳が知られている。鬼ヶ城古墳（賀川 1953）は奥壁に石棚を有する方形箱型複室構成の横穴式石室で、線刻画は後室左袖石の側面に群鳥・動物・木葉（垂下型）を描いている。上述した穴ヶ葉山1号墳や伊美鬼塚古墳などと共通する画題である。6世紀末頃であろう。

　鷹巣横穴は1991年に発見された横穴墓群の1基で、方形プランでかなり高く頂部面積の小さなドーム構造である。石敷床面は割石を立て並べて前後に二分され、この屍床仕切石を構成する割石前面に赤色をもって蕨手文？・三角文？を描いているが、これら仕切石も大部分搬出されていて詳細を確かめるに至らなかった。6世紀後半～末頃か。

　鬼塚古墳（賀川 1953）は長方形箱型複室構成の横穴式石室で左右壁は中形の割石を積みあげるが、中途から内傾させて天井に至る高さを高くしたアーチ構造をとる。奥壁には中央に大形の同心円文、その周縁に小形の同心円文を配する。また左右の壁画や後室袖石前面にも円文や同心円文を並べ描き、赤・青・白色顔料を用いた彩色画である。この古墳の構造、画題、多色顔料の使用など、筑後浮羽郡地域の装飾古墳とのかかわりが大きい。この古墳の装飾画についてはさらに詳細な調査を行って明らかにすることが望まれる。6世紀後半頃と推定される。

　日田盆地には上ノ原横穴（内容不詳）、法恩寺3号墳、穴観音古墳、ガランドヤ1号墳、同2号墳の五装飾古墳が知られている。

　法恩寺3号墳（賀川 1951、賀川・小田ほか 1959）は全長8mの複室横穴式石室である。中・小形の割石で左右壁を内傾させながら積上げ、プランでは後室の左右をふくらませる"胴張り"技法をとっている。また前室も左右幅を広げて通路幅の両側に仕切石を立て、二つの屍床区を設けて追葬に備えている。赤色彩色画は後室の奥壁と右壁、後室入口前面の両袖石とその上に架した楣石にみられる。後室では円文・同心円文が、入口では人と動物（馬か）・鳥・同心円文が描かれている。この古墳群は律令時代の父連郷に属し、7基の円墳で構成されて6世紀中頃（4号墳）から7世紀に及んでいる。3号墳はこれらのなかでも大きい円墳で、石室構造その他隣接する筑後浮羽郡地方との交流が認められる。

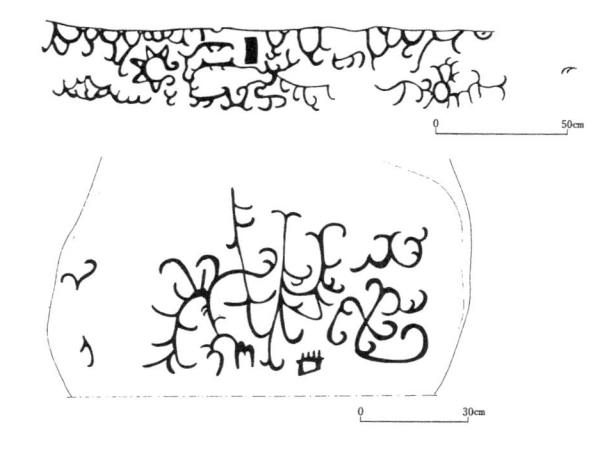

図7　鬼ノ岩屋2号墳屍床正面（上）と玄室東壁（下）の壁画
（坂田ほか 1985/1986）

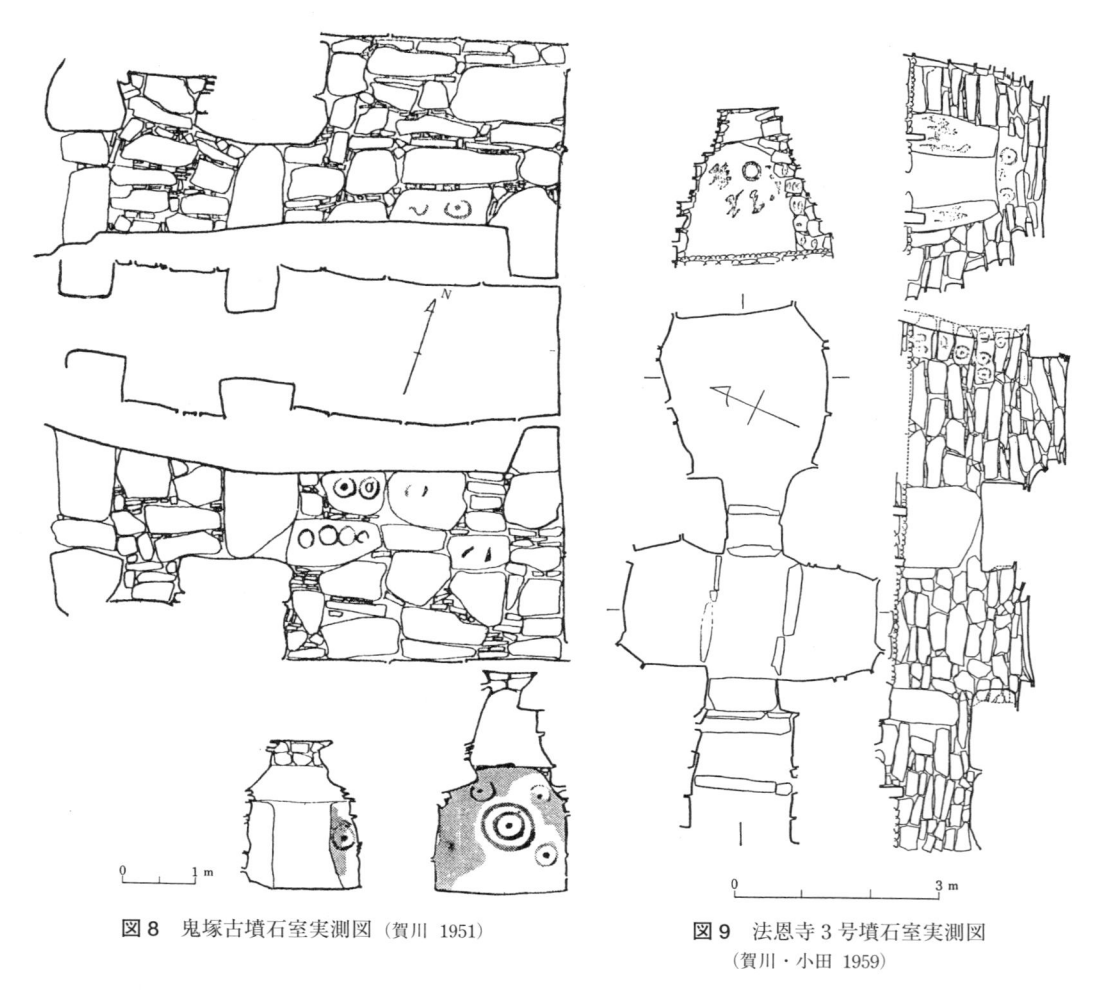

図8 鬼塚古墳石室実測図（賀川 1951）　　　　　**図9** 法恩寺3号墳石室実測図
　　　　　　　　　　　　　　　　　　　　　　　　　　　　　　（賀川・小田 1959）

　穴観音古墳（賀川 1951、賀川・小田ほか 1959）は法恩寺古墳群の西南、盆地を貫流する筑後川の対岸台地上にある古墳で、羨道を欠く現長7mの複室横穴式石室で、後・前室ともほぼ方形箱型構造である。赤・緑による彩色で後室の奥壁や右壁に同心円文・連続三角文・鳥？などが、また前室の左右壁には船・人物・波・同心円文などが描かれる。なかでも船の図は舳艫の反りあがったゴンドラ形で、箱形を乗せた屋形船も描かれている。とくに船体表現では彩色で輪郭を描き、その内部を平たくたたき窪める手法がとられて注目される。また船の輪郭を2色重ねて表現する手法は、後述するガランドヤ1号墳でもみられるが、同様な手法は最近調査された久留米市田主丸町の西館古墳（1994年田主丸町教育委員会調査）などでもみられて、筑後方面との交渉が指摘される。6世紀末から7世紀に及ぶ時期に比定される。

　ガランドヤ古墳群（小柳ほか 1986）は3基で構成され、筑後川南岸の氾濫原にのぞむ低地にある。その南台地上にある穴観音古墳とともに律令時代の石井郷に属する。古代の石井駅もこの付近に比定されている。1984、85両年に本格的な調査が行われて出土品も発見され、6世紀後半代に比定されることが確定した。1号墳は全長8.5m以上の複室横穴式石室で、後室長方形・前室方形の箱形構造である。奥壁には赤と緑の2色を重ねて人物・馬・鳥・船・諸種の曲線文（S字・X字状・

蕨手状など）がまとまった構図をとらない状況で描かれている。また後室の奥寄り屍床前面を画して並べられた仕切石前面にも船？その他の彩色画がみられる。2号墳は1号墳の北西にあり、全長7.5mほどの複室横穴式石室と思われるが、調査は後室しか行われていない。方形箱形構造で左右両壁は内傾して天井に至る。奥壁側半分に一枚石の屍床を設け、前面に仕切石を立て並べている。石室壁面全面を赤く塗彩し、奥壁では重ねて緑色による弓を引く騎馬人物・同心円文・複線連続山形文が描かれている。さらに湮滅した文様も多い。石室構造・壁画の内容など筑後浮羽郡方面との交渉が認められる。

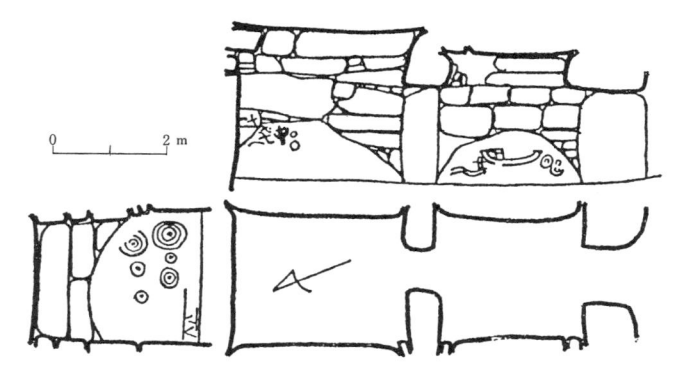

図10　穴観音古墳石室実測図（賀川 1954）

図11　ガランドヤ1号墳奥壁の彩色画

　以上沿川地域の装飾古墳は国東半島では豊前地域・中・四国との交流を示し、速見・大分郡では6世紀末前後の郡下を代表する首長クラスの横穴式石室に採用されたが、豊前・筑後方面からの系譜も否定できないものの、やや異なる特殊性を示している。内陸地域では玖珠盆地で豊前や筑後方面との交渉がみられるが、後者は日田盆地経由によるものであろう。日田盆地では彩色のみとなり、石室構造・画題ともに一段と筑後方面の影響を受けている。豊後における装飾古墳の終焉は7世紀代にまで及んでいると思われるが、その後半頃にはほぼ衰退していたであろう。

3　「豊国」の豪族たち

　『豊後国風土記』の冒頭にはつぎのような「豊国」の国名起源説話がみえる。
　　昔者、纏向の日代の宮に御宇しめしし大足彦の天皇、豊国の直等が祖、菟名手に詔したまひて、豊国を治めしめたまひしに、豊前の国仲津の郡の中臣の村に往き到りき。時に日晩れて僑宿りき。明くる日の味爽に、忽ちに白き鳥あり。北より飛び来たりて、此の村に翔り

集ひき。菟名手、即て僕者に勒せて、其の鳥を看しむるに、鳥、餅と化為り、片時が間に、更、芋草数千許株と化りき。花と葉と、冬も栄えき。菟名手、見て異しと為ひ、歓喜びて云ひしく、「化生りし芋は、未曽より見しことあらず。実に至徳の感、乾坤の瑞なり」といひて、既にして朝庭に参上りて、状を挙げて奏聞しき。天皇、ここに歓喜び有して、即ち、菟名手に勅りたまひしく、「天の瑞物、地の豊草なり。汝が治むる国は、豊国と謂ふべし」とのりたまひ、重ねて姓を賜ひて、豊国直といふ。因りて豊国といふ。

　すなわち景行天皇（纏向日代宮御宇大足彦天皇）の時のこととして、豊国直の祖先にあたる菟名手が豊国を治めていたこと。国名起源となった化生説話の発生地がのちの豊前国仲津郡中臣村（福岡県行橋市草場・福富から京都郡犀川町〔現みやこ町〕久富に及ぶ今川流域地）（秋本校注 1958）であったことなどを伝えている。また『日本書紀』景行天皇12年9月5日の条に「国前臣祖菟名手」とある。国前臣は国東半島に本拠をもつ氏族で、『和名抄』には豊後国国埼郡国前郷がみえる。豊国直と国前臣はともに菟名手を同祖としている。さらに豊国の国名起源説話から、仲津郡中臣村周辺が豊国直の領域であったことは確かであるから福岡県行橋市・京都郡地域があてられる。しかし国東半島から行橋市周辺まで広く豊国直の領域と考えるのはいかがであろうか。『日本書紀』神武天皇即位前紀に東征の途次、筑紫国菟狭（宇佐）に至って菟狭国造の祖、菟狭津彦・菟狭津媛の歓迎をうけた説話がみえる。また『国造本紀』には宇佐津彦が国造職にあったことを伝えている。宇佐氏族は宇佐平野を貫流する駅館川流域に拠っていたことが神武紀に記されている（「菟狭川上」）ので、いまの宇佐市・宇佐郡を領域としていたことが知られる。すなわち豊国直が国前臣と同祖であるという伝承は、積極的に合否を決定すべき客観的史料を欠いているものの、実情は山国川あたりを境として以東に宇佐国造氏、以西に豊国直氏の領域を考える説（平野 1974）に賛同してよいであろう。

　ところで宇佐本宗家のものと目される墳墓地は、駅館川の右岸台地上にある宇佐市の川部・高森古墳群（宇佐風土記の丘古墳群）に比定されている。最古の前方後円墳である赤塚古墳に始まり6世紀後半に至る首長墓が展開している。7世紀前後にあたる宇佐地区の装飾横穴墓は、小規模群集墳と性格を同じくするクラスの墳墓であり、前方後円墳体制衰退後の所産である。横穴墓群の被葬者には小地域の有力者（家父長）とその有縁者（家族・親族）があったことは疑いないであろうが、社会的階層としては、大化改新の詔にみえる「村首」（村落首長）クラスも具体的な候補となりうるであろう。

　つぎに山国川周辺は宇佐国造、豊国直両勢力の緩衝地帯を形成していたであろうが、この地域は秦氏の分布する地域でもあったことが注意される。『正倉院文書』の大宝2（702）年豊前国戸籍帳に仲津郡丁里、上三毛郡塔里、上三毛郡加目（自か）久也里がのこされている。仲津郡丁里は比定地がなおさだかでないが、上三毛郡塔里は『和名抄』の上毛郡多布郷（現在の築上郡大平村〔現上毛町〕唐原付近）に、同郡加自久也里は上毛郡炊江郷（現在の豊前市梶屋付近）に比定することができる。戸籍帳によれば某勝・秦部を称するものが大部分を占めている。「勝」は「村主」のカバネと同じで渡来系の在地小首長層であり、秦氏に属する部民集団を構成していた。秦氏は辰韓（のちの新羅）系渡来氏族と考えられていて、この地方に新羅系の文化や技術を導入して開発に大きな

役割を果たしたのであった。線刻画を有する穴ヶ葉古墳群は旧唐原村にあたり、このような歴史的背景をもつ首長層クラスの墳墓であったことがうかがわれるのである。かつて珍しい木葉文線刻画に対して、これを桑の葉とみて養蚕業とのかかわりが郷土史家の間で説かれていたことがあったが、一般に殖産興業と秦氏の関係が説かれる通説に根ざすものであった。継体紀に伝える 528 年の筑紫国造磐井の乱鎮圧後、山国川以西の地域に集中的に五屯倉が設けられた（安閑紀 2 年＝535）。すなわち勝碕屯倉（北九州市門司区＝旧企救郡）・桑原屯倉（築上郡築城町＝旧築城郡）・肝等屯倉（京都郡苅田町）・大抜屯倉（北九州市小倉南区貫＝旧企救郡）・我鹿屯倉（田川郡赤村＝旧田河郡）である。全国的な屯倉設置の意図するところは、ヤマト政権の地方に対する直接支配方式政策の完遂をめざすものであった。それにしても豊国に五つもの屯倉を配したことは他国に類がなく、豊地域——とくに豊前地域が九州支配の橋頭堡として重要視されたことによるものであろう。秦氏の豊前入部は、このようなヤマト政権の屯倉制・部民制支配の推進管掌者としての意味をもっていたと考えられる。

　『豊後国風土記』には日田郡靫編郷の条にもつぎのような郷名起源説話を伝えている。
　　昔者、磯城島の宮に御宇しめしし天国排開広庭の天皇のみ世、日下部君等が祖、邑阿自、靫部に仕へ奉りき。其の邑阿自、此の村に就きて、宅を造りて居りき。斯に因りて名を靫負の村といひき。後の人、改めて靫編の郷といふ。

　すなわち欽明天皇（磯城嶋宮御宇天国排開広庭天皇）の治世の時、本郷内に居宅を構えた日下部君邑阿自が靫部としてヤマト政権に奉仕していたところから靫負村といわれたが、後に靫編郷として改称されるに至ったというのである。靫部は「ユギ（矢を入れて背負う具）を負うて戦に出る部民（靫負部）、または靫を作る部民（靫編部）として朝廷に仕えた。恐らく両者を兼ねたのであろう」という註釈（秋本校注 1958）のように、日下（日下）部氏は靫（靭と同字）を生産する軍事部民を掌握し、靫負の兵士を統率して中央の大伴氏に直属奉仕した（直木 1968）。靫負の設置は 5 世紀後半までさかのぼるといわれ、7 世紀にまでその伝統がつづいている（井上光 1949）。法恩寺古墳群の所在する日田市刃連町が『和名抄』の父連郷にあたることはかつて考証したことがあるので必要な部分をつぎに再録しておく（小田 1970b）。

　　『太宰管内志』に「今里人は叉連と書て由支比と唱ふるなり」と記されているようにユキイと訓まれている。靫はもと叉と書かれ、編は連と通じてアムと訓まれるので、靫編は叉連と同義である。『和名類聚抄』の父連は叉を父と誤写したとみるべきであろう。

　法恩寺古墳群は 6 世紀中頃から 7 世紀に及んでいることはさきに述べたが、『風土記』にみえる欽明天皇治世期間（540〜571）を含んでいる。『風土記』の記事を信拠するかぎり、法恩寺古墳群が日下部氏の墓所であったことはほぼ確定され、なかでも 3 号墳や 5 号墳あたりが邑阿自ともかかわってくることが現実性をもってくることとなろう。その後律令時代に下っても日下部氏が郡司として豊後国に在住していたことは、天平 9（737）年の「豊後国正税帳」の冒頭、玖珠郡の前につぎのような署名があるところから知られる。
　　大領外正七位上勲九等日下部連吉嶋
　　少領外従七位上勲十等日下部君大国

表1　史料にみえる在地民族（「土蜘蛛」）

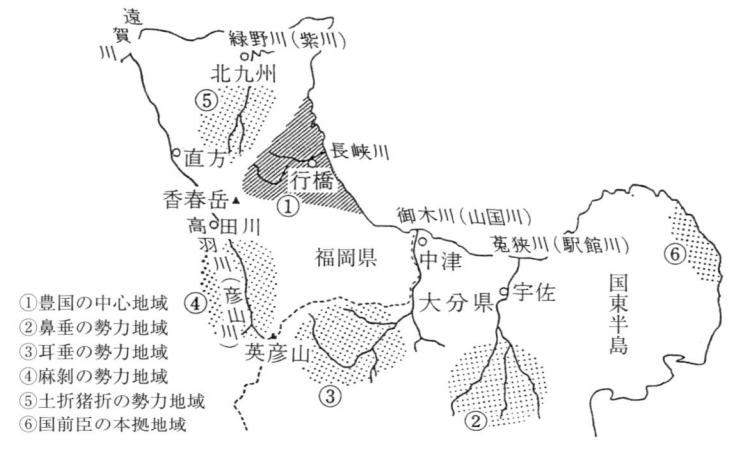

居　住　地	名　　称	時期	内容
日田郡　石井郷	土蜘蛛	—	地名起源
〃　　　靱編郷五馬山	〃　五馬媛（いつまひめ）	天武天皇	〃
直入郡　柏原郷祢疑野（ねぎの）	〃　打猿・八田・国摩侶（うちさる・やた・くにまろ）	景行天皇	〃
〃　　　　　蹶石野（つまはじきの）	土蜘蛛の賊	〃	〃
〃　　　球覃郷宮処野（くたみ）	土蜘蛛	〃	〃
大野郡　海石榴市・血田（つばきち）	鼠の石窟の土蜘蛛	〃	〃
網磯野（あみしの）	土蜘蛛・小竹鹿奥・小竹鹿臣（しのかおみ）	〃	〃
速見郡	鼠磐窟の土蜘蛛・青・白（あお・しろ）	〃	〃

図12　豊国推定関係図

①豊国の中心地域
②鼻垂の勢力地域
③耳垂の勢力地域
④麻剝の勢力地域
⑤土折猪折の勢力地域
⑥国前臣の本拠地域

主帳外少初位上勲十等日下部君死

この正税帳の検討を行った井上辰雄氏はこの部分を日田郡に関する末尾部分であると結論している（井上辰1967）。

同様に正税帳の完存する玖珠郡の場合について、末尾の署名部分についてみれば、

領外正八位下勲九等国前臣龍麿
主帳外大初位下勲十等生部宮立

とあり、国前臣一族の進出が考えられる。7世紀前後の当地方の装飾古墳が豊前地域や国東半島の古墳壁画と関連する内容を示していることも、このころまでさかのぼって国前臣氏族との交渉があったことを考えるべきであるかもしれない。

『日本書紀』景行天皇12年10月の条に、「碩田国（おほきたのくに）に至りたまふ。其の地形広く大きにして亦麗（またうるは）し。因りて碩田（おほきた）と名く。碩田、此をば於保岐陀（おほきた）と云ふ」とあり、『風土記』にもこれと同じ郡名起源説話が登載され、「今、大分（おほきた）と謂ふ」とある。また『国造本紀』に国造として「大分君」がみえる。下って『書紀』の天武紀には壬申の乱（672）のとき、大海人皇子（のちの天武天皇）方に参加して功労のあった大分君恵尺と同稚臣の両名が登場する。両名は舎人（兵衛）としてヤマト政権に出仕していた家柄であったことがうかがわれる。恵尺は天武天皇4（675）年、稚臣は同8年に死去するに際して外小紫位・外小錦上位を賜わった。近年調査された大分市三芳にある古宮古墳（ふるみや）（讃岐・真野ほか1982）は、7世紀後半代の横口式石槨墓で畿内型の終末期古墳の系譜をひくもので、九州地方唯一の例であり、この2人のいずれかが埋葬されたであろうと考えられている。大分川の左岸側台地には、この古宮古墳のほかに蓬莱山古墳（前方後円墳）・丑殿古墳（円墳）、千代丸古墳（円墳・装飾画）など5世紀から7世紀に及ぶ著名な古墳群が分布していて、大分君氏族の歴代墓と考えられる。

以上のように『風土記』や『書紀』に現れた豊国直氏、宇佐君、日下部氏、大分君らはヤマト政権の支配下にはやく組み入れられた豊国地域の有力氏族であり、とくに後二者は軍事氏族としての性格を示しながら、7世紀前後の墳墓に装飾古墳を採用していることが知られた。

しかし『風土記』や『書紀』にみえるのはこのような親中央政権氏族ばかりではなかった。景行紀の九州巡幸説話は、ヤマト政権に反抗する在地氏族たちの征服に関する説話でもあった。彼等は「土蜘蛛」の名称で高原や山間僻地に居住する"山の民"であった。『風土記』に現れたところをあげてみると表1のようである。

また豊前地域でも景行紀12年9月の条に、「菟狭川上」（駅館川）に拠る鼻垂、「御木川上」（山国川）に拠る耳垂、「高羽川上」（彦山川）に拠る麻剥、「緑野川上」に拠る土折猪折などの「皇命」に従わない土酋たちが記されている。近年大野川上流域の"山の民"の生活の実態が考古学的調査の進展によって明らかにされてきた。いわゆる「土蜘蛛」視された地域社会の歴史的変遷が究明される日も、さして遠からぬ将来に期待されるところである。

古墳と古代豪族の問題は、たえず古くて新しいテーマである。「豊国」地域の装飾古墳の研究もこの問題とかかわるところが少なくない。古墳群の地域的研究の進展が、そのなかの装飾古墳の被葬者を特定できることにもかかわってくることはもはや多言を要しないであろう。本稿は最近までの調査成果に拠りながら、このような視点から素描してみた次第である。[2]

註

(1) 装飾古墳全般に関する文献として以下のものがある。参照されたい。
　乙益編 1974、小林編 1964、国立歴史民俗博物館編 1993、斎藤 1973/1983/1989、斎藤編 1965/1975、坪井・町田 1977、藤井・石山 1979、森 1985。
(2) 本章執筆中の平成5～6年度の2カ年にわたって、大分県教育委員会では国の補助を受けて県内の装飾古墳の基礎資料作成調査をすすめている。墳丘や石室・横穴墓の実測図整備、古墳規模確認のための発掘調査、装飾画の撮影・現状記録作成などによって、新しい知見が加えられている。本章はその間に執筆されたものであるから、それらの成果を十分とり入れられていない。したがって本文中にふれられていないところがあることを了されたい。

補記　豊前・砦見大塚古墳の発見（所在地・福岡県京都郡みやこ町大字砦見）

東九州自動車道（仮称豊津IC）建設に伴い、2009（平成21）年度調査で装飾古墳1基が新たに発見された。径25m（周溝を含めると径30m）の円墳で、石室は南西に開口する複室構造の横穴式石室・石室全長約7m（後室約3×2m）、その前方に約7mの墓道がみられる。後室の上半部・天井と、前室天井の石材は抜きとられている。装飾壁画は後室の左右壁と玄門左右の袖石に赤色の大型三角文がやや乱れがちに描かれ、また左側袖石の後室側には大きく×印朱線がみられる。出土須恵器などから6世紀中～後半ごろに比定される。当古墳は西の北九州市・遠賀地方と、東の築上・宇佐地方の中間に位置し、従来彩色装飾古墳の不在地域であったので、東西両地域を結ぶ装飾要素を示す内容とともに重要な位置を占める装飾古墳である。自動車道予定地内に在るが、福岡県指定史跡として保存されることとなった。

第13章　五郎山古墳の装飾壁画

1　壁画解釈の諸説

　筑紫野市原田の山頂に営造された五郎山古墳（国指定）は、径32m余、高さ5m余の円墳で幅2m余の周湟をめぐらし、JR原田駅付近からも望見できる代表的な首長墳である。この古墳は1947（昭和22）年に発見され、玄室壁画に描かれた彩色壁画の存在が注意をひき、故小林行雄氏による模写図が紹介されて、古墳壁画研究者間でははやくから注目されてきた。本古墳の壁画について紹介されたものにつぎのような文献がある。小林1951/1959、小林編1964、榊・森1972、森1985。

　複室構造に長大な南向き羨道を付設した本古墳の壁画は、玄室の奥壁とその左右両壁、前室への左右袖石の通路部と前室北面に描かれていて、赤・緑・黒3色を使用している。

　1995・96両年の間、福岡大学考古学研究室では筑紫野市の委託を受けて、本古墳の保存整備のための事前調査を行って、墳丘・石室・壁画についての基礎的資料を作成した（福岡大学考古学研究室編1998）。これまで本古墳調査当事者の壁画に関しての解説評価はつぎのようであった。

　小林行雄氏（1951）──「五郎山古墳の場合になると、後室奥壁の下段と中段との二個の壁石面の装飾に彩画の大部分を集中し、人・馬・鳥・獣・家・舟・靫・鞆・弓などを、ところ狭しとまで描きならべているが、しかも上下の二石はそれぞれ独立した画面として、別々にとりあつかわれている感がある。後室の両側壁には、奥壁に接してそれぞれ一、二の舟の図があるが、これもまた任意の一石面の飾りとして遊離している。その他の部分は壁画の保存状態がよくないので、くわしいことはわからないが、ところどころに若干の彩画があったようである。前室にも後室への通路の左右の壁石に、舟や人の絵がのこっている。後室の奥壁を装飾の中心とし、前室では奥への通路を重視するといえば、多少の計画性は認めることはできるかもしれぬが、実際は不規則な形の壁石の面に、思いつくままに好きな絵をつぎつぎと描いた程度のものである」。

　森貞次郎氏（小林編1964）──「装飾古墳の壁画で、これほど人間の生活を生き生きと表現したものは、ほかにない。それは期待と希望と満足感にみちた生活の描写であり、一編の叙情詩とも感ぜられる。並列した武具類も、迫力を失ってみえる。後室奥壁の壁画は、（中略）構図上、主体をなしているものは、下方の大石の中央部から右にならべた三個の靫と弓と鞆などの武具と、中部下方の屋形船、左端の家などの、いわゆる器物の図形である。（中略）靫としては三個ともいちじるしく簡略された形であるが、それぞれ彩色の方法を異にしていて、装飾的効果を周到に計画したようである。家は切妻の屋根と棟持柱をあらわし、軒の部分に緑を用いている。これらの図形と対

比すれば関係のない大きさで、多くの人物、動物の活動する群像が、きわめて自由に描かれている。この群像は、部分的にはあるていどのまとまりをもっていて、その意図するところを推察することができるが、全体として一連のまとまった物語を表現するものとは考えにくい。(中略) 奥壁に接した左右の側壁には、大型の屋形船を対称的に描いている。これは中央の屋形のほか、艫にも櫓をもつ大型の航洋船をあらわしたものであろう。左壁の船の上部には16個、右壁の船にはいま2個しか見えないが、それぞれ、黒色の珠文を描いて星座になぞらえている」。

　以上、調査者たちは部分的にはまとまりがあるようにみえるものの、全体としては一連の物語を表現するものではない、自由な生活描写的な画題とみる考え方が以後大勢的となっている。森氏はさらに20年後に積年の装飾古墳研究をまとめられた(森貞1985)が、彩色図文の種類と展開の系譜について五様式に分類して、五郎山古墳はその第Ⅴ様式にあてている。すなわち「幾何学的図文が減少し、形像図文が主体性を占めるとともに形象図文に叙事的表現が加わり、生活や行動を描写する要素が加わる。6世紀末を中心とし、7世紀初めに入るものもあるとみられる」とする一貫した視点が示されている。また奥壁と接する左右両壁に描かれた船については、「大形の屋形船が赤と黒で対照的に描かれ、船の周辺に黒い小円文を数個描く。あたかも、外航船の停泊する海の星空をあらわすごとくであり、左右に対称的な位置をとるのも荘厳な供献の意識の表現」(114頁)とみた。

　最近になって本古墳壁画に関する二、三の解釈がみうけられる。白石太一郎氏は船上の長方形図を「死者を葬る柩」とし、星(まわりの黒い珠文)の輝く「夜の世界を死者を乗せた船が航行している」絵とみている(白石1995)。また和田萃氏は古代史の立場から、狩り・居館・大形船など「被葬者の生涯の中でも印象的な場面をいろいろ描き込んでいる」、「被葬者の一代記というべき性格」のものであり、このあたりが筑紫君の本拠地であったと考えて、欽明17(556)年条の筑紫火君が兵士を率いて百済王子を本国に送った史料と関連させられないかと提言している(和田1995a)。ここにみえる朝鮮出兵の史実と結びつける解釈は『小郡市史』(小郡市史編集委員会編1996)にも継承されて、「船や馬に乗った人物」をとりあげて、「生前の一場面を描いているとすれば、この古墳の被葬者は朝鮮半島へ出兵し、勇敢に戦った一コマが描かれたと思われる」(739頁)というように発展する。すなわち被葬者生前の活動の一場面を回想的に、あるいは記念的に描いたとする供養画的性格から、大和王権の半島出兵に参加して戦闘を経験した記念画とする政治史的史実画の記録とみる視点まで展開している。

　元来彩色壁画出現の契機を5世紀代における倭の朝鮮半島出兵に求める考え方は小林氏(小林編1964)や森氏(森貞1970b)の段階から示されていて、その後も継承されている(佐田1991)。このような視点のみが強調されてくると、葬送儀礼思考が排されて政治史的思考方式が優先されてくる。元来古墳壁画の本質は死者の鎮魂儀礼にあることに思いいたすとき、このような史実のみで壁画を律してしまうのは、政治史的立場を重視するあまりの短絡的評価ではないかという指摘も不当ではない。さらに本古墳壁画について論者の前提思考に合わせられそうな一部の図文のみを抽出して解釈を示したにすぎず、壁画全体について律することはできない点で、恣意的な選択の域を出ないといっても過言ではなかろう。

394　第2部　古墳時代

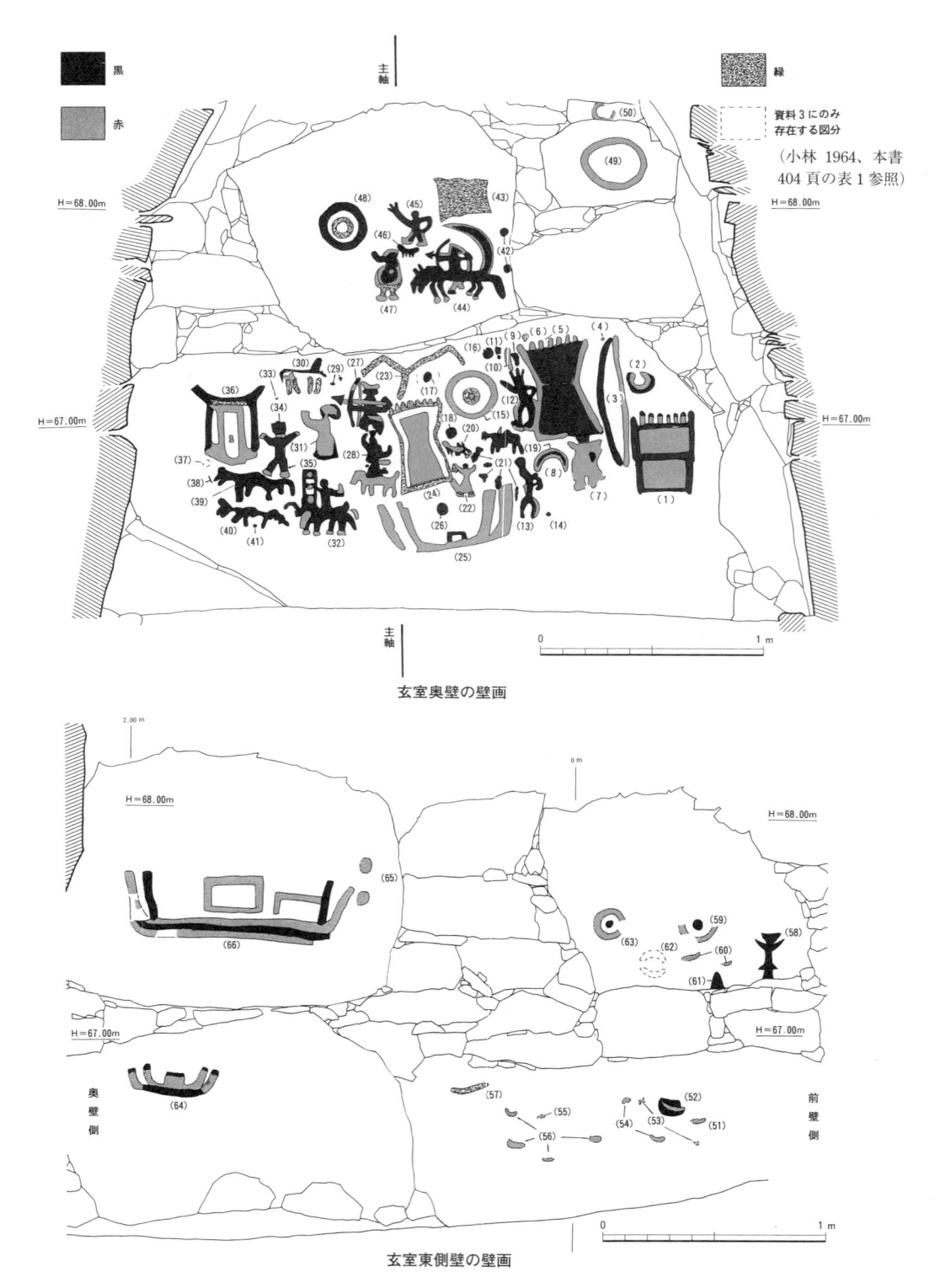

凡例:
- 黒
- 赤
- 緑
- 資料3にのみ存在する図分
（小林 1964、本書404頁の表1参照）

玄室奥壁の壁画

玄室東側壁の壁画

図1　五郎山古墳の壁画(1)

玄室西側壁の壁画

東袖石・西袖石（前室北壁）の壁画

図2　五郎山古墳の壁画(2)

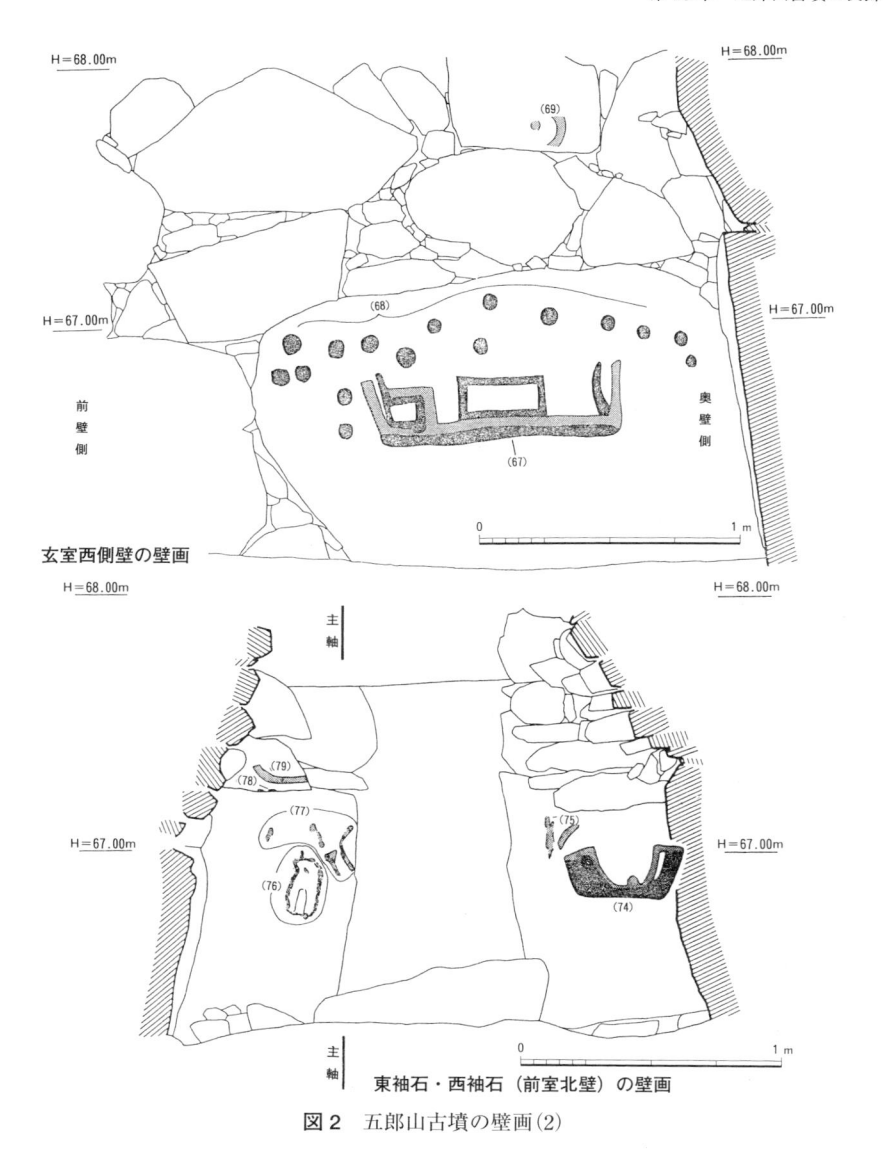

　一方、被葬者生前の生活記録的記念と断ずる立場と異なる見解は後年森氏が言及している（榊・森 1972）。すなわち「装飾古墳発生以来、一貫して呪術要素が強くみられることから非常な無理があるように思われる」ので、「被葬者が霊界で受ける種々の充足した生活の様相を描いた呪術的な供養の画像とみることが適当ではないだろうか」とする立場を示している。このような死後の霊界における生活図とみる所論をさらに詳細に展開したのは辰巳和弘氏である（辰巳 1996）。辰巳氏の解説は従来の解説が図像の一部についてとりあげ、全体については生活叙情詩的画題という評語に終始する傾向に対して、古代人の他界観に焦点を合せて壁画の全体的な説明に及ぼしていったところに斬新さをみることができよう。すなわち屋形船は棺を乗せた霊船が他界にたどりつき、奥壁に描かれた「多数のモチーフからなる情景は、他界とそこに生きる被葬者の姿を表わしたもの」とされる。そして狩猟図については『日本書紀』にみえる天皇の狩猟をひいて、動物の「霊威をわがも

のとし、そこに王権の永続性と繁栄を願う予祝儀礼」であり、「古代首長にとって重要な王権儀礼のひとつ」であるから、この壁画は「被葬者が他界で首長として生きてゆくことを、祈念することが主題であった」と解説する。

　上述してきたように壁画について大別して二つの解釈があることが知られた。一つは現世における記念すべき場面を記録した追憶的供養画とみる立場であり、もう一つは死後の世界において繁栄を願う予祝儀礼画とみる立場である。森貞次郎氏は上述したように最終的には前者の立場に帰結しているが、ある時期には後者の立場を表明していた。白石太一郎氏は柩を乗せた霊船が、星空の夜の世界を航行する情景としているが（白石 1995）、このような他界観について和田萃氏は「海のかなたの不老不死の図、祖霊が住んでいる国に赴く」、すなわち古代人のいう「常世」観を示す「喪船」であるとして、遺体は石室に収納されているが、「魂は決して装飾古墳の中にあるのではなくて、他界へ赴くという観念があった」とされる（和田 1995a）。このような諸解釈のなかで、五郎山古墳の壁画は死霊が到達して以後の他界の様子を描いたものであろうか。はたまた海の彼方の霊界（常世）に赴くまでの様子を描いたものであろうか。

2　古墳にみる埴輪祭儀

　ここで観点を変えて、古墳にかかわるもう一つの葬送儀礼としての埴輪祭儀についてみてみよう。古墳における人物などの形象埴輪の性格について、いちはやく戦前に後藤守一氏によって葬列再現説が提起された。これは戦後滝口宏（滝口・久地岡 1963）、市毛勲氏（市毛 1985）らによって補強継承されている。戦後埴輪研究の興隆するなかでさらに諸説が提起されてきた。第二には殯説がある。殯は死者の再生を願って執り行われる儀式であるが、和歌森太郎氏は大化薄葬令にみえる殯禁止令から古墳時代には広く行われていたとした（和歌森 1958）。この説は亀井正道（亀井 1992）、若松良一氏（若松 1992）らによって継承発展している。第三には水野正好氏によって唱導されている首長権継承儀礼説がある（水野 1977）。群馬県保渡田八幡塚古墳の周堤上区画に配列された埴輪群から、首長をはじめ氏族を構成するすべての職業集団が集まり、古墳の場で新首長による王位継承儀式が再現されたとする説である。この説は猪熊兼勝（猪熊 1979）、橋本博文氏（橋本 1977）らによって支持されている。第四には梅沢重昭氏によって提唱された顕彰碑説というべきものがある。群馬県綿貫観音山古墳で、副葬品である金銅製鈴付大帯と、人物埴輪が着装した鈴付大帯との類似から古墳の被葬者が埴輪に造形されたというものである（梅沢 1978）。杉山晋作氏も狩猟の表現をとりあげて鷹匠埴輪を首長自身とみて、大陸の古墳壁画の狩猟図を参考にして、首長生前の華やかな場面を再現したとする（杉山 1990）。これら諸説の論拠となっているのは、ほとんど埴輪祭儀の好例に恵まれた関東地方の資料である。しかし従来の諸説にしても問題点は少なくないし、また特定の古墳については首肯できるとしても、他の多くの古墳例にまで適用しがたい内容を含んでいることは、すでに若松氏によっても指摘されている（若松 1992）。

　なかでも若松氏の紹介された埼玉県行田市・埼玉古墳群中の瓦塚古墳における形象埴輪群の配列状況は多くの示唆を与えてくれる。瓦塚古墳は二重の周濠をめぐらした前方後円墳（復元主軸長73

m、前方部南向き）で、その墳丘片側（西側）に造出しがあり、また西側の外濠に外部と連絡する通路があるところから、西側を正面とする古墳と考えられている。形象埴輪群はその中堤の調査によって発見された（杉崎・若松 1986、若松ほか 1992）。発見状態はすべて中堤から西側外濠内に転落していたが、「すべて墳丘の外側を向いて立てられていたことが出土状態から推定された」（若松 1992）という。そして出土状態を検討した結果、「形象埴輪は、中堤にブリッジが取り付く部分から 9 m ほど南によった位置から始まり、延長 13 m の区間内に集中して配置されていた」（若松 1992）。復原された形象埴輪の配置は、北半部では 2 棟の家形埴輪を間に置いて北側の A 群と南側の B 群に分けられ、さらに南半部に及び各群の構成はつぎのように要約される（若松 1992）。

〔Ⅰ〕A 群　女子像 2（鈴鏡持巫女・棒持人）＝儀式グループ

　　　　　武人像 3 ＝護衛グループ

　　B 群　女子座像 1・男子弾琴像 2 ＝音楽グループ

　　　　　男子像 3・女子像 3 ＝舞踏グループ（踊る群像）

　　家型埴輪 2 棟

　　　　　前方建物…2 間四方総柱高床吹放し＝舞台

　　　　　後方建物…寄棟四方壁立・堅魚木付＝殯屋

〔Ⅱ〕　以上のグループの南には 1.5 m の空間を設け、盾形埴輪に護られた「住居機能の備わった主屋とも考えられる家形埴輪」が在る。

〔Ⅲ〕　さらにその南には女子像 1 と、さらに一定の間隔を置いて人物（馬子）と飾り馬が在る。

〔Ⅳ〕　その南側隣接地が 1991 年に調査されて、飾り馬 3 以上・人物 4 以上・水鳥 2・犬 2・鹿 1 の配置が知られた。これらから (1) 飾り馬と馬子・(2) 水鳥群・(3) 犬による狩猟に整理された。(1) は「被葬者の愛馬を飾り立てて、殯の場に引き出す姿」、(2) は「亡き首長の遊離魂を迎えにいく天との交信役」、(3) は「2 頭の犬に鹿を挟み撃ちにさせ、最後は弓で射殺する巻狩の様子」を示し、狩人は省略されているが、「犠牲祭祀の執行を示すもの」で、「獲物を神に捧げ、反対給付として、亡き首長の再生を求める盟約（うけい）とする構造」を想定している。

〔Ⅴ〕　中堤南側隅角部から過去に盾持人埴輪が発見されている。「単体で配置され、辟邪の性格を保有していたのではないか」と推定される。

若松氏は以上の個別復原を通して形象埴輪群の全体像をつぎのように一体的にとらえている。

　　被葬者の居宅から離れて、殯屋が設けられ、その前方に建てられた、高床式建物で、弾琴、唄女、踊り手からなるたまふりのアソビがくりひろげられ、並行して、巫女たちが神饌などの供献祭儀に務め、これを武人たちが警固している。また、祭儀空間から離れて、複数の飾り馬が待機し、狩猟が挙行されている。後者は、特に、空間的な隔離が意識的に反映されていて、犠牲獣の供献が引き続いてなされることを示している。このように理解した場合に、形象埴輪群が示すのは、亡き首長の再生を期待して執行されたモガリの状況であって、それは神饌供献、たまふりの歌舞、犠牲獣を得るための狩猟から成り立っていると見られるのである（若松 1992）。

398　第2部　古墳時代

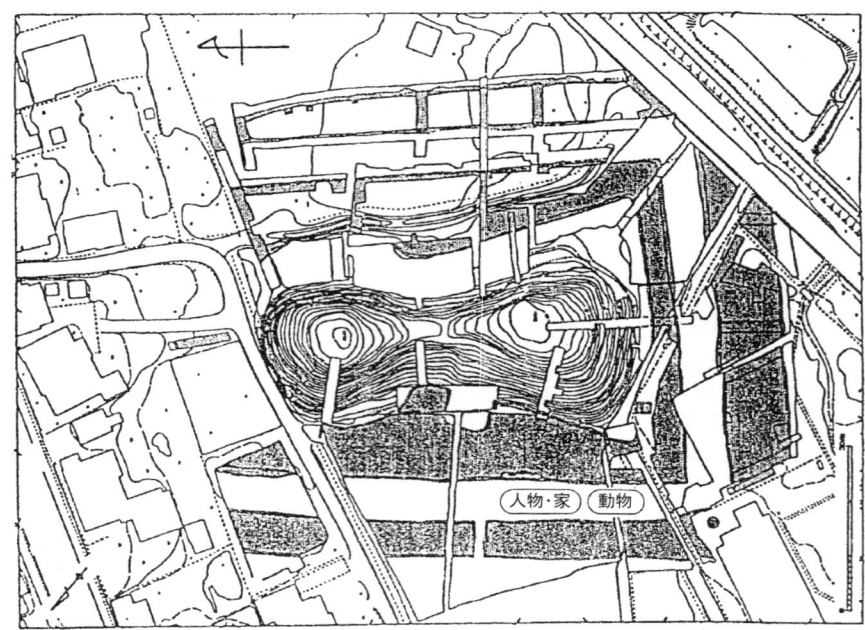

(1) 瓦塚古墳の形象埴輪配置 (1/1000) 黒丸は盾持人埴輪出土推定位置

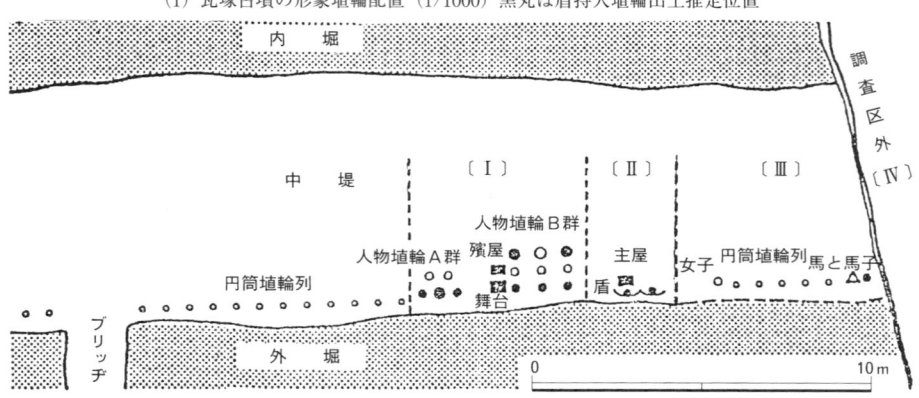

(2) 形象埴輪群配置復元図 (人物の中黒ドッド：男子、白抜：女子) ……一部加筆

(3) 瓦塚古墳形象埴輪配置復元図

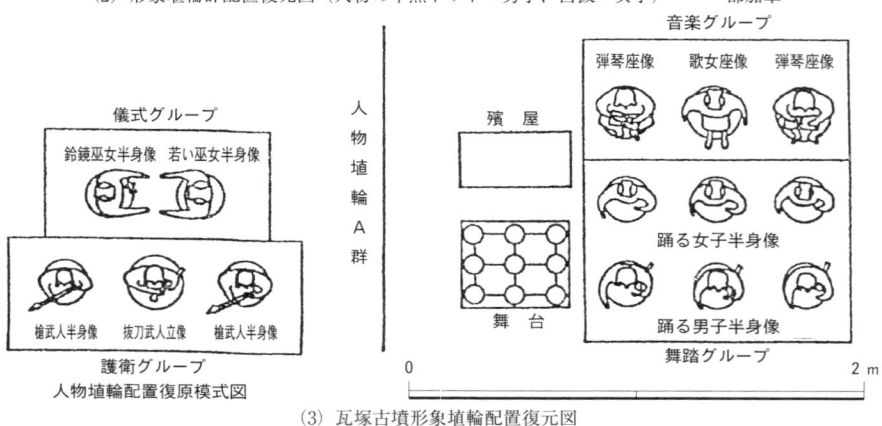

図3　瓦塚古墳 (埼玉県) と形象埴輪群の配置復元 (若松 1992、杉崎・若松 1986、若松ほか 1992、若松・日高 1992)

すべての埴輪が完形品ではないので、細部については確定できない部分もあるが、総体としてこれほど質量ともに整備された配置状況の知られる形象埴輪群に恵まれた事例はきわめて珍しいであろう。

3　五郎山古墳壁画私考

　以上、瓦塚古墳の形象埴輪群の内容にややくわしく立ち入ったのは、五郎山古墳の彩色壁画を考える上に多くのヒントが与えられるからである。これまで多くの先学たちは、船や武器さらには狩猟図を個別にとりあげて解説し、全体的にまとまった絵とは考えられなく、生活叙事詩的画題の集合体として総括することに終始してきた。しかし各図形を描くにあたっては、赤・黒・緑の三色を注意ぶかく使い分けるほどの注意力を傾注しており、装飾古墳の画題としても他に類例のない特異なものと評価されていることなどから、はたして従来いわれるように全体にまとまった解釈はできないのであろうかという疑念を年来もちつづけてきた。一方、被葬者生前の記念すべき場面とみる立場からは、さらに発展させて欽明紀にみえる筑紫火君の対外出兵記事という具体的な史実と結びつけて渡海する軍船とみる解説も現れた。しかしこれについてはすでに森貞次郎氏も指摘していたように、装飾古墳は一貫して呪術的要素が強い点を忘れてはならないし、筆者も指摘したことがある（小田 1979a）。装飾古墳の画題の本質は辟邪鎮魂を祈念することにある点に思い至るとき、さきにも述べたように死者が到達した他界の様子を描いたとみるか、現世から祖霊の住む常世に船出するまでを描いたとみるかの立場に帰結する。前者の立場で全体的にまとまった画題とみる解説は辰巳和弘氏によって示されているが、後者の立場についてはまだまとまった画題として解説されていない。筆者はさきにみた瓦塚古墳中堤埴輪群の示す殯の復原と照合することによって、五郎山古墳の壁画が示す内容は、被葬者の再生を願う殯行事から、常世に航行する行程までを描いて被葬者の辟邪鎮魂を祈念した絵画であることの妥当性を提起したいと思う。

　元来「殯」とは和田萃氏によれば、「人の死後埋葬するまでの間遺体を小屋内に安置したり、さらには仮埋葬して、遺族や近親のものが小屋に籠って諸儀礼を尽くして奉仕するわが国古代において普遍的に行われた葬制である」（和田 1995c）。一方、中国の葬礼における「殯」は招魂儀礼（「復」）が行われた後、入棺仮埋葬され、これを殯と呼び、約3カ月後に本葬される。元来わが国の殯は固有の葬法であるが、渡来人によってもたらされた礼の一つである殯の影響を受けて儀礼化したものとされる。なかでも敏達天皇の殯に初見する誄（シノビゴト）儀礼を受容したが、それは大陸のものとは異なり、単に詞章を読みあげるだけでなく芸能と結びついていたことが指摘されている（和田 1995）。記紀にみえる天若日子の喪屋に持傾頭者・持帚者・尸者・舂女・哭女・造綿者・宍人者らが日八夜・夜八夜遊んだとされる、いわゆる遊部にあたる職掌人が芸能を演じたことが推察される。瓦塚古墳で復原された歌舞集団（人物埴輪B群）などにも同様な性格をあててよいのではないかと考える。このような殯期間中にみられるアソビは、わが国古来の儀礼であり、さかのぼっては『魏志』倭人伝に記された十余日の喪中に行われる「当時不食肉・喪主哭泣・他人就歌舞飲酒」などの行為は、殯の初現状況とみることができるかもしれない。

以上五郎山古墳の彩色壁画についての解説、埴輪祭儀とのかかわりではとくに埼玉県・瓦塚古墳における殯行事の復原事例に注目し、文献史料による殯の内容などにふれてきた。これらの先行研究を予察しながら彩色壁画について考察してみよう。すでに指摘されているように画題の中心は奥壁に集中している。描かれた形象図は大別するとつぎのようである。

　　人物——男・女
　　動物——馬・四足獣・大鳥
　　威儀図——靫・弓・鞆・旗
　　家屋
　　幾何学図——円・同心円・珠文

これらのものが複数組み合って一つの意味を表す小単位図を構成する。従来の先学の解釈はこれら小単位を恣意的に選び出して、独立した叙事的意味を考え、奥壁の壁画全体を一つのまとまった絵物語としては考えにくいというところに終始してきた。改めて奥壁の壁画をみると、大勢として右側に威儀図が、左側に人物・動物図が集中し、中央で両者校合する傾向がみられる。また人物・動物図はすべて左向き（西向）である。

　まず人物図についてみると、服装、ついで色調の使い方で男女を描き分ける基本的区別がなされている。すなわち男は黒色でシルエット風に描き、手足部分に赤色を加えてアクセントをつけている。このような黒または赤で主体部を塗りつくし、赤または黒、ときとして緑でアクセントをつける技法は、全体を通じた特徴である。

　奥壁下段の中央から右側にかけては3個の靫と弓や鞆の威儀具を並列して、壁画の主題を二分する存在感を示している。これは装飾壁画の始終を通じてみられる辟邪鎮魂の呪術的思考を示すものである。これらを玄室の壁面全体に並列したものは盾や刀を加えた福岡県桂川町・王塚古墳（装飾古墳保存対策研究会 1975）が先行する古墳の好例であり、そのような雰囲気をまだ多分に伝えている。

　壁画の左半分には人物・動物・家などの図像が集中して描かれる。左端の切妻屋根の家。これにむかって礼拝するような姿態の人物は赤のシルエットで表現され、スカート状の服装からして女性である。司祭者（巫女）であろうと思われる。この女性と家の間に両手足を広げた男性・女性の右に両手をあげて右手は頭上の飾り？にあてがい、赤い馬に乗るかのような図像がみられる。下方には左向する四足獣2匹を上下に配し、その右に朱点を入れた旗を手に乗馬左向する男性を配している。礼拝する女性の右上には弓射の構えをとる人物と、その左前方に緑で描かれた四足獣がいる。この四足獣の体には朱線が加えられていて弓射で仕止められたことを示している。これら壁画の左半分に描かれた図像群は一つのまとまりを示している。すなわち殯屋（喪屋）に礼拝する巫女。旗を帯して乗馬し、さらに諸獣（馬？犬？など）を率いて参加する人物。また犠牲獣を仕止める所作図像など、一連のまとまった群像はまさに殯儀礼に参加している情景を再現しているというべきであろう。中央の黒塗靫の左側に接して冠を被った男性は右手を挙げ、左手を腰にあてた立姿である。同様な姿態は上段の壁面に黒色男性像と3色を重ねた女性像にもみることができる。殯儀礼の本質である死者の名を呼んで再生を願い招魂する所作を表しているのであろう。中央と左の靫の間には

両手をあげる女性像や、矢を受けた四足獣、さらには不鮮明な人物？や獣形？がある。これらは左画面の殯儀礼に接続してゆく図像群とみて大過ないであろう。上段の弓射乗馬男性像は、馬の尻上に緑色の旗をなびかせた旗竿をつけていて、被葬者の再生を願う犠牲獣を得るための狩猟図とみられる。弓につがえた矢先には四足獣が描かれている。日下八光氏の模写図（国立歴史民俗博物館1993）では、右手をあげた女性像の左にも左向きの獣形図があるが、小林行雄氏の調査段階や筆者らの調査では確認されていない。

　下段の壁面左靫図の上には両翼を広げた大鳥が緑で描かれている。辰巳和弘氏は「左右に枝分かれしてそれぞれが山形をなすこの図形が本来は蕨手文であったことは、珍敷塚古墳の蕨手文から容易に理解されよう」（辰巳1996、133頁）と解説している。この図像を蕨手文と解したのは辰巳氏が初見であるが、これは氏の壁画全体を霊魂がたどりついた常世の世界を描くとする見方に由来していると思われる。しかしこれを蕨手文とみるには、先行する王塚古墳や後続する珍敷塚古墳に描かれた蕨手文が、丁寧に描かれている継続

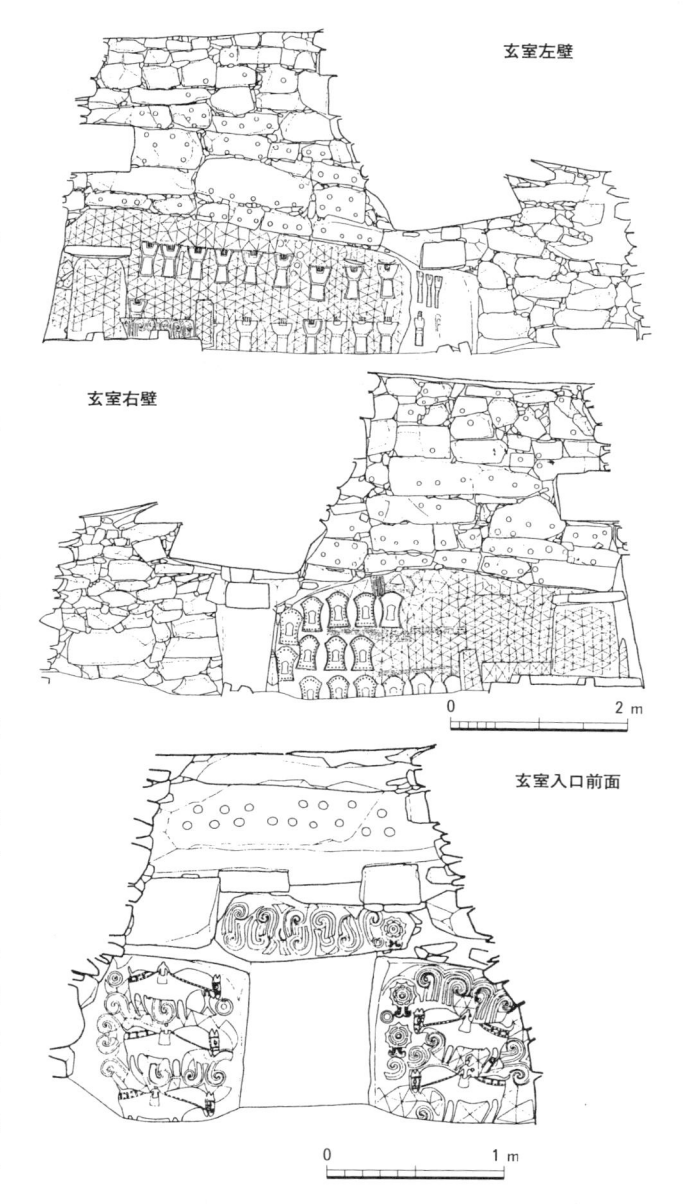

図4　王塚古墳（福岡県嘉穂郡桂川町）の石室壁画
（『国立歴史民俗博物館研究報告』第80集、1999年）

性からみて無理がある。やはり先学たちが解説してきたように大鳥を表す図像とみてさしつかえないであろう。大鳥が冥界に死霊を先導飛翔するという鳥霊信仰がこの時期に存在することは広く知られており、装飾古墳で船首に鳥がとまる"天の鳥船"図があることも符合するところである（小田1998c）。大鳥の図像が加わったことは殯儀礼にかかわってもなんら不都合ではないのである。

　壁面中央下には赤い船が描かれている。今回船体の中央に屋形図が小さく描かれていることが確認できた。被葬者の柩を乗せた霊船が出航することを意味するものであろう。

田代太田古墳（佐賀県鳥栖市）

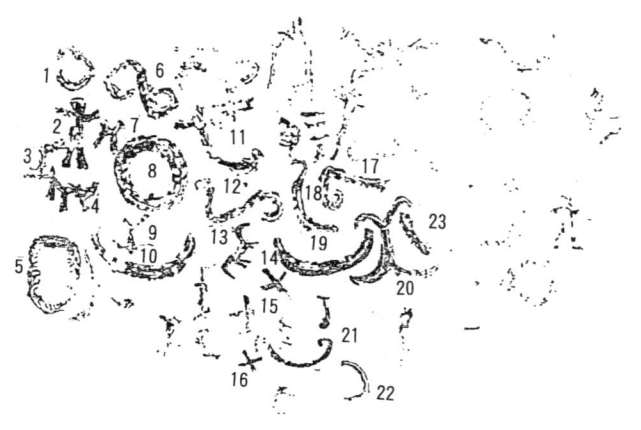

ガランドヤ1号古墳（大分県日田市）

図5 五郎山古墳に後続する古墳奥壁画

奥壁の左右側室には黒と赤で屋形船がほぼ対称的に描かれている。森貞次郎氏がこのような配置に注目して、「荘厳な供献の意識の表現」（森 1985）と指摘したことはあたっているというべきであろう。これらの船は軸轤の二重式表現からみて外洋航海船であることは、先学の指摘するとおりであり、船の周囲にみる珠文（星宿）ともあわせて、夜の海上を航行して冥界（常世）に向う情景をあらわしていることを示している。

右壁（東壁）上段の船図に関してさらに注意しておくべきは、壁面の左半面（奥壁寄り）に予め粘土を粘りつけてキャンパスつくりをした形跡が認められることである。この造作は船図の左半分の彩色がこの粘土上にのっていることが観察できる。このことは小林行雄氏も気付かれていて、氏の昭和22年11月20日付で船の図像を実測模写した下に、「此ノ石ノミ、粗面ナルタメ黄色粘土ヲ塗リタル上ニ絵ヲ描ケリ」と註記されている。この壁面は花崗岩の表面が粗くザラつくような状態であることによるものである。

彩色絵画の余韻は玄室前半部壁面から前室にも及び、同心円・船・人物などの図像がたどられるが、不鮮明な彩色が認められる箇所も点々としている。本古墳の壁画の主題は奥壁とその左右壁の供献画にあることは明白で、玄室前半部から前室の壁画は散発的で、到底奥壁画の比ではない。追葬などの際に供献の意味をこめて適宜追加されていった場合を考えておいてよいのではなかろうか。かくして本古墳の主題をなす奥壁彩色画は、被葬者の殯儀礼の始終を記録したと解釈することによって、全体を一幅の絵画とみることが可能となるであろう。

一方、五郎山古墳にみる叙事的絵画が、躍動的内容をもつ比類なき存在としての位置付けがなされていることは、本古墳が装飾古墳として特殊な存在であることを示すことにもなる。先行する王塚古墳では5色を使用して玄室周囲の壁面下半部は碁盤目状三角形文と威儀具をめぐらし、上半部は星宿をちりばめて黄泉世界へと辟邪の呪術で守護しながらつないでゆく思想がみられる。五郎山古墳では一転して殯儀礼を再現して冥界へとつないでゆく思想が描かれている。ほぼ同時期に比定

1 巫女
2・3 馬
4・5 家

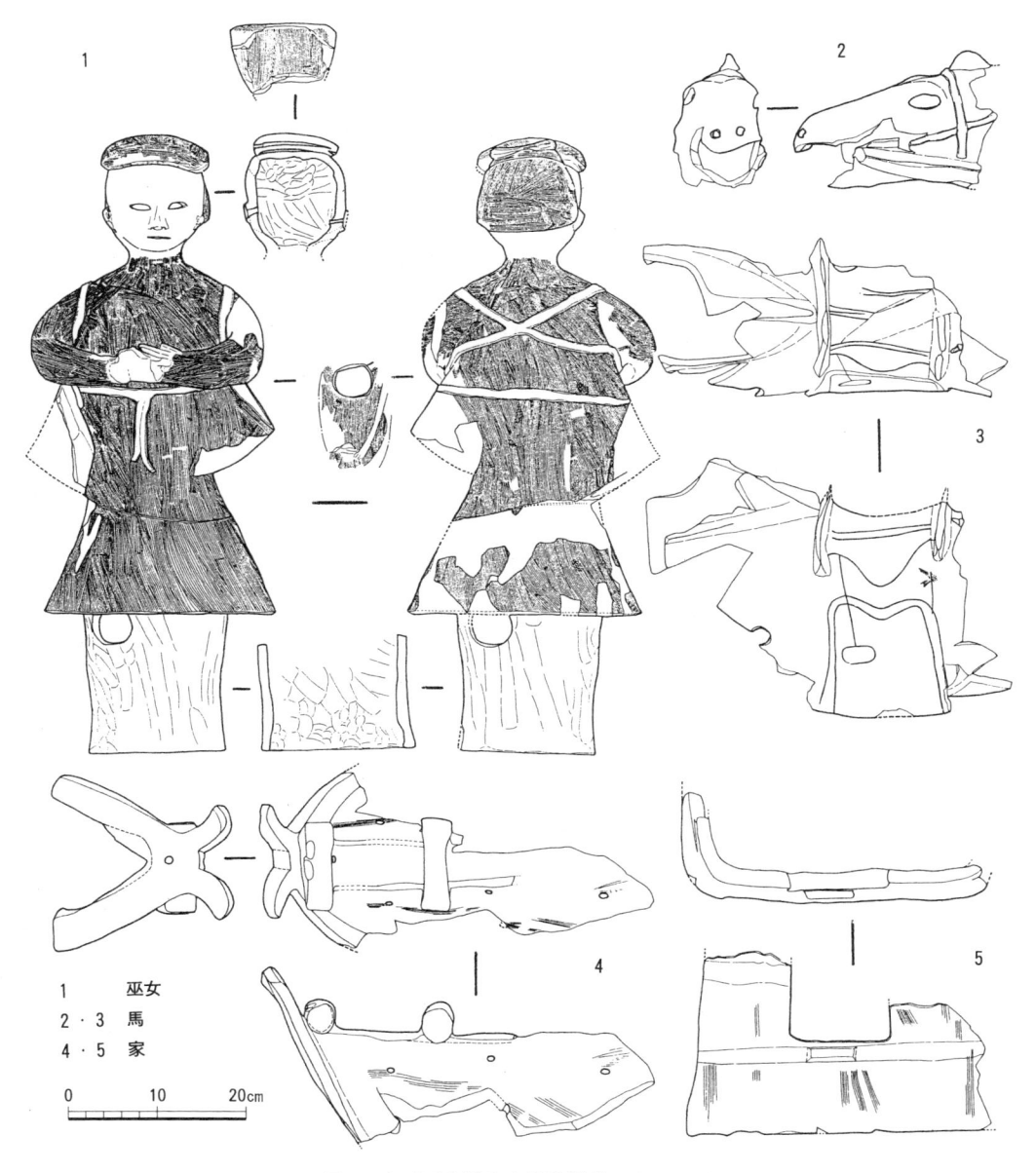

0 10 20cm

図6 小正西古墳出土形象埴輪（毛利 2000）

される佐賀県鳥栖市・田代太田古墳（鳥栖市教育委員会 1990）では奥壁に絵画を集中させる点で五郎山古墳と近いが、画題では赤・黒・緑3色で三角形文を碁盤目状に埋め、挙手人物・乗馬人物・船・盾・同心円文・蕨手文・花文を1～3個ずつまとめて描いている。連続三角文を主体とするところは多分に王塚古墳を継承しているが、その他の形象図にいたっては五郎山古墳の壁画を念頭におくとき、殯行事のなかの各種儀礼を代表する図像を選択的に並べて、その余韻を伝えたものとみることができる。石室構造においては、五郎山古墳の石室と近似するところもみられるが、やや古制をとどめているところがあるといえよう。さらに五郎山古墳に後続するものとして大分県日田市・

表1　五郎山古墳壁画一覧

・図文の形状において、空白はその時点で確認できなかった図文、斜線は図面（図版）がない図文を表す。
・資料1・3の図文において顔料についての記載がないものは、今回の調査で確認したものと同じである。

	番号	図　文　の　形　状				顔料の色 （今回の調査）	色の重なり （今回の調査）	備　　考
		今回の調査	資料1	資料2	資料3			
玄室奥壁	1	靫	靫	靫	靫	黒・赤	赤→黒	
	2	鞆	鞆	鞆	鞆	黒・赤	赤→黒	
	3	弓	弓	弓	弓	黒・赤	赤→黒	
	4	文様		文様		赤		
	5	靫	靫	靫	靫	黒・赤		
	6	文様	文様（黒）	文様（赤）	文様（赤）	赤		
	7	人物	人物	人物(胸に文様)	人物(胸の文様)	黒・赤		
	8	三日月形文	三日月形文	三日月形文	三日月形文	黒・赤		
	9		文様（黒）	文様	文様（黒）			
	10	文様	文様	文様	文様	赤		
	11			文様				
	12	人物	人物	人物	人物	黒・赤		
	13	人物	人物（黒）	人物	人物（黒・赤）	黒・赤		
	14			文様（赤）				
	15	同心円	同心円	同心円	同心円(黒・赤)	赤・緑	緑→赤	
	16	珠文	珠文	珠文	同心円	黒		
	17	珠文	珠文（緑）	同心円	同心円	黒		
	18	珠文	珠文		珠文	黒		
	19	動物	動物	動物（赤なし）	動物（赤なし）	黒・赤		
	20	動物	動物	動物	動物	黒・赤		
	21		文様（黒）	文様	文様（黒）			
	22	人物	人物(黒・赤)	文様	文様(黒・赤)			
	23	鳥	鳥	鳥	鳥	緑		
	24	靫	靫	靫	靫	緑・赤	赤→緑	
	25	船	船	船	船	黒・赤		
	26	珠文				黒		
	27	人物	人物	人物	人物	黒・赤		
	28	騎馬人物	騎馬人物	騎馬人物	騎馬人物	黒・赤		
玄室奥壁	29		文様（黒2個）	文様（2個）	文様（黒1個）			
	30	動物	動物	動物	動物	黒・赤・緑		
	31	人物	人物	人物	人物	黒・赤		
	32	騎馬人物	騎馬人物	騎馬人物	騎馬人物	黒・赤		
	33	文様		文様		赤		
	34	人物	人物	人物	人物	黒・赤		
	35			文様				
	36	家	家(小文様なし)	家	家	黒・赤・緑	赤→黒→緑	
	37				文様（黒）			
	38			文様（黒）				
	39	動物	動物	動物	動物	黒		
	40	動物	動物	動物	動物	黒		
	41			文様				
	42	珠文（2個）				黒		
	43	旗	四角形	旗	旗	緑		
	44	騎馬人物	騎馬人物	騎馬人物	騎馬人物	黒・赤		
	45	人物	人物	人物	人物	黒・赤		
	46	動物	動物	動物	動物	黒		
	47	人物	人物	人物	人物	黒・赤・緑		
	48	同心円	同心円	同心円	同心円（黒）	黒・緑		
	49	円文		円文	円文	赤		
	50	円文				赤		

位置	番号	資料1			資料2		資料3	備考
玄室東側壁	51	文様			文様	赤		
	52	文様			文様（赤）	黒・赤		
	53	文様				赤		
	54	文様			文様	赤		
	55	文様			文様	赤		
	56	文様			文様	赤		
	57	文様			文様（黒）	緑		
	58	人物				黒		
	59	同心円				黒・赤		
	60	文様				赤		
	61	文様				黒		
	62				円文（赤）			
	63	同心円				黒・赤		
	64	船			船	黒・赤	赤→黒	
	65	珠文			珠文	黒		
	66	船			船	黒・赤	赤→黒→赤	下塗り粘土あり
玄室西側壁	67	船			船	黒・赤	黒→赤	
	68	珠文			珠文	黒		
	69	同心円？				赤		
玄門通路部（東袖石）	70	文様			文様	赤		
	71	文様			文様（黒）	緑		
	72	文様				赤		
玄門通路部（西袖石）	73	文様			文様	赤		
前室北壁（玄門両袖石）	74	船			船	黒・赤		
	75	文様（2個）			文様（1個）	赤		
	76	文様			人物？	赤		
	77	文様			文様	赤		
	78	赤色顔料				赤		顔料が垂れたもの
	79	船			逆アーチ型文	赤		

資料1：『世界美術全集』第2巻（平凡社）1951年の図版　　資料2：小林 1959
資料3：小林 1964補の石室実測図

　ガランドヤ1号古墳の奥室彩色画も注目される。ここでは赤で線描し、緑で縁取りする技法で挙手人物・馬・船・飛鳥・円文・蕨手状文などを雑然と集めたという印象を受ける。五郎山古墳の壁画を念頭におくとき、もはや本来の意義は忘れ去られて、図像だけを適当に選択的に集めて壁画で室内を飾る雰囲気を伝えようとする意図だけが読みとれるのである。このように五郎山古墳を前後する近隣の彩色壁画を一瞥してみても、五郎山古墳の彩色壁画は確たる意図と構成をもった抜群の絵画であることが改めて認識させられる次第である。

　今回、五郎山古墳の彩色古墳を解釈するにあたっては埴輪祭儀に基点を求めた。しかし九州地方の古墳では各種形象埴輪を豊富に配した事例にほとんど恵まれていない。装飾壁画と形象埴輪を共有する古墳例と、共有しない古墳の抽出作業は今後の検討課題としておくが、近時調査された福岡県嘉穂郡穂波町〔現飯塚市〕・小正西古墳（毛利 2000）はこのような視点から興味ぶかい事例である。古墳は径約29 m、高さ約5.5 mの中クラスの円墳である。現地表から約2 mの高さに幅約2.5 mのテラスを設けた二段築成で、テラス端部に円筒埴輪をめぐらしていた。墳丘裾には幅1.5 mの周溝がめぐらされ、埋土から発見された形象埴輪には巫女形2以上・馬形2・家形1・蓋形1があり、本来は墳頂部に据えられていたと推測される。なかでも巫女と思われる女性埴輪は襷を掛け、両手を正面で重ねてなにかを持っている姿態である。スカート状に広がる着衣の上に袈裟状衣を重

ねている。他に左手に鏃を持つ破片がある。家・蓋・飾り馬などの存在ともあわせて殯祭儀を表現する必要最小限に簡略化された情景が墳丘上に再現されていたのではないかと推測される。5世紀末前後に比定される本古墳は五郎山古墳に先行する中クラスの豪族墓であろうと思われる。五郎山古墳では埴輪祭儀が採用されなかった代わりに、石室内の彩色壁画で詳しい再現がなされたといえるのではなかろうか。

なお五郎山古墳の彩色壁画は、玄室東壁の前面寄りや前室への通路、その前面（袖石）などまで及んでいる。しかし上述した奥壁とその左右壁の奥壁寄り壁画に比べれば、一体化した密度に欠けて散発的であり、図形も小さい。その画題には同心円・船・人物？などがみられるものの、相互の関連性はうすいとみられる。おそらく追葬などの際に供献あるいは冥界への航行思考などが観念的に残っていて追描されたのではあるまいか。その意味ではさきにふれた田代太田古墳、さらにはガランドヤ1号古墳段階に並行する同一思考となるであろう。

装飾古墳における壁画の内容は、時期的変遷や被葬者・喪主の意趣などによって多様である。古墳壁画の究明には、今後とも個々の事例について、また当該地域の古墳文化が指向する特性にも留意しながら、その真相を正しく見きわめて読み解いてゆく努力が必要であろう。

第14章　装飾古墳にみる大陸系画題

1　はじめに

6世紀中頃以降の北部九州では彩色壁画古墳の流行期に入った。なかでも福岡県下の装飾古墳で注目されるものに朝鮮半島に源流の求められる例がある。これまで多くの研究者が指摘するように、うきは市吉井町・珍敷塚古墳の蟾蜍(せんじょ)図、鞍手郡宮若市若宮町・竹原古墳の四神図などの彩色画はまず異論ないところである。しかしこれらの画像は大陸の壁画古墳そのままに直移入されたものではなかった。受容する側の図像に対する思想内容の理解度、従来の壁画内容との整合性、写生技術のレベルなど考えなければならない問題は少なくない。またその後の調査研究の進展によって、その他の装飾古墳でも大陸に淵源するかと思われる図像が発見されている。それらの解明にあたっては九州地域だけでなく、関東以東の遠隔地域にまで関係資料を求めることによって明らかにされる場合もある。なかでも1993～94年、国立歴史民俗博物館の企画になる開館10周年記念「装飾古墳の世界」展は、各地を巡回したこともあって全国的な反響を呼び、改めてこの方面への関心を喚起した。本章では、九州における大陸系画題とかかわると思われる彩色画や線刻画について、最近までの研究動向をも加えて検討してみたい。

2　蟾蜍・四神・竜馬

まずこの方面で著名な珍敷塚古墳と竹原古墳の画題をとりあげよう。蟾蜍図は高句麗壁画古墳に月象としてしばしば描かれている。そのほとんどが四肢を左右に開げた俯瞰図である。珍敷塚古墳の蟾蜍は奥壁の右端中ほどに右向きの俯瞰形が描かれている。赤色による輪郭と背上にいくつもの朱点を加えてよく特徴をとらえている。さらにその下方にも正面観図が描

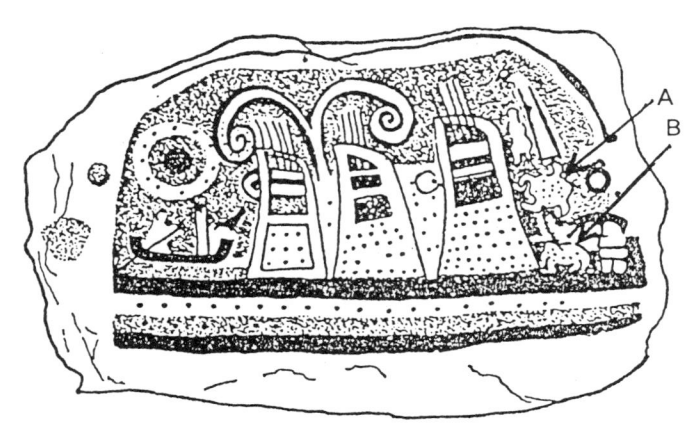

図1　珍敷塚古墳奥壁の壁画と蟾蜍図
A：蟾蜍俯瞰図、B：同正面図（森貞 1985）

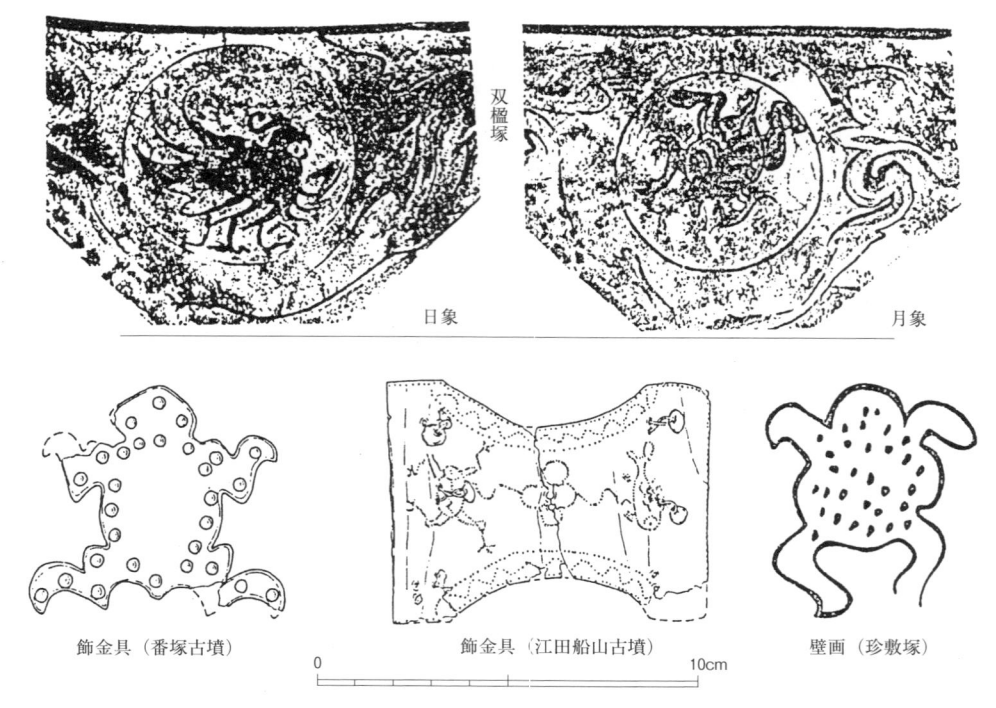

図2　高句麗古墳壁画の日・月象（上）と日本の蟾蜍（九州大学考古学研究室 1993）

かれているのが注意をひく。正面図は高句麗壁画にも見あたらず、本図を描いた人は蝦蟇蛙であることを認識し、本図の全体構図が左端に太陽と、その下に船先にとまる鳥を先導として右方に漕ぎゆく船とあわせみて、蟾蜍図が黄泉国を示す死者の到達地であることを意味する冥界観をとり入れていたのであろう。わが国に現れる蝦蟇図には熊本県和水町・江田船山古墳の飾金具（本村 1991）（5世紀後半）や福岡県苅田町・番塚古墳の棺飾金具（九州大学文学部考古学研究室 1993）（6世紀初）がある。前者は金銅金具に打出されたもので花文の左右に魚文とあい対していて、月象と断ずることはできないが、後者は2個の木棺小口の飾金具として同形のもの3個が発見され、裏面に横方向の木目が付着していて、鋲留されていたことが知られる。死者の納棺にとりつけられた点からも月象として冥界にかかわる意味をもつものであったと考えられる。韓国でも腰佩・刀装具・馬具などの装飾に蟾蜍が採用されていて、同時代のわが国独自の現象ではない。しかし日象としての三足鳥は韓国や日本にはみられず、高句麗から南伝する段階で欠落したものであろう。同様な現象は竹原古墳の四神図でも指摘することができる。この石室の奥壁に描かれた画題は、故金関丈夫氏が「水辺に馬を牽き龍種を求める」古代中国の龍媒伝説に求める解釈（金関 1996）を示して以来つとに有名になった壁画である。さらにその前室から奥室に通ずる両袖石正面に描かれた壁画は、保存が明瞭でない点が多いものの、その特徴から左を玄武、右を朱雀とみる解釈も有力である。わが国における明確な四神図は、さらにおくれて7世紀末頃の奈良県明日香村・高松塚古墳まで待たなければならない。竹原古墳の玄武（北）・朱雀（南）図は描かれた位置も南面する西と東にあい対している。奥壁の絵画についての金関説は多くの支持を得たが、一方では異説も出されている。斎藤

忠氏は牽馬人物の上方に描かれた怪獣を前室の四神図を考慮して、そこに不足している青龍（東）または白虎（西）、あるいは両者合体させた日本的表現とみる。また牽馬人物図も中国・高句麗の壁画図にたどり、墓主を乗せて「天空を走って天界に昇って行く進行の状態を示しているもの」とする。また下端の大形の波形文を蕨手文（唐草文の変形）に、三角形の連続文を通有の連続三角文にあてて、先行する壁画古墳における伝統的な三角文と蕨手文と船とみる。これに大陸的な図文（怪獣・牽馬人物）を「錯雑させたもの」で、このような技法は「日本の古墳壁画の特色でもある」と解説し

図3　竹原古墳前室からみた前室と奥壁の壁画（森貞 1985）

ている（斎藤 1989）。斎藤説で示された牽馬人物図を、古代中国で死者の霊魂が不死の理想世界（崑崙山）に昇る昇仙図（曽布川 1981）とみる見方には東潮氏も同調しているが、上方の怪獣（「龍」）を天馬にあて、「地上から天上への垂直動作を平面的に表現したもの」で、「地上の牽馬像に対する天界の馬（天馬）である」と解説する。また四神に関しては朱雀は明白であるが、玄武は不明とし、白虎もないので四神図とはみられないとする（東 1993）。また白石太一郎氏は朱雀と玄武を認めれば「奥壁の怪獣も四神のひとつの青龍である可能性が強くなってくる」とする立場である（白石 1995）。さらに本古墳の調査者森貞次郎氏は怪獣について、馬の姿態にもっともよく似ているが、「棘のある鞭状の尾、赤く長い舌、大きな鈎爪、全身の棘」などは龍の持つ属性であり、「龍の表現についての経験に乏しいため、図像としてではなく、観念的に知り得た龍の特徴を、自ずから描き慣れた馬を基として表現する結果になったと考えられないでもない」（森貞 1957/1968a）と解説する。また中国の装飾墓を研究した町田章氏は、珍敷塚や竹原古墳にみる蟾蜍＝月、怪獣＝龍とみて「大陸的な死生観が入り込んでいるとみることも可能かもしれないが、しかしその表現と中国系の装飾墓には程遠いものがあり、まったく別の死生観にもとづくものとみるべきである」として大陸系思想の導入に否定的である（町田 1987）。怪獣を青龍と白虎の合体とみる斎藤説は、前室の朱雀・玄武を認めることによって青龍・白虎も存在するはずであるという完全思考方式が先行している。珍敷塚でも月象は描かれるが、日象は太陽そのものを描いて三足烏は導入されていないことを考えれば、南北方位を重視して東西方位までは及ばなかったことも考えられる。またしばしば指摘されている"日本的表現"という変容の一つに竹原古墳の玄武図にみる黒色楕円形表現が奥壁の翳のそれ

図4　北朝鮮・安岳3号墳石室内見透視図
（朝鮮遺跡遺物図鑑編纂委員会　1990b）

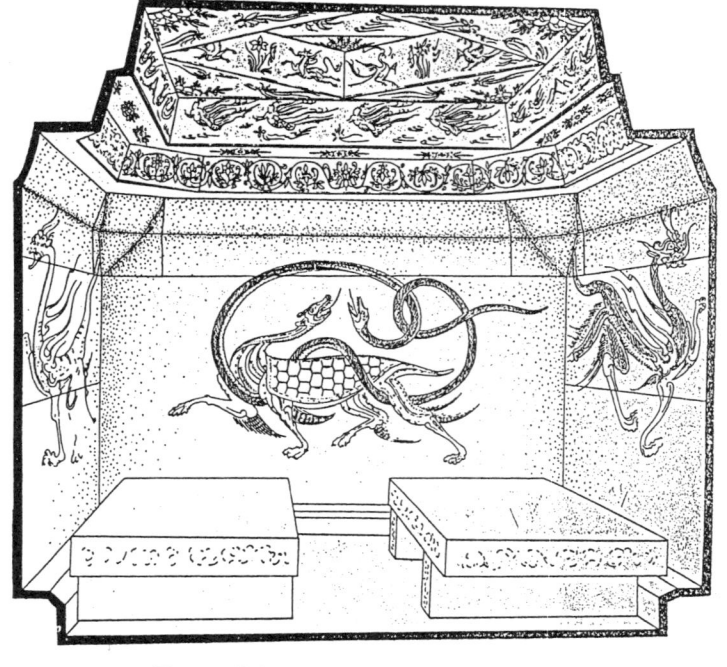

図5　北朝鮮・江西大墓石室内の構造と壁画
正面：玄武、右・青龍、左・白虎（朝鮮遺跡遺物図鑑編纂委員会　1990c）

に近いことも注意されてくる。また町田説も中国の装飾墓に近似した表現でなければ大陸系思想の導入とは認めないとする。当時のわが国の文化レベルを配慮しない厳しさを求める思考のようである。東説も朱雀図は認定するが、玄武図を否定し、白虎も不在であるところから四神思想の導入を否定し、怪獣は龍＝天馬という単純な昇仙思想図で処理される。斎藤説は四神と昇仙の思想で説明するために、波形文（蕨手文）・連続三角文・船を壁画古墳に伝統的にみられる図形を加えたにすぎないとせざるをえなかった面がある。奥壁の画題の左右を神聖性を意味する翳で区画するという、わが国の装飾古墳に例のない表現法は、この画題自体をまとまった一幅の叙事画とみるべきことを意味しているのではあるまいか。その立場からは各図文を網羅して一元的に説明できる名馬誕生伝説で解釈する金関説は優利であろう。しかし昇仙説をとっても斎藤説でいうように"伝統的図文"としてきりすてる必要はないと思われる。その意味では東氏の昇仙説はまだすべての図文をとり入れた解説がなされていないようである。

　珍敷塚や竹原古墳の壁画は、守護と辟邪の意味をこめた呪術性のつよい伝統的思想を表現する図文に、新しい大陸系思想を部分的ながら月象・四神・龍媒・昇仙などを複合的に導入していた実態を示しているとみられよう。筆者は1992年9月、朝日新聞社セスナ機で北朝鮮に飛び、安岳3号墳（岡崎 1964）や江西大墓を実見する機会に恵まれた（小田 1993a）。前者は地下宮殿ともいうべき中国系の横穴式多室墓で永和13年（357 A.D.東晋年号）墨書紀年銘をもつ有名な人物風俗図墓で

あり、朝鮮半島最古の装飾墓でもある。その天井に描かれた日月図には三足烏も蟾蜍も描かれていない。本来描かれていたがのちに消えたという説はとりがたいと思われる。朱栄憲氏（1972）のいうように、4世紀末頃から現れるとみてよいであろう。また西室に墓主夫妻が精彩な筆致で描

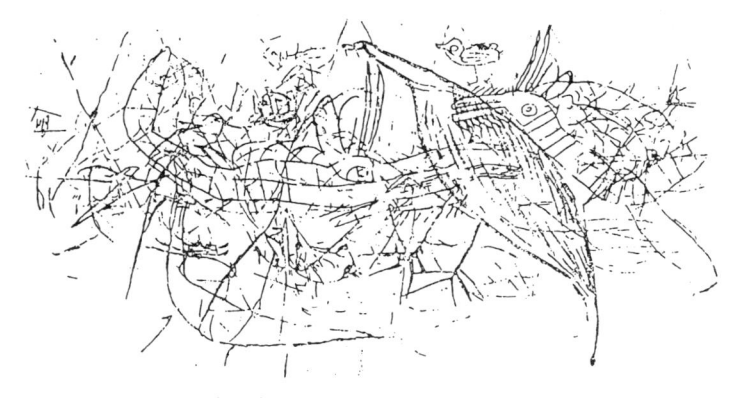

図6　竜と鳥（茨城・幡6号横穴墓）（斎藤編 1965）

かれているが、7世紀初前後の江西大墓では高句麗式の平行・三角持送り天井単室構造の四壁には四神図のみが大きく描かれていて墓主は姿を消してしまう。この古墳の天井部に描かれた多くの画題とその思想内容については李丙燾氏のすぐれた論考がある（李丙燾 1980）。四神が画題の中心を占めるようになるのは6世紀後半からとされており（朱栄憲 1972）、百済公州時代の王陵である宋山里6号墳（軽部 1946、小田 1985g）に受容された。さらに北部九州にまで到達したのである。斎藤忠氏は高句麗が6世紀後半頃から国情の緊張したことが、外敵から自衛する必要に迫られ「伝統としての壁画に、呪的に外部の一切の邪悪の侵入を防ぐ四神が、その中心とし採用されたのは、遺族や近親者のこのような願望のため」であろうかと推測している（曽布川 1981）。また全虎兒氏は高句麗人の信仰にふれて、本来星座の中に表現されていた方位神としての四神が墓室内に描かれるときは、方位に合わせて描かれるが、「墳墓の位置が四神の形象の地勢である四勢に該当しなかったり、最善の場所でない場合、その代わりとして描かれる」場合があることを指摘している（全虎兒 1997）。さらに李丙燾氏は高句麗古墳壁画にみられる日・月・星辰・鳳・麟・鹿・鶴について、古代中国で神霊的動物・吉祥動物・仙界動物として崇拝され、神仙の伴侶と観念されてきたことから、このような絵画は当時の陰宅（墳墓）だけでなく、陽宅（生人住宅）の内部にも後世の「十長生図」のように使用されていたと推定している（李丙燾 1980）。すなわち墳墓内の絵画は生人宅の絵画をモデルにしつつ、さらに潤色されたものと考えている。李氏の論拠は韓国の民俗生活のなかに継承されてきた「十長生図」に求められた。氏があげられた十長生とは山（三峯）・飛雲・日・月・鳳凰・麒麟・霊芝（不老草）に四神中の朱雀（鳳凰類）をのぞく三神である。近年まで各家庭の襖・障子・押入・広間の門楣に十長生図が貼られていたという。このような視点は装飾古墳の画題の場合ばかりを問題にしてきた考古学者たちの盲点であった。生前の日常生活のなかで受容していた知識と慣行に、古墳壁画の先行段階として思い至るべきであり、李氏の指摘されるように陽宅から陰宅への精神生活の連続性を考えておかねばならないであろう。龍図を刻んだ土器や円筒埴輪、茨城県・幡6号横穴墓の龍図などの資料も加えて、将来さらに続考してみたい課題である。

3　鳥霊信仰

　福岡県築上郡大平村〔現上毛町〕・穴ヶ葉山1号墳の石室線刻画は、1928年の発見以来木葉と鳥の図象で著名な存在である。この古墳の線刻画の調査と考説については別に述べたことがある（小田 1986c）。この横穴式石室は単室と長い羨道からなる総長10mの横穴式石室で、巨石構築の終末期古墳の特徴を示している。奥にむかって左側羨道壁（B壁）上半に鳥と樹木と、その先端から右に延びるジグザグ状図形とその下に5条の放射状線が垂下する図像がある。これは一種の幟（旗）とみられる。この三者が組合わさった意味は、直立する樹木に左向きの鳥がとまり、さらに樹枝に旗がとりつけられた樹木鳥旗図ともいうべき図像である。旗がとりつけられた木は神聖な樹木であり、それにとまる鳥も特別な意味を負わされていると考えられる。古代人の思考方式には天地の間を往来する鳥は神意を伝え、また祖霊を霊界に先導するとする鳥霊信仰があったことは各方面から説かれている（平林 1992）。弥生・古墳時代の集落遺跡から木鳥の発見例が増加しており、これらは杆頭にとりつけられるように細工されている（小田 1986c）。このような思考方式は地域によっては若干の変化をとげながらも現代まで日韓両地域に伝承されて民俗行事などにみることができる。その原型はさかのぼれば、『三国志』魏書の馬韓伝にみえる「蘇塗」までたどろうとする考え方もある。いずれにしても北方アジアの鳥霊信仰に淵源することは大方の定説である。弥生時代の鳥杆儀礼は、韓国大田市出土の農耕文青銅器（韓炳三 1971）にみられるように、農耕文化の伝来とともにわが国にも伝来したと思われる。すなわち人工的な鳥杆儀礼に先立って樹枝にとまる鳥の自然状態の信仰段階が想定されるのである。このような系譜を承けながら、古墳時代には冥界（常世）に死者を運ぶ役割を負わされた鳥が船首にとまる"天の鳥船"として彩色壁画にも現れている。さきにみた珍敷塚古墳や鳥船塚（福岡県うきは市吉井町）はその好例である。『魏書』の弁辰伝にみる「以大鳥羽送死、其意欲使死者飛揚」という有名な記載は、大鳥が冥界に死霊を先導飛翔する役目を負うているとする思想が葬送儀礼のなかに存在したことを示している。

　上述のような鳥霊信仰の系譜をきわめて概要ながらたどってくるとき、穴ヶ葉山1号墳の樹木鳥旗図は鳥杆儀礼の伝統をもひきながら、聖樹を定めて神鳥を招き、大鳥葬送の思想にもとづく葬儀をあらわしたものと解釈されるであろう。そうであれば、その右横に刻まれた大形木葉文の下方に刻まれた体長8cmの飛翔する鳥は、死霊を冥界に先導するに至る過程を表現したものと考えることができ、この線刻画を連続して読むこともできる。またこの飛翔する鳥はこれまでの壁画にみられない表現であることも注意される。羽を広げて飛ぶ様を斜め下から見上げた表現は非凡である。側面観には必ず2本の足を欠くことはないが、飛翔する鳥は両足を体に密着させていて、見る眼に写らないことも心得ていたのであろうか。

　さらに注意をひくのはB壁面の左端ちかくに人物像が刻まれていることである。この部分は近代の楽書文字や刻線が追加されているが、これらの追刻は当初の壁画に対して線刻が太く、本来の図像を傷つけていて、判読するに時間を要するが、詳細に観察すると正面観に近い人物の顔がみえている。目鼻を刻み、頬に鬚を表し、左側になびく髪、被り物を頭上にとりつけている。体はほと

第 14 章　装飾古墳にみる大陸系画題　413

鳥・樹木・旗（B壁）

飛翔する鳥（B壁）

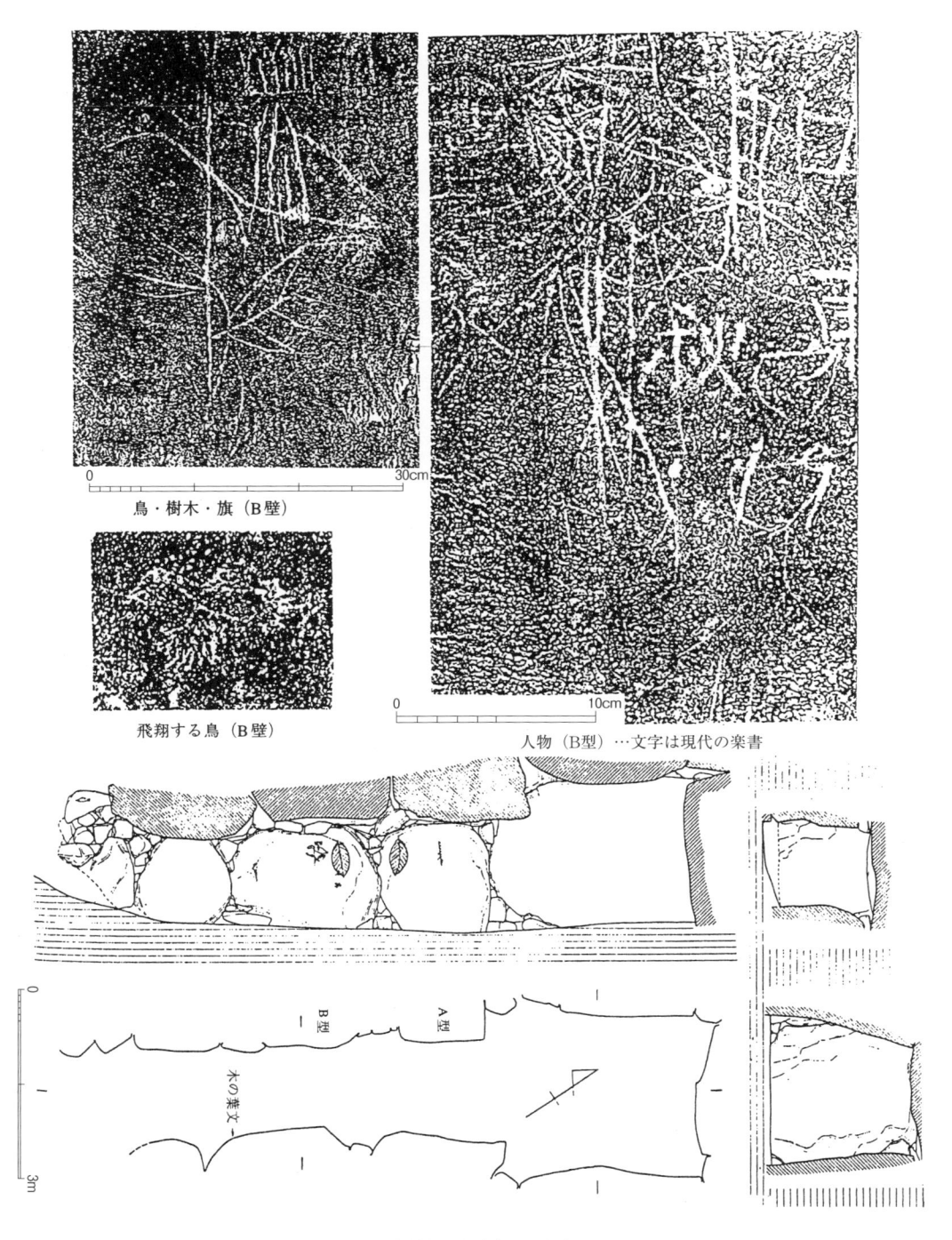

人物（B型）…文字は現代の楽書

図 7　穴ヶ葉山 1 号墳線刻画拓影と石室実測図（小田 1986c）

んど省略形にちかい八字状の簡単な表現で小さく描かれている。この下方にもよくみると逆三角形上の顔と体躯を上下に並刻し、八字状の下肢を付加した簡略な小人物像がある。この人物図を描いた人の関心は、被り物をつけた人物の顔であったことは明らかである。すなわち司祭者（巫者）とその従者とみることができよう。

　この古墳が所在する地域の歴史的環境は、正倉院にのこる大宝2（702）年の豊前国戸籍帳にみえるところであり、その人的構成を氏姓別に知ることができる。すなわち渡来系氏族秦氏に属する部民集団にあたり、この地方に新羅系の文化や技術をもたらして開発に大きな役割を果たしたことは旧稿に述べたとおりである（小田 1985d/1997c）。この古墳の被葬者は秦氏とも同族関係を形成していた首長層であった公算はきわめて大きいと思われる。もってこのような壁画がのこされた背景もうかがうことができるであろう。

　上述した穴ヶ葉山1号墳の場合、渡来系氏族ともかかわりのふかい地域ということで特殊なケースとみる立場もあるかと思われるが、近年横穴式石室や横穴墓の墓道に木柱を立てる事例が他地域でも注意されてきていることがあわせて注意されてくる。古墳における木柱の事例については土生田純之氏が収集されている（土生田 1991）。古墳と木柱のかかわり方は大別して二つの在り方がみられるようである。一つは墳丘裾部を中心に一定間隔で多く木柱がめぐっている場合。もう一つは墓道に1～2本の木柱を立てている場合である。前者は京都府長岡京市・今里車塚古墳（高橋美 1988）や奈良県橿原市・四条古墳（勝部 1988）などに代表される。なかでも四条古墳では周濠が完掘されて、木製葬具の種類と数量に一定の基準が得られたことで注目されている。蓋46・石見型盾形（靫形？）27・翳2・盾2・靫形3のほか弓・刀・矛・机（案）・槽・耳杯形・枕・杏形各1など器財が圧倒的に多く、他に鳥3がある。また蓋や鳥と組合うと思われる杭状品30などが数えられている。呪術的性格のもつもの（鳥形）や日常生活用具（容器類）を象ったものもあるが、量的にもっとも多いのはそのほかの威儀・儀仗具（蓋・翳・盾・靫・弓・弓剣・矛形）である。勝部氏は埴輪を補うための"木の埴輪"という説に対して埴輪のもつ被葬者のための記念的器物と異なり、一時的仮器として葬送の祭儀に使用された葬具であるとして明確に区別されるべきことを指摘された（勝部 1988）。したがって葬送に際して列をなして使用され、一部は濠の周辺に置かれたが、多くは二度と使用されないものとして濠に廃棄されたとする。

　もう一つの在り方である1～2本の木柱を立てた事例として九州地域の場合をあげておこう。福岡市西区今宿・鋤崎古墳（福岡市教育委員会 1984）（前方後円墳・全長62m）は5世紀初の初期横穴式石室であるが、羨道正面の前庭部に竪坑を設け、その床面に径20cm、深さ40cmほどのピットが発見され、「柱状物体の樹立に関係する」ことが想定されている。また熊本市黒髪町立田山東南麓のつつじヶ丘横穴墓群（熊本市教育委員会 1994/1995）は、1990年度から熊本市教育委員会によって発掘調査がすすめられている。20m四方ほどの範囲に重層的にA～P群が集中して多くの横穴墓が発見されている。そのなかで1995（平成7）年度調査のC群（8基）前庭部壁面に小穴が並び柱痕が確認された。また平成8年度調査のE群（1基）の前庭部で小穴群が発見されたが、いずれも最終閉塞後に掘られていること、掘りこみレベルの相違や土層の検討から一時期に掘られたものでなく、前庭部の埋没過程において数時期にわたって小穴が設けられたことが知られた。さ

らにG群（6基）では3号墓の前庭部壁面沿いに複数の小穴が発見された。これらの結果から追葬のたびに木柱を立てて葬送儀礼が行われたであろうと推察される。

　以上、木製葬具の在り方に二相がみられた。前者は前半期の古墳に特徴的な威儀・儀仗具を主体とする埴輪の種類と共通したものを数多く使用している。後者は横穴式墓制とかかわる葬送儀礼として1回の葬儀に1～2本の木柱を墓道に樹立し、追葬のたびに新たに樹立して葬儀をくりかえしている。上述した終末期の穴ヶ葉山1号墳の樹木鳥旗図を参考すれば、それに先行する横穴式石室墓制受容時から行われて継承されていたことが推察できる。すでに弥生時代から鳥杆儀礼が受容されていて、四条古墳でも威儀、儀仗具が主体をなすなかにも木鳥がみられたが、横穴式墓制の受容とともに、鳥霊信仰と葬送儀礼の関係が主流になったことを推察できるであろう。神霊を招き、さらに鳥霊に先導されて被葬者の霊魂が冥界に旅立つという葬儀思考が広く定着するに至ったことを物語るものであろう。

4　葬送歌舞儀礼

　1985年森貞次郎氏は福島県双葉郡双葉町、清戸迫第77号横穴墓出土の鋸歯状木器に注目され、これが中国六朝時代に行われた"渾脱の舞"に使用された儀器ではないかとする試論を提起された（森・乙益 1985）。すなわち中国河北省磁県の東魏時代武定8（549）年に死亡した茹茹公主閭氏墓（磁県文化館 1984）から出土した陶俑（「薩満巫師俑」）が手にしている持物、さらに河北省鄴県の北朝時代画象磚墓（河北省文化局文物工作隊 1958）出土の画象磚にみえる老人の持物などをあげている。前者では三角形の頤鬚をつけ、頭に紅色の渾脱帽を被り、長袖紅色の衣服をひきずって左手に鋸歯状の「法器」をもっている。悠然と舞う神がかり状態をあらわしている。後者は左端に鳥頭状の紅色帽を被った頤鬚の老人が左手に団扇、右手に多条の房がさがった棒を持ち、右足をあげて踊っている。後続する4人の女性は誦詠しているようである。森氏は櫛歯状木器を巫師である老人が舞う渾脱の舞に必要な「法器」にあてている。

　森氏はさらに発展させて装飾壁画にみる頤鬚の人物象について注目した（森貞 1993）。類例としてつぎの4遺跡をあげている。
　(1)　佐賀県杵島郡北方町〔現武雄市〕・永池古墳
　(2)　熊本県玉名市・原（はる）3号横穴墓
　(3)　神奈川県川崎市多摩区・早野横穴墓
　(4)　福島県双葉郡双葉町・稲荷迫1号横穴墓

数は少ないが全国的に分布するとみている。永池古墳（佐賀県立博物館 1973）では横穴式石室の玄門の閉塞石に線刻された人物像である。中央の大形人物は長柄の翳を頭上にかかげた祭主、右側の小形人物は頤鬚をつけている。原3号横穴墓（熊本県教育委員会 1984）では玄室の左側壁に頤鬚をつけた人物を描いている。早野横穴墓では奥壁の中央上部に頤鬚をつけた人物の顔、下段には乗馬人物を含む5頭の馬を並べて行事の展開を示している。稲荷迫横穴墓では奥壁に2人、左壁に1人の頤鬚人物が手足を広げて踊る姿とみられる。森氏はこれら4遺跡にみられる頤鬚の人物に

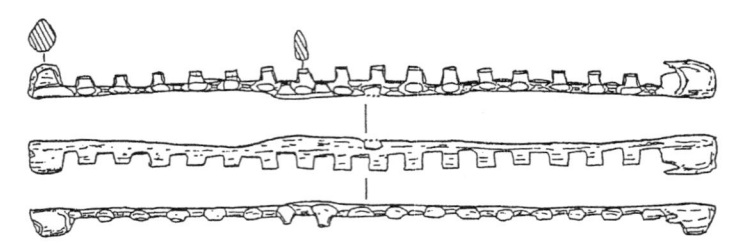

図8 福島県清戸迫第77号横穴出土鋸歯状木器（長さ99.2 cm、上段より裏面・表面・側面の実測図）

図9 中国発見「渾脱の舞」資料
左：河北省磁県茹茹公主墓出土俑（磁県文化館 1984）
下：中国渾脱舞の老巫師（河北省鄧県・彩色画象磚）（河地省文化局文物工作隊 1958）
（此磚荏辺集的、長38、寛19、厚6厘米。前一老人穿朱紅色衣、其余衣服色彩均脱落、叙存白、黄色。）

第 14 章　装飾古墳にみる大陸系画題　417

アゴヒゲのある顔（神奈川・早野横穴墓）
（川崎市文化財報告書）

アゴヒゲの埴輪人物像（千葉・姫塚）

奥壁

唱に合わせて踊る巫師（福島・稲荷迫横穴墓）
（水戸博物館特別展図録）

左側壁

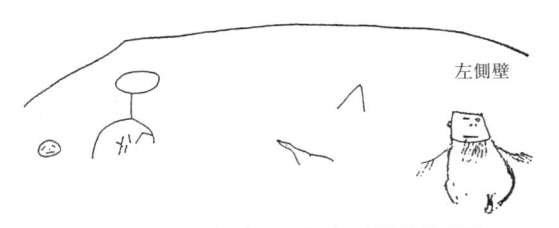

身をくねらせて踊り舞う巫師（福島・稲荷迫横穴墓）
（水戸博物館特別展図録）

石名塚（茨城・日立）

図 10　関東の装飾横穴人物壁画　　　　　　　　図 11　長老とみられる人物埴輪

ついて「（ア）気品のある老人（永池・原・早野）。（イ）棒・羽根団扇などの持ちものをたずさえ
ている（原・稲荷迫）。（ウ）踊る、複数の人物の唱歌に合わせて踊る（稲荷迫）」という三つの特
徴をあげている。さらに東国（千葉・茨城県）の古墳で発見された頤鬚の人物埴輪像にも同じよう
な特徴があることを指摘したのち、これらの諸例の「出現の時期が 7 世紀をあまり遡らない」こと。
頤鬚の人物が巫師であること。原横穴墓の人物が右手にもつ棒は中国の「法器」に結びつきそうで
あることなどを述べて、これらの図像が中国六朝時代に流行した渾脱の舞の影響下にあらわれた線
刻画であろうとされた。このような解釈が成りたつとすれば、大陸系の葬送儀礼に起源する行事が

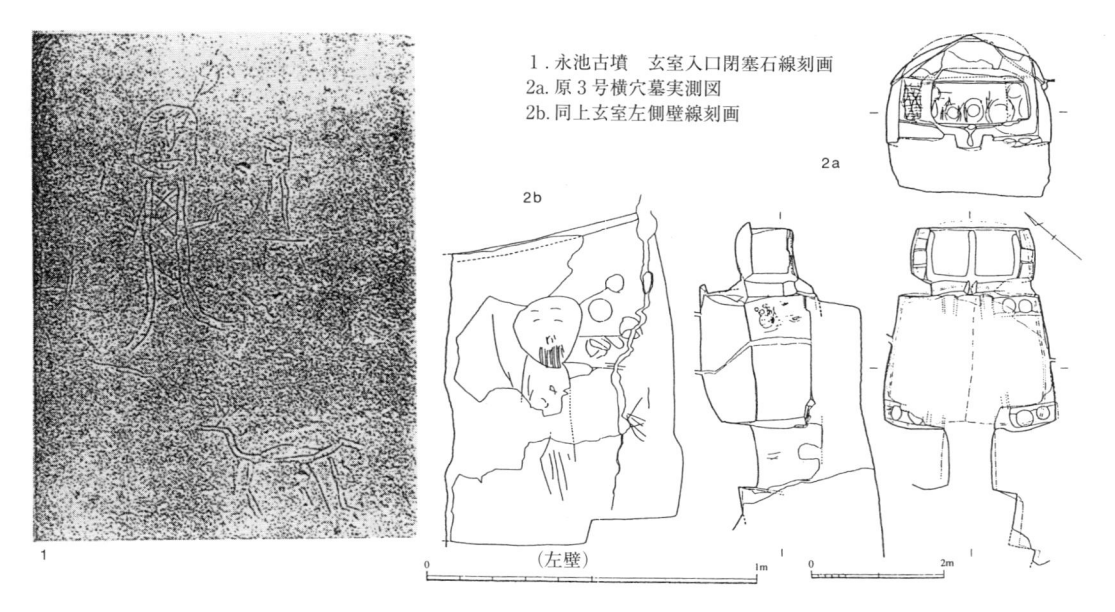

1. 永池古墳 玄室入口閉塞石線刻画
2a. 原3号横穴墓実測図
2b. 同上玄室左側壁線刻画

図12 頤鬚の人物像 九州の古墳壁画（佐賀県立博物館 1973、熊本県教育委員会 1984）

古墳時代の殯儀礼のなかに取り入れられたことを示すものであろう。
　以上、現段階までの装飾古墳研究の成果を通じて大陸系画題に関連するものについてまとめてみた。装飾壁画の内容は多様である。今後とも壁画ごとに注意ぶかく観察してゆくならば、さらに多くの課題を引き出してゆくことができるであろう。将来に期したい。

第15章　埴輪と装飾古墳にみる古代船

　古墳時代の船舶に関する考古学的資料は、はやく安井良三氏によって以下のように分類された（安井 1968）。
　〔Ⅰ〕船そのものの遺物—①刳舟、②準構造船、③構造船。
　〔Ⅱ〕小形模造船—①石製模造船、②土製模造船、③船形埴輪、④装飾土器に付けられた船。
　〔Ⅲ〕絵画資料—①円筒埴輪に線刻した船、②石室壁に彩画した船、③石室に線刻した船。
　本章でとりあつかう資料はⅡ-③とⅢ-②③が該当する。
　古墳時代の船舶構造を示す好例として、はやくから西都原古墳（宮崎）の船形埴輪が知られているが、これとやや異なる構造を示すものに長原古墳（大阪）の事例がある。これらは全長1m以上および、細部まで表現された準構造船の模型として注目されている。しかし古墳から発見される各種形象埴輪のなかでは船形埴輪の発見はもっとも少なく、かつほとんどが断片である。その分布は栃木・神奈川・奈良・京都・大阪・宮崎などの府県にわたっているが、近畿にやや集中化の傾向がみられる。また年代もほぼ5世紀代にまとまっている。
　これらに対して古墳壁画に描かれた船は6世紀後半から7世紀代に盛行している。その分布は茨城・千葉・埼玉・神奈川・大阪・鳥取・香川・福岡・大分・熊本・佐賀・長崎などの府県にわたっているが、船形埴輪の場合にくらべると近畿にうすく九州と関東に集中する傾向がある。なかでも福岡・熊本県下に古期のものがある。日の岡古墳・五郎山古墳（福岡）では彩色で、千金甲3号古墳（熊本）では外形を線刻し内部を彩色で描いている。九州の古墳壁画では彩色画は通じて見られるものの、おくれて現れた線刻画段階には横穴式石室に加えて横穴墓にまで広がっていった。山陰・山陽・近畿・関東などにみられる船の壁画はこのような後出段階の線刻画である。さきの船形埴輪の中心が近畿にあったのに対して、古墳壁画の船は九州に中心があった点で対照的である。森貞次郎氏は横穴式石室における彩色図文の展開を6段階に分類している。それによればまず幾何学的図文中心で彩色が用いられる段階（第Ⅰ段階）に始まり、さらに武器（靫が多く盾・大刀・弓・鞆）などの形象図文が加わる段階（第Ⅱ段階）を経て、新たに船・馬・鳥などの形象図文が加わる段階（第Ⅲ段階）へと推移する。6世紀中頃に登場した船の図文には、そのゴンドラ形に反上った船首や船尾に鳥がとまり（珍敷塚・鳥船塚）、あるいは船の上方に馬を描いて船に乗せた様子を示すもの（弁慶ヶ穴古墳）、また屋形を乗せた船（五郎山古墳、弁慶ヶ穴古墳）や、両舷側から柱を立て（珍敷塚・鳥船塚）・帆を描いた（仮又古墳・桂原1号墳・石貫古城Ⅱ-13号横穴）帆走船なども描かれている。さらに人物乗船図（石貫古城Ⅱ-13号横穴、高井田横穴）なども注目される。
　かつて西都原古墳の船形埴輪を紹介した後藤守一氏は、その意義を上代に舟葬の風があったこと

図1 船形埴輪（西谷・置田 1988）

の証とされた（後藤 1942）。すなわち前期古墳の主体部に船形の木棺や石棺が使用されていること、『北史』倭伝の「葬むるに及び、屍を船上に置き、陸地ではこれを牽くのに、あるいは小輿をもってする」とある記事をあげている。そして土師部（はじべ）の活躍した地方に埴輪が残され、それ以外の地では木材等でつくられた祠がおかれたせいであろうとして、家葬の概念を有する横穴式石室や家形石棺に先行する葬法として位置づけた。後藤説に対しては、船形棺は船に由来するという格別な意味をもったものでなく、「フネ」の語は容器を意味し、当時の大形の箱に一般的な形であったとする伊東信雄説（伊東 1935）、前期古墳の外部に家形埴輪が置かれることへの解釈に矛盾が生ずることを指摘して、神の臨降を迎える依代（よりしろ）として墳頂における器財埴輪類の中心的役割をもったものが家形埴輪であり、船形埴輪も他の各種器財埴輪とともに特殊な器財の一つとみておく程度でよいであろうとする小林行雄説などがある（小林 1967）。

　事実、『日本書紀』（仲哀紀8年）や『常陸国風土記』（香島郡）には幣物として船を神に捧げた事例がみえている。まだ葬・祭未分化の古墳時代の祭祀にあっては、祖霊の祭りに神霊の加護を願って共通品目が含まれていたとしても不都合ではなかったのであろう。

　つぎに6世紀代に現れる古墳壁画の船については被葬者の生前における生活の一コマを描いて、その鎮魂供養的な意味をもつと思われる事例がある。一方、船の上方に星辰を加えたもの（五郎山古墳）や、舳艫に鳥をとまらせて上方に太陽を描くもの（珍敷塚・鳥船塚）などがあることは、神話学者たちが説くように、海のかなたに想定される死後の世界に霊鳥の先導によって航行する天鳥船（あめのとりふね）信仰が考えられる。大陸の古墳壁画には鳥と蟾蜍によって日月を表している事例があるが、珍敷塚古墳（福岡）では太陽と鳥船の行く手に蟾蜍が対照的に描かれていて大陸からの影響も考えられる。元来太陽神話は世界的にみられるものであるが、日神が馬車に乗って天界を旅行するという太陽馬車の信仰がアジア内陸草原地帯の遊牧民のあいだに流行したのに対して、ユーラシア大陸の南岸部には太陽の船の信仰が分布するという。前者は主として豊饒・季節・犠牲祭儀と関係が深いのに対して、後者は巨石古墳・舟葬・死者祭儀・冥府と多く結びついているといわれている。また太陽の船には死者の魂をも同乗させて海の彼方に運ぶと考えられているが、これは水辺民族特有の信仰習俗と結びついてできた複合信仰であるとされる。装飾古墳にみる船の図文にはすべてを一様な解釈で説明できない面があるが、被葬者の鎮魂を願う古代人の敬虔な祈りの産物である点では共通している。

第16章　須恵器文化の形成と日韓交渉・総説編
　　　　──西日本初期須恵器の成立をめぐって──

1　はじめに

　わが国の古墳時代中期から平安時代後期(5世紀～11世紀代)に盛行した青灰色硬質の須恵器は、従来日本列島で流行してきた弥生土器や土師器などの酸化焔低下度焼成の土器とはまったく系譜を異にする、還元焔高火度焼成の土器である。この新しく登場した須恵器は、丘陵斜面を利用した傾斜単室構造の窖窯を構築して焼成されたもので、その技術は、すでに朝鮮半島では4世紀代にさかのぼって生産されていた陶質土器に直接的起源を求めることができるものである。しかも陶質土器の製作技術にはロクロ成形が採用されていることとあわせて、従来にない新しい技術革新をわが国にもたらしたのであった。

　一方、半島における陶質土器の出現、そのわが国への伝来と生産の開始(須恵器の出現)に関する研究は、近年日韓両国間の研究交流を通じてめざましい進展をみせている。半島系(舶載された)陶質土器はわが国の古墳や住居跡遺跡などでも発見例が急増しているが、それとともに陶質土器を模倣したわが国産の陶質系土器（輸入陶質土器と区別して初期須恵器の名称が流布している）が発見されることも注意されてきた。そしていまやわが国に伝来した陶質土器を模倣した初期須恵器が、さして時間をおかずに近畿や北部九州など西日本地域で生産されはじめた事実も周知されつつある現状である。したがって出現期の国産陶質土器＝初期須恵器の時期と系譜などの問題を確定するためには、各地における初期須恵器の出土遺跡とその出土状況、他遺物との共伴関係、さらにそれらの検討に適切な遺跡を選択するなどの作業が必要である。また一方では最近の韓国側における関係資料の抽出と、編年研究の成果にまで目配りしなければならない。

　わが国における須恵器文化の形成は、日韓交渉の視点から双方の陶質土器に比較検討を加え、地域性の問題をも配慮しながら、いかに初期須恵器が出現し、どのように地域社会のなかで受容されているかを追跡することによって本題の目的にせまることができよう。そこでまず西日本地域において近年発見されている初期須恵器窯資料を検討し、諸遺跡における流通の状況とあわせて、現段階における上述の問題についての見通しを得たいと考えている。勿論このようなテーマは、現在なお増加しつつある当該資料の状況とあわせて、ひきつづき将来にわたって補足と修正を重ねながら完成を期してゆく必要がある。

2 西日本における初期須恵器窯

九州

九州における須恵器研究は、1953年に発刊された東亜考古学会の『対馬』、つづく樋口隆康氏の「須恵器」(『世界陶磁全集1』1958年)を出発点としている。この段階における研究の対象は、ほぼ年代観のさだまっている西日本各地の古墳から須恵器の各器種を抽出して、須恵器の形態的変遷を明らかにすることにあった。すなわち前者では4期の、後者では5期の編年が提唱されて、5世紀から7世紀にいたる古墳編年の物指しがつくられたのであった。しかしその後、後期古墳の研究がすすむにつれて同一古墳内における追葬問題が新旧遺物の共存する状況のなかで認識されてきた。そこで、より正確な単一時期における須恵器の組合せを求めて生産遺跡への関心が高まってきた。

九州における須恵器生産窯跡の調査は1957年頃から始まっているが、近年までの窯跡分布調査から、各地で生産活動が活発化し、あるいは出現するのは6世紀中頃前後からであることが知られるようになった(小田 1979b)。すなわち定型化した須恵器の陶邑編年第Ⅱ段階以降に相当する。したがって1970年代までの九州で発見される最古段階須恵器(陶邑第Ⅰ段階相当)としては、当時提唱されていた陶邑窯製品の一元的配布論に対応すべき資料はまだ提示されていなかった。

(1) 初期須恵器窯の発見

1978年福岡市甘木市池の上墳墓群(橋口ほか 1979)、つづいて1981年甘木市古寺墳墓群(橋口・内田 1982/1983)が調査されて、多くの伽耶系陶質土器の副葬されている事実が知られた。それとともに以前から注意されていた朝倉郡夜須町〔現筑前町〕の小隈窯跡採集資料中に、これらと照合できる須恵器の存在することが注目をひくこととなった。このような動向に対処すべく、筆者は1983年に従来の九州産最古段階(Ⅰ期)の須恵器を従来の定型化した須恵器と、それ以前の(定型化以前の)須恵器(初期須恵器)の二小期に区分することとし、後者をⅠ-A期、前者をⅠ-B期とし、それぞれ陶邑編年のⅠ-1・2期とⅠ-3〜5期に対応させる案を提唱した(小田 1984c)。これを整理して大要を示したものが表1である。

現在までに初期須恵器の窯跡として知られているのは、福岡県内に所在するつぎの6遺跡である。
- 小隈窯跡群(1) 朝倉郡夜須町〔現筑前町〕下高場字小隈
- 八並窯跡群(1) 朝倉郡夜須町〔現筑前町〕三並字鳥巣
- 山隈窯跡群(1) 朝倉郡三輪町〔現朝倉市〕山隈字城山
- 隈西小田窯跡群(渡辺 1989) 筑紫野市隈西小田10地点・8地点
- 居屋敷窯跡 京都郡豊津町〔現みやこ町〕居屋敷
- 新開窯跡(小田 1982b、北九州市立考古博物館 1984) 福岡市西区今宿町新開

小隈、八並、山隈窯跡群は筑紫平野北部にあたる朝倉郡内の宝満川流域東側丘陵に位置する。朝倉窯跡群と総称してよいであろう。1968〜69年に発見されてより平田定幸、中村勝氏らにより資料採集が続けられ、また1988年には夜須町教育委員会による小隈窯跡群の範囲確認調査が、1989年には九州大学考古学研究室による山隈窯跡群の一部発掘調査が行われた。

小隈窯跡群の採集資料には初期須恵器段階のものと後続する定型化した段階のものがある。溜池北縁部の東斜面に2基の窯体横断面が露出している（2窯跡間隔3.7 m）。採集時の所見では初期須恵器は南斜面に、また定型化した須恵器はさらに奥の東斜面に分布し、両者は一部で混在するものの、このような分布地点の差が土器型式の差であろうと予

表1 九州の陶質土器・初期須恵器編年

A.D.	移入須恵器		弥生時代／古墳時代	須恵器による分類		各種移入土器・須恵器		A.D.
50	陶邑系須恵器	土伽器耶	弥生時代 後期	0期	A	瓦質土器	漢式土器／金海式軟陶	50
								250
			前期		B	瓦質土器	金海式軟陶	
						陶質土器	金海式軟陶／伽耶土器	
400			古墳時代 中期	Ⅰ期	A	伽耶系須恵器　　小隈窯		400
	Ⅰ-1・2							450
	Ⅰ-3〜5				B	定型化した須恵器	新開窯／神籠池窯	
500			後期	Ⅱ期		同　　　上　　　　鞍投窯		500

（北九州市立考古博物館 1984）

察されている。ほぼ陶邑編年のⅠ型式1〜5段階に対応するものと考えられる。器種には広口壺（長頸・短頸・直口）・甕・高杯（有蓋・無蓋）・蓋杯・𤭯・鉢・甑・大型器台などがある。

八並窯跡群は発見当時溜池の南急斜面に3基の窯体が露出していたが、その後土止め用コンクリート壁が築かれて観察不能となった。採集資料には壺（広口・短頸）・甕・高杯（無蓋）・甑・把手付小鉢・大型器台などがあり、ほとんどが初期須恵器である。

山隈窯跡群は溜池北縁部の南斜面に灰原が露出していたが、1989年の発掘調査で4基の窯跡が確認された。採集および発掘資料には壺・甕・高杯（有蓋・無蓋）・蓋杯・𤭯（球形・樽形）・大型器台などがある。ほとんど初期須恵器に属する。

隈・西小田10地点窯跡群（渡辺 1989）（図版6：図版は章末に掲載）は宝満川西側に位置する丘陵の南側に4基発見された。谷部は溜池となっているため窯体の焚口側および灰原は削平され、遺存状況はあまりよくない。蓋杯（2号窯）は頂部に明瞭な回転カキ目調整を施す特徴をもち、甕は胴部表面に粗い平行叩き、内面には青海波をうすく残すものと磨消したものがある（2〜3号窯）。朝倉窯跡群の製品とはきわだった整形技法を示しており、初期須恵器に属するものの操業の上限はやや新しいであろう。また8地点で発見された1基からは壺・甕・𤭯・甑などが検出されたが、壺の口唇部は丸く仕上げられ、頸部に2条の突帯・櫛描波状文をめぐらす。甑の把手は上面匙面をなし一条の溝を入れる点は朝倉窯跡群とも共通するところである。初期須恵器の範疇でとらえておいてよいであろう。両地点窯跡とも目下整理中である。

居屋敷窯跡は京都平野の東部を流れる祓川東岸丘陵上に位置し、1988年に県教育委員会によって調査された。甕片の出土が多く、なかに初期須恵器の特徴を有する𤭯がある。

新開窯跡（小田 1982、北九州市立考古博物館 1984）は福岡市西区の今宿平野にのぞむ高祖山の北麓に位置する窯跡である。1971年、当時九州で知られていたほとんど唯一の第Ⅰ型式須恵器の窯跡であったところから日本考古学協会生産技術特別委員会窯業部会の事業として筆者らが発掘した。蓋杯・有蓋高杯・壺・甕・𤭯などの器種がある（図版5・図1）。まだ整理中ではあるが窯内第

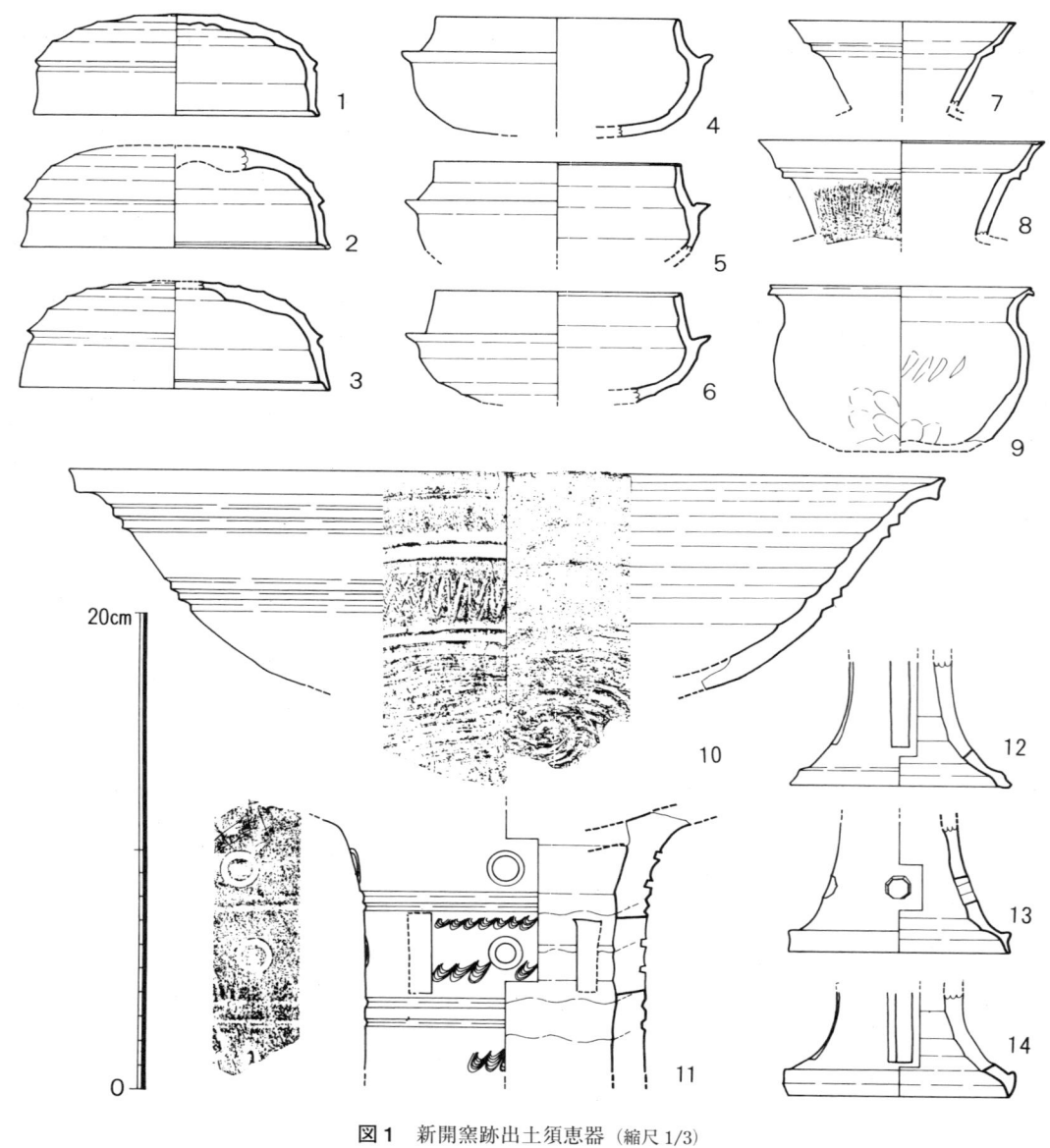

図1 新開窯跡出土須恵器（縮尺1/3）

一次床面出土品中に定型化以前の特徴を有する杯・高杯などがあり、上限はⅠ-A期後半段階（陶邑Ⅰ-2段階）までさかのぼりうる可能性が改めて注目されるが、操業期の中心はⅠ-B期にある。

以上のように現段階では九州における須恵器生産の開始がほぼ陶邑Ⅰ-1・2期に並行する時期までさかのぼることは確実になってきたが、これらの窯跡の製品が流通し使用された古墳や住居跡などで、共伴する諸遺物との共存関係を参考することによって無理ない公平な年代観が得られることとなろう。

(2) 池の上、古寺墳墓群の土器（図版7・図2～13）

1978年に発掘された池の上墳墓群は多くの陶質土器・初期須恵器を副葬・供献していたが、や

がて朝倉窯跡群から供給され
たものが少なくないことも知
られるにいたった。墳墓群は
円形や方形の低墳丘墓とその
周辺の土壙墓（D）からなる。
そのうち陶質土器・初期須恵
器を出土した遺構についてま
とめてみると表2のようにな
る。

　これらの陶質土器は器種・
器形においてかなり近似した
特徴を示す点がみられるとこ
ろからも、年代的にもほぼ接
近した時期にまとまるであろ
うことが予想できる。そこで
これをさらに共通する器種と
出土遺構の相関関係をまとめ
てみると表3のようになる。

　つづいて1981年には隣接
する古寺墳墓群が調査され
て、さらに同様な資料が追加
された。

　ところで両遺跡の調査・報

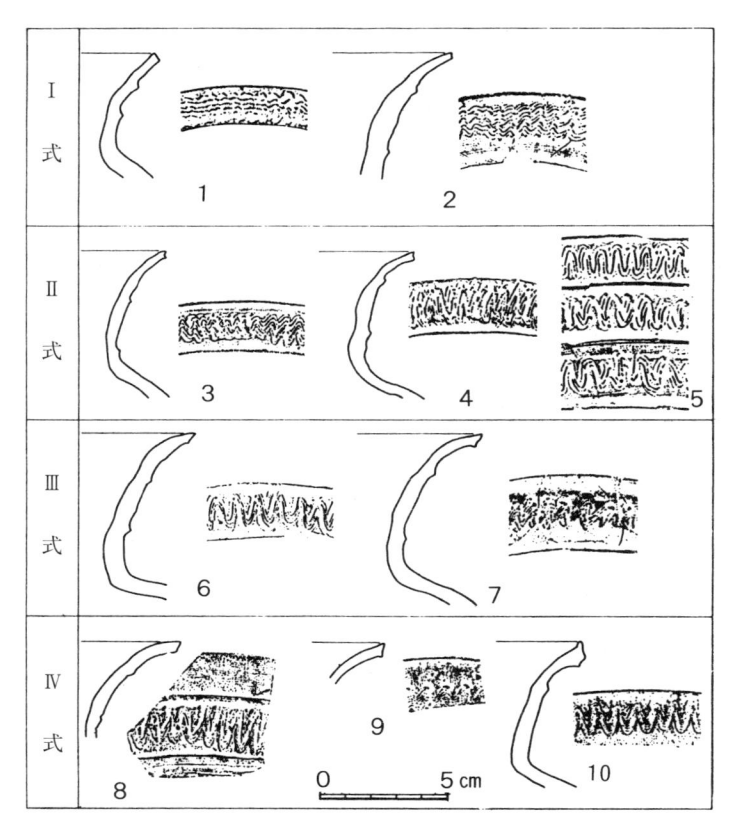

図2　壺口縁形態と波状文の変遷（橋口ほか 1979、縮尺 1/3）
1. D-7 副葬壺、2. D-5・7 付近出土壺
3. D-1 副葬壺、4. 6号墳供献壺、5. 6号墳供献器台
6. D-2 墓壙上面出土壺、7. 5号墳供献壺
8・9. D-4 墓壙上面出土壺、10. D-4 副葬壺

告を担当した橋口達也氏は、池の上墳墓群の陶質土器（須恵器も含む）を「壺の口縁とくに口唇部
のつくり、および波状文の精粗から4形態に分類した」（橋口ほか 1979）。分類の基準はつぎのよ
うなものであった。

Ⅰ式　「口唇部の下端が上端よりも外に出ており、直線的である。波状文は粗く乱雑である」。
Ⅱ式　「口唇部の下端が上端よりも外に出て、中央が凹み凹線状を呈する。波状文は粗く乱雑で
　　　ある」。
Ⅲ式　口唇部の下端が上端より内にあり、ほぼ直線的である。波状文はやや繊細となり整ってく
　　　る。
Ⅳ式　D-4の墓壙上面から出土したもの。「口縁形態は3（筆者註：Ⅲ式）とほぼ変りはないが、
　　　波状文がきわめて繊細となり整っている。D-4棺内には明らかに須恵器といえるものを
　　　副葬しており、その須恵器の波状文もきわめて繊細なもので共通している。

以上の分類によって遺構を配分した結果、つぎのように整理している。

表2 池の上墳墓群土器出土遺構一覧

出土遺構	陶質土器・須恵器	土師器	備考
5号墳	広口長頸壺1、直口甕1、(坏)蓋1、把手付小鉢1		
6号墳	広口長頸壺1、直口短頸壺1、袋状長頸壺1、直口甕1、有蓋高坏1、(坏)蓋2、高坏複合脚1、高坏形器台1、把手付小鉢1、甑1		細身金環2、鑣轡
10号墳	(有蓋)高坏1、(蓋)坏1、(坏)蓋1	高坏1	陶製紡錘車1
C-1およびC-1付近	(坏)蓋1、把手付小鉢1、広口長頸壺(口縁)破片1		
D-1	広口長頸壺1	甕2	櫛 滑石有孔円板1
D-2	広口長頸壺1、(把手付)小鉢1		
D-4	広口長頸壺1、同口縁破片3、大形甑1	広口丸底壺1	蕨手刀子、鉄鎌、鉄剣
D-7	広口長頸壺1		
D-16	甑1		鉄鏃
D-5・7付近	広口長頸壺2、直口短頸壺1、高坏形器台1把手付広口壺1、(坏)蓋1、無蓋高坏1、甑(頸部)破片1、短脚1		
D-14~16付近	広口長頸壺(口縁)1、大甕破片1、(坏)蓋1把手付小鉢2		
D-25付近	広口短頸壺2、広口短頸小壺1、大甕破片1		陶製紡錘車

表3 池の上墳墓群出土土器器種一覧

器種 \ 墳墓	5号墳	6号墳	10号墳	C-1およびC-1付近	D-1	D-2	D-4	D-7	D-16	D-5・7付近	D-14~16付近	D-25付近
壺 広口長頸壺	○	○		(○)	○	○	○○○(○)	○		○(○)	(○)	
壺 広口短頸壺												○○○
壺 直口短頸壺		○								○		
壺 袋状長頸壺		○										
壺 把手付広口壺										○		
直口甕												
高坏形器台		○								(○)		
蓋杯	(○)	(○○)	(○○)	(○)						(○)	(○)	
高坏 有蓋高杯		○	(○)									
高坏 無蓋高杯										(○)		
把手付小鉢	○	○		○		(○)					○○	
甑		○					○		○	(○)		
その他										短脚		

〈池の上〉　　　　　　　　　　〈古　寺〉　　　　〈古寺Ⅱ〉

Ⅰ式　D-5・7付近、D-7

Ⅱ式　6号墳、C-1、D-25付近　　D-6、D-9
　　　　　　　　　　　　　　　　D-10
Ⅲ式　5号墳、10号墳、D-2、D-16

　　　　　　　　　　　　　　　　　　　　　　3号墳、12・16・　｝1号墳
Ⅳ式　D-14〜16付近、D-4　　　　　　　　　　　19号墓

　さらに他遺跡出土の陶質土器・古式須恵器についても比較検討を加えた結果、福岡県津屋崎町奴山5号墳（佐々木隆 1978）裾部供献の器台（図版4）・壺・土師器（5世紀前葉）（図13）を池の上Ⅲ〜Ⅳ式並行、広島県東広島市三ツ城古墳の器台（図版15）は「口縁の屈曲が池の上6号墳供献の器台よりも弱く、波状文は粗いものであるらしいが、前者よりは後出のもので」、池の上Ⅲ式並行、福岡市有田（山崎 1979）（図版4）の高杯・脚付把手付短頸壺・波状文ある小片・土師器高杯（把手付鉢はこれらと共伴していない）（図13）は池の上Ⅲ式並行、大阪府藤井寺市野中古墳（北野 1976）の土器は「和歌山県楠見遺跡（薗田・網干ほか 1971）のものと共通したものもあり、中村浩氏分類（大阪府教育委員会 1978、中村 1981）のⅠ型式第1段階のものを含んでいるので、池の上Ⅲ式〜Ⅳ式併行」、福岡県久留米市祇園山墳丘墓（石山ほか 1979）裾部外周出土の壺・甕・甑・杯蓋は「中村浩氏分類によるⅠ型式第1段階および2段階の甕・甑等であり、池の上Ⅳ式に併行」、甘木市小田茶臼塚古墳（柳田ほか 1979）（図版10）では「池の上Ⅲ式と共通するもの、および中村浩氏の分類によるⅠ型式第1段階および第2段階に比定される大甕・甑・大型器台」があるなどの位置づけをしている。そして池の上Ⅲ式は「坏蓋等からみると、陶邑TK73・TK85等に器形が共通するものがあるようである」こと。奴山5号墳・三ツ城古墳の器台は「口縁・脚裾の端部のつくりが、Ⅱ式の器台に類似し、Ⅰ型式第1段階のものの端部が丸味を帯びるところからすると、Ⅰ型式第1段階は池の上Ⅲ式とⅣ式との間に位置付けられるものかもしれない」こと。共伴土師器ではD-1出土甕（池の上Ⅱ式）は八女市室岡遺跡（酒井・関・武末 1977）の甕Ⅰ類（ⅢA期-5世紀前半）にきわめて類似し、10号墳出土高杯は池の上Ⅲ式並行とした有田および奴山5号墳出土高杯とほぼ同一時期（室岡ⅢB期並行）であること。福岡市老司古墳（酒井・関・武末 1977）3号石室（5世紀初頭）出土の馬具・金環と同様なセットが池の上Ⅱ式に伴っていることなどをあげて、池の上Ⅱ式を5世紀初〜前葉、Ⅲ式を5世紀前半の中頃に近い部分、Ⅳ式を5世紀中頃前後に比定した。Ⅰ式は4世紀末葉までさかのぼるとしている。その後、近年の所見（1990年度日本考古学協会発表要旨）では、D-1（池の上Ⅱ式）出土土師器甕を「布留式土器に継続するもの」=「布留式土器の要素が残存する時期のもの」とし、さらに「Ⅱ式に先行してⅠ式があり、それに先行して布留式中相の土師器を供献する1〜3号墳が存在した」。したがって「その間のⅠ式には布留式新相の土師器が伴うものと考えられる」。また胎土分析で陶邑産と推定された老司古墳（福岡市教育委員会 1989）3号石室墓道出土須恵器（図版6）を陶邑Ⅰ型式1段階以前に位置づけて5世紀初頭とする年代観に依拠して、「老司3号石室は初葬は4世紀後半代に遡るものと考えられ、池の上6号墳すなわち池の上Ⅱ式の年代を4世紀末〜5世紀初頭頃に位置付けたことは妥当といえる」とした。さらに「私の編年では池の上Ⅳ式に陶邑Ⅰ型式2〜3段階のものが共伴する。したがって

428　第2部　古墳時代

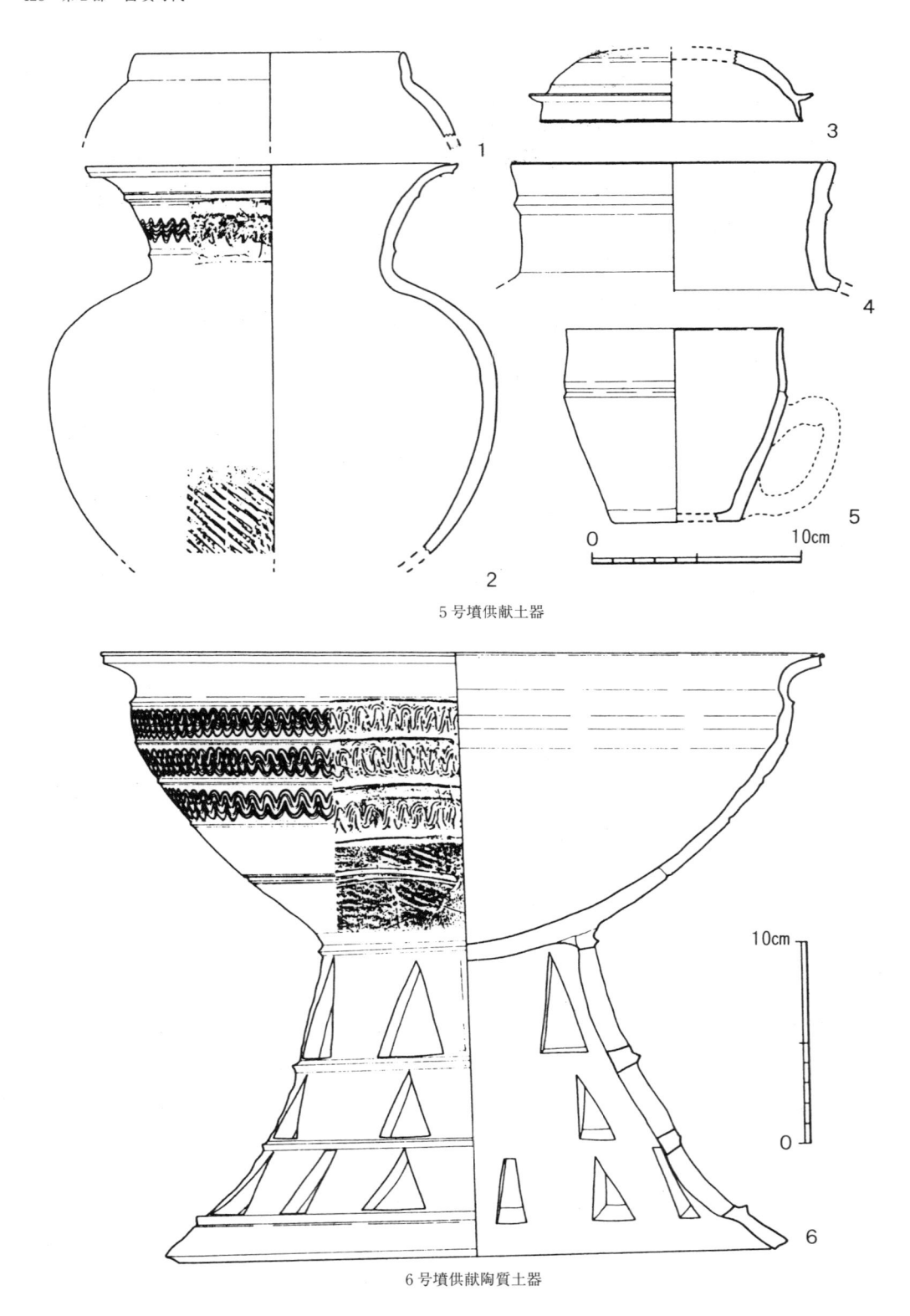

5号墳供献土器

6号墳供献陶質土器

図3 池の上墳墓群出土土器実測図（1）（縮尺1/3）

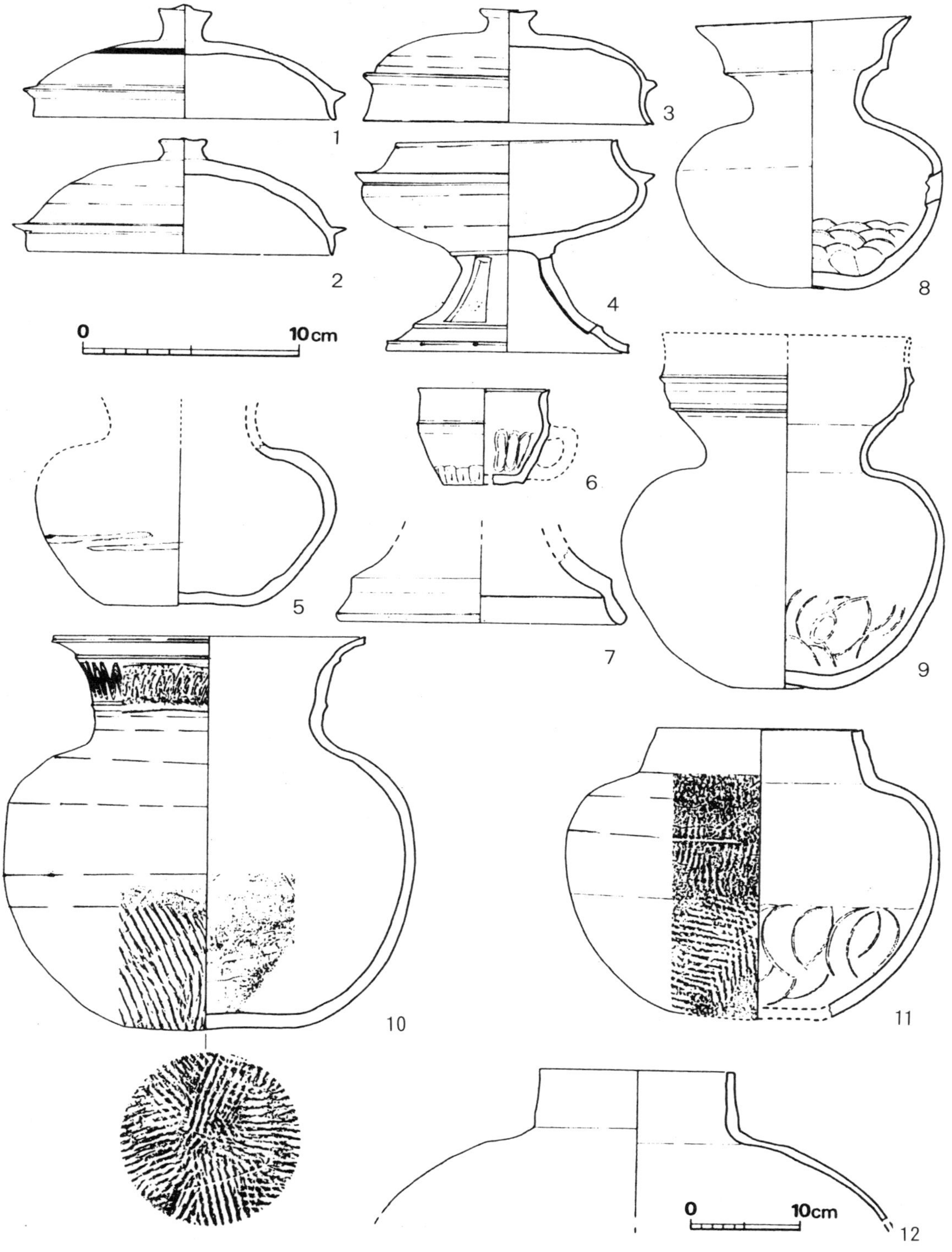

第 16 章　須恵器文化の形成と日韓交渉・総説編　429

6 号墳供献陶質土器

図 4　池の上墳墓群出土土器実測図 (2)（縮尺 1/3・1/6）

430　第2部　古墳時代

D-1副葬土器（縮尺1/3・1/6）
1・2．棺外副葬土師器、3．棺内副葬陶質土器

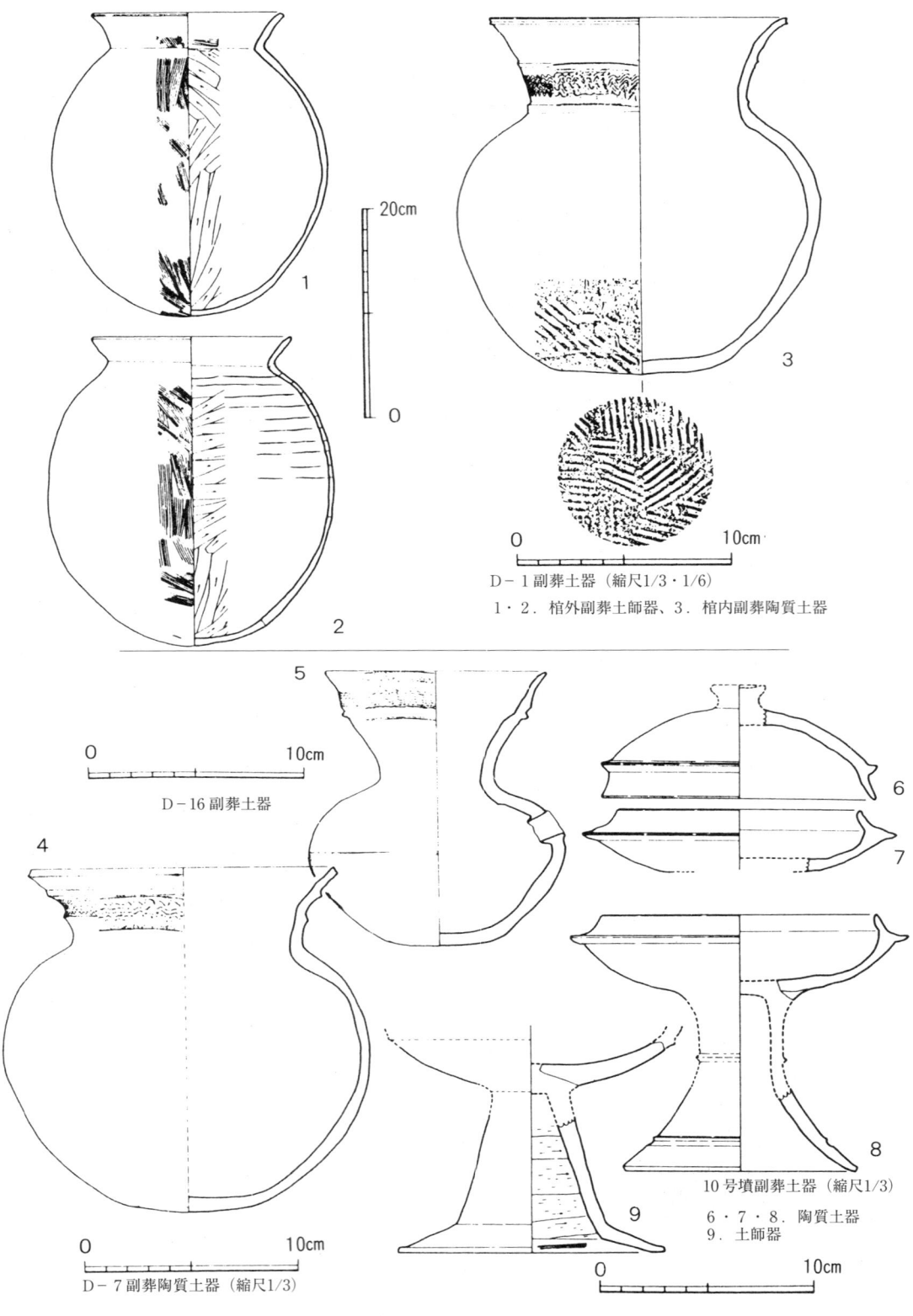

D-16副葬土器

D-7副葬陶質土器（縮尺1/3）

10号墳副葬土器（縮尺1/3）
6・7・8．陶質土器
9．土師器

図5　池の上墳墓群出土土器実測図（3）

第 16 章 須恵器文化の形成と日韓交渉・総説編　431

D−2 墓壙上面出土土器（縮尺1/3）

D−25 付近出土土器（縮尺1/3・1/6）

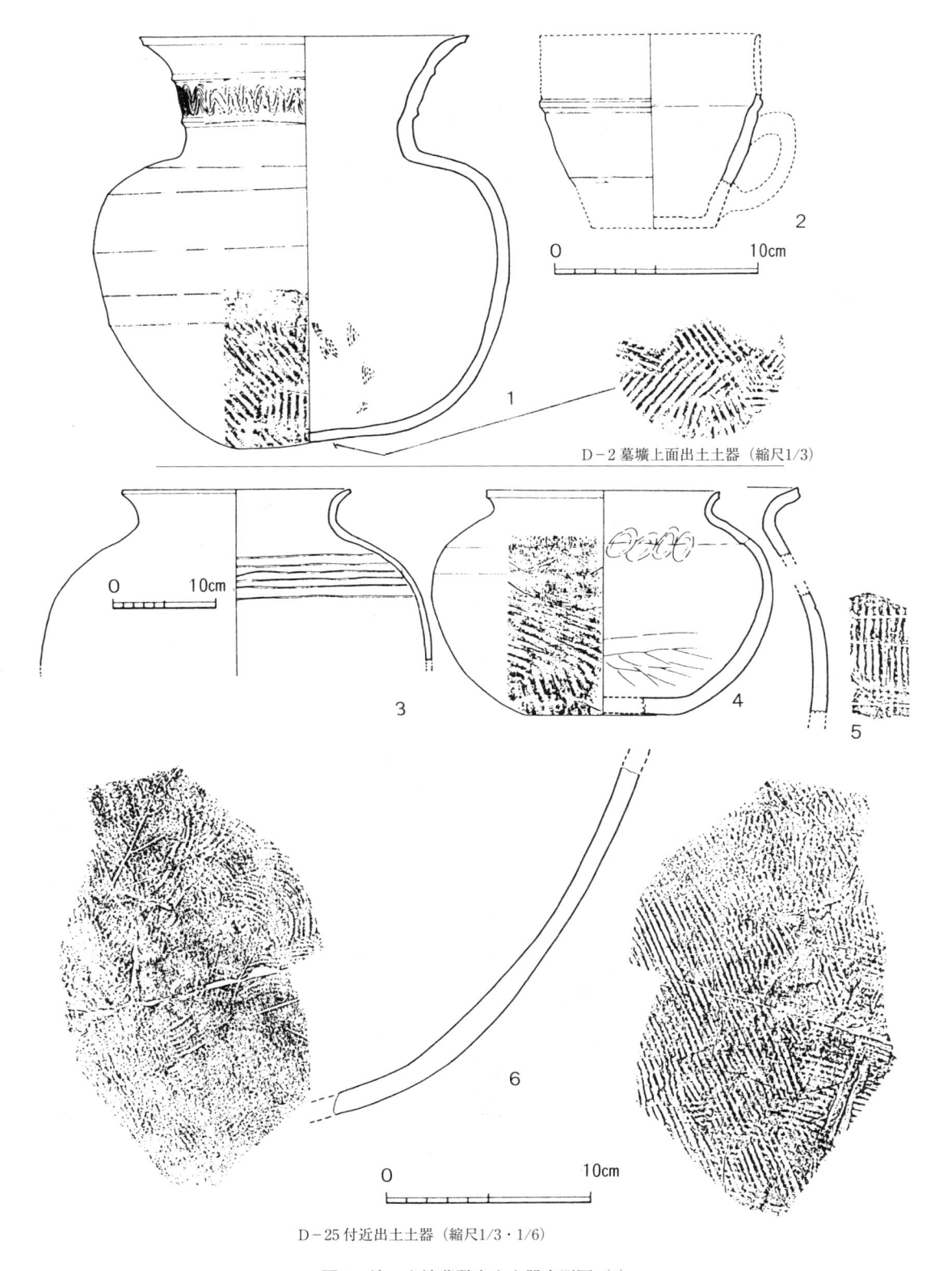

図 6　池の上墳墓群出土土器実測図 (4)

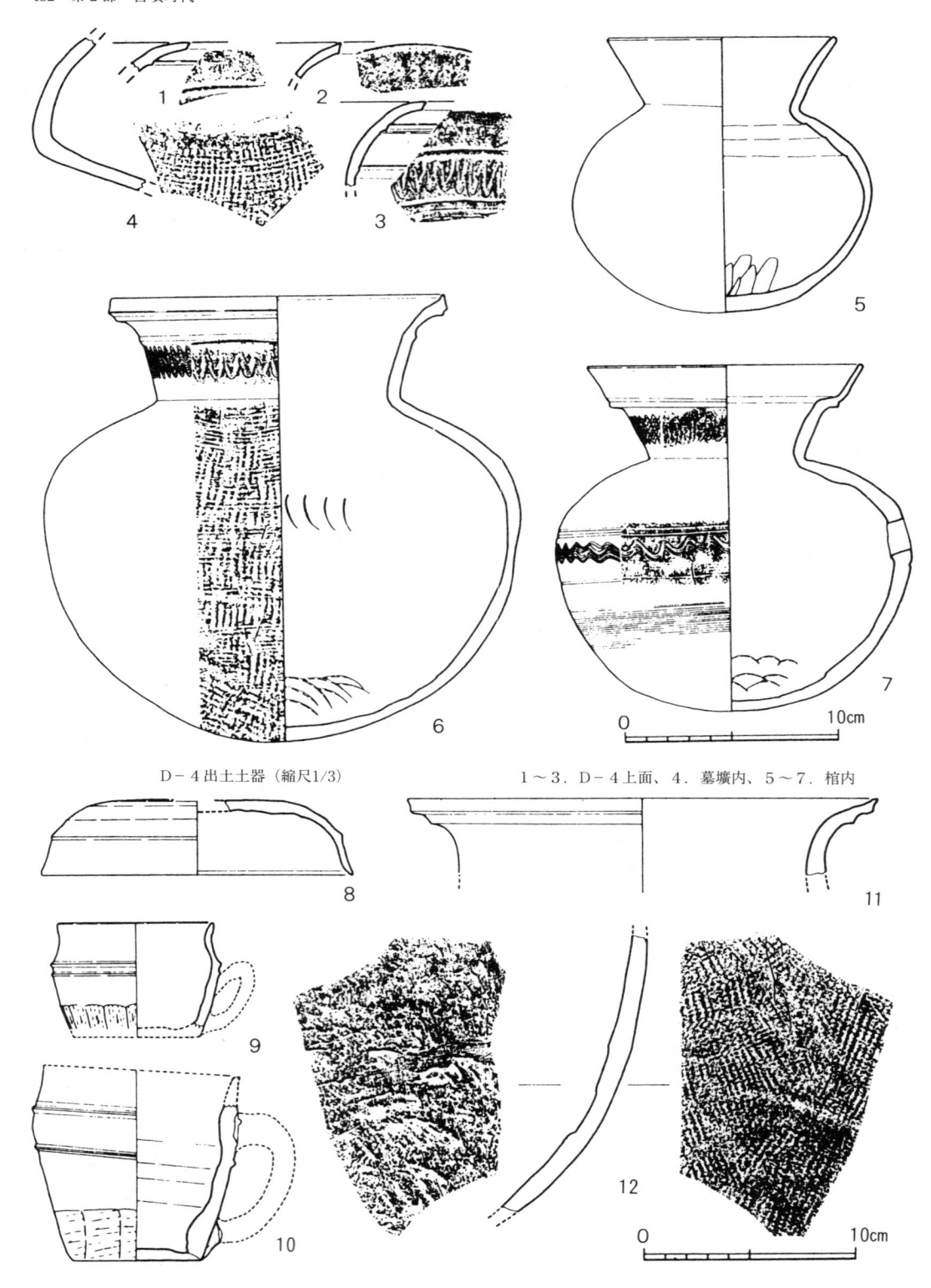

432 第2部 古墳時代

D-4出土土器（縮尺1/3）　　1～3．D-4上面、4．墓壙内、5～7．棺内

D-14～D-16付近表層出土土器（縮尺1/3）

図7　池の上墳墓群出土土器実測図（5）

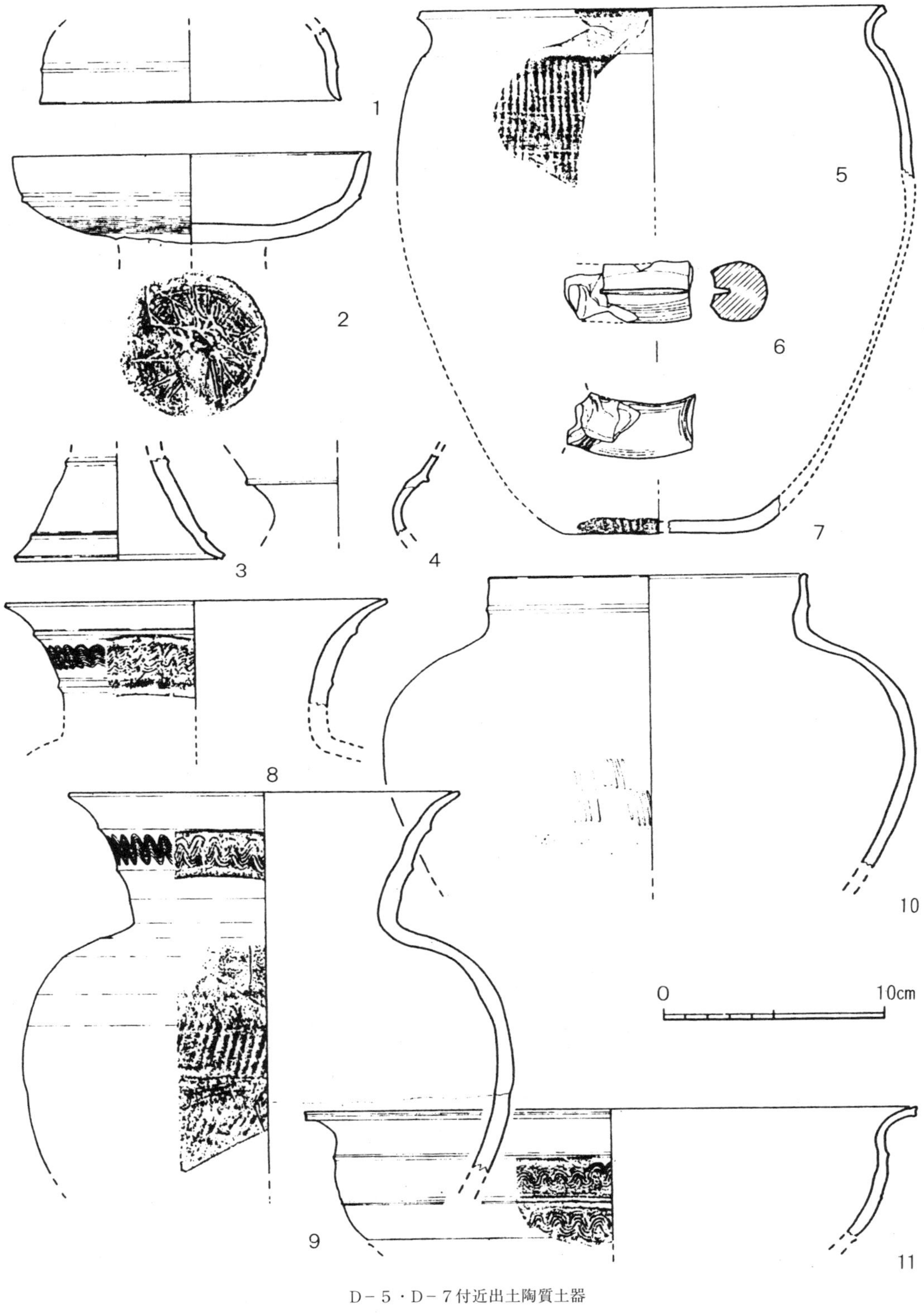

第 16 章　須恵器文化の形成と日韓交渉・総説編　433

D−5・D−7付近出土陶質土器

図 8　池の上墳墓群出土土器実測図 (6)（縮尺 1/3）

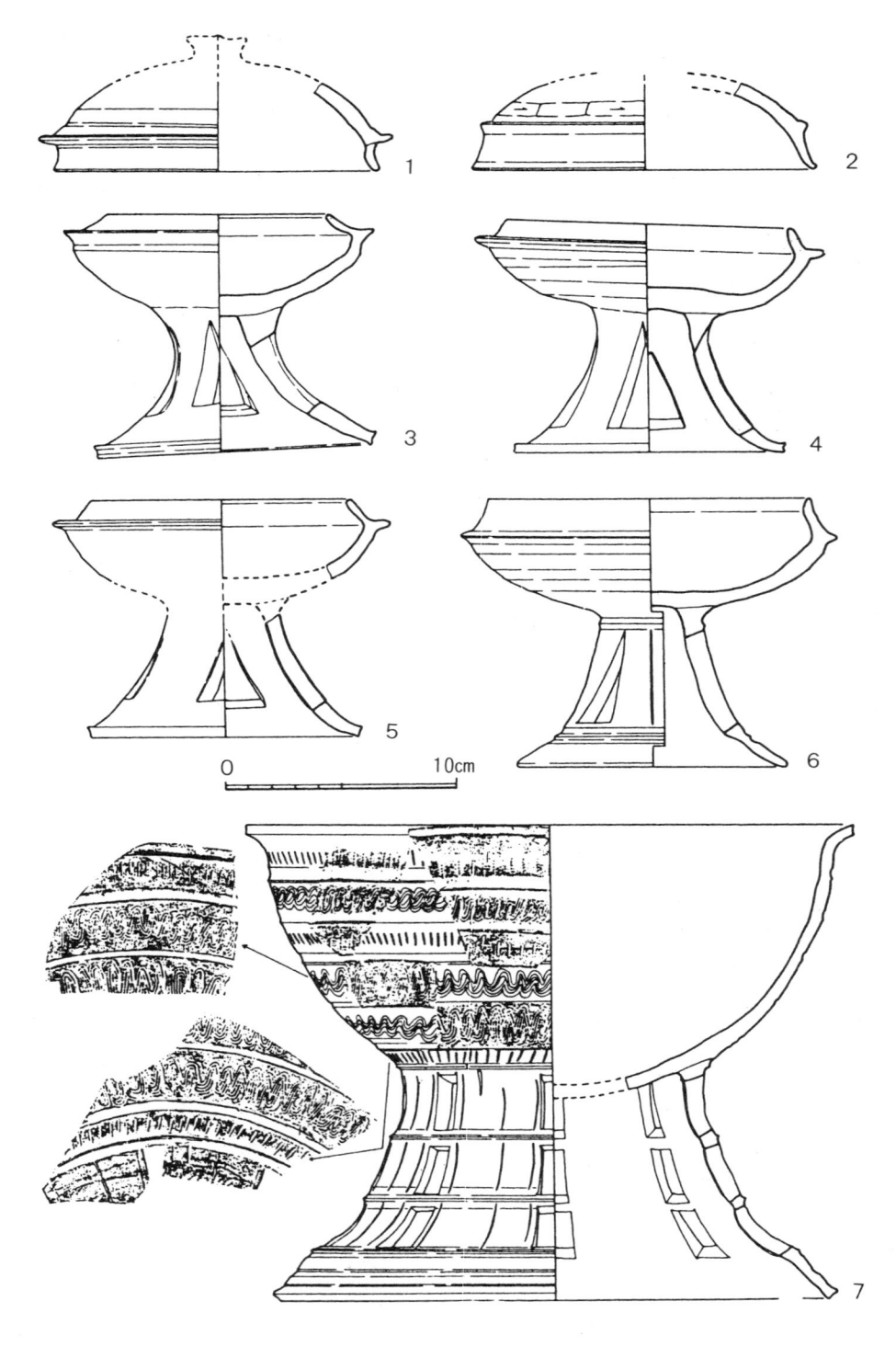

434　第2部　古墳時代

D-6供献陶質土器

図9　古寺墳墓群出土土器実測図（1）（縮尺1/3）

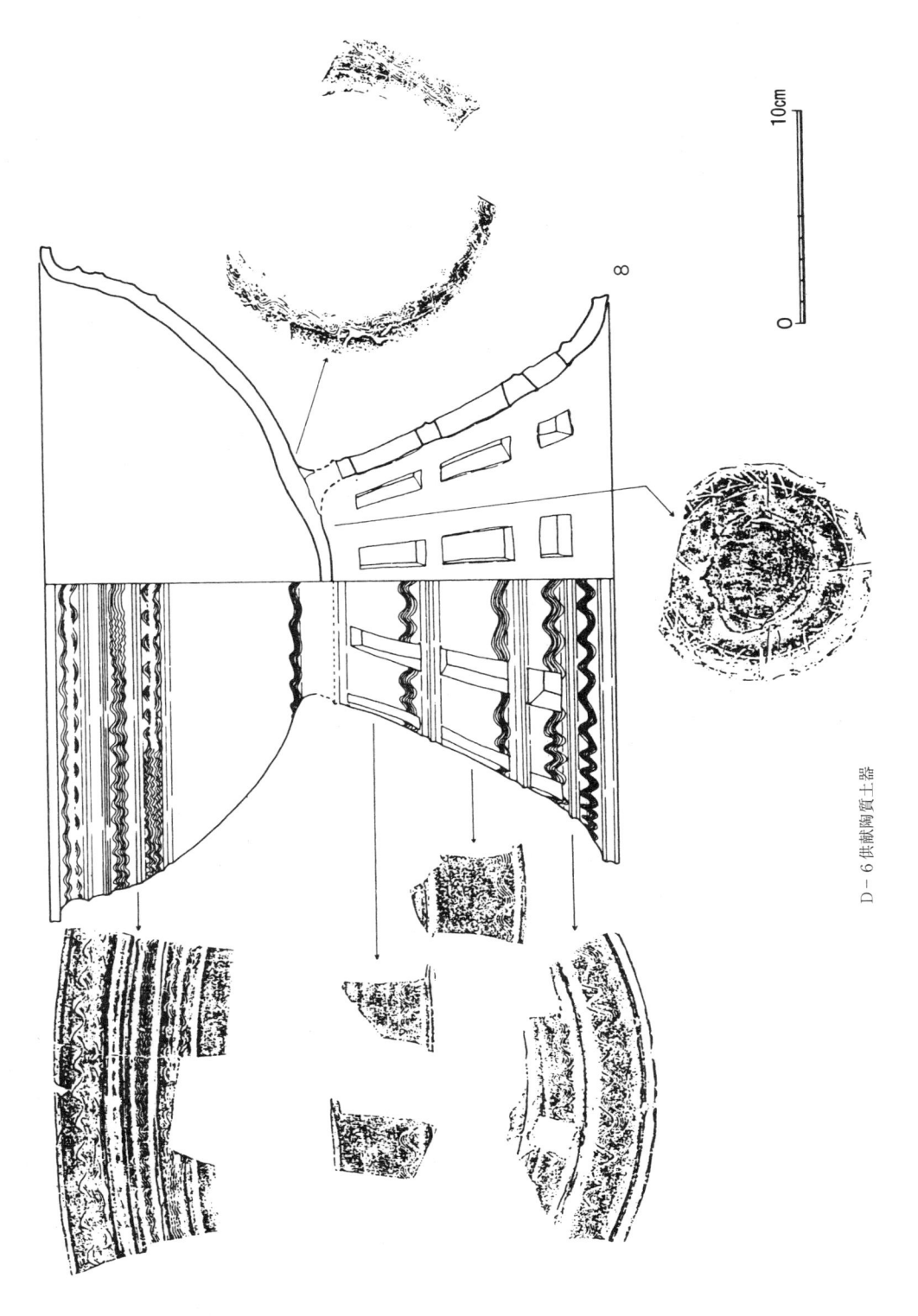

第 16 章 須恵器文化の形成と日韓交渉・総説編 435

図 10 古寺墳墓群出土土器実測図 (2)（縮尺 1/3）

D-6 供献陶質土器

436　第2部　古墳時代

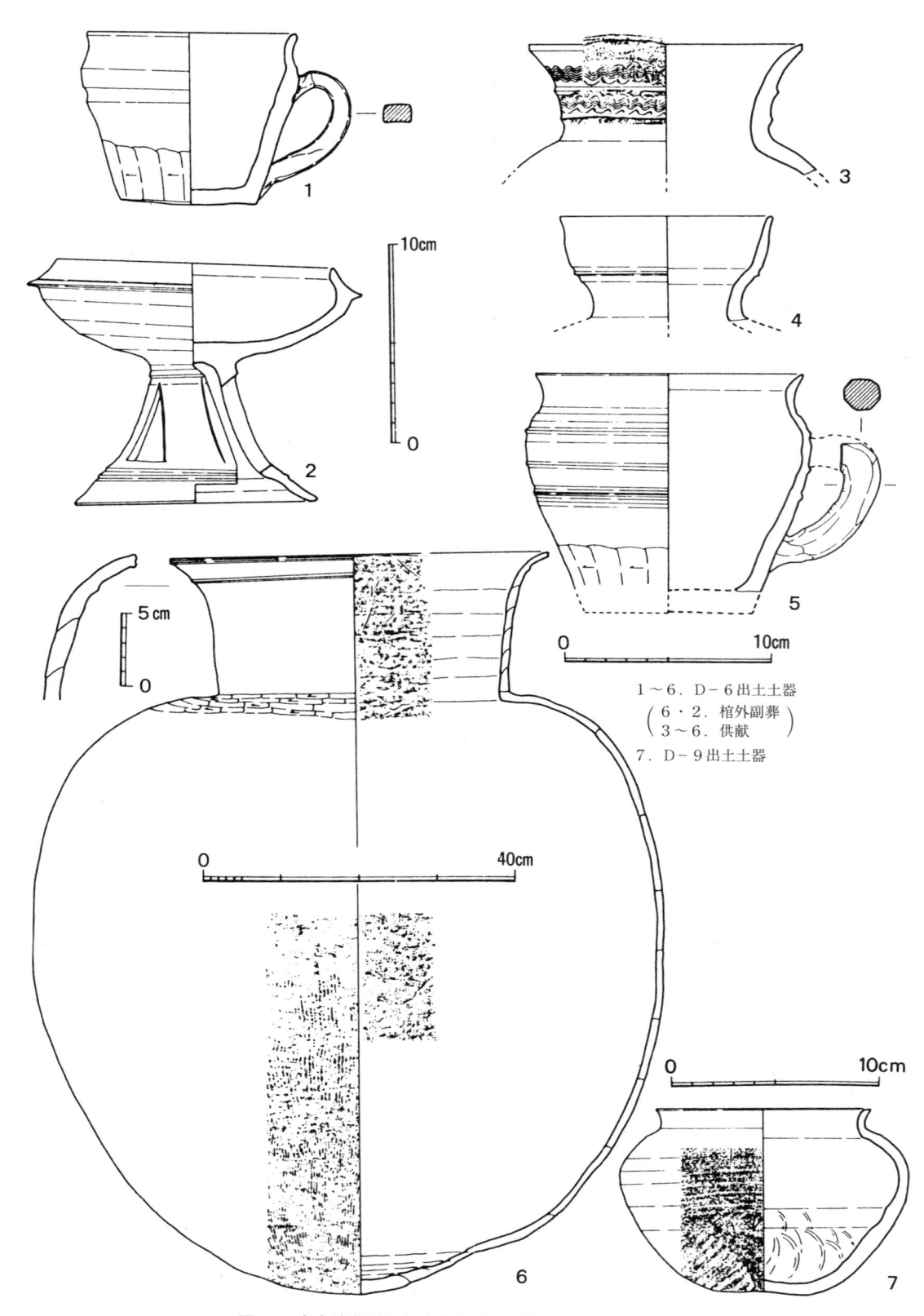

1〜6．D-6出土土器
（6・2．棺外副葬）
（3〜6．供献）
7．D-9出土土器

図11　古寺墳墓群出土土器実測図（3）（縮尺1/3・1/4・1/6）

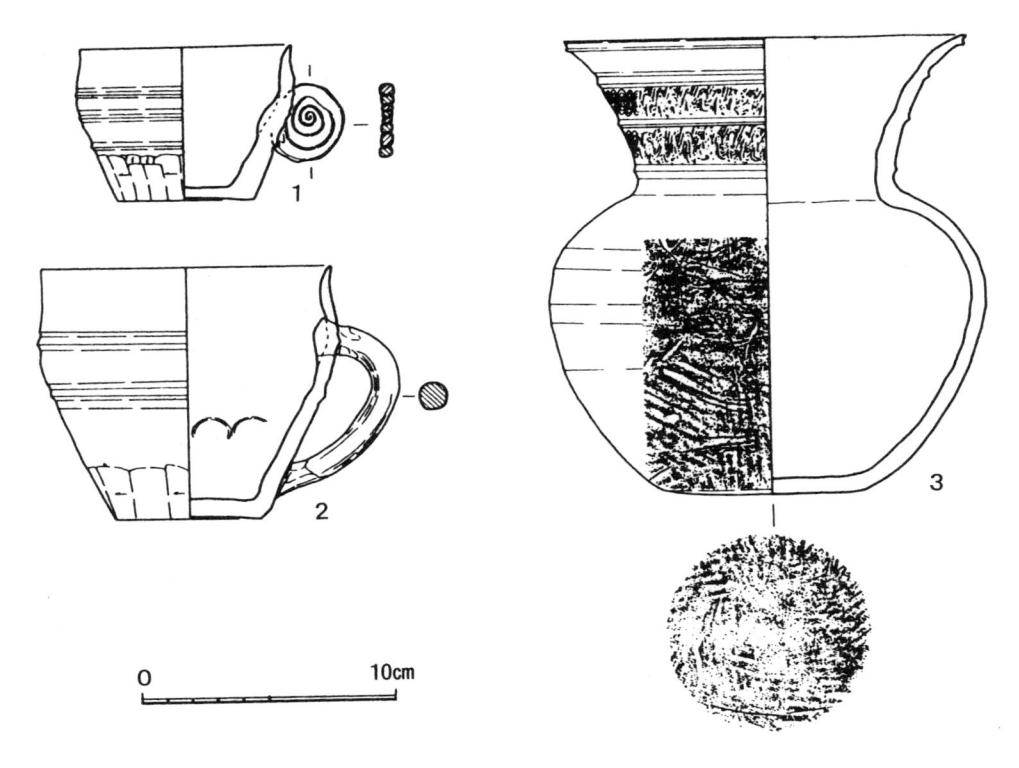

第 16 章　須恵器文化の形成と日韓交渉・総説編　437

10 号土壙墓（D-10）副葬陶質土器

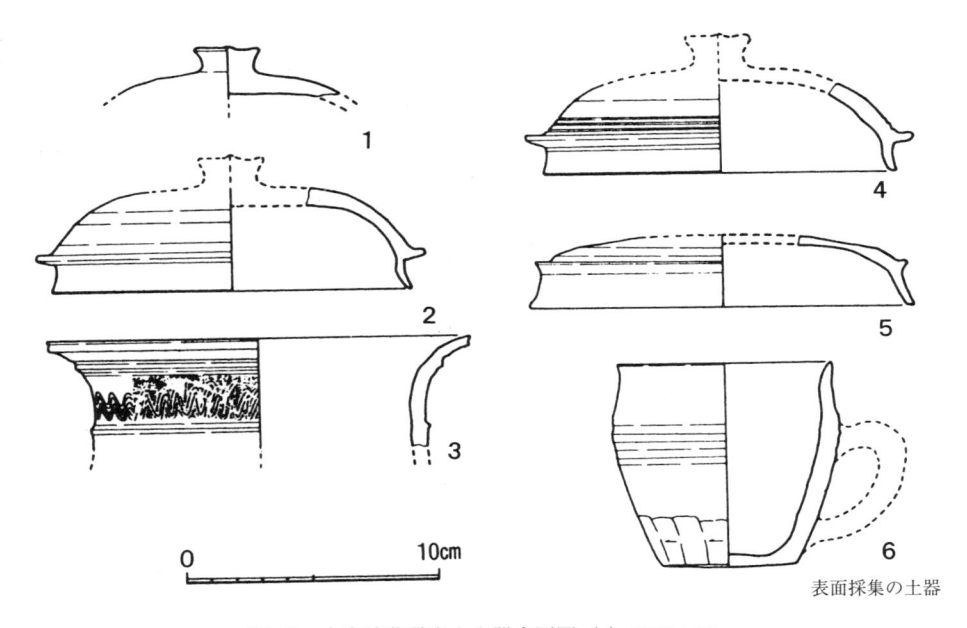

図 12　古寺墳墓群出土土器実測図（4）（縮尺 1/3）

表面採集の土器

438　第2部　古墳時代

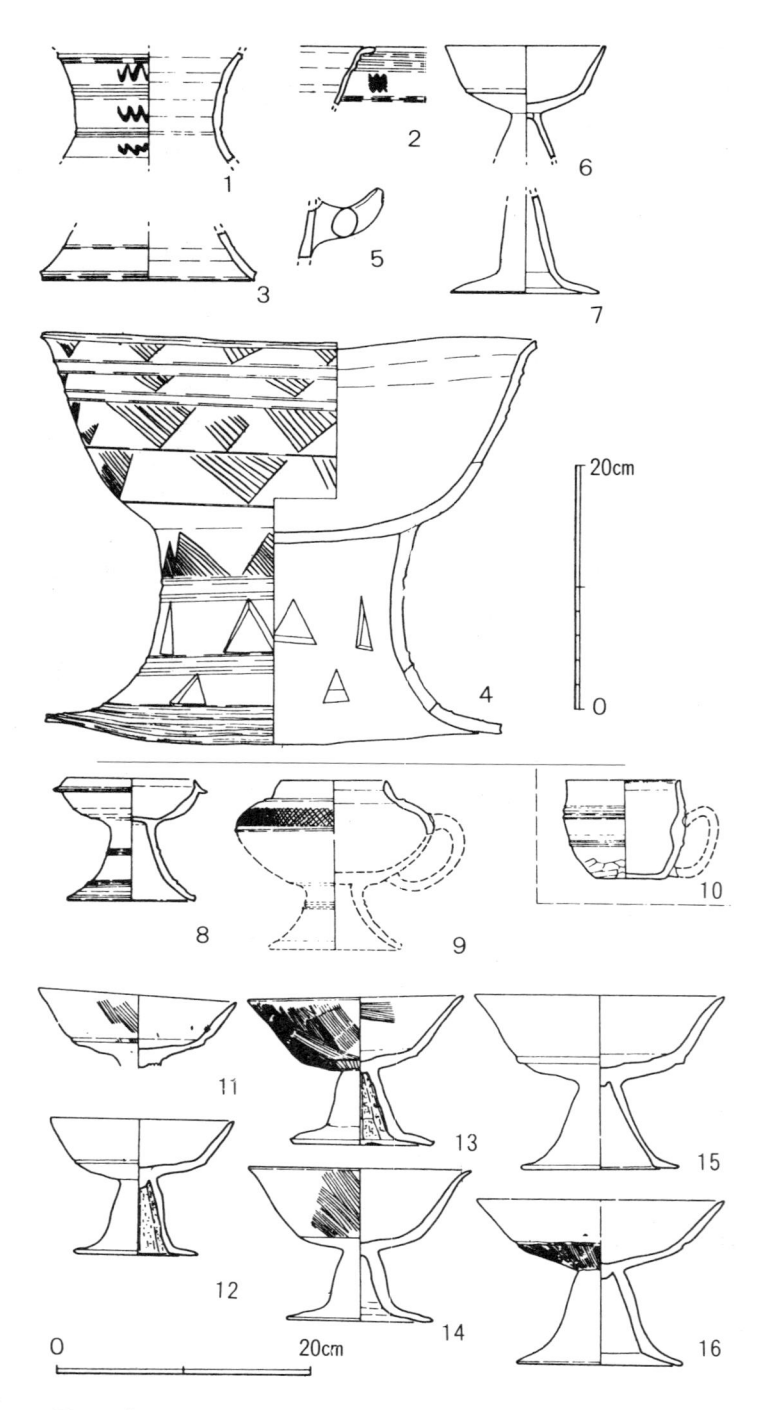

図13　奴山5号墳裾部（1〜7）・有田遺跡（8〜16）出土土器実測図
（橋口ほか　1979、縮尺1/6）

池の上Ⅲ式と陶邑Ⅰ式1段階が併行関係にあるものと考えられる」とする。かくして「池の上Ⅰ式は4世紀後半、池の上Ⅱ式は4世紀末～5世紀初頭、池の上Ⅲ式は5世紀前半、池の上Ⅳ式は5世紀前半代の後半」とする編年観を示している。

　以上のような池の上編年観が発表されてより、ただちに追随利用する人も少なくない。しかしすでに指摘されているように、分類の指標とされた壺の口縁特徴の小差は否定できず（柳田 1982b）、杯蓋・高杯・把手付小鉢・大型器台などについてみても、器種によってはⅠ～Ⅱ式、Ⅱ～Ⅲ（～Ⅳ式）などにわたって特記すべきほどの変化がみられないものがあり、これらの器種が変化せず継続すると考えられるであろうか。またⅠ・Ⅱ式に共伴した土師器の年代観や陶邑編年との並行関係の認定は妥当なものであろうか。すなわち4世紀後半とするⅠ式と布留式新相土師器を並行させうるか。4世紀末～5世紀初頭とするⅡ式の年代観の拠り所とした老司3号石室は2回ほどの追葬があるにもかかわらず、須恵器の年代は初葬時に比定していること。5世紀第2四半期とするⅣ式段階のD-4出土須恵器ははたして陶邑Ⅰ型式2～3段階と判定できるのかなどである。池の上編年観のなかにはⅠ～Ⅳ式は時間的前後関係に並ぶものであり、またそれ以前にさかのぼる池の上墳墓群の出現期より通じて時間的空白なく継起しているとする先入観が作用しているのではないかなど、まだすべてを容認するには問題点が多いようである。Ⅰ～Ⅲ式に比定された墳墓をほぼ定型化以前の須恵器段階に比定することは大綱において正しいであろう。またⅣ式をそれ以降の定型化段階とすることも異論ないであろう。そしてⅠ・Ⅱ式壺の小差は同一段階における二つのタイプとして両型式を一括してあつかってもよいのではないかという視点も生じてくる。要するに現段階では初期須恵器段階に新古の二相が存在しているであろうということを予想し認識するにとどめおいてよいであろう。このことはさきに筆者が提起したⅠ－A期がさらに二分しうるところまでおしすすめたことになる。

(3) 朝倉窯跡群の須恵器（図14～17）

　つぎに池の上・古寺両墳墓群に副葬・供献土器を供給した朝倉窯跡群の資料についてみておく。これまで平田定幸、中村勝両氏の採集資料、九州大学による発掘資料が報告されている。

　小隈窯跡で型式分類の基準となった壺についてみるとⅠ・Ⅱ式が共存し、一部にⅢ式らしいものも含まれている。また波状文については中村勝氏の分類によるA型波状文（中村勝 1989）[2]がⅠ～Ⅳ式すべてに含まれていて、これがまた「4世紀後半から5世紀前半の後半代と、およそ50～70年もの時期幅が与えられている。同一工人固有の文様であるとするならば、時期的な幅はきわめて制約されることになろう」という疑問を呈することにもなった。また高杯については池の上D-5付近、6号墳、10号墳、古寺D-6出土タイプの脚端の特徴をもつものは提示されていない。さらに古寺D-6供献タイプの甕口縁や把手付小鉢の輪状把手は認められる。ほかに甑の有溝把手がある。

　つぎに八並窯跡ではまだ資料的に少ないが、池の上Ⅱ・Ⅲ・Ⅳ式壺、B型波状文をもつ無蓋高杯片や大型器台片がみられる。とくに後者では池の上、古寺にみられない鋸歯文を伴うものがみられる。鋸歯文を有する器台は小隈窯跡でも採集されているが、八並では断面の丸い突帯をめぐらし、小隈では沈線をめぐらす相違点がある。また八並では輪状把手付小鉢があるが、池の上や古寺の出

440 第2部 古墳時代

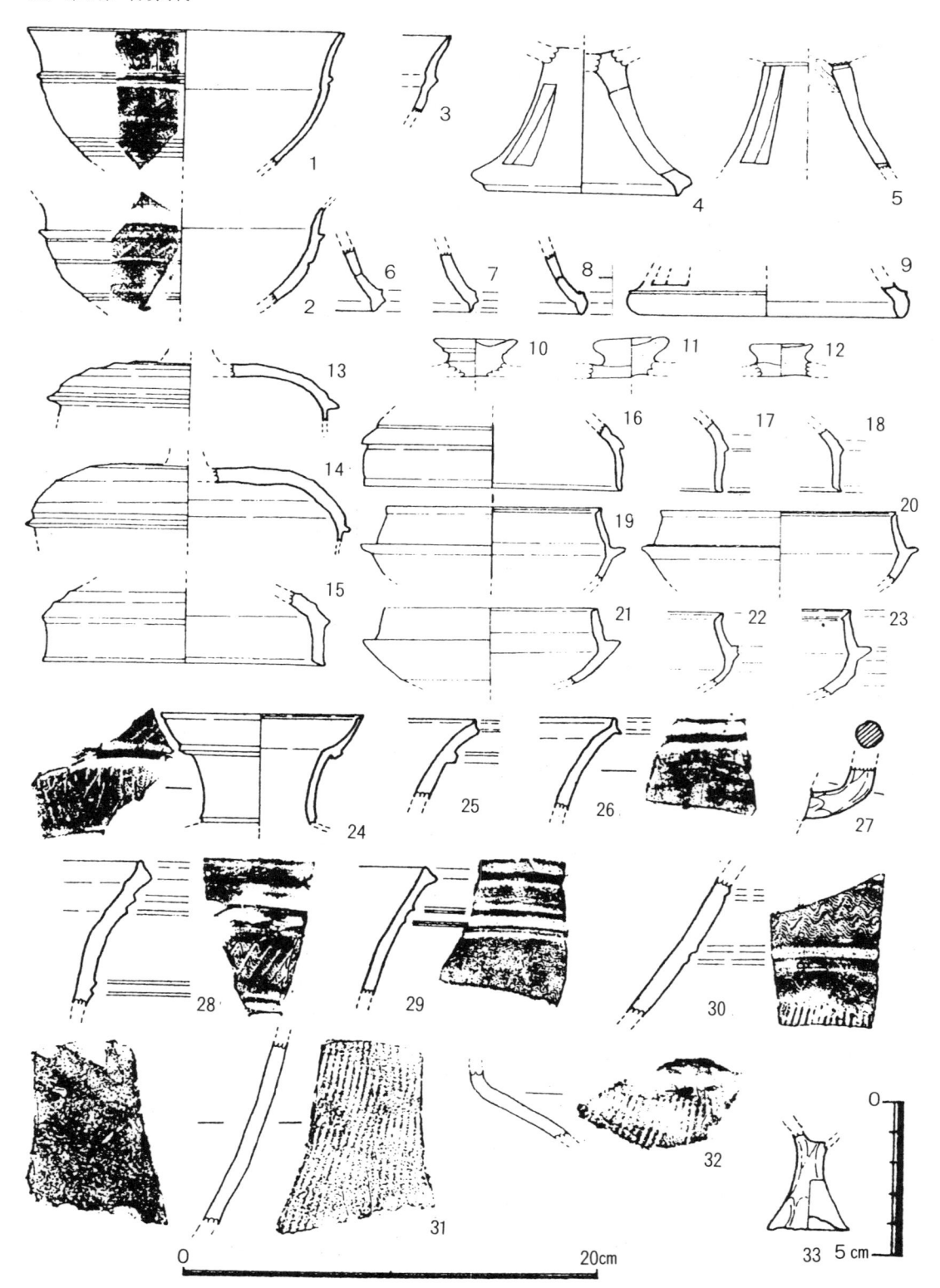

図14 朝倉窯跡群資料（1） 小隈窯（中村浩 1989、縮尺1/3）
1～9. 高杯、10～23. 蓋杯、24～26. 壺、27. 把手、28・29・31・32. 甕、30. 器台、33. ミニチュア土器

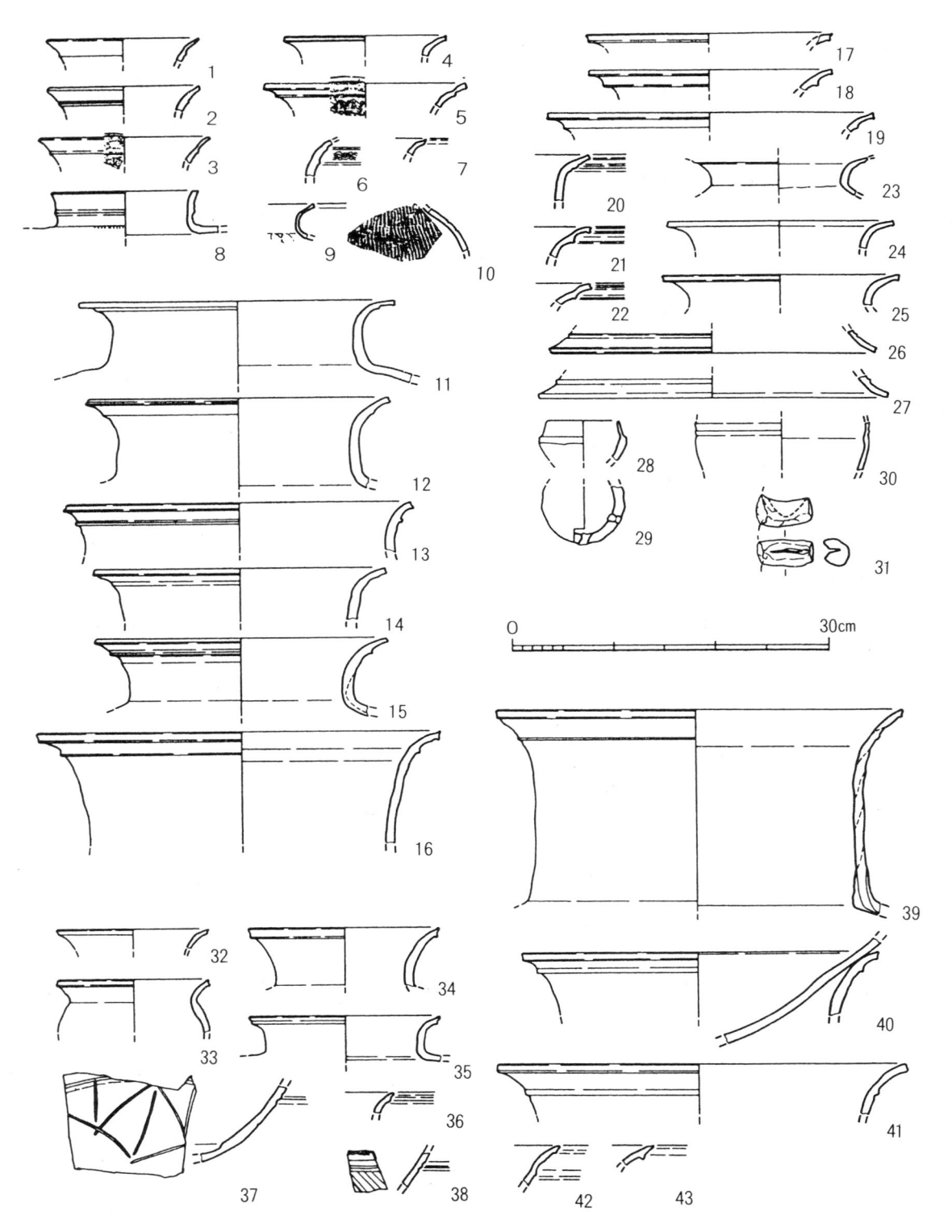

第 16 章　須恵器文化の形成と日韓交渉・総説編　441

図 15　朝倉窯跡群資料（2）　小隈・八並・山隈窯（甘木市 1984、縮尺 1/6）
1〜31．小隈窯跡、32〜38．八並窯跡、39〜43．山隈窯跡

442　第2部　古墳時代

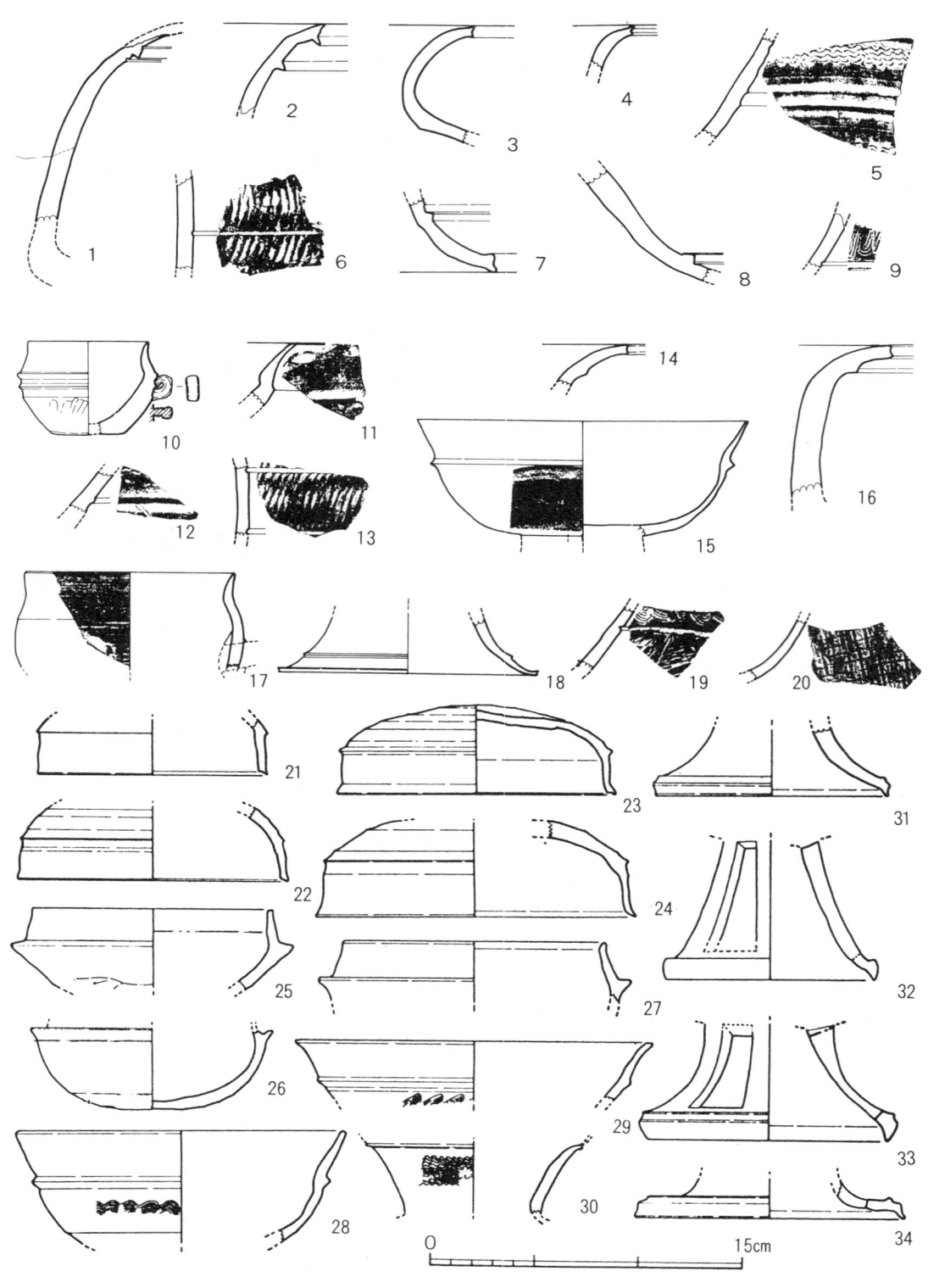

図16　朝倉窯跡群資料（3）　小隈（21〜34）、八並（10〜13）、山隈（1〜9）、小隈C（14〜16）、小隈D（17〜20）（甘木市 1984、縮尺1/3）

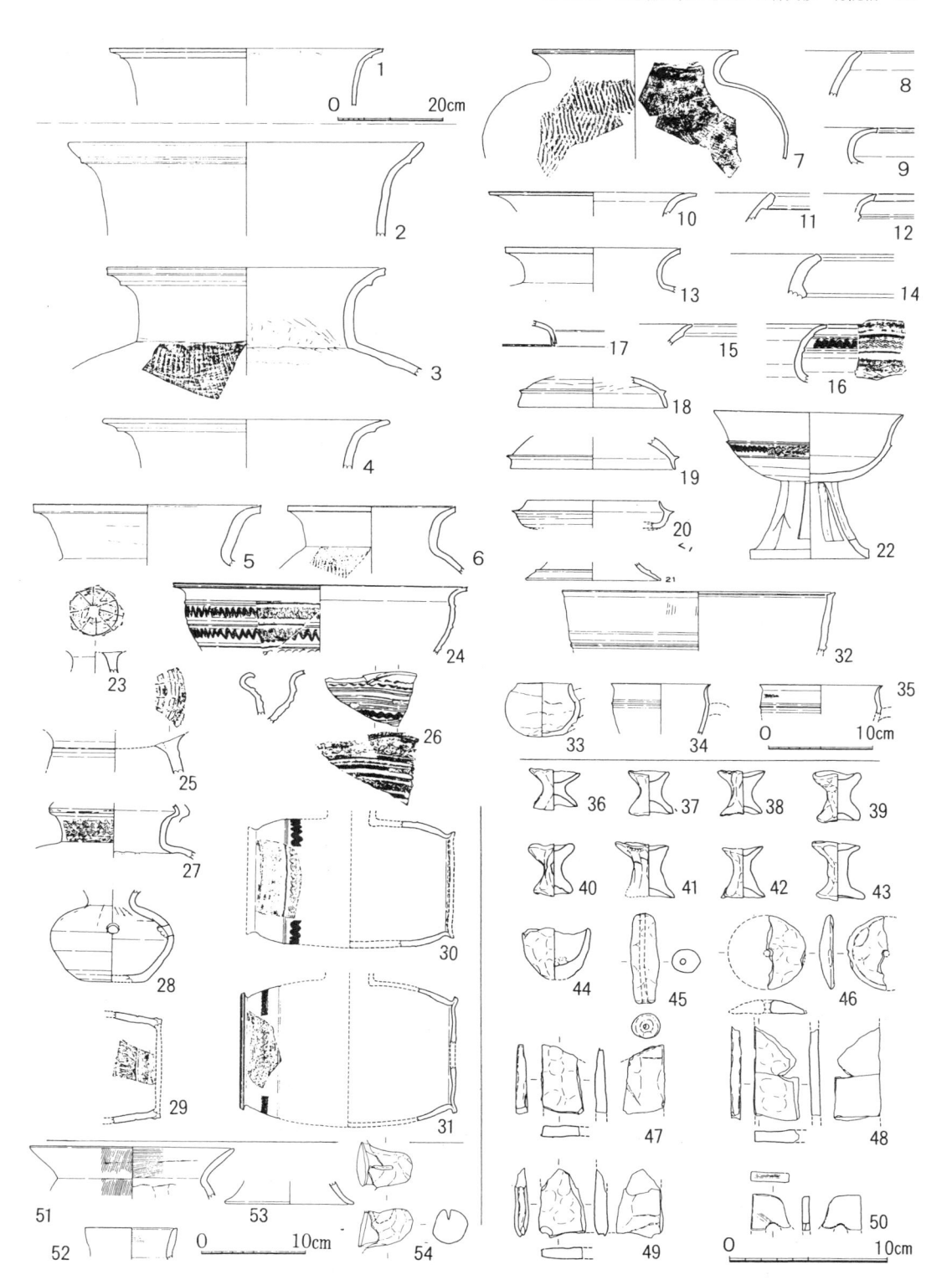

第 16 章　須恵器文化の形成と日韓交渉・総説編　443

図 17　朝倉窯跡群資料（4）　山隈窯跡（1〜35．須恵器、36〜50．土製品、51〜54．土師器）
（九州大学考古学研究室 1990、縮尺 1．1/12、36〜50．1/4、その他 1/6）

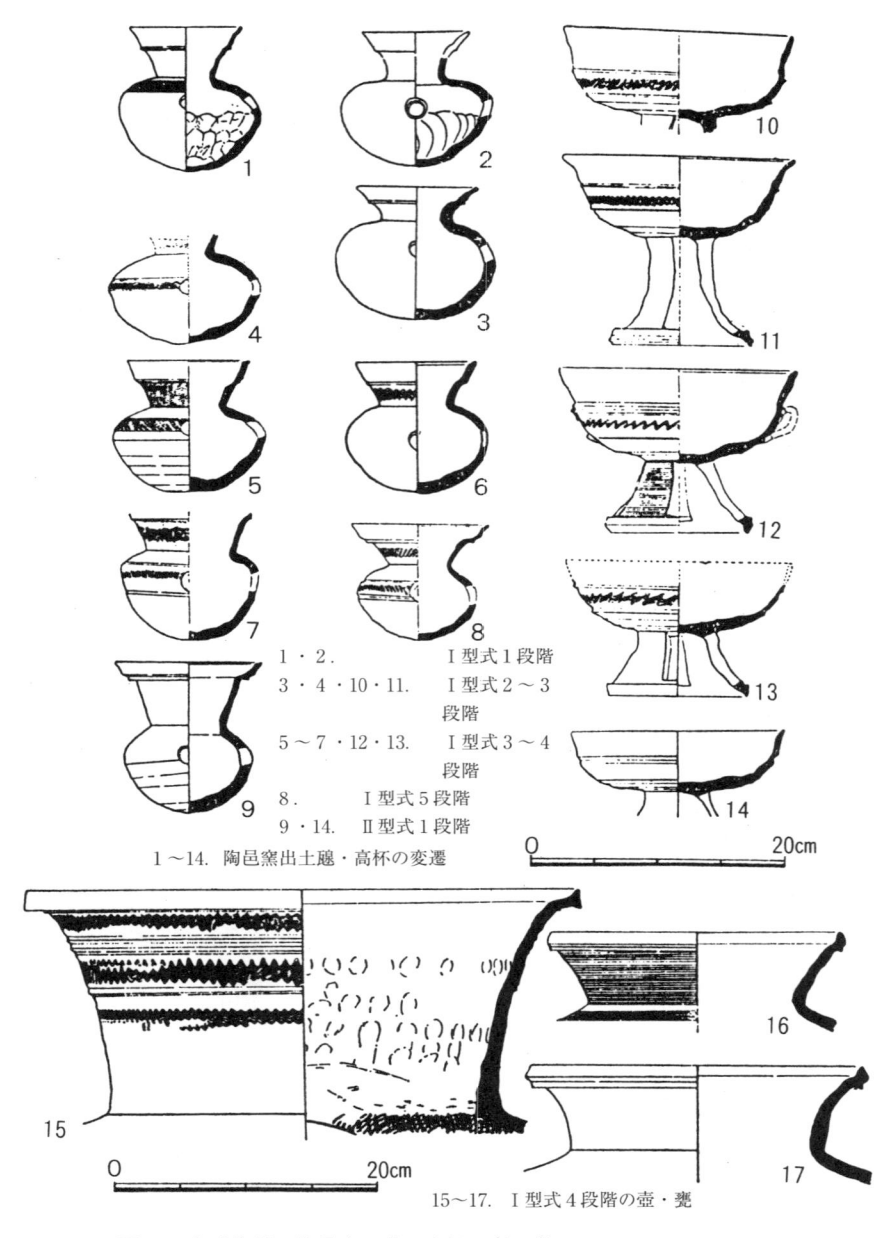

1・2.　　　Ⅰ型式1段階
3・4・10・11.　Ⅰ型式2～3段階
5～7・12・13.　Ⅰ型式3～4段階
8.　　　　　Ⅰ型式5段階
9・14.　　　Ⅱ型式1段階

1～14. 陶邑窯出土甕・高杯の変遷

15～17. Ⅰ型式4段階の壺・甕

図18　参考資料・陶邑窯の甕・高杯・壺・甕（中村浩 1985a、縮尺1/6）

土品とくらべて器壁のきわめて厚手である点がめだっている。このほか有溝把手付甑がある。
　山隈窯跡では池の上Ⅰ～Ⅲ式壺を含み、波状文もA～C型が共存する。ここでは池の上10号墳タイプ有蓋高杯（図17-18～21：5・6号墳の蓋にも同類あり）、6号墳・D－6タイプ甕（図17-28）、D－25付近タイプ短頸扁球壺（図17-7）、6号墳・D－5・7付近タイプの大型器台（図17-24～26）や把手付小鉢（図17-34・35）など池の上墳墓群と共通する特徴をもつ器種・器形は多い。なかでも現在までのところ本窯跡のみで知られているものに袋状口縁壺（図17-27）や樽型甕（図17-29

〜31）がある。このほか土師器・手づくね土器・土錘・紡錘車・不明土製品・円筒埴輪などの土師製品がみられることは、初期須恵器生産における従来の土師器生産工人とのかかわりを示しているであろう。

　以上のように朝倉窯跡群の内容は、相互に共通点と相違点はあるものの、相互に並行する操業期間がかなりあり、かつ技術的交流があることも明らかである。したがってその時間幅すなわち上限と下限についても半世紀をはるかにこえるような長期操業を想定することはむずかしいと判断される。さらに山隈窯跡における熱残留磁気測定値として AD450±10 年の結果が得られていること、また豊津町居屋敷窯跡でも AD440±10 年の測定値が得られていることなども参考されよう。

　池の上 IV 式に比定されている D-4 出土の陶邑産の甕と壺について、橋口達也氏は陶邑 I 型式 2〜3 段階のものとしたのであるが、甕にみる球形体部のプロポーション・頸部の直線的立上り・口縁部の内湾的傾向、また壺にみる口縁部のつくりなどから総合して、むしろ 3〜4 段階相当とみるべきであろう（図 18）。これはまた同段階の蓋杯や高杯と朝倉窯跡群のものを照してみても、ほぼ首肯できるであろう。かくして朝倉窯跡群の上限は 5 世紀第 2 四半期代は確実で、さらに第 1 四半期のどこまで上りうるかというにとどまり、下限はほぼ第 3 四半期代にあてておいてよいであろうという結果を得ることができる。

(4)　朝倉窯製品の流通

　朝倉窯産（とくに小隈窯産）と推定される製品がどのような流通しているかという問題については、これまで橋口達也、中村勝、蒲原宏行、片岡宏二氏らによってとりあげられ、また三辻利一らによる産地同定分析の成果によって裏付けられつつある。[(1)I][(1)II]

　まず筑後川周辺に展開する遺跡群では、小田茶臼塚古墳（図版 10・図 21）、木塚古墳、宝満川川底（以上久留米市）、瑞王寺古墳（筑後市）、石人山古墳（広川町）（図版 10・図 19）、立山山 23・24 号墳（八女市）、西隈上古墳（浮羽町）などがあり、つづいて北上して隈平原 1・2・5 号墳（図版 8）、木山遺跡（筑紫野市）、井河 1 号墳、松木遺跡（以上那珂川町）、有田遺跡、飯盛吉武遺跡（以上福岡市）と博多湾周辺地域に及ぶ。さらに佐賀平野では礫石 8 号墳（大和町）、西原遺跡、鈴熊古墳（ST001・002）（図版 8）（以上佐賀市）、東尾大塚古墳（北茂安町）などがあげられて嘉瀬川を越えない以東地域に及んでいる。これら供給地をみると、福岡地域では中・小クラスの群集墳や集落に、佐賀平野東半部では中・小クラスの群集墳に受容されている。これに対して筑後地域では中・小クラスの古墳のみならず小田茶臼塚（前方後円墳・全長 54.5 m）、石人山古墳（前方後円墳・全長 110 m）などの各地域を代表する 5 世紀前半〜中頃の大型古墳にまで供給されていることが注目される。小隈窯跡から筑後地域の石人山古墳まで約 40 km、また博多湾周辺遺跡や佐賀県嘉瀬川まで約 70 km となる。

　以上の産地推定分析結果は三辻利一氏らの成果によるものであるが、それらの一覧表を掲げておく（表 4〜6）。

　以上の成果を通覧して、小隈窯産と並んで大阪府・陶邑窯の製品もかなり伝来していることがうかがわれる。このような流通状況について、その背後に当然、筑紫君をはじめとする在地豪族とのかかわりや大和政権の九州支配の問題が考えられるところであるが、これらの問題をふかめるため

446　第2部　古墳時代

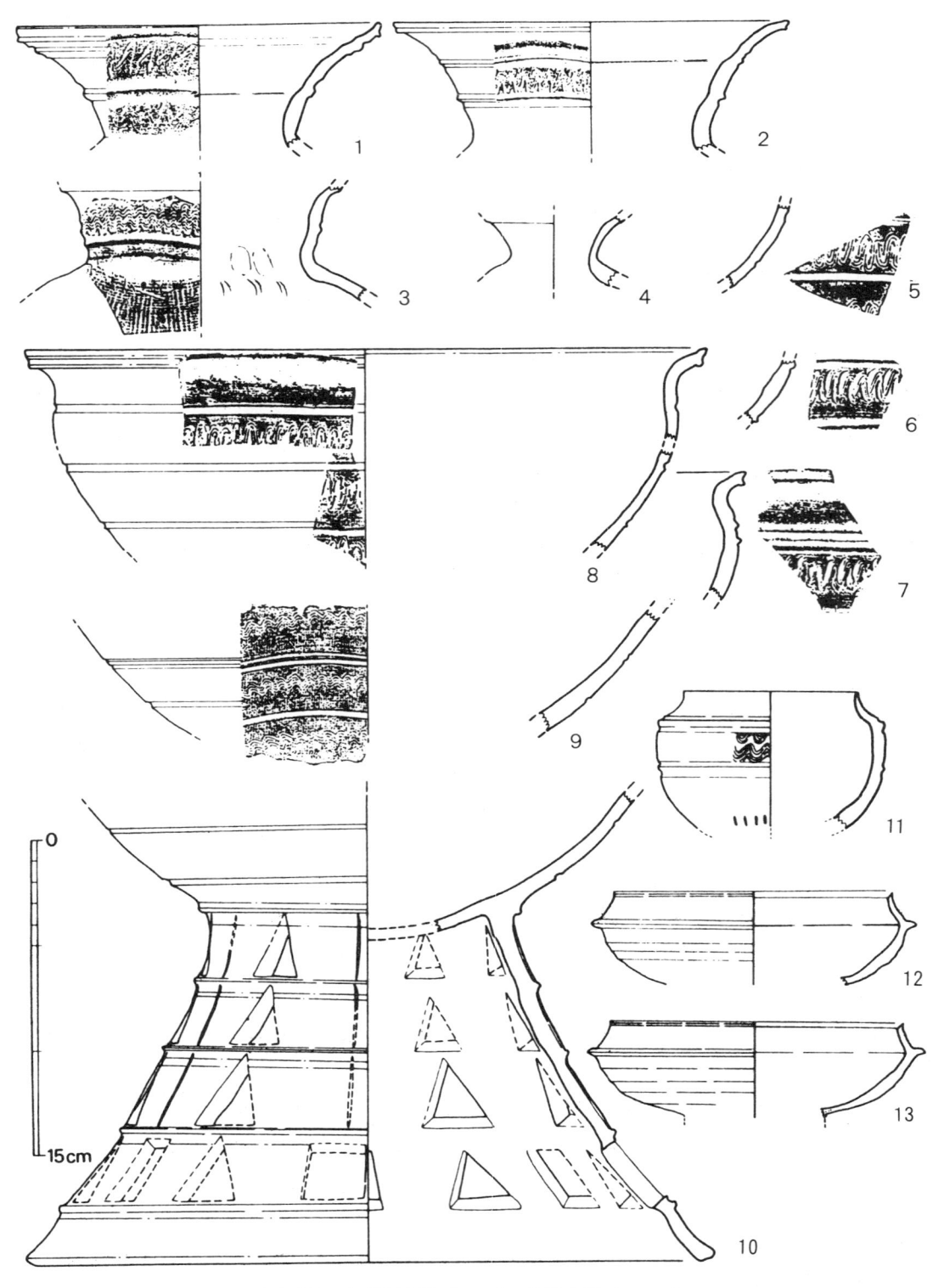

図19　石人山古墳の初期須恵器（1〜10）、陶質土器（11〜13）（縮尺1/3）

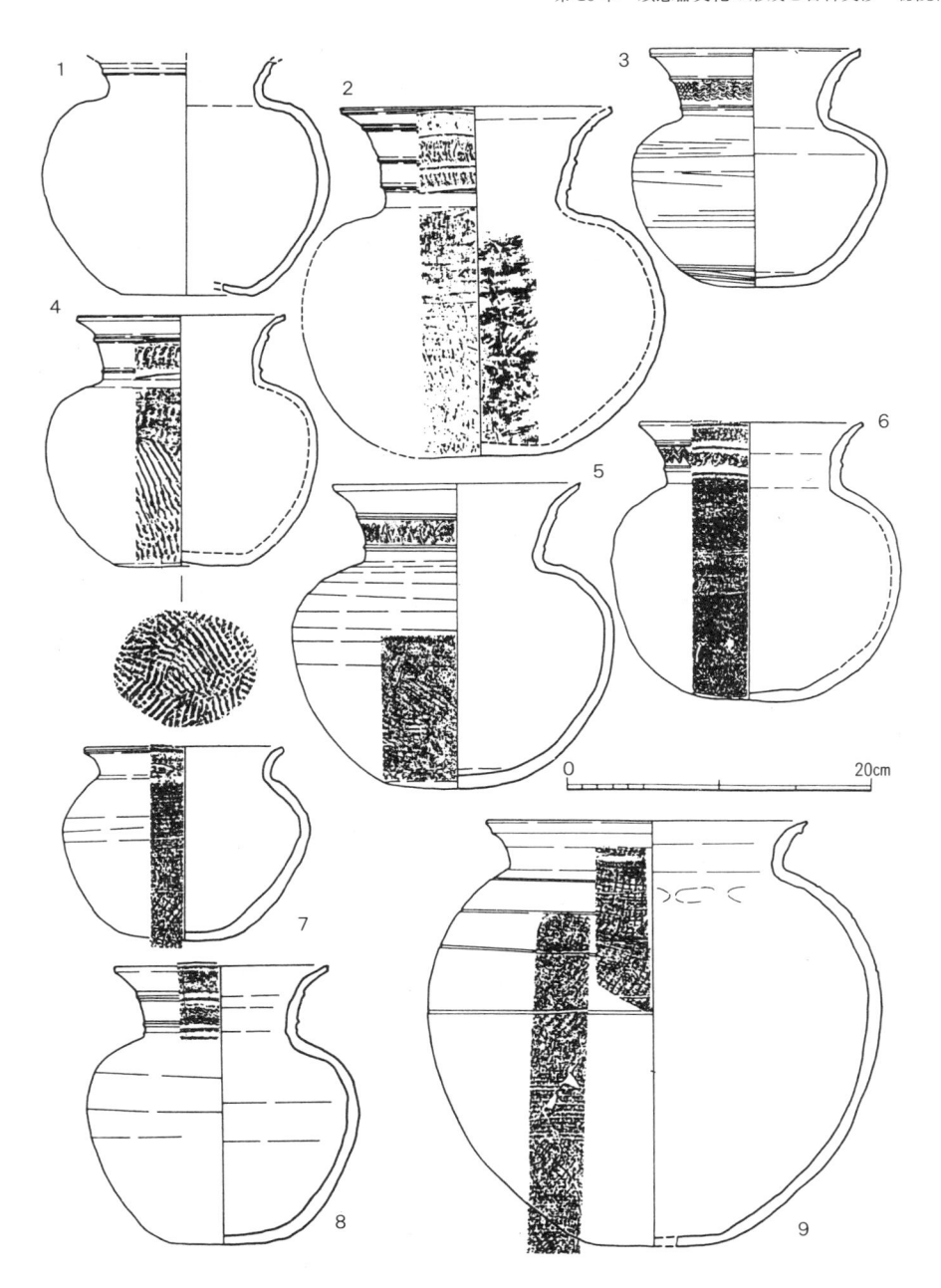

図 20　福岡・佐賀県内発見小隈窯系壺（縮尺 1/5）
1・2. 飯盛吉武、3. 東尾大塚、4. 金武小学校、5. 宝満川川底、6. 筑紫野市木山、7〜9. 隈平原 2 号墳

にはまだ資料的に十分ではない。
(5)　他窯製品の流通
　九州の初期須恵器窯にはこれまで検討してきた朝倉窯系須恵器のほかに、福岡県内の筑紫野市・隈西小田窯跡群や豊前地域の豊津町〔現みやこ町〕・居屋敷窯跡があるが、製品の詳細についてはまだ未整理で需給関係についての検討は将来に待たねばならない。しかしともに定型化以前の段階

表4 小隈窯跡周辺遺跡出土須恵器の産地推定結果 (古文化談叢16集・1986)

試料番号	遺跡名	器種	推定産地	試料番号	遺跡名	器種	推定産地
1	茶臼塚古墳	器台口縁 No.3	小隈窯	34	松木遺跡140街区	甕	小隈窯
2	〃	器台裾部 No.1	〃	35	石人山古墳	器台（杯部）	〃
3	〃	甕 1号	〃	36	〃	〃（脚部）	〃
4	〃	〃 2号	〃	37	〃	〃（杯部）	〃
5	〃	〃 3号	〃	38	瑞王寺古墳		
6	〃	〃 4号	大阪陶邑	39	〃	杯身（ツバ部）	大阪陶邑
7	〃	〃 5号	小隈窯	40	〃	杯（高杯の可能性）	〃
8	〃	〃 5号	〃	41	〃	大甕	
9	〃	〃 6号	〃	42	隈平原1号墳	甕	小隈窯
10	〃	〃 7号	〃	43	〃	器台	大阪陶邑
11	隈平原2号墳	壺胴部片	〃	44	〃	杯蓋	
12	〃	甕胴部片	大阪陶邑	45	隈平原5号墳	壺口縁	小隈窯
13	〃	〃	〃	46	〃	壺胴部	大阪陶邑
14	〃	〃	小隈窯	47	〃	杯身	未定
15	隈天神遺跡小溝	甕胴部片	〃	48	石人山古墳南くびれ	甕	大阪陶邑
16	〃	〃	大阪陶邑（?）	49	〃	大甕	〃
17	三雲寺口小ピット	甕胴部	大阪陶邑	50	〃	大甕	〃
18	三雲堺6住	〃	大阪陶邑（?）	51	御塚古墳	器台杯	未定
19	三雲寺口土壙	壺胴部	大阪陶邑	52	〃	大甕口縁	〃
20	三雲寺口3層	甕胴部	〃	53	〃	高杯脚部	大阪陶邑
21	塚堂遺跡	大甕	未定	54	立山山12号墳	甕	未定
22	〃	〃	大阪陶邑	55	〃 23号墳	甕	大阪陶邑
23	〃	〃	〃	56	〃	甕	未定
24	〃	〃	〃	57	〃	大甕	小隈窯
25	井河1号墳	高杯	未定	58	〃	〃	〃
26	〃	壺	小隈窯	59	〃	〃	未定
27	〃	小甕	大阪陶邑	60	〃 24号墳	〃	小隈窯
28	〃	〃	小隈窯	61	〃 27号墳	甕	大阪陶邑
29	〃	大甕	大阪陶邑	62	有田2号住居跡	把手付壺口縁	未定
30	〃	〃	未定	63	有田31街区	器台口縁	〃
31	〃	杯蓋	〃	64	〃	器台杯部	小隈窯
32	〃	甑	〃	65	〃	〃	〃
33	松木遺跡140街区	甕	小隈窯	66	〃	器台脚部	未定

表5 飯盛およびコフノ隈遺跡出土須恵器の産地推定結果 (古文化談叢16集・1986)

試料番号	遺跡名	器種	推定産地	試料番号	遺跡名	器種	推定産地
1	福岡市飯盛遺跡	壺	小隈窯	13	福岡市飯盛遺跡	壺	大阪陶邑
2	〃	樽形甑	大阪陶邑	14	対馬コフノ隈遺跡		未定
3	〃	鉢	神籠池窯	15	〃		大阪陶邑
4	〃	ジョッキ	小隈窯	16	〃		〃
5	〃	大甕	神籠池窯	17	〃		神籠池窯（?）
6	〃	〃	大阪陶邑	18	〃		未定
7	〃	高杯フタ	小隈窯	19	〃		〃
8	〃	〃	大阪陶邑	20	〃		大阪陶邑
9	〃	脚台付把手付壺	小隈窯	21	〃		未定
10	〃	有蓋高杯	未定	22	対馬上県町佐護川流域		朝鮮半島（?）
11	〃	長頸壺	大阪陶邑（?）	23	〃		神籠池窯（?）
12	〃	池の上II型壺	小隈窯				

第 16 章　須恵器文化の形成と日韓交渉・総説編

表6　佐賀県内遺跡出土須恵器の産地推定結果（古文化談叢 16・18 集・1986～87）

試料番号	遺跡名	器種	推定産地	試料番号	遺跡名	器種	推定産地
1	赤司遺跡（祭祀場）	甑	大阪陶邑	23	西原遺跡	甕	小隈窯
2	〃	甕	〃	24	鈴熊遺跡	甑	大阪陶邑
3	礫石古墳群（8号墳表採）	壺	小隈窯	25	〃	〃	〃
4	〃	〃	〃	26	〃	〃	小隈窯
5	〃	甑	未定	27	〃	甕	〃
6	〃	〃	小隈窯	28	〃	甑	大阪陶邑
7	〃	杯	未定	29	〃	〃	小隈窯
8	〃	把手付椀	未定	30	〃	甕	〃
9	〃	〃	小隈窯	31	〃	〃	大阪陶邑
10	金立開拓遺跡	高杯蓋	大阪陶邑	32	〃	杯蓋	神籠池窯
11	〃	甑	未定	33	〃	〃	〃
12	〃	〃	大阪陶邑	34	〃	杯	〃
13	〃	甕	〃	35	猿嶽A遺跡	甕	小隈窯
14	〃	杯蓋	〃	36	〃	甑	未定
15	〃	〃	未定	37	野田遺跡	三足杯	朝鮮半島産
16	〃	杯	〃	38	下中杖遺跡	高杯蓋	神籠池窯
17	〃	壺	大阪陶邑	39	〃	〃	大阪陶邑
18	藤附K遺跡	甕	朝鮮半島（？）	40	〃	甕	〃
19	久保泉丸山遺跡	杯蓋	神籠池窯	41	〃	〃	〃
20	〃	杯	〃	42	東尾大塚古墳	壺	小隈窯
21	〃	〃	大阪陶邑	43	土生遺跡	〃	朝鮮半島（？）
22	〃	〃	神籠池窯	44	〃	甕	〃

試料番号	出土遺跡名	器種	推定産地
1	綾部八本松 ST007 古墳	杯	未定
2	〃	杯蓋	〃
3	〃	〃	〃
4	西原 ST009 古墳	杯	神籠池窯
5	〃	杯蓋	〃
6	〃	〃	〃
7	〃	杯	〃
8	西原 ST014 古墳	〃	〃
9	鈴熊 ST003 古墳	高杯	大阪陶邑
10	西原 ST002 古墳	甑	〃
11	綾部八本松 ST007 古墳	杯	未定
12	金立開拓 ST048 古墳	把手付椀	大阪陶邑
13	藤附 C. ST008 古墳	高杯	朝鮮半島
14	杉町遺跡	杯蓋	未定
15	〃	〃	〃
16	〃	杯	大阪陶邑
17	大黒町遺跡	甑	〃
18	蓑具山1号墳	甕	〃

（おそらくⅠA期新相）に位置づけられる短期操業窯で、朝倉窯群の流通規模を上まわるほどではない小地域を対象とするものであろうと予想される。

　また博多湾周辺地域の西端に位置する福岡市西区・新開窯跡の製品流通についても、未だ、窯跡資料の整理が完了していないために詳しい検討は将来に待たねばならないが、その上限はⅠA期新相段階まではさかのぼれそうである。操業期の主体はⅠB期にあり、上限は6世紀初めまでの時間幅が考えられる。したがって陶邑編年に対照すれば、Ⅰ型式2～3段階から5段階にほぼ相当するであろう。なおこの地域ではつづくⅡA期（陶邑Ⅱ型式1段階相当）の窯跡として福岡市早良区・重留窯（横山 1987）が開窯しており、新開窯以降継承定着したとみられる。

　朝倉窯（小隈窯）製品の西への流通圏を画する佐賀平野では、ⅠB期に佐賀市久保泉町・神籠池窯（きめる）（木下・小田 1967）が開窯しており、小隈窯製品とならんで流通しているが、さきに示した産地推定結果からみると、佐賀市と神埼郡域を主要流通圏としているが、一部福岡市飯盛遺跡に搬出されたものがある。福岡・佐賀両県下における須恵器の流通状況はまずⅠA期に朝倉窯製品の流通が始まり、おくれて陶邑窯製品が伝来し、それらをうけて新開窯・神籠池窯が成立して、ⅠB期にはこれら三者が並行した。神籠池窯製品の博多湾周辺遺跡への搬出は小隈窯製品の佐賀域・博多域への進出を媒介として理解することができよう。

　このほか朝鮮半島産の陶質土器の流通も注目される。現在北部九州のみならず、熊本県（塚原周溝墓〔隈ほか 1975〕＝図版 12）・宮崎県（六野原地下式横穴墓〔宮崎県 1944、福尾 1979〕＝図版 12・鐙（あぶみ）遺跡〔面高ほか 1983〕＝図版 13・志和池（しわち）遺跡〔面高・長津 1983〕＝図版 13）・鹿児島県（横瀬大塚古墳〔中村耕 1985〕＝図版 13）など中・南部九州まで流通していることが知られている。それらのなかには陶邑窯製品も共存している（小田 1984c）。さらに陶邑窯製品はⅠB期（陶邑Ⅰ型式3～5段階）に対馬・コフノ浹遺跡まで到達していて、5世紀後半代におけるこのような九州の南北への流通の背景には、大和政権の対半島交渉、対隼人対策などを軸とする九州支配方式の強化対策とかかわっていることは否定できないであろう。

　つぎに古墳その他の出土品について注目される若干の資料をとりあげておこう。

　福岡県久留米市・小田茶臼山古墳（柳田ほか 1979）では後円部前面に6個の大甕と大型器台が並べおかれていたが、5個は小隈窯産（図 21-17・18）、1個（同 16）は陶邑産であった。またその1個（同 17）には甑（同 15）が内蔵されていた。大型器台（同 19・20）も小隈窯産であるが、形態的特徴に2種あり、とくに脚台の形成には同じく小隈窯産とされる石人山古墳のもの（図 19-10）とも異なるところが注意される。石人山古墳では半島産陶質土器（牛嶋 1985）（図 19-11～13）、陶邑産甕が共存する点が注目される。

　豊前地域で現在まで知られている最古段階の須恵器は京都郡犀川町〔現みやこ町〕山鹿古墳出土品（小田 1959/1964、長嶺 1986）（図版 2・図 21-1・2）である。発見当初にⅠ期後半と考えたのは、当時まだ初期須恵器の事例に恵まれない状況下で、土師器を模倣した高杯かと考え、鬼高期土師器に須恵器の器形が導入される現象を参考にしての発想であった。しかし資料の増加と研究の進展した現在では、ⅠA期に訂正されるべきである。陶邑Ⅰ型式1～2段階に類似した特徴をたどりうる。

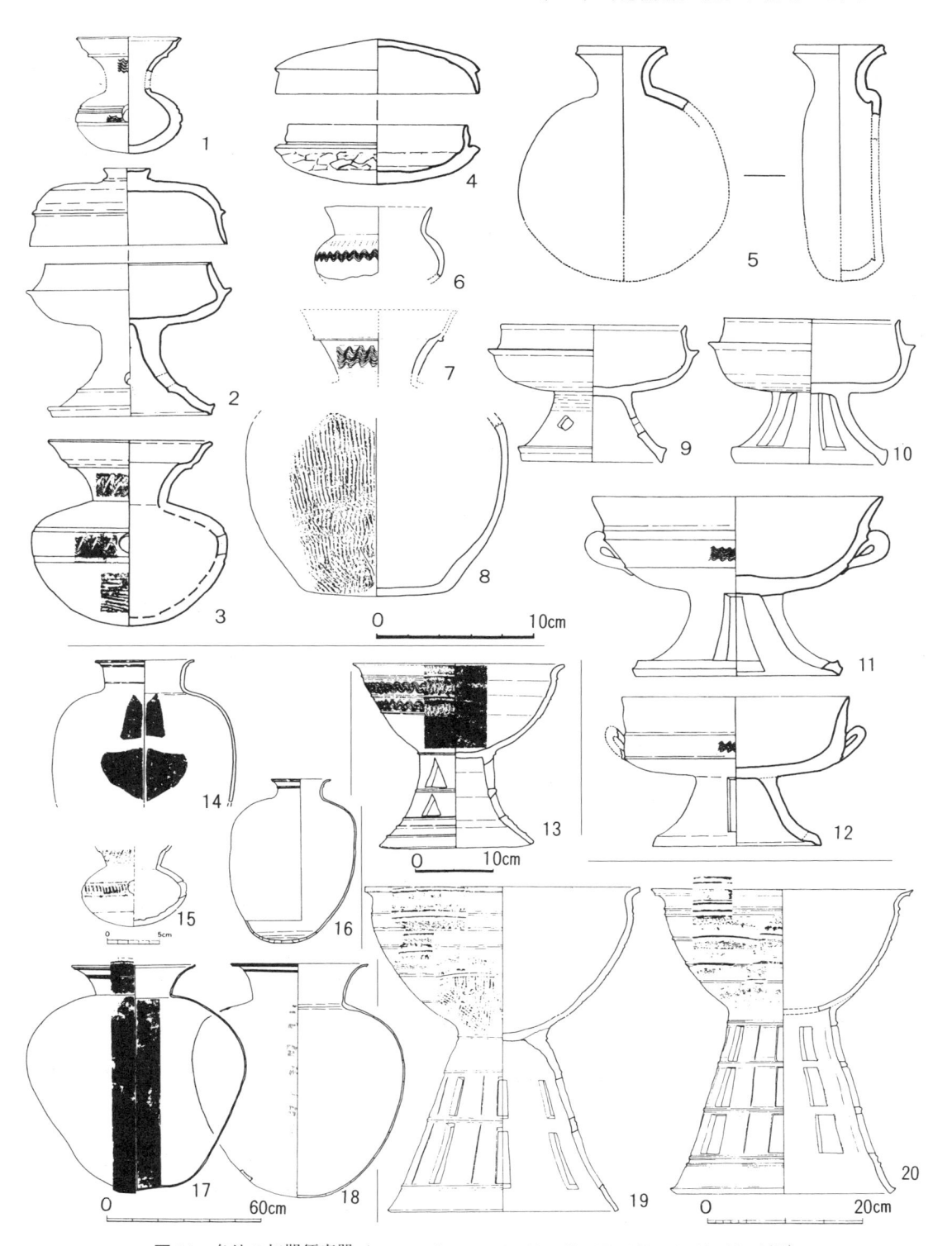

第 16 章　須恵器文化の形成と日韓交渉・総説編　451

図 21　各地の初期須恵器（1〜12＝1/4、13・19・20＝1/8、15＝1/6、14・16〜18＝1/24）
1・2. 福岡県みやこ町山鹿古墳、3. 長崎県壱岐市大塚山古墳、4〜10. 熊本県和水町江田船山古墳、11. 福岡県春日市昇町、12. 宮崎県新富町東都原、13. 大分県大分市下郡、14. 福岡県八女市立山山 24 号墳、15〜20. 福岡県朝倉市小田茶臼塚古墳

熊本県和水町・江田船山古墳は、5世紀後半のワカタケル大王（雄略）の銀象嵌銘を有する大刀を副葬する有名な古墳であるが、1873（明治6）年の発見で出土状態は不明である（菊水町教育委員会 1982）。ここから発見された蓋杯と提瓶（図21-4・5）は九州の須恵器編年観からみても同一時期で考えるには無理があり、蓋杯は半島産の陶質土器、これも扁平性のつよい特徴などから百済系それも全羅道地域のものかと思われる（小田 1979c）。提瓶はこれより新しく、片面に平板を貼りつけた点は特異である。これらについては中村浩氏も検討されており、蓋杯は陶邑Ⅰ型式1段階に相当するが舶載の可能性を指摘し、提瓶については陶邑Ⅱ型式1段階以降の類品に対照できるとしている（中村浩 1985a）。また1985年に調査された古墳周濠出土品には坩・甑？・壺・有蓋高杯（図20-6〜10）などがあり、なかでも高杯などはⅠB期でも新相の特徴（陶邑Ⅰ型式5段階相当）を示している。この古墳の出土品は大陸系装身具・馬具などからも6世紀前半代に下る追葬も考えられているが、土器においても両者が認められるようである。

長崎県南高来郡国見町・上篠原遺跡（諫見ほか 1988）では、坩・壺・甕・高杯・鉢・手づくね土器などの土師器を主体とする竪穴住居跡から陶質の高杯・甑・坩各1点が出土している（図版12・図22）。高杯は灰白色の良質胎土で杯内面や脚裾部に緑色自然釉を被っていて九州産とは思えない優品である。共伴土師器は布留式新相の特徴を継承している。高杯の脚部、甑（坩形）や坩（甑形）の形態にみる特徴は、陶邑Ⅰ型式1〜2段階の特徴と共通するところが多い。

このほか長崎県壱岐市芦辺町・大塚山古墳（横山・副島 1983）（図版13・図21-3）や宮崎県新富町・東都原（小田 1962）（図21-12）などでもⅠB期の須恵器がみられる。後者は福岡県春日市・昇町遺跡の無蓋高杯（図21-11・陶邑Ⅰ型式3段階相当）より明らかに新しい型式（Ⅰ型式4〜5段階相当）である。

大分県でも大分市・下郡遺跡の竪穴住居跡からほぼ完形となった大型器台が発見されている（坪根・河野 1990）（図版11・図21-13）。土師器の坩・甕・高杯などを共伴しⅠA期新相のなかで把握しておいて大過ないであろう。しかし朝倉窯跡群の製品ともやや異なる特徴を有していて、その生産窯問題は将来に待たざるをえない。

最後に福岡市南区・老司古墳（福岡市教育委員会 1989）の墳丘より出土した初期須恵器（図版6）にふれておこう。大型器台と甕の存在が知られ、産地推定分析では陶邑産との結果が得られた。池の上編年の実年代を考定するにあたって、橋口達也氏はこれらを陶邑Ⅰ型式1段階以前に比定して、その初葬を4世紀後半代にのぼせて、須恵器をもそこまで引上げようとしていることはさきに述べたが、その拠り所はこの須恵器の位置付けにあった。報告書でこの須恵器を考察した太田睦氏は、波状文と鋸歯文を並用した大型器台について大阪府の一須賀2号窯（大阪府教育委員会 1978、中村浩 1981）、吹田32号窯（藤原 1989）をあげて、Ⅰ型式1段階に位置づけられているものの、陶邑窯跡群にみられないところから、「ほぼ同時期に別系統の須恵器工人が生産した場合」を想定しながらも、「同一窯跡群内において2系統の工人が存在した可能性は低い」として「Ⅰ型式1段階以前の一時期に鋸歯文をもつ須恵器が生産されていた」という考え方を示した。さらに福岡平野における今光、松木両遺跡（浜田・佐々木・田平 1980、佐々木・小池 1984）における土師器編年観を援用して、そのⅤ期（5世紀前半）に須恵器の最古段階（池の上Ⅰ〜Ⅲ式・陶邑Ⅰ型式1〜2

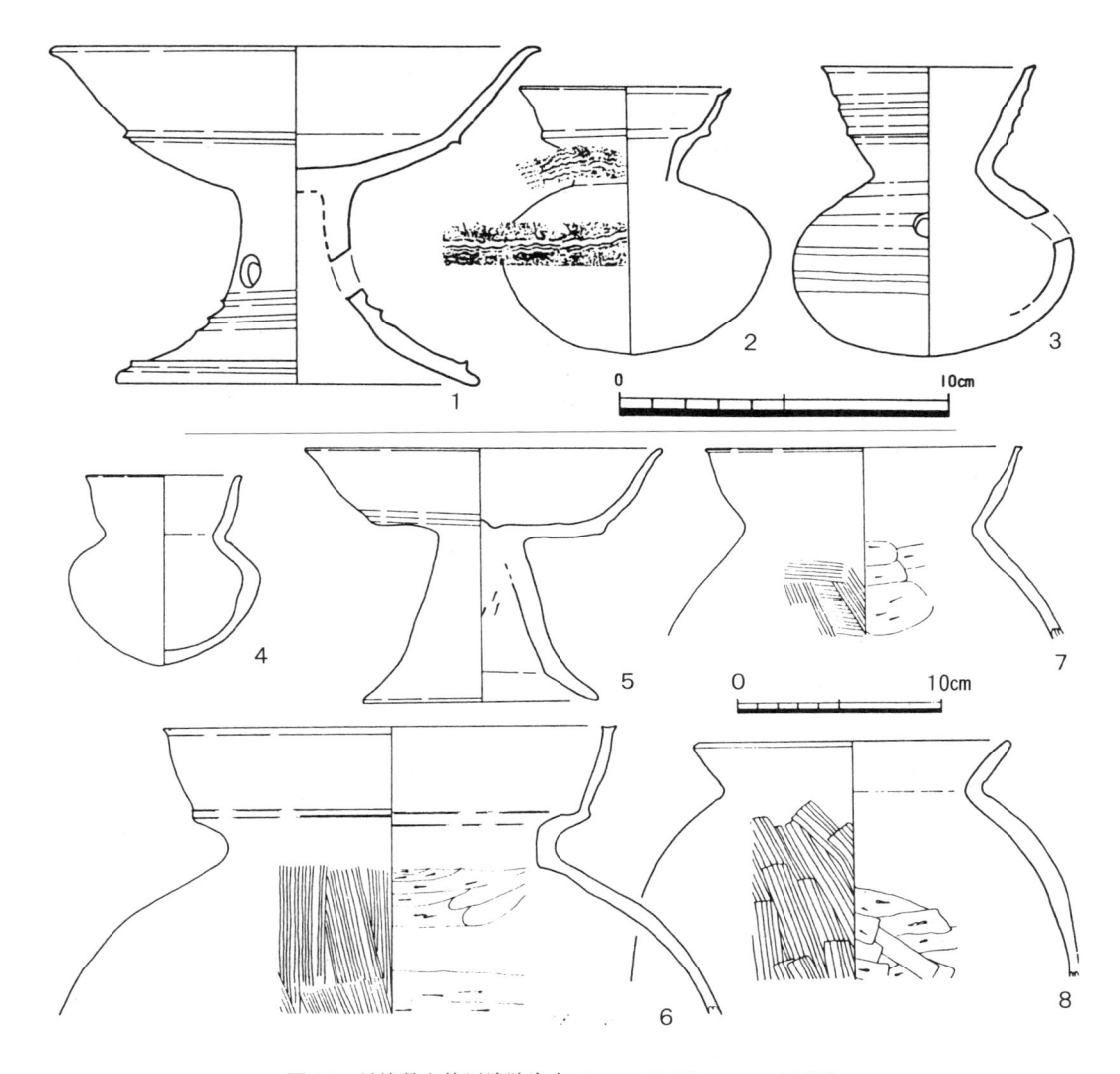

図22 長崎県上篠原遺跡出土（1～3. 須恵器、4～8. 土師器）

段階相当）を比定した。さらにⅣ期（4世紀末～5世紀初）には須恵器は共伴していないが、将来池の上Ⅰ式の上限はⅣ期にまでさかのぼる可能性をも考えている。そして老司古墳の須恵器を陶邑Ⅰ型式1段階以前（5世紀初頭）に比定した。しかし産地同定法による陶邑産の領域が陶邑窯と吹田窯を区分できるほどではない。いいかえれば近畿のどの範囲までを包括しているのであるかという問題があり、考古地磁気測定結果の示すところは、むしろTK87号→一須賀2号窯→TK85号・吹田32号の年代序列が示されている（広岡1989）ことも参考されるであろう。一方、吹田32号窯の調査にあたった藤原学氏の所見は、「異質な生産集団が倭王権下の陶邑窯のすぐ近くに同時に存在したというより、やはり、生産の開始点が陶邑窯に先行すると考えたほうが、無理なく理解が及ぶのではないだろうか」（藤原1989）として、太田氏と同じ立場に立っている。しかしこの程度の論旨では両氏の説をもって定説とするには説得力を欠くであろう。九州の鋸歯文を伴う大型器台

には奴山5号墳出土品と朝倉窯跡製品があり、両者は系統が異なる。前者は将来宗像郡周辺で生産窯の発見される可能性を含んでいる。また韓国における鋸歯文を施した大型器台の流行年時幅が5世紀初頭以後まで継続することなどを参照すれば、5世紀初頭を下限とするわけにはゆかないであろう。すなわちⅠA期古相（陶邑Ⅰ型式1段階）のなかで複数系統の工人が存在してなんら支障はないであろう。土器編年にもすべて"タテ社会"系列だけを適用するのでなく、"ヨコ社会"系列をも加えて検討すべきであり、小地域単位の生産体制の存在も明らかになりつつある現状を参考にするならば、不確定要素の多い現状下で一方的に年代をさかのぼらせるのは危険であり、ⅠA期古相のなかに包括させおくにとどめるのが妥当であろう。

中・四国、近畿周辺

近畿以西の西日本地域でも、近年各地で陶質土器や初期須恵器の発見が報告されている。それらを細大もらさずとりあげることは本章ではよくなしえないので、本章のテーマに必要範囲で概観しておこう。ここでは資料の検索で筆者もかかわった二著（楢崎監修 1984、大谷女子大学資料館編 1989）に負うところが多い。以下記述の便宜上、山陰、山陽、四国、近畿の地域区分ですすめることとする。

(1) 中・四国

山陰の須恵器研究は山本清氏の4期編年研究（山本 1950）が基礎になっている。Ⅰ期は島根県松江市の金崎古墳、薬師下古墳の資料をあてている。器種のセット、特徴からみて定型化した須恵器段階（ⅠB期）の古相（陶邑Ⅰ型式3段階相当）に位置づけられるが、蓋杯などにやや新しい時期（ⅡA期）の特徴をもったものも含まれている。この時期相当の窯跡としては安来市・高畑窯跡（近藤 1967、山本監修 1980）、浜田市・日脚（ひなし）1号窯跡などがあげられる。

初期須恵器として注目されるのは島根県能義郡伯太町・長尾古墳出土の大型器台である（川原 1978）（図24-1）。脚部に三段の櫛描波状文、杯部下方にヘラ描きとコンパスによる波状文が施されていて一須賀2号窯のもの（図版20）と同系統であるが、これについてはまた中村浩氏の検討がある。すなわち一須賀2号窯の器台や甕に施されたコンパス文は「半島でのそれとは大きく退化した雑なもので……本来の幾何学文様をフリーハンドで描き、原文様の雰囲気のみを残しているこの例は、時期的に先行するものとは考えがたい」のに対して長尾古墳例は「コンパス文の中心から作図された円弧はまったく崩れていません。一須賀2号窯例のような省略したような痕跡はなく、丁寧なコンパス文を構成しています」と指摘している（中村浩 1989）。また福岡市有田遺跡でもコンパス文ある破片（図版4）が出土しているが、一須賀窯や長尾古墳の例が一条沈線の三段組構成であるのに対して、有田例は細二条沈線の二段組構成をとっていて異質である。

また島根県八束郡東出雲町・夫敷遺跡（板垣・広江ほか 1989）Ⅵ区中層から多数の各種土師器とともに鉢・甕・韓式系土器（外面格子叩きで焼成土師器とやや異なる甕・有溝把手付鍋）・上層から有蓋高杯が出土している（図版14）。中層の甕（図24-3）はⅠA期古相（TK73資料に類似品あり）の特徴を示している。上層の高杯は薬師山古墳に類品がある。産地推定分析では陶邑産の可能性あるものが含まれている。

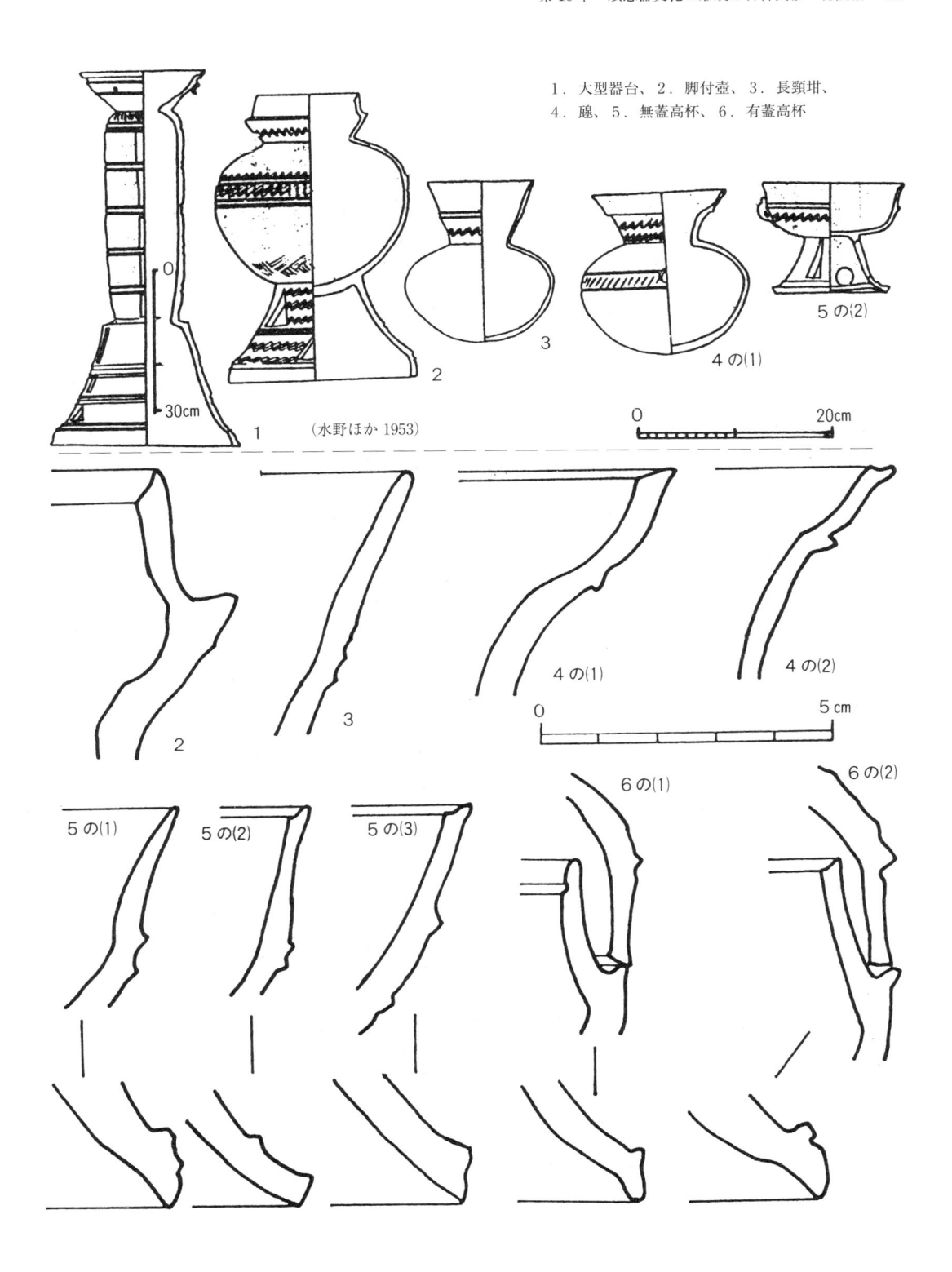

第 16 章 須恵器文化の形成と日韓交渉・総説編 455

1．大型器台、2．脚付壺、3．長頸坩、
4．𤭯、5．無蓋高杯、6．有蓋高杯

(水野ほか 1953)

図 23 島根県金崎古墳の須恵器

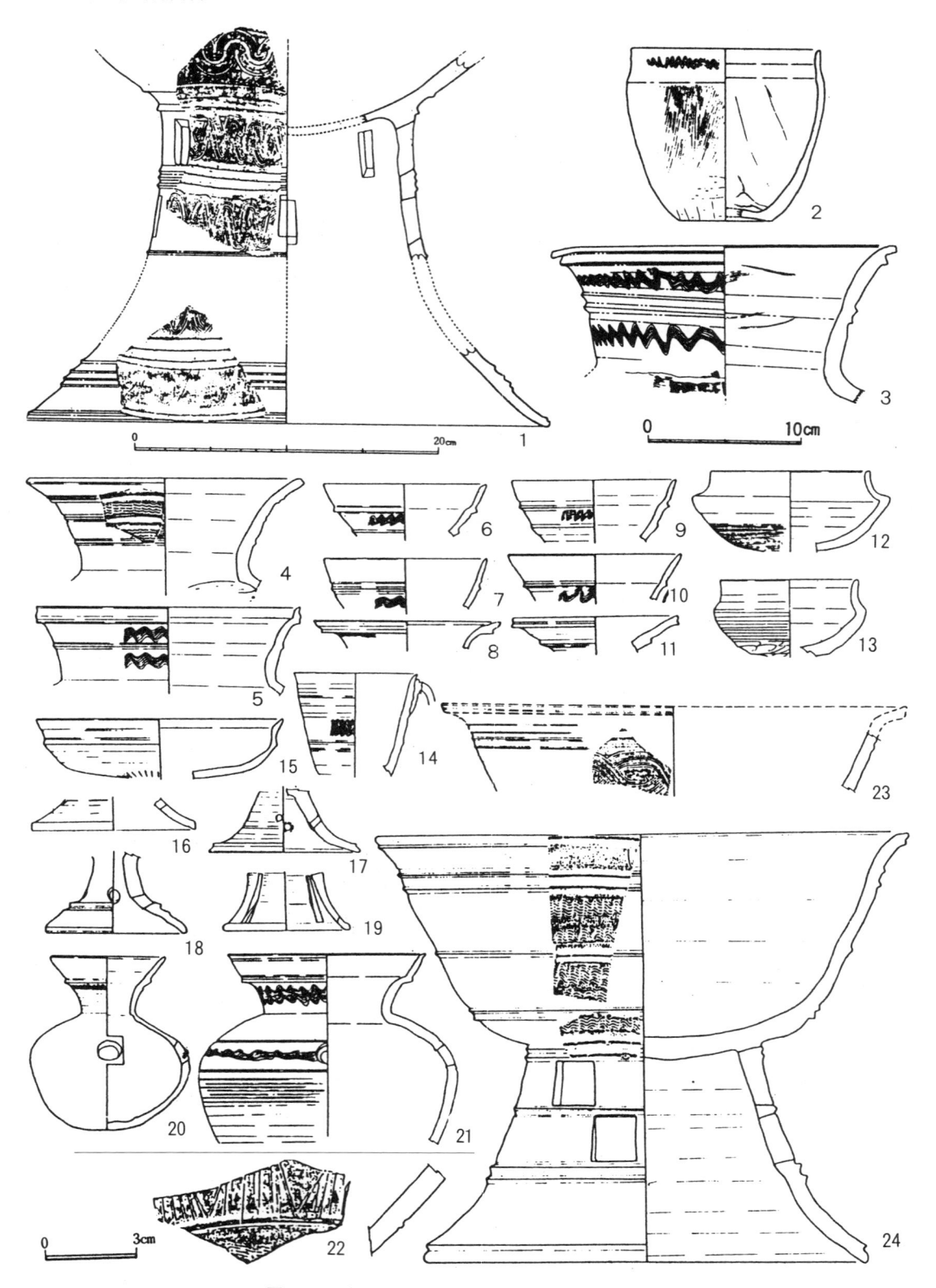

図24 山陰の初期須恵器（縮尺1/4、ただし22は1/2）
1. 長尾古墳、2・3. 夫敷古墳、4〜24. 長瀬高浜遺跡

第 16 章　須恵器文化の形成と日韓交渉・総説編　457

　鳥取県東伯郡羽合町・長瀬高浜遺跡からは多くの初期須恵器が発見されている（図 24-4〜24）。調査を担当した清水真一氏は出土場所・遺構によってつぎの 3 グループに大別している。
（1）1 号墳副葬品　　　　　　　陶邑 I 型式 5 段階
（2）3・4・27 号墳周溝内供献品　陶邑 I 型式 3〜4 段階
（3）1 号墳下層・周辺黒砂出土品　陶邑 I 型式 1〜2 段階

　このうち(3)が当面の対象となるが、壺 9・甕 3・𤭯 10・小型高杯 17・大型器台 6・杯 1・短頸壺 1・把手付鉢 1・子持高杯 1 の計 49 点があげられている。これらは青木Ⅲ期新・長瀬高浜Ⅲ期新相（古墳時代中期初頭〜前半）に伴出するとされ、おおよそ 5 世紀第 2 四半期に比定している。そして「器形的にみて山陰のどこかで生産されている可能性が強い」と提言している。これまでのところ島根県側ではⅡB 期古相段階の窯跡は知られているが、ⅡA 期相当の窯跡は知られていない。むしろ近畿との関係が想定されていて対照的である。

　山陽の初期須恵器は近年資料が急増している。山口市朝田・朝田墳墓群第 I 地区第 2 号円形周溝墓（山口県教育委員会 1976）の墳丘から裾部を欠失した有蓋高杯 1 点が発見された（図版 2）。杯部上面は鍔状平坦面をつくって低い直口がつき、扁球形体部には 12 条の整備な櫛描波状文をめぐらし、底面には手持ヘラ削りが加えられる特異な作品である。報告者は類品として奈良市・新沢千塚 323 号墳例をあげ、陶邑 TK216 並行の製品としている。現在の編年観ではⅠA 期新相に比定されよう。山口県下では地元研究者による探索にもかかわらず 6 世紀後半以前にさかのぼる窯跡は知られていない（桑原・池田 1981、古賀 1986）。

　広島県でははやくから三ツ城古墳（松崎ほか 1954、新谷 1978）（図版 15）や四拾貫小原古墳群（四拾貫小原発掘調査団 1969）（図版 15）の陶質土器・初期須恵器が知られていたが、まだ当時としては資料の極少のころで十分な検討を加えることができなかった。近年になって資料の増加にともなって新谷武夫（1978/1986）、妹尾周三氏（1987）らによって検討が加えられ、編年案なども示されるにいたった。ここでは新谷氏の論考をもとり入れてその後の資料増補をはかっている最新の妹尾氏の編年案に拠って概要をうかがっておこう（図 25）。ここに登用された資料番号と出土遺跡はつぎのとおりである。

三ツ城古墳	1・2・22	空長第 4 号古墳	25・31・32
大久保古墳	3・4・8・9・20	伝若松	26・33
四拾貫小原第 4 号古墳	5・6	上四拾貫第 6 号古墳	27・34・41・44・50
池の内第 2 号古墳	7・13	空長第 2 号古墳	28・30・39・46・53・54
伝相方古墳	10・11	地蔵堂山第 4 号古墳	29・43・49・51
池の内第 3 号古墳	12	伝尾関山	35・37
諸木古墳	14	利松遺跡	36・38
伝上小田古墳	15	小泉遺跡	40
大明地第 3 号古墳	17・19・21	三玉大塚古墳	42・45・47・48
大明地第 3 号古墳周辺	16・18	池の内古墳群	52
新迫南第 4 号古墳	23・24		

458 第2部 古墳時代

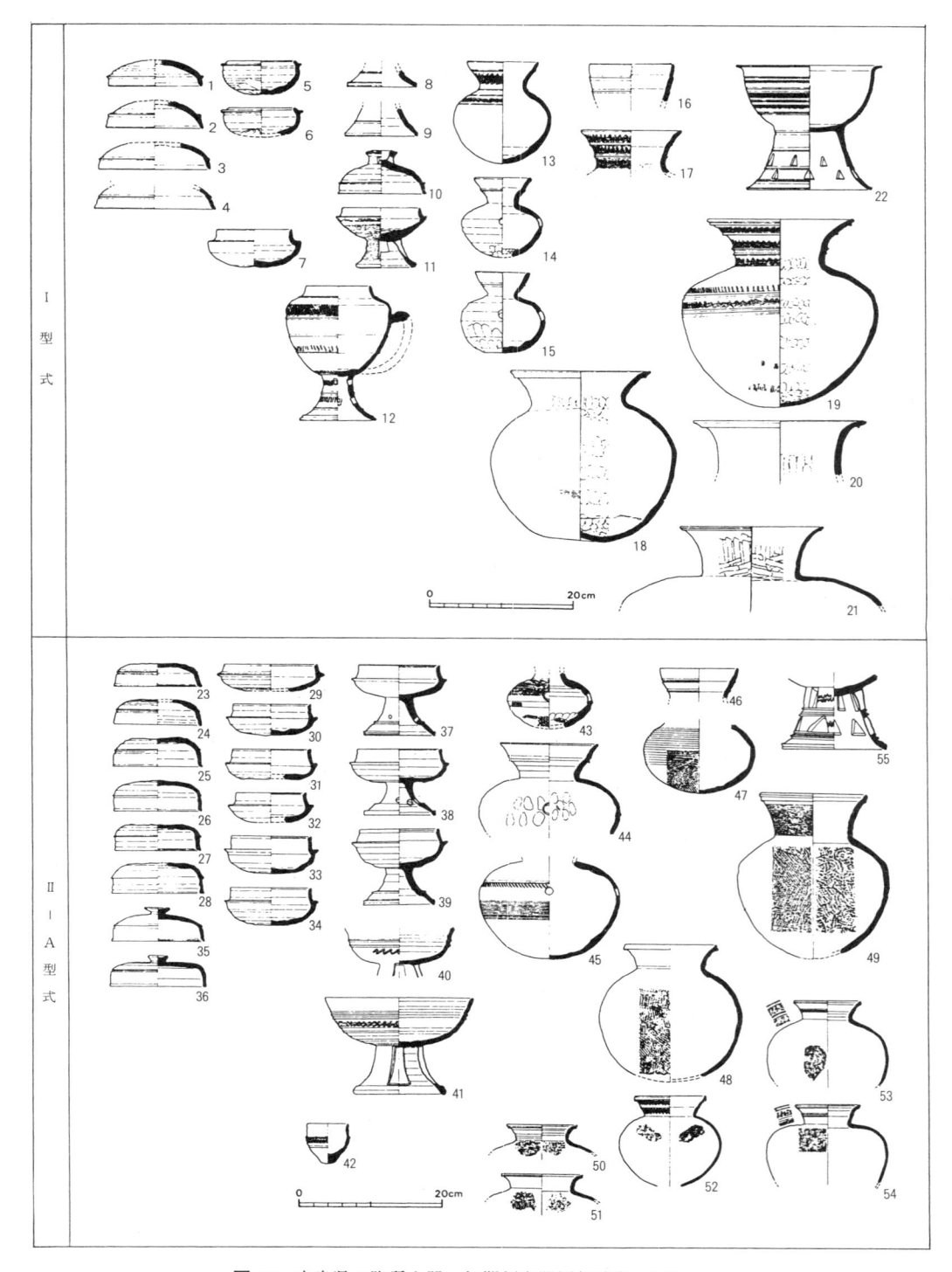

図25 広島県の陶質土器・初期須恵器編年試案（妹尾 1987）

この編年案は6世紀初頭までを三型式に大別し、さらにⅡ型式をA・Bに二細別している。そのうちⅠ型式は陶邑のTK73、216型式に対応させ、Ⅱ型式AはTK208型式に、Ⅱ型式BはTK23、47型式に対応させている。定型化以前（初期須恵器）の段階はⅠ型式に相当する。Ⅰ型式のなかには透孔輪状つまみ付蓋(10)や把手付脚付壺(12)など陶質土器も含まれている。現在までのところ広島県下で初期須恵器の生産窯は発見されておらず、近畿方面からの供給も少なくないと思われる。

岡山県でも近年陶質土器・初期須恵器の発見が増加している（図版16）。それらは当地の伊藤晃、島崎東氏らによって紹介されている（島崎 1982/1986、伊藤晃・島崎

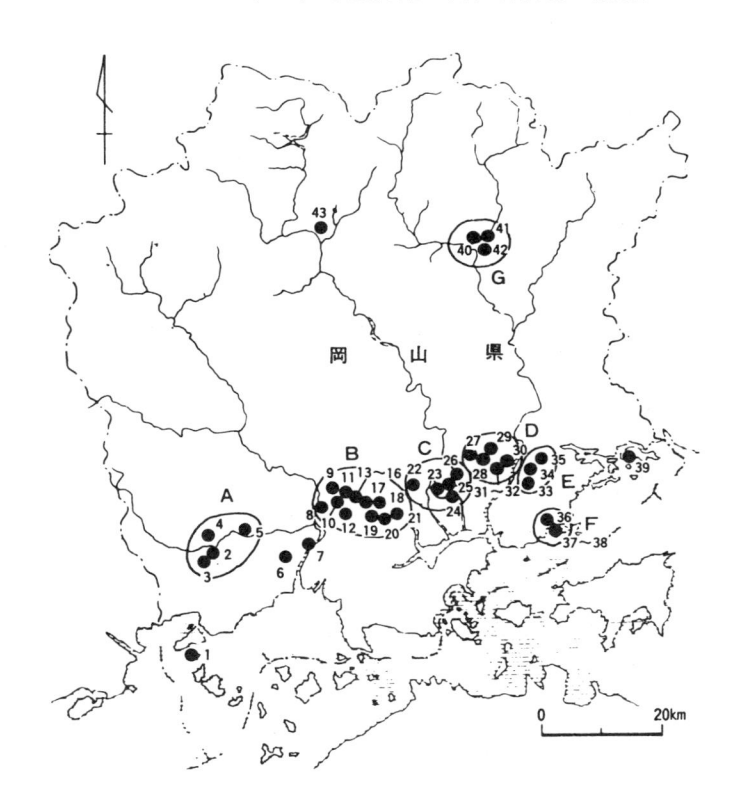

図26　岡山県下初期須恵器出土遺跡分布（番号は表7と一致する）
（島崎 1986）

1984）。吉備地方の須恵器編年の作業は1958年から始められており（西川・今井編 1958）、終末期古墳段階までをⅣ群に分けた。第Ⅰ群は「目下のところ吉備地方最古のもの」とされた資料であったが、現在からすればほとんどが陶邑Ⅰ型式3段階以降のものであった。それがいまではⅠ型式1～3段階相当の資料を出土する遺跡は40ヶ所をこえるほどになっている（表7参照）。有名な青銅馬形帯鉤を出した榊山古墳墳丘南西畑（造出しまたは前方部を推定）からも甕・鋸歯文ある壺・器台などの小破片が採集されていて、陶質土器も含まれているようである。初期須恵器出土遺跡の分布を地図におとした島崎東氏は、それらが水系を媒介としたつぎの7地域にまとまっていることを指摘した。

　A．小田川中流域の小田郡矢掛町と笠岡市走出を含む地域。
　B．足守川と高梁川に挟まれた総社市から岡山市西部にかけての地域。
　C．旭川下流域に広がる沖積平野とその周辺地域。
　D．砂川上流域の赤磐郡瀬戸町から山陽町にかけての地域。
　E．吉井川下流左岸の備前市西部と邑久郡長船町北部の沖積平野。
　F．牛窓湾をめぐる古墳群地帯。
　G．吉井川の上流の津山盆地とその周辺。

さらに初期須恵器の特性として、Ⅰ型式1段階並行と考えられる器種構成は壺・甕が圧倒的に多

表7　岡山県下初期須恵器出土遺跡一覧

(備　中)

番号	遺跡名	所在地	種別	遺構	遺物	時期	水系	分類
1	高島遺跡	笠岡市高島	集落	包含層	甑	韓式系土師式		
2	仙人塚古墳	笠岡市山口 他	古墳		壺	I-2	小田川	A
3	七ツ塚古墳	〃	〃	副室	壺、𤭯	陶質土器(?) I-1	小田川	A
4	毎戸遺跡	小田郡矢掛町	集落	包含層	壺	I-1	小田川	A
5	奥迫遺跡	〃　東三成	〃		壺	I-1	小田川	A
6	島地貝塚	倉敷市玉島八島字島地	〃	包含層	壺、高杯	I-2		
7	酒津遺跡	倉敷市酒津	〃	表面採集	器台	陶質土器	高梁川	
8	樋元遺跡	総社市樋元	〃	溝、包含層	壺、甕	I-1	高梁川	B
9	小寺古墳	総社市	古墳		壺、台付把手付椀、把手付椀、𤭯	陶質土器 I-1	足守川	B
10	三須作山地区 複合遺物散布地	総社市三須	古墳(?)	表採	壺	I-1	足守川	B
11	栢寺廃寺	総社市南溝手	集落	包含層	壺	I-1	足守川	B
12	釜ヶ原遺跡	都窪郡山手村			多窓式高杯	I-1	足守川	B
13	法蓮22号墳	総社市下林	古墳	周溝	壺	(ON46) I-3	足守川	B
14	法蓮23号墳	〃	〃	〃	杯蓋、甕	(ON46) I-1～I-3	足守川	B
15	法蓮37号墳	〃	〃	墳頂部	高杯、壺	(ON46)	足守川	B
16	法蓮38号墳	〃	〃	周溝	𤭯	(ON46) I-3	足守川	B
17	榊山古墳	岡山市新庄下字榊山	〃	造り出し部表採	壺、甕、鉢、高杯、器台、小型台付把手付壺	陶質土器 I-1	足守川	B
18	足守川矢部遺跡	倉敷市矢部	集落	包含層	高杯	I-2	足守川	B
19	法伝山古墳	倉敷市日畑	古墳	墳端部	有蓋高杯の蓋、高杯	I-1～2	足守川	B
20	西の平古墳	倉敷市矢部	〃		甕(壺)	I-1～2	足守川	B
21	川入遺跡	岡山市川入	集落	溝	壺	I-1	足守川	B

(備　前)

番号	遺跡名	所在地	種別	遺構	遺物	時期	水系	分類
22	上伊福絵図遺跡	岡山市上伊福	集落	井戸	有蓋高杯の蓋	陶質土器	旭川	C
23	百間川原尾島遺跡	岡山市原尾島字丸田	〃	溝、包含層	蓋、壺、甕、高杯	陶質土器 I-1～3	旭川	C
24	百間川兼基遺跡	岡山市兼基	〃	土坑	壺	I-1	旭川	C
25	幡多廃寺	岡山市赤田	〃	包含層	杯蓋、高杯、甕(壺)	I-1～3	旭川	C
26	上の山1号墳	岡山市四御神	古墳	墳丘	甕	(ON46) I-3	旭川	C
27	門前池遺跡	赤磐郡山陽町	集落	包含層	杯身、杯蓋、壺、甕、高杯	I-1～3	砂川	D
28	桜古墳	赤磐郡山陽町	古墳	墳丘表採	樽形𤭯、甕	I-1～2	砂川	D
29	別所古墳群	〃	〃		壺(甕)	I-1～	砂川	D
30	陣馬山遺跡	赤磐郡瀬戸町江尻	集落	掘立柱建物	壺	I-1	砂川	D
31	陣馬山6号墳	〃	古墳	墳丘上面	壺、甕	I-1	砂川	D
32	陣馬山9号墳	〃	〃		甕	I-1	砂川	D
33	木鍋山遺跡	邑久郡長船町木鍋山		主体部	杯身、杯蓋、壺	(ON46) I-1～3	吉井川	E
34	門田貝塚	邑久郡邑久町尾張字門田	集落	包含層	壺	I-1～3	吉井川	E
35	新庄遺跡	備前市新庄	〃	〃	鉢(?)	韓式系土器	吉井川	E
36	波歌山古墳	邑久郡牛窓町牛窓字波歌山	古墳	墳丘盛土下	無蓋高杯、壺、𤭯、甕	陶質土器 I-1～4		F
37	黒島1号墳	邑久郡牛窓町黒島	〃	前方部南端採集	壺	陶質土器		F
38	黒島2号墳	〃	〃	墳丘採集	有蓋高杯の蓋、高杯、𤭯	陶質土器 I-1～4		F
39	鹿久居島千軒遺跡	和気郡日生町鹿久居島	集落(祭祀)	包含層	壺	I-1		

(美　作)

番号	遺跡名	所在地	種別	遺構	遺物	時期	水系	分類
40	押入西1号墳	津山市押入	古墳	主体部周溝	直口壺、甕	I-1～2	吉井川	G
41	押入西遺跡	〃	古墳(土壙墓)		壺	陶質土器 I-1～2	吉井川	G
42	日上和田古墳	津山市日上和田	古墳	墳丘下	壺	I-1～3	吉井川	G
43	鍋屋遺跡	真庭郡久世町台金屋	集落		壺	I-2～	旭川	

(島崎　1986に加筆)

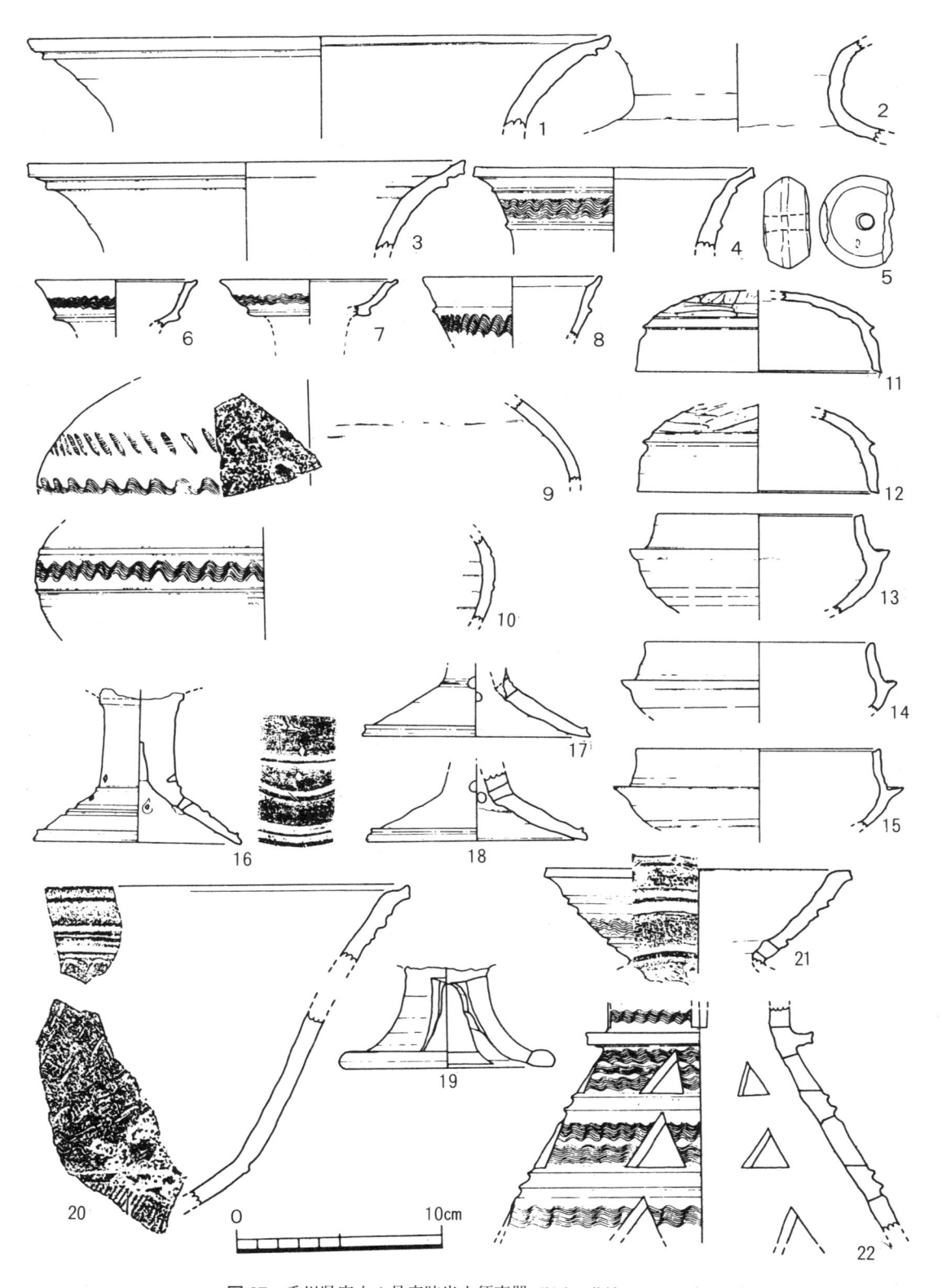

第 16 章　須恵器文化の形成と日韓交渉・総説編　461

図 27　香川県宮山 1 号窯跡出土須恵器（松本・若橋 1984、1/3）

く、高杯がつづくこと。壺・甕の口縁下に断面三角形の突帯をめぐらすものは、陶邑系工人集団と異なり、池の上墳墓群資料と共通する伽耶系統の産物であること。土師器形態のものと土師質の二者があり（法蓮37号墳）、いずれも在地の土師器工人と将来工人の接触を示していること。特異な胎土を呈する資料が地域的に集中してみられることから在地産の可能性が生じてきたことなどをあげている。これらを総合してⅠ型式1段階並行期には陶邑窯からの供給が大勢ではあったが、在地窯の生産も始められていたことを推測している。

　四国では香川県で1977年に渡部明夫氏による須恵器編年が行われているが（渡部 1977）、この段階ではまだ6世紀以前の窯跡の発見はなく、古墳出土資料によって6世紀中頃までしかのぼせえなかった。1981年三豊郡豊中町・宮山窯跡群が発見されたことによって一気に初期須恵器段階まで当地での生産がさかのぼることとなった（松本 1982/1983/1984）。窯跡は2基あり、製品（図27）には蓋杯（11～15）・高杯（16～19）・壺（広口と直口＝1～4・9・10）・𤭯（6・7）・甕・大型器台（高杯形＝20・筒型＝21・22）・紡錘車（5）などの器種が知られている。なかでも杯蓋は頂部に手持ヘラ削りの技法がみられる（同図11・12）。また高杯には大別して2種あるが、一は脚部が柱状をなし裾部で急に広がる特異な形態（同図16～18）、二はゆるやかに裾広がりで端部が玉縁状をなす通常のもの（同図19）で定型化段階とされる。操業年代については調査者は定型化以前の陶邑Ⅰ型式1～2段階からⅠ型式3段階までとする。そして宮山窯出現の背景にヤマト政権の水軍として国の内外に活動した紀氏が、瀬戸内海航路の拠点としてこの地域への進出を想定している。いずれにせよ香川県下では初めてⅠA期に比定される初期須恵器窯が開窯されていたことの意義は大きい。その流通圏についての問題はこれからの課題である。

　愛媛県今治市雉之尾古墳群出土と伝える一括資料（正岡 1982、豊田 1984）も定型化以前の須恵器段階のものとして注目される（図版17）。古い発掘であるために正確なセット関係などは不明であるが、広口や直口の大小の壺、側面に鍔状突帯をめぐらす杯蓋（一見岐阜県遊塚古墳例に似る。伽耶系陶質土器）などがある。この一括資料のなかには舶載品・陶邑系初期須恵器があるが、なかでも胴部と頸部に波状文をめぐらす大型広口壺（図版17-4）などはさしあたって宮山窯系製品の候補たりえないであろうか。後日の検討を期したい。

　香川県では宮山窯跡とならんでもう一つ初期須恵器窯がある。高松市三谷三郎池西岸窯跡（香川県教育委員会 1984）で、宮山窯製品と似た高杯などが含まれている。

(2) 近畿周辺

　今日須恵器編年研究のほぼ全国的基準となるにいたった大阪府南部の泉北丘陵にある陶邑窯跡群の調査研究は森浩一氏らの編年研究（森浩 1958）に始まり、田辺昭三（1966/1971/1981）、中村浩氏（1981）らによってすすめられてきた。もっとも新しい中村氏の編年によればⅠ～Ⅴ型式に大別しさらに各型式を細分するが、当面本章にかかわるⅠ型式では5期に細分されている。そのうち1・2期が定型化以前＝初期須恵器段階、3～5期を定型化段階としている。1・2段階の基準窯としてTK（高蔵地区）73・83・85・87・103・208・216・305・306号、ON（大野池地区）Ⅰ・Ⅱ・Ⅲ・46・155号窯跡があげられている（図版20）。陶邑窯研究の初期段階ではとくに田辺氏らによって陶邑窯製品の全国的な一元供給論が唱導されていたが、初期須恵器の地方窯が各地で発見されてき

た今日では、その論旨にも修正を加えざるをえないのは当然のなりゆきであろう。このことは陶邑窯の本場である近畿周辺では如何であろうか。

　陶邑窯跡群の近隣においても吹田 32 号窯（藤原 1989）（図版 28）や、古墳・集落・祭祀遺跡などで非陶邑窯産と推定される初期須恵器資料も注意されているものの、大勢は陶邑窯に供給源を仰いでいたとみられる。中村浩氏がまとめた近畿における初期須恵器出土遺跡の地域区分（表 8）と時期区分（表 9）の結果（中村浩 1985b/1989）にしたがえば、多くの出土例が河川水系に面していて、古代における重要な物流手段とされる水上交通の利用が考えられること。「大規模な前（中）期古墳群が位置するところと微妙に一致する」こと（氏族の分布とのかかわり）。時期的にみるとⅠ型式 1～2 段階のもの、3 段階のもの、4 段階のものおよびそれ以降の三者があること。各遺跡においてはいくつかの時期にわたる連続性の認められるものが多いこと。時期的分布は圧倒的に和泉・河内地域に集中していることなどが指摘されている。

　また古墳出土品でははやく 1964 年に大阪府藤井寺市・野中古墳（北野 1976）で墳頂部に供献された多くの器台・壺・蓋・高杯・台付坩など、内部主体に副葬された把手付脚台付小壺（図版 32）4・蓋 3 が発見されて注目をひいた。これらのなかには伽耶系陶質土器も含まれていた。

　兵庫県姫路市・宮山古墳（松本・加藤ほか 1970/1973）では、墳丘上から組紐文ある大型器台、第 2 主体竪穴式石室から有蓋高杯 1、第 3 主体竪穴式石室から大型器台・壺・甑・杯各々 1・高杯 2 などが発見されている（図版 18）。陶邑系以外のものもあるが、土師器的要素をもった高杯・杯があるところから、調査者は「須恵器製作技術が日本に渡来した段階で、朝鮮工人の指導を受けた日本人工人は、恐らく土器生産に従事した工人があてられたと思うが、そういったものが須恵器生産にたずさわった初期の段階では、当然土師器の技術や形態がその須恵器に大きな影響を与えたことは否定できないであろう」と述べているのは注目される。このような特徴をもつものはその後も堺市の四ツ池遺跡（樋口 1989）（図版 22）・小阪遺跡（大阪府教育委員会 1987〜89）（図版 23・24）・大庭寺遺跡（冨加見 1989）、豊中市・利倉西遺跡（柳本 1983/1984）（図版 22）などでも発見されて次第に増加している。

　大阪府大東市堂山 1 号墳（大阪府教育委員会 1973）（図版 25・26）では主体部（組合箱形木棺）から坩・甑・板状把手付坩各々 1 個、墳丘裾から器台 2・壺 3 以上・有蓋高杯 8 が発見された。陶邑Ⅰ型式初頭（1 段階）に比定されている。高杯脚部の面取風手法などに土師器的技法をみることができ、また主体部出土品には伽耶系の特徴が継承されている。

　高槻市・岡本山 A3 号墳（森田 1984/1985）（図版 21）は木棺直葬の小規模古墳で広口壺・大型器台・甑・高杯の 4 点が発見されている。なかでも高杯はあまり類品のない形態で伽耶系のものにたどられる。陶邑系最古段階の一群である。高槻市土室遺跡Ⅰ区土壙墓（森田 1989）からも同時期の杯が発見されている（図版 21）。

　石津川流域には四ッ池（樋口 1989）・大庭寺（冨加見 1989）・伏尾（大阪府教育委員会 1988）・小阪遺跡などがたがいに有機的に関連して営まれている。いずれも陶邑Ⅰ型式 1〜2 段階の須恵器がみられ、陶質土器なども含まれている。大庭寺では「焼成不良・焼けひずみ・欠落品が多く見られ、さらに窯体片も多く出土していることから周辺に窯跡の存在が考えられる」（冨加見 1989）と

表8 地域区分と遺跡

地域区分	遺跡名
旧大和川流域・生駒山麓	北条遺跡（大東市）、日下遺跡、神並遺跡、鬼虎川遺跡、鬼塚遺跡、水走遺跡（東大阪市）、茨田安田遺跡、城山遺跡、亀井北遺跡、長原遺跡（大阪市）、美園遺跡、久宝寺遺跡、小坂合遺跡、八尾南遺跡、水越遺跡（八尾市）、大県遺跡、大県南遺跡（柏原市）、船橋遺跡、土師の里遺跡、はさみ山遺跡、津堂遺跡、野中古墳（藤井寺市）、上田町遺跡（松原市）、高屋遺跡、高屋城跡、野々上遺跡（羽曳野市）、一賀須11号墳、一須賀2号窯跡、神山遺跡（河南町）、三日市遺跡（河内長野市）
石津川流域・陶邑周辺地域（および大阪湾沿岸を含む）	堺環濠都市遺跡、四ツ池遺跡、大仙中町遺跡、土師遺跡、日明山遺跡、小阪遺跡、万崎池遺跡、大庭寺遺跡、陶邑遺跡群（堺市）、水源地遺跡、大園遺跡（高石市）、上代遺跡、信太遺跡、府中遺跡（和泉市）、豊中遺跡、七ノ坪遺跡（泉大津市）
淀川流域・沿岸地域	嶋上郡衙跡、安満遺跡、岡本A-3号墳、弁天山D-3号墳（高槻市）、郡遺跡（茨木市）、垂水遺跡、五反島遺跡、吹田32号窯跡（吹田市）、利倉西遺跡、上津島遺跡（豊中市）、茄子作遺跡、交北城ノ山遺跡、淀川床遺跡（枚方市）

（中村浩 1989）

表9 時期別区分

時期		遺跡名
第1段階（陶邑編年Ⅰ型式1～2段階）	和泉	上代遺跡、水源地遺跡、大園遺跡、豊中遺跡、四ツ池遺跡、万崎池遺跡、西浦橋遺跡、太平寺遺跡、土師遺跡、東上之芝遺跡、鈴の宮遺跡など
	河内	野中古墳、長原遺跡、亀井遺跡、水走遺跡、友井東遺跡、西岩田遺跡、巨摩廃寺遺跡、堂山古墳、八尾南遺跡、瓜破北遺跡、木の本遺跡、久宝寺遺跡、大県遺跡、高屋遺跡、船橋遺跡、西堤遺跡など
	摂津	弁天山古墳（D-3号墳）、利倉西遺跡、シゲノ遺跡、岡本山A-3号墳など
第2段階（陶邑編年Ⅰ型式3～4段階）	和泉	田園遺跡、虫取遺跡、大園遺跡、豊中遺跡、四ツ池遺跡、万崎池遺跡、西浦橋遺跡、太平寺遺跡、土師遺跡、東上之芝遺跡、鈴の宮遺跡、小島東遺跡、淡輪遺跡など
	河内	古市遺跡、長原遺跡、亀井遺跡、はさみ山遺跡、青山遺跡、西岩田遺跡、巨摩廃寺遺跡、八尾南遺跡、半堂遺跡、瓜生堂遺跡、木の本遺跡、久宝寺遺跡、船橋遺跡、本郷遺跡など
	摂津	弁天山古墳（D-4，2号墳）、利倉遺跡、東奈良遺跡、紅茸山遺跡、郡家中町遺跡、蔵人遺跡など
第3段階（Ⅰ型式4段階以降）	摂津	松野遺跡、安満遺跡、北神ニュータウン遺跡、山之内遺跡、利倉遺跡など　　　　　　　　　（和泉・河内地域については省略する。）

（中村浩 1985）

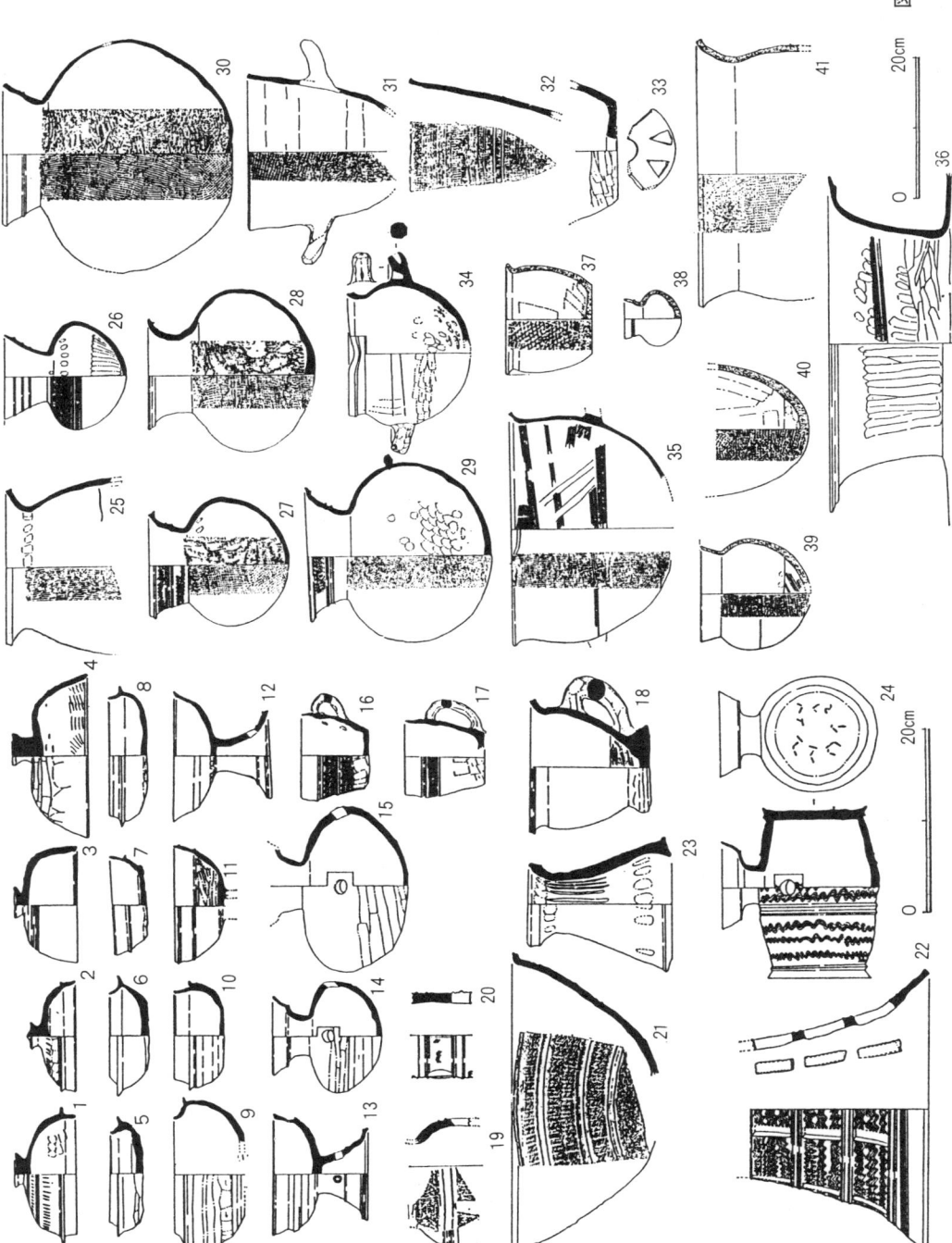

第16章　須恵器文化の形成と日韓交渉・総説編　465

図28　堺市大庭寺遺跡出土土器（富加見1989）

いう。また四ツ池では第Ⅰ・第Ⅲの二つの集落があり、前者ではTK73号・TK85号窯製品に類品を求められ、他のものについても陶邑窯出土品に共通点が多いところから、陶邑窯の「操業当初から密接に係わっていた」集団を含むと推測されている。後者では「『陶邑』編年を援用しえない、陶質土器と呼ばざるをえないものが主体を占め、その系譜は『陶邑』以外に求めなければならない」ので「韓国の百済・伽耶地域の色合いを濃く内包する、規格化されないものを使用する集団として把握される」。そこで「渡来工人を既存の集落に受け入れ、同化させ、『陶邑』の経営に表徴される中央政権に直結しない、また、制約を受けない集団を想定する」にいたっている（樋口 1989）。前者の例に大庭寺、後者の例に小阪をあげている。

　高石市水源地遺跡でも溝遺構その他から壺（広口・双耳付）・甕・蓋杯・高杯・甑・把手付小鉢・韓式系土器などが出土している（神谷・三好 1985）。なかには陶邑最古段階相当や伽耶系陶質のものもみられる。農・漁業を行いつつ海上交通にも関係した集落ではないかと推測されている。

　奈良県下の初期須恵器については関川尚功氏の集成と論考がある（関川 1984）。古墳や集落19遺跡があげられ、集落では他の土器と共に実用器として使用された形跡が強く、とくに器台の出土が顕著なところから集落内祭祀が想定できること。古墳出土例はきわめて少ないところに西日本各地との根本的差違があること。初期須恵器の生産地を近隣にひかえ、それが早くから集落に受容されるようになったことなどが指摘されている。また高杯型器台にみる鋸歯文・組紐文は畿内とその周辺、瀬戸内の備中・讃岐地域、北九州の筑前地域の5世紀における古墳文化中心地域にほぼ限定されるが、とくに近畿とその周辺に多いところから、「渡来系の製作工人を十分掌握できる条件を備えた当時の政権と密接な関係を持っていた」として「初期須恵器の源流となるべき朝鮮半島の特定地域との密接な交流をも示すもの」と結論している。すなわち大和政権と伽耶地域との強い関係を指している。さらに初期須恵器の年代については集落、古墳などの消費地で一部に各型式の混在が認められていて、TK73とTK216型式の間の時間的接近性を指摘し、畿内におけるTK73型式の須恵器は「おそらく遡っても5世紀の第2四半期の後半を越えることはないと考える」という所見を述べている。

　近畿の周辺でもっとも注目をひくのは和歌山県下紀ノ川流域である。ふるくは和歌山市六十谷遺跡（後藤 1927a、奥田・川上 1971）で伽耶系・百済系陶質土器とともに家形土器が発見され、1969年には関西大学による和歌山市・楠見遺跡（薗田・網干 1971）の調査で多くの華麗な陶質土器？が発掘されて注目を集めた。楠見遺跡の器台（筒形・高杯形）・異形台付鉢・壺形土器の一部は形態・文様・胎土の比較からTK208号窯ほかとの類似性は認められず、5世紀前半代における伽耶地域からの舶載の可能性も考慮される（藤井 1984）。また武内雅人氏は紀ノ川流域の初期須恵器を整理した結果（武内 1989）（表11参照）、「およそTK-208型式以前とTK-23型式以降TK43型式までの時期の二段階」に大別されること。「少数とはいえ陶質土器の移入が続けられていたこと」などを指摘されている。紀ノ川流域における須恵器生産の開始については和歌山市砂羅之谷窯跡群があげられ、開窯は5世紀末ごろと推定されている。「広義の岩橋千塚古墳群の中にあり、千塚を形成したと考えられる紀伊国造集団と密接な関係にあ」り、「紀伊国造の掌握になる生産機構の一部であった可能性が高い」とされている（藤井 1984）。また紀氏の役割を重視する視点は香川県・

表10 奈良県下における初期須恵器出土遺跡一覧

番号	遺跡名	種類	出土遺構	器種	型式	主要出土土器	主要出土遺物
1	ウワナベ古墳	古墳	造出し	壺、杯、高杯、甑、椀	TK216		円筒・形象埴輪、魚形土製品
2	平城宮下層遺跡	集落	溝	甑	TK73		円筒・形象埴輪、木器
3	平城宮下層遺跡	集落	溝	杯、高杯	TK216		木製農耕具、建築部材
4	発志院遺跡	集落	土坑、溝	壺、杯、高杯、甑、椀	TK216		
5	和爾・森本遺跡	集落	古墳周濠、井戸、溝、川跡	壺、甕、高杯、甑、器台	TK73・216	縄席文土器	木製農耕具
6	布留遺跡	集落	包含層	壺、甕、杯、高杯、椀、甑、器台	TK73・216	縄席文土器、韓式系土師器、製塩土器	滑石製紡錘車、同勾玉、同小玉、玉類未製品、木製刀剣装具
7	箸尾遺跡	集落	溝	杯	TK216		
8	十六面・薬王寺遺跡	集落	土坑、溝	甕、杯、椀	TK216	縄席文土器、製塩土器	木製農耕具
9	纒向遺跡	集落	土坑、河道	壺、甕、杯、椀、甑	TK73・216		
10	脇本遺跡	集落	包含層	高杯、椀、器台	TK73・216	縄席文土器、韓式系土師器、製塩土器	
11	阿部六ノ坪遺跡	集落	沼沢地	甕	TK216	製塩土器	滑石製子持勾玉、同小玉、刀装具
12	阿部雨ダレ遺跡	集落	土坑、溝	壺、器台、高杯	TK73		滑石製勾玉、管玉
13	小墾田宮伝承地下層遺跡	集落	包含層	壺	TK73？	製塩土器	
14	坪井遺跡	集落	溝	壺、器台、杯	陶質土器？TK216	製塩土器	木製品
15	曽我遺跡	玉生産集落	土坑、沼沢地、包含層	甕、杯、器台	TK73・216	縄席文土器、韓式系土師器、製塩土器	玉類・模造品の完成品・未成品、子持勾玉、銅製儀鏡
16	藤原宮下層遺跡	集落	井戸	壺	TK216	製塩土器	
17	鳥屋北遺跡	？	？	壺、甕、杯、高杯、甑	TK208		円筒埴輪、滑石製小玉
18	新沢第281号墳	古墳	墳頂	壺、高杯、器台	陶質土器？		短甲、衝角付冑、肩甲、頸甲、鉄剣、鉄刀、鉄鏃、鉄鎌、円筒・家形埴輪
19	五条・丸山古墳	古墳	墳頂外堤	杯、甕	TK216		円筒埴輪

(関川 1984)

表11　紀ノ川流域の初期須恵器・陶質土器・韓式系土師器出土遺跡

No.	遺跡名	出土遺構名	初期須恵器・陶質土器									韓式系土師器						共伴須恵器形式名
			甕	壺	埦	杯	高杯	鉢	椀	器台	その他	甕	壺	埦	甑	平底鉢	その他	
1	楠見遺跡	溝	○	○		○	○	○		○					?	○		
2	鳴滝遺跡	掘立柱建物	○	○		○	○			○		○						
3	鳴滝1・2号墳	封土	○	○		○	○	○	○		蓋						器種不明	
4	園部丸山古墳	羨道									蓋							TK—10・43
5	大同寺遺跡	古墳?		○					○		家形甑							
6	田屋遺跡	竪穴住居・土坑・河川	○			○	○						?	○	○		器種不明	
7	西田井遺跡	土坑												○			椀	TK—23・47
8-1	鳴神地区遺跡	溝2・SD—117	○	○	○	○	○				蓋・甑	○	○				高杯・杯	TK—216・208
8-2	〃	土坑										○						TK—47
9	大日山Ⅰ遺跡	土坑・掘立柱建物										○	?	?				TK—47・MT—15
10	花山6号墳										台付甑							MT—15
11	前山A46号墳						○											MT—15
12	井辺前山6号墳			○														MT—15
13	吉礼砂羅谷窯跡群			○														
14	カンス塚古墳			○														
15	東家遺跡	竪穴住居・遺物包含層		○		○	○	○			蓋・甑				○		器種不明	TK—216・208
16	陵山古墳	石室	○		○						甑							TK—73・208
17	垂井女房ヶ坪遺跡	整地土									蓋							

（武内 1989）

宮山窯跡群の出現をめぐって松本敏三氏も言及している（松本 1982/1983/1984）ことはさきにみたごとくである。

　以上のような初期須恵器をめぐって、近畿とくに旧河内湖周辺地域に韓式系土器が集中的にみられるところから、その背景に半島南部「なかでも慶尚南道南西部を中心とする洛東江流域の伽耶地域を故地とする渡来人の居住が想定されるとともに、彼らは当時の倭政権が行った開発事業に積極的に関与していた」ことに論及した田中清美氏の論考（田中 1989）。また瀬戸内海沿岸の中国地方に分布する陶邑窯系初期須恵器出土遺跡の状況から、「畿内政権と、地方豪族との政治的な関係の

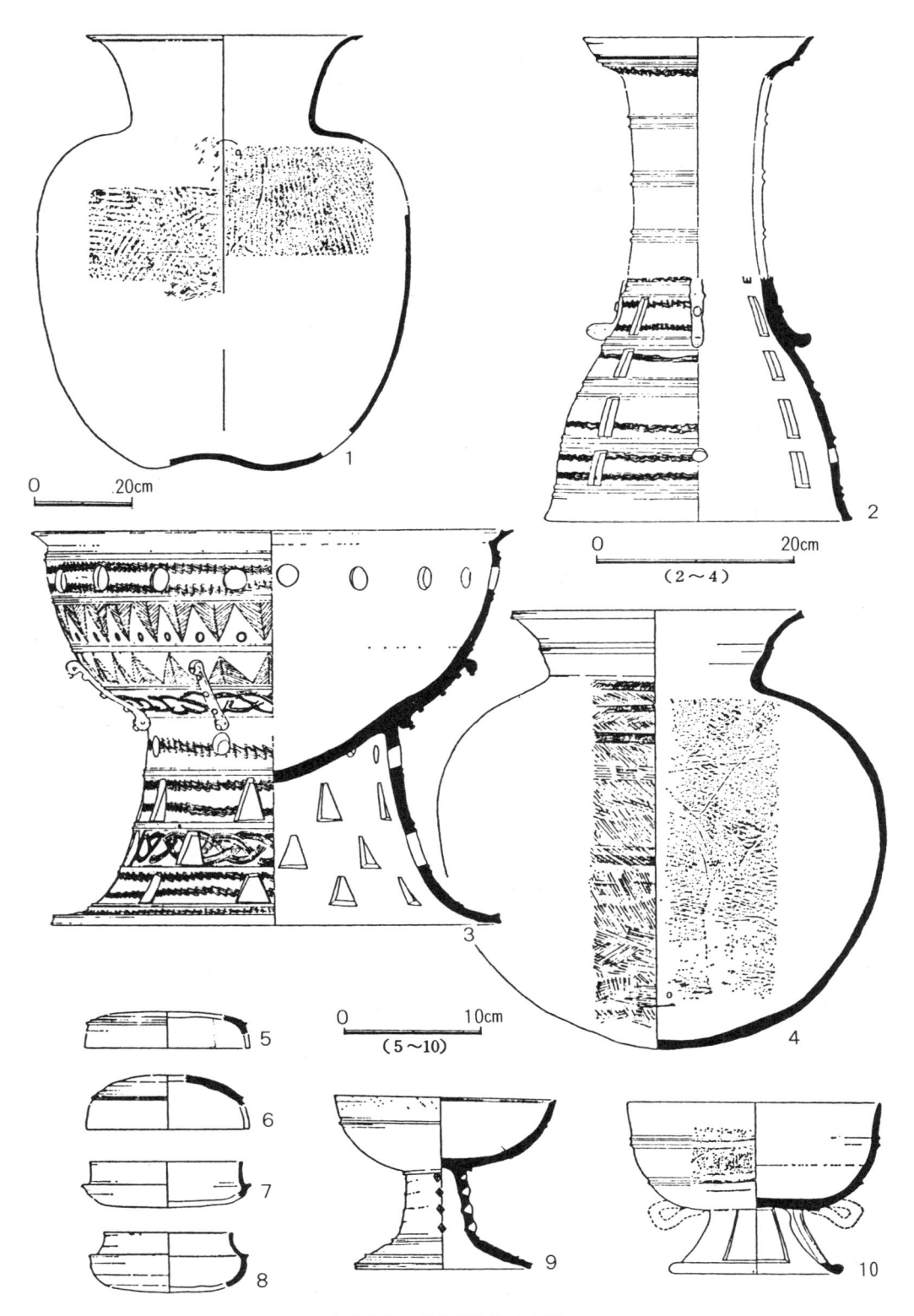

第 16 章　須恵器文化の形成と日韓交渉・総説編　469

図 29　和歌山市・楠見遺跡出土土器（武内 1989）

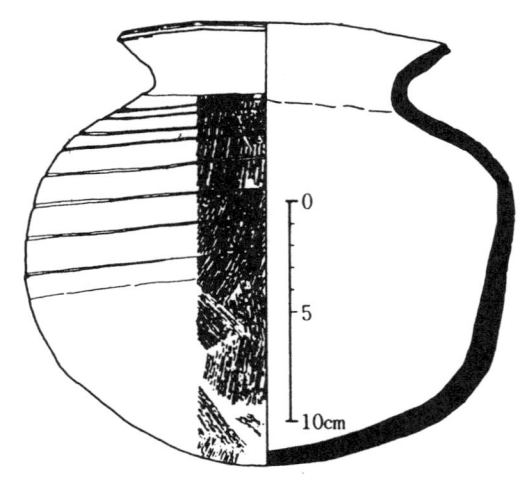

図30　大阪市・加美1号遺跡B地区周溝墓出土陶質壺（古代を考える会 1986）

なかで供給されたと考えられ」、供給にあたっては「特に西日本においては、瀬戸内海を利用する海上交通に負うところが大きい」が、「特に、TK73型式の須恵器を出土するものはこの傾向が強い」ことを主張する植野浩三氏の論考（植野 1980）なども、初期須恵器をめぐる西日本の政治的・社会的視点からの重要な問題を提起している。

3　陶質土器と西日本

韓国における初期陶質土器研究の進展

今日では西日本に伝来した陶質土器の直接的故地が韓国の伽耶地域に求められることは日韓両国研究者間で合意が得られるにいたっている。しかし研究史的にみると、伽耶土器が認識されて百済・新羅土器と対等に論じられるようになったのは太平洋戦争後の韓国考古学会の努力に負うところがきわめて大きい。それ以前は新羅土器のなかに包括されていた（小田 1984c）。3世紀以前、西日本の弥生時代後期には楽浪系漢式土器の流入があった。須恵器に似ているが、それよりは焼成の軟かいものが壱岐市・カラカミ・原の辻両遺跡（水野・岡崎 1954）や福岡県・三雲（番上地区）遺跡（柳田・児玉ほか 1982）で発見されている（図版1）。それとともに韓国産の漢式系土器——慶尚道金海地域で注意にあがってきた研究史上の経緯にしたがって「金海式土器」の名称でよばれている——がある。器形上にも変化がみられるが、無文のみならず、格子叩きや縄蓆文を有するものがあって「韓式土器」の名称を冠して区別する立場もある。これらの軟質有文金海式土器は上述のカラカミ・三雲遺跡でも発見され（図版1）、さらに4世紀代にまで継続していることは、対馬・大将軍石棺墓（駒井・増田ほか 1954、小田 1978b）（図1）や福岡市・西新町遺跡（柳田・赤司 1985）などで土師器その他と共伴することによってうかがわれる。そして同様な硬質土器も共存すると考えられてきた。一方、韓国側では1970年代後半から慶南地方で軟質金海式土器の発見が急増して、これらに「瓦質土器」の名称が与えられ、申敬澈、崔鍾圭氏らはその文化期を無文土器と陶質土器の間に設定し、金元龍氏のいう原三国時代（西暦1～3世紀）に比定された（申敬澈 1980、崔鍾圭 1982、小田 1982c）。すなわち陶質土器の発生を4世紀以降とするのである。これに対してただちに金元龍氏の反論が発表された（金元龍 1983）。すなわち年代観には賛成するものの、ほとんどが古墳からのみ発見されるところから、祭器・副葬的特殊土器があり、生活実用品としては硬質打捺文土器＝金海式硬質土器が流通していたであろうという趣旨である。しかしその後の経緯をみると、生活遺跡における瓦質土器の資料も増加していて、瓦質土器の段階を設定することは妥当である。筆者が本章の冒頭に示した編年表（表1）は以上のような研究史的経緯を加えた成果であった。

その後、1982年10月に崔鍾圭氏は瓦質土器の文化期を6期に区分し、半島における漢の郡県制の没落したA.D.313年に瓦質土器の終焉と陶質土器の出現時点を求めようという見解を示した（崔

鍾圭 1983a)。しかしまもなく大阪市・加美遺跡 B 地点 1 号方形周溝墓の周溝から庄内式土器（新相段階）群とともに 1 個の陶質土器壺が発見された（田中 1986、竹谷 1988）（図版 19）。総高 20 cm ほどの広口短頸球形壺で、体部全体に縄席文が施されている。この壺の系譜については百済地域とする申敬澈氏の見解（申敬澈 1986）があるが、庄内式土器の年代観を援用すれば 3 世紀後半までさかのぼりうることとなり、必然的に半島における陶質土器の出現年時もそこまでのぼらせねばならなくなる。伽耶地域における陶質土器の出現期について申敬澈氏の最近の所見は、古式陶質土器の段階を 4 段階に分け、その 1 段階についてつぎのように述べている。

> 後期瓦質土器と最古式陶質土器が共伴する時期で、後期瓦質土器の大部分の器種が存続していますが、陶質土器は円底短頸壺だけに限られています。3 世紀後半のある時期を上限とし、下限は 4 世紀前半と考えています（申敬澈 1989）。

また百済地域や新羅地域でも、近時土器窯跡の発見と調査が進展しつつあるが（崔夢龍・崔秉鉉編 1988、全栄来 1989、李殷昌 1989）、陶質土器の出現をめぐる問題については伽耶地域ほどの進展はまだみられていない。

西日本への伝播と生産

これまで述べてきたように、西日本各地で初期須恵器と共伴し、あるいはそれ以前から主として伽耶系陶質土器の伝来があった事実が知られた。当然 5 世紀前半代を下らない時期に出現した初期須恵器も、伽耶地域の陶質土器や生産技術と密接な関係をもって発足することとなった。このような両国の交渉をたどる作業として、西日本の諸遺跡にみられる 5 世紀前半以前の陶質土器と伽耶地域の古墳出土土器の照合をすすめてきた。そして 5 世紀前半代では釜山地区の華明洞古墳群（金廷鶴・鄭澄元 1979）や福泉洞古墳群（鄭澄元・申敬澈 1983）に多くの近縁資料が求められてきた（小田 1984c/1988b）。一方、韓国各地における開発ブームに伴う古墳群その他の遺跡調査はめざましいものがあり、各地で陶質土器の資料が急増して報告書の発刊は枚挙にいとまない有様である。それらの状況のなかで韓国内における陶質土器の地域的特徴の認識もすすんでおり、それらの成果をわが国への将来品や初期須恵器の系譜にまでたどろうとする視点も生れている（定森 1989/1990、酒井清 1990）。しかしこのような動向は、ある種の危険性も伴ってくる。韓国内の地域性設定の成果が未だ不十分な段階である上に、伝来した土器がわが国内で本来の系譜と渡来者の関係にとらわれずに移動する（贈答・交易などのケースが考えられる）場合も少なくないであろうことを考慮して、慎重に取扱かわねばならない。

申敬澈氏も伽耶地方の陶質土器の地域的特性に言及している（申敬澈 1990）。すなわち、西暦 400 年の高句麗軍の嶺南地方南進と、それに便乗して浮上する新羅によって伽耶社会が再編成されたという視点に始まる。そしてこれを反映して 5 世紀初めから前半頃、伽耶土器内で新羅様式土器が分化して伽耶様式と新羅様式に大別されたとする。そしてつぎのような地域性を設定している。

① 5 世紀代以降新羅様式土器文化が定着する地域（親新羅系伽耶）——金海・釜山・洛東江下流域・昌寧・慶山・大邱・星州

② 4 世紀代の伽耶様式土器文化の伝統をそのまま継承発展させた地域（非新羅系伽耶→新百済

1〜8. 第2号墳、9〜12. 第7号墳

図31　韓国華明洞古墳群出土資料

系伽耶)――高霊・陝州・晋州・固城・咸陽
③ 非新羅・非百済伽耶として4世紀以来独自の地位を固守した地域――咸安(安羅伽耶)・金海(金官伽耶)

さらに以上の地域設定をふまえて、西日本の初期須恵器の出現にも言及して、TK73・85号窯、堂山古墳を標識とする近畿の系譜を陝州・高霊を中心とする嶺南内陸地域に、また池の上墳墓群を標識とする北部九州の系譜を咸安・固城・泗川などの嶺南南海岸地域にそれぞれ原郷を求めている。このような系譜観の当否、さらに多元的かどうかなどの検討はこれからの課題であるが、いくつかの原郷を異にする陶質土器の技術者集団が西日本各地に渡来し、土師器工人達にその技術を伝習して急速に日本化(定型化)していったことが知られるのである。筆者が本章の冒頭表1に示した編年表はこの過程を示している。すなわち0期は陶質土器伝来期、ⅠA期は初期須恵器(定型化以前の須恵器)の出現期、ⅠB期は日本化した(定型化した)段階の須恵器である。北部九州(朝倉窯跡群)、四国(宮山窯跡群)、近畿(陶邑・一須賀・吹田窯跡群)ではⅠA期に開業されており、また吉備や山陰でも将来発見される可能性が大きいことが知られた。ⅠB期にはさらに生産窯が拡散していったのである。5世紀代は諸方面での大陸系新技術の導入がみられ、「技術革新の世紀」といわれているが、須恵器生産の登場もまさにその一環を担う重要な新技術の出現であったのである。そしてこのことは親密なる日韓交渉を通じて初めて達成されたのであった。

新しい文化の交流は水が高い方から低い方に流れるように、先進地域である大陸から西日本に伝来するのが大勢であったが、そのごく少量は西日本の方から流伝した場合もあった。これは先史時代にさかのぼっても土器・青銅器などがあり、4〜5世紀代でも銅鏡・碧玉製腕飾(石釧)・巴形銅器・筒形銅器などが、慶尚道・全羅道方面に流出している。本章にかかわる須恵器に関しても皆無ではない。

慶尚南道陝川郡鳳山面・鳳渓里古墳群(沈奉謹 1986)の第20号墳は栗石積竪穴式石室(長さ4m弱)で、出土遺物(図32-1〜7)には広口長頸壺2・有蓋高杯3・鉄剣1・鉄矛1・鉄鏃1・鉄斧1があった。さらに無蓋高杯1(同図7)がある。報告書では「有台盌」とされているが、明らかに5世紀代の定型化段階のもの(陶邑Ⅰ型式3〜4段階相当)である(1990年11月実査)。日韓の5世紀後半代遺物の年代観がクロス・チェックできる好例である。

全羅北道井邑郡所聲面・化龍里窯跡採集資料(全栄来 1980、小田 1983c)(第32図8〜10)中に蓋杯1点(同図10・11)がある。焼成・胎土・形態からみて日本の製品とみまがうばかりであるが、窯跡資料であるならば韓国産と考えざるをえないこととなろう。

全羅南道霊岩郡始終面・萬樹里2号墳(成洛俊 1982)(内部主体甕棺4基)では多くの百済土器が出土しているが(図32-12〜14)、その中に韓国ではほとんど出土例の知られていない樽形𤭯1(同図14)がある。一見、日本製品かとみまがうが、口頸部の形成が袋状を呈している特徴は、共伴の𤭯(同図13)とも共通するところで、全羅道地域の百済土器にしばしばみられる。樽形𤭯の原郷を考えるとき注意すべき資料となろう。

474　第2部　古墳時代

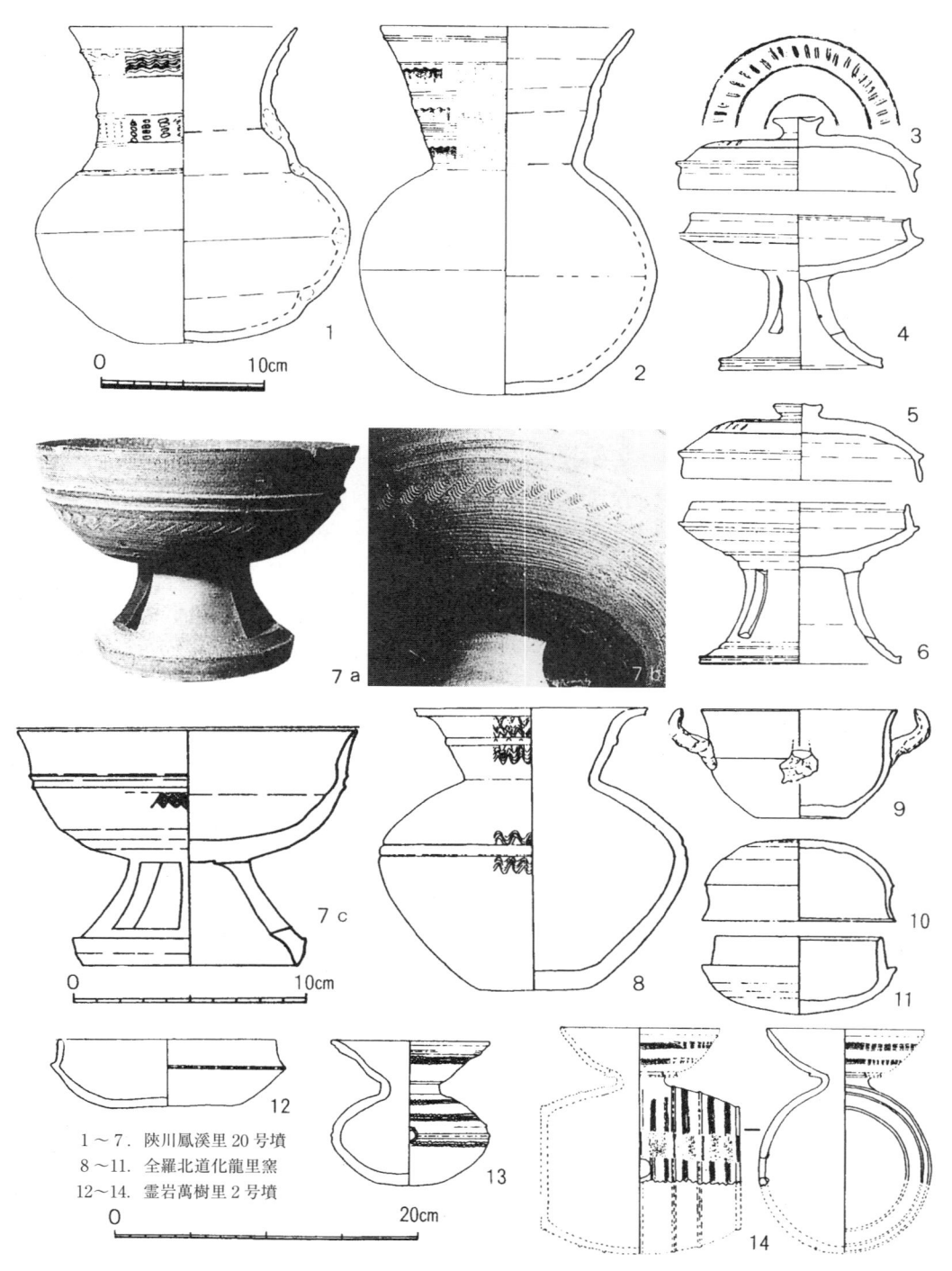

1〜7．陜川鳳溪里20号墳
8〜11．全羅北道化龍里窯
12〜14．霊岩萬樹里2号墳

図32　韓国発見の西日本関係土器とその共伴土器

4　おわりに

　初期須恵器をめぐる問題はまだ論じきれない多くの問題をかかえている。初期須恵器の出現を 4 世紀後半〜末頃に比定する説に立つ場合は、伽耶地域における同時期の陶質土器の形態的特徴や組合せのなかに直接祖型となりうるものがなければなるまい。この点に関してはこれまで韓国側の古墳資料にも 4 世紀代の良好な資料に欠けていた。そこで筆者も訪韓調査の折には注意して 4 世紀代の土器とそのセット関係に注目してきた。近時、金海地域では七山洞古墳群（申敬澈ほか 1989）や大成洞古墳群（1990〜91 年調査）、良洞里古墳群（1991 年調査）の調査によって 4 世紀代にまでさかのぼる資料が次第に蓄積されてきた。それらを検討してみても 4 世紀代のなかに祖型を求めることは難点が多く、5 世紀初め以降の資料に適切なものが多くみられるところに結着するようである。

　またⅡ型式になって盛行する傾向のある装飾付須恵器（山田 1989）（図版 31）や異形土器（騎馬人物土器・家形土器・連結土器・角形土器〔入江 1988〕など＝図版 28・29・31）も新羅・伽耶の土器（東 1985）に原郷がある（図版 32）。両国の交流によって受容された古墳祭祀の一環を担う重要な土器であるが、それらの導入と変容についても考察すべき問題が残されている。なかでも角形土器について福井県・興道寺窯跡（入江 1988）、兵庫県・赤根川金ヶ崎窯跡（明石市教育委員会 1990）などが調査されていることは注意を要するであろう。さらに将来の課題として期することとしたい。

註
(1) 朝倉窯跡群（小隈・八並・山隈）関係文献
Ⅰ．考古学関係
　平田定幸　1984「朝倉の初期須恵器窯跡」『甘木市史資料・考古編』
　武末純一・平田定幸　1986「九州における発生期の須恵器窯」『月刊考古学ジャーナル』259 号
　佐藤正義　1988『小隈窯跡群Ⅰ』（夜須町文化財調査報告第 12 集）
　小田富士雄　1984「須恵器の出現」（北九州市立考古博物館『須恵器のはじまり』展）
　橋口達也　1990「須恵器」（日本考古学協会 1990 年度大会研究発表要旨）
　中村　勝　1984「甘木・朝倉地方の初期須恵器―窯跡資料を中心として―」『地域相研究』14 号
　中村　勝　1989「福岡市金武小学校蔵の古式須恵器」『福岡考古』14 号
　中村　勝　1989「筑紫における須恵器編年（予察）」『九州考古学』63 号
　小田富士雄　1986「古墳時代―4・須恵器の伝来と生産」『図説　発掘が語る日本史 6・九州沖縄編』
　小田富士雄　1984「須恵器の源流―九州地方―」『日本陶磁の源流―須恵器出現の謎を探る―』
　小田富士雄　1989「九州地域の須恵器と陶質土器」『陶質土器の国際交流』
　舟山良一　1988「須恵器の窯跡群―九州―」『季刊考古学』24 号
　片岡宏二　1988「小隈小窯跡群成立の歴史的背景」『まがたま』（福岡県立小倉高等学校創立八十周年記念）
　片岡宏二　1989「的臣と浮羽の古墳群」『田主丸郷土史研究』第 2 号
　佐藤正義　1989「九州地域 (2)―小隈跡群―」『陶質土器の国際交流』

蒲原宏行・多々良友博・藤井伸幸 1985「佐賀平野の初期須恵器・陶質土器」『古文化談叢』15集

九州大学考古学研究室 1990「山隈窯跡群の調査―福岡県朝倉郡三輪町所在の初期須恵器窯跡群―」『九州考古学』65号

Ⅱ．化学分析関係

三辻利一 1984「茶臼塚古墳・隈遺跡群及び古窯跡出土の須恵器の胎土分析」『甘木市史資料・考古編』

三辻利一・杉直樹 1986「北九州の初期須恵器の胎土分析」『古文化談叢』16集

蒲原宏行・三辻利一・岡井剛・杉直樹 1987「佐賀県出土古式須恵器の産地推定」『古文化談叢』18集

蒲原宏行・三辻利一・岡井剛・杉直樹 1987「佐賀県出土古式須恵器の産地推定―第2報―」『古文化談叢』18集

横山邦継・下村智・三辻利一・杉直樹 1987「福岡市・飯盛遺跡出土陶質土器の産地推定」『古文化談叢』18集

三辻利一 1989「産地推定の状況―化学分析法による古代土器の伝播・流通に関する研究の現況―」、『陶質土器の国際交流』

三辻利一 1990「山隈窯出土須恵器、埴輪の蛍光X線分析」『九州考古学』65号

三辻利一 1990「胎土分析からみた朝鮮半島産陶質土器」『古代朝鮮と日本』

三辻利一「蛍光X線分析による古代土器の産地推定」（日本考古学協会1990年度大会ポスターセッション資料）

伊藤晴明・時枝克安 1990「山隈窯跡の考古地磁気学的研究」『九州考古学』65号

(2) なお波状文は三種に分類されている。すなわちA型：6号墳壺（図1-5）、B型：D-5・7付近壺（図1-2）、C型：D-2・D-4壺（図1-6・8〜10）

(3) 1984年島根県教育委員会調査中見学。報告書未刊。

第16章 須恵器文化の形成と日韓交渉・総説編 477

図版1 瓦質土器 長崎県カラカミ遺跡（1・2）・大将軍山古墳（7・8）、福岡県三雲遺跡（3〜6）

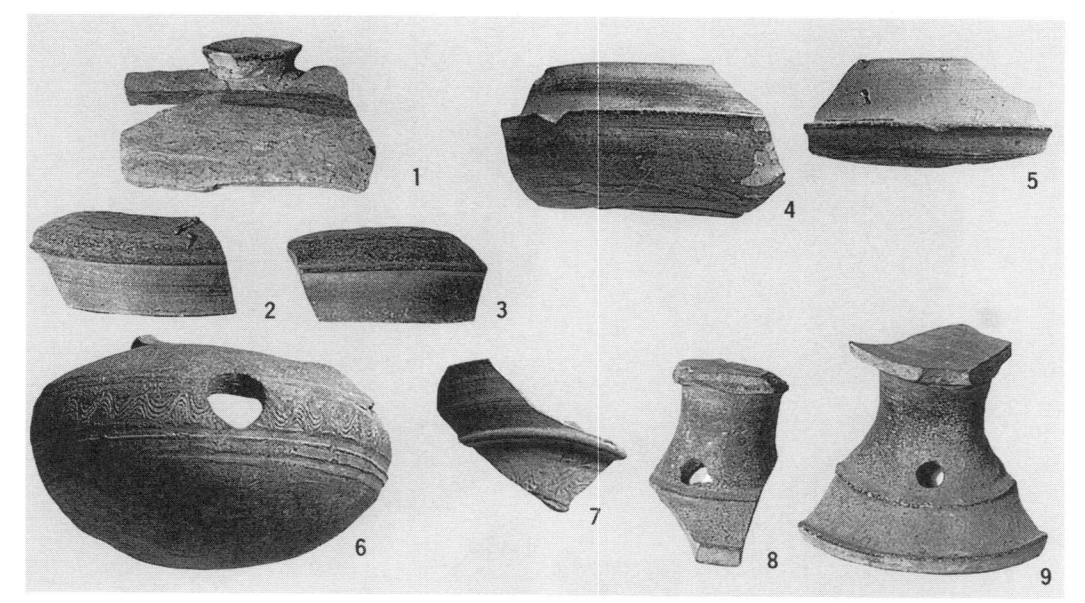

1〜9　福岡県京都郡犀川町〔現みやこ町〕山鹿

10　福岡市南区柏原　　　　11　春日市昇町

12　山口市朝田墳墓群

図版2　山口県・九州（1）　山口市朝田墳墓群、福岡県山鹿古墳、柏原遺跡、昇町遺跡

第 16 章　須恵器文化の形成と日韓交渉・総説編　479

図版 3　九州 (2)　福岡県番塚古墳 (1～5)、岩戸山古墳 (6～8)

480 第2部 古墳時代

図版4 九州（3） 福岡県有田遺跡（1〜5）、奴山5号墳（6・7）

第 16 章　須恵器文化の形成と日韓交渉・総説編　481

図版 5　九州（4）　福岡県新開窯跡

482 第2部 古墳時代

図版 6 九州 (5) 福岡県隈・西小田窯跡 10 地点 (1〜3)、老司古墳 (4・5)

図版7　九州（6）　福岡県古寺墳墓群（1〜3）、池の上墳墓群（4〜7）

484　第2部　古墳時代

図版8　九州（7）　福岡県宝満川（1）、松木遺跡（2）、隈平原2号墳（4・5）、塚堂遺跡（7）、佐賀県鈴隈古墳群（3・6）

第16章　須恵器文化の形成と日韓交渉・総説編　485

図版9　九州（8）　福岡県乙植木古墳群（1〜5）、木塚古墳（6〜9）

図版 10　九州（9）　福岡県石人山古墳（1～4）、小田茶臼塚古墳（5）

1〜3　草場第二遺跡

4　北友田横穴

5　下郡遺跡

図版11　九州（10）　大分県草場第二遺跡、北友田横穴、下郡遺跡

図版12 九州（11） 長崎県上篠原遺跡（1・2）、熊本県上ノ原遺跡（3）、塚原遺跡（4・5）、宮崎県六野原横穴群（6）

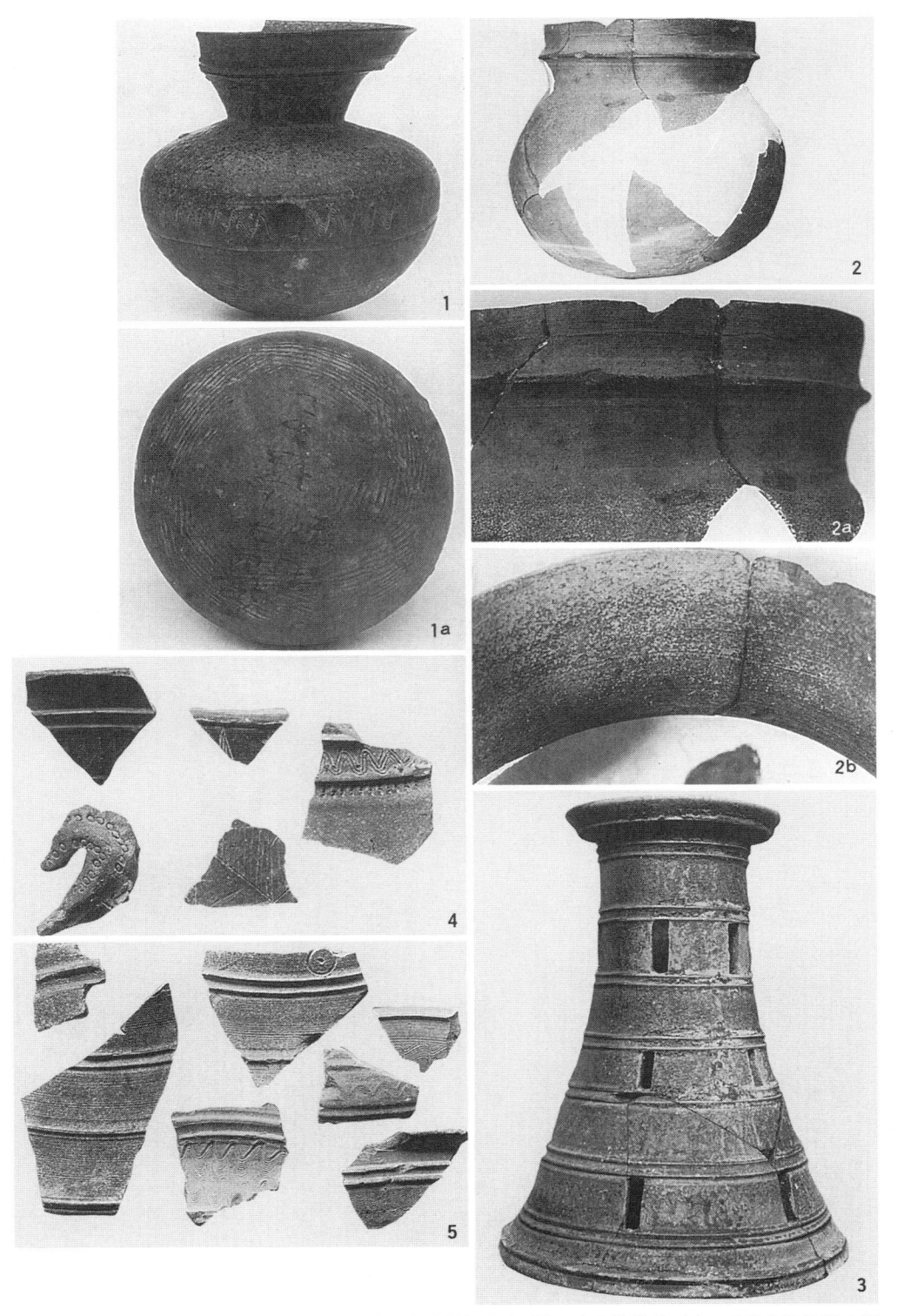

第16章　須恵器文化の形成と日韓交渉・総説編　489

図版13　九州（12）　長崎県大塚山古墳（1）、宮崎県鐙遺跡（2）、志和池遺跡（3）、鹿児島県横瀬大塚古墳（4・5）

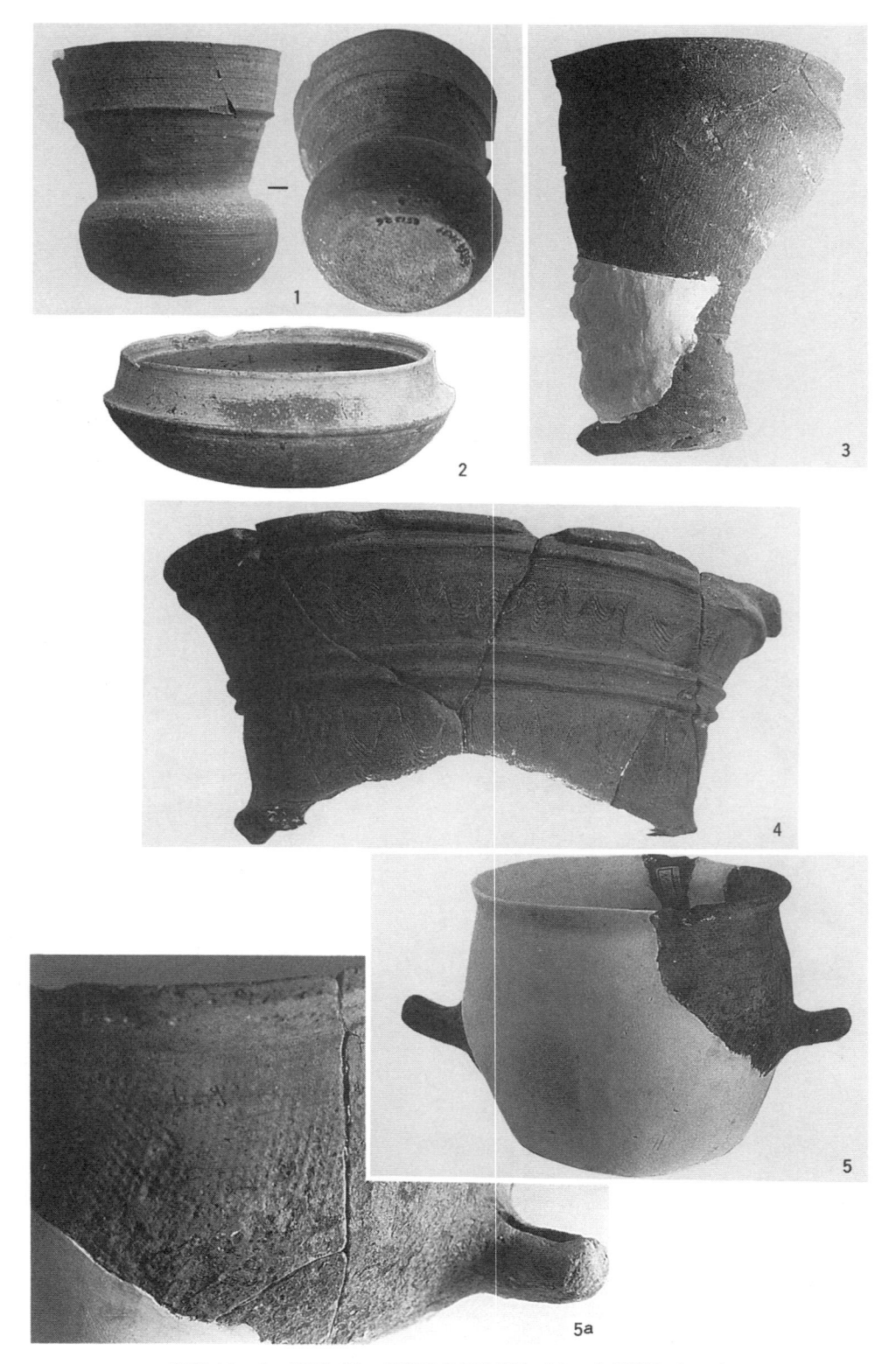

図版 14 中・四国 (1)　島根県佐田前遺跡 (1)、夫敷遺跡 (2〜5)

第16章　須恵器文化の形成と日韓交渉・総説編　491

1・2　四拾貫小原

3～8　三ッ城古墳

図版15　中・四国（2）　広島県三ッ城古墳、四拾貫小原古墳群

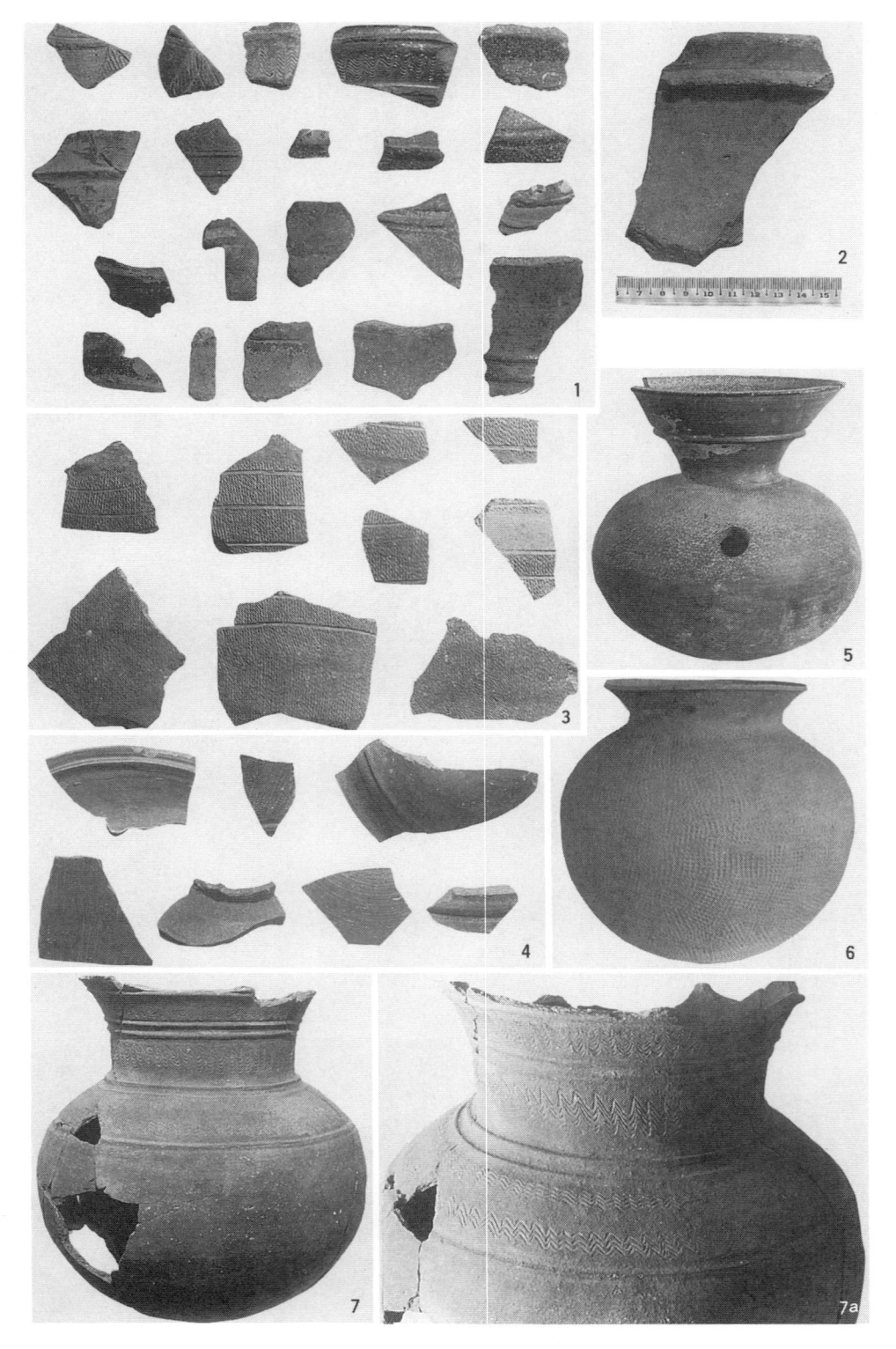

図版16 中・四国（3） 岡山県榊山古墳（1・2）、波歌山古墳（4）、七ッ塚古墳（5・6）、百間川原尾島遺跡（3）、川入遺跡（7）

第 16 章 須恵器文化の形成と日韓交渉・総説編 493

図版 17 中・四国 (4) 雉之尾古墳群

図版 18　近畿 (1)　兵庫県宮山古墳

第 16 章 須恵器文化の形成と日韓交渉・総説編 495

図版 19 近畿（2） 大阪府加美 B 地区 1 号方形周溝墓出土陶質土器とその出土状況

496　第2部　古墳時代

1〜3・9. TK73、4. TK109、5. TK103、6〜8・13. TK85、10. TK94、11・12. TK305

図版20　近畿（3）　大阪府陶邑窯跡群（1〜13）、一須賀2号窯（14）

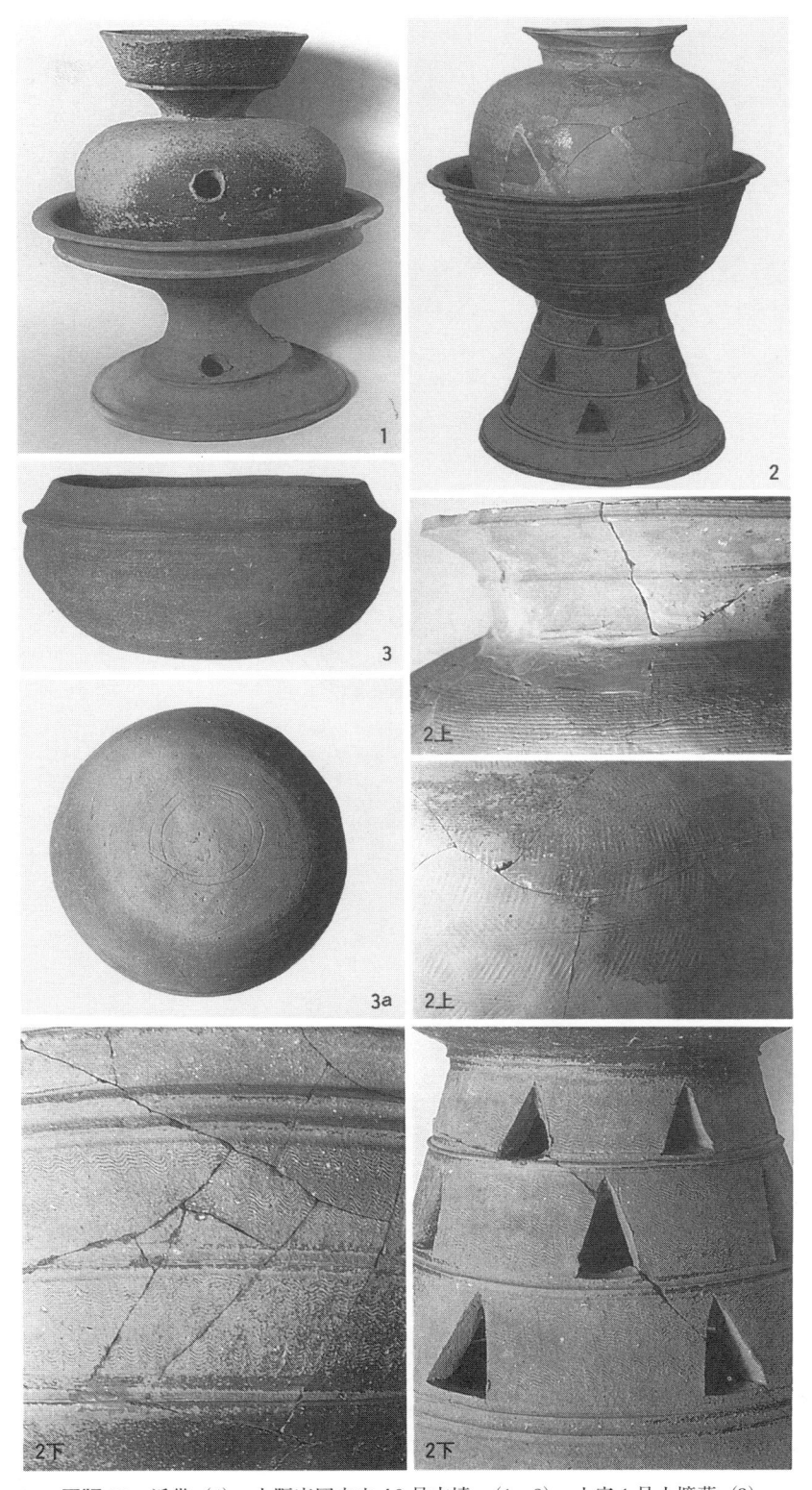

第 16 章　須恵器文化の形成と日韓交渉・総説編　497

図版 21　近畿 (4)　大阪府岡本山 A3 号古墳、(1・2)、土室 1 号土壙墓 (3)

498 第2部 古墳時代

図版 22 近畿（5） 大阪府利倉西遺跡、（1〜4）、四ッ池遺跡（5〜12）

第 16 章 須恵器文化の形成と日韓交渉・総説編　499

図版 23　近畿（6）　大阪府小阪遺跡 1

図版24　近畿（7）　大阪府小阪遺跡2

第 16 章　須恵器文化の形成と日韓交渉・総説編　501

図版 25　近畿（8）　大阪府堂山 1 号古墳 1

502　第2部　古墳時代

図版 26　近畿 (9)　大阪府堂山 1 号古墳 2

第 16 章 須恵器文化の形成と日韓交渉・総説編 503

図版 27 近畿（10） 大阪府水源地遺跡

図版 28　近畿 (11)　大阪府吹田 32 号窯 (5～7)、奈良県南山 4 号墳 (1～4)

第 16 章　須恵器文化の形成と日韓交渉・総説編　505

図版 29　近畿 (12)　和歌山県六十谷遺跡 1

図版 30　近畿 (13)　和歌山県六十谷遺跡 2

第 16 章　須恵器文化の形成と日韓交渉・総説編　507

1．西宮山古墳（兵庫県）
2．獅子塚古墳（福井県三方郡美浜町郷市）
3．隈西小田古墳（福岡県筑紫野市隈西小田3地点1号古墳）
4．天神山遺跡（石川県加賀市敷地）
5．切畑A遺跡（佐賀県神埼郡神埼市）・土師器

図版 31　装飾付須恵器、異形土器（角形土器）

508　第2部　古墳時代

野中古墳（大阪）

慶北・大邱

慶南・熊川貝塚

恵比須山遺跡（対馬）

伝　慶南・金海郡大同面徳山里

釜山市・福泉洞1号墳

伝　慶南・陜川

ソウル市・可楽洞2号墳

慶南・書洞

図版32　参考資料・韓国出土陶質土器

第17章　対馬・矢立山古墳群の歴史的位置
──史跡整備のために──

1　終末期古墳の墳形

対馬の古墳──外観と墳形──

　1948（昭和23）年に1ヶ月余にわたって実施された東亜考古学会の対馬調査は、はじめての全島にわたるゼネラル・サーベイであり、先史・原史時代の対馬の概要を明らかにした不朽の業績として高い評価を得ている（水野・樋口ほか1953）。対馬の古墳時代の大勢はこれによってうかがうことができるようになった。

　対馬の古墳外観には大別して積石塚と封土墳があり、また墳形には前方後円墳と円墳があることが報告された。しかし当時の調査は全島的に網羅することが目的でもあったので、前方後円墳については測量調査も意図的に行われたが、円墳については概略の実測図や墳径・高さを記録するにとどまった。前方後方墳・方墳などについては樹木が茂り、また墳形の変形などのため、十分に検討する余裕もなかったのが実情であった。当時重視されたのは内部構造であり、弥生時代の組合箱式石棺の系譜上にある板石石室（箱式石室）と横穴式石室に二大別されて論旨が展開され、それなりに貴重な成果をあげている。

　東亜考古学会の調査で対馬の原史遺跡として類別報告されたのは、積石群集墓・箱式石室墓・積石円墳・積石前方後円墳・横穴式石室墓の5類であり、内部構造に墳形・外観を組合せた類別を援用しつつもやや不分明さを残してしまった。その後1951（昭和26）年九学会連合による対馬調査で発掘された美津島町雞知の鶴ノ山古墳（出居塚古墳）（駒井・増田ほか1954）についても4世紀後半代の前方後円墳とされた。これが対馬最古の前方後方墳と認定されるまでにはさらに20年余を要した。また矢立山古墳群が方形積石封土墳と推定された1997（平成9）年まで半世紀が経過したのである。

　外観における積石塚、内部構造における板石石室（箱式石棺）は古墳時代を通じて対馬島中盛行したとする東亜考古学会調査時の指摘は、その後の調査を通じても今日なお訂正を要しない。そして終末期に至って横穴式石室が数基程度登場して、対馬の古墳時代は終焉を迎えたのである。

横穴式石室古墳とその墳形

　現在対馬に所在する横穴式石室古墳はつぎのとおりである。
　・根曽3号墳　　　　美津島町雞知・根曽

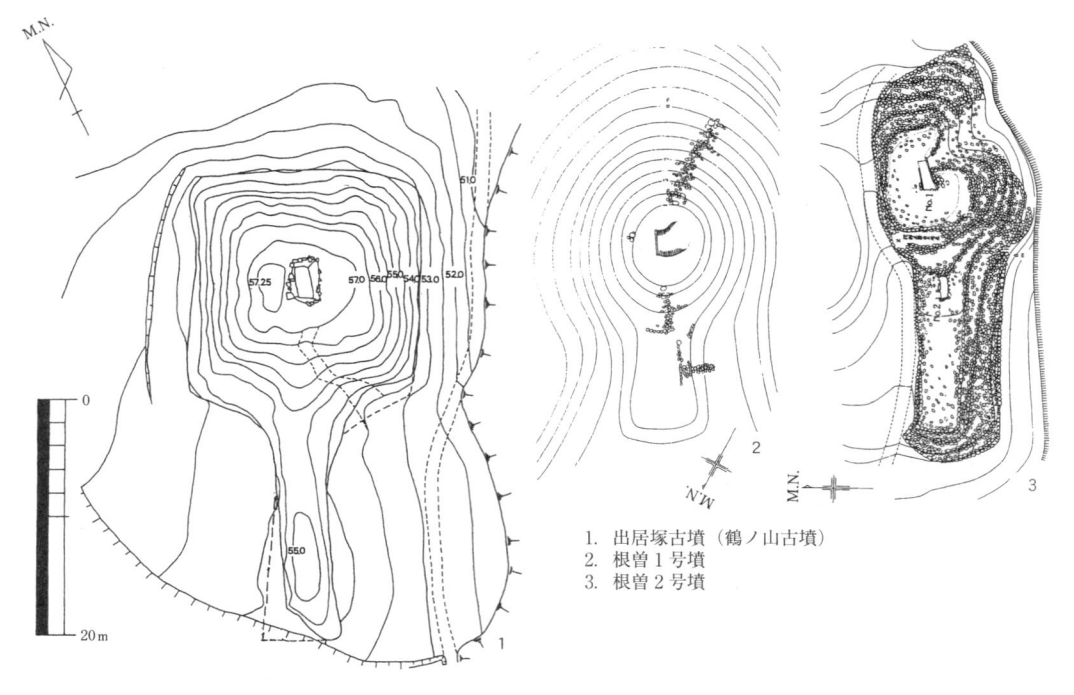

1. 出居塚古墳（鶴ノ山古墳）
2. 根曽1号墳
3. 根曽2号墳

図1　対馬の古墳（1/600）

・サイノヤマ古墳　　　美津島町雞知・濱ノ原陽
・保床山古墳　　　　　厳原町豆酘・保床山
・矢立山古墳群　　　　〃　下原・矢立

　これら横穴式石室古墳の存在は東亜考古学会調査時に明らかにされて、板石石室と横穴式石室の二群が「小茂田・雞知をつなぐ線をさかひとして、それより北には板石石室のみが分布し、それより南には横穴式石室だけがみとめられる。すなわち年代の異なる両群が南北に相かたよってゐるのである」（水野・樋口ほか 1953、137頁）と述べているが、この指摘は現在も訂正を要しない。

　また東亜考古学会調査時には根曽古墳群を6世紀代に、その他を7世紀代に編年したのであった。
　根曽3号墳（水野・樋口ほか 1953）は根曽古墳群中唯一の横穴式石室であるが、左右各1枚・奥壁2枚の大形板石を立て、前面左右に各1枚の扁平袖石を立てている。石室の上半部はすでにないが、このような正方形プランに近い箱形石室はこれまでにも北部九州の沿岸地域や天草地域などでもみられる。遺物は発見されていないが6世紀後半以降の所産と推測される。封土・積石など外形を知る手掛かりは残されていない。根曽古墳群中最終段階に位置づけられよう。
　サイノヤマ古墳（水野・樋口ほか 1953、福岡大学考古学研究室 2003）は東亜考古学会によって石室内が発掘調査された。報告書には、「雞知浦の西乃浦、海より約1キロ、西南より東北にのびた山のをの先端にある。地形を利用した圓墳で、径約10 m、高さ約2 m、封土はほとんない。主体は横穴式石室で南30度東に口をひらいてゐる。」（水野・樋口ほか 1953、111頁）と記されている。石室内は細長い長方形プランの直方体横口形式の石室（長さ3.8 m・幅70〜80 cm・高さ1.2 m）で、石室形態や立地などから終末期古墳であろうと推定され、はやくから開口していて出土品

第 17 章　対馬・矢立山古墳群の歴史的位置　511

サイノヤマ古墳墳丘測量図

※東側壁は今回の調査中、
新たに書きおこした略測
図である

排土または
堆積土

➡：鍵状加工のある石材
トーン部分：菱形に加工した
　　　　　　"落とし込み"石材

排土または
堆積土

サイノヤマ古墳石室実測図（水野・樋口ほか 1953 より加筆修正）

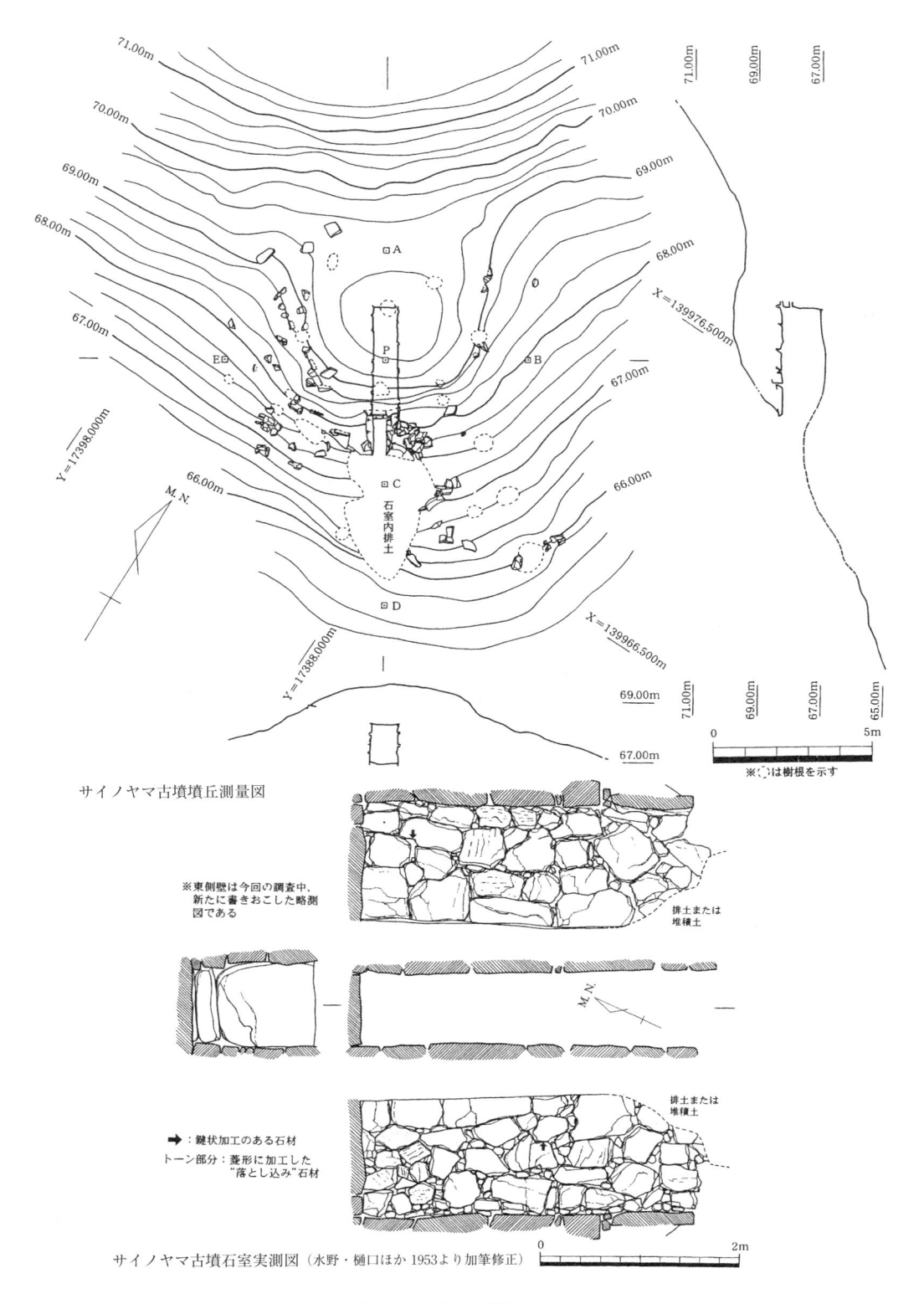

図 2　サイノヤマ古墳墳丘・石室・実測図（福岡大学考古学研究室 2003）

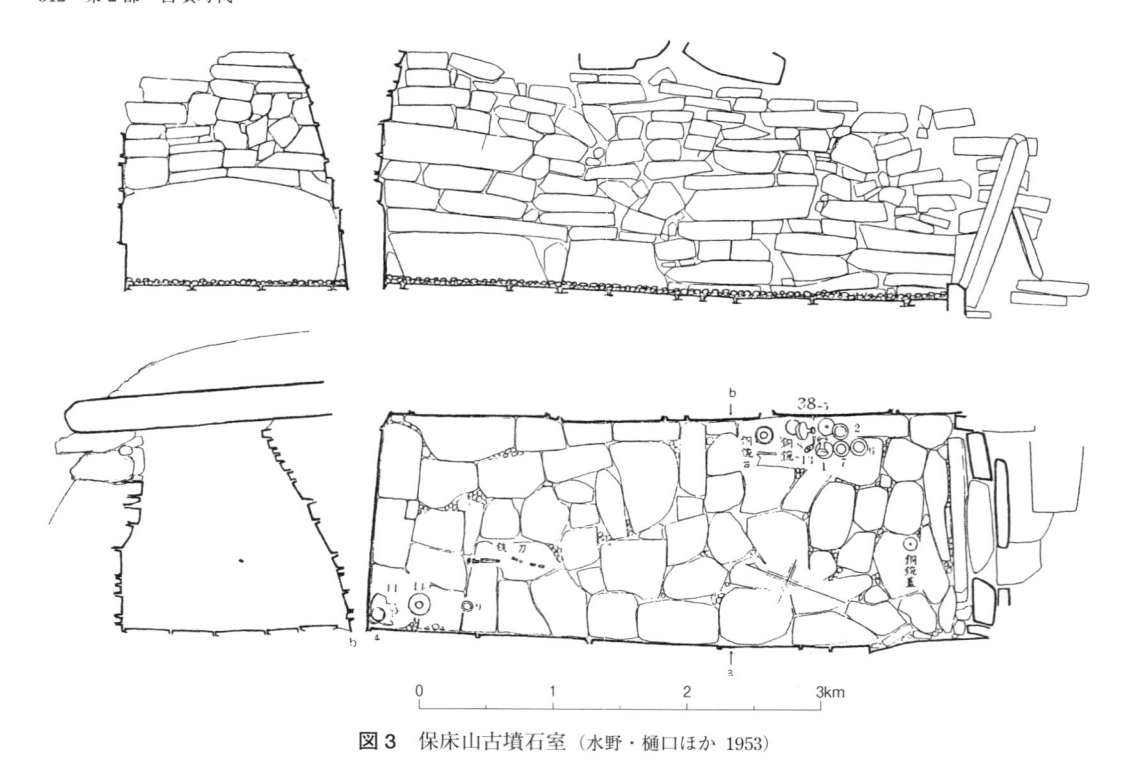

図3 保床山古墳石室（水野・樋口ほか 1953）

は知られていない。本古墳は東亜考古学会の調査以後訪ねる人もなくなって、所在地も忘れられていった。今般矢立山古墳調査を機に、石室の比較検討が必要となり、美津島町教育委員会の田中淳也主事に依頼して探索してもらった結果再発見することができた。2002年3月本古墳を訪ねた際、東亜考古学会調査時に、石室内からかき出したと思われる土砂が石室入口の前方斜面に堆積しており、そのなかから鉄刀片2・須恵器杯片1などが採集された（美津島町教委へ移管）。また石室入口天井レベルのむかって右側に一列に並ぶ石列状のものが認められるので方形墳の可能性も考えられる。樹木生い茂る現状では立ち入ることができず、確認作業は将来の課題である。

　保床山古墳（水野・樋口ほか 1953）は「豆酘の集落の北方に、豆酘全域を見渡すように神奈備形の山があり、これを穂床山という」（厳原町誌編集委員会 1997、409頁）「そのゆるい南斜面の中腹、畑のふちに、いま石室が露出してゐる。封土はすでに消滅してあとかたもない。天井および西壁の大部分も破壊されてゐた。しかし、なかに充満してゐた土石をのぞくと、他の三壁および床がよくのこってゐて、石室のだいたいを推察することができた」（水野・樋口ほか 1953、114～115頁）という状態であった。2002年2月、小松勝助・藏冨士寛氏らと現地を訪ねる機会があった。南側に開口する直方体石室西側の壁面と袖石・天井石などは崩壊しており、封土なども残っていない状況であった。副葬品は盗掘されず原位置を保って発見され、須恵器（蓋杯・有蓋埦・壺・長頸壺・甑・平瓶等）・土師器（盤）・金銅装大刀および金具・有蓋銅鋺および承盤など豊富である。なかでも須恵器の特徴からは初葬につづき追葬が行われたようで、7世紀前半から終末に及ぶと推定される。

　東亜考古学会の調査時には、これら横穴式石室古墳は、根曽3号墳を除いてすべて須恵器編年か

ら終末期古墳（7世紀代）として位置づけられた。また当時須恵器編年もはじめて四期編年（祝部1式～4式）が組み立てられて、わが国の須恵器編年の嚆矢となった学史上意義ぶかいものとなっている。すなわち当時の4式須恵器がこれら終末期古墳の時期に相当する。

　また当時の調査段階では、古墳の墳形としては前方後円墳と円墳を想定するのが常識であったから、サイノヤマ古墳についても円墳と断じられたのであった。1970年代以降奈良県高松塚古墳の調査を契機として、終末期古墳の研究が急速に進展して、終末期も7世紀中ごろ以前を終末前期、以降を終末後期に分けるところまで到達している。これに従えば墳形・遺物など皆無の根曽3号墳は不明であるが、ほかは石室用材と構築法・出土須恵器などを参考にして次のように位置づけられる。

　　　サイノヤマ古墳　　　封土墳（円墳・方墳の疑いあり）　　　7世紀前半
　　　保床山古墳　　　　　封土墳（封土なく墳形不明）　　　　　7世紀前半～終末
　　　矢立山1号墳　　　　積石封土墳（三段積方墳・土石混交）　7世紀前半～終末
　　　〃　2号墳　　　　　積石封土墳（三段積方墳・土石混交）　7世紀後半～終末
　　　〃　3号墳　　　　　積石塚（長方形墳）　　　　　　　　　7世紀後半

　東亜考古学会調査当時、対馬の古墳の外観では積石塚と封土墳の二者が、また墳形では円墳と前方後円墳が認定されていた。さらに内部構造では板石石室と横穴式石室が知られていた。この2つの石室は「小茂田、雞知をつなぐ線をさかひとして、それより北には板石石室のみが分布し、それより南には横穴式石室だけがみとめられる」（水野・樋口ほか 1953、137頁）という指摘があり、「ながいあひだ横穴式石室があらはれなかったといふことは、ながいあひだ板石石室がおこなはれてゐたといふことである」（水野・樋口ほか 1953、136頁）として「文化の停滞」と表現している。

　墳形においては前方後円墳（積石塚）2基が美津島町雞知で調査されている。すなわち根曽1号墳（全長30m）と2号墳（全長36m）で、板石石室を内部主体とし6世紀代に比定された。これに続く終末期の横穴式石室墓のサイノヤマ古墳は「径約10m、たかさ約2m」の「地形を利用した円墳」（水野・樋口ほか 1953、111頁）とされているが上述したように方墳の可能性がある。矢立山古墳群についても、1号墳は径約20m・高さ3m未満の円墳とされ、「まわりの数カ所に石ふみをみるのは、もと積石塚であったためであろうか」（水野・樋口ほか 1953、112頁）と記され、後世の積石塚が寄生しているのには気付かれていない。2号墳については「もり土がなくなって、封土の大きさははっきりしない」（水野・樋口ほか 1953、113頁）とされた。そして最終的には円墳と推定しながら、「矢立山のごときは付近に石塊がたくさんあり、土塚と断定するにはいくらかうたがひがのこる」（水野・樋口ほか 1953、122頁）という慎重さを示して積石塚か封土墳かの断定を保留された。これは今回の調査で表面に葺石して一見積石塚的外観をとるものの、築成状態は土石混交に拠っていることが明らかになってみると、当時の判断は正しいものであったといえるであろう。今回の発掘によっても完全な土塚ではなく、この地に露頭する対州層群から容易に取れる板状石材を積み、土砂を混えて築成された積石封土墳ともいうべき存在である。これに比べれば3号墳は正真正銘の長方形積石塚である。

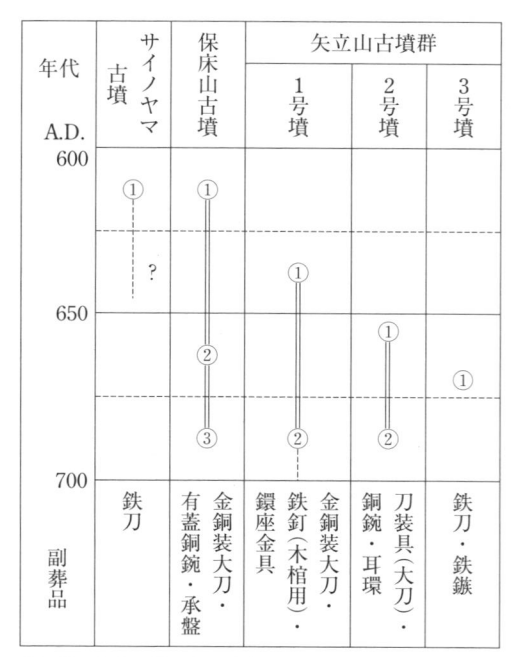

年代 A.D.	サイノヤマ古墳	保床山古墳	矢立山古墳群		
			1号墳	2号墳	3号墳
600	①	①	①		
	?			①	
650		②	②	①	①
		③		②	
700	鉄刀	金銅装大刀・有蓋銅鋺・承盤	金銅装大刀・鉄釘（木棺用）・鐔座金具	刀装具（大刀）・銅鋺・耳環	鉄刀・鉄鏃
	副葬品				

註）①は初葬、②・③は追葬を示す。

図4　須恵器編年による古墳の相対年代

2　矢立山古墳群の歴史的性格

矢立山古墳群の編年的位置

　複数の終末期古墳相互の年代を決めようとするとき、とくに年代的に接近し、あるいは重複しているときは、もっとも普遍的に発見され、しかも近年その編年研究が進んできた須恵器の編年に拠るのが最適であろう。ここでとりあげる対馬の終末期古墳はサイノヤマ古墳（美津島町）、保床山古墳、矢立山古墳群（厳原町）である。

　サイノヤマ古墳（水野・樋口ほか 1953）は有蓋坏片が石室内の排土中から鉄刀片とともに採集された（2002年2月）。また保床山古墳（水野・樋口ほか 1953）では東亜考古学会の発掘調査で多数の須恵器とともに金銅装大刀、有蓋銅鋺・承盤が発見された。須恵器の内訳は蓋杯・有蓋塊・壺・坩・甑・平瓶・長頸壺・坏など器種も豊富である。さらに土師器の盤がある。現段階の須恵器編年では7世紀前半に初葬され、7世紀末頃を最終とする2回の追葬が考えられる。なかでも壺（高さ15 cm）は肩に2条構成の沈線が2ヶ所にあり、「祝部壺として特殊なもので、あるいは新羅統一時代のものとでもいふべきものであらうか」（水野・樋口ほか 1953、116頁）という注目すべきものであるが、現物は行方不明となり確かめるすべがない。

　矢立山古墳群（水野・樋口ほか 1953）では1号墳で今回杯蓋・杯身などの破片が検出されて、初葬が7世紀中頃以前にさかのぼることが知られた。金銅装大刀や木棺用鉄釘が東亜考古学会の調査時に発見されていたが、今回の調査でさらに鉄製鐔座金具が発見されて被葬者の身分の高さをうかがわせる。2号墳では東亜考古学会の調査で刀装具と銅鋺が発見された。須恵器長頸壺は保床山古墳よりさかのぼる特徴を示していて、7世紀中頃よりはさかのぼらない時期に比定される。無蓋銅鋺は側面の1ヶ所に稜を有する珍しい形態で、類品をみないが、中国唐代の金銀器や陶瓷器（斉東方 1999）を参照すると7世紀末頃の追葬時に比定しておいてよいであろう。3号墳は3セットの有蓋椀と平瓶が鉄刀1振りとともに副葬されて、1回限りの埋葬が確認できた未盗掘墳であることとあわせて貴重な発見であった。有蓋椀の特徴から、2号墳の初葬時期に近いことが推察されるが、2号墳よりやや遅れる存在であろう。以上を要約すると別図のように整理することができよう（図4）。

　矢立山古墳群中の最終段階に築造された3号墳は、未盗掘墳であると同時に追葬もないという、対馬の横穴式石室としては稀有の幸運に恵まれた。ここでは奥壁にむかって左壁に寄せて木棺を置き、右壁寄りに鉄刀1振り・鉄鏃4本・平瓶、玄門付近に有蓋椀3個・土師器杯1個が副葬されていた。盗掘されていなかったので、このような埋葬状態が本来のものであり、その内容から薄葬思

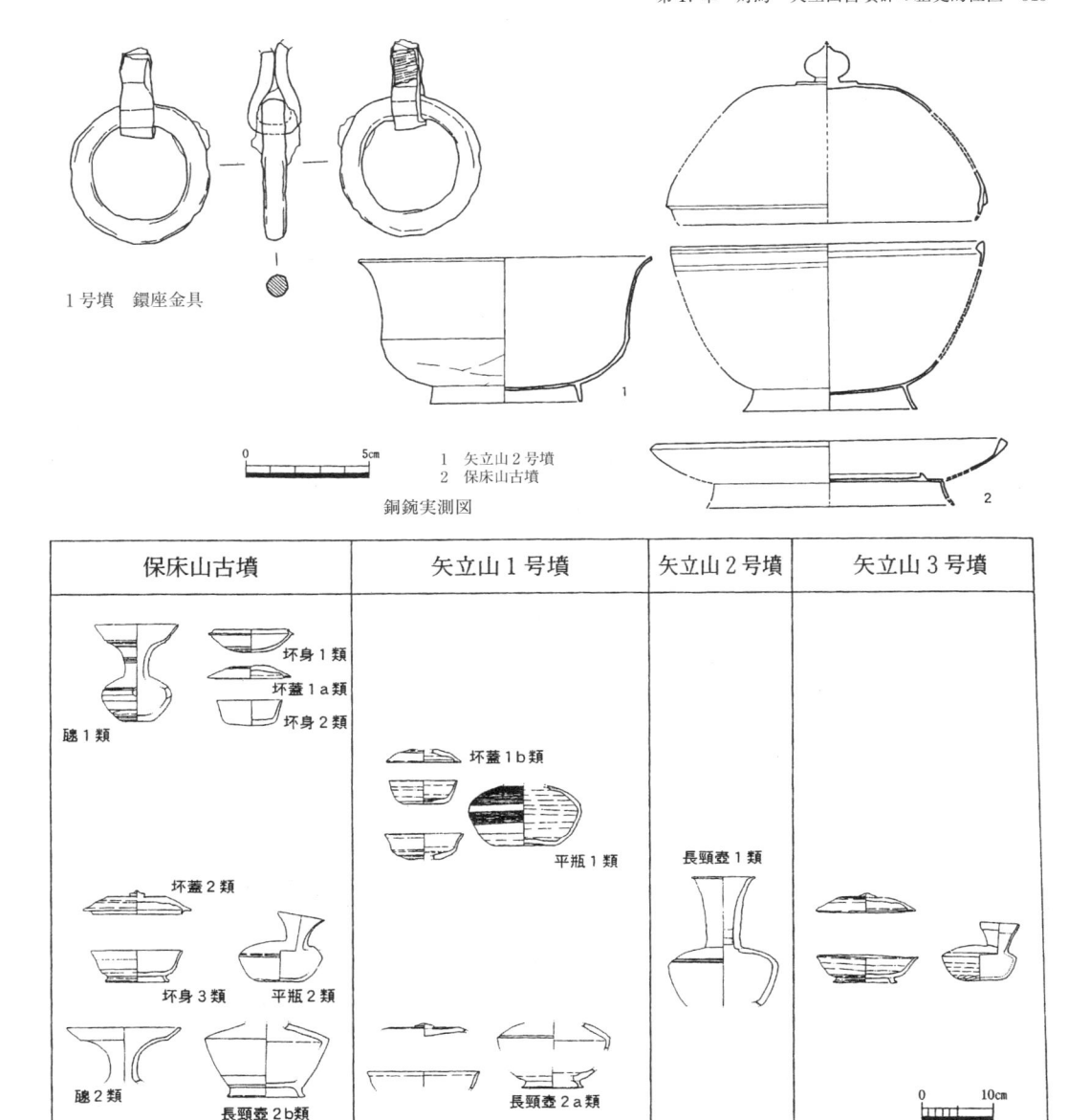

図5 矢立山古墳群および保床山古墳出土特殊遺物および須恵器変遷図

想が確実に浸透していた墓相を示す貴重な資料となったのである。

また石室の構造(第22章5の実測図参照)においても終末期に登場する玄室から羨道までの区別が消滅した直方体石室(1・2号墳)である。そして構築壁材には方形・長方形の石材を使用し、一部に鍵状加工の施された証跡も確認されているので、本来畿内系の切石積石室がイメージされていたであろうと思われる。しかし、対州層群の岩盤から切り出された剝離しやすい石材である点、また終末期古墳特有の本格的な切石製作技術に習熟していない点などが指摘できるので、石室の構築が在地技術者たちによるものであったと考えられる。擬似切石石室というにふさわしい石室であろう。

さらに2号墳にみられるT字形平面形の横穴式石室は山陰から北陸に至る地域にいくつかの類

例があり、その原型を朝鮮半島高句麗の古墳に求めようとする考え方が流布してきた。しかし近年の国際シンポジウム（蝦夷穴古墳国際シンポジウム実行委員会 1992）などで横長い幅広形式の玄室構造が穹窿状天井の簡略化と組合った地方的変形とする見方が提示されて以来、新羅・伽耶地方でも6世紀中頃以降に現れることが知られてきた。しかし、矢立山2号墳のような左右狭長な構造のものはほとんど見当たらない。強いてさがせば羨道を加えて十字形を呈する3石室構成の尾市1号墳（鹿見・尾多賀 1985、近藤・河本編 1987、葛原・古瀬編 2000）（広島県芦品郡新市町）〔現福山市〕が注目される（図6）。3玄室とも長さ1.68 m、幅1.16 m、高さ1.15 mの中央石室とほぼ同じ法量で、各室とも周壁・天井・床面各1枚石の構成である。発掘調査によって羨道部入口から7世紀後半の須恵器蓋坏が発見されている点ともあわせて注目される。現段階ではただちに高句麗地域に原型を求めるよりも、新羅・伽耶方面の古墳や、西日本の同類古墳の展開を考究してゆく方向で解決がはかられるであろうと予想される。

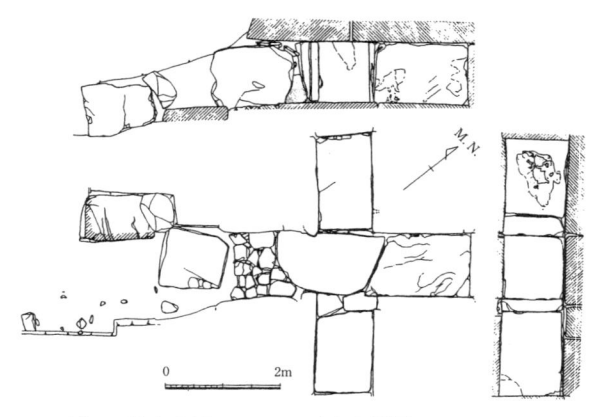

図6　尾市古墳（新市町）石室実測図（アミ目は漆喰）
（鹿見・尾多賀 1985）

矢立山古墳群の選地背景

　対馬の終末期古墳の立地についてみると、サイノヤマ古墳は「雞知浦の西々南、海より約1キロ、西南より東北にのびた山のをの先端」（水野・樋口ほか 1953、111頁）に位置している。国道から西側に狭長な谷間を奥までたどり、標高50mほど登ったところである。保床山古墳は豆酘集落の北方に標高77mの穂床山がある。その前面には海が望まれ、かつてはこの山麓近くまで海が入っていたと思われる。ゆるい傾斜の山の南面中腹に古墳がある。いずれも南に石室を開口する点で共通しているものの、両者の立地環境は全く異なっている。

　矢立山古墳群は東から西に流れる佐須川下流の平野部北側に位置する、大隈山（標高309m）の中腹40mほどのところに古墳群が立地する台地状の平坦部がある。俗称地蔵壇というところで下原と小茂田の境界ともなっている。西から1号墳、約20m東に2号墳、さらに約10m東に3号墳が配される。この地蔵壇を抱くように西側と東側には大隈山の支脈が南に延びている。さらに佐須川を挟んで南には屏風のような金田山が屹立している。このような立地環境はさきの2古墳とも異なる特殊な状態である。このような地勢環境のなかに選地造墓される場合が、奈良時代の火葬墓や伝統的墳墓にみられることは、はやく斎藤忠氏によって注意されている（斎藤 1935）。斎藤氏もその思想的拠り所を欽明・推古天皇の頃にまでさかのぼって陰陽道思想が輸入されたことを指摘された。685（天武13）年2月条に陰陽師を遣わして造都のため「相地」を行わせたが、その地理的条件に「四神相応の地」であることが求められている。さらにすすめて墳墓地の選定に陰陽五行説から発達した風水思想が適用されたであろうとされた。風水説は吉地を相する基本に山・水・方位

を重視し、東・西・南・北に青龍・白虎・朱雀・玄武の四神をあてた上で、背後（北面）に山を負い、左右（東・西）に山を配し、前面（南面）の山との間に平地流水をのぞんだいわゆる"蔵風得水"の地勢をいう（村山 1931）。このような風水思想に適した終末期古墳の選地がみられることは、筆者もすでに指摘している（小田 1980b）。北九州市・八王子古墳（小田 1980b）や大分市・古宮古墳（大分県教育委員会 1982）などがそれである。とくに後者は壬申の乱に功績があった大分君恵尺（天武紀4〔676〕年6月条死亡）、および大分君稚見（天武紀8〔680〕年3月条死亡）のいずれかの墳墓に比定される方墳である（大分市教育委員会 1982）。

　風水思想に適した地勢に墓所を選定するときは山頂に龍神が宿るので、これから派生する山丘の地脈（龍脈）に沿う場所を選定して墓所を営むことが、子孫繁栄につながると考えられた。矢立山古墳群を構成する3基の古墳が、それぞれ岩盤の隆起部を選んで、これを掘りくぼめて墓壙を設けたのは、まさに西から東に脈打ちながら下りてゆく岩脈を地脈に見立てるにふさわしい地勢であったと思われる。地形測量図によれば、1号墳の高所は約48 m、2号墳は約46 m、3号墳は約45 mの高さを示している。これら3古墳を擁するこの平坦地（地蔵壇）は、選地された段階でどの程度であったかは明確ではないものの、整地作業が行われたのであろうと推察される。そして1古墳だけの選地が一般的であったかと思われるなかで、ヤマト政権との関係が特に緊密になった段階の、少なくとも2世代以上にわたる特定氏族の墓域として選定された。そしてその選地にあたっては、新来の風水思想に拠っていたのである。

矢立山古墳群形成の歴史的視点

　対馬における終末期古墳の内部主体は通じて南向きの山腹を選んで、東亜考古学会が報告書のなかでしばしば「玄室と羨道との区別のない、ほそながいもの」（水野・樋口ほか 1953、111頁）と表現されたような直方体石室が構築された点で共通する。あわせて矢立山古墳で明確になった方形壇上積古墳の墳形と組合さったとき、畿内を中心に分布する終末期方形封土墳の系譜をつよく受け入れていることとも指摘されてきた。このことははやく東亜考古学会の報告書でも次のような解答が用意されていた。

　　高塚はシタルでとまり、前方後圓墳はネソ（もしくはチロモ）でとまり、横穴式石室は雞知、
　　小茂田の線でとまる。つまりこれらは南から、つまり内地からの影響にもとづくからであろう。
　　それは南にあると共に内地の権力にふかく結びついてゐる。つまり600年前後には大和朝廷を
　　バックにしてその政治的フロントを形成すべき基礎ができてゐたのである（水野・樋口ほか
　　1953、137頁）。

　このような視点は、現在までの考古学界における終末期古墳研究の進展成果を承けて再考するとき、改めてその先見性に感心させられるのである。すなわち矢立山古墳1号墳・2号墳の墳形・石室構造は、明らかに畿内から西日本地域に現れた終末後期古墳の形態をいちはやく受容したものであった。その構築の実際にあたっては、この地で豊富に採取できる石材を利用して伝統的な積石塚構築技術を継承しながらも、土砂を混じえて構築した封土墳への志向が認められる。積石封土墳の名称を提起する所以である。仕上げには表面を板石で葺き覆った点でも終末後期にみられる壇上積

封土墳との関係は否定しえないであろう。岡山県北房町〔現真庭市〕大谷1号墳（岡山県北房町教育委員会 1998）の外観などが復元されたよい参考例となろう（図7）。

近畿地方における終末期古墳の最新形式墓制を、7世紀代の対馬で受容し築造するに至った歴史的背景は何であろうか。上述したごとく東亜考古学会でははやくに600年前後にヤマト政権が対馬を"その政治的フロント"とする基礎ができていたと指摘している。国境最前線としての対馬の位置づけを見据えようとした先見であった。7世紀代の朝鮮半島情勢は、新羅の強盛と百済の衰退が決定的になってゆく歴史的流れに代表される（小田 1988a）。640年代以降、百済はこれまでの唐・高句麗との二面外交から高句麗との同盟に転じて新羅侵攻をすすめた。新羅は高句麗と対立する唐に救援を求め、ここに唐・新羅と高句麗・百済の対立図式が明確になってきた。一方、ヤマト政権は歴代百済を救援する政策に終始していた。660年3月、唐は水陸10万の兵を百済征討に送り、同年7月百済の国都泗沘（扶余）は陥落して百済は滅亡した。再興を画策する百済遺臣らに対して大和政権は救援軍を送ったが、663年8月百済・倭連合軍は唐・新羅連合軍との白村江の戦いに大敗を喫して百済再興の望みは完全につぶれ、にわかに西日本沿海地域は唐・新羅進攻の脅威にさらされるに至った。わが国では防衛体制の整備が国家的急務となり、対馬・壱岐・筑紫国に防人と烽を置き、筑紫に水城大堤を築いた（天智紀3年＝664年）。つづいて長門・筑紫（大野城）・肥（椽＝基肄城）の国々に百済高官の指導によって"朝鮮式山城"を築いた（天智紀4年＝665年）。つづいて667年には大和（高安城）・讃岐（屋嶋城）・対馬（金田城）の国々に築城された（小田 1977b/2000d）（天智紀6年）。なかでも対馬美津島町・金田城（永留 1983）の築城は国境最前線の山城として外敵襲来の第一報をもたらす重要な位置を占めるところであったから、ヤマト政権にとって対馬を代表する豪族である対馬下県直一族の地位は一段と重きを加えるところとなったのである。対馬下県直の初見は顕宗紀3年4月条で日神の祖高皇産霊を奉祠させるようになった記事にさかのぼる。これは津島県直は、対馬から大和の磐余の地に勧請された高御魂神に祠官として侍えた故事を反映した所伝といわれているが、『国造本紀』にも津島県直は高御魂尊五世の孫と記されている。厳原町豆酘には多久頭魂神社（式内社「多久頭神社」）が鎮座し、亀卜を伝える卜部一族が現在までこの地にいて卜占神事を伝えている（図7）。これまで豆酘付近に下県直一族の居処に比定する説はこのことに拠っている。そして近くの保床山古墳をその奥津城に擬してきた（小田 1984e、永留 1984）（図8）。

一方7世紀代朝鮮半島情勢の緊迫化は、百済の滅亡によって一気に西日本防衛の脅威にまで高められた。このような情勢のもと、対馬下県直宗家に対する大和政権の積極的な挺入れ政策が推進され、下県直宗家の律令官人身分への組入れも進展したであろうことは想像にかたくない。さらに天

図7　大谷1号墳近影

武紀3(674)年3月条に対馬国貢銀のことがみえる。以後国営銀山として12世紀初めまで活動した。矢立山古墳群の眼下を流れる「佐須川の支流、裏河内の渓谷に、銀之本という地名があり、古坑の跡と廃祠があったことから、この地が銀の初出を伝える『銀之本』という祭祀(神社)があった所と推定され」(厳原町誌編集委員員 1997)ている。『延喜式』神名帳に銀山上神社と銀山神社がある。前者は矢立山の西麓(厳原町久根)、後者は佐須川流域の樫根と下原の間にある。これらの流域には古坑があったが近代に東邦亜鉛株式会社が再開発した関係で閉鎖されたという。さらに大宝元(701)年3月21日条には対馬嶋より貢金されたことから建元して大宝元年としたことがみえる(『続日本紀』)。これらの事業にも下県直宗家が無関係であったとは思われず、矢立山古墳群の被葬者たちはこのような当時の国内外の政治・経済情勢ともふかくかかわった下県直宗家の当事

式内社多久頭魂神社(厳原町豆酘) 2002年2月撮影

保床山古墳の現況(厳原町豆酘) 2002年2月撮影
図8 多久頭魂神社(上)および保床山古墳(下)近影

者たちであった公算がきわめて大きいであろう。このような情勢のもとに終末後期の大和政権官人として重用され、その身分を示すものとして近畿の最新墓制である方形壇上積古墳が採用されたと考えられる。金銅装大刀・鐶座金具・銅鋺などの副装品はまさにその身分を示すにふさわしい遺品である。一方、保床山古墳の被葬者も下県直一族の系譜を引く多久頭(魂)神社の卜占神事に歴代かかわってきた神事の本家当事者であったと思われる。有蓋銅鋺・承盤はその身分の証として中央から下賜された可能性が大きい遺品である。

　一方、矢立山3号墳の内容は在地系の積石塚を踏襲し、副葬品においても1・2号墳との格差は否定できない。しかし同じ氏族の墳墓地に営まれている点で、その被葬者は下県直宗家とかかわりのふかい人物であったと思われる(2)。

　矢立山古墳群の歴史的位置を上述したような認識に立つとき、将来の史跡整備にあたっては、その外観の忠実な復元作業こそがまず第一に要望されるべきではなかろうか。

　本章次頁に登載した対馬古代史年表は、永留久恵氏が作成されたものを本章の論旨を理解する上に便利であろうと思い、必要部分を転載させていただいた。感謝申し上げる。

表 1 対馬古代史年表 (7〜8世紀前半)

西 暦	年 号	要 項
601		推古天皇九年、対馬で新羅の間諜を捕う。(日本書紀巻廿二・推古)
607		同一五年、遣隋使小野妹子、留学生らと隋に赴く。(同上)
608		隋使裴世清、遣隋使小野妹子の帰国を送り、共に都斯麻国(対馬)・一支国(壱岐)を経て竹斯国(筑紫)に至る。(隋書・倭人伝)
632		舒明天皇四年、大唐使高表仁、遣唐使犬上三田耜を送り、共に対馬に来て泊まる。翌年高表仁帰国、本島通過。(日本書紀巻廿三・舒明)
645	大化元	大化と建元、親政の方針を定む。(日本書紀巻廿五・孝徳)
663		天智天皇二年、白村江の戦。(日本書紀巻廿七・天智)
664		同三年、対馬島・壱岐島・筑紫国等に防人と烽とを置く。(同上)
665		同四年、唐使劉徳高等来朝、七月二八日対馬に来る。(同上)
667		同六年、対馬国金田城を築く。(同上)
671		同一〇年、対馬国司より太宰府に言上、唐使郭務悰等二千人、船四七隻に乗って来る旨を予告。(同上)
672		天武天皇元年、壬申の乱。(日本書紀巻廿八・天武)
674		天武天皇三年、対馬国司守忍海造大国、始めて銀を貢上。(同上)
683		同一二年頃、与良の地に国府を定めたという。(対馬編年略)
698		文武天皇二年、対馬島に金鉱を冶せしむ。(続日本紀巻一・文武)
701	大宝元	対馬国より金を貢す。よって大宝と建元。これを冶成した大倭国忍海郡の三田首五瀬に正六位を賜い、対馬の島司・郡司等も位一階を進められたが、後にこの冶成は五瀬の詐欺と露見した。(続日本紀巻二・文武)
〃	〃	大宝律令を天下諸国に公布。(同上)
		この頃より、対馬・壱岐の国名を島と改められ、国司は島司と称し、島は下国と同等であった。
713	和銅 6	畿内七道諸国の郡郷名は、好字を以って著せよ。その郡内の産物、山川原野の名称、古老の相伝旧聞異事を史籍に載せて言上せよと制せられる。(対馬風土記は伝わっていない)(続日本紀六・元明)
720	養老 4	日本書紀三十巻成る。
724〜728	神亀年中	筑紫志賀の荒雄ら、対馬に粮を運送する途中遭難。(万葉集巻十六)
731	天平 3	対馬・壱岐に始めて医者を補す。(続日本紀巻十一・聖武)
736	〃 8	遣新羅使船、対馬の浅茅湾・竹敷浦に停泊、使人等と対馬娘子玉槻、多くの歌を詠み、万葉集に収録(万葉集巻十五)。この遣新羅使大使阿倍継麻呂は、帰途対馬の泊地で卒。(続日本紀巻十二・聖武)
737	〃 9	筑紫の防人を停めて本郷に帰し、筑紫の人をして対馬・壱岐の戍に配ることとなる。(同上)
741	天平 13	国ごとに国分寺(対馬・壱岐は島分寺)を設けるように詔せらる。(続日本紀)

(永留 1991 収録「対馬古代史年表」より分載)

註
(1) 8世紀に成った「豊前国風土記」逸文に豊前国田河郡香春岳の二ノ岳について「第二峰有銅並黄楊龍骨等」とある。山頂縁辺に石灰岩の扁平直立した連続が突兀として波打ちながら走る状況を古代人が龍骨に見立てた思考方式があわせて参考される。
(2) 本章を理解する上で第 22 章 5 もあわせて参照されたい。

第18章　東十郎古墳群の終焉と骨蔵器型須恵器

　東十郎古墳群（佐賀県鳥栖市）の出土遺物で狭川真一（1998/1999）、田村悟（1999）氏らによって骨蔵器と指摘された須恵器はつぎの3点である。
　①有蓋三耳付短頸壺　第1区7号墳（新Ba支群）
　②有蓋双耳付短頸壺　第2区2号墳（新Bb支群）
　③有蓋双耳付短頸壺　第7区7号墳（新C支群）
　この3点の須恵器については、調査報告書（木下 1966）段階でも注意されていた。とくに双耳壺については、畿内の例（大阪府埴生町〔現羽曳野市〕、奈良市西安寺）をあげて骨蔵器として使用されたことを指摘し（木下 1966、69頁註①）、一部をのぞいて「この古墳群は、古墳時代が既に終った奈良時代を中心とする時期に築成されたものであろう」（木下 1966、67頁）と推定した。しかし、東十郎古墳群の大部分を8世紀代を中心とする時期に比定することは、現在の須恵器研究の成果からして無理である。むしろ耳付短頸壺をもって古墳群の終焉時期を推考すると考えるべきであろう。

　1999年に発表された狭川論文（狭川 1999）では「古墳の石室内に火葬骨を追葬する事例」に数え、「東十郎古墳では、古墳としての最終埋葬と火葬蔵骨器の石室内埋納は、その年代から見て連続して行われた行為と考えられ、火葬蔵骨器の埋納は追葬の一部と判断される」（17頁）と述べている（傍点筆者）。

　田村論文（1999）では、東十郎古墳群中の「骨蔵器として用いられた可能性のある」遺物としてあげながらも、これらを出土した3基の古墳が、「最も小さな石室ではないので、これらが骨蔵器だとするならば、追葬の可能性が高い」（65頁）として、狭川氏が骨蔵器と即断したのとはやや異なる慎重さを示した。しかし追葬遺物とみる点では両者共通するところである。

　調査報告書に立ち帰ってこの3点資料を出土した古墳の状況について吟味してみよう。さきにあげた①の三耳壺と、②の双耳壺を出土した2古墳は「盗掘にあっていない古墳」（未盗掘墳）に数えられている。未盗掘墳は総78基中13基が数えられ、これらは「封土の存在が明らかでなく、しかも石室の規模が小さい古墳に限られる」（木下 1966、23頁〔註〕①）と指摘されている。報告書から3基の古墳についての概要を摘記すれば次表（表1）のとおりである。

　また報告書（木下 1966）の「封土」の項には、「第二区二号墳と一二号墳の二基は、この古墳群中の異例であって、その場所が比較的平坦なところであることも関係するかと思われるが、完全な地下式となっている。玄室も羨道もともに現地表下に埋没していて、封土の痕跡は全くなく、封土の存在がほとんど認められない箱式石室の埋置法に近い感じを与える」（24頁）と述べられ、さら

表1 骨蔵器型須恵器出土古墳

	封土	方向	石室奥室（m）			石室羨道（m）			天井石	備考
			長さ	幅	高さ	長さ	幅	高さ		
①1区7号	存在認められない	南北	1.50〜1.74	1.54〜1.70	1.50	2.10〜2.26	0.70〜0.90	0.70	玄室との境付近のみ	封土流出 玄室の天井石落下
②2区2号	存在認められない	南北	1.30〜1.58	2.08〜2.12	1.30	1.20〜1.60	0.50〜0.80	0.70〜0.80	中間まであり	石室は地山を掘り下げて築かれており、封土の存在不明
③7区7号	存在している	南北	1.56〜1.88	2.06〜2.20	1.52〜1.70	1.56〜2.14	1.00〜1.10	0.62〜1.00	無	盗掘墳

に「地下式」に註して、「第二区の二号墳は、玄室の天井石の所で地表下四〇糎余り、羨道の端近くで地表下約六〇糎であって、羨道の床面積までの深さは一米六〇糎余りである。（中略）ともに羨道前の断面は、自然の土層であって、地山を深く掘り下げて築成されていることが判明する」（27頁〔註〕①）と補足している。また石室の項にも大部分の石室が「斜面を」形に切り下げて構築されている」ので、斜面の高位部が深くなり、「そこに玄室が設けられ、切り下げの浅い部分が羨道となっている」ので、南むきの山丘斜面に立地する本古墳群のほとんどの石室が南むきに開口することとなった。以上のような大勢のなかで第2区の2号墳、12号墳は例外で、「比較的平坦な場所に設けられている」石室規模も小さく、「地山を凹形に掘り下げて構築しているようである」（28頁）。そこで第2区2号古墳の石室実測図について検討するとき、まず「完全な地下式」の表現とその註を引用したところが参考される。また報告書で「盗掘された古墳は、一般的に玄室内だけが盗掘の対象となっているため、羨道や羨道前などは埋没したままになっていて、多くは原形を保っていた」から、「主として羨道や羨道前から土器類は発見されている」（50頁）という指摘も注意される。その上で断面図を検してみると、羨門部とその前面は天井部から床面に及ぶ黒色土層でおおわれ、その上に現地表に至る暗褐色土層が堆積している。この黒色土層については報告書の羨道前の遺構の項に詳しい観察が記述されている。すなわち黒色土層は本古墳群中の各区にわたって計24基（47頁註②参照）に認められ、「草木灰の堆積したものではないかとも考えられるが明らかでなく、この古墳群地帯の地層が一般に黄褐色を呈しているため、注目をひきやすい存在である。」そして「基盤層の上にのっており、羨道前にある古墳もあれば、羨道の中間位のところから羨道前に及んでいるものもあって、その位置は一定していない」こと。「この層中から故意に破砕したらしい土器片が出土するという事実と相俟って、埋葬時における何等かの儀礼の存在をしのばせるものがある」（以上47頁）ことなどがあげられている。また遺物の出土状態については別に「黒色土層中の土器のうちには、細片となり、しかも一箇体分の土器片が相当広範囲にわたって散在しているものもあって、故意に破砕し遺棄したものではないか」（50頁）という記述にもあるように、埋葬時にかかわる葬送儀礼の最終行為として埋めたてた土層であることが知られるのである。後世の盗掘行為などによる二次的埋土でないことも明白である。これと同様な羨道前の前庭部や墓道における儀礼行為は、その後各地の横穴式石室古墳や横穴墓の調査でも報告例を加えていて、今日では

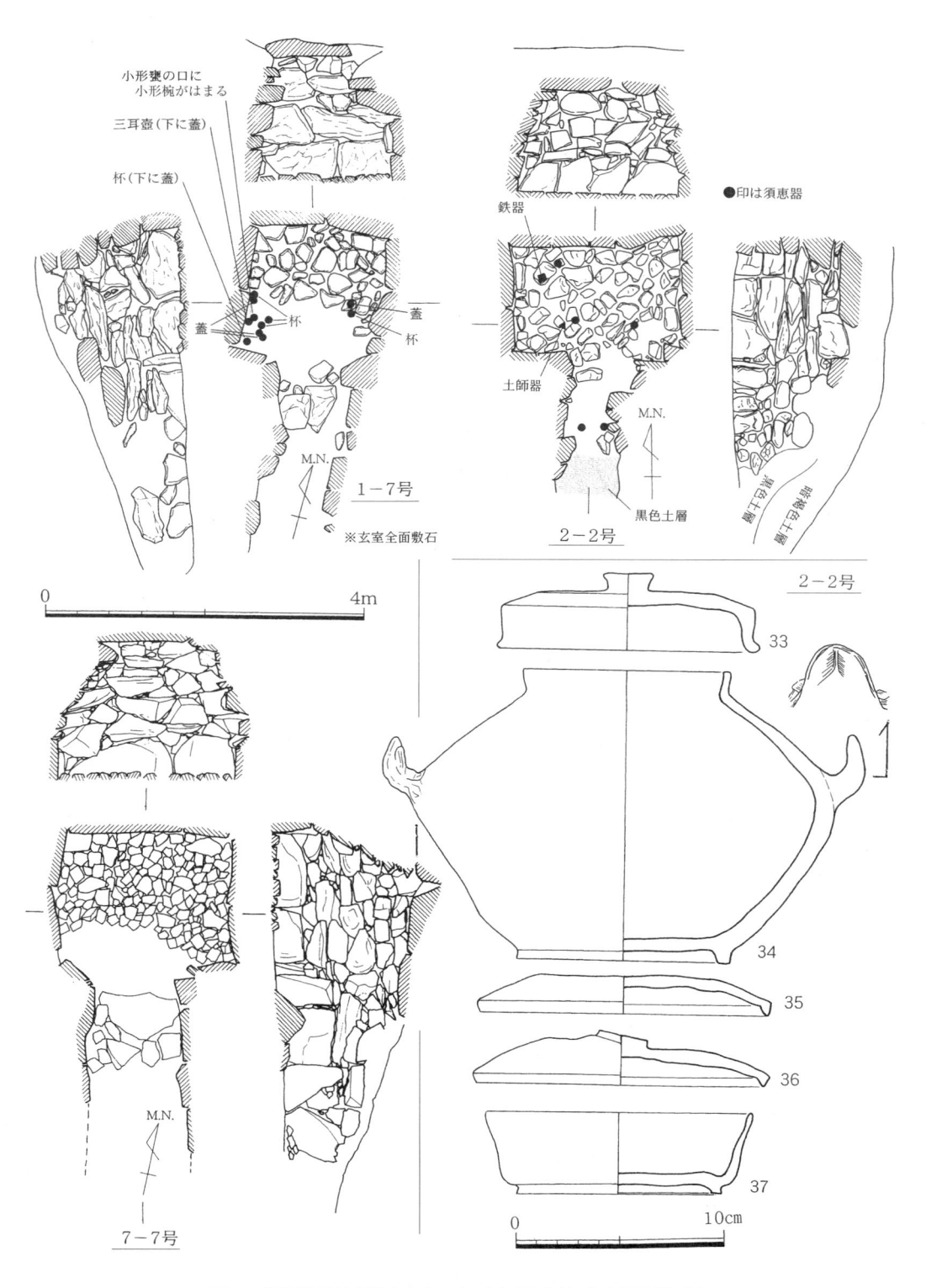

第18章　東十郎古墳群の終焉と骨蔵器型須恵器　523

図1　骨蔵器型須恵器を出土した石室実測図と出土須恵器（1）

524　第2部　古墳時代

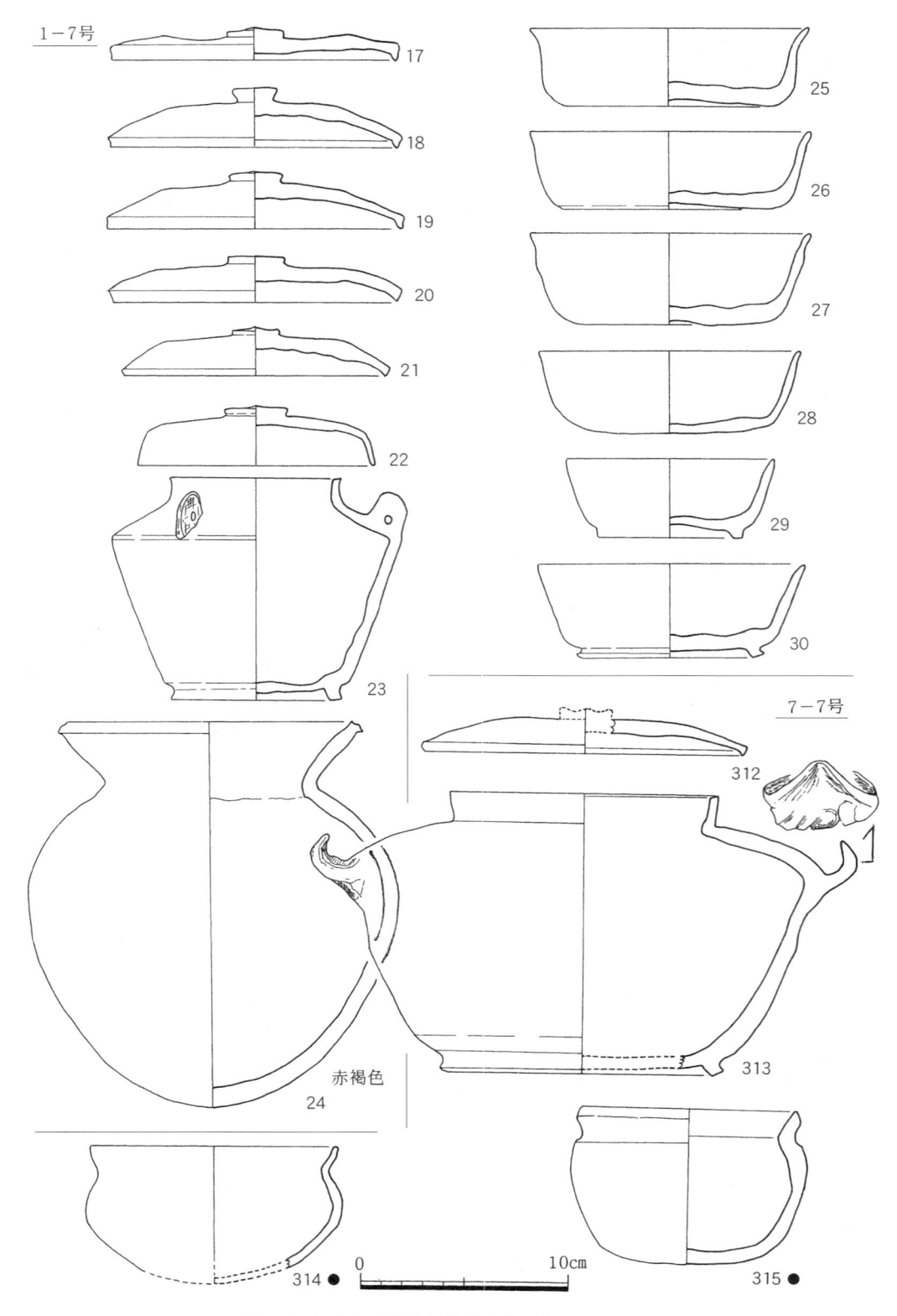

図2　骨蔵器型須恵器と共伴須恵器（2）（●印は土師器）

珍しくはない状況である。

　つぎに未盗掘墳と判定された第1区7号墳・第2区2号墳について遺物の出土状態を検してみよう。第1区7号墳は平面方形両袖式玄室に羨道を付設した単室横穴式石室である。有蓋三耳壺、有蓋の坏・甕などはすべて玄室内の出土である。玄室内の南西隅部に9点がまとめて置かれ、東壁寄り中ほどに有蓋坏一組が発見された。三耳壺は「下に須恵器蓋を置く」(図面註記) 状態で発見された。またこの傍らに位置する「小形甕」(報告書第3表では坩とする) には「口に須恵器小形坏がはめ込められていた」、南西の最隅部に位置する杯は「下に須恵器蓋をおく」と註している。杯に蓋を被せた状態はみられなかったようである。玄室の入口近くに土器類が配置される状況について報告書では、「未盗掘墳においては、土器類は玄室内の袖石に近い一隅または両隅におかれているのが通例」(48頁) であるとされているが、このような副葬品の配置状況は後期横穴式石室における在り方を踏襲していることも多言を要しない。三耳壺の出土状態が他の須恵器群と一括して副葬されている状況を読みとることができよう。

　第2区2号墳は横長型両袖式石室に羨道を付設した単室横穴式石室である。玄室内3ヶ所と羨道入口近く2ヶ所に出土地点の記載がみられる。その状態はさきの1区7号墳の場合のようなまとまりはみられない。有蓋双耳壺、杯の身1・蓋2があるが、さきにも検討したように土層の状況からは追葬や盗掘の痕跡を積極的に支持できるほどの徴証は認められない。

　盗掘墳と判定された第7区7号墳は横長型両袖式単室の横穴式石室である。有蓋双耳壺のほか杯 (身4・蓋2)、平瓶1、土師器盌2が出土している。

　以上のように石室についての観察をした上で、つぎに出土遺物について検討してみよう。骨蔵器とされる3点ともに高台付短頸壺という分類に属する点では共通する。まず①の三耳壺は三耳もさることながら、上半の肩部が張り出し下胴部が直線的にすぼまりながら下降する器形は珍しい。大きさも他の双耳壺よりひとまわり小さく、容量もほぼ半分ほどである。かつて細見良氏蔵品で「肩衝壺」の名称で紹介された無耳平底の短頸壺 (奈良国立博物館監修 1961) が同時代のものとして注目される。つぎに②、③の双耳壺はほぼ似た形成であるが、胴部最大径が②は中位に、③は上位にある。また高台も畳付が②平坦、③は外側に反りあがる。このような小異はあるものの、法量、容量などはほぼ同等である。

　さらにこれらの短頸壺が出土した古墳における共伴品は報告書 (第3・5・6表) によればつぎのとおりである。

　　①1区7号　三耳壺 (蓋付) 1・杯 (身6・蓋5)・坩1
　　②2区2号　双耳壺 (蓋付) 1・杯 (身1・蓋2)・癒着鉄器
　　③7区7号　双耳壺 (蓋付) 1・杯 (身4・蓋2)・平瓶1・土師器盌2・刀子片・鉄器片

　①三耳壺とその共伴土器は上述したようにすべて玄室出土品である。杯の身6とあるのは筆者の分類では塊2 (高台付)・杯4となる。有蓋塊2個は口径に大・小があり、大型品の方に高台と蓋の端部にやや古式をとどめている。しかしこれらの出土状態は上述したように「蓋と身の関係は有蓋安置されたものはなく、甕 (坩) の口に「小形杯」がはめ込まれていた」という註記からして杯5個と大形椀がほぼ同口径であるところから、「小形杯」にあてられるのはのこる小形椀をおいて

は他にない。また南西最隅部の杯下に置かれた蓋は小形品であった可能性も考えられる。これらの配置状態からして上述したように、三耳壺を含めて南西隅部に一括副葬された状態とみられる。また土器形式においては大形埦にやや古式の特徴がみられるものの、これのみを分離して初葬の存在を考えるほどの状況でもないし、有蓋三耳壺のみを追葬品として区別されるような状態でもない。狭川氏がこれを骨蔵器と即断したことに付随して追葬という解釈に発展したのであろう。この三耳壺はその形態と大きさからしても、これまで骨蔵器としてはほとんど類品をみず、容量においても小さいことが指摘できる。これまで検討したところを総合すると、共伴の須恵器群は単次葬の一括副葬品とみるのが自然であろう。その場合新しく注意すべきことは、8世紀前半代にまで降る造墓活動をも認めねばならない点である。

同じく未盗掘と判定された第2区2号墳出土の②双耳壺と共伴土器は、上述したように地下式の石室であり、黒色土層の検討からも追葬を考えるべき積極的支証はないので、単次葬とみる立場は第1区7号墳の場合よりも有力である。共伴須恵器は有蓋埦1組と蓋1個であるが、埦形品の特徴にさきの第1区7号墳のものよりやや後出的な部分がみられるものの、8世紀中頃以前に比定しておいてよいであろう。このことは上述したように有蓋双耳壺とも矛盾しない。この双耳壺は骨蔵器として使用された出土例が近畿や北部九州でも知られている。

第7区7号墳出土の③双耳壺もこれまで骨蔵器として類品がみられる。有蓋双耳壺ではあるが、さきの②双耳壺が蓋と身が本来のセットであってよいと思われるのに対して、有蓋埦などの蓋を転用したいわゆる寄集形式である。壺の形成はさきにも指摘したように、胴張りが上位にあり、高台が外反するなど②双耳壺よりさかのぼる特徴を示している。共伴土器には埦4・蓋2・平瓶1・土師器坩2が現存している。それらの示す特徴は8世紀前半代に比定され、双耳壺とも矛盾するところはない。石室は両袖式横長型玄室に羨道を付設した単室横穴式石室であるが、法量においては前二者より大きく、被葬者を伸展葬することも十分可能である。双耳壺を骨蔵器として追葬したことも否定できない。その場合共伴土器類の年代が、ほとんど骨蔵器と同じ時期に比定される点は一考を要するであろう。

以上これまで骨蔵器とされてきた3点の須恵器を出土した古墳の構造、共伴資料の出土状態、時期などについて検討した結果、①の三耳壺は骨蔵器とは認定しがたく、終末期古墳の副葬品とみられること。②と③の双耳壺については骨蔵器と認定できる公算は大きく、とくに②は単次葬古墳とみてよいこと。③双耳壺は追葬の可能性も否定できないことなどを指摘した。

ここで視点をかえて、骨蔵器とみられる双耳壺の年代について検討しておこう。

まず紀年銘を明記する墓誌を伴出した例として1956年に発見された奈良県天理市岩屋町西山出土の僧道薬火葬墓（奈良国立文化財研究所飛鳥資料館 1977）がある。骨蔵器は被蓋を伴う高台付短頸双耳壺で、胴部最大径が上位にあり、高台が外反していて、東十郎古墳群の③双耳壺と近い（図3）。須恵器大甕に納められていたらしい。伴出した銀製墓誌板の表と裏に鏨で薬研彫の銘文が刻まれている。

（表）佐井寺僧道薬師 族姓大楢君 素止奈之孫

（裏）和銅七年歳次甲寅二月廿六日命過

これによって、この双耳壺の年代が和銅7（714）年という年紀に確定できたことは重要である。

つぎには北部九州の例として、1946～47年に発見された福岡県筑紫野市京町結浦火葬墓（渡辺 1957）がある（図3）。有蓋双耳壺の形態的特徴は道薬墓の双耳壺と共通するところ多く8世紀前半に比定される。蓋も本来セットをなす。器内に銅銭7枚が副納されていたと伝えられ、和銅開珎2枚が現存している。九州地方でこのような双耳壺の骨蔵器はその後発見されていない。

以上の2例を参考すると、東十郎古墳群出土の双耳壺②、③を8世紀前半代に比定する上述の推定は当を得たものであり、③を古く、②を新しく位置づけることもほぼ首肯されるであろう。一方、このような双耳壺の出土例が北部九州で珍しいという点で畿内などの他地域からの移入

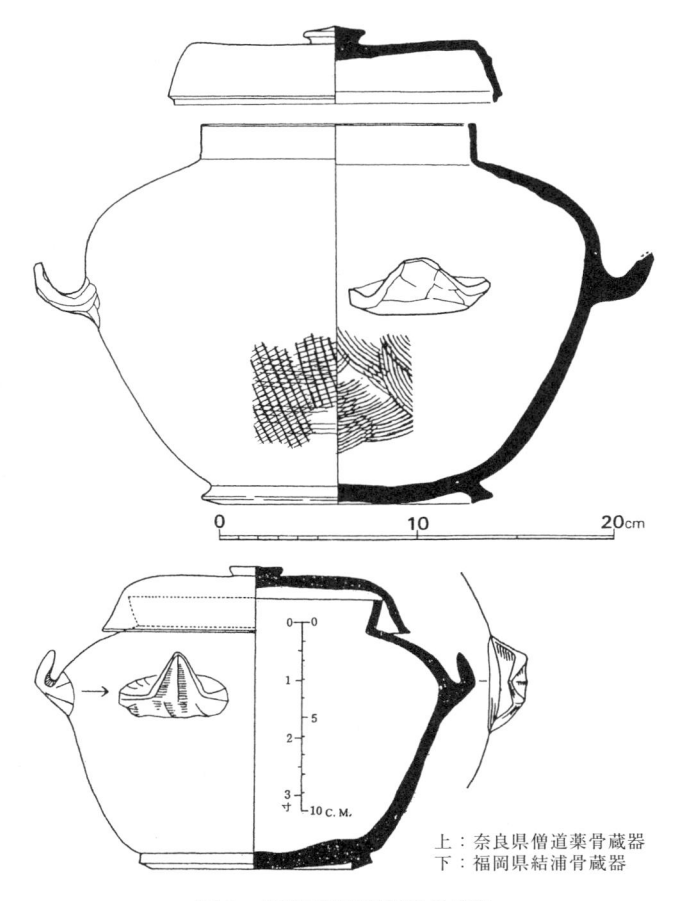

上：奈良県僧道薬骨蔵器
下：福岡県結浦骨蔵器

図3　有蓋双耳壺骨蔵器参考例

品かという問題も浮上してくる。これについては1982～86（昭和57～61）年度に、福岡県大野城市牛頸に建設される牛頸ダム工事に先だって福岡県教育委員会が実施した牛頸窯跡群の調査（池辺編 1989）が注目される。この成果から双耳壺を生産した38・39号窯灰原出土品（図4）についてみると、窯体自体は未調査であるが7世紀後半から8世紀前半にわたる操業期間が推定されている。有蓋埦・無蓋高坏・長頸壺・甕・瓶などと共に広口短頸壺・双耳壺が発見された。双耳壺の形態的特徴は東十郎古墳群の③に共通するところ多く、蓋は筑紫野市結浦骨蔵器に似る。有蓋埦の特徴も③の共伴例と共通するところが認められ、さきに③と共伴須恵器の同時性を推定した結果を支持できる。また44号窯跡の焚口の南約6mの地点で発見された土坑からも同タイプの有蓋双耳壺と細長頸壺（瓶子）が共伴しており（図5）、祭祀関係遺構に比定されている（池辺編 1989、92～93頁）。

東十郎古墳群の②タイプ双耳壺は51・52号窯前面の灰原から発見されている（図5）。この灰原の範囲はかなり広域にわたっているが、そのなかの土坑内から有蓋埦と組合うことの多い蓋タイプと短頸壺を伴って発見された。双耳壺・短頸壺ともに胴張り最大径が中位にあり、高台形も②と共通していて、③タイプよりやや新しく考えられる。この広域にわたる灰原出土須恵器は有蓋椀・皿・高杯（高盤）・有蓋短頸壺・鉢・鉄鉢形鉢・壺・甕など各種があるが、さきの38・39号窯灰原出土

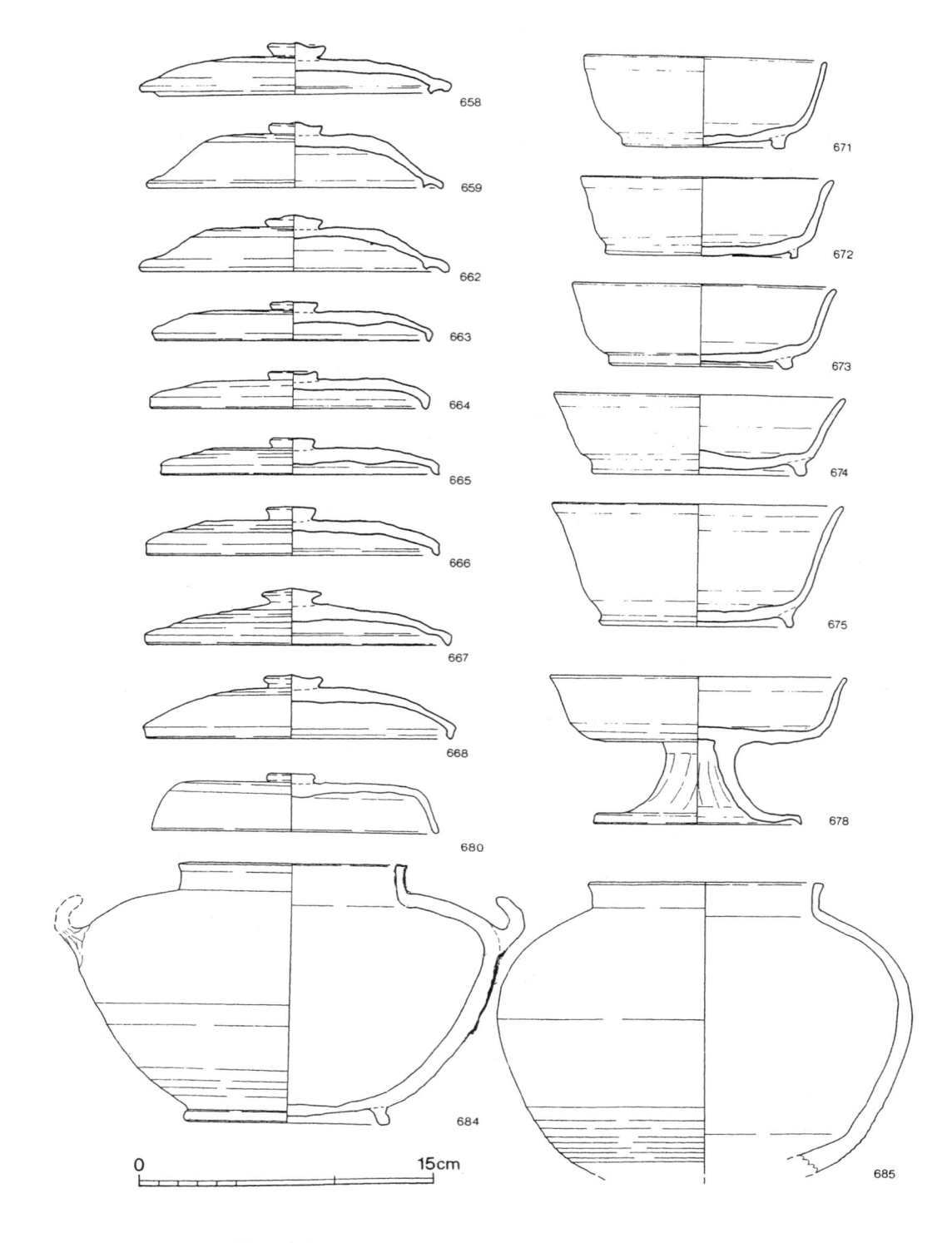

図4 牛頸38・39号窯跡灰原出土須恵器実測図（池辺編 1989）

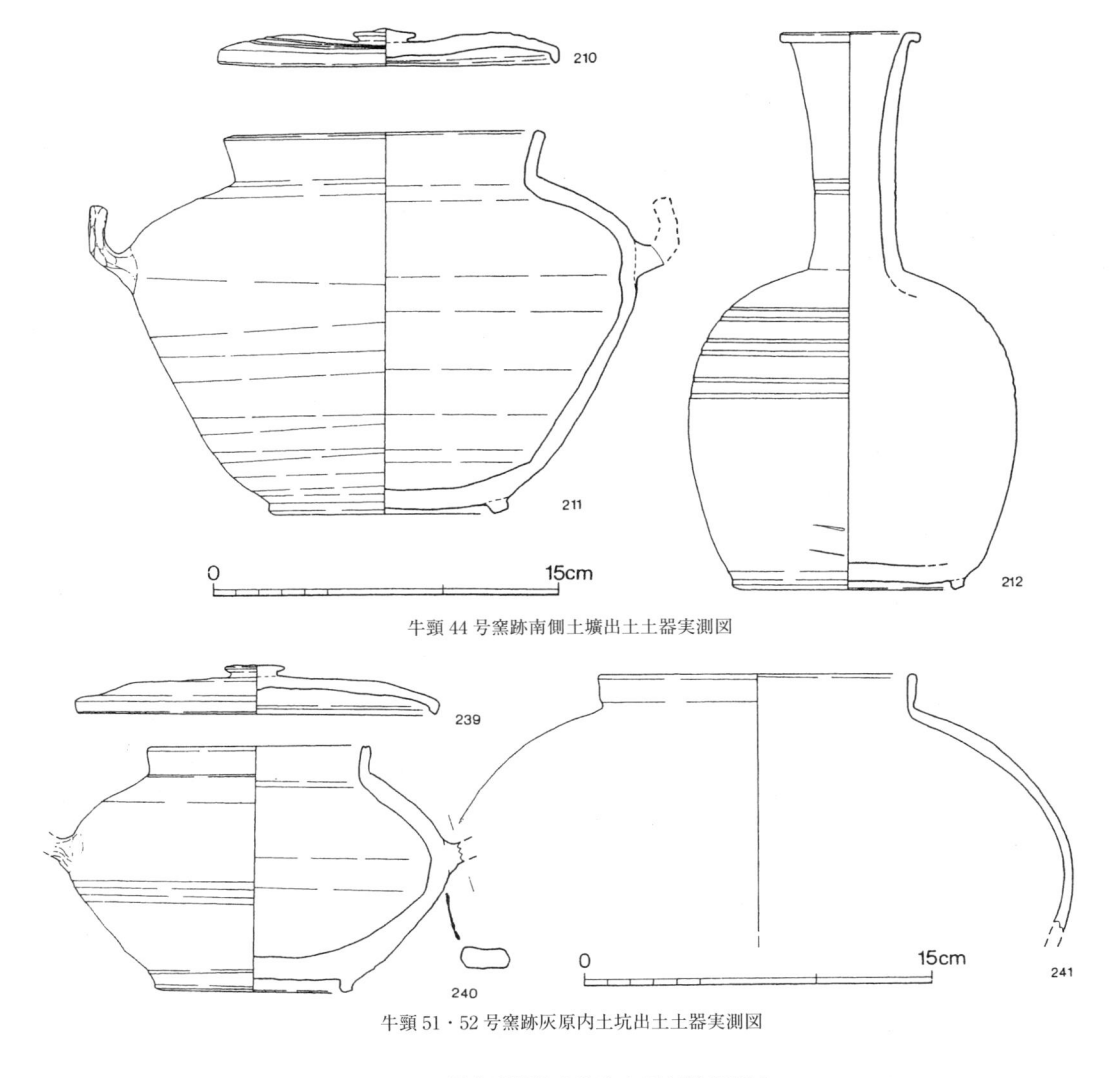

牛頸44号窯跡南側土壙出土土器実測図

牛頸51・52号窯跡灰原内土坑出土土器実測図

図5　牛頸44・51・52号窯跡関連土坑出土須恵器実測図（池辺編 1989）

品と共通する特徴を有する有蓋椀・短頸壺などを含みながら、やや後出する様相がみられる。調査者は8世紀中頃から後半にかけて操業したと推定している。

　発掘された窯跡群の総数は70基をかぞえ、出土須恵器の年代は7世紀後半から8世紀後半に及んでいる。報告書ではⅠ～Ⅳ期にわたる須恵器の変遷を提示している（188～192頁）（図6）。そして消費地遺跡（大宰府跡）からみた各期の年代を推定した。すなわちⅠ期を大宰府跡第Ⅰ期にあて7世紀後半から8世紀初めとする。Ⅱ～Ⅳ期は大宰府政庁第Ⅱ期にあたるが、Ⅱ期は8世紀前半に、Ⅲ期は8世紀中頃前後に、Ⅳ期は8世紀後半から9世紀初頭にあてた。なかでもⅡ期に含まれる大宰府政庁前面の溝SD2340の溝出土資料で天平6（734）年、天平8（736）年銘木簡が伴出していることは注意される。いま東十郎古墳群の双耳壺②・③を照合させれば、有蓋椀なども参考してⅡ・Ⅲ期のあたりにかかわってくることとなろう。③をⅡ期におくことは異論ないところであるが、②

530　第2部　古墳時代

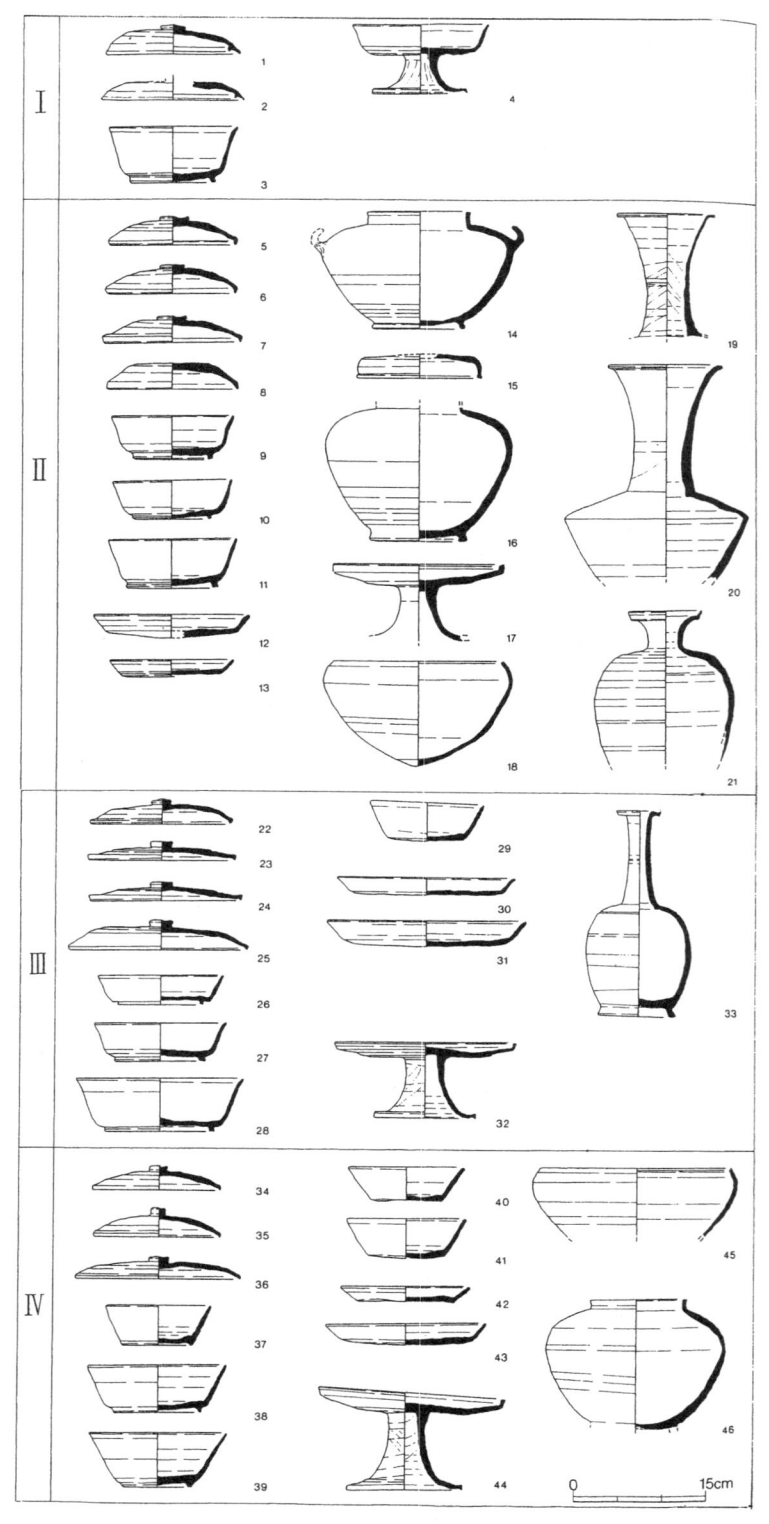

図6　牛頸窯跡群出土須恵器変遷図（池辺編　1989）

についてはⅢ期までおろしてしまうのはやや躊躇される。③は 8 世紀第Ⅰ四半期から第Ⅱ四半期前半頃に、②は 8 世紀第Ⅱ四半期後半に比定することを現段階における到達点としたい。さらに②・③タイプの須恵器が牛頸窯跡群のなかで生産されていることは、結浦骨蔵器も含めてこの窯跡群のいずれかで生産されていた公算も大きくなってきた。この問題はさらに今後の検討課題となろう。

　最後に骨蔵器問題ともかかわって、東十郎古墳群の終焉にふれておこう。一般的に終末期古墳の造墓活動は 7 世紀前半代で終わり、以降は追葬が行われ、7 世紀末か 8 世紀のはやい時期で古墳の使用は終了すると考えられている。今回骨蔵器問題に発して 3 基の古墳について検討をすすめ、未盗掘古墳とされる 2 古墳については 8 世紀前半の単次葬とする立場が浮上してきた。このことはすでに指摘しておいたように、8 世紀代にはいっての造墓を認めなければならなくなる。副葬土器も双耳壺と同時期に比定され、より古い時期の遺物が存在しないことに拠っている。もし一歩譲って先行する遺体埋葬を考えるとしても、双耳壺とさして年代差のない近接した先行時期の初葬を考え、双耳壺に火葬骨を収めて追葬したのちに石室を黒色土層で最終閉塞したことになる。しかも本古墳群の変遷過程のなかで、調査者も「一米四方前後の石室が果して屍体を安置する機能を発揮していたかどうか」（木下 1966、67 頁）と疑問を提起しているのはまさに現段階の課題でもある。横長型小石室がその対象となるのである。かつて九州の横穴墓群のなかに、小横穴を傍らに設けて内に集骨した事例が知られるに至って、改葬小横穴墓があることもわかってきた[1]。近年近畿地方でも河上邦彦氏によって終末期古墳における改葬墓の可能性がとりあげられた（河上 1995）。奈良県龍王山古墳群 E・G 地区の小規模横穴式石室や小石室などが 7 世紀前半から後半にかけて単独墳として築造され、それらが集って一定の墓地を形成している点に注目した。そしてこの時期にかなり普遍的に改葬が行われていたのではないかと指摘している。大化 2（646）年の薄葬令には「凡王以下及民不得営殯」と規定されていて、この頃庶民クラスまで短期間の殯が行われていたことが推察される。火葬墓への移行過程に改葬の段階を考えることは必ずしも不当ではないであろう。

　7 世紀代を通じての薄葬の進行は、東十郎古墳群においても横穴式石室の小型化、副葬品の稀少性などに如実に示され、個人墓への指向も進展している。双耳壺の用途が火葬骨蔵器を主体とするものであれば、当古墳群の終焉は改葬から火葬へと移行する過程にあった 8 世紀前半代の地域相を示すものである。そして骨蔵器を収めた 2 基の石室墓が単次葬であった場合の公算も大きくなったことは、横穴式石室の形態をとどめながら、次に現れる石囲い（小石槨）を伴う火葬墓段階への移行期の墓相を、具体的に示した貴重な事例として位置づけることができよう[2]。

註

(1) 横穴墓群のなかに混って岩壁に小さな横穴墓と変わらない彫りこみのあることについて注目した原口長之氏は、熊本県のいくつかの実例をあげて 1965（昭和 40）年 6 月 6 日の西日本史学会考古学部会で紹介し、これらを火葬墓に擬された。そして同年 9 月発行の『熊本史学』第 29 号に「火葬墓としての小型横穴」を発表した。原口氏は関東・畿内の石室・横穴墓に骨蔵器が収納されている例をあげて「横穴築造の時期に仏教文化の波及が考えられるとすれば、当然、そのころ火葬の伝来があったと考えて然るべきではないか」と述べている。しかし現在まで火葬骨が発見されたという決定証拠は報告されていない。

(2) 本章を理解する上で第 22 章 6 もあわせて参照されたい。

第19章　百済武寧王陵文物をめぐる東アジア世界

1　武寧王と倭国

　1971年7月、韓国公州市で武寧王陵が発見されたことは、日本の考古学・古代史関係の学会にも大きな衝撃を与えた。これまで高句麗や新羅の古墳調査ではかなり多くの成果が得られていたが、百済の古墳の多くははやくに盗掘されていて、それから知られる内容はきわめて少なく、したがって百済古墳の研究の立ちおくれは著しいものがあった。

　武寧王陵の調査は内容豊富な王墓の構造と副葬品をもたらしただけでなく、買地券石の発見によって523年（癸卯年）に没した武寧王と、526年（丙午年）に没した王妃を合葬した王陵であることを明らかにした点で、530年前後に比定される確実な百済古墳研究上の基準が得られるようになった意義は大きい。

　また、王陵内部の塼築構造は、誌石や石獣の副葬ともあわせて中国南朝文化に対する百済王室の強い憧憬を示している一方で、武寧王は日本と縁故を有していた点でも注目される。すなわち『三国史記』によると、武寧王は東城王の第2子として462年に生まれた。また、『日本書紀』雄略天皇5年4月条によると、蓋鹵王は弟昆支を日本に遣わすにあたり、昆支の要望に応じて産月近かった王妃を与え、途中で出産したらば母子ともに同じ船に乗せて送還させるよう命じた。6月初め筑紫の「各羅嶋」（佐賀県松浦郡鎮西町・加唐島か）に至って男子を出生した。この王子に嶋王と名づけて百済に送還した。さらに「是を武寧王とす。百済人、この嶋を主嶋と曰ふ」と記している。「ニリム」は古代朝鮮語で「国主」の意であるという。また『日本書紀』武烈天皇4年是歳条に、この年嶋王立ち武寧王となったとあり、さらにつぎのような分註がみえる。

　　　百済新撰に云はく、（中略）武寧王立つ。諱は斯麻王といふ。是れ琨支王子の子なり。即ち末多王が異母兄なり。琨支、倭に向ふ。時に筑紫嶋に至りて、斯麻王を生む。嶋より還し送りて、京に至らずして、嶋に産る。故因りて名く。今各羅の海中に主嶋有り。王の産れし嶋なり。（中略）今案ふるに、嶋王は是蓋鹵王の子なり。末多王は、是れ琨支王の子なり。此を異母兄と曰ふは、未だ詳ならず。

　以上2種の系譜を整理してみると図1のようになる（金元龍 1973）。

　475年斯麻王子14歳の時、高句麗の南侵によって漢城は陥落し、蓋鹵王は捕えられて斬首された。王子は文周王子とともに熊津城（公州市）に移り新都を定めた。以後南朝への入貢を重ねて南朝文化の移入につとめている。

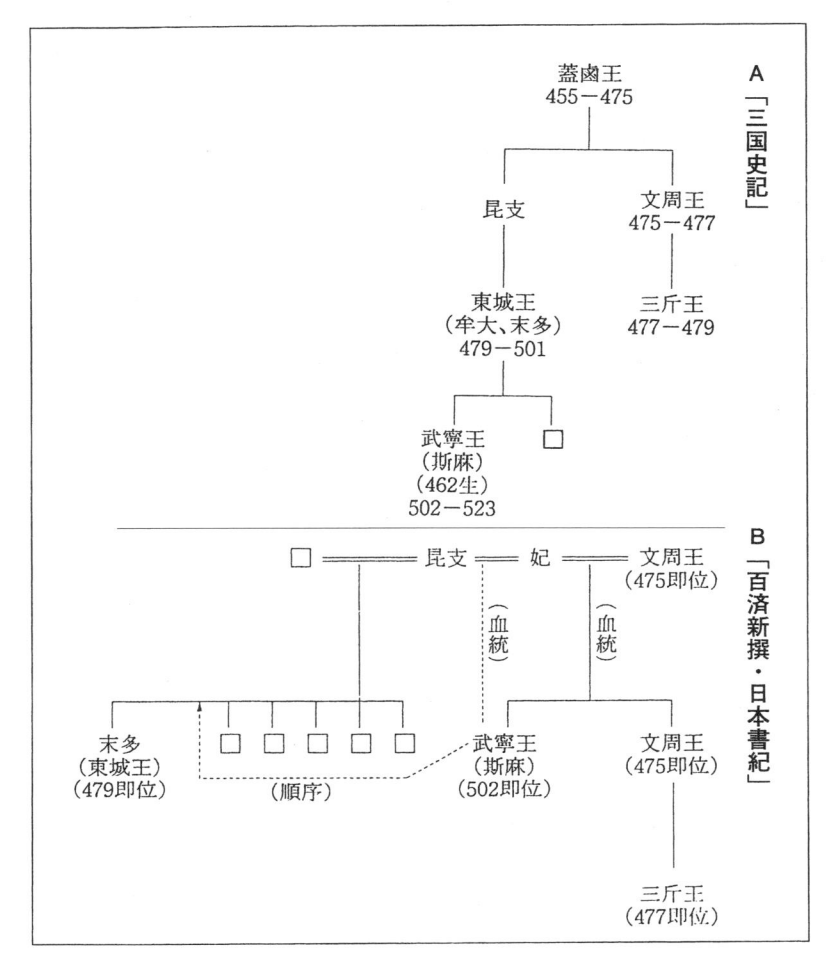

図1 百済・武寧王の系図2種

　502年41歳で即位した武寧王は国力の充実につとめ、512年4月梁に遣使して鎮東大将軍に進爵している。そして523年62歳で死亡した。その子聖王（『日本書紀』では聖明王）は538年さらに南方の泗沘城（扶余邑）に遷都して公州時代は終った。ちなみに、同年聖王がわが国に仏教を伝えたことは有名である（欽明天皇戊午年、『日本書紀』では欽明天皇13年10月条）。

2　武寧王陵と日本古墳の関連遺物研究

　武寧王陵の発掘成果は、5～6世紀における百済と中国南朝、百済と日本（倭）の政治的、文化的交渉を考える上に、多くの貴重な資料を提供してくれている点で、韓・中・日本国間の交渉研究をすすめるにあたって、キー・ポイントとしての位置を占めている。したがって日本の考古学・古代史学会においても発掘成果が伝えられた当初から大きな関心が示された。そして1974年1月、韓国文化財管理局編になる『武寧王陵―発掘調査報告書』が発刊されると、日本の学生社ではいち

表1 百済・熊津時代（475-538）の対中国（南朝）交渉年表

		西紀	
文周王元	（北魏）延興 5	475	北魏使を遣わし百済王に璽書を賜う。達せずして還る。（魏書・三国史記）
同 2	（宋）元徽 4	476	三月百済宋に朝貢す。高句麗路を塞ぐ。達せずして還る。（三国史記）
東城王 6	（南斉）永明 2	484	二月百済使を南斉に遣し内属を請う。秋七月又使を南斉に遣わす。（三国史記）
同 8	（南斉）同 4	486	三月百済南斉に朝貢す。（三国史記）
同 12	（南斉）同 8	490	南斉百済王を鎮東大将軍百済王となす。（南斉書）
同 17	（南斉）建武 2	495	百済使を斉に使し上表す。（南斉書）
武寧王 2	（梁）天監元	502	四月梁百済王を征東大将軍に進む。（梁書）
同 12	（梁）同 11	512	四月百済梁に朝貢す。（梁書・三国史記）
同 21	（梁）普通 2	521	十一月百済梁に朝貢す。（梁書）
			梁百済王に持節都督百済諸軍事寧東大将軍百済王を授く。（梁書・三国史記）
聖王 2	（梁）普通 5	524	梁百済王を以て持節督百済諸軍事綏東大将軍百済王となす。（梁書・三国史記）
同 12	（梁）中大通 6	534	三月百済梁に朝貢す。（梁書・三国史記）
同 16	（梁）大同 4	538	都を泗沘に遷す。
同 19	（梁）同 7	541	百済使を梁に遣わし涅槃等経義・毛詩博士・並工匠画師等を請う。勅して並びに之を給す。（梁書・三国史記）

（関野貞 1941）

はやくその日本語版翻訳を企画され、同年11月金元龍・有光教一両先生監修、永島暉臣慎翻訳による『武寧王陵』が発刊された。これによって日本でも武寧王陵調査成果の全貌が広く知られるようになった。

これより先、日本の朝鮮学会では1972年に武寧王陵の調査から遺物整理までたずさわった金元龍・尹武炳両先生を招聘して講演と、考古学・古代史関係者を加えたシンポジウムを開催し、それらを『朝鮮学報』で特集した（金元龍 1973）。これによって調査報告書の刊行に先立っていちはやく日本の学会でもその成果を享受することができた。

一方、武寧王陵発見遺物で日本国内の古墳出土品と関係ふかい遺物がある点でも日本考古学会の研究者たちの関心をひくことになった。これらについては筆者も1991年10月公州市で開催された武寧王陵発掘20周年記念学術会議で概要を発表した（小田 1991b）。今回はさらに10年を経過しているので、その後の研究状況も加えていくつかの遺物をとりあげてみよう。

銅鏡（宜子孫獣帯鏡）（図2）

武寧王陵からは3面の銅鏡が発見されている。1972年樋口隆康氏はこの3面の銅鏡に注目していずれも六朝代の中国で製作された踏み返し鏡であること。当時の歴史的背景から百済が南朝の文化を受容して日本に伝えた大勢に乗って日本に送られたと解釈されること。『日本書紀』神功皇后52年条に百済王（肖古王）が七枝刀と共に日本に贈った「七子鏡」は武寧王陵出土の七乳を有する獣帯鏡のごときものではなかったかなどを指摘された（樋口 1972）。

なかでも報告書で「宜子孫獣帯鏡」（径23.2cm）とされた銅鏡は、樋口氏によって日本国内で3面の同型鏡が存在することが知られた（樋口 1972）。すなわち、以下のようである。

　滋賀県野洲市三上山下古墳　　2面
　群馬県高崎市綿貫町綿貫観音山古墳　1面

武寧王陵鏡は、「円座鈕をめぐって9個の小乳圏とその間に小獣形と『宜』・『子』・『孫』の銘が

第 19 章　百済武寧王陵文物をめぐる東アジア世界　535

上左：武寧王陵（大韓民国文化財管理局編 1974）
上右：群馬県綿貫観音山古墳（群馬県立歴史博物館 1999）
下左：滋賀県三上山下古墳（梅原 1923）

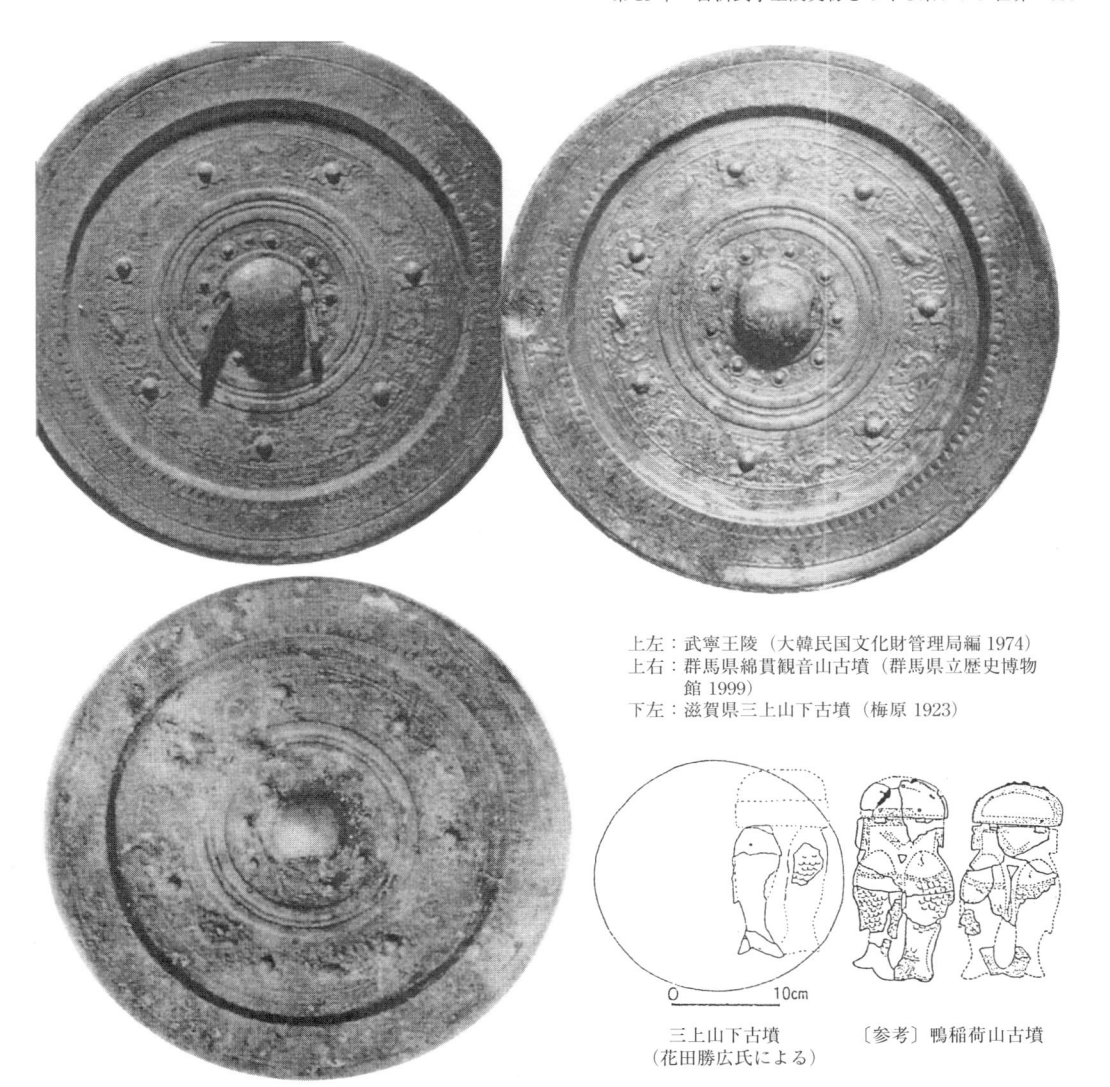

三上山下古墳
（花田勝広氏による）　〔参考〕鴨稲荷山古墳

図 2　宜子孫獣帯鏡

ある。さらに 2 條の素圏帯をおいて、その外側に主文帯がある。ここには四葉座つき乳 7 個で七分割したなかに薄肉彫獣形を 1 つずつ配している。さらに主文帯の外側には銘帯をめぐらしているが銘文は讀めない。一段高い平縁には鋸歯文帯と唐草文化した獣文帯がめぐっている」（小田 1991b）。

その後、内区銘帯については、綿貫観音山古墳鏡について右回りにつぎのように判読されていて参考される（群馬県立歴史博物館 1999）。

　　尚片作竟眞大巧　上有仙人不知老　渇飲玉泉飢食棗　□□□□□□　壽如金石□□□兮

とくに武寧王陵鏡では文様朦朧として判然としなかった部分が三上山下古墳鏡の方では明瞭に観察できるところがある。

1989 年 1 月、群馬県高崎市教育委員会では、八幡観音塚・綿貫観音山両古墳をめぐる国際シンポジウムを行った。当時出席したパネラーたちによって本銅鏡について日本製説（菅谷文則）、華

北製説（白石太一郎）などが出され、その入手経路についても直接説、畿内経由説などが出された（高崎市教育委員会編 1990）。

　滋賀県三上山下古墳出土の同型鏡2面については梅原末治氏の紹介があり、その良質な1面の凸面には金銅製双魚佩金具が付着しており、もう1面は「面に大型鏡を重ねたる如き痕を遺存」していて、2面の獣帯鏡が一部重ねて副葬されていたことが推察される（梅原 1923）。しかしその後この銅鏡2面は行方不明となって今日に至っている。近年この銅鏡を出土した古墳を特定すべく、花田勝広氏は古記録や古墳について追跡調査をされた結果、大岩山古墳群中の甲山古墳の石棺内出土の可能性がきわめて高いことを推論されている（花田 1999）。甲山古墳は径30〜40mの円墳で、片袖型横穴式石室（全長14.3m・畿内型）。玄室には刳抜式家形石棺（熊本県産阿蘇凝灰岩製）が安置され、棺内が盗掘されていた。石室内からは挂甲・方形小札（馬甲）・金糸・大刀3・矛1・石突1・鉄鏃・鉤状鉄製金具4・青銅製板・金銅製歩揺・馬具（鏡板付轡・透彫雲珠・鉸具）・玉類3000点以上・須恵器（高杯・杯蓋・器台・台付長頸壺・小型壺）などが出土している（松本 1997）。石棺型式や須恵器から6世紀中頃に比定されて、「金糸や朝鮮半島に類例の多い馬甲などが発見されており、古代の野洲川流域を支配した首長の墓と考えられる」（花田 1999）。

　また武寧王陵出土「宜子孫獣帯鏡」と同型鏡を保有していた日本の2古墳について、大谷光男氏は樋口隆康氏の説を承けて、『新撰姓氏録』を操作し、綿貫観音山古墳の被葬者は上毛野君にかかわる国造クラスの人物で、「百済との交渉に派遣された可能性がある」とされている。さらに三上山下古墳（推定甲山古墳）の被葬者も「近江国野洲郡日佐」姓とあるところから「百済の日佐姓と関係ある帰化人であろう」として、百済から直接入手したものとされた（大谷 1977）。しかし『新撰姓氏録』からの展開の方法に筆者はなお疑問を禁じえない。

　1999年10月、群馬県立博物館では綿貫観音山古墳出土品の修理・復元完了を機に特別展が開催された（群馬県立歴史博物館 1999）。この機会に、実物観察や写真解析、さらには踏み返し鏡の復元製作実験などの方法によって4鏡の比較検討が行われて、その成果からつぎのような結果が得られた（群馬県立歴史博物館 1999、飯島・小池 2000）。

①鏡背面の傷などからは武寧王陵鏡と三上山下古墳鏡は厳密な同型鏡と推定される。
②綿貫観音山古墳鏡は武寧王陵鏡に比して内区の大きさが約1%減少し、外側は約3%増加している。これは踏み返しの結果であるといえる。
③このことから4鏡のうち綿貫観音山古墳鏡以外の鏡は中国で製作されて百済に持ちこまれ、その一部が日本にもたらされた（三上山下鏡2面）と推定される。
④綿貫観音山古墳鏡は三上山下古墳に副葬されることになる内の1面を原型として踏み返されたと考えられる。

　以上、銅鏡に関する研究はこの10年の間にもっとも進展した分野である。以下は先般の20周年時に紹介したところ（小田 1991b）からとくに大きな進展はみられていないが、現在に至る経緯を述べた次第である。

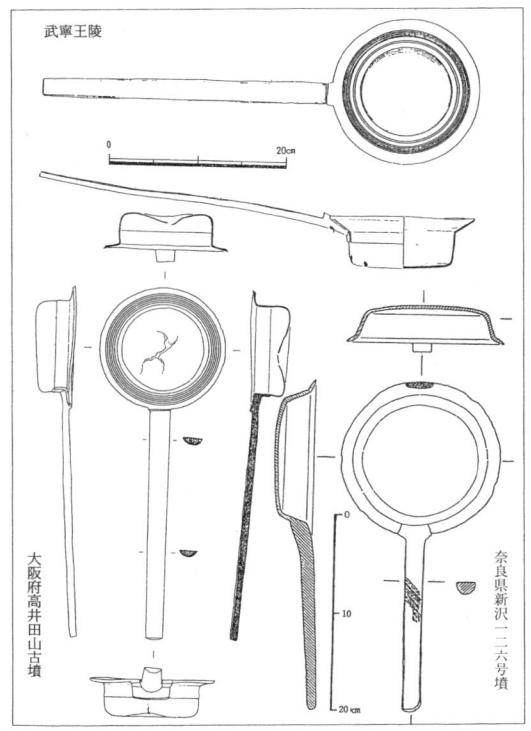

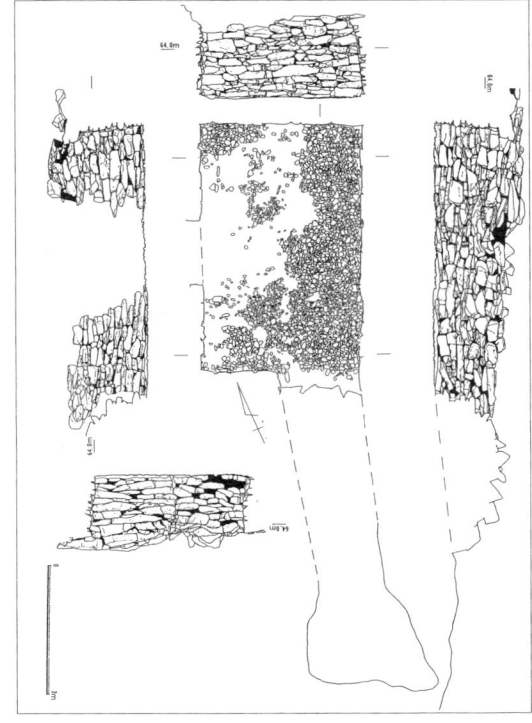

図3　青銅製火熨斗　　　　　図4　大阪府高井田山古墳石室実測図（安村・桑野 1996）

青銅製火熨斗（図3・4）

「王妃の履がのっていた木棺側板の下から」（大韓民国文化財管理局編 1974）発見された（全長49cm）。対比すべき日本の古墳出土品でつぎの3例が知られている。

・奈良県橿原市川西町新澤126号墳（全長32.7cm）
・大阪府柏原市高井田高井田山古墳（全長46.8cm）
・福岡県うきは市吉井町塚堂古墳（破片）

火皿と柄を一体に鋳造しており、形態上2種ある。新澤126号墳例は火皿が大きく柄が短い形態であり、高井田山古墳例は火皿が小さく柄が長い形態である。武寧王陵例は後者ときわめて近似している。高井田山古墳は報告書（安村・桑野 1996）によれば径22mの円墳で、長方形プランの南側に開口する片袖式の横穴式石室である。扁平板石積の技法とともに百済系技術工人による構築で、調査者は本古墳の「被葬者を百済からの技術工人らと共に渡来した集団の長であり、王族に匹敵するような人物」（報告書185頁）と考えている。石室内に鉄釘の分布や副葬品の配置から北頭位の2木棺並置が復元され、東棺の頭位付近から火熨斗のほか画像鏡・玉類が発見されていて、被葬者が女性であったことを推察させる。火熨斗の火皿底部は土圧によって破れているが、火皿・柄を綾・麻の布で包んで棺内に副葬された貴重品であった。新沢126号墳は5世紀後半、高井田山古墳は5世紀末頃に推定されている。

(大韓民国文化財
管理局編 1974)

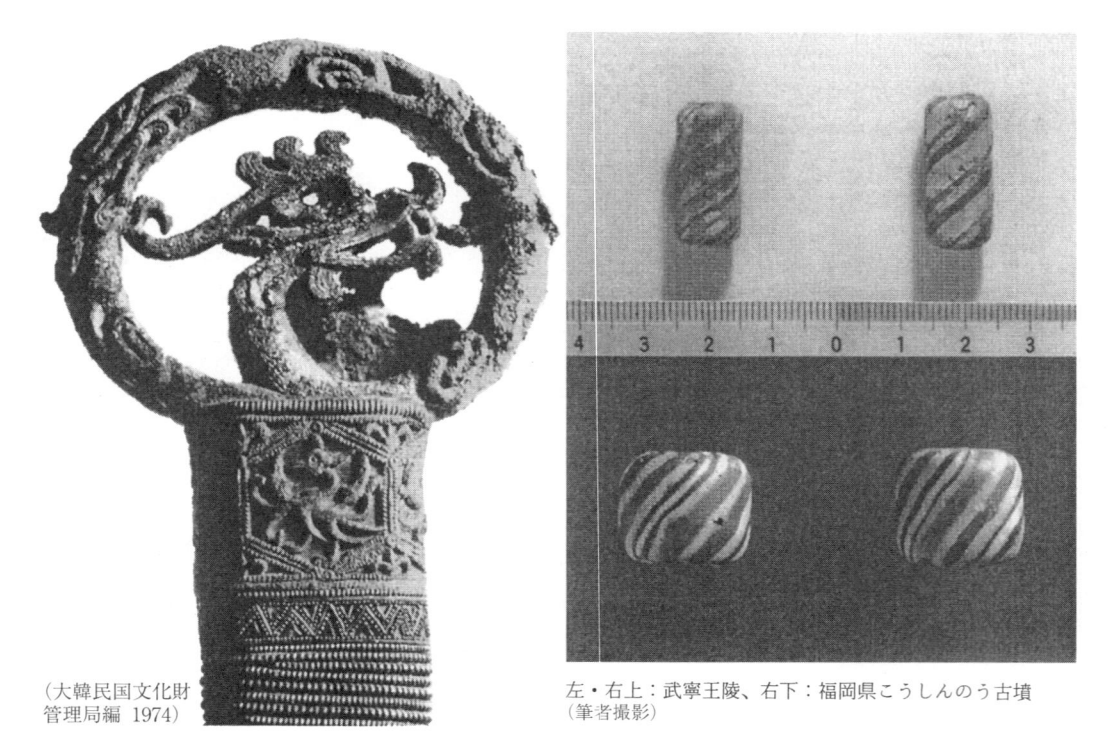

左・右上：武寧王陵、右下：福岡県こうしんのう古墳
（筆者撮影）

図5 環頭大刀・雁木玉（縞文様トンボ玉）

環頭大刀（図5）

　武寧王の左側に副葬されていた単龍環頭大刀（全長約82 cm）に関連する研究では、まず町田章氏による6世紀型環刀の分類とその所有の意義についての研究がある（町田 1976）。このうちⅡ式環刀の最大の特徴は環が鋳銅製で鉄刀と別造りであるが、装飾性のつよいⅡa式と、装飾性の少ないⅡb式がある。前者の代表例が武寧王陵例であり、Ⅱa式環刀の年代を「500年代の前期のはじめ」に比定する拠り所とされた。さらに武寧王陵例は521年12月、武寧王が梁から使持節都督百済諸軍事寧東大将軍百済王に冊封された時に賜与されたものであること。同様に日本国内の古墳出土各種環刀についても、倭国政権内の軍事権のある種の格付けとして倭政権が地方豪族に与えたとする視点を示した。

　以上の所論を承けた穴澤咊光・馬目順一両氏は韓国26例に日本4例を加えて分類・編年・系譜について研究を進展させた（穴澤・馬目 1976）。すなわち系譜では北魏・高句麗系（A型）と南朝系（B型）に分類し、後者に天馬塚例（単鳳式）と武寧王陵例（単龍式）をあげている。そして武寧王陵例は南朝からの輸入品の可能性が大きいこと。日本国内出土のA型環刀はすべて韓国からの舶載品であることなどを指摘した。以上のような環刀に関する視点は現在までさしたる異論もなく継承されている。同様に日本の古墳出土各種環刀も、「倭国政権内における軍事権の象徴として存在し、ある種の格付けによって、地方豪族にもたらされた」とされる（小田 1979a/1981c）。

銅　鋺（図6）

　武寧王陵出土の金属製容器で日本の古墳出土銅鋺に対比できるものがある。日本の古墳出土銅鋺については1975年筆者が41遺跡53例を集成し、1979年には類例を加えて62遺跡76例となった（小田 1975b）。その後1988年には毛利光俊彦氏が8世紀代の仏教寺院跡出土品まで拡大して集成された（毛利 1978）。日本出土の銅鋺は7世紀代から急増し、一般に仏教文化の普及という視点から認識されてきている。古墳出土の銅鋺は6世紀前半代から7世紀末に至り、分布も東北地方から北部九州に及んでいる。このような傾向のなかで6世紀前半～中頃の古墳から、武寧王陵出土の盌や盞に似た形態の無蓋高台付形式銅鋺が出土していて最古段階に位置づけられる。現在までつぎの2例がある。

・佐賀県唐津市鏡区今屋敷島田塚古墳
・熊本県宇土郡不知火町〔現宇城市〕長崎国越古墳

　ともに当地域を代表する6世紀前半～中頃の首長古墳である。銅鋺の形態・大きさともに近似しており、この時期に日本国内では金属器・土器などの容器類を通じてこのような高台付形態のものは製作されておらず、7世紀まで待たねばならない。百済・伽耶方面からの舶載品と考えられる。

金製耳飾（図7・8）

　金銀製耳飾の資料については、これまで新羅や伽耶地域の古墳出土品に確実な資料が多く知られており、百済古墳についてはほとんどみるべきものがなかった。武寧王陵の調査は王と王妃それぞれに所属している金製耳飾を明らかにした。伊藤秋男氏はいちはやく武寧王陵出土の金製耳飾について注目され、百済地域発見の耳飾を構成面から分析して、伽耶耳飾との関連がもっとも強く、その発生的系譜は高句麗につながるであろうと推論された（伊藤秋 1974）。1983年野上丈助氏は日本国内出土の垂飾付耳飾について43基の古墳出土例を集成・分類した（野上 1983）。5世紀後半から6世紀前半の間に型式的変化をみせているが、韓国からの舶載品（新羅・伽耶系が主流）があり、日本製品もあろうが、個々の例についてそれを判別し、系譜を明らかにしてゆく作業は、韓国側の研究の進展にも配慮しながらすすめなければならないので停滞気味になることは否定できない。その後資料の増加はとくに韓国側で多いが、日韓出土の垂飾付耳飾の比較についても言及されるようになってきた。

　宇野愼敏氏は日本出土の装身具類と韓国との交流をあつかった（宇野 1996/1999）。そのなかで垂飾付耳飾にふれて、当初は伽耶との交流によってもたらされたが、山梔子形や心葉形薄板形垂飾などから6世紀には百済との交流を指摘した。さらに長鎖式垂飾付耳飾の出現には、洛東江西岸地域の製作技法とのかかわりからこの地域からの渡来系工人たちによって製作されたと推定された。そして初期の垂飾付耳飾の生産組織は畿内政権が掌握する官営的工房であり、その製品は地方豪族首長層への下賜品であると考えられた。

　しかし西日本の豪族層たちには倭政権組織に組みこまれる一方で、伝統的に朝鮮半島諸地域間との独自の交流が行われていたことも事実であり、この部分を重視した高田貫太氏の視点は注目される（高田 1998）。高田氏は地域間交渉の流通経路からつぎの5つの類型に整理している。

①朝鮮半島と日本列島内のある地域が直接的に交渉を行い、製品もしくは工人が移動するパターン。
②朝鮮半島と日本列島内の連合した複数の地域が交渉を行い、製品もしくは工人が移動するパターン。
③朝鮮半島と日本列島内のある地域との交渉の間に他地域の仲介が行われ、その仲介の下に製品もしくは工人が移動するパターン。
④③パターンにおける仲介地域の政治的立場がより優位である場合で、渡ってくる製品もしくは工人の管理が仲介地域の下で行われ、その後いわゆる『配布』的行為を通して仲介地域から他の諸地域へと製品もしくは工人がもたらされるパターン。
⑤朝鮮半島との交渉とは直接的には関係なしに、日本列島内の特定地域において渡来系工人によって製品（模倣品）が製作され、それが他の諸地域へともたらされるパターン。

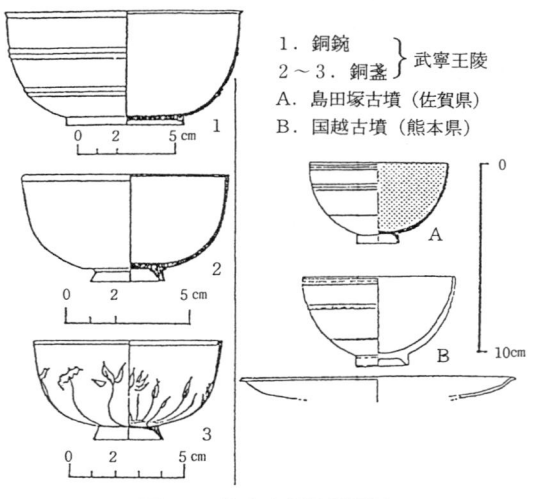

図6　日韓出土銅鋺対照図
1．銅鋺
2〜3．銅盞　　武寧王陵
A．島田塚古墳（佐賀県）
B．国越古墳（熊本県）

　すなわち「首長主体型」として以上の5類型に区分し、その入手・流通が「ヤマト政権の一元的な管理体制によって規定されているわけではなく、より諸地域間の多様で錯綜した政治的、経済的関係を反映している」とされる点は首肯できるところである。しかし実際に個々の地域について5類型のどれに該当するかを決定するには、特定地域の考古学的成果の積み重ね・文献史料との照合検討・渡来系文化との交流研究などの作業を経た上で判定しなければならない。すなわち理論的に5類型は設定できるものの、具体的に個別例について判定するのは容易ではない。韓国における金銀製（垂飾付）耳飾の特性を識別する作業が前提となることは否定できないが、その場合百済との関係を考えるにあたっては武寧王陵出土品が重要な位置を占めていることは今後とも変わらないであろう。

雁木玉（縞文様トンボ玉）（図5）

　王妃の頭飾下から「ガラス製練管玉」2個（長2.4cm・径1cm）が出土し、「暗朱・黄・緑の3色が螺旋形になった練玉である」ことが報告されている。日本国内でも古墳出土例があり、「雁木玉」の名称で知られてきた（後藤 1927b）。日本における雁木玉の古期に位置づけられるものは奈良県新沢126号墳出土の丸玉2個がある。径8mm・高7.5mmの球形で、黄色の地色に8（9）本の緑色縞文様がめぐる。5世紀中頃の古墳である。さらに6世紀中頃から後半にかけての丸玉では茶・黄・緑・白色を縞状に交互にくりかえし配色する技法で共通することを旧稿（小田 1991b）で紹介し、あわせてこれら雁木玉が出現期においては韓国を含む国外から将来された可能性についても言及しておいた。近時古墳出土のトンボ玉について、安永周平氏は日韓両国古墳出土のトンボ

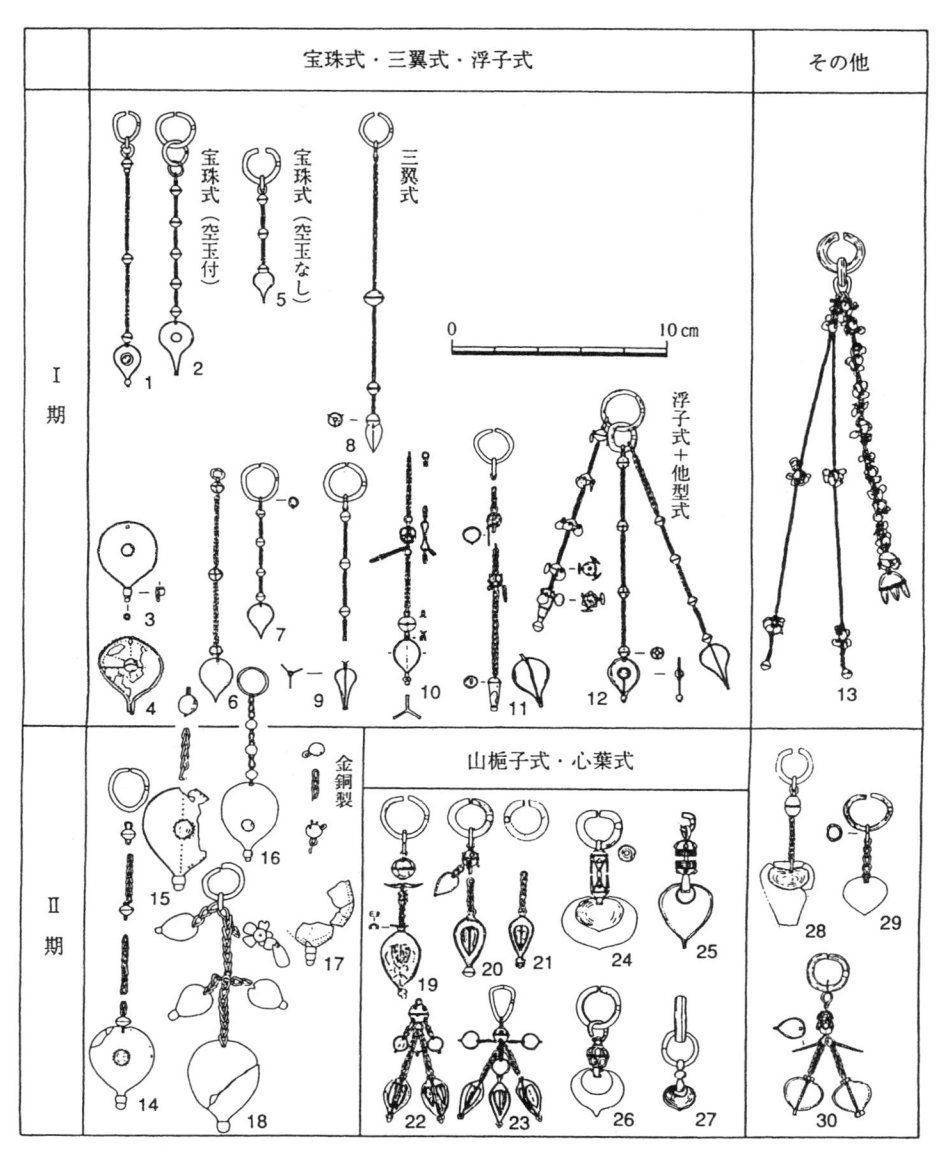

図7　垂飾付耳飾の分類・編年試案（高田 1998、S＝1/3）

掲載資料出土古墳一覧

1. 兵庫県姫路市宮山古墳第2石室
2. 兵庫県加古川市カンス塚古墳
3. 福井県三方上中郡若狭町西塚古墳
4. 香川県綾歌郡綾川町津頭西古墳
5. 兵庫県姫路市宮山古墳第3石室
6. 福井県三方上中郡若狭町向山1号墳
7. 宮崎市下北方5号地下式横穴
8. 福井市天神山7号墳
9. 奈良県橿原市新沢千塚109号墳
10. 和歌山市大谷古墳
11. 千葉県木更津市大塚山古墳
12・24. 熊本県玉名郡和水町江田船山古墳
13. 奈良県橿原市新沢千塚126号墳
14. 愛媛県新居浜市金子山古墳
15. 佐賀県唐津市島田塚古墳
16. 福岡県田川市セスドノ古墳
17. 三重県津市一志町井関3号墳
18. 茨城県行方市玉造町三昧塚古墳
19. 福岡県八女市立山山8号墳
20. 奈良県大和郡山市矢田町割塚古墳
21. 大阪府南河内郡河南町一須賀B7号墳
22. 三重県鈴鹿市保古里車塚古墳
23. 佐賀県唐津市浜玉町玉島古墳
25. 大阪府八尾市郡川西車塚古墳
26. 兵庫県たつの市西宮山古墳
27. 岡山市八幡大塚2号墳
28. 熊本県玉名市大坊古墳
29. 福岡県田川郡香春町長畑1号墳
30. 滋賀県高島市高島町鴨稲荷山古墳

玉資料を集成し、日本国 89 例・韓国 19 例を発表された（安永 2000）。安永氏はトンボ玉を形式分類して、①斑点文トンボ玉、②雁木玉（縞文様トンボ玉）、③金層ガラス玉、④二色重ねガラス玉、⑦その他の特殊なトンボ玉（線状貼付・2色混合・流し紋など）など7類としている。

これらのうちもっとも多いのは斑点文トンボ玉であり、総じて近畿地方に集中する。九州地方には雁木玉が多く、斑点文トンボ玉は少ない。流行期は5世紀中頃に出現し、6世紀後半に急増するが以後急速に減少する。朝鮮半島では象嵌琉璃玉は新羅地域、金層ガラス玉は百済地域に分布する。1ヶ所で出土する点数が日本に比べて多いなどの結果が指摘された。最近公開された新徳古墳（全羅南道咸平郡・前方後円墳）出土琉璃玉一括のなかには、黄・緑色の交互縞文様と、藍・黄・茶・緑・白色構成縞文様の丸玉があり（韓国国立中央博物館 1999）、武寧王陵の練管玉と共に日本国の雁木玉ともっとも親近性を示すのは百済地域であろうという印象を強くするのである。

図8 日本列島発見垂飾付耳飾分布図（高田 1998）

3 日本における武寧王陵関連の研究

武寧王陵の発掘成果は韓国考古学会に遺跡・遺物についてその後多くの論考を輩出する契機となった（公州大学校附設百済文化研究所 1991）。同時に日本の考古学・美術史・古代史の分野においても関心を高め、関係論文が発表されるに至った。それらについての動向を概略まとめておこう。

百済王室は中国南朝の文化に並々ならぬ関心を示したが、公州地域で発見される塼築墳についてはやくに南朝梁の系統をひくことを指摘されたのは関野貞氏であった（関野 1934）。以来宋山里や校村里などの古墳群については光復以前から日本人研究者たちの調査によっても概要が知られてきた。武寧王陵の調査は再びこの視点を再確認すると共に、改めて新中国での南朝塼墓の調査や研究に照して検討する機会が訪れた。1974年尹武炳氏はいちはやく中国六朝時代の塼墓をⅠ～Ⅴ類に

分類して、武寧王陵や宋山里6号墳の塼築構造との比較検討を試みられた（尹武炳 1974）。そして時期幅を同じくして類例も多い平面凸字形アーチ天井墓（尹氏分類Ⅲ型）が、東晋時代後半以降盛行した代表的形式であり、これが百済塼墓の淵源になったこと。武寧王陵の塼文配置は南京・油坊村大墓（罗宋眞 1963）（1960年3月発見）と同一手法であることなどを指摘された。

1976年には斎藤忠氏が宋山里6号墳（塼築・四神壁画）とその東隣に在る5号墳（塼状石築）、これらの背後に接する武寧王陵について中国において銭文塼使用が蓮花文塼より先行すること。三古墳の位置関係や排水溝との重複関係などから6号墳—武寧王陵—5号墳の年代的順序を考え、6号墳を武寧王の父の東城王、5号墳を武寧王の子の聖王に比定する考説を発表された（斎藤 1976）。

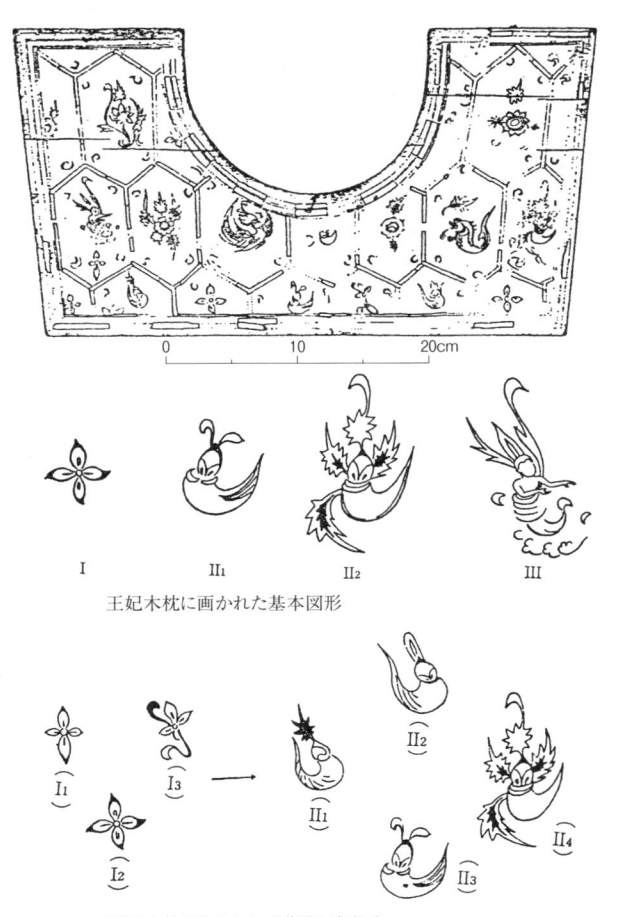

さらに岡内三眞氏も武寧王陵と南朝塼室墓の構築法を比較検討して、「銭文塼と蓮華文塼とは梁代の同一塼室墓に併用されている事例の多いこと」から両文様塼の違いによって、前後関係は決定しがたいことを指摘した（岡内 1980）。さらに中国から将来された陶磁器・銅鏡・刀剣・熨斗・金属容器・五銖銭など多岐にわたる内容は、武寧王が梁の普通2（521）年寧東大将軍に除正されたことを誇示する品々として取り扱われたとされた。さらに10年後には再度武寧王陵の塼について文様や塼積方法を検討して、宋山里6・5・29号墳を陪塚とする主墳であり、このような在り方は南朝の王陵に一般的であるので、南朝の造墓思想に拠っているとされた（岡内 1991）。

1981年筆者も南朝塼室墓と武寧王陵を含む公州地方の塼築墳との比較検討。さらに扶余地方の文様塼や統一新羅の瓦当文様にみる南朝系要素などについて論及した（小田 1981c）。

以上、武寧王陵の塼室構造に関する南朝塼室墓との親近な関係、さらには百済的展開について日本側研究者の関心のほどを紹介したが、また遺物についても中国南朝との関係が論及されている。

1977年吉村怜氏は王妃の木枕画について美術史の立場から考究された（吉村 1977）（図9参照）。この枕は「表面には朱漆を塗り金箔で輪郭を縁取り、その中を亀甲文で区画する」もので、亀甲文

図9　武寧王陵出土王妃木枕とその基本図形（吉村 1977）

の中には白・朱・黒・金泥などで種々の図像が画かれている。吉村氏は「蓮華、魚龍、鳳凰、四弁の花文などが繊細な筆致で描かれている」と記されているが、ここには「天の蓮華（Ⅰ）と変化生（Ⅱ₁・Ⅱ₂）と天人（Ⅲ）が画かれており、」かつて氏が龍門北魏窟で明らかにした「いわゆる中国的な天人誕生の過程が画かれている」とされる。そして「まず四弁の蓮華はⅠ₁→Ⅰ₂→Ⅰ₃と変化するらしく、変化生もまたⅡ₁→Ⅱ₂→Ⅱ₃……と微妙に変化するのであろう。この不可思議な華は空中に浮遊しつつ、まず変化生へと変態し、簡単なものからより複雑なものへと成長をとげながら、つぎの瞬間に天人へと変化するのである」と説明され、「百済王陵内に、浄土願生思想の片鱗ともいうべき天人誕生の図像が検出される」ことの意味を「南朝で創案された図像が、直接百済へと舶来したもの」で、「朝鮮最古の紀年をもつ己未年（539）銘仏像よりも、さらに10年ほど前にさかのぼる制作年代の確かな作例」であるとされた。さらにこの結論をふまえて「この種の天人誕生図を伴う龍門北魏窟の仏像も、南朝仏像の影響の下に成立したとする龍門様式南朝起源説を裏付ける有力な根拠となる」美術上きわめて重要な問題にまで及んでゆくことを指摘された（吉村 1977）。

また武寧王陵で顕著な中国陶磁の発見についても 1978 年に三上次男氏がその歴史的意義について論及されている（三上 1978）。武寧王陵出土の中国陶磁は青磁六耳壺 2 点・青磁四耳壺 1 点・青磁灯盞 5 点・青磁盞 1 点の計 9 点である。三上氏はこれらの類品を中国各地の南朝墓のみならず華北の北朝墓にも捜して比較検討を加えている。六耳壺は 525 年以前の南朝梁時代に領内の窯で製作されたこと。四耳壺は本来黒褐色の徳清窯製で南朝東晋を通じて少ないこと。青磁盞 6 点は 6 世紀前半の浙江省永嘉県のいずれかの窯の製品と推定されることなどを推考された。そして武寧王宮廷の強い中国指向は勿論であるが、中国との国家的交渉は 2 回記録されていて、このほか私的貿易も行われたであろうと推察している。

さきに南朝塼墓との比較研究で紹介した岡内三眞氏も中国陶磁について検討されたが（岡内 1980）、そのうち青磁盞 6 点についてはこれらを白磁碗と認定し、現在知りうるもっとも古い南朝白磁とされた。

このほか最近では金属工芸の方面から朝鮮半島の垂飾付耳飾をあつかった三木ますみ氏の論考（三木ま 1996）や日韓両地域の金銅製飾履をあつかった吉井秀夫氏の論考（吉井 1996）などがある。いずれも武寧王陵出土品が副葬年代を特定できる点で、百済地方の基準資料とされている。

1980 年伊藤秋男氏は王と王妃にそれぞれ一対ずつ、ほぼ同形同大の宝冠にとりつける金製立飾と報告されたものについて疑問をはさみ、新たに団扇説を提唱された（伊藤秋 1980）。その出土位置が王と王妃の胸部あたりであること。形状が安岳 3 号墳や徳興里古墳などの壁画に描かれた団扇に酷似することから、「団扇が支配者の威儀を飾るための、あるいは貴人の表徴としてきわめて重要な持物」であり、「中央アジア・西アジアにみられる、権力者の表徴としての『神花』にその源をもとめうる可能性が大きいこと。こうした「団扇思想」は「忍冬唐草文という図文とともに紀元四世紀頃中国北辺の異民族によって広く東アジアにもたらされたもの」で、日本の古墳文化にも深く浸透していたらしいことなどに言及している。

しかしこの団扇説は必ずしも大方の賛同を得られるところとはなっていない。近時発表された毛利光俊彦氏の百済の冠に関する研究（毛利 1999）では尖縁式と円縁式に二大別される百済の冠帽

のうち円縁式X類の忍冬唐草文形立飾のB種（忍冬葉文が複雑に派生するもの）＝武寧王と、C種（蓮華文系）＝武寧王妃に分類された。氏は「基部に2つの鋲孔があり、ここから上方が2本とも歩揺のない内側に60度近く折れ曲がっていることから立飾と考える」ことを指摘している。毛利光氏のこの論考は「古代東アジアにおける冠位制度の成立と展開を明らかにする」ための検討を行ってきた一連の労作である。百済では「6世紀に入ると帯冠はすたれ、円縁式と尖縁式冠帽とが位の表象となる」こと。「尖縁式を武官用、円縁式を文官用に比定」されることなどを指摘し、百済における服飾制度の成立と展開、地方支配、7世紀における唐制化などについて詳細な考証的研究を展開されている。

最後に武寧王陵誌石についての研究にふれておこう。1977年大谷光男氏は誌石の暦日について考証され、宋の元嘉暦を刻まれたことを実証した（大谷 1977）。また1984年佐竹保子氏は中国石刻文字と詳細な比較検討を行って、誌石の字跡は「四百年代の北魏資料と較べるならば、より南朝風（＝初唐風）である」としながらも、誌石の「字形は、基本的に北朝系であるうえ、むしろ當時の北魏皇族の墓誌の方に、より南朝風であるものが少なくない」と指摘される複雑さを示している（佐竹 1984）。

2000年筆者も誌石の内容を検討し、王と王妃の死亡年月・殯所・殯期間・本葬（改葬）を手がかりに、また韓国側の研究も参考して、百済王室の殯儀礼は日本と中国に部分的に共通する点がみられることを再認識した（小田 2000a）。そして1998年に調査された武寧王陵北方の艇止山遺跡調査の結果、「國家次元の祭儀のために造った施設である可能性」すなわち王室の殯所説に注意した。さらにここで発掘された土器群のなかに日本産の須恵器・土師器を調査したことにも言及した。これらについては後日を期したい。

以上、武寧王陵とそれに関連した考古学・美術史・古代史学などからの日本における研究の概要を紹介した。

4 公州・艇止山遺跡と日本系土器

1996年、武寧王陵が在る丘陵の北端、錦江南岸に突出した頂上部から斜面に百済熊津期から近代までの遺跡が発見された（国立公州博物館 1999）。遺跡の性格は集落・国家施設・墳墓に大別されている。そのなかで遺跡の中心時期をなす熊津期については3期に区分されている。

Ⅰ期（5世紀末～6世紀初）艇止山の稜線上に遺跡が形成される時期で、竪穴住居跡と貯蔵からなる集落が全体に分布する。

Ⅱ期（6世紀前半）遺跡の中心時期で、頂上部を平坦にして一定企画のもとに各種施設物が構築された。中央に独特の瓦建物が配置され、周囲を削り出して単層大壁建物数棟を築造した。出土した斜格子文塼や蓮花文瓦当から、大通寺跡や武寧王陵の文様塼との類似が指摘され、中心的な国家施設も520年代を前後する年代が考えられた。

Ⅲ期（6世紀中葉）Ⅱ期の施設物が存続した時期。中心建物で出土した瓦類が扶余期のものと異なる点。7世紀代の石室や甕棺墓が入りこむのは、重要施設が廃棄されて多くの期間が経過したの

546 第2部 古墳時代

公山城・武寧王陵・艇止山の相関関係図

艇止山遺跡第Ⅱ期遺構配置図

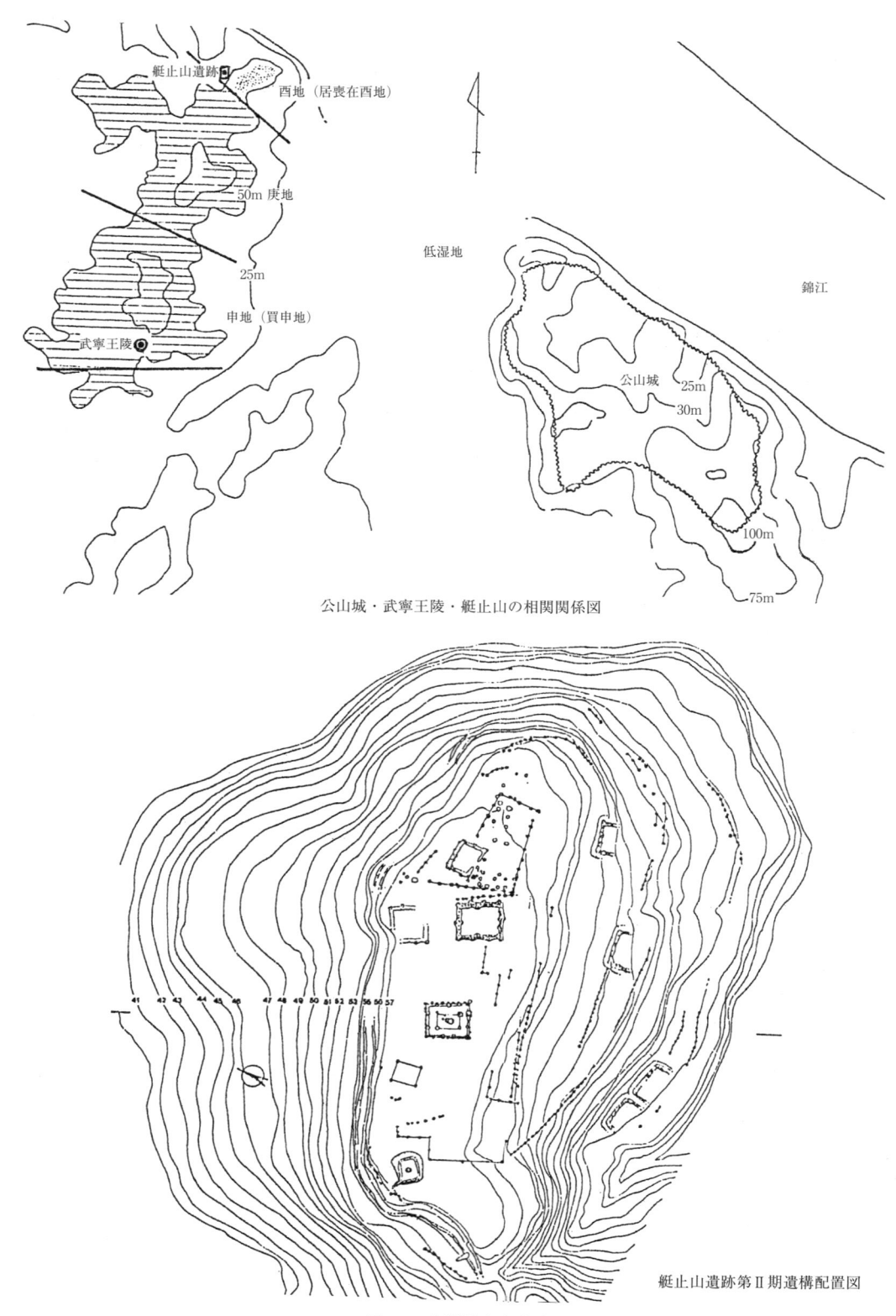

図10 公州艇止山遺跡

ちと考えられるので、6世紀後葉より中葉を下限年代とみている。

　熊津期の中心をなす施設物には蓮花文瓦当が使用され、これら屋瓦は宮殿や寺院に限定的に使用されているところからも、この施設物は国家的重要施設とみられた。また周辺に木柵と濠をめぐらしていて、この建物が重要な存在であったことをうかがわせる。さらに遺跡内で発見された土器（装飾付器台・三足杯・灯盞）や斜格子文塼は、祭祀と関連する遺物の可能性が高く、瓦葺建物も一般建物とは異なる特殊なものであるところから、国家次元での祭儀施設の可能性が考えられた。この場合始祖や先王たちへの祭祀か、あるいは6世紀前半代の王や王妃や王族の死亡に際して短期間の儀礼を行ったところ（殯地）が考えられた。そこで武寧王陵出土の誌石で買得した王陵地を申の地（「買申地為墓」）と記し、また王妃の誌石では死亡すると酉の地で喪を行った（「居喪在酉地」）27ヶ月後（「己酉年二月」(529)）に、王陵（「大墓」）に改葬（合葬）したと記してある点に検討が加えられた。武寧王陵が「申地」であれば基点は公山城の可能性が高く、山城内の推定王宮跡あたりから王陵の方向を「申地」とすると、その北中間「庚地」を経て、「酉地」は艇止山に該当する。さすれば、この国家的施設は王妃の喪地（殯地）に比定されることとなる。

　ところで、この遺跡から発見された多くの百済土器の中にわずかながら日本産の須恵器・土師器が存在する。1998年11月訪韓の際に国立公州博物館学芸研究室でそれらを呈示された。そこで本年（1999）4月初めに再度訪ねてこれらを検討する機会に恵まれた。須恵器には杯蓋・杯身・無蓋短脚高杯・甕の計6点、土師器には高杯4点がある。須恵器に一部5世紀代にさかのぼるものを含むが、そのほかは6世紀前半〜中葉（〜後半？）に比定されるところである。いずれも完形品ではないが、王妃の喪儀相当期を含み、上限はそれ以前にさかのぼると思われる。百済王族の殯儀礼に倭からの参加もあったのであろうかと推察してみたくもなる資料である。近年百済地域の祭祀遺跡としてにわかに注目を集めた全羅北道扶安郡の竹幕洞遺跡では、航海にかかわる国際的祭祀の実体が明らかにされている（国立全州博物館 1994）。なかでも5〜6世紀代には倭系の滑石製模造品・須恵器などが奉納されていて、同時に百済・伽耶・中国南朝系の遺物もみられた（小田 1998a）。5世紀以降の百済地域の祭祀には航海祭祀や王族の喪儀などに倭からの参加があったことが明らかになってきた。現代社会のなかで現在高潮している国際協調思考の歴史的先駆ともいうべき現象を想い、感慨ぶかいものがある。

註

(1) 樋口氏は当初「唐草文縁薄肉刻七獣帯鏡」と命名されたが、のちに「獣文縁獣帯鏡」と改称された（同氏『古鏡』1979年）。

第20章　武寧王陵誌石と王室喪葬儀礼

　武寧王陵は墓誌・買地券石が発見されたことによって、はじめて523年（癸卯年）に死去した武寧王と、追葬された王妃の合葬陵墓であることが確定した百済王陵である。このことを記した刻文石は2枚からなり、その刻文はつぎのとおりである。

〔第1石表面〕（6行）
　寧東大将軍百済斯
　麻王年六十二歳癸
　卯年五月丙戌朔七
　日壬辰崩到乙巳年八月
　癸酉朔十二日甲申安厝
　登冠大墓立志如左

〔第2石表面〕（4行）
　丙午年十一月百済国王大妃寿
　終居喪在酉地己酉年二月癸
　未朔十二日甲午改葬還大墓立
　志如左

〔第2石裏面〕（6行）
　銭一万文　右一件
　乙巳年八月十二日寧東大将軍
　百済斯麻王以前件銭訟土王
　土伯土父母上下衆官二千石
　買申地為墓故立券為明
　不従律令

　以上の釈文についてはすでに武寧王陵の調査報告書（大韓民国文化財管理局編　1974）で詳述されているので、ここではその概要を述べておく。

〔第1石表面〕
　寧東大将軍百済斯麻王は年62歳で「癸卯年」（西紀523年）5月7日崩じた。「乙巳年」（西紀525年）8月12日「登冠大墓」に安葬した。よって左のように文書を作成する。

〔第2石表面〕
　「丙午年」（西紀526年）12月百済国王大妃（前王妃）が天寿を全うした。服喪（3年の喪）を真西の地（酉地）で終えて、「己酉年」（西紀529年）2月12日に大墓（王墓）に改葬した。よって左のように文書を作成する。

〔第2石裏面〕
　銭1万文　右1件
　「乙巳年」（西紀525年）8月12日寧東大将軍百済斯麻王は、以前に土王・土伯・土父母・上下

衆官・地方長官とはかつて南西の地（申地）を買って墓地にした。それ故文書を作成して証明しておく。（この契約は現世の）律令とは関係ない（不変のものである）。

　この誌石の内容から、523年5月7日斯麻王（武寧王）は62歳で薨じたが525年8月12日に現在の武寧王陵（登冠大墓）に安葬された。ついで526年12月王妃が死亡した。そこで真西の地（酉地）を殯所として3年喪を終えた後に、529年2月12日武寧王陵に合葬したという経緯が知られた。さらに武寧王陵地は南西にあたる地（申地）であることも買地券（第2石裏面）の文面から知られた。以上の誌石刻書から、王と王妃はともに死後3年喪をそれぞれ殯所を設けて過した（王は不明・王妃は「酉地」）のち、「登冠大墓」（武寧王陵）に合葬されたという経緯が知られた。このこと自体、6世紀前半代における百済王室の喪葬儀礼が明らかにされた資料として貴重なものであった。

　一方、誌石のなかで王陵の地が南西の地（申地）であり、王妃の殯所が真西の地（酉地）であると記されているところから、これらの方位を示す基準となったのは何処であるかという点が問題となってくる。武寧王陵の調査報告書では、「酉地」は「大墓」＝「申地」と至近距離であったこと。「申地」は24方位の1つで南西にあたり、「これは百済王城を中心に定められた方位のはず」であるから、「王城はその逆の『寅』つまり北東になる」ことなどが指摘されていた。そして「熊津王城」の所在地については定説がないので、これを解決する決定的資料になることも提言されている（第19章図10参照）。

　1966年、武寧王陵の北方にあたる丘陵北端、艇止山遺跡で発見された「国家的施設」が王妃の殯所（酉地）に比定されるにいたり、再び王陵出土誌石の内容が注目されてきた（国立公州博物館1998）。上述したところを整理してみるとつぎのようになる。

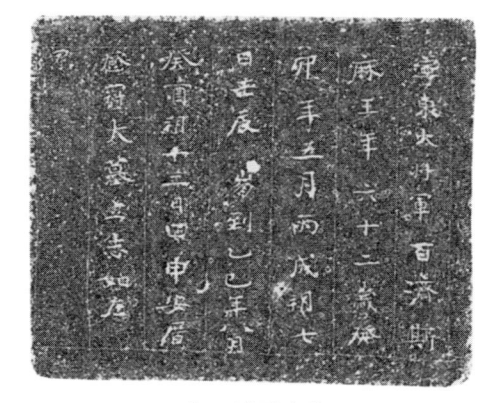

第1石表面（王）

第2石表面（王妃）

第2石裏面（買地券）

図1　誌石拓影

	死亡年月・享年	殯所・殯期間	本葬（改葬）
武寧王	癸卯年（523） 5月7日　62歳	？　　・27ヶ月	乙巳年（525）8月12日「申地」 「安厝登冠大墓」（王城の南西）
王　妃	丙午年（526） 12月　　？歳	「居喪在酉地」 （王城の真西）　・28ヶ月	乙酉年（529）2月12日改葬 「改登冠大墓」

　1998年10月15日、艇止山遺跡の調査者である国立公州博物館主催による学術発表会が行われた。調査成果について発表された同館学芸研究担当の李漢祥氏は当遺跡を「国家次元の祭儀のために造った施設である可能性」を提言され、「始祖や先王達に対する祭祀なのか、さもなくば6世紀前半代の王や王妃あるいは王族の死亡に際して、短期間のあいだ儀礼をおこなったところ（殯地）なのか」という比定案を示しながら後日に検討を托された。さらに誌石に記された「酉地とは西側の方向であり、申地とは約30°の角度差が存在する。方向の基準点を何処に定めるべきか容易ではないが、位置が確実な武寧王陵が申地となるならば、基準点は公山城方向の錦江となる。しかし錦江を基準としたというよりは、公山城を基準とした可能性が高いとみられるから、公山城内の推定王宮址かその他の特定地点から王陵の方向を申地とみれば、自然的に酉地は中間の庚地を経て艇止山遺跡の位置に該当する」と述べている。

　一方、李氏のこのような見解に対して、当日の論評者からは賛否両論が出されている。権五榮氏は「酉地の位置が艇止山一帯である可能性が高い」とされる。また李南奭氏の提起された疑問にも聞くべきところがある。すなわち百済王室の祭祀遺跡説に対しては、このような聖所を先行する住居施設として使用された地域を、再活用してまで始祖神や天地神などを祭祀するのかと指摘された。また殯所説に対しては、武寧王陵出土誌石による方位推定以外に根拠がないので、王宮所在地（公山城）を基準として武寧王陵（申地）との間に庚地をおいて、艇止山を酉地に比定する説についても「方向の不一致は除外としても、干支による方位幅があまりにもせまい」細分ではないかとの疑問を提起された。そして武寧王陵造営後に王妃の葬礼行為があった点をあげて、「殯所の位置推定のための方位基準をより多角的に検討する必要があるのではないか」と提言している。さきの武寧王陵報告書における誌石の解釈に従えば、王陵が「申地」（南西地）であり、王妃の殯所が「酉地」（真西地）であるというならば、方位の基準地を一定箇所（公山城説）に設定するとき、殯所は王陵の北方に位置することとなろう。

　この問題について金元龍氏（1979）は王の誌石（第1石表面）の裏面に、方位を表す十二支と十干が交互に刻まれた方位表にふれて、「こうした方位表は古来選地に使われた式盤つまり羅針儀であり、中央の一孔はその中心点である。恐らく王の生年月日、生時、死時などを組合せて墓地の方向と地点を選定したものであろう。また墓地の申は本葬の日の甲申と相関関係をもっているようであり、王妃の場合は酉が共通である」。また王妃の「殯地が酉（正西）の地であるが、これは亡くなった己酉の年と関係がありそうであり」、殯地については「校村里の塼墳か、あるいは壁画墳がその仮墓であったのかも知れない」との見解を示された。さらに買地券（第2石裏面）中の「申地」については「申（西）の方向の土地」とされている。すなわち金元龍氏は「酉地」にしても「申地」

にしても西の方向という程度にとどまり、それ以上の厳密に地点を極限する考え方はないようであるが、上述したような氏の所説はそれなりに説得力を持っている。

熊津時代の百済王室が中国南朝文化にふかく傾倒して積極的に導入せんとしたことは、史料によって、また武寧王陵をはじめとする当代の歴代王陵比定古墳の構造からもうかがうことができる（小田 1985g、斎藤 1987）。武寧王陵出土誌石から王の殯期間が 27 ヶ月・王妃のそれも 28 ヶ月に及んでいたことが中国皇帝の「三年喪」に近いものであったことも以上のことに拠っているであろうと推察される。古代中国皇帝の喪葬儀礼では、死後 1 年経過した 13 ヶ月目を小祥（練）・25 ヶ月目を大祥、27 ヶ月目を禫と称し、あわせて三年喪と称している（窪添 1982）。武寧王と王妃の本葬に至るまでの期間はまさにそれにあたっている。

以上のような百済王室の喪葬儀礼と中国・日本の場合を比較した権五栄氏(1)によれば、中国では葬は早いうち（多くは 3 ヶ月内）に終了し、喪の期間が 27 ヶ月継続する。武寧王陵では死亡から本葬に至る期間（殯所に仮葬された期間）が 27 ヶ月（王妃は 28 ヶ月）で、この期間は、喪の期間である点が中国の場合との本質的な相違点であることを指摘している。また日本の天皇の殯期間は『日本書紀』から「1 年以内から 5 年 8 ヶ月まで多様であるが 27 ヶ月はない。ただ天武が 2 年 2 ヶ月で武寧王夫妻のそれに近接する」こと。また日本では 1 年以内が普通であり、「期間が長くなったのは複雑な政治情勢に起因する」ことなどを指摘された。

権氏はつづいて殯殿の設置場所にもふれられている。すなわち中国では「屋内の西階」、日本では『隋書』倭国伝の貴人は 3 年間屋外殯の記述、『日本書紀』の屋外殯をあげ、「その位置は多様な偏差をみせて 15〜20 km 程度とかなり遠く離れた場合もあるが、大概は宮の近傍、特に南庭が多い。例外的に持統だけは西殿であった」と述べている。そして武寧王妃は宮の西側（酉地）であったことから、「屋外という点では日本と共通し、西側という点では中国と共通する」百済の特性を指摘されている。

日本では大化薄葬令（大化 2〔646〕年）に「凡王以下及至庶民不得營殯」と規定されていて、王以上（王を含まない）に限って殯を営みうるとされた。事実、それ以後は殯を行ったと思われる史料は天皇・皇后・皇子女その他に限られていた。また『隋書』倭国伝の記載は殯儀礼の内容を伝えている点で参考されるところが多い。すなわち以下のとおりである。

　　死者 斂（おさむるに）似棺槨。親賓就屍歌舞。妻子兄弟以白布装服。貴人三年殯於外。庶人卜日而瘞（うずむ）。及葬置屍船上。陸地牽之。或以小轝（しょうよ）。

ただし貴人の三年喪は長すぎるので崇峻 4（591）年 4 月紀にみえる敏達天皇の 5 年 8 ヶ月に及ぶ殯宮儀礼終了のことが伝えられて記録されたのではないかという説もある（和田 1995b）。『隋書』倭国伝にみえる殯儀礼の原型は、わが国では弥生時代にまでさかのぼることができる。すなわち『魏志』倭人伝に、

　　始死停喪十餘日。當時不食肉。喪主哭泣。他人就歌舞飲酒。已葬舉家詣水中澡浴。以如練沐。

とあるのがそれである。殯儀礼が国家儀礼として整備されたのは安閑・宣化期であったとされる（和田 1995b）。その後の天武天皇の殯宮儀礼は詳細にあとづけることができる点で注目されている。『日本書紀』にみえる天武の葬礼記事は 2 年 2 ヶ月にわたるもので、なかでも仏教儀礼が導入され

ている点でも注目されるところであった（安井 1964）。武寧王陵における誌石の発見・艇止山遺跡から提起された国家的施設としての百済王室の殯所説などは、中国や日本とも関連させて今後の王室の喪葬儀礼研究に重要な一石を投ずることとなった。

註
(1) 国立公州博物館『百済の王室祭祀遺跡"公州艇止山"学術発表会』(1998・10・15)。発表・論評の構成はつぎのとおり。
　〈調査発表〉艇止山遺跡の編年と性格　李漢祥
　〈論　　評〉1.「艇止山遺跡出土土器の検討」を読んで　朴淳発
　　　　　　 2. 艇止山遺跡出土瓦の特長と意義　徐五善
　　　　　　 3. 艇止山遺跡と百済の喪葬儀礼　権五栄
　　　　　　 4. 艇止山遺跡の性格に対する検討　李南奭
　なお以上の内容は国立公州博物館『百済의祭祀遺跡・艇止山』(1999) にも再録されている。

第21章　武寧王陵鏡・綿貫観音山鏡との出会い

1　武寧王陵との奇縁

　韓半島百済第25代の武寧王陵の発見は1971（昭和46）年7月のことであった。塼築墳の羨道前壁部に掘りあて、正面壁に沿って掘り下げてゆき、塼で閉ざされたアーチ状の入口を露出し、当時国立中央博物館長であった金元龍博士と国立公州博物館の金永培館長指導のもとに調査がすすめられた。羨門部の全面露出は7月7日から8日にかけて、徹夜作業で雨のなか進行した。早朝には雨も止み、午後3時には終了した。両人が羨門をふさぐ最上段の最初の塼を除去したのは午後5時を過ぎた頃であった。羨門の閉塞塼をとりはずして内部に入り、武寧王陵であることを確認したときの感激を、金元龍先生はつぎのように記している。

　　私は閉塞塼の内側に何か扉があるか、もう一列の塼列があるだろうと考えていた。ところが一枚とりのぞくとボウッと穴があいて羨道の中が丸見えではないか。千四百年前の冷ややかな空気が虹のように流れ出る。そして羨道の真中には角を立てた石獣が我々を睨んで立っており、その前に壺とか石板が見える。とんでもない大物の処女墳である。我々二人はアッと驚いて顔を見合わせたが、ここで声をあげたり変なそぶりをしてはいけない。見物人がどっと押し寄せては大変だからである。二人は声を呑んだまま横積の煉瓦をとりのぞいて行った。そうして最後の二、三段を残して羨道の中にふみいった。石獣の前におかれた二枚の石板には字が刻んである。我々はとびつくようにかがみこんだ。ああ、そこにある寧東大将軍百済斯麻王の名。武寧王だ。興奮のあまり我々は外にとび出た。そして我知らず武寧王の名を叫んだ。考古学徒が禁物の興奮をしたのである。記者達がワッと駈けつけて来た（金元龍　1979、18～19頁）。

　武寧王陵であることを確認したときの感動の様子が鮮やかに活写されている文章である。
　筆者がはじめて韓国を訪れたのは1973（昭和48）年であった。この年国立中央博物館を退任して大田広域市の忠南大学校に赴任することになっていた尹武炳先生が国立公州博物館まで同道いただき、金永培館長や公州師範大学校（現公州大学校）の安周承教授に紹介していただいた。そして武寧王陵をはじめて見学したのであった。以来、武寧王陵の発掘20周年記念学術会議（1991）、同30周年記念国際学術大会（2001）で日本側からの発表者に起用され、また日本国内でも群馬県立歴史博物館の開館20周年記念第63回企画展「観音山古墳と東アジア世界」の図録寄稿や講演（1999）に起用されるなど、武寧王陵とのふしぎな縁で、公州国立博物館、忠南大学校百済研究所、群馬県立歴史博物館などとのかかわりへと展開してゆくことになった。

図1 武寧王陵の塼室墓内部
（大韓民国文化財管理局編 1974）

2 武寧王陵と日本の考古学

　日本でも、武寧王陵の発掘成果はいちはやく古代史や考古学の分野で多大の関心が示された。『日本書紀』雄略天皇5年4月条によれば、百済の蓋鹵王は弟昆支を日本に遣わすにあたって、産月近かった王妃も同行させ、途中で出産したらば母子ともに同船させて送還するよう命じた。6月初め筑紫の「各羅嶋」（佐賀県松浦郡鎮西町〔現唐津市〕・加唐島か）に至って男子を出生した。嶋王と名づけて送還し、「是を武寧王とす」とある。

　このような武寧王（斯麻王）との関係のほか、王陵の発掘成果は5・6世紀における百済と中国王朝、百済と日本（倭）との政治的・文化的交渉を考える上に多くの貴重な資料を提供してくれた。

　したがって、日本の考古学・古代史学会においても、発掘成果が伝えられるといちはやく大きな関心が示された。1974（昭和49）年1月韓国で『武寧王陵—発掘調査報告書』が発刊されると、日本側でも11月に金元龍・有光教一両先生監修の日本語版が発刊された。また、これより先の1972（昭和47）年に、日本の朝鮮学会では金元龍・尹武炳両先生を招聘して、講演と考古学・古代史関係者を加えたシンポジウムを開催し、その内容を『朝鮮学報』で特集した。

　一方、武寧王陵発見遺物には日本国内の古墳出土品とも関係ふかいものがある点で、日本考古学会でも関心がもたれていた。なかでも王陵から発見された3面の銅鏡についていちはやく注目されたのは樋口隆康氏である。この銅鏡3面はいずれも六朝代の中国で製作された踏み返し鏡であること。当時の歴史的背景から、百済が南朝の文化を受容して日本まで送られたものを含んでいること。『日本書紀』神功皇后52年条に百済王（肖古王）が七枝刀と共に日本に贈った「七子鏡」は、王陵出土の7乳を有する獣帯鏡のごときものではなかったかなどを指摘された。なかでも報告書で「宜子孫獣帯鏡」（径23.2 cm）とされた銅鏡は、日本国内に、以下のような3面の同型鏡があることが知られた。

　　滋賀県野洲市　三上山下古墳　　　　　　2面
　　群馬県高崎市綿貫町　綿貫観音山古墳　　1面

3 綿貫観音山古墳の調査成果

　1967（昭和42）年、3次にわたる調査が行われた綿貫観音山古墳では、武寧王陵と関係する銅鏡

のほか、中国南北朝時代と関係する金銅製水瓶も発見されている。関東地方の１古墳から中・韓２国とかかわる海外系遺物が発見されたことは、考古学会の注目を集めるに十分であった。このほか、近畿地方と関係ふかい遺物や、墳丘を飾った多くの形象埴輪群像など豊富な内容を示していた。筆者も、先年復元作業中の埴輪群を拝見する機会を得て驚嘆したことであった。長年の整理を経て1999（平成11）年３月、鶴首していた報告書２冊の刊行が完了してその全貌が提示された。関係者の方々のご努力には敬意を表したい。

　1989（平成元）年１月、高崎市教育委員会では八幡観音塚・綿貫観音山両古墳をめぐる国際シンポジウムを行った。綿貫観音山古墳出土の獣帯鏡

図２　綿貫観音山古墳出土獣帯鏡
（群馬県立歴史博物館 1999）

については日本製説、華北製説などが出され、その入手経路についても、直接説、畿内経由説などが出されている。また、滋賀県三上山下古墳出土の同型鏡２面については、良質な１面の表面には金銅製双魚佩金具が付着し、もう１面には表面に大型鏡を重ねたような痕跡が残っていて、この２面が一部重なった状態で出土したことを示している。しかし、その後この２面の銅鏡は行方不明になってしまっている。近年、花田勝広氏は古記録や古墳について追跡調査して、大岩山古墳群中の甲山古墳の石棺内出土の可能性がきわめて高いことを教示された。筆者も2003（平成15）年10月の日本考古学協会（県立滋賀大学担当）の見学会でこの古墳を実見することができた。径30～40ｍの円墳で、横穴式石室の玄室には熊本県阿蘇凝灰岩製の家形石棺が安置されている。この古墳は、当地方を代表する首長墓である。石棺の型式や須恵器などから、６世紀中頃に比定されている。

　また、樋口隆康氏の武寧王陵出土「宜子孫獣帯鏡」との同型鏡論考を承けて、大谷光男氏は『新撰姓氏録』を操作して、綿貫観音山古墳の被葬者は上毛野君にかかわる国造クラスの人物で、「百済との交渉に派遣された可能性がある」と推定された。さらに、三上山下古墳（推定甲山古墳）の被葬者も、「近江國野洲郡日佐」姓とあるところから、「百済の日佐姓と関係ある帰化人」かとして、百済から直接入手したと推定した。

4　日韓古墳出土同型鏡の検討

　1999（平成11）年10月、群馬県立歴史博物館では、綿貫観音山古墳出土品の修理・復元の完了を機に、特別展が開催された。すなわち、開館20周年記念第63回企画展「観音山古墳と東アジア世界」がそれである。その企画にあたって、筆者は県立歴史博物館の方の訪問を受けた。韓国武寧王陵出土品の出陳を実現するための相談であった。綿貫観音山古墳の獣帯鏡と並んで武寧王陵の獣帯鏡を陳列したいということであった。筆者は、武寧王陵鏡には亀裂があることを知っていたので

如何であろうかと思いながら、公州国立博物館長とあわせて、国立中央博物館の韓永熙考古部長を紹介した。武寧王陵の出土品 20 種以上が現品や複製品を混えて出陳が承諾されたのであったが、獣帯鏡については、移動の危険性から最終的には複製品に決定したのは止むを得ないことであった。筆者も展観図録に「武寧王陵文物をめぐる東アジア世界」の一文を寄稿することとなり、展観中には同題名の講演を行ったのであった。

　武寧王陵遺物に関する研究のなかで、この展観事業を通じて新しい進展がみられたのは、獣帯鏡の研究であった。当時県博の学芸員として展観にあたられた飯島義雄氏は、この機会に実物観察や写真解析、さらには踏み返し鏡の復元製作実験などの方法で、日韓の同型鏡 4 面についての比較検討が行われた。その検討過程などについては飯島氏らの報告を一読してもらうことが望ましい（飯島・小池 2000）。ここでは、その成果からつぎのようなことが考えられるに至った。

　① 4 鏡のうち綿貫観音山古墳鏡以外の鏡は、中国で製作されて百済に持ち込まれ、さらに日本にもたらされた（三上山下古墳鏡 2 面）。
　②綿貫観音山古墳鏡は、三上山下古墳の 1 面を原型として踏み返された仿製同型鏡である。

　以上の成果から当初武寧王のもとに 3 面の同型獣帯鏡が中国から伝来した。うち 1 面が百済王室に保有され、2 面が倭にもたらされた。そして、その 1 面から畿内で踏み返し製作されたのが、綿貫観音山古墳鏡であったということになる。

　梅原末治氏によって「三上山下古墳」と報告された古墳が、花田勝広氏の追跡調査によって推定された甲山古墳に比定されるのであれば、馬甲など韓半島の古墳とも関係ふかい遺物が出土している点も考慮して、甲山古墳の被葬者が百済に渡航して百済王室（武寧王）から贈与されたか、あるいは倭政権の王室が百済王室から贈与され、さらに甲山古墳の被葬者に下賜したケースが考えられる。また、日韓両国にまたがる 3 面の同型鏡が、当初中国から百済王室にもたらされたとするとき、その契機は何であろうか。もっとも有力なのは 521 年 12 月、武寧王が南朝梁から使持節都督百済諸軍事寧東大将軍百済王に冊封された時点である。武寧王陵からは単龍環頭大刀（全長約 82 cm）が発見されている。この環頭大刀は、町田章氏によれば、521 年の冊封にあたって梁王朝から賜与されたものとされる（町田 1976）。同型鏡 3 面もこの時にあわせてもたらされた公算が大きいのではなかろうか。

　ついで百済から日本にもたらされた 2 面のうちの 1 面を原鏡として、綿貫観音山古墳鏡が製作されたことになる。綿貫観音山古墳の被葬者がこれを入手するのは、近江野洲の首長からとするより、倭王権からとするのが自然であろう。おそらく、倭王権のもとで踏み返し製作されたのであろう。ここまで推理してくると、武寧王陵鏡と同型の獣帯鏡 2 面は、百済王室から倭王室に贈与されたのち、踏み返し鏡が製作された。さらにそののち、倭王権から同型鏡 2 面は野洲の首長（甲山古墳被葬者）に、踏み返し鏡 1 面は上毛野の首長（綿貫観音山古墳被葬者）に分与されるという経過をたどったであろうというところにおちつく。

5　日韓交流上の東国

　武寧王陵遺物と日本の古墳遺物とのかかわりについては、これまで述べてきた獣帯鏡だけにとどまらない。これについては、筆者も具体的に青銅製火熨斗・環頭大刀・銅鋺・金製耳飾・雁木玉などをあげて日本における研究動向を紹介した（本書第2部第19章）。武寧王陵と中国南朝との交渉についても、王陵の塼築構造・中国陶磁・石獣・誌石などについて、日韓両国の研究者たちの研究が次々に公表されてきた。武寧王陵の内容はいまなお日中韓3国の交流にかかわる底知れぬ研究の重要性を示している。加えて1996（平成8）年には、この王陵が所在する丘陵の北端、錦江南岸に突出した艇止山の頂上部から斜面に、百済熊津期（475～538年・公州時代）の遺跡が発見された。なかでも6世紀前半代には頂上部を整地して一定区画のもとに各種施設が構築された。中央には独特の瓦建物が、周囲には単層大壁建物数棟が造られ、使用された斜格子文塼や蓮花文瓦当から、公州市大通寺や武寧王陵の文様塼との類似が指摘された。武寧王陵出土の誌石によれば、526年（丙午年）に死亡した王妃は、「酉地」（王城の真西）で2年余服喪の後に王陵に「改葬」（合葬）された。この「酉地」が艇止山にあたり、ここで発見された遺物のなかには日本からもたらされた須恵器・土師器もある。筆者は1999（平成11）年にこれらを検討する機会に恵まれた。一部5世紀代にさかのぼるものもあるが、6世紀中頃前後に集約される。ここでも、武寧王陵をめぐる日韓交流の一端をみることができるのである。

　以上のような武寧王陵をめぐる東アジアの文物交流の状況を背景として、綿貫観音山古墳出土の銅鏡や中国系水瓶などを考えるとき、その交流の東縁に位置づけることができる。東国地方への渡来人の移住は、剣崎長瀞西遺跡などを通じて5世紀にさかのぼって始まっていることが知られてきた。今後は高崎市周辺でも渡来人の移住・定着の経緯を追跡するとともに、社会的にも首長クラスや中・小クラスでの渡来文化受容の在り方を明らかにしてゆくことが必要であろう。

第22章　参考・重要遺跡解説

1　古賀市・鹿部田渕遺跡（福岡県古賀市鹿部・田渕）

はじめに

　福岡市の北西、玄界灘にのぞむ古賀市鹿部・田渕遺跡で発見された建築遺構が、『日本書紀』にみえる「糟屋屯倉」に比定されるという記事が新聞に大々的に報じられたのは、2000（平成12）年7月のことであった。以来古賀市内部で保存の是非についての論議が表面化してきた。鹿部地区遺跡群は、1997年以来実施されている古賀市鹿部土地区画整理事業に伴う事前調査として1999（平成11）年度に行われたものであった。筆者は2000年4月に、市教育委員会から遺跡についての学術的評価について諮問され、また中村隆象市長からは現地に臨んでの解説を要望された（7月31日）。こえて2002（平成14）年にはその後の調査とあわせて、遺跡の価値について教育委員会・市文化財調査委員会・鹿部土地区画整理組合などの関係者たちに説明する機会を得た（3月29日）。これらの機会を通じて筆者は遺跡の保存を要望してきた。遺跡は現在まだ全貌をみせる段階には至っていないが、現在までの成果を紹介して、今後の展開にも広く識者の理解と支援を願うものである。

磐井の乱と「糟屋屯倉」

　史上有名な「筑紫国造磐井」の乱は継体天皇21（527）年6月に発生し、翌22年11月「筑紫御井郡」（福岡県三井郡、現久留米市周辺）で官軍との決戦に敗れて斬られた。『日本書紀』（巻第17）ではさらに続けて次のように記す（以下原文読みは岩波版日本古典文学大系本による）。
　　十二月に、筑紫君葛子、父のつみに坐りて誅せられむことを恐りて、糟屋屯倉を献りて、死罪贖はむことを求す。
　磐井の乱は5世紀代から続く地方豪族の叛乱のなかでも最大のものといわれている。その政治史的本質は、ヤマト政権の地方支配方式に屯倉制支配を採用して、従来の地方豪族を通じての間接的支配から直接的支配に転換させようとする歴史的流れのなかに位置づけられる。大局的にみれば、後の律令国家成立に至る避けて通れない歴史的過程ではあったが、地方豪族の立場からみれば、既得の政治的地位や経済的特権を剥奪されて、ヤマト政権の地方官僚化されることへの自衛闘争としての性格をもつものであった。したがって、中央政権に対する地方豪族の叛乱はきわめて重罪にあたるものであり、筑紫君葛子が父磐井に連坐して誅せられることから、その所領した糟屋の地を屯

倉として献上することによって贖罪し、ヤマト政権側もこれを受け入れることで決着したということである。見方をかえれば、「糟屋屯倉」というところはヤマト政権側にとっても、筑紫君宗家勢力をかなり温存させることを容認してもなお必要な価値を有するところであったといえよう。

この「糟屋屯倉」についてさらに立ち入って考えさせる手がかりは、継体紀21年6月甲午（3日）条のなかにある。乱の原因になった磐井の行動について次のように記されている。

近江毛野臣、衆六萬を率て、任那に往きて、新羅に破られし南加羅・喙己呑を為復し興建てて、任那に合わせむとす。是に、筑紫國造磐井、陰に叛逆くことを謨りて、猶預して年を經。事の成り難きことを恐りて、恆に間隙を伺ふ。新羅、是を知りて、密に貨賂を磐井が所に行りて、勸むらく、毛野臣の軍を防遏へよと。是に、磐井、火・豊、二つの國に掩ひ據りて、使修職らず。外は海路を邀へて、高麗・百濟・新羅・任那等の國の年に職貢る船を誘り致し、内は任那に遣せる毛野臣の軍を遮りて、（以下略）。

すなわちヤマト政権派遣軍の渡海阻止を新羅から依頼され、それを受け入れて叛乱を起こしたこと。磐井は筑紫のみならず、火・豊2国にも勢威を及ぼし、外交面でも海路をおさえてヤマト政権のもとに至る朝鮮諸国からの貢職船を自領に誘致したという。磐井は朝鮮半島に至る玄界灘ルートを事実上おさえており、磐井政権（筑紫政権）側の対外交渉のための港湾を所有していたことを物語っている。すなわち玄界灘に臨んだ福岡周辺にはヤマト政権側と磐井政権側の拠点となる二つの港湾が存在していたことになる。前者はのちの那津官家の設営などから推して、おそらく博多湾周辺臨海地に、後者は糟屋郡内臨海地に想定される。「糟屋屯倉」は磐井の対外交渉の拠点となる港湾機能を備えた地に求められることになる。

6世紀前半代の玄界灘臨海域にはヤマト政権の拠点港湾と、筑紫政権の拠点港湾が存在していたのであり、朝鮮諸国側からすれば列島内に二つの政権国家があることを意味することとなろう。列島内の統一国家をめざすヤマト政権にとってこの状態をはやく解消して外交拠点を一本化することは、早急に達成しなければならない重要課題であった。磐井側からの「糟屋屯倉」献上は、まさにヤマト政権側の宿題を達成するものであり、筑紫君宗家の存続を不問に付しても余りある価値を有するものであったのである。

ヤマト政権の直轄領としての屯倉設置の歴史上、6世紀前半代の屯倉として、「糟屋屯倉」は代表的な貢進地系屯倉とされる例である。この時期の屯倉は東は武蔵・上毛野から西は九州に及んでいて、大和政権の支配の拡大を示している。その終焉は646（大化2）年正月の「大化改新詔」に廃止のことがみえるが、その実態は律令制への移行過程で徐々に廃止されていったであろうといわれる。

鹿部田渕遺跡の発見（図1・3）

遺跡は古賀市の西北部にあたる鹿部・田渕に在る。鹿部山の北側を西行する花鶴川は鹿部山丘陵の西端付近で北折して玄界灘にそそぐ。この丘陵（標高46m）の西南端部（標高8m）に位置し、前面に低湿地が展開する。

（1）遺構

560　第2部　古墳時代

1　鹿部田渕遺跡
2　比恵・那珂遺跡群
3　有田遺跡群

関係遺跡分布図

鹿部田渕遺跡発掘調査位置図
1　平成13年度調査区（1/5000）
2　平成11年度調査区

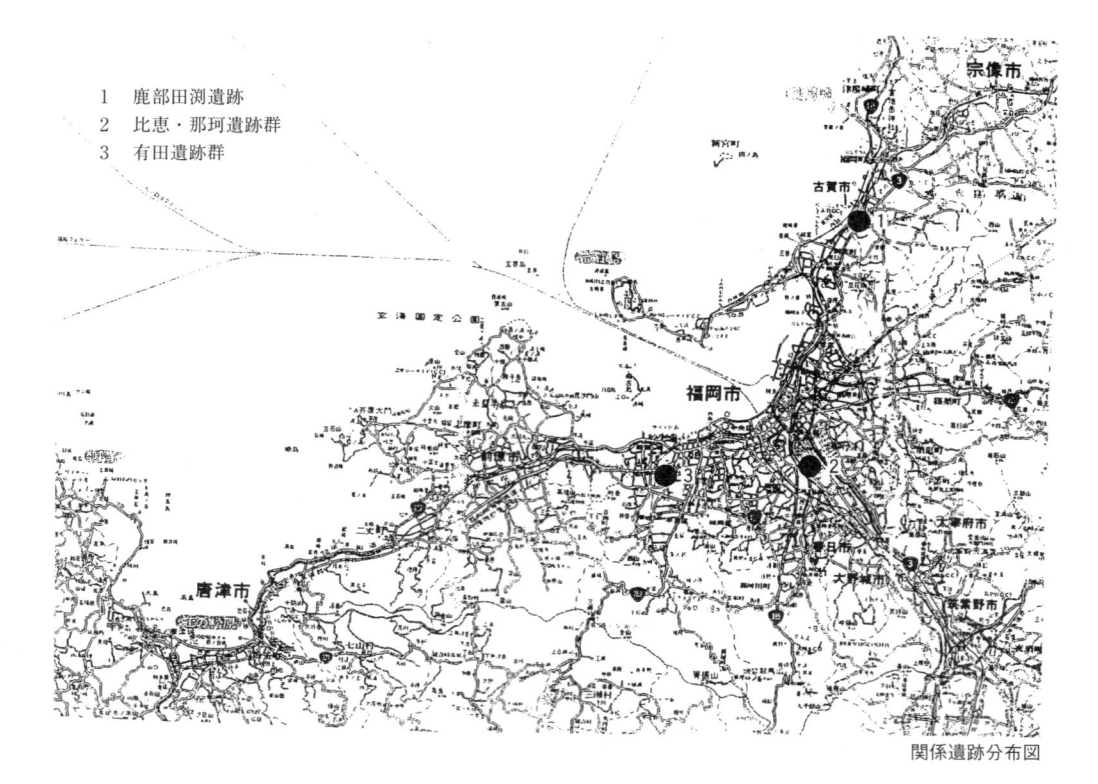

図1　遺跡所在地とその周辺

第 22 章　参考・重要遺跡解説　561

図 2　鹿部田渕遺跡（●印）と古代の復元海岸線（「古賀」1/25000 地図に記入）

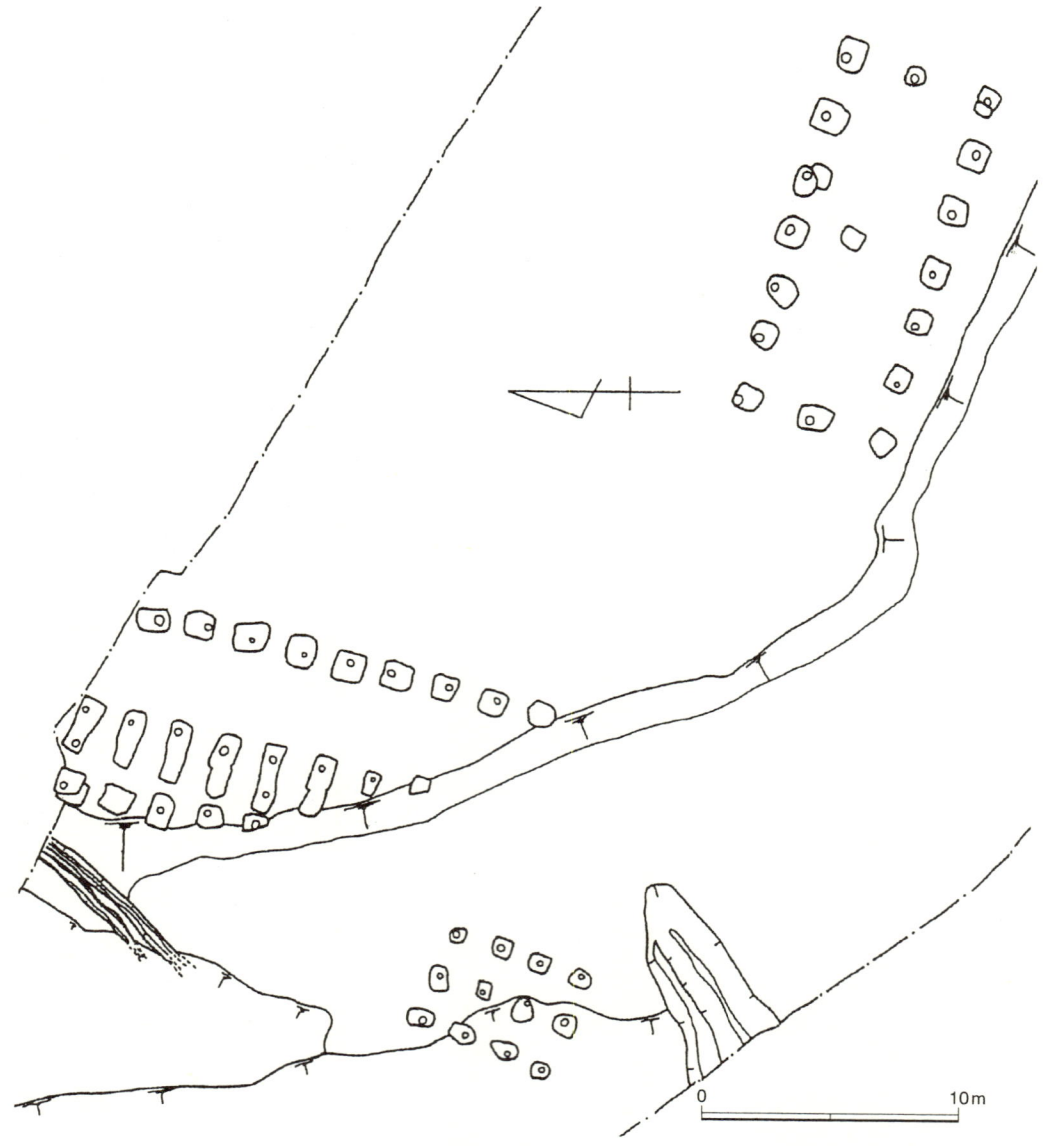

図3　鹿部田渕遺跡の大型建物遺構ほか（平成11年度調査区遺構図）

　現在発見されている遺構群は予想される遺跡域の南側にあたる部分で、方位軸を合わせて配置された四重柵列、側柱建物1棟、総柱建物1棟、溝2条、広場などによって構成されている。以下各遺構について調査者甲斐孝司氏（古賀市教育委員会）の報告文（甲斐 2002〜2004）に拠って略述する。

　四重柵列　丘陵西端を画するように、N14°Eの方位をとりながら南北方向に延びる。掘立柱穴（径20 cm）の掘方は隅丸方形（1.20 m×0.86 m）と長方形（2.66 m×0.56 m）で構成され、今回の調査では東側（内側）で8間分（14.42 m）が検出された。柱間1.8 mである。東西方向の4つの柱間は若干の異同はあるものの、東から西に4 m−1.5 m−1.5 mを測る。柵列の南端は丘陵が削平され

ているために失われている。長方形掘方は布掘型式である。

総柱建物 西南端に位置し、N20°Eの方位をとり、柵列と柱筋を揃えた2×3間の規模である。梁行3.6m、桁行4.8mを測り、床面積は18m²である。柱掘方は1.12m×0.52mの隅丸方形、柱痕径20cm前後である。柵列の外側、低湿地際に位置している。

側柱建物 柵列の東南に位置し、N73°Wの方位をとる。柵列方向と直交する東西棟の長方形プランである。2×6間の規模で、梁行5.5m、桁行13.2mを測り、床面積は72m²である。柱掘方は1.12m×0.76mの隅丸方形、柱痕径30cm強である。

以上3遺構の出土遺物はつぎのとおり。

　　四重柵列——弥生土器多量・須恵器（6世紀後半を含む）・土師器・青磁（中世）
　　総柱建物——弥生土器・須恵器・土師器
　　側柱建物——弥生土器・須恵器・土師器・青磁（中世）・鉄滓

溝 2条は柵列の西側と南側にある。西側溝は丘陵の谷部に位置し、丘陵の地形に沿って南北方向をとる。溝付近だけが旧地形を保ち、丘陵斜面の暗褐色土包含層から弥生土器・須恵器（6世紀後半）・土師器などが出土し、6世紀中頃から後半に比定される。

南側溝直上の土器溜まりから良好な状況で一括遺物が発見され、一部は西側溝の埋土に混入していたので両溝はほぼ同時期であるが、西側溝が先行するとみられる。時期は6世紀後半に比定される。

(2) 遺跡の復元

柵列遺構と側柱長舎型式建物遺構で囲まれた空白地は、同時期の遺構は検出されておらず、広場として利用された空間であったと推察される。また上述した建物群を含む地域は、建設に先立って丘陵斜面を削平して50m四方ほどのテラス面を形成していて、この際に弥生中期の集落跡の大部分が消滅し、丘陵端部にその一部を残したものである。さらに建築遺構もまだ一部を調査したにすぎず、北側隣接の未掘地域に広がっているとみられるので、今後に予定されている調査と合わせてその性格・位置付けの検討を続けてゆく必要がある。

鹿部田渕遺跡と「糟屋屯倉」（図1・2・4）

上述した鹿部・田渕遺跡が一般の集落遺跡と異なることはその内容から明らかであり、官衙的性格の属性を有していることについてはこれまでにも指摘されてきた。その際の比較対照に選ばれてきたのが、福岡市の比恵・那珂遺跡群や有田遺跡である。いまそれらについて詳細に触れる余裕はないので、簡単に類似点にあげることにとどめておく。両遺跡とも布掘りを伴う三本柱構成単位の柵列で囲まれた区画内に、2×3間・3×3間・3×4間などの総柱建物群を柵列沿いに、時として中央部に配置し、多くは中央部に広場を設ける構成をとっている。それらの時期も6世紀後半に造営され、7世紀後半までには廃絶されている。これらの官衙的構造物については、宣化天皇元（536）年5月1日の詔にみえる那津官家（なつのみやけ）修造の記事に対応させて考えられている。そして7世紀後半で廃絶している点で、このころ太宰府の地に移設され、大宰府設置に至る状況と符合することは注目される。

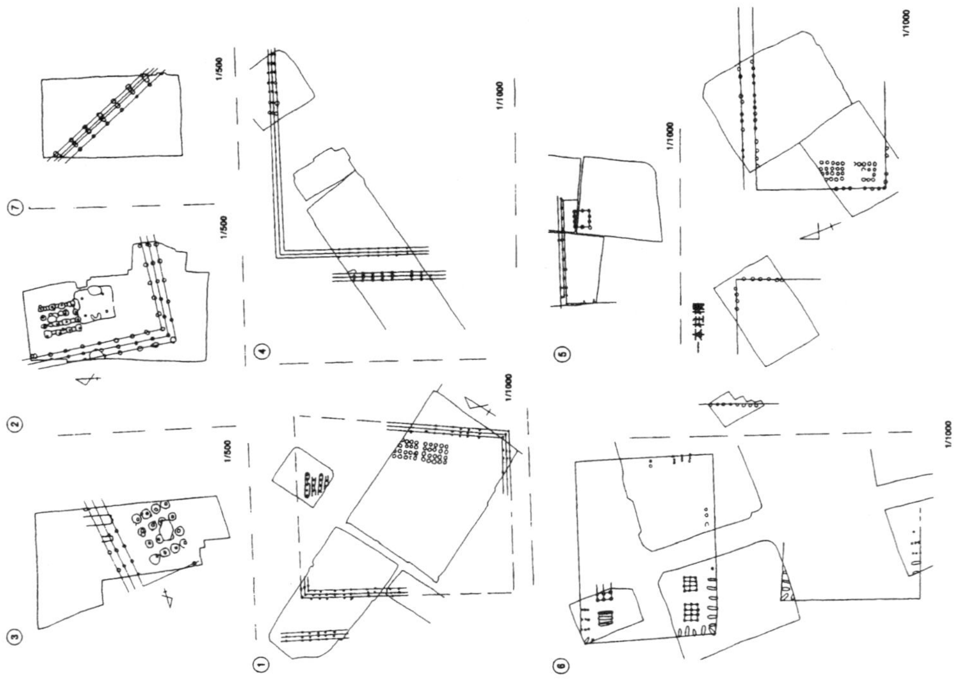

564　第2部　古墳時代

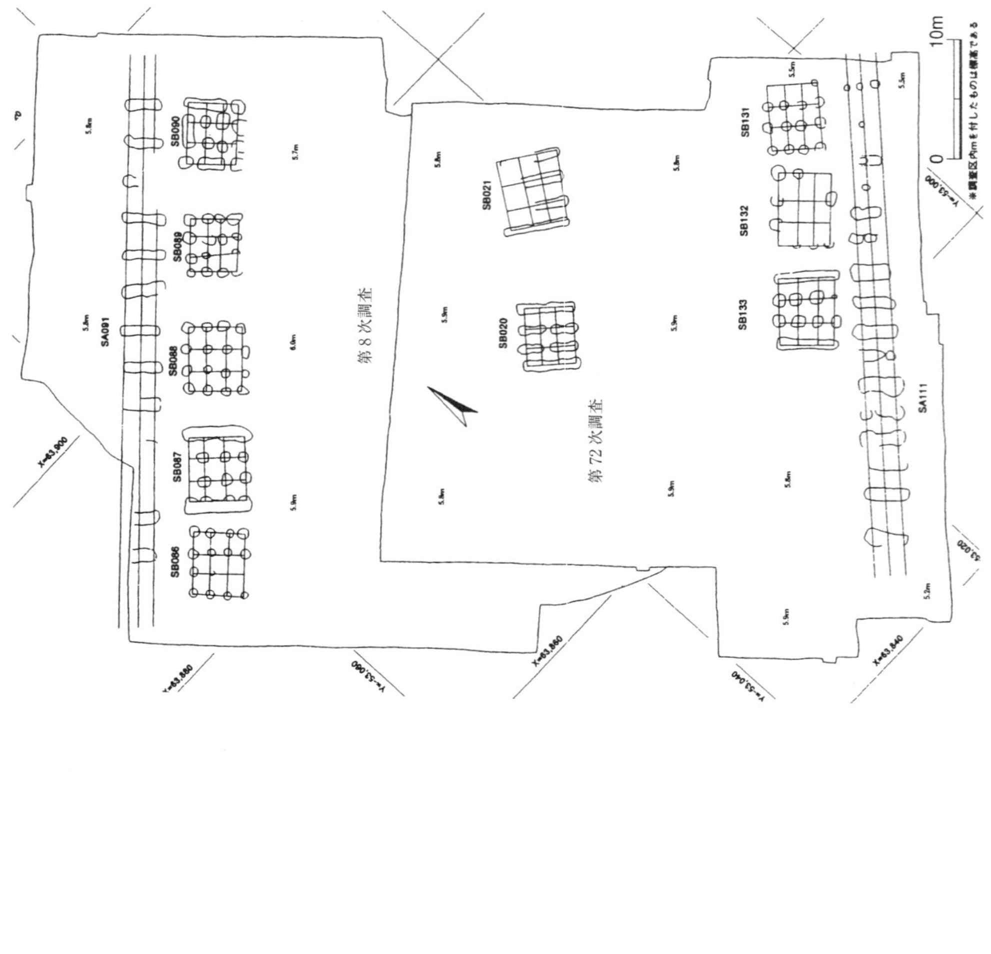

図 4-1　那津官家遺跡第 8 次・72 次地区 (1/600)

図 4-2　有田遺跡群柵状遺構ほか (1/1000・1/2000)

鹿部田渕遺跡との構成と時期の類似点、また鹿部地区は玄界灘に臨んで、港湾を周囲にもつと考えられるような粕屋郡内の官衙的施設として、「糟屋屯倉」が浮かび上がってくるのである。これまで旧粕屋郡内に比定地はなかったが、ここにその候補地が初めて顔を見せはじめたといえよう。

2002（平成14）年1月下旬から始まった第6次調査は、上述した1999年度第1次調査で発見された遺構群の広がりを確認することであった。さきの四重柵列の東から二条目の柱列を北に延長した線上で柵列が発見された。しかし前者は柱間1.8mであるのに対して、新発見の柵列は0.7mと短く、掘方も前者が長方形であるのに対して、40×80 cmの楕円形プランである。両柵列は異なる段階になる可能性がある。さらにこの西側に平行して走る大溝、北東側に棟方向を南北にとる総柱建物（2×3間）2棟、側柱建物（2×2間）1棟が発見された。遺構群は丘陵端部をさらに北側に延びて行くようであり、引き続いての探索が必要である。遺構群の立地する丘陵端部の南は鹿部大池も含めて潟・湿地帯、東も湿地帯を形成し、西に現海岸砂丘帯を介して玄界灘と相島を望む環境にあり、往時は丘陵端部あたりまで海水が入り込んでいた潟湖的な港湾型地形であったことがうかがわれる。本調査中の3月22日、古賀市教育委員会の要請を受けて現地を踏査した。そしてはからずも、遺跡周辺の旧景観の復元を痛感していた筆者にとって実に有難い朗報がもたらされた。それは古賀市がまだ古賀町であった当時の1950（昭和25）年に福岡県が作成した1万分の1「古賀町都市計画図」地図が提供されたことである。現在民家の急増と相次ぐ開発工事によって激変した景観のもと、旧地形の復元に苦慮していた筆者の蒙を一気に解消させてくれる、旧地形の復元にまたとない手がかりを与えてくれるものであった。さいわいにも今回の土地区画整理事業にあたっては、遺跡周辺にいくつかの地下探査用ボーリングが行われていて、その柱状データが出されていた。これに従前知られている遺跡分布地図を援用すれば、かなり高精度な往時の海岸地形がこの都市計画図上に復元できることになる。そこでこの作業を進めてくれるよう甲斐孝司君に依頼した。ところが続いて同月29日に遺跡の価値、さらにはその保存の是非についての最終判断に近い筆者の所見を市当局に求められることとなり、同月29日に教育委員会関係者・市長・土地区画整理組合理事長等と現地に臨んで説明し質疑を受けることとなった。そこで急遽甲斐君に先の地図上に海岸地形の復元を作成する作業を急いでくれるよう依頼した（図2参照）。周辺環境の激変した現状では、遺跡が奥深い港湾地形に臨み、「糟屋屯倉」比定地として旧糟屋郡臨海部では、ここをおいては他に比定地がないことを具体的に理解してもらう恰好の資料だからであった。はたして当日筆者の説明を理解してもらう上で好評を得て、遺跡保存への必要性を市側からも開発側からも、状況証拠の積み重ねによる現状に対して保存への理解を得ることができた。さいわい福岡県教育委員会の方からも古賀市に対して保存の方向での対応がアドバイスされはじめていることを知って、一段と心強さを覚えたのであった。その後、日ならずして市当局でも基本的に遺跡を保存する方向で対処しようという姿勢であることが知られてきた。調査に直接たずさわってきた甲斐孝司君の労苦と裏方としての努力、さらにこの遺跡の保存問題が真摯に対応されている市当局、さらには土地区画整理組合関係者の理解といずれが欠けても遺跡の保存は成立しない。鹿部田渕遺跡の全貌は、まだこれから継続される調査を待たねば究明できないが、現在知られている遺構群を現段階で破滅消滅される危機はとりあえず回避されることとなった。現段階で「糟屋屯倉」関係遺跡と決定してしまう学問

的な結論を出すことには、いましばらく慎重であらねばならない。開発側からは「糟屋屯倉」という文字資料が発見されなければ保存の対象にはできないのではないかという率直な質問も出されたが、筆者はこれまで推定段階であってもかなり有力な比定遺跡であれば保存され、さらには指定史跡としての行政措置がとられている例はいくつもあること。本遺跡の場合「糟屋屯倉」比定地を肯定するような状況証拠は積み重ねられつつあるが、否定証拠は一つも出されていないことなどを強調して理解を願ったところであった。保存が実現されれば、行政当局としてもそれに対する以後の対応を策定してゆかねばならないであろう。未だ数少ない屯倉関係遺跡の出現と、これが古代史上にも磐井の乱という特異な歴史的背景を持つ注目すべき存在である点に留意して、今後の屯倉研究が古代史学、考古学、歴史地理学などの方面から、さらにはこれら諸学が共同して推進されるべきことが痛感されることとなった。加うるにこれから屯倉遺構を探索してゆくための手がかりを与えてくれたことも見逃せないであろう。広く識者の関心を喚起するとともに、さらなる支援を賜わらんことを願う次第である。

　その後、6世紀代にさかのぼる官衙的港湾施設として福岡県指定史跡となり、保存が決定した。今後どのように整備してゆくかという新しい課題が提起されてきた。

2　福岡市・老司古墳（福岡市南区老司）

　老司古墳は福岡市の中央部を南から北に貫流する那珂川中流域左岸の丘陵上に営造された前方後円墳である。福岡少年院の裏山にあたるこの古墳は、太平洋戦争後の少年院敷地拡張のため採土整地工事が進行して崖上に孤立する状態となり、破壊消滅が危惧されるにいたった。1965年の墳丘測量に始まり、1969年にいたる九州大学文学部考古学研究室関係者による発掘調査はこのような情勢下で行われたのであった。当初盗掘をうけていた1号石室の清掃のつもりで実施したのであったが、最終的には後円部3基、前方部1基の竪穴系横口石室内を調査し、後円部に壺形埴輪がめぐっている事実を確かめて一応終了した。1987年福岡市教育委員会では将来の遺跡整備のため、さきの調査で手の及ばなかった墳丘構造を主とする補足調査を遂行して、ここに着手以来20余年を経てようやく完結をみた。

　まず老司古墳の外形は南に前方部を向けた前方後円墳で、前方部二段、後円部三段築成になる全長75（〜76）mの大型クラスに属する。復原された後円部径42m、高さ約7.9m、前方部長約33m、高さ約4m。くびれ部幅約24mで、前方部端に向けて直線的に広がり、先端ではほぼ後円部径に近い幅に達すると思われる。また後円部径は正確には正円形をなさず南北方向に若干長い。墳頂部には壇状施設があったと考えられるが、同様な施設は前方部先端でも確認された。墳丘の形成にあたってその大部分が地山整形され、後円部で2m前後（三段目中位）まで、前方部で1m以下の盛土であったようである。前方部上面（二段目平坦面）は後円部二段目平坦面と連続するが、この両者の平坦面は敷石で覆われ、後円部ではこの敷石面に壺形埴輪がめぐらされている。さらに敷石は各段築の平坦面に認められ、また葺石は墳丘を構成する斜面で認められる。

　墳丘の形成と石室の構築の関係についても、層位調査によって、まず石室構築以前にある程度墳

丘の形成作業が行われたのち、墓壙を掘りこんで石室を構築するという二段階の工程が知られた。

つぎに石室は後円部に3基（1・2・3号）、前方部に1基（4号）が構築されている。1960年代の調査以来、老司古墳が全国的に有名になったのはこの石室構造の特異性にあった。4基の石室はともに板石を平積みした長方形プラン箱型構造である点では、竪穴式石室の構築法を基本とするものである。問題はいずれも石室の一方の小口が横口閉塞の構造をとる点にあった。そしてそこから外方に通ずる墓道が設けられている点とあわせて、導入期の横口式石室の様相を示すものとして注目され、「竪穴系横口式石室」の名称と共に、この種石室の最古段階に位置づけられたのであった。なかでも後円部の中心主体である3号石室は墳丘内における構築位置ももっとも深く、石室規模も3×2m、高さ約1.7mと最大であり、南側小口から前方部上面に通ずる墓道の長さは約9mに達していた。しかもこの墓道床面のレベルは石室の天井面に近いため、出入口にあたる南側小口部はこの部分の大きな一枚天井石（扉石）を除いて上から降りてゆく方法をとることとなった。複数体の追葬を行った最終段階ではこの扉石は斜立した状態となっていた。後続する1・2・4号石室では規模の小さいことにもよるためか、石室の設営位置は高くなり、墓道も小口方向に下ってゆき横口からの出入に応じられるように配慮されている。しかし総じて横口構造の設営には未成熟な対応段階にあったことは否定できない。そしてこのような状況は大陸系横穴式石室が導入された最初の段階で、従来の竪穴式石室構築側からの対応がどのようなものであったかを示している点で注目すべきである。現段階ではさらに4世紀末頃にまでさかのぼる横口構造例として佐賀県・谷口古墳が知られるにいたったが、その横口にあたる小口構造においては共通するところがみられる。竪穴系横口式石室はこの後北部九州からさらに中・四国、近畿、東海地方へと展開してゆくが、老司古墳は谷口古墳などと並んで、いまなおこの石室系列中の最古段階に位置付けられることはかわらない。北部九州で4世紀代にさかのぼって横口式石室が現れるようになった契機には、369年に始まる倭軍の半島介入の歴史がまずあげられるであろう。百済と連合して対新羅、対高句麗の戦闘に関与したが、このような軍事行動は404年帯方界に侵入して敗退するまで続けられたことは好太王碑文にくわしい。このような機会を通じて高句麗や楽浪地域の横穴式古墳の知識が獲得されたであろうことは想像に難くない。

石室内の副葬品は種類、数量ともに豊富である。装身具・鏡・武具・武器・馬具・農工具・土器などがある。本古墳の中心的存在である3号石室は副葬品ももっとも多く、鉄製の武器・武具・農工具に加えて計8面の銅鏡を所有していた。その中には同笵鏡を有する舶載三角縁神獣鏡片を含んでいる。また勾玉・管玉には被葬者に着装されない状態での副葬が注目された。複数体の埋葬が考えられていることとあわせて副葬品配置状態の吟味がすすめられた。また馬具では2個の鉄棒を捩りあわせた数少ない初期の轡形式で、伽耶地域とも共通する点が注目された。

つづいては1号石室、4号石室の副葬品が多い。ここでも追葬があるが、武器・農工具が主体で1号石室では滑石製模造玉類と舶載方格規矩文鏡1面が注目された。また土師器器台は両石室から発見されているが、型式的には4号石室のものがやや後出するものである。

もっとも規模の小さい2号石室では副葬品も少ないが、やはり追葬が認められ、武器のほかに仿製変形文鏡1面、三角板革綴短甲1領を有していた。

以上の4基の石室は副葬品を検討してみると、きわめて近接した時期の間に次々に設けられたものであり、あるときには並行して使用されたこともあったであろうかと思われる。5世紀初頭を下らない頃に最初の埋葬があり（3号石室）、5世紀中頃を下限とする期間にさらに3基の石室が次々に営まれ、いずれにも追葬が行われている。人骨が検出されたものや、副葬品の配置によって推定されている被葬者の内容を石室別に整理してみると、

　　1号石室　1体以上
　　2号石室　1号男性（成〜熟年）
　　　　　　　2号男性（成人）
　　3号石室　女性（成年）＋2体以上
　　4号石室　1号男性（熟年）
　　　　　　　2号男性（成年）
　　　　　　　3号成人（熟年女性？）

となる。石室内における埋葬順序は2号石室で1号男→2号男、4号石室で3号女→2号男→1号男となり、人類学からの推定では2号石室では兄弟関係、4号石室では親子関係の可能性が指摘されている。ともあれ5世紀前半代におけるこの地域の最高首長クラスの家系であるが、顔面の特徴はいわゆる渡来人的でなく、縄文人的特徴をも保有している点で「弥生時代以来の混血を経た形質」であるとされたことは重要な示唆を与えてくれる。すなわち伝統的な在地型首長の家系をひく首長層であることを意味しており、一部の副葬品に伽耶系遺物があることのみを重視して、渡来系首長であることを主張する向きがあったことに対する警鐘であり、また考古学的にみても遺跡・遺物の総合的検討によって判断されるべきことを示している。

　一方、墳丘の調査で検出された初期須恵器が蛍光X線分析と考古学的検討によって5世紀前半代に比定される大阪陶邑窯群産と認定されたことも注目される成果であった。

　老司古墳は5世紀初頭に築造された福岡・那珂平野を支配する最大級の首長墓である。『後漢書』や『魏志』倭人伝に記された奴国連合時代にまでその発祥をさかのぼりうる可能性を有する首長系列の墳墓であり、近畿の倭政権とも密接な関係を有し、かつ大陸交渉ともかかわりをもって、5世紀初頭にはこの地域最大の豪族に成長したと考えられる。そして老司古墳にはその首長の直系親族を含む一族が短期間のうちにあいついで埋葬されていったことを如実に示していたのである。

　老司古墳の調査着手以来、報告書の発刊までには多くの方々の御協力があった。とりわけ調査当時の福岡少年院長井上謙二郎氏には敷地拡張のため古墳域を削平する予定であった当初の計画を変更されるまでの御理解を示していただき、この重要な遺跡を保存する英断を下されたのは特筆すべきことである。現在では国指定史跡になり、近い将来古墳の環境整備も計画されているので、一般に公開される日もそう遠くないであろう。

3　行橋市・稲童古墳群（福岡県行橋市大字稲童）

　行橋市の東限を画する稲童海岸砂丘は周防灘にのぞみ、さらに大観すれば瀬戸内海の最西端を画

する位置にあたる。このような地理的位置を占めていることが、先史時代以来北部九州と近畿を結ぶ交流ルート上にあたるところともなり、畿内・瀬戸内文化の受容窓口となり、また大陸系・北部九州系文化を東方に送り出す出発地となる役割を果してきた。

現在の行橋市は南奥の英彦山山系に発して、北から長峡川(ながお)、今川、祓川(はらい)がいずれも周防灘に注いで京都平野を潤しているが、先史時代の行橋市域はほぼ現在の等高線で5m付近まで湾入していたようであるから現行橋市の市街部はほとんど海中に没していたことになる。そして往時は長峡川より以北、苅田町まで京都郡に、以南は仲津郡に属していたが、1896（明治29）年に仲津郡は京都郡に編入されて消滅した。稲童海岸砂丘は旧仲津郡に属し、すでに縄文時代晩期頃には砂丘が形成されていたらしく、縄文晩期から弥生時代初頭頃の土器類が発見されている。周防灘に沿って続くこの砂丘は約3kmに及び、砂丘上には弥生時代中期から後期終末に至る墳墓群（箱式石棺・甕棺）が営まれた。調査された弥生時代墳墓群はそれらの一部にあたる。当時の集落はこの砂丘背後の湿地帯（lagoon）に続く低平な台地に求められる。

古墳時代を迎えると、さきの湾入北側（現苅田町域）の沿岸台地上に著名な畿内型古墳である石塚山古墳（全長130m）が登場する。さらに湾入奥部の北岸側に近時確認された木ノ元幸古墳（全長60m）が続いて営造されている。また湾入最奥部の長峡川流域にはビワノクマ古墳（前方後円墳・全長45m）が在り、前期の大・中クラスの畿内型や在地型の首長墓はいずれも京都郡側に現れている。同じく中期には石塚山古墳の南に周湟・周堤を加えると全長140mに及ぶ豊前地方最大の前方後円墳御所山古墳が出現する。はやく1887（明治20）年に内部調査されて、筑・肥地方との交渉を示す古式の横穴式石室であることが知られている。5世紀末頃にはこのやや北方に番塚古墳（全長50m・前方後円墳）が営造された。内容豊富な多くの副葬品には朝鮮半島との少なからぬ関係も示されて注目されている。一方、湾入部の南側にあたる仲津郡域では4世紀代には、京都郡域にみられるような畿内型大首長墳は未だ出現していないが、稲童海岸砂丘に隣接する低段丘上に小型の方墳や円墳が営まれている。木棺・石蓋土壙・箱式石棺などからなる内部主体2～3基を各墳に包蔵する伝統的在地型墳墓の継承発展タイプともいうべき特定個人墓がみられる。以後6世紀までこの砂丘上の背後の低段丘上にわたって古墳が営造されることとなった。調査時の所見では南北約1.2kmにわたって25基の存在が確認され、南から北に5支群の分布が設定された。すなわちA群5基（1～5号）、B群4基（6～9号）、C群7基（10～16号）、D群5基（17～21号）、E群4基（22～25号）の構成である。これらのうち発掘調査されて内部主体・遺物・時期などが判明しているのはつぎのとおりである。

　　前期　11・12・13号（C群）
　　中期　8号（B群）・15号（C群）・19～21号（D群）
　　後期　4号（A群）・22～24号（E群）

またこの古墳群には前方後円墳1基（20号・D群）の存在が注目される。全長68mの帆立貝式で二重の周湟がめぐり、これらを加算すると全長100m近い首長墳となる。5世紀代には京都郡の御所山古墳首長とほぼ同世代に生きた仲津郡の首長墓である点で注目される。

6世紀以降の大型前方後円墳は長峡川流域をさかのぼって、みやこ町勝山地域の内陸部山麓近く

に移動する。扇八幡古墳（全長59m）、八雷古墳（全長74m）、庄屋塚古墳（全長84m）などがあり、6世紀末までには前方後円墳の築造は停止したが、つづいて7世紀代にかけて綾塚（円墳・径40m）・橘塚（方墳・一辺長40m・周湟）などの巨石横穴式石室へと移ってゆく。このように京都郡では終末期に至るまで代表的首長墳は継続して営まれ、豊直を称した豊国造クラスの歴代奥津城に比定されている。一方仲津郡域では5世紀代の稲童20号墳（石並前方後円墳）に後続する畿内型首長墳は発見できず、6世紀後半になって今川中流域右岸台地上にヒメコ塚古墳（行橋市泉・全長40m）、惣社古墳（みやこ町豊津惣社・全長30m）が営造され、つづいて祓川中流域右岸台地上の隼人塚古墳（行橋市高瀬・全長40m）を最後として6世紀末までに前方後円墳は消滅する。このころから7世紀代にかけて今川中流域右岸台地上に彦徳甲塚古墳（豊津・円墳・径29m・周湟）、甲塚（豊津・方墳・46×36m・周湟）が出現する。仲津郡城の前方後円墳はその規模や連続性において京都郡のそれらには及ばなかったようである。

　以上5世紀から7世紀に及ぶ畿内型古墳を京都郡と仲津郡について対比的に概観してみた。とくに25基の存在が確認された稲童古墳群に関しては、発掘調査されて内部主体や副葬遺物まで明らかにされているのは、1959年の小田富士雄調査の15号墳、1964～65年の蔵内古文化研究所調査（第1次～第3次）の10基（4・8・11・12・13・19・21・22・23・24号）の計11基でほぼ半数近くに達しているので、古墳群の全体像を推察する域までかなり接近することができるかと思われる。また外観から前方後円墳1基（20号・全長68m）、円墳19基（1・4・6～10・12・14～19・21～25号）、方墳2基（11・13?号）、不明3基（2・3・5号）に区分される。このような墳形構成のなかで約8割を占めるのは円墳で、外形規模からみると径数mから20mまであり、うち10mをこえるものは約半数に達している。内容の判明するものを参照して前期から後期に及んでいることが知られたが、もっとも多いのは前方後円墳も含めて中期（4世紀末～5世紀末）であり、さらにその後半期に集中する傾向が明らかにされた。すなわち中・小クラスの円墳を中心に中期後半に古墳群の最盛期があったことを示している。

　つぎに古墳時代中期に比定できることが発掘調査によって明らかにされたものをあげれば、以下のようになる。

　　8号墳　　円墳（径19m・高3.5m）竪穴系横口式石室（長2.52m・幅1.14～0.86m・高1.15m）
　　15号墳　　円墳（径6m・高1.5m）箱式石棺（長1.95m・幅0.48～0.35m・高0.45×0.4m）
　　19号墳　　円墳（径10.5m・高1m）小型竪穴式石室（長2.0m・幅0.51～0.31m・高0.4m）
　　21号墳　　円墳（径22m・高3.3m）竪穴系横口式石室（長2.57m・幅0.9～0.81m・高0.9～0.83m）

　伝統的な箱式石棺、箱式石棺の平面形に規制された竪穴系小石室に加えて、2基のほぼ同規模の竪穴系横口式石室と多様である。伝統的墓制と、新来の墓制の導入という転換の時期であったことが読みとられて興味深い。さらにその規模においても前二者の墳径5～10m前後、内部主体長2m前後の小クラスに対して、後者は墳径20m前後、内部主体長2.5m強の中クラスにあたる。中期の古墳群を統御したと思われる20号墳（前方後円墳）の内部主体が不明であるものの、竪穴系横口式石室が中クラスに採用されたことは注目される。筑・肥沿海地域で5世紀初頭に出現したこの系統石室が当地の代表的大クラス首長墳に導入されていることと対比して際立った特色というべき

図 5　京都平野の大型古墳および前方後円墳分布図 (1/100,000)

1. 石塚山古墳　2. 御所山古墳　3. 番塚古墳　4. 百合ヶ丘 16 号墳　5. 猪熊 1 号墳　6. 木ノ元幸 1 号墳　7. 神護古墳
8. 黒添夫婦塚古墳　9. 徳永丸山古墳　10. ビワノクマ古墳　11. 八雷古墳　12. 寺田川古墳　13. 庄屋塚古墳
14. 綾塚古墳　15. 橘塚古墳　16. 扇八幡古墳　17. 箕田丸山古墳　18. 片峰古墳　19. 本庄古墳　20. 姫神古墳
21. 上大村古墳　22. 大熊古墳　23. 長迫古墳　24. 彦徳甲塚古墳　25. 甲塚古墳　26. 惣社古墳　27. ヒメコ塚古墳
28. 隼人塚古墳　29. 馬場代 2 号墳　30. 稲童 8 号墳　31. 稲童 15 号墳　32. 石並古墳　33. 稲童 21 号墳　34. 竹並遺跡

(長嶺 1999 より一部改変)

表1 豊前北部・筑豊の甲冑出土古墳一覧表（行橋市史編纂委員会編 2004 を一部改変）

時期	古墳名	所在地	内部主体	前方後円墳	大型円墳	中・小型円墳	短甲	挂甲
4～5C初	石塚山古墳	京都郡苅田町富久町1丁目	竪穴式石室	●				
	稲童15号墳	行橋市稲童	箱式石棺			●	●	
	ビワノクマ古墳	行橋市延永	竪穴式石室	●				●?
5C後半	馬場代2号墳	行橋市馬場	竪穴式石室			●	●	
	猪熊1号墳	京都郡苅田町新津	〃			●	●	
	稲童8号墳	行橋市稲童	竪穴系横口式石室			●	●	
	稲童21号墳	行橋市稲童	〃			●	●	
	長迫古墳	京都郡犀川町〔現みやこ町〕久富	〃			●	●	
	向田Ⅲ-2号墳	嘉穂郡穂波町〔現飯塚市〕高田字向田	〃			●	●	
	かって塚古墳	嘉穂郡稲築町〔現嘉麻市〕口ノ春	〃				●	
	セスドノ古墳	田川市伊田	横穴式石室		●		●	
5C末～6C初	森原1号墳	嘉穂郡穂波町〔現飯塚市〕椋本字森原	竪穴系横口式石室	●				●
	番塚古墳	京都郡苅田町尾倉	横穴式石室	●				●
	山ノ神古墳	嘉穂郡穂波町〔現飯塚市〕枝国石ヶ坪	〃	●				●
6C	王塚古墳	嘉穂郡桂川町寿命字坂本	複室横穴式石室	●			●	●
	寺山古墳	飯塚市川島字寺山	〃	●				●

註）径30m以上の円墳を大型円墳とする。かって塚古墳の墳丘・形態・規模は不明。

であろう。

　さらにこれまでにも指摘されているように、この時期の副葬品に鉄製の武器・甲冑が登場する点である。中期古墳に武人的要素が卓越してくることは、畿内を代表として各地の古墳でも指摘されている傾向である。京築地方や隣接する筑豊地方にあっても、表1に示すように稲童古墳群を含む周防灘沿海地域で5世紀代、とくにその後半代に集中して現れている。稲童古墳群では15号墳の方形板革綴短甲・鉄剣に始まる。そして盛期の中期古墳2基（8・21号）では甲冑・武器・馬具などの所有状況が突出した存在である。すなわち、以下のとおりである。

　　　　　　〔甲冑〕　　　　　　　　〔武器〕　　　　　　　　〔馬具〕
8号墳　　横矧板鋲留衝角付冑　　　鉄刀・鉄剣・鉄鉾3・　　　轡・木心鉄板張輪鐙・
　　　　横矧板鋲留短甲　　　　　鉄槍　　　　　　　　　　辻金具・鉸具
　　　　小札（肩甲）　　　　　　鉄鏃（無茎2・長頸）

21号墳	横矧板鋲留眉庇付冑	鉄刀2・鉄剣2・鉄鉾3・	轡・環鈴2・青銅製環4
	三角板鋲留短甲	・石突	鉸具・辻金具・雲珠
	横矧板鋲留短甲	鉄鏃（無茎4・長頚46以上）	
	肩甲・頚甲・草摺・臑当		

　これらのうちとくに甲冑、馬具などでは朝鮮半島のなかでも伽倻地域との関連が指摘されているように、当時の半島との交渉を考慮せずには語れない状況がみてとれる。5世紀代は「倭の五王」の世紀であり、また「技術革新の世紀」でもあった。有名な倭王武（雄略天皇）の上表文にも述べられているように、ヤマト政権は列島の東西を統一し、半島にも進出して朝鮮三国の緊張関係にも軍事介入した。このような歴史的背景のもと、筑・肥地域や豊前北部の豪族たちは大和王権の軍隊として動員され、渡海する運命をたどったことが推察される。

　4世紀末に始まるヤマト政権（倭）と高句麗の戦闘は、大陸の発達した新しい武具・武器や騎馬戦などの戦闘技術を体験し、王権の強化に寄与するところ大きいものがあった。近年5世紀代のヤマト王権は常備軍をも組織していたことを論証しようとする研究動向にもみられるように、地方豪族を圧倒するような軍事力をもち、軍事的にも美濃・出雲・吉備・筑前などは重視されるようになった。しかし半島での戦闘に軍隊を動員する場合、各地方の首長層を介して行われた。すなわち軍隊の編成や統率は首長層が行っていたのであるが、5世紀後半頃には王権が発達してその機能も強化されてきた。そして原初的な官司（トモ＝伴）が成立し、それを管理する者＝トモノミヤツコ（伴造）があった。大伴氏はその代表的存在であった。原初的なトモのうちで軍事と関係深い氏族として建部氏がある。景行紀に日本武尊の功業を後世に伝えるべく武部を設定した伝承がある。また雄略天皇の時に健部に改めた（『続日本紀』延暦3年11月条）とある。文献史料にみえる建部に関する氏姓・地名の分布を検討された上田正昭、笹山晴生氏によると、建部公（君）・建部臣・建部首などの有姓者と建部の無姓者がある。前者は郡司クラスを中心とし、後者はその総属下にあるものと指摘され（上田 1968）、またこれらは「おそらく在地における身分関係をそのまま表現したもので、建部とあるのは一般の農民、建部首は村落の支配的地位にある者、建部臣はさらにそれらの村落を支配する、その地方の建部集団の管理者であろう」とされ、また『出雲国風土記』に元来在地に臣―首―部というような身分関係が存在していたことがみえるので、このようなところに建部が設定されると、「在地の身分関係を変更することなく、そのままそれが建部臣―建部首―建部という体制に移行したのであろう」と説明されている（笹山 2004b、40頁）。さらに建部設定の原型は5世紀後半、雄略天皇頃にはできていたのであろうことにも言及されている。6世紀代に入ると建部に遅れて設定された靫負部と交代してゆくようである。

　豊前北部に建部が設定されたという文献史料はないが、大宝2（702）年仲津郡丁里戸籍中（戸主欠、秦部か）に、「妻建部赤賣・年陸拾貮歳、老妻」（『寧楽遺文』上巻）がみえる。建部出自者の存在が知られるが、これをもってこの地域に建部が設定されていたと決定する直接証拠とはいえないが、完全否定もできない。当地方にかつて建部が設定されていた可能性を求める一支証とはなろう。また建部伝承とかかわる景行天皇に関しては景行紀に長峡県（京都郡）、『豊後国風土記』には「豊前國仲津郡中臣村」に至ったときの豊国名起源説話などがある。豊前北部と景行巡幸説話な

図6 復元された稲童21号墳の武人像（行橋市史編纂委員会編 2004より一部改変）

どとのかかわりからの可能性も考えられなくもない。ひるがえって上述してきたような稲童古墳群の中期における状況は、これまでにも指摘されてきているように、20号墳（前方後円墳）を盟主とする軍事的性格のきわめて強い集団であることは異論ないところである。その時期が倭王武（雄略天皇）の時代をともに過している点でも建部集団的性格は否定しがたいように思われる。そこで上述した文献史学からの成果と対照してみると、

建部臣━━━建部首━━━建部
　∥　　　　∥
20号　　　8・21号

のような対応が考えられる。中期における未掘古墳も存在することを考えると、径10m以下の小型墳クラス（15・19号墳など）と径10〜20mの中型クラス（8・21号墳など）の間には明らかに格差があることが認められるので、中型墳には首クラスからさらに上位に成長しているクラス、小型墳には有力家長クラス相当の身分差を考えるべきかと思われる。稲童古墳群の盛期（中期）段階は20号墳を盟主とする軍事集団（これを建部集団と称してもよいか）を構成して半島の戦闘に動員されたことであったろう。しかし6世紀の前半以降急激に衰退したのは、磐井の乱後に豊前北部に集中的に設置される屯倉の存在などに代表されるごとく、大和政権の直接支配方式と、筑・肥方面に歴史の表舞台が集約されてゆくことと無関係ではないであろう。

4　苅田町・番塚古墳（福岡県京都郡苅田町大字尾倉）

　番塚古墳は1959（昭和34）年宅地造成に伴う採土工事によって石室が開口し、豊富な副葬遺物が発見されて、九州大学考古学研究室による緊急調査が行われた。当時の調査はこの緊急事態の出現に対処すべき県や地元当局の十分な対応もまだ整っていない時期であったので、応急措置として石室内の調査と遺物の取上げに昼夜の別なく従事し、短時日に終了せざるをえない情況であった。したがって当時すでに削平されつつあった墳丘の調査までには手を及ぼすことができなかった。その後、住宅団地の造成によって、いまや本来の墳丘規模すらうかがえなくなったなかで、石室部分のみは福岡県指定史跡として保存しえたのは不幸中の幸いであった。以来30年を経過して苅田町教育委員会では、将来の史跡整備までを計画に組み入れた構想のもとに調査報告書公刊のはこびとなった（九州大学文学部考古学研究室 1993）。そこで、さらに石室実測や墳丘の調査などの補足調査を行って、遺漏なきを期した次第である。以下、調査成果といくつかの研究成果についてまとめておく。

墳丘形態の復元

　古墳の現状は1950年代の調査時から採土と宅地造成によって外観は大きく変貌してしまい、わ

ずかに後円部の石室部分が保存されてきた。墳丘の復元を考えるにあたっては、1950年代の略測図と1991年のトレンチ調査の結果に拠ることとなった。古墳は主軸方位を南北にとる全長約50mの前方後円墳で、前方部南向きとなる。後円部径約25m、前方部端幅約37mの、前方部が著しく発達した段階のものであることが知られた。また前方部東側の円筒埴輪出土位置から、これらが墳裾から高さ1.5m未満の1段目テラス上に配置されていたこと、前方部が2段築成であったことなどが確かめられた。西側に開口する石室主軸は墳丘主軸に対してほぼ直交型配置をとり、その基底面は旧地表下に設けられている。

　以上のような墳丘形態にみる前方部の著しい発達、石室の直交型配置と墳丘内の低位置の構えられている点などの諸特徴は、副葬遺物の年代観をも参照して、この古墳が後期古墳の定型階段の早い時期に位置づけられた。

石室の構造

　石室は主軸を東西にとり、西に開口する直方体状の石室であるが、詳細にみると平面形で玄門部幅より奥壁部幅がやや広く、立面形ではほぼ直線的に立ち上がる左右壁に対して奥壁は内傾させて構築している。片岩材で組まれた石室の法量は全長3.65m、奥壁部幅1.96m、玄門部幅1.50m、高さは玄門部1.6m、奥壁部1.9mで奥壁に向かって高くなる。玄門部は左右に方柱状袖石を立て、さらにその上に各々平石を2段重ねして、両者に架けわたす楣石をのせる。床には敷居石を据えている。かくしてできあがった玄門は幅、高さとも1.1mほどである。石室内床面は玄門敷居石より一段低く、全面に河原石が敷かれている。三方の壁面は腰石を立てめぐらしているが、2石を並立する奥壁は左右壁よりも高い石材が選定されている。さらに腰石の上に割石が平積みされてゆくが、北壁では上下（縦）方向で一定高の横長石材を整然と積み、南壁では縦横差の小さい石材によるやや乱雑な積み方となる石積の差がみられた。また石積の工法では奥壁にむかって高さが増していく設計のため、腰石より上では北壁で玄門側5段、奥壁側7段を数えている。さらに奥壁の左右隅部には奥壁腰石上面と左右壁に架けわたした力石の使用がみられる位置や、玄門袖石下面の位置を左右に延ばしたレベルに石積み工程の区切りをみることができ、石室構築時に3工程以上が存在したことを識別できる。壁面全体の石積技法には煉瓦積技法が基本となっているが、重箱積に近い技法も現れていることが注意をひく。天井には4枚の平石を並列し、玄門部では袖石との間にさらに1石を架している。さらに石室内周壁には赤色顔料を塗布して完成されたのである。

　玄門の外部は石室基底面にむかって徐々に地山を掘りさげ、玄門左右には内湾ぎみに外側に広がる簡略な石積壁を設け、その長さは2m以下で終わる。羨道を形成にするにいたらず、前庭部というべき区域を形成する。玄門は外から1枚の板石をたてて閉塞し、さらに前庭部側に土砂を混えた乱石積みで補強している。このような前庭部の構造、玄門の閉塞状況は豊前地域では当古墳に先行する5世紀後半代の長迫古墳（京都郡みやこ町）や箕田古墳群（京都郡みやこ町）などの竪穴系横口式石室においても確認されていて、横穴式石室の受容とともに採用されたものであり、前庭部に蓋杯や甑などの須恵器が発見されることなどから、葬送祭儀の場であったであろうと推察される。

　番塚古墳の石室構造は豊前地域で先行する竪穴系横口式石室の構造を継承発展させたとみられる

点もあるが、ここにいたってはより強く横穴式石室の諸特徴が顕現されていることが注意されるであろう。すなわち、上述したように平面形にみる前後幅の隔差と立面形にみる高さの顕著化、立面形にみる腰石の発達、玄門構造（両袖石・楣石の使用）や石積技法の定型化などがあげられるところである。そして、当石室構造が方形プラン・ドーム構造タイプと長方形プラン・アーチ構造タイプとに二大別される九州地方の本格的な横穴式石室構造のうち、後者につながってゆくことになろうと予想されるものの、平面形にみる長さと幅の比率関係からは竪穴系横口式石室を完全に払拭しえたとみるかどうかは論の分かれるところであろう。さらに、近年、調査例が急増しつつある韓国伽耶地域の横口式石室との比較検討も今後に残された課題である。

遺物の出土状況と被葬者の問題

石室内出土の遺物は質量ともに豊富であるが、その出土状況から中央部遺物群・玄門側遺物群・奥壁側遺物群に三大別された。1959年の調査が短時日で遂行され、その後の整理が行われた最終回まで30年余の空白があること、1970年代の大学紛争時の混乱などのため不明部分や盗難紛失品が出来したことは遺憾である。以下に遺物の品目・数量を要約してまとめておく。

- A．銅鏡　　神人歌舞画像鏡1面
- B．装身具　玉589個以上（勾玉6以上・管玉36・丸玉2・ガラス玉545個以上）・金製耳環2点
- C．武器　　大刀3本・矛7本（石突6個）・鉄鏃130本以上
- D．武具　　挂甲1領（小札約1100枚）・胡籙1個
- E．馬具　　1組分（轡1個・剣菱形杏葉3枚・木心鉄板張壺鐙1対・鞍金具片18点・革金具37個以上）
- F．工具　　鉄斧4個・刀子4本・鉇1本
- G．飾金具　金銅製品46点以上・銀捩条片1点・銀箔片2点
- H．編み物　破片2点
- I．土器　　須恵器12個（壺2・器台2・杯身4・杯蓋2・高杯1・鳥形甑1)・土師器甕1個・土師質壺1個
- J．木棺片2点以上、釘・鎹39点、蟾蜍形木棺飾金具3個

被葬者は、木棺材の出土と床面敷石上に南北両壁に平行して並べられた棺台的役割の河原石列（「北側壁側に12個、玄室中央よりやや南よりに3個、南側壁近く6個」、「北側の列と中央の列の間には奥壁側に3個」）などから、石室の中央に南と北に並置された2棺に埋葬されていたと推定された。さらに中央部遺物群の出土状況から、南棺に伴う遺物として玉群a・b・c、金製耳環、大刀1〜3、棺釘、蟾蜍形飾金具が、また北棺に伴う遺物として玉群d・e、刀子1、棺釘、木棺材、蟾蜍形飾金具が考定されている。

玄門側遺物群では画像鏡、土器群、矛、鉄鏃群（石室西北隅）があり、奥壁側遺物群には矛、鉄鏃、刀子、甲、胡籙、馬具類、各種飾金具、玉類がある。また矛先3本が奥壁に突刺した状況で発見され、壁面に残る鉄錆痕跡などから本来の副葬状況を察することができた。

総じて南棺に比べて北棺の遺物の撹乱が大きいところから、北棺の方が先行する埋葬かとも思わ

れるが、決定するためにはさらに検討を重ねる必要がある。そこで主要な棺外副葬品についてそれぞれ編年的検討を加えた結果、次のような仕分けがなされた。

　　初葬時副葬品―奥壁側東北隅鉄鏃群・胡籙・挂甲・馬具・各種飾金具・古相土器
　　追葬時副葬品―新相土器
　　帰属不明副葬品―画像鏡・矛・石室西北隅鉄鏃群・鉄斧

　さらに南棺は初葬時遺物である馬具革金具の上にあり、北棺内副葬品に撹乱がみられることなどから、南棺は初葬時の馬具・挂甲などを奥壁側に片付け移動したのちに置かれた追葬棺とみる立場も出された。しかし、南棺を初葬と仮定した場合、挂甲は北棺の位置に、馬具は玄門側に置かれた場合も可能であることや土器の出土状況、木棺の構造の先後関係も考慮して、北棺初葬を有利としながらも結論は保留された。

主要遺物の考察

　番塚古墳出土遺物の内容には注目すべきものが少なくない。そのうち鏡、装身具、大刀、武具、馬具、棺・棺飾り、土器、埴輪について検討された。以下にその結果をまとめて、当古墳の特色を抽出しておく。

　〔1〕　尚方作神人歌舞画像鏡は当古墳例を加えて10面の同型鏡が知られている。論者はⅠ群（径20.6 cm前後）3面とⅡ群（径20.0 cm前後）7面の2群に大別すると、当古墳例はⅡ群に属し、Ⅰ群鏡から踏返されたとされる。最初の原鏡は後漢後期（2世紀代）であるが、同型鏡出土古墳の年代は5世紀後半から6世紀初頭（陶邑窯須恵器編年TK208～MT15型式相当期）であること、関東から九州までの分布を示す事実から、畿内中枢部に集積したのちに各地の首長に分与されたこと、同型鏡出土古墳は地域の盟主クラスで共伴品に外来的要素が認められることなどから、「畿内政権のもとで対外交渉に活躍した被葬者像」をイメージすることができる。

　〔2〕　装身具では玉類の出土状況が検討された。なかでも南棺の被葬者頭部に発見された数百個の玉群cは、調査時には玉枕ではないかと取り沙汰されたところであった。論者は近畿の古墳出土例や東北の古墳出土人物埴輪などから、玉飾りつきの頭被り（帽）のごときものを想定している。類品の少ない出土例であるだけになお将来に結論を持ちこさざるをえない。

　〔3〕　大刀3例は南棺の副葬品であるが、木製・鹿角製の刀装具に加えて、布や葛巻きの緒の遺存が良好で、各地の出土例と対照して大刀1と大刀2・3の異なる刀装具が明らかにされた。さらに後者の刀身には銅象嵌文様がレントゲン撮影によって明らかにされたことが特筆される。すなわち大刀2に同心円文、大刀3に蓮華文・魚文・同心円文が発見された。中でも蓮華文はその蔓草の根元を喰わえた魚文とつながっていて、この両者を表現した例として韓国公州市の武寧王陵出土銅鋺が注意された。また魚文では熊本県江田船山古墳出土の銀象嵌大刀の金銅製飾金具、奈良県珠城山古墳出土大刀象嵌文様の蔓草を喰えた例などがあげられる。さらに、これらの大刀について百済系渡来工人の関与した畿内製であろうと推定している。

　〔4〕　武具は挂甲と胡籙が取り上げられた。挂甲は追葬時に片付けを受けているため現状をとどめていないが、革紐・布の残存状態が良好であり、腰札を含むところから付属具を伴わない胴丸式

挂甲1領分と推定された。小札は5種類に分類でき、Ⅰ類は堅上最上段、Ⅲ類は腰札、Ⅳ類は草摺最下段と考えられた。残りのⅡa類、Ⅱb類は特定できないので全枚数中に占める比率と挂甲各部分の明らかな事例に徴して、Ⅱa類は草摺、Ⅱb類は最上段以外の堅上と腰札以外の長側部分に特定された。さらに組立時の革綴技法についても他古墳出土例や先学の復元研究を参考して復元が試みられ、5世紀後半から6世紀前半に位置づけられる一群に属する。

　胡籙は三葉形立飾付帯飾金具2個と帯状金具1個が3段に装着された箱形を呈し、背板は木製、その他の面には漆塗革製で金具当部分には貼布されていた状況が復元された。また他古墳出土例にみる帯飾金具との比較検討から当古墳例は5世紀末頃に比定される。

〔5〕　馬具は1セット分のf字形鏡板付轡・剣菱形杏葉・木心鉄板張壺鐙・鞍金具・帯金具などから構成されている。それぞれについて他古墳の出土例と比較検討した結果、5世紀後半〜6世紀初頭に比定するとともに、f字形鏡板と剣菱形杏葉のセット関係が畿内以外の地域で出現する初期の例である。

〔6〕　木棺の復元作業では南・北両棺の位置に発見された鉄釘と、それに付着する木目方向から両棺の復元を試みた。その結果、北棺は長さ180cm・幅71〜73cm・高さ50cm前後で小口板が長側板にはさまれた構造であり、南棺は長さ200cm前後・幅80cm・高さ50cm前後の組合式であるとされた。論者はさらに南棺について、釘に付着する木目がすべて横目であることから、釘は蓋板を棺身に固定させるためのもので、棺身は釘を必要としない組合式と推定された。

　なかでも注意をひいたのは蟾蜍形飾金具3個である。発見位置と裏面に横方向の木目が付着するところから、木棺の小口部に鋲留めされた使用法が推測される。中国・朝鮮半島の壁画古墳中には月象としてしばしば登場するが、日本でも福岡県珍敷塚古墳の壁画にみられる。また朝鮮・日本の馬具・武器・飾金具などにも使用されている。論者は高句麗古墳壁画にみられる蟾蜍図は俯瞰形の集安系と側面形の平壌系に分けられるが、韓国・日本の例はいずれも集安系で5世紀後半以後のものが多い。なお、珍敷塚古墳には俯瞰形蟾蜍図の下に正面形蟾蜍図が描かれていることも注意すべきであろう。

〔7〕　土器は須恵器と土師器がある。須恵器については新古2相の特徴がみられるが、出土状況においても古相タイプのものは玄門付近南側に、新相タイプのものは玄門付近北側にまとまっていることが注意された。これらの須恵器群の特徴は陶邑編年のTK47型式とMT15型式に対比され、西紀500年を前後する年代幅の中に比定することができる。なかでも鳥形甄は珍品であるが、近時韓国全羅北道扶安郡竹幕洞祭祀遺跡出土品中にも類似した鳥首と羽の部分がある（1992年国立全州博物館で実見）。また土師質壺でもいわゆる「鳥足状叩き」を施したものが注意された。この種の土器には便宜的に「百済系土器」の名称を付しているが、さらに伽耶・新羅地域の瓦質、赤色土器までさかのぼっての検討や、器形上の日韓両国土器の比較検討などがのこされている。

〔8〕　番塚古墳から少数の円筒埴輪が採取されている。川西宏幸氏編年のⅤ期に相当し（川西1978）、須恵器編年とも矛盾はない。さらに豊前北部地域の埴輪を有する古墳とも比較検討して、それらの大半は前方後円墳で、規模も50m以上であること、埴輪の底径の大小と墳丘規模の大小はあい応じていることなどが知られた。底径の小さい番塚古墳の埴輪は50mクラスの墳丘規模と

も照合され、首長墓として墳丘規模、埴輪の大きさからすればさしたるハイランクに位置づけられないともいわれる。この問題はさらに同一時期のいくつかの政治領域の首長墓とも比較検討してみる必要があろう。

番塚古墳の歴史的位置

　これまで番塚古墳の調査と研究の成果についてまとめてきたところによって、当古墳が5世紀後半から6世紀初頭にかけて造営され、追葬された、京都郡の代表的首長墓であることが明らかになった。その被葬者は須恵器などに示されるように新古2相が認められるが、きわめて接近した時期での追葬であったと思われ、同世代の被葬者であった公算が高い。首長夫婦のような関係を想定するのが自然であろう。豊前京都郡地域では当古墳の直前に位置づけられる首長墓として御所山古墳（全長134m）がある。番塚古墳の墳丘規模はその半分にしかすぎないが、副葬遺物においてははるかに豊富であった。そして番塚古墳を転機として首長墓は平野の内陸部に移り、再び墳丘規模は80～90mクラス（八雷古墳・箕田丸山古墳）と大型化し、石室においても定型化した九州型の横穴式石室が展開する。これに先行する4～5世紀の間の首長墓は石塚山古墳、御所山古墳、番塚古墳と海岸部に展開し、多分にヤマト王権の北部九州、さらに対朝鮮進出政策までかかわる橋頭堡的意義を果たしていたであろうことが推測される。

　番塚古墳の時期は最後の"倭の五王"である武＝雄略大王の世紀にあたる。埼玉県稲荷山古墳の辛亥年（西紀471年、陶邑編年TK47型式相当）銘鉄剣や熊本県江田船山古墳大刀銘にその大王名が記されているように、5世紀第4四半期には関東から九州にいたるヤマト連合政権体制が成立していて、雄略王権はさらに専政的性格を強めた時期として、近年、古代史学会でも新しい評価を得てきている。しかし、一方では中国南朝への入貢目的であった朝鮮半島における百済を含む軍事的統師権の承認も達せられないままに、ヤマト王権の支援する百済、伽耶への高句麗、新羅の攻勢による脅威は増すばかりとなった。475年ついに百済は熊津（公州）に南遷した。また伽耶にあっても金官加羅国（金海）は衰退し、内陸部の大伽耶国（高霊）が優勢になりつつあった。すなわちヤマト王権の対朝鮮半島への影響力は相対的に後退に向かう転機に直面していた。そして雄略朝を最後として以後のヤマト王権は対中国外交では冊封体制からはずれてしまった。このような内外の緊張情勢の背景下に登場した番塚古墳には古墳規模の相対的低下を示しながらも、ヤマト王権とのかかわりに加えて、半島の百済、伽耶の系譜を引く特徴がみられるところに番塚古墳被葬者の性格をみることができよう。

　同時期の九州では江田船山古墳があるが、ここでは上述の銀象嵌銘大刀のほかに中国・朝鮮系の鏡・装身具・馬具などが出土し、質量ともに番塚古墳を凌駕する。豪華な冠・帽を保有する点でも番塚古墳の玉飾付帽と想定される被りものとは格差の大きさを知ることができよう。ヤマト王権の半島からの後退は番塚古墳被葬者の地位をも相対的に低下させることになる。以後、内陸地域に展開した京都郡の首長墓は畿内色や大陸色を喪失することとなり、大型前方後円墳も6世紀中頃以降、全長50m以下となった。ヤマト王権を象徴する前方後円墳体制の変質と九州型古墳文化時代の到来を示すものである。このように5世紀後半以降の内外情勢をとらえるとき、番塚古墳はその歴史

580　第2部　古墳時代

的転機に位置づけられる存在であったといえよう。

5　対馬市・矢立山古墳群（長崎県対馬市厳原町大字下原守矢立）

　対馬島下島の厳原町、西海岸の小茂田浜から東行約600mで古墳群の立地する大隈山の南麓に至る。この急斜面を登って標高45〜47mのあたりを平坦に造成して西から東に1号・2号・3号と教える古墳群を配置している。字下原と字小茂田の境界でもあり、「地蔵壇」と俗称されている。山裾は東から西に佐須川が流れ、対岸には屏風を立てたような金田山が聳えて、終末期古墳に共通するいわゆる風水的墳墓地を思わせる。1・2号墳は1948年に東亜考古学会によって横穴式石室が調査され、外形は円墳とされてきた。以来国指定史跡として現在に至った。1997年に現地を訪れた筆者らは壇上積みが推測される石列の露出に注目して、厳原町教育委員会に連絡して調査と整備の必要を説いた。町・国・県は協議を重ねて再調査と整備を決定した。かくして厳原町と福岡大学考古学研究室の共同調査が、2001（平成13）年2月に1号墳、翌年2月に2号墳と新発見の3号墳の順ですすめられた。以下要点を記す。

　1号墳は3段積方墳で全体的にやや東西に長い。下段は岩盤地形の北辺と西辺を削り出し、南辺・東辺は岩盤上に石積壇築する。中段・上段は同一面から、石垣状壇築し、中段上面まで土砂で埋めるので、上段の下半部は埋め殺しとなる。墳丘盛土は土砂と岩盤の扁平割石で葺かれている。墳頂部は板石を貼りつけて全体的にゆるい土盛状の仕上げとなる。南向きに開口する直方体横穴式石室は、玄室と羨道の区別もない無袖型で、天井も高低のない並列構成である。壁面は長方形割石を7〜8段平積みし、各段整然と横目路線を通した煉瓦積方式を基本とする。左右壁は上方に内傾させる積み方で、奥壁最下段には腰石を使用している。また壁材の一部には鍵状加工がみられる。床面には板状石が敷きつめられている。

　2号墳は3段積方墳で南北に長い。内部主体は特異なT字平面の南に開口する横穴式石室である。外形の壇築構成構造は基本的に1号墳と同じである。墳丘も1号墳にちかい土石混合方式である。東西方向の長方形玄室の中央に南北方向の長い羨道がつく。方形・長方形割石を垂直積みし、横目路を通す煉瓦積技法を基本とするところは1号墳と同じ。また羨道東壁には

表2　矢立山古墳群の計測値

方形墳丘				石室		
1号墳	上段	東辺	4.55 m	1号墳	石室全長	4.70 m
		西辺	4.45 m		玄室長	2.90 m
		南辺	5.30 m		玄室幅	1.55 m
		北辺	5.25 m		玄室高	1.86 m
	中段	東辺	(7.60) m	2号墳	石室全長	5.90 m
		西辺	7.10 m		玄室長	0.95 m
		南辺	(7.65) m		玄室幅	3.80 m
		北辺	(7.55) m		玄室高	1.20 m
	下段	東辺	(10.30) m	3号墳	玄室長	2.46 m
		西辺	10.50 m		玄室幅	1.30 m
		南辺	(11.60) m		玄室高	1.32 m
		北辺	(10.40) m			

規模			
2号墳	上段	東西	3.40 m
		南北	3.65 m
	中段	東西	5.50 m
		南北	6.80 m
	下段	東西	8.80 m
		南北	10.55 m

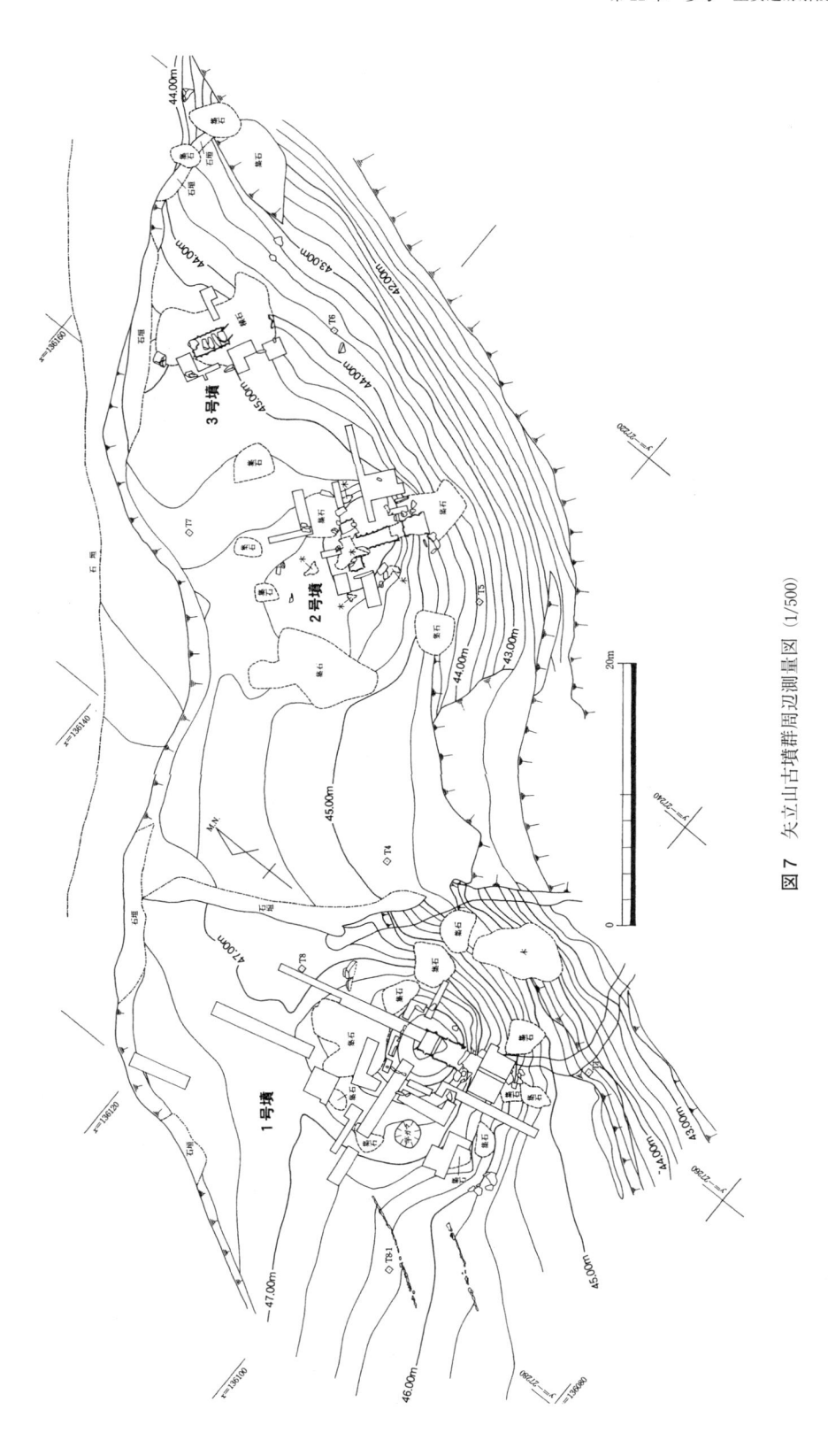

第 22 章 参考・重要遺跡解説 581

図 7 矢立山古墳群周辺測量図 (1/500)

582 第2部 古墳時代

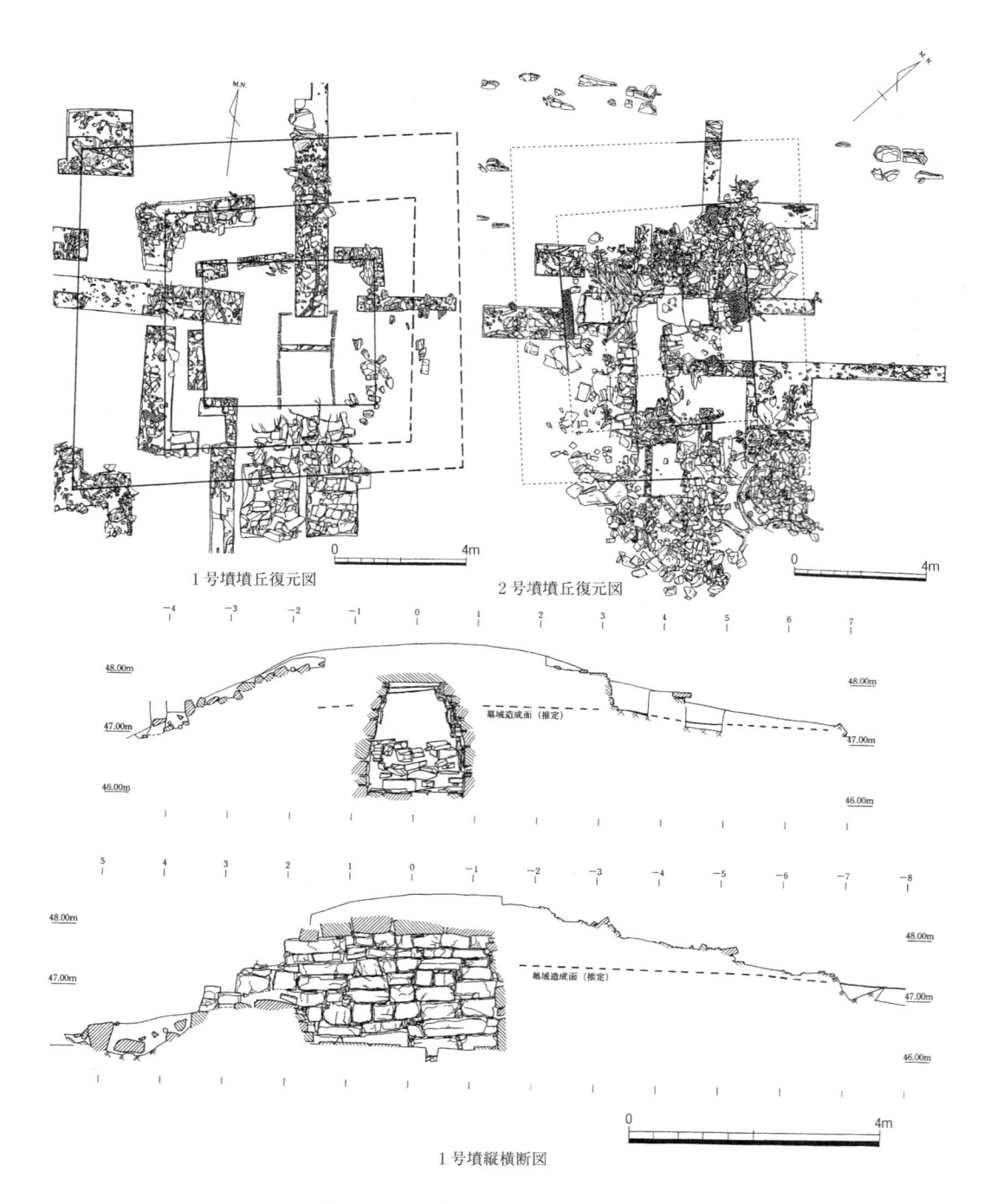

1号墳墳丘復元図

2号墳墳丘復元図

墓域造成面(推定)

墓域造成面(推定)

1号墳縦横断図

図8 1・2号墳外形復元図・1号墳断面図

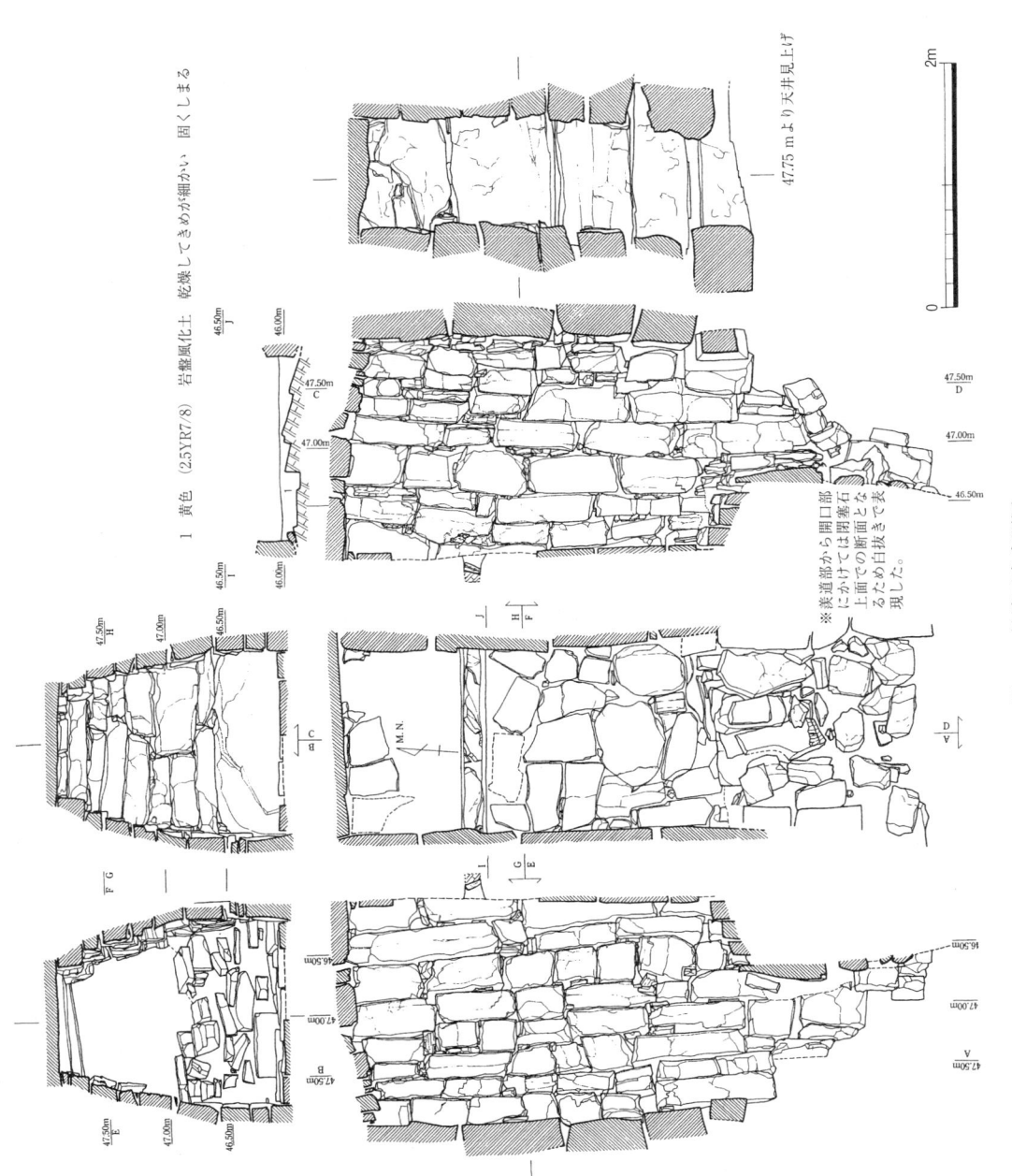

第 22 章 参考・重要遺跡解説　583

図 9　1 号墳石室実測図

584 第2部 古墳時代

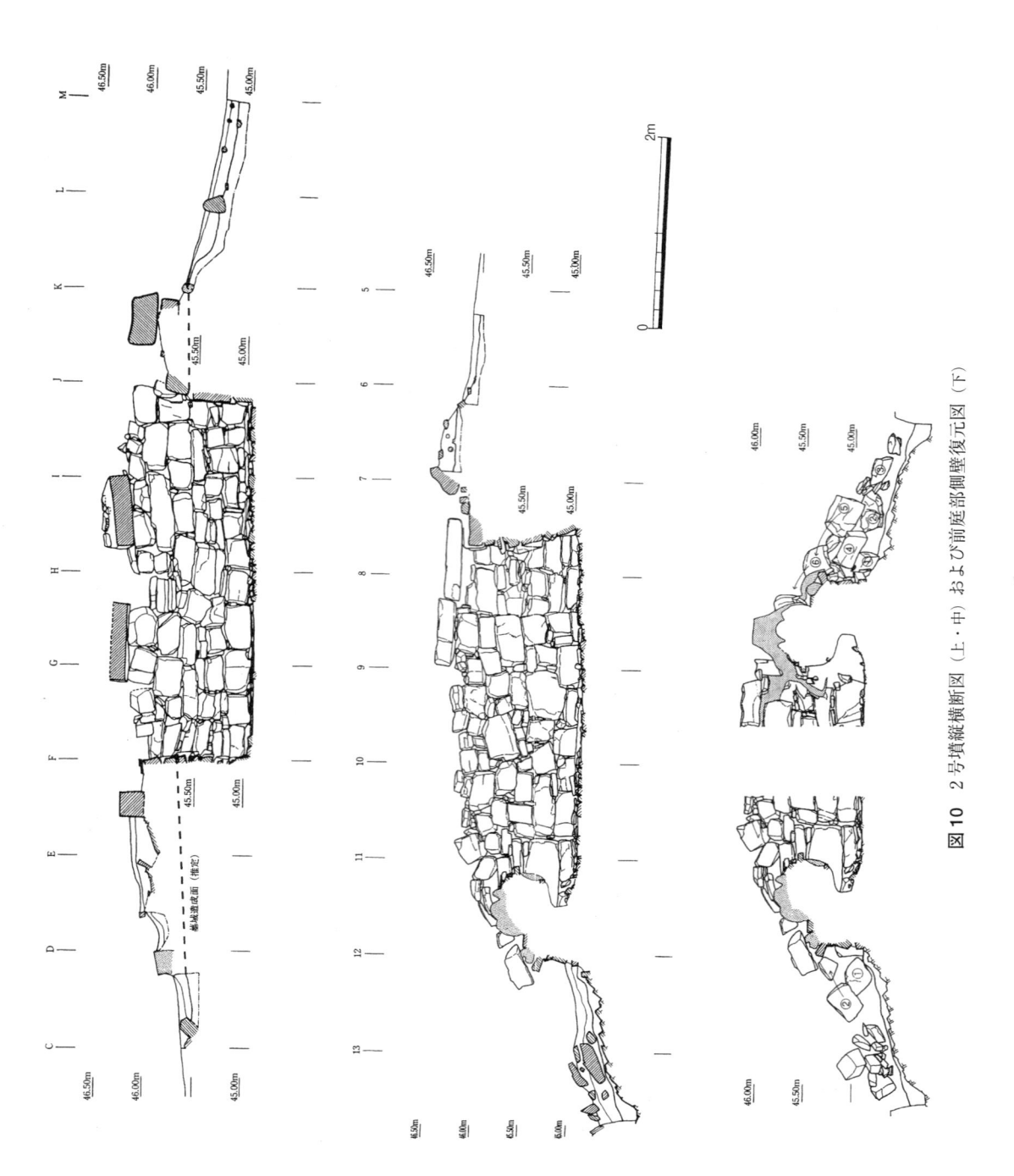

図10 2号墳縦横断面図（上・中）およぴ前庭部側壁復元図（下）

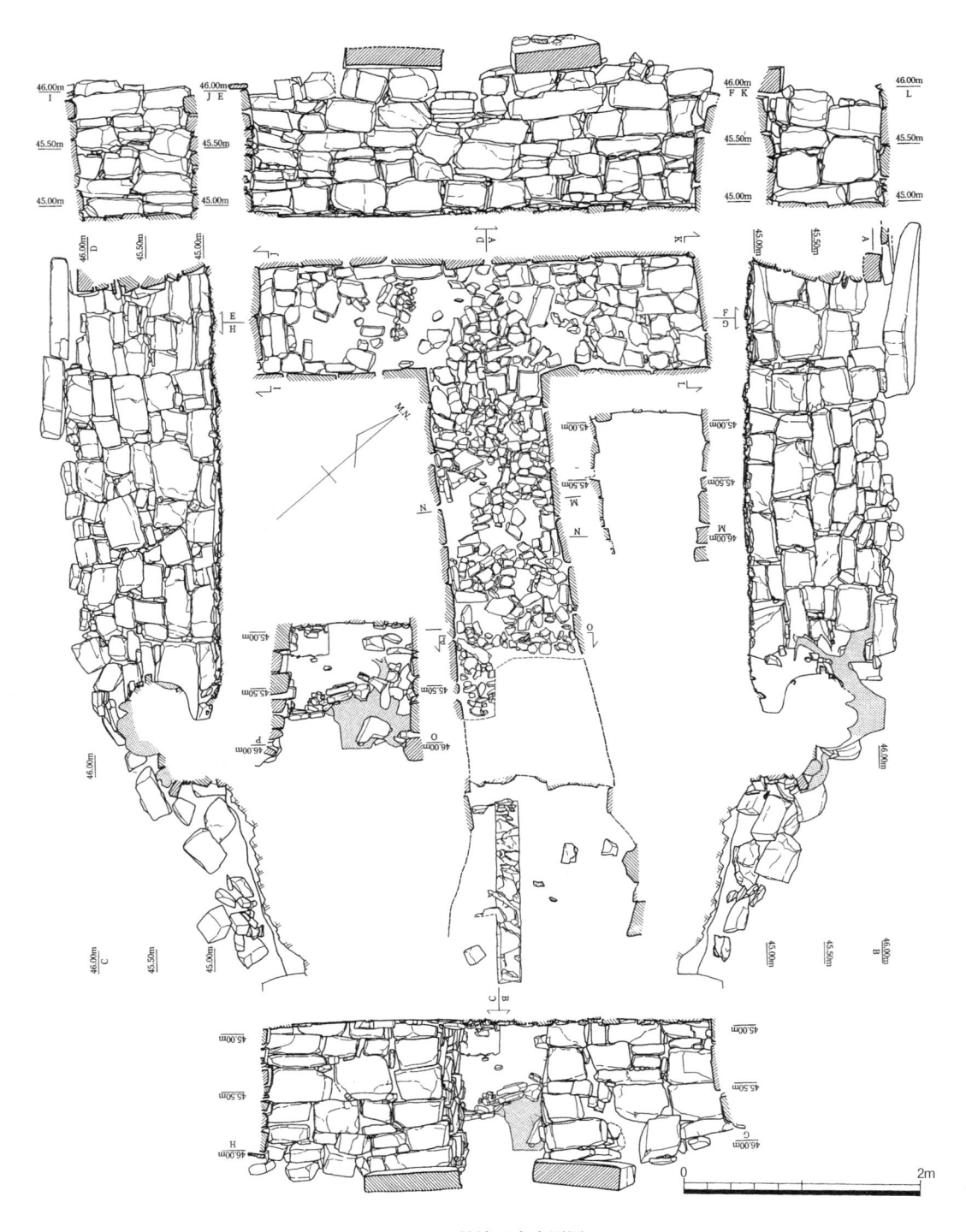

第 22 章　参考・重要遺跡解説　585

図 11　2 号墳石室実測図

586　第2部　古墳時代

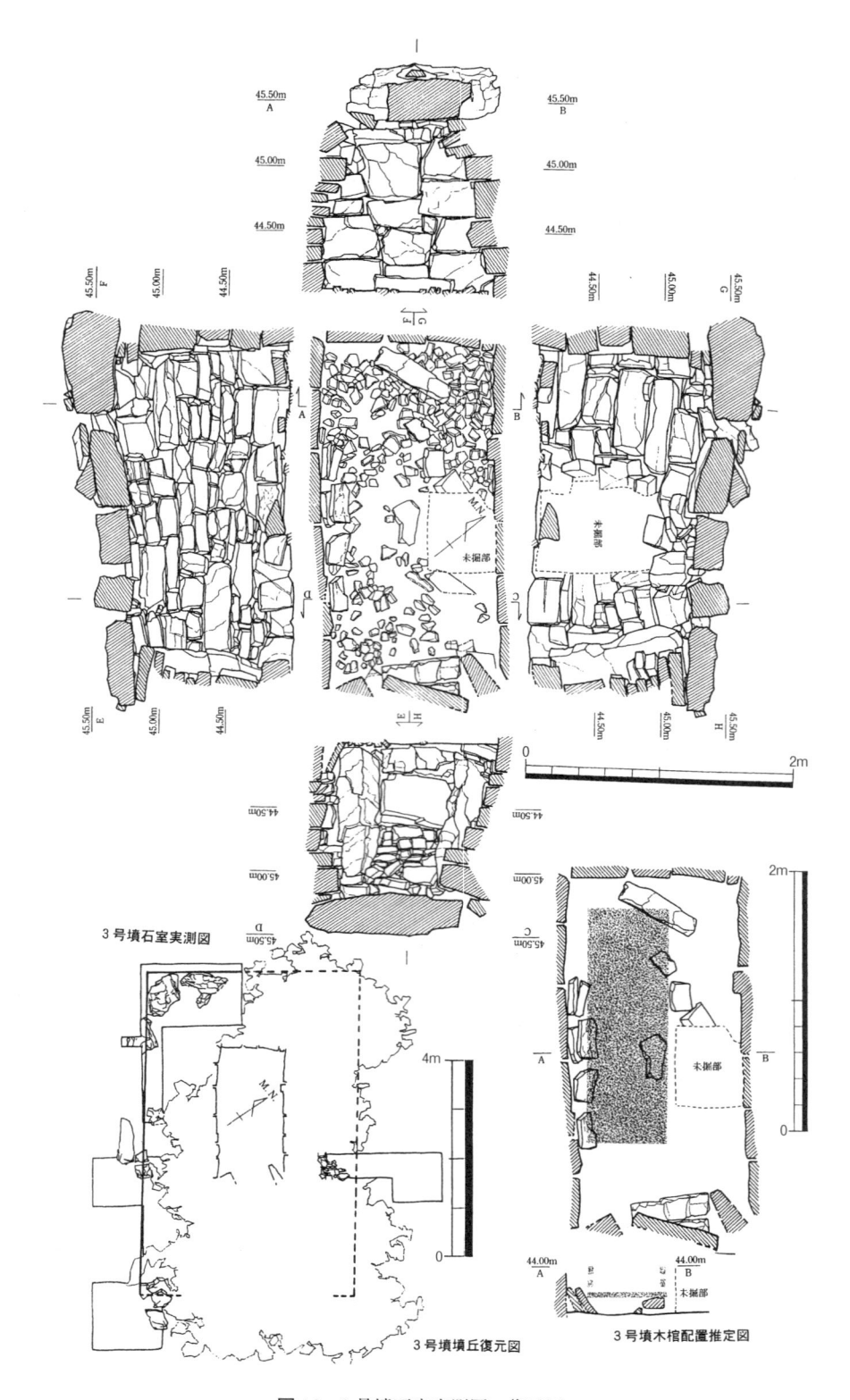

図12　3号墳石室実測図・復元図

一部に鍵状加工がみられる。天井石は一部をのこすのみであるが、5〜6段積壁面の上部に平天井方式に板状石を並べていたと思われる。床面は板石敷である。羨門部には割石を積み重ねた状態がのこり、これより南は岩盤が急激に傾斜することも1号墳と同じである。

　3号墳は1次調査の際に発見したもので、割石を積みあげた積石塚であるが、中央部は積石が除去されて内部主体の天井石を並べた状態が露出していた。隙間から内部をのぞくと土砂が充満して未掘であることを確認した。対馬の方墳ではきわめて幸運な事例に恵まれたわけである。積石塚の外観もきわめて保存がよく、南北6.66m・東西4.27mの長方形の裾ラインが判明した。石塚の高さは1.5〜2mほどであろう。保存を目的とする調査であるから、天井石をはずして南に開口する長方体割石積石室内の調査にとどめた。長方形割石を6〜7段平積みする構造は、1号墳の石室の小型版といえるものである。床面の西壁沿いに板状石を並べ、これと平行して50cmほど離れて、落石などで若干乱れているが板石列が配されていたようで、木棺などの長側端に配された棺台用配石と考えられた。棺外の東壁沿いに鉄刀が、南側玄室入口付近に須恵器群が副葬されていた。玄室入口は左右に板石を立て中央に閾石をおく構造である。羨道部は積石を上部から取りはずさないと明らかにすることができないため、未調査のままのこすにいたった。

　出土遺物は1・2号墳についてはすでに東亜考古学会調査時に主要なものは報告されている。今般の調査で若干の追加があり、3号墳では未掘であったので全貌を知ることができた。3方墳とも共通してみられるのは各種須恵器類であり、年代推定の基本となり、また追葬の有無も知られた。詳細は報告書に拠ることとし、ここではその他の注目される品目をあげておく。

　　1号墳　鉄製鐶座金具・金銅装大刀・鉄釘（木棺用）
　　2号墳　銅鋺・刀装具（大刀）・金環
　　3号墳　鉄刀・鉄鏃

以上のうち、1号墳の初葬は7世紀前半にさかのぼり、後半に追葬が行われた。2号墳は7世紀中頃に初葬、後半期に追葬。3号墳は7世紀後半期に初葬され追葬の証跡はない。1号墳にみる鐶座金具を伴う木棺や金銅製大刀、2号墳の銅鋺などはヤマト政権の官人身分に組みこまれた証としての下賜品であろう。当時の対馬がおかれた国際的緊張の環境のなかでの、ヤマト政権の重視政策のほどがうかがわれる。

6　鳥栖市・東十郎古墳群（佐賀県鳥栖市神辺町東十郎〜柚比町森塚）
　　　　ひがしじゅうろう

　JR鳥栖駅の西北方約4kmにあり、河内ダム建設予定に伴う付替道路が計画されたなかにあたる。1965（昭和40）年に佐賀県と鳥栖市の両教育委員会で発掘調査が実施された。78基という群集墳であるためにきわめて短時日の間に発刊された報告書の内容はその大要を述べるにすぎず、詳細を知ることはできなかった。行政上からは迅速な報告書『東十郎古墳群』（1966年）の刊行という点で好評を博したようであるが、一方、学術的内容に関しては不明確な点を多く残した。にもかかわらず、近年終末期群集墳や火葬墓の研究が高揚する情況で、本古墳群が注目されるようになったが、拠り所となるのは不十分な報告書だけであった。しかもその事実認識や解釈においてはかなり恣意

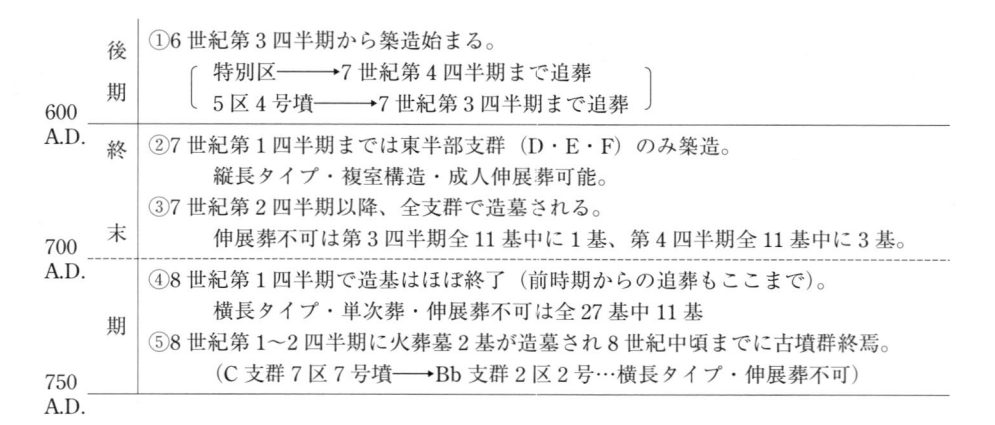

600 A.D.	後期	①6世紀第3四半期から築造始まる。 　　特別区　──▶ 7世紀第4四半期まで追葬 　　5区4号墳　──▶ 7世紀第3四半期まで追葬
	終末期	②7世紀第1四半期までは東半部支群（D・E・F）のみ築造。 　　縦長タイプ・複室構造・成人伸展葬可能。 ③7世紀第2四半期以降、全支群で造墓される。 　　伸展葬不可は第3四半期全11基中に1基、第4四半期全11基中に3基。
700 A.D.		④8世紀第1四半期で造墓はほぼ終了（前時期からの追葬もここまで）。 　　横長タイプ・単次葬・伸展葬不可は全27基中11基 ⑤8世紀第1～2四半期に火葬墓2基が造墓され8世紀中頃までに古墳群終焉。 　　（C支群7区7号墳──▶Bb支群2区2号…横長タイプ・伸展葬不可）
750 A.D.		

的短絡的結果が導き出され、それが定説化しようとする憂慮すべき傾向すらみえはじめてきた。さいわい小田の手元には当時の石室実測図類のコピーや、遺物実測図原図とその整理途上のものが保管されてきた。そこでまずそれらの資料を整理公表して正確な実態を認識し、終末期群集墳研究の現段階に応じようとするのが本来の目的であった（小田・下原 2003）。そして再検討の結果は上述してきたように、これまでの諸論考で評価されているような単純な内容ではなく、一部に誤った認識が一人歩きしはじめている危険性すら指摘されてきた。

　石室の分類では玄室プランで縦長型・方型・横長型に大別され、各々に副室を伴うものもあるが総じて発生の時間的推移はこの順序に従っていることは、他地域における後～終末期古墳群の大勢とも準ずるものである。その支群形成においても出土遺物の年代観を基本としながらA～F支群に大別し、B・D群ではさらにa・b……小支群に分って支群内における移動を検討し、高所から低所へ、また低所から高所へという二つのパターンが抽出された。

　つぎに支群形成と内容の推移を、時期区分を加えた視点から検討してみると表3のように整理要約できよう。

　以上のように東十郎古墳群の推移を整理してくると、いわゆる終末期古墳の出現は西紀600年頃に求められ、8世紀前半代に終焉したことが知られる。そしてその最終段階には新墓制である火葬を導入した。すなわち横長タイプの石室を造墓して双耳骨蔵器を収納している。終末期を迎えると副葬遺物の主体は須恵器となり、しかも量的に急減する傾向がみられる。器種も有蓋塊などの供膳形態が共通してくる。薄葬の風は各支群に普及していたことが指摘できる。

　一方、横穴式石室が小型化して単次葬への傾向が顕著になってくるようである。そのような風潮にあって注意をひくのは、7世紀後半から成人の伸展葬不可能とみられる法量の小型石室が現れることである。すなわち、第3四半期で1基、第4四半期で3基、8世紀に入っては11基と増加してゆき、最終段階には全体の3割弱に達している。このような事実にふれて上述したごとく、大化の薄葬令に庶民クラスの殯の風を禁止したことを勘案すると、これらの事例を改葬墓にあてる考えが有力視されてくる。従来の伸展葬が継続するなかで一部に改葬墓が並存したことを認めようとするものである。

　かくして東十郎古墳群の最終段階である8世紀前半代に2例の火葬墓の単次葬認定が可能となっ

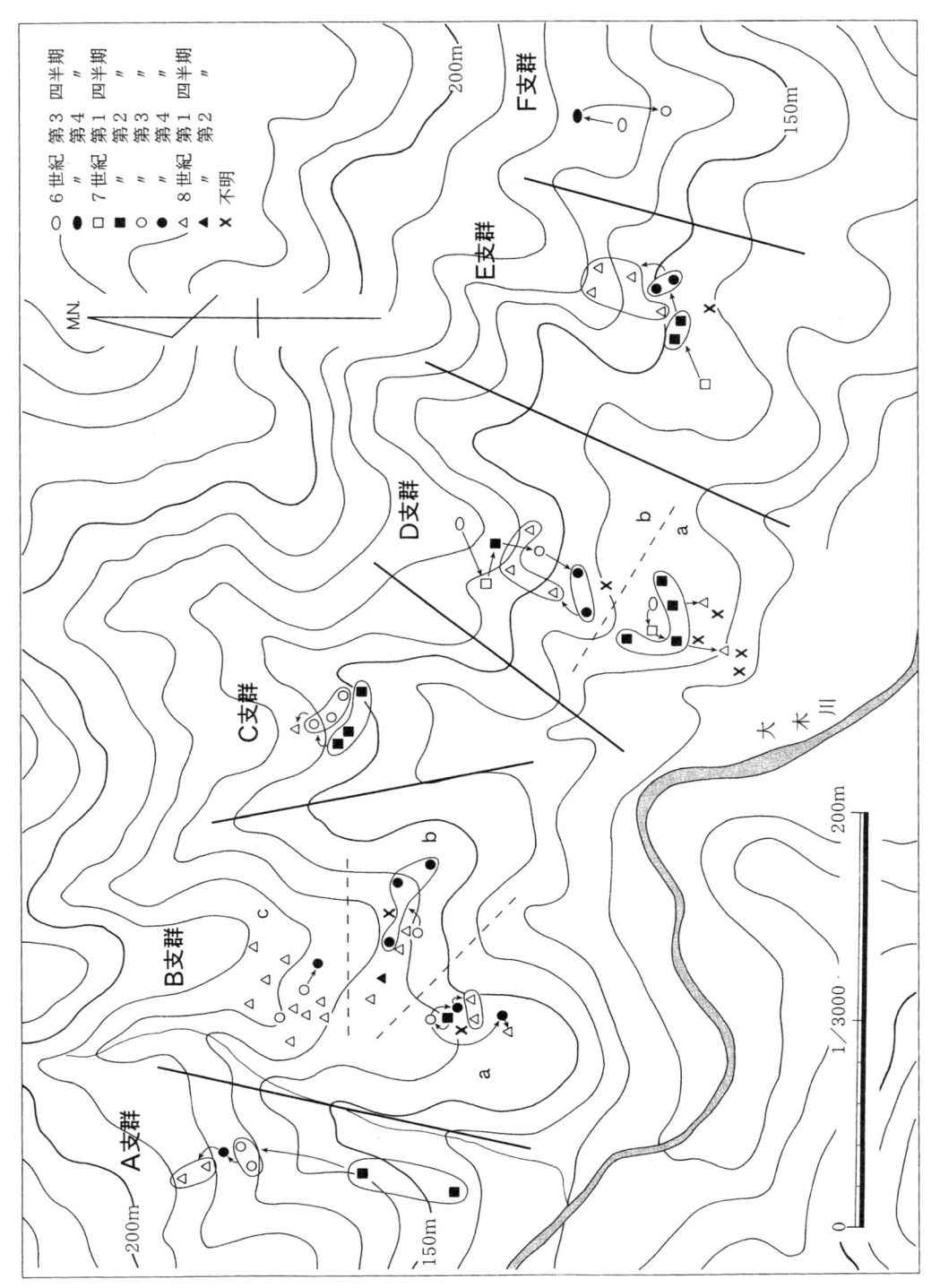

第 22 章 参考・重要遺跡解説 589

図 13 東十郎古墳群の群形成状況

た（本書第2部第18章参照）。小型石室を造墓して骨蔵器を収めたという事例は北部九州では明確な報告例に接していない。これまでは石室内から発見されても追葬と解釈されるのが常識的である。本古墳群では並存状態をみせながらも伸展葬・追葬―改葬―火葬への出現序列の推移がたどられることとなった。そして通じて横穴式石室の小型化・単次葬への流れと密接に結びついていることも注意される。既往の研究史のなかの狭川論文で、火葬墓と古墳との関係にふれて三つの存在形態が設定されているが、その一つに骨蔵器が石室内に埋納されたり、古墳群中に点在するものをあげて、両者の造営時期差がほとんどないか近接するものとされている。本古墳群中の骨蔵器をこの分類に含めて最終追葬例に数えている。しかし上述したように本古墳群例は初葬のみで終わる単次葬という結果を得ることとなった。また狭川論文では火葬の採用者を広義の郡司層クラスに一括比定している。しかし本古墳群の分析を通じてみられるように、基肆郡の郡司層位に積極的に比定しうるほどの徴証は見出せないといわざるをえない。とくに官人層の末端につなげなくとも、新興の富裕層なども考えられる可能性は否定できないであろう。本古墳群の周辺にはまだ多くの群集墳が存在することにも配慮するならば、特定官人層に比定することは未だ尚早である。最終段階で火葬墓を導入した契機は、大宰府に通ずる官道近くに位置して、この方面からの情報を受容しやすい地理的位置を占めていたとする調査報告書（木下 1966、67頁）の指摘に帰結させてよいであろう。

　これまで述べてきた内容を総合すると、本古墳群はその消長を通じて三つの画期を設定することができる。

- 第1の画期は古墳群の造成が始まった6世紀第3四半期（①）である。
- 第2の画期は全支群で造墓されるようになった7世紀第2四半期（③）である。そしてこの時期から改葬墓が出現し、以後増加の傾向をみせてゆく。
- 第3の画期は古墳群の造墓がほぼ終了した8世紀第1四半期（④）であり、一部に火葬墓が導入されて（⑤）、古墳群は終焉した。

　東肥前の一群集墳である東十郎古墳群の調査報告書刊行から40数年を経て、当時の資料の再整理から始めて、終末期古墳研究の現段階における再検討を試みた。その結果、従来の常識的見解をも修正すべき新しい成果を得ることができた。そして今後の群集墳研究についても、個々の事例について厳正な分析検討が必要不可欠なことを改めて再認識させられた。さらにまず論考をものしてゆく前提となる基礎的資料の検討が、地域研究をすすめる上でいかに重要であるかという警鐘の役を果すことになれば望外の喜びである。

参考文献

【日本語文献】

愛知県陶磁資料館　1995『古代の造形美・装飾須恵器展』（展覧会図録）

青木和夫　1990『古代豪族』（日本史の社会集団　第1巻）小学館

青木庄一郎　1934『豊前猪位金村位登古墳』『福岡県史蹟名勝天然記念物調査報告書・史蹟之部』第9輯

青柳種信・鹿島九平太　1976『柳園古器略考・鉾之記』（1930年刊行の復刻版）文献出版

赤崎敏男　1986『鶴見山古墳』（八女市文化財調査報告書第14集）

明石市教育委員会　1990『赤根川・金ケ崎窯跡―昭和63年度発掘調査概報―』

秋本吉郎校注　1958『風土記』（日本古典文学大系2）岩波書店

秋山進午　1969「中国東北地方の初期金属器文化の様相（下）」『考古学雑誌』54-4

安里嗣淳・岸本義彦・盛本勲　1985『伊江島具志原貝塚の概要』（沖縄県文化財調査報告書第61集）

朝日新聞西部本社編　1989『吉野ヶ里遺跡展―「魏志倭人伝」の世界』

東　潮　1985「古代朝鮮の祭祀遺物に関する一考察―異形土器をめぐって―」『国立歴史民俗博物館研究報告』第7集

東　潮　1993「装飾古墳の源流―東アジアの装飾墓―」『装飾古墳の世界』（国立歴史民俗博物館開館10周年記念企画展示）朝日新聞社

東　潮　1995「栄山江流域と慕韓」『展望考古学』考古学研究会

東潮・田中俊明　1989『韓国の古代遺跡2：百済・伽耶篇』中央公論社

穴沢咊光・馬目順一　1976「龍鳳文環頭大刀試論―韓国出土例を中心として―」『百済研究』7輯

阿南　亨　2002『木柑子遺跡群』（菊池市文化財調査報告）

甘粕　健　1995「後期古墳文化」『日本歴史大系I』山川出版社

甘木市教育委員会　1993『平塚川添遺跡発掘調査概報』

甘木市史編纂委員会　1984『甘木市史資料・考古編』

安　順天　1996「小形鉄製模型農工具副葬の意義―大伽耶古墳の埋葬儀礼と関連して―」『嶺南考古学』18

安藤孝一　1983「新指定文化財紹介・石人石馬の資料」『MUSEUM』391号、東京国立博物館

尹　世英　1974「可楽洞百済古墳第1・2号墳発掘調査略報」『考古学』第3輯、のち『古文化談叢』第4集（1978年）収録

飯島義雄・小池浩平　2000「古墳時代銅鏡の製作方法の検討―獣帯鏡のいわゆる『同型鏡』を基にして―」『群馬県立歴史博物館紀要』21号

池　健吉　1990「南海岸地方漢代貨幣」『昌山金正基博士華甲記念論叢』

池ノ上宏・田中浩司　2004『津屋崎町文化財調査報告書』第20集

池辺元明編　1989『牛頸窯跡群Ⅱ』（福岡県文化財調査報告書第89集）

諫見富士郎ほか　1988『上篠原遺跡概要報告書』

石川県埋蔵文化財センター　1986『寺家遺跡発掘調査報告Ⅰ』（能登海浜道関係埋蔵文化財調査報告書6）

石川県埋蔵文化財センター　1988『寺家遺跡発掘調査報告Ⅱ』（能登海浜道関係埋蔵文化財調査報告書7）

石川県立歴史博物館　1996『波涛をこえて―古代・中世の東アジア交流―』石川県立歴史博物館

石野博信　1983「古墳出現期の具体相」『考古学論叢』（関西大学考古学研究室開設参拾周年記念）

石野博信　1989「弥生墳丘墓と吉野ヶ里『王族墓』」『吉野ヶ里・藤ノ木・邪馬台国―見えてきた古代史の謎―』

　　　　　　　　読売新聞社
石部正志　1980「群集墳の発生と古墳文化の変質」『東アジア世界における日本古代史講座』4、学生社
石山勲ほか　1976『史跡　御所山古墳保存管理計画策定報告書』苅田町教育委員会
石山勲ほか　1979「祇園山古墳の調査」『九州縦貫自動車道関係埋蔵文化財調査報告』ⅩⅩⅦ、福岡県教育委員会
板垣旭・広江耕史ほか　1989『夫敷遺跡』（国道9号線バイパス建設予定地内埋蔵文化財発掘調査報告Ⅵ）島根県教育委員会
板楠和子　1991「乱後の九州と大和政権」『古代を考える・磐井の乱』吉川弘文館
板楠和子　2003「大和政権と宇土地域」『新宇土市史』通史編第1巻
市毛　勲　1985「人物埴輪における隊と列の作成」『古代探叢』Ⅱ、早稲田大学出版部
厳原町誌編集委員会　1997『厳原町誌』
伊藤秋男　1974「武寧王陵発見の金製耳飾について」『百済研究』5輯
伊藤秋男　1980「武寧王陵出土の『宝冠飾』の用途とその系譜について」『朝鮮学報』97輯
伊藤晃・島崎東　1984「中国地方―岡山県―」『日本陶磁の源流』柏書房
伊東信雄　1935「日本上代舟葬説への疑問」『考古学雑誌』25-12
伊藤晴明・時枝克安　1990「山隈窯跡の考古地磁気学的研究」『九州考古学』65号
井上辰雄　1967『正税帳の研究―律令時代の地方政治―』塙書房
井上辰雄　1970『火の国』学生社
井上光貞　1949「大和国家の軍事的基礎」『日本古代史の諸問題』思索社
井上光貞　1984「古代沖ノ島の祭祀」『日本古代の王権と祭祀』東京大学出版会
猪熊兼勝　1979『埴輪』（日本の原始美術6）講談社
今田治代　2007『大野窟古墳調査概要報告』（氷川町文化財調査報告書第1集）
今田治代編　1999『野津古墳群Ⅱ』（竜北町文化財調査報告書第1集）
入江文敏　1988「角杯形土器小考」『網干善教先生華甲記念考古学論集』
岩崎二郎　1987「支石墓」『弥生文化の研究』8、雄山閣
岩永省三　1980「弥生時代青銅器型式分類編年再考―剣矛戈を中心として―」『九州考古学』第55号
岩永省三　1989「伝福岡県福岡市東区八田出土銅戈鋳型をめぐって」『明治大学考古学博物館報告』5
上田正昭　1959『日本古代国家成立史の研究』青木書店
上田正昭　1968「令制以前における軍事団の諸問題―建部を中心として―」『日本古代国家論究』塙書房
植野浩三　1980「西日本の初期須恵器―三ツ城古墳の須恵器を中心として―」『奈良大学紀要』第9号
牛嶋英俊　1985「筑後石人山古墳出土の陶質土器」『古文化談叢』15集
牛嶋英俊　1991「岩戸山古墳の『別区』とその周辺」『古文化論叢』（児嶋隆人先生喜寿記念論集）
宇野愼敏　1996「日本出土装身具から見た日韓交流」『4・5世紀の日韓考古学』（九州考古学会・嶺南考古学会第2回合同考古学大会）
宇野愼敏　1999「初期垂飾付耳飾の製作技法とその系譜」『日本考古学』7号
梅沢重昭　1978「綿貫観音山古墳の埴輪祭式」『討論群馬・埼玉の埴輪』あさを社
梅原末治　1911a「銅鐸に就いて」『芸文』12-4・5、京都帝国大学
梅原末治　1911b「再び銅鐸に就いて」『芸文』12-11・12、京都帝国大学
梅原末治　1923『梅仙居蔵日本出土漢式鏡図録』
梅原末治　1924「豊後国速見郡北石垣村の石室古墳」『考古学雑誌』14-4
梅原末治　1925a「上益城郡小坂大塚古墳」『熊本県史蹟名勝天然紀念物調査報告書』2
梅原末治　1925b「銅鐸の化学成分に就いて」『白鳥博士還暦記念・東洋史論叢』

梅原末治　　1930「須玖岡本発見の古鏡に就いて」『筑前須玖史前遺跡の研究』（京都大学考古学研究報告第11冊）
梅原末治　　1933「銅鐸研究の一新資料」『考古学雑誌』23-4
梅原末治　　1959「筑前須玖遺跡出土の饗鳳鏡に就いて」『古代学』8巻増刊号
梅原末治　　1985『銅鐸の研究・資料篇』木耳社
梅原末治・藤田亮策編　　1947『朝鮮古文化綜鑑』1-40、養徳社
江永次男　　1993「吉野ヶ里遺跡の全面保存運動について」『明日への文化財』33号
大分市教育委員会　　1982『古宮古墳』（大分市文化財調査報告第4集）
大阪府教育委員会　　1973『堂山古墳群発掘調査概要』
大阪府教育委員会　　1978『陶邑Ⅲ』（大阪府文化財調査報告書30輯）
大阪府教育委員会　　1987～89『小阪遺跡調査の概要』その3・その5・その7-3
大阪府教育委員会　　1988『伏尾・大庭寺遺跡発掘調査』（現地説明会資料19）
大阪府立近つ飛鳥博物館編　　2005『王権と儀礼―埴輪群像の世界―』（平成17年度秋季特別展図録）
大阪府立弥生文化博物館　　1994『サンゴ礁をわたる碧の風―南西諸島の中の弥生文化―』
大城　剛　　1990「沖縄県具志川市宇堅貝塚群発掘調査概要」『月刊考古学ジャーナル』322号
大谷女子大学資料館編　　1989『陶質土器の国際交流』柏書房
大谷光男　　1977「武寧王と日本の文化」『百済研究』8輯
大塚恵治　　2005『鶴見山古墳2』（八女市文化財調査報告書第72集）
大塚恵治　　2010「岩戸山古墳出土の石製表飾品（石翳・勾金）について」『福岡考古』22号
大塚昌彦　　1999「群馬の積石塚」(1)『群馬考古学手帳』9
大塚昌彦　　2003「群馬の積石塚」(2)『群馬考古学手帳』13
岡内三眞　　1980「百済・武寧王陵と南朝墓の比較研究」『百済研究』11輯
岡内三眞　　1991「その後の武寧王陵と南朝墓」『百済文化』21輯
岡内三眞編　　1996『韓国の前方後円墳』（早稲田大学韓国考古学学術調査研修報告）公州大学
岡崎　敬　　1964「安岳3号墳（冬寿墓）の研究―その壁画と墓誌銘を中心として―」『史淵』第93輯、九州史学会
岡崎　敬　　1977「鏡とその年代」『立岩遺蹟』河出書房新社
岡崎　敬　　1982「日本および韓国における貨泉・貨布および五銖銭について」『森貞次郎博士古稀記念・古文化論集』
岡崎　敬　　1984「中国と日本の貨幣の交渉」『三千年の文化交流・日中貨幣展』大阪市立博物館
岡田精司　　1993「風土記の磐井関係記事について―史実と伝承の狭間―」『神々の祭祀と伝承』同朋舎
小方泰宏・長谷川清之　　1982「位登古墳測量調査報告」『田川歴史資料集(1)古墳時代編』田川歴史懇話会
岡部裕俊ほか　　1989『長野川流域の遺跡群』Ⅰ（前原町文化財調査報告書第31集）
岡部裕俊・河村裕一郎　　1994「糸島地方の古墳資料集成（その1）」『福岡考古』16号
岡山県北房町教育委員会　　1998『大谷一号墳』（北房町埋蔵文化財発掘調査報告7）
沖縄考古学会編　　1978『石器時代の沖縄』新星図書
奥田豊・河上邦彦　　1971「和歌山における陶質土器」『和歌山市における古墳文化』（関西大学文学部研究室紀要第4冊）
小栗明彦　　1997「光州月桂洞1号墳出土埴輪の評価」『古代学研究』137号
小郡市史編集委員会編　　1996『小郡市史』第1巻（通史編）
小澤太郎　　1992「八女市童男山古墳群採集の石人について」『九州考古学』67、九州考古学会
小田富士雄　　1959「福岡県京都郡・山鹿古墳の須恵器」『九州考古学』7、九州考古学会
小田富士雄　　1962「宮崎県児湯郡東都原の高坏」『九州考古学』14、九州考古学会

小田富士雄　1964「九州の須恵器序説―編年の方法と実例―」『九州考古学』22、九州考古学会

小田富士雄　1967「発生期古墳の地域相―北九州について―」『歴史教育』15-4、のち『九州考古学研究・弥生時代篇』学生社（1983年）収録

小田富士雄　1970a「磐井の反乱」『古代の日本3・九州』角川書店、のち『九州考古学研究・古墳時代篇』学生社（1979年）、『石人石馬』学生社（1985年）収録

小田富士雄　1970b「古代の日田―日田盆地の考古学―」『九州文化史研究所紀要』第15号、のち『九州考古学研究・古墳時代篇』学生社（1979年）収録

小田富士雄　1970c「五島列島の弥生文化・総説篇」『長崎大学人類学考古学研究報告』第2号

小田富士雄　1973「入門講座弥生土器―九州2」『月刊考古学ジャーナル』77号

小田富士雄　1974a「大野台遺跡」『古文化談叢』第1集

小田富士雄　1974b「石人石馬の系譜」『古代史発掘7』講談社、のち『九州考古学研究・古墳時代篇』学生社（1983年）、『石人石馬』学生社（1985年）収録

小田富士雄　1975a「宇佐地方の装飾横穴」『宇佐市文化財調査報告書』第1集

小田富士雄　1975b「日本の古墳出土銅鋺について―韓国・武寧王陵副葬遺物に寄せて―」『百済研究』6輯

小田富士雄　1977a「宇佐の朝鮮小銅鐸」『日本のなかの朝鮮文化』34、朝鮮文化社

小田富士雄　1977b「西日本古代山城に関する最近の調査成果」『古文化談叢』第37集

小田富士雄　1978a「西日本における発生期古墳の地域相」『古文化談叢』第4集、のち『九州古代文化の形成・上巻』学生社（1985年）収録

小田富士雄　1978b「西日本発見の百済系土器」『古文化談叢』5集

小田富士雄　1979a『九州考古学研究・古墳時代篇』学生社

小田富士雄　1979b「九州の須恵器」『世界陶磁全集2・日本古代』小学館

小田富士雄　1979c「百済の土器」『世界陶磁全集17・韓国古代』小学館

小田富士雄　1979d「銅剣・銅矛文化と銅鐸文化―政治圏・祭祀圏―」『ゼミナール・日本古代史』上、光文社

小田富士雄　1980a「横穴式石室の導入とその源流」『東アジアにおける日本古代史講座4』学生社、のち『九州古代文化の形成・上巻』学生社（1985年）収録

小田富士雄　1980b「横穴式双室古墳とその系譜」『古文化談叢』第7集、のち『九州古代文化の形成・上巻』学生社（1985年）収録

小田富士雄　1981a「宇佐市別府出土小銅鐸の復原」『古文化談叢』第8集

小田富士雄　1981b「九州の銅鐸問題」『東アジアの古代文化』26号、大和書房

小田富士雄　1981c「南朝塼墓よりみた百済・新羅文物の源流」『九州文化史研究所紀要』26号、九州大学

小田富士雄　1982a「大分県・多武尾小銅鐸の系譜」『賀川光夫先生還暦記念論集』賀川光夫先生還暦記念会

小田富士雄　1982b「新開georgia遺跡群」『福岡県百科辞典』上巻、西日本新聞社

小田富士雄　1982c「対馬発見の弥生時代瓦質系壺形土器―失われた漢式土器の追跡―」『古文化論集』（森貞次郎博士古稀記念）

小田富士雄　1982d「日韓地域出土の同笵小銅鏡」『古文化談叢』第9集

小田富士雄　1982e「山口県沖ノ山発見の漢代銅銭内蔵土器」『古文化談叢』第9集

小田富士雄　1983a「江原道法泉里二号墳の土器」「越州窯青磁を伴出した忠南の百済土器」、のち『九州古代文化の形成・下巻』学生社（1985年）収録

小田富士雄　1983b「沖縄・鹿児島における弥生文化研究の現状」『九州古文化研究会会報』37号、のち『九州古代文化の形成・上巻』学生社（1985年）収録

小田富士雄　1983c「百済土器窯跡調査の成果―全北・雲谷里窯跡の調査に寄せて―」『古文化談叢』12集

小田富士雄　1983d「地方寺院の存在形態」『九州考古学研究・歴史時代篇』学生社
小田富士雄　1983e「別府発見の朝鮮式小銅鐸」『九州考古学研究・弥生時代篇』学生社
小田富士雄　1984a「沖縄における九州系弥生前期土器—真栄里貝塚遺物の検討—」『南島考古』第9号、のち『九州考古学研究・文化交渉篇』学生社（1990年）収録
小田富士雄　1984b「百済古墳の系譜—特に中国・日本との関係について—」『古文化談叢』第13集、のち『九州古代文化の形成・下巻』学生社（1985年）収録
小田富士雄　1984c「須恵器の源流—九州地方—」『日本陶磁の源流—須恵器出現の謎を探る—』柏書房
小田富士雄　1984d「須恵器の出現」『須恵器のはじまり』（展覧会図録）北九州市立考古博物館
小田富士雄　1984e「対馬・壱岐の古墳文化」『東アジア世界における日本古代史講座』2、のち『九州考古学研究　古墳時代篇』学生社（1979年）収録
小田富士雄　1984f「弥生土器と編年と年代研究の課題」『高地性集落と倭国大乱』、のち『九州考古学研究・文化交渉篇』学生社（1990年）収録
小田富士雄　1985a「磐井の乱の歴史的評価をめぐって」『石人石馬』学生社、のち『九州考古学研究・文化交渉篇』学生社（1990年）収録
小田富士雄　1985b「石人石馬研究のあゆみ」『石人石馬』学生社
小田富士雄　1985c「九州の古代寺院—とくに七・八世紀の創立寺院について—」『九州古代文化の形成』下巻、学生社
小田富士雄　1985d「筑紫の初期仏教文化」『九州古代文化の形成』下巻
小田富士雄　1985e「朝鮮の初期冶鉄研究とその成果」『九州古代文化の形成』下巻
小田富士雄　1985f「銅剣・銅矛国産開始期の再検討—近年発見の鋳型資料を中心として」『古文化談叢』15集、のち『九州考古学研究・文化交渉篇』（学生社）収録
小田富士雄　1985g「南朝搏墓よりみた百済・新羅文物の源流」『九州古代文化の形成』下巻、学生社
小田富士雄　1986a「古墳時代—4・須恵器の伝来と生産」『図説発掘が語る日本史6・九州沖縄編』新人物往来社
小田富士雄　1986b「銅鐸の年代と性格」『論争・学説　日本の考古学』4、雄山閣
小田富士雄　1986c「福岡県・穴ケ葉山古墳の線刻壁画」『古文化談叢』第16集
小田富士雄　1986d「北部九州における弥生文化出現序説—水稲農耕文化伝来をめぐる日韓交渉—」『九州文化史研究所紀要』第31号、九州大学
小田富士雄　1986e「輸入青銅器概説」『弥生文化の研究』6、雄山閣
小田富士雄　1987「初期筑紫王権形成史論—中国史書にみえる北部九州の国々—」『東アジアの考古と歴史』中巻、同朋舎、のち『九州考古学研究・文化交渉篇』学生社（1990年）収録
小田富士雄　1988a「海北道中—大陸と沖ノ島祭祀—」『古代を考える・沖ノ島と古代祭祀』吉川弘文館、のち『九州考古学研究・文化交渉篇』学生社（1990年）収録
小田富士雄　1988b「須恵器の登場」『季刊考古学』第24号、雄山閣
小田富士雄　1989a「九州地域の須恵器と陶質土器」『陶質土器の国際交流』柏書房
小田富士雄　1989b「横穴式石室の導入とその源流」『東アジア世界における日本古代史講座』第4巻、学生社
小田富士雄　1989c「吉野ヶ里と北部九州の弥生時代」『吉野ヶ里・藤ノ木・邪馬台国—見えてきた古代史の謎—』読売新聞社
小田富士雄　1990a「初期筑紫王権形成史論—中国史書にみえる北部九州の国々—」『東アジアの考古と歴史』中巻、同朋舎、のち『九州考古学研究・文化交渉篇』学生社（1990年）収録
小田富士雄　1990b「銅剣・銅矛国産開始期の再検討—近年発見の鋳型資料を中心として—」『九州考古学研究・文化交渉篇』学生社

小田富士雄　1990c「銅剣・銅戈国産開始期の再検討（2）―その後発見の鋳型資料を中心として―」『古文化談叢』第 23 集

小田富士雄　1990d「北部九州における弥生文化の出現序説―水稲農耕文化伝来をめぐる日韓交渉―」『九州考古学研究・文化交渉篇』学生社

小田富士雄　1991a「宇木汲田出土環頭銅舌考」『古文化談叢』第 24 集

小田富士雄　1991b「日本における武寧王陵系遺物の研究動向」『百済文化』21 輯（武寧王陵発掘 20 周年記念学術会議特輯）

小田富士雄　1991c「弥生時代墳丘墓の出現―佐賀県・吉野ケ里墳丘墓をめぐって―」『古文化論叢』（児嶋隆人先生喜寿記念論文集）

小田富士雄　1992a「蝦夷穴古墳の諸問題」『古代能登と東アジア』蝦夷穴古墳国際シンポジウム実行委員会

小田富士雄　1992b「国産銅戈の出現―新出の細形銅戈鋳型をめぐって―」『北部九州の古代史』名著出版

小田富士雄　1992c「日韓の出土五銖銭・第 2 報」『究班』埋蔵文化財研究会

小田富士雄　1992d「日本における武寧王陵系遺物の研究動向」『福岡大学総合研究所報』147 号

小田富士雄　1993a「朝鮮に日本文化の源流を求めて」上・下、『朝鮮時報』3 月 11 日号・15 日号

小田富士雄　1993b「北部九州の弥生建築」『福岡からアジアへ』1、西日本新聞社

小田富士雄　1995「古墳伝播の道」『歴史の道・再発見』第 7 巻、フォーラム A

小田富士雄　1996「韓国の前方後円形墳―研究史的展望と課題―」『福岡大学人文論叢』28-4

小田富士雄　1997a「韓国の前方後円形墳～研究経過と今後の展望～」『最新海外考古学事情Ⅱ・アジア編』ジャパン通信社

小田富士雄　1997b「筑前国志麻（嶋）郡の古墳文化」『古文化談叢』第 39 集

小田富士雄　1997c「豊前における新羅系古瓦とその意義」『九州考古学研究・歴史時代篇』学生社

小田富士雄　1998a「韓国竹幕洞祭祀遺跡と古代祭祀―とくに倭系祭祀遺物について―」『網干善教先生古稀記念考古学論集』

小田富士雄　1998b「前漢代『五銖』銭の発見」『原の辻ニュースレター第 2 号』長崎県教育庁原の辻遺跡調査事務所

小田富士雄　1998c「装飾古墳にみる大陸系画題」『古文化談叢』第 40 集

小田富士雄　2000a「解説・武寧王陵誌石と王室喪葬儀礼」『福岡大学総合研究所報』240 号、総合科学編 3 号（日韓交渉考古学の基礎的研究―原史・古代を中心に―）

小田富士雄　2000b「漢式銅鏃覚書」『原口正三先生古稀記念集・あまのともしび』同刊行会

小田富士雄　2000c「百済古墳古墳文化と北部九州―とくに横穴式石室について―」『日本所在百済文化財調査報告書Ⅱ・九州地方』（国立公州博物館研究叢書第 11 冊）

小田富士雄　2000d「日本の朝鮮式山城の調査と成果」『古文化談叢』第 44 集

小田富士雄　2001a「五郎山古墳の装飾壁画」『筑紫野市史・資料編上・考古資料』

小田富士雄　2001b「武寧王陵の発見と日本考古学界の研究傾向」『福岡大学人文論叢』33-3

小田富士雄　2003「『糟屋屯倉』遺跡の発見とその意義」『新世紀の考古学―大塚初重先生喜寿記念論文集―』纂修堂

小田富士雄　2007「八女古墳群における石人―その変遷と葬祭儀礼とのかかわり―」『鶴見山古墳 3』八女市文化財調査報告書第 78 集

小田富士雄編　1985『石人石馬』学生社

小田富士雄編　1994『古代を考える・沖ノ島と古代祭祀』吉川弘文館

小田富士雄編　2005『稲童古墳群』（行橋市文化財調査報告書第 32 集）

小田富士雄ほか　1992『八女市史』上巻（第 2 編第 3 章第 3 節）

小田富士雄ほか　1994『奴国の首都須玖岡本遺跡』吉川弘文館
小田富士雄・韓炳三編　1991『日韓交渉の考古学・弥生時代篇』六興出版
小田富士雄・武末純一　1983「朝鮮の初期冶鉄研究とその成果―日韓冶鉄技術研究の基礎的作業として―」『日本製鉄史研究』たたら研究会
小田富士雄・真野和夫　1977『別府遺跡緊急発掘調査概報―朝鮮式小銅鐸出土遺跡の調査―』宇佐市
小田富士雄・下原幸裕　2003「佐賀県・東十郎古墳群の研究」『古文化談叢』第50集（中）
愛宕　元　1991『中国の城郭都市』中公新書
乙益重隆編　1974『装飾古墳と文様』（古代史発掘8）講談社
小野忠凞　1984『高地性集落論』学生社
小野忠凞　1985『山口県の考古学』吉川弘文館
小野忠凞編　1979『高地性集落跡の研究・資料編』学生社
小野山　節　1983「花形杏葉と光背」『MUSEUM』383号、東京国立博物館
面高哲郎ほか　1983『鎧遺跡』『新富町文化財調査報告書』第2集
面高哲郎・長津宗重　1983「宮崎県都城市志和池出土の陶質土器」『古文化談叢』第12集
甲斐孝司　2000a『平成11年度鹿部地区遺跡群報告書』古賀市教育委員会
甲斐孝司　2000b「古賀市鹿部田渕遺跡の調査―糟屋屯倉の可能性―」（第2回七隈史学会大会考古部会発表要旨）福岡大学人文学部歴史学科
甲斐孝司　2002『鹿部田渕遺跡調査報告』古賀市教育委員会
甲斐孝司　2003『鹿部田渕遺跡（第2次・6次・7次調査）』古賀市文化財調査報告書第33集
甲斐孝司　2004「鹿部田渕遺跡の官衙的大型建物群」『福岡大学考古学論集―小田富士雄先生退職記念―』
鏡山　猛　1953「高塚古墳の源流―支石墓と甕棺の行方―」『史淵』58輯、のち『九州考古学論攷』吉川弘文館（1972年）収録
鏡山　猛　1972「環溝住居趾論考」『九州考古学論攷』、「環溝住居趾小論」（一）～（四）『史淵』67、68、71、78輯、のち「環溝住居趾論考」と改題して『九州考古学論攷』に収録
香川県教育委員会　1984『三谷三郎池西岸窯跡』（香川県埋蔵文化財調査年報―昭和58年度―）
香川県教育委員会編　1983『新編香川叢書・考古編』
賀川光夫　1951「大分県日田市付近における装飾古墳」『考古学雑誌』37-3
賀川光夫　1953「東九州地方に於ける装飾古墳」『別府女子大学紀要』第3輯
賀川光夫　1954「大分県東国東郡伊美町鬼塚古墳」『大分県文化財調査報告書』第2集
賀川光夫・小田富士雄ほか　1959『大分県日田市法恩寺古墳』日田市教育委員会
春日市教育委員会編　1994『奴国の首都・須玖岡本遺跡』吉川弘文館
片岡宏二　1988「小隈小窯跡群成立の歴史的背景」『まがたま』（福岡県立小倉高等学校創立八十周年記念）
片岡宏二　1989「的臣と浮羽の古墳群」『田主丸郷土史研究』第2号
勝部明生　1988「木製葬具は"木の埴輪"か」『東アジアの古代文化』56号、大和書房
門脇禎二　1960「共同体と地域的統一（二）―筑前国嶋郡川辺里戸籍からの考察―」『日本古代共同体の研究』東京大学出版会
金関丈夫　1996「竹原古墳奥室の壁画」『MUSEUM』215号、のち『考古と古代―発掘から推理する―』朝日新聞社（1982年）に収録
金関丈夫・坪井清足・金関恕　1961「山口県土井ケ浜遺跡」『日本農耕文化の生成』東京堂出版
金武正紀ほか　1980『宇堅貝塚群・アカジャンガー貝塚発掘調査報告』
鎌木義昌・間壁忠彦　1964『大飛鳥遺跡』
上村俊雄　1992a「沖縄諸島出土の五銖銭」『鹿大史学』40

上村俊雄　1992b「久米島ウルル貝塚出土の五銖銭」『琉球新報』
上村俊雄　1996「奄美諸島における鉄器文化の成立」『南日本文化』29号
神谷正弘・三好孝一　1985「大阪府高石市水源地遺跡出土の須恵器について」『古文化談叢』第15集
亀井正道　1965「志摩神島八代神社神宝の意義」『石田博士頌寿記念東洋史論叢』
亀井正道　1977「祈りの形象―埴輪」『日本陶磁全集』3、中央公論社
亀井正道　1980「海路の祭り」『呪ないと祭り』（講座日本の古代信仰3）学生社
蒲原宏行・多々良友博・藤井伸幸　1985「佐賀平野の初期須恵器・陶質土器」『古文化談叢』第15集
蒲原宏行・三辻利一・岡井剛・杉直樹　1987「佐賀県出土古式須恵器の産地推定」『古文化談叢』第18集、「佐賀県出土古式須恵器の産地推定―第2報―」『古文化談叢』第18集
榧本亀生　1936「青銅柄付鉄剣及青銅製飾柄頭に就いて」『考古学』7-9
榧本亀次郎　1935「南井里第百十九号墳」『楽浪王光墓』
榧本杜人　1957「金海貝塚の甕棺と箱式石棺」『考古学雑誌』43-1
榧本杜人　1980a「朝鮮発見銅鐸の集成」『朝鮮の考古学』同朋舎
榧本杜人　1980b「平安南道大同郡龍岳面上里遺蹟調査報告」『朝鮮の考古学』同朋舎
唐津湾周辺遺跡調査委員会編　1982『末盧国』六興出版
軽部慈恩　1946『百済美術』宝雲舎
河上邦彦　1995、1988「終末期古墳における改葬墓に関する問題」『後・終末期古墳の研究』雄山閣（初出は「終末期古墳に於ける改葬墓」『網干善教先生華甲記念考古学論集』）
河口貞徳・出口浩・本田道輝　1978「サウチ遺跡」『鹿児島考古』12号
川述昭人ほか　1978「福岡県筑紫野市所在遺跡群の調査」『九州縦貫自動車道関係埋蔵文化財調査報告』XXV、福岡県教育委員会
川西宏幸　1978「円筒埴輪総論」『考古学雑誌』64-2、のち『古墳時代政治史序説』塙書房（1984年）収録
川原和人　1978「島根県発見の朝鮮系陶質土器」『古文化談叢』第5集
菊水町教育委員会　1982『シンポジウム江田船山古墳』
菊水町教育委員会町史編纂室　2007『菊水町史　江田船山古墳編』和水町
木島慎治　1991『鍋島本村南遺跡―1・2区の調査―』（佐賀市文化財調査報告書第35集）
北九州市立考古博物館　1984『須恵器のはじまり』（展覧会図録）
喜谷美宣　1964「後期古墳時代研究抄史」『日本考古学の諸問題』河出書房新社
北野耕平　1976『河内野中古墳の研究』（大阪大学文学部国史研究室研究報告第2冊）
北山茂夫　1948「大宝二年筑前国戸籍残簡について」『奈良朝の政治と民衆』
木下之治　1966『東十郎古墳群』佐賀県教育委員会
木下之治ほか　1975『佐賀市金立町西隈古墳』佐賀市教育委員会
木下之治・小田富士雄　1967「周辺の遺跡遺物」『帯隈山神籠石とその周辺』佐賀市教育委員会
木下尚子　1996『南島貝文化の研究―貝の道の考古学―』法政大学出版会
九州大学文学部考古学研究室　1990「山隈窯跡群の調査―福岡県朝倉郡三輪町所在の初期須恵器窯跡群―」『九州考古学』65号
九州大学文学部考古学研究室　1993『番塚古墳―福岡県京都郡苅田町所在前方後円墳の発掘調査―』苅田町教育委員会
九州歴史資料館　1980『青銅の武器―日本金属文化の黎明―』
金永培・韓炳三　1969「瑞山大山面百済土壙墓発掘報告」『考古学』第2輯、のち『百済の考古学』雄山閣（1972年）収録
金　基雄　1976『百済の古墳』学生社

金　建洙訳　1994「韓国・扶安竹幕洞祭祀遺跡の発掘調査中間報告」『古代文化』46-10
金　元龍　1970「鳥形アンテナ式細形銅剣の問題」『白山学報』第 8 号、岡内三眞訳『朝鮮考古学年報 1970 年』収録（1973 年）
金　元龍　1973「百済武寧王陵について」（シンポジウム「百済武寧王陵をめぐって」）『朝鮮学級』68 輯「特集・百済武寧王陵」
金　元龍　1979『武寧王陵』（韓国美術シリーズ 1）近藤出版社
金城亀信・久手堅稔　1992「久米島ウルル貝塚採集の鉄釘と五銖銭」『文化課紀要』第 8 号、沖縄県教育庁
葛原克人・古瀬清秀編　2000『吉備の古墳・下（備中・備後）』吉備人出版
窪添慶文　1982「中国の喪葬儀礼―漢代の皇帝の儀礼を中心に―」『東アジアにおける儀礼と国家』（東アジア世界における日本古代史講座 9）学生社
隈　昭志　1999『長目塚と阿蘇国造―原始・古代の阿蘇―』（自然と文化阿蘇選書 1・一の宮町史）一の宮町
隈昭志ほか　1975『塚原』熊本県文化財調査報告第 16 集
熊本県教育委員会　1984『熊本県装飾古墳総合調査報告書』熊本県文化財調査報告第 68 集
熊本市教育委員会　1994『つつじケ丘横穴群発掘調概報』Ⅰ、各年度調査指導委員会資料
熊本市教育委員会　1995『つつじケ丘横穴群発掘調概報』Ⅱ、各年度調査指導委員会資料
熊本大学考古学研究室編　1994『野津古墳群』竜北町教育委員会
藏冨士　寛　2000「環有明・八代海地域の古墳動態からみた政治変動」『継体大王と 6 世紀の九州』熊本古墳研究会
倉光清六　1933a「伯耆新発見の銅鐸」『考古学』4-3
倉光清六　1933b「銅鐸に於ける新事実―伯耆小濱銅鐸追報―」『考古学』4-4
栗山伸司　1986「守恒遺跡―国道 322 号線築造工事に伴う発掘調査―」北九州市埋蔵文化財調査報告書第 50 集
黒田　晃　2000「剣崎長瀞西遺跡と渡来人」『高崎市史研究』12 号
桑原邦彦・池田善文　1981「防長地域の須恵器窯跡と編年研究」『周陽考古学研究所報』3
桑原憲彰・中原幸博　1986『江田船山古墳』熊本県文化財調査報告第 83 集
群馬県立歴史博物館　1999『観音山古墳と東アジア世界』（開館 20 周年記念第 63 回企画展）
小泉顕夫ほか　1931「慶尚北道達城郡達西面古墳調査報告」『大正 12 年度古蹟調査報告』第 1 冊
甲元眞之　1973「朝鮮支石墓の編年」『朝鮮学報』66
甲元眞之　1978「西北九州支石墓の一考察」『熊本大学法文論叢』41
甲元眞之　1998「船に乗る馬―装飾絵画の一考察―」『文学部論叢』第 61 号（歴史編）熊本大学
甲元眞之・山下志保・藏冨士寛編　1994「野津古墳群」『熊本大学文学部考古学研究報告』第 1 集
古賀信幸　1986「防府市域における須恵器生産―7 世紀代の編年を中心に―」『RELICS』第 3 号
国立歴史民俗博物館編　1993『装飾古墳の世界』朝日新聞社
小嶋芳孝・荒木孝平　1984『寺家』羽咋市教育委員会
古代を考える会編　1986「加美遺跡の検討」『古代を考える』43
後藤惠之輔　1998「壱岐・原の辻遺跡における土木構造物について」『原の辻ニュースレター』第 2 号
後藤守一　1927a「須恵器家の新発見」『考古学雑誌』17-12
後藤守一　1927b「上古時代のガラス」『考古学雑誌』27-12
後藤守一　1942「埴輪より見た上古時代の葬礼」『日本古代文化研究』河出書房新社
小林行雄　1932「安満 B 類土器考―北九州第二系弥生式土器への関連を論ず―」『考古学』3-4
小林行雄　1950「古墳時代における文化の伝播」『史林』33-3,4、のち「中期古墳時代文化とその伝播」と改題し『古墳時代の研究』青木書店（1961 年）収録
小林行雄　1951「日本古墳文化の美術」『世界美術全集』2、平凡社

小林行雄　1959『古墳の話』岩波新書
小林行雄　1975『古墳時代の研究』青木書店
小林行雄編　1964『装飾古墳』平凡社
駒井和愛　1974a「戦国時代の兵器について」『中国考古学論叢』慶友社
駒井和愛　1974b「楽浪銅鏃考」『中国考古学論叢』慶友社
駒井和愛・増田精一・中川成夫・曽野嘉彦　1954「考古学から観た対馬」『対馬の自然と文化』九学会連合対馬共同調査委員会、古今書院
小牧実繁　1927「那覇市外城岳貝塚発掘報告（予報）」『人類学雑誌』42-8
小柳和宏ほか　1986『ガランドヤ古墳群―大分県日田市所在装飾古墳の調査報告―』
是松茂男　1952「筑前国嶋郡川辺里の位置」『糸高文林』創刊号、糸島高校
近藤喬一　1989「明治大学考古学博物館購入の銅戈鋳型」『明治大学考古学博物館館報』5
近藤　正　1967「窯業―山陰」『日本の考古学Ⅵ・歴史時代上』河出書房新社
近藤義郎　1986「前方後円墳の誕生」『岩波講座　日本考古学6』（変化と画期）、岩波書店
近藤義郎ほか　1952『佐良山古墳群の研究』津山市教育委員会第1冊
近藤義郎編　1992『前方後円墳集成・九州編』山川出版社
近藤義郎・河本清編　1987『吉備の考古学』福武書店
崔　鍾圭　1982「陶質土器成立前夜의展開」『韓国考古学報』12（後藤直氏訳文『古文化談叢』第12集掲載）
崔　鍾圭　1983a「瓦質土器の検討と意義」『古代伽耶の検討』（古代を考える34）古代を考える会
崔　鍾圭　1993b「韓国の防禦集落」『七万余戸なる卑弥呼の都する所の謎』
崔　秉鉉　1992「百済・新羅古墳と蝦夷穴古墳」『古代能登と東アジア』蝦夷穴古墳国際シンポジウム実行委員会
斎藤　忠　1935「上代に於ける墳墓地の選定」『歴史地理』65巻6号、のち「奈良時代前後における墳墓地の選定」と改題して『日本古代遺跡の研究・論考編』吉川弘文館（1976年）収録
斎藤　忠　1973『日本装飾古墳の研究』講談社
斎藤　忠　1976「百済武寧王陵を中心とする古墳群の編年的序列とその被葬者に関する一試考」『朝鮮学報』81輯
斎藤　忠　1983『装飾古墳・図文からみた日本と大陸文化』日本書籍
斎藤　忠　1987「百済武寧王陵を中心とする古墳群の編年的序列とその被葬者に関する一考察」『東アジア葬・墓制の研究』第一書房
斎藤　忠　1989『壁画古墳の系譜』（日本考古学研究2）学生社
斎藤忠編　1965『古墳壁画』（日本原始美術Ⅴ）講談社
斎藤忠編　1975『古墳の壁画』（日本の美術110）至文堂
佐藤正義　1988『小隈窯跡群Ⅰ』（夜須町文化財調査報告第12集）
佐藤正義　1989「九州地域（2）―小隈跡群―」『陶質土器の国際交流』柏書房
酒井清治　1990「陶質土器と初期須恵器」『季刊考古学』第33号、雄山閣
酒井仁夫ほか　1979『黒部古墳群―豊前市松江所在古墳群の調査―』玄洋開発株式会社
酒井仁夫・小田富士雄　1985『穴ケ葉山古墳群』（大平村文化財調査報告書第3集）
酒井仁夫・関晴彦・武末純一　1977『福岡県八女市室岡所在遺跡群の調査』（九州縦貫自動車道関係埋蔵文化財調査報告ⅩⅨ）
榊晃弘・森貞次郎　1972『装飾古墳』朝日新聞社
佐賀県教育委員会編　1990『環濠集落吉野ヶ里遺跡概報』
佐賀県教育委員会　1992a『吉野ヶ里（本文編）』

佐賀県教育委員会　1992b『吉野ヶ里―神埼工業団地計画に伴う埋蔵文化財発掘調査概要報告書―』（佐賀県文化財調査報告書第 113 集）
佐賀県教育委員会　1994『平成 4 年度・5 年度吉野ヶ里遺跡発掘調査の概要―墳丘墓と北内郭跡を中心として―』
佐賀県浜玉町教育委員会　1991『史跡谷口古墳保存修理事業報告書』（浜玉町文化財調査報告書第 2 集）
佐賀県立博物館　1973『装飾古墳の壁画』
佐賀市教育委員会　1990『第 3 回考古資料展』および現地説明資料「鍋島本村南遺跡（NHM）出土の遺物について」
坂田邦洋・副枝幸治　1985「鬼の岩屋第 2 号墳の壁画について」『別府大学紀要』第 26 号
坂田邦洋・宇都宮英二・遠藤和幸　1986「鬼の岩屋第 1 号墳の壁画について」『別府大学紀要』第 27 号
狭川真一　1998「古代火葬墓の造営とその背景」『古文化談叢』第 41 集
狭川真一　1999「北部九州における火葬墓の出現」『古代文化』51-12
佐々木隆彦　1978『奴山 5 号墳発掘調査報告』津屋崎町教育委員会
佐々木隆彦・小池史哲　1984『松木遺跡 I』那珂川町文化財調査報告書第 11 集
佐々木幹雄　1995「韓国・竹幕洞祭祀遺跡を訪ねて」『王朝の考古学』雄山閣
笹山晴生　1985『日本古代衛府制度の研究』東京大学出版会
笹山晴生　2004a『日本古代国家と軍隊』中公新書
笹山晴生　2004b『古代国家と軍隊―皇軍と私兵の系譜―』講談社学術文庫
佐田　茂　1984『セスドノ古墳』（田川市文化財調査報告第 3 集）
佐田　茂　1991a「岩戸山古墳における石製品の樹立」『古文化論叢』（児嶋隆人先生喜寿記念論集）
佐田　茂　1991b「彩色壁画の出現と筑後の彩色壁画古墳」『交流の考古学』肥後考古学会
佐竹保子　1984「百済武寧王誌石の字跡と、中国石刻文字との比較」『朝鮮学報』111 輯
定村責二・小田富士雄　1965「福岡県長井遺跡の弥生式土器」九州考古学 25・26 合集
定森秀夫　1989「日本出土の"高霊タイプ"陶質土器（1）―日本列島における朝鮮半島系遺物の研究―」（京都文化博物館研究紀要『朱雀』第 2 集）
定森秀夫　1990「日本出土陶質土器の原郷」『季刊考古学』第 33 号、雄山閣
佐土原逸男　1979『大谷遺跡―福岡県春日市大字小倉所在遺跡の調査概報―』春日市文化財調査報告第 5 集
讃岐和夫・真野和夫・後藤宗俊　1982『古宮古墳』（大分市文化財調査報告第 4 集）
佐原　真　1979『銅鐸』（日本の原始美術 7）講談社
佐原　真　1983「銅鐸の始まりと終りと」『展望東アジアの考古学』新潮社
佐原真・春成秀爾　1982「銅鐸出土地名表」『月刊考古学ジャーナル』210 号
澤田大多郎　1980「方形周溝墓の展開」『東アジア世界における日本古代史講座』1、学生社
三木ますみ　1996「朝鮮半島出土の垂飾付耳飾」『筑波大学先史学・考古学研究』7 号
鹿見啓太郎・尾多賀晴吾　1985『尾市一号古墳発掘調査報』新市町教育委員会
下地安広　1999「沖縄県嘉門貝塚出土の楽浪系土器」『人類史研究』第 11 号
七田忠昭　1989『吉野ヶ里遺跡―邪馬台国が近づいた』学習研究社
七田忠昭・小田富士雄　1994a『吉野ヶ里遺跡―「魏志倭人伝」の世界』（日本の古代遺跡を掘る 2）読売新聞社
七田忠昭・森田孝志ほか　1994b『吉野ヶ里』佐賀県文化財調査報告第 113 集、佐賀県教育委員会
島崎　東　1982「備中榊山古墳採集遺物について」『岡山県史研究』第 3 号
島崎　東　1986「岡山県の初期須恵器について」『古文化談叢』16 集
島田貞彦　1930a『筑前須玖先史時代遺跡の研究』『筑前須玖史前遺跡の研究』

島田貞彦　　1930b『筑前須玖史前遺跡の研究』『京都帝国大学文学部考古学研究報告』第11冊
島田寅次郎　1925「石室古墳（甲）石人あるもの」『福岡県史蹟名勝天然紀念物調査報告書』第1輯
志摩町教育委員会　1982『八熊製鉄遺跡・大牟田遺跡』志摩町文化財調査報告書第2集
志摩町教育委員会　1985『稲葉古墳群』志摩町文化財調査報告書第5集
志摩町教育委員会　1987『久保地古墳群』志摩町文化財調査報告書第6集
志摩町教育委員会　1988a『新町遺跡Ⅱ』志摩町文化財調査報告書第8集
志摩町教育委員会　1988b『向畑古墳・藤原遺跡』志摩町文化財調査報告書第9集
志摩町教育委員会　1991『四反田古墳群』志摩町文化財調査報告書第13集
志摩町教育委員会　1992『四反田古墳群Ⅱ』志摩町文化財調査報告書第15集
島根大学考古学研究会　1968「十王免横穴群発掘調査報告」『管田考古』10号
清水真一　1985「鳥取県長瀬高浜遺跡出土の初期須恵器とその時期」『古文化談叢』第15集
下條信行　1977「考古学・粕屋平野—新発見の鋳型と鏡の紹介をかねて—」『福岡市立歴史資料館研究報告』第1集
下條信行　1986「弥生時代の九州」『岩波講座　日本考古学5』岩波書店
下條信行　1989「銅戈鋳型の変遷—伝福岡市八田出土明治大学蔵銅戈鋳型について—」『明治大学考古学博物館館報』5
下関市教育委員会編　1981『綾羅木遺跡Ⅰ』
下村　智　1986「弥生中期の『墳丘墓』を掘る—吉武樋渡遺跡の調査—」『早良王墓とその時代展』福岡市立歴史資料館
下山智・土居和幸・若杉竜太・玉川剛司　2005『朝日天神山古墳群』日田市埋蔵文化財調査報告書第60集
社会科学院考古研究所編　1982『高句麗の文化』（呂南喆・金洪圭共訳）同朋舎
朱　栄憲　1972『高句麗の壁画古墳』（永島暉臣慎訳）学生社
正林護ほか　1983『大野台遺跡』（鹿町町文化財調査報告書第1集）
白石太一郎　1985「神まつりと古墳の祭祀—古墳出土の石製模造品を中心として—」『国立歴史民俗博物館研究報告』第7集
白石太一郎　1987「墳丘墓と古墳」『古墳発生前後の古代日本—弥生から古墳へ—』大和書房
白石太一郎　1995「古墳壁画の語るもの」『装飾古墳が語るもの—古代日本人の心象風景—』吉川弘文館
白木原　宣　1997「古墳時代の鈴——主として鋳造鈴について」『HOMINIDS』1号
申　敬澈　1989「伽耶地域の陶質土器」『陶質土器の国際交流』柏書房
申　敬澈　1990「5世紀における日本と韓半島」『日本考古学協会1990年度大会研究発表・要旨』および『発表資料集』
申　鐘煥　1996「清州新鳳洞出土遺物の外来的要素に関する一考—90B-1号墳を中心に—」『嶺南考古学』18
新宅信久　1994「江辻遺跡」『九州考古学会・嶺南考古学会第1回合同考古学会：資料編』
新谷武夫　1978「安芸・備後の古式須恵器」『古文化談叢』第5集
新谷武夫　1986「安芸・備後の古式須恵器Ⅱ—広島市池の内古墳群」『古文化談叢』第16集
末永雅雄・小林行雄・藤岡謙二郎　1943『大和唐古弥生式遺跡の研究』（京都帝国大学文学部考古学研究報告第16冊）
菅原俊行　1987「地蔵田B遺跡」『月刊考古学ジャーナル』273号
杉崎茂樹・若松良一　1986『瓦塚古墳』（埼玉古墳群発掘調査報告書第4集）
杉原敦史　1998「濠から五銖銭出土」『原の辻ニュースレター』第2号
杉原荘介　1943『遠賀川—筑前立屋敷遺跡調査報告—』
杉原荘介　1963「日本農耕文化生成の研究」明治大学人文科学研究所紀要第2冊、のち『日本農耕社会の形成』

（1977年）収録

杉原荘介　1977「日本農耕文化生成の研究」『日本農耕社会の形成』東京堂出版

杉原荘介　1955「弥生文化」『日本考古学講座』第4巻、河出書房

杉原荘介・大塚初重編　1964『日本原始美術4・青銅器』講談社

杉本憲司　1985「『三国志』時代の歴史情勢」『日本の古代』1、中央公論社

杉本源造　1997「滋賀県野洲郡野洲町大岩山古墳群甲山古墳」『日本考古学年報』48―1995年版―

椙山林継　1992「韓国の祭祀遺物」『国学院大学日本文化研究所報』29-2

椙山林継　1994～95「扶安竹幕洞祭祀遺蹟発掘調査進展報告の紹介」『祭祀考古』創刊号・第3号、祭祀考古学会

椙山林継　1995「韓国扶安竹幕洞祭祀遺跡シンポジウムに参加して」『国学院大学日本文化研究所報』32巻4号

杉山晋作　1990「人物埴輪の背景」『古代史復元』7、講談社

洲本市淡路文化史料館　1987『邪馬台国の時代と淡路島』

関川尚功　1984「奈良県下出土の初期須恵器」『考古学論攷』第10冊、橿原考古学研究所

関野　貞　1941「塼より見たる百済と支那南北朝特に梁との文化関係」『宝雲』10冊、のち『朝鮮の建築と芸術』岩波書店（1941年）所収

関野　雄　1956「中国における墳丘の生成―北方文化の波及に寄せて―」『中国考古学研究』東京大学出版会

妹尾周三　1987「Ⅳ考察―広島県における古式須恵器について―」『山陽自動車道建設に伴う埋蔵文化財発掘調査報告』Ⅳ、広島県教育委員会

全　栄来　1989「百済地域の陶質土器窯跡」『陶質土器の国際交流』柏書房

全　虎兌　1997「三国時代の古墳壁画」『月刊韓国文化』216号

専修大学文学部考古学研究室　2003『剣崎長瀞西5・27・35号墳』（剣崎長瀞西遺跡2）

曺　永鉉　2008「5世紀代　大加耶高塚の築造推移」（財）大東文化財研究院（第1回招請講演会『5世紀代日本列島の古墳文化』）

装飾古墳保存対策研究会　1975『特別史跡王塚古墳の保存―装飾古墳保存対策研究報告書―』

薗田香融・網干善教ほか　1971『和歌山市における古墳文化』（関西大学文学部考古学研究室紀要第4冊）

曽布川　寛　1981『崑崙山への昇仙―古代中国人が描いた死後の世界―』中公新書

大韓民国文化財管理局編　1974『武寧王陵』日本語版、学生社

第三次沖ノ島学術調査隊編　1979『宗像・沖ノ島』吉川弘文館

髙木恭二　2003「特色ある石棺の文化」『新宇土市史』通史編第1巻、第4章第3節

髙木正文編　1984『熊本県装飾古墳綜合調査報告書』（熊本県文化財調査報告書第68集）

高倉洋彰　1989「玉莽銭の流入と流通」『九州歴史資料館研究論集』14

高崎市教育委員会　1989『東アジアと古代東国』

高崎市教育委員会　1990『古代東国と東アジア』河出書房新社

高崎市教育委員会　2001『剣崎長瀞西遺跡1』

高島忠平・七田忠昭ほか　1989「佐賀県吉野ヶ里遺跡の調査」『日本考古学協会第55回総会研究発表要旨』

高瀬哲郎・堤安信ほか　1981『香田遺跡』（佐賀県文化財調査報告書第57集）

高田貫太　1998「垂飾付耳飾をめぐる地域間交渉」『古文化談叢』第41集

高槻市教育委員会編　2004『発掘された埴輪群と今城塚古墳』

高橋健自　1916「銅鉾銅剣考」（一）・（二）・（四）『考古学雑誌』6-11・12、7-3

高橋健自　1925『銅鉾銅剣の研究』聚精堂書店

高橋美久二　1988「『木製の埴輪』再論」『京都考古』第49号、京都考古刊行会

高宮廣衞　1978「沖縄諸島における新石器時代の編年（試案）」『南島考古』第6号、のち『沖縄の先史遺跡と文化』第一書房（1994年）収録

高宮廣衞　1982「城岳貝塚と明刀銭」『日本考古学協会昭和57年度大会・統一テーマ考古学と年代』大会資料

高宮廣衞　1983「暫定編年の第二次修正」『沖国大文学部紀要社会科学篇』11-1）、のち『沖縄の先史遺跡と文化』第一書房（1994年）収録

高宮廣衞　1985「沖縄県編年のいわゆる後期遺跡について—弥生文化との関連において—」『日本史の黎明—八幡一郎先生頌寿記念考古学論集—』六興出版

高宮廣衞　1986「沖縄と弥生文化」『弥生文化の研究』9、のち『沖縄の先史遺跡と文化』第一書房（1994年）収録

高宮廣衞　1992「沖縄先史土器と文化の時代名称—『縄文時代』・『うるま時代』の提唱について—」『南島考古』第12号

高宮廣衞・大城剛・松川章　1999「糸満市真栄里貝塚発掘調査概要（土器・骨器篇）」『真栄里貝塚発掘調査報告書』糸満市文化財調査報告書第16集

高宮廣衞・新田重清・上地千賀子　1993「糸満市真栄里貝塚発掘調査概要—石器篇—」『南島考古』第13号

田川　肇　1999「原の辻遺跡で三翼鏃出土」『月刊文化財発掘出土情報』通巻201号、ジャパン通信社

滝口宏・久地岡榛雄　1963『はにわ』日本経済新聞社

武内雅人　1989「近畿地方（6）—紀ノ川流域の須恵器と陶質土器」『陶質土器の国際交流』柏書房

竹内理三　1977『翰苑』（解説・校訂　太宰府天満宮文化研究所）

武末純一　1990「北部九州の環溝集落」『九州上代文化論集』乙益重隆先生古稀記念論文集刊行会

武末純一・平田定幸　1986「九州における発生期の須恵器窯」『月刊考古学ジャーナル』259号

竹谷俊夫　1988「布留遺跡豊井地区出土の初期須恵器をめぐって」『天理大学学報』第157輯

田崎博之　1986「唐津市宇木汲田遺跡における1984年度の発掘調査」『九州文化史研究所紀要』第31号、九州大学

辰巳和弘　1996『「黄泉の図」の考古学』講談社現代新書

立岩遺跡調査委員会編　1977『立岩遺跡』河出書房新社

田中勝弘　1998「継体大王の出現背景—水運と古墳の動向を中心に—」『古代文化』50-7・8

田中清美　1986「加美遺跡発掘調査の成果」『加美遺跡の検討』（古代を考える43）

田中清美　1989「5世紀における摂津・河内の開発と渡来人」『ヒストリア』第125号、大阪歴史学会

田中淳也・古門雅高　2000『金田城跡』美津島町文化財調査報告書9集

田中幸夫　1932a「筑前遠賀郡水巻村立屋敷の遺跡」『考古学』3-4

田中幸夫　1932b「遠賀川遺跡の土器紋様一覧」『考古学』3-7

田辺昭三　1966『陶邑古窯址群Ｉ』平安学園考古学クラブ

田辺昭三　1971「須恵器」1～12『日本美術工芸』388～394号、日本美術工芸社

田辺昭三　1981『須恵器大成』角川書店

田平徳栄　1990「佐賀県の支石墓」『アジアの巨石文化—ドルメン・支石墓考—』六興出版

田平徳栄ほか　1989『礫石遺跡』佐賀県文化財調査報告書第91集

玉名市教育委員会　1974『玉名市の文化財（総集編）』

田村晃一　1982「高句麗積石塚の構造と分類について」『考古学雑誌』68-1

田村　悟　1999「終末期群集墳の展開—北部九州を中心に—」『古文化談叢』第43集

淡厓　1988「銅鉾型ニ関セル江藤氏ノ報告」『東京人類学会雑誌』3-24

常松幹雄・下村智・横山邦継　1986「吉武高木—弥生時代埋葬遺跡の調査概要—」『福岡市埋蔵文化財調査報告書』

対馬遺跡調査委員会　1969『対馬―豊玉村佐保シゲノダン・唐崎の青銅器を出土した遺跡の調査報告―』、のち『対馬―浅茅湾とその周辺の考古学調査―』（長崎県文化財調査報告書第 17 集）再録
対馬遺跡調査会　1963「長崎県対馬調査報告（一）」『考古学雑誌』49-1
都出比呂志　1989a「環濠集落と弥生社会」『弥生の巨大遺跡と生活文化』雄山閣
都出比呂志　1989b「集落の構造」『日本農耕社会の成立過程』岩波書店
都出比呂志　1989c「前方後円墳の誕生」『古代を考える　古墳』吉川弘文館
常松幹雄　1984『浦志遺跡 A 地点』（前原町文化財調査報告書第 15 集）
坪井清足　1977『壁画・石造物』（日本原始美術大系 6）講談社
坪根伸也・河野史郎　1990「大分市下郡遺跡群出土の『陶質土器』について」『古文化談叢』22 集
出口浩・立神次郎・大澤正巳ほか　1985『王子遺跡』（鹿児島県埋蔵文化財発掘調査報告書 34）
寺澤　薫　1985「弥生時代舶載製品の東方流入」『考古学と移住・移動』同志社大学考古学シリーズⅡ
寺澤　薫　1998「集落から都市へ」『古代国家はこうして生まれた』角川書店
寺澤知子　1990「石製模造品の出現」『古代』第 90 号、早稲田大学考古学会
東亜考古学会　1931『牧羊城―南満洲老鉄山麓漢及漢以前遺蹟―』（東方考古学叢刊甲種第二冊）雄山閣
東亜大学校博物館　2000『固城松鶴洞古墳群現場説明会資料』
東京国立博物館編　1992『伽耶文化展』（展覧会図録）
当真嗣一・上原静ほか　1978『木綿原―沖縄県読谷村渡具知木綿原遺跡発掘報告書―』（読谷村文化財調査報告書第 5 集）
鳥栖市教育委員会　1990『田代太田古墳』
富岡謙蔵　1918「九州北部に於ける銅剣銅鉾及び弥生式土器と伴出する古鏡の年代に就いて」『考古学雑誌』8 巻 9 号 18、のち『古鏡の研究』丸善（1920 年）収録
友寄英一郎・高宮廣衞　1968「伊江島具志原貝塚調査概要」『琉球大学法文学部紀要・社会篇』第 12 号
豊北町教育委員会　1983〜1986『土井ケ浜遺跡発掘調査概報』第 7 次〜第 10 次、山口県
豊田正伸　1984「今治平野出土の陶質土器」『遺跡』第 25 号、遺跡発行会
鳥越憲三郎・若林弘子　1987『家屋文鏡が語る古代日本』新人物往来社
内藤芳篤ほか　1967『深堀遺跡』（長崎大学人類学考古学研究報告第 1 号）
直木孝次郎　1968『日本古代兵制史の研究』吉川弘文館
直良信夫・小林行雄　1932「播磨国吉田史前遺蹟の研究」『考古学』3-5
長崎県教育委員会　1993「原の辻遺跡発掘調査途中報告（第 3 回）」（現説資料）12 月、「原の辻遺跡」（パンフレット）
長崎県教育委員会　1998『原の辻遺跡・鶴田遺跡』（原の辻遺跡調査事務所調査報告書第 4 集）
永島暉巨慎・田中清美　1985「大阪市加美遺跡の弥生時代中期墳丘墓」『月刊文化財』266 号、第一法規出版
中島哲郎・牛之浜修ほか　1987『麦之浦貝塚』川内市土地開発公社
中島直幸　1985「佐賀県唐津市宇木汲田遺跡出土の銅鐸の『舌』について」『考古学雑誌』70-3
中島直幸ほか　1982『菜畑遺跡』（唐津市文化財調査報告書第 5 集）
仲宗根　求　1992「沖縄県中頭郡読谷村字渡慶次中川原貝塚」『日本考古学年報 43・1990 年度版』
永留久恵　1983「対馬『金田城』考」『大宰府古文化論叢』、のち『対馬古代史論集』名著出版（1991 年）収録
永留久恵　1984「対馬・壱岐」『日本の神々―神社と聖地―1.　九州』（2000 年復刊、白水社）
永留久恵　1988『海神と天神―対馬の風土と神々―』白水社
永留久恵　1991『対馬古代史論集』
長沼賢海　1951「糸島水道と倭奴国」『史淵』第 50 輯
長浜市教育委員会　1991『鴨田遺跡出土の漢代銅銭について』（記者発表用資料）

長嶺正秀　1986「豊前北部（行橋市・京都郡）出土の初期須恵器」『古文化談叢』第 16 集
長嶺正秀　1999『岩屋古墳群』苅田町文化財調査報告書第 31 集
長嶺正秀ほか　2008『国指定史跡御所山古墳・第 1 次調査概報』（苅田町文化財調査報告書　第 40 集）
中村耕治　1985「鹿児島県曽於郡大崎町『横瀬古墳』出土の初期須恵器」『古文化談叢』15 集
中村修身　1985『北方遺跡』（北九州市文化財調査報告書第 43 集）
中村修也　1987「紀氏の性格に関する一考察」『地方史研究』37-6
中村　浩　1981『和泉陶邑窯の研究―須恵器生産の基礎的考察―』柏書房
中村　浩　1985a「九州の初期須恵器の系譜―江田船山古墳出土例の検討―」『古代窯業史の研究』柏書房
中村　浩　1985b「近畿の初期須恵器―各地の出土例の集成と概観的考察―その 1」『古文化談叢』第 15 集
中村　浩　1989「近畿地域の須恵器と陶質土器」『陶質土器の国際交流』柏書房
中村　勝　1984「甘木・朝倉地方の初期須恵器―窯跡資料を中心として―」『地域相研究』14 号、「福岡市金武小学校蔵の古式須恵器」『福岡考古』14 号
中村　勝　1989「筑紫における須恵器編年（予察）」『九州考古学』63 号
中山清隆　1996「竹幕洞祭祀遺跡と湖南地域の古代文化―竹幕洞祭祀遺跡国際シンポジウム参加記―」『祭祀考古』第 6 号
中山平次郎　1917a「九州北部に於ける先史原史両時代中間期間の遺物に就て」『考古学雑誌』7-10・11、8-1-3
中山平次郎　1917b「所謂弥生式土器に対する私見」『考古学雑誌』8-2
中山平次郎　1917c「銅鉾銅剣の新資料」『考古学雑誌』7-7
中山平次郎　1920「土器の有無未詳なる石器時代遺蹟（下）」『考古学雑誌』10-11
中山平次郎　1922a「須玖新発見の広鋒銅鉾―明治 32 年に於ける須玖岡本発掘物の出土状態・続編」『考古学雑誌』12-12
中山平次郎　1922b「明治 32 年に於ける須玖岡本発掘物の出土状態」其一・其二（考古学雑誌 12-10・12）
中山平次郎　1923a「筑後国三井郡小郡村大字大板井の巨石」「須玖岡本の大石及立石」『考古学雑誌』13-10
中山平次郎　1923b「焼米を出せる竪穴址」『考古学雑誌』14-1
中山平次郎　1927「須玖岡本の遺物」『考古学雑誌』17-8
中山平次郎　1928a「須玖岡本出土の鏡片研究」『考古学雑誌』18-10・11
中山平次郎　1928b「爾後採集せる須玖岡本の甕棺遺物―硝子「須玖岡本出土の鏡片研究―鏡剣玉三器尊重の由来」（一）・（二）・（三）『考古学雑誌』18-10・11、19-2
中山平次郎　1929「須玖岡本出土の鏡片研究」『考古学雑誌』19-2
中山平次郎　1932a「遠賀川遺蹟の土器と銅鐸及び細線及び鋸歯紋鏡」『考古学』3-2
中山平次郎　1932b「福岡地方に分布せる二系統の弥生式土器」『考古学雑誌』22-6
中山平次郎　1932c「福岡地方に分布せる二系統の弥生式土器の調査」『福岡県史蹟名勝天然紀念物調査報告書』第 7 輯
中山平次郎　1933「遠賀川遺蹟の土器文様」『福岡県史蹟名勝天然紀念物調査報告書』第 8 輯
中山平次郎　1971「須玖岡本の甕棺遺物補遺」『九州考古学』10・11 合併号
奈良国立博物館監修　1961『天平の地宝』朝日新聞社
奈良国立文化財研究所飛鳥資料館　1977『日本古代の墓誌』
楢崎彰一監修　1984『日本陶磁の源流―須恵器出現の謎を探る―』柏書房
名和羊一郎　1940「立屋敷遺跡の発見」『考古学』11-10
西　信男　1998「八反地区検出『船着き場跡』『石組遺構』」『原の辻ニュースレター』第 2 号
西川宏・今井尭編　1958「吉備地方須恵器編年資料集成」『古代吉備』第 2 集、古代吉備研究会
西谷真治・置田雅昭　1988『ニゴレ古墳』京都府弥栄町文化財調査報告書第 5 集

西嶋定生　1999『倭国の出現―東アジア世界のなかの日本―』東京大学出版会
日本考古学協会西北北九州総合調査特別委員会　1960「島原半島（原山・山ノ寺・礫石原）及び唐津市（女山）の考古学的調査」『九州考古学』10
日本考古学協会西北北九州総合調査特別委員会　1962「島原半島の考古学的調査第二次概報」『九州考古学』14
野上丈助　1983「日本出土の垂飾付耳飾について」『古文化論叢』（藤沢一夫先生古稀記念）
野田久男編　1981『鳥取県装飾古墳分布調査概報』鳥取県教育委員会
野守健・榧本亀次郎　1933「永和九年在銘博出土古墳調査報告」『昭和7年度　古墳調査報告』第1冊
野守健・神田惣蔵　1935『忠清南道公州宋山里古墳調査報告』『昭和二年度古蹟調査報告』第二冊
橋口達也　1990「須恵器」（日本考古学協会1990年度大会研究発表要旨）
橋口達也ほか　1979『池の上墳墓群』（甘木市文化財調査報告第5集）
橋口達也ほか　1983～85『石崎曲り田遺跡』Ⅰ～Ⅲ（今宿バイパス関係・埋蔵文化財調査報告第8・9・11集）
橋口達也ほか　1987『新町遺跡―福岡県糸島郡志摩町所在支石墓群の調査―』Ⅰ（志摩町文化財調査報告書第7集）
橋口達也ほか　1988『新町遺跡―福岡県糸島郡志摩町所在支石墓群の調査―』Ⅱ（志摩町文化財調査報告書第8集）
橋口達也・内田俊和　1982『古寺墳墓群』（甘木市文化財調査報告第14集）
橋口達也・内田俊和　1983『古寺墳墓群Ⅱ』（甘木市文化財調査報告第15集）
橋本博文　1977「埴輪祭式論―人物埴輪出現後の埴輪配列をめぐって―」『塚廻り古墳群』群馬県教育委員会
橋本博文　1992「古墳時代後期の政治と宗教―人物・動物埴輪に見る政治と宗教―」『日本考古学協会1992年度大会研究発表要旨』
波多　巌　1909「チブサンの石人につきて」『考古界』第7篇第10号
波多野晥三　1952「筑紫国造磐井考」『福岡学芸大学久留米分校研究紀要』2号、のち『筑紫史論』第1輯収録（1973年）三光社出版
波多野晥三・小田富士雄　1964「筑後・岩戸山古墳新発見の埴輪列・石製品の調査」『九州考古学』20・21合集、のち小田編『石人石馬』学生社（1985年）収録
花田勝広　1999「三上山下古墳出土の獣帯鏡―出土地の検討―」『滋賀考古』21号、滋賀県考古学研究会
土生田純之　1991「古墳における儀礼の研究―木柱をめぐって―」『九州文化史研究所紀要』第36号、九州大学文学部
土生田純之　2000「近年における韓国横穴式石室研究事情」『月刊考古学ジャーナル』461号
浜石哲也ほか　1981『藤崎遺跡』（福岡市埋蔵文化財調査報告書第62集）
浜田耕作ほか　1919『九州に於ける装飾ある古墳』（京都帝国大学文学部考古学研究報告3）
浜田耕作・梅原末治　1922・1924「慶州金冠塚とその遺宝」『古蹟調査特別報告』
浜田信也・佐々木隆彦・田平徳栄　1980『今光遺跡・地余遺跡』那珂川町・東急不動産
林　巳奈夫　1972『中国殷周時代の武器』京都大学人文科学研究所
林巳奈夫編　1976『漢代の文物』京都大学人文科学研究所
速見信也・柏原孝俊　1991『一ノ口遺跡Ⅰ地点』（小郡市文化財調査報告書第86集）
原　俊一　1988「古墳時代の宗像」『古代を考える　沖ノ島と古代祭祀』吉川弘文館
原口長之　1965「火葬墓としての小型横穴」『熊本史学』第29号、熊本大学法文学部内熊本史学会
原田大六　1952「福岡県石ケ崎の支石墓を含む原始墓地」『考古学雑誌』38-4
春成秀爾　1989「九州の銅鐸」『考古学雑誌』75-2
春成秀爾　1990「弥生の集落」『歴史と社会』10、リブロポート
東中川忠美ほか　1986『久保泉丸山遺跡』佐賀県文化財調査報告書第84集

東中川忠美・藤田等ほか　1981『大友遺跡』呼子町文化財調査報告書第1集

樋口隆康　1955「九州古墳墓の性格」『史林』38-3

樋口隆康　1972「武寧王陵出土鏡と七子鏡」『史林』55-4

樋口吉文　1989「近畿地域（3）—四ツ池遺跡の須恵器と陶質土器—」『陶質土器の国際交流』柏書房

久村貞男ほか　1980『宮の本遺跡』（佐世保市埋蔵文化財調査報告書）

日田市教育委員会　1986『ガランドヤ古墳群—大分県日田市所在装飾古墳の調査報告—』

日田市教育委員会　1993『居館の里・小迫辻原遺跡』

日野開三郎　1984「邸閣—三国志・東夷伝用語解の二—」『東洋史学論集』第9巻、三一書房

日野尚志　1972「筑前国怡土・志麻郡における古代の歴史地理学的研究」『佐賀大学教育学部研究論文集』第20集

平田定幸　1984「朝倉の初期須恵器窯跡」『甘木市史資料・考古編』甘木市

平野邦雄　1973「九州における古代豪族と大陸」『古代東アジアと九州』（九州文化論集1）平凡社

平林章仁　1992『鹿と鳥の文化史—古代日本の儀礼と呪術—』白水社

広岡公夫　1989「年代測定からみた状況」『陶質土器の国際交流』柏書房

冨加見泰彦　1989「近畿地域（2）—大庭寺遺跡の須恵器と陶質土器—」『陶質土器の国際交流』柏書房

福尾正彦　1979「宮崎県内出土の須恵器—地下式横穴・高塚古墳出土例を中心として—」『古文化談叢』6集

福岡県教育委員会　1970『今宿バイパス関係埋蔵文化財調査報告』第1集

福岡県立朝倉高等学校史学部　1969『埋もれていた朝倉文化』福岡県立朝倉高等学校史学部

福岡市教育委員会　1976『板付（5）』（福岡市埋蔵文化財調査報告書第35集）

福岡市教育委員会　1984『鋤崎古墳』（福岡市文化財調査報告書第112集）

福岡市教育委員会　1986『吉武高木—弥生時代埋葬遺跡の調査概報—』

福岡市教育委員会　1989『老司古墳』（福岡市埋蔵文化財調査報告書第209集）

福岡市教育委員会　1993『板付弥生ムラだより』第20号

福岡市教育委員会　2001『比恵29—比恵遺跡群第72次調査概要—』（福岡市埋蔵文化財調査報告書第663集）

福岡市歴史資料館編　1986『早良王墓とその時代』（展覧会図録）

福岡大学考古学研究室編　1998『国史跡五郎山古墳—保存整備事業に伴う発掘調査—』（筑紫野市文化財調査報告書第57集）

福岡大学考古学研究室　2003「対馬・サイノヤマ古墳の調査—対馬の終末期古墳文化解明への予察—」『福岡大学考古学研究室研究調査報告』第2冊

福島日出海　1987『嘉穂地区遺跡群』Ⅳ（嘉穂町文化財調査報告書）

福島日出海　1991「朝鮮小銅鐸と銅鐸の間に—福岡・原田遺跡出土の小銅鐸を中心として—」『児嶋隆人先生喜寿記念論集古文化論叢』

福島日出海　1993「福岡県嘉穂郡嘉穂町鎌田原遺跡」『日本考古学年報44・1991年度版』

福永伸哉　1987「木棺墓」『弥生文化の研究』8、雄山閣

藤井　功　1979『装飾古墳』（日本の原始美術10）講談社

藤井保夫　1984「近畿地方（2）—紀伊地域—」『日本陶磁の源流』柏書房

藤田三郎　1989「唐古・鍵ムラの変遷」『弥生の巨大遺跡と生活文化』雄山閣

藤田三郎　1990「唐古・鍵遺跡の構造とその変遷」『季刊考古学』第31号、雄山閣

藤田　等　1987「土壙墓—北部九州—」『弥生文化の研究』8、雄山閣

藤田亮策　1937「大邱大鳳町支石墓調査」第1回・第2回『古蹟調査報告』昭和11年・13年度『朝鮮考古学研究』1948収録

藤原　学　1989「近畿地域（5）—吹田32号須恵器窯跡の遺物—」『陶質土器の国際交流』柏書房

舟山良一　1988「須恵器の窯跡群―九州―」『季刊考古学』24 号、雄山閣
古城史雄　2001『岩瀬・木柑子遺跡―花房中央地区県営ほ場整備事業に伴う埋蔵文化財調査―』（熊本県文化財調査報告第 198 集）
古谷　清　1911「鹿部と須玖」『考古学雑誌』2-3
文化公報部文化財管理局　1976『馬山城山外洞貝塚発掘調査報告』
文化財保護委員会　1956『志登支石墓群』
方　起東　1985「高句麗石塚の時代的変化」シンポジウム・好太王碑―4、5 世紀の東アジアと日本―』
前原市教育委員会　1992『伊都―古代の糸島―』前原市立伊都歴史資料館
前原町教育委員会　1986『古賀崎古墳』（伊都国資料館展示品図録第 3 集）
正岡睦夫　1982「今治市桜井唐古台における後期古墳の一考察」『遺跡』第 22 号
町田　章　1967「中国における墳丘の形成」『歴史教育』15-3
町田　章　1976「環刀の系譜」『研究論集』Ⅲ、国立奈良文化財研究所
町田　章　1984「中国新石器時代の集落」『季刊考古学』第 7 号、雄山閣
町田　章　1987『古代東アジアの装飾墓』同朋舎
町田　章　1988「三雲遺跡の金銅四葉座金具について」『古文化談叢』第 20 集・上
松尾禎作　1951「横田下古墳」『佐賀県史蹟名勝天然紀念物調査報告書』第 10 輯
松岡史・亀井勇　1968『福岡県伯玄社遺跡調査概報』春日市教育委員会
松崎寿和ほか　1954『三ツ城古墳』（広島県文化財調査報告第 1 集）
松本敏三　1982「香川県下の古式須恵器―宮山窯址の須恵器―」『瀬戸内海歴史民俗資料館年報』第 7 号
松本敏三　1983「資料紹介・宮山窯跡の高坏」『瀬戸内海歴史民俗資料館だより』第 15 号
松本敏三　1984a「四国地方」『日本陶磁の源流』柏書房
松本敏三　1984b「香川県古代窯業遺跡分布調査報告Ⅰ―旧刈田郡・旧三野郡―」『瀬戸内歴史民俗資料館紀要Ⅰ』
松本正信　1970『宮山古墳発掘調査概報』（姫路市文化財調査報告Ⅰ）
松本正信　1973『宮山古墳第 2 次発掘調査概報』（姫路市文化財調査報告Ⅳ）
真野和夫ほか　1986『鬼塚古墳保存修理報告書』大分県国見町教育委員会
丸山康晴・平田定幸　1980『須玖・岡本遺跡』（春日市文化財調査報告書第 7 集）
三上次男　1961「大邱の支石墓群と古代南鮮社会」『満鮮原始墳墓の研究』吉川弘文館
三上次男　1978「百済武寧王陵出土の中国陶磁とその歴史的意義」『古代東アジア史論集』下巻、吉川弘文館
三木文雄　1969「金属器」『新版考古学講座』4、雄山閣
三木文雄　1979「銅剣の鋳型とその製品について―仿製銅剣の型式論―」『日本歴史』376 号、吉川弘文館
水野清一・樋口隆康・岡崎敬　1953『対馬―玄海における絶島、対馬の考古学的調査―』（東方考古学叢刊乙種第 6 冊）東亜考古学会
水野清一・岡崎敬　1954「壱岐原の辻弥生式遺蹟調査概報」『対馬の自然と文化』古今書院
水野正好　1977「埴輪の世界」『日本原始美術大系 3・土偶埴輪』講談社
水野正好　1980「芸能の発生」『講座日本の古代信仰 5・呪禱と芸能』学生社
三辻利一　1984「茶臼塚古墳・隈遺跡群及び古窯跡出土の須恵器の胎土分析」『甘木市史資料・考古編』甘木市
三辻利一　1989「産地推定の状況―化学分析法による古代土器の伝播・流通に関する研究の現況―」『陶質土器の国際交流』柏書房
三辻利一　1990a「蛍光 X 線分析による古代土器の産地推定」（日本考古学協会 1990 年度大会ポスターセッション資料）
三辻利一　1990b「山隈窯出土須恵器、埴輪の蛍光 X 線分析」『九州考古学』65 号

三辻利一　　1990c「胎土分析からみた朝鮮半島産陶質土器」『古代朝鮮と日本』名著出版
三辻利一・杉直樹　1986「北九州の初期須恵器の胎土分析」『古文化談叢』16集
宮城栄昌・高宮広衛編　1983『沖縄歴史地図―考古編―』柏書房
宮崎県　1944『六野原古墳調査報告書』（宮崎県史蹟名勝天然記念物調査報告書第13輯）
宮崎市定　1988「中国城郭の起源異説」『中国古代史論』平凡社
宮崎貴夫ほか　1983『宇久松原遺跡―北松浦郡宇久町所在の弥生墳墓―』（長崎県文化財調査報告書第66集）
宮本長二郎　1993「弥生建築の現状と課題」『福岡からアジアへ』1、西日本新聞社
武藤直治　1937「筑後一条石人山古墳」（福岡県史蹟名勝天然記念物調査報告書12）
宗像神（大）社復興期成会　1958『沖ノ島』
宗像神（大）社復興期成会　1961『続沖ノ島』
宗像神（大）社復興期成会　1979『宗像沖ノ島』
村川行弘ほか　1967『田能遺跡概報』兵庫県尼崎市教育委員会
村山智順　1931『朝鮮の風水』『朝鮮総督府調査資料』第31輯）
毛利哲久　2000『小正西古墳』（穂波町文化財調査報告書第12集）
本村豪章　1991「古墳時代の基礎的研究稿―資料館（Ⅱ）―」『東京国立博物館紀要』第26号
基山町遺跡発掘調査団　1978『千塔山遺跡』
森　浩一　1958「和泉河内窯の須恵器編年」『世界陶磁全集』1、小学館
森浩一編　1984『韓国の前方後円墳』社会思想社
森　貞次郎　1942「古期弥生式文化に於ける立岩文化期の意義」『古代文化』13-7、財団法人古代学協会
森　貞次郎　1955「各地域の弥生式土器―北九州」『日本考古学講座4』河出書房新社
森　貞次郎　1956「筑後風土記逸文に見える筑紫君磐井の墳墓」『考古学雑誌』41-3、のち『九州の古代文化』
　　　　六興出版（1983年）収録
森　貞次郎　1957「福岡県鞍手郡若宮町竹原古墳の壁画」『美術研究』194号
森　貞次郎　1960「青銅器の渡来」『世界考古学大系』2、平凡社
森　貞次郎　1961「福岡県夜臼遺跡」『日本農耕文化の生成・本文篇』東京堂出版
森　貞次郎　1966「九州の弥生文化の発展と地域性―九州―」『日本の考古学Ⅲ』河出書房新社
森　貞次郎　1968a『竹原古墳』中央公論美術出版
森　貞次郎　1968b「弥生時代における細形銅剣の流入について」『日本民族と南方文化』平凡社
森　貞次郎　1969「日本における初期の支石墓」『金載元博士回甲紀念論叢』
森　貞次郎　1970a『岩戸山古墳』（美術文化シリーズ）中央公論美術出版
森　貞次郎　1970b「装飾古墳の展開」『古代の日本3・九州』角川書店
森　貞次郎　1977「磐井の反乱―古墳文化からみた磐井の反乱」『古代の地方史1・西海編』朝倉書店、のち『九
　　　　州の古代文化』六興出版（1983年）収録
森　貞次郎　1983『九州の古代文化』六興出版
森　貞次郎　1985『装飾古墳』（歴史新書41）教育社
森　貞次郎　1993「自由画風線刻画人物像にみる六朝文化類型―装飾古墳雑考―」『考古学雑誌』79-1
森貞次郎・岡崎敬　1960「島原半島・原山遺跡」『九州考古学』10
森貞次郎・岡崎敬　1961「福岡県板付遺跡」『日本農耕文化の生成』東京堂出版
森貞次郎・乙益重隆・渡辺正気　1960「福岡県志賀島の弥生遺跡」『考古学雑誌』46-2
森貞次郎・乙益重隆　1985「渾脱の舞―清戸迫横穴第77号墓出土の鋸歯状木器を中心として―」『東アジアの
　　　　考古と歴史』下巻、同朋舎
森田克行　1984「高槻市周辺」『日本陶磁の源流』柏書房

森田克行　1985「大阪府岡本山古墳群・岡本山Ａ３号墳」『日本考古学年報』35
森田克行　1989「土室遺跡群の発掘調査について（その1）」『大阪府下埋蔵文化財研究会（第19回）資料』
森田克行　2003「今城塚古墳と埴輪祭祀」『東アジアの古代文化』第117号、大和書房
毛利光俊彦　1978「古墳出土銅鋺の系譜」『考古学雑誌』64-1
毛利光俊彦　1999「古代朝鮮の冠―百済―」『瓦衣千年・森郁夫先生還暦記念論文集』同刊行会
盛本　勲　1994「久米島大原第二地点の発掘調査」『考古学ジャーナル』373号
盛本勲ほか　1989『清水貝塚発掘調査報告書』
森本六爾　1930a「北九州弥生式土器編年―筑前須玖に於ける観察―」『考古学』1巻付録
森本六爾　1930b「肥前松浦潟地方に於ける甕棺遺跡と其伴出遺物」『考古学』1-5・6合併号
森本六爾　1929『石人石馬』（日本考古図録大成）日東書院
森本六爾　1930「石人の新例に就いて」『筑紫史談』第49集
八木奘三郎　1906『日本考古学』嵩山房
八木奘三郎　1910『考古精説』嵩山房
八木　充　1968『律令国家成立過程の研究』塙書房
安井良三　1964「天武天皇の葬礼考―『日本書紀』記載の仏教関係記事―」『日本書紀研究』第1冊、塙書房
安井良三　1968「古墳時代の船―展示資料に関連して―」『研究紀要』第一冊、大阪市立博物館
安永周平　2000「古墳時代のトンボ玉―装飾付ガラス玉を提唱するにあたり―」『東アジア古代史・考古学研究会第12回交流会資料』東アジア考古学会
安村俊史・桑野一幸　1996『高井田山古墳』（柏原市文化財概報1995-Ⅱ）
柳沢一男　1987「石製表飾考」『東アジアの考古と歴史』下巻、同朋舎
柳沢一男　1995「筑前における古墳時代首長墓系譜の動向」『九州における古墳時代首長墓の動向』九州考古学会・宮崎考古学会
柳沢一男ほか　2002『鋤崎古墳』（福岡市埋蔵文化財調査報告書第730集）
柳沢一男・杉山富雄　1984『鋤崎古墳―1981～83年調査概報―』（福岡市埋蔵文化財調査報告書第112集）
柳田康雄　1982a「糸島の古墳文化」『三雲遺蹟・Ⅲ』（福岡県文化財調査報告書第63集）
柳田康雄　1982b「第二編原始」『甘木市史』上巻
柳田康雄ほか　1979『小田茶臼塚古墳』（甘木市文化財調査報告第4集）
柳田康雄・赤司善彦　1985『西新町遺跡』（福岡県文化財調査報告書第72集）
柳田康雄・小池史哲ほか　1985「三雲遺跡・南小路地区編」『福岡県文化財調査報告書』第69集
柳田康雄・児玉真一ほか　1982『三雲遺蹟Ⅲ』（福岡県文化財調査報告書第63集）
柳田康雄　1986a「青銅器の創作と終焉」『九州考古学』第60号
柳田康雄　1986b「北部九州の古墳時代」『日本の古代』中央公論社
柳本照男　1983「布留式土器に関する一試考」『ヒストリア』101号、大阪歴史学会
柳本照男　1984「利倉西遺跡の初期須恵器」『日本陶磁の源流』柏書房
矢野一貞　1927『校訂筑後国史・筑後将士軍談』下巻、名著出版
山内清男　1925「石器時代にも稲あり」『人類学雑誌』40-5
山尾幸久　1999『筑紫君磐井の戦争―東アジアのなかの古代国家―』新日本出版社
山口県教育委員会　1976『朝田墳墓群Ⅰ』
山口県教育委員会　1981『史跡土井ケ浜遺跡遺構範囲確認調査』
山口県教育委員会　1989『土井ケ浜遺跡第11次発掘調査概報』
山崎純男　1979「福岡市有田遺跡出土の陶質土器と古式須恵器」『古文化談叢』第6集
山崎純男　1990「環濠集落の地域性―九州地方」『季刊考古学』第31号、雄山閣

山崎純男ほか　1979『板付遺跡調査概報（板付周辺遺跡調査報告書第 5 集）』（福岡市埋蔵文化財調査報告書第 49 集）
山田邦和　1989「装飾付須恵器の分類と編年　上・下」『古代文化』41 巻 8 号・9 号
山中　章　1985「鶏冠井遺跡銅鐸鋳型の復原」『京都府埋蔵文化財情報』18、（財）京都府埋蔵文化財調査研究センター
山本　清　1950「山陰の須恵器」『島根大学開学十周年記念論集』、のち『山陰古墳文化の研究』（1971 年）収録
山本清監修　1980『さんいん古代史の周辺・下』（第四章 3・須恵器の生産）山陰中央新報社
山本　博　1932「九州地方出土の有紋弥生式土器」『考古学雑誌』22-9
八幡一郎　1950「琉球先史学に関する覚書―考古学上より見た琉球―」『民族学研究』15-2
湯浅幸孫　1983『翰苑校釈』国書刊行会
行橋市史編纂委員会編　2004『行橋市史』上巻、行橋市
揚　寛　1981『中国皇帝陵の起源と変遷』（西嶋定生監訳、尾形勇・太田有子共訳）学生社
揚　寛　1987『中国都城の起源と発展』（西嶋定生・尾形勇・高木智見共訳）学生社
横山邦継　1987「福岡市早良区重留古窯址の調査」『1987 年度九州史学会考古部会研究発表要旨』
横山邦継編　1997『吉武遺跡群』（福岡市埋蔵文化財調査報告書第 461 集）
横山邦継・下村智・三辻利一・杉直樹　1987「福岡市・飯盛遺跡出土陶質土器の産地推定」『古文化談叢』18 集
横山浩一・藤尾慎一郎　1986「宇木汲田遺跡 1984 年度調査出土の土器について―刻目突帯文土器を中心に―」『九州文化史研究紀要』第 31 号、九州大学
横山順・副島康司　1983『大塚山古墳』芦辺町文化財調査報告書
吉田　晶　1975「古代国家の形成」『日本歴史 2・古代 2』（岩波講座）岩波書店
吉留秀敏　1993「那珂遺跡の二重環濠遺構」『考古学研究 39 巻 4 号』
吉留秀敏　1994『那珂 11―二重環濠集落の調査―』（福岡市埋蔵文化財調査報告書第 366 集）
吉留秀敏・茂和敏　1992「福岡市クエゾノ遺跡採集の中国製銅鏃について―日本出土の中国製三角鏃の検討―」『古文化談叢』第 27 集
吉村　怜　1968「龍門北魏窟における天人誕生の表現」『美術史』69 号
吉村　怜　1977「百済武寧王妃木枕に画かれた天人誕生図」『美術史研究』14 冊
読売新聞社編　1989『吉野ヶ里・藤ノ木・邪馬台国』読売新聞社
李　殷昌　1989「新羅・伽耶の古墳と陶窯址―新羅土器と伽耶土器の起源・生産・比較を中心に―」『陶質土器の国際交流』柏書房
李　揆山　1992「竹幕洞祭祀遺蹟発掘報告」『韓国の貝塚文化―第 16 回韓国考古学全国大会発表要旨』
李健茂・李栄勲・尹光鎮・申大坤　1989「義昌茶戸里遺蹟発掘進展報告 (1)」『考古学誌』第 1 輯、日本語編（西谷正監訳）1990 年
李　南奭　2000「百済の横穴式石室」（吉井秀夫訳）『月刊考古学ジャーナル』461 号、ニュー・サイエンス社
李　丙燾　1980「江西古墳壁画の研究―主として大墓壁画にかんする研究―」『韓国古代史研究―古代史上の諸問題―』学生社
林　永珍　1995「光州日桂洞の長封墳 2 基」（橋本博文訳）『古文化談叢』34 集
林　永珍　2000「栄山江流域の横穴式石室墓」（土生田純之訳）『月刊考古学ジャーナル』461 号
若林弘子　1986『高床式建物の源流』弘文堂
和田晴吾　1994「古墳築造の諸段階と政治的階層構成―五世紀代の首長制的体制に触れつつ―」『ヤマト王権と交流の諸相』（古代王権と交流 5）朝倉書店
若狭　徹　2004『古墳時代の地域社会復元・三ツ寺Ⅰ遺跡』新泉社
若狭徹ほか　2000『保渡田八幡塚古墳―史跡保渡田古墳群八幡塚古墳保存整備事業報告書―』

若松良一　1992「再生の祈りと人物埴輪―埴輪群像は殯を再現している―」『東アジアの古代文化』72号
若松良一ほか　1992『二子山古墳・瓦塚古墳』（埼玉古墳群発掘調査報告書第8集）
若松良一・日高慎　1992「形象埴輪の配置と復原される葬送儀礼（上）―埼玉瓦塚古墳の場合を中心に―」『埼玉県立さきたま資料館調査研究報告』第5号
和歌森太郎　1958「大化前代の喪葬制について」『古墳とその時代』（二）朝倉書店
和歌山県史編さん委員会編　1985『和歌山県史・考古資料』和歌山県
和田　萃　1995a「古代史からみた装飾古墳」『装飾古墳が語るもの』吉川弘文館
和田　萃　1995b「喪葬儀礼と即位儀礼」『日本古代の儀礼と祭祀・信仰』上巻、塙書房
和田　萃　1995c「殯の基礎的考察」『日本古代の儀礼と祭祀・信仰』上、塙書房
渡辺和子　1989「九州地域（1）―隈・西小田地区遺跡群内の窯跡―」『陶質土器の国際交流』柏書房
渡辺正気　1957「和銅銭副葬の一蔵骨器」『九州考古学』1
渡部明夫　1977「香川県における須恵器編年（1）」『香川史学』6号

【中国・韓国語文献】

安徽省文化局文物工作隊　1959「安徽屯溪西周墓葬発掘報告」『考古学報』1959-4
尹武炳　1972「韓国青銅遺物の研究」白山学報12
尹武炳　1974「武寧王陵및宋山里六號墳의塼築構造에대한考察」『百済研究』5輯
尹武炳　1992「武寧王陵및宋山里六号墳의塼築構造에대한考察」「武寧王陵石獸의研究」「武寧王陵의木棺」『百済考古学研究』（忠南大学校百済研究叢書第2輯）
河北省文化局文物工作隊　1958『鄧県彩色画象塼墓』
河北省文化局文物工作隊　1965「河北易県燕下都故城勘察和試掘」『考古学報』1965-1期、「河北易県燕下都第16号基発掘」『考古学報』1965-2期
韓永煕・李揆山・兪炳夏　1992「扶安竹幕洞祭祀遺蹟発掘調査進展報告」『考古学誌』第4輯
韓国考古環境研究所　2007『行政中心複合都市建設業予定地区I-1地点松院里遺蹟試掘および発掘調査指導委員会資料集』第5次
韓国考古環境研究所　2008『行政中心複合都市建設業予定地区I-1地点松院里遺蹟試掘および文化遺蹟発掘調査指導委員会資料集』第6次
韓国国立中央博物館　1999『特別展・百済』（展覧会図録）
韓炳三　1971「先史時代農耕文青銅器에대하여」『考古美術』112号
金元龍　1974「百済初期古墳에대한再考」『歴史学報』第62輯、のち『韓国考古学研究』（1987年）収録
金元龍　1983「所謂『瓦質土器』에예対하여―原三国考古学上의새問題」『歴史学報』第99・100合輯（武末純一氏訳文『古文化談叢』第16集掲載）
金元龍編　1975『韓国考古学年報』Ⅱ
金廷鶴・鄭澄元　1979『釜山華明洞古墳群』（釜山大学校博物館遺蹟調査報告第2輯）
金秉模　1977「芳荑洞古墳群」『考古学』第4輯
姜仁求　1992『자라봉古墳』（三国時代遺蹟의調査研究Ⅰ）
姜仁求・李健茂・韓永煕・李康承　1979『松菊里Ⅰ』（国立博物館古蹟調査報告第11冊）
陝西省考古研究所　1988『姜寨―新石器時代遺址発掘報告―』
公州大学校博物館　1995『百済古墳資料集』
公州大学校附設百済文化研究所主管　1991『百済武寧王陵研究論文集Ⅰ』（武寧王陵発掘20周年記念学術会議準備資料）
国立慶州博物館編著　1987『菊隠李養璿蒐集文化財』

国立公州博物館　1999『百済의祭祀遺跡・艇止山』（国立公州博物館学術調査叢書第 7 冊）
国立光州博物館　1990『霊岩・萬樹里 4 号墳』
国立清州博物館　1990『清州新鳳洞 B 地区墳墓発掘調査報告』『清州新鳳洞百済古墳群発掘調査報告書―1990年度調査―』（忠北大学校博物館編）
国立全州博物館　1994『扶安竹幕洞祭祀遺蹟』（国立全州博物館学術調査報告第 1 輯）
国立全州博物館　1995『海と祭祀―扶安竹幕洞祭祀遺蹟―』
崔永禧・金正基・宋基豪　1988〜89『驪州梅龍里용강골古墳群発掘報告書』Ⅰ・Ⅱ（翰林大学博物館研究叢書 2・3）
崔夢龍・崔秉鉉編　1988『百済時代의窯址研究』
蚕室地区遺蹟発掘調査団　1975、1976『蚕室地区遺蹟発掘調査報告』
蚕室地区遺蹟発掘調査団　1977『蚕室地区遺蹟発掘調査報告』1975 年度
申敬澈　1980「熊川文化期紀元前上限説의再考」『釜山史学』第 4 輯（後藤直氏訳文『古文化談叢』第 8 集掲載）
申敬澈　1986「新羅土器의発生에対하여」『韓日古代文化의諸問題』
申敬澈ほか　1989『金海七山洞古墳群Ⅰ』（慶星大学校博物館遺蹟調査報告第 1 輯）
斉東方　1999『唐代金銀器研究』中国社会科学出版社
成洛俊　1992「한펭 에터리 신터고분 간급수습사약보」『재 35 희 전구역사학대희 발표요지』
成洛俊　1982『栄山江流域의甕棺墓研究』（武末純一氏訳文『古文化談叢』第 13 集掲載）
成洛俊　1993「전남지방 장고행고분의축기획에 매하여」『歴史学研究』12
全栄来　1980『古沙夫里―古阜地方古代文化圏調査報告書』
ソウル大学校博物館　1975『石村洞積石塚発掘調査報告書』
中国科学院考古研究所　1959『洛陽焼溝漢墓』（中国田野考古報告集考古学専刊丁種第 6 号）
中国科学院考古研究所　1963『西安半坡―原始氏族公社聚落遺址―』中国
中国社会科学院考古研究所安陽工作隊　1977「安陽殷墟 5 号墓的発掘」『考古学報』1977-1
趙榮濟ほか　2000『宜寧　雲谷里古墳群』（慶尚大学校博物館研究叢書第 22 輯）
朝鮮遺跡遺物図鑑編纂委員会　1990a『朝鮮遺跡遺物図鑑』4（高句麗編 2）
朝鮮遺跡遺物図鑑編纂委員会　1990b『朝鮮遺跡遺物図鑑』5（高句麗編 3）
朝鮮遺跡遺物図鑑編纂委員会　1990c『朝鮮遺跡遺物図鑑』6（高句麗編 4）
朝鮮民主主義人民共和国科学院考古学・民俗学研究所所　1956「台城里古墳群発掘報告」『遺跡発掘報告』第 5 集
朝・中合同考古学発掘隊　1986『崗上・楼上―1963〜1965 中国東北地方遺跡発掘報告―』（東北アジア考古学研究会訳）
趙由典　1989『益山笠店里古墳発掘調査報告書』
磁県文化館　1984「河北磁県東魏茹茹公主墓発掘簡報」『文物』1984-4
四拾貫小原発掘調査団　1969『四拾貫小原』
沈奉謹　1979「日本支石墓의一考察」『釜山史学』3
沈奉謹　1986『陜川鳳渓里古墳群』（東亜大学校博物館古蹟調査報告書第 13 冊）
鄭澄元・申敬澈　1983『東莱福泉洞古墳群Ⅰ』（釜山大学校博物館遺蹟調査報告第 5 輯）
鄭澄元・安在晧　1990「蔚州検丹里遺跡」（考古学研究 37-2）
馬得志・周永珍・張雲鵬　1955「1953 年安陽大司空村発掘報告」『考古学報』第 9 冊
朴仲煥　1996a『光州明花洞古墳』（国立光州博物館学術叢書第 29 冊）
朴仲煥　1996b「栄山江流域의前方後円形墳丘」『湖南地域古墳墳丘』（湖南考古学会第 4 回学術大会）
羅宋眞　1963「南京西善橋油坊村南朝大墓的友掘」『考古』1963-6

李相吉　1993「昌原德川里遺蹟発掘調査報告」『三韓社会の考古学』
林永珍　1994「光州月桂洞의長鼓墳2基」『韓国考古学報』31
林永珍　1996a「全南의石室墳」『全南의古代墓制』
林永珍　1996b「栄山江流域の異形墳丘」湖南考古学会第4回学術大会資料
林炳泰　1987「霊岩出土青銅器鎔范에　광여」『三仏金元龍教授停年退任記念論叢Ⅰ・考古学篇』一志社
吉井秀夫　1996「금동제　신발의 제작기술」『碩晤尹容鎭教授停年退任紀念論叢』

初出一覧

序　説―弥生・古墳時代の九州―
　　「西海道」『列島の古代史・ひと・もの・こと1（古代史の舞台）』（一・二）岩波書店、2006年

【第1部　弥生時代】

第1章　稲作の開始と遠賀川式土器
　　『米づくりをはじめた頃の筑豊―遠賀川式土器の世界』飯塚市歴史資料館、1994年

第2章　北部九州の弥生建築
　　『福岡からアジアへ1・弥生文化の源流を探る』西日本新聞社、1993年

第3章　弥生文化と日韓交渉
　　共編『日韓交渉の考古学・弥生時代篇』「結語」六興出版、1991年

第4章　北部九州の墓制
　　共編『日韓交渉の考古学・弥生時代篇』I-5-[2]「西日本―北部九州を中心に―」六興出版、1991年

第5章　弥生時代墳丘墓の出現―佐賀県・吉野ヶ里墳丘墓をめぐって―
　　児嶋隆人先生喜寿記念論集『古文化論叢』記念論文集刊行会、1991年

第6章　奴国の首都須玖岡本遺跡
　　『奴国の首都須玖岡本遺跡―奴国から邪馬台国へ―』吉川弘文館、1994年

第7章　吉野ヶ里遺跡の源流と弥生社会
　　共著『吉野ヶ里遺跡・「魏志倭人伝」の世界』第二部（日本の古代遺跡を探る2）読売新聞社、1994年

第8章　北部九州の首長墓とクニグニ
　　須玖岡本遺跡発見100周年記念展『奴国王の出現と北部九州のクニグニ―2000年の時を越えて―』春日市奴国の丘歴史資料館、2000年

第9章　北九州沿海地域の弥生青銅武器―中期前半墳墓の性格をめぐって―
　　一山典還暦記念論集『考古学と地域文化』記念論集刊行会、2009年

第10章　「一鋳式銅剣」覚書
　　『研究紀要』第1号、下関市立考古博物館、1997年

第11章　国産銅戈の出現―新出の細形銅戈鋳型をめぐって―
　　有明文化を考える会編『北部九州の古代史』名著出版、1992年

第12章　漢式銅鏃覚書
　　原口正三先生古稀記念論集『あまのともしび』古稀を祝う集い事務局、2000年

第13章　銅鐸の出現
　　共著『日韓交渉の考古学・弥生時代篇』II-4、六興出版、1991年

第14章　宇木汲田出土環頭銅舌考
　　『古文化談叢』第24集、九州古文化研究会、1991年

第15章　日韓の出土五銖銭
　　『古文化談叢』第28集、九州古文化研究会、1992年

第16章　沖縄の「弥生時代」と外来遺物
　　『高宮廣衛先生古稀記念論集』記念論集刊行会、2000年

【第2部　古墳時代】

第1章　古墳伝播の道
　　『歴史の道・再発見』第7巻第一章、フォーラムA、1995年

第2章　古墳文化期における日韓交渉―倭と百済・伽耶・新羅―
　　『伽耶と古代東アジア』新人物往来社、1993年

第3章　韓国の前方後円形墳―研究史的展望と課題―
　　福岡大学『人文論叢』28巻4号、1997年

第4章　百済古墳文化と北部九州―とくに横穴式石室について―
　　『日本所在百済文化財調査報告書Ⅱ・九州地方』国立公州博物館（韓国）、2000年

第5章　5世紀代北部九州と古墳文化―とくに横穴式石室の導入とその背景―
　　『古文化談叢』62集、九州古文化研究会、2009年

第6章　古墳時代の海上交通―対外交渉を中心に―
　　『大王の棺を運ぶ実験航海・研究編』コラム、石棺文化研究会、2007年

第7章　筑前国志麻（嶋）郡の古墳文化―福岡市元岡所在古墳群の歴史的評価―
　　『古文化談叢』39集、九州古文化研究会、1997年

第8章　古代の沖ノ島祭祀と宗像
　　「古代の沖ノ島祭祀と宗像」『東アジアの交流』2007年・「沖ノ島古代祭祀と対外交渉」『玄界灘を制したもの―伊都国王と宗像君―』2008年・「津屋崎古墳群と沖ノ島」『津屋崎古墳群と沖ノ島祭祀』2009年、より合成

第9章　韓国竹幕洞祭祀遺跡と古代祭祀―とくに倭系祭祀遺物について―
　　網干善教先生古稀記念『考古学論集』記念論文集刊行会、1998年

第10章　八女古墳群における石人―その変遷と葬祭儀礼とのかかわり―
　　八女市文化財調査報告書第78集『鶴見山古墳3』2007年

第11章　筑紫君磐井の乱と火（肥）君
　　『大王の棺を運ぶ実験航海・研究編』石棺文化研究会、2007年

第12章　「豊国」の装飾古墳
　　風土記の考古学④『豊後国風土記』の巻、同成社、1995年

第13章　五郎山古墳の装飾壁画
　　『筑紫野市史・資料編（上）考古資料』第二部第四章、2001年

第14章　装飾古墳にみる大陸系画題
　　『古文化談叢』40集、九州古文化研究会、1998年

第15章　埴輪と装飾古墳にみる古代船
　　『大王の棺を運ぶ実験航海・研究編』コラム、石棺文化研究会、2007年

第16章　須恵器文化の形成と日韓交渉・総説編―西日本初期須恵器の成立をめぐって―
　　『平成2年度科学研究費補助金・一般研究（C）研究成果報告書』1991年、のち『古文化談叢』24集収録、九州古文化研究会、1991年

第17章　対馬・矢立山古墳群の歴史的位置―史跡整備のために―
　　厳原町文化財調査報告書第7集『国史跡矢立山古墳群』第Ⅵ章1・第Ⅶ章に一部付図補足、2002年

第18章　東十郎古墳群の終焉と骨蔵器型須恵器
　　『佐賀県・東十郎古墳群の研究』「6. 骨蔵器型須恵器と古墳群の終焉」福岡大学考古学研究室、2003年を一部補訂

第19章　百済武寧王陵文物をめぐる東アジア世界

「武寧王陵文物をめぐる東アジア世界」『観音山古墳と東アジア世界』群馬県立博物館、1999 年・「武寧王陵の発見と日本考古学界の研究動向」『人文論叢』福岡大学、33 巻 3 号、2001 年、より合成

第 20 章　武寧王陵誌石と王室喪葬儀礼

福岡大学総合研究所報第 240 号『日韓交渉考古学の基礎的研究―原史・古代を中心に―』Ⅱ-12、2000 年

第 21 章　武寧王陵鏡・綿貫観音山鏡との出会い

『新編高崎市史』通史編 1（原始古代）月報、2003 年 12 月

第 22 章　参考・重要遺跡解説

（1）古賀市・鹿部田渕遺跡

「『糟屋屯倉』遺跡の発見とその意義」『新世紀の考古学』大塚初重先生喜寿記念論文集、喜寿記念論文集刊行会、2003 年

（2）福岡市・老司古墳

福岡市教育委員会『老司古墳』（福岡市埋蔵文化財調査報告書第 209 集）Ⅸ結語、1989 年

（3）行橋市・稲童古墳群

稲童古墳群報告書執筆委員会『稲童古墳群―福岡県行橋市稲童所在の稲童古墳群調査報告―』第Ⅴ章第 4 節「稲童古墳群の歴史的意義」行橋市教育委員会、2005 年

（4）苅田町・番塚古墳

九州大学文学部考古学研究室『番塚古墳―福岡県京都郡苅田町所在前方後円墳の発掘調査―』Ⅷ12「総括」1993 年

（5）対馬市・矢立山古墳群　　新稿

（6）鳥栖市・東十郎古墳群

小田富士雄・下原幸裕「佐賀県・東十郎古墳群の研究」『福岡大学考古学研究室研究調査報告第 2 冊』7.「結語」2003 年に一部補足

小田富士雄先生の弥生学

武末純一

(福岡大学人文学部教授)

　傘寿を目前にして小田富士雄先生の大著が刊行される。心よりお祝い申し上げるとともに、不肖の弟子には、「おまえは何をしているのか」と無言の叱咤を浴びる思いもある。

　小田先生をはじめて目の当たりにしたのは、老司古墳の発掘に参加した福岡高校考古学部2年生の夏だが、本格的なお付き合いは、私が九州大学考古学研究室に進学した1969年の末、先生が36歳のころからである。以来、北九州市立歴史博物館、北九州市立考古博物館を経て福岡大学考古学研究室を2004年3月に70歳で定年退職されるまで、先生のもとで訓育され仕事を補佐した。

　北九州市の博物館時代は、毎年の特別展図録原稿を一番先に先生が提出されるため、つねに追い立てられ、遅れて提出した図録ならびにパネルの原稿は容赦ない手直しで真っ赤になり、図録の編集レイアウトではこってりと絞られた。その上に、九州古文化研究会の雑誌である『古文化談叢』の編集や例会の開催など、仕事はいつも山積みであった。福岡大学考古学研究室時代も同様で、報告書や市史、さまざまな論集の分担執筆などすべてそうで、基本的に「イエス」か「はい」しかなく、よく鍛えられた。本当にいい修行をしたと感謝している。

　先生はいまでも常に早起きして原稿を書き、資料調査を目論み実行されながら、いっぽうでは九州の様々な考古学関係の委員会を飛び回られる。私は心中ひそかに小田先生を、「九州考古学のダム」と呼ぶ。ダムとは、九州考古学界の様々な調査や論文・報告書が、小田先生のもとに集まり点検・吟味され、位置づけられるという意味である。

　小田先生が、執筆、企画立案、遺物実測・撮影、あるいはそのほかの雑務を、常に高速かつ高水準・高精度で仕上げられることは、つとに有名である。その土台には、リュックを背負って九州各地を巡りながら年間200日ほどの発掘調査をこなすとともに、鬼軍曹として九州大学考古学研究室を縁の下で支え、さらに「日本考古学界の三筆」の一人に擬されるほどの健筆をふるいつつ雑誌『九州考古学』の編集も担わざるを得なかった若き頃の過酷な修行がある。

　しかも、先生はたいそうお酒を好まれた。いや、斗酒なお辞せずであった。北九州市立歴史博物館時代には少しでもよい博物館をつくろうと毎日のように上の役職陣を相手の大立ち回りを演じられるから、退勤時間を過ぎるや否や明日の英気を養うための旦過市場前の飲み屋通いとなり、よくハシゴ酒のお供をした。大学生のころから根っからの辛党、「考古学と酒の深い縁」を体現したような飲みっぷりで、いろんな酒豪伝説をお持ちだと聞く。そのせいか、大学生当時は全く酒が飲めなかった悪友の土生田純之氏が、防府市の喫茶店に入り目前でフルーツパフェを食べて苦い顔をされたにもかかわらず、その後、北九州市の喫茶店で、私とフルーツパフェを食べる会を結成したことを得々と話して、私ともども大変怒られた思い出がある。20歳を過ぎた考古学をやる人間が何と軟弱なというわけである。その土生田氏も小田先生の長きにわたる薫陶で、いまではいっぱしの

酒飲みになった。

　本書は、1990年以降に執筆された弥生時代関係の論考を収録する。多くは青銅器や弥生墳丘墓関係であるが、小田先生の弥生研究は土器から始まった。高校生の時代から京都郡犀川町の弥生遺跡の発掘に参加し、大学生から助手の時代には長府博物館や高槻遺跡、長井遺跡、白潟遺跡などの弥生土器を整理するとともに、立岩遺跡、須玖岡本遺跡、宇木汲田遺跡、有田遺跡、亀ノ甲遺跡、狐塚遺跡、原山遺跡、大野台遺跡、浜郷遺跡など、弥生時代早期（山ノ寺・夜臼期）から後期までのそうそうたる遺跡を発掘された精華が、考古学ジャーナルに連載された「入門講座・弥生土器―九州―」である。研究史を丁寧にたどり自分のものにすることは、弥生時代のみならず全時代にわたる小田考古学の第1の鉄則である。本書の「稲作の開始と遠賀川式土器」（第1章）では、この入門講座で明言されなかった下伊田式土器と立屋敷式土器の関係に対する小田先生自身の考えを、20余年の時を経て、森貞次郎先生の註解に託して示された。慎重の上にも慎重な研究態度は、小田考古学の第2の鉄則である。

　1970年代半ばから小田先生の弥生学は、日韓交渉の中での弥生金属器研究や、墳墓を中心とした国の形成と展開という弥生社会研究へと大きく進展する。それまでの蓄積とともに、前者は1980年に北九州市立歴史博物館で開催した日韓文化交流展と、その期間中の夜と休館日を利用した資料調査が大きな原動力となった。後者は、『立岩遺跡』や『末盧國』の報告書刊行での執筆とともに、やや遅れて吉武高木遺跡、吉野ヶ里遺跡、原の辻遺跡のような弥生巨大遺跡の発掘や春日市奴国の丘資料館の開設などの指導委員として、さらには各県や市町村の文化財審議委員として、それら巨大遺跡をはじめとする九州各地の弥生遺跡の歴史的な位置づけが、小田先生に要請されたことにも起因する。

　前者の精華は疑いもなく1991年に刊行した『日韓交渉の考古学―弥生時代篇―』である。この中から「弥生文化と日韓交渉」（第3章）・「北部九州の墓制」（第4章）・「銅鐸の出現」（第13章）が本書に収録された。頁を開けば作成作業に没頭したころの思い出がよみがえる。1970年代後半から1980年代には、毎年1回は年休を取って小田先生とともに韓国を巡回する資料調査に出かけた。いつも強行軍で、一日は朝早い高速バスへの乗車ではじまり、目的の機関に着くと依頼しておいた遺物をもっぱら小田先生が実測されて私が撮影する。恐るべきことに私が撮影を終える5時前ごろには、小田先生も予定の資料の実測手拓を終えられた。貪欲に資料を集成し、しかも実際に見て測って考えることは小田考古学の第3の鉄則である。資料調査が終わると夕方は、遠いところをよく来たと宴会である。したたかに飲まされた翌日は、また朝早い高速バスの繰り返しである。これが長い時は10日以上つづいた。あれだけ飲んだにもかかわらず小田先生の実測のスピードは変わらない。そして釜山に着いて明日は帰るという夜には、最後だからと日本料理店に行き、ヒレ酒を注文されるのである。まさに「酒と実測調査の日々」であった。

　小田先生は下書きせずに、7割ほど構想ができたらぶっつけ本番で原稿用紙に書き始めて、あとの3割は書きながら調べてまとめ、おおむね期限内に所定の字数でおさまるそうである。大量生産の秘密をうかがった気がしたが、到底まねはできない。本書の論考もすべてこうして書かれたのである。

私はいま弥生海村の解明に注力している。そこでは漢式銅鏃や中国銭貨の検討は必須の課題である。本書の「日韓の出土五銖銭」（第15章）や「漢式銅鏃覚書」（第12章）はその際の確かな出発点で、先生の研究の延長線上にあることを、あらためて噛みしめる。

　遺跡保存への熱い思い、溢れすぎて世俗的には損をするほどの正義感など、書きたいことはほかにも多いが、いまは月並みながら先生のますますのご健勝をお祈りしてこの一文を閉じよう。

小田富士雄先生の古墳時代研究と私

土生田純之
(専修大学文学部教授)

　小田富士雄先生に初めてお目にかかったのは、1973年3月である。当時大学3年生であった私は、金関恕先生にお願いして山口県防府市が実施した周防国府南限区域（報告書は『周防国衙―南限地域―の調査』防府市教育委員会、1975年）の調査に参加させていただいた。その折、別府大学助教授であった小田先生は、金関先生同様に指導委員をされていたのである。当時から学界に重きをなしていた小田先生のお名前はもちろん存じ上げていたが、古墳時代研究者とばかり思っていた。その後、弥生時代から中世に及ぶきわめて幅広い学識と業績をお持ちになっていることを知り（近世・須佐焼窯の調査まで手掛けられている）、尊敬から畏敬の念へと変化したのを覚えている。

　なお、調査後の報告書刊行については、特定の大学等に出土品を移動せず、防府市に置いたまま調査員が同地に集合して共同で実測等準備を行った。3～4回集まったと記憶するが、その際小田先生にともなって韓国留学から帰国した武末純一氏（当時九州大学大学院学生）が参加された。武末氏との今に至る悪友関係はこの時に始まるのであり、この点においても小田先生に感謝しなければならない。駆け出しの段階にさえ至っていなかった土生田に報告書の一部を執筆するよう取り計らってくださったのも小田先生である。今後のために業績つくりをさせようとの温かいご配慮であった。

　さて、掲載論文を見ればわかるように、小田先生の研究基盤は常に九州にある。しかし、朝鮮半島との交流には早くから強い関心を持たれて、海峡を渡る考古学研究の実践者であった。おそらく日本考古学を専門とする研究者の中にあって、もっとも早くから韓国の遺跡を踏査し、遺物実測をされた研究者であろう。人任せにせず、自ら実測をする姿勢は、現在に至るまで変わらない。根っからのフィールド・アーケオロジストであると評して間違いないだろう。かつて朴正煕政権の頃、熱心に遺跡踏査するうちに撮影禁止地区をカメラに収めてしまい、同行の武末純一氏ともども警察関係者に尋問されてフィルムを没収されたというエピソードを伺ったことがある（釜山市老圃洞遺跡踏査時のことだと武末氏から聞いた）。何よりも考古学研究を第一に考え、新出資料に貪欲なまでに興味を示す性格は、今もって健在である。

　小田先生の関心は九州と朝鮮半島に終わらない。朝鮮半島からさらに進んで、中国はもとより東アジアにまで深い関心をもち現地踏査もされている。その一方、かつて「畿内型古墳の伝播」で示されたように、古墳文化の中心地である畿内はもちろん、東日本にも大きな関心を寄せられてきた。しかし単に古墳文化中心地（畿内）からの影響を論じるのではなく、九州という地域を一つのモデルとした在地の主体性にも多大の配慮を怠らない。かつて、須恵器研究の基準として陶邑が重視されるあまり、全国の須恵器の大半が陶邑の系譜につながると考えられた時期があった。しかし、小田先生はそうした傾向が惹起する以前から地方窯の重要性を強く認識されていた。こうした視点に基

づいて、早くから地元・福岡の八女古窯跡をはじめ九州各地の古窯跡、及び古墳等から出土した須恵器の研究に力を注がれていたのである。その後の動向をみると、地方窯が従来の想定よりも相当早くから開窯され、しかも陶邑とは異なった系譜の技法を備えた窯業であることが解明されつつある。今日では須恵器生産の開始に関する研究は、従来のように陶邑一辺倒ではなく、複雑な状況であったことを前提とした研究が主流となっているのである。また「磐井の乱」に対するあらゆる角度からの分析は、畿内側からみた「反乱」という視点ではなく、九州という地に腰を据えた小田先生ならではの分析が多い。その視点はさらに進んで、東国や朝鮮半島との関係にまで及んでいるのである。

　小田先生は精神文化の解明にも意を注がれている。かつて福岡県五郎山古墳調査の際に客員調査員として呼んでいただいた。当時から、石室や墳丘の形態、そして両者の密接な関係に関心を持たれており、私に九州の古墳をさらに勉強するようにとの叡慮かと思っていた。もちろんそうした視点は当然のことながら、私がその頃までほとんど考慮していなかった側面、つまり壁画から当時の人々の死生観など精神生活にも関心を持つように諭されたことがある。今にして思えば、先生としては私の研究の弱点を自覚させ、さらに研究に邁進するようにとのご配慮であった。しかし難解な課題であり成果が出せないでいるうちに、すでに先生はこの分野に関する幾本もの論文を世に問われているのである。

　これ以上先生の業績について、浅学菲才の私が書くことは先生の業績を汚すことになるだろう。是非一読されて先生の学的関心の広さと業績の深さを実体験されることを読者諸氏にお願いする次第である。

あとがき

　このたび本書に収録した論考は、序説・第1部弥生時代16章・第2部古墳時代22章から成る構成となった。私の"考古学事始め"は中学生時代の太平洋戦争敗戦直後までさかのぼる。これまでの皇国史観に拠る歴史教育から急転直下して「民主主義」教育に変わったことで、教師も学生達も戸惑ってしばらく対応に窮した時期があった。民主主義とはなにか……、つづまるところ「個性の尊重」ということになり、これは放課後の学生達のクラブ活動を奨励するという短絡思考に行きついた。幸か不幸か、私の中学校には考古学に関心をもった教官が居たことで考古学部が誕生した。まだ文化財保護法の施行前後であったから、小規模の開発などに対処すべき行政機関も有るか無きかの情況で、今日いうところの緊急調査で対応したのは考古学部の学生達であった。授業中であっても緊急事態発生の連絡があれば、授業出席の扱いで発掘調査に赴く有様で、今から考えると疑いたくなるような学生時代であり、同様な事態を1950年代初め頃まで経験した。こうした動向のなかで最も多い対象は弥生・古墳時代の遺跡であった。後年、私がフィールド・アーケオロジストとも評されるようになる原点は、このようなところにまで回帰するのであろうと想う。

　本書第1部の内容は弥生時代の遺跡と遺物に大別される。須玖岡本（奴国王都）・立岩・吉野ヶ里などの調査が行われて、弥生時代クニの形成・王墓の出現などのテーマのもと、マスコミがらみで世間を沸かせた世情を背景にしながらの執筆であった。そのなかで私の記憶にのこる吉野ヶ里から始まって東アジアの墳丘墓に及んだ第5章は、児嶋隆人先生の喜寿記念論集に応じたものであるが、このテーマは先生自身が要望してきたものであった。また、10数年をかけた韓国資料調査の成果をまとめて韓炳三さんとの共編に成る『日韓交渉の考古学・弥生時代篇』（1991年刊）から3篇（第3・4・13章）を収録した。この書は翌年第1回雄山閣賞を受けた記念すべきものとなった。すでに北九州市考古博物館から福岡大学に移籍していたが、続篇として古墳時代を意識しながら、内外の研究者たちとの交流が続き、福岡大学総合研究所に科研費を申請（1998・1999年度）して、日韓両国研究プロジェクトによる「日韓交渉考古学の基礎的研究——原史・古代を中心に——」を実施した。それらの成果は総合研究所報第240号として刊行した（2000年11月刊）。そのなかの拙文は本書にも収録している。

　第2部古墳時代に収録した論考も第1部と同様に、東アジアとかかわる内容のものが少なくない。今回編集してみるまでとくに自覚していなかったことに改めて気付いたのは新たな発見でもあった。九州という地域はそれほどに東アジアに近く、研究者の交流も頻繁になっている現在なのである。

　遺物研究における弥生時代の青銅器、古墳時代の須恵器・祭祀遺物や、横穴式石室・古墳壁画などのテーマをとり扱ってみても、東アジアの視点は不可欠であることを痛感させられた。一方、この方面の研究では中国古典史料などに基づいた考証学的知識が求められてくる。私はつとめて原田

淑人・駒井和愛・富岡謙蔵・後藤守一氏らの考古学・金石学関係著作や、出石誠彦氏の『支那神話傳説の研究』などに拠って、考証学的思考や研究手法を学びとることに留意してきたつもりであるが、果してどこまで正鵠を射るに至っているであろうか。いまだ心もとない現在であり、今後ともさらなる精進を期したい。

　朝鮮半島については、はやくから楽浪文化と百済文化についての関心を持ち続けてきた。1973年以来韓国の資料調査を行ってゆくなかで、当時国際的関心を高めていた武寧王陵の調査成果にふれて、国立公州博物館を再三訪ねて関係資料を実査する機会にも恵まれた。発掘調査を記念して、10年ごとに公州市で開催されている武寧王陵シンポジウムにも日本側発表者として20周年と30周年に起用された。本書に収めた武寧王陵関係の論考（第19〜21章）はこのような機縁のもとに生まれたのであった。

　最後になったが、本書の編集全般にわたっては、同成社編集部の三浦彩子氏が佐藤社長のアドバイスも受けながら、この難儀な内容を適切に処理され、また校正には、私が折にふれて補佐してもらっている宇野愼敏（北九州市芸術文化振興財団）・下原幸裕（福岡県立九州歴史資料館）の両君に依頼して正確を期することとした。著者が自身の著作を校正すると見落しが多い経験に拠るところである。両君には忙しい公務の傍らを割いて協力いただき、はやい段階での校正を終えることができたことは感謝にたえない。以上、各方面の方々のご好意によって、本書を世に送り出すことができたことに深甚の謝意を表したい。

　　2012年9月

筑紫野の寓居にて
小田富士雄

■著者略歴■

小田富士雄（おだ・ふじお）

1933年　福岡県北九州市生
1957年　九州大学文学部史学科卒業
1960年10月　九州大学文学部大学院博士課程中退
　　　　　　九州大学文学部助手～1971年3月
1971年4月　別府大学文学部助教授
1980年6月　文学博士学位授与（九州大学文博乙第43号）
1983年　北九州市立考古博物館館長
1988年　福岡大学人文学部教授
※1995年～1999年　下関市立考古博物館館長業務
2004年3月　福岡大学定年退職　5月福岡大学名誉教授称号授与

〔主要著書〕
『九州考古学研究』全5巻（1977～1990年、学生社）
『九州古代文化の形成』全2巻（1985年、学生社）
『石人石馬』（1985年、学生社）編共著
『西日本古代山城の研究』（1985年、名著出版）編共著
『古代を考える・沖ノ島と古代祭祀』（1991年、吉川弘文館）編共著
『日韓交渉の考古学・弥生時代篇』（1991年、六興出版）共編共著
『古代を考える・磐井の乱』（1991年、吉川弘文館）編共著
『風土記の考古学4　豊後国風土記の巻』『同5　肥前国風土記の巻』
　　（1995年、同成社）編共著
『古代九州』（2005年、平凡社）監修共著

古代
こだい
九州
きゅうしゅう
と東
ひがし
アジアⅠ

2012 年 11 月 1 日発行

著者　小田富士雄
発行所　山脇洋亮
印刷　亜細亜印刷株式会社
製本　協栄製本株式会社

発行所　東京都千代田区飯田橋 4-4-8
（〒102-0072）東京中央ビル
TEL 03-3239-1467　振替 00140-0-20618
㈱同成社

© Oda Fujio 2012. Printed in Japan
ISBN978-4-88621-616-8 C3021